# Víctor García Hoz

# diccionario escolar
## ETIMOLÓGICO

*Edita desde 1866*

Magistério

Obra aprobada por el Ministerio de Educación y Ciencia.

SEXTA EDICION

| | |
|---|---|
| Texto: | Víctor García Hoz |
| Colaboradores: | M.ª Nieves Rosales de García Hoz, Víctor García Hoz Rosales |
| Ilustraciones: | Antonio Chaves |
| Cubierta: | Kristof Boron |
| Dirección: | Instituto de Pedagogía (Consejo Superior de Investigaciones Científicas) |
| Copyright © | 1989 by Víctor García Hoz y Editorial Magisterio Español, S. A. Tutor, 27. 28008 Madrid |

Depósito legal: M. 15.051-1993
ISBN: 84-265-3930-0
Printed in Spain
Imprime: Lavel, S. A.
Los Llanos, nave 6. Humanes (Madrid)

No está permitida la reproducción total o parcial de este libro, ni su tratamiento informático, ni la transmisión de ninguna forma o por cualquier medio, ya sea electrónico, mecánico, por fotocopia, por registro y otros métodos, sin el permiso previo y por escrito de los titulares del Copyright.

# PRESENTACION

Este nuevo diccionario recoge la experiencia del servicio que durante veinte años, a través de sus dieciséis ediciones, ha prestado a los muchachos españoles el **Diccionario Escolar Etimológico**.

La base científica de este nuevo diccionario es doble. Por una parte, en él se incluyen las trece mil palabras del **vocabulario usual** español, enriquecidas con el **vocabulario escolar común** a la enseñanza primaria y media. Ambos estudios son el fruto del trabajo de varios años en el Instituto de Pedagogía del Consejo Superior de Investigaciones Científicas. A este doble elenco de palabras se han unido las de uso más frecuente en los países de habla española, según los estudios hechos en la Universidad de Puerto Rico. En conjunto, las 22.500 más importantes de la lengua castellana se hallan tratadas en este nuevo Diccionario escolar.

El vocabulario de un idioma no es simplemente una relación lineal de palabras que tienen la misma importancia. Por el contrario, en el lenguaje hablado y escrito se ven con claridad las diferencias que hay entre unas y otras.

Hay palabras que se repiten con mucha frecuencia, mientras que otras aparecen raramente en la conversación o en los libros; así, *haber, agua, animal*, son palabras que se utilizan muchas veces, mientras otras como *linfa, paladín* o *trémulo* se dicen o se escriben con mucha menor frecuencia. Hay palabras que son como fuente u origen de otras; así, *casero* nace de *casa, trabajoso* nace de *trabajo, friolero* de *frío*.

También hay diferencias por la extensión o cantidad de cosas que se significan por una y otra palabra; así, *árbol* incluye una gran multitud de plantas, entre las cuales está el *peral;* hay muchísimos menos perales que árboles; minerales hay muchísimos y diamantes, que también son minerales, hay bastantes menos.

En los ejemplos anteriores y otros muchos que pudieran ponerse, se ve que existen muchas diferencias entre las palabras.

Con objeto de que quien use el Diccionario pueda prestar más atención a las palabras que tienen mayor importancia, éstas se han dispuesto al pie de cada página. Se explican los distintos significados que la palabra puede tener, su etimología, que es la historia de la propia palabra y aquellas otras expresiones que tienen una relación particular con ella, de suerte que forman como una especie de familia. De este modo, las más importantes familias de palabras vienen indicadas.

Se han cuidado especialmente las características de claridad y originalidad de las definiciones, que no son, como en tantos casos, nuevas repeticiones de diccionarios de tipo general, sino definiciones tomadas del mismo lenguaje escolar en la medida en que éste se hace compatible con la significación precisa del término.

Varios **apéndices** vienen a dar mayor riqueza y utilidad a este nuevo Diccionario. Algunos de ellos, como el significado original de los **nombres propios** de persona, la selección de **gentilicios** de todas las regiones, provincias y poblaciones importantes de España, responden a la curiosidad de los pequeños estudiantes que tiene derecho a ser satisfecha porque la curiosidad abre la puerta al conocimiento. Otros apéndices han sido puestos mirando a la necesidad de ayuda que los escolares tienen para utilizar mejor el idioma; por esta razón, figuran los relativos a las **Tablas de numerales y fraccionarios,** a las **reglas ortográficas** principales, a los criterios para la **acentuación** correcta de las palabras y a la **Tabla de abreviaturas usuales.**

Una atención particular debe hacerse del apéndice relativo a la **informática.** Es éste un campo que cada vez atrae más la atención de chicos y grandes, razón por la cual debe atenderse; pero muchas palabras de este campo son inglesas o extranjerismos que no caben en el diccionario de la lengua castellana; por esta razón, y también con el fin de dar una visión completa, aunque muy sumaria, del vocabulario informático, se ha reunido en un apéndice final.

Debo expresar mi agradecimiento a doña Dolores Rodríguez Fraile y a las señoritas M.ª Jesús Almeida y M.ª del Mar Caso, por la valiosa ayuda que me han prestado para seleccionar y ordenar el material de este diccionario, así como a la Editorial Magisterio Español, S. A., por el esfuerzo para presentarle de una manera decorosa y atrayente.

**Víctor García Hoz**

# ABREVIATURAS USADAS

A
B
C
CH
D
E
F
G
H
I
J
K
L
LL
M
N
Ñ
O
P
Q
R
S
T
U
V
W
X
Y
Z

# ABREVIATURAS USADAS

| | |
|---|---|
| *adj.* | adjetivo |
| *adv.* | adverbio |
| *amb.* | nombre de género ambiguo |
| *com.* | nombre de género común |
| *conj.* | conjunción |
| *contr.* | contrario |
| *deriv.* | derivado |
| *etc.* | etcétera |
| *f.* | nombre de género femenino |
| *fam.* | familiarmente |
| *fig.* | figuradamente |
| *interj.* | interjección |
| *intr.* | verbo intransitivo |
| *m.* | nombre de género masculino |
| *m. adv.* | modo adverbial (a manera de adverbio) |
| *pl.* | plural |
| *p. p.* | participio pasado |
| *prep.* | preposición |
| *pron.* | pronombre |
| *prnl.* | pronominal |
| *r.* | verbo reflexivo |
| *recípr.* | verbo recíproco |
| *t. c.* | también como |
| *tr.* | verbo transitivo |
| *U. m.* | úsase más |
| *V.* | véase |

# A

**A.**\*
**Abacería,** *f.* Tienda de comestibles.
**Abacial,** *adj.* Lo que se refiere o pertenece al abad o a la abadesa.
**Ábaco,** *m.* Tablero de piedra, sobre el capitel de una columna. ‖ Tablero con alambres y bolitas, que sirve para contar.
**Abad,** *m.* El que manda en algunos monasterios de monjes. Título que lleva el superior de alguna colegiata.
**Abadesa,** *f.* La que manda en algunos conventos antiguos de monjas.
**Abadía,** *f.* Iglesia o monasterio regido por un abad o una abadesa. ‖ Territorio y bienes pertenecientes a un abad o a una abadesa. ‖ Dignidad que tiene el que es abad o abadesa.
**Abajo,** *adv.* En lugar inferior. ‖ En dirección hacia un lugar inferior. ‖ V. **bajo.**
**Abalanzar,** *tr.* Poner la balanza en el fiel. ‖ Arrojar violentamente.
**Abalanzarse,** *r.* Lanzarse rápidamente y sin reflexión a hacer algo.
**Abanderado,** *m.* El encargado de llevar la bandera. ‖ En el ejército: el alférez.
**Abandonado,** *adj.* Descuidado. ‖ Sucio, desaliñado.
**Abandonar.**\*

---

\* **A,** f. *Primera letra del alfabeto castellano y primera de las vocales:* **La cartilla comienza por la a, e, i, o, u.** ‖ *Como preposición principalmente da idea de movimiento material* **(Voy a Sevilla)** *o de movimiento figurado* **(Ascender a capitán).** ‖ *También, como preposición, puede indicar otras muchas relaciones y modos de hacer las cosas* **(Tortilla a la francesa; a seis pesetas el litro; hablar a petición del público; a pies juntillas; a regañadientes;** *etc.).* ‖ *La letra* **a** *puede servir de abreviatura de: año, área, aceleración, banco de arena (en los mapas), hipotenusa y amperio.* ‖ *No debe confundirse con HA (verbo):* **ha comido; ha cantado; ha de estudiar; ha cenado;** *etc.* ‖ *Tampoco debe confundirse con ¡AH! (interj.):* **¡Ah, caramba!,** *por ejemplo.*
 *No debe ponerse delante de otra preposición; estaría mal decir, por ej.:* «**Voy a por agua**».
 *A Dios se le llama* **A** *y* Ω *(Alfa y Omega; primera y última letras del alfabeto griego), porque Dios es el principio y el fin de todas las cosas.*
 *Como la mayoría de las restantes letras, la* **a** *procede de los alfabetos fenicio y griego antiguos.* ‖ *Cuando es preposición, viene del latín* **ad,** *también preposición, que significa «a, hacia, para».* ‖ *Derivados no tiene; pero cuando es prefijo verdadero da idea de privación o negación:* **anemia** *(sin sangre, o con poca sangre),* **afónico** *(sin voz, o con poca voz), etc.*
ABANDONAR, *tr. Dejar sola a una persona o cosa:* **Tu madre no te abandonará nunca.** ‖ *No hacer caso de alguna cosa:* **Abandonar el trabajo.** ‖ *r. Descuidar uno sus obligaciones o su limpieza:* **Se abandonó y... mírale cómo va.** ‖ *Entregarse totalmente y con agrado:* **Abandonarse a la voluntad de Dios.**
 *Viene del francés* **abandonner,** *que significa 'dejar en poder de alguien'.* ‖ *Deriv.:* **Abandonado, abandono.**

**Abandono,** *m.* Lo que se hace o resulta de abandonar o abandonarse.

**Abanico,** *m.* Objeto que usan principalmente las mujeres para hacerse aire.

**Abaratamiento,** *m.* El hecho de abaratar.

**Abaratar,** *tr.* Bajar el precio de una cosa. || Contr.: **Encarecer.**

**Abarcar,** *tr.* Ceñir con los brazos. || Incluir. || Comprender. || Ver **brazo.**

**Abarrotado,** *adj.* Lleno.

**Abarrotar,** *tr.* Apretar o hacer más fuerte con barrotes una cosa. || Llenar apretadamente de cosas o personas un recipiente, como un tranvía, una tienda, etc.

**Abastecedor,** *adj.* Que abastece.

**Abastecer,** *tr.* Dar las cosas que necesita una ciudad o un ejército.

**Abastecimiento,** *m.* Lo que se hace al abastecer. || El hecho de abastecer.

**Abasto,** *m.* Provisión de cosas, especialmente de alimentos.

**Abatido,** *adj.* Despreciable. || Que ha caído de la estimación o precio que tenía antes. || Desanimado.

**Abatimiento,** *m.* El hecho de derribar o echar por tierra.

**Abatir,** *tr.* Derribar, echar por tierra.

**Abatirse,** *r.* Descender rápidamente el ave de rapiña. || Caer.

**Abdicación,** *f.* El hecho de abdicar. || El documento que firma el rey cuando abdica.

**Abdicar,** *tr.* Dejar un cargo o dignidad, especialmente la de rey.

**Abdomen,** *m.* Vientre. || Hueco en el cuerpo del animal que contiene principalmente los intestinos.

**Abdominal,** *adj.* Que se refiere o pertenece al vientre o abdomen.

**Abecedario,** *m.* La serie que forman las letras de un idioma puestas en orden. || Cartel o librito con dichas letras.

**Abeja,** *f.* Insecto que produce la cera y la miel. || Persona laboriosa y ahorradora.

**Abejaruco,** *m.* Ave trepadora peligrosa para los colmenares porque se comen las abejas. Tiene unos 15 cm. de largo.

Abejorro

**Abejorro,** *m.* Insecto parecido a la abeja, pero mayor y más velludo, el cual zumba mucho al volar.

**Abertura,** *f.* Lo que se hace y resulta al abrir o abrirse. || Grieta. || Terreno bajo y abierto entre dos montañas.

**Abeto,** *m.* Arbol de la familia del pino, cuya variedad pequeña todos conocen porque sirve para hacer árboles de Navidad.

**Abiertamente,** *adv.* Claramente, francamente, sin ocultar nada.

**Abierto,** *adj.* Llano, raso, sin obstáculos. Se dice principalmente cuando se habla del campo. || Claro, franco, indudable. || V. **abrir.**

**Abigarrado,** *adj.* De varios colores mal combinados. || Se dice también de un conjunto de cosas venidas sin orden ni concierto.

**Abismado,** *adj.* Entregado del todo a un pensamiento o a un sentimiento.

**Abismar,** *tr.* Hundir en un abismo. || Confundir, desanimar.

**Abismo,** *m.* Profundidad grande y peligrosa. || Cosa inmensa e incomprensible. || Contr.: **Cumbre.**

**Abjurar,** *tr.* Renunciar solemnemente a una doctrina o a una religión.

**Ablandar,** *tr.* Poner blanda una cosa. || Calmar el enfado de alguno. || Contr.: **Endurecer.**

**Ablativo,** *m.* Caso gramatical de los complementos circunstanciales. || Ablativo absoluto: Frase casi independiente, la cual equivale a una oración subordinada. || Ablativo agente: Elemento que señala quién realiza la acción en las oraciones primeras de pasiva.

**Ablución,** *f.* Lavatorio; la acción de lavarse o purificarse por medio del agua. ‖ Ceremonia que hace el sacerdote al purificar el Cáliz después de la comunión, celebrando la Misa.
**Abnegación,** *f.* Sacrificio que uno hace de sí mismo o de sus bienes en honor de Dios o en servicio de los demás.
**Abnegado,** *adj.* Que obra con abnegación.
**Abochornar,** *tr.* Causar bochorno. ‖ Avergonzar.
**Abofetear,** *tr.* Dar algunas o muchas bofetadas a alguien.
**Abogado.**\*
**Abogar,** *intr.* Defender en un juicio ante tribunal. ‖ Hablar en favor de alguien o de algo.
**Abolengo,** *m.* Linaje de abuelos o antepasados.
**Abolir,** *tr.* Derogar, dejar sin valor para el futuro un precepto o costumbre.
**Abominable,** *adj.* Que merece ser condenado y aborrecido por todos.
**Abonado,** *adj.* Que puede uno fiarse de él. ‖ *com.* Persona que ha tomado un abono o suscripción para asistir a alguna diversión o para recibir algún servicio.
**Abonar,** *tr.* Calificar de buena una persona o cosa. ‖ Asegurar que una cosa es cierta. ‖ Echar abono en la tierra. ‖ Inscribir alguna persona, mediante pago, para que pueda asistir a alguna diversión o pueda recibir algún servicio. ‖ Pagar.
**Abono,** *m.* Sustancia que se echa a la tierra para hacerla más fértil. ‖ Acción y efecto de abonar o abonarse.
**Abordaje,** *m.* Acción de abordar.
**Abordar,** *tr.* Rozar o chocar un barco con otro. ‖ Acercarse a alguno para hablar con él. ‖ Emprender algún negocio que tenga alguna dificultad.
**Aborígenes,** *m. pl.* Los habitantes primitivos de un país.
**Aborrecer,** *tr.* No querer bien a una persona o cosa.
**Aborrecible,** *adj.* Que merece ser aborrecido.
**Abortar,** *intr.* Dar a luz antes de tiempo. ‖ Fracasar o malograrse una cosa.
**Abortivo.** *adj.* Nacido antes de tiempo. ‖ Medicamento o sustancia que sirve para hacer abortar.
**Aborto,** *m.* Lo que se hace y resulta de abortar.
**Abotonar,** *tr.* Meter los botones por los ojales en una prenda de vestir.
**Abrasador,** *adj.* Que abrasa.
**Abrasar,** *tr.* Convertir en brasas una cosa, quemar. ‖ *intr.* Estar muy caliente una cosa. ‖ Sentir mucho calor.
**Abrazadera,** *f.* Pieza de metal que sirve para sujetar bien una cosa, rodeándola.
**Abrazar,** *tr.* Coger con los brazos una

Abismo

---

\*
ABOGADO, *m. Hombre entendido en leyes que se dedica a informar sobre cuestiones que se le consultan y a defender en los tribunales los derechos de quienes van a juicio:* **Voy a estudiar para ser abogado.** ‖ *Intercesor, defensor, medianero:* **La Virgen María es nuestra abogada ante Dios.**
    *Viene del latín* **advocatus,** *nombre que se daba al que prestaba su consejo y ayuda en asuntos de leyes y juicios.* ‖ *Deriv.:* **Abogacía, abogar, advocación.**

cosa, rodeándola. ‖ Estrechar con los brazos a uno en señal de cariño. ‖ Admitir o mostrarse partidario de alguna idea o doctrina. ‖ V. **brazo.**
**Abrazo,** *m.* Lo que se hace y resulta de abrazar y abrazarse. ‖ V. **brazo.**
**Ábrego,** *m.* Viento del sudoeste.
**Abrelatas,** *m.* Utensilio casero para abrir latas de conserva.
**Abrevadero,** *m.* Sitio adecuado para beber el ganado.
**Abreviadamente,** *adv.* En pocas palabras, sumariamente.
**Abreviado,** *adj.* Que se ha hecho más corto.
**Abreviar,** *tr.* Acortar una cosa o una acción.
**Abreviatura,** *f.* Representación de las palabras en la escritura con una o varias letras solamente en lugar de todas las que tiene la palabra entera.
**Abrigar.\***
**Abrigo,** *m.* Prenda de ropa larga para no pasar frío. ‖ Lugar resguardado del viento o de la lluvia, donde hace menos frío que en otros. ‖ Auxilio, protección. ‖ V. **abrigar.**
**Abril.\***
**Abrileño,** *adj.* Propio del mes de abril.
**Abrillantar,** *tr.* Sacarle brillo a una cosa u objeto de metal.
**Abrir.\***
**Abrochar,** *tr.* Poner los broches o los

Abrojo

botones de un traje, de modo que éste quede cerrado.
**Abrogar,** *tr.* Hacer que una ley no valga.
**Abrojo,** *m.* Hierba que pincha y molesta y es perjudicial para los sembrados.
**Abrumador,** *adj.* Pesado, triste, agobiante.
**Abrumar,** *tr.* Cargarle a uno con un peso que casi no puede llevar. ‖ Decirle cosas difíciles de aguantar. ‖ Agobiar a otro.
**Abrupto,** *adj.* Lleno de rocas, difícil de atravesar.
**Absceso,** *m.* Acumulación de pus en alguna parte del cuerpo.
**Abscisa,** *f.* Distancia entre un punto y un eje vertical.
**Ábside,** *amb.* Parte de atrás de algu-

---

ABRIGAR, *tr. Proteger del frío:* **Esta manta me abriga mucho.** ‖ *Tener ciertas ideas o sentimientos:* **Abrigaban sentimientos de perdón.**
      *Viene del latín* **apricare,** *que significa 'calentar con el calor del sol'.* ‖ *Deriv.:* **Abrigo, desabrigar.** ‖ *Contr.:* **Desabrigar.**
ABRIL, *m. Cuarto mes del año:* **En abril, aguas mil.** ‖ **El abril de la vida:** *la juventud.* ‖ **El número de abriles de una persona:** *el número de años que tiene.*
      *Viene del latín* **aprilis,** *que significa «abril, mes en que la naturaleza empieza a abrirse».* ‖ *Deriv.:* **Abrileño.**
ABRIR, *tr. Separar una cosa de otra para poder ver o sacar algo oculto:* **Estaba abriendo el paquete que le han regalado.** ‖ *Separar la hoja del marco:* **Abrir una puerta.** ‖ *Separar el cajón del hueco de una mesa o armario:* **Abrir un cajón.** ‖ *Despegar o cortar un sobre para sacar lo que hay dentro:* **Abrir un sobre.**
      *Se deriva del latín* **aperire,** *que significa 'abrir', como se ve en* **apertura** *(el hecho de abrir algo) y* **aperitivo** *(abrir el apetito).* ‖ *Deriv.:* **Abiertamente, abierto, abrelatas, abridor, entreabrir, entreabierto.** ‖ *Contr.:* **Cerrar.**

nas iglesias. Rodea el altar mayor y suele estar adornado.

**Absolución,** *f.* Perdón de los pecados después de confesarse. ‖ El hecho de absolver.

**Absolutamente,** *adv.* Completamente, del todo. ‖ V. **Absoluto.**

**Absolutismo,** *m.* Forma de gobierno de un país en el cual se hacen las leyes sin contar con el pueblo. ‖ V. **absoluto.**

**Absoluto.***

**Absolver,** *tr.* Liberar de una acusación. ‖ Perdonar los pecados después de la confesión. ‖ V. **resolver.**

**Absorbente,** *adj.* Que todo lo coge para él o que todo lo quiere hacer él solo. ‖ V. **absorber.**

**Absorber.***

**Absorción,** *f.* El hecho de absorber.

**Absorto,** *adj.* Que está atento a una cosa sin darse cuenta de lo demás. ‖ Asombrado por algo que se ve.

**Abstemio,** *adj.* Que no bebe licores ni bebidas alcohólicas.

**Abstención,** *f.* El hecho de abstenerse.

**Abstenerse,** *r.* Privarse uno voluntariamente de alguna cosa. No hacer algo que se podía hacer. ‖ No hablar ni a favor ni en contra de alguno.

**Abstergente,** *m.* Medicamento que limpia y desinfecta.

**Abstinencia,** *f.* Privación. ‖ No comer alguna cosa; se dice especialmente cuando no se come carne.

Abside

**Abstracción,** *f.* El abstraerse.

**Abstracto,** *adj.* Que no se puede ver, ni oír, ni tocar porque pertenece a la inteligencia. ‖ Contr.: **Concreto.**

**Abstraer,** *tr.* Separar mentalmente una cualidad del objeto que la posee.

**Abstraerse,** *r.* Dejar de darse cuenta de lo que ocurre alrededor por pensar fijamente en una cosa.

**Abstraído,** *adj.* Que por pensar en una cosa no se da cuenta de lo demás.

**Absuelto,** *adj.* Que ha recibido la absolución en la confesión o en un juicio ante el tribunal.

**Absurdamente,** *adv.* De modo absurdo. ‖ Que se hace sin razón.

**Absurdo.***

**Abubilla,** *f.* Pájaro del tamaño de una tórtola y con un penacho de plumas en la cabeza, que suele picotear en el estiércol.

---

*

Absoluto, adj. *Completo, total, del todo:* **Dios tiene poder absoluto sobre el mundo.**
   Se deriva del latín **absolutus,** que quiere decir 'desatado, sin limitación alguna'. ‖ *Deriv.:* **Absolución, absolutamente, absolutismo, absolutista, absuelto.** ‖ *Contr.:* **Relativo.**

Absorber, tr. *Atraer un líquido empapándose de él:* **Un terrón de azúcar absorbe el café.** ‖ *Atraer hacia sí:* **Absorbe la atención de todos.**
   Viene del latín **sorbere,** que significa 'beber aspirando'. ‖ *Deriv.:* **Absorbente, absorción, absorto.** ‖ *Del mismo verbo latino se derivan* **sorber** *y* **sorbo.**

Absurdo, adj. *Disparatado, imposible; que no puede ser porque es contrario a la razón:* **Es absurdo que un caballo vuele.** ‖ m. *Disparate muy grande:* **Eso que dices es un absurdo.**
   Viene de las palabras latinas **ab** *y* **surdus,** unidas en **absurdus,** *que significa algo así como «frecuente en una conversación entre sordos»* ‖ *Deriv.:* **Absurdidad, absurdidez.** ‖ V. **sordo.**

Abubilla

**Abuchear,** *tr.* Burlarse a gritos de uno.
**Abucheo,** *m.* El hecho de abuchear. ‖ Pita, protesta con gritos.
**Abuelo.***
**Abulia,** *f.* Falta de voluntad, falta de fuerzas en la voluntad.
**Abúlico,** *adj.* Que no tiene fuerza de voluntad.
**Abultado,** *adj.* Que ocupa más sitio de lo que uno podía pensar. ‖ Grueso. ‖ Grande.
**Abultamiento,** *m.* Bulto. ‖ El hecho de abultar.
**Abultar,** *intr.* Ocupar mucho sitio. ‖ *tr.* Exagerar una cosa. ‖ Aumentar el bulto de alguna cosa.
**Abundamiento,** *m.* Abundancia.
**Abundancia,** *f.* Mucho de todo, o mucho de algo. ‖ Contr.: **Escasez.**
**Abundante,** *adj.* Que hay mucho. ‖ V. **abundar.**
**Abundantemente,** *adv.* Con abundancia, en gran cantidad.
**Abundar.***
**¡Abur!,** *interj.* Adiós.
**Aburrido.***
**Aburrimiento,** *m.* El hecho de no estar entretenido. ‖ Fastidio y desgana.
**Aburrirse,** *r.* No divertirse. ‖ Estar aburrido.
**Abusar,** *tr.* Usar mal de una cosa. ‖ Usar algo sin derecho a ello.
**Abusivo,** *adj.* Que se hace sin derecho.
**Abuso,** *m.* El hecho de abusar. ‖ Hacer algo que no está permitido.
**Abyecto,** *adj.* Vil y despreciable.
**Acá,** *adv.* Aquí. ‖ Junto al que habla. ‖ Contr.: **Allá.**
**Acabado,** *adj.* Terminado.
**Acabar.***

---

*
Abuelo, m. *El padre del padre de uno:* **Abuelo paterno.** ‖ *El padre de la madre de uno:* **Abuelo materno.** ‖ *Hombre viejo:* **Pasé por su lado y le dije: «Abuelo, ¿estamos al sol? Buenas tardes.»**
    *Entre los descendientes de Sem (hijo de Noé) al jefe de toda la familia, que era el abuelo, se le decía* **abba** *(palabra derivada de* **Adán***), y de ella viene* **abuelo.** ‖ *En latín, abuelo se decía* **avus:** *abuela,* **avia;** *y abuelita,* **aviola.** ‖ *Deriv.:* **Abolengo, abuela, bisabuela, bisabuelo, tatarabuela, tatarabuelo.**
Abundar, intr. *Haber o sobrar mucho de una cosa:* **En verano abundan los insectos.**
    *Se deriva del latín* **abundare,** *que significa 'salirse de las ondas, haber más de lo corriente, rebosar'.* ‖ *Deriv.:* **Abundancia, abundamiento, abundante, sobreabundante.** ‖ *De la misma raíz* **unda** *(onda) vienen* **inundar, inundación, redundar, redundancia.** ‖ *Contr.:* **Escasear.**
Aburrido, adj. *Que no tiene ganas de divertirse:* **Estaba cansado y aburrido.** ‖ *Que no sabe divertirse sanamente:* **No seas triste ni aburrido.** ‖ *Que aburre y harta a cualquiera:* **Este juego es muy aburrido.**
    *Viene del latín* **abhorrere** *(aborrecer, no querer una cosa).* ‖ *Deriv.:* **Aborrecible, aborrecimiento, aburrición, aburrimiento.**
Acabar, tr. *Terminar:* **Acabarse el dinero.** ‖ *Hacer una cosa por completo, hasta el fin:* **Este año acabo la carrera.** ‖ *intr. Rematar, finalizar:* **La espada acaba en punta.** ‖ *Morir:* **El enfermo se está acabando.**
    *De la familia de* **cabo,** *que viene del latín* **caput,** *que significa 'cabeza'. Por eso* **acabar** *significa propiamente 'hacer algo hasta el cabo'.* ‖ *Deriv.:* **Acabado, acabamiento, acabóse, menoscabar, recabar.** ‖ *Contr.:* **Empezar.**

**Acabóse,** m. El colmo del desorden.
**Acacia,** f. Arbol que se utiliza para sombra y adorno de plazas, calles y carreteras. Produce bonitos racimos de flores y da frutos leguminosos.

Acacia

**Academia.\***
**Académico,** m. El que pertenece a alguna academia. || V. **academia.**
**Acaecer,** intr. Ocurrir, acontecer, suceder algo.
**Acaloradamente,** adv. Con vehemencia.
**Acalorado,** adj. Que tiene calor. || Que habla con mucha pasión o entusiasmo.
**Acalorarse,** r. Dejarse llevar por la pasión.
**Acallar,** tr. Hacer que uno deje de hablar.
**Acampanado,** adj. De forma de campana.
**Acampar,** intr. Detenerse y disponer las cosas para vivir en el campo.
**Acanalado,** adj. De forma semicilíndrica, en forma de surco, en forma de canal, en forma de estría.
**Acanallado,** adj. Como un canalla.
**Acantilado,** m. Orilla del mar, alta y con muchas rocas.
**Acanto,** m. Planta de hermosas hojas, imitada por los griegos antiguos para adornar los capiteles de las columnas.
**Acantonamiento,** m. Lugar donde viven las tropas por un cierto tiempo.
**Acantonar,** tr. Pararse las tropas en un sitio para vivir en él una temporada.
**Acaparador,** m. El que guarda más cosas de las que debe.
**Acaparamiento,** m. El acaparar alguna mercancía.
**Acaparar,** tr. Coger y guardar cosas que deberían estar distribuidas entre otros.
**Acariciar,** tr. Pasar suavemente la mano para indicar cariño a alguno. || Hacer caricias.
**Ácaro,** m. Arácnido parásito, como el que produce la sarna.
**Acarrear,** tr. Llevar en carro cosas de un sitio a otro. || V. **carro.**
**Acarreo,** m. El hecho de acarrear. || V. **carro.**
**Acartonarse,** r. Ponerse una cosa como el cartón.
**Acaso,** m. Casualidad. || adv. Por casualidad. || Quizá, tal vez. || Ver **caso.**
**Acatamiento,** m. Respeto, obediencia.
**Acatar,** tr. Respetar, obedecer.
**Acatarrarse,** r. Coger un catarro.
**Acatólico,** adj. Que no es católico.
**Acaudalado,** adj. Rico. || Que tiene mucho caudal.
**Acaudillar,** tr. Mandar, dirigir, capitanear.
**Acceder.\***

---

\*
ACADEMIA, f. *Asociación de hombres estudiosos que se proponen cultivar o difundir alguna ciencia o arte:* **Academia de la Lengua.** || *Escuela especial en la que se preparan para algunas profesiones:* **Academia de Ingenieros.** Se deriva del griego **akademeia,** que fue el jardín de Akademos, donde enseñaba Platón, uno de los más grandes filósofos del mundo. || Deriv.: **Académico.**

ACCEDER, intr. *Consentir en lo que otro quiere:* **El muchacho accedió a dejar el libro a su amigo.** || *Condescender:* **Me rogó que le creyera y accedí a creerle sin necesidad de pruebas.**

**Accesible,** *adj.* Que se puede alcanzar. || V. **acceder.** || Contr.: **Inaccesible.**
**Accésit,** *m.* Premio que se otorga después de otro.
**Acceso,** *m.* Entrada en un sitio.
**Accesoria,** *f.* Habitación abierta a la calle y no a la casa.
**Accesoriamente,** *adv.* De un modo accesorio y secundario.
**Accesorio,** *adj.* Que no es ni principal ni necesario. || Secundario. || *m.* Cosa que completa a otra aunque no sea necesaria. || V. **acceder.**
**Accidentado,** *adj.* Que ha sufrido un accidente. || Se dice del terreno con montañas que hace difícil el pasar por él.
**Accidental,** *adj.* Que no es necesario. || Contr.: **Esencial.**
**Accidentalmente,** *adv.* Casualmente. || De modo accidental.
**Accidentarse,** *r.* Producirse daño en un accidente.
**Accidente,** *m.* Cosa que ocurre sin quererlo nadie. || En Gramática: modificación de las palabras. || En un terreno: la parte más difícil de atravesar. || En los mapas: los ríos, las montañas, los cabos, etc. || Los accidentes de la Eucaristía son las cualidades propias del pan y el vino: el olor, el color, la forma y el sabor, es decir, lo que no cambia ni queda consagrado.
**Acción.***
**Accionar,** *intr.* Hacer gestos y movimientos con las manos para llamar más la atención.

**Accionista,** *com.* El que posee acciones de un comercio o industria.
**Acebo,** *m.* Arbol con hojas espinosas y madera dura.

Acebo

**Acebuche,** *m.* Olivo silvestre.
**Acechar,** *tr.* Observar a alguno sin que se dé cuenta.
**acecho (Al),** *adv.* Estar acechando.
**Acedera,** *f.* Planta que tiene sabor ácido. || En algunas partes la llaman **vinagrera.** || Crece en los sembrados.
**Acedía,** *f.* Malestar en el estómago por ponerse agria la comida.
**Acéfalo,** *adj.* Que no tiene cabeza. || Como la almeja, por ejemplo.
**Aceite.***
**Aceitera,** *f.* Cacharro para tener el aceite.

---

*   Viene del latín **accedere,** que significa 'acercarse'. || *Deriv.*: **Accesible, acceso, accesorio, accésit.**
Acción, f. Lo que hace uno: *Las buenas acciones se alaban.* || Hecho: *Fue una acción heroica.* || Actividad: *El volcán está en acción.* || Fuerza y energía: *El hierro se dilata por la acción del calor.* || Papel o documento en el que se expresa cuánto dinero tiene uno en un negocio o empresa que es también de otros muchos: *Tengo 1.000 pesetas en acciones de la Telefónica.*
    Viene del latín **actio,** *que significa* 'acción, obra'. || *Deriv.*: **Accionar, accionista, reacción, reaccionar, reaccionario, reactivo.** || *Contr.*: **Pasión.**
Aceite, m. Líquido con mucha grasa que se obtiene de algunos frutos y semillas, principalmente de la aceituna: *A la ensalada le falta un poco de aceite.* || Grasa líquida que se saca de algunos animales, como la ballena: *De una ballena azul se sacan hasta treinta toneladas de aceite.*

**Aceitero,** adj. Que se refiere al aceite. ‖ m. Vendedor o negociante en aceites.
**Aceitoso,** adj. Que tiene demasiado aceite. ‖ Que mancha como el aceite.
**Aceituna,** f. Fruto del olivo, de donde se extrae el aceite.
**Aceitunado,** adj. De color verdoso, como la aceituna antes de madurar.
**Aceitunero,** m. El que coge o vende aceitunas.
**Aceleración,** f. El hecho de acelerar. ‖ Aumento de velocidad en cada segundo.
**Aceleradamente,** adv. Con precipitación, cada vez más rápido y ligero.
**Acelerador,** m. Lo que sirve para acelerar. ‖ Mecanismo para aumentar más y más las revoluciones del motor.
**Acelerar.\***
**Acelga,** f. Planta de huerta cuyas hojas se comen una vez guisadas convenientemente. ‖ Parece **espinaca,** pero no lo es.
**Acémila,** f. Mula que se utiliza para llevar carga de un lado a otro.
**Acemilero,** m. El encargado de transportar cosas con las acémilas.
**Acendrado,** adj. Fino, puro, de buena calidad.
**Acento,** m. Modo particular de hablar que tienen las personas. ‖ La ma-

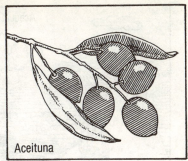

Aceituna

yor fuerza con que se pronuncia una sílaba de una palabra. ‖ Especie de coma que se pone encima de una vocal para indicar que su sílaba se ha de pronunciar con más fuerza que las demás.
**Acentuación,** f. El acentuar.
**Acentuar.\***
**Acepción,** f. Cada uno de los significados de una palabra.
**Acepillar,** tr. Dejar lisa una madera pasándole repetidamente un cepillo de carpinteros. ‖ Cepillar.
**Aceptable,** adj. Que se puede aceptar.
**Aceptación,** f. El hecho de recibir o aceptar una cosa.
**Aceptar.\***
**Acequia,** f. Canal pequeño que se hace para regar el campo.
**Acera,** f. Orilla de la calle, un poco

---

\*

Se deriva del árabe *zeit,* que también significa 'aceite'. ‖ *Deriv.:* **Aceitera, aceitero, aceitoso, aceituna, aceitunado, aceitunero.** ‖ *La palabra latina que significa aceite es* **oleum;** *de ella se derivan muchas palabras castellanas que se refieren al aceite, como* **óleo, oleaginoso, olivo.**

ACELERAR, tr. *Hacer que una cosa vaya cada vez más de prisa:* **Si quieres ser conductor de primera, acelera, acelera...**
Viene del latín **accelerare,** *que quiere decir «apresurarse, darse prisa, andar más rápido».* ‖ *Deriv.:* **Aceleración, aceleradamente, acelerador.**

ACENTUAR, tr. *Poner acento:* **Todas las palabras esdrújulas se acentúan.** ‖ r. *Aumentarse:* **Se le acentuó la enfermedad.**
Viene del latín **accentus** («acento») *que a su vez se deriva del verbo* **canere** («cantar»). ‖ *Deriv.:* **Acentuación, acento.**

ACEPTAR, tr. *Recibir, admitir:* **Aceptó el regalo.** ‖ *Tomar como buena una cosa:* **Le aceptó como empleado.** ‖ *Comprometerse a pagar:* **Aceptar una letra del Banco.**
Viene del latín **acceptare,** *derivado de* **accipere,** *que a su vez viene de* **capere,** *que significa 'coger'.* ‖ *Deriv.:* **Aceptable, aceptación.** ‖ *Contr.:* **Rechazar.**

Acequia

más levantada que el centro, por donde pueden pasar las personas. || Fila de casas a cada lado de una calle.

**Acerado,** *adj.* De acero o parecido a él. || Duro, resistente.

**Acerbo,** *adj.* Acido, cruel, desagradable. || Aspero y agrio al mismo tiempo.

**Acerca de,** *adv.* Alrededor, refiriéndose a algo.

**Acercamiento,** *m.* El hecho de ir acercándose dos cosas.

**Acercar,** *tr.* Poner una cosa más cerca de otra. || Aproximar. || V. **cerca.** || Contr.: **Alejar.**

**Acerico,** *m.* Especie de almohadilla para poner agujas y alfileres.

**Acero,** *m.* Hierro que contiene una pequeña cantidad de carbón, el cual le hace mucho más duro y resistente.

**Acérrimamente,** *adv.* De modo acérrimo. || Con mucho tesón.

**Acérrimo,** *adj.* Muy áspero y picante. || Muy fuerte o muy tenaz.

**Acertadamente,** *adv.* Con acierto, con habilidad. || Contr.: **Equivocadamente.**

**Acertado,** *adj.* Bueno, conveniente, oportuno. || V. **acertar.**

**Acertar,** *tr.* Tirar algo a un sitio y dar en ese sitio. || Averiguar. || Hallar la forma más conveniente de hacer algo. || Hacer con acierto una cosa. V. **cierto.**

**Acertijo,** *m.* Adivinanza para que otro acierte algo. || Un ejemplo: «Oro parece, plata no es. ¿Qué es?»

**Acervo,** *m.* Montón.

**Acetato,** *m.* Sal química derivada del ácido acético; es muy usado como disolvente de lacas y barnices.

**Acético,** *adj.* Que se refiere al vinagre.

**Acetre,** *m.* Calderillo, caldero pequeño con agua bendita.

**Aciago,** *adj.* De mala suerte, triste, desfavorable.

**Acíbar,** *m.* Sustancia muy amarga.

**Acicalado,** *adj.* Muy arreglado y compuesto.

**Acicalarse,** *r.* Adornarse, arreglarse.

**Acicate,** *m.* Espuela. || Algo que le impulsa a uno a hacer una cosa.

**Acicular,** *adj.* De figura de aguja, en forma de fibra delgada.

**Acidez,** *f.* Cualidad que tienen las cosas ácidas. || Amargor.

**Acidia,** *f.* Pereza y disgusto por las cosas buenas.

**Acidificar,** *tr.* Hacer ácida una cosa.

**Ácido,** *adj.* De sabor de vinagre.

**Acierto,** *m.* El hecho de acertar. || Tino, puntería, habilidad, éxito. || V. **cierto.**

**Ácimo,** *adj.* Sin levadura; ázimo.

**Aclamación,** *f.* Grito, palabra o frase para mostrar entusiasmo por alguna persona o por alguna hazaña.

**Aclamar,** *tr.* Gritar en favor de algo. || Aplaudir.

**Aclaración,** *f.* El hecho de aclarar. || Explicación.

**Aclarar,** *tr.* Hacer más clara una cosa, dar más luz a una cosa. || Explicar una cosa que no se entiende. || Poner en claro un asunto. || V. **claro.** || Contr.: **Oscurecer.**

**Aclaratorio,** *adj.* Que aclara.

**Aclimatación,** *f.* El hecho de aclimatar o aclimatarse. || Adaptación.

**Aclimatar,** *tr.* Acostumbrar a una persona, a un animal o a una planta a vivir en un sitio en que antes no vivía.

**Acobardar,** *tr.* Poner cobarde a uno. || Hacer que coja miedo.

**Acodado,** *adj.* Doblado en forma de codo.

**Acodarse,** *r.* Ponerse de codos sobre una cosa.

**Acogedor,** *adj.* Agradable, que da gusto estar allí.

**Acoger,** tr. Recibir a alguno. || Protegerle. || V. **coger.**
**Acogida,** f. El hecho de recibir bien a alguien. || V. **coger.**
**Acogotar,** tr. Dar un golpe en el cogote. || Acobardar.
**Acolchado,** adj. Que tiene por dentro lana, algodón u otra fibra.
**Acólito,** m. Monaguillo. || El que ayuda al sacerdote cuando dice misa o celebra funciones religiosas.
**Acometedor,** adj. Decidido. || Valiente para hacer una cosa.
**Acometer,** tr. Empezar a hacer algo difícil. || Atacar a alguien. || Embestir. || Intentar.
**Acometida,** f. El hecho de acometer o atacar. || Ataque, embestida.
**Acometividad,** f. Furia y arrojo del que está acometiendo o atacando a otro.
**Acomodación,** f. El colocarse en un sitio para estar a gusto. || Adaptación.
**Acomodado,** adj. Rico. || Que tiene bastantes comodidades.
**Acomodador,** m. El encargado de acomodar. || Se dice especialmente de los acomodadores de los cines o teatros.
**Acomodar,** tr. Colocar a alguien para que esté a gusto. || Colocar las cosas como deben estar. || Amoldar.
**Acomodo,** m. Empleo. || Comodidad. || Conveniencia.
**Acompañado,** adj. Unido. || Que va con otro. || V. **compañía.**
**Acompañamiento,** m. Conjunto de personas que va con alguien. || Cortejo. || Música que acompaña a la principal.
**Acompañante,** adj. Que acompaña a otro.
**Acompañar,** tr. Estar o ir con otro a algún sitio. || Unir. || V. **compañía.**
**Acompasadamente,** adv. Con lentitud pero con ritmo.
**Acompasado,** adj. Lento. || Rítmico.
**Acondicionado,** adj. Puesto de manera conveniente. || Se llama **aire acondicionado** aquel que tiene una temperatura y humedad agradables, gracias a un aparato que lo ha puesto así.
**Acondicionador, ra,** adj. Que acondiciona. || m. Aparato para acondicionar o climatizar un espacio limitado.

Acondicionador

**Acondicionar,** tr. Poner una cosa de la manera más conveniente.
**Acongojado,** adj. Triste, lloroso, afligido, lleno de congoja.
**Acongojar,** tr. Entristecer a alguno, molestar, atribular.
**Aconsejable,** adj. Que se puede aconsejar. || Que se debe aconsejar.
**Aconsejar,** tr. Dar consejo. || Decir a otro lo que debe hacer, o lo que puede hacer. || V. **consejo.**
**Acontecer.**\*
**Acontecimiento,** m. Hecho ocurrido. || Suceso de alguna o mucha importancia. || V. **acontecer.**
**Acopiar,** tr. Coger, acaparar, reunir, en gran cantidad. || V. **copia.**
**Acopio,** m. Montón de cosas, recogidas. || Acumulación. || V. **copia.**
**Acoplamiento,** m. El hecho de acoplar. || Enlace, unión, engranaje, conexión.
**Acoplar,** tr. Poner varias cosas juntas de tal manera que estén bien. || Enlazar, unir.

---

\* Acontecer, intr. Ocurrir una cosa, acaecer, suceder: *Aconteció en el siglo IV.* Viene del latín **contingere,** que significa 'tocar, suceder'. || Deriv.: **Acontecimiento, contingente** (lo que puede o no suceder), **contingencia, cariacontecido** (el que tiene cara de haberle acontecido algo raro).

**Acoquinar,** tr. Acobardar a uno, meterle miedo para que no haga algo.
**Acorazado,** adj. Que tiene una coraza que le protege. || m. Se dice especialmente de los grandes buques de guerra, que llevan enormes planchas de acero para defenderse de los ataques del enemigo.
**Acorchado,** adj. Esponjoso como un corcho.
**Acordar.\***
**Acorde,** adj. Conforme. || Que está de acuerdo con algo. || Contr.: **Discorde.**
**Acordeón,** m. Instrumento de música que se toca haciendo entrar y salir el aire de un fuelle.

Acordeón

**Acordeonista,** com. El que toca el acordeón.
**Acordonar,** tr. Rodear un sitio para que la gente no pueda entrar ni salir de él. || Sujetar algo con un cordón.
**Acorralar,** tr. Guardar un rebaño en un corral. || Rodear a uno para obligarle a hacer lo que se quiera de él, o para que no se escape.
**Acortar,** tr. Hacer más corta una cosa. || Hacer que algo dure menos. || Contr.: **Alargar.**
**Acosar,** tr. Perseguir sin dar descanso.
**Acoso,** m. El hecho de acosar.
**Acostar,** tr. Tumbar o tender a alguien para que duerma o descanse. || r. Especialmente tumbarse para dormir.
**acostumbrado (Lo).** Lo que se suele hacer corrientemente.
**Acostumbrar,** tr. Hacer que otro coja una costumbre. || intr. Tener cierta costumbre. || V. **costumbre.**
**Acotación,** f. Nota o apunte que se pone al margen de algunos escritos.
**Acotamiento,** m. El hecho de acotar.
**Acotar,** tr. Poner una señal para que se vea bien una cosa.
**Acre,** adj. Agrio al gusto y al olfato. || Aspero y picante.
**Acrecentar,** tr. Hacerse una cosa más grande. || Aumentar.
**Acreditado,** adj. Que la gente tiene confianza en él. || Que es de crédito, que tiene buena fama.
**Acreditar,** tr. Demostrar que una cosa debe creerse. || Garantizar.
**Acreditativo,** adj. Que sirve para acreditar.
**Acreedor,** m. Persona a quien otro le debe algo. || V. **deudor.**
**Acremente,** adv. De un modo áspero y desagradable.
**Acribillar,** tr. Hacer muchos agujeros en una cosa. || Poner algo como una criba.
**Acrilato,** m. Sal o éster del ácido acrílico.
**Acrílico,** adj. Dícese de los productos obtenidos del ácido acrílico y usados en la industria.
**Acrimonia,** f. Mal genio.
**Acrisolar,** tr. Purificar un metal en un crisol.
**Acristianar,** tr. fam. Bautizar.
**Actitud,** f. Mal genio.
**Acrobacia,** f. Conjunto de habilidades y ejercicios que ejecutan los acróbatas.
**Acróbata,** com. Equilibrista. || Hom-

---

\*
ACORDAR, tr. Ponerse de acuerdo, convenir, determinar entre varios lo que hay que hacer: *La comisión encargada acordó el programa de festejos.* || r. Recordar: *Ahora me acuerdo.*
   Viene del latín **accordare**, derivado de **cor, cordis**, 'corazón'. Por esto acordar significa propiamente 'poner juntos los corazones', o sea 'pensar o sentir lo mismo'. || Deriv.: **Acorde, acuerdo, desacuerdo.**

bre o mujer que da saltos y hace movimientos muy difíciles.

**Acrónimo,** *m.* Palabra o rótulo formado por las iniciales de un título más largo. OMS (Organización Mundial de la Salud).

**Acrópolis,** *f.* Parte de las antiguas ciudades griegas que estaba situada en un alto y en la cual se edificaban los monumentos más importantes.

**Acróstico,** *m.* Palabra o frase que a veces se puede formar con las iniciales de varios renglones consecutivos.

**Acta,** *f.* Escrito en el que se dice lo que se ha tratado en una reunión.

**Actinia,** *f.* Anémona de mar, estrella de mar o cualquier otro animal marino invertebrado en forma de flor.

**Actitud,**\*

**Activamente,** *adv.* Pronto, rápido, con eficacia, con actividad.

**Activar,** *tr.* Hacer que una cosa se haga o vaya más de prisa.

**Actividad,** *f.* Trabajo, movimiento. ‖ Prontitud, dinamismo. ‖ V. **acto.**

**Activo,** *adj.* Que hace cosas. ‖ Diligente. ‖ En actividad, en acción, haciendo algo. ‖ V. **acto.**

**Acto.**\*

**Actor,** *m.* Comediante. ‖ Persona que se dedica a representar obras en teatro o en el cine o en la televisión.

**Actriz,** *f.* Mujer que se dedica a representar obras en el teatro o en el cine o en la televisión.

**Actuación,** *f.* Lo que uno hace en cierto tiempo o lugar.

**Actual,** *adj.* Que existe en este mo-

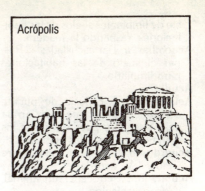

Acrópolis

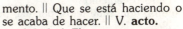

mento. ‖ Que se está haciendo o se acaba de hacer. ‖ V. **acto.**

**Actualidad,** *f.* El momento presente. ‖ V. **acto.**

**Actualizar,** *tr.* Poner al día una cosa.

**Actualmente,** *adv.* Hoy. ‖ Ahora. ‖ En este tiempo. ‖ V. **acto.**

**Actuar,** *intr.* Obrar, hacer algo. ‖ V. **acto.**

**Actuario,** *m.* Persona entendida en cálculos de seguros.

**Acuarela,** *f.* Cuadro pintado con pintura diluida en agua.

**Acuarelista,** *com.* El que hace acuarelas.

**Acuario,** *m.* Cacharro con agua en el que se crían peces.

**Acuartelamiento,** *m.* El hecho de acuartelar. ‖ Lugar donde se acuartelan las tropas.

**Acuartelar,** *tr.* Meter las tropas en los cuarteles.

**Acuático,** *adj.* Que es de agua o se refiere a ella. ‖ Que vive en el agua.

**Acuciar,** *tr.* Incitar a uno para que haga algo.

**Acuchillador,** *m.* El que tiene el ofi-

---

\*

Actitud, f. *Postura del cuerpo humano que indica alguna cualidad o sentimiento:* **Actitud amistosa.** *Disposición del ánimo para hacer o no hacer una cosa:* **Actitud amenazadora.**

　　*Procede del latín a través de la palabra italiana* **attitudine,** *que significa 'postura, actitud'.*

Acto, m. *Lo que se hace, acción, hecho:* **Dar limosna es un acto de caridad.** ‖ *Cada una de las partes principales en que se divide una obra de teatro:* **Se representa una comedia en tres actos.**

　　*Viene del latín* **actus** *'acto', que se deriva del verbo* **agere,** *'obrar'.* ‖ *Deriv.:* **Acción, acta, actuación, actual, actuar, activo, activar, actividad, actor, actriz.** ‖ *Del mismo verbo* **agere** *se derivan* **agencia, ágil, agilidad** *y* **agitar.**

cio de limpiar los suelos de las habitaciones, raspando la madera.

**Acuchillar,** *tr.* Dar cuchilladas. || Raspar el suelo de las habitaciones para limpiarlo.

**Acudir.** *

**Acueducto,** *m.* Especie de puente construido para que por arriba pase el agua y pueda ir desde los manantiales hasta las ciudades.

**Acuerdo,** *m.* Decisión tomada entre varios. || V. **acordar.**

**Acular,** *intr.* Retroceder un animal, carro o vehículo.

**Acullá,** *adv.* Muy lejos, por allí, por allá.

**Acumulación,** *f.* El hecho de acumular. || Amontonamiento.

**Acumulador,** *adj.* Que acumula. || *m.* Aparato que almacena energía eléctrica o mecánica. Ejemplos: la batería de un coche, una pila de linterna, etc.

**Acumular,** *tr.* Juntar muchas cosas. || Almacenar.

**Acumulativo, va,** *adj.* Perteneciente o relativo a la acumulación; que procede por acumulación.

**Acunar,** *tr.* Mecer a un niño en su cuna.

**Acuñación,** *f.* El hecho de acuñar.

**Acuñar,** *tr.* Poner un cuño a una pieza de metal.

**Acuoso,** *adj.* Que tiene agua.

**Acurrucarse,** *r.* Ponerse como un ovillo, encogerse.

**Acusación,** *f.* El hecho de acusar. || Denuncia, chivatazo.

**Acusado,** *m.* Persona a quien se acusa.

Acueducto

**Acusador,** *m.* El que acusa.

**Acusar.** *

**Acusativo,** *m.* Caso gramatical que indica la cosa o persona que recibe la acción del verbo. || Es el caso del complemento directo.

**Acuse de recibo,** *m.* Aviso o declaración por escrito de que acaban de entregarle a uno alguna cosa, generalmente una carta.

**Acusica,** *m.* Chivato, soplón.

**Acústica,** *f.* Parte de la física que estuida los sonidos.

**Acutángulo,** *adj.* Que tiene todos sus ángulos agudos.

**Achacar,** *tr.* Atribuir, imputar. || Decir de una cosa o persona que tiene la culpa de algo.

**Achacoso,** *adj.* Que padece enfermedades, o achaques.

**Achantarse,** *r.* Callarse o aguantarse mientras dura el peligro.

**Achaque,** *m.* Enfermedad, molestia, si son habituales. || Excusa, pretexto.

---

*

ACUDIR, *intr.* Ir a un sitio: **Acudir a la reunión.** || Ir en socorro de alguien: **Acudió allí a la voz de ¡fuego!** || Recurrir a otro para pedirle protección y ayuda: **Solemos acudir al médico cuando nos sentimos enfermos.**
   Viene del antiguo verbo castellano **recudir,** y éste del latín **recutere,** que signifca «rebotar, ir a botar a un sitio determinado». || *Deriv.:* **Acudimiento.**

ACUSAR, *tr.* Decir de alguien que ha hecho una mala acción: **Le acusó de haber robado, le denunció.** || Avisar de que se ha recibido una carta o cosa semejante: **Le acusó recibo del paquete.** || *r.* Confesarse uno y decir sus propias culpas y pecados: «**Padre, me acuso de...**»
   Viene del latín **accusare,** que a su vez se deriva de **causa.** Por esto acusar significa propiamente 'decir de alguien que es causa de algo'. || *Deriv.:* **Acusación, acusador, acusativo, excusa, recusación, recusar.** || *Contr.:* **Excusar.**

**Acharado,** *adj.* Azarado y aturdido.
**Achatado,** *adj.* Que le han dejado chato. || Aplastado.
**Achatamiento,** *m.* Abolladura que resulta al achatarse una cosa.
**Achatar,** *tr.* Dejar chata una cosa. || Aplastar.
**Achicar,** *tr.* Menguar el tamaño de alguna cosa. || Hacer callar a uno, acobardarle.
**Achicoria,** *f.* Planta cuyas hojas y raíces, tostadas y molidas se suelen utilizar para mezclarlas con el café.
**Achicharrar,** *tr.* Quemar demasiado una cosa.
**Achispado,** *adj.* Un poco borracho.
**Achuchar,** *tr.* Incitar a uno a que vaya contra otro.
**Achuchón,** *m.* Empujón.
**Adagio,** *m.* Refrán, proverbio. Ejemplo: «Si un ciego guía a otro ciego, ambos caen en el hoyo.»
**Adalid,** *m.* Jefe, campeón, caudillo.
**Adamascado,** *adj.* Labrado con dibujos, como una tela de Damasco.
**Adán,** *m. fig.:* Hombre sucio y descuidado.
**Adaptable,** *adj.* Que se puede colocar con otras cosas.
**Adaptación.**\*
**Adaptar,** *tr.* Preparar a una cosa o persona para que esté bien con otras. || *r.* Acomodarse, amoldarse.
**Adarga,** *f.* Escudo de cuero que utilizaban los guerreros antiguos para defenderse.
**Adarme,** *m.* Una cantidad pequeñísima.
**Adecentar,** *tr.* Limpiar. || *r.* Ponerse o vestirse con decencia.
**Adecuado,** *adj.* Propio o conveniente en una situación. || Apropiado. || V. **igual.**
**Adecuar,** *tr.* Acomodar una cosa a otra.
**Adefesio,** *m.* Cosa extravagante, un mamarracho.

**Adelantado,** *adj.* Que ha hecho una cosa antes de lo que se pensaba. || Que va por delante de los demás.
**Adelantamiento,** *m.* El hecho de adelantar o adelantarse.
**Adelantar,** *tr.* Ponerse delante. || Dejar a otros atrás. || Progresar. || Avanzar. || Contr.: **Retrasar.** || V. **adelante.**
**Adelante,** *adv.* Más allá. || Por delante, el primero. || V. **delante.**
**¡Adelante!** Interjección que se usa para mandar o permitir que uno eche a andar o siga haciendo algo, o pase, entre, etc.
**Adelanto,** *m.* Progreso, el hecho de ponerse delante.
**Adelfa,** *f.* Arbusto muy parecido al laurel; es venenoso.
**Adelgazamiento,** *m.* El adelgazar, el ponerse cada vez más delgado.
**Adelgazar,** *tr.* Ponerse más delgado. || Hacer una cosa más delgada. || Contr.: **Engordar.**
**Ademán,** *m.* Gesto, || *pl.* Modales.
**Además,** *adv.* Todavía más. || V. **más.**
**Adentrarse,** *r.* Entrar más adentro.

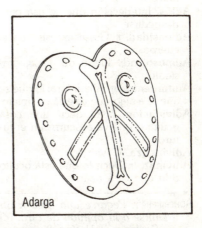

Adarga

---

\* **A**DAPTACIÓN, *f. La acción y el resultado de adaptar o adaptarse. Cambio por el cual un animal o una persona se acomodan a las circunstancias que les rodean y al cambio de ambiente:* **La adaptación es necesaria para vivir pacíficamente con los demás.**

*Procede del latín* **aptus,** *que significa 'apto, capaz de estar en un lugar o de hacer algo'. Propiamente adaptarse es igual que hacerse apto.* || Contr.: **Inadaptación, desadaptación.** *Lo contrario de* **apto** *es* **inepto, incapaz.**

**Adentro,** *adv.* Dentro. ‖ Metido en un sitio. ‖ En el interior.
**Adepto,** *adj.* Que sigue una doctrina religiosa, política, etc. ‖ Partidario.
**Aderezar,** *tr.* Adornar. ‖ Preparar la comida.
**Aderezo,** *m.* Conjunto de adornos.
**Adeudar,** *tr.* Deber algo.
**Adherencia,** *f.* El hecho de pegarse una cosa a otra.
**Adherido,** *adj.* Pegado.
**Adherirse.\***
**Adhesión,** *f.* El hecho de adherirse. ‖ El apuntarse para hacer algo. ‖ Unión.
**Adhesivo,** *adj.* Que pega.
**Adición,** *f.* El hecho de sumar. ‖ La operación de sumar.
**Adicional,** *adj.* Que se junta o añade a otra cosa.
**Adicionar,** *tr.* Unir. ‖ Sumar.
**Adicto,** *adj.* Aficionado. ‖ Que está unido a alguna persona o entidad. ‖ Adepto.
**Adiestramiento,** *m.* Preparación mientras uno aprende a hacer algo.
**Adiestrar,** *tr.* Preparar para algo. ‖ *r.* Hacerse uno más diestro.
**Adinerado,** *adj.* Que tiene mucho dinero.
**Adiós.** Interjección que se usa para despedirse.
**Adiposidad,** *f.* Grasa excesiva en el cuerpo.
**Adiposo,** *adj.* Lleno de grasa, grasiento.
**Aditamento,** *m.* Añadidura, lo que se añade a algo que ya está completo.
**Adivinación,** *f.* El decir una cosa oculta o que va a ocurrir en el futuro.
**Adivinanza,** *f.* Acertijo.
**Adivinar,** *tr.* Decir lo que está oculto o lo que va a ocurrir.

Adivino

**Adivino,** *m.* El que adivina. ‖ El que dice lo que va a ocurrir.
**Adjetivar,** *tr.* Poner un adjetivo o varios. Adjetivar bien es un arte que se debe aprender.
**Adjetivo,** *m.* Palabra que sirve para decir cómo son las cosas o cuántas cosas hay.
**Adjudicación,** *f.* El hecho de adjudicar.
**Adjudicar,** *tr.* Dar a una persona algo que habían pedido varias. ‖ Declarar a quién pertenece alguna cosa. ‖ Entregar, dar. ‖ V. **juez.**
**Adjuntar,** Decir mejor «acompañar o remitir».
**Adjunto,** *adj.* Que trabaja unido a un superior. ‖ Que va unido a otra cosa.
**Adminículos,** *m. pl.* Objetos o herramientas que se preparan, o llevan, en prevención, por si hacen falta.
**Administración,** *f.* La ciencia de administrar. ‖ La oficina del administrador. ‖ El hecho de administrar. ‖ V. **administrar.**
**Administrador,** *m.* El que cuida de los bienes de otro o de un negocio, etcétera.
**Administrar.\***

---

\* **A**DHERIRSE, *r. Pegarse una cosa a otra:* **El barro se adhiere a los zapatos.** ‖ *Unirse a la opinión de otro:* **Me adhiero a lo que tú dices.**
   Se deriva del latín **adhaerere**, *que significa 'estar pegado'.* ‖ *Derivados:* **Adherencia, adherente, adhesión, adhesivo, coherente, cohesión, inherencia, inherente.** ‖ *Contr.:* **Desprender.**
**A**DMINISTRAR, *tr. Gobernar:* **Administrar la república.** ‖ *Cuidar del empleo de los bienes que uno tiene:* **Administra bien su hacienda.**
   *Viene del latín* **minister,** *que quiere decir 'servidor'. Por esto administrar significa propiamente 'servir'.* ‖ *Deriv.:* **Administración, administrador, administrativo.** ‖ *De la misma palabra* **minister** *se derivan* **menesteroso, menestra** *(lo que se sirve a la mesa),* **ministerio, ministro.**

**Administrativo,** *adj.* Que se refiere a la administración. ‖ V. **administrar.**
**Admirable,** *adj.* Bueno, hermoso, digno de admiración. ‖ V. **mirar.**
**Admirablemente,** *adv.* Muy bien. ‖ V. **mirar.**
**Admiración,** *f.* El hecho de admirar o admirarse. ‖ V. **mirar.**
**Admirador,** *m.* El que admira. ‖ V. **mirar.**
**Admirar,** *tr.* Mirar con entusiasmo una cosa. ‖ V. **mirar.**
**Admisible,** *adj.* Que se puede admitir.
**Admisión,** *f.* Recibir a una perona en una sociedad. ‖ Recibir alguna cosa. ‖ La acción de admitir.
**Admitido,** *adj.* Aceptado, recibido. ‖ V. **meter.**
**Admitir,** *tr.* Recibir una cosa o a una persona y ponerla con nosotros. ‖ Aceptar. ‖ Permitir. ‖ V. **meter.** ‖ Contr.: **Despedir, expulsar, rechazar.**
**Admonición,** *f.* Advertencia. ‖ Amonestación.
**Adobar,** *tr.* Preparar los alimentos con algunas sustancias para que duren más.

Adobe

**Adobe,** *m.* Masa de barro en forma de ladrillo y puesta a secar al sol.
**Adobo,** *m.* Condimento. ‖ Sustancias que se utilizan para que los alimentos se conserven más tiempo.
**Adocenado,** *adj.* Vulgar, ordinario, de poquísimo mérito, porque como él hay docenas.
**Adoctrinar,** *tr.* Enseñar.
**Adolecer,** *intr.* Sufrir de algo. ‖ Tener defectos.
**Adolescencia,** *f.* Período de la vida humana que viene después de la niñez.
**Adolescente,** *com.* El muchacho que está en la adolescencia.
**Adonde,** *adv.* A qué parte, hacia qué lugar, hacia donde.
**Adonis,** *m. fig.* Joven guapetón y hermoso.
**Adopción,** *f.* El hecho de adoptar.
**Adoptante,** *m.* El que adopta.
**Adoptar,** *tr.* Tomar como propia una cosa que antes no lo era.
**Adoptivo,** *adj.* Que ha sido adoptado.
**Adoquín,** *m.* Pedazo de piedra que se utiliza para el suelo de las calles o carreteras. ‖ Torpe. ‖ Bruto.
**Adoquinar,** *tr.* Poner una calle o carretera empedrada con adoquines.
**Adorable,** *adj.* Bueno. ‖ Bonito. ‖ Digno de adoración.
**Adoración,** *f.* Culto que se da a Dios.
**Adorador,** *m.* El que adora.
**Adorar,** *tr.* Reconocer que Dios está por encima de todo. ‖ V. **orar.**
**Adormecedor,** *adj.* Que da ganas de dormir. ‖ Calmante.
**Adormecer,** *tr.* Hacer que alguien se duerma.
**Adormecimiento,** *m.* Sueño del que está empezando a dormirse.
**Adormilado,** *adj.* Medio dormido. ‖ Medio atontado.
**Adornado,** *adj.* Lleno de adornos. ‖ Preparado.
**Adornar.\***
**Adorno,** *m.* Lo que sirve para que una cosa esté más bonita.
**Adosar,** *tr.* Poner una cosa junto a otra o apoyada en ella.

---
\*

ADORNAR, *tr. Poner adornos en una cosa o persona:* **Adornarse es engalanarse.** ‖ *Haber en una persona algo excelente:* **Está adornado con un carácter alegre.**
    Viene del latín **ornare**, que significa 'adornar, preparar'. ‖ Derivado: **Adorno.** ‖ De la misma raíz latina vienen **exornar, ornamentación, ornamento, ornato.**

**Adquirir.\***
**Adquisición,** *f.* El hecho de adquirir algo. ‖ V. **adquirir.**
**Adquisitivo,** *adj.* Que sirve para adquirir.
**Adrede,** *adv.* Con intención. ‖ De propósito, a sabiendas, queriendo.
**Adrenalina,** *f.* Sustancia producida por unas glándulas que están sobre los riñones, sin la cual la sangre tendría poca tensión y además no coagularía bien.
**Adriático,** *adj.* Que forma el golfo de Venecia.
**Adscribir,** *tr.* Unir una cosa a otra para un trabajo determinado.
**Adscripción,** *f.* El hecho de adscribir.
**Adscrito,** *adj.* Unido a una persona o grupo para trabajar con él.
**Aduana,** *f.* Oficina para cobrar los impuestos de las mercancías que vienen del extranjero.

Aduana

**Aduanero,** *m.* Empleado en una aduana.
**Aduar,** *m.* Campamento de árabes nómadas, o de gitanos.
**Aducir,** *tr.* Dar una razón para defender lo que hemos dicho.
**Adueñarse,** *r.* Hacerse dueño de una cosa.
**Adulación,** *f.* El hecho de adular.
**Adulador,** *adj.* El que adula.
**Adular,** *tr.* Alabar a uno cuando está delante, hacerle la pelotilla.
**Adulteración,** *f.* El hecho de adulterar.
**Adulterar,** *tr.* Estropear una cosa, echándole otra distinta sin que se note, o falsificándola.
**Adulterio,** *m.* Pecado entre la mujer casada y un hombre que no es su marido.
**Adúltero,** *m.* El que comete adulterio.
**Adultez,** *f.* Condición de adulto; edad adulta.
**Adulto,** *m.* Hombre o animal que ha llegado a la edad en la cual se está completamente desarrollado.
**Adunar,** *tr.* Unir, juntar, unificar los esfuerzos.
**Adusto,** *adj.* Con gesto de mal humor.
**Advenedizo,** *adj.* Que ha llegado a ocupar una posición sin méritos suficientes.
**Advenimiento,** *m.* El hecho de que algo ocurra o venga.
**Advenir,** *intr.* Ocurrir, venir o llegar.
**Adventicio,** *adj.* Se le llama así a cualquier tallo secundario y extraño.
**Adverbial,** *adj.* Que se refiere al adverbio. ‖ **Modo adverbial,** es un conjunto de palabras que hace el oficio de un adverbio.
**Adverbio,** *m.* Palabra que se emplea para decir en qué condiciones realiza sus funciones el verbo.
**Adversario,** *m.* Enemigo, contrario.
**Adversativo,** *adj.* Que indica oposición.
**Adversidad,** *f.* Mala suerte, infortunio.
**Adverso,** *adj.* Contrario, desfavorable.
**Advertencia,** *f.* Cosa que se le dice a alguien para que sepa lo que debe hacer. ‖ V. **advertir.**
**Advertir.\***

---

\*
Adquirir, tr. Hacerse dueño de una cosa: *En la tienda adquirió unos zapatos.* ‖ Ganar o conseguir algo con el propio esfuerzo: *Adquirió mucha fama.*
    Viene del latín **quaerere,** 'buscar, pedir'. ‖ Deriv.: **Adquisición, adquisitivo.** ‖ De la misma raíz vienen **inquirir, inquisición, requerimiento, requerir, requisa.**
Advertir, tr. Fijar la atención en algo: *Advirtió que estaba anocheciendo.* ‖ Llamarle a otro la atención y aconsejarle algo: *Te lo estoy advirtiendo.*
    Viene del latín **vertere,** que significa 'girar, dar vuelta, cambiar'. ‖ De-

**Adviento,** *m.* Primera parte del año cristiano, en la cual la Iglesia se prepara para el nacimiento del Señor. Es por diciembre.
**Advocación,** *f.* Patrocinio. ‖ Título o nombre que se da a un templo, o a una imagen de la Virgen María. ‖ Nombre bajo el cual se coloca una persona para tener quien le proteja. ‖ V. **abogado.**
**Adyacente,** *adj.* Que está cerca de algo, que está al lado.
**Aéreo,** *adj.* Que se refiere al aire o se hace en el aire. ‖ V. **aire.**
**Aerobio,** *m.* Cualquier ser vivo que necesite aire para vivir. Lo contrario de **anaerobio.**
**Aeródromo,** *m.* Lugar dispuesto para el aterrizaje de los aviones. ‖ Campo de aviación.
**Aerofobia,** *f.* Temor al aire, síntoma de algunas enfermedades nerviosas.
**Aerolito,** *m.* Mineral que a veces atraviesa la atmósfera y cae a la Tierra.
**Aeromancia,** *f.* Arte de adivinar lo que va a ocurrir mirando a las señales del aire.
**Aerómetro,** *m.* Instrumento para medir la densidad del aire.
**Aeromodelismo,** *m.* Técnica y arte de hacer maquetas experimentales de futuros aviones y aeronaves.
**Aeronauta,** *m.* El que navega por el aire, dentro de una aeronave o en contacto con ella.
**Aeronáutica,** *f.* Ciencia de la navegación aérea.
**Aeronáutico,** *m.* Que se refiere a los viajes por el aire.
**Aeronave,** *f.* Aparato que sirve para viajar por el aire.
**Aeroplano,** *m.* Aparato con alas para viajar por el aire. ‖ Avión antiguo.
**Aeropuerto,** *m.* Lugar destinado para

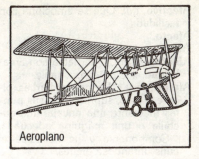

Aeroplano

que los aeroplanos y aviones aterricen y despeguen.
**Aerostático,** *adj.* Que se refiere a la navegación aérea.
**Afabilidad,** *f.* Bondad y amabilidad al tratar a otras personas.
**Afable,** *adj.* Cariñoso. ‖ Que habla con cariño a la gente.
**Afablemente,** *adv.* Con bondad, agrado y amabilidad.
**Afamado,** *adj.* Que es muy conocido. ‖ Famoso.
**Afán.\***
**Afanar,** *intr. y r.* Trabajar mucho.
**Afanoso,** *adj.* Trabajoso, costoso.
**Afasia,** *f.* Pérdida del lenguaje a causa de una lesión en el cerebro.
**Afear,** *tr.* Poner fea una cosa. ‖ Reprender.
**Afección,** *f.* Enfermedad.
**Afectación,** *f.* Falta de naturalidad. Por ej.: hablar pareciendo más fino de lo que uno es.
**Afectadamente,** *adv.* Con afectación.
**Afectado,** *adj.* Que tiene afectación. ‖ Que ha recibido un daño o perjuicio.
**Afectar,** *tr.* Poner demasiado cuidado en lo que se dice o en lo que se hace. ‖ Disimular. ‖ V. **afecto.**
**Afectísimo,** *adj.* Palabra que suele ponerse al final de las cartas como despedida. ‖ Que es muy amigo de otro y le ofrece su afecto.

---

\* *riv.:* **Adversario, adversidad, adverso, advertencia.** De la misma raíz latina vienen **convertir, invertir, pervertir, vértebra, vertebrado, vertebral, vertedero, verter, vertical, vértice, vertiente, vertiginoso, vértigo.**

AFÁN, *m. Deseo grande de hacer una cosa:* **Estudiar con afán.** ‖ *Trabajo excesivo:* **El afán de los jornaleros.**
   Parece que se deriva del latín **afannae,** *que significa 'palabras embrolladas, situación difícil, apuro'.* ‖ *Deriv.:* **Afanar, afanoso.** ‖ *Contr.:* **Desgana.**

**Afectivo,** *adj.* Que se emociona con facilidad.
**Afecto.\***
**Afectuosamente,** *adv.* Con cariño.
**Afectuoso,** *adj.* Que habla con amabilidad. ‖ Cariñoso, amable.
**Afeitar,** *tr.* y *r.* Raspar las barbas, bigote o pelo, suprimiendo sus puntas mediante una navaja, una cuchilla o una máquina adecuada. ‖ Componerse y hermosearse el cutis untándose afeites.
**Afeite,** *m.* Cosmético; principalmente se llama afeites a los cosméticos que sirven para hermosear o rejuvenecer el cutis.
**Afelpado,** *adj.* Hecho de felpa o parecido a ella; que es bastante más áspero que el terciopelo.
**Afeminado,** *adj.* Se dice del hombre o muchacho que hace cosas propias de mujeres.
**Aféresis,** *f.* El suprimir letras al principio de una palabra; por ejemplo, decir «sicología» por «psicología».
**Aferrado,** *adj.* Obstinado y terco.
**Aferrarse,** *r.* Agarrarse con fuerza. ‖ Insistir tercamente.
**Afianzar,** *tr.* Dejar bien sujeta o clavada una cosa.
**Afición,** *f.* Deseo. ‖ Gusto por una cosa.
**Aficionado,** *adj.* Que tiene gusto por una cosa.
**Aficionarse,** *r.* Desear con agrado casi constantemente las mismas cosas. ‖ Sentir que se nos despierta la afición por algo cualquiera que sea el momento.
**Afijo,** *m.* Cualquier prefijo o cualquier sufijo.
**Afilador,** *m.* El que tiene por oficio afilar cuchillos, navajas, tijeras y otros objetos cortantes.
**Afilar,** *tr.* Sacar punta o corte a un instrumento cualquiera.
**Afiliación,** *f.* El hecho de afiliar.

Afilador

**Afiliarse,** *r.* Apuntarse en un partido o sociedad.
**Afiligranado,** *adj.* De filigrana. ‖ Primoroso y adornado con filigranas.
**Afín,** *adj.* Próximo, cercano. ‖ Parecido. ‖ Pariente.
**Afinación,** *f.* El hecho de afinar.
**Afinar,** *tr.* Hacer más fina una cosa. ‖ Preparar los instrumentos musicales para que suenen bien.
**Afincarse,** *r.* Adquirir una finca o casa. ‖ Afincarse en un lugar: No querer ni abandonarlo ni cambiarlo. ‖ Afincarse en una idea: Mantenerse firme en un ideal.
**Afinidad,** *f.* Cierta semejanza. ‖ Parentesco entre dos familias. ‖ Fuerza atractiva entre dos moléculas diferentes.
**Afirmación,** *f.* El hecho de afirmar. ‖ V. **firme.** ‖ Contr.: **Negación.**
**Afirmar,** *tr.* Asegurar. ‖ Dar firmeza a una cosa. ‖ Decir que sí cuando le preguntan a uno. ‖ V. **firme.**
**Afirmativamente,** *adv.* Diciendo que sí.
**Afirmativo,** *adj.* Que sirve para decir que una cosa es verdad.
**Aflicción,** *f.* Tristeza. ‖ El hecho de afligir.

---

A<small>FECTO</small>, adj. *Inclinado o aficionado a algo:* **Es muy afecto a su tierra.** ‖ m. *Sentimiento, cariño:* **Tiene mucho afecto a sus compañeros.**
    *Viene del latín* **affectus,** *que se deriva de* **afficere,** *'poner en cierto estado'. A su vez,* **afficere** *viene de* **facere,** *'hacer'.* ‖ *Deriv.:* **Afectación, afectar, afectivo, afectuoso, afición, aficionado, aficionar.** ‖ *Contr.:* **Desafecto.**

**Afligir,** *tr.* Poner triste a una persona.
**Aflojar,** *tr.* Hacer que algo apriete menos. || Contr.: **Apretar.**
**Aflorar,** *intr.* Asomar a la superficie de un terreno un mineral cualquiera.
**Afluencia,** *f.* El hecho de afluir. || Abundancia.

Afluente

**Afluente,** *m.* Arroyo o río que desemboca en otro mayor.
**Afluir,** *intr.* Ir muchas cosas o personas hacia un punto.
**Afofarse,** *r.* Ponerse alguna cosa fofa y esponjosa.
**Afonía,** *f.* Enfermedad que impide hablar.
**Afónico,** *adj.* Sin voz, sin fuerza en la voz.
**Aforismo,** *m.* Frase breve que contiene alguna enseñanza.
**Aforo,** *m.* Número de espectadores que caben en un campo de fútbol, en una plaza de toros, etc., y espacio que ocupan en él.
**Afortunadamente,** *adv.* Con suerte. || De modo afortunado.
**Afortunado,** *adj.* Que tiene buena suerte. || V. **fortuna.** || Contr.: **Desgraciado.**
**Afrancesado,** *adj.* Que imita los gustos y costumbres de los franceses. || Partidario de los franceses.
**Afrecho,** *m.* Harina basta y poco desmenuzada, de las cáscaras de trigo.
**Afrenta,** *f.* Deshonra. || Ofensa, insulto.
**Afrentador,** *adj.* Que ofende a otro.
**Afrentar,** *tr.* Causar afrenta. || Insultar, injuriar.

**Africano,** *adj.* De Africa.
**Afrontar,** *tr.* Poner una cosa enfrente de otra. || Hacer frente al enemigo. || Contr.: **Huir.**
**Afuera,** *adv.* Más allá del sitio en que uno está. || Los alrededores de una población se llaman **afueras.** || Contr.: **Dentro.**
**Agacharse,** *r.* Inclinarse hacia abajo.
**Agallas,** *f. pl.* Organo respiratorio de los peces, situado a ambos lados de la cabeza y formado por muchos repliegues rojizos recubiertos por una pieza dura y escamosa. || *fig.* Osadía, arrojo.

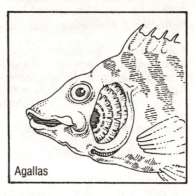
Agallas

**Ágape,** *m.* En griego: amor y amistad. || Reunión y comida con que recordaban los antiguos cristianos la Santa Cena que celebró Cristo con sus discípulos.
**Agareno,** *adj.* Descendiente de Agar (segunda esposa de Abraham). || Mahometano.
**Agarrado,** *adj.* Miserable, roñoso.
**Agarrar,** *tr.* Coger con fuerza. || V. **garra.** || Contr.: **Soltar.**
**Agasajar,** *tr.* Hacer un obsequio cariñoso a otra persona, para que celebre mejor su alegría.
**Agasajo,** *m.* Regalo, convite, muestra de consideración hacia alguna persona.
**Ágata,** *f.* Piedra casi transparente y con franjas de diversos colores.
**Agazapado,** *adj.* Agachado y casi oculto.
**Agencia,** *f.* Oficina donde se gestionan los negocios ajenos. || Sucursal de una empresa. || V. **acto.**
**Agenciar,** *tr.* Hacer todo lo posible y

conveniente para conseguir alguna cosa.

**Agenda,** *f.* Libro o cuaderno en el que se apuntan las cosas que uno tiene que hacer.

**Agente,** *m.* Todo lo que obra. ‖ Persona que obra en nombre de otro. ‖ *adj.* Que ejecuta o hace lo que dice el verbo.

**Agigantar,** *tr.* Hacer muy grande una cosa.

**Agil,** *adj.* Que corre y se mueve con facilidad. ‖ Contr.: **Torpe.**

**Agilidad,** *f.* Facilidad para moverse. ‖ V. **acto.** ‖ Contr.: **Torpeza.**

**Ágilmente,** *adv.* Con agilidad.

**Agitación,** *f.* Movimiento irregular y repetido.

**Agitador,** *adj.* Que agita.

**Agitanado,** *adj.* Parecido a los gitanos o a las cosas de los gitanos.

**Agitar,** *tr.* Mover de un lado a otro algo muchas veces. ‖ Inquietar. ‖ Contr.: **Sosegar.**

**Aglomeración,** *f.* Gran acumulación de personas o cosas.

**Aglomerado,** *m.* Ladrillo artificial combustible.

**Aglomerar,** *tr.* Amontonar. ‖ Juntar. ‖ Acumular. ‖ Contr.: **Diseminar.**

**Aglutinante,** *m.* Pegamento, masa espesa y pegajosa.

**aglutinantes (Lenguas),** *f. pl.* Se les llama así a ciertos idiomas orientales, como el chino, por ejemplo, en los que las palabras y frases están formadas por la unión de signos-ideas.

**Aglutinar,** *tr.* Pegar entre sí varias cosas y formarse de la mezcla una cosa nueva. ‖ *r.* Unirse fuertemente dos o más cosas por medio de un pegamento.

**Agobiante,** *adj.* Molesto, pesado.

**Agobiar,** *tr.* Hacer que se doble una cosa por exceso de carga. ‖ Causar molestia o preocupación.

**Agobio,** *m.* Fatiga grande, molestia, sofocación, angustia.

**Agolparse,** *r.* Juntarse de golpe muchas personas o cosas.

**Agonía,** *f.* Angustia del moribundo. ‖ Lucha última de las fuerzas vitales, que precede a la muerte.

**Agónico,** *adj.* De la agonía. ‖ Que está agonizando.

**Agonizar,** *intr.* Estar un enfermo en la agonía.

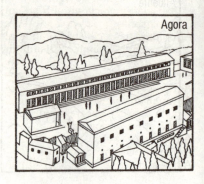

Agora

**Ágora,** *f.* En Grecia: plaza pública; también: asamblea o reunión celebrada en una plaza pública.

**Agorero,** *adj.* Que adivina por agüeros o que cree en ellos. ‖ El que anuncia males o desgracias.

**Agostar,** *tr.* Secar las plantas el excesivo calor.

**Agosto.\***

**Agotamiento,** *m.* Acción de agotar. ‖ Debilidad.

**Agotar,** *tr.* Sacar todo el líquido que hay en alguna parte. ‖ Gastar del todo, consumir. ‖ V. **gota.**

**Agracejo,** *m.* Arbusto de fruto comestible de sabor ácido. Es parecido a la **zarza.**

**Agraciado,** *adj.* Bien parecido, guapo. ‖ Favorecido.

**Agraciar,** *tr.* Dar gracia o buen parecer. ‖ Conceder alguna merced.

**Agradable,** *adj.* Que agrada. ‖ Contrario: **Desagradable.**

**Agradablemente,** *adv.* De manera agradable.

---

\*

Agosto, m. *Octavo mes del año:* ***En agosto hace calor.***
   *Viene del latín* **Augustus,** *nombre que pusieron los romanos a este mes en memoria del emperador Octavio Augusto.* ‖ *Deriv.:* **Agostar.**
   **Hacer el agosto** *significa lograr una ganancia grande en poco tiempo.*

**Agradar,** *intr.* Gustar, complacer, producir satisfacción.
**Agradecer,** *tr.* Acordarse y corresponder con gratitud por un beneficio recibido. || V. **grado.**
**Agradecido,** *adj.* Que agradece los favores que le hacen a él.
**Agradecimiento,** *m.* Acción de agradecer. || V. **grado.**
**Agrado,** *m.* Acción de agradar. || Amabilidad y gracia en el trato con las personas.
**Agrandar,** *tr.* Hacer más grande alguna cosa. || Contr.: **Disminuir, achicar.**
**Agrario,** *adj.* Que se refiere al campo.
**Agravación,** *f.* Acción de agravar.
**Agravar,** *tr.* Aumentar el peso de alguna cosa. || Hacer alguna cosa más grave o molesta.
**Agravio,** *m.* Ofensa, deshonra.
**Agraz,** *m.* Uva sin madurar.
**Agredir,** *tr.* Atacar a otro con la intención de hacerle daño.
**Agregación,** *f.* Acción y efecto de agregar.
**Agregado,** *m.* Conjunto de cosas homogéneas que forman un cuerpo. || Empleado dedicado a un servicio con carácter accidental.
**Agregar,** *tr.* Unir o juntar. || Añadir.
**Agremiar,** *tr.* Reunir en un gremio.
**Agresión,** *f.* Ataque, acometida.
**Agresividad,** *f.* Cualidad del que riñe con facilidad.
**Agresivo,** *adj.* Que provoca o falta al respeto.
**Agreste,** *adj.* De terreno no cultivado. || Aspero, tosco.
**Agriamente,** *adv.* Con aspereza, malos modos y ofendiendo.

**Agriarse,** *r.* Ponerse agria una cosa (por ejemplo: el carácter de una persona; la enemistad entre dos, etcétera).
**Agrícola,** *adj.* Que se refiere a la agricultura.
**Agricultor,** *m.* Persona que cultiva el campo. || Labriego, labrador, campesino.
**Agricultura.***
**Agridulce,** *adj.* Casi agrio y casi dulce.
**Agrietarse,** *r.* Abrirse grietas en una cosa.
**Agrimensor,** *m.* El que tiene por oficio medir terrenos de labor.
**Agrio,** *adj.* Acido. || De mal genio. || *m. pl.* Los limones y otras frutas agrias.
**Agro,** *m.* Campo.
**Agronómico,** *adj.* Perteneciente o relativo a los conocimientos para cultivar la tierra.
**Agrónomo,** *m.* El que ha estudiado cómo deben cultivarse y abonarse las tierras del campo, para que produzcan adecuadamente.
**Agropecuario,** *adj.* Que tiene relación con la agricultura y con la ganadería.
**Agrupación,** *f.* Acción de agrupar. || Conjunto de personas agrupadas || V. **grupo.**
**Agrupamiento,** *m.* El hecho de agruparse. || El grupo que forman varias personas o cosas que están agrupadas.
**Agrupar,** *tr.* Reunir en grupos.
**Agrura,** *f.* Calidad de agrio.
**Agua.***
**Aguacero,** *m.* Lluvia que viene de repente y dura poco.

---

AGRICULTURA, f. *Cultivo de las tierras:* **Se dedicaba a la agricultura.** || Arte de cultivar la tierra: **Estudia agricultura.**
    *Viene de dos palabras latinas;* **ager, agri** *(tierra del campo) y* **cultura** *(palabra derivada de* **colere:** *«cultivar, cuidar»).* || *Deriv.:* **Agrícola, agricultor.**
AGUA, f. *Líquido transparente, sin olor ni sabor propios, que forma fuentes, arroyos, ríos, y mares. Es un cuerpo formado por la combinación de un volumen de oxígeno y dos de hidrógeno. A la temperatura ordinaria es líquido, a 0 grados se hace sólido (hielo) y a 100 grados se convierte en vapor:* **Juan bebe agua.**
    *Viene del latín* **aqua,** *que significa 'agua'.* || *Deriv.:* **Acuarela, acuario, acuático, acueducto, acuoso, aguacero, aguada, aguaderas, aguador, aguafuerte, aguamanil, aguantoso, aguar, aguardiente, desaguadero, desaguar, desagüe.**

**Aguacil,** m. Alguacil.
**Aguadillo,** m. Gazpacho sin majar y con excesiva agua.
**Aguador,** m. Persona que tiene el oficio de llevar o vender agua.
**Aguafiestas,** com. Persona que estropea fiestas y diversiones. || Soso, lelo.
**Aguafuerte,** m. Lámina impresa mediante un grabado de cobre que ha sido atacado con ácidos.

Aguafuerte

**Aguantable,** adj. Que se puede sufrir o tolerar, que se puede aguantar. || Contr.: **Inaguantable.**
**Aguantar,** tr. Detener o resistir con fortaleza pesos, trabajos o situaciones difíciles. || Sufrir o soportar dolores o molestias. || r. Tolerar, callarse cuando alguien incomoda.
**Aguante,** m. Paciencia, fortaleza para resistir pesos, trabajos y molestias.
**Aguar,** tr. Mezclar una cosa con agua. || Interrumpir o turbar alguna cosa alegre.
**Aguardar,** tr. Esperar que llegue una persona o que suceda alguna cosa.
**Aguardiente,** m. Bebida alcohólica que se saca por medio de destilación del vino y de otras sustancias.
**Aguardo,** m. El estar escondido y con la intención de cazar al animal que pase cerca de nuestro escondite.
**Aguarrás,** m. Especie de aceite incoloro y de olor agrio que se obtiene destilando las resinas del pino; sirve para disolver barnices y pinturas y para rebajar sus brillos.
**Agudamente,** adv. Con agudeza, con ingenio.
**Agudeza,** f. Delgadez y finura en el filo o en la punta de algunos instrumentos y armas. || Perspicacia de la vista, del oído, del olfato y también del ingenio o talento de algunos.
**Agudizar,** tr. Hacer aguda una cosa. || r. Hacerse más grave una enfermedad.
**Agudo,** adj. Delgado, sutil. || Se dice del filo o punta muy delgados. || Ingenioso, gracioso, vivo. || Se dice también de cualquier palabra cuyo acento cargue en la última sílaba || Se aplica también al dolor vivo y penetrante.
**Agüelo,** m. fam. Abuelo.
**Agüero,** m. Señal de cosa futura sacada del canto de las aves, de fenómenos meteorológicos o de otros indicios ridículos.
**Aguerrido,** adj. Acostumbrado a guerrear.
**Aguerrir,** tr. Acostumbrar a la guerra a los reclutas.
**Aguijón,** m. Especie de espina trasera que tienen algunos insectos y otros invertebrados.
**Aguijonear,** tr. Clavar el aguijón. || Incitar a otro a que haga algo con prontitud.
**Águila,** f. Ave rapaz diurna, de gran tamaño y vuelo rapidísimo. || Persona de mucho talento.
**Aguilando,** m. Aguinaldo.
**Aguileño,** adj. Del águila. || Rostro aguileño (o nariz aguileña, etc.): largo, delgado y un poco curvo.
**Aguilucho,** m. Pollo del águila.
**Aguinaldo,** m. Regalo que se da en Navidad o en la Epifanía del Señor.
**Aguja,** f. Barrita de metal, hueso o acero que tiene punta en un extremo y en el otro un ojo por donde se pasa el hilo para coser, bordar o tejer. || Barrita sin punta ni ojo que se usa para hacer labores de punto. || Manecilla movible que indica las horas, minutos y segundos en los relojes; en general, manecilla in-

Aguila

dicadora que se mueve en un disco graduado, como el barómetro.
**Agujerear,** *tr.* Hacer agujeros pequeños y profundos en alguna cosa. ‖ Hacer un agujero en alguna cosa.
**Agujero,** *m.* Abertura o hueco más o menos redondo.
**Agujetas,** *f. pl.* Dolores en los músculos a consecuencia de un excesivo ejercicio.
**Agusanado,** *adj.* Lleno de gusanos, podrido.
**Agustino,** *adj.* Religioso o religiosa de la Orden de San Agustín.
**Aguzar,** *tr.* Sacarle punta a una cosa ‖ Aguijonear, incitar, azuzar, ‖ Aguzar el ingenio: discurrir con mayor agudeza y prontitud.
**¡Ah!**\*
**Ahí.**\*

**Ahijado,** *m.* Cualquier persona respecto de sus padrinos.
**Ahincadamente,** *adv.* Con ahínco.
**Ahínco,** *m.* Empeño, esfuerzo o diligencia grande para hacer o pedir una cosa.
**Ahitar,** *tr.* Señalar los límites de un terreno con hitos. ‖ *r.* Comer hasta llenarse demasiado.
**Ahíto,** *adj.* Que padece indigestión o dificultad de estómago. ‖ Cansado, harto de una persona o cosa.
**Ahogado,** *adj.* Se dice del sitio estrecho y poco aireado. ‖ *m.* Persona muerta por haberse hundido en el agua.
**Ahogar,** *tr.* Matar a alguna persona o animal metiéndoles en el agua o impidiéndoles la respiración de algún otro modo.
**Ahogo,** *m.* Pena, angustia, dificultad.
**Ahoguío,** *m.* Fatiga y dificultades al respirar.
**Ahondar,** *tr.* Profundizar. ‖ Excavar más.
**Ahora,** *adv.* En el tiempo presente, en este momento. ‖ V. **hora.**
**Ahorcar,** *tr.* Matar a uno colgándole del cuello en la horca o en otra parte.
**Ahormar,** *tr.* Ajustar una cosa a su molde. ‖ Ahormar a un toro: obligarle, mediante pases y capotazos, a que coloque la cabeza a una altura conveniente para hincarle el estoque.
**Ahornar,** *tr.* Meter una cosa en el horno. ‖ *r.* Quemarse el pan en el horno.
**Ahorrar.**\*

---

\* ¡Aʜ! *Interjección con la que uno expresa su sorpresa, o su admiración, o su pena, y otros muchos sentimientos: La interjección ¡ah!, como toda interjección, es siempre un grito con el que se nos escapa o expresamos un sentimiento.*
    *Es una voz de todos los países y lenguas.*
Aʜí, *adv. Adverbio que se utiliza para indicar el lugar o la cosa donde hay algo:* **Ahí está la pelota.**
    *Viene de la unión de dos palabras latinas de significación parecida: de* **ibi***, 'allí' y de* **hic** *'aquí'.*
Aʜᴏʀʀᴀʀ, *tr. Economizar algún dinero para lo que pueda suceder:* **Ahorra cien pesetas cada mes.** ‖ *Evitar:* **Las máquinas ahorran trabajo.**
    *Viene del latín* **horro***, que quiere decir 'libre'.* ‖ *Deriv.:* **Ahorrativo, ahorro.** ‖ *Contr.:* **Derrochar.**

**Ahorrativo**, *adj.* Se dice del que ahorra.
**Ahorro**, *m.* Acción de ahorrar. ‖ Lo que se ahorra. ‖ **Caja de Ahorros**, establecimiento público donde se guardan los ahorros. ‖ V. **ahorrar**.
**Ahuecar**, *tr.* Poner hueca alguna cosa, o más blanda. ‖ Ahuecar la voz: hablar en tono más grave y haciendo retumbar la voz.
**Ahumado**, *adj.* Se llama así a los cuerpos transparentes que tienen color oscuro.
**Ahumar**, *tr.* Llenar de humo alguna cosa.
**Ahuyentar**, *tr.* Hacer huir.
**Airar**, *tr.* Irritar, enfurecer, encolerizar, enojar.
**Aire.**\*
**Airón**, *m.* Penacho de plumas.
**Airosamente**, *adv.* De un modo airoso y lucido.
**Airoso**, *adj.* Se dice de quien se luce quedando victorioso en cualquier empeño. ‖ Garboso. ‖ Se usa con los verbos *quedar y salir*.
**Aisladamente**, *adv.* Separadamente, con aislamiento.
**Aislado**, *adj.* Solitario, solo, apartado, incomunicado.
**Aislador**, *adj.* Se aplica a los cuerpos que no dejan pasar la electricidad ni el calor.
**Aislamiento**, *m.* Acción y efecto de aislar o aislarse. ‖ Incomunicación, retiro.
**Aislar**, *tr.* Dejar a una persona o cosa sola y separada de las demás.
**¡Ajá!**, *interj.* ¡Ajajá!
**¡Ajajá!**, *interj. fam.* que se emplea para indicar que aprobamos lo que otro acaba de hacer o decir.
**Ajedrez**, *m.* Juego que se juega entre dos personas, cada una de las cuales tiene 16 piezas movibles que se colocan sobre un tablero dividido en 64 cuadrados, blancos y negros

Ajedrez

alternadamente. ‖ Se deriva del árabe **sitrany**.
**Ajenjo**, *m.* Cierta planta medicinal, aromática y muy amarga, de flores amarillas.
**Ajeno**, *adj.* Que pertenece a otro. ‖ Extraño.
**Ajetreo**, *m.* Agitación, movimiento sin orden que cansa mucho.
**Ajilimójili**, *m. fam.* Salsa gustosa para darle gracia al guisado.
**Ajo**, *m.* Planta de huerto que tiene un bulbo blanco dividido en dientes o gajos y que se usa mucho como condimento. ‖ Palabrota.
**¡Ajó!**, *interj.* que se dice a los niños pequeñitos para calmarles o alegrarles mientras se les acaricia la barbilla.
**Ajonjolí** (o **aljonjolí**), *m.* Planta pequeña cuya semilla se emplea como condimento de algunos dulces y que tiene casi el sabor de la margarina.
**Ajuar**, *m.* Conjunto de muebles y ropas de una casa. ‖ Conjunto de muebles, alhajas y ropas que lleva la mujer al matrimonio.
**Ajustado**, *adj.* Justo, recto.
**Ajustador**, *adj.* Que ajusta. ‖ *m.* Operario que trabaja las piezas de metal ya terminadas para que encajen en su sitio.

---

\* Aire, *m. Cuerpo gaseoso que envuelve la Tierra*: **El aire es una mezcla de gases, principalmente oxígeno y nitrógeno.** ‖ *Atmósfera*: **El aire rodea la Tierra.** ‖ *Viento*: **Hoy hace mucho aire.** ‖ *Garbo en los movimientos*: **Anda con mucho aire.**

 Viene del griego **aer**, *que significa 'aire'*. ‖ *Deriv.*: **Aéreo, aerodinámico, aerolito, aeromántica, aeronáutica, aeronave, aeroplano, airear, airoso, aerostato, desairado, desairar, desaire.**

**Ajustar,** tr. Poner alguna cosa de modo que se adapte exactamente a otra. ‖ Concertar, pactar alguna cosa. ‖ Contratar a una persona para algún servicio.

**Ajusticiar,** tr. Dar muerte a un condenado.

**Al.**\*

**Ala,** f. Parte del cuerpo de algunos animales que les sirve para volar. ‖ Parte lateral y saliente de algunas cosas (sombreros, aviones, etcétera).

**Alá,** m. Nombre que dan a Dios los mahometanos y los cristianos de Oriente.

**Alabanza,** f. Acción de alabar. ‖ Palabras con que se alaba. ‖ Elogio. ‖ Contr.: **Censurar, reprender, reprochar.**

**Alabar.**\*

**Alabarda,** f. Lanza de guerrero cuya cuchilla parece un hacha unida a un pico.

**Alabardero,** m. Soldado armado de alabarda.

**Alabastrino,** adj. De alabastro. ‖ Parecido al alabastro.

**Alabastro,** m. mármol translúcido.

**Alacena,** f. Hueco hecho en la pared y a modo de armario, con anaqueles y puerta.

**Alacrán,** m. Escorpión de países mediterráneos. ‖ **Alacrán cebollero:** grillo de gran tamaño.

**Alado,** adj. Que tiene alas. ‖ fig. Ligero, veloz.

**Alambicado,** adj. Retorcido y falso, rebuscado y superficial.

**Alambique,** m. Aparato para destilar, compuesto por una caldera casi cerrada de cuyo techo arranca un serpentín.

**Alambrada,** f. Conjunto de alambres que rodean a un terreno, coto, huerta, etc.

**Alambre,** m. Hilo de metal.

Alambique

**Alameda,** f. Sitio poblado de álamos. ‖ Paseo con álamos. ‖ Por extensión, paseo con muchos árboles.

**Álamo,** m. Árbol de corteza casi gris, con madera y hojas blanquecinas, y de la misma familia que el chopo y que el sauce.

Alamo

**alano (Perro),** m. Perro grande de pelo corto, hocico achatado, orejas caídas, y raza cruzada.

**Alanos,** m. pl. Uno de los pueblos que invadieron España en el siglo V;

---

\*

A<small>L</small>, Contracción de la preposición **a** y el artículo **el**: *Voy al jardín.* ‖ Puede significar «en el momento de»: *Al cantar se desmayó.*
      Si la preposición **a** va delante del pronombre **él,** no se contraen: *Le dije a él que viniera temprano.*

A<small>LABAR</small>, tr. Elogiar, decir que una cosa es buena o está bien: *Alabó el esfuerzo del muchacho.*
      Viene del latín **alapari,** que significa 'alabarse'. ‖ Deriv.: **Alabanza.**

procedían del Irán y del Cáucaso.
**Alarde,** *m.* Exhibición de fuerzas.
**Alardear,** *intr.* Hacer alarde. ‖ Jactarse de algo que uno mismo ha hecho, diciéndolo a otros menos poderosos.
**Alargar,** *tr.* Hacer más larga una cosa. ‖ Aumentar la duración. ‖ V. largo.
**Alarido,** *m.* Grito con que los moros y algunos ejércitos salvajes entran en batalla. ‖ Grito lastimero que se lanza por algún dolor.
**Alarma,** *f.* Señal que se da para que alguien se prepare a un combate. ‖ Inquietud, intranquilidad, temor.
**Alarmante,** *adj.* Que alarma.
**Alarmar,** *tr.* Dar alarma. ‖ Asustar, atemorizar, intranquilizar, sobresaltar, inquietar.
**Alazán,** *adj.* Dícese del color rojizo y muy parecido al de la canela. ‖ Se aplica especialmente al caballo de este color.
**Alba,** *f.* Amanecer. ‖ Luz del día antes de salir el sol. ‖ Vestidura blanca y larga que se ponen los sacerdotes para celebrar.
**Albacea,** *m.* Persona encargada de custodiar los bienes del difunto mientras no se ejecuta el testamento.
**Albahaca,** *f.* Hierba aromática, con flor en forma de labio, que procede de Asia y es frecuente en Andalucía.
**Albanés,** *adj.* Natural o perteneciente a Albania.
**Albañil,** *m.* El que tiene el oficio de la albañilería.
**Albañilería,** *f.* Arte de construir edificios u obras con ladrillos, piedra, cal u otros materiales semejantes.
**Albarán,** *m.* Papel que se pone en las casas para indicar que se alquila. ‖ Documento de entrega de una mercancía.
**Albarda,** *f.* Especie de almohada rellena de paja, que se pone en las bestias de carga sobre el lomo y cayendo por ambos lados. Sobre ella se pone el aparejo.
**Albaricoque,** *m.* Especie de fruto carnoso.
**Albayalde,** *m.* Polvo de plomo que se emplea, con aceite de linaza, como color blanco en la pintura al óleo.
**Albedrío,** *m.* Libertad de elegir o hacer lo que se quiere. ‖ Capricho.
**Alberca,** *f.* Depósito de agua con muros de albañilería y usual en las huertas.
**Albérchigo,** *m.* Variedad del melocotón. ‖ Nombre que se da al albaricoque en algunos lugares.
**Albergar,** *tr.* Dar hospedaje.
**Albergue,** *m.* Lugar en que alguien halla hospedaje o resguardo. ‖ Cueva, madriguera o guarida de los animales.
**Albero,** *m.* Terreno seco y casi blanco. ‖ Arena amarillenta que se usa para cubrir paseos, plazas de toros, etcétera.
**Albino,** *adj.* Que tiene la piel y los cabellos de color blancuzco y los ojos casi rojos.
**Albo,** *adj.* Blanco.
**Albóndiga,** *f.* Bolita de carne picada, amasada con pan y huevos batidos, y sazonada con especias.
**Albor,** *m.* Blancura. ‖ Luz del alba. ‖ Comienzo de alguna cosa.
**Alborada,** *f.* Hora en que está amaneciendo. ‖ Especie de música que tiene todo amanecer.
**Alborear,** *intr.* Amanecer o empezar el día.
**Albornoz,** *m.* Capa con capucha, hecha de lana o estambre, y usada por los moros. ‖ Batín de playa o baño.
**Alboronía,** *f.* Guisado de hortalizas picadas.
**Alborotar,** *tr.* Gritar, perturbar, alterar, excitar. ‖ Amotinar, sublevar.
**Alboroto,** *m.* Desorden con griterío, producido por varias personas a la vez.
**Alborozo,** *m.* Alegría grande.
**¡Albricias!,** *interj.* de alegría y de júbilo.
**Albufera,** *f.* Laguna formada por el agua del mar cuando se adentra en una playa baja.
**Álbum,** *m.* Libro en blanco cuyas hojas se llenan con pequeñas cosas curiosas, como firmas, breves composiciones literarias, piezas de música, fotografías, etc.

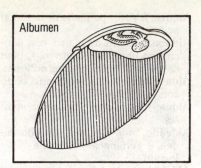
Albumen

**Albumen,** *m.* Parte que rodea al embrión, en muchas semillas.
**Albúmina,** *f.* La sustancia de la clara del huevo. || Proteína, sustancia nutritiva que contiene nitrógeno y es fuente de energía para el cuerpo.
**Alcachofa,** *f.* Planta de huerta cuyos frutos verdes tienen forma de piña formada por hojas superpuestas. || Alcaucil de huertas. || Especie de colador por donde sale el agua de una regadera.
**Alcahuete,** *m.* Correveidile y encubridor.
**Alcaide,** *m.* El que estaba encargado de defender una fortaleza, cárcel o castillo.
**Alcaldada,** *f.* Orden arbitraria de una autoridad.
**Alcalde.\***
**Alcaldía,** *f.* Oficio o cargo de alcalde. || Oficina donde se despachan los negocios correspondientes al alcalde.
**Álcali,** *m.* En Química: cualquier base que sea soluble en agua. || Sosa.
**Alcalino,** *adj.* Que tiene las características y propiedades de la sosa y de los álcalis.

**Alcaloides,** *m. pl.* Sustancias alcalinas de origen vegetal (nicotina, cocaína, morfina, cafeína, etc.).
**Alcance,** *m.* Seguimiento, persecución. || Distancia a que llega el brazo de una persona. || Distancia a que alcanza el tiro de un arma de fuego. || Al alcance de cualquiera: muy fácil de comprender.
**Alcancía,** *f.* Hucha de barro, con una ranura en su parte superior, para echar las monedas.
**Alcanfor,** *m.* Sustancia blanca, de olor a resina de los pinos, usada contra las polillas y para hacer explosivos, celuloide, inyecciones y linimentos.
**Alcanforado,** *adj.* Que contiene alcanfor.
**Alcantarilla,** *f.* Puente pequeño en una carretera o camino. || Conducto subterráneo para recoger las aguas de lluvia o las aguas sucias y darles paso.
**Alcantarillado,** *m.* Conjunto de alcantarillas.
**Alcanzado,** *adj.* Que tiene muchas deudas. || Empeñado, falto, escaso, necesitado.
**Alcanzar.\***
**Alcaparrón,** *m.* Fruto de un arbusto mediterráneo llamado alcaparra; los alcaparrones tienen forma de pepinillos pequeños con un cabo largo, y se toman encurtidos.
**Alcaraván,** *m.* Ave de las zancudas, con la cabeza negra, el cuerpo rojizo, las alas blancas y negras, y la cola muy corta.
**Alcarria,** *f.* Terreno raso y alto, con poca hierba.

A<small>LCALDE</small>, m. *La primera autoridad de cada pueblo o distrito municipal y presidente del ayuntamiento:* **Yo conozco al alcalde de Madrid.**
   *Viene del árabe* **cadi,** *que significa 'juez, el que resuelve'.* || *Deriv.:* **Alcaldada, alcaldía.**
A<small>LCANZAR</small>, tr. *Llegar a juntarse con una persona o cosa que va delante:* **Alcanzar a un caminante.** || *Coger algo alargando la mano:* **Alcanzar una botella.** || *Poder tocar algo desde donde uno está:* **Alcanzar el techo con la mano.** || *Conseguir:* **Alcanzó lo que quería.** || *Entender, comprender:* **No alcanzo lo que significa eso.** || *Llegar a igualarse con otro:* **Alcanzó al primero de la clase.** || intr. *Bastar, ser suficiente:* **El sueldo no le alcanza.**
   *Se deriva del latín* **calx, calcis,** *que significa 'talón'. Por eso alcanzar significa propiamente 'pisar los talones, perseguir de cerca'.* || *Deriv.:* **Alcance.**

**Alcarreño,** *adj.* Natural o perteneciente a la Alcarria.
**Alcaucil,** *m.* Alcachofa silvestre.
**Alcayata,** *f.* Clavo en forma de gancho.
**Alcazaba,** *f.* Ciudadela.
**Alcázar,** *m.* Fortaleza árabe, mezcla de castillo y palacio.
**Alce,** *m.* Especie de ciervo de hocico largo, que vive en los bosques pantanosos.

Alce

**Alcoba,** *f.* Cuarto de dormir.
**Alcohol,** *m.* Líquido transparente, inflamable, que se obtiene por destilación del vino y de otras sustancias.
**Alcoholera,** *adj.* Que fabrica o vende alcohol.
**Alcohólico,** *adj.* Que contiene alcohol. || *m.* Persona que padece alcoholismo.
**Alcoholímetro,** *m.* Alcohómetro.
**Alcoholismo,** *m.* Abuso de bebidas alcohólicas. || Enfermedad producida por tal abuso.
**Alcohómetro,** *m.* Aparato que sirve para apreciar la graduación alcohólica de un líquido o de un gas. || Alcoholímetro.
**Alcolea,** *f.* Castillo.
**Alcor,** *m.* Cerro.
**Alcorán,** *m.* El Corán.
**Alcornoque,** *m.* Arbol que se produce en varias regiones de España y cuya corteza es el corcho. || *fig.* Persona ignorante.
**Alcotán,** *m.* Especie de halcón con garras y dientes en forma de hachas.

**Alcuza,** *f.* Vasija pequeña de lata, con aceite.
**Aldaba,** *f.* Barra de hierro, con gancho en uno de los extremos, para cerrar por dentro puertas antiguas.
**Aldabonazo,** *m.* Golpe fuerte dado con la aldaba. || Cerrojazo.
**Aldea,** *f.* Pueblo con pocos habitantes.
**Aldeano,** *adj.* Natural de una aldea. || Perteneciente a ella. || *fig.* Inculto.
**Aldehido,** *m.* Nombre de muchos derivados del alcohol y empleados para colorantes, medicamentos, resinas sintéticas, etc.
**Alderredor,** *adv.* Alrededor.
**Ale,** *f.* Cerveza inglesa, clara y ligera.
**Aleación,** *f.* Mezcla que resulta fundiendo en el mismo crisol dos o más metales.
**Alear,** *tr.* Hacer una aleación.
**Aleatorio,** *adj.* Casual, de suerte, por azar, por casualidad.
**Aleccionar,** *tr.* Enseñar, amaestrar, adiestrar, instruir.
**alechugado (Cuello),** *m.* Cuello de tela blanca muy plegado y almidonado.
**Aledaño,** *adj.* Contiguo.
**Alegación,** *f.* Acción de alegar. || Alegato.
**Alegar,** *tr.* Citar algo como prueba de que se tiene razón. || Tratándose de méritos, exponerlos para fundar en ellos alguna petición.

Alcotán

**Alegato,** *m.* Escrito o discurso en el cual se exponen los fundamentos de lo que se propone o pide.

**Alegoría,** *f.* Obra o composición literaria o artística que representa o significa otra cosa diferente de lo que parece a primera vista. || Apólogo, parábola, ficción.

**Alegrar,** *tr.* Causar alegría. || Tratándose del fuego o de las cosas inanimadas, avivarlas o hermosearlas. || V. **alegre.**

**Alegre.***

**Alegremente,** *adv.* Con alegría.

**Alegría,** *f.* Animación y sentimiento producidos por la posesión o esperanza de algún bien. || Gozo, contento, satisfacción, júbilo, regocijo. || V. **alegre.**

**Alegro,** *adv.* Que se emplea en música y que significa «aprisa».

**Alegrón,** *m. fam.* Alegría grande. || *fig. y fam.* Aumento repentino de luz.

**Alejamiento,** *m.* El ir alejándose.

**alejandrino (Verso),** *m.* El de catorce sílabas.

**Alejar,** *tr.* Poner una cosa más lejos de lo que está. || *r.* Ir lejos. || V. **lejos.**

**Alelado,** *adj.* Embobado, lelo, memo, bobo.

**Alelí,** *m.* Alhelí.

**¡Aleluya!,** *interj.* ¡Alabad al Señor!

**Alemán.***

**Alentador,** *adj.* Que infunde confianza.

**Alentar,** *tr.* Infundir valor o ánimo. || Animar, excitar, exhortar, incitar. || *intr.* Respirar.

**Alerce,** *m.* Arbol de la familia de los pinos. Tiene ramas finas y piñas pequeñas.

**Alergia,** *f.* El sentirse como enfermo, con jaquecas, o arrojando un chorrito de agua por la nariz, etc., ante algunos olores u otros excitantes.

**Alergólogo, ga,** *m. y f.* Médico especializado en afecciones alérgicas.

**Alero,** *m.* Borde del tejado que sale fuera de la pared.

**Alerta,** *adv.* Con vigilancia y atención. || Como interjección se usa para excitar a la vigilancia.

**Aleta,** *f.* Membrana dura que sirve a los peces para nadar. || Chapa saliente en algunas ruedas, motores, etcétera.

**Aletargamiento,** *m.* El quedarse aletargado.

**Aletargarse,** *r.* Dormirse profundamente durante mucho tiempo.

**Aletear,** *intr.* Mover las alas sin volar. || Mover los peces sus aletas cuando se les saca del agua.

**Alevoso,** *adj.* Dícese del que prepara un delito y lo comete a traición. || Traidor, desleal.

**Alfa,** *f.* Primera letra del alfabeto griego. || **Alfa y omega,** principio y fin.

**Alfabéticamente,** *adv.* Por orden alfabético.

**Alfabético,** *adj.* Que pertenece o se refiere al alfabeto.

**Alfabetización,** *f.* El darle alguna cultura a los analfabetos.

**Alfabetizar,** *tr.* Enseñar a un analfabeto a escribir, leer y hacer algunas operaciones aritméticas.

**Alfabeto,** *m.* Serie de las letras de un idioma colocadas en orden.

**Alfajía,** *f.* Cada uno de los maderos del techo que se cruzan con las vigas.

**Alfajor,** *m.* Dulce formado por un relleno de almendras, nueces, pan rallado y miel cocida.

**Alfalfa,** *f.* Hierba que se cultiva para forraje.

**Alfanje,** *m.* Sable curvo y corto.

---

*
A<small>LEGRE</small>, *adj.* Que tiene o que da alegría: **Hombre alegre, música alegre.** || Ligero, atrevido: **Ser muy alegre en los negocios.**
   Del latín **alecris,** que significa 'vivo, animado'. || *Deriv.:* **Alegrar, alegría, alegrón.** || *Contr.:* **Triste.**

A<small>LEMÁN</small>, *adj.* De Alemania: **La industria alemana es famosa.** || *m.* Idioma de Alemania: **Aprendió el alemán.**
   Viene del latín **alemanni** («los alemanes»). || *Deriv.* **Alemania, alemánico.**

**Alfaque,** *m.* Desembocadura de río con muchísima arena.

**Alfarería,** *f.* El arte, el oficio y la técnica del alfarero.

**Alfarero,** *m.* El que hace vasijas de barro.

**Alféizar,** *m.* Vuelta que hace la pared en el hueco de una ventana. || Parte del hueco de la ventana en donde se suelen poner las flores.

**Alferecía,** *f.* Ataque de epilepsia. || Patatús.

**Alférez,** *m.* Oficial que en el ejército llevaba la bandera. || Segundo teniente.

**Alfil,** *m.* Pieza del juego de ajedrez que se mueve en diagonal. Antes de iniciarse la partida, los alfiles están al lado del rey y de la reina; representan a los elefantes de guerra indios y persas.

**Alfiler,** *m.* Barrita cilíndrica de metal con punta en uno de sus extremos y una cabecilla en el otro. || Especie de broche de adorno.

**Alfombra,** *f.* Tejido grueso con que se cubre el suelo de las habitaciones y escaleras.

**Alfombrar,** *tr.* Poner alfombras.

**Alfonsí,** *adj.* De Alfonso X el Sabio (hijo de San Fernando el que conquistó Sevilla a los moros).

**Alforja,** *f.* Bolsa doble que se echa al hombro o sobre un animal para llevar el peso bien repartido.

Alforja

**Alga,** *f.* Nombre de ciertas plantas acuáticas.

**Algarabía,** *f.* Lengua árabe. || Lenguaje o escritura incomprensible. || Gritería que forman varias personas hablando al mismo tiempo.

**Algarada,** *f.* Alboroto, tumulto, motín, revuelta. || Tropa de a caballo y correría que hace.

**Algarroba,** *f.* Planta leguminosa cuya semilla sirve para pienso. || Semilla de esta planta.

**Algazara,** *f.* Ruido de muchas voces juntas. || Alboroto producido principalmente por la alegría. || Gritería, bulla, bullicio, algarabía, vocerío.

**Álgebra,** *f.* Parte de las matemáticas que trata de la cantidad en abstracto y representada por letras.

**Algebráico,** *adj.* Propio del álgebra.

**Álgido,** *adj.* Muy frío.

**Algo.**\*

**Algodón,** *m.* Planta cuyas semillas aparecen envueltas en una borra larga y blanca. Esta borra se utiliza para tejidos. || Hilado o tejido hecho de la borra mencionada.

**Algodonal,** *m.* Terreno con muchas matas de algodón.

**Algodonera,** *f.* Lugar donde compran y juntan el algodón recolectado, antes de llevarlo a las fábricas.

**Algoritmo,** *m.* Cálculo aritmético y modo de representar los números y las operaciones de cálculo.

**Alguacil,** *m.* Persona que ejecuta las órdenes de los tribunales y ayuntamientos.

**Alguacilillo,** *m.* Cada uno de los dos subalternos que van delante de la cuadrilla de toreros al hacer el paseíllo.

**Alguien.** Pronombre con que se significa una persona cualquiera que no se nombra ni determina. || V. **algo.**

**Algún,** *adj.* Alguno o alguna.

**Alguno.** Adjetivo que se aplica a una

---

\*

ALGO. *Pronombre indefinido con el que se indica una cosa sin nombrarla:* **Algo tiene en la mano.** || *Adverbio que significa un poco:* **Dame algo de pan.**

Viene del latín **aliquod,** *neutro de* **aliquis,** *que significa 'algo'. De la misma raíz vienen* **alguien** *y* **alguno.** || *Contr.:* **Nada.**

cosa entre varias sin señalar cuál es. || *pron.* Alguien. || V. **algo.**
**Alhaja,** *f.* Joya. || Objeto de mucho precio que sirve para adornar. || Persona o animal de excelentes cualidades.
**Alharaca,** *f.* Gesto, expresión o ademán con que se manifiesta la violencia de algún afecto.
**Alhelí,** *m.* Planta de flores muy vistosas y hojitas cruzadas, que huelen muy bien.

Alhelí

**Alhóndiga,** *f.* Casa pública para la compraventa de grano.
**Alhucema,** *f.* (o espliego, *m.*). Mata aromática cuyas semillas arden y huelen casi como el incienso.
**Aliáceo,** *adj.* Perteneciente al ajo o parecido a él.
**Aliado.** *
**Alianza,** *f.* Acción de aliarse. || Pacto, convenio, unión, liga, coalición. || Parentesco contraído por casamiento. || Sortija que indica matrimonio.

**Aliar,** *tr.* Unir para un fin común.
**Alias,** *adv.* Por otro nombre. || *m.* Apodo.
**Alicaído,** *adj.* Caído de alas. || Triste, desanimado, débil.
**Alicante,** *m.* Víbora pequeña y muy venenosa.
**Alicatado,** *adj.* Adornado con azulejo, al estilo árabe.
**Alicates,** *m. pl.* Tenacillas de acero que sirven para torcer alambres y coger o sujetar objetos menudos.
**Aliciente,** *m.* Atractivo.
**Alícuota,** *adj.* Proporcional.
**Alienación,** *f.* Acción y efecto de alienar.
**Alienado,** *adj.* Loco, demente, trastornado.
**Alienante,** *adj.* Dícese de lo que produce alienación, transformación de la conciencia.
**Alienar,** *tr.* Enajenar.
**Aliento,** *m.* Respiración. || Aire que sale por la boca al respirar. || Vigor del ánimo, esfuerzo, valor.
**Aligerar,** *tr.* Hacer una cosa menos pesada. || Abreviar, acelerar, avivar, apresurar.
**Alijo,** *m.* Conjunto de cosas de contrabando.
**Alimaña,** *f.* Animal dañino y perjudicial.
**Alimentación,** *f.* Acción de alimentarse.
**Alimentar,** *tr.* Dar alimento. || Sustentar, nutrir, mantener, fomentar, sostener || V. **alimento.**
**Alimenticio,** *adj.* Que alimenta.
**Alimento.** *
**Alineación,** *f.* Acción y efecto de alinear o alinearse.
**Alinear,** *tr.* Preparar especialmente algunos alimentos. || Aderezar,

---

*
A<small>LIADO</small>, adj. *Se dice de la persona con quien uno se asocia y alía:* **Es mi aliado.** || *Se dice del país que ayuda a otro durante una guerra:* **¿Pasó por ahí el ejército aliado?**
    *Viene del francés* **allier,** *que significa «juntar, unir».* || *Deriv.:* **Alianza, aliar, coalición.**
A<small>LIMENTO</small>, m. *Lo que se toma para aumentar la sustancia del cuerpo animal o vegetal:* **El pan, la leche y las frutas son alimentos del hombre.** || *Lo que sirve para mantener la existencia de alguna cosa:* **La leña sirve de alimento al fuego.**
    *Viene del latín* **alimentum,** *que se deriva de* **alere,** *'alimentar'.* || *Deriv.:* **Alimentación, alimentar, alimenticio, sobrealimento.**

condimentar, sazonar, adobar, componer, arreglar.
**Aliño,** *m.* Adorno. ‖ Condimento. ‖ Afeite.
**Alisar,** *tr.* Poner lisa alguna cosa. ‖ Peinar ligeramente el cabello.
**Alisios,** *m. pl.* Vientos que llegan al Ecuador procedentes del nordeste y del sureste.
**Alistamiento,** *m.* El poner en una lista muchos nombres. ‖ Conjunto de mozos a quienes cada año, obliga el servicio militar.
**Alistarse,** *r.* Dar uno su nombre para que lo apunten en una lista. ‖ Sentar plaza de soldado.
**Aliteración,** *f.* El emplear palabras seguidas que tengan iguales letras; por ejemplo: «Pepe Pérez, peluquero, pone pelucas por pocas pesetas, pone púas para peinetas».
**Aliviar,** *tr.* Aligerar, hacer menos pesado. ‖ Moderar, templar, mitigar. ‖ Dar mejoría a un enfermo. ‖ Tratándose del paso, hacerlo más rápido o más largo.
**Alivio,** *m.* Acción y efecto de aliviar. ‖ Mejoría, consuelo, descanso.
**Aljaba,** *f.* Caja para flechas, que se lleva pendiente del hombro. ‖ Carcaj con flechas.
**Aljibe,** *f.* Depósito hondo hecho en el suelo para recoger las aguas de lluvia. ‖ Cisterna.
**Aljofifa,** *f.* Paño basto para fregar suelos.
**Alma.***
**Almacén,** *m.* Edificio o habitación donde se guardan géneros, como granos, vestidos, comestibles, etc.
**Almacenaje,** *m.* Impuesto que hay que pagar por tener mercancías durante algún tiempo en un almacén.
**Almacenamiento,** *m.* Acción de almacenar.

**Almacenar,** *tr.* Poner o guardar cosas en almacén. ‖ Guardar, reunir, juntar, acumular, allegar muchas cosas.
**Almacenista,** *com.* Dueño de un almacén.
**Almáciga,** *f.* Conjunto de plantas sembradas que se han de trasplantar después a otro sitio.
**Almadén,** *m.* Mina de algún metal.
**Almadraba,** *f.* Pesca de atunes. ‖ Red grande o cerco de redes con que se pescan atunes. ‖ Lugar donde se hace esta pesca.
**Almagreño,** *adj.* Natural o perteneciente a Almagro.
**Almanaque,** *m.* Registro que comprende todos los días del año, distribuidos por meses y que suele tener datos astronómicos y noticias de festividades. ‖ Calendario.
**Almazara,** *f.* Molino de aceite.
**Almeja,** *f.* Molusco con dos conchas y sin cabeza.
**Almena,** *f.* Cada uno de los prismas que, al modo de dientes, coronan los muros de las antiguas fortalezas, y desde donde se puede tirar contra los enemigos y resguardarse de ellos.

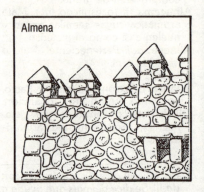

Almena

---

\*
ALMA, f. *Lo que hace vivir:* **Las piedras no tienen alma.** ‖ *Principio espiritual que, unido al cuerpo, forma la esencia del hombre:* **Nosotros tenemos alma.** ‖ *Lo que da aliento y fuerza a alguna cosa:* **El capitán es el alma del equipo.** ‖ fig. *Persona:* **No se ve ni un alma por esa calle.**
    Viene del latín **anima,** que significa 'alma, aliento, aire'. ‖ *Deriv.:* Animación, animal, animar, anímico, ánimo, animosidad, animoso, desanimar, ecuánime, ecuanimidad, inanimado, longanimidad, magnanimidad, mangnánimo, pusilánime, unánime, unanimidad.

**Almenado,** adj. Coronado de adornos o cosas en figura de almena. ‖ Que tiene figura de almena.
**Almendra,** f. Fruto del almendro, compuesto de una envoltura parecida al cuero, una cáscara leñosa y dentro la semilla carnosa, comestible. ‖ Semilla encerrada en la cáscara del fruto.
**Almendro,** m. Arbol de madera dura, flores blancas sonrosadas y cuyo fruto es la almendra.
**Almiar,** m. Montón grande de paja o de heno, por lo general con un palo vertical en su centro.
**Almíbar,** m. Jarabe de membrillo o de azúcar cocida en agua.
**Almidón,** m. Sustancia blanca, ligera y suave al tacto, que en forma de polvo, se encuentra en las semillas de varias plantas, raíces, patatas, etcétera.
**Almidonado,** adj. Dícese de la persona compuesta con excesivo cuidado.
**Almidonar,** tr. Mojar la ropa blanca en almidón disuelto en agua.
**Almijar,** m. Lugar donde se ponen uvas o aceitunas para que se oreen.
**Alminar,** m. Torre de una mezquita árabe, desde donde el almuédano llama a oración.
**Almirantazgo,** m. Alto tribunal o consejo de la Marina. ‖ Dignidad de almirante.
**Almirante,** m. El que manda en la Marina de Guerra después del capitán general; el cargo de almirante equivale al de teniente general en los ejércitos de tierra.
**Almirez,** m. Mortero de metal, con majadero también de metal.
**Almocafre,** m. Instrumento agrícola en forma de azada pequeña, que sirve para trasplantar y cubrir o remover la tierra que hay en la base de las plantas sembradas.
**Almohada,** f. Colchoncillo que sirve para reclinar sobre él la cabeza en la cama y también para sentarse sobre él.
**Almohade,** adj. Cada uno de los secuaces del africano Aben Tumart que fundó un nuevo imperio musulmán y que invadió España a principios del siglo XII. Los almohades fueron derrotados en la batalla de las Navas de Tolosa.
**Almóndiga,** f. Albóndiga.
**Almoneda,** f. Venta en pública subasta. ‖ Casa de compra y venta de objetos usados. ‖ Subasta.
**Almorávid,** adj. Individuo de una tribu del Atlas que dominó el occidente de Africa y la España árabe.
**Almorrana,** f. Tumorcillo sanguíneo que se forma en la parte exterior del ano o en la extremidad del intestino recto.
**Almorzar,** intr. Tomar el almuerzo. ‖ tr. Comer en el almuerzo una u otra cosa.
**Almud,** m. Medida para semillas y granos, equivalente en algunos sitios a 1,76 litros.
**Almudena,** f. Alhóndiga.
**Almuédano,** m. (o almuecín, m.). El musulmán que está encargado de llamar a oración, a los fieles de su religión desde el alminar o torre de la mezquita.
**Almuerzo,** m. Comida que se toma por la mañana o al mediodía. ‖ Acción de almorzar.
**Alocado,** adj. Imprudente y precipitado.
**Alocución,** f. Discurso breve dirigido por un superior a sus inferiores. ‖ Arenga.
**Alojamiento,** m. Acción y efecto de alojar o alojarse. ‖ Lugar donde uno está alojado. ‖ Hospedaje, albergue, aposento.
**Alojar.\***
**Alón,** m. Ala sin plumas.
**Alondra,** f. Pájaro de color pardo, más grande que el gorrión y de canto muy agradable.

---

*
ALOJAR, tr. Proporcionar sitio para vivir: *¿Me puedes alojar durante esta semana?* ‖ Hospedar, albergar, aposentar: *Le aloja en su casa.*
   Viene del francés **loge**, que significa 'gabinete, habitación, camarín' de donde se deriva también en el castellano **lonja**. ‖ Deriv.: **Alojamiento**. ‖ Contrario: **Desalojar**.

Alondra

**Alotropía**, *f.* Diferencia de aspecto que presentan a veces algunas sustancias químicas.
**Alpaca**, *f.* Rumiante suramericano parecido a la llama y a la vicuña. ‖ Paño de fibras largas. ‖ Alambre de metal blanco.
**Alpargata**, *f.* Calzado de cáñamo, esparto o goma y tela.
**Alpargatero**, *m.* Persona que hace o vende alpargatas.
**Alpechín**, *m.* Líquido mal oliente que sale de las aceitunas amontonadas antes de la molienda.
**Alpes**, *m. pl.* Montañas altas.
**Alpino**, *adj.* De los Alpes.
**Alpinismo**, *m.* Deporte que consiste en subir a las montañas altas.
**Alpinista**, *com.* El que practica el alpinismo.
**Alpiste**, *m.* Planta gramínea, de semillas menudas, que gusta mucho a las aves.
**Alquería**, *f.* Casa de campo, casa de labranza.
**Alquilador**, *m.* Persona que da o toma algo en alquiler.
**Alquilar**, *tr.* Dar a otro alguna cosa para que use de ella por el tiempo que se determine y mediante el pago de una cantidad. ‖ Tomar de otro alguna cosa para usarla y pagando por ella. ‖ Arrendar.
**Alquiler**, *m.* Precio que se paga por alquilar alguna cosa. ‖ Arriendo, arrendamiento.
**Alquimia**, *f.* Arte con que se pretendía cambiar unos metales en oro.
**Alquitrán**, *m.* Sustancia aceitosa, oscura, que se obtiene principalmente de la destilación seca de la leña o de la hulla.
**Alquitranar**, *tr.* Alisar y fortalecer una superficie o suelo echándole alquitrán.
**Alrededor.**\*
**Alsaciano**, *adj.* Natural o perteneciente a la región de la Alsacia, entre Francia y Alemania.
**Alta**, *f.* Documento que acredita la entrada en el servicio activo del ejército. ‖ **Dar de alta**, declarar curada a la persona que ha estado enferma.
**Altamente**, *adv.* De manera excelente. ‖ En extremo. ‖ Perfectamente.
**Altanería**, *f.* Vuelo alto de algunas aves. ‖ Caza que se hace con halcones y otras aves de rapiña de alto vuelo. ‖ Altivez, soberbia, orgullo, arrogancia, desdén.
**Altanero**, *adj.* Se dice de las aves de rapiña de alto vuelo. ‖ Altivo, soberbio, orgulloso, arrogante, desdeñoso.
**Altar**, *m.* Lugar religioso dispuesto para matar la víctima y ofrecer el

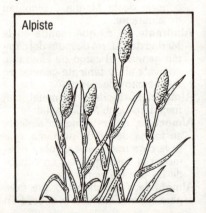
Alpiste

---

\* A<small>LREDEDOR</small>, *Adverbio de lugar que indica el sitio que está rodeando a una cosa:* **La mosca vuela alrededor del tarro de la miel.** ‖ *Adverbio de cantidad que significa 'casi, poco más o menos':* **Vale alrededor de cien pesetas.** ‖ m. pl. *Contorno:* **El río pasa por los alrededores de la ciudad.**
*Viene del antiguo «alderredor», que significa lo mismo.*

sacrificio. || Piedra consagrada sobre la cual se celebra el Santo Sacrificio de la Misa. || V. **alto.**
**Altavoz,** m. Aparato que sirve para agrandar la voz.
**Alteración,** f. Acción de alterar o alterarse. || Sobresalto, excitación, enojo, desasosiego. || Alboroto, tumulto, motín || Variación, mudanza, cambio, perturbación, trastorno.
**Alterar,** tr. Cambiar la forma o las cualidades de una cosa. || Variar, mudar, perturbar, trastornar. || Conmover, turbar, inquietar, enfadar, irritar.
**Altercado,** m. Disputa, discusión grande y desordenada.
**alterna (Corriente),** f. Corriente eléctrica que va y viene por el conductor tantas veces por segundo que la bombilla no llega a apagarse. Es la corriente casera. No sirve para la industria, porque ésta necesita casi siempre corriente continua.
**Alternador,** m. Máquina eléctrica que produce corriente alterna.
**Alternar,** tr. Decir o hacer una cosa, luego, otra, después la primera, luego la segunda otra vez y repitiendo así sucesivamente. || intr. Hacer una cosa, o desempeñar un cargo varias personas, por turno. || Tener comunicación amistosa unas personas con otras. || Codearse.
**Alternativa,** f. Acción que puede ejercer una persona alternando con otra. || Opción. || En tauromaquia, ceremonia con que un matador acreditado autoriza a un novillero para que pueda matar toros alternando con los demás espadas.
**Alternativamente,** adv. Manera de hacer las cosas alternando.

**Alterno,** adj. Que se dice, hace o sucede alternando.
**Alteza,** f. Tratamiento que se da a los príncipes, infantes y princesas.
**Altiplanicie,** f. Meseta de mucha extensión y de gran altura.
**Altísimo (El),** m. Dios.
**Altisonante,** adj. Se le llama así al lenguaje demasiado literario y sonoro.
**Altitud,** f. Altura.
**Altivez,** f. Orgullo, soberbia, altanería, arrogancia. || Contr.: **Llaneza, modestia.**
**Altivo,** adj. El que se cree superior a los demás y los trata como si fueran o valieran menos que él. || Orgulloso, altanero, soberbio, arrogante. || Contr.: **Llano, modesto.**
**Alto.**\*
**Altozano,** m. Cerro de poca altura y en medio de un llano. Las iglesias antiguas generalmente las construían sobre altozanos.
**Altramuz,** m. Legumbre de granos amarillos, los cuales se suelen comer después de remojados en agua salada. || Cada uno de esos frutos.
**Altruismo,** m. Satisfacción en el bien ajeno por motivos puramente humanos. || Filantropía, humanitarismo. || Cuando nos complacemos y procuramos el bien ajeno por motivos sobrenaturales, el altruismo se convierte en caridad. || Contrario: **Egoísmo.**
**Altruista,** adj. Que practica el altruismo.
**Altura,** f. Elevación de cualquier cuerpo sobre la superficie de la tierra. || Dimensión de los cuerpos desde su base al punto más alto. || Altitud, elevación, cumbre. || V. **alto.**

---

ALTO, adj. Levantado sobre la tierra: **Edificio alto.** || De gran estatura: **Hombre alto.** || Se dice de las personas de gran dignidad o representación: **Alto personaje.** || Caro, refiriéndose al precio de las cosas: **Altos precios.** || Encumbrado, eminente, prominente: **Tiene un alto cargo.**
   Viene del latín **altus,** que significa 'alto'. || Deriv.: **Altanería, altanero, altar, altavoz, alteza, altibajo, altímetro, altiplanicie, altisonante, altitud, altura, contralto, enaltecer, exaltación, exaltar, peraltar, peralte.** || Contr.: **Bajo.**

Alubia

**Alumnado,** *m.* Conjunto de alumnos.
**Alumno.***
**Alunizaje,** *m.* Aterrizaje en la superficie de la Luna.
**Alusión,** *f.* Acción de aludir.
**Alusivo,** *adj.* Que alude a una cosa.
**Aluvión,** *m.* Avenida de agua, inundación. ‖ Terrenos de aluvión: los formados por piedras, arenas y lodo procedentes de grandes inundaciones antiguas.
**Alvéolo,** *m.* Hueco en que está cada diente.

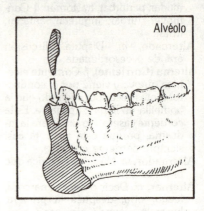

Alvéolo

**Alubia,** *f.* Planta de huerta con fruto que es comestible, verde y seco. ‖ Judía.
**Alucinación,** *f.* El ver visiones. ‖ El oír voces que nadie ha pronunciado. ‖ Engaño de los sentidos corporales.
**Alucinar,** *tr.* Engañar haciendo que se tome una cosa por otra. ‖ Producir una sensación ilusoria. ‖ Ofuscar, engañar, deslumbrar.
**Alucinógeno, na,** *adj.* Que produce alucinación. Dícese en especial de las drogas.
**Alud,** *m.* Gran masa de nieve que se derrumba de los montes con violencia y estrépito.
**Aludir,** *intr.* Referirse a una persona o cosa sin nombrarla claramente.
**Alumbrado,** *m.* Conjunto de luces que iluminan alguna población o sitio.
**Alumbramiento,** *m.* Acción y efecto de alumbrar. ‖ Parto.
**Alumbrar,** *tr.* Llenar de luz. ‖ Poner luz o luces en algún lugar. ‖ Hacer que las aguas subterráneas salgan a la superficie. ‖ V. **lumbre.**
**Aluminio,** *m.* Metal de color y brillo parecido a los de la plata y muy poco pesado; tiene muchas aplicaciones en la industria.

**Alza,** *f.* Encarecimiento, aumento de precio que toma la moneda y, en general, cualquier mercancía. ‖ Regla graduada que sirve para precisar la puntería de las armas de fuego.
**Alzacuello,** *m.* Cuello redondo que sirve de distintivo a los sacerdotes.
**Alzada,** *f.* Estatura del caballo.
**Alzado,** *adj.* Se dice del precio que se fija por adelantado a un trabajo. ‖ *m.* Dibujo que representa la fachada de un edificio (o la proyección vertical y sin perspectiva de cualquier cosa).
**Alzamiento,** *m.* Acción y efecto de alzar o alzarse. ‖ Sublevación, rebelión, levantamiento, insurrección.

---
\*
Alumno, m. *El que va a una escuela o a cualquier centro para recibir enseñanza:* **Es alumno de este colegio.** ‖ *El que recibe enseñanza de otro:* **Platón fue alumno de Sócrates.**
    Viene del latín **alumnus,** que se deriva del verbo **alere,** 'alimentar'. Por eso alumno significa propiamente 'persona alimentada intelectualmente por otra'. ‖ *Deriv.:* **Alumnado.**

**Alzar,** *tr.* Poner una cosa más alta que lo que está. || Levantar, elevar, erigir, encumbrar. || Elevar la Hostia y el Cáliz en la Misa.
**Allá,** *adv.* Indica lugar alejado del que habla, y menos determinado que el que se denota con allí || Adverbio de tiempo que denota tiempo remoto. || V. **allí.**
**Allanamiento,** *m.* Acción de poner llana una cosa. || Acción de entrar a la fuerza en casa ajena.
**Allanamiento de morada,** *m.* Delito de entrar a la fuerza en una casa ajena.
**Allanar,** *tr.* Poner llana una cosa. || Allanar dificultades: vencerlas una a una.
**Allegado,** *adj.* Cercano, próximo. || Pariente.
**Allegar,** *tr.* Recoger, juntar, reunir, almacenar, acopiar. || Arrimar, acercar, aproximar.
**Allende,** *adv.* De la parte de allá.
**Allí.\***
**Ama,** *f.* Señora de la casa o familia. || Dueña de alguna cosa. || Propietaria. || Mujer que da de mamar o cuida a niños ajenos. || Nodriza.
**Amabilidad,** *f.* Calidad de amable. || Afabilidad, cordialidad, cortesía, urbanidad, afecto, agrado.
**Amable,** *adj.* Que merece ser amado. || Afable, complaciente, afectuoso, atento, cortés, agradable, cordial.
**Amablemente,** *adv.* Con amabilidad.
**Amado,** *m.* Persona a quien se ama. || V. **amar.**
**Amaestrar,** *tr.* Enseñar movimientos y destrezas a un animal.
**Amago,** *m.* Comienzo de un daño o amenaza.

**Amainar,** *tr. e intr.* Perder fuerza el viento o la lluvia.
**Amalgama,** *f.* Mezcla de mercurio y otro metal. || *fig.* Mezcla desordenada de cosas diferentes.
**Amamantar,** *tr.* Dar de mamar la hembra a su hijo.
**Amancebarse,** *recípr.* Vivir como matrimonio sin estar casados.
**Amanecer,** *intr.* Empezar a aparecer la luz del día. || Estar en un sitio o condición determinados al empezar el día. || *m.* Alba, aurora.
**Amanerado,** *adj.* Que no tiene variedad ni elegancia.
**Amansar,** *tr.* Hacer manso a un animal o fiera.
**Amante,** *com.* Que ama.
**Amanuense,** *com.* Escribiente.
**Amañar,** *tr.* Componer con astucia alguna cosa.
**Amaño,** *m.* Trampa, astucia, ardid, treta, artificio, triquiñuela.

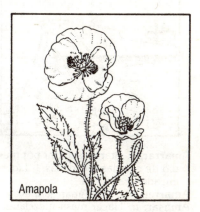
Amapola

**Amapola,** *f.* Planta que suele crecer entre los sembrados y cuya flor roja tiene en el centro una bolita de semillas negras.
**Amar.\***

---

**A**LLÍ, *adv. En aquel lugar:* **Está allí.** || *A aquel lugar:* **Iré allí.** || *Entonces, en tal ocasión:* **Allí fue el trabajar.**
　*Viene del latín* **illic,** *que significa* 'allí'. *De la misma raíz vienen* **allá, allende, acullá.**
**A**MAR, *tr. Querer a una persona:* **Debemos amar al prójimo.** || *Tener amor, estimar, apreciar:* **Se aman mucho.**
　*Viene del latín* **amare,** *que significa* 'amar'. || *Deriv.:* **Amabilidad, amable, amado, amante, amigo, amistad, amor, amoroso, desamor, enamorar, enemigo, enemistad, enemistar.** || *Contr.:* **Odiar.**

**Amarar,** *intr.* Posarse en el agua una aeronave.
**Amargamente,** *adv.* Con amargura.
**Amargar,** *intr.* Tener alguna cosa sabor desagradable, parecido al de la piel. ‖ Causar disgusto. ‖ Disgustar, afligir, entristecer, apenar, atormentar, apesadumbrar.
**Amargo.***
**Amargor,** *m.* Sabor o gusto amargo. ‖ Aflicción, disgusto.
**Amargura,** *f.* Sabor o gusto amargo. ‖ Amargor. ‖ Aflicción, dolor, tristeza, pena, sufrimiento, pesadumbre, pesar.
**Amarillento,** *adj.* Que tira a amarillo.
**Amarillo,** *adj.* De color semejante al del limón maduro, como el oro.
**Amarra,** *f.* Cuerda con que se sujetan los barcos en el puerto.

Amarra

**Amarrar,** *tr.* Atar y asegurar por medio de cuerdas o cadenas. ‖ Ligar, encadenar, trincar.
**Amarrete, ta,** *adj.* Amarrado, avaro.
**Amasar,** *tr.* Hacer masa mezclando harina, o yeso, o tierra, o cosa semejante con agua u otro líquido. ‖ Revolver o sobar la masa.
**Amasijo,** *m.* Porción de harina amasada. ‖ Mezcla de cosas diferentes.

**Amatista,** *f.* Piedra de color violeta, empleada en joyería, y a la que las antiguas supersticiones atribuían la propiedad de preservar de la embriaguez.
**Amazona,** *f.* Mujer de raza guerrera que los antiguos creían haber existido en los primeros tiempos de la humanidad. ‖ Mujer que monta a caballo.
**Ambages,** *m. pl.* Rodeos.
**Ambar,** *m.* Resina fósil, de color amarillo.
**Ambición,** *f.* Deseo grande de conseguir poder, honra, fama o riquezas.
**Ambicionar,** *tr.* Desear ardientemente alguna cosa.
**Ambicioso,** *adj.* Que tiene ambición o deseo grande de alguna cosa. ‖ Se dice también de aquellas cosas en que se manifiesta la ambición. ‖ Codicioso, avaricioso. ‖ Contr.: **Modesto.**
**Ambidextro,** *adj.* Que tiene la misma destreza en las dos manos.
**Ambiente.***
**Ambigú,** *m.* En los locales destinados a espectáculos: la cafetería.
**Ambigüedad,** *f.* Cualidad de ambiguo.
**Ambiguo,** *adj.* Que puede entenderse de varias maneras. ‖ Dudoso, confuso, de doble sentido, equívoco, incierto. ‖ Contr.: **Claro, neto, preciso.**
**Ámbito,** *m.* Espacio comprendido dentro de límites determinados. ‖ Contorno.
**Ambón,** *m.* Cada uno de los púlpitos desde donde se canta o lee la epístola y el evangelio.
**Ambos,** *adj.* El uno y el otro los dos. ‖ Viene del latín **ambo** («uno y otro»).
**Ambrosía,** *f.* En la angitua mitología:

---
\*
AMARGO, adj. *Que amarga, que tiene sabor parecido al de la hiel:* **Fruto amargo.** ‖ *Que causa disgusto:* **Palabras amargas.**
   *Viene del latín* **amarus,** *que significa 'amargo'.* ‖ *Deriv.:* **Amargar, amargor, amargura.** ‖ *Contr.:* **Dulce.**
AMBIENTE, m. *Aire suave que rodea a los cuerpos:* **Este ambiente es muy agradable.** ‖ *Conjunto de circunstancias que rodean a una persona o cosa:* **Está en mal ambiente.**
   *Viene del verbo* **ambire,** *que significa 'ir alrededor, rodear, pretender'.*
   *De la misma raíz se derivan* **ambición, ambicionar, ambicioso, ámbito.**

alimento de los dioses. ‖ Manjar o bebida de gusto delicado y sabrosísimo.
**Ambulancia,** *f.* Hospital que puede trasladarse de un sitio a otro. ‖ Vehículo para transportar heridos y enfermos.
**Ambulante,** *adj.* Que va de un lugar a otro.
**Ambulatorio,** *adj.* Que sirve para caminar. ‖ *m.* Sitio por donde se puede caminar.
**Ameba,** *f.* Amiba.
**Amedrentarse,** *r.* Llenarse de miedo y temor.
**Amén,** *m.* Palabra que se dice al terminar las oraciones y que indica que estamos totalmente conformes con lo que hemos rezado, y totalmente seguros que será escuchada nuestra oración.
**Amenaza.\***
**Amenazador,** *adj.* Que amenaza.
**Amenazar,** *adj.* Dar a entender que se quiere hacer daño a otro. ‖ Dar indicios de que va a ocurrir algo desagradable. ‖ Amargar, conminar. ‖ V. **amenaza.**
**Amenguar,** *tr.* Disminuir, venir a menos.
**Amenidad,** *f.* Cualidad de ameno. ‖ Atractivo, gracia.
**Amenizar,** *tr.* Hacer agradable alguna cosa o algún sitio.
**Ameno.\***
**Americana,** *f.* Chaqueta.
**Americanista,** *com.* Persona que estudia y es entendida en cosas de América.
**Americano.\***
**Ametrallador,** *adj.* Se aplica a las armas de fuego que pueden dispararse automáticamente y con mucha rapidez.
**Ametralladora,** *f.* Máquina de guerra que dispara automáticamente y con mucha rapidez balas como las de fusil.
**Ametrallar,** *tr.* Disparar metralla contra el enemigo. ‖ Disparar con ametralladora.
**Amianto,** *m.* Mineral fibroso y como de seda, que no se quema y con el que pueden hacerse tejidos incombustibles.
**Amiba,** *f.* Animal microscópico unicelular que camina emitiendo pseudópodos.

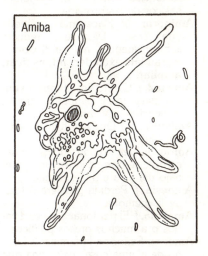

Amiba

---

\*
A<small>MENAZA</small>, f. *Acción de amenazar:* **La amenaza es una acción desagradable.** ‖ *Gestos o palabras con los que se indica la intención de hacer daño a otro:* **Bajo la amenaza de la mano.**
    *Viene del latín* **mina,** *que significa también 'amenaza'.* ‖ *Deriv.:* **Amenazador, amenazar.** *De la misma raíz se derivan* **conminar, conminatorio.**
A<small>MENO</small>, adj. *Que gusta estar en él:* **Un prado ameno.** ‖ *Agradable, divertido, entretenido:* **Un cuento muy ameno.**
    *Viene del latín* **amoenus,** *que significa algo así como «libre de murallas».* ‖ *Deriv.:* **Amenidad, amenizar.**
A<small>MERICANO</small>, adj. *De América:* **Hombre americano; país americano; río americano;** *etc.*
    *Viene del nombre de América. A la parte del mundo que descubrió Colón se le debería llamar Colombia, o cosa así, no América. (Este nombre se lo puso el geógrafo alemán Waldseemüller, en honor del marino Américo Vespucio).* ‖ *Deriv.:* **Americana, americanismo, americanista.**

**Amígdalas,** f. pl. Las glándulas de las paredes de la garganta, cuya inflamación son las llamadas anginas.
**Amigo,** adj. Que tiene amistad con alguna persona. ‖ Aficionado a algo. ‖ Aficionado, encariñado, afecto. ‖ V. **amar.** ‖ Contr.: **Enemigo, hostil.**
**Amigote,** m. fam. Amigo.
**Amilanarse,** r. Asustarse y desanimarse.
**Amina,** f. Sustancia química que se forma sustituyendo uno o dos átomos de hidrógeno de amoníaco por radicales alcohólicos.
**Aminoácido,** m. Sustancia química orgánica en cuya composición molecular entran un grupo amínico y otro carboxílico. Veinte de tales sustancias son los componentes básicos de las proteínas.
**Aminorar,** tr. Hacer más pequeña una cosa. ‖ Disminuir, reducir, achicar, atenuar, mitigar. ‖ Contr.: **Agrandar, extender, intensificar, ampliar.**
**Amistad,** f. Cariño desinteresado entre personas. ‖ Simpatía, afecto, inclinación. ‖ V. **amar.**
**Amistoso,** adj. Que se refiere o indica amistad.
**Amito,** m. Lienzo cuadrado que el sacerdote se pone a la espalda y debajo del alba y de la casulla.
**Amnesia,** f. Pérdida pasajera o total de la memoria.
**Amnistía,** f. El perdonar a la vez a varios o a muchos presos políticos.
**Amo,** m. Señor de la familia. ‖ Dueño de alguna cosa. ‖ Persona que tiene dominio sobre otras. ‖ Propietario, poseedor.
**Amodorrarse,** r. Quedarse aturdido y adormilado.
**Amoldar,** tr. Ajustar una cosa a un molde. ‖ Hacer las cosas con arreglo a una pauta. ‖ Ajustar, acomodar, adaptar.
**Amonestación,** f. Acción y efecto de amonestar. ‖ Advertencia, reprensión, reprimenda, regaño, exhortación, admonición, aviso.
**Amonestar,** tr. Advertir a alguien para que sepa lo que tiene que hacer y lo que no tiene que hacer. ‖ Publicar en la iglesia los nombres de las personas que quieren casarse. ‖ Prevenir, avisar, exhotar, reprender, regañar, reñir.
**Amoníaco,** m. Gas picante que tiene muchas aplicaciones industriales. Está compuesto de nitrógeno e hidrógeno.
**Amontonar,** tr. Poner unas cosas sobre otras sin ningún orden. ‖ Acumular, apilar, hacinar, aglomerar, acopiar, apiñar.
**Amor,** m. Sentimiento que nos mueve a buscar lo que consideramos bueno. ‖ Sentimiento que nos mueve a procurar la alegría de otra persona. ‖ Cariño, apego, afecto, estimación, ternura, inclinación, afición. ‖ V. **amar.** ‖ Contr.: **Odio, rencor, aborrecimiento, aversión.**
**Amoral,** adj. Que no distingue el bien del mal.
**Amoralidad,** f. Cualidad de la persona que no distingue lo bueno de lo malo.
**Amoratado,** adj. De color casi morado.
**Amordazar,** tr. Poner mordaza.
**Amorfo,** adj. Que no tiene forma propia y permanente.
**Amorío,** m. Enamoramiento.
**Amoroso,** adj. Que siente amor, o que lo manifiesta.
**Amortajar,** tr. Ponerle la mortaja a un cadáver.
**Amortiguación,** f. Disminución de los movimientos provocados por una sacudida brusca.

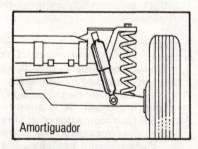

Amortiguador

**Amortiguador,** adj. Que amortigua ‖ m. Mecanismo que llevan los vehículos para suavizar los bruscos movimientos que se producen al pasar sobre los baches.
**Amortiguar,** tr. Disminuir la intensidad y la violencia de algunos movi-

mientos bruscos. ‖ Suavizar, moderar, dejar como muerta.
**Amortización,** *f.* Acción y efecto de amortizar.
**Amortizar,** *tr.* Terminar de pagar una deuda. ‖ Suprimir empleados.
**Amoscarse,** *r. fam.* Enfadarse y resentirse.
**Amotinado,** *adj.* Se dice de la persona que toma parte en un motín. ‖ Sublevado, insurrecto.
**Amotinarse,** *r.* Alzarse en rebeldía.
**Amparar,** *tr.* Proteger, defender, favorecer, patrocinar.
**Amparo,** *m.* Abrigo o defensa. ‖ Refugio, protección, asilo, apoyo.

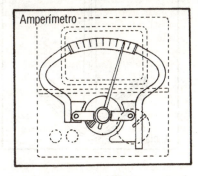

**Amperímetro,** *m.* Aparato para medir la intensidad de una corriente eléctrica; el resultado lo expresa en amperios.
**Amperio,** *m.* Unidad de intensidad de la corriente eléctrica; corresponde al paso de un culombio por segundo.
**Ampliación,** *f.* Aumento. ‖ V. **Ancho.**
**Ampliador,** *adj.* Que amplía. ‖ *m.* Aparato para hacer ampliaciones.
**Ampliamente,** *adv.* Con mucha extensión. ‖ Extensamente, grandemente, abundantemente, largamente, dilatadamente, cumplidamente.
**Ampliar,** *tr.* Hacer más extensa una cosa. ‖ Extender, dilatar, aumentar. ‖ V. **ancho** y **amplio.**
**Amplificador,** *m.* Instrumento usado en cine, radio y televisión para elevar la intensidad de los sonidos o de la corriente eléctrica.
**Amplificar,** *tr.* Ampliar, aumentar, desarrollar.
**Amplio,** *adj.* Extenso, ancho. ‖ Dilatado, espacioso. ‖ Véase **ancho.**
**Amplitud,** *f.* Extensión, dilatación.
**Ampolla,** *f.* Bolsita formada por la elevación de la piel. ‖ Botellita en que vienen las inyecciones.
**Ampulsoso,** *adj.* Hinchado y hueco como una burbuja.
**Amputar,** *tr.* Cortar un miembro del cuerpo.
**Amueblar,** *tr.* Poner los muebles necesarios en una casa.
**Amuleto,** *m.* Objeto pequeño y de superstición.
**Amurallar,** *tr.* Construir murallas alrededor de un pueblo, ciudad, etc.
**Anacoreta,** *com.* Persona que vive en lugar solitario entregada a la oración y a la penitencia. ‖ Ermitaño.
**Anacrónico,** *adj.* Que está anticuado.
**Ánade,** *amb.* Pato.
**Anaerobio,** *adj.* Se aplica al ser que puede vivir y desarrollarse sin el contacto del aire.
**Anafe,** *m.* Hornillo portátil.
**Anáfora,** *f.* Repetición de una misma palabra al principio de varias frases o versos seguidos.
**Anagrama,** *m.* Palabra que resulta de la transposición de las letras de otra, como de *amor, Roma.*
**Anales,** *m. pl.* Narraciones de sucesos por años.
**Analfabetismo,** *m.* Conjunto de analfabetos que tiene un país, y la incultura y atraso que eso representa.
**Analfabeto,** *adj.* Que no sabe leer ni escribir. ‖ Atrasado, que tiene muy poca cultura o ninguna.
**Analgésico,** *adj.* Que calma o suprime el dolor.
**Análisis.\***

---

\* 
ANÁLISIS, amb. *Descomposición de una cosa en sus partes:* **Le hice un análisis al reloj y, cada vez que intentaba después reconstruirlo, me sobraban piezas.** ‖ *Examen que se hace de alguna cosa:* **Le hicieron un análisis de sangre.**

**Analista,** com. El que hace análisis.
**Analítico,** adj. Que pertenece o se refiere al análisis.
**Analizar,** tr. Hacer análisis de alguna cosa. || Descomponer, examinar. || Contr.: **Sintetizar, componer, reconstruir.**
**Análogamente,** adv. De igual manera, de un modo semejante.
**Analogía.***
**Análogo,** adj. Parecido a otra cosa. || Semejante, similar.
**Anaranjado,** adj. De color naranja.
**Anaquel,** m. Cada una de las tablas horizontales de los armarios; también se pueden poner en las paredes para colocar cosas encima de ellos.
**Anarquía,** f. Falta de autoridad. || Desorden, confusión, desconcierto, barullo.
**Anárquico,** adj. En desorden. || Que pertenece o se refiere a la anarquía.
**Anarquismo,** m.\ Doctrina de los anarquistas.
**Anarquista,** com. Persona que desea la anarquía en un pueblo.
**Anatema,** m. Excomunión. || adj. Excomulgado.
**Anatematizar,** tr. Maldecir, reprobar, excomulgar.
**Anatomía,** f. Ciencia que estudia las partes de los cuerpos de los seres vivos.
**Anatómicamente,** adv. Conforme a las reglas de la anatomía.
**Anca,** f. Parte trasera de algunos animales.

**Ancestral,** adj. Que se refiere a los antepasados.
**Ancianidad,** f. Ultimo período de la vida ordinaria del hombre. || Vejez, senectud.
**Anciano.***
**Ancla,** f. Instrumento de hierro en forma de anzuelo doble, que, pendiente de una cadena, se echa al mar para que allí sujete la embarcación.

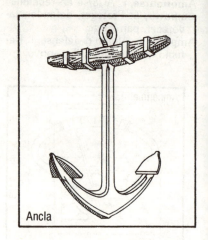
Ancla

**Anclar,** intr. Echar anclas. || Quedar sujeta la nave por medio del ancla.
**Áncora,** f. Ancla. || Pequeña palanca doble que los relojes tienen por dentro.
**Ancho.***

---

*Viene del griego **analysis,** derivado de **analyo,** que significa 'desatar'. Por eso análisis significa propiamente "descomposición en partes". || Deriv.: **Analítico, analizar.** || Contr.: **Síntesis, composición, reconstrucción.**

ANALOGÍA, f. *Semejanza entre varias cosas:* **Hay analogía entre el perro y el gato porque ambos son animales domésticos.** || *Parte de la gramática que trata de los accidentes y propiedades de las palabras, consideradas aisladamente; hoy se suele llamar morfología. Parecido.*

*Analogía viene del griego* **ana-logos,** *que quiere decir 'relacionado, parecido'; según esto, analogía es el conocimiento de lo que se parece. Morfología viene también del griego* **morfo-logos,** *que quiere decir 'ciencia o conocimiento de las formas'.*

ANCIANO, *Se dice del hombre que tiene muchos años:* **Era anciano cuando murió.**
*Viene del latín* **ante,** *que significa 'antes'. Por eso, anciano propiamente significa 'el hombre que vivió antes'.* || *Deriv.:* **Ancianidad.**

ANCHO, adj. *Amplio, dilatado, extenso, holgado:* **Esta chaqueta me está muy**

**Anchoa,** *f.* Boquerón o sardina en adobo, aceite y sal.
**Anchura,** *f.* La dimensión más corta de las dos que tiene una superficie. || Latitud. || Holgura, desahogo, libertad.
**Andada,** *f.* Acción y efecto de andar.
**Andaluz.***
**Andamiaje,** *m.* Conjunto de andamios que hay en una obra de albañilería.
**Andamio,** *m.* Armazón de tablones que sirve para colocarse encima de ellos y trabajar en la construcción o reparación de edificios. || Tablado que se pone en sitios públicos para ver desde él alguna fiesta.
**Andanada,** *f.* Ruido y descarga de varios cañones puestos en fila.
**¡Andando!, ¡Venga, date prisa!**
**Andante,** *adv.* Despacio, lento, un poco lento.
**Andanza,** *f.* Suerte, fortuna, caso, acontecimiento, suceso.
**Andar.***
**Andariego,** *adj.* Persona a quien le gusta mucho andar. || Andarín, caminante, andador.
**Andarín,** *adj.* Que anda de prisa y como trotando por calles y caminos.
**Andas,** *f.* Especie de tablero con mangos para llevar efigies, personas o cosas. || Parihuelas, angarillas, camilla.
**Andén,** *m.* Sitio destinado para andar. || En las estaciones de los ferrocarriles, especie de acera elevada a lo largo de la vía. En los puertos, el muelle.
**Andrajos,** *m. pl.* Jirones de ropa vieja.
**Andrajoso,** *adj.* Que lleva los vestidos rotos y viejos.
**Androceo,** *m.* Parte masculina de la flor.
**Anea,** *m.* Nea.
**Anécdota,** *f.* Narración breve de algún suceso particular y curioso. || Historieta, leyenda, cuento.
**Anecdótico,** *adj.* Que pertenece o se refiere a la anécdota.
**Anegar,** *tr.* Inundar. || Sumergir una cosa en agua.
**Anejo,** *adj.* Anexo. || *m.* Pueblo pequeño que depende de otro.
**Anélido,** *adj.* Que tiene su cuerpo formado por muchos anillos, como la lombriz, la sanguijuela y otros muchos gusanos.
**Anemia,** *f.* Empobrecimiento de la sangre, generalmente por falta de glóbulos rojos.
**Anémico,** *adj.* Falto de glóbulos rojos en la sangre; flaco, delgado, pálido, sin fuerzas, desmirriado.
**Anemómetro,** *m.* Aparato metálico muy sencillo que se suele poner junto a las veletas y que al girar va midiendo la velocidad del viento.
**Anémona,** *f.* Planta de primavera, de color amarillento o violeta pálido, algo venenosa y que suele abrirse mucho los días de viento. || Animal marino en forma de flor, que vive

---

*
**ancha.** || **Andar a sus anchas** significa ir como se quiere, con entera libertad, cómodamente. || m. Anchura: *El ancho de esta mesa.*
  La palabra latina que significa ancho es **amplus.** || *Deriv.:* **Anchura, anchuroso, ensanchamiento, ensanchar.** *De la palabra latina* **amplus** *vienen las castellanas* **ampliación, ampliar, amplificación, amplificar, amplio, amplitud.** || *Contr.:* **Estrecho.**
ANDALUZ, adj. *De Andalucía: El patio andaluz está abierto hacia la casa, hacia la calle y hacia el cielo.*
  Viene de la palabra **Andalucía,** derivada de la palabra **vándalo** (pueblo que pasó después a África). || *Deriv.:* **Andalucismo.**
ANDAR, intr. *Ir de un lugar a otro dando pasos:* **Fui andando.** || *Caminar:* **El tren anda por la vía.** || *Funcionar, moverse:* **Este reloj no anda.** || *Estar:* **Desde hace unos días ando un poco malo.**
  Viene del latín **ambulare,** que significa 'andar'. || *Deriv.:* **Andaderas, andador, andadura, andamio, andante, andanza, andariego, andarín, andurrial, bienandanza, malandanza.** *Directamente del verbo latino* **ambulare** *vienen* **ambulancia** *y* **ambulante.**

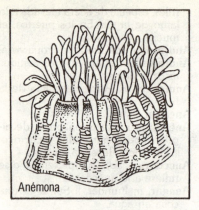
Anémona

fijo en los fondos o rocas y cuyo contacto produce en la piel un picor intenso.

**Anestesia,** f. Pérdida de la sensibilidad en alguna parte del cuerpo a causa de una inyección especial o por otro medio artificial cualquiera.

**Anestesiar,** tr. Dejar como dormida e insensible alguna parte del cuerpo, de un enfermo, para que no duela la operación quirúrgica.

**Anestésico,** m. Sustancia o inyección que sirve para anestesiar.

**Anexionar,** tr. Unir una cosa a otra y dejarla dependiendo de ella.

**Anexo,** adj. Unido a otra cosa y dependiente de ella. ‖ Anejo, agregado.

**Anfibio,** m. Animal o planta que puede vivir en el agua y en la tierra. ‖ Se dice también de aquellos vehículos que pueden caminar por la tierra y por el agua.

**Anfibología,** f. El doble sentido de las frases ambiguas.

**Anfiteatro,** m. Edificio o sala de figura redonda con gradas alrededor, desde donde se puede presenciar un espectáculo.

**Anfitrión,** m. El que convida a otro a comer.

**Ánfora,** f. Vasija a modo de cántaro, alto y estrecho y de cuello largo y con dos asas.

**Angarillas,** f. pl. Armazón de varas parecido a una camilla de enfermeros. ‖ Armazón de madera que se coloca sobre una bestia de carga para transportar vasijas llenas de líquido.

**Ángel.\***

**Angelical,** adj. Perteneciente a los ángeles. ‖ Parecido a los ángeles.

**Angélico,** adj. Propio de los ángeles. ‖ Angelical.

**Angelote,** m. Niño gordo de condición agradable. ‖ Persona muy buena y de trato agradable.

**Ángelus,** m. Oración de gratitud por la Encarnación del Verbo divino.

**Angina,** f. Inflamación de las partes cercanas al agujero de la garganta.

**Anglicanismo,** m. Doctrina de la mayoría de los protestantes ingleses.

**Anglicano,** adj. Que profesa el anglicanismo.

**Anglicismo,** m. Palabra o giro de la lengua inglesa empleada en otro idioma.

**Angloamericano,** adj. Inglés y americano a un tiempo.

**Anglosajón,** adj. Persona o cosa procedente de los pueblos germanos que se establecieron antiguamente en Inglaterra.

**Angosto,** adj. Muy estrecho.

**Angostura,** f. Estrechez.

**Anguila,** f. Pez comestible parecido a una culebra.

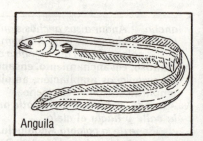
Anguila

---

\* Angel, m. Espíritu puro criado por Dios para su servicio y para el de los hombres: **Los ángeles buenos están en la gloria.** ‖ Gracia, simpatía: **Este hombre tiene ángel.**

Viene del griego **angelos,** que significa 'enviado, mensajero'. Por eso ángel significa propiamente 'un ser enviado por Dios a los hombres'. ‖ Deriv.: **Angelical, angélico, ángelus, arcángel, evangélico, evangelio, evangelizar.**

**Angula,** *f.* Cría de la anguila. Cocida es un manjar muy apreciado.
**Angular,** *f.* De figura de ángulo. ‖ Lo que se refiere al ángulo.
**Ángulo,** *m.* Abertura formada por dos líneas que salen de un mismo punto. ‖ Rincón.
**Anguloso,** *adj.* Que tiene ángulos o esquinas.
**Angustia.***
**Angustiado,** *adj.* Con angustia.
**Angustioso,** *adj.* Que produce angustia. ‖ Que expresa angustia.
**Anhelante,** *adj.* Que anhela o desea una cosa.
**Anhelar,** *intr.* Respirar con dificultad. ‖ *tr.* Tener ansia por alguna cosa. ‖ Ansiar, desear, ambicionar, aspirar, apetecer, codiciar.
**Anhelo,** *m.* Deseo grande. ‖ Ansia, aspiración, afán, ambición.
**Anheloso,** *adj.* Se dice de la respiración frecuente y fatigosa.
**Anhídrido,** *m.* Unión química entre el oxígeno y un metaloide. ‖ Acido deshidratado.
**Anhidro,** *adj.* Que no tiene agua, que en su composición no interviene el agua.
**Anidar,** *intr.* Hacer su nido las aves. ‖ *tr.* y *fig.* Vivir en un sitio o lugar determinado.
**Anilina,** *f.* Líquido colorante, obtenido de la brea de la hulla.
**Anilla,** *f.* Cada uno de los anillos metálicos que sirven para colocar colgaduras o cortinas. ‖ Anillo sujeto por un cordón. ‖ *pl.* Pareja formada por dos anillos grandes de hierro pendientes de cuerdas paralelas que se usan para hacer ejercicios gimnásticos.
**Anillado,** *adj.* Se les dice así a los animales invertebrados cuyo cuerpo parece una serie de anillos seguidos.
**Anillo,** *m.* Aro pequeño. ‖ Sortija. ‖ Cualquier cosa con figura de aro.

**Ánima,** *f.* Alma. ‖ Alma que está en el Purgatorio. ‖ Hueco del cañón de las armas de fuego.
**Animación,** *f.* Acción y efecto de animar o animarse. ‖ Viveza, rapidez de movimientos. ‖ Concurrencia de gente. ‖ Agitación, excitación.
**Animadamente,** *adv.* Con animación.
**Animado,** *adj.* Alegre, divertido, concurrido. ‖ Excitado, acalorado, agitado. ‖ V. **alma.**
**Animador,** *adj.* Que anima.
**Animadversión,** *f.* Enemistad, malquerencia, ojeriza, inquina, animosidad, tirria.
**Animal,** *m.* Ser orgánico que vive, siente y se mueve por propio impulso. ‖ Dícese de la persona muy ignorante o de mala educación. ‖ *adj.* Propio de los animales. ‖ V. **alma.**
**Animar,** *tr.* Dar ánimos. ‖ Excitar, esforzar, alentar, exhortar. ‖ V. **alma.**
**Anímico,** *adj.* Psíquico.
**Ánimo,** *m.* Valor, esfuerzo, energía. ‖ Intención, propósito, pensamiento. ‖ V. **alma.**
**Animosamente,** *adv.* Con valor.
**Animoso,** *adj.* Que tiene valor o ánimo. ‖ Valiente, esforzado, decidido, valeroso.
**Aniquilación,** *f.* (o aniquilamiento, *m*). El aniquilar una cosa, y el quedar ésta destruida o deshecha.
**Aniquilar,** *tr.* Destruir por completo una cosa.
**Anís,** *m.* Planta de flores pequeñas y blancas con semillas pequeñas, olorosas y de sabor agradable. ‖ Aguardiente con esencia de anís.
**Anisado,** *m.* Aguardiente.
**Anisete,** *m.* Licor compuesto de aguardiente, anís y azúcar.
**Aniversario,** *adj.* Anual. ‖ *m.* Día en

---

*
Angustia, f. *Miedo que se tiene sin saber por qué, inquietud, ansiedad, congoja, zozobra:* **Tenía angustia.**
    *Viene del latín* **angustus,** *que quiere decir 'estrecho', como lo dice la palabra castellana* **angosto.** *Por esto angustia significa propiamente 'estrechez, situación crítica y difícil'.* ‖ *Deriv.:* **Angustiar, angustioso.** *De angosto se deriva* **angostura.**

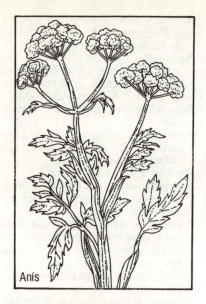

Anís

que se cumplen años de algún suceso. || Cumpleaños.

**Ano,** m. Orificio en que remata el conducto digestivo y por donde salen los excrementos.

**Anoche,** adv. En la noche de ayer.

**Anochecer,** intr. Venir la noche, empezar a faltar la luz del día. || Estar en una determinada situación al empezar la noche. || m. Tiempo en que está anocheciendo.

**Anochecida,** f. Anochecer, tiempo en que anochece.

**Anodino,** adj. Insignificante, ineficaz, insustancial.

**Ánodo,** m. Polo positivo de una corriente o aparato eléctrico.

**Anomalía,** f. Irregularidad.

**Anómalo,** adj. Irregular, extraño, desigual.

**Anonadar,** tr. Reducir a la nada. || Aniquilar, destruir, exterminar. || Humillar, abatir.

**Anónimo,** adj. Se dice de la obra o escrito que no lleva el nombre de su autor. || m. Escrito sin firmar. || V. **nombre.**

**Anormal,** adj. Se dice de lo que se halla fuera de las condiciones ordinarias. || Irregular, deforme. || com. Persona a la que le falta algún sentido corporal o que tiene poca inteligencia. || Contr.: **Normal, regular, corriente.**

**Anormalidad,** f. Cualidad de anormal. || Irregularidad, defecto o exceso.

**Anotación,** f. Acción de anotar. || Nota, apunte, señal.

**Anotar,** tr. Escribir algo para recordarlo después. || Apuntar, tomar nota, registrar. || V. **nota.**

**Anquilosado,** adj. Rígido y entumecido.

**Ansia.\***

**Ansiar,** tr. Desear vivamente, con ansia. || Aspirar, anhelar, apetecer, ambicionar, querer.

**Ansiedad,** f. Inquietud, agitación, intranquilidad.

**Ansioso,** adj. Que tiene mucha ansia de algo. || Acongojado.

**Antagónico,** adj. Contrario, opuesto.

**Antagonismo,** m. Oposición, rivalidad, contrariedad entre personas o doctrinas.

**Antaño,** adv. En el año que precedió al corriente. || Por extensión, en tiempo antiguo.

**Antártico,** adj. Del polo Sur de la Tierra.

**Ante.\***

**Ante,** m. Animal parecido al ciervo, pero mayor. || La piel de este animal.

**Anteanoche,** adv. En la noche de anteayer.

**Anteayer,** adv. En el día anterior al de ayer. || Hace dos días.

---

\*

Ansia, f. *Malestar, desasosiego, angustia, congoja:* **Está en las ansias de la muerte.** || *Deseo, afán, anhelo:* **Bebió con ansia.**

    *Viene del latín* **anxius,** *que quiere decir 'ansioso'.* || *Deriv.:* **Ansiar, ansiedad, ansioso.**

Ante, prep. *Delante de, en presencia de:* **Ante el juez.**

    *Viene del latín* **ante,** *que significa lo mismo que la palabra castellana.* || *Deriv.:* **Antes, anterior, anterioridad, anteriomente.** || *Muchas palabras se forman comenzando con* ante: **Anteanoche, anteayer, anteponer,** *etc.*

Ante

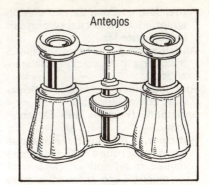
Anteojos

**Antebrazo,** *m.* Parte del brazo que va desde el codo hasta la muñeca.
**Antecámara,** *f.* Habitación que hay en los palacios o casas grandes delante de la sala principal. || Antesala.
**Antecedente,** *adj.* Que antecede || *m.* Hecho anterior que sirve para juzgar los que vienen después. || Precedente, anterior. || En gramática, el nombre al que se refiere un pronombre relativo. || En aritmética, el numerador de una razón. || V. **ante.** || Contr.: **Consecuente, subsiguiente.**
**Anteceder,** *tr.* Ir delante. || Preceder. || Contr.: **Ir detrás.**
**Antecesor,** *m.* Persona que precedió a otra en una dignidad o empleo. || *adj.* Antepasado, ascendiente. || Anterior en el tiempo. || Contr.: **Sucesor.**
**Antecoger,** *tr.* Coger a una persona o cosa y empujarla hacia adelante sin soltarla.
**Antedicho,** *adj.* Que se ha dicho antes.
**Antediluviano,** *adj.* Anterior al diluvio universal. || Muy antiguo.
**Antelación,** *f.* Anticipación. || El suceder una cosa antes de otra o antes de lo debido. || Anterioridad. || V. **ante.** || Contr.: **Retraso.**
**antemano (De),** *m. adv.* Con anterioridad, con anticipación.
**Antena,** *f.* En los aparatos de radio, televisión, etc., el alambre, la vara o la torre metálica que sirve para emitir o recoger las ondas. || Cuernecillos que tienen en la cabeza los insectos y que son muy sensibles.

**Anteojos,** *m. pl.* Gafas, lentes. || Tubo con lentes, que permite ver objetos lejanos. || Prismáticos.
**Antepalco,** *m.* Habitación pequeña que da entrada a un palco.
**Antepasado,** *m.* Abuelo o ascendiente. || *adj.* Refiriéndose al tiempo, quiere decir anterior a otro tiempo pasado ya.
**Antepenúltimo,** *adj.* Dos lugares antes del último.
**Anteponer,** *tr.* Poner delante. || Preferir.
**Anteproyecto,** *m.* Conjunto de los primeros trabajos para redactar un proyecto.
**Antepuesto,** *adj.* Que está puesto delante.
**Anterior,** *adj.* Que va antes que otro. || V. **ante.** || Contr.: **Posterior, ulterior.**
**Anterioridad,** *f.* Cualidad que tiene cualquier cosa que va antes que otra. || Antelación, prioridad. || Contr.: **Posterioridad.**
**Anteriormente,** *adv.* Con anterioridad. || Antes. || V. **antes.**
**Antes,** *adv.* Que indica prioridad de tiempo o lugar. || *conj.* Por el contrario. || V. **ante.**
**Antesala,** *f.* Habitación delante de la sala; antecámara. || **Hacer antesala** es aguardar a ser recibido por la persona a quien se va a ver.
**Antiaéreo,** *adj.* Que se refiere a la defensa contra aviones. || *m.* Cañón antiaéreo.
**Antibiótico,** *m.* Medicamentos usados para combatir las infecciones.
**Anticatólico,** *adj.* Contrario al catolicismo y a los católicos.

**Anticiclón,** *m.* Zona de alta presión atmosférica, en la cual se originan las tempestades.
**Anticipación,** *f.* Acción de anticipar o anticiparse. ‖ Antelación, adelanto, anticipo.
**Anticipadamente,** *adv.* Con anticipación, con anterioridad.
**anticipado (Por),** *m. adv.* De antemano.
**Anticipar,** *tr.* Adelantar. ‖ Hacer que alguna cosa ocurra antes del tiempo regular o señalado. ‖ Tratándose de dinero, darlo antes del tiempo señalado.
**Anticipo,** *m.* Anticipación. ‖ Dinero anticipado. ‖ Adelanto.
**Anticlerical,** *adj.* Contrario a los sacerdotes y religiosos.
**Anticonstitucional,** *adj.* Contrario a las leyes constitucionales de un país.
**Anticristiano,** *adj.* Contrario al cristianismo.
**Anticuado,** *adj.* Que ya no se usa. ‖ Viejo, desusado.
**Anticuario,** *m.* El que se dedica a estudiar cosas antiguas o a negociar con objetos de arte de épocas pasadas.
**Antidiluviano,** *adj.* Anterior al diluvio universal; muy antiguo. ‖ Está mejor dicho *antediluviano.*
**Antídoto,** *m.* Contraveneno. ‖ Remedio o medicamento.
**Antiestético,** *adj.* Feo.
**Antifaz,** *m.* Máscara o tela para cubrirse el rostro y quedar enmascarado.
**Antífona,** *f.* Canto litúrgico breve que se canta o lee al principio o al final de un salmo.
**Antiguamente,** *adv.* En tiempos antiguos. ‖ En tiempos de Maricastaña.
**Antigüedad,** *f.* Cualidad de antiguo. ‖ Tiempo antiguo. ‖ Tiempo transcurrido desde que se obtuvo un empleo. ‖ *pl.* Cosas antiguas pero de valor artístico.
**Antiguo.***
**Antihigiénico,** *adj.* Contrario a las normas higiénicas: sucio, maloliente. ‖ Contagioso.
**Antílope,** *m.* Animal rumiante con cuernos que forma un género intermedio entre las cabras y los ciervos.

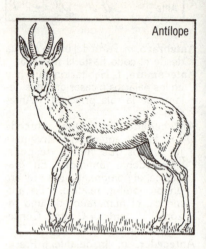

Antílope

**Antimateria,** *f.* Fís. Materia compuesta de antipartículas, es decir, materia en la cual cada partícula ha sido reemplazada por la antipartícula correspondiente.
**Antinatural,** *adj.* Que no es natural, que es contrario a la naturaleza o al modo de obrar de ésta.
**Antinomia,** *f.* Conjunto de dos leyes opuestas entre sí. ‖ Oposición entre dos juicios u opiniones.
**Antiparras,** *f. pl. fam.* Anteojos, gafas.
**Antipartícula,** *f.* Partícula elemental producida artificialmente, que tiene la misma masa, carga igual y con-

---

\*
ANTIGUO, adj. *Que existe desde hace mucho tiempo:* **Este reloj es antiguo, pero marcha bien.** ‖ *Que sucedió hace mucho tiempo:* **Esa historia es muy antigua.** ‖ *Se dice de la persona que lleva mucho tiempo en su empleo:* **Este portero es muy antiguo.** ‖ *Viejo, añejo, añoso, arcaico:* **En esta casa no hay nada antiguo.** ‖ m., pl. *Las personas que vivieron hace muchísimos años:* **Los antiguos no veían la televisión ni tenían bicicletas.**
    Viene del latín **antiquus,** que significa 'antiguo'. ‖ *Deriv.:* **Anticuado, anticuario, antigualla, antigüedad.** ‖ *Contr.:* **Moderno.**

traria y momento magnético de sentido contrario que las de la partícula correspondiente. La unión de una partícula con su antipartícula, produce la aniquilación de ambas, dando lugar a otras nuevas partículas.

**Antipatía,** *f.* Repugnancia espontánea que se siente hacia alguna persona o cosa. || Repulsión, tirria.

**Antipático,** *adj.* Que causa antipatía.

**Antipirético,** *adj.* Que es un medicamento que rebaja la fiebre.

**Antipirina,** *f.* Medicina en forma de polvo blanco que se usa para rebajar la calentura y calmar los dolores nerviosos.

**Antípodas,** *m. pl.* Los que viven en un lugar de la Tierra que está diametralmente opuesto al que ocupamos nosotros. La palabra antípodas quiere decir «pies opuestos».

**Antiquísimo,** *adj.* Muy antiguo.

**Antirreligioso,** *adj.* Contrario a cualquier religión.

**Antisemitismo,** *m.* Doctrina contraria al predominio de los judíos en el mundo.

**Antiséptico,** *m.* Un desinfectante cualquiera.

**Antisocial,** *adj.* Enemigo del orden social.

**Antítesis,** *f.* Oposición entre dos palabras o frases u opiniones.

**Antojadizo,** *adj.* Caprichoso.

**Antojarse,** *r.* Querer una cosa repentinamente y sin razón. || Se me antoja que...: Me parece que...

**Antojo,** *m.* Deseo fuerte y pasajero de alguna cosa. || Capricho.

**Antología,** *f.* Colección de poesías o escritos literarios.

**Antónimo,** *m.* Contrario. Se dice de las palabras que expresan ideas contrarias.

**antonomasia (Por),** *m. adv.* Por excelencia.

**Antorcha,** *f.* Vela de cera muy grande. || Mecha de esparto y alquitrán para que resista al viento sin apagarse.

**Antracita,** *f.* Carbón de piedra.

**Antro,** *m.* Caverna, cueva, gruta. || Habitación grande poco iluminada y desagradable.

**Antropófago,** *adj.* Que come carne humana.

**Antropoides,** *m. pl.* Los monos grandes y sin cola, que son los animales más parecidos a la figura humana.

**Antropología,** *f.* Ciencia que trata del hombre.

**Antropomorfo,** *adj.* De figura parecida a la humana.

**Antroponímicos,** *m. pl.* Los apellidos de las personas.

**Anual,** *adj.* Que sucede o se repite cada año. || Que dura un año. || V. **año**.

**Anualidad,** *f.* Importe anual de una renta.

**Anualmente,** *adv.* Cada año.

**Anuario,** *m.* Libro que se publica de año en año con los nuevos datos o adelantos de una ciencia o profesión.

**Anubarrado,** *adj.* Cubierto de nubes.

**Anudar,** *tr.* Hacer un nudo. || Unir.

**Anulación,** *f.* El hecho de anular alguna cosa y el quedar ésta totalmente anulada.

**Anular,** *tr.* Hacer que no valga alguna disposición anterior. || Suprimir, revocar, invalidar, deshacer, borrar, incapacitar. || V. **no**. || *adj.* Que se refiere al anillo o tiene figura de él.

**Anunciación,** *f.* Acción de anunciar. || Anuncio que el Arcángel San Gabriel trajo a la Virgen Santísima de que iba a ser Madre de Dios. || Fiesta con que la Iglesia celebra este misterio.

**Anunciador,** *adj.* Que anuncia.

**Anunciante,** *com.* Que anuncia.

**Anunciar,** *tr.* Avisar. || Decir que va a ocurrir una cosa. || Predecir, pronosticar, participar, informar, comunicar. || V. **nuncio**.

**Anuncio,** *m.* Acción de anunciar. || Aviso de palabra o impreso. || Noticia, pronóstico, presagio, propaganda. || V. **nuncio**.

**Anuro,** *adj.* Sin cola. Se dice de algunos anfibios, como la rana.

**Anverso,** *m.* Cara principal de las monedas y medallas, en las que suele ir el busto de una persona. || Contrario: **Reverso**.

**Anzuelo,** *m.* Ganchillo de hierro u otro metal que sirve para pescar.

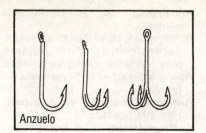
Anzuelo

**Aoristo,** *m.* Pretérito indefinido de los verbos griegos.
**Aorta,** *f.* Arteria principal del cuerpo; nace en el ventrículo izquierdo.
**Aovado,** *adj.* Que tiene forma de huevo; ovalado.
**Apabullado,** *adj. fam.* Aturdido y como aplastado.
**Apacentar,** *tr.* Cuidar el ganado mientras come.
**Apaches,** *m. pl.* Tribu india de la frontera entre Estados Unidos y México, famosa por su fiereza.

‖ Atractivo de alguna cosa. ‖ Aliciente.
**Añadido,** *m.* Postizo, cosa postiza.
**Añadidura,** *f.* Lo que se añade a alguna cosa. ‖ Lo que el vendedor da de más.
**Añadir.\***
**añafea (Papel de),** *m.* Papel de estraza.
**Añagaza,** *f.* Engaño preparado para cazar aves.
**Añejo,** *adj.* Viejo y rancio.
**Añicos,** *m. pl.* Trozos pequeños en que se descompone una cosa al partirse o quebrarse.
**Añil,** *adj.* Azul. ‖ *m.* Colorante azul que usan las mujeres para lavar bien las ropas blancas.
**Año.\***
**Añorar,** *intr.* Recordar con tristeza alguna cosa pasada o ausente.
**Añoranza,** *f.* Pena y tristeza por estar alejados o ausentes de los nuestros.
**Añoso,** *adj.* De muchos años, viejo.

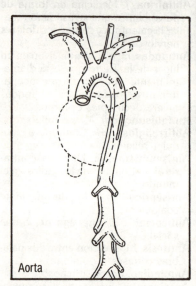
Aorta

\*
---
AÑADIR, *tr. Hacer que una cosa aumente poniéndole más cantidad o uniéndole algo: Le añadí diez hojas al cuaderno.* ‖ *Incorporar, agregar, sumar, adicionar: Después de añadir, siempre resulta más cantidad o más tamaño que al principio.*
    *Viene del latín* **inaddere**, *derivado de* **addere** *(«añadir»).* ‖ *Derivado:* **Añadido, añadidura.**
AÑO, *m. Tiempo que emplea la Tierra en dar una vuelta alrededor del Sol: El año dura 365 días y unas 6 horas. Las 6 horas no se pueden poner en el almanaque. Pero cada cuatro años podemos poner un año bisiesto.* ‖ *Número de años que llevamos de era cristiana: Estamos en el año 19...* ‖ *pl. Tiempo que hace que nació una persona: Tengo 12 años.* ‖ **Año santo:** *Año que tiene un especial significado para los fieles de la Iglesia Católica.* ‖ **Año luz;** *Camino que recorrería un rayo de luz durante un año. (En total, unos 9 billones de kilómetros). El* **año luz** *resulta muy grande para medir la distancia entre tu casa y la mía, pero muchas veces es pequeño para medir la distancia entre dos estrellas.*
    *Viene del latín* **annus**, *que también significa 'año'.* ‖ *Deriv.:* **Anales, aniversario, antaño, anual, anualidad, anuario, añejo, añoso, bienal, bienio, trienal, trienio,** *y así sucesivamente;* **perenne.**

**Apacible,** *adj.* Tranquilo, agradable, sosegado, reposado.

**Apaciguar,** *tr.* Poner paz entre los que riñen. || Pacificar, calmar, tranquilizar, sosegar, aquietar.

**Apadrinar,** *tr.* Acompañar como padrino a una persona.

**Apagado,** *adj.* De genio muy sosegado. || De color poco vivo. || Débil, apocado, bajo, mortecino. || Contrario: **Vivo, ardiente.**

**Apagar,** *tr.* Extinguir el fuego o la luz. || Reprimir, rebajar.

**Apagón,** *m.* El apagarse durante un rato el alumbrado eléctrico.

**Apaisado,** *adj.* De forma rectangular más ancha que alta. De la misma forma que los lienzos en que se pintan paisajes.

**Apalabrar,** *tr.* Hacer de palabra un trato, negocio, o cita.

**Apalear,** *tr.* Dar golpes con un palo o cosa semejante. || Aventar el grano usando una pala. || Cuando se dice del dinero, significa tenerlo en gran abundancia.

**Apalpar,** *tr. fam.* Palpar. || Ir tocando objetos en la oscuridad mientras se va caminando.

**Apañado,** *adj.* Hábil, mañoso.

**Apañar,** *tr.* Recoger y guardar alguna cosa. || Componer, arreglar, remendar. || Asear, ataviar. || *r.* Arreglarse uno con poco

**Apaño,** *m.* La acción de apañar algo. || Arreglo poco válido o poco seguro.

**Aparador,** *m.* Mueble donde se guardan los platos y los utensilios para comer.

**Aparato,** *m.* Máquina. || Pompa, ostentación, solemnidad. || En nuestro cuerpo, partes del cuerpo que realizan una misma función. Así: aparato circulatorio, etc. || V. **parar.**

**Aparatoso,** *adj.* Que tiene mucha ostentación. || Exagerado.

**Aparcadero,** *m.* Aparcamiento, lugar destinado para aparcar vehículos.

**Aparcamiento,** *m.* El hecho de aparcar. || El dejar aparcado un vehículo. || Lugar destinado para que los coches puedan aparcar.

**Aparcar,** *tr. e intr.* Detener un vehículo en un sitio público y dejarlo allí durante algún tiempo.

**Aparcería,** *f.* Trato en virtud del cual varios intervienen en un negocio y tienen una parte en las ganancias.

**Aparecer,** *intr. y r.* Manifestarse, dejarse ver. || Mostrarse, surgir, brotar. || V. **parecer.**

**Aparejador,** *m.* Oficio del que prepara los materiales para una obra y la dirige a las órdenes del arquitecto.

**Aparejar,** *tr.* Preparar, disponer, aprestar.

**Aparejo,** *m.* Conjunto de cosas preparadas para hacer algo. || Arreos que se ponen a la caballería. || conjunto de palos, cuerdas y velas de una embarcación.

**Aparentar,** *tr.* Dar a entender lo que no es o no hay. || Simular, fingir.

**Aparente,** *adj.* Que parece y no es. || Que se muestra a la vista. || Conveniente, oportuno, adecuado.

**Aparentemente,** *adv.* Con apariencia.

**Aparición,** *f.* Acción de aparecer. Visión de un ser fantástico; fantasma, espectro.

**Apariencia,** *f.* Aspecto exterior de una persona o cosa. || Cosa que no es lo que parece.

**Apartadero,** *m.* Lugar que sirve para apartarse las personas o los carruajes, barcos, etc., con objeto de dejar libre el paso.

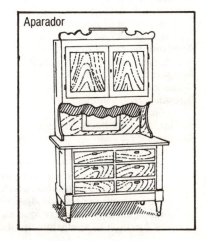

Aparador

**Apartado,** *adj.* Retirado, distante, lejano, remoto. ‖ **Apartado de Correos:** Buzón particular que algunas empresas tienen en la misma oficina de Correos. ‖ V. **parte.**
**Apartamento,** *m.* Vivienda de pocas habitaciones.
**Apartar,** *tr.* Separar. ‖ Quitar a una persona o cosa del lugar donde estaba. ‖ Desunir, alejar, retirar, disuadir. ‖ V. **parte.**
**Aparte,** *adv.* En otro lugar, separadamente. ‖ Reservadamente. ‖ V. **parte.**
**Apasionadamente,** *adv.* Con deseo grande, con pasión.
**Apasionado,** *adj.* Que tiene alguna pasión. ‖ Partidario acérrimo de alguno. ‖ Fanático.
**Apasionamiento,** *m.* Acción de apasionarse. ‖ Pasión.
**Apasionar,** *tr.* Causar alguna pasión.
**Apasionarse,** *r.* Aficionarse con exceso a una persona o cosa.
**Apatía,** *f.* Dejadez, pereza, indiferencia y poco entusiasmo.
**Apático,** *adj.* Que no se entusiasma por nada, que le da igual todo.
**Apeadero,** *m.* Sitio en el campo en donde se paran algunos trenes para dejar o recoger viajeros o ganados.
**Apear,** *tr.* Bajar de una caballería o de un coche o tren.
**Apechar con las consecuencias,** *fr. fam.* Aguantarse con las consecuencias.
**Apedrea,** *f.* Apedreo.
**Apedrear,** *tr.* Tirar piedras a una persona o cosa. ‖ *impers.* Caer granizo.
**Apedreo,** *m.* El apedrear a una persona o animal. ‖ Lucha a pedradas.
**Apegarse,** *r.* Coger afición a estar con una persona. ‖ Aficionarse.
**Apego,** *m.* Afecto. ‖ Afición. ‖ Unión.
**Apelación,** *f.* El hecho de apelar.
**Apelar.*** 

**Apelativo,** *adj.* Sobrenombre.
**Apelmazarse,** *r.* Ponerse el pan asentado y correoso.
**Apelotonarse,** *r.* Juntarse las personas formando grupos sin orden.
**Apellidarse,** *r.* Tener determinado apellido.
**Apellido,** *m.* Nombre de familia con que se distinguen las personas, como *Fernández, Ruiz, Díaz,* etc.
**Apenar,** *tr.* Causar pena. ‖ Entristecer, afligir, atormentar, atribular, apesadumbrar, contristar.
**Apenas,** *adv.* Casi no. ‖ Al punto que, luego que. ‖ V. **pena.**
**Apéndice,** *m.* Cosa añadida a otra. ‖ Parte saliente del cuerpo de un animal.
**Apendicitis,** *f.* Inflamación del apéndice del intestino.
**Apercibimiento,** *m.* Advertencia, amonestación.
**Apercibir,** *tr.* Preparar lo necesario. ‖ Advertir, amonestar. ‖ Prevenir, disponer, aparejar.
**Aperitivo,** *m.* Lo que se toma antes de las comidas para abrir el apetito.
**Apero,** *m.* Conjunto de instrumentos necesarios para la labranza o trabajos públicos.

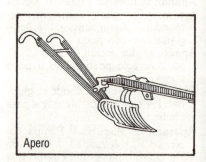

Apero

**Aperreo,** *m. fig. y fam.* Fatiga monótona. ‖ Lloro infantil monótono y cansado.
**Apertura,** *f.* Acción de abrir. ‖ Tratándose de asambleas, el acto con

---
\* ──────────────
APELAR, *intr.* Recurrir a un tribunal superior para que enmiende o anule una sentencia: *Apeló al Tribunal Supremo.* ‖ Recurrir a una persona, cosa o acción en alguna necesidad: *Apeló a la fuga.*
   Viene del latín *apellare, que significa 'llamar, dirigir la palabra'.* ‖ Derivado: **Apelación, apelativo, apellidar, apellido, interpelación, interpelar.**

que comienzan. ‖ Inauguración, estreno. ‖ Abertura.

**Apesadumbrar,** tr. Producir pesadumbre o tristeza. ‖ Afligir, apenar, entristecer, atribular, contristar, abatir.

**Apestar,** intr. Heder mucho una cosa.

**Apétala,** adj. Se le dice así a la flor que carece de pétalos.

**Apetecer,** tr. Tener gana de alguna cosa. ‖ intr. Antojársele a uno alguna cosa.

**Apetecible,** adj. Digno de ser apetecido. ‖ Deseable.

**Apetencia,** f. Deseo, ambición, hambre.

**Apetito,** m. Fuerza interior que nos lleva a satisfacer nuestros deseos. ‖ Gana de comer, hambre, gazuza.

**Apetitoso,** adj. Que excita el apetito. ‖ Gustoso, sabroso.

**Apiadarse,** r. Tener compasión de alguien. ‖ Compadecerse, condolerse, tener misericordia.

**Ápice,** m. Punta en que acaba, por arriba, alguna cosa. ‖ Cosa tan pequeña como un acento.

**Apicultor,** m. Persona que se dedica a criar abejas para aprovecharse de sus productos.

**Apicultura,** f. Arte y técnica de criar abejas para aprovechar sus productos.

**Apilar,** tr. Poner unas cosas encima de otras formando un montón.

**Apiñar,** tr. Juntar personas o cosas apretándolas mucho.

**Apio,** m. Planta de huerta, de la familia del perejil y de la remolacha. Tiene flores blancas y es comestible en ensaladas y como berza.

**Apiparse,** r. fam. Comer o beber en exceso, hartarse, llenarse como un tonel.

**Apisonadora,** f. Máquina pesada que camina sobre unos grandes rodillos y que sirve para aplastar tierras o

Apio

piedras sobre un camino o carretera.

**Aplacar,** tr. Quitar el enfado. ‖ Amansar, calmar, sosegar, pacificar, mitigar, suavizar.

**Aplanador,** adj. Que aplana.

**Aplanar,** tr. Allanar. ‖ Aplastar. ‖ r. Perder la animación o la fuerza.

**Aplastamiento,** m. Acción y efecto de aplastar.

**Aplastar,** tr. Hacer una cosa más delgada poniéndole un peso encima de ella.

**Aplaudir.**\*

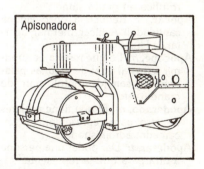
Apisonadora

---

\* APLAUDIR, tr. Dar palmadas en señal de aprobación: **Aplaudieron mucho.** ‖ Elogiar, alabar: **A medida que se iban enterando, aplaudían aquella buena acción.**
    Viene del latín **plaudere,** que significa 'golpear, aplaudir'. ‖ Deriv.: **Aplauso, plausible.** ‖ Contr.: **Protestar.**

**Aplauso,** m. Acción de aplaudir. || Alabanza, aprobación, elogio. || Ovación, palmas.
**Aplazamiento,** m. Acción de aplazar. || Plazo.
**Aplazar,** tr. Dejar para más tarde el hacer una cosa.
**Aplicable,** adj. Que puede o debe aplicarse.
**Aplicación,** f. Acción y resultado de aplicar o aplicarse. || Esfuerzo y cuidado con que se hace alguna cosa. || V. **plegar.**
**Aplicado,** adj. Que tiene aplicación. || Puesto encima. || Estudioso, atento, diligente.
**Aplicar,** tr. Poner una cosa pegando con otra. || Usar. || Atribuir. || V. **plegar.**
**Aplicarse,** r. Dedicarse a un estudio o trabajo y poner cuidado en él. || Estudiar, esmerarse, perseverar. || V. **plegar.**
**Aplique,** m. Cosa que se pone sobre otra para adornarla por los bordes.
**Aplomo,** m. Tranquilidad, serenidad, seriedad y madurez.
**Apocado,** adj. De poco ánimo. || Tímido, cobarde, encogido, corto, pusilánime.
**Apocalipsis,** m. Ultimo de los libros sagrados del Nuevo Testamento, en que se profetiza el fin del mundo y la segunda venida de Jesucristo: fue escrito por San Juan.
**Apocalíptico,** adj. fig. Terrible y terrorífico en grado sumo.
**Apocar,** tr. Reducir a poco alguna cantidad. || Achicar, mermar, acortar. || Humillar.
**Apócope,** m. Lo que resulta de suprimir letras al final de algunas palabras; ej.: san (de santo), gran (de grande), etc.
**Apoderado,** m. El que tiene poderes de otro para representarle. || Encargado, administrador.
**Apoderar,** tr. Dar poder una persona a otra para que la represente.
**Apoderarse,** r. Hacerse dueño de alguna cosa. || Adueñarse, apropiarse.
**Apodo,** m. Mote que se da a todos los componentes de una misma familia.

**Apófisis,** f. Saliente en el extremo de un hueso.
**Apogeo,** m. Punto en que la Luna se halla a mayor distancia de la Tierra. || Lo mayor en grandeza o perfección. || Auge, esplendor, magnificencia.
**Apolillarse,** r. Estropearse la ropa al ser roída por la polilla.
**Apologético,** adj. Que se dice en defensa o alabanza de algo.
**Apología,** f. Discurso o escrito en defensa o alabanza de una persona o cosa. || Elogio, encomio, panegírico.
**Apólogo,** m. Narración en forma de fábula.
**Aponeurosis,** f. Membrana que recubre los extremos y salientes de los huesos.
**Apoplejía,** f. Hemorragia en el cerebro.
**Apoquinar,** tr. fam. Pagar.
**Aporrear,** tr. Golpear con una porra o palo.
**Aportación,** f. Lo que uno da a una suscripción o sociedad. Y lo que dan entre todos.
**Aportar,** tr. Llevar bienes al matrimonio el marido o la mujer. || Entregar algo en una suscripción o a una sociedad. || Contribuir. || V. **portar.**
**Aporte,** m. Lo que se aporta. || El aporte de los ríos: el conjunto de materias que arrastran.
**Aposento,** m. Habitación de una casa. || Cuarto, estancia, pieza. || Posada, hospedaje.
**Aposición,** f. El servir un nombre de adjetivo de otro nombre; ejs.: el rey David, el Niño Dios, etc.
**Apósito,** m. Remedio externo y sujeto con una venda o paño.
**Aposta,** adv. Adrede, a posta, queriendo, a sabiendas.
**Apostar,** tr. Hacer una apuesta. || Poner gente escondida en un sitio para vigilar. || Emboscar, situar, colocar.
**Apostasía,** f. Acción de negar la fe de Jesucristo recibida en el bautismo. || Negación de la fe.
**Apóstata,** com. El que niega todas sus anteriores creencias religiosas y

se declara en rebeldía en contra de la Iglesia.

**Apostilla,** *f.* Acotación que explica o comenta un texto.

**Apóstol.\***

**Apostolado,** *m.* Oficio de apóstol. ‖ Conjunto de las imágenes de los doce apóstoles.

**Apostólico,** *adj.* Que pertenece o se refiere a los apóstoles. ‖ Perteneciente al Papa. ‖ V. **apóstol.**

**Apóstrofo,** *m.* Signo ortográfico (') que se usa en algunos idiomas extranjeros cuando se ha suprimido una vocal.

**Apostura,** *f.* Garbo de una persona. ‖ Gallardía, gentileza.

**Apotema,** *f.* Recta que une el centro de un polígono regular con el punto medio de un lado cualquiera del mismo polígono.

**Apoteósico,** *adj.* Con grandes honores y alabanzas. ‖ Es más correcto decir *apoteótico.*

**Apoteosis,** *f.* Acción de ensalzar a una persona con grandes honores.

**Apoyar,** *tr.* Hacer que una cosa descanse sobre otra. ‖ Basar, fundar, gravitar. ‖ Favorecer, ayudar, proteger, defender, auxiliar. ‖ V. **apoyo.**

**Apoyo.\***

**Apreciable,** *adj.* Capaz o digno de ser apreciado. ‖ Estimable.

**Apreciación,** *f.* Acto de poner precio a las cosas que se venden. ‖ Evaluación. ‖ El estimar el mérito de las personas o la magnitud de las cosas. ‖ Juicio, opinión, dictamen.

**Apreciar,** *tr.* Poner precio a las cosas que se venden. ‖ Tasar, valuar, valorar. ‖ Reconocer y estimar el mérito de las personas. ‖ Percibir debidamente, reduciéndolas a cálculo o medida, la magnitud, intensidad o grado de las cosas y sus cualidades. ‖ V. **precio.** ‖ Contr.: **Despreciar.**

**Aprecio,** *m.* Estimación en que se tiene a una persona. ‖ Cariño, estima. ‖ Contr.: **Desprecio.**

**Aprehender,** *tr.* Coger o prender a una persona o cosa.

**Aprehensión,** *f.* Acción de coger o aprehender. ‖ Captura.

**Aprehensor,** *adj.* El que aprehende.

**Apremiante,** *adj.* Urgente, que corre prisa.

**Apremiar,** *tr.* Meter prisa a uno para que haga en seguida alguna cosa. ‖ Urgir, apurar.

**Aprender,** *tr.* Adquirir el conocimiento de alguna cosa. ‖ Instruirse, ilustrarse. ‖ V. **prender.**

**Aprendiz,** *m.* El que está aprendiendo algún oficio.

**Aprendizaje,** *m.* Acción de aprender algún oficio. ‖ Tiempo que en ello se emplea. ‖ Conjunto de conocimientos que va aprendiendo el aprendiz de algo.

**Aprensar,** *tr.* Prensar.

**Apresar,** *tr.* Coger con las garras o colmillos. ‖ Tomar por fuerza alguna nave. ‖ Hacer prisionero a alguien.

**Aprestarse,** *r.* Prepararse para algo.

**Apresto,** *m.* Preparación para alguna cosa. ‖ Almidón, cola u otro ingrediente que sirve para dar mejor aspecto a las telas.

---

\*

APÓSTOL, m. *Cada uno de los doce principales discípulos de Jesucristo:* **También se les llama Apóstoles a San Pablo y a San Bernabé.** ‖ *El que predica la fe verdadera:* **San Francisco Javier fue el Apóstol de las Indias.** ‖ *Propagandista de una doctrina importante:* **Todos debemos ser apóstoles de nuestra fe cristiana.**
    Viene del griego **apostello,** *que significa 'enviar'. Por eso apóstol significa propiamente 'enviado, el enviado de Dios'.* ‖ Deriv.: **Apostolado, apostólico.**

APOYO, m. *Sostén, soporte:* **Un solo madero es poco apoyo para esa pared.** ‖ *Lo que sirve para sostener:* **Un bastón roto no es buen apoyo para nadie.** ‖ *Protección, auxilio, favor, ayuda, defensa:* **Tu amistad me sirve siempre de apoyo.**
    *Viene del latín* **podium,** *que significa 'sostén en una pared".* ‖ Deriv.: **Apoyar, apoyatura.**

**Apresuradamente,** *adv.* Con prisa.
**Apresurar,** *tr.* Dar prisa. || Aligerar, acelerar, activar, avivar. || *r.* Darse prisa.
**Apretado,** *adj.* Difícil, peligroso.
**Apretar,** *tr.* Poner una cosa sobre otra haciendo mucha fuerza. || Comprimir, oprimir, estrechar, prensar. || Contr.: **Aflojar.**
**Apretón,** *m.* El apretar con fuerza y rapidez.
**Apretujar,** *tr. fam.* Apretar.
**Apretujón,** *m. fam.* Apretón.
**Aprieto,** *m.* Apuro, conflicto, compromiso.
**Aprisa,** *adv.* Con rapidez.
**Aprisco,** *m.* Sitio donde los pastores recogen el ganado.

Aprisco

**Aprisionar,** *tr.* Poner en prisión. || *fig.* Atar con fuerza.
**Aprobación,** *f.* El dar por buena una cosa. || V. **probar.**
**Aprobado,** *m.* Nota que indica que quien se ha examinado sabe lo suficiente, pero nada más.
**Aprobar,** *tr.* Calificar o dar por bueno. || Asentir a doctrinas y opiniones. || Declarar competente a alguna persona. || V. **probar.**
**Aprontar,** *tr.* Prevenir con prontitud. || Entregar en seguida dinero u otra cosa.
**Apropiado,** *adj.* A propósito para lo que se destina. || Acomodado, conveniente, oportuno, propio.
**Apropiar,** *tr.* Aplicar a cada cosa lo que le es más conveniente.
**Apropiarse,** *r.* Apoderarse de alguna cosa. || Adueñarse.

**Aprovechable,** *adj.* Que se puede aprovechar. || Utilizable, útil, servible. || Contr.: **Inservible.**
**Aprovechado,** *adj.* Dícese del que saca provecho de todo. || Aplicado, diligente.
**Aprovechamiento,** *m.* Empleo útil de alguna cosa.
**Aprovechar,** *intr.* Servir de provecho. || *tr.* Emplear útilmente alguna cosa. || V. **provecho.**
**Aprovecharse,** *r.* Sacar provecho de alguna cosa. || Disfrutar. || V. **provecho.**
**Aprovisionamiento,** *m.* Acción de proporcionar alimentos u otras cosas necesarias. || Abastecimiento.
**Aproximación,** *f.* Acción de acercarse o aproximarse. || Acercamiento.
**Aproximadamente,** *adv.* Con poca diferencia. || Casi. || V. **próximo.**
**Aproximado,** *adj.* Que se acerca a lo exacto.
**Aproximar,** *tr.* Arrimar, acercar. || V. **próximo.**
**Áptero,** *adj.* Que carece de alas.
**Aptitud,** *f.* Capacidad para hacer bien una cosa. || Habilidad, competencia, disposición, suficiencia, idoneidad.
**Apto,** *adj.* Hábil o a propósito para hacer una cosa. || Capaz, competente, suficiente, idóneo.
**Apuesta,** *f.* Pacto entre dos o más personas según el cual el que acertare o tuviere razón recibirá de los demás cierta cantidad de dinero u otra cosa. || Cosa que se apuestan.
**Apuesto,** *adj.* Gallardo, bien plantado.
**Apuntador,** *m.* En el teatro: la persona que está tapada del público por medio de una concha grande de madera, y que ayuda a los actores a recordar las palabras o acciones de la escena, hablándoles en voz baja.
**Apuntalar,** *tr.* Poner maderos contra una pared o casa que amenaza derrumbarse.
**Apuntar,** *tr.* Señarlar hacia un sitio o hacia un objeto. || Tomar nota por escrito de alguna cosa, anotar. || Insinuar. || *intr.* Empezar a manifestarse alguna cosa. || V. **punta.**

Apuntador

**Apunte,** *m.* Acción de apuntar. || Nota que se hace por escrito. || Dibujo ligero que sirve para dar idea o recordar alguna cosa. || Croquis, boceto.
**Apuntillar,** *tr.* Clavarle la puntilla a un toro.
**Apuñalar,** *tr.* Clavar un puñal en un cuerpo.
**Apurado,** *adj.* Pobre, necesitado. || Difícil, peligroso. || Afligido, acongojado, miedoso.
**Apurar,** *tr.* Acabar, agotar, consumir, || Llevar o usar hasta el fin o lo más que se pueda. || Acelerar, apresurar, urgir.
**Apurarse,** *r.* Afligirse, acongojarse.
**Apuro,** *m.* Escasez grande, conflicto, compromiso, aprieto.
**Aquejar,** *tr.* Fatigar, molestar, acongojar.
**Aquel.** Adjetivo con la misma significación del pronombre *aquél.*
**Aquél.**\*
**Aquelarre,** *m.* Supuesta reunión de las brujas con el demonio.
**Aquenio,** *m.* Cualquier fruto seco parecido a la pepita de girasol.
**Aqueste,** *pron.* Este.
**Aquí.**\*
**Aquiescencia,** *f.* Permiso, consentimiento.
**Aquietamiento,** *m.* Acción de apaciguar o apaciguarse. || Apaciguamiento.
**Aquietar,** *tr.* Tranquilizar, sosegar, apaciguar.
**Aquilino,** *adj.* Aguileño.
**Ara,** *f.* Altar en que se ofrecen sacrificios. || Piedra consagrada sobre la cual el sacerdote celebra el santo sacrificio de la Misa.
**Árabe,** *adj.* Natural o perteneciente a Arabia. || *m.* Idioma de los árabes.
**Arabesco,** *m.* Adorno florido propio de los monumentos árabes.
**Arábico,** *adj.* Arábigo.
**Arábigo,** *adj.* Arabe.
**Arácnidos,** *m. pl.* La araña, el escorpión y los demás animales invertebrados de su clase.
**Arado,** *m.* Instrumento que sirve para labrar la tierra abriendo surcos en ella.
**Arador,** *adj.* Que ara. || *m.* Animalito muy pequeño de la familia de las arañas que produce la sarna.
**Aragonés,** *adj.* Natural o perteneciente a la región de Aragón.
**Arameo,** *m.* Lengua que se hablaba en Palestina en tiempos de Cristo. || *adj.* De Siria y Mesopotamia.
**Arancel,** *m.* Lista oficial que señala lo que se ha de pagar por algunos servicios, como los de los juzgados, aduanas, etc.
**Arancelario,** *adj.* Que se refiere al arancel.
**Arandela,** *f.* Anillo metálico para evitar el roce entre dos piezas de un mismo mecanismo. || Especie de platillo agujereado en su centro, como los que tienen los candeleros, las empuñaduras de las espadas, etcétera.
**Araña,** *f.* Animalito de ocho patas que fabrica una especie de tela en la que aprisiona los insectos de que

---

\* AQUÉL, Pronombre demostrativo con el que se indica lo que está lejos de la persona que habla y de la que escucha: **No quiero ése, ni éste, quiero aquél.** || Delante de un nombre, se hace adjetivo: **Aquel libro es muy ameno.**
Viene del latín **ille,** que significa también 'aquél'.
AQUÍ, Adverbio de lugar que quiere decir en este lugar o a este lugar: **Aquí estoy porque he venido hasta aquí.** Viene del latín **hic,** que significa 'aquí'.

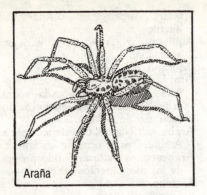
Araña

se alimenta. ‖ Lámpara para colgarla en el techo.
**Arañar,** tr. Hacer rayas en una superficie lisa. ‖ Herir el gato con sus uñas la piel de una persona. ‖ Hacerse rasguños en la piel.
**Arañazo,** m. Rasguño, herida que queda señalada al arañarse la piel.
**Arar,** tr. Hacer surcos con el arado en la tierra.
**Araucano,** adj. De Chile.
**Arbitraje,** m. Acción por la cual los que tienen una disputa la terminan pacíficamente, sometiéndose a lo que otro diga. ‖ Procedimiento para resolver pacíficamente los conflictos internacionales.
**Arbitral,** adj. Que es propio del árbitro.
**Arbitrar,** tr. Hacer de árbitro.
**Arbitrariamente,** adv. Injustamente, sin fundamento, por simple capricho, sin ton ni son, ilegalmente.
**Arbitrario,** adj. Que depende de lo que disponga el árbitro o la autoridad. ‖ Que procede contra la justicia o la ley. ‖ Injusto, ilegal, despótico. ‖ Sin fundamento.
**Arbitrio,** m. Poder para mandar una cosa u otra. ‖ Voluntad caprichosa. ‖ Medio extraordinario que se propone para lograr algún fin. ‖ Recurso. ‖ m. pl. Impuestos municipales.
**Árbitro,** m. El que en algunos deportes cuida de que se aplique bien el reglamento. ‖ El que interviene para resolver pacíficamente algún conflicto. ‖ Juez, mediador.
**Árbol.\***
**Arbolado,** adj. Se dice del sitio con muchos árboles. ‖ m. Conjunto de árboles en un sitio determinado.
**Arboladura,** f. Aparejo de un buque.
**Arboleda,** f. Sitio con muchos árboles.
**Arbóreo,** adj. Propio del árbol. ‖ Parecido al árbol.
**Arboricida** (de **árbol** y **-cida**), adj. Que destruye los árboles.
**Arbotante,** m. Cada uno de los arcos exteriores que se ven encima de muchos edificios o catedrales de estilo gótico.
**Arbusto,** m. Planta más pequeña que el árbol, de tallos leñosos y ramas desde la base.
**Arca.\***
**Arcabuz,** m. Arma antigua, de fuego, parecida al fusil.
**Arcada,** f. Conjunto de arcos seguidos, apoyados en una serie de columnas. ‖ Abertura interior de cada arco. ‖ Cada uno de los movimientos que hace al doblarse la persona que está vomitando.
**Arcaico,** adj. Antiguo, viejo.
**Arcaísmo,** m. Palabra o vocablo ya anticuado.
**Arcángel,** m. Angel de orden superior. ‖ Los arcángeles forman el

---
\*
Árbol, m. *Planta de tronco leñoso que echa ramas a mayor o menor altura del suelo:* **El chopo es un árbol elegante.** ‖ *Palo de un buque; por eso al conjunto de los palos verticales de un buque se le llama* **arboladura.**
    *Viene del latín* **arbor,** *que significa 'árbol'.* ‖ *Deriv.:* **Arbolado, arboladura, arboleda, arbóreo, arboricultura, arbusto, enarbolar.**
Arca, f. *Caja grande, generalmente de madera, y con tapa llana:* **Lo guardé en el arca.** ‖ **Las arcas** *son los vacíos que hay debajo de las costillas* (Deriv.: **dar arcadas**).
    *Viene del latín* **arca,** *que significa lo mismo que en castellano.* ‖ *Deriv.:* **Arcón, arquear, arqueo, arqueta.**

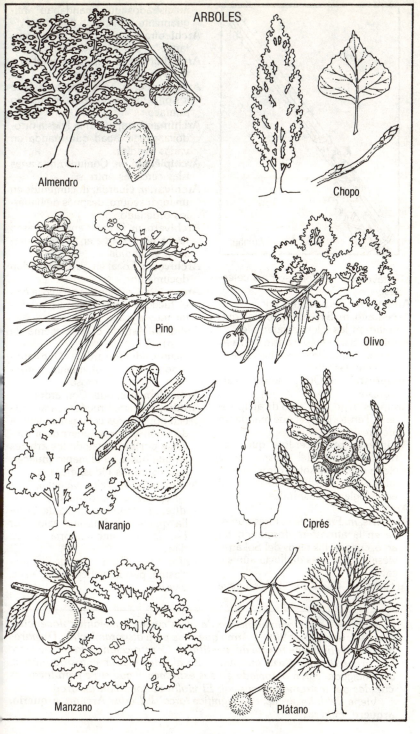

ARBOLES

Almendro
Chopo
Pino
Olivo
Naranjo
Ciprés
Manzano
Plátano

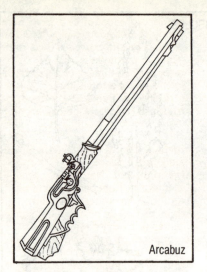
Arcabuz

octavo coro de los espíritus celestes.
**Arcano,** *m.* Secreto, misterio.
**Arcediano,** *m.* Sacerdote de gran dignidad en las iglesias catedrales.
**Arcilla,** *f.* Barro seco y desmenuzado en polvo, que sirve para hacer vasijas, figurillas, etc.
**Arciprestal,** *adj.* Que pertenece al arcipreste.
**Arciprestazgo,** *m.* Cargo de arcipreste. || Territorio en el que manda un arcipreste.
**Arcipreste,** *m.* Sacerdote que, por nombramiento del obispo, tiene cierta autoridad sobre otros curas e iglesias. || Sacerdote con dignidad en las iglesias catedrales.
**Arco.**\*
**Arco iris,** *m.* Franja de colores que se ve en la atmósfera, formando un arco, cuando los rayos del Sol atraviesan gotas finas de lluvia aún sin caer.
**Arconte,** *m.* Cada uno de los nueve magistrados que mandaban antiguamente en Atenas (Grecia).
**Archicofradía,** *f.* Cofradía importante.
**Archidiócesis,** *f.* Territorio en el que tiene autoridad un arzobispo.
**Archiduque,** *m.* Título que se daba a los príncipes herederos del Imperio autríaco.
**Archimandrita,** *m.* En la Iglesia ortodoxa griega: abad que manda en varias abadías.
**Archipiélago,** *m.* Conjunto de varias islas cercanas entre sí.
**Archivar,** *tr.* Guardar documentos en un lugar seguro, después de haberlos ordenado.
**Archivero,** *m.* El que tiene a su cargo un archivo o sirve en él como persona entendida.
**Archivo,** *m.* Local en que se guardan documentos.
**Arder,** *intr.* Consumirse una cosa con el fuego. || Estar encendido. || Estar muy agitado.
**Ardid,** *m.* Astucia o estratagema de guerra.
**Ardiente,** *adj.* Que arde. || Que causa ardor. || Vivo, vehemente, ardoroso, fogoso, fervoroso.
**Ardientemente,** *adv.* Con ardor.
**Ardilla,** *f.* Animal roedor, característico por su larga cola, por su viveza de ratón y por su ligereza al moverse por las ramas de los árboles en que busca su alimento (nueces, huevos de los nidos, etc.)
**Ardimiento,** *m.* Valor, valentía, brío, intrepidez, ardor, denuedo.
**Ardite,** *m.* Moneda antigua de Castilla, que tenía poquísimo valor. Por eso se dice «me importa un ardite...».
**Ardor,** *m.* Calor grande. || Entusiasmo, pasión, vehemencia, ansia, viveza.

---
\*
Arco, *m.* Parte de la circunferencia o de otras curvas semejantes: ***Jovencito, pinte Vd. un arco de 90°.*** || Arma que sirve para disparar flechas: ***Disparaban sus arcos desde lo alto del castillo.*** || Construcción en forma de arco: ***Los arcos de una plaza antigua.*** || En algunos instrumentos de música, vara delgada, curva o doblada en sus extremos, y que sirve para tocar las cuerdas del instrumento musical: ***El violín se toca con un arco.***
    Viene del latín **arcus,** que significa 'arco'. || Deriv.: **Arcada, arquería, arquero, enarcar.**

Ardilla

**Ardoroso,** *adj.* Que tiene mucho ardor. || Ardiente, vigoroso, impetuoso, fogoso, vehemente.
**Arduo,** *adj.* Muy difícil.
**Área,** *f.* Superficie. || Medida de superficie que es un cuadrado de diez metros de lado. || En el fútbol, cada uno de los cuadros que hay delante de cada portería.
**Arena.***
**Arenal,** *m.* Llanura totalmente cubierta de arena.
**Arenga,** *f.* Discurso pronunciado con el fin de enardecer los ánimos. || Alocución.
**Arengar,** *intr.* Echarle un discurso solemne a la tropa para entusiasmarla antes de atacar al enemigo.
**Arenisca,** *f.* Roca formada por muchísimos granos de arena aglutinados entre sí, generalmente por un cemento.
**Arenoso,** *adj.* Que tiene arena. || Que abunda en arena. || Que parece arena.
**Arenque,** *m.* Pez parecido a la sardina que abunda en los mares del norte de Europa y se puede comer fresco, salado o secado al humo.
**Areómetro,** *m.* Tubo de cristal cerrado y graduado, que sirve para medir la densidad de los líquidos; en uno de sus extremos lleva mercurio, o perdigones.
**Arestín,** *m.* Roturas que presenta la piel de un perro sarnoso.
**Arete,** *m.* Aro pequeño de metal.
**Argamasa,** *f.* Mezcla de cal, arena y agua; la hacen y emplean los albañiles.
**Argelino,** *adj.* De Argelia (en el norte de Africa).
**Argentino,** *adj.* Natural o perteneciente a la República Argentina.
**Argolla,** *f.* Aro grueso de hierro.
**Argón,** *m.* Gas de propiedades semejantes a las del neón.
**Argonautas,** *m. pl.* Navegantes griegos de una leyenda antigua.
**Argot,** *m.* Lenguaje especial que usan los maleantes para entenderse entre sí. || Jerga de palabras propias de un oficio o profesión.
**Argucia,** *f.* Argumento falso hecho con picardía para engañar a alguien.
**Argüir,** *tr.* Dar razones para probar lo que uno dice o para combatir lo que dice otro. || Argumentar, razonar, mostrar, replicar, contradecir, discutir, impugnar, refutar.
**Argumento,** *m.* Razonamiento que se emplea para demostrar lo que se ha dicho. || Asunto de que se trata en una obra.
**Aria,** *f.* Composición musical para que la cante una sola voz.

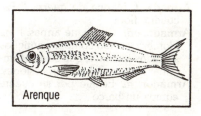
Arenque

---
*
ARENA, *f. Especie de tierrecilla que se forma al molerse o desgastarse las rocas:* **Los granos de arena.** || *Sitio de combate:* **Había sangre en la arena del circo romano.** || *Redondel de la plaza de toros:* **Esta tarde no han regado la arena.** || *Cuando se dice «castillos de arena» se refiere uno a las «ilusiones sin fundamento».*
  Viene del latín **arena,** *que significa lo mismo que en castellano.* || *Deriv.:*
**Arenal, arenisca, arenoso, enarenar.**

**Aridez,** *f.* Lo que hace que las cosas sean secas.
**Árido,** *adj.* Seco, estéril, infecundo. ‖ Aburrido, fastidioso, cansado.
**Ariete,** *m.* Madero grande y reforzado que se empleaba para ir derribando a golpes una muralla. ‖ Macho de la oveja, el cual, como se sabe, embiste de frente. ‖ En el fútbol: el delantero centro.
**Ario,** *m.* Indoeuropeo. ‖ No judío, ni chino, etc.
**Arisco,** *adj.* Aspero, intratable, huraño, esquivo, cerril, hosco.
**Arista,** *f.* Esquina, borde de un cuerpo. ‖ Intersección de dos planos.
**Aristocracia,** *f.* Gobierno en que ejercen el poder las personas más notables. ‖ Clase noble de una nación, provincia, etc.
**Aristócrata,** *com.* El que pertenece a la aristocracia.
**Aristocrático,** *adj.* Que se refiere a la aristocracia. ‖ Fino, distinguido, noble, señorial.
**Aritmética,** *f.* Ciencia que estudia los números.
**Aritméticamente,** *adv.* Según las reglas de la aritmética.
**Aritmético,** *adj.* Basado en la aritmética. ‖ De la Aritmética.
**Arlequín,** *m.* Personaje cómico que en algunas funciones de teatro sale a escena vestido con un traje de distintos colores en sus diversos cuadros o franjas.
**Arma.\***
**Armada,** *f.* Marina de guerra. ‖ Escuadra, flota.
**Armado,** *adj.* Que tiene armas. ‖ *m.* Hombre vestido como los antiguos soldados romanos, que suele acompañar los pasos de las procesiones.
**Armador,** *m.* El que por su cuenta equipa un barco.

**Armadura,** *f.* Conjunto de armas de hierro con que se vestían los que iban a combatir en los siglos pasados. ‖ Conjunto de piezas unidas para sostener alguna cosa. ‖ Armazón, montura, esqueleto.
**Armamento,** *m.* Conjunto de armas de un cuerpo militar.
**Armar,** *tr.* Proporcionar armas. ‖ Preparar para la guerra. ‖ Juntar y poner en su sitio las piezas de que se compone alguna cosa. ‖ Formar, causar. ‖ Contr.: **Desarmar.** ‖ V. **arma.**
**Armario,** *m.* Mueble en que se guardan libros, ropas u otros objetos. ‖ Guardarropa, ropero, estantería.
**Armatoste,** *m.* Mueble o maquinaria que ocupa mucho sitio y es de poca utilidad.
**Armazón,** *m.* Conjunto de piezas unidas para sostener alguna cosa. ‖ Armadura, montura, esqueleto.
**Armenio,** *adj.* Natural o perteneciente a Armenia.
**Armería,** *f.* Museo de armas. ‖ Edificio en que se guardan distintas clases de armas para que puedan ser vistas o estudiadas. ‖ Tienda en que se venden armas.
**Armero,** *m.* Fabricante de armas. ‖ Vendedor de armas. ‖ Mecánico de armas.
**Armiño,** *m.* Animal de piel muy suave y delicada, parda en verano y blanquísima en invierno, excepto la punta de la cola, que siempre es negra. ‖ Piel de este animal.
**Armisticio,** *m.* Terminación de la guerra.
**Armón,** *m.* Armazón de hierro puesto sobre ruedas en el que se monta el cañón de artillería.

---

\*

ARMA, f. Instrumento que se utiliza en los combates: *La espada es un arma ofensiva y el casco un arma defensiva.* ‖ Ejército: *El arma de infantería.* ‖ *Arma blanca:* Un cuchillo, o una espada, o cualquiera otra arma que tenga la hoja de acero.
    Viene del latín **arma**, que significa lo mismo que en castellano. ‖ Deriv.: **Alarma, alarmante, alarmar, alarmista, armada, armadillo, armador, armadura, armar, armatoste, armería, armero, armisticio, desarmar, desarme, rearmar, rearme.**

Armiño

**Armonía.\***
**Armónica,** *f.* Instrumento músico pequeño, en forma de cajita de madera o metal, en cuyo interior hay una serie de canales verticales cubiertos por lengüetas, sobre las que se sopla.
**Armónicamente,** *adv.* De manera armónica.
**Armónico,** *adj.* Con armonía.
**Armonio,** *m.* Organo pequeño al cual se da el aire por medio de un fuelle que se mueve con los pies.
**Armoniosamente,** *adv.* Con mucha armonía.
**Armonioso,** *adj.* Agradable al oído. ‖ Que tiene armonía. ‖ Melodioso.
**Armónium,** *m.* Armonio.
**Armonizar,** *tr.* Poner en armonía.
**Arnés,** *m.* Conjunto de correajes y demás guarniciones que se pone a una caballería, sobre todo cuando ha de participar en una batalla.
**Árnica,** *f.* Planta de flores amarillas y cuyo olor hace estornudar; crece en algunos prados y se utiliza en farmacia. ‖ Tintura de árnica: sustancia preparada en los laboratorios farmacéuticos con las flores y raíces de la árnica, y que sirve para dar fricciones sobre golpes y contusiones.
**Aro,** *m.* Pieza de hierro, madera o de otra materia rígida y en figura de circunferencia. ‖ Juguete muy conocido.
**Aroma,** *m.* Olor agradable de muchas hierbas y de las esencias vegetales. ‖ Perfume.
**Aromático,** *adj.* Que tiene olor agradable. ‖ Perfumado, oloroso.
**Arpa,** *f.* Instrumento músico de forma triangular, grande y con cuerdas verticales, que se toca con las dos manos. En los conciertos, la toca una mujer.
**Arpegio,** *m.* Rápida sucesión de tres o más sonidos musicales combinados con armonía.
**Arpía,** *f.* La furia de una tempestad cruel. Los griegos la representaban en forma de ave de rapiña con cabeza de mujer enfurecida y despeinada.
**Arpón,** *m.* Astil de madera armado por uno de sus extremos con una punta de hierro que sirve para clavar, y de otras dos puntas que miran hacia atrás para que haga presa una vez clavado el instrumento; se usa para la pesca de peces y animales marinos grandes.
**Arquearse,** *r.* Ponerse en forma de arco.
**Arqueo,** *m.* Reconocimiento del dinero que hay en la caja de una oficina.
**Arqueología,** *f.* Ciencia que estudia las viejas civilizaciones de la antigüedad, basándose en el arte y escritura de monumentos y objetos encontrados en excavaciones.
**Arqueológico,** *adj.* Se denomina así a los restos que quedan de antiguas civilizaciones y monumentos.
**Arqueólogo,** *m.* El que ha hecho de la Arqueología su profesión.
**Arquero,** *m.* Soldado cuyas armas eran el arco y las flechas.
**Arquero,** *m.* Portero, jugador que, en algunos deportes, defiende la meta de su equipo.
**Arqueta,** *f.* Arca pequeña.
**Arquetipo,** *m.* Modelo original, modelo primero y principal.

---

\*
ARMONÍA, f. *Combinación agradable de sonidos:* **¡Qué armonía la de esta música!** ‖ *Conveniente proporción de unas cosas con otras:* **Esta fachada no tiene armonía.** ‖ *Amistad:* **Viven en buena armonía.**
    *Viene del griego* **harmonia,** *que significa 'armonía'.* ‖ *Deriv.:* **Armónico, armonio, armonioso, inarmónico.**

**Arquitecto,** *m.* El que se dedica a la arquitectura.
**Arquitectónico,** *adj.* Que se refiere a la arquitectura.
**Arquitectura,** *f.* Arte de proyectar y construir edificios.
**Arquitrabe,** *m.* Especie de viga que descansa sobre los capiteles de una fila de columnas.

Arquitrabe

**Arrabal,** *m.* Barrio en las afueras de una población. || Suburbio.
**Arrabalero,** *adj.* Que vive en los arrabales. || Ordinario, grosero.
**Arraigar,** *intr.* Echar raíces. || *r.* Hacerse muy fuerte una costumbre.
**Arraigo,** *m.* Acción de arraigar. || Fijación, firmeza.
**Arramblar,** *tr.* Dejar los ríos, o torrentes, cubierto de arena el suelo inundado. || *fig.* Destrozar.
**Arrancado,** *adj.* Arruinado, pobre.
**Arrancar.**\*
**Arranque,** *m.* Acción de arrancar. || Impetu, impulso rápido.
**Arrapiezo,** *m.* Niño o muchacho que se destroza mucho al jugar.
**Arras,** *f. pl.* Las trece monedas cuya entrega constituye una de las ceremonias secundarias del matrimonio.
**Arrasar,** *tr.* Allanar la superficie de alguna cosa. || Arruinar, destruir y echar por tierra una edificación o arrear a las bestias de carga.
**Arrastrado,** *adj.* Desastrado, pobre, trabajoso. || Pícaro, bribón, tunante, pillo.
**Arrastrar,** *tr.* Llevar una cosa por el suelo tirando de ella. || Convencer a uno y hacerle que piense o haga lo que nosotros. || V. **rastro.**
**Arrastrarse,** *r.* Rebajarse deshonrosamente. || V. **rastro.**
**Arrastre,** *m.* Acción de arrastrar. || Acción de transportar. || Transporte, acarreo, conducción.
**Arrayán,** *m.* Arbusto oloroso, de hojas duras, flores blancas, frutos negros y dulces, que da nombre a uno de los patios de la Alhambra de Granada. Es una variedad del mirto y suele crecer a orillas del agua.

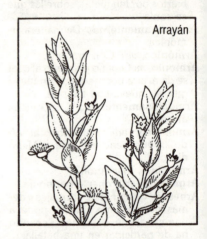
Arrayán

**¡Arre!,** *interj.* Que se emplea para arrear a las bestias de carga.
**Arrear,** *tr.* Estimular a las bestias para que echen a andar o para que aviven el paso.
**Arrebañar** (o **rebañar**), *tr.* Apurar por completo el contenido de un plato de comida. || Recoger alguna cosa y no dejar ni las señales.
**Arrebatador,** *adj.* Que atrae con fuerza irresistible.
**Arrebatar,** *tr.* Quitar alguna cosa con

---

\* ARRANCAR, *tr. Sacar una planta con raíces y todo: **Mañana arrancaré ese árbol.** || Sacar con violencia una cosa del lugar en que está sujeta: **Me arrancó tres botones y dos muelas.** || intr. Empezar a caminar un vehículo: **Este coche no quiere arrancar.***

*Es una palabra muy antigua y de origen incierto.* || *Deriv.:* **Arrancada, arranque.**

violencia. || Atraer con fuerza irresistible.
**Arrebatarse,** *r.* Enfurecerse, irritarse, encolerizarse.
**Arrebato,** *m.* Ira exaltada. || Extasis; quedarse el alma como sin sentido y llena de admiración y alegría.
**Arrebol,** *m.* Color rojizo que a veces presentan las nubes heridas por los rayos del Sol.
**Arrebujar,** *tr.* Coger mal y sin cuidado alguna cosa flexible, como ropa.
**Arrebujarse,** *r.* Cubrirse bien, envolviéndose con ropa.
**Arreciar,** *tr.* Aumentar la intensidad de la lluvia, del viento o de la nevada.
**Arrecife,** *m.* Altura en el fondo del mar que no deja pasar los barcos.
**Arrecirse,** *r.* Quedarse entumecido a causa del frío.
**Arrechucho,** *m. fam.* Especie de patatús repentino y pasajero generalmente a consecuencia de un enfado o ira.
**Arredrar,** *tr.* Hacer volver atrás, atemorizar, acobardar, amedrentar, intimidar, acoquinar.
**Arreglado,** *adj.* Ordenado y moderado. || Cuidadoso.
**Arreglar,** *tr.* Componer, ordenar. || V. **regla.**
**Arreglo,** *m.* Acción de arreglar o arreglarse. || Orden, compostura, convenio, avenencia. || V. **regla** y **arreglar.**
**Arrellanarse,** *r.* Ensancharse en el asiento y ponerse con toda comodidad.
**Arremangarse (o remangarse),** *r.* Levantarse la ropa de las mangas u otra cualquiera, volviéndolas hacia arriba.
**Arremeter,** *tr.* Acometer con ímpetu y furia || *intr.* Arrojarse ligero contra algo.
**Arremetida,** *f.* Acción de arremeter. || Ataque, embestida.
**Arremolinarse,** *r. fig.* Agruparse mucha gente alrededor de algo.

**Arrendador,** *m.* El que da en arrendamiento alguna cosa.
**Arrendamiento,** *m.* Acción de arrendar. || Alquiler, arriendo.
**Arrendar,** *tr.* Ceder o adquirir por un precio convenido el aprovechamiento de las cosas. || Alquilar.
**Arrendatario,** *m.* El que toma en arrendamiento alguna cosa.
**Arreos,** *m. pl.* Guarniciones de la caballería.

Arreos
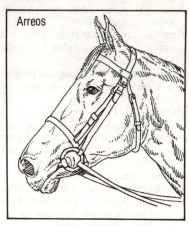

**Arrepentimiento,** *m.* Pesar de haber hecho alguna cosa.
**Arrepentirse,** *r.* Tener tristeza por haber hecho o dejado de hacer alguna cosa.
**Arrestar,** *tr.* Detener, meter preso, prender.
**Arresto,** *m.* Acción de arrestar. || Encierro, por poco tiempo, como castigo por alguna falta. || *pl.* Arrojo, osadía, valentía.
**Arrianismo,** *m.* Herejía de los arrianos.
**Arriano,** *adj.* Que sigue o seguía la doctrina de Arrio, el cual enseñaba que el Hijo de Dios no es igual al Padre.
**Arriar,** *tr.* Bajar las banderas o las velas que estén izadas.
**Arriate,** *m.* Cada una de las zonas sembradas y floridas que tienen los jardines. || Parterre, huertecito.
**Arriba.\***

---

\* ARRIBA, *Adverbio de lugar que significa «a lo alto, hacia lo alto», «en lo alto, en la parte alta»:* **¡Arriba las manos!**

**Arribada,** *f.* La acción de arribar.
**Arribo,** *m.* Llegada.
**Arriendo,** *m.* Arrendamiento, alquiler.
**Arriero,** *m.* El que acarrea mercaderías con bestias de carga.
**Arriesgado,** *adj.* Peligroso, expuesto, aventurado, atrevido, temerario, audaz.
**Arriesgar,** *tr.* Exponer a algún peligro.
**Arriesgarse,** *r.* Atreverse, aventurarse, exponerse.
**Arrimar,** *tr.* Poner una cosa más cerca de lo que estaba. || Acercar, aproximar.
**Arrinconar,** *tr.* Poner alguna persona o cosa en un rincón o lugar retirado.
**Arritmia,** *f.* Pulso irregular; pérdida del ritmo en los latidos del corazón.
**Arroba,** *f.* Medida antigua de peso, equivalente a 11 kilogramos y 502 gramos. En algunos sitios sirve para pesar cerdos.
**Arrobamiento,** *m.* Extasis. || Situación en la que se está como fuera de sí por la alegría con que se ve o se siente alguna cosa.
**Arrobo,** *m.* Arrobamiento, éxtasis, embeleso.
**Arrocero,** *adj.* Perteneciente o que se refiere al arroz. || *m.* El que cultiva arroz.
**Arrodillarse,** *intr.* Ponerse de rodillas. || Hincarse, postrarse.
**Arrogancia,** *f.* Orgullo, soberbia, altanería, altivez.
**Arrogante,** *adj.* Orgulloso, soberbio, altanero, altivo. || Gallardo y valiente.
**Arrogarse,** *r.* Tomarse unos poderes y atribuciones excesivos.
**Arrojado,** *adj.* Resuelto, atrevido. || Imprudente.
**Arrojar,** *tr.* Lanzar, tirar con violencia una cosa.
**Arrojarse,** *r.* Decidirse a hacer algo sin reparar en sus dificultades. || Precipitarse.
**Arrojo,** *m.* Valor, atrevimiento, intrepidez, audacia, coraje, resolución.
**Arrollador,** *adj.* Que vence todos los obstáculos que se le ponen delante.
**Arrollar,** *tr.* Envolver una cosa en forma de rollo. || Llevar rodando la violencia del agua o del viento alguna cosa. || Atropellar, no hacer caso de leyes ni tener respeto por nada.
**Arropar,** *tr.* Cubrir, tapar o abrigar con ropa. || *r.* Cubrirse o taparse con mantas.
**Arrope,** *m.* Jarabe muy espeso, hecho de mosto o de miel, y con trozos de fruta.
**Arropía,** *f.* Caramelo alargado y retorcido. || Caramelo de miel o arrope, llamado también «melocha».
**Arrostrar (las consecuencias),** *tr.* Resistirlas valientemente, hacerles cara, hacerles frente, luchar contra las efectos de las acciones cometidas anteriormente.
**Arroyo,** *m.* Riachuelo pequeño. || Cantidad pequeña de agua que corre. || Cauce por donde corre. || Parte de la calle por donde suelen correr las aguas.
**Arroyuelo,** *m.* Arroyo pequeño. || Arroyo pequeño y de agua saltarina.
**Arroz,** *m.* Planta con semilla en forma de granos blancos que se comen; se

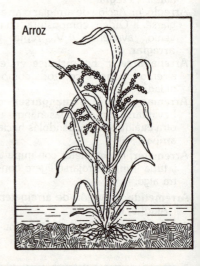
Arroz

---

*Viene de **riba,** palabra española derivada del latín **ripa** (ribera, orilla de un río, parte alta del río).*

cría en terrenos muy húmedos. ‖ La semilla de esta planta.
**Arrozal,** *m.* Tierra sembrada de arroz.
**Arruga,** *f.* Pliegue que se hace en la piel. ‖ Pliegue irregular que se hace en la ropa.
**Arrugar,** *tr.* Hacer arrugas.
**Arruinar,** *tr.* Causar ruina. ‖ Destruir, causar grave daño.
**Arrullador,** *adj.* Que arrulla.
**Arrullar,** *tr.* Adormecer al niño con cantares monótonos. ‖ Enamorar el palomo a la paloma, o el tórtolo a la tórtola, con sus arrullos.
**Arrullo,** *m.* Run-run con que se duerme a los niños en su cuna. ‖ Run-run del palomo enamorando a la paloma.
**Arrumbar,** *tr.* Echar en un rincón o desván algún objeto roto o inútil, y no tener intención de usarlo en adelante.
**Arsenal,** *m.* Establecimiento para construir y reparar los barcos. ‖ Almacén general de armas.
**Arsénico,** *m.* Metaloide muy tóxico, de aspecto semejante al del hierro colado.
**Arte.***
**Artefacto,** *m.* Aparato, mecanismo, máquina, instrumento. ‖ Obra mecánica hecha según arte.
**Artejos,** *m. pl.* Los nudillos que tienen los insectos en sus patitas.
**Arteramente,** *adv.* Con astucia, con falsedad, con traición.
**Arteria,** *f.* Especie de canal o tubo por donde va la sangre desde el corazón a las demás partes del cuerpo. ‖ Calle principal.
**Arterial,** *adj.* De las arterias. ‖ Sangre arterial: sangre limpia y buena, después de purificada en los pulmones.
**Arteriosclerosis,** *f.* Endurecimiento de las arterias y pérdida de elasticidad en las paredes de las mismas.
**Arteritis,** *f.* Inflamación de las arterias.
**Artero,** *adj.* Que usa malas artes, mal intencionado, engañoso, tramposo.
**Artesa,** *f.* Cajón de madera, en forma de pesebre, en cuyo interior se amasa el pan.

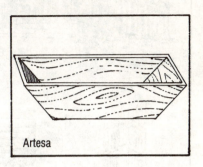

Artesa

**Artesanado,** *m.* Clase social constituida por los artesanos.
**Artesanal,** *adj.* Artesano, perteneciente o relativo a la artesanía.
**Artesanía,** *f.* Arte o trabajo de los artesanos.
**Artesano,** *m.* Persona que trabaja a mano para hacer cosas útiles y bonitas. ‖ V. **arte.**
**artesiano (Pozo),** *m.* Perforación hecha en la unión de dos capas inclinadas de agua, de la que sale un chorro alto y abundante.
**Artesonado,** *m.* Techo adornado con maderas artísticamente labradas y entrelazadas.
**Ártico,** *adj.* Del polo Norte de la tierra.
**Articulación,** *f.* Enlace de dos piezas o partes de una máquina. ‖ Unión de dos huesos. ‖ Pronunciación clara y distinta de las palabras.
**Articulado,** *adj.* Que tiene articulaciones. ‖ *m.* Conjunto de los artículos de un tratado, ley o reglamento.
**Articular,** *tr.* Unir, enlazar. ‖ Pronunciar con claridad.
**Articulista,** *com.* Persona que escribe

---

*
ARTE, amb. Habilidad para hacer bien alguna cosa: *Tiene arte para escribir.* ‖ Conjunto de reglas para hacer bien una cosa: *El arte de la pintura.*
   Viene del latín **ars, artis,** que significa 'habilidad, profesión, arte'. ‖ Derivados: **Artefacto, artero, artesanía, artesano, artífice, artificial, artificio, artificioso, artimaña, artista, artístico, inercia, inerte.**

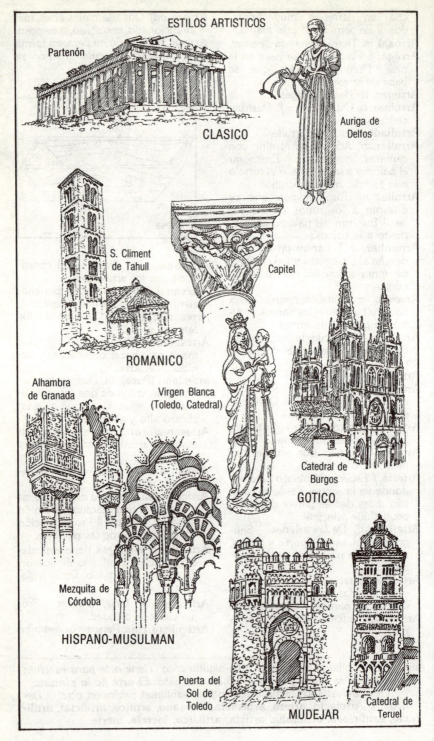

con frecuencia artículos literarios en periódicos y revistas.
**Artículo.\***
**Artífice,** *com.* Artista; el que hace alguna obra de arte.
**Artificial,** *adj.* Hecho por el hombre. ‖ Falso, postizo, no natural. ‖ Contr.: **Natural.**
**Artificialmente,** *adv.* De un modo artificial (no natural). ‖ Por medio de artificios.
**Artificio,** *m.* Habilidad con que está hecha alguna cosa. ‖ Aparato, mecanismo. ‖ Disimulo, astucia, artimaña, doblez. ‖ Contr.: **Naturalidad, sencillez.**
**Artificioso,** *adj.* Hecho con arte o artificio. ‖ Disimulado, engañoso, astuto, taimado, cauteloso.
**Artilugio,** *m.* Mecanismo complicado y de poco rendimiento. ‖ *fig.* Artimaña astuta pero poco engañadora.
**Artillería.\***
**Artillero,** *m.* Individuo que sirve en la artillería.
**Artista,** *com.* Persona que sabe hacer cosas bellas. ‖ V. **arte.**
**Artísticamente,** *adv.* Con arte, con mucho arte, de un modo artístico.
**Artístico,** *adj.* Que se refiere o pertenece a las bellas artes.
**Artrítico,** *adj.* Que padece artritis.
**Artritis,** *f.* Inflamación de las articulaciones.
**Artrópodos,** *m. pl.* Los insectos, los cangrejos, los ciempiés, las arañas,

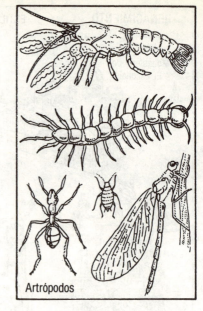
Artrópodos

y todos aquellos animales invertebrados que tienen sus patas articuladas.
**Artrosis,** *f.* Afección articular crónica preponderantemente degenerativa, a diferencia de la artritis, cuya naturaleza es preponderantemente inflamatoria.
**Arveja,** *f.* Planta parecida a la mata de garbanzo pero con frutitos en forma de vaina (como el haba y los guisantes), que crece en los sembrados y sirve de alimento al ga-

---
\*
ARTÍCULO, m. *Escrito, generalmente corto, publicado en un periódico:* **Estoy coleccionando todos los artículos que escribe ese periodista.** ‖ *Cada una de las partes en que suelen dividirse los libros y las leyes:* **Esta ley tiene 30 artículos.** ‖ *Parte de la oración que se pone antes del nombre:* **Artículos determinados, artículos indeterminados y artículos contractos.** ‖ *Mercancía, cosa que se compra y se vende:* **Ese artículo tiene mucha propaganda.**
    Viene del latín **articulus,** *que significa 'miembro, división o articulación'. Por eso artículo significa propiamente 'cosa pequeña, parte de otra más grande'.* ‖ Deriv.: **Articulación, articular, articulista.**
ARTILLERÍA, f. *Arte de construir y usar las armas mayores de guerra como cañones, morteros, etc.:* **Yo no entiendo de Artillería.** ‖ *Cuerpo militar destinado al uso de estas armas:* **Cuartel de Artillería.** ‖ *Conjunto de cañones, obuses y morteros que tiene una plaza, un ejército o un buque:* **La artillería empezó a disparar.**
    Viene del francés **artillier,** *que significa 'preparar, equipar'.* ‖ Deriv.: **Artillar, artillero.**

nado. También se la llama alverja, áfaca, arvejana y algarrobilla.
**Arzobispado,** m. Dignidad de arzobispo. ‖ Territorio en el que tiene autoridad un arzobispo.
**Arzobispal,** adj. Que se refiere al arzobispo.
**Arzobispo,** m. Obispo que tiene cierta autoridad sobre otros varios.
**Arzón,** m. Parte levantada, delantera o trasera, que tiene la silla de montar.
**As,** m. Moneda de cobre de los antiguos romanos. ‖ Carta, que en cada palo de la baraja lleva el número uno. ‖ Punto único señalado en una de las seis caras del dado. ‖ **Ser un as,** ser el número uno.
**Asa,** f. Parte saliente de una vasija, cesta, etc., que sirve para cogerla.
**Asado,** m. Carne asada.
**Asador,** m. Varilla con que se traspasa la carne para asarla al fuego. ‖ Aparato para asar pollos mecánicamente.
**Asaduras,** f. pl. Las entrañas del animal. ‖ El hígado.
**Asaetear,** tr. Disparar saetas o flechas contra alguien. ‖ Causar disgustos o molestias repetidamente.
**Asalariado,** m. El que presta algún servicio por un salario o jornal.
**Asaltar,** tr. Acometer una fortaleza para entrar en ella por la fuerza. ‖ Ocurrir de pronto algo.
**Asalto,** m. Acción de asaltar. ‖ Acometida.
**Asamblea.** *
**Asambleísta,** com. El que forma parte de una asamblea.
**Asar,** tr. Poner a la acción del fuego una cosa cruda para que llegue a estar en disposición de poderse comer.

**Asarse,** r. Sentir mucho calor. ‖ Achicharrarse.
**Asaz,** adv. Bastante, muy. ‖ adj. Bastante, mucho.
**Ascendencia,** f. El padre, la madre y todos los abuelos, bisabuelos, etc., de una persona. ‖ Contr.: **Descendencia.**
**Ascendente,** adj. Que asciende. ‖ Contr.: **Descendente.**
**Ascender.** *
**Ascendiente,** com. El padre, la madre o cualquiera de los abuelos, bisabuelos, etc., de una persona. ‖ m. Predominio o influencia sobre alguno. ‖ Prestigio, autoridad.
**Ascensión,** f. Acción de ascender. ‖ Se dice, por excelencia, la subida de Cristo, Nuestro Redentor, a los cielos. ‖ Fiesta con que la Iglesia celebra este misterio.
**Ascensional,** adj. Se dice del movimiento de un cuerpo hacia arriba y de la fuerza que produce.
**Ascenso,** m. Subida. ‖ Nombramiento de una persona para un puesto de más categoría que el que tiene.
**Ascensor,** m. Aparato para subir personas de unos pisos a otros.
**Asceta,** com. Persona que se conforma con poco para dedicarse a vivir la perfección cristiana.
**Ascética,** f. El practicar las virtudes cristianas por muy molesto que ello resulte.
**Ascético,** adj. Que se dedica al ejercicio de la perfección cristiana. ‖ Que se refiere a este ejercicio y práctica.
**Asco,** m. Alteración del estómago, causada por la repugnancia de alguna cosa. ‖ Impresión desagradable y de repugnancia.

---
*
ASAMBLEA, f. *Reunión de muchas personas llamadas para algún fin:* **Esta tarde asistiré a esa asamblea.**
   Viene del francés **asemblée.** *Palabra derivada del latín* **simul,** *que quiere decir 'juntamente, al mismo tiempo'. Por esto asamblea tiene una significación parecida a junta o reunión.* ‖ *Deriv.:* **Asambleísta.**
ASCENDER, intr. *Subir a un sitio más alto:* **Ascender a la cumbre del monte.** ‖ *Subir, elevarse, adelantar:* **He ascendido a capitán.**
   *Viene del latín* **ascendere,** *que significa 'subir'.* ‖ *Deriv.:* **Ascendencia, ascendente, ascensión, ascenso, ascensor.** ‖ *Contr.:* **Descender.**

Ascensor

**Ascomiceto,** *m.* Cierta clase de hongos: levaduras, tiñas, etcétera.
**Ascua,** *f.* Pedazo de cualquier materia sólida, enrojecida por el fuego sin dar llama.
**Asear,** *tr.* Limpiar.
**Asechanza,** *f.* Engaño para perjudicar a otro. || Traición.
**Asechar,** *tr.* Aguardar a otro para hacerle un daño, una traición o un engaño.
**asecho (Al),** *m. adv.* Al aguardo (Esperando hacer daño).
**Asediar,** *tr.* Rodear una plaza fuerte para no dejar entrar ni salir nada ni a nadie. || Sitiar, bloquear, importunar a uno sin descanso.
**Asedio,** *m.* Acción de asediar. || Sitio, bloqueo.
**Asegurado,** *adj.* Se dice de la persona que tiene un seguro a su favor.
**Asegurador,** *m.* Se dice de la persona o empresa que asegura a otros de los riesgos que les pueden venir.
**Asegurar,** *tr.* Dar firmeza y solidez a una cosa. || Poner a una persona en condiciones que no le dejen huir o defenderse. || Afirmar la verdad de lo que se dice. || Obligarse a pagar los daños que pueda sufrir una cosa. || V. **seguro.**
**Aseidad,** *f.* El existir por sí mismo, el tener vida por sí mismo. La aseidad sólo la posee Dios; todos los demás recibimos la vida y la existencia.
**Asemejarse,** *r.* Parecerse.
**Asentaderas,** *f. pl.* Parte del cuerpo sobre la que nos apoyamos al sentarnos.

**Asentado,** *adj.* Juicioso, estable, permanente.
**Asentar,** *tr.* Poner alguna cosa de modo que permanezca firme. || Tratándose de golpes, darlos con tino y violencia. || Anotar algo por escrito.
**Asentimiento,** *m.* Permiso, consentimiento, aprobación.
**Asentir,** *intr.* Admitir como verdadera o conveniente una cosa. || Aprobar, consentir, afirmar.
**Aseo,** *m.* Limpieza, cuidado, esmero.
**Asépala,** *adj.* Se le dice así a la flor que no tiene sépalos, es decir, que no tiene hojitas verdes en su base.

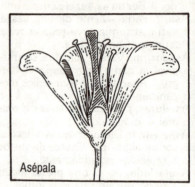

Asépala

**Asepsia,** *f.* La operación de desinfectar un objeto.
**Asequible,** *adj.* Que se puede conseguir o alcanzar.
**Aserrar,** *tr.* Cortar con sierra la madera u otra cosa.
**Aserrín (o serrín),** *m.* Conjunto de partículas que se desprenden de la madera al ser cortada por una sierra.
**Aserto,** *m.* Afirmación.
**Asesinar,** *tr.* Matar a traición o por dinero. || Matar a otra persona.
**Asesinato,** *m.* Acción de asesinar. || Crimen.
**Asesino,** *adj.* Que asesina. || *m.* Criminal.
**Asesor,** *adj.* Que aconseja.
**Asesoramiento,** *m.* Consejo o información que se da a otro para que sepa cómo debe obrar.
**Asesorar,** *tr.* Dar consejo o informar a alguien.

**Asesorarse,** *r.* Tomar consejo de otro.
**Asesoría,** *f.* Oficio de asesor. || Oficina del asesor.
**Asestar,** *tr.* Dirigir un arma hacia el objeto que se quiere atacar. || Dirigir la vista hacia un objeto. || Descargar contra un objeto el proyectil o el golpe.
**Aseverar,** *tr.* Afirmar, asegurar lo que se dice.
**Asexual,** *adj.* Que no tiene sexo.
**Asfaltado,** *m.* Revestimiento de asfalto que tienen las carreteras y algunas calles.
**Asfaltar,** *tr.* Echar asfalto sobre una carretera o calle para que el pavimento quede más fuerte y liso. || *fig.* Alquitranar.
**Asfalto,** *m.* Betún mineral negro y sólido, que se derrite al fuego. || *fig.* Alquitrán.
**Asfixia,** *f.* Detención de la respiración.
**Asfixiante,** *adj.* Que asfixia, que es capaz de asfixiar.
**Asfixiar,** *tr.* Producir asfixia, impedir a otro que respire.
**Así.***
**Asiático,** *adj.* Natural de Asia o perteneciente a esta parte del mundo.
**Asidero,** *m.* Asa.
**Asiduamente,** *adv.* Frecuentemente, constantemente.
**Asiduo,** *adj.* Frecuente, continuo, perseverante.
**Asiento,** *m.* Cosa o lugar para sentarse en ella. || Anotación de una cosa para que no se olvide. || Poso de un líquido.
**Asignación,** *f.* Cantidad que se da por un trabajo o empleo.
**Asignar,** *tr.* Señalar lo que corresponde a una persona o cosa.
**Asignatura,** *f.* Materia que se enseña en una escuela o centro docente.
**Asilo,** *m.* Lugar de refugio.
**Asimetría,** *f.* Falta de simetría.
**Asimétrico,** *adj.* Que no guarda simetría. || Que tiene un lado distinto de otro.

**Asimilable,** *adj.* Que puede asimilarse.
**Asimilación,** *f.* El hecho de asimilar. || La operación de haber asimilado.
**Asimilar,** *tr.* Hacer que una cosa se parezca a otra. || Asemejar, comparar. || Conceder a los individuos de una profesión o clase derechos iguales a los que tienen los individuos de otra. || Digerir.
**Asimismo,** *adv.* Del mismo modo. || También. || V. **así.**
**Asíndeton,** *m.* El no poner conjunciones entre frases o palabras que deben ir unidas por ellas.
**asíntota (Recta),** *f.* La que se aproxima cada vez más a una curva pero sin que jamás llegue a tocarla.
**Asir,** *tr.* Coger, agarrar, prender, atrapar.
**Asirio,** *adj.* Natural de Asiria o perteneciente a este país de Asia antigua.
**Asistencia,** *f.* Socorro, ayuda, acompañamiento, apoyo. || V. **existir.**
**Asistencial,** *adj.* Que se refiere a la asistencia.
**Asistenta,** *f.* Mujer que sirve como criada en una casa sin vivir en ella.
**Asistente,** *adj.* Que asiste. || *m.* Soldado destinado al servicio personal de un general, jefe u oficial. || V. **existir.**
**Asistir,** *tr.* Acompañar, socorrer, ayudar. || Tratándose de enfermos, cuidar de ellos y procurar su curación. || *intr.* Estar o ir a alguna casa o reunión. || V. **existir.**
**Asma,** *f.* Dificultad y fatigas al respirar, acompañada de ahoguíos.
**Asmático,** *adj.* Que padece de asma.
**Asno,** *m.* Burro. || Animal cuadrúpedo, más pequeño que el caballo, con las orejas largas y la extremidad de la cola poblada de cerdas. || *fig.* Persona de poco entendimiento.
**Asociación,** *f.* Reunión de personas que procuran un mismo fin. || So-

---

\*
**Así,** Adverbio que se usa cuando una cosa es o se hace de cierta manera: *Esto se hace así.*
Viene del latín **sic,** que significa también 'así'. || *Deriv.:* **Asimismo.**

Asno

**Asonancia,** *f.* Rima entre palabras que tienen las mismas vocales después del acento; ej.: mesa, seda, entera, gatera, pesa...
**asonante (Rima),** *f.* Asonancia en la terminación de varios versos seguidos.
**Aspa,** *f.* Cruz en forma de X. || Figura formada por los brazos de un molino de viento. || Forma del signo de multiplicar.
**Aspaviento,** *m.* Demostración excesiva y tonta de admiración u otro sentimiento.
**Aspecto.\***
**Ásperamente,** *adv.* Con aspereza. || Con desagrado.
**Aspereza,** *f.* Desigualdad de un terreno escabroso. || Lo desagradable y molesto de las cosas ásperas.
**Áspero,** *adj.* Que roza al tocarse por tener la superficie desigual. || Desagradable, sin amabilidad.
**Asperón,** *m.* Arenisca que se emplea para la limpieza de suelos y cacharros.
**aspersión (Riego por),** *m.* Riego hacia arriba, para que el agua vaya cayendo como si fuera lluvia o rocío.
**Áspid,** *m.* Víbora africana, pequeña

ciedad, corporación, comunidad. || V. **socio.**
**Asociado,** *adj.* Se dice de la persona que forma parte de una asociación. || *m.* Socio.
**Asociarse,** *r.* Juntarse, reunirse o formar sociedad para algún fin.
**Asociativo,** *adj.* Se dice de lo que asocia o sirve para asociar. || En *fem.*, cierta propiedad de la suma.
**Asolador,** *adj.* Que destruye o arrasa las cosas. || Que echa a perder los frutos por el calor o la falta de agua.
**Asolar,** *tr.* Destruir, arrasar, devastar, arruinar.
**Asomar,** *intr.* Empezar a verse. || *tr.* Sacar alguna cosa por un hueco o por detrás de alguna parte.
**Asombrar,** *tr.* Causar grande admiración. || Fascinar, maravillar, pasmar. || Asustar.
**Asombro,** *m.* Admiración grande. || Pasmo, sorpresa. || Susto.
**Asombrosamente,** *adv.* De manera asombrosa.
**Asombroso,** *adj.* Que causa asombro o gran admiración. || Admirable, estupendo, maravilloso, pasmoso, sorprendente, portentoso, prodigioso.
**Asomo,** *m.* Indicio, señal. || Ni por asomo: ni lo sueñes, de ninguna manera, no.

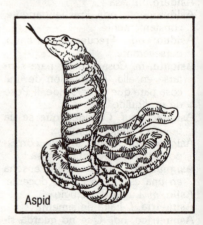

Aspid

---
\*
ASPECTO, *m. Apariencia, facha, semblanza, lo que parece una persona o cosa; el modo de dejarse ver:* **El aspecto del campo; tienes un buen aspecto,** *etc.*
    *Viene del latín* **aspectus** *(«aspecto»), derivado a su vez del verbo latino* **aspicere,** *que significa «mirar».* || *Son de su familia:* **Espectáculo, espectador, espectro, espectroscopio, especulación, espejo, introspección, introspectivo,** *y* **retrospectivo.**

pero muy venenosa, como la que utilizó Cleopatra para suicidarse dejándose morder por ella.
**Aspiración,** *f.* Deseo, pretensión. || Acción de aspirar. || V. **expirar.**
**Aspirante,** *adj.* Que aspira. || *m.* Empleado que todavía no ocupa su plaza definitiva.
**Aspirar,** *tr.* Hacer que el aire entre en los pulmones. || Pretender algún empleo, dignidad u otra cosa.
**Aspirina,** *f.* Medicamento que se usa para calmar los dolores y la fiebre.
**Asquear,** *intr.* Dar asco.
**Asquerosamente,** *adv.* Como un puerco, suciamente.
**Asquerosidad,** *f.* Cosa asquerosa. || ¡Qué asquerosidad!: ¡Qué cosa más asquerosa! ¡Qué vergüenza! ¡Qué sucio!
**Asqueroso,** *adj.* Que da asco. || Puerco, sucio.
**Asta,** *f.* Palo que sostiene la bandera. || Cuerno.
**Astenia,** *f.* Falta considerable de fuerzas.
**Asterisco,** *m.* Nombre de un signo ortográfico (*).
**Asteriode,** *m.* Cada uno de los muchos planetas pequeñísimos que hay entre Marte y Júpiter.
**Astigmatismo,** *m.* Defecto de la vista que consiste en ver rayitas donde sólo hay puntos y, en consecuencia, ver borrosas las figuras.
**Astilla,** *f.* Pedacito que salta de una pieza de madera que se parte o rompe violentamente.
**Astillero,** *m.* Fábrica donde se construyen y reparan buques.
**Astracán,** *m.* Piel de una raza especial de corderos, muy fina y con el pelo rizado, que se usa para prendas de abrigo.
**Astrágalo,** *m.* Hueso del tobillo, vulgarmente llamado taba.
**Astro,** *m.* Cualquiera de los cuerpos que están en el firmamento. || Persona que destaca en algún arte del espectáculo.
**Astrolabio,** *m.* Antiguo instrumento que usaban los marinos para orien-

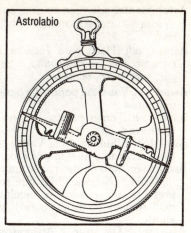

Astrolabio

tarse por los movimientos de los astros; constaba principalmente de muchos aros graduados y unidos en forma de esfera.
**Astrología,** *f.* Especie de astronomía antigua que estudiaban los astrólogos y con la cual querían interpretar y predecir los acontecimientos futuros.
**Astrólogo,** *m.* Persona que se dedicaba a la ciencia de los astros, que en otro tiempo se creyó que servía para pronosticar los sucesos.
**Astronauta,** *com.* Navegante entre los astros.
**Astronave** (De **astro** y **nave**), *f.* Cosmonave.
**Astronomía,** *f.* Ciencia de los astros y principalmente de las leyes de sus movimientos.
**Astronómico,** *adj.* De astronomía. || De la astronomía. || *fig.* Enorme, excesivo, muy grande, enormemente grande.
**Astrónomo,** *m.* El que ha estudiado y sabe astronomía y profesa esta ciencia.
**Astroso,** *adj.* Desastrado, sucio, desaliñado.
**Astucia,** *f.* Habilidad e ingenio para engañar a otros y no dejarse engañar. || Ardid.
**Astur,** *adj.* Asturiano.
**Asturiano.***

---
\* Asturiano, adj. *Natural de Asturias o perteneciente a esta región:* **La Reconquista comenzó en las montañas asturianas.**

**Astutamente,** *adv.* Con astucia, con mucha astucia, con mucha habilidad.
**Astuto,** *adj.* Hábil para engañar y para no caer en el engaño. || Sagaz, sutil, cuco, taimado.
**Asueto,** *m.* Vacación por un día o por una tarde.
**Asumir,** *tr.* Tomar para sí. || Contr.: **Rechazar.**
**Asunción,** *f.* Subida de la Virgen al Cielo, llevada y atraída por Dios.
**Asunto,** *m.* Materia de que se trata. || Tema. || Negocio. || Lo que representa un cuadro o escultura. || Argumento de una obra. || V. **sumir.**
**Asustar,** *tr.* Dar susto. || Atemorizar, amedrentar, acobardar.
**Asustarse,** *r.* Tener susto.
**Atacable,** *adj.* Que puede ser atacado. || Que merece ser combatido.
**Atacado,** *adj.* Encogido, irresoluto, que no se atreve a decidirse. || Miserable.
**Atacar.**\*
**Atadero,** *m.* Cuerda o cosa que sirve para atar.
**Atadura,** *f.* La unión que existe entre dos cosas atadas. || El atar con un atadero.
**Ataharre,** *m.* Correa con que se evita que la albarda o la silla puedan moverse hacia adelante, dejándola sujeta a las ancas de la caballería.
**Atajar,** *tr.* Cortarle el paso a algo que huye. || Detener. || *intr.* Ir por el atajo, para llegar antes. || *r. fig.* Pararse por miedo o vergüenza, etc.
**Atajo,** *m.* Senda por donde se adelanta más que por el camino ordinario. || Procedimiento rápido para hacer una cosa.
**Atalajar,** *tr.* Poner los arreos a las caballerías de tiro y engancharlas.
**Atalaya,** *f.* Torre, comúnmente en lugar alto, para mirar el campo o el mar y poder dar aviso de lo que ocurra.

Atalaya

**Atañer,** *intr.* Pertenecer o tener relación.
**Ataque,** *m.* Acción de atacar o acometer. || Acometida, asalto, embestida, arremetida. || V. **atacar.**
**Atar.**\*
**Ataraxia,** *f.* Tranquilidad de espíritu.
**Atardecer,** *m.* Ultima parte de la tarde.

---

\* Viene del latín **Asturia,** que significa 'Asturias, región de los astures', cuya capital antigua era Astorga. || Deriv.: **Astur, asturianismo, asturicense.**

ATACAR, *tr.* Acometer, embestir, arremeter: **Atacar al enemigo.** || Meter y apretar el taco en un arma de fuego, mina o barreno: **Las escopetas antiguas se atacaban por la boca.** || Tratándose del sueño, enfermedades, etc., entrarle a uno: **Le atacó mucho la fiebre.** || Abrochar cualquier pieza del vestido: **Atacar los pantalones.**
Viene del italiano **attacare,** que significa 'pegar, clavar, unir, acometer'. || Deriv.: **Atacante, ataque, contraataque, destacamento, destacar.** || Contr.: **Defender.**

ATAR, *tr.* Sujetar con cuerda u otras ligaduras: **Até muy bien el paquete.** || Amarrar, ligar, encadenar: **No puede moverse porque está muy bien atado.**
Viene del latín **aptare** que significa 'adaptar, sujetar'. Por eso atar significa propiamente 'disponer una cosa bien para hacer de ella lo que se quiera'. || Deriv.: **Atado, ataduras, desatar.** || Contr.: **Soltar.**

**Atarearse,** r. Entregarse mucho al trabajo. ‖ Engolfarse, ocuparse.
**Atarugarse,** r. Ponerse turbado y no saber qué hacer, qué pensar ni qué decir. ‖ fig. y fam. Atragantarse.
**Atascamiento,** m. Atasco.
**Atascar,** tr. Impedir el paso o movimiento; así, un terreno lleno de barro atasca mucho. ‖ r. Quedarse detenido ante un obstáculo, o por estar sobre barro, y no poder seguir.
**Atasco,** m. Detención forzosa porque algo nos impide o dificulta seguir.
**Ataúd,** m. Caja en que se pone a un cadáver para enterrarlo.
**Ataviar,** tr. Componer, adornar, acicalar, engalanar.
**atávica (Enfermedad),** f. La heredada de los abuelos o antepasados.
**Atavío,** m. Compostura, adorno, aderezo.
**Ateísmo,** m. Error del que dice que no hay Dios.
**Atemorizar,** tr. Asustar, causarle temor a otro.
**Atemperar,** tr. Moderar, templar, suavizar. ‖ r. Acomodarse prudentemente a las circunstancias.
**Atenazar,** tr. Agarrar con fuerza alguna cosa. ‖ Arrancar algo a pellizcos de tenazas.
**Atención,** f. Cuidado que se pone para ver o entender una cosa. ‖ Demostración de cariño o respeto. ‖ Consideración, cuidado, solicitud, miramiento. ‖ V. **tender.** ‖ Contr.: **Distracción.**
**Atender,** tr. Tener cuidado y aplicación para aprender. ‖ Escuchar. ‖ Cuidar de una persona o cosa. ‖ Favorecer un deseo o petición. ‖ V. **tender.**
**Ateneo,** m. Nombre y local de algunas asociaciones científicas o literarias.
**Atenerse,** r. Amoldarse uno en sus acciones a alguna cosa. ‖ Ajustarse, sujetarse.
**Ateniense,** adj. De Atenas (en Grecia).
**Atentado,** m. Acto criminal de mucha importancia.
**Atentamente,** adv. Con atención o respeto.
**Atentar,** tr. Hacer una cosa contra lo que mandan las leyes. ‖ Intentar un delito grande.
**Atento,** adj. Que tiene fija la atención en alguna cosa. ‖ Cortés, fino, respetuoso, solícito. ‖ V. **tender.**
**Atenuante,** adj. Que atenúa. ‖ Circunstancia atenuante (en algunos delitos): defensa propia, embriaguez involuntaria y no habitual, minoría de edad, locura momentánea, etcétera.
**Atenuar,** tr. Poner tenue, hacer que se note menos una cosa. ‖ Amortiguar, mitigar, disminuir.
**Ateo,** adj. Que no cree en Dios.
**Aterciopelado,** adj. Suave, parecido al terciopelo.
**Aterirse,** r. Quedarse pasmado de frío.
**Aterrar,** tr. Producir mucho miedo. ‖ Aterrorizar, espantar, horrorizar.
**Aterrizaje,** m. Acción de descender a tierra un avión.
**Aterrizar,** intr. Descender a tierra un avión.
**Aterrorizar,** tr. Causar mucho miedo. ‖ Aterrar, causar terror.
**Atesorar,** tr. Reunir o guardar dineros y objetos de valor. Lo más importante es atesorar virtudes.
**Atestado,** adj. Lleno. ‖ m. Documento en el que se hace constar algo que ha ocurrido.
**Atestar,** tr. Llenar una cosa apretando lo que se mete en ella.
**Atestiguar,** tr. Afirmar como testigo alguna cosa.
**Atiborrar,** tr. Llenar de borra alguna cosa. ‖ r. fig. y fam. Atracarse, hartarse.
**Aticismo,** m. La delicadeza, el buen gusto y el estilo de los mejores artistas de la Grecia antigua.
**Ático,** adj. Natural del Atica o que pertenece a esta región de Grecia. ‖ m. Ultimo piso de un edificio.
**Atildado,** adj. Elegante, recompuesto, acicalado, adornado.
**Atinar,** intr. Apuntar bien hacia el objeto sobre el que se va a disparar. ‖ Dar en el blanco. ‖ Acertar.
**Atinente,** adj. Tocante o perteneciente.
**Atirantar,** tr. Poner tirante o tensa una cuerda, un alambre, etc. ‖ Ati-

rantarse unas relaciones o una amistad: Amenazar convertirse en enemistad.

**Atisbar,** *tr. e intr.* Estar mirando desde un escondite. || Ver algo con mucha rapidez.

**Atisbo,** *m.* Mirada cuidadosa sin que le vean a uno. || Suposición, conjetura.

**¡Atiza!,** *interj. fam.* Que se usa generalmente para indicar una gran extrañeza.

**Atizar,** *tr.* Remover el fuego para que arda mejor. || Avivar, estimular, fomentar pasiones o discordias. || Dar, propinar.

**Atlante,** *m.* Columna en forma de hombre.

Atlante

**Atlántico,** *adj.* Perteneciente al monte Atlas, que se encuentra en Africa. || Se llama así especialmente el océano que se halla entre Europa, América y Africa.

**Atlas,** *m.* Libro o volumen en que están coleccionados muchos mapas geográficos. || Nombre que se da a la primera de las vértebras del espinazo.

**Atleta,** *m.* Luchador que figuraba en los antiguos juegos públicos de Grecia o Roma. || Hombre de grandes fuerzas.

**Atlético,** *adj.* Que tiene grandes fuerzas o que se refiere a ejercicios de los atletas.

**Atletismo,** *m.* Ejercicios atléticos. || Doctrina acerca de ellos.

Atleta

**Atmósfera,** *f.* Masa de aire que rodea la Tierra.

**Atmosférico,** *adj.* Que se refiere o que está en la atmósfera.

**Atolondrado,** *adj.* Que procede sin reflexión. || Irreflexivo, precipitado, imprudente, ligero, aturdido.

**Atolondrar,** *tr.* Aturdir.

**Atolladero,** *m.* Sitio lleno de barro en el cual queda atascado quien intente atravesarlo. || Hoyo grande lleno de lodo o cieno.

**Atómico,** *adj.* Que se refiere al átomo. || Se dice especialmente de las modernas máquinas y armas que obran por la desintegración del átomo.

**Átomo,** *m.* Parte pequeñísima de los cuerpos. || Antes se creía que el átomo no se podía dividir, pero ya se ha demostrado que el átomo está formado por cuerpos pequeñísimos cargados de electricidad.

**átona (Sílaba),** *f.* La que no tiene acento de ninguna clase.

**Atónito,** *adj.* Pasmado ante un objeto o suceso raro. || Asombrado, estupefacto, maravillado.

**Átono,** *adj.* Sin acento.

**Atontamiento,** *m.* Lo que resulta de atontar o atontarse.

**Atontar,** *tr.* Poner tonto, aturdir, atolondrar.

**Atorarse,** *r.* Atascarse. || Atragantarse.

**Atormentar,** *tr.* Causar dolor o tormento. ‖ Torturar, martirizar, disgustar, atribular.
**Atornillar,** *tr.* Apretar un tornillo dándole vueltas mientras él va clavándose. ‖ Sujetar por medio de tornillos.
**Atosigar,** *tr.* Envenenar. ‖ *fig.* Apremiar a otro con mucha insistencia.
**Atracador,** *m.* El que asalta a las personas para robarlas.
**Atracar,** *tr.* Hacer comer o beber demasiado. ‖ Asaltar y robar a un transeúnte. ‖ *intr.* Arrimar las embarcaciones a tierra.
**Atracción,** *f.* Fuerza para atraer hacia sí alguna cosa.
**Atraco,** *m.* Acción de atracar. ‖ Asalto.
**Atracón,** *m. fam.* El haberse atracado de comida o bebida.
**Atractivo,** *adj.* Que atrae. ‖ *m.* Lo que hace agradable a una persona o cosa.
**Atraer,** *tr.* Traer hacia sí alguna cosa, como el imán al hierro. ‖ Inclinar a una persona para que se haga de nuestra opinión. ‖ Contr.: **Repeler.**
**Atragantarse,** *r.* No poder tragar algo que se ha quedado atravesado en la garganta.
**Atrancar,** *tr.* Cerrar la puerta por dentro afianzándola con una tranca.
**Atrapar,** *tr.* Coger al que huye. ‖ Pillar. ‖ Conseguir alguna cosa de provecho.
**Atrás,** *adv.* En la parte que está a las espaldas de uno. ‖ Detrás. ‖ V. **tras.** ‖ Contr.: **Delante.**
**Atrasado,** *adj.* Empeñado, falto de dinero.
**Atrasar,** *tr.* Poner más atrás una cosa. ‖ Retrasar, retardar. ‖ Contr.: **Adelantar.**
**Atraso,** *m.* Efecto de atrasar. ‖ Incultura. ‖ *pl.* Deudas vencidas y no cobradas.
**Atravesar,** *tr.* Poner una cosa de modo que pase de una parte a otra. ‖ Pasar un cuerpo de parte a parte. ‖ Pasar de una parte a otra. ‖ V. **verter.**
**Atrayente,** *adj.* Que atrae. ‖ Agradable.
**Atreverse.***
**Atrevido,** *adj.* Que se atreve. ‖ Hecho o dicho con atrevimiento.
**Atrevimiento,** *m.* Lo que tiene el que se atreve. ‖ Audacia, arrojo. ‖ Frescura, descaro, insolencia.
**Atribución,** *f.* Acción de atribuir. ‖ Poder que una persona tiene por el cargo que ejerce.
**Atribuir,** *tr.* Decir que una persona ha hecho algo. ‖ Achacar, imputar, suponer.
**Atribularse,** *r.* Ponerse triste, afligido y atormentado.
**atributivos (Verbos),** *m. pl.* Los verbos «ser» y «estar», principalmente; es decir, los que pueden llevar predicado nominal o atributo.
**Atributo,** *m.* Cualidad que tiene un ser. ‖ Símbolo, señal. ‖ En gramática, lo que se dice de un sujeto.
**Atrición,** *f.* El arrepentirnos de nuestros pecados, pero no por amor a Dios, que sería lo perfecto, sino por miedo del castigo que nos puede venir o por las penas del infierno.
**Atril,** *m.* Mueble muy sencillo que sirve para sostener abiertos los libros de misa, los papeles de música, etc., y poderlos leer sin sujetarlos.
**Atrincherarse,** *r.* Meterse en la trinchera para defenderse del ataque enemigo.
**Atrio,** *m.* Patio cercado casi siempre de pórticos que hay en algunos edificios. ‖ Andén que hay delante de algunos templos y palacios.
**Atrocidad,** *f.* Crueldad grande, barbaridad. ‖ Exceso, demasía, enormidad.
**Atrofia,** *f.* Falta de desarrollo de cualquier parte del cuerpo.

---
* ATREVERSE, *r.* Decidirse a hacer algo peligroso, arriesgarse, aventurarse: *Se atrevió a cruzar.*
    Viene del latín **tribuere sibi,** que quiere decir 'atribuirse a sí mismo'. En sentido propio atreverse quiere decir 'atribuirse la capacidad de hacer algo'. ‖ Deriv.: **Atrevido, atrevimiento.**

**Atrofiarse,** *r.* No desarrollarse del todo; desarrollarse poco, desarrollarse menos.
**Atronado,** *adj.* Alocado, imprudente, que hace las cosas sin reflexionar. || Aturdido por un ruido fuerte como un trueno.
**Atronador,** *adj.* Que produce muchísimo ruido.
**Atronar,** *tr.* Hacer un ruido tan grande que parece que le deja a uno sordo.
**Atropellar,** *tr.* Pasar sin cuidado alguno por encima de alguna persona. || Derribar o empujar a uno para abrirse paso. || Hacer daño o deshonra a alguno abusando de la fuerza. || Hacer una cosa con demasiada prisa.
**Atropello,** *m.* El atropellar a otro.
**Atroz,** *adj.* Cruel, bárbaro, fiero, inhumano. || Enorme, desmesurado.
**Atrozmente,** *adv.* De manera atroz. || Cruelmente, bárbaramente.
**Atuendo,** *m.* Ajuar y mobiliario que usaban los reyes antiguos durante sus viajes. || Cosas, lujosas o no, con que alguien se viste o prepara. || *pl.* Aparejos que se pone al burro.
**Atufarse,** *r.* Respirar demasiado tufo y quedarse medio asfixiado. || *fig.* Irritarse, enfadarse, pero por una simpleza.

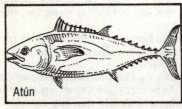

Atún

**Atún,** *m.* Pez grande, negro azulado por encima y gris plateado por debajo. Su carne fresca y en conserva es de gusto agradable. || Hombre ignorante.
**Aturdir,** *tr.* Atontar. || Perturbar los sentidos por efecto de un golpe, de un ruido extraordinario o de cosa parecida.
**Aturullar,** *tr.* Aturdir a uno, turbarle, confundirle. || Se dice también «aturrullar».
**Audacia,** *f.* Atrevimiento, valor, coraje, arrojo, intrepidez, osadía.
**Audaz,** *adj.* Atrevido, valiente, intrépido.
**Audazmente,** *adv.* Con audacia, con mucha audacia.
**Audición,** *f.* Acción de oír.
**Audiencia,** *f.* Acto en el que las autoridades escuchan a las personas que dicen o solicitan alguna cosa. || Tribunal de justicia para casos graves. || Edificio en que se reúne este tribunal. || V. **oír.**
**Audio,** Prefijo que se antepone a algunas palabras y significa sonido o audición.
**Audímetro,** *m.* Audiómetro.
**Audiómetro,** *m.* Instrumento para medir la sensibilidad del aparato auditivo.
**Auditivo,** *adj.* Que se refiere al oído.
**Auditor,** *m.* Persona que informa a los tribunales de justicia sobre la interpretación y la aplicación de las leyes.
**Auditoría,** *f.* Empleo de auditor. || Oficina del auditor.
**Auditorio,** *m.* Conjunto de personas que escuchan un discurso, un sermón, etc.
**Auge,** *m.* Aumento grande, elevación.
**Augurio,** *m.* Anuncio de lo que va a ocurrir. || Predicción, presagio, pronóstico, vaticinio.
**Augusto,** *adj.* Que infunde respeto y veneración por su dignidad.
**Aula,** *f.* Sala donde se enseña.
**Aullar,** *intr.* Dar aullidos.
**Aullido,** *m.* Voz prolongada y penetrante del lobo, del perro y de algunos otros animales.
**Aumentar.**\*

---

\* Aumentar, *tr.* Hacer más grande una cosa: **Con esta lupa se aumenta mucho la imagen y se ve mejor.** || Acrecentar, agrandar, ampliar, crecer, añadir: **Esta fábrica está aumentando su producción.**
   Viene del latín **augere,** que quiere decir 'aumentar'. || *Deriv.:* **Aumento.** || *Contr.:* **Disminuir.**

**Aumentativo,** adj. Que indica mucho aumento y, a veces, exageración.
**Aumento,** m. Agrandamiento de una cosa. ‖ Acrecentamiento, incremento. ‖ V. aumentar.
**Aún.***
**Aunar,** tr. Unir, unificar.
**Aunque,** conj. A pesar de que. ‖ V. aún.
**¡Aúpa!** Voz para esforzar a alguno a levantar un peso o a levantarse. ‖ **Aúpa.** En brazos.
**Aura,** f. Viento suave y apacible.
**Áureo,** adj. De oro; parecido al oro.
**Aureola,** f. Resplandor o círculo luminoso con que suele adornarse las cabezas de las imágenes de los santos. ‖ Buena fama que alcanza una persona por sus méritos o virtudes.
**Aureolar,** tr. Adornar como con aureola.
**Aurícula,** f. Nombre de cada uno de los huecos superiores del corazón.
**Auricular,** adj. De la oreja. ‖ La parte del receptor del teléfono que se aplica a la oreja. ‖ Aparato amplificador de sonidos, que se ponen los sordos en la oreja o al lado de ella, y que van alimentados por una pila eléctrica. ‖ Nombre que se da también a los microauriculares radiofónicos, los cuales se conectan a un radio de transistores por ejemplo.
**auríferas (Arenas),** f. pl. Las que contienen pepitas de oro.
**Auriga,** m. El que conduce y dirige las caballerías de un carruaje.
**Aurora,** f. Luz que aparece poco antes de la salida del sol.
**Auscultar,** tr. Poner el oído o un aparato a propósito en ciertos puntos del cuerpo humano para escuchar los sonidos y ruidos del pecho o del vientre. Lo hace el médico.
**Ausencia,** f. Tiempo en que alguno está separado de una persona o lugar. ‖ Falta de algo. ‖ V. ausente.
**Ausentar,** tr. Hacer que alguno se marche de un lugar. ‖ V. ausente.
**Ausentarse,** r. Marcharse, especialmente de la población en que uno reside.
**Ausente.***
**Auspicio,** m. Protección, favor. ‖ pl. Señales que dicen poco más o menos cómo va a terminar un negocio.
**Austeridad,** f. Mortificación de los sentidos y deseos. ‖ Severidad, rigor, rigidez, dureza.
**Austero,** adj. Mortificado, penitente. ‖ Severo, rígido, riguroso, duro.
**Austral,** adj. Del Sur.
**Australiano,** adj. De Australia.

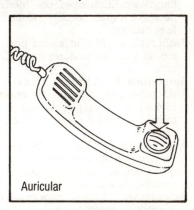

Auricular

**Austriaco,** adj. Natural de Austria o perteneciente a esta nación de Europa.
**Autarquía,** f. Gobierno por sí mismo. ‖ No necesitar de otro para vivir. ‖ Independencia económica de un estado.
**Auténticamente,** adv. De verdad.
**Autenticidad,** f. Lo auténtico.

---

*
AUN, Si no lleva acento, es adverbio de cantidad que significa 'incluso': **Aun los más tontos saben esto.** ‖ Si lleva acento, es adverbio de tiempo que significa 'todavía': **Aún no ha venido el cartero.**
   Viene del latín **adhuc,** que significa 'hasta ahora'. ‖ Deriv.: **Aunque.**
AUSENTE, adj. Que está separado de alguna persona o lugar y especialmente de la población en que suele vivir: **¿Y Pepe, está ausente?**
   Viene del latín **absens, absentis,** es decir, del participio activo del verbo **abesse,** que significa 'estar ausente'. ‖ Deriv.: **Absentismo, ausencia, ausentar.** ‖ Contr.: **Presente.**

**Auténtico,** *adj.* Verdadero. || Cierto, seguro, legítimo.

**Autismo,** *m.* Concentración habitual de la atención de una persona en su propia intimidad, con el consiguiente desinterés respecto al mundo exterior. Su intensidad excesiva es patológica, y se presenta con especial frecuencia en la esquizofrenia.

**Auto.***

**Autobiografía,** *f.* Vida de una persona escrita por ella misma.

**Autobús,** *m.* Automóvil grande que sirve para transportar personas.

**Autocar,** *m.* Es mejor decir «autobús».

**Autoclave,** *f.* Vasija o caldera de cierre hermético en cuyo interior se hacen esterilizaciones por medio de vapor a gran presión y elevada temperatura.

**Autócrata,** *m.* El que ejerce por sí mismo todos los poderes de un Estado.

**Autocrítica,** *f.* Crítica a sí mismo.

**Autóctono,** *adj.* Indígena. Se aplica este adjetivo a los pueblos que son originarios de los países en que viven.

**Autodidacta,** *m.* El que se ha enseñado solo y sin maestros.

**Autódromo,** *m.* Pista para ensayos y carreras de automóviles.

**Autoescuela,** *f.* Escuela para enseñar a conducir automóviles.

**Autógeno,** *adj.* Se dice de la soldadura de un metal consigo mismo.

**Autogiro,** *m.* Aeroplano con hélices horizontales que puede aterrizar y despegar en un espacio muy pequeño. || Helicóptero.

**Autógrafo,** *m.* Se llama así el escrito por la mano de su mismo autor.

**Autoinducción,** *f.* Chispa eléctrica que se produce al abrirse o cerrarse un circuito eléctrico.

**Autómata,** *m.* Máquina que imita la figura y los movimientos de un hombre. || Persona que se deja dirigir por otra.

**Automáticamente,** *adv.* Como una máquina; rápidamente, sin reflexionar.

**Automático,** *adj.* Perteneciente al autómata. || Involuntario, sin pensarlo.

**Automatismo,** *m.* Ejecución de actos sin querer.

**Automotor** (o **autovía**), *m.* Autobús especial que circula sobre raíles de ferrocarril.

**Automóvil,** *adj.* Que se mueve por sí mismo. || Se llaman así, principalmente, los coches con motor mecánico. || *m.* Coche que anda por sí mismo con la fuerza del motor que tiene. || V. **auto**.

**Automovilismo,** *m.* Conjunto de conocimientos acerca del automóvil. || Deporte de los aficionados a viajar en automóvil.

**Automovilista,** *com.* Persona entendida y aficionada al automovilismo.

**Autonomía,** *f.* Libertad de gobernarse por sus propias leyes. || El poder vivir un hombre sin depender de nadie.

**Autónomo,** *adj.* Que vive de manera independiente; que goza de autonomía.

**Autopista,** *f.* Carretera con calzadas separadas para cada dirección.

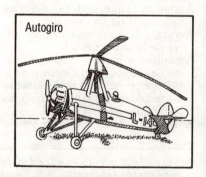

Autogiro

---

**Auto,** *m. Suele usarse en lugar de «automóvil»:* **Tengo un auto nuevo.**

La palabra *auto* viene del griego **autos**, que significa 'el mismo'. Por eso, puesta antes de otra palabra significa que lo que viene detrás hace algo por sí mismo. Así, **automóvil,** *quiere decir el que se mueve por sí mismo;* **autorretrato** *retrato de uno hecho por sí mismo;* **autobiografía,** *la vida de uno contada por él mismo;* **autogiro,** *aparato que gira por sí mismo.*

**Autopsia,** *f.* Examen de un cadáver para ver de qué ha muerto esa persona.
**Autor.***
**Autoridad,** *f.* Poder, mando. ‖ Superioridad que una persona tiene en algún aspecto de la vida o de la ciencia. ‖ V. **autor.**
**Autoritariamente,** *adv.* De un modo autoritario.
**Autoritario,** *adj.* Que manda de una manera exagerada. ‖ Despótico, imperioso, arbitrario.
**Autorización,** *f.* Permiso para hacer algo. ‖ Consentimiento.
**Autorizado,** *adj.* Se dice de lo que es digno de respeto.
**Autorizar,** *tr.* Dar a uno permiso o poder para hacer algo. ‖ Permitir, consentir, acceder. ‖ V. **autor.**
**Auto-stop,** *m.* Hacer señas a los coches que circulan por carretera y, cuando se detienen, pedir al dueño que haga el favor de subirnos y llevarnos.
**Autosuficiente,** *adj.* Suficiente, que habla o actúa con autosuficiencia.
**Autosugestionarse,** *r.* Llegar a creer que nos pasa algo de tanto como lo hemos pensado o temido.
**Auxiliar,** *adj.* Que ayuda. ‖ *com.* Empleado de poca categoría. ‖ V. **auxilio.** ‖ *tr.* Ayudar, socorrer, amparar, apoyar.
**Auxilio.***
**Aval,** *m.* Documento que, con la firma de una persona, garantiza del crédito que merece otra.
**Avalancha,** Galicismo: debe decirse «alud».
**Avalar,** *tr.* Responder por alguno; asegurar que es buena persona y puede otro fiarse de él.

**Avance,** *m.* Acción de ir hacia adelante. ‖ V. **avanzar.**
**Avanzada,** *f.* Grupo de soldados puesto delante de los demás para observar de cerca al enemigo y evitar sorpresas. ‖ Se usa mucho el diminutivo *avanzadilla.*
**Avanzadilla,** *f.* Avanzada.
**Avanzado,** *adj.* Exagerado, muy nuevo (Galicismo). ‖ V. **avanzar.**
**Avanzar.***
**Avaricia,** *f.* Deseo exagerado de tener riquezas.
**Avaricioso,** *adj.* Que le gusta con exageración guardar dinero.
**Avariento,** *adj.* Que tiene avaricia. ‖ Avaricioso.
**Avaro,** *m.* El que es avaricioso. ‖ *adj.* Avariento, tacaño, roñoso, miserable. ‖ Que gasta muy poco a poco alguna cosa.
**Avasallar,** *tr.* Hacer vasallo nuestro a otra persona. ‖ *r.* Rendirse por completo.
**Ave,** *f.* Cualquier animal con plumas y alas. ‖ Animal vertebrado ovíparo, de respiración pulmonar y sangre caliente, pico córneo, cuerpo cubierto de plumas, con dos pies y con dos alas que le sirven, ordinariamente, para volar.
**Avecinarse,** *r.* Acercarse, aproximarse.
**Avecindarse,** *r.* Ponerse a vivir en algún pueblo.
**Avefría,** *f.* Ave de las zancudas que tiene un moño de cinco o seis plumas rizadas.
**Avellana,** *f.* Fruto pequeño cuya semilla, que se come seca, está dentro

---

Autor, *m.* El que hace alguna cosa: **Cervantes es el autor del Quijote.**
 Viene del latín **auctor,** *que quiere decir 'creador, autor, promotor'.*
 ‖ *Deriv.* **Autoridad, autoritario, autorización, autorizar.**

Auxilio, *m.* Ayuda, socorro, amparo, apoyo, protección: **Auxilio social.**
 Viene del latín **auxilium,** *que significa 'auxilio'.* ‖ *Deriv.:* **Auxiliar.**

Avanzar, *intr.* Ir hacia delante: **¡Avancen tres pasos!** ‖ Progresar: **El país avanzó mucho en poco tiempo.** ‖ Mejorar en la condición o estado de uno: **Avanza mucho en sus estudios.** ‖ Adelantar, prosperar: **Este negocio avanza poco.**
 Viene del latín **avante,** *que quiere decir 'delante'.* ‖ *Deriv.:* **Avance, avanzada, avanzadilla, avanzado, aventajar, desventaja, ventajoso.**
 ‖ *Contr.:* **Retroceder.**

Ave

de una cáscara redonda, dura y de color marrón rojizo.
**Avellano,** *m.* Arbusto cuyo fruto es la avellana.
**Avemaría.**\*
**Avena,** *f.* Cereal parecido a la cebada, cuyos granos tienen un rabito largo; sirve de alimento para el ganado, principalmente para los caballos.
**Avenate,** *m.* Arranque de locura.
**Avenencia,** *f.* Unión entre personas. ‖ Conformidad, convenio, acuerdo, arreglo.
**Avenida,** *f.* Crecimiento grande de las aguas de un río. ‖ Riada, crecida. ‖ Carretera o calle ancha con árboles a los lados.
**Avenirse,** *r.* Entenderse bien una persona con otra. ‖ Ponerse de acuerdo, arreglarse. ‖ Hallarse a gusto, conformarse, resignarse.
**Aventadora,** *f.* Máquina que produce una corriente de aire y que se usa para separar los granos de la paja.
**Aventajado,** *adj.* Que está más adelantado que lo corriente.
**Aventajar,** *tr.* Adelantar, pasar, superar, exceder.
**Aventar,** *tr.* Echar aire a alguna cosa. ‖ Echar al viento los granos en la era para limpiarlos, separándolos de la paja. ‖ Echar o expulsar.
**Aventura,** *f.* Sucedido extraño o inesperado. ‖ Suceso peligroso. ‖ V. **venir.**
**Aventurar,** *tr.* Arriesgar, poner en peligro.
**Aventurarse,** *r.* Atreverse, arriesgarse.
**Aventurero,** *adj.* Que busca aventuras. ‖ *m.* Persona de malos antecedentes que trata de alcanzar en la sociedad un puesto que no le corresponde.
**Avergonzar,** *tr.* Hacer que uno pase vergüenza. ‖ Abochornar, sonrojar.
**Avergonzarse,** *r.* Sentir vergüenza. ‖ Ruborizarse, sonrojarse.
**Avería,** *f.* Daño que sufren las máquinas. ‖ Daño que padecen las mercancías.
**Averiarse,** *r.* Estropearse, echarse a perder alguna cosa.
**Averiguar,** *tr.* Descubrir la verdad.
**Averno,** *m.* En poesías: el infierno.
**Aversión,** *f.* Odio o asco hacia alguna cosa.
**Avestruz,** *m.* Ave corredora, la mayor de las aves que existen; pesa hasta 90 kg., y corre hasta 120 km./h.; a 4 m. por zancada.

Avestruz

---

\* Avemaría, f. *Oración a la Virgen:* **La oración del Avemaría está compuesta de las palabras con que el arcángel San Gabriel saludó a Nuestra Señora, más las que le dijo Santa Isabel y otras que añadió la Iglesia.**
    *La palabra* **Avemaría** *viene del latín* ¡ave! *(palabra de saludo) y el nombre de* **María** *(que es el nombre de la Santísima Virgen).*

**Avezado,** *adj.* Acostumbrado. ‖ Habituado, experimentado.
**Avezar,** *tr.* Acostumbrar.
**Aviación,** *f.* Navegación aérea por medio de aparatos más pesados que el aire.
**Aviador,** *m.* Persona que conduce un aparato de aviación.
**Aviar,** *tr.* Preparar, disponer, arreglar.
**Avícola,** *adj.* Que se refiere a la cría de aves.
**Avicultor,** *m.* El que se dedica a la cría y cuidado de aves para aprovechar sus productos.
**Avicultura,** *f.* Arte de criar aves y de aprovechar lo que producen.
**Ávidamente,** *adv.* Con avidez.
**Avidez,** *f.* Deseo grande, ansia, voracidad, codicia.
**Ávido,** *adj.* Ansioso, codicioso.
**Avieso,** *adj.* Torcido. ‖ De malas inclinaciones, malo.
**Avío,** *m.* Arreglo, orden, disposición. ‖ *pl.* Cosas necesarias para hacer algo.
**Avión.\***
**Avioneta,** *f.* Aeroplano pequeño.
**Avisar.\***
**Aviso,** *m.* Noticia que se da a alguno. ‖ Advertencia. ‖ V. **avisar.**
**Avispa,** *f.* Insecto parecido a la abeja, que suele hacer sus nidos o panales en los huecos de los árboles, en los tejados de las casas, etc., y cuyo aguijón resulta muy doloroso si pica; suele revolotear, de verano, cerca de los charcos y sitios con agua.
**Avispado,** *adj. fig.* y *fam.* Listo, despierto.
**Avispero,** *m.* Nido, en forma de panal pequeño, que hacen las avispas.
**Avistar,** *tr.* Alcanzar con la vista alguna cosa. ‖ *r.* Reunirse con otra persona para conversar sobre algo.
**Avitaminosis,** *f.* Falta de vitaminas en el cuerpo.
**Avituallamiento,** *m.* El proveerse de las vituallas necesarias.
**Avivar,** *tr.* Hacer que algo adquiera mayor fuerza, mayor vigor o mayor viveza.
**avizor (Ojo),** Expresión que significa «alerta, con cuidado».
**Avizorar,** *tr.* Observar, mirar cuidadosamente para ver algo que interesa. ‖ Acechar.
**Avutarda,** *f.* Ave zancuda, muy tarda y pesada en su vuelo y parecida a la grulla. A la de pequeño tamaño se la llama «sisón».
**Axila,** *f.* Angulo entre una rama y su tronco. ‖ Sobaco.
**Axioma,** *m.* Verdad tan sencilla de comprenderse que no necesita demostración.

Avispa

**Axiomático,** *adj.* Evidente.
**Axis,** *m.* Segunda vértebra del espinazo, sobre la que se apoya la cabeza al girar hacia los lados.

---

Avión, *m. Aparato grande, y más pesado que el aire, que vuela gracias a uno o más motores de hélice o de reacción:* **Las partes esenciales de un avión son las alas, el fuselaje, los timones y el tren de aterrizaje.**
   *Es una palabra derivada de* **ave,** *animal que vuela.* ‖ *Deriv.:* **Aviación, aviador, avioneta.**

Avisar, *tr. Dar noticia de algo que va a ocurrir:* **Le avisé para la próxima reunión.** ‖ *Anunciar, participar, informar, comunicar:* **Avísame en cuanto sepas algo.** ‖ *Advertir, amonestar:* **No me dirás que no te avisé...**
   *Viene del francés* **aviser,** *que significa 'instruir, avisar'.* ‖ *Deriv.:* **Avisado, aviso.**

**Axón,** *m.* Prolongación principal de la célula nerviosa.
**¡Ay!** Interjección con que se expresa dolor o pena.
**Ayer.**\*
**Ayes,** *m. pl.* Quejidos o suspiros de dolor. Plural de ¡¡ay!!
**Ayuda,** *f.* Acción de ayudar. ‖ Auxilio, apoyo, cooperación. ‖ V. **ayudar.**
**Ayudante,** *m.* El que yuda. ‖ Empleado de poca categoría. ‖ En la milicia, oficial destinado a las órdenes de un superior.
**Ayudantía,** *f.* Empleo de ayudante. ‖ Oficina del ayudante.
**Ayudar.**\*
**Ayunar,** *tr.* Dejar de comer o beber.
**Ayuno,** *m.* Acción de ayunar. ‖ Mortificación que manda la Iglesia y que consiste en no hacer más que una comida fuerte (algunos días).
**Ayuntamiento,** *m.* Reunión del alcalde y los concejales para gobernar a un pueblo. ‖ Casa donde se reúnen el alcalde y los concejales. ‖ V. **junto.**
**Azabache,** *m.* Carbón fosilizado, muy duro, de hermoso color negro y que puede pulimentarse.
**Azabachería,** *f.* Arte de labrar el azabache.
**Azada,** *f.* Instrumento agrícola formado por una pala de hierro, cortante por un borde y provista en el opuesto de un anillo donde encaja un mango de madera.
**Azadón,** *m.* Azada cuya pala es curva y grande.
**Azafata,** *f.* En los aviones de pasajeros: acomodadora y camarera; generalmente es bella, atenta, servicial y sabe varios idiomas.
**Azafrán,** *m.* Planta de cuyas flores se saca una sustancia que sirve para

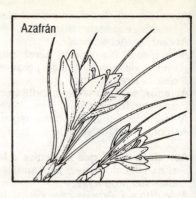

Azafrán

condimentar las comidas. La salsa se pone amarillenta.
**Azahar,** *m.* Flor del naranjo y del limonero. Es blanca y fragante.
**Azar,** *m.* Casualidad. ‖ Desgracia imprevista.
**Azaroso,** *adj.* Desgraciado.
**Ázimo,** *adj.* Sin levadura.
**Azofaifa** (o **azufaifa**), *f.* Fruto del azofaifo; tiene el tamaño de una ciruela pequeña.
**Azofaifo** (o **azufaifo**), *m.* Arbol cuyas ramas y frutos son bastante parecidos a los de las zarzas.
**Azogue,** *m.* El mercurio.
**Azor,** *m.* Ave de rapiña, de alas cortas y cola larga, con bandas transversales negras y blancas cerca de la cola. Se la utilizaba mucho en cetrería.
**Azoramiento,** *m.* Aturdimiento, turbación.
**Azorarse,** *r.* Aturdirse, sobresaltarse.
**Azotaina,** *f. fam.* Zurra o paliza.
**Azotar,** *tr.* Dar azotes. ‖ Zurrar. ‖ Golpear con fuerza y muchas veces.
**Azote,** *m.* Instrumento de castigo, formado por cuerdas, púas, etc., con que antiguamente se golpeaba a los acusados. ‖ Golpe fuerte que se da en las asentaderas con la

---

\*
A<small>YER</small>, *adv. En el día inmediatamente anterior al de hoy: ¿Ayer fue domingo?*
   *Viene del latín* **heri,** *que significa 'ayer'.* ‖ *Deriv.:* **Anteayer, antier.**
A<small>YUDAR</small>, *tr. Trabajar en favor de otro:* **No te preocupes, yo te ayudaré.** ‖ *Auxiliar, cooperar, amparar, apoyar, favorecer, socorrer, secundar, contribuir:* **Todos debemos ayudarnos.**
   *Viene del latín* **adyuvare,** *que significa 'ayudar'.* ‖ *Deriv.:* **Ayuda, ayudante, ayudantía, coadjutor, coadyuvante, coadyuvar.** ‖ *Contr.:* **Estorbar.**

mano abierta. || Calamidad, desgracia.

**Azotea,** *f.* Cubierta llana de un edificio por la que se puede andar y pasear.

**Aztecas,** *m. pl.* Los habitantes antiguos de México.

**Azúcar.***

**Azucarar,** *tr.* Endulzar una cosa poniéndola azúcar.

**Azucarera,** *f.* Cacharro para poner azúcar en la mesa. || Fábrica de azúcar.

**Azucena,** *f.* Planta de hermosas flores grandes, blancas y muy olorosas. || Flor de esta planta.

**Azuela,** *f.* Herramienta pequeña de carpintería, compuesta de una plancha de hierro acerada y cortante, con un mango corto de madera.

**Azufre,** *m.* Cuerpo de color amarillo y de olor a huevos podridos, pero de muchas aplicaciones químicas e industriales.

**Azul.***

**Azulado,** *adj.* De color azul o que se parece a él.

**Azulejo,** *m.* Especie de ladrillo o losa,

Azucena

vidriado de colores por una de sus caras.

**Azulina,** *f.* Color azul pálido y un poco verde.

**Azumbre,** *f.* Medida de capacidad para líquidos, equivalente a dos litros y dieciséis mililitros.

**Azur,** *m.* Color azul oscuro que forma el fondo de muchos escudos familiares.

**Azuzar,** *tr.* Achuchar a los perros para que muerdan. || Incitar, excitar, estimular.

---

*
AzúCAR, amb. *Sustancia blanca muy dulce:* **El azúcar se saca principalmente de la caña dulce y de la remolacha.** || *Azúcar en la sangre:* diabetes.
   Viene del árabe **sukkar,** *que significa 'azúcar'.* || *Deriv.:* **Azucarado, azucarar, azucarero, azucarillo, sacarina, sacarosa.**

Azul, adj. *Color del cielo sin nubes:* **Tiene un vestido azul.**
   Viene del árabe **lazurd,** *que significa 'azul'.* || *Deriv.:* **Azulado, azulear, lapislázuli.**

# B

**B,** *f.* Segunda letra del abecedario castellano y primera de las letras consonantes.
**Baba,** *f.* Saliva espesa y pegajosa que a veces cae de la boca de las personas y de algunos animales.
**Babaza,** *f.* Especie de baba que van soltando los caracoles terrestres.
**Babel,** *amb.* Confusión y desorden.
**Babero,** *m.* Tela que se pone en el pecho a los niños pequeños para que no se manchen el vestidito.
**babia (Estar en),** *fr. fam.* Está muy distraído o muy atontado.
**Babieca,** *adj.* Que está en «Babia», que es bobo.
**Babilónico,** *adj.* De Babilonia (en Asia).
**Bable,** *adj.* Se llama así al dialecto que habla el pueblo asturiano.
**Babor,** *m.* Lado izquierdo de una embarcación (mirando uno hacia donde va navegando).
**Babosa,** *f.* Caracol terrestre sin concha.

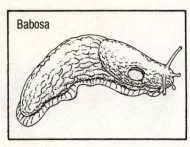
Babosa

**Babucha,** *f.* Zapato ligero y sin tacón, usado principalmente por los moros.
**Baca,** *f.* Sitio del coche que sirve para los equipajes. || No debe confundirse «baca» con «vaca».
**Bacaladilla,** *f.* Pez marino de fondo, de la familia de los gádidos.

**Bacalao,** *m.* Pez comestible que se suele conservar salado y prensado.
**Bacanal,** *f.* Fiesta con excesivo vino, desorden y tumulto.
**Bacía,** *f.* Vasija de metal usada en las antiguas barberías. (Don Quijote la confundió con el yelmo de Mambrino). Parece un bacín que fuera de metal.
**Bacilo,** *m.* Microbio de forma cilíndrica.
**Bacín,** *m.* Vasija para orinar.
**Bacteria,** *f.* Organismo microscópico formado por una sola célula y en forma de bastón.
**Bactericida,** *adj.* Que mata las bacterias.
**Bacteriología,** *f.* Ciencia que estudia las bacterias.
**Báculo,** *m.* Palo o bastón que sirve para apoyarse en él al andar. || Alivio, consuelo, apoyo. || **Báculo pastoral** es el que llevan los obispos.
**Bache,** *m.* Hoyo en una calle, camino o carretera. || Especie de hoyo en la densidad del aire por donde vuela un avión.
**Bachiller,** *com.* Persona que ha recibido el grado académico que se otorga al terminar la enseñanza media. || Persona que habla mucho impertinentemente.
**Bachillertato,** *m.* Grado de bachiller. || Estudios necesarios para obtener dicho grado.
**Badajo,** *m.* Pieza colgante del interior de las campanas, cencerros y esquilas, el cual, al moverse, golpea y produce el sonido.
**Badana,** *f.* Cuero de la oveja, o del carnero, y que sirve muy bien para forrar otros cueros.
**Badén,** *m.* Zanja formada en el terreno por las aguas de lluvia.

**Badil** (o **badila**), m. (f.). Paleta de metal para remover la lumbre.
**Bagaje**, m. Equipaje militar de un ejército.
**Bagatela**, f. Cosa de poquísimo valor.
**¡Bah!** Interjección con que se denota incredulidad o desprecio.
**Bahía**, f. Entrada del mar en la costa, algo menor que el golfo, que puede servir de abrigo a los barcos.
**Bailar.***
**Bailarín**, adj. El que baila, y especialmente, la persona que tiene por oficio bailar.
**Baile**, m. Acción de bailar. ‖ Danza. ‖ V. **bailar.**
**Baja**, f. Disminución del precio de una cosa.
**Bajada**, f. Descenso. ‖ El bajar.
**Bajamar**, f. Retirada de la marea.
**Bajar**, intr. Ir de un lugar a otro más bajo. ‖ tr. Humillar, abatir. ‖ Descender, disminuir, decaer. ‖ V. **bajo.** ‖ Contr.: **Subir, levantar.**
**Bajel**, m. Buque en forma de vaso.
**Bajeza**, f. Acción vil, tanto más despreciable cuanto más se piense.
**Bajo.***
**Bajón**, m. Disminución grande y rápida.
**Bajorrelieve**, m. Relieve en el que la figura esculpida resalta muy poco del plano en que está (como es el relieve en las monedas).
**Bala**, f. Proyectil de las armas de fuego. ‖ En el comercio, paquete o fardo muy apretado de mercaderías.
**Balada**, f. Cierto tipo de poesía lírica.
**Baladí**, adj. De poca importancia. ‖ Insignificante. ‖ Contr.: **Importante.**
**Balance**, m. Movimiento que hace un cuerpo, inclinándose primero a un lado y después a otro. ‖ En el comercio, recuento que se hace para averiguar el dinero y las mercancías que se tienen.
**Balancear**, intr. Inclinarse los barcos y, en general, cualquier cosa, a un lado y a otro. ‖ Columpiar.
**Balandro**, m. Embarcación pequeña con cubierta y un solo palo.

Balandro

**Balanza**, f. Instrumento que sirve para pesar, cuya parte principal es una barra horizontal, fija en su punto medio y de cuyos extremos cuelgan dos platillos.
**Balar**, intr. Dar balidos.
**Balaustre**, m. Cada una de las columnitas de la barandilla de una escalera, de un balcón, o de una azotea. El conjunto de todas estas columnitas se llama «balaustrada».
**Balazo**, m. El golpe que da la bala que ha sido disparada. ‖ La herida causada por una bala.
**Balbucear** (o **balbucir**), intr. Hablar o leer muy despacio y con pronunciación vacilante (como hacen los niños pequeños).

---

BAILAR, intr. *Mover el cuerpo, los pies y los brazos al compás de la música:* **Bailar el twist.** ‖ *Girar o moverse rápidamente una cosa sin salir del sitio donde está:* **Mi peonza baila muy bien.**
  *Viene del griego* **pallo**, *que significa 'saltar, menear'.* ‖ *Deriv.:* **Bailarín, baile.**

BAJO, adj. *De poca altura:* **Es un hombre bajo.** ‖ *Que está en lugar inferior:* **Piso bajo.** ‖ *Vulgar, común, ordinario:* **Sentimientos bajos.**
  *Se dervia del latín* **bassus**, *que quiere decir 'gordo y poco alto'.* ‖ *Deriv.:* **Abajo, bajar, bajeza.** ‖ *Contr.:* **Alto, elevado.**

**Balbucir,** *intr.* Hablar con pronunciación dificultosa y vacilante.
**Balcánico,** *adj.* Que pertenece o se refiere a los Balcanes.
**Balcón.***
**Baldar,** *tr.* Impedir o dificultar una enfermedad el uso de un miembro del cuerpo. || Paralizar.
**Balde,** *m.* cubo para sacar y transportar agua. || **De balde:** sin precio, gratis.
**Baldío,** *adj.* Se llama así al terreno sin labrar. || Vano, inútil.
**Baldosa,** *f.* Losa de barro cocido (no de piedra) y generalmente de forma cuadrada. Si es pequeña se le dice «baldosín».
**Balear,** *adj.* De las islas Baleares.
**Balido,** *m.* Voz de la oveja, la cabra y de algunos otros animales rumiantes.
**Balín,** *m.* Diminutivo de bala; proyectil pequeño.
**Baliza,** *f.* Flotador, o señal fija puesta en el mar, cerca de un puerto, para indicar direcciones o peligro.
**Balizaje,** *m. ant.* Título del derecho que en algunos puertos pagaban las embarcaciones por el auxilio y buen servicio que les prestaban las balizas establecidas.
**Balneario,** *m.* Edificio para tomar baños medicinales.
**Balompié,** *m.* Fútbol.
**Balón,** *m.* Pelota grande llena de viento, usada en varios juegos y deportes. || Recipiente para gases.
**Baloncesto,** *m.* Juego en el que los tantos se ganan metiendo, a mano, el balón en un cesto colocado en lo alto de una percha en la meta del equipo contrario. El cesto consiste en un aro del que cuelga una red pequeña, redonda y abierta.
**Balonmano,** *m.* Juego entre dos equipos que intentan meter goles en la portería contraria estando prohibido tocar el balón con las piernas.
**Balsa,** *f.* Hoyo del terreno que se llena de agua. || Conjunto de maderos, unidos unos con otros, que se emplea para navegar en ríos y lagunas y, en caso de naufragio, para salvar la vida en los mares.
**Bálsamo,** *m.* Líquido oloroso que sale de algunos árboles. || Medicamento compuesto de sustancias olorosas que se aplica como remedio en las heridas y llagas.
**Báltico,** *adj.* Perteneciente al mar Báltico. || **Países bálticos:** los países europeos bañados en sus costas por el mar Báltico.
**Baluarte,** *m.* Fortificación en figura de polígono que sobresale de la muralla. || Amparo, defensa, protección.
**Ballena,** *f.* Mamífero marino, el mayor de todos los animales conocidos.

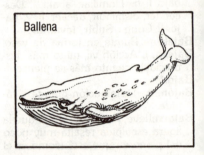
Ballena

**Ballenato,** *m.* Cría de la ballena.
**Ballenero,** *adj.* Se le llama así a los barcos y a los hombres que se dedican a cazar ballenas.
**Ballesta,** *f.* Arma para disparar piedras y saetas gruesas. || Cada uno de los muelles en que descansa la caja de los coches.
**Ballestero,** *m.* El que usaba ballesta o cazaba con ella.
**Ballet,** *m.* Danza. || Conjunto de baile artístico.
**Bambalina,** *f.* Cada una de las tiras horizontales de lienzo pintado que, en los teatros, representan el techo del escenario.

---

\* BALCÓN, m. *Ventana grande que llega hasta el suelo de la habitación y tiene barandilla:* **Asómate al balcón.**
 *Viene del italiano* **balcone,** *que significa 'balcón'.* || *Deriv.:* **Balconada,** palco.

**Bambolearse,** r. Caminar balanceándose de un lado para otro.
**Bambú,** m. Planta originaria de la India, cuyas cañas son muy resistentes y apreciadas.

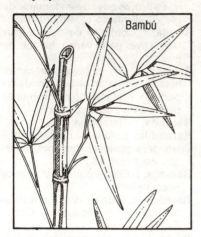
Bambú

**Banal,** adj. Galicismo por «trivial, insustancial, sin importancia».
**Banca,** f. Asiento de madera sin respaldo. || Comercio que consiste en operaciones de cambio, descuento, giro, crédito y, en general, manipulación de moneda.
**Bancal,** m. Pedazo de tierra dispuesto para plantar hortalizas o árboles frutales. || Arena amontonada a la orilla del mar.
**Bancario,** adj. Que pertenece o se refiere al negocio de banca.
**Bancarrota,** f. Falta de dinero para continuar el negocio. || fig. Desastre y descrédito.

**Banco.***
**Banda,** f. Cinta ancha que se lleva atravesada desde un hombro al costado opuesto. || Grupo de gente armada. || El conjunto de los partidarios de alguno. || Cuadrilla, pandilla. || Conjunto de músicos que tocan a la vez. || Borde de una mesa de billar.
**Bandada,** f. Grupo de aves que vuelan juntas.
**Bandazo,** m. Oscilación violenta de una embarcación, hacia cualquiera de los lados.
**Bandearse,** r. Sabérselas arreglar para satisfacer las necesidades de la vida.
**Bandeja,** f. Especie de plato grande y con poco fondo que sirve para muchos usos.
**Bandera.***
**Bandería,** f. Partido o bando de algunos.
**Banderilla,** f. Palo delgado y adornado con papelillos, y con un arponcillo de hierro en uno de sus extremos. Las usan los toreros para clavarlas en el toro y encorajinarle con el dolor.
**Banderillear,** tr. Poner banderillas a los toros.
**Banderillero,** m. Torero encargado de poner banderillas.
**Banderín,** m. Bandera pequeña. || Soldado que lleva una banderita en la parte de afuera del cañón de su fusil. || Banderita, casi siempre triangular, que lleva un dibujito para recordar algo. || Oficina en donde se apunta a los nuevos

---

*

BANCO, m. Asiento en el que puedan sentarse varias personas: **En los paseos hay muchos bancos.** || *Establecimiento público para depósito y crédito de dinero.* || **Empleado de banco.** || *Conjunto grande de peces iguales en un sitio del mar.* || **Los pescadores van persiguiendo un banco de atunes.** || *Mesa de carpintero:* **La sierra quedó en el banco.**
   Viene del alemán **bank,** que significa 'establecimiento de crédito'. || Derivados: **Banca, bancal, bancario, bancarrota, banquero, banqueta, banquete, desbancar.**

BANDERA, f. *Pedazo de tela con colores, colocado en un palo largo y que se emplea como señal de una nación, de una ciudad y también de alguna sociedad:* **La bandera de España es roja y amarilla.** || *Gente o tropa que milita bajo una misma bandera:* **Se alistó en las banderas de su país.**
   Se deriva de una raíz gótica: **banduo,** que significa 'signo, estandarte'. || Deriv.: **Abanderado, banderilla, banderola.**

soldados, por ej., a los que quieren irse a la Legión.
**Bandidaje**, *m.* Actos criminales de bandoleros. ‖ Existencia continuada de bandidos en una comarca.
**Bandido**, *m.* Ladrón, salteador de caminos. ‖ Persona mala.
**Bando**, *m.* Mandato publicado solamente por orden de la autoridad. ‖ Partido, bandería.
**Bandolero**, *m.* Bandido.
**Bandurria**, *f.* Instrumento músico parecido a la guitarra, pero de menor tamaño. Tiene seis cuerdas y se toca con una púa.
**Banquero**, *m.* Propietario de un banco o casa de banca.
**Banquete**, *m.* Comida estupenda. ‖ Comida a la que van muchas personas para celebrar algún acontecimiento. ‖ Festín, comilona. ‖ V. **banco**.
**Banquillo**, *m.* Banco pequeño y especialmente aquel en que se sienta el reo durante el juicio de su delito.
**Bañador**, *adj.* Que baña. ‖ *m.* Traje de baño.
**Bañar**, *tr.* Meter el cuerpo o parte de él en un líquido. ‖ Meter alguna cosa en agua u otro líquido. ‖ Tocar el mar las costas. ‖ Cubrir una cosa con una capa de otra sustancia.
**Bañera**, *f.* Pila que sirve para bañarse las personas.
**Bañista**, *com.* Persona que se baña en las playas o en otro sitio donde hay también otras muchas personas haciendo igual.
**Baño**, *m.* Acción de bañar o bañarse. ‖ Bañera. ‖ Capa de materia extraña con que está cubierta una cosa. ‖ Sitio donde hay aguas medicinales y donde van los enfermos que esperan curarse en aquellas aguas.
**Baptisterio**, *m.* Sitio de una iglesia donde se hacen los bautizos y en donde está (lógicamente) la pila bautismal.
**Baquelita**, *f.* Sustancia artificial que sirve para fabricar muchos objetos de uso común, porque es incombustible y aislante.

**Baqueta**, *f.* Alambre para desatascar las armas de fuego.
**Baqueteado**, *adj.* Muy espabilado gracias a la experiencia.
**Bar**, *m.* Tienda donde se venden vinos y licores que suelen tomarse de pie en el mismo mostrador.
**Baraja**, *f.* Conjunto de naipes (cartas); sirve para varios juegos de mesa.
**Barajar**, *tr.* En el juego de cartas, mezclar unas con otras antes de repartirlas. ‖ Mezclar y revolver unas personas o cosas con otras.
**Baranda**, *f.* Barandilla.
**Barandilla**, *f.* Valla de madera o hierro para proteger balcones, terrazas, escaleras, etc.
**Baratija**, *f.* Cosa pequeña y de muy poco valor.
**Barato**, *adj.* Que se vende por poco precio. ‖ Económico. ‖ Contr.: **Caro, costoso**.
**Barba**, *f.* Parte de la cara, debajo de la boca. ‖ Pelo que nace en esa parte de la cara y en los carrillos.
**Barbaridad**, *f.* Calidad de bárbaro. ‖ Atrocidad, crueldad, enormidad, ferocidad.
**Barbarie**, *f.* Fiereza, crueldad. ‖ Falta de cultura. ‖ Contr.: **Civilización**.
**Barbarismo**, *m.* Vicio del lenguaje que consiste en emplear mal las palabras.
**Bárbaro**, *m.* Individuo de cualquiera de los pueblos que destruyeron el Imperio romano y se extendieron por la mayor parte de Euro-

Baptisterio

pa. || *adj.* Fiero, cruel, inhumano, feroz, salvaje, inculto, grosero.

**Barbecho,** *m.* Tierra de labor que se deja de labrar y sin sembrar durante uno o más años.

**Barbería,** *f.* Tienda de barbero.

**Barbero,** *m.* El que tiene por oficio afeitar la barba. || Peluquero.

**Barbián,** *adj.* Persona de carácter alegre y atrevido.

**Barbilampiño,** *adj.* Que tiene poca barba, o ninguna, porque aún es joven.

**Barbilla,** *f.* Punta de la barba.

**Barbitúrico,** *adj.* Se dice de algunos medicamentos que producen un sueño muy pesado en el que los toma.

**Barbo,** *m.* Pez de río, muy parecido a su pariente el salmonete (que es de mar).

**Barbudo,** *adj.* Que tiene muchas barbas.

**Barca,** *f.* Barco pequeño que suele usarse para pescar, pasear por el mar o traficar por la costa. || Lancha, bote.

**Barcarola,** *f.* Canción popular de Italia; sobre todo de los gondoleros de Venecia.

**Barcaza,** *f.* Lancha grande para transportar cargas entre un barco y la tierra firme.

**Barcelonés,** *adj.* Natural de Barcelona o que pertenece a esta ciudad.

**Barco.**\*

**Barda,** *f.* Cubierta de paja, ramas, broza, etc., que se pone sobre las tapias.

**Bardo,** *m.* Poeta de los antiguos celtas. || Poeta en general.

**Bargueño,** *m.* Mueble de madera con muchos cajoncitos y que suele estar muy adornado.

**Baricentro,** *m.* Centro de gravedad.

**Barisfera,** *f.* Núcleo central del globo terrestre.

**Barítono,** *m.* En música: voz intermedia entre el tenor y el bajo. || El que tiene ese tipo de voz al cantar.

**Barlovento,** *m.* En altamar: parte de donde viene el viento.

**Barniz,** *m.* Disolución de sustancia resinosa que se aplica a las maderas, pinturas, etc., para darles lustre y hacerlas impermeables.

**Barnizar,** *tr.* Dar barniz.

**Barógrafo,** *m.* Aparato que sirve para registrar los cambios de presión atmosférica.

**Barométrico,** *adj.* Perteneciente o que se refiere al barómetro.

**Barómetro,** *m.* Instrumento que sirve para medir la presión atmosférica.

Barómetro

**Barón,** *m.* Título de nobleza. || Esposo de la baronesa.

**Barquero,** *adj.* (Persona) que gobierna una barca.

**Barquillo,** *m.* Especie de hoja hecha de harina y un poco de azúcar y que sirve para ponerle helado.

**Barra,** *f.* Pieza mucho más larga que gruesa, generalmente de forma prismática o cilíndrica.

**Barrabasada,** *f.* Travesura grande y mala.

**Barraca,** *f.* Caseta de materiales lige-

---

\*
BARCO, m. *Construcción de madera, hierro u otra materia parecida, que flota y puede transportar por el agua personas o cosas:* **Un viaje en barco.**
  Viene del latín **barca,** *que significa lo mismo que en español.* || *Deriv.:*
**Abarquillar, barcarola, barquero, barquillo, desembarcar, desembarco, embarcación, embarcadero, embarcar.**

Barraca

ros. ‖ Vivienda típica de las huertas de Valencia y Murcia.

**Barranco,** *m.* Hoyo profundo hecho en la tierra por las corrientes de las aguas. ‖ Despeñadero, precipicio.

**Barrena,** *f.* Herramienta muy a propósito para abrir agujeros. ‖ **Caer en barrena:** caer en espiral.

**Barrendero,** *m.* Hombre que tiene por oficio barrer las calles y los parques de papeles y hojas.

**Barreno,** *m.* Agujero que se llena de algún explosivo para que cuando estalle éste rompa una roca grande.

**Barreño,** *m.* Vasija ancha y de barro.

**Barrer,** *tr.* Quitar del suelo, con la escoba, el polvo y la basura. ‖ Hacer desaparecer o llevarse todo lo que hay en alguna parte.

**Barrera,** *f.* Valla de palos o tablas para impedir el tráfico en un camino. ‖ Valla de madera con que se cierra alrededor el redondel en las plazas de toros grandes. ‖ Primera fila de asientos o delantera en las plazas de toros. ‖ Obstáculo.

**Barriada,** *f.* Barrio.

**Barrica,** *f.* Tonel de mediano tamaño.

**Barricada,** *f.* Montón de piedras y otros objetos que se levantan durante los motines o guerras para impedir el paso del enemigo y defenderse de él desde allí.

**Barrido,** *m.* Lo que se hace al barrer.

**Barriga,** *f.* Vientre en forma de barril. ‖ Parte media, abultada, de una vasija. ‖ Panza, tripa, abdomen.

**Barril,** *m.* Cuba, tonel. ‖ Vasija de madera que sirve para conservar y transportar mercancías líquidas. ‖ Vasija de barro de gran vientre y cuello estrecho.

**Barrillo,** *m.* Grano pequeño que se forma en la piel de la cara, sobre todo a los que empiezan a tener barba.

**Barrio.\***

**Barrizal,** *m.* Sitio con mucho barro.

**Barro,** *m.* Masa que resulta de mezclar tierra y agua. ‖ Lodo, fango.

**Barroco,** *adj.* Demasiado adornado y retorcido.

**Barrote,** *m.* Barra gruesa.

**Barruntar,** *tr.* Presentir, «oler» lo que va a pasar.

**bartola (A la),** *fr. fam.* Echado perezosamente boca arriba.

**bártulos (Liar los),** *fr. fam.* Arreglarlo todo para una mudanza o para un viaje.

**Barullo,** *m.* Confusión, desorden.

**Basa,** *f.* Base de una columna o estatua.

**Basalto,** *m.* Roca volcánica, negra o verdosa y muy dura.

**Basamento,** *m.* Basa y pedestal de una columna o estatua.

**Basar,** *tr.* Asentar algo sobre una base para que se sostenga. ‖ Fundar, apoyar, fundamentar, cimentar.

**Báscula,** *f.* Aparato para medir pesos grandes.

**Base.\***

---

\*

BARRIO, *m. Cada una de las partes en que se dividen los pueblos o ciudades:* **En Sevilla es famoso el barrio de Triana.** ‖ *Caserío dependiente de otra población, aunque esté separado de ella:* **Ese barrio quedará pronto unido a la ciudad.** ‖ **El otro barrio** *es una expresión familiar con que se indica el otro mundo, la eternidad.*

Viene del árabe **barr,** *que significa 'afueras'.* ‖ Deriv.: **Barriada.**

BASE, f. *Superficie en que se asienta un cuerpo:* **Este cacharro tiene una base pequeña.** ‖ *En Geometría, línea o superficie en que se supone descansa*

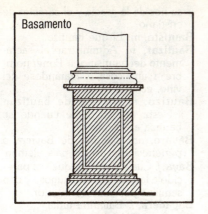

Basamento

**Básico,** *adj.* Fundamental, esencial.
**Basílica,** *f.* Iglesia principal.
**Bastante,** *adj.* Suficiente, que basta. ‖ *adv.* Ni más ni menos de lo necesario. ‖ V. **bastar.**
**Bastar.***
**Bastardilla,** *adj.* Cursiva. (Se dice de las letras de imprenta cuando son parecidas a la ordinaria de escribir las personas.)
**Bastardo,** *adj.* Ilegítimo.
**Bastidor,** *m.* Armazón de madera o metal que sirve para fijar telas y para otros usos parecidos.
**Basto.***
**Bastón,** *m.* Vara, por lo común con puño y contera, que sirve para apoyarse al andar. ‖ Insignia de autoridad.
**Basura,** *f.* Suciedad; especialmente la que se recoge barriendo. ‖ Porquería, barreduras.
**Bata,** *f.* Prenda de vestir que se usa para estar en casa con comodidad.
**Batacazo,** *m.* Golpe fuerte que se da en el suelo una persona después de dar un resbalón.
**Batalla.***
**Batallador,** *adj.* Que batalla. ‖ *m.* Persona a quien no le importa meterse en contiendas.
**Batallar,** *intr.* Pelear, luchar, disputar.
**Batallón,** *m.* Unidad del arma de infantería compuesta por varias compañías de soldados.
**Batata,** *f.* Especie de patata dulzona.
**Batea,** *f.* Bandeja de madera. ‖ Vagón descubierto y poco alto.
**Batería.***

---

\* una figura: **La base y la altura son perpendiculares.** ‖ Fundamento, apoyo, cimiento: **El trabajo es la base del bienestar.** ‖ En Química, cuerpo que forma una sal al unirse a un ácido: **Ácido más base, da sal y agua.** ‖ **Base aérea:** Aeropuerto militar.
    Viene del griego **basis,** que quiere decir 'fundamento' y 'apoyo principal'. ‖ *Deriv.:* **Basamento, basar.**
BASTAR, *intr.* Ser suficiente para alguna cosa: **Con lo que habéis hecho, basta.** ‖ r. No necesitar ayuda: **Me basto a mí mismo.**
    Se deriva del griego **bastazo,** que significa 'llevo, sostengo'. ‖ *Deriv.:* **Abastar, abasto, bastante.**
BASTO, *adj.* Grosero, tosco: **Es basto como el aparejo de un burro.** ‖ m. pl. Uno de los cuatro palos de la baraja española: **Bastos, espadas, copas y oros.**
    Aunque emparentada con el griego **bastazo** («llevo, sostengo un peso»), la palabra española **basto** viene del francés antiguo **bast** («aparejo de esparto»). ‖ *Deriv.:* **Desbastador, desbastar, desbaste.**
BATALLA, f. Lucha o pelea entre dos ejércitos: **Batalla campal es la decisiva entre dos ejércitos.** ‖ Lucha, pelea.
    Se deriva de **battuere,** palabra latina que significa 'batir'. ‖ *Deriv.:* **Batallador, batallar, batallón.**
BATERÍA, f. Conjunto de piezas de artillería dispuestas para hacer fuego: **Mi general, la batería está preparada.** ‖ Unidad del arma de artillería compuesta por cierto número de piezas y los artilleros que la sirven: **Corrientemente, una batería tiene cuatro cañones.** ‖ En el teatro, fila de luces que se pone debajo y delante del escenario: **Silencio, que ya se ha encendido la batería y va a empezar la función.** ‖ **Batería de cocina** es el conjunto de utensilios necesarios para la cocina, que suele ser de cobre, aluminio, etc.

**Batiburrillo,** *m.* Mezcolanza de cosas muy diferentes.
**Batida,** *f.* Caza que se hace batiendo el monte para que salgan los animales. ‖ Registro que se hace de un lugar en busca de algunos malhechores.
**Batido,** *m.* Masa de bizcochos. ‖ Bebida que se hace con helado, leche, etcétera, batiéndolos.
**Batidor,** *adj.* Que bate. ‖ *m.* Instrumento para batir. ‖ Cada uno de los soldados de caballería que van delante del regimiento.
**Batiente,** *m.* En las puertas y ventanas: la parte que está junto al marco.
**Batín,** *m.* Bata corta.
**Batir,** *tr.* Dar golpes, golpear. ‖ Mover con ímpetu alguna cosa. ‖ Mover y revolver alguna cosa. ‖ Derrotar al enemigo.
**Batirse,** *r.* Pelear, combatir, luchar.
**Batista,** *f.* Tela de hilo muy fina.
**Batracio,** *m.* Rana o animal de su familia.

Batracio

**Baturro,** *m.* Campesino aragonés.
**Batuta,** *f.* Varilla que va moviendo el director de una orquesta.
**Baúl,** *m.* Arca, cofre.
**Bautismal,** *adj.* Del bautismo.
**Bautismo,** *m.* Sacramento con el cual se nos da la gracia y el carácter de cristiano.
**Bautista,** *m.* El que bautiza.
**Bautizar,** *tr.* Administrar el sacramento del bautismo. ‖ Poner nombre a una cosa. ‖ Tratándose del vino, echarle agua.
**Bautizo,** *m.* Acción de bautizar. ‖ Fiesta que se hace cuando se bautiza a un niño.
**Bávaro,** *adj.* Natural de Baviera o perteneciente a este país alemán.
**Baya,** *f.* Cualquier fruto que sea parecido a la uva: carnoso, jugoso y con semillas por todo su interior.
**Bayadera,** *f.* Bailarina india.
**Bayeta,** *f.* Tela de lana, floja y poco tupida, como es la tela de muchos hábitos religiosos.
**Bayo,** *adj.* De color blanco amarillento.
**Bayoneta,** *f.* Especie de cuchillo que se pone junto a la boca del fusil para poder utilizarle como arma blanca.
**Bazar,** *m.* Tienda en que se vende de todo o de casi todo.
**Bazo,** *adj.* De color moreno amarillento. ‖ *m.* Organo situado en la parte izquierda del vientre.
**Bearnés,** *adj.* Natural del Bearne o perteneciente a esta antigua provincia de Francia.
**Beatificación,** *f.* Acción de beatificar.
**Beatificar,** *tr.* Declarar el Papa que algún hombre está en el Cielo y se le puede dar culto.
**Beato,** *m.* Persona beatificada por el Sumo Pontífice. ‖ Feliz, bienaventurado. ‖ **Beatón:** el que realiza actos de piedad o de virtud con afectación. ‖ Mojigato, santurrón.
**Bebé,** (galicismo) *m.* Niño chiquitín. ‖ Nene. ‖ Muñeca con que juegan las nenas.
**Bebedero,** *m.* Sitio donde beben las aves.
**Bebedizo,** *m.* Bebida medicinal; o venenosa.

---

\* ‖ **Batería eléctrica** es un sistema de varias pilas para producir una corriente eléctrica. ‖ En música, el conjunto de instrumentos que son golpeados por uno de los músicos: *Atención, ahora un solo de batería.*
Se deriva del francés **batterie,** que viene del verbo **battre,** que significa 'batir'.

**Bebedor,** adj. Que bebe mucho. ‖ Que abusa de las bebidas alcohólicas.
**Beber.***
**Bebida,** f. Líquido que se bebe.
**Bebido,** adj. Que está casi borracho.
**Beca,** f. Especie de cinta o insignia que llevan los estudiantes de colegios universitarios. ‖ Pensión que se concede a una persona para cursar determinados estudios.
**Becario,** m. Estudiante o persona que disfruta de una beca.
**Becerrada,** f. Lidia o corrida de becerros o vaquillas.
**Becerro,** m. Toro desde que deja de mamar hasta que cumple un año. ‖ Piel curtida de ternero o ternera.

Becerro

**Bedel,** m. Empleado que cuida del orden en los establecimientos de enseñanza.
**Beduino,** adj. Habitante del desierto.
**Befa,** f. Expresión grosera y de desprecio.
**Beige,** (Palabra francesa). De color entre amarillo y castaño claro.
**Béisbol,** m. Juego entre dos equipos cuyos componentes han de recorrer ciertos puestos en combinación con el lanzamiento de una pelota.
**Beldad,** f. Belleza o hermosura. ‖ Mujer muy bella.
**Belén,** m. Representación del nacimiento de Jesucristo. ‖ Sitio en que hay mucha confusión o negocio en el que puede haber contratiempos.
**Belfo,** adj. Que tiene el labio inferior muy grueso y como caído. ‖ m. Cualquiera de los dos labios del caballo y otros animales.
**Belga,** adj. Natural de Bélgica o perteneciente a esta nación de Europa.
**Bélico,** adj. Que se refiere a la guerra o es propio de ella.
**Beligerante,** adj. El que está en guerra.
**Bellaco,** adj. Bribón, de mala vida y peores intenciones.
**Bellamente,** adv. Con primor o perfección.
**Belleza,** f. Hermosura. ‖ Armonía y perfección de las cosas que nos produce placer al contemplarlas. ‖ Mujer muy hermosa. ‖ Contr.: **Fealdad.** ‖ V. **bello.**
**Bello.***
**Bellota,** f. Fruto de la encina y de otros árboles de la misma familia

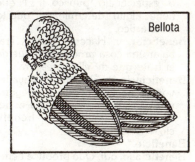
Bellota

---

*
BEBER, tr. *Hacer que un líquido entre en nuestro estómago:* **Beber agua.** ‖ *Cuando se dice de una persona que* **bebe mucho,** *que* **no bebe** *o que* **bebe poco,** *se refiere al uso corriente de las bebidas alcohólicas.*
 Viene del latín **bibere,** *que significa 'beber'.* ‖ *Deriv.:* **Bebedizo, bebida, bebido, embeber.**

BELLO, adj. *Bonito, hermoso, precioso:* **¡Qué bello!** ‖ *Que tiene belleza:* **Un bello paisaje.**
 Viene lel latín **bellus,** *que significa 'bello'.* ‖ *Deriv.:* **Beldad, belleza, embellecer, embellecimiento.** ‖ *Contr.:* **Feo.**

que la encina. Sirve principalmente para alimento de los cerdos.

**Bemol,** *adj.* Que tiene medio tono menos del que le corresponde.

**Bencina,** *f.* Sustancia líquida de olor penetrante que se obtiene principalmente de la hulla y se usa mucho en la industria.

**Bendecir,** *tr.* Pedir la ayuda divina en favor de alguna persona o cosa. || Consagrar al culto divino alguna cosa. || Alabar, ensalzar. || Formar cruces en el aire con la mano extendida sobre personas o cosas, invocando a la Santísima Trinidad o recitando preces u oraciones. || V. decir.

**Bendición,** *f.* Acción de bendecir. || *fig.* Cosa muy buena o agradable. || V. decir.

**Bendito,** *m.* Que ha recibido la bendición. || Santo, dichoso, feliz. || Sencillo, bueno. || Véase **decir.**

**Benedictino,** *adj.* Monje que pertenece a la orden de San Benito. || *m.* Licor que fabrican estos monjes.

**Beneficencia,** *f.* Práctica de obras buenas, especialmente de obras de caridad.

**Beneficiado,** *m.* Persona en favor de la cual se organiza alguna actividad o espectáculo público. || El que tiene algún determinado puesto eclesiástico.

**Beneficiar,** *tr.* Hacer el bien. || Trabajar una cosa procurando que dé el fruto que de ella se espera.

**Beneficiario,** *m.* Persona en cuya favor se ha constituido un seguro, una pensión o cosa parecida, es decir, el que goza de un beneficio. || V. **beneficio.**

**Beneficio.**\*

**Beneficioso,** *adj.* Que produce beneficios. || Util, provechoso, productivo, lucrativo. || Contr.: **Perjudicial, dañoso.**

**Benéfico,** *adj.* Que hace el bien. || Que es bueno por algo y para algo o para alguien.

**Benemérito,** *adj.* Digno de premio.

**Beneplácito,** *m.* Permiso, aprobación.

**Benevolencia,** *f.* Simpatía y buena voluntad hacia las personas.

**Benevolente,** *adj.* Que tiene benevolencia, favorable.

**Benévolo,** *adj.* Que siempre está dispuesto a favorecer a alguien.

**Bengala,** *f.* Fuego artificial con una luz muy viva y de diversos colores.

**Benigno,** *adj.* (Hombre) benévolo, afable, bueno. || (Clima) templado y suave.

**Benjamín,** *m.* El hijo más pequeño y generalmente el más mimado por sus padres.

**Benjuí,** *m.* Líquido oloroso que se obtiene de un árbol de las Indias orientales y es parecido a la bencina.

**Benzol,** *m.* Cierta mezcla de bencina que se extrae de la hulla.

**Beodo,** *adj.* Borracho.

**Berberecho,** *m.* Especie de almeja grande o de ostra pequeña. Abunda mucho en las costas del norte de España.

**Berbiquí,** *m.* Especie de barrena pequeña, pero con un manubrio central movible.

**Bereberes,** *m. pl.* Habitantes antiguos del norte de Africa. También es el nombre de los actuales descendientes de esos habitantes antiguos.

**Berenjena,** *f.* Planta de fruto morado, comestible.

**Berenjenal,** *m.* Sitio plantado de be-

---

\*
BENEFICIO, m. El bien que se hace o se recibe: *La lluvia es un beneficio para el campo.* || Utilidad, provecho: *Este negocio produce muchos beneficios.* || Función de teatro u otro espectáculo público, cuyo producto se da a una persona, corporación, etc.: *Fue una función a beneficio de las Hermanitas de los pobres.*

Viene de dos palabras latinas, de **bene,** que significa 'bien' y **facere,** que significa 'hacer'. Por esto, beneficio significa propiamente 'hacer el bien'.
|| Deriv.: **Beneficencia, beneficiado, beneficiar, beneficioso, benéfico.**
|| Contr.: **Perjuicio.**

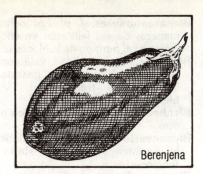
Berenjena

renjenas. ‖ Negocio enredado y difícil.
**Bergantín,** m. Barco de dos velas cuadradas o redondas, y que es muy rápido.
**Berlina,** f. Coche no descapotable y con dos asientos.
**Bermeano,** adj. Natural de Bermeo o que pertenece a ese pueblo vizcaíno.
**Bermejo,** adj. Rubio rojizo.
**Berrear,** intr. Dar berridos los becerros u otros animales. ‖ Gritar o cantar desentonadamente.
**Berrendo,** adj. Que tiene la piel con manchas de color blanco. Este adjetivo se aplica principalmente a los toros.
**Berrido,** m. Grito del becerro y de otros animales. ‖ Grito desaforado.
**Berrinche,** m. Rabieta.
**Berro,** m. Planta que crece en lugares muy húmedos y cuyas hojas, de gusto picante, se comen en ensalada.
**Berza,** f. Col. ‖ Otras verduras parecidas a la col.
**Berzotas,** m. fig. Persona ignorante o necia.
**Besar,** tr. Tocar alguna cosa con los labios, apretándolos y ensanchándolos después suavemente. ‖ Tocar suavemente unas cosas con otras.
**Beso.***
**Bestia,** f. Animal de cuatro patas. ‖ Comúnmente se aplica a los animales domésticos de carga, como el caballo, la mula y el asno. ‖ Persona ignorante.
**Bestial,** adj. Brutal. ‖ fig. Extraordinario.
**Besugo,** m. Pez, muy común en el Cantábrico, de carne blanca y gustosa. Tiene los ojos abultados y está como bizco. ‖ fam. Persona que comprende muy pocas cosas y que tiene casi la cara de un besugo.
**Besuquear,** tr. Dar demasiados besos flojitos y seguidos.
**Bético,** adj. Natural de la antigua Bética, hoy Andalucía. ‖ Perteneciente a esta región. ‖ Partidario del Real Betis Balompié.
**Betún,** m. Nombre de ciertas sustancias naturales que, al arder, sueltan mucho humo de olor desagradable. ‖ Mezcla de varios ingredientes, que sirve para dar lustre al calzado.
**Bianual,** adj. Que ocurre dos veces al año.
**Biberón,** m. Botellita con tapón especial a propósito para que los niños pequeñitos tomen leche.
**Biblia,** f. Conjunto de libros que forman la Sagrada Escritura.
**Bíblico,** adj. Que pertenece o se refiere a la Biblia.
**Bibliófilo,** m. El aficionado a los libros curiosos.
**Bibliografía,** f. Descripción de los libros. ‖ Relación de libros o escritos referentes a una ciencia o asunto determinado. ‖ V. **biblioteca.**
**Bibliográfico,** adj. Perteneciente o relativo a la bibliografía. ‖ V. **biblioteca.***
**Biblioteca.***

---

BESO, m. *Acción de besar o de besarse:* **Dame un beso.**
  *Viene del latín* **basium,** *que significa 'beso'.* ‖ *Deriv.:* **Besalamano, besamanos, besar, besucón, besuquear.**
BIBLIOTECA, f. *Local donde se tienen muchos libros dispuestos para la lectura:* **En la biblioteca se puede uno pasar un buen rato.** ‖ *Conjunto de libros:* **El profesor tiene en su casa una buena biblioteca.**
  *Viene del griego* **biblion,** *que significa 'libro' y que entra a formar parte*

**Bibliotecario,** *m.* Persona que tiene a su cargo el cuidado de una biblioteca.

**Bibliotecología,** *f.* Ciencia que estudia las bibliotecas en todos sus aspectos.

**Bicameral,** *adj.* Dícese del poder legislativo cuando está compuesto de dos cámaras.

**Bicarbonato,** *m.* Cierto compuesto químico que facilita la digestión y que neutraliza la acidez del estómago. También se usa en panaderías y confiterías, para hacer subir la masa y ponerla más esponjosa.

**Bicéfalo,** *adj.* Que tiene dos cabezas.

**Bíceps,** *adj.* Se llama así a cualquier músculo del cuerpo que tenga, en uno de sus extremos, dos puntas o cabezas de unión.

**Bicicleta,** *f.* Vehículo formado por dos ruedas iguales, que se pone en movimiento con los pies del que va montado.

**Bicolor,** *adj.* De dos colores distintos.

**Bicho,** *m.* Animal pequeño. ‖ Persona de mala intención. ‖ Toro de lidia.

**Bidón,** *m.* Lata, bote. (Galicismo.)

**Biela,** *f.* Barra que en las máquinas sirve para transformar el movimiento de vaivén en otro de rotación.

**Bieldo** (o **bielgo**), *m.* Especie de tenedor muy grande y de madera, que sirve para aventar las mieses y encerrar la paja.

**Bien.\***

**Bienal,** *adj.* Que sucede de dos en dos años.

**Bienaventurado,** *m.* Que está en el Cielo. ‖ Afortunado, feliz.

**Bienaventuranza,** *f.* Visión y amor de Dios en el Cielo. ‖ Prosperidad, felicidad, dicha.

**Bienaventuranzas,** *f. pl.* Las ocho maneras de ser feliz que enseñó Cristo en el Sermón de la Montaña.

**Bienestar,** *m.* Comodidad, vida con suficientes bienes para pasarlo bien y con tranquilidad. ‖ V. **bien.** ‖ Contr.: **Malestar.**

**Bienhechor,** *m.* Que hace el bien a otro. ‖ Protector, favorecedor.

**Bienintencionado,** *adj.* Que tiene buena intención. ‖ Contr.: **Malintencionado.**

**Bienio,** *m.* Tiempo de dos años.

**Bienvenida,** *f.* Felicitación que se da a uno por haber llegado bien a algún sitio.

**bífida (Lengua),** *f.* Lengua con dos puntas (como la que tiene la víbora).

**Bifurcación,** *f.* Sitio en que un río o un camino se transforma en dos ramales.

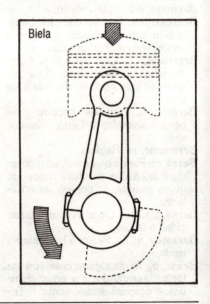
Biela

---

\* de muchas palabras referentes a los libros. ‖ *Deriv.:* **Biblia, bibliófilo, bibliografía, bibliotecario.**

BIEN, m. Lo que todos quieren: *Todas las cosas buscan su propio bien.* ‖ Lo que es bueno, útil o agradable: *La honradez es un bien para el hombre.* ‖ Utilidad, beneficio, riqueza: *Esa familia tiene muchos bienes.* ‖ adv. De manera acertada o perfecta: *Escribe muy bien.*

Viene del latín **bene,** que significa 'bien' y que se deriva a su vez de la palabra también latina **bonus,** que significa 'bueno'. ‖ *Deriv.:* **Bienaventura, bienaventurado, bienhechor, bienestar, bienintencionado.** ‖ *Contr.:* **Mal.**

**Bigote,** *m.* Pelo que nace sobre el labio superior.
**Bigotera,** *f.* Suciedad encima del labio superior. ‖ Compás pequeño.
**Bikini,** *m.* Conjunto de dos prendas femeninas de baño, constituido por un sujetador y una braguilla ceñida. ‖ **Biquini.**
**Bilateral,** *adj.* Que tiene dos lados. ‖ (Contrato) que obliga a los dos que lo hacen.
**Bilbaíno,** *adj.* Natural de Bilbao o que pertenece a esa población.
**Biliar,** *adj.* Perteneciente o relativo a la bilis.
**Bilingüe,** *adj.* Que está escrito en dos lenguas o idiomas.
**Bilis,** *f.* Líquido amarillento o verdoso, de sabor amargo, producido por el hígado y que se recoge en la vejiga de la hiel y sirve para la digestión.
**Billar,** *m.* Juego que se ejecuta empujando con tacos bolas de marfil sobre una mesa rectangular, muy plana, forrada de paño y rodeada de barandas elásticas.

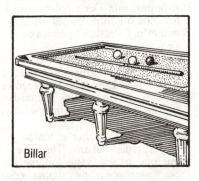
Billar

**Billete,** *m.* Carta cortita. ‖ Tarjeta o papel que da derecho para entrar en algún sitio. ‖ Papel impreso y grabado que se utiliza como moneda. ‖ Documento de lotería o de rifa.
**Billetero,** *m.* Cartera de bolsillo, muy apropiada para llevar algunos billetes.
**Billón,** *m.* Un millón de millones.
**Bimano,** *adj.* Que tiene dos manos.
**Bimensual,** *adj.* Dos veces al mes.
**Bimotor,** *adj.* Se dice de los aviones que tienen dos motores (fuera se le ven dos hélices).

**Binación,** *f.* Acción de binar.
**Binar,** *tr.* Cultivar por segunda vez, en la temporada, alguna tierra de labor. ‖ *intr.* Celebrar un sacerdote dos misas el mismo día.
**Binario,** *adj.* Compuesto de dos elementos.
**Bingo,** *m.* Juego de azar variedad de lotería. ‖ Local o casa donde se juega al bingo.
**Binóculo,** *m.* Anteojo con cristales para los dos ojos.
**Binomio,** *m.* Expresión utilizada en álgebra y que está formada por la suma o la diferencia de dos términos.
**Bio-.** Prefijo que se antepone a algunas palabras y significa vida.
**Biografía,** *f.* Historia de una persona.
**Biográfico,** *adj.* Que pertenece o se refiere a una biografía.
**Biógrafo,** *m.* Escritor de biografías.
**Biología,** *f.* Ciencia que trata de los seres vivos.
**Biológico,** *adj.* Perteneciente o que se refiere a la biología.
**Biosfera,** *f. Biol.* Conjunto de los medios donde se desarrollan los seres vivos. ‖ El conjunto que forman los seres vivos en el medio en que se desarrollan.
**Biótico,** *adj.* Relativo a la vida.
**Bipedación,** *f.* Modo de andar del hombre y los animales de dos patas, o con las dos extremidades posteriores los cuadrúpedos.
**Bípedo,** *adj.* De dos pies.
**Biquini,** *m.* Traje de baño (muy pequeño).
**birlibirloque (Por arte de),** *expr. fam.* Por medios ocultos o extraños.
**Birria,** *f.* Cosa ridícula o defectuosa. ‖ Mamarracho, facha, adefesio.
**Bis,** *adv.* Se emplea para dar a entender que una cosa debe repetirse o está repetida. ‖ *adj.* Duplicado, repetido.
**Bisabuelo,** *m.* El abuelo del padre de uno.
**Bisagra,** *f.* Pieza metálica que sirve para unir una puerta, o una ventana, con su marco correspondiente.
**Bisectriz,** *f.* En geometría: línea que nace del vértice de un ángulo y que lo divide en dos partes iguales.

**Bisiesto,** adj. Que es un año con un día más, que se le pone al mes de febrero. (Cada cuatro años hay uno bisiesto).
**Bisílaba,** adj. (Palabra) que tiene dos sílabas.
**Bisnieto** (o **biznieto**), m. Nieto del hijo de uno.
**Bisojo,** m. Bizco.
**Bisonte,** m. Animal bastante parecido al buey, pero con el lomo arqueado y con los cuernos más abiertos.

Bisonte

**Bisoño,** adj. (Soldado) nuevo, recluta. || Nuevo en un oficio, inexperto todavía.
**Bistec,** m. Lonja de carne de vaca, asada o frita.
**Bisturí,** f. Cuchillo pequeño que usan los cirujanos para cortar la carne.
**Bisutería,** f. Joyería de imitación.
**Bíter,** m. Licor alcohólico de sabor amargo y que algunos toman de aperitivo.
**Bivalvo,** adj. Que tiene dos valvas, es decir, que tiene una concha doble (como por ej., la almeja).
**Bizantino,** adj. De Bizancio (Constantinopla). || Propio de Bizancio.
**Bizarro,** adj. Valiente y generoso.
**Bizco,** adj. Que tuerce los ojos al mirar.
**Bizcocho,** m. Especie de pan compuesto de harina, huevos y azúcar, que se cuece al horno. || Pan que se cuece dos veces para que dure mucho.
**Bizcotela,** f. Bizcocho ligero y bañado de azúcar.
**Blanca,** f. Moneda antigua. || Dinero.
**Blanco.**\*
**Blancura,** f. Cualidad que tienen las cosas por ser blancas. || Lo blanco.
**Blancuzco,** adj. Que tira a color blanco, o que es de color blanco sucio.
**Blandir,** tr. Mover un arma o una cosa flexible como amenazando.
**Blando,** adj. Tierno, suave al tacto. || Tratándose del tiempo, quiere decir templado y algo húmedo. || Suave, benigno. || Flojo, cobarde.
**Blandura,** f. Cualidad que tienen las cosas blandas. || Dulzura, suavidad, afabilidad.
**Blanquear,** tr. Poner blanca una cosa. || Dar cal o yeso blanco, diluidos en agua, a las paredes o techos de los edificios y habitaciones. || intr. Mostrar una cosa su color blanco. || Tirar a blanco un color.
**Blasfemar,** intr. Decir palabras contra Dios o contra los santos.
**Blasfemia,** f. Palabra injuriosa contra Dios o sus santos.
**Blasón,** m. Arte de explicar los escudos de las naciones, ciudades o personas. || Escudo, con diferentes señales, en las que se recuerdan hechos honrosos para las ciudades o familias. || Honor, gloria.
**Blasonar,** tr. Disponer el blasón según las reglas del arte. || intr. Presumir, pavonearse, vanagloriarse, hacer ostentación de alguna cosa para alabanza propia.
**Bledo,** m. Planta de la familia de las acelgas y de las espinacas, pero muy poco apreciada.
**Blindar,** tr. Proteger las cosas y especialmente los vehículos contra los efectos de las balas o el fuego. || Acorazar.

---

\*
BLANCO, adj. De color de leche o nieve: **Blanco como la nieve.** || De color más claro que otras cosas de la misma especie: **Vino blanco.** || m. Objeto o señal situado lejos para ejercitarse en la puntería: **Tirar al blanco.**
    Viene del alemán **blank,** que significa 'blanco'. || Deriv.: **Blanca, blancor, blancura, blancuzco, blanquear, blanquecino.** || Contr.: **Negro.**

**Bloc** (Galicismo), *m.* Taco o librito de hojas en blanco. || Bloque.
**Blocao,** *m.* Caseta fortificada que se puede armar donde convenga.
**Blonda,** *f.* Encaje de seda.
**Blondo,** *adj.* Rubio.
**Bloque,** *m.* Trozo grande de piedra sin labrar.
**Bloquear,** *tr.* Cortar las comunicaciones a un puerto, ciudad o nación enemiga. || Asediar, sitiar.
**Bloqueo,** *m.* Acción de bloquear.
**Blusa,** *f.* Vestidura corta de tela.
**Boa,** *f.* Serpiente americana muy grande.

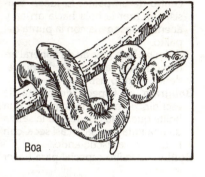
Boa

**Boato,** *m.* Lujo excesivo.
**Bobada,** *f.* Tontería, simpleza, tontada, majadería.
**bóbilis-bóbilis (De),** *expr. fam.* De balde y sin trabajo.
**Bobina,** *f.* Carrete, con hilos o alambres.
**Bobinado,** *m.* Acción y efecto de bobinar. || Conjunto de bobinas que forman parte de un circuito electrónico.
**Bobinadora,** *f.* Máquina destinada a hilar y a bobinar.
**Bobinar,** *tr.* Enrollar el hilo de una bobina.
**Bobo,** *adj.* Tonto, que sabe poco. || Memo, majadero, simple.
**Boca.\***

**Bocacalle,** *f.* Entrada de una calle.
**Bocadillo,** *m.* Panecillo relleno con una loncha de jamón u otra cosa apetitosa.
**Bocado,** *m.* Porción de comida que cabe de una vez en la boca. || Mordisco. || Pedazo de cualquier cosa que se arranca con la boca.
**Bocamanga,** *f.* Parte de la manga que está más cerca de la mano.
**Bocanada (de aire),** *f.* Golpe de viento, repentino y de corta duración.
**Bocaza,** *f.* Boca grande. || *m.* Charlatán, imprudente.
**Boceto,** *m.* Dibujo rápido que se hace antes de empezar una obra. || Esbozo, bosquejo, croquis, apunte. || Proyecto de obra escultórica o arquitectónica.
**Bocina,** *f.* Cuerno, instrumento músico. || Instrumento hueco, de metal y en forma de trompeta, que se usa para hablar de lejos porque da mucho volumen a la voz. || Instrumento parecido al anterior y que se hace sonar desde un coche para avisar a los peatones.

Bocina

**Bock** (Voz alemana), *m.* Jarro de cerveza. Aproximadamente tiene un cuarto de litro de cabida.
**Bochorno,** *m.* Aire caliente y molesto que hay a veces en el verano. || Ca-

---

\* **Boca,** *f. Hueco en la cara del hombre y en la cabeza de los animales por el cual toman alimento:* **Este león abre poco la boca.** *|| Agujero, abertura, entrada:* **La boca de una cueva oscura.**
   *Viene del latín* **bucca,** *que significa 'mejilla'.* || *Deriv.:* **Boca-calle, bocadillo, bocado, bocanada, boqueada, boquear, boquerón, boquete, boquiabierto, boquilla, bucal, desbocarse, desembocar, embocadura.**

lor sofocante. ‖ Ponerse colorada la cara por algo que avergüenza o molesta. ‖ Sonrojo, vergüenza.

**Boda,** *f.* Casamiento y fiesta con que se celebra. ‖ Casamiento, matrimonio. ‖ **Bodas de plata:** Día en que se cumplen los 25 años de estar casado. ‖ **Bodas de oro,** a los 50 años. ‖ **Bodas de diamante,** a los 60 años.

**Bodega,** *f.* Lugar donde se guarda y cría el vino. ‖ Parte baja de los barcos donde se suele llevar las mercancías. ‖ Taberna.

**Bodegón,** *m.* Taberna de poquísima categoría. ‖ En Pintura: cuadro representando frutas, manjares, vasijas y cosas así.

**Bofetada,** *f.* Golpe que se da en la cara con la mano abierta. ‖ Cachete, guantazo, sopapo, bofetón, guantada.

**Bogar,** *intr.* Remar, navegar.

**Bohemio,** *adj.* Este adjetivo se aplica principalmente a los pintores, artistas o poetas que van con vestidos poco elegantes.

**Boicot,** *m.* Aislamiento comercial impuesto a la fuerza.

**Boina,** *f.* Gorra redonda, sin visera, negra y de orgien vasco.

**Bola.**\*

**Bolchevique,** *adj.* Partidario del bolchevismo o bolcheviquismo. ‖ Comunista.

**Bolchevismo,** *m.* Doctrina partidaria de la dictadura del proletariado y enemiga de la propiedad privada. ‖ Comunismo.

**Bolchevizar,** *tr.* Establecer en un país el sistema de gobierno bolchevique o volver a uno partidario del bolchevismo.

**boleo** (A). Modo de sembrar semillas esparciéndolas primero por el aire.

**Bolera,** *f.* Sitio preparado para jugar a los bolos.

**Bolero,** *m.* Especie de canción popular española que se puede bailar con movimiento reposado.

**Boletín,** *m.* Periódico destinado a tratar asuntos propios de alguna sociedad. ‖ V. **bola.**

**Boleto,** *m.* Papel que acredita que uno está participando en una apuesta deportiva.

**Boliche,** *m.* Juego de bolos. ‖ Juguete compuesto por una bola taladrada y sujeta con un cordón al centro de un palito. El juego consiste en tirar la bola hacia arriba y acertar a recogerla con la punta del palito.

**Bólido,** *m.* Bola grande de mineral ardiendo, que cae a la Tierra procedente de otro astro.

**Bolígrafo,** *m.* Especie de pluma de escribir, pero que termina en una bolita que es la que regula la salida de una tinta espesa, y casi seca, con la que se va escribiendo.

**Bolillo,** *m.* Palito especial para hacer encajes.

**Bolo,** *m.* Trozo de palo, labrado, con base plana.

**Bolos,** *m.* Juego que consiste en poner sobre el suelo nueve bolos derechos y en derribar, cada jugador, los que pueda, tirando con una bola desde el sitio convenido.

**Bolsa.**\*

**Bolsillo,** *m.* Especie de bolsa cosida a los vestidos y que sirve para meter en ella cosas pequeñas. ‖ Monededero, para llevar en mano.

**Bolso,** *m.* Bolsa, bolsillo. ‖ V. **bolsa.**

**Bollo,** *m.* Panecillo formado con ha-

---

\* 

Bola, *f. Cuerpo completamente redondo: Bola de billar.* ‖ *Embuste, mentira: Eso que dices es una bola.*

    Viene del latín **bulla,** que significa 'burbuja'. ‖ Deriv.: **bolear, boletín, boleto, bolígrafo, bolillos.**

Bolsa, *f. Especie de saco para guardar cosas: Iré yo, dame la bolsa.* ‖ *Saco pequeño en que se guarda el dinero: La bolsa o la vida.* ‖ *Sitio donde se reúnen los que se dedican a los negocios de banca: Agente de bolsa.*

    Viene del griego **byrsa,** que significa 'cuero, odre'. ‖ Deriv.: **Bolsillo, bolso, bursátil, desembolsar, desembolso, embolsar, reembolsar, reembolso.**

rina, leche y huevos. ‖ Abolladura o chichón a consecuencia de un golpe. ‖ Lío, alboroto.
**Bomba.***
**Bomba atómica,** *f.* La obtenida desintegrando átomos de uranio.
**Bombardear,** *tr.* Atacar algún sitio disparando bombas.
**Bombardeo,** *m.* Acción de bombardear.
**Bombardero,** *m.* Avión grande a propósito para bombardear.
**Bombear,** *tr.* Dar bombo. ‖ Arrojar bombas de artillería. ‖ En fútbol enviar el balón por alto y hacia la portería contraria.
**Bombero,** *m.* El que tiene por oficio apagar incendios.

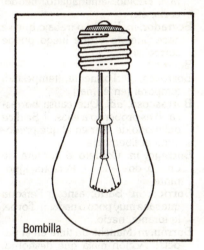
Bombilla

**Bombilla,** *f.* Globo de cristal, del que se ha sacado el aire, y en el cual va colocado un hilo que, al paso de una corriente eléctrica, produce luz.
**Bombo,** *m.* Tambor muy grande, que se toca con una maza. ‖ Esfera giratoria que contiene bolas numeradas, para ser sacadas a la suerte. ‖ **Con mucho bombo:** Con exageración tonta.
**Bombón,** *m.* Trocito pequeño de chocolate que a veces tiene dentro licor, crema o fruta.
**Bombona,** *f.* Vasija especial para transportar líquidos o gases (como la del gas butano).
**Bonachón,** *m.* Muy bueno, de genio dócil y amable, sencillo, confiado, crédulo.
**Bonanza,** *f.* Tiempo tranquilo o sereno (en el mar).
**Bondad,** *f.* Cualidad que tienen los hombres o las cosas por ser buenos. ‖ Naturalidad al hacer el bien a los demás.
**Bondadoso,** *adj.* Lleno de bondad, muy bueno, de genio apacible. ‖ Afable, generoso.
**Bonete,** *m.* Especie de sombrero que usaban los sacerdotes.
**Boniato,** *m.* Batata muy dulce.
**Bonificación,** *f.* Ventaja económica.
**Bonitamente,** *adv.* Con habilidad, maña y disimulo.
**Bonito,** *m.* Pez comestible muy común en España; es parecido al atún. ‖ *adj.* Que da gusto verlo. ‖ Lindo, hermoso, agraciado. ‖ V. **bueno.**
**Bono,** *m.* Tarjeta que puede cambiarse por cosas útiles. ‖ Vale.
**Bonzo,** *m.* Sacerdote de la religión budista.
**Boquear,** *intr.* Abrir la boca. ‖ Estar próximo a morir.
**Boquera,** *f.* En medicina: llaga o herida en la comisura de los labios.
**Boquerón,** *m.* Pez muy parecido a la sardina, pero más pequeño. Abunda mucho en el Mediterráneo y es muy sabroso al paladar. Debidamente preparado se hace anchoa.
**Boquete,** *m.* Brecha o agujero estrecho.
**Boquiabierto,** *adj.* Que tiene la boca abierta. ‖ Que está tan entusias-

---
*
BOMBA, *f. Máquina que se utiliza para sacar el agua de los pozos:* **Bomba aspirante.** ‖ *Proyectil hueco relleno de pólvora o de otra materia explosiva dispuesto para que estalle:* **Desde el avión se lanzaron muchas bombas.**
    *Vienen del griego* **bombos***, que quiere decir 'zumbido'.* ‖ *Deriv.:* **Abombado, abombar, bombacho, bombardear, bombardeo, bombero, bombilla, bombo, bombón, rimbombante.**

115

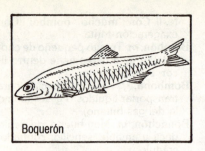
Boquerón

mado mirando a una cosa que está con la boca abierta.
**Boquilla,** *f.* Pieza por donde se sopla en algunos instrumentos de música. || Tubito que utilizan algunos hombres al fumar. || Pieza de metal donde se forma la llama en las cocinas de gas. || Filtro de los cigarrillos.
**Borbotón (o borbollón),** *m.* Movimiento de la superficie de un líquido que esté hirviendo. Estos movimientos se deben a la salida de burbujas de aire.
**Borceguí,** *m.* Calzado que llega hasta más arriba del tobillo, abierto por delante y que se ata por medio de cordones. || Bota.
**Borda,** *f.* Borde superior del costado de un buque.
**Bordado,** *m.* Acción de bordar. || Tela bordada. || V. **bordar.**
**Bordar.\***
**Borde,** *m.* Orilla de alguna cosa.
**Bordear,** *intr.* Andar por el borde.
**Bordillo,** *m.* Borde de una acera. || Cada una de las piedras que forman el borde de una acera.
**bordo (A),** *m. adv.* En la embarcación, desde la embarcación.
**Bordón,** *m.* Bastón de peregrino. || La cuerda más gruesa (en la guitarra y otros instrumentos de música).

**Boreal,** *adj.* Del norte, septentrional.
**Borla,** *f.* Fleco de cordoncillos colgantes.
**Borne,** *m.* Cada uno de los tornillos o botones de metal de un aparato eléctrico, y en los que se suele atar los hilos o alambres conductores.
**Borona,** *f.* Maíz. || Pan de maíz.
**Borra,** *f.* La parte más basta y más corta de la lana. || Pelos y pelusas con que se acostumbra a llenar cojines y algunos otros asientos.
**Borrachera,** *f.* Pérdida pasajera del sentido por haber tomado con exceso bebidas alcohólicas. || Embriaguez, curda, turca, mona, pítima, jumera, torta, tablón, etc.
**Borracho,** *m.* El que tiene borrachera. || Bebido, embriagado, beodo, ebrio, etc.
**Borrador,** *m.* Escrito o trabajo que se hace primero y que luego puede corregirse.
**Borrar.\***
**Borrasca,** *f.* Tormenta, tempestad, temporal (en el mar).
**Borrascoso,** *adj.* Que causa borrascas o es propenso a ellas. || Se dice del modo de vivir en el que predomina el libertinaje.
**Borrego,** *m.* Cordero o cordera de uno o dos años. || Persona ignorante.
**Borrico,** *m.* Burro, asno. || Persona que sabe muy poco o nada. || Torpe, ignorante, necio.
**Borrón,** *m.* Mancha de tinta en el papel. || Acción mala que deshonra.
**Borroso,** *adj.* Que no se distingue con claridad. || Confuso.
**Borujo,** *m.* Masa que resulta al machacar los huesos de las aceitunas.
**Bosque,** *m.* Sitio con muchos árboles. || Selva.
**Bosquejar,** *tr.* Trazar las figuras y el colorido que va a tener un cuadro,

---

\*
BORDAR, *tr. Adornar una tela o piel con hilos formando figuras en relieve:* **Está bordando un vestido de mujer.** || *Hacer alguna cosa con perfección, muy bien hecha:* **El examen lo voy a bordar.** || *Deriv.:* **Bordado, bordador, bordadura.**

BORRAR, *tr. Hacer que lo escrito no pueda leerse:* **Borra esa palabra.** || *Suprimir, hacer que desaparezca una cosa:* **Le borraron de la sociedad.**
Viene del latín **borra,** *que quiere decir 'lana gruesa'.* || *Deriv.:* **Borrador, borrón, borroso, emborronar.**

pero sin acabarlo de pintar. ‖ Indicar vagamente una idea o proyecto.
**Bostezar,** *intr.* Abrírsele a uno la boca sin querer, respirando muy despacio. Generalmente a causa de hambre, sueño o aburrimiento.
**Bota,** *f.* Especie de bolsa de cuero para llevar vino. ‖ Calzado que cubre el pie y parte de la pierna.
**Botánica,** *f.* Ciencia que trata de las plantas.
**Botánico,** *adj.* Que pertenece o se refiere a la botánica. ‖ *m.* y *f.* Persona que se dedica a la botánica.
**Botar,** *tr.* Hacer flotar un barco recién construido. ‖ *intr.* Dar saltos.
**Botarate,** *m.* Hombre de poco juicio, bobo, necio y de aspecto ridículo.
**Bote,** *m.* Vasija pequeña para guardar cosas. ‖ Salto, brinco. ‖ Barca pequeña.
**Botella,** *f.* Vasija de cuello estrecho que se usa para contener líquidos. ‖ Líquido que le cabe dentro.
**Botica,** *f.* Almacén en que hay de todo. ‖ Farmacia.
**Boticario,** *m.* Persona que se dedica a preparar y vender medicinas.
**Botijo,** *m.* Vasija de barro poroso y con un asa en la parte superior. Arriba lleva: a un lado una abertura por donde se llena y por la parte opuesta lleva una salida para beber al chorro.

Botijo

**Botín,** *m.* Saqueo hecho por los soldados vencedores. ‖ Armas y provisiones quitadas al ejército vencido. ‖ Calzado parecido a una bota.
**Botiquín,** *m.* Conjunto de medicamentos para casos de urgencia. ‖ El sitio donde se tienen guardados esos medicamentos.
**Botón,** *m.* Pieza pequeña que se pone en los vestidos para abrocharlos. ‖ Bulto que echan las plantas donde luego han de salir hojas o flores. ‖ Pulsador de un timbre eléctrico.
**Botonadura,** *f.* Conjunto de botones de un traje, de un vestido o de un uniforme.
**Botones,** *m. fig.* Muchacho para recados y encargos (en hoteles, bancos y otros sitios así).
**Bóveda,** *f.* Techo de formas redondeadas. ‖ **Bóveda celeste:** el firmamento.
**Bovino,** *adj.* Se dice del ganado que forman el buey, la vaca y los demás animales de su familia.
**Boxeador,** *m.* El que se dedica al boxeo.
**Boxear,** *intr.* Luchar a puñetazos.
**Boxeo,** *m.* Pelea a puñetazos.
**Boya,** *f.* Especie de baliza, pero sujeta al fondo.
**Boyante,** *adj.* (Toro) fácil de torear, porque más parece un buey que un toro bravo.
**Bozal,** *m.* Sujetador que se pone en la boca de algunos animales para que no muerdan, o para que dejen de mamar.
**Bozo,** *m.* Vello que apunta sobre el labio superior de los jóvenes que aún no tienen barba.
**Bracear,** *intr.* Mover repetidamente los brazos. ‖ Nadar braceando.
**Braga,** *f.* Prenda interior de vestir.
**Bragueta,** *f.* Abertura del pantalón por la parte de delante.
**Brahmanismo,** *m.* Religión india.
**Bramante,** *m.* Hilo gordo hecho cáñamo.
**Bramar,** *tr.* Dar bramidos.
**Bramido,** *m.* Murmullo del toro. También braman otros rumiantes. Y el mar y el viento cuando están agitados.
**Branquia,** *f.* Agalla de los peces.
**Branquial,** *adj.* Que respira por medio de branquias.
**Braquial,** *adj.* Del brazo.
**Brasa,** *f.* Leña o carbón encendido. ‖ Ascua.

Brasero

**Brasero,** *m.* Cacharro de metal en el cual se echa lumbre para calentarse.
**Brasileño,** *adj.* Natural del Brasil o que pertenece a este país de América.
**Bravamente,** *adv.* Con bravura, con valentía. || Contr.: **Cobardemente.**
**Bravata,** *f.* Fanfarronada. || Amenaza exagerada hecha para meter miedo a alguno.
**Bravo,** *adj.* (Hombre) valiente, esforzado. || (Animal) fiero y al que no se le puede domar. || Contr.: **Cobarde, manso.**
**Bravucón,** *adj.* Que se hace el valiente sin serlo.
**Bravura,** *f.* Fiereza de los animales.
**brazadas (Nadar a).** Bracear.
**Brazalete,** *m.* Aro de metal o de otra materia que se pone para adornar el brazo.
**Brazo.***
**Brea,** *f.* Líquido aceitoso que se obtiene destilando la madera. Si la madera es de pino, se obtiene aceite de alquitrán.
**Brebaje,** *m.* Bebida desagradable.
**Brecha,** *f.* Rotura que se logra hacer en una muralla para que pasen los asaltantes. || Abertura o raja hecha en una pared.
**Bregar,** *intr.* Trabajar con afán.
**Breña,** *f.* Tierra llena de matas y peñas.
**Brete,** *m.* Cepo o prisión de hierro que se ponía a los reos en los pies. || Aprieto grande.
**Breva,** *f.* Primer fruto de la higuera cada año. El segundo fruto es el higo. La breva es más blanda y mayor que el higo. || Cigarro puro algo aplastado y no tan apretado como los puros cilíndricos. || Ventaja lograda con poco esfuerzo.
**Breve.***
**Brevedad,** *f.* Corta duración de una cosa o de un suceso.
**Brevemente,** *adv.* Con brevedad, en poco tiempo. || V. **breve.**
**Breviario,** *m.* Libro de rezos para sacerdotes y religiosos.
**Bribón,** *adj.* Pícaro, holgazán y astuto.
**Brida,** *f.* Tira de cuero que sirve para sujetar a las caballerías por la cabeza y la boca.
**Brigada,** *f.* Unidad del ejército for-

---

*
BRAZO, m. *Extremidad superior del cuerpo del hombre:* **Me duele este brazo.** || *Pata delantera de las caballerías:* **El caballo se ha roto un brazo.** || *Palo que sale del respaldo de los sillones para apoyar en él el brazo del que está sentado:* **Apóyate en el brazo del sofá.** || *En lámparas, arañas y candelabros, rama que sobresale del centro para sostener una luz:* **Esa lámpara tiene siete brazos.** || *Rama gruesa de árbol:* **Ese árbol tiene tres brazos muy gruesos.** || *Cada una de las partes en que a veces se separa un río en su desembocadura:* **Los brazos del Orinoco son my conocidos.**
  *Viene del latín* **bracchium,** *que significa 'brazo'.* || *Deriv.:* **Abarcar, abrazadera, abrazar, abrazo, antebrazo, bracear, bracero, braza, brazada, brazalete, embrazar.**

BREVE, adj. *De corta duración o de corta extensión:* **Las razones breves son más eficaces.** || m. *Documento oficial escrito por el Papa:* **Fue aprobado este instituto religioso por un breve pontificio.**
  *Viene del latín* **brevis,** *que significa 'breve'.* || *Deriv.:* **Abreviar, abreviatura, brevedad, breviario.** || *Contr.:* **Largo.**

Breva

mada por dos regimientos. || Conjunto de obreros. || Grado militar inferior al de teniente.
**Brillante,** *adj.* Que brilla. || Que sobresale por alguna cosa. || Resplandeciente, radiante, reluciente, luminoso, sobresaliente. || *m.* Diamante. || V. **brillar.**
**Brillantemente,** *adv.* De manera brillante.
**Brillantez,** *f.* Lucimiento, brillo.
**Brillantina,** *f.* Líquido para poner brillante el cabello.
**Brillar.\***
**Brillo,** *m.* Lustre, resplandor, lucimiento.
**Brincar,** *intr.* Dar saltos o brincos. || Saltar con agilidad y casi sin parar.
**Brinco,** *m.* Salto. || Movimiento que se hace esforzándose y levantando el cuerpo del suelo. || Cabriola.
**Brindar,** *intr.* Felicitar a una persona al ir a beber vino y desearle cosas buenas. || Ofrecer el torero a alguien la muerte del toro y su arte de torearlo. || *r.* Ofrecerse voluntariamente para hacer alguna cosa. || V. **brindis.**
**Brindis.\***
**Brío,** *m.* Fuerza grande para hacer algo. || Pujanza, fuerza, valor, ánimo, esfuerzo.
**Brioso,** *adj.* Que tiene brío. || Garboso, gallardo.
**Brisa,** *f.* Viento suave entre el mar y la tierra.
**Brisca,** *f.* Juego de naipes en el cual se dan tres cartas a cada jugador. || El as o el tres de los palos que no son triunfo.
**Británico.\***
**Brizna,** *f.* Especie de hilillo delgado o hebra, como el que tienen las vainas de las legumbres.
**Broca,** *f.* Nombre técnico de varios instrumentos que sirven para hacer agujeros.
**Brocado,** *m.* Tela de seda entretejida con oro o plata. || Tejido fuerte, todo de seda, con dibujos de distinto color que el del fondo.
**Brocal,** *m.* Especie de pared poco alta y redonda que hay alrededor de un pozo.
**Brocha,** *f.* Especie de escobilla que sirve para pintar.
**Broche,** *m.* Conjunto de dos piezas de metal para enganchar la una en la otra. || Especie de imperdible de adorno.
**Broma,** *f.* Chanza. || Dicho gracioso.
**Bromatología,** *f.* Ciencia de la alimentación.
**Bromatológico, ca,** *adj.* Perteneciente o relativo a la bromatología.
**Bromear,** *intr.* Usar bromas con otro.

---

Brillar, *intr.* Resplandecer, despedir rayos de luz: **Las estrellas brillan por la noche.** || Sobresalir en talento o en alguna otra cualidad: **Brilló por su heroísmo.**
    Viene del italiano **brillare,** que significa 'brillar, temblequear'. || *Deriv.:* **Brillante, brillo.**
Brindis, m. *Acción de brindar al ir a beber:* **Os agradezco este brindis.** || Lo que se dice al brindar: **Pronunció un brindis gracioso.**
    Viene de la frase alemana «ich bring dir's», que significa «te ofrezco lo que traigo». || *Deriv.:* **Brindar, brindarse.**
Británico, adj. *De Inglaterra, perteneciente a Inglaterra:* **Estaban bajo el dominio británico.**
    Viene del griego **Brettania** (hoy llamada Inglaterra). || *Deriv.:* **Bretaña, bretón, britania, britano.**

**Bromista,** *adj.* Aficionado a dar o decir bromas.
**Bronca,** *f.* Riña, disputa o pendencia hechas con aspereza.
**Bronce,** *m.* Cuerpo metálico de color amarillento rojizo que resulta de la aleación del cobre con el estaño.
**Bronco,** *adj.* Aspero (como el nudo de una madera).
**Bronconeumonía,** *f.* Inflamación de los bronquios y de los pulmones.
**Bronquio,** *m.* Cada uno de los dos tubos por donde va el aire a los pulmones después de pasar por la tráquea.

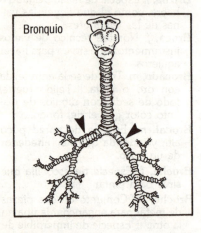
Bronquio

**Bronquiolo,** *m.* Cada una de las ramificaciones, cada vez más menudas, que tienen los bronquios. Están dentro de los pulmones (no fuera, como los bronquios).
**Bronquitis,** *f.* Inflamación de los bronquios. ‖ Catarro.
**Brotar,** *intr.* Nacer la planta de la tierra. ‖ Echar la planta hojas o tallitos. ‖ Nacer, germinar, empezar a manifestarse una cosa. ‖ Manar el agua de los manantiales. ‖ V. **brote.**
**Brote.***
**bruces (De),** *m. adv.* Boca abajo.

**Bruja,** *f.* Mujer que hace cosas extraordinarias por medio del diablo.
**Brújula,** *f.* Barrita imanada que, cuando está horizontal y en equilibrio, señala la dirección norte-sur.

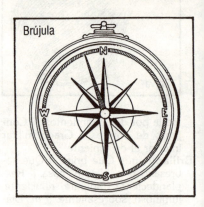
Brújula

**Bruma,** *f.* Niebla no muy espesa y propia del mar. ‖ Neblina.
**Brumoso,** *adj.* Que tiene bruma. ‖ Nebuloso, confuso.
**Bruñido,** *m.* Acción de bruñir o abrillantar. ‖ Brillo que adquieren las cosas después de bruñidas.
**Bruñir,** *tr.* Sacar lustre o brillo al metal, la piedra o la madera.
**Bruscamente,** *adv.* De manera brusca.
**Brusco,** *adj.* Rápido, repentino. ‖ Aspero, desapacible y descortés.
**Brusquedad,** *f.* Cualidad que tienen las personas bruscas.
**Brutal,** *adj.* Que obra como los brutos.
**Brutalidad,** *f.* Salvajismo que tienen los brutos. ‖ Acción cruel. ‖ Grosería, animalada, torpeza, bestialidad.
**Bruto,** *m.* Animal irracional. ‖ Bestia. ‖ *adj.* Torpe, incapaz, necio, rudo. ‖ Que obra como falto de razón.
**Bu,** *m.* Fantasma imaginario con el que se asustan los niños.

---

*
BROTE, m. *Acción de brotar o empezar a aparecer una cosa:* **Hubo un brote de rebeldía.** ‖ *Botoncillo o capullo cuando empieza a desarrollarse en una planta:* **Los brotes del árbol aparecen en primavera.** ‖ *Principio o primera manifestación de una cosa:* **Entre los obreros hay brotes de huelga.**
    Viene del gótico **brut,** que significa 'brote'. ‖ Deriv.: **Brotar, rebrotar, rebrote.**

**Bucal,** adj. Perteneciente o que se refiere a la boca.
**Bucaneros,** m. pl. Piratas que saqueaban las posesiones españolas en América y que robaban los barcos que traían cosas a España.
**Búcaro,** m. Vasija igual que el botijo, pero que está hecha de arcilla buena.
**Bucear,** intr. Hacer como el buzo: nadar debajo del agua.
**Bucle,** m. Rizo de cabellos.
**Bucólico,** adj. Que se refiere a cosas de pastores y de la vida en el campo.
**Buche,** m. Especie de bolsa que tienen las aves en el cuello y donde van almacenando la comida. || Estómago de los animales que rumian. || Burrito recién nacido.

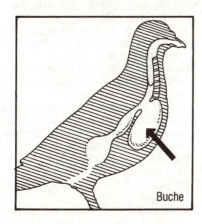
Buche

**Buchón,** adj. Se le dice al palomo que infla mucho el buche y lo pone muy abultado.
**Budismo,** m. Religión fundada por Buda, muy extendida en Asia.
**Budista,** com. Persona que profesa el budismo.
**Buen,** adj. Bueno.
**Buenamente,** adv. Fácilmente, sin mucha fatiga, voluntariamente.

**Buenazo, za,** adj. aum. de bueno. Dícese de la persona pacífica o de buen natural.
**Bueno.\***
**Buey,** m. Toro que se utiliza para el trabajo.
**Búfalo,** m. Rumiante parecido al toro pero con los cuernos como un carnero. En Asia utilizan a los búfalos como animal de tiro. Sin embargo, los búfalos de Africa no se dejan domesticar, porque son más fieros.

Búfalo

**Bufanda,** f. Tela que se usa para abrigar el cuello y también la boca.
**Bufar,** intr. Resoplar un animal cuando está enfurecido. || Resoplar de furia o de ira.
**Bufete,** m. Mesa de escribir, con cajones. || Despacho de un abogado.
**Bufo** o **bufón,** adj. Que hace reír. || Ridículo, cómico, grotesco.
**Bufón,** m. Hombrecillo que hacía reír con sus tonterías, en las plazas públicas y en los castillos y fiestas en la Edad Media.
**Buhardilla,** f. El desván de los trastos viejos. || Ventana pequeña de dicho desván.
**Búho,** m. Ave nocturna, de ojos grandes y cejas de plumas que parecen orejas. || fig. y fam. Persona demasiado retraída, que parece que se esconde de la gente.

---
\*
**Bueno,** adj. *Que tiene algún bien:* **Dios es infinitamente bueno.** || *Que sirve para alguna cosa u ocasión:* **Los vestidos de lana son buenos para el invierno.** || *Sano, robusto, curado:* **Este hombre está ya bueno.**
    Viene del latín **bonus,** que significa 'bueno'. || *Deriv.:* **Abonar, abono, bonachón, bondad bondadoso, bonificar, bonito, buenaventura.** || *Contr.:* **Malo.**

Búho

**Buhonero,** *m.* El que vende baratijas por la calle y las va pregonando como si su mercancía tuviera gran importancia.
**Buitre,** *m.* Ave de rapiña, de gran tamaño; se alimenta de carne podrida o muerta, y vive en bandadas.
**Bujía,** *f.* Vela de cera y candelero en que se pone. || Pieza de los motores (coches, motos, etc.) que sirve para que salte la chispa y pueda funcionar el motor. || En física: unidad para medir la intensidad de la luz.
**Bula,** *f.* Documento pontificio en el que el Papa concedía algún privilegio.
**Bulbo,** *m.* Parte redondeada del tallo de ciertas plantas (como las cebollas). || Bulto parecido a una cebolla.
**Bulerías,** *f. pl.* Cierto cante y baile andaluz que se acompaña de palmoteo muy vivo y mucha bulla.
**Búlgaro,** *adj.* Natural de Bulgaria o que se refiere a esta nación europea.
**Bulo,** *m.* Noticia falsa o mentira propagada con algún fin.
**Bulto,** *m.* Tamaño de cualquier cosa. || Cuerpo que no se distingue bien lo que es. || En los viajes o transportes, paquete, maleta, baúl, fardo, etc.

**Bulla,** *f.* Griterío o ruido que causan varias personas. || Algazara, vocerío, bullicio.
**Bullicio,** *m.* Ruido que causa la mucha gente.
**Bullir,** *intr.* Hervir el agua u otro líquido. || Moverse como dando señales de vida.
**Bumerang,** *m.* Arma arrojadiza usada por los indígenas de Australia. Si se sabe tirar, vuelve otra vez a uno.
**Buñuelo,** *m.* Fruta de sartén que se hace con harina frita en aceite. || Cosa mal hecha.
**Buque,** *m.* Barco grande.
**Burbuja,** *f.* Globito de aire o de otro gas, que se forma en la masa de un líquido.
**Burdel,** *m.* Casa dedicada al vicio.
**Burdo,** *adj.* Tosco, grosero, basto. || Contr.: **Refinado**.
**Burgués,** *adj.* Se dice de la persona rica, que no necesita dedicarse a trabajos duros.
**Buril,** *m.* Instrumento de acero que usan los grabadores para hacer líneas en los metales.
**Burla,** *f.* Palabras o acciones con que se procura poner en ridículo a alguna persona. || Broma, chanza, mofa, chunga, engaño.
**Burladero,** *m.* Refugio para los toreros cuando están toreando.
**Burlar,** *tr.* Hacer burla. || Engañar, chasquear.
**Burlete,** *m.* Tira de fieltro, tela, goma, etcétera, con que se tapan las rendijas en puertas y ventanas.
**Burlón,** *adj.* Se dice de la persona propensa a decir o hacer burlas.
**Burócrata,** *com.* Empleado público. || Influyente.
**Burocrático,** *adj.* Que pertenece o se refiere a los empleados públicos y a la influencia que tienen.
**Burro,** *m.* Asno, animal de cuatro patas muy apreciado para el trabajo. || Borrico, pollino, jumento. || Persona de poco entendimiento, torpe, tonto, ignorante, necio.
**Bursátil,** *adj.* Relativo o relacionado con el negocio de banca.
**Busca,** *f.* Acción de buscar. || V. **buscar**.

**Buscar.*** 
**Buscavidas,** *com.* Se dice de la persona muy diligente en buscar un modo lícito de ganarse la vida.
**Buscón,** *adj.* Pícaro y ladrón.
**Búsqueda,** *f.* Busca.
**Busto,** *m.* Cabeza y tronco de una persona. || Escultura de esa parte del cuerpo. || El pecho.
**Butaca,** *f.* Asiento más cómodo que la silla con brazos y respaldo inclinado hacia atrás.
**Butacón,** *m.* Butaca más grande y más cómoda que las corrientes.
**Butano,** *m.* Gas derivado del petróleo y que se usa como combustible.
**Butifarra,** *f.* Embutido que se hace principalmente en Cataluña y en las Baleares, con carne de cerdo.
**Buz,** *m.* Beso que se da en la mano como señal de cortesía.
**Buzo,** *m.* El que tiene por oficio trabajar metido en el agua del mar.

Buzo

**Buzón,** *m.* Agujero por donde se echan las cartas para el correo.

---

*
Buscar, tr. *Mirar y procurar encontrar algo que no se sabe dónde está:* **Buscar una cosa olvidada.**
  *Deriv.:* **Busca, buscón búsqueda, rebuscar.**

# C

**C,** *f.* Tercera letra del abecedario castellano. Su nombre es *ce.* || En la numeración romana se usa como un número y vale ciento.
**©,** V. **copyright.**
**Cabal,** *adj.* Justo, exacto, en peso o medida. || Completo, acabado. || Honrado.
**Cábala,** *f.* Tradición oral de los hebreos que explicaba el sentido de la Sagrada Escritura. || Especie de adivinación supersticiosa. || Intriga, negociación o trato secreto. || Suposición, conjetura.
**Cabalgadura,** *f.* Animal que sirve para montar en él o para cargarlo.
**Cabalgar,** *intr.* Montar a caballo. || Viajar montado a caballo.
**Cabalgata,** *f.* Reunión de personas que van a caballo.
**Cabalmente,** *adv.* Perfectamente, completamente, exactamente.
**Caballar,** *adj.* Perteneciente o relativo al caballo. || De la misma familia que el caballo.
**Caballeresco,** *adj.* Propio de caballeros nobles, dignos y generosos.
**Caballería,** *f.* Animal que sirve para montar en él. || Cuerpo de soldados a caballo. || Arte de manejar el caballo y las armas de los caballeros. || Se llama **Orden de Caballería** a una especie de milicia, guerrera y religiosa, instituida para combatir a los infieles antiguamente. || Oficio de los caballeros aventureros que se dedicaban a proteger a los débiles.
**Caballeriza,** *f.* Cuadra para los caballos.
**Caballero,** *adj.* Que cabalga o monta a caballo. || *m.* El que pertenece a alguna de las órdenes de caballería. || El que se porta con nobleza y generosidad. || Señor, hidalgo, noble. || V. **caballo.**
**Caballerosidad,** *f.* Comportamiento noble y señorial.
**Caballete,** *m.* Caballo pequeño. || Borde del tejado en donde se unen las dos vertientes. || Potro de madera que se usaba antiguamente para castigar a los presos y reos. || Trípode donde el pintor coloca el cuadro mientras lo va pintando.
**Caballista,** *m.* Entendido en caballos y en el arte de cabalgar. || Ladrón que va a caballo para robar; salteador.
**Caballitos,** *m. pl* Tiovivo de ferias. Los niños se suben en estos caballitos y lo pasan muy bien dando vueltas mientras van en caballitos de juguete, bicicletas, cochecitos con campanas, etc.
**Caballo.***

---

CABALLO, m. *Animal doméstico propio para viajar y para el trabajo del campo:* **El caballo de silla es bueno para correr y el caballo de tiro es bueno para trabajar.** || *Pieza del juego de ajedrez:* **Me como tu reina con mi caballo.** || *Figura de las cartas de la baraja que representa un caballo con su jinete:* **Este es el caballo de bastos** || *Se llama* **caballo de vapor** *a una unidad que sirve para decir la potencia de una máquina o de un motor, como cuando se dice* **es un coche de once caballos.** *Tu brazo tendría la potencia de un «caballo de vapor» cuando fuese capaz de levantar un peso de 75 Kg. a 1 m. de altura en 1 segundo.*

Caballo

**Cabaña**, *f.* Casita hecha en el campo con palos, cañas, ramas, paja, hierbas, etc., y que sirve para refugio a los pastores.
**Cabaret**, *m.* Café cantante. ‖ Cafetería con sala de fiestas nocturnas.
**Cabe**, *prep.* Cerca de, junto a.
**Cabecear**, *intr.* Mover la cabeza. ‖ Dar cabezadas el que se está durmiendo de pie o sentado. ‖ Moverse la embarcación bajando y subiendo la proa.
**Cabecera**, *f.* Parte de la cama donde se pone la cabeza. ‖ Principio o parte principal de alguna cosa. ‖ Título grande al comienzo de una página de periódico. ‖ Parte en donde está el nacimiento de un río.
**Cabecilla**, *m.* El jefe de los rebeldes.
**Cabellera**, *f.* Pelo de la cabeza, especialmente el que es largo y cuelga sobre la espalda. ‖ Resplandor que rodea a un cometa.
**Cabello**, *m.* Cada uno de los pelos de la cabeza. ‖ Conjunto de todo el pelo de la cabeza.
**Cabelludo**, *adj.* Que tiene muchos pelos en la cabeza. ‖ El **cuero cabelludo** es la piel en donde nace el pelo.
**Caber.\***
**Cabestrillo**, *m.* Tira de tela o aparatito pendiente del hombro y que sirve para sostener la mano o el brazo cuando están lastimados o enyesados.
**Cabestro**, *m.* Cuerda que se ata a la cabeza o al cuello de una bestia de carga. ‖ Buey manso al que siguen los toros que no son bravos.
**Cabeza.\***
**Cabezada**, *f.* Cada una de las inclinaciones rápidas e involuntarias que hace con la cabeza el. que se está durmiendo y no está en la cama. ‖ Cabezazo.

---

\* *Viene del latín* **caballus**, *que significa 'caballo de trabajo, caballo malo'.* ‖ *Deriv.:* **Cabalgadura, cabalgata, caballeresco, caballería, caballeriza, caballerizo, caballero, caballeroso, caballete, caballista, caballuno, descabalgar.**

CABER, *intr. Poder estar metida una cosa dentro de otra:* **El vino de un vaso cabe en una botella.** ‖ *Tocarle o corresponderle a uno una cosa:* **Me cabe la suerte de verle.** ‖ *tr.Tener capacidad, coger:* **Esta tinaja cabe doscientos litros.**
*Viene del latín* **capere**, *que significa 'contener, dar cabida, coger'.* ‖ *Derivados:* **Cabida, cupo.**

CABEZA, f. *La parte de más arriba del cuerpo del hombre:* **Cabeza, tronco y extremidades.** ‖ *Parte superior o anterior de los animales:* **La cabeza del caballo no tiene cuernos.** ‖ *Principio o parte extrema de una cosa:* **Las cabezas de un madero.** ‖ *Parte opuesta a la punta de un clavo:* **Este clavo tiene la cabeza muy gruesa.** ‖ *Talento, inteligencia, capacidad:* **Es hombre de buena cabeza.** ‖ *m. Jefe de una familia o de una sociedad:* **El padre es el cabeza de familia.** ‖ *Capital de una nación o de una comarca:* **Tu pueblo no es la cabeza de tu provincia.**
*Viene del latín* **caput, capitis**, *que significa 'cabeza'.* ‖ *Deriv.:* **Acabado, acabamiento, acabóse, cabecear, cabecera, cabecero, cabecilla, cabezada, cabezal, cabezón, cabezota, cabezudo, cabizbajo, cabo, capital, capítulo, caray, menoscabar, recabar.**

**Cabezazo,** *m.* Golpe dado con la cabeza.

**Cabezonada,** *f.* Acción propia de persona terca y obstinada; es decir, acción propia de un cabezota.

**Cabezota,** *f.* Cabeza grande. || *adj.* Bruto, terco.

**Cabezudo,** *adj.* Que tiene grande la cabeza. || Terco, testarudo, obstinado, cabezota.

**Cabezuela,** *f.* Harina más gruesa del trigo después de sacada la flor. || Manera de florecer de algunas plantas.

**Cabida,** *f.* Espacio o capacidad que tiene una cosa y en la cual se puede poner otra.

**Cabila,** *f.* Tribu de beduinos o de bereberes.

**Cabildo,** *m.* Conjunto de eclesiásticos que sirven en una iglesia y toman parte en el gobierno de ella. || Junta de hermanos de ciertas cofradías, gremios o corporaciones. || Reunión que celebran algunas órdenes religiosas para elegir sus superiores y tratar de su gobierno.

**Cabina,** *f.* (Galiscismo). Departamento del avión o de los camiones reservado al piloto o al conductor y a sus ayudantes. || Cuartito pequeño destinado a algún uso particular, como hablar por teléfono o vigilar el funcionamiento de alguna máquina.

**Cabizbajo,** *adj.* Que está muy triste o pensativo.

**Cable,** *m.* Soga gruesa. || Cuerda formada por alambres y que se utiliza especialmente para conducciones eléctricas.

**Cabo,** *m.* Extremo o fin de alguna cosa. || En algunos oficios, como el de zapatero, hilo o hebra. || Punta o lengua de tierra que entra en el mar. || Cierto grado de la milicia. || Cualquiera de las cuerdas que se utilizan en los barcos. || V. **cabeza.**

**Cabotaje,** *m.* Navegación que hacen los barcos entre los puertos de su nación sin perder de vista la costa.

**Cabra,** *f.* Animal rumiante doméstico, como de un metro de altura y cuernos retorcidos. Da unos 50 litros de leche al año.

**Cabrestante,** *m.* El torno de una grúa. Al girar se va enrollando en él un cable que es el que está levantando un peso o bulto.

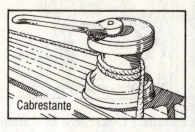
Cabrestante

**Cabrillas,** *f. pl.* Cierto grupo de estrellas que parecen estar metidas en un copito de algodón. || Manchas o ampollas que salen en las piernas del que esté mucho tiempo sentado delante y cerca de un fuego.

**Cabriola,** *f.* Salto. || Brinco que a veces dan los que bailan, cruzando varias veces los pies en el aire. || Voltereta.

**Cabritilla,** *f.* Piel curtida de cualquier animal pequeño, especialmente del cabrito.

**Cabrito,** *m.* Cría de la cabra, desde que nace hasta que deja de mamar. Después se le llama «chivo».

**Caca,** *f.* Excremento de los niños pequeños.

**Cacahuete,** *m.* Planta cuyo fruto (que también se llama así) es una vaina de cáscara seca con dos o tres semillas comestibles. Esta planta es de la familia de las legumbres.

**Cacao,** *m.* Arbol de América cuyas semillas se emplean como principal ingrediente del chocolate.

**Cacarear,** *intr.* Canto repetido del gallo o la gallina. || Alabar con exceso las cosas propias.

**Cacatúa,** *f.* Ave de Oceanía, que trepa muy bien por las ramas de los árboles. Tiene un pico grueso y un moño de plumas. Aprende a pronunciar palabras.

**Cacería,** *f.* Excursión para cazar animales.

**Cacerola,** *f.* Vasija de metal, usada en la cocina. Tiene forma cilíndrica,

Cacatúa

dos asas y una tapadera; es más ancha que alta.
**Cacique,** *m.* Jefe o superior en algunos pueblos de indios. || Persona que tiene mucha influencia en un pueblo o comarca.
**Caciquear,** *intr.* Intervenir en asuntos usando indebidamente de autoridad, valimiento o influencia.
**Caco,** *m.* Ladrón.
**Cacofonía,** *f.* Mal sonido.
**Cacto,** *m.* Nombre de diversas plantas de la misma familia que la higuera chumba.
**Cacha,** *f.* Cada una de las dos piezas que forman el mango de una navaja o de un cuchillo.
**Cachalote,** *m.* Especie de ballena pero de cabeza muy grande.
**Cacharro,** *m.* Vasija ordinaria. || Pedazo de vasija rota.
**Cachaza,** *f.* Lentitud y poca energía al hacer algo.
**Cachear,** *tr.* Registrar la policía a un sospechoso para quitarle de encima las armas ocultas.
**Cachete,** *m.* Tortazo en la parte blandita de la cara. También, en otras partes blandas del cuerpo.
**Cachimba,** *f.* Pipa para fumar.
**Cachiporra,** *f.* Porra para pegar cachetes.
**Cacho,** *m.* Pedazo, trozo.
**Cachorro,** *m.* Cría del perro y de algunas fieras (león, tigre y lobo).
**Cada.\***
**Cadalso,** *m.* Tablado que se levantaba para ejecutar a un reo.
**Cadáver,** *m.* Cuerpo muerto.
**Cadena,** *f.* Conjunto de muchas piezas metálicas a modo de anillos enganchados entre sí y que forman una especie de cuerda o soga. || Hechos parecidos entre sí y que suceden uno tras otro. || Sujeción, dependencia, esclavitud. || Una **cadena de montañas** es una «cordillera».
**Cadencia,** *f.* Serie de sonidos o movimientos que se suceden de modo regular. || Ritmo adecuado.
**Cadencioso,** *adj.* Dícese de las cosas que tienen cadencia.
**Cadeneta,** *f.* Especie de cadena hecha de papeles de colores y que sirve para adorno en festejos y verbenas.
**Cadera,** *f.* Parte del cuerpo donde se unen los huesos del muslo y del tronco.
**Cadete,** *m.* Alumno de una academia militar. || Muchacho ya mayorcito pero todavía en edad de hacer travesuras.
**Caducar,** *intr.* Perder su fuerza un derecho o una ley. || Acabarse o terminarse un plazo.
**Caducidad,** *f.* Propiedad que tiene lo que está viejo y puede acabarse y se va acabando.
**Caduco,** *adj.* Sin fuerza, viejo, pasajero, perecedero. || Caedizo. || Contr.: **Robusto, persistente, perenne.**
**Caedizo,** *adj.* Que se cae fácilmente.
**Caer.\***

* ──────────────────────────────

CADA. *Adjetivo que sirve para designar una cosa o persona entre otras:* **Dio un caramelo a cada chico.**
   *Viene de la palabra griega* **katá** *que significa 'desde lo alto de, durante, según'.*

CAER, *intr. Venir un cuerpo de arriba abajo por su propio peso:* **Caer del tejado, caer de espaldas.** || *Venir a dar un animal o una persona en el engaño*

**Café.***
**Cafeína,** *f.* Sustancia que tiene el café y anima al organismo..
**Cafetera,** *f.* Vasija o aparato en que se hace o se sirve café.
**Cafetería,** *f.* Establecimiento en donde se sirven tacitas de café, pastas, refrescos, bebidas, etc. Es un bar, pero mayor y mejor preparado.
**Cafetero,** *adj.* Que pertenece o se refiere al café. ‖ (Persona) aficionada al café.
**Cafeto,** *m.* El árbol del café.
**Cafre,** *adj.* Bárbaro, cruel y rudo como un zulú.
**Caída,** *f.* Acción de caer y movimiento de caerse. ‖ Manera de plegarse las telas al ser colgadas o puestas en una persona. ‖ Pecado de los ángeles malos y del primer hombre. ‖ V. **caer.**
**Caído,** *adj.* Desfallecido, venido a menos. ‖ *m.* Muerto en una guerra. ‖ V. **caer.**
**Caimán,** *m.* Reptil americano, de la misma familia que el cocodrilo.

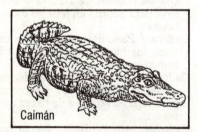
Caimán

**Caja.***
**Cajera,** *f.* Mujer que, en los establecimientos comerciales, está encargada de los cobros.
**Cajero,** *m.* Persona encargada de la caja de caudales de un banco o de otro negocio grande.
**Cajetilla,** *f.* Paquete de tabaco o de cigarrillos envueltos en papel o cartulina.
**Cajón,** *m.* Cualquiera de las cajas que se pueden sacar y meter en ciertos huecos a propósito que tienen los armarios, mesas y otros muebles. ‖ Caja grande.
**Cal,** *f.* Sustancia blanca que se obtiene cociendo una clase especial de piedras y que se utiliza para construir y blanquear casas.
**Cala,** *f.* Acción de cortar un melón u otra fruta semejante para ver si está bueno. ‖ Parte más baja en lo interior de un buque. ‖ Pedazo de jabón y aceite que se usa para facilitar las evacuaciones del vientre. ‖ Supositorio.
**Calabaza,** *f.* Fruto de huerta. Tiene la corteza verdosa, dura y arrugada. ‖ Suspenso en los exámenes. ‖ Rechace de amores.
**Calabobos,** *m.* Lluvia menuda y continua.
**Calabozo,** *m.* Lugar seguro donde se encierra a determinados presos. ‖ Especie de hoz corta pero muy ancha, que sirve para podar árboles.

* puesto contra él: **Caer en la emboscada.** ‖ Perder la prosperidad o el poder: **Cayó la dinastía.** ‖ Comprender: **Ahora caigo en la cuenta.**
   Viene del latín **cadere,** que significa 'caer'. ‖ *Deriv.:* **Acaecer, acaecimiento, cadencia, cadencioso, caída, caído, decadencia, decadente, decaer, decaimiento, recaer, recaída.**
CAFÉ, *m.* Semilla de un árbol originario de Etiopía, en Africa, que se usa para tostarla, molerla y después hacer con ella una infusión para beber: **Los granos de café son más grandes que los del trigo.** ‖ Sitio público donde se toma esta bebida y otras: **Suele ir al café.**
   Viene del árabe **qáhwa,** que significa 'café'. ‖ *Deriv.:* **Cafeína, cafetal, cafetera, cafetero.**
CAJA, *f.* Pieza hueca de madera, metal u otra materia que sirve para meter dentro alguna cosa: **Lo puse en esta caja.** ‖ Mueble donde se guarda dinero o cosas de mucho valor: **Caja de caudales.** ‖ Lugar de los establecimientos públicos dedicados a pagar y cobrar: **Pague Vd. en caja, por favor.**
   Viene del latín **capsa,** que significa 'caja'. ‖ *Deriv.:* **Cajero, cajetilla, cajista, cajón, cápsula, desencajar, encajar, encaje, encajonar.**

Calabaza

**Calado,** m. Especie de encaje que se hace sacando o juntando los hilos de una tela.
**Calamar,** m. Animal comestible de cuerpo a manera de bolsa y con tentáculos en la cabeza. La palabra calamar quiere decir «tintero de mar».

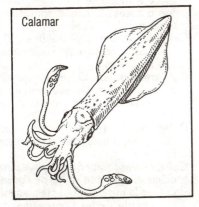
Calamar

**Calambre,** m. Contracción rápida de ciertos músculos.
**Calamidad,** f. Desgracia, infortu\_ \_o, desastre, especialmente cua⌐ d⌐ ˙- canza a muchas personas.
**Calamitoso,** adj. Que causa calamidades. || Desgraciado, desastroso, perjudicial.
**Calandria,** f. Alondra, sobre todo si es muy cantora.
**Calaña,** f. Forma, índole o calidad de una persona o cosa.

**Calar,** tr. Penetrar un líquido a través de un cuerpo. || Atravesar un cuerpo de una parte a otra con un instrumento de punta. || Cortar de un melón o de otra fruta un pedazo para probarlo. || Ponerse la gorra o el sombrero haciéndolos entrar mucho en la cabeza. || Adivinar las intenciones o las cualidades de una persona.
**Calatravo,** adj. Caballero o persona de la Orden Militar de Calatrava.
**Calavera,** f. Conjunto de los huesos de la cabeza después de quitada la carne y la piel. || Hombre vicioso o de poco juicio.
**Calcañar (o calcañal),** m. Parte de atrás y de abajo del talón del pie (por donde tanto se rompen los calcetines).
**Calcar,** tr. Copiar.
**Calcáreo,** adj. Que tiene o que está formado por cal.
**Calcetín,** m. Media que sólo llega a la mitad de la pantorrilla.
**Cálcico,** adj. De calcio.
**Calcio,** m. Metal terroso y blanco que se encuentra en la caliza, en el yeso y en los huesos de los animales. Se utiliza, además, en los laboratorios para hacer vitaminas artificiales.
**Calcomanía,** f. Dibujitos especialmente preparados para mojarlos y ponerlos en algunas superficies.
**Calcopirita,** f. Mineral parecido a la pirita, pero más blanda y verdosa. De este mineral se extrae el cobre.
**Calculable,** adj. Que puede calcularse. || Contr.: **Incalculable.**
**Calculador,** adj. El que calcula. || Se llama así especialmente a la máquina con que se hacen operaciones aritméticas; máquina calculadora.
**Calcular,** tr. Hacer cálculos para llegar a saber la magnitud de las cosas. || V. **cálculo.**
**Cálculo.\***

\*
CÁLCULO, m. *Cuenta u operación que se hace con varios números:* **Es muy rápido en el cálculo.** || *Suposición o conjetura:* **Fallaron todos mis cálculos.** || **Cálculos** (en medicina) o **mal de piedra:** *Especie de arenilla que se forma en los riñones, vejiga de la orina, etc., y que produce dolores muy agudos.*

**Caldas,** *f. pl.* Aguas minerales que brotan calientes de sus manantiales.
**Caldear,** *tr.* Calentar bastante.
**Caldera,** *f.* Vasija de metal, grande y redonda, que suele utilizarse para calentar o cocer algo dentro de ella. ‖ Cráter de un volcán.
**Calderero,** *m.* El que hace o vende calderas o cosas parecidas.
**Calderilla,** *f.* Caldera pequeña. ‖ Conjunto de monedas de poco valor.
**Caldo,** *m.* Líquido que resulta de cocer en agua alguna cosa de comer. ‖ *pl.* Vinos y otros jugos vegetales.
**Calé,** *m.* De raza gitana.
**Calefacción,** *f.* Acción de calentar o calentarse. ‖ Conjunto de aparatos destinados a calentar un edificio.
**Calendario,** *m.* Lista de todos los días del año, distribuidos por meses, con datos astronómicos y otras noticias, principalmente de santos y festividades. ‖ Cuadro de los días, semanas, meses y fiestas del año. ‖ Almanaque.
**Calentador,** *adj.* Que calienta.
**Calentar,** *tr.* Dar calor, poner caliente. ‖ Contr.: **Enfriar, refrescar.**
**Calentarse,** *r.* Exaltarse, animarse, enfadarse.
**Calentitos,** *m. pl.* Churros (en Andalucía).
**Calentura,** *f.* Fiebre. ‖ Excesivo calor en el cuerpo producido por una enfermedad.
**Calera,** *f.* Sitio donde hay caliza.
**Calesa,** *f.* Carruaje de dos ruedas, descapotable y del que tira una sola caballería.
**Caleta,** *f.* Entrada o recodo pequeño que suele formar la costa.
**Calibrar,** *tr.* Medir el grueso de la boca de las armas de fuego o de los alambres, chapas de metal, etc.
**Calibre,** *m.* Diámetro interior del cañón de las armas de fuego. ‖ Tamaño, importancia.
**Calidad,** *f.* Manera de ser de una persona o cosa. ‖ Importancia, calificación.
**Cálido,** *adj.* Que está caliente. ‖ Caluroso. ‖ V. **calor.**
**Caliente,** *adj.* Que tiene calor. ‖ Contr.: **Frío.**
**Califa,** *m.* Jefe supremo de los mahometanos.
**Califato,** *m.* Dignidad de califa. ‖ Tiempo o territorio en el que gobierna un califa.
**Calificación,** *f.* Acción de calificar. ‖ Nota o juicio en el que se expresa alguna cualidad de una persona o cosa.
**Calificado,** *adj.* Se llama así a la persona de mérito, autoridad o respeto.
**Calificador,** *adj.* (El) que califica.
**Calificar,** *tr.* Decir lo que uno piensa sobre el modo de ser de las personas o cosas. ‖ Llamar, considerar, tener por. ‖ V. **cual.**
**Calificativo,** *adj.* Que califica. ‖ Se llama así el adjetivo que dice cómo son las cosas.
**Californiano,** *adj.* El que ha nacido en California. ‖ Lo que pertenece o se refiere a dicho país de América.
**Caligrafía,** *f.* Arte o destreza de escribir con letra muy clara y muy bien formada.
**Cáliz,** *m.* Vaso sagrado que sirve para echar el vino que se ha de consagrar en la misa. ‖ Cubierta o envoltorio verde de las flores antes de que éstas se abran.

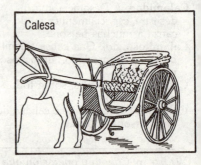
Calesa

---

* Viene del latín **calculus,** *que significa 'guijarro' o 'piedrecilla empleada para enseñar a los niños a contar'.* ‖ *Deriv.:* **Calculador, calcular, calculista.**

**Caliza,** *f.* Piedra formada por carbonato de cal.
**Calizo,** *adj.* Se llama así a los terrenos o rocas que tienen cal.
**Calma,** *f.* Estado del aire cuando no hay viento. || Paz, tranquilidad.
**Calmante,** *adj.* Que calma. || Se llama así a ciertos medicamentos que calman el dolor o los nervios.
**Calmar,** *tr.* Sosegar, hacer que termine el movimiento o la agitación. || Tranquilizar, apaciguar, serenar.
**Calmoso,** *adj.* Que está en calma. || Se llama así a la persona perezosa, cachazuda, lenta. || Contr.: **Movido, activo.**
**Calor.\***
**Calor específico,** *m.* Cantidad de calor que hay que ponerle a un gramo de una sustancia para que su temperatura aumente un grado. No todas las sustancias tienen el mismo calor específico. La unidad es la caloría.
**Caloría,** *f.* Unidad de medida del calor y que equivale al calor que se necesita para elevar en un grado centígrado la temperatura de un litro de agua.
**Caloría grande** (o **kilocaloría**), *f.* Mil calorías.
**Calorímetro,** *m.* Aparato para medir el calor específico de una sustancia.
**Calumnia,** *f.* Mentira que va contra la fama de alguna persona.
**Calurosamente,** *adv.* Con calor. || Con entusiasmo.
**Caluroso,** *adj.* Que tiene o que da calor. || Vivo, ardiente, expresivo.
**Calva,** *f.* En la cabeza: parte sin pelos.
**Calvario,** *m.* Conjunto de catorce cruces o cuadros ante los que se pasa rezando en cada uno de ellos, en memoria del camino que recorrió Nuestro Señor Jesucristo hasta llegar al monte Calvario, donde le crucificaron. || *fig.* Sufrimientos, desgracias o deudas.
**Calvero,** *m.* Parte de un bosque en la cual no hay árboles.
**Calvicie,** *f.* Falta de pelos en la cabeza.
**Calvo,** *adj.* Que tiene calvicie, que tiene calva.
**Calzada,** *f.* Camino ancho. || Cada una de las divisiones de una autopista; cada una de las direcciones de una carretera.
**Calzado,** *m.* Pieza que cubre el pie y es resistente por abajo. || *adj.* Que usa zapatos o cosa parecida, que no está descalzo.
**Calzar,** *tr.* Poner el calzado en el pie.
**Calzón,** *m.* Prenda de vestir que cubre desde la cintura hasta la rodilla y que tiene una parte o funda para cada muslo.
**Callada,** *f.* Silencio, efecto de callar.
**Callado,** *adj.* Se dice del que no habla. || Silencioso, reservado, discreto.

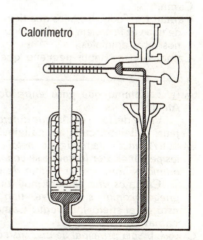

Calorímetro

---

CALOR, *m. Fuerza que se manifiesta dilatando los cuerpos:* **El hierro se dilata con el calor; pero la nieve se derrite.** || *Temperatura:* **Hace mucho calor.** || *Pasión, vehemencia, entusiasmo:* **Le aplaudieron con mucho calor.**
  Viene del latín **calere**, *que significa 'estar caliente, calentarse'*. || *Deriv.:* **Acalorarse, calefacción, calentador, calentamiento, calentar, calentura, calenturiento, caliente, caloría, calorífico, caluroso, recalentar.** || *Contrario:* **Frío.**

**Callar,** *intr.* Dejar de hablar, no hablar, guardar silencio. ‖ Bajar la voz.
**Calle.\***
**Calleja,** *f.* Calle pequeña.
**Callejear,** *intr.* Andar por las calles sin necesidad.
**Callejero,** *adj.* Que le gusta callejear. ‖ Que pertenece o se refiere a la calle. ‖ *m.* La lista de todas las calles de una ciudad. ‖ Relación de domicilios de los clientes de un negocio o empresa.
**Callejón,** *m.* Calleja grande pero muy estrecha. ‖ En una plaza de toros: el espacio que hay entre la barrera y la contrabarrera. El toro, a veces, salta al callejón.
**Callejuela,** *f.* Calleja pequeña.
**Callicida,** *m.* Medicina para curar los callos.
**Callista,** *m.* Médico que se dedica a curar las dolencias de los pies.
**Callo,** *m.* Dureza que produce en la piel el roce continuado de un cuerpo duro. ‖ *pl.* Pedazos de estómago de vacas y carneros, que se comen guisados.
**Cama.\***
**Camada,** *f.* Todos los hijos que tiene de una vez la coneja, la loba y algunos otros animales.
**Camaleón,** *m.* Reptil pequeño que

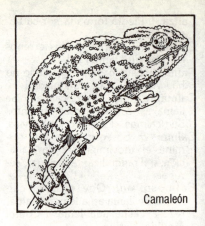
Camaleón

cambia de color, según el sitio en donde esté.
**Cámara.\***
**Camarada,** *m.* Persona que vive con otro o trabaja con él o le acompaña, tratándose con amistad y confianza. ‖ Compañero.
**Camaradería,** *f.* Amistad o buena relación que mantienen entre sí los camaradas.
**Camarero,** *m.* El que, en los cafés, bares y establecimientos parecidos, sirve lo que el público pide. ‖ Criado de casa grande, de hotel o de barco.

---

CALLE, f. *Camino que pasa entre dos filas de casas:* **Vive en la calle de Alcalá.**
 *Viene del latín* **callis,** *que quiere decir 'sendero'.* ‖ *Deriv.:* **Calleja, callejear, callejero, callejón, callejuela, encallar.**
CAMA, f. *Armazón de madera o metal que sirve para dormir o descansar en ella las personas:* **Por la noche se va uno a la cama.** ‖ *Sitio donde se echan los animales para dormir:* **Cama de conejo.**
 **Cama** *es una palabra muy antigua en castellano y en portugués. (En griego, «kamai» significa «en tierra»; en latín, «cama» significa «lecho que está en el suelo»).* ‖ *Deriv.:* **Camada, camastro, camilla, camillero, encamar.**
CÁMARA, f. *Sala principal de una casa o palacio:* **Cámara regia.** ‖ *Junta o reunión:* **Cámara de Comercio.** ‖ *En las casas de labranza, local alto destinado para guardar los granos:* **En algunas partes a las cámaras de las casas les llaman «desván» y en otros sitios «sobrado» y «soberado».** ‖ *Especie de caja o recinto que se puede cerrar del todo y que se emplea para diversos usos:* **Cámara frigorífica, cámara fotográfica, cámara de aire, cámara oscura.**
 *Viene del griego* **kamara,** *que significa 'bóveda, cuarto abovedado'.*
‖ *Deriv.:* **Antecámara, camarada, camaranchón, camarero, camareta, camarilla, camarín, camarista, camarlengo, camarote.**

**Camarín,** *m.* Especie de cuartito pequeño.
**Camarón,** *m.* Animalito de la familia de las gambas, pero más pequeñito, más encorvado y más blancuzco.
**Camarote,** *m.* Cada una de las habitaciones de un barco.
**Camastro,** *m.* Cama pobre y mal arreglada.
**Cambalache,** *m.* Intercambio de cosas de poco valor.
**Cambiante,** *adj.* Que cambia con facilidad. || En plural, significa la variedad de colores o reflejos que hace la luz en algunos cuerpos y en algunas telas.
**Cambiar.\***
**Cambio,** *m.* Acción y efecto de cambiar. || Dinero menudo. || Precio que se señala a los valores mercantiles y monedas extranjeras. || El sistema de engranajes de un automóvil; el cual permite poner de acuerdo la velocidad del vehículo y las revoluciones del motor. || En los ferrocarriles, mecanismo para que el tren cambie de vías y vaya por donde conviene. || V. **cambiar.**
**Camelar,** *tr.* Engañar o seducir por medio de alabanzas.
**Camello,** *m.* Animal rumiante con dos jorobas que se usa mucho para atravesar los desiertos.
**Camerino,** *m.* Habitación, individual o colectiva, en el interior de los teatros donde los actores se visten, maquillan, etc., para la representación.
**Camilla,** *f.* Cama pequeña. || Cama estrecha y ligera, que sirve para transportar enfermos o heridos. || Especie de mesa redonda donde se pone el brasero.
**Caminante,** *m.* El que camina. || El que va de camino.
**Caminar,** *intr.* Andar de un sitio a otro. || Ir de viaje.
**Caminata,** *f.* Paseo largo y fatigoso que uno da por deporte o afición.
**Caminero,** *adj.* Se dice de los obreros encargados de conservar las carreteras y princiales caminos.
**Camino.\***
**Camión.\***
**Camioneta,** *f.* Camión pequeño.
**Camisa,** *f.* Vestido interior de algodón, seda u otra tela. || Envoltura.
**Camisería,** *f.* Tienda donde se ven-

Camello

---

C<small>AMBIAR</small>, tr. *Dar y tomar una cosa por otra:* **Le cambio la pelota por una colección de cromos.** || *Quitar una cosa y poner otra en su lugar:* **Se cambió de camisa.** || *Sustituir, reemplazar:* **¿Me cambia usted este billete?** || *Mudar de condición o cualidad una cosa o persona:* **Cambió de color.** || *Variar, modificar, transformar:* **Bueno, bueno, eso cambia las cosas.**
    Viene del latín **cambiare,** que significa 'cambiar' o 'trocar'. || *Deriv.:* **Cambiante, cambiazo, cambio, recambio.** || *Contr.:* **Permanecer.**
C<small>AMINO</small>, m. *Tierra pisada o preparada de algún modo para ir de algún sitio a otro:* **Este camino está intransitable.** || *Cualquier vía de comunicación:* **Esta vez he enviado la noticia por otro camino.** || *Medio que se emplea para hacer o conseguir una cosa:* **No vas por buen camino.**
    Viene del latín **caminus,** que significa 'camino'. || *Deriv.:* **Caminante, caminar, caminata, descaminar.**
C<small>AMIÓN</small>, m. *Coche fuerte y mayor que el automóvil, que sirve para transportar grandes cargas:* **Ese camión es chato.**
    Viene del francés **camion,** que significa igual que en nuestro idioma. || *Deriv.:* **Camionaje, camioneta.**

den camisas. ‖ Taller en donde se hacen camisas.

**Camiseta,** *f.* Prenda de vestido interior que se pone debajo de la camisa. ‖ Camisa que el deportista se pone y que lleva los colores de su equipo.

**Camita,** *adj.* Descendiente de Cam (uno de los hijos de Noé).

**Camorra,** *f.* Riña entre malhechores.

**Campa,** *f.* Pedazo de tierra que no tiene árboles.

**Campal,** *adj.* Se dice de las batallas tenidas en campo abierto.

**Campamento,** *m.* Lugar en el campo donde se establecen, temporalmente, fuerzas del ejército, o personas que van de camino o que se reúnen para un fin especial.

**Campana,** *f.* Instrumento de metal, en forma de copa vuelta hacia abajo, que suena golpeado por el badajo y que sirve principalmente en los templos para anunciar los actos de culto. ‖ Cualquier cosa de forma parecida a la campana y que puede tener varios usos.

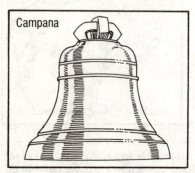
Campana

**Campanada,** *f.* Golpe que da el badajo en la campana y sonido que hace. ‖ Sorpresa ruidosa.

**Campanario,** *m.* Parte de la torre en donde están las campanas.

**Campaniforme,** *adj.* En forma de campana.

**Campanilla,** *f.* Campana pequeña que se toca con la mano y cuyo sonido sirve para llamar la atención. ‖ Trocito carnoso y colgante que se ve al principio de la garganta abriendo uno la boca.

**Campante,** *adj.* Contento y despreocupado.

**Campaña,** *f.* Campo llano. ‖ Conjunto de actos o esfuerzos encaminados a un mismo fin, como por ejemplo la campaña antituberculosa. ‖ Tiempo que los ejércitos o los militares están en el campo contra el enemigo. ‖ V. **campo.**

**Campar,** *intr.* Sobresalir, aventajarse.

**Campeador,** *adj.* El que sobresale en las batallas con acciones extraordinarias. ‖ Este calificativo se aplica, principalmente, al Cid Campeador, Rodrigo Díaz de Vivar.

**Campear,** *intr.* Campar, sobresalir. ‖ Salir los animales al campo. ‖ Estar en campaña. ‖ Recorrer, con tropas, el campo para ver si hay enemigos.

**Campechano,** *adj.* Amable, sencillo y dispuesto para cualquier broma o diversión. ‖ Con la franqueza característica de la gente de campo.

**Campeón,** *m.* Héroe famoso en las batallas. ‖ Vencedor en un concurso deportivo. ‖ Defensor esforzado de una persona o doctrina. ‖ V. **campo.**

**Campeonato,** *m.* Concurso, certamen o contienda en el que se disputa el premio, en juegos o deportes. ‖ Título o primacía obtenida en las luchas deportivas.

**Campesino,** *m.* El que vive y trabaja en el campo.

**Campestre,** *adj.* Campesino. ‖ Que se produce o se hace en el campo.

**Campiña,** *f.* Espacio grande y llano de tierra de labor.

**Campo.***

---

\*

CAMPO, *m.* Terreno extenso fuera de los pueblos: *Los domingos voy al campo.* ‖ Tierra laborable, cultivos: *El campo está muy bueno.* ‖ Espacio real o imaginario en el que se hace o se puede hacer algo: *El campo de sus aventuras, el campo magnético, el campo de operaciones.*

Viene del latín **campus,** que quiere decir "llanura, terreno fuera de poblado". ‖ Deriv.: **Acampar, campal, campamento, campaña, campar,**

**Camposanto,** *m.* Campo santo, cementerio.
**Camuflar,** *tr.* (Galicismo). Disfrazar, disimular, desfigurar, enmascarar. ‖ *r.* Ocultarse, marcharse.
**Can,** *m.* Perro.
**Cana,** *f.* Pelo que se ha vuelto blanco.
**Canadiense,** *adj.* Natural del Canadá o perteneciente a este país de América.
**Canal,** *amb.* Reguero, cauce o conducto artificial por donde pasa el agua. ‖ Parte más profunda y limpia de la entrada de un puerto por donde pueden entrar con más seguridad los barcos. ‖ Teja combada que se pone en los tejados para que corra el agua. ‖ Res muerta y abierta, sin las tripas y demás despojos. ‖ Estría.
**Canalización,** *f.* Acción y efecto de canalizar.
**Canalizar,** *tr.* Abrir canales. ‖ Hacer obras en el lecho de los ríos para que las aguas vayan por donde convenga a fin de utilizarlas para el riego o la navegación.
**Canalla,** *m.* Hombre despreciable por su mal proceder.
**Canana,** *f.* Especie de cinturón para llevar los cartuchos el cazador.

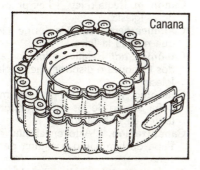
Canana

**Cananeo,** *adj.* De Canaán (Palestina).
**Canapé,** *m.* Especie de sofá que, generalmente, tiene el asiento y el respaldo muy cómodos.
**Canario,** *adj.* Natural de las Islas Canarias o perteneciente a esta región de España. ‖ *m.* Pájaro pequeño de color amarillo, verdoso o blanquecino, que canta muy bien.
**Canasta,** *f.* Cesto de mimbre, ancho de boca.
**Canastilla,** *f.* Cesta pequeña en que se suele tener objetos menudos de uso casero. ‖ Ropa que se prepara para el niño que va a nacer.
**Cancel,** *m.* Contrapuerta (de tres hojas y un techito) que hay a la entrada de muchas iglesias y que sirve para evitar corrientes de aire y para amortiguar los ruidos de la calle.
**Cancela,** *f.* Verja de hierro.
**Cancelar,** *tr.* Hacer que un documento o un contrato no tenga ya valor.
**Cáncer,** *m.* Tumor maligno que destruye los tejidos del cuerpo en los animales y en el hombre.
**Cancerología,** *f.* Rama de la medicina que se ocupa del cáncer.
**Canciller,** *m.* Empleado auxiliar en las embajadas y consulados. ‖ Título que se da a algunas personas que desempeñan cargos importantes.
**Cancillería,** *f.* Oficina de las embajadas, legaciones y consulados. ‖ Oficio de canciller.
**Canción,** *f.* Un cantar, un canto. ‖ Composición en verso a la que se puede poner música. ‖ Nombre de diferentes composiciones poéticas.
**Cancionero,** *m.* Colección de canciones y poesías.
**Cancha,** *f.* Local destinado al juego de pelota o algún otro deporte.
**Canchal,** *m.* Sitio en donde hay muchas piedras que han sido arrastradas por la fuerza de un río o por un glaciar.
**Candado,** *m.* Cerradura suelta, metida en una caja de metal y que sirve para asegurar puertas, maletas, etc.
**Candela,** *f.* Vela encendida. ‖ Lumbre, brasa.
**Candelabro,** *m.* Objeto que tiene dos o más brazos para poner en cada

---

campeador, campear, campero, campesino, campestre, campiña, descampado, escampar.

uno de ellos una vela o una bombilla.

**Candelero,** *m.* Candelabro de un solo brazo.

**Candente,** *adj.* Se llama así a un cuerpo cuando se enrojece o blanquea por la acción del fuego.

**Candidato,** *m.* El que pretende alguna dignidad o cargo.

**Candidatura,** *f.* Conjunto de candidatos a un puesto. ‖ Aspiración a un grado o empleo.

**Cándido,** *adj.* Blanco. ‖ Sencillo, sin malicia. ‖ Simple, incauto, poco advertido, ingenuo.

**Candil,** *m.* Utensilio para alumbrar en el que se enciende una mecha o torcida que se impregna de aceite.

**Candileja,** *f.* Vaso interior de un candil. ‖ *pl.* Las luces de la parte anterior del escenario de un teatro.

**Candor,** *m.* Blancura grande. ‖ Sinceridad, sencillez, inocencia, pureza del ánimo.

**Candoroso,** *adj.* Que tiene candor.

**Canela,** *f.* Corteza de la rama de cierto árbol de color marrón y de olor y sabor agradables que se utiliza para condimentar algunos platos. ‖ Cosa muy fina y exquisita. ‖ De color marrón claro.

**Cangilón,** *m.* Cada uno de los cajoncitos metálicos de una noria, los cuales se van llenando de agua, suben, se vuelcan y finalmente vuelven a bajar.

**Cangrejo,** *m.* Animal crustáceo con fuertes pinzas en algunas patas y que es comestible.

**Canguro,** *m.* Animal propio de Australia, que anda a saltos y lleva a sus hijos pequeños en una bolsa que tiene en el vientre.

Canguro

**Caníbal,** *adj.* Salvaje que se alimenta de carne humana.

**Canícula,** *f.* Período más cálido del verano.

**Canijo,** *adj.* Débil y enfermizo.

**Canino,** *adj.* Del perro. ‖ *pl.* Los colmillos.

**Canje,** *m.* Cambio, trueque, permuta.

**Canjear,** *tr.* Cambiar, permutar, hacer canje.

**Canoa,** *f.* Embarcación pequeña de remo, muy estrecha, sin diferencia de forma entre proa y popa. ‖ Embarcación pequeña que usan las autoridades marítimas y también los particulares, generalmente con motor.

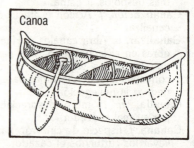
Canoa

**Canon,** *m.* Regla o ley. ‖ Ley propia de la Iglesia.

**Canónicamente,** *adv.* Conforme a lo que manda la Iglesia.

**Canónico,** *adj.* Relativo a los Sagrados Cánones o disposiciones de la Iglesia.

**Canónigo,** *m.* Sacerdote que desempeña alguno de los cargos importantes en una catedral.

**Canonización,** *f.* Acto en el cual el Papa declara santo a alguna persona.

**Canonjía,** *f.* Cargo y dignidad de canónigo. ‖ Empleo de poco trabajo y de bastante provecho.

**Canoro,** *adj.* Se llama así al ave que canta bien. ‖ Melodioso, agradable.

**Cansado,** *adj.* Se llama así a las cosas que pierden alguna buena cualidad que antes tenían. ‖ (Persona) que molesta con su trato o conversación. ‖ Pesado, molesto.

**Cansancio,** *m.* Falta de fuerzas que resulta de haber trabajado o haberse movido mucho. ‖ Fatiga, molestia.

**Cansar,** *tr.* Quitar o perder energías a causa del trabajo o del movimiento. ‖ Quitar fertilidad a la tierra. ‖ Enfadar, molestar, fastidiar, incomodar, importunar.

**Cansino,** *adj.* Se aplica esta palabra a la persona o animal que anda o trabaja muy lentamente por hallarse cansado.

**Cántabro,** *adj.* Natural de Cantabria o que se refiere a esta región de España.

**Cantador,** *m.* Persona hábil en cantar coplas populares.

**Cantante,** *com.* Persona que tiene la profesión de cantar.

**Cantar,** *m.* Canción, composición poética corta que tiene música.

**Cantar.\***

**Cántara,** *f.* Medida de capacidad para líquidos que viene a ser unos 16 litros. ‖ Cántaro.

**Cántaro,** *m.* Vasija grande de barro o de metal, ancha por la barriga y estrecha por la boca y por el fondo. ‖ Medida antigua para líquidos.

**Cante,** *m.* Canto popular.

**Cantera,** *f.* Sitio de donde se sacan piedras o cosas parecidas que sirvan para la construcción de casas.

**Cantería,** *f.* Arte de labrar las piedras para las construcciones. ‖ Obra hecha de piedra labrada.

**Cantero,** *m.* El que labra las piedras.

**Cántico,** *m.* Composición poética de los libros sagrados en la que se dan gracias o se alaba a Dios. ‖ *m.* Cantar.

**Cantidad,** *f.* Todo lo que puede medirse o numerarse. ‖ Porción grande de alguna cosa. ‖ Porción indeterminada de dinero. ‖ V. **cuanto.**

**Cantiga** (o **cántiga**), *f.* Antigua poesía cantable. (El rey Alfonso X el Sabio compuso muchas cantigas.)

**Cantimplora,** *f.* Vasija aplastada y de metal, que sirve a los soldados, a los caminantes, excursionistas, y peregrinos para llevar agua.

**Cantina,** *f.* Tiendecilla que hay en algunas estaciones del ferrocarril, y en los campamentos de soldados, etcétera, y en las cuales se venden bebidas y algunos comestibles.

**Canto,** *m.* Acción y resultado de cantar. ‖ Composición poética. ‖ Esquina, lado, remate, orilla, borde o margen de alguna cosa. ‖ En el cuchillo, lado opuesto al filo. ‖ Trozo pequeño de piedra. ‖ V. **cantar.**

**Cantor,** *m.* El que canta, especialmente si lo tiene por oficio. ‖ *adj.* Que canta.

**Canturrear,** *intr.* Cantar a media voz mientras se está haciendo otra cosa.

**Canuto** (o **cañuto**), *m.* Trozo de una caña comprendido entre dos nudos.

**Caña,** *f.* Tallo de las plantas gramíneas, por lo común hueco y con nudos. ‖ Caña de trigo. ‖ Parte de la bota que cubre la pierna. ‖ Vaso alto y estrecho, especialmente el que se usa en Andalucía para beber vino. ‖ Vaso para cerveza. ‖ Caña de pescar.

**Cañada,** *f.* Espacio de tierra entre dos alturas. ‖ Camino muy ancho que utilizaban los rebaños para ir de unas regiones a otras. ‖ Arroyo de curso intermitente.

---

\*

CANTAR, *intr.* Formar con la voz sonidos variados y agradables: **Canta muy bien.** ‖ Sonar los ejes y otras piezas de los carruajes cuando se mueven: **Bien engrasados no cantarían tanto.** ‖ Descubrir o confesar los secretos: **El cómplice cantó.** ‖ *m.* Copla para cantar: **El fandango y la jota son cantares.**

Viene del latín **canere,** que significa 'cantar'. En griego, «kaino» significa «abrir la boca». ‖ *Deriv.*: **Canoro, cantable, cantador, cantante, cante, cántico, cantinela, cantor, canturrerar, canturreo, chantaje, chantajista, decantar, desencanto, encantado, encantador, encantamiento, encantar, encanto.**

**Cañamazo,** *m.* Tela especial para ser bordada.
**Cañamero,** *adj.* Que pertenece o se refiere al cáñamo. ‖ Verderón; pajarillo que suele vivir entre las cañas.
**Cáñamo,** *m.* Planta de unos dos metros de altura de cuya caña se sacan hebras para fabricar cuerdas, sogas y telas. ‖ Hebras de esta planta.
**Cañaveral,** *m.* Sitio poblado de cañas.
**Cañería,** *f.* Conducto formado por caños o tubos por donde se distribuyen el agua o el gas.
**Caño,** *m.* Tubo de metal, vidrio, barro o de otra materia cualquiera dispuesto para que por él pase el agua u otro líquido.
**Cañón,** *m.* Pieza hueca y larga a modo de caña. ‖ Pluma del ave cuando empieza a nacer. ‖ Pieza de artillería destinada a lanzar balas o metralla. ‖ Paso estrecho o garganta profunda entre dos montañas y por cuyo fondo corre un río.
**Cañonazo,** *m.* Tiro del cañón de artillería. ‖ Ruido y destrozo que causa.
**Caoba,** *f.* Arbol muy apreciado por su madera que es de color pardo rojizo.
**Caolín,** *m.* Arcilla blanca y suave de donde se hacen cosas de porcelana.
**Caos,** *m.* Confusión en que se hallaban las cosas al momento de su creación, antes de que Dios las pusiera en el orden que después tuvieron. ‖ Confusión, desorden. ‖ Contr.: **Orden.**
**Caótico,** *adj.* Que está en desorden. ‖ Revuelto, confuso. ‖ Contrario: **Ordenado.**
**Capa,** *f.* Ropa sin mangas, larga y

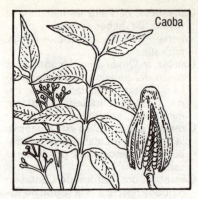
Caoba

suelta, que se pone sobre los hombros. ‖ Tela o trapo que se usa para torear. ‖ Porción de alguna cosa que está extendida sobre otra.
**Capacidad,** *f.* Espacio vacío de alguna cosa en el que se pueden poner otras. ‖ Disposición o talento para hacer o entender algo. ‖ Aptitud, competencia para hacer bien alguna cosa.
**Capacitación,** *f.* Acción de capacitar. ‖ V. **capaz.**
**Capacitado,** *adj.* Preparado y capaz. ‖ Apto.
**Capacitar,** *tr.* Hacer a uno apto, prepararle para alguna cosa u oficio. ‖ V. **capaz.**
**Capacho,** *m.* Espuerta de juncos o mimbres que suele servir para llevar fruta. ‖ Especie de espuerta en que los albañiles llevan la mezcla de cal y arena desde el montón a la obra. ‖ Pieza de esparto para la aceituna molida.
**Caparazón,** *m.* Cubierta de las tortugas y de otros animalitos parecidos. ‖ Esqueleto del pecho del ave.
**Capataz,** *m.* El que dirige y vigila a un grupo de obreros.
**Capaz.\***

---

CAPAZ, *adj.* Que tiene espacio suficiente para que quepa una cosa dentro de él. **Es un salón capaz para 500 personas.** ‖ Grande, espacioso: **Una habitación muy capaz.** ‖ Que puede hacer una cosa: **Es capaz de levantar cien kilos.** ‖ Hábil, competente, inteligente, experimentado: **Es un chico muy capaz.**

 Viene del latín **capax,** que quiere decir 'capaz, que tiene mucha cabida'; ésta es una palabra derivada del verbo también latino **capere,** que significa 'contener, dar cabida'. ‖ *Deriv.:* **Capacidad, capacitación, capacitado, ca-**

Caparazón

**Capcioso,** *adj.* Engañoso, insidioso, artificioso.
**Capea,** *f.* Lidia de vaquillas bravas.
**Capelo,** *m.* Especie de sombrerillo rojo que usan los cardenales.
**Capellán,** *m.* Sacerdote que tiene a su cargo el cuidado espiritual de una capilla, familia, sociedad, etc.
**Caperuza,** *f.* Gorrito triangular.
**Capicúa,** *adj.* Se le llama a los números que (como el 373 ó el 54845) lo mismo da leerlos al revés que al derecho.
**Capilar,** *adj.* De forma y tamaño de un cabello. || Que pertenece o sirve para el cabello.
**Capilla.***
**Capirote,** *m.* Caperuza tiesa que usan los penitentes durante la Semana Santa cuando van acompañando al paso o procesión.
**Capital,** *adj.* Principal, esencial como la cabeza es la parte principal del cuerpo. || *f.* Población principal donde viven las autoridades de un estado o provincia. || *m.* Dinero, fortuna, hacienda, caudal. || Cantidad de dinero que se presta. || V. **cabeza.**
**Capitalismo,** *m.* Régimen fundado en el predominio del capital como elemento productor de riqueza. || Potencia de los capitalistas.
**Capitalista,** *adj.* Propio del capital o del capitalismo. || *com.* Persona acaudalada, especialmente si el dinero lo tiene empleado en alguna empresa.
**Capitalización,** *f.* Acción y efecto de capitalizar.
**Capitalizar,** *tr.* Agregar al capital el importe de los intereses. || Señalar el capital que corresponde a determinado interés o empresa.
**Capitán,** *m.* Oficial del ejército que manda una compañía, escuadrón o batería. || El que manda un buque mercante o de guerra. || A veces se llama también así al que tiene algún otro mando. || V. **cabeza.**
**Capitanear,** *tr.* Hacer de capitán. || Mandar en algún grupo de gente.
**Capitel,** *m.* Parte superior de la columna.

Capitel

**Capitolio,** *m.* Edificio grande y majestuoso. || En la Roma antigua, el Capitolio era un monte y un templo dedicado a Júpiter.
**Capitulación,** *f.* Pacto o convenio en dejar la pelea, dándose por vencido uno de los bandos.

---

* pacitar, incapacidad, incapacitar, incapaz, recapacitar. || *Contr.:* **Incapaz.**

CAPILLA, f. Iglesia pequeñita, o lugar dentro de una iglesia, con altar y santo particular: **Como la capilla del Sagrario, ninguna.** || Oratorio: **En aquella casa hay una capilla muy bonita.** || **Capilla ardiente:** Mesa sobre la que hay un difunto puesto en su caja, la cual está revestida de paños negros y rodeada de velas encendidas.
   Viene del latín tardío **capella,** que significa «lugar para dar culto a Dios, capilla». || *Deriv.:* **Capellán, capellanía, capillero.**

**Capitular,** adj. Que pertenece o se refiere a un cabildo. ‖ intr. Ajustar, convenir, pactar. ‖ Entregarse una plaza al enemigo.

**Capítulo,** m. Junta que hacen los religiosos para los asuntos importantes de su Orden. ‖ Parte en que se suele dividir un libro. ‖ V. **cabeza.**

**Capota,** f. Especie de gorra que se sujeta con cintas debajo de la barbilla y que suelen usar las mujeres y los niños. ‖ Cubierta plegable que llevan algunos coches.

**Capote,** m. Capa de abrigo y con mangas. ‖ Capa torera.

**Capricho,** m. Deseo repentino y sin fundamento, propio de niños. ‖ Antojo.

**Caprichosamente,** adv. Que se hace por capricho, sin necesidad.

**Caprichoso,** adj. Que suele tener caprichos. ‖ Que se hace por capricho. ‖ Antojadizo.

**Cápsula,** f. Tapón de estaño o de otro metal que se pone en algunas botellas para cerrarlas bien. ‖ Especie de cajita con fulminante para las balas. ‖ Cajita pequeña. ‖ Forma de algunos vehículos espaciales, y de ciertos medicamentos.

**Captación,** f. Acción de captar.

**Captar,** tr. Con palabras como voluntad, estimación, atención significa atraer, conseguir, lograr.

**Captura,** f. Acción de capturar.

**Capturar,** tr. Prender, apresar, coger a una persona que se considera delincuente.

**Capucha,** f. Especie de capa que se usa para la cabeza.

**Capuchina,** f. Planta trepadora.

**Capuchino,** adj. Religioso de la Orden de San Francisco, que usa barba larga y capucha. ‖ Lo que pertenece o se refiere a la Orden de los capuchinos.

**Capuchón,** m. Capucha grande. ‖ Capucha de metal para plumas o bolígrafos.

**Capullo,** m. Envoltura en que se encierra el gusano de seda, y las larvas de otros insectos. ‖ Botón de algunas flores (como la rosa, por ejemplo).

**Caqui,** m. Tela verdosa para hacer uniformes militares. ‖ Color de esta tela.

**Cara.*

**Carabela,** f. Embarcación antigua muy ligera, con una sola cubierta y tres palos.

Carabela

**Carabina,** f. Arma de fuego a modo de fusil corto. ‖ Mujer de edad que acompaña a una señorita cuando sale a la calle.

**Carabinero,** m. Soldado destinado a la persecución del contrabando, especialmente en las fronteras. Antiguamente, estos soldados usaban carabinas.

**Caracol,** m. Molusco comestible de concha en espiral. ‖ Rizo o vuelta en espiral.

**Caracola,** f. Concha de un caracol marino, cuando está vacía. ‖ Cierta planta trepadora.

---

CARA, f. *Rostro, semblante, fisonomía:* **Tiene una cara muy agradable.** ‖ La parte de delante de la cabeza en el hombre y también en algunos animales: *El caballo tiene cara larga.* ‖ *Superficie de alguna cosa:* **El cubo geométrico tiene seis caras.** ‖ *Anverso de una moneda:* ¿*Cara o cruz?*

    Viene del griego **kara,** que significa 'cabeza'. ‖ Deriv.: **Carear, careo, careta, cariacontecido, carilargo, carilla, carirredondo, descarado, descararse, descaro, encarado, encarar.**

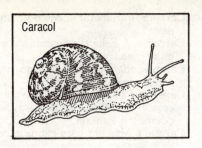
Caracol

**Carácter.\***
**Característica,** *f.* Cualidad del carácter por la que se distingue una persona o cosa de sus semejantes. ‖ Algo que es propio y personal de nuestro carácter.
**Característico,** *adj.* Perteneciente o que se refiere al carácter. ‖ Propio, típico.
**Caracterizado,** *adj.* Distinguido, de categoría.
**Caracterizar,** *tr.* Determinar bien el modo de ser de una persona o cosa, de suerte que se distinga de las demás.
**Caracterizarse,** *r.* Pintarse la cara o vestirse para representar, en el teatro, a un personaje de la comedia.
**Caradura,** *m.* Persona descarada y cínica.
**¡Caramba!** Interjección con que se denota extrañeza o enfado.
**Carambola,** *f.* En el juego del billar: Choque de la bola golpeada con las otras dos bolas.
**Caramelo,** *m.* Pasta de azúcar puesta al fuego y endurecida después.
**Carantoñas,** *f. pl.* Halagos y caricias que hacen algunos niños a sus padres intentando conseguir algún capricho.
**Caravana,** *f.* Grupo de gentes que se reúnen para atravesar juntos el desierto. ‖ Gran número de personas que van juntas por el campo.
**¡Caray!** Interjección como ¡caramba!
**Carbón.\***
**Carbonado,** *m.* Diamante negro.
**Carbonato,** *m.* Sal resultante de la combinación del ácido carbónico.
**Carboncillo,** *m.* Palito carbonizado que sirve para dibujar.
**Carbonería,** *f.* Tienda donde se vende carbón.
**Carbonero,** *adj.* El que hace o vende carbón.
**Carbónico,** *adj.* Derivado del carbono.
**Carbonización,** *f.* Acción de convertirse un cuerpo en carbón.
**Carbonizarse,** *r.* Quemarse totalmente.
**Carbono,** *m.* Cuerpo que cuando está casi puro forma el diamante.
**Carburador,** *m.* Pieza de muchos vehículos, en la cual se unen la gasolina pulverizada y el aire, formando una mezcla que, al ser quemada por la chispa, hace funcionar el motor.
**Carburante,** *m.* Cuerpo que, con el aire u otro gas, se hace combustible o detonante.
**Carburo,** *m.* Combinación del carbono con un cuerpo simple. ‖ Nombre de ciertas combinaciones químicas del carbono.

---
\*

CARÁCTER, *m. Modo de ser de una persona, especialmente referido a sus cualidades morales:* **Es de carácter apacible.** ‖ *Fuerza del alma, firmeza, energía:* **Es hombre de mucho carácter.** ‖ *Condición de las personas por su dignidad o estado:* **Tiene carácter militar.** ‖ *Señal o marca que se pone a una cosa:* **El carácter de cristiano lo da el Bautismo.** ‖ pl. *Signos de escritura:* **Está escrito en caracteres griegos.**
    Viene del griego **kharakter,** *que significa 'marca, grabado, carácter, distintivo'.* ‖ *Deriv.:* **Característica, característico, caracterizar.**
CARBÓN, *m. Materia sólida, negra, de origen vegetal o mineral, que se usa para quemarla:* **Carbón de encina.** ‖ *Ascua o brasa después de apagarse el fuego:* **Quedan sólo los carbones de la lumbre.**
    Viene del latín **carbo,** *que significa 'carbón'.* ‖ *Deriv.:* **Carbonada, carbonario, carbonatado, carbonato, carboncillo, carbonear, carbonera, carbonería, carbonero, carbónico, carbonífero, carbonilla, carbonita, carbonizar, carbono, carburador, carburante, carburar, carburo.**

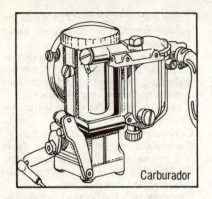
Carburador

**Carcaj**, *m.* Caja pendiente del hombro y llena de flechas u otras armas.
**Carcajada**, *f.* Risa ruidosa.
**Cárcel**, *f.* Sitio para encerrar, con seguridad, a los presos. || Prisión.
**Carcinógeno, na**, *adj.* Sustancia o agente que produce cáncer.
**Carcoma**, *f.* Insecto muy pequeño que agujerea la madera.
**Cardenal**, *m.* Cada uno de los prelados que son príncipes y consejeros de la Iglesia. Cuando muere un Papa, eligen a otro Papa. || Mancha osucra producida en el cuerpo por un golpe o mordisco.
**Cardenalato**, *m.* Dignidad de cardenal.
**Cardenillo**, *m.* Capa venenosa de color verde claro, que se forma sobre las cosas de cobre.
**Cárdeno**, *adj.* De color amoratado. || Se dice del toro que tiene el pelo entre blanco y negro.
**Cardíaco**, *adj.* Que pertenece o se refiere al corazón. || Que padece del corazón.
**Cardias**, *m.* Orificio superior del estómago.
**Cardinal**, *adj.* Principal, fundamental, esencial.
**Cardiograma**, *m.* Dibujo de los movimientos del corazón y del pulso.
**Cardiología**, *f.* Ciencia que trata del corazón, de sus funciones y de sus enfermedades.
**Carecer.**\*

**Carenar**, *tr.* Reparar el casco de una nave.
**Carencia**, *f.* Falta o privación de alguna cosa.
**Carente**, *adj.* Que no tiene algo, que carece de algo.
**Carestía**, *f.* Falta o escasez de alguna cosa. || Precio alto de las cosas necesarias. || Penuria.
**Careta**, *f.* Máscara para cubrir la cara. || Antifaz.
**Carey**, *m.* Concha especial de algunas tortugas. De ella se hacen cajitas de lujo para guardar joyas, peines buenos, botones estupendos, etc.
**Carga**, *f.* Acción de cargar. || Cosa que hace peso sobre otra. || Lo que lleva encima un hombre, un animal o un vehículo. || Unidad de medida de la leña, carbón, frutos, etcétera. || Cantidad de pólvora que se pone para que disparen las armas de fuego. || Ataque, valiente y rápido, de una tropa. || Tributo. || Obligación. || Contr.: **Descarga**.
**Cargado**, *adj.* Se dice del tiempo o de la atmósfera bochornosos. || Espeso, saturado.
**Cargador**, *m.* El que tiene por oficio cargar mercancías. || En algunas armas de fuego: la pieza en que se colocan los cartuchos o balas.
**Cargamento**, *m.* Conjunto de mercaderías que carga una embarcación.
**Cargante**, *adj.* Molesto, pesado, fastidioso, difícil de aguantar con serenidad.
**Cargar**, *tr.* Poner cosas pesadas sobre una persona o una bestia. || Poner en un barco o en un vehículo las mercancías que tiene que transportar. || Meter la carga en el cañón de cualquier arma de fuego. || Acometer con fuerza y rapidez a los enemigos. || Aumentar un impuesto o contribución. || Apuntar en una lista de nombres lo que debe cada uno. || Incomodar, molestar. || *intr.* Llenarse de frutos un árbol.

---

\* CARECER, intr. *No tener alguna cosa:* ***Carecer de recursos para vivir.***
 *Viene del latín* **carere**, *que significa 'carecer'.* || *Deriv.:* **Carencia, carencial.** || *Contr.:* **Tener, poseer.**

**Cargo,** m. Acción de cargar. || Empleo, oficio, dignidad. || Gobierno, dirección, cuidado. || V. **Carro.**
**Cariacontecido,** adj. Que muestra en el semblante su pena o sus preocupaciones.
**Cariado,** adj. Se dice de los dientes dañados o prodridos.
**Cariátide,** f. Columna en forma de estatua femenina.
**Caricato,** m. Cantante que en el teatro hace papeles de risa.
**Caricatura,** f. Retrato ridículo de alguna persona.
**Caricia,** f. Demostración cariñosa que se hace rozando suavemente, con la mano, la cara de una persona, el cuerpo de un animal, etc.
**Caridad.\***
**Caries,** f. Ulcera de un hueso (generalmente un diente).
**Carilla,** f. Plana o página. || Diminutivo de cara o de careta.
**Carillón,** m. Grupo de campanas que funcionan a la vez y gracias a un mecanismo especial.
**Cariño.\***
**Cariñosamente,** adv. Con cariño.
**Cariñoso,** adj. Que trata con cariño, afectuoso, amoroso. || V. **cariño.**
**Caritativo,** adj. Que tiene caridad o trata con caridad a los demás.
**Cariz,** m. Aspecto de la atmósfera. || Aspecto que presenta un asunto o una reunión de personas.
**Carlista,** adj. Partidario de don Carlos y de sus descendientes para reyes de España.

Carillón

**Carmelita,** adj. Religioso de la Orden del Carmen.
**Carmelitano,** adj. Perteneciente a la Orden del Carmen.
**Carmen,** m. Cierta orden de religiosos que visten hábitos negro o pardo y capa blanca. || En Granada, casa con huerto y jardín.
**Carmesí,** adj. Color rojo subido. || m. Tela o polvo de ese color.
**Carmín,** m. Cierta sustancia de color rojo encendido. || Esta clase de color rojo.
**Carnal,** adj. Perteneciente a la carne, que es el tercer enemigo del alma. || Lujurioso, lascivo. || Contr.: **Espiritual.**
**Carnaval,** m. Los tres días anteriores al Miércoles de Ceniza y las fiestas con que se celebran.
**Carnaza,** f. Gusanillo inocente que se pone de cebo para pescar peces. || Parte de la piel que está en contacto con la carne del animal.
**Carne.\***

---

CARIDAD, f. *Amor que Dios nos tiene:* **La caridad que Dios nos tiene nos capacita para poder amar a los otros hombres y, además, nos enseña cómo debemos amarlos.** || *Virtud que consiste en amar a Dios y en amar a los demás porque son hijos de Dios:* **Fe, esperanza y caridad.** || *Limosna, socorro:* **Hace muchas caridades.**
  *Viene del latín* **caritas,** *que significa 'amor, cariño'.* || *Deriv.:* **Caritativo.**
CARIÑO, m. *Amor o afecto que se siente hacia una persona o cosa:* **Le tengo mucho cariño.** || *Amistad, inclinación, ternura, apego:* **Cada vez le tengo más cariño** || *Esmero con que se hace una cosa:* **Lo hice con gran cariño y por eso resultó tan bien.**
  *Viene del verbo antiguo* **cariñar,** *que significa 'desear estar con una persona que está lejos'.* || *Deriv.:* **Cariñosamente, cariñoso, encariñar, encariñarse.**
CARNE, f. *Parte blanda del cuerpo de los animales, especialmente la que se vende para comer:* **La carne tiene muchas proteínas.** || *Uno de los tres*

**Carnero,** *m.* El macho de la oveja.
**Carnet,** *m.* Tarjeta de identidad.
**Carnicería,** *f.* Tienda donde se vende carne. ‖ Destrozo o mortandad grande de gente causado por la guerra o por otra gran catástrofe.
**Carnicero,** *adj.* Animal que da muerte a otros para comérselos. ‖ Cruel, sanguinario, inhumano. ‖ *m.* Persona que vende carne.
**Cárnico,** *adj.* (Lo) que se refiere a la carne.
**Carnívoro,** *adj.* Que se alimenta de carne.
**Carnoso,** *adj.* De carne; o de muchas carnes.
**Caro,** *adj.* Que vale mucho. ‖ Querido, estimado.
**Carolingio,** *adj.* De Carlomagno, de la dinastía de este rey, o del tiempo de este monarca.
**Carótida,** *f.* Cada una de las dos arterias que pasan por el cuello para llevar la sangre a la cabeza.
**Carpa,** *f.* Cierto pez de río, del grupo del salmón, aunque menos sabroso.

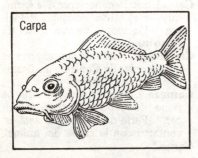
Carpa

**Carpanta,** *f.* Hambre grandísima.
**Carpelo,** *m.* En una flor: la única parte que se transforma totalmente en fruto.
**Carpeta,** *f.* Cartera grande para escribir sobre ella y guardar papeles.
**Carpetano,** *adj.* De la región de Toledo.

**Carpintería,** *f.* Taller o tienda donde trabaja el carpintero.
**Carpintero,** *m.* El que tiene el oficio de trabajar la madera.
**Carpo,** *m.* La muñeca del brazo (es decir, la parte en que se unen la mano y el antebrazo).
**Carraspear,** *intr.* Sentir carraspera y querérsela quitar a base de ruidos en la garganta.
**Carraspera,** *f.* Cierta aspereza en la garganta que enronquece la voz.
**Carrera,** *f.* Lo que se hace cuando se corre. ‖ Apuesta o concurso para ver el que corre más de prisa. ‖ Serie de calles que ha de recorrer una procesión o comitiva. ‖ Estudios que han de hacerse para ejercer una profesión intelectual. ‖ Curso de los astros. ‖ Línea de puntos que se sueltan en una media de vestir. ‖ V. **carro.**
**Carrero,** *m.* El que guía un carro.
**Carreta,** *f.* Carro largo, estrecho y más bajo que el ordinario y que suele ser arrastrado por bueyes.
**Carrete,** *m.* Especie de barra corta o cilindro para tener enrollados en él hilos, alambres, cordeles o cables.
**Carretela,** *f.* Coche ligero de cuatro asientos y cubierta plegable.
**Carretera,** *f.* Camino público y ancho para que por él pasen carros y coches.
**Carretero,** *m.* El que hace carros o carretas. ‖ El que guía las caballerías que tiran de los carros.
**Carretilla,** *f.* Carro pequeño de mano con una o dos ruedas delante y varas por detrás para agarrarlo y transportar alguna cosa.
**Carretón,** *m.* Carro pequeño. ‖ Carrito para poner a los niños pequeñines.
**Carricoche,** *m.* Carro pequeño con toldo. ‖ Coche viejo o malo.
**Carril,** *m.* Sitio por donde pasa una rueda.

---

enemigos del alma, que inclina a la sensualidad: *Mundo, demonio y carne.* ‖ Parte más sabrosa de una fruta: *La carne de la sandía es roja.*
    Viene del latín *caro, carnis,* que significa 'carne'. ‖ Deriv.: **Carnada, carnal, carnaza, carnear, carnestolendas, carnicería, carnicero, carnosidad, carnoso, descarnado, descarnar, encarnación, encarnado, encarnizamiento, encarnizarse.**

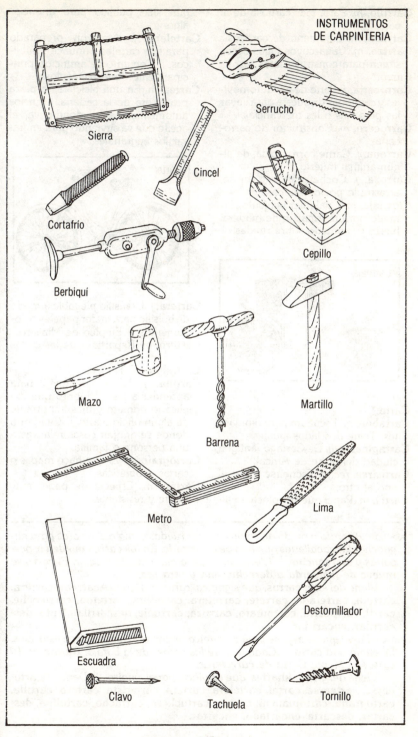

**Carrillo,** m. Parte más carnosa de la cara.
**Carrizal,** m. Sitio lleno de carrizos.
**Carrizo,** m. Caña cuyos tallos secos sirven para construir cielos rasos.
**Carro.**\*
**Carrocería,** f. Parte de los automóviles y camiones dispuesta para llevar las personas o las mercancías.
**Carrocero,** m. Constructor de carrocerías.
**Carroña,** f. Carne corrompida, de algún animal muerto.
**Carroza,** f. Coche grande y lujoso, arrastrado por caballerías.
**Carruaje,** m. Cualquier vehículo formado por un armazón de madera, hierro y montado sobre ruedas.

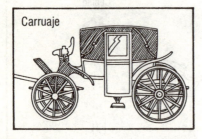
Carruaje

**Carta.**\*
**Cartabón,** m. Escuadra para dibujantes. Tiene dos lados iguales.
**Cartaginés,** adj. De Cartago (antigua ciudad del norte de Africa).
**Cartearse,** recípr. Escribirse cartas el uno al otro.
**Cartel,** m. Papel que se coloca en algún sitio público para anunciar algo.
**Cartelera,** f. Armazón preparado para fijar carteles o anuncios públicos. || Conjunto de anuncios, principalmente de espectáculos.
**Cárter,** m. En una bicicleta: la pieza protectora de la cadena. || En los automóviles: sitio donde va el aceite que va sirviendo para engrasar los engranajes.

Cárter

**Cartera,** f. Utensilio plegable a modo de bolsillo para meter papeles o documentos. || Empleo de Ministro.
**Cartero,** m. Repartidor de las cartas del correo.
**Cartílago,** m. Ternilla.
**Cartilla,** f. Librito pequeño para aprender a leer. || Librito que explica lo primero y más importante de algún oficio o arte. || Cuaderno donde se anotan cosas relativas a una persona o familia.
**Cartógrafo,** m. El que hace mapas o cartas geográficas.
**Cartón,** m. Especie de papel muy fuerte y resistente.

* ———————————————————————

CARRO, m. Aparato a modo de cajón con dos ruedas y una o dos varas para engachar las caballerías que han de arrastrarle: **En los carros pueden ir personas y mercancías.** || Cierta pieza de la máquina de escribir: **El carro se mueve de izquierda a derecha, una y otra vez.**
    Viene del latín **carrus,** que significa 'carro'. || Deriv.: **Acarrear, carrera, carreta, carretada, carrete, carretera, carretilla, carretón, carricoche, carril, carrocería, carromato, carroza, carruaje, descarrilamiento, descarrilar, encarrilar.**

CARTA, f. Papel que se escribe para comunicarse con otra persona que está lejos: **Le envió una carta.** || Cada uno de los naipes de la baraja: **Baraja de 40 cartas.** || Mapa: **Carta de carreteras.**
    Viene del griego **khartes,** que significa 'papel, papiro'. || Deriv.: **Acartonarse, cartearse, cartel, cartelera, cartera, carterista, cartero, cartilla, cartografía, cartomancia, cartón, cartuchera, cartucho, cartulina, descartar, descarte, encartado, encartar.**

**Cartuchera,** *f.* Canana para cartuchos.

**Cartucho,** *m.* Carga de pólvora y municiones que se utiliza para un tiro. ‖ Envoltorio cónico o cilíndrico para contener cosas pequeñas.

**Cartuja,** *f.* Orden religiosa muy austera que fundó San Bruno el año 1086. ‖ Convento de esta Orden.

**Cartujo,** *m.* Religioso de la cartuja. ‖ Hombre callado y a quien no le gusta tratarse con la gente.

**Cartulina,** *f.* Cartón delgado, limpio, liso y brillante.

**Casa.**\*

**Casaca,** *f.* Vestidura antigua ceñida a la cintura y con faldón hasta las rodillas.

**Casación,** *f.* Anulación hecha por un tribunal de justicia.

**Casadero,** *adj.* Que está en edad de casarse.

**Casado,** *m.* El que ha contraído matrimonio.

**Casamiento,** *m.* Boda, matrimonio, unión de un hombre y una mujer para constituir una familia.

**Casar,** *intr.* Contraer matrimonio, unirse un hombre a una mujer o una mujer a un hombre para formar una familia. ‖ Juntar una cosa con otra haciendo que encajen bien. ‖ V. **casa.**

**Cascabel,** *m.* Bola hueca de metal, con asa y varios agujeros, que lleva dentro un pedacito de hierro para que suene al moverlo.

**Cascabullo,** *m.* Caperuza que tiene la bellota en su extremo superior.

**Cascada,** *f.* Gran despeñadero de agua.

**Cascar,** *tr.* Romper una cosa machacándola. ‖ Pegar a otro.

**Cáscara,** *f.* Corteza dura de los hue-

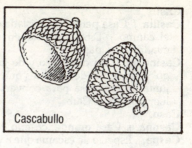

Cascabullo

vos, de algunas frutas y de otras cosas. ‖ Corteza de árboles.

**Cascarilla,** *f.* Corteza amarga de un árbol de América, aromática y medicinal. ‖ Quina delgada.

**Cascarrabias,** *com.* Persona que fácilmente se enoja, riñe o se enfada.

**Casco,** *m.* Pieza que se pone en la cabeza para protegerla de golpes. ‖ Cada uno de los pedazos de una vasija cuando se ha roto la vasija. ‖ Botella que contiene bebidas u otros líquidos. ‖ Cuerpo del barco o del avión. ‖ Parte de la pezuña de algunos animales. ‖ Gajo de naranja. ‖ Cráneo.

**Caserío,** *m.* Conjunto de casas.

**Casero,** *adj.* Que se hace o se cría en casa. ‖ (Persona) a quien le gusta mucho estar en casa. ‖ *m.* Dueño de alguna casa que la alquila a otro. ‖ Persona que cuida de una casa y vive en ella cuando no está el dueño.

**Caserón,** *m.* Casa muy grande y destartalada.

**Caseta,** *f.* Casa pequeña de construcción rápida.

**Casete,** *amb.* Cajita de material plástico que contiene una cinta magnética para el registro y reproducción de sonidos.

---

\*

Casa, f. *Construcción para vivir en ella:* **Casa de siete pisos.** ‖ *Conjunto de personas que tienen un mismo apellido por descender de una misma familia:* **San José era de la casa de David.** ‖ *Establecimiento industrial o mercantil:* **Es una casa muy acreditada.**

    *La palabra castellana* **casa,** *viene de la palabra latina* **casa,** *que significa 'choza, cabaña', y de ella se derivan* **casal, caserío, caseta, casilla, casillero, casino, encasillado, encasillar** *y otras. Pero también hay muchas palabras castellanas que se refieren a cosas de la casa y que se derivan de la palabra latina* **domus,** *que también significa 'casa'. Derivadas de la raíz* **domus** *son:* **domesticar, doméstico, domiciliar, domicilio.**

**Casi.\***
**Casilla,** *f.* Casa pequeña y aislada en el campo. ‖ Dibujo puesto en un cuadrito del papel.
**Casino,** *m.* Casa de recreo y de juego. ‖ Sociedad de hombres que se junta en una casa para conversar, leer y jugar. ‖ Club.
**Caso.\***
**Casona,** *f.* Casa grande, caserío.
**Caspa,** *f.* Especie de escama que a veces se forma en el cuero cabelludo.
**Casquete (esférico),** *m.* Parte de una superficie esférica que tiene forma de casco de soldado, pero bien cortada.
**Casta,** *f.* Sucesión de personas o de animales que descienden de una misma familia. ‖ Linaje, raza, generación. ‖ Conjunto de personas de un país que forman una clase especial sin mezclarse con las demás.
**Castaña,** *f.* Fruto del castaño.
**Castañero,** *m.* Persona que vende castañas.
**Castaño,** *m.* Arbol cuyo fruto es la castaña. La castaña sirve de alimento y es del tamaño de una nuez pero cubierta de una cáscara lisa y de color pardo oscuro.
**Castañuela,** *f.* Instrumento para algunos cantes y bailes, hecho con dos especies de conchas de madera dura que se sujetan a un dedo y se golpean la una contra la otra.
**Castellano.\***

Castaño

**Castidad,** *f.* Honestidad, pureza. ‖ Virtud que se opone a los afectos carnales desordenados. ‖ Contr.: **Lujuria.**
**Castigar.\***
**Castigo,** *m.* Pena que se impone al que ha cometido una falta. ‖ Contrario: **Premio.** ‖ V. **castigar.**
**Castillo,** *m.* Lugar cercado de murallas, fosos y otras fortificaciones, a propósito para defenderse de los enemigos. ‖ Parte alta y principal de un buque.
**Castizo,** *adj.* De buena casta, de buen origen. ‖ (Lenguaje) puro y sin palabras o expresiones extranjeras. ‖ Correcto.
**Casto,** *adj.* Que tiene la virtud de la castidad. ‖ Honesto, puro.
**Castor,** *m.* Animalito parecido al co-

---

Casi. *Adverbio que significa 'cerca de, por poco, aproximadamente':* **Pesa casi cien kilos.**
  *Viene del latín* **quasi,** *que significa 'como si'.*
Caso, *m. Suceso, acontecimiento, incidente:* **¡Vaya caso que ha pasado!** ‖ *Asunto:* **Quiero consultarte un caso.** ‖ *En gramática: oficio que «tal» nombre o pronombre desempeña dentro de la oración:* **Si es sujeto, o predicado nominal, va en caso nominativo.**
  *Viene del latín* **casus,** *que significa 'caída, accidente, suceso'.* ‖ *Deriv.:* **Acaso, casual, casualidad, casuística, casuístico.**
Castellano, *adj. De Castilla:* **El ancho paisaje castellano.** ‖ *m. El idioma español:* **El castellano está muy extendido.**
  *Viene de la palabra* **Castilla,** *y ésta procede del altín* **castellum** *(castillo); por eso* **castellano** *quiere decir propiamente 'señor de un castillo'.* ‖ *Deriv.:* **Castellana, castellanamente, castellanismo, castellanizar.**
Castigar, *tr. Imponer pena a quien ha hecho algo malo:* **Fue castigado por su mentira.**
  *Viene del latín* **castigare,** *que significa 'amonestar, enmendar'.* ‖ *Deriv.:* **Castigo.** ‖ *Contr.:* **Premiar.**

Castor

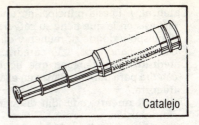
Catalejo

nejo, pero de mejor piel. Tiene una cola que le sirve de remo al nadar.
**Castrense,** adj. Que se refiere al ejército.
**Castro,** m. Campamento fortificado. || Juego de muchachos. || Resto de algunas fortificaciones antiguas.
**Casual,** adj. Que sucede sin que uno se dé cuenta ni sepa por qué. || Impensado, imprevisto. || Contr.: **Previsto, voluntario.**
**Casualidad,** f. Combinación de circunstancias imprevistas. || Azar, acaso.
**Casuismo,** m. Solución de dificultades, problemas o casos particulares sin atender a una ley general.
**Casulla,** f. Vestidura sagrada que se pone el sacerdote por encima de todas las demás para celebrar el Santo Sacrificio de la Misa.
**Cataclismo,** m. Trastorno grande en alguna parte de la Tierra. || Trastorno grande en el orden social o político.
**Catacumbas,** f. pl. Subterráneos en los cuales los primitivos cristianos, especialmente en Roma, enterraban a sus muertos y practicaban el culto.
**Catafalco,** m. Armazón fúnebre que suele ponerse en los templos para las exequias solemnes.
**Catalán,** adj. Nacido en Cataluña o perteneciente a esta región || m. Lenguaje hablado en Cataluña.
**Catalejo,** m. Anteojo de larga vista.
**Catálogo.***
**Cataplasma,** f. Medicamento externo y a manera de pomada. || Persona que molesta de tanto ponerse al lado de uno.
**Catar,** tr. Probar, tomar alguna cosa para conocer su sabor. || Mirar.
**Catarata,** f. Salto grande de agua. || Especie de telilla que se pone a veces en el ojo y no deja ver.
**Catarral,** adj. Que se refiere al catarro.
**Catarro,** m. Inflamación de las membranas de la nariz o la garganta. || Resfriado.
**Catastro,** m. Lista o censo estadístico de las fincas.
**Catástrofe,** f. Acontecimiento imprevisto y desgraciado. || Desastre.
**Catastrófico,** adj. Muy malo, muy grave. || Desastroso.
**Cate,** m. Golpe, bofetada. || Entre estudiantes: suspenso.
**Catear,** tr. Entre estudiantes: suspender en los exámenes a uno o más alumnos.
**Catecismo,** m. Libro en que se contiene la doctrina cristiana en forma de diálogo. || Libro en que se explica, en pocas palabras y por medio de preguntas y respuestas, el contenido de alguna ciencia.
**Catecúmeno,** m. Persona que se está instruyendo en la doctrina católica, con el fin de recibir el bautismo.
**Cátedra.***

---
\*Catálogo, m. Lista ordenada de cosas o personas: *El catálogo de la biblioteca.*
  Viene del griego **katalego,** que significa 'enumerar'. || Deriv.: **Catalogación, catalogar.**
\*Cátedra, f. Asiento elevado desde donde el maestro explica sus lecciones. *El nombre «catedral» quiere decir «sitio donde el obispo tiene su cáte-*

**Catedral,** *f.* Iglesia principal de una diócesis en la que tiene su cátedra el obispo y donde se reúnen y ofician los canónigos. ‖ V. **cátedra.**
**Catedrático,** *m.* Persona que tiene cátedra para dar enseñanza en ella.
**Categoría.\***
**Categóricamente,** *adv.* Sin discutir, sin discusión.
**Catequesis,** *f.* Trabajo de enseñar la religión.
**Catequista,** *com.* Persona que enseña el catecismo.
**Catequístico,** *adj.* (Lo) que se refiere al catecismo o (lo) que está escrito en preguntas y respuestas.
**Catequizar,** *tr.* Enseñar la doctrina de nuestra santa fe católica. ‖ Hacer que uno piense o haga lo que a otro le conviene.
**Cateto,** *m.* Cada uno de los dos lados que forman el ángulo recto en un triángulo rectángulo. ‖ Persona rústica, paleto.
**Cátodo,** *m.* En electricidad: el polo positivo.
**Catolicismo,** *m.* Doctrina de la Santa Iglesia Católica, Apostólica y Romana. ‖ Conjunto de todas las personas del mundo que profesan la religión católica.
**Católico.\***

**Catón,** *m.* Libro con frases graduadas para ir aprendiendo a leer.
**Catorce,** *adj.* Número que resulta de añadir cuatro a diez.
**Catre,** *m.* Cama ligera, para una sola persona.
**Cauce,** *m.* Lecho o canal por donde van las aguas de los ríos y arroyos. ‖ Conducto descubierto, hecho artificialmente, por donde corren las aguas para riegos u otros usos.
**Caucho,** *m.* Especie de goma que producen algunos árboles tropicales.
**Caudal,** *m.* Cantidad de agua que lleva un arroyo o río. ‖ Hacienda, dinero, riquezas, capital, fortuna. ‖ *adj.* De la cola o rabo.
**Caudaloso,** *adj.* Que lleva mucha agua.
**Caudillo,** *m.* El que manda y dirige un ejército. ‖ El que dirige algún gremio, partido o comunidad.
**Causa.\***
**Causal,** *adj.* Motivo de alguna cosa. ‖ Que anuncia relación entre la causa y el efecto.
**Causante,** *adj.* El que tiene la culpa de algo.
**Causar,** *tr.* Producir, ocasionar, provocar algo. ‖ V. **causa.**

---

\*

dra». ‖ *Empleo del catedrático y materia que explica:* **Desempeña la Cátedra de Historia.**
    *Viene del griego* **kathedra,** *que significa 'asiento'.* ‖ *Deriv.:* **Catedral, catedralicio, catedrático.**
Categoría, f. *Condición social de las personas:* **Es hombre de mucha categoría.** ‖ *Clase de objetos semejantes:* **Estas cosas son de la misma categoría.**
    *Viene del griego* **kategoria,** *que significa 'la cualidad que se atribuye a un objeto'.* ‖ *Deriv.:* **Categorema, categórico.**
Católico, adj. *Universal:* **La Santa Iglesia de Roma se llama católica porque es universal.** ‖ *Que profesa la religión católica:* **En Europa hay muchos católicos.** ‖ *Sano, perfecto:* **No está muy católico.**
    *Viene del griego* **katholicos,** *que significa 'universal, general'.* ‖ *Deriv.:* **Catolicidad, catolicismo.**
Causa, f. *Lo que produce otra cosa distinta de ella misma:* **El sol es la causa de la luz del día.** ‖ *Motivo para hacer algo:* **Te favorezco por causa de mi amistad.** ‖ *Empresa o doctrina por la que uno se toma interés:* **Abrazó la causa de los rebeldes.** ‖ *Pleito, litigio, proceso criminal:* **La causa por estafa duró mucho tiempo.**
    *Viene del latín* **causa,** *que significa lo mismo que en castellano.* ‖ *Deriv.:* **Causal, causalidad, causante, causar, concausa, encausar.**

**Cáustico,** *adj.* Corrosivo. ‖ Mordaz y sátiro.
**Cautamente,** *adv.* Con precaución.
**Cautela,** *f.* Precaución con que se hace algo. ‖ Astucia.
**Cauteloso,** *adj.* Que obra con cautela.
**Cautivador,** *adj.* Que cautiva, que se hace agradable.
**Cautivar,** *tr.* Coger al enemigo en la guerra. ‖ Aprisionar, hacer prisioneros, capturar. ‖ Atraer.
**Cautiverio,** *m.* Estado de la persona que vive en poder del enemigo.
**Cautivo,** *m.* Cogido en la guerra por el enemigo. ‖ Prisionero, aprisionado.
**Cauto,** *adj.* Que obra con cautela.
**Cava,** *f.* Lo que se hace al cavar, y más especialmente, la labor que se hace a las viñas cuando se las cava. ‖ Sótano especial para que en él vaya envejeciendo el champán.
**Cavar,** *tr.* Levantar o ahuecar la tierra con la azada u otra herramienta semejante.
**Caverna,** *f.* Cueva profunda entre rocas o debajo de la tierra.
**Cavernícola,** *adj.* Habitante de las cavernas.
**Cavernoso,** *adj.* Propio de las cavernas. ‖ Sonido desagradable y áspero.
**Caviar,** *m.* Manjar de huevas de esturión.
**Cavidad,** *f.* Hueco dentro de un cuerpo cualquiera.
**Cavilar,** *tr.* Pensar continuamente en una cosa. ‖ Preocuparse.
**Cayado,** *m.* Palo o bastón de los pastores. ‖ No debe confundirse «cayado» con «callado».
**Caza,** *f.* Lo que se hace al cazar. ‖ Animales salvajes que se cazan. ‖ *m.* Avión rápido, muy adecuado para reconocimientos y combates aéreos.
**Cazabombarderos,** *m.* Avión de caza. (Lo que caza son otros aviones que son enemigos.)
**Cazador,** *m.* El que caza por oficio o por diversión.
**Cazadora,** *f.* Chaqueta adecuada para ir a cazar al campo.
**Cazar,** *tr.* Buscar y seguir a las aves y otros animales para cogerlos o matarlos. ‖ Coger a uno en un descuido.
**Cazatorpedero,** *m.* Buque de guerra, pequeño y rápido, que sirve para perseguir a los torpederos enemigos.
**Cazo,** *m.* Vasija metálica, semiesférica y con un mango largo. Se usa mucho en la cocina.
**Cazoleta,** *f.* Especie de cazo que tienen algunas cosas (una espada en la parte de puño, por ejemplo.)
**Cazuela,** *f.* Vasija de cocina, redonda y de barro, más ancha que honda.
**Cebada,** *f.* Planta anual parecida al trigo y cuyos granos sirven de alimento a los animales. ‖ Semilla de esta planta.
**Cebar,** *tr.* Engordar mucho a los animales. ‖ *r.* Portarse cruelmente con otra persona.
**Cebo,** *m.* Comida para engordar animales. ‖ Engaño que se le pone a un pez para que pique el anzuelo. ‖ No debe confundirse «cebo» con «sebo».
**Cebolla,** *f.* Planta de huerto que produce un bulbo comestible.

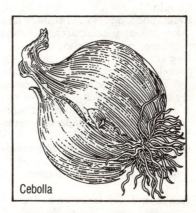
Cebolla

**Cebón,** *adj.* Muy grueso. ‖ *m.* Cerdo.
**Cebra,** *f.* Animal parecido al asno, con pelo blanco-amarillento y listas transversales pardas o negras.
**Cecear,** *intr.* Pronunciar la **S** como si fuera una **C**.
**Cedazo,** *m.* Malla metálica rodeada por un aro de madera, y que sirve para cerner harina, para pescar, etcétera.

**Ceder.\***
**Cedilla,** *f.* Letra de la antigua escritura española. Era así ç (con una comita debajo).
**Cedoaria,** *f.* Raíz medicinal de una planta de la India.
**Cedro,** *m.* Arbol de la misma familia que los pinos que puede crecer mucho y tiene ramas horizontales y hojas persistentes. ‖ Madera de esta árbol muy usada para lápices buenos y para cajas de puros.

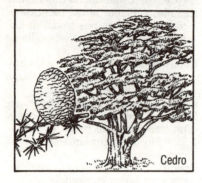
Cedro

**Cédula.\***
**Cefalópodo,** *adj.* Nombre que se da a los pulpos y calamares, de cuyas cabezas nacen muchos pies.
**Cegar,** *intr.* Quedarse ciego, sin poder ver absolutamente nada. ‖ Turbar la razón los afectos o pasiones desordenados. ‖ *tr.* Dejar ciego. ‖ Ofuscar, alucinar. ‖ Tratándose de caminos, taparlos, cerrarlos.
**cegesimal (Sistema),** *m.* Sistema de medidas usado en física. Las unidades son: el centímetro, el gramo y el segundo.
**Ceguera,** *f.* No tener vista. ‖ Obcecación, ofuscamiento de la razón.
**Ceja,** *f.* Parte saliente cubierta de pelo por encima de los ojos. ‖ Parte que sobresale un poco en algunas cosas. ‖ Lista de nubes que suele haber sobre las montañas.
**Cejar,** *intr.* Ceder, flaquear, recular, aflojar, parar, retroceder en un empeño.
**Celaje,** *m.* Aspecto que presenta el cielo cuando hay nubes pequeñas y de varios matices de colores. ‖ Parte superior de una ventana.
**Celada,** *f.* Parte de una armadura antigua, que servía para tapar la cabeza del caballero.
**Celar,** *tr.* Procurar con toda diligencia y cuidado que se cumplan las leyes y las obligaciones que cada uno tiene. ‖ Vigilar a los dependientes o inferiores cuidando de que cumplan sus deberes. ‖ Atender con esmero al cuidado de una persona a quien se quiere. ‖ Ocultar, tapar, disimular, encubrir, velar.
**Celda,** *f.* Habitación en la que vive un fraile o una monja en su convento. ‖ Habitación individual en colegios y otros centros parecidos. ‖ Habitación donde se encierra a un preso en las cárceles.
**Celdilla,** *f.* Cada una de las casillas de un panal de abejas o de avispas.
**Celebérrimo,** *adj.* Muy célebre.
**Celebración,** *f.* Lo que se hace al celebrar. ‖ Aplauso, aclamación. ‖ V. **célebre.**
**Celebrante,** *m.* Sacerdote que está diciendo la misa.
**Celebrar,** *tr.* Alabar, aplaudir, ensalzar, hablar bien de una persona o cosa. ‖ Festejar con culto solemne la memoria de algún santo o de algún acontecimiento religioso. ‖ V. **célebre.**

---

CEDER, *tr. Dejar que alguno tome alguna cosa o derecho:* **Le cedió su habitación.** ‖ *intr. Rendirse, someterse:* **Los sitiados cedieron.** ‖ *Disminuir o cesar algo:* **Cedió la fiebre.**
    *Viene del latín* cedere, *que quiere decir 'retirarse, marcharse, ceder, no resistir'.* ‖ *Deriv.:* **Antecedente, anteceder, antecesor, cesión, conceder, precedente, preceder, retroceder, retroceso.**
CÉDULA, f. *Pedazo de papel escrito o para escribirse en él alguna cosa:* **Las cédulas reales eran una especie de decretos que daba el rey.**
    *Viene del latín* schedula, *que quiere decir 'hoja de papel, página'.*

**Célebre.\***
**Celebridad,** *f.* Fama o renombre que tienen una persona o cosa.
**Celentéreos,** *m. pl.* Grupo de animales invertebrados marinos (Pólipos, madréporas, corales, medusas y esponjas), todos ellos con apariencia de plantas.

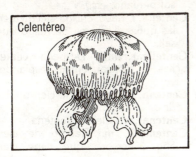
Celentéreo

**Celeridad,** *f.* Rapidez, velocidad, prontitud, diligencia.
**Celeste,** *adj.* Que pertenece al cielo. ‖ De color azul claro. ‖ *fig.* Celestial.
**Celestial,** *adj.* Perteneciente al Cielo. ‖ V. **cielo.** ‖ Contr.: **Infernal.**
**Célibe,** *adj.* Soltero.
**Celo,** *m.* Deseo grande de hacer buenas obras.
**Celofán,** *m.* Papel transparente y muy fino que se usa para envolver.
**Celos,** *m. pl.* Sospecha de que la persona amada mude su cariño hacia otras personas. ‖ Envidia, recelo.
**Celosía,** *f.* Enrejado de madera que se ve detrás de algunas ventanas y que impide ver hacia dentro pero no hacia afuera.
**Celoso,** *adj.* Que tiene celo o celos.
**Celotipia,** *f.* Pasión de los celos.
**Celta,** *adj.* Individuo de una nación que en la Edad Antigua se estableció en parte de España, Francia y Gran Bretaña.

**Celtíbero,** *adj.* Se llama así al pueblo que se formó en España al ir uniéndose los celtas con los iberos.
**Célula,** *f.* Huequecito, pequeña celda. ‖ Organismo vivo y muy pequeño, de figura generalmente redondeada, que en grandes cantidades, forman el cuerpo de los seres vivos.
**Celular,** *adj.* Que pertenece o se refiere a las células. ‖ Se llaman así las cárceles que tienen celdas individuales.
**Celuloide,** *m.* Sustancia plástica casi transparente muy usada para tomar fotografías y hacer películas de cine.
**Celulosa,** *f.* Sustancia que forma la envoltura de las células en las plantas. Puede obtenerse de la madera, y sirve para hacer papel, celuloide, laca, explosivos, etc.
**Cementerio.\***
**Cemento,** *m.* Especie de cal que se utiliza para unir fuertemente los materiales de construcción. ‖ Masa mineral que une los pedazos de que se componen algunas rocas.
**Cena,** *f.* Comida que se toma por la noche.
**Cenáculo,** *m.* Sala que antiguamente se usaba para cenar.
**Cenagal,** *m.* Lugar lleno de cieno.
**Cenar,** *intr.* Comer por la noche. ‖ *tr.* Comer en la cena tal o cual cosa.
**Cencerrada,** *f.* Ruido desapacible que se hace con cencerros, cuernos y otras cosas, para burlarse de los viudos la primera noche de sus nuevas bodas.
**Cencerro,** *m.* Especie de campana pequeña hecha con chapa de hierro o de cobre y que suele atarse al pescuezo de las vacas, ovejas o cabras.
**Cenefa,** *f.* Tira de otro color.

---
\*Célebre, adj. *Que es muy conocido.* **Su fealdad es célebre.** ‖ *Famoso, ilustre, renombrado, glorioso, notable:* **Es un célebre pintor.** ‖ *Chistoso, gracioso, divertido, o lleno de rarezas:* **Era célebre en todas las fiestas.**
   Viene del latín **celeber,** *que significa 'concurrido, frecuentado, celebrado'.* ‖ *Deriv.:* **Celebérrimo, celebración, celebrar, celebridad.**
Cementerio, m. *Terreno cerrado destinado a enterrar cadáveres humanos:* **Al cementerio se le llama también «camposanto».**
   Viene del griego **koimeterio,** *que quiere decir 'dormitorio'.*

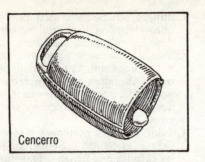
Cencerro

**Cenicero,** *m.* Platillo dispuesto para echar o recoger la ceniza de los cigarros o de la lumbre.
**Cenicienta,** *f.* Persona injustamente despreciada y olvidada de los suyos.
**Ceniciento,** *adj.* Que tiene el color de la ceniza.
**Cenit,** *m.* Punto del cielo que corresponde verticalmente a un observador cualquiera. ‖ Contr.: **Nadir.**
**Ceniza,** *f.* Polvo de color gris claro que queda después de haberse quemado completamente alguna cosa. ‖ *pl.* Restos de un cadáver.
**Cenizo,** *m.* Especie de planta silvestre que suele crecer en las huertas y es perjudicial para lo que esté sembrado en ellas. ‖ Aguafiestas, persona que tiene mala sombra.
**Censo,** *m.* Lista de la población o de la riqueza de una nación o pueblo ‖ Contribución, tributo, carga, gravamen.
**Censor,** *m.* El que por orden de la autoridad examina los escritos y dice el valor que tienen. ‖ El que a menudo murmura o critica las acciones o cualidades de los demás. ‖ En los colegios, academias y otras corporaciones, el individuo encargado de velar por la observancia de los estatutos, reglamentos y acuerdos.
**Censura,** *f.* Juicio y dictamen que se hace de un escrito. ‖ Examen, crítica. ‖ Corrección o repoblación de alguna cosa. ‖ Intervención del censor en los escritos de carácter público como periódicos, telégrafos, etc. ‖ Murmuración.
**Censurar,** *tr.* Formar juicio de una obra después de haberla examinado atentamente. ‖ Reprobar o corregir alguna cosa por mala. ‖ Murmurar.
**Centauro,** *m.* Figura imaginaria, mitad hombre y mitad caballo.
**Centavo,** *m.* Moneda americana que es la centésima parte del dolar (y también del bolívar, del peso, del sol peruano, etc.).
**Centella,** *f.* Rayo, chispa eléctrica en las nubes. ‖ Chispa de fuego que salta.
**Centellear,** *intr.* Despedir centellas. ‖ Chispear, brillar, resplandecer.
**Centena,** *f.* Conjunto de cien unidades.
**Centenar,** *m.* Ciento, centena.
**Centenario,** *m.* Tiempo de cien años. ‖ Persona que tiene cien años o más. ‖ Fiesta que se celebra de cien en cien años.
**Centeno,** *m.* Planta anual parecida al trigo, pero más alta y que se cría en terrenos fríos.

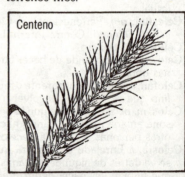
Centeno

**Centesimal,** *adj.* Dividido en cien partes iguales.
**Centésimo,** *adj.* Que ocupa el lugar número 100. ‖ Cada una de las partes que resultan de dividir una cosa en cien pedazos iguales.
**Centiárea,** *f.* Un metro cuadrado de terreno.
**Centígrado,** *adj.* Dividido en cien grados.
**Centigramo,** *m.* Peso que es la centésima parte de un gramo.
**Centilitro,** *m.* Medida cien veces más pequeña que el litro.
**Centímetro,** *m.* Medida de longitud que es la centésima parte de un metro.

**Céntimo,** *m.* Valor de la centésima parte de la peseta.
**Centinela,** *com.* Soldado que vigila desde el puesto que se le señala.
**Centrado,** *adj.* Que tiene el centro en el sitio que le corresponde.
**Central,** *adj.* Que está en el centro || *f.* Oficina o casa principal de la que dependen otras. || Fábrica de energía eléctrica. || V. **centro.**
**Centralizar,** *tr.* Hacer que todas las cosas dependan de un poder central, o de una administración única.
**Centrar,** *tr.* Señalar el punto céntrico de una superficie o de un cuerpo. || Colocar una cosa de modo que su centro coincida con el de otra.
**Céntrico,** *adj.* Que está en el centro o próximo a él. || V. **centro.**
**Centrífugo,** *adj.* Que se aleja de un punto central.
**Centrípeto,** *adj.* Que se dirige hacia un punto central.
**Centrista,** *adj.* Partidario de una política de centro.
**Centro.***
**Centrocampista,** *m.* Jugador de fútbol que se sitúa ordinariamente en la parte central del campo a fin de contener los avances del equipo contrario e impulsar los del propio.
**Centuplicar,** *tr.* Multiplicar por cien; hacer cien veces mayor a una cantidad.
**Centuria,** *f.* Un siglo, cien años. || Compañía de cien hombres, de la milicia romana.
**Centurión,** *m.* Jefe de una centuria en la milicia romana.
**Ceñido,** *adj.* Económico, ahorrador. || Se llama así también a los insectos que tienen muy señalada la división entre el tórax y el abdomen, como la mosca y la hormiga. || Tratándose del vestido: estrecho, ajustado.
**Ceñir,** *tr.* Rodear, ajustar o apretar la cintura, el cuerpo u otra cosa. || Estrechar, oprimir. || Reducir a menos una cosa.
**Ceñirse,** *r.* Moderarse o reducirse en los gastos, o en las palabras, etc. || Amoldarse, ajustarse.
**Ceño,** *m.* Señal de enfado que se hace con la cara. || Aspecto amenazador que toman ciertas cosas.
**Cepa,** *f.* Tronco pequeño de algunas plantas, especialmente de la vid. || Parte inferior de un tronco. || Origen de una familia, linaje o casta.
**Cepillar,** *tr.* Quitarle el polvo a una cosa usando un cepillo.
**Cepillo,** *m.* Instrumento hecho con cerdas o cosas semejantes sujetas en una tabla y que sirven para limpiar la ropa y otros objetos. || Instrumento de carpintero para alisar las maderas. || Caja que suele haber en las iglesias para echar en ella las limosnas.
**Cepo,** *m.* Trampa para cazar animales. || Cierto instrumento para martirizar a un reo.

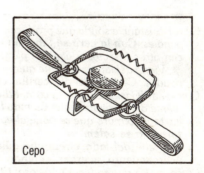

Cepo

---

*
CENTRO, *m. Punto situado a igual distancia de todos los de una circunferencia o de una superficie extensa:* **Los radios parten del centro.** *|| Casa donde se pueden reunir los miembros de una sociedad o corporación:* **Centro cultural.** *|| El barrio, calle o plaza que está en medio de una población y que suele ser el más concurrido por la gente:* **En el centro están las principales tiendas.** *|| Objeto principal a que se aspira:* **Llegar a ser famoso es el centro de sus aspiraciones.**
   *Viene del griego* **centron,** *que quiere decir 'punta' o 'aguijón'. || Deriv.:* **Central, centralismo, centralizar, centrar, centrífugo, excentricidad, excéntrico, reconcentrar.**

**Ceporro,** *m.* Cepa vieja que se arranca para echar a la lumbre. ‖ Hombre muy tosco y rudo.
**Cequí,** *m.* Moneda antigua de oro que valía unas 10 pesetas de plata.
**Cera.***
**Cerámica,** *f.* Arte de fabricar objetos de barro, loza y porcelana.
**Cerca.***
**Cerca,** *f.* Tapia, valla o muro que se pone alrededor de cualquier finca. ‖ V. **cerco.**
**Cercado,** *m.* Tierra, huerto o prado rodeado de valla. ‖ Cerca, valla o tapia. ‖ V. **cerco.**
**Cercanía,** *f.* Calidad de cercano. ‖ *pl.* Campos o pueblos que están cerca de otro. ‖ Proximidades, inmediaciones, alrededores.
**Cercano,** *adj.* Próximo, inmediato, que está cerca.
**Cercar,** *tr.* Rodear un sitio con una valla o tapia para que quede cerrado y dividido de otro. ‖ Sitiar a una ciudad o fortaleza. ‖ Rodear mucha gente a una persona o cosa.
**Cerciorarse,** *r.* Asegurarse de que algo es verdad.
**Cerco.***
**Cerda.***

**Cerdo,** *m.* Animal doméstico de cuerpo muy grueso y patas cortas, que se cría para aprovechar su carne y su grasa, abundantes y muy sabrosas. ‖ Puerco, cochino. ‖ Hombre sucio, desaliñado, grosero, sin educación. ‖ V. **cerda.**
**Cereal,** *m.* Planta que produce semillas con harina, como el trigo, centeno, cebada, arroz, etc.
**Cerebelo,** *m.* La parte de los sesos que está debajo y detrás del cerebro, y que es casi redonda.

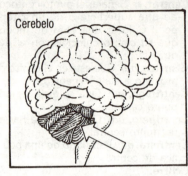

Cerebelo

**Cerebral,** *adj.* Que pertenece o se refiere al cerebro.
**Cerebro,** *m.* Sustancia nerviosa que

---

*

CERA, f. *Sustancia sólida que producen las abejas y que les sirve para formar los panales:* **Con la cera se fabrican velas.** ‖ *Sustancia parecida que producen otros insectos y algunas plantas:* **Cera de palmas.**
    *Viene del latín* **cera,** *que quiere decir lo mismo que en castellano.* ‖ *Derivados:* **Céreo, carería, cerilla, ceroso, cerumen, encerado, encerar.**
CERCA, adv. *Casi junto a otra cosa:* **Mi casa está cerca de la tuya.** ‖ *Próximamente o inmediatamente:* **Cuando hace frío, el invierno está cerca.** ‖ f. *Valla, tapia o muro que se pone alrededor de algo:* **Gracias a esta cerca, los toros no se salen.**
    *Viene del latín* **circa,** *que quiere decir 'alrededor'.* ‖ *Deriv.:* **Acerca, acercamiento, acercar, cercano.** ‖ *Contr.:* **Lejos.**
CERCO, m. *Lo que rodea a una cosa:* **El cerco de la luna.** ‖ *Marco de puerta o ventana:* **Los cercos de estas ventanas son de hierro.** ‖ *Asedio o sitio que se pone a una plaza:* **El cerco de Zamora.**
    *Viene del latín* **circus,** *que quiere decir 'círculo, circo'.* ‖ *Deriv.:* **Cercado, cercar, circense, circo, circulación, circulante, circular, círculo, semicircular, semicírculo.**
CERDA, f. *Pelo grueso y duro que tienen las caballerías en la cola y en la parte alta del pescuezo:* **Hay cepillos hechos de cerdas.** ‖ *También se llama así el pelo fuerte como el del cerdo:* **El jabalí también tiene cerdas.** ‖ *Hembra del cerdo:* **La cerda tuvo siete cerditos.**
    *Viene del latín* **cirrus,** *que quiere decir 'crin de un caballo, rizo de pelo'.* ‖ *Deriv.:* **Cerdear, cerdo.**

tienen los hombres y los animales en la cabeza. || *fig.* Entendimiento, talento.

**Ceremonia,** *f.* Modo de hacer un culto o una celebración. || Cortesía poco natural, fingida.

**Ceremonial,** *m.* Conjunto de ceremonias para cualquier acto solemne. || Libro o cartel donde están escritas las ceremonias que deben hacerse.

**Ceremoniosamente,** *adv.* Con mucha ceremonia.

**Ceremonioso,** *adj.* Que gusta de ceremonias y cumplimientos.

**Cereza,** *f.* Fruto del cerezo. Es casi redonda, de unos dos centímetros de diámetro, de piel encarnada y carne comestible, dulce y jugosa.

**Cerilla,** *f.* Especie de hilo con cera, y con fósforo en un extremo, que sirve para encender. || Fósforo.

**Cerner,** *tr.* Separar con un tamiz la harina del salvado o las partes gruesas de cualquier cosa pulverizada.

**Cernerse,** *r.* Sostenerse las aves en el aire sin apartarse del sitio en que están. || Amenazar algún mal. || Elevarse, remontarse. || Ir andando con demasiado movimiento.

**Cernícalo,** *m.* Ave de rapiña, de la familia de las águilas pero mucho más pequeña, con el color rojinegro y que se cierne mucho en el aire.

**Cernir,** *tr.* Cerner.

**Cero.***

**Cerote,** *m.* Especie de cera que usan los zapateros para encerar los hilos de coser los zapatos.

**Cerquillo,** *m.* Especie de corona de cabello que llevan en la cabeza los capuchinos y otros religiosos.

**Cerquita,** *adv.* Muy cerca.

**Cerrado,** *adj.* Oculto, oscuro, incomprensible. || Se dice del cielo cuando está lleno de nubes. || Nublado, encapotado. || Se llama así a la persona muy callada, disimulada y silenciosa; y también a la de poco entendimiento. || Torpe. || *m.* Cercado, huerto o tierra con tapia.

**Cerradura,** *f.* Mecanismo de metal que se abre y cierra gracias a una llave, y que se pone a las maletas, puertas, cajas o muebles.

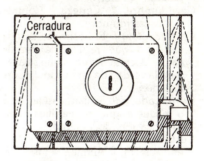
Cerradura

**Cerrajería,** *f.* Tienda o taller donde se venden o fabrican cerraduras y otros instrumentos de hierro. || Oficio de cerrajero.

**Cerrajero,** *m.* El que hace cerraduras, llaves y otras cosas de hierro.

**Cerrar.***

---

**C**ERO, *m.* Signo aritmético que, si va solo, no vale nada: *Si tienes cero pesetas, te faltan cinco para tener un duro.* || *En los termómetros, altura a que alcanza la columna de mercurio si se pone el termómetro en hielo que esté derritiéndose:* **El termómetro marcaba 30 grados sobre cero.** || *Ser un cero a la izquierda:* No valer nada.

Viene del italiano **zèro** (cero), aunque la raíz de esta palabra es un vocablo árabe que significa 'vacío, nada'. || *Contr.:* **Algo.**

**C**ERRAR, *tr.* Hacer que una cosa no pueda verse por dentro: **Cerrar una caja.** || Correr el pestillo o cosa semejante para que una puerta o caja no pueda abrirse: **Cierra esa puerta, Pepe.** || Meter los cajones de una mesa o armario: **Este cajón no cierra bien.** || Ir el último en una fila: **Cerrar la marcha.** || Encoger o plegar lo que estaba extendido: **Cerrar un libro.** || Dar por hecho un trato o convenio: **Cerrar el trato.** || *r.* Hablando de heridas, cicatrizarse: **La llaga se le cerró pronto.**

Viene del latín **sera**, que quiere decir 'cerrojo, cerradura'. || *Deriv.:* Ce-

**Cerril,** *adj.* Indómito, que no está domado, o que no se deja domar. ‖ *fig.* Grosero, tosco.
**Cerro,** *m.* Elevación de tierra de menor altura que el monte o la montaña. ‖ Colina. ‖ Altura.
**Cerrojo,** *m.* Barra de hierro para cerrar puertas y ventanas.
**Certamen,** *m.* Desafío, pelea para ver quién puede más o hace mejor una cosa. ‖ Concurso para estimular con premios el cultivo de las ciencias o las artes.
**Certero,** *adj.* Hábil para el tiro. ‖ Acertado.
**Certeza,** *f.* Conocimiento seguro. ‖ Certidumbre, convicción, convencimiento, seguridad. ‖ Contr.: **Duda.** ‖ V. **cierto.**
**Certidumbre,** *f.* Certeza. ‖ Contrario: **Incertidumbre.**
**Certificación,** *f.* El hecho de certificar. ‖ Lo que resulta de certificar. ‖ Documento en el que se asegura la verdad de un hecho. ‖ Certificado.
**Certificado,** *adj.* Se llama así la carta o paquete que se certifica. ‖ *m.* Certificación, documento.
**Certificar,** *tr.* Asegurar que una cosa es cierta. ‖ Afirmar, afianzar. ‖ Tratándose de cartas o paquetes, pagar para que en Correos le den a uno un certificado con el que se acredita haber depositado la carta, lo que permite reclamar una indemnización en caso de pérdida.
**Cerumen,** *m.* Cera de los oídos.
**Cerval,** *adj.* Propio del ciervo.
**Cervantino,** *adj.* (Lo) que pertenece a Cervantes o que se parece a sus escritos.
**Cerveza,** *f.* Bebida hecha con granos de cebada fermentada y aromatizada después.
**Cervical,** *adj.* De la cerviz.
**Cerviz,** *f.* Parte posterior del cuello.
**Cesación,** *f.* Interrupción o fin de una cosa. ‖ El dejar de hacer lo que se estaba haciendo.
**Cesante,** *adj.* Empleado que queda sin empleo.

**Cesantía,** *f.* Estado en que se halla el que ha dejado un empleo. ‖ Paga que disfruta, en ciertos casos, el empleado cesante.
**Cesar,** *intr.* Terminarse una cosa. ‖ Dejar de hacer algo. ‖ Terminar, acabar, suspenderse. ‖ Título de algunos emperadores romanos. ‖ V. **ceder.** ‖ Contr.: **Continuar.**
**Cesárea,** *f.* Operación médica para extraer a un niño que no podía nacer normalmente.
**Cesáreo,** *adj.* Perteneciente al emperador o al imperio. ‖ Imperial.
**Cese,** *m.* Escrito para que alguien deje un empleo.
**Cesión,** *f.* Es el hecho de renunciar a alguna cosa en favor de otra persona.
**Césped,** *m.* Hierba menuda y espesa que cubre el suelo.
**Cesta,** *f.* Utensilio que se hace de juncos o cosa parecida y que sirve para llevar ropa, frutos u otra cosa. ‖ Cesto, canasta, canasto.

Cesta

**Cestería,** *f.* Arte de hacer cestas. ‖ Tienda donde se venden cestas y objetos de mimbre.
**Cesto,** *m.* Cesta grande.
**Cesura,** *f.* Pausa o detención en la parte central de algunos versos.
**Cetáceo,** *m.* Mamífero con forma y vida de pez, como le sucede a la ballena.
**Cetrería,** *f.* Arte de criar y amaestrar

---

rradura, cerrajería, cerrajero, cierre, descerrajar, encerrar, encerrona, encierro. ‖ Contr.: **Abrir.**

halcones, y utilizarlos para cazar otras aves.

**Cetro,** m. Vara de oro u otra materia preciosa que usan los reyes como insignia de su dignidad.

**Cía,** f. Hueso de la cadera. || Cía es también la abreviatura de Compañía.

**Cianamida,** f. Cierto producto químico que se usa como abono.

**Cianuro,** m. Cierto producto químico muy venenoso y amargo.

**Ciática,** f. Dolor del nervio de la cadera.

**Cibernética,** f. Ciencia que estudia el funcionamiento de los robots, máquinas automáticas y cerebros llamados electrónicos.

**Cicatero,** adj. Tacaño, miserable, ruin, roñoso, avaro, mezquino.

**Cicatriz,** f. Señal que queda en el cuerpo después de curada una herida. || fig. Recuerdo que deja algún disgusto pasado.

**Cicatrizarse,** r. Curarse las heridas o llagas hasta quedar bien cerradas.

**Cicerone,** m. Persona que guía a otras y les va enseñando un museo, una ciudad, etc.

**Cíclico,** adj. Que se repite cada cierto tiempo, que es periódico.

**Ciclismo,** m. Deporte de la bicicleta.

**Ciclista,** com. El que va en bicicleta. || Persona que practica el ciclismo.

**Ciclo.***

**Ciclón,** m. Viento muy fuerte, huracán.

**Cíclope,** m. Gigante de las fábulas antiguas que tenía un solo ojo, en medio de la frente.

**Ciclostil,** m. Aparato que sirve para reproducir muchas veces un escrito o dibujo.

**Ciclotrón,** m. Especie de cañón eléctrico, en cuyo interior se hacen algunas experiencias nucleares especiales para desintegrar átomos.

**Cicuta,** f. Una planta cuyo zumo estando cocido parece miel endurecida, pero es muy venenoso.

**Cidra,** f. Especie de sandía, de carne blanca y en hilos, con la que se hace el dulce llamado cabello de ángel.

**Ciego,** adj. Que no ve. || Que se deja llevar por una pasión. || Ofuscado. || (Cualquier canal o conducto) que no se puede usar porque está lleno de tierra o broza.

**Cielo.***

**Ciempiés,** m. Insecto alargado, cuya mordedura es venenosa, y que tiene en su cuerpo 21 pares de patitas.

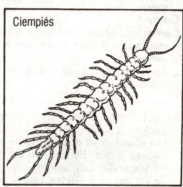
Ciempiés

**Cien,** adj. Ciento. || Se usa siempre antes del nombre sustantivo.

**Ciénaga,** f. Lugar pantanoso y lleno de cieno.

---

CICLO, m. *Período de tiempo que una vez pasado se vuelve a contar de nuevo:* **Ciclo litúrgico, ciclo lunar.** || *Conjunto de operaciones que se hacen con un mismo fin:* **Ciclo de estudios.**
   Viene del griego **kyklos**, *que significa 'círculo'.* || *Deriv.:* **Anticiclón, bicicleta, cíclico, ciclismo, ciclista, ciclón, cíclope, ciclópeo, encíclica, enciclopedia, enciclopédico.**

CIELO, m. *Sitio donde están los ángeles y santos gozando la presencia de Dios:* **Al cielo van los que mueren en gracia.** || *Lugar que parece azul y transparente, que rodea la Tierra y en el cual parece que se mueven los astros; firmamento:* **El cielo está nublado.**
   Viene del latín **caelum**, *que significa también 'cielo'.* || *Deriv.:* **Celaje, celeste, celestial, cielito.**

**Ciencia.*** 
**Cienmilésima,** *adj.* Cada parte que resulta al dividir una cosa en cien mil partes iguales.
**Cieno,** *m.* Barro blando y sucio.
**Científicamente,** *adv.* Según lo que dice una ciencia. || De un modo científico.
**Científico,** *adj.* (Lo) que se refiere a alguna ciencia. || **Lo científico:** Los principios científicos. || *m.* El que sabe mucho de una ciencia. || V. **ciencia.**
**Ciento.***
**Cientopiés,** *m.* Ciempiés.
**Cierne,** *m.* El estar una flor convirtiéndose en fruto. || Se dice especialmente de aquellas plantas como la vid, el olivo y el trigo, que tienen flores muy pequeñas.
**Cierre,** *m.* Lo que cierra.
**Ciertamente,** *adv.* Con certeza, seguramente, verdaderamente. || V. **cierto.**
**Cierto.***
**Ciervo,** *m.* Animal rumiante de carrera veloz y cuernos en forma de ramas.
**Cierzo,** *m.* Viento frío que sopla del norte.

Ciervo

**Cifra.***
**Cifrado,** *adj.* Se dice de lo que está escrito secretamente, en cifra o clave.
**Cifrar,** *tr.* Escribir en clave. || Reducir muchas cosas a una.
**Cigala,** *f.* Especie de cangrejo de mar, de color claro.
**Cigarra,** *f.* Insecto de color verdoso y bastante panzudo, que hace mucho ruido, sobre todo en verano.
**Cigarral,** *m.* En Toledo: casa de campo, con huerta y arbolado.
**Cigarrillo,** *m.* Cigarro pequeño envuelto en papel.
**Cigarro,** *m.* Rollo de hojas de tabaco para fumar.

---

Ciencia, f. Conocimiento cierto y demostrado de las cosas: **La ciencia y la fe son amigas.** || Conjunto de conocimientos razonados y ordenados que se refieren a una cosa o a una clase de objetos: **Ciencias naturales.** || Conocimiento, saber: **Es hombre de mucha ciencia.**
    Viene del latín **scientia,** que significa 'conocimiento' y que a su vez se deriva del verbo **scire,** que significa 'saber'. || *Deriv.:* **Científico, conciencia, consciente, inconsciente, subsconciencia, subconsciente.**

Ciento, adj. Número que vale diez veces diez: **100.** || Centena, centenar: **Un ciento de huevos.**
    Viene del latín **centum,** que significa 'ciento'. || *Deriv.:* **Centavo, centena, centenar, centenario, centesimal, centésimo, centígrado, centigramo, centímetro, céntimo, centuplicar, centuria, centurión, ciempiés, doscientos, trescientos,** etc., **porcentaje.**

Cierto, adj. Seguro, verdadero, indudable: **Es un hecho cierto.** || Uno, alguno: **Cierto día, cierta persona.**
    Viene del latín **certus,** que significa 'definido, cierto, asegurado'. || *Derivados:* **Acertar, acertijo, acierto, cerciorar, certero, certeza, certidumbre, certificación, certificado, certificar, desacertado, desacierto, incertidumbre, incierto.** || *Contr.:* **Incierto, dudoso.**

Cifra, f. Signo con que se representan los números: **Número de tres cifras.** || Escritura que sólo puede comprenderse conociendo la clave: **Le envió un telegrama en cifra.**
    Viene del árabe **sifr,** que significa 'vacío, cero'. || *Deriv.:* **Cifrado, cifrar, descifrar.**

**Cigarrón,** m. Saltamontes.
**Cigoñino,** m. El pollo de la cigüeña.
**Cigüeña,** f. Ave zancuda que suele anidar en las torres de las iglesias.

Cigüeña

**Cigüeñal,** m. Eje muy doblado que llevan los automóviles entre las dos ruedas delanteras.
**Ciliar,** adj. De las pestañas.
**Cilicio,** m. Vestidura de saco, cuya aspereza sirve para ir mortificado. ‖ Especie de látigo para castigarse a sí mismo.
**Cilindrada,** f. Número de émbolos que tiene el motor de un vehículo.
**Cilindro,** m. Cuerpo geométrico limitado por dos círculos y una superficie curva. ‖ Tubo en que se mueve el émbolo de una máquina o motor.
**Cilindroeje,** m. Especie de eje saliente que tienen las células nerviosas.
**Cima,** f. Lo más alto de los montes, de los árboles y, en general, de las cosas altas. ‖ Fin o terminación de alguna cosa.
**Cimarrón,** adj. Se le dice así al animal doméstico que huye al campo y se hace fiero.
**Címbalo,** m. Campana pequeña.
**Cimborrio,** m. Especie de anillo grande, sobre el que descansa una cúpula.
**Cimbrearse,** r. Doblarse hacia ambos lados con mucha facilidad.
**Cimentar,** tr. Poner los cimientos de una casa o de una construcción cualquiera.
**Cimenterio,** m. Cementerio.
**Cimera,** f. Parte superior y como de adorno, encima del casco de algunas armaduras antiguas.
**Cimiento,** m. Parte del edificio que está debajo de tierra y le sostiene. ‖ Principio de alguna cosa.
**Cimitarra,** f. Especie de sable curvo usado por los turcos y otros pueblos orientales.

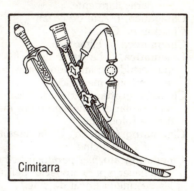
Cimitarra

**Cinabrio,** m. Mineral de donde se extrae el mercurio.
**Cinc,** m. Lata.
**Cincel,** m. Especie de barra de hierro, de unos 20 ó 30 centímetros de largo, que sirve para labrar piedras o metales, y que se va golpeando con un martillo.
**Cincelado,** adj. Lo que se hace al cincelar.
**Cincelar,** tr. Labrar piedras o metales con un cincel.
**Cinco.**\*
**Cincuenta,** adj. Cinco veces diez. ‖ V. **cinco.**
**Cincuentenario,** adj. Que pertenece

---
\*
**Cinco,** adj. Número que resulta de añadir uno al cuatro: **Cuatro y uno, cinco.**
  Viene del latín **quinque,** que significa 'cinco'. ‖ Deriv.: **Cincuenta, cincuentenario, cincuentón, quince, quincena, quincenal, quincenario, quincuagésimo, quinientos, quinquenio, quintaesencia, quinteto, quinto, quíntuplo.**

al número cincuenta. || *m.* Conmemoración del día en que se cumplen cincuenta años de alguna cosa.

**Cincuentón,** *adj.* El que tiene cincuenta años cumplidos.

**Cincha,** *f.* Faja de cáñamo o de esparto con la que se afianza la silla o la albarda a una caballería.

**Cincho,** *m.* Faja ancha que, puesta en la cintura, abriga mucho.

**Cine.\***

**Cineasta,** *com.* Artista de cine.

**Cineclub,** *m.* Reunión de personas aficionadas al cine, para comentar los principales detalles y valores de alguna película que antes proyectan particularmente.

**Cinegética,** *f.* Arte de cazar.

**Cinema,** *m.* Cine.

**Cinemateca,** *f.* Filmoteca.

**Cinemática,** *f.* La parte de la física que estudia cómo funcionan los movimientos mecánicos.

**Cinematografía,** *f.* Arte y técnica de representar el movimiento por medio de fotografías.

**Cinematográfico,** *adj.* De la cinematografía o del cine.

**Cinematógrafo,** *m.* Aparato que sirve para hacer o para proyectar películas de cine. || Local de cine.

**Cinerama,** *m.* Técnica especial de hacer y proyectar películas de cine, gracias a tres cámaras a la vez; la proyección se hace sobre una pantalla cóncava, encorvada por el centro, para dar más sensación de relieve, y el sonido se hace salir alternativamente por seis altavoces.

**Cinética,** *f.* Parte de la física que estudia el movimiento y la fuerza.

**cinética (Energía),** *f.* La energía o empuje que tiene un cuerpo que está en movimiento.

**Cíngaro,** *m.* Gitano que va de pueblo en pueblo vendiendo cacharros de metal, o tocando instrumentos, o haciendo bailar a algunos animales, etcétera, ganándose así la vida.

**Cíngulo,** *m.* Cordón de lino, de cáñamo o de seda, con el que el sacerdote se ciñe para sujetar el alba.

**Cínico,** *adj.* Se dice de algunos filósofos antiguos que presumían de despreciar las apariencias. || Descarado, desvergonzado, hipócrita.

**Cinismo,** *m.* Doctrina de los cínicos. || Desvergüenza, descaro, desfachatez, hipocresía.

**Cinta.\***

**Cinto,** *m.* Tira hecha de cuero, de estambre o de seda, y que sirve para sujetarse la ropa a la cintura.

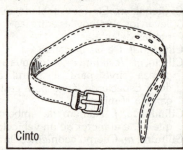

Cinto

**Cintura,** *f.* Parte más estrecha del cuerpo por encima de las caderas.

**Cinturón,** *m.* Cinta de cuero o de tela que se pone alrededor de la cintura.

**Ciprés,** *m.* Arbol de copa alta y alargada, abundante en los cementerios.

---

\*

CINE, *m. Aparato pra producir imágenes en movimiento:* **Compró un cine.** || *Cinematógrafo:* **El cine fue inventado en 1894 por los hermanos Lumière.** || *Lugar donde se proyectan películas:* **Los domingos vamos al cine.** || *Trabajo y arte de hacer películas:* **Se dedican al cine.**

 *Viene del griego* **kinema,** *que significa 'movimiento'.* || *Por eso cinematógrafo propiamente signifca 'fotografías en movimiento'.* || *Deriv.:* **Cineasta, cinemateca, cinematografía, cinematógrafo.**

CINTA, f. *Tira larga y estrecha de tela:* **Una cinta puede servir para atar, ceñir o adornar.** || *Nombre que se da a otras cosas, que no son de tela pero que tienen forma de tira:* **Cinta cinematográfica; cinta adhesiva;** *etc.*

 *Viene del latín* **cincta** *('que ciñe, que sujeta').* || *Deriv.:* **Cinto, cintura, cinturón.**

**Circense,** adj. (Juego o espectáculo) del circo.
**Circo,** m. Lugar destinado para los juegos públicos entre los romanos. ‖ Recinto circular y cubierto donde se hacen ejercicios gimnásticos y juegos con animales.
**Circuito,** m. Terreno comprendido dentro de una línea cerrada. ‖ Contorno. ‖ Hilo recorrido por una misma corriente eléctrica.
**Circulación,** f. Movimiento de lo que circula. ‖ Orden del tránsito por las calles. ‖ Recorrido que hace la sangre por todo el cuerpo.
**Circular,** adj. Que se refiere al círculo o que tiene figura de círculo. ‖ f. Carta dirigida a muchos. ‖ intr. Ir y venir. ‖ Transitar, pasar, andar.
**Circulatorio,** adj. (Lo) que circula o se refiere a la circulación.
**Círculo,** m. Superficie plana contenida dentro de la circunferencia. ‖ Casino, club. ‖ V. cerco.
**Circuncidar,** tr. Sufrir cierta ceremonia para ingresar en la religión judía o mahometana. ‖ Nuestro Señor Jesucristo fue circuncidado, como todos los demás israelitas.
**Circuncisión,** f. Ceremonia dolorosa con la que se entra en la religión judía o mahometana.
**Circunciso,** adj. El que ha sufrido la circuncisión. ‖ Contr.: **Incircunciso.**
**Circundar,** tr. Rodear, cercar.
**Circunferencia,** f. Línea curva, cerrada y plana cuyos puntos están todos a la misma distancia de otro que se llama centro.
**Circunflejo,** adj. Se le llama así al acento en forma de angulito (^) que tienen algunas palabras extranjeras.
**Circunloquio,** m. Rodeo de palabras, el no decir una cosa con sencillez y prontitud.

**Circunnavegar,** tr. Navegar alrededor de un continente o isla grande. ‖ intr. Dar un buque la vuelta al mundo.
**Circunscribir,** tr. Pintar una figura o polígono alrededor de otro polígono o figura. ‖ r. Limitarse a decir o hacer lo principal y esencial.
**Circunscripción,** f. División militar, administrativa o eclesiástica de un territorio. ‖ Demarcación, distrito.
**Circunscrito,** adj. Que está alrededor y por fuera.
**Circunspecto,** adj. Que habla sólo cuando conviene. ‖ Prudente, discreto, reservado, serio, grave. ‖ Contr.: **Charlatán, ligero.**
**Circunstancia.***
**Circunstancial,** adj. Que depende de alguna circunstancia. ‖ En gramática, los llamados «complementos circunstanciales» expresan cuándo o cómo, etc., se hizo la acción.
**Circunstante,** adj. El que está presente o asiste a alguna reunión o acontecimiento.
**Circunvalación,** f. Acción de rodear o cercar una población o fortaleza.
**Circunvolución,** f. Rodeo, vuelta, revuelta.
**Cirial,** m. Candelero alto que lleva cada acólito o monaguillo en algunos actos religiosos.
**Cirio,** m. Vela gruesa, larga y de cera.
**Ciruela,** f. Fruto del ciruelo. ‖ Es redonda, pequeñita, cubierta de una telilla fina y lisa, parece un corazoncito y su carne es jugosa y dulce; en su centro lleva un hueso duro que encierra una almendra amarga.
**Cirugía,** f. Parte de la medicina que tiene por objeto curar las enfermedades por medio de operaciones.
**Cirujano,** m. El que se dedica a la cirugía.

---

\*
CIRCUNSTANCIAS, f. pl. Los detalles de tiempo, lugar, modo, etc., que rodean a un hecho: *Sí, sí, yo también me partí un brazo, como tú, pero las circunstancias fueron muy distintas.*
    Viene del latín **circum**, que significa 'alrededor' y **stancia** que significa 'la acción de estar presente'. ‖ Deriv.: **Circunstancial, circunstante.** ‖ En nuestro idioma hay muchas palabras formadas con el prefijo latino **circum:** circumpolar, circuncisión, circundar, circunferencia, circunflejo, etc.

**Cisalpino,** *adj.* Situado entre los Alpes y Roma.
**Cisco,** *m.* Carbón menudo, hecho de ramas delgadas y secas.
**Cisma,** *amb.* Separación; el separarse de la comunidad principal.
**Cismático,** *adj.* Separado de la comunidad principal.
**Cisne,** *m.* Ave palmípeda de plumas muy blancas y cuello largo. También hay cisnes de plumaje todo negro.

Cisne

cuentro en el espacio de dos vehículos espaciales.
**Citación,** *f.* Acción de citar. || Aviso para una reunión a la que uno ha de ir.
**Citar.\***
**Cítara,** *f.* Instrumento músico de los antiguos griegos que parece una tablita con cuerdas.

Cítara

**Cisquero,** *m.* El que hace o vende cisco.
**Cisterciense,** *adj.* Religioso benedictino de la Orden de San Roberto. Durante la Edad Media, los cistercienses se dedicaron principalmente a los trabajos agrícolas.
**Cisterna,** *f.* Depósito bajo tierra donde se recoge y conserva el agua de lluvia u otra cosa.
**Cistitis,** *f.* Inflamación de la vejiga de la orina.
**Cisura,** *f.* Raja o herida, larga y estrecha.
**Cita,** *f.* Hora y lugar en que acuerdan encontrarse dos o más personas. || Frases que se reproducen de un libro. || **Cita espacial:** En-

**Citerior,** *adj.* Situado o situada en la parte de acá.
**Citoplasma,** *m.* La parte que rodea al núcleo de la célula.
**Cítrico,** *adj.* Del limón. || Que tiene la acidez del limón.
**Ciudad.\***
**Ciudadanía,** *f.* Conjunto de derechos y privilegios que tenían antiguamente los nacidos en alguna ciudad importante, si es que no eran esclavos.
**Ciudadano,** *adj.* Natural y vecino de una ciudad. || *m.* Que tiene el derecho y las obligaciones de los que pertenecen a un Estado.

---

\*

Citar, tr. *Avisar a uno para decirle la hora y lugar en que se van a reunir:* **Le citó para las cuatro.** || *Decir de nuevo lo que otro ha dicho o escrito:* **Citó una frase de la Biblia.** || *Llamar el torero al toro para que embista:* **Le citó de lejos.**
Viene del latín **citare,** que significa 'llamar, convocar, poner en movimiento'. || *Deriv.:* **Cita, citación.**

Ciudad, f. *Población, generalmente grande, que en tiempos antiguos tenía más categoría que las demás:* **Roma es la «ciudad eterna».**
Viene del latín **civitas,** que significa 'conjunto de los ciudadanos de un estado o ciudad'. || *Deriv.:* **Ciudadanía, ciudadano, ciudadela, cívico, civil, civilización, civilizar, conciudadano, incivil.**

**Ciudadela,** *f.* Parte interior y más protegida de una plaza fuerte.

**Cívico,** *adj.* Relativo a la ciudad. || Patriótico, civil, ciudadano. || (Lo) que pertenece al civismo.

**Civil,** *adj.* Ciudadano, perteneciente a la ciudad. || (El) que no es militar. || Atento, educado, amable, cortés. || *m.* Guardia civil. || Contr.: **Incivil, salvaje.** || V. **ciudad.**

**Civilización,** *f.* Conjunto de conocimientos, ciencias, artes y costumbres que tienen un pueblo o una raza.

**Civilizado,** *adj.* El que tiene las costumbres de la civilización. || Contr.: **Salvaje.**

**Civilizador,** *adj.* (El pueblo) que ilustra y educa a otro.

**Civilizar,** *tr.* Educar, instruir a pueblos o personas para sacarlos del estado salvaje.

**Civismo,** *m.* Interés y celo por las cosas de la patria.

**Cizalla,** *f.* Tijeras adecuadas para cortar planchas de metal.

**Cizaña,** *f.* Planta perjudicial para los sembrados y de semilla venenosa. || Lo que daña o echa a perder otra cosa.

**Clamar,** *intr.* Quejarse, dar voces pidiendo favor o ayuda. || Gritar. || Pedir, lamentarse, quejarse.

**Clámide,** *f.* Capa corta y ligera de los antiguos griegos y romanos.

**Clamor,** *m.* Grito que se lanza con fuerza. || Voz lastimosa que indica tristeza o dolor. || Grito, gemido, queja, lamento, lamentación. || Toque de campana por los difuntos.

**Clamoroso,** *adj.* Se dice del ruido que resulta de las voces de mucha gente reunida.

**Clan,** *m.* Tribu o familia.

**Clandestinamente,** *adv.* De manera oculta, para que no se vea una cosa.

**Clandestino,** *adj.* Secreto, oculto. || Ilegal, prohibido.

**Clara,** *f.* Sustancia líquida medio pastosa, casi blancuzca y transparente, que rodea a la yema del huevo. || *fam.* Interrupción momentánea de la lluvia.

**Claraboya,** *f.* Ventana abierta en el techo, o en la parte superior de una pared alta.

**Claramente,** *adv.* Con claridad, que se ve bien.

**Clarear,** *tr.* Dar claridad. || *intr.* Empezar a amanecer, alborear. || Irse disipando las nubes.

**Clarearse,** *r.* Transparentarse, dejar ver lo que se halla dentro. || Descubrir uno sus intenciones.

**Clarete,** *m.* Vino tinto algo claro de color.

**Claridad,** *f.* Luz suficiente para ver bien los objetos. || Resplandor. || Efecto que produce una luz clara.

**Clarilla,** *f.* Lejía hecha de ceniza, cuando aún no existían los detergentes.

**Clarín,** *m.* Especie de trompeta pequeña y de sonido muy agudo.

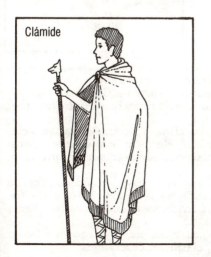
Clámide

Clarinete

**Clarinete,** *m.* Instrumento músico de viento, cuyo largo tubo es casi todo él de madera con agujeros que se tapan con los dedos mientras se va soplando por la boca, en la que hay una lengüeta de caña.

**Clarión,** *m.* Tiza de yeso.

**Clarividencia,** *f.* El comprender las cosas rápidamente y sin gran esfuerzo. ‖ Inteligencia o talento.

**Clarividente,** *adj.* Que tiene clarividencia, que comprende con claridad y rapidez las cosas.

**Claro.**\*

**Claroscuro,** *m.* Acertada combinación de luces y sombras.

**Clase.**\*

**Clásico,** *adj.* Escritor o libro famoso que se considera como modelo. ‖ Perteneciente a la literatura o al arte de los antiguos griegos y romanos. ‖ V. **clase.**

**Clasificación,** *f.* Acción de clasificar. ‖ Resultado de dicha acción. ‖ V. **clase.**

**Clasificar,** *tr.* Ordenar por clases las cosas.

**Claudicar,** *intr.* Ceder, flaquear, darse por vencido.

**Claustral,** *adj.* Que pertenece o se refiere al claustro.

**Claustro,** *m.* Galería que rodea el patio principal de una iglesia o convento. ‖ Junta formada por los profesores de una Universidad o de otro Centro de enseñanza.

**Claustrofobia,** *f.* Horror grandísimo a quedar aprisionado por las paredes, o a vivir encerrado.

**Cláusula,** *f.* Conjunto de palabras con las que se expresa un pensamiento. ‖ Frase. ‖ Cada una de las disposiciones de algún documento o contrato.

**Clausura,** *f.* En los conventos de frailes, la parte donde no pueden entrar las mujeres; y en los conventos de monjas, la parte donde no pueden entrar los hombres. ‖ Acto solemne con que se termina un congreso o reunión. ‖ **Monjas de clausura:** las que viven siempre dentro del convento.

**Clausurar,** *tr.* Cerrar, terminar.

**Clavado,** *adj.* Adornado o lleno de clavos. ‖ Fijo, puntual.

**Clavar,** *tr.* Meter un clavo en algún cuerpo. ‖ Asegurar con clavos una cosa. ‖ Fijar, poner.

**Clave,** *f.* Explicación de los signos empleados en una escritura secreta. ‖ La piedra más alta en que se cierra y termina un arco. ‖ Signo que se pone al principio del pentagrama para indicar el nombre de las notas musicales.

**Clavel,** *m.* Planta con tallos nudosos y

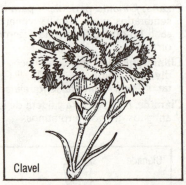
Clavel

---

Claro, adj. *Que recibe luz suficiente:* **Ya está el día más claro.** ‖ *Que se distingue bien:* **Eso está claro.** ‖ *Limpio, puro transparente, fácil de comprender:* **Lenguaje claro.** ‖ *m. Hueco que queda entre varias cosas:* **Entre los árboles del bosque hay muchos claros.**

    *Viene del latín* **clarus,** *que significa 'claro'.* ‖ *Deriv.:* **Aclaración, aclarar, clara, claraboya, clarear, claridad, clarificar, clarividente, claroscuro, declaración, declarar, esclarecer, esclarecimiento, precario.** ‖ *Contr.:* **Oscuro.**

Clase, f. *Modo de ser de una cosa, según sus condiciones y cualidades:* **Tela de buena clase.** ‖ *Categoría, género, condición de un conjunto de cosas:* **Estas telas son de la misma clase.** ‖ *Lección, sala donde se enseña:* **Voy a clase.**

    *Viene del latín* **clasis,** *que significa 'clase, grupo, categoría'.* ‖ *Deriv.:* **Clasicismo, clásico, clasificación, clasificar, desclasificar.**

hojas largas que producen unas hermosas flores. || Flor de esta planta.

**Clavellina,** *f.* Planta semejante al clavel, pero de flores más pequeñas.

**Clavícula,** *f.* Hueso alargado entre la base del cuello y cada uno de los hombros.

**Clavija,** *f.* Cada una de las llaves de madera que llevan muchos instrumentos músicos, para sujetar y tensar las cuerdas.

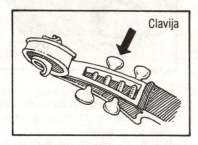

Clavija

**Clavillo,** *m.* Especie de remache que sujeta las varillas de un abanico, o las dos hojas de una tijera, etc.

**Clavo,** *m.* Pieza de hierro delgada con cabeza en un lado y punta en otro y que sirve para asegurar una cosa a otra.

**Claxon,** *m.* Aparato que tienen los automóviles para avisar.

**Clemencia,** *f.* Compasión.

**Clemente,** *adj.* Compasivo.

**Cleptómano,** *adj.* Que tiene la manía de robar.

**Clerical,** *adj.* Que pertenece a los clérigos.

**Clérigo,** *m.* Persona que ha recibido las órdenes sagradas. || Sacerdote, eclesiástico.

**Clero,** *m.* Conjunto de los clérigos.

**Cliente.\***

**Clientela,** *f.* Conjunto de los clientes de una persona o de un establecimiento.

**Clima.\***

**Climatológico,** *adj.* Que se refiere a las condiciones propias de cada clima.

**Clímax,** *m.* El momento más interesante o emocionante de un relato, novela, película, etc.

**Clínica.\***

**Clínico,** *adj.* De la clínica.

**Clisé,** *m.* Escrito que va a ser reproducido mediante máquinas de imprenta o fotográficas, puesto en papel o lámina adecuada.

**Cloaca,** *f.* Tubería o canal por donde van las aguas sucias de las poblaciones. || Parte final del intestino de las aves.

**Clorhídrico,** *adj.* Se le dice así al ácido formado al combinarse el cloro y el hidrógeno.

**Cloro,** *m.* Gas verde amarillento y de olor fuerte y sofocante.

**Clorofila,** *f.* Materia verde de las plantas.

**Cloroformo,** *m.* Líquido compuesto de carbono, hidrógeno y cloro, que se emplea como anestésico.

**Cloruro,** *m.* Combinación del ácido

---

\*

C<small>LIENTE</small>, com. *El que compra en una misma tienda o utiliza los servicios de un profesional como el médico, abogado, etc.:* **Las buenas tiendas tienen muchos clientes.** || *Persona que está bajo la protección de otra:* **Yo defiendo a mis clientes, dijo el abogado.**
   *Viene del latín* **cliens,** *que quiere decir 'persona defendida por un patrón, protegido'.* || *Deriv.:* **Clientela.**

C<small>LIMA</small>, m. *Conjunto de condiciones atmosféricas que tiene una región:* **El clima de Castilla es seco.**
   *Viene del latín* **clima,** *que significa 'cada una de las grandes regiones en que se divide la superficie de la Tierra'.* || *Deriv.:* **Aclimatación, aclimatar, climático, climatología.**

C<small>LÍNICA</small>, f. *Establecimiento para la asistencia de enfermos:* **Se lo llevaron a una clínica.** || *Sanatorio privado:* **La clínica del dr. X.**
   *Viene del griego* **kline,** *que significa 'cama'.* || *Deriv.:* **Clínico, policlínica.**

clorhídrico y un metal. || Cloruro de sodio: la sal común.

**Clown,** *m.* Payaso de circo.

**Club.***

**Clueca,** *f.* Gallina que está incubando huevos para que salgan pollitos.

**Coacción,** *f.* El obligar por la fuerza a que una persona haga o diga algo.

**Coaccionar,** *tr.* Obligar a uno a que haga algo. (Barbarismo.)

**Coactivo,** *adj.* Que tiene fuerza para obligar.

**Coadjutor,** *m.* Persona que acompaña y ayuda a otra. || Sacerdote que ayuda al cura párroco en los trabajos de la iglesia.

**Coadyuvar,** *tr.* Ayudar, auxiliar, contribuir en algo.

**Coagulación,** *f.* El coagularse un líquido, por ejemplo, la sangre.

**Coagular,** *tr.* Hacerse sólico algún líquido, sobre todo la sangre de una herida. || Cuajar, solidificar.

**Coágulo,** *m.* Trozo de sangre coagulada.

**Coalición,** *f.* Unión, alianza, liga, confederación.

**coartada (Probar la),** *fr.* Demostrar el reo que él estaba en otro sitio distinto cuando se cometió el crimen o delito de que se le acusa.

**Coartar,** *tr.* Impedir que uno haga todo lo que quiera. || Limitar, restringir, contener, cohibir.

**Coautor,** *m.* Autor también.

**Coba,** *f.* Adulación hipócrita, alabanza que se hace de una persona que está delante.

**Cobalto,** *m.* Metal muy duro y tan difícil de fundir como el hierro, que se emplea sobre todo para filos de herramientas de labrar metales.

**Cobarde,** *adj.* Miedoso, que no se atreve a hacer algo. || Pusilánime. || Contr.: **Valiente, animoso.**

**Cobardía,** *f.* Miedo, falta de valor. || Contr.: **Valentía.**

**Cobaya,** *com.* Conejillo de Indias.

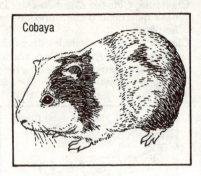
Cobaya

**Cobertizo,** *m.* Tejado sobre tres paredes, bajo el cual pueden cobijarse las personas o animales y protegerse de la lluvia.

**Cobertor,** *m.* Manta delgada como una colcha.

**Cobertura,** *f.* Lo que sirve para cubrir. || Una cubierta.

**Cobijar,** *tr.* Tapar o cubrir. || Albergar.

**Cobijarse,** *r.* Refugiarse, ampararse, guarecerse, albergarse.

**Cobijo,** *m.* Lugar donde uno puede resguardarse o estar.

**Cobra,** *f.* Serpiente venenosa de los países tropicales, llamada también serpiente de anteojos, que tiene la cabeza erguida y como aplastada.

**Cobrador,** *m.* El que tiene el oficio de cobrar.

**Cobranza,** *f.* Acción de cobrar. || Cobro.

**Cobrar.***

**Cobre,** *m.* Metal de color rojo pardo, brillante, que se usa mucho en la industria.

---

*

CLUB, *m. Sociedad o asociación de recreo: Un casino es un club.*
   *Viene del inglés* **club,** *que significa igual que en castellano.* || *Deriv.:* **Cineclub, teleclub.**

COBRAR, *tr. Recibir uno la cantidad que otro le debe:* **Cobró la deuda.** || *Adquirir:* **Cobrar buena fama.**
   *Viene del latín* **capere,** *que quiere decir 'coger'.* || *Deriv.:* **Cobrador, cobranza, cobro, recobrar.** || *De la palabra latina* **recuperare,** *que también se deriva de* **capere,** *nacen las palabras:* **Recobrar, recuperable, recuperación y recuperar.**

**Cobrizo,** adj. De color de cobre.
**Cobro,** m. La cobranza, el cobrar.
**Coca,** f. Arbusto del Perú, de cuyas hojas se hacen drogas (cocaína).
**Cocacola,** f. Bebida refrescante y sin alcohol, que contiene extractos de coca y de nuez de cola procedentes de árboles tropicales, resultando ser estimulante y digestiva.
**Cocción,** f. El ir cociéndose un alimento puesto al fuego.
**Cocer,** tr. Preparar los alimentos metiéndolos en agua hirviendo. ‖ Hervir un líquido.
**Cocido,** m. Olla con garbanzos, tocino, carne, etc., preparándose o preparada ya para comer.
**Cociente,** m. Lo que toca a cada uno en un reparto; es decir, el resultado que se obtiene al dividir.
**Cocimiento,** m. Líquido que resulta de cocer hierbas u otras sustancias medicinales.
**Cocina.\***
**Cocinar,** tr. Guisar, hacer la comida.
**Cocinear,** intr. fam. Estar haciendo cosas de cocina.
**Cocinero,** m. Persona que tiene el oficio de guisar y preparar las comidas.
**Coco,** m. Arbol de América, de la familia de las palmeras, muy alto y que produce un fruto recubierto de cáscara muy dura con pulpa blanca y líquido en el centro. ‖ Fantasma que se figura para meter miedo a los niños.
**Cocodrilo,** m. Animal anfibio muy grande y peligroso que vive en algunos ríos de Africa. A los cocodrilos de Asia se les llama gaviales, y a los de América, caimanes.
**Cocote,** m. Cogote.
**Cocotero,** m. Arbol del coco.

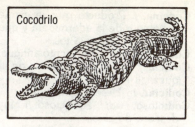
Cocodrilo

**Coctel,** m. Bebida compuesta con diversos licores.
**Coctelera,** f. Vasija donde se mezclan los diversos ingredientes y licores de un coctel.
**Cochambre,** m. fam. Cosa sucia, llena de grasa y con mal olor.
**Coche.\***
**Cochera,** f. Sitio donde se encierran los coches.
**Cochero,** m. Oficio antiguo de gobernar los caballos o mulas que tiran del coche.
**Cochifrito,** m. Cochinillo o cordero pequeño que, después de medio cocido, se fríe y se sazona.
**Cochinada,** f. fig. y fam. Cochinería.
**Cochinería,** f. Porquería, suciedad, grosería, acción propia de cerdos.
**Cochinilla,** f. Animalito invertebrado, de color negruzco, que vive en los sitios húmedos y que al ser tocados se arrollan en forma de bolita.
**Cochinillo,** m. Cerdo pequeño que todavía mama.
**Cochino,** m. Cerdo. ‖ Persona muy sucia. ‖ Adán, sucio, puerco, gorrino, marrano.
**Cochitril,** m. Habitación sucia y estrecha. ‖ Pocilga.
**Cochura,** f. Cocción.
**Codazo,** m. Golpe dado con el codo.
**Codearse,** r. Tratarse de igual a igual una persona con otra.

---

Cocina, f. *Habitación o sitio de la casa donde se guisa la comida:* **Cacharro de cocina.** ‖ *Arte o modo especial de guisar en cada país:* **Cocina vasca, cocina francesa,** *etc.*
    *Viene del latín* **coquina,** *que quiere decir también 'cocina'.* ‖ *Deriv.:* **Cocinar, cocinero.**
Coche, m. *Carruaje:* **Hemos visto un coche de caballos.** ‖ *Automóvil:* **Me voy a comprar un coche.** ‖ *Vagón de ferrocarril, adecuado para viajar las personas:* **Vine en coche-cama.**
    *Viene del húngaro* **kocsi,** *o del eslavo* **koci,** *que significan 'carruaje'.* ‖ *Deriv.:* **Cochera, cochero, cocherón.**

**Codeína,** f. Producto que se extrae del opio o de la adormidera y que sirve para calmar la tos.
**Códice,** m. Libro manuscrito antiguo.
**Codicia,** f. Deseo desordenado de riqueza. ‖ Avaricia, avidez.
**Codiciar,** tr. Desear, ambicionar.
**Codicioso,** adj. Avaricioso. ‖ Muy deseoso de algo.
**Código,** m. Recopilación de las leyes de un país.
**Codo,** m. Sitio donde se juntan el brazo y el antebrazo. ‖ Trozo de tubo doblado que sirve para cambiar la dirección de las tuberías.
**Codorniz,** f. Ave de paso, del orden de las gallináceas y muy apreciada por lo sabroso de su carne.

Codorniz

**Coeducación,** f. El educar a la vez y en el mismo sitio o local a niños y niñas.
**Coeficiente,** m. Número que se coloca a la izquierda de otro para multiplicarle.
**Coercitivo,** adj. Que contiene, que sujeta, represivo.
**Coetáneos,** adj. Que son de la misma época.
**Coexistencia,** f. El existir a un tiempo dos o más cosas.
**Cofia,** f. Gorrito o adorno que usan las mujeres.
**Cofrade,** com. Persona que pertenece a una cofradía.
**Cofradía,** f. Hermandad, congregación o gremio de personas para un fin determinado y especialmente para ejercitarse en obras de piedad.
**Cofre,** m. Caja, arca.
**Coger.***
**Cogida,** f. Acto de coger el toro a un torero.
**Cogollo,** m. Lo que está más apretado y más tierno dentro de la lechuga, repollo y otras hortalizas.
**Cogorza,** f. fam. Borrachera.
**Cogote,** m. Parte de atrás donde el cuello se junta con la cabeza.
**Cogujada,** f. Alondra que tiene un moño de plumas en la cabeza.
**Coherente,** adj. Relacionado y enlazado con otra cosa o frase anterior.
**Cohesión,** f. Fuerza con que están unidas las distintas partes de un cuerpo sólido o líquido.
**Cohete,** m. Tubo de papel o de caña o lata y cargado de pólvora que se lanza a lo alto dándole fuego por un agujero de abajo.
**Cohibir,** tr. No dejar que uno haga algo. ‖ Refrenar, reprimir, sujetar, contener.
**Cohorte,** f. La décima parte de una legión romana.
**Coincidencia,** f. Lo que ocurre cuando suceden dos o más cosas a un mismo tiempo.
**Coincidir.***

---
* 
COGER, tr. *Agarrar, pillar, tomar alguna cosa:* **Coger el sombrero.** ‖ *Caber:* **Este cántaro coge diez litros.** ‖ *Descubrir, averiguar, sorprender:* **Le cogió en una mentira.** ‖ *Hallar, encontrar:* **Procura no cogerle de mal humor.**
          *Viene del latín* **colligere,** *que quiere decir 'recoger, allegar'.* ‖ *Deriv.:* **Acogedor, acoger, acogimiento, colección, coleccionar, colecta, colectividad, encoger, encogido, escoger, recoger, recogida, recogimiento, recolección, recolectar, recolecto, sobrecogedor, sobrecoger.**
COINCIDIR, intr. *Venir bien una cosa con otra:* **Este tornillo no coincide con esta tuerca.** ‖ *Ocurrir dos o más cosas al mismo tiempo:* **En aquel programa de televisión no coincidían los labios del cantante y la letra de la canción.** ‖ *Ir varias personas al mismo tiempo y al mismo lugar:* **Coincidimos todas las mañanas al cruzar esta esquina.**
          *Viene del latín* **coincidere,** *que significa 'ir a caer al mismo sitio dos o más cosas y hacerlo a la vez'.* ‖ *Deriv.:* **Coincidencia.**

**Cojear,** intr. Andar mal por algún defecto de la pierna. || No asentar bien un mueble en el suelo. || Tener alguna imperfección o defecto.

**Cojera,** f. El modo de andar de un cojo; y el defecto que padece éste en sus piernas.

**Cojín,** m. Almohada pequeñita, cuadrada o redonda.

**Cojinete,** m. Pieza de hierro que sujeta los raíles a las traviesas del ferrocarril. || Pieza de metal y con un hueco en el que gira un eje.

**Cojo,** m. Persona o animal que cojea.

**Cok,** m. Carbón obtenido destilando hullas grasas; al arder produce mucho calor.

**Col,** f. Planta de huerta, cuyas hojas verdes y anchas se usan como verdura. Sus dos variedades principales son el repollo y la coliflor.

Col

**Cola,** f. Rabo, saliente que tiene por detrás el cuerpo de algunos animales. || Porción de la ropa que se alarga por atrás y se lleva arrastrando. || Fila de personas que esperan hacer algo. || Pasta o goma pegajosa. || Fin de alguna cosa. || Final.

**Colaboración,** f. Acción de trabajar con otra persona. || V. **labor.**

**Colaborador,** m. El que trabaja con otro. || El que escribe de cuando en cuando en un periódico.

**Colaborar,** tr. Trabajar con otra persona. || Cooperar, contribuir, coadyuvar, auxiliar.

**Colación,** f. El poco de comida que se toma por la noche en los días de ayuno.

**Colada,** f. El colar la ropa, metiéndola en lejía caliente para dejarla bien limpia.

**Coladero,** m. Sitio o agujero por donde se cuela algo sin gran dificultad.

**Colador,** m. Especie de cedazo pequeño para colar líquidos.

**Colapso,** m. Un fallo repentino de la circulación de la sangre, quedándose el corazón totalmente parado; puede ser mortal.

**Colar,** tr. Pasar un líquido a través de un cedazo o tela, para limpiarlo de materias o partículas. || Meter la ropa en lejía caliente para que se ponga bien limpia. || r. fig. y fam. Decir mentiras o frases no convenientes.

**Colateral,** adj. Que está al lado. || Pariente no directo.

**Colcha,** f. Cubierta de adorno y abrigo que se pone encima de la cama.

**Colchón,** m. Especie de saco relleno de lana u otra cosa que se pone en la cama para dormir sobre él.

**Colchoneta,** f. Colchón delgado y estrecho.

**Colear,** intr. Mover la cola el pez cuando se le ha pescado. || Mover con frecuencia la cola cualquier animal que la tenga.

**Colección,** f. Conjunto de cosas de una misma clase. || V. **coger.**

**Coleccionar,** tr. Reunir cosas para formar colección de ellas.

**Coleccionista,** com. Persona que colecciona algo.

**Colecta,** f. Recaudación voluntaria hecha generalmente para fines caritativos. || Cierta oración de la Misa.

**Colectivamente,** adv. Entre todos.

**Colectividad,** f. Conjunto de personas reunidas para un mismo fin.

**Colectivismo,** m. Doctrina que sólo admite la propiedad colectiva.

**Colectivo,** adj. Que pertenece a la colectividad en lugar de ser de uno solo. || Contr.: **Individual.**

**Colector,** adj. Que recoge algo. || Recaudador. || m. Canal que recoge las aguas procedentes de otros.

**Colega,** m. Compañero, el que tiene la misma profesión.

**Colegiado,** *adj.* Persona que pertenece a un colegio profesional.
**Colegial,** *m.* El que tiene plaza en un colegio de enseñanza. ‖ Escolar, alumno.
**Colegiarse,** *r.* Reunirse todos los individuos de una misma profesión para formar una sociedad o colegio profesional. ‖ Inscribirse en el colegio de su profesión.
**Colegiata,** *f.* Iglesia con abad y canónigos.
**Colegio.\***
**Colegir,** *tr.* Deducir una cosa de otra.
**Coleópteros,** *m. pl.* El escarabajo y todos los insectos que tengan dos alas endurecidas y otras dos muy débiles y finas.

Coleóptero

**Cólera,** *f.* Ira, enojo, enfado, rabia, furor, furia, irritación. ‖ Cierta enfermedad muy contagiosa.
**Colérico,** *adj.* Que se deja llevar de la cólera fácilmente.
**Coleta,** *f.* Mechón de pelo atado que usan los toreros en la parte posterior de la cabeza. ‖ **Cortarse la coleta:** dejar el torero su oficio.
**Coletilla,** *f.* Añadido breve a lo que se ha dicho o escrito.

**coleto (Echarse una cosa al),** *fr. fam.* Bebérsela o comérsela.
**Colgadizo,** *m.* Tejadillo saliente y sostenido sobre maderos cuyas puntas descansan en las paredes laterales.
**Colgado,** *adj.* Se dice de la persona a quien no se le ha dado lo que esperaba.
**Colgadura,** *f.* Telas con que se cubren y adornan las paredes y balcones de las casas y otros edificios.
**Colgar,** *tr.* Poner una cosa pendiente de otra sin que llegue al suelo. ‖ Suspender. ‖ Ahorcar.
**Colibrí,** *m.* Pájaro pequeño y de vivos colores, que se alimenta de insectos y del néctar de las flores.
**Cólico,** *m.* Dolor fuerte en los intestinos.
**Coliflor,** *f.* Col de gran cabeza (flor) blanco-amarillenta y carnosa.
**Colilla,** *f.* Lo que queda del cigarro, que se tira por no poder fumarlo ya.
**Colina,** *f.* Elevación pequeña del terreno. ‖ Altura, cerro, collado, alcor.
**Colindante,** *adj.* Se llama así a los campos o edificios que están juntos el uno al otro.
**Colindar,** *intr.* Lindar dos o más fincas la una con la otra.
**Colirio,** *m.* Cierto medicamento líquido para los ojos.
**Coliseo,** *m.* Teatro.
**Colisión,** *f.* Choque de dos cuerpos. ‖ Oposición y lucha de ideas o intereses.
**Colitis,** *f.* Inflamación de la parte central del intestino grueso.
**Colmado,** *adj.* Lleno, completo. ‖ *m.* Tienda donde se sirven comidas especiales, principalmente mariscos y pescados fritos.
**Colmar,** *tr.* Llenar un cajón, cesto, etcétera, de modo que lo que se echa en ellos levante por encima de los

---

\*
Colegio, *m. Centro de enseñanza:* **Colegio de Enseñanza Media.** ‖ *Sociedad de personas que tienen la misma dignidad o profesión:* **Colegio de Abogados.** ‖ **Colegio Menor:** *Residencia de estudiantes de bachillerato.* ‖ **Colegio Mayor:** *Residencia de estudiantes universitarios.*
    Viene de la palabra **collega,** *que en latín significa 'compañero en una magistratura,* **colega***'.* ‖ Deriv.: **Colegiado, colegial, colegiata.**

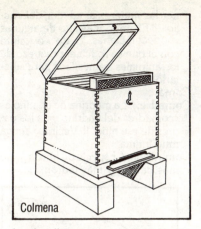
Colmena

bordes. || Dar con abundancia.
**Colmena,** f. Lugar donde viven las abejas y forman sus panales.
**Colmillo,** m. Diente puntiagudo situado delante de cada fila de muelas. || Cada uno de los dientes largos, salientes y en forma de cuerno, que tienen los elefantes en la mandíbula superior.
**Colmo,** m. La porción que sobresale por encima de los bordes del vaso o caja que la contiene. || Lo más que se puede tener de una cosa. || Exceso.
**Colocación,** f. Acción de colocar. || Lo que resulta de colocar. || Empleo o destino. || V. **lugar.**
**Colocar,** tr. Poner a una persona o cosa en su sitio correspondiente. || Dar un destino a alguno. || V. **lugar.**
**Colofón,** m. Anotación que traen algunos libros en la última hoja, indicando el lugar y la fecha en que se imprimió.
**Coloide,** adj. Que se hincha y disgrega puesto en agua, pero que no llega a disolverse.
**Colombino,** adj. Que se refiere a Cristóbal Colón.
**Colombofilia,** f. Técnica de la cría de palomas, en especial mensajeras. || Deportivamente, afición a poseer, criar, adiestrar, etc., palomas.
**Colombófilo,** adj. Aficionado a criar palomas.
**Colon,** m. Parte central del intestino grueso.
**Colón,** m. Moneda de plata de Costa Rica y San Salvador, llamada así en honor de Cristóbal Colón.
**Colonia.\***
**Colonial,** adj. Que se refiere a las colonias. || m. pl. Comestibles.
**Colonización,** f. Acción de formar una colonia en un país para cultivarlo y civilizarlo. || V. **colonia.**
**Colonizador,** adj. (El) que coloniza.
**Colonizar,** tr. Establecer una colonia en un país o en un terreno. || Civilizar a otro país.
**Colono,** m. El que habita en una colonia. || Labrador que cultiva un campo arrendado y que vive en él.
**Coloquio,** m. Conversación, plática, diálogo.
**Color.\***
**Colorado,** adj. Que tiene color. || Rojo, encarnado.

---

\*

COLONIA, f. *Conjunto de personas que van de un país a otro para vivir en él:* **La colonia española de Buenos Aires es muy numerosa.** || *Ciudad o nación gobernada por otros:* **España fue colonia romana.** || *Agrupación de animales pequeños que viven juntos en gran número:* **Un enjambre es una colonia de abejas.**
      Viene del latín **colonus,** *que significa 'labriego', habitante de una colonia.* || *Deriv.:* **Colonial, colonización, colonizar, colono.**
COLOR, m. *Impresión que producen en el ojo los rayos de luz reflejados por un cuerpo:* **Los colores fundamentales son el rojo, el amarillo y el azul.** || *Sustancia preparada para pintar:* **Los colores de la paleta de un pintor.** || *Pretexto para hacer una cosa a la que no se tiene derecho:* **Le preguntó muchas cosas so color de ayudarle.**
      Viene del latín **color,** *que significa lo mismo que en castellano.* || *Deriv.:* **Bicolor, coloración, colorado, colorante, colorar, colorete, colorido, colorín, colorismo, descolorido, incoloro, tricolor.**

**Colorante,** *adj.* Que da color, que tiñe.

**Colorar,** *tr.* Dar color o teñir alguna cosa.

**Colorete,** *m.* Color rojo con que algunas mujeres se colorean las mejillas.

**Colorido,** *m.* Grado de intensidad de los diversos colores de una pintura.

**Colorín,** *m.* Jilguero. ‖ Color vivo que produce mal efecto.

**Colosal,** *adj.* Enorme, extraordinario, grandísimo, inmenso, gigantesco, grandioso.

**Coloso,** *m.* Gigante. ‖ Persona que sobresale muchísimo por sus cualidades. ‖ Estatua muy grande.

**Columna,** *f.* Construcción de forma generalmente cilíndrica y que sirve para sostener los edificios. ‖ Pilar, pilastra. ‖ Apoyo, sostén. ‖ En Física, porción de líquido contenido en un tubito vertical.

Columna

**Columnata,** *f.* Fila de columnas que sostienen o adornan un edificio.

**Columpio,** *m.* Asiento colgado de dos cuerdas para mecerse.

**Collado,** *m.* Elevación pequeña del terreno. ‖ Colina, cerro.

**Collar,** *m.* Adorno que se suelen poner las mujeres alrededor del cuello. ‖ El grado más alto de algunas condecoraciones. ‖ Aro o cinto con el que se rodea el pescuezo de los animales domésticos para sujetarlos o adornarlos.

**Coma.**\*

**Comadre,** *f.* La madrina de un niño es «comadre» del padrino y de los padres de ese niño. ‖ Vecina y amiga muy íntima.

**Comadreja,** *f.* Especie de hurón, pero más dañino y más ladrón.

Comadreja

**Comadrona,** *f.* Mujer que asiste a la que va a dar a luz.

**Comanche,** *adj.* Una de las tribus de indios pieles rojas, de origen mejicano.

**Comandancia,** *f.* Territorio en el que manda un comandante. ‖ Edificio o departamento donde se hallan las oficinas del comandante.

**Comandante,** *m.* Jefe militar que tiene un grado más que el capitán. ‖ Militar que ejerce el mando en un ejército, en un grupo de tropas o en una región. ‖ **Comandante de puesto:** El que hace de jefe en un destacamento de la Guardia Civil; o de carabineros.

**comandita (En),** *m. adv.* Con dos clases distintas de socios: socios capitalistas y socios trabajadores.

**Comando,** *m.* Grupo de militares en misión especial de guerra o guerrilla.

---

\* Coma, *f. Signo ortográfico que sirve para separar palabras o frases: La coma se usa también en aritmética para separar la parte entera de la parte decimal.* ‖ m.. *Especie de patatús repentino en que caen los enfermos graves:* **El enfermo cayó en coma a causa de un derrame cerebral.**

*El signo (,), viene del griego* **kómma** *('trozo de un escrito, trozo de un discurso').* ‖ *Cuando tiene la segunda significación, viene del griego* **kôma** *('sueño profundo').* ‖ *Deriv.:* 1) **comilla, entrecomillar;** 2) **comatoso.**

**Comarca,** *f.* Territorio que comprende varias poblaciones.
**Comarcal,** *adj.* Que pertenece o se refiere a la comarca.
**comatoso (En estado),** *m. adv.* En estado de coma, es decir, muriéndose.
**Comba,** *f.* Juego que consiste en saltar con una cuerda. ‖ La cuerda que sirve para este juego. ‖ Torcimiento o curvatura que toman algunos cuerpos como maderos, tablas, barras, etc.
**Combate,** *m.* Pelea, lucha, batalla, refriega. ‖ V. **batalla.**
**Combatiente,** *adj.* Que combate. ‖ *m.* Cada uno de los hombres que componen un ejército. ‖ Soldado que está combatiendo.
**Combatir,** *intr.* Pelear, luchar. ‖ *tr.* Acometer, embestir. ‖ Contradecir, impugnar, refutar.
**Combinación,** *f.* Acción de combinar varias cosas. ‖ Lo que resulta de combinar. ‖ Prenda interior de mujer. ‖ En química, combinación es la unión de dos o más sustancias de tal modo que se forma una sustancia totalmente distinta a ellas. Así, el agua es una combinación de hidrógeno y oxígeno. ‖ V. **combinar.**
**Combinar.\***
**Combinatorio,** *adj.* Que se refiere a las combinaciones.
**Comburente,** *adj.* Que hace arder.
**Combustible,** *adj.* Que puede arder. ‖ Que arde con facilidad.
**Combustión,** *f.* Acción de arder o de quemar.
**Comedero,** *m.* Vasija para comer las aves y otros animales. ‖ *adj.* Que se puede comer.
**Comedia,** *f.* Obra de teatro con un final festivo. ‖ Acontecimiento de la vida que da risa. ‖ Farsa, fingimiento, embuste.
**Comediante,** *m.* Actor. ‖ *fig.* Hipócrita.
**Comedido,** *adj.* Prudente, moderado, atento, discreto.
**Comediógrafo.** Escritor de comedias.
**Comedor,** *adj.* Que come mucho ‖ *m.* Habitación de una casa destinada para comer. ‖ Establecimiento para servir comidas. ‖ V. **comer.**
**Comendador,** *m.* Dignidad de algunas órdenes.
**Comensal,** *com.* Cada una de las personas que comen en una misma mesa.
**Comentar,** *tr.* Explicar algún escrito para que se entienda mejor. ‖ Hablar sobre otras personas o sobre cosas que ocurren.
**Comentario,** *m.* Escrito que sirve de explicación para que se entienda mejor una obra. ‖ Conversación sobre personas o cosas de la vida.
**Comentarista,** *com.* Persona que escribe comentarios.
**Comenzar,** *tr.* Empezar alguna cosa. ‖ *intr.* Principiar. ‖ V. **iniciar.**
**Comer.\***
**Comercial,** *adj.* Que se refiere al comercio.
**Comerciante,** *com.* El que se dedica a los negocios de comprar y vender. ‖ Negociante, traficante, mercader.

---

\*
COMBINAR, *tr. Unir cosas diferentes para que formen un compuesto:* **Combinando hidrógeno y oxígeno se obtiene el agua.** ‖ *Hacer que varias cosas concurran al mismo tiempo:* **Combinar la marcha de los ejércitos.**
    *Viene del latín* **bini,** *que quiere decir 'dos cada vez'.* ‖ *Deriv.:* **Combinación, combinatorio.**

COMER, *intr. Masticar y moler el alimento en la boca y pasarle al estómago:* **Come despacio.** ‖ *Tomar alimento:* **Come para vivir y no vivas para comer.** ‖ *Tomar la comida principal del día:* **Hoy no come en casa.** ‖ *Tomar por alimento una cosa u otra:* **Comer pescado.** ‖ *Corroer, desgastar, hacer desaparecer:* **El sol se come los colores de las telas.**
    *Viene del latín* **comedere,** *que significa 'comer'.* ‖ *Deriv.:* **Comedor, comestible, comezón, comida, comidilla, comilón, comilona, comistrajo, concomio, recomerse, reconcomio.**

**Comerciar,** tr. Comprar y vender cosas para ganar dinero. || Traficar.
**Comercio,** m. Trabajo que consiste en comprar y vender cosas. || Comunicación y trato de unas gentes con otras. || Tienda, almacén. || V. **mercancía.**
**Comestible,** adj. Que se puede comer.
**Comestibles,** m. pl. Las cosas que sirven para comer.
**Cometa,** m. Astro brillante con una ráfaga luminosa. || f. Armazón de cañas y papel sujeta por una cuerda que se puede elevar en el aire y sirve de juguete.

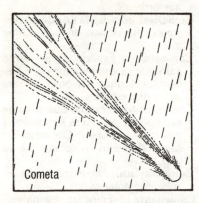
Cometa

**Cometer,** tr. Hacer una falta o un delito. || Caer, incurrir. || V. **meter.**
**Cometido,** m. Obligación, encargo.
**Comezón,** m. Picor en todo el cuerpo o en alguna parte de él. || Deseo de acabar ya de conseguir algo.
**Comicios,** m. pl. Junta que tenían los romanos para tratar de los asuntos públicos. || Reuniones y actos para elecciones.
**Cómico,** adj. Que produce risa. || Divertido, gracioso. || m. Comediante, actor.
**Comida,** f. Alimento, cosa que se come. || Acción de comer. || Alimento principal que cada día toman las personas. || V. **comer.**
**Comidilla,** f. fig. y fam. Asunto sobre el que se está murmurando frecuentemente o de un modo general.

**Comido,** adj. Se dice del que ya ha tomado alimento. || Mantenido.
**Comienzo,** m. Principio de una cosa. || Nacimiento, origen. || V. **iniciar.**
**Comilón,** adj. fam. Que come mucho.
**Comilona,** f. fam. Comida abundante y muy variada.
**Comillas,** f. pl. Signo ortográfico doble (« »), que se utiliza para distinguir por alguna razón especial alguna palabra o frase que se ha escrito.
**Comino,** m. Hierba de semillas pequeñas, pardas, aromáticas y un poco agrias, que se usan como condimento.

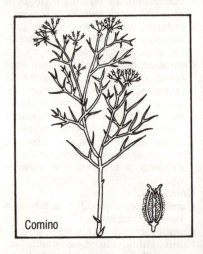
Comino

**Comisaría,** f. Oficina del comisario. || Cargo del comisario.
**Comisario,** m. El que ha recibido poder para hacer algo. || Jefe de policía.
**Comisión,** f. Encargo o mandato que se da a una persona para que haga algo. || Junta o comité de personas para entender en algún asunto. || Ganancia que recibe el que vende una cosa por cuenta de otro. || V. **meter.**
**Comisionado,** adj. Encargado de hacer algo.
**Comisura,** f. Parte en que se unen los labios; o los párpados.
**Comité,** m. Junta o comisión de personas.

**Comitiva,** *f.* Conjunto de personas que acompañan a otra.

**Como.***

**¡Cómo!** Interjección con que se denota extrañeza o enfado.

**Cómoda,** *f.* Mueble de cajones en el que se suele guardar ropa.

**Cómodamente,** *adv.* Con comodidad.

**Comodidad,** *f.* Facilidad. ‖ Modo de hacer las cosas sin esfuerzo. ‖ Bienestar. ‖ Contr.: **Molestia, incomodidad.**

**Comodín,** *m.* Lo que puede servir para muchas cosas o de muchas maneras. ‖ Pretexto para hacer lo que uno quiere.

**Cómodo,** *adj.* Fácil, agradable, acomodado, conveniente. ‖ Que no cuesta trabajo hacerlo. ‖ V. **modo.** ‖ Contr.: **Molesto, incómodo.**

**Comodoro,** *m.* El jefe de tres barcos de guerra.

**Compacto,** *adj.* Macizo. ‖ Dícese de los cuerpos apretados y poco porosos. ‖ Apretado, apiñado.

**Compadecer,** *tr.* Compartir la desgracia ajena.

**Compadecerse,** *r.* Tener lástima de alguno. ‖ Apiadarse, condolerse, tener compasión. ‖ Venir bien una cosa con otra, armonizarse, compaginarse.

**Compadre,** *m.* Nombre que se dan entre sí el padre de un niño y el padrino de ese mismo niño. ‖ Amigo, vecino o muy conocido.

**Compaginar,** *tr.* Poner en buen orden o en buena relación una cosa con otra.

**Compañerismo,** *m.* Unión y amistad entre compañeros.

**Compañero,** *m.* El que ordinariamente trabaja o anda con otro. ‖ V. **compañía.**

**Compañía.***

**Comparable,** *adj.* Que se puede comparar, que son casi iguales.

**Comparación,** *f.* Acción de comparar. ‖ Lo que resulta de comparar.

**Comparar.***

**Comparativo,** *adj.* Que indica comparación.

**Comparecer,** *intr.* Presentarse una persona ante otra.

**Comparsa,** *f.* En el teatro: conjunto de personas que salen a escena pero que no hablan en ella. ‖ Cada uno de los que se disfrazan durante una fiesta o carnaval.

**Compartimiento,** *m.* Cada una de las partes que resultan de repartir un espacio o un local.

**Compartir,** *tr.* Repartir, dividir, distribuir una cosa en varias partes. ‖ Participar uno en alguna cosa.

**Compás,** *m.* Instrumento de dibujo formado por dos patillas unidas en un extremo y que pueden abrirse y

---

COMO, *adv. De qué modo o manera:* **¿Cómo dibujas?** ‖ *De la misma manera que:* **Lo hago como me lo enseñaron.**
  *Viene del latín* **quomodo,** *que significa 'como'.*

COMPAÑÍA, f. *Efecto de acompañar.* ‖ *Personas que acompañan a otra:* **Tiene mucha compañía** ‖ *Sociedad:* **Compañía ferroviaria.** ‖ *Tropa de infantería mandada por un capitán:* **El regimiento tiene seis compañías.** ‖ *Conjunto de actores teatrales:* **La compañía del teatro Principal.**
  *Viene del latín* **panis,** *que significa 'pan'.* ‖ *Por eso compañía significa propiamente 'los que comen de un mismo pan'.* ‖ *Deriv.:* **Acompañamiento, acompañante, acompañar, compañerismo, compañero..** ‖ *Contrario:* **Soledad.**

COMPARAR, tr. *Mirar dos o más cosas para ver en qué se parecen, en qué se diferencian o cuál es la mejor de ellas:* **Comparar uno con otro.** ‖ *Cotejar, confrontar, parangonar:* **El amor de nuestra madre no se puede comparar con nada.**
  *Viene del latín* **parare,** *que significa 'disponer'; por eso comparar significa propiamente 'disponer una cosa con otra'.* ‖ *Deriv.:* **Comparable, comparación, comparativo.**

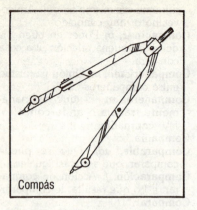
Compás

cerrarse. ‖ Cada uno de los tiempos en que se marca el ritmo de una música.
**Compasión,** *f.* Lástima, sentimiento que uno tiene por el mal que otro padece.
**Compasivo,** *adj.* Que fácilmente tiene compasión de los demás. ‖ Muy humanitario.
**Compatible,** *adj.* Que puede estar con otro. ‖ Contr.: **Incompatible.**
**Compatriota,** *com.* Persona de la misma patria que uno.
**Compeler,** *tr.* Obligar a otro a hacer una cosa aunque no quiera. ‖ Constreñir, forzar.
**Compendio,** *m.* Explicación corta de lo principal de una materia. ‖ Resumen.
**Compenetración,** *f.* Acción de compenetrarse.
**Compenetrarse,** *r.* Tener varias personas las mismas ideas y sentimientos.
**Compensación,** *f.* Acción de compensar. ‖ Dinero que uno tiene que dar al que ha herido o a los herederos si ha matado al otro. ‖ Indemnización.
**Compensar,** *tr.* Igualar una cosa con otra. ‖ Compensar las pérdidas en un negocio con las ganancias en otro. ‖ Dar alguna cosa o hacer un beneficio por el daño que se ha causado. ‖ Resarcir. ‖ Indemnizar. ‖ V. **pesar.**
**Competencia,** *f.* Oposición, contienda o lucha entre varias personas que quieren la misma cosa. ‖ Habilidad, aptitud o capacidad para hacer bien una cosa. ‖ V. **pedir.**
**Competente,** *adj.* Entendido, capaz, hábil, apto, adecuado. ‖ V. **pedir.**
**Competentemente,** *adv.* Con aptitud. ‖ Proporcionadamente, adecuadamente.
**Competición,** *f.* Disputa, contienda, rivalidad, competencia. ‖ Confrontación deportiva.
**Competidor,** *m.* Que compite con otros porque aspira a lo mismo.
**Competir,** *intr.* Aspirar varias personas a una misma cosa e intentar conseguirla cada uno. ‖ Hacerse la competencia.
**Competitividad,** *f.* Capacidad de competir. Úsase preferentemente en economía y deporte.
**Compilador,** *adj.* Que compila o reúne cosas.
**Compilar,** *tr.* Reunir en un solo libro parte de otros libros o documentos.
**Compinche,** *m. fam.* Compañero de delito.
**Complacencia,** *f.* Satisfacción, contento, alegría que resulta de alguna cosa.
**Complacer,** *tr.* Procurar ser agradable a una persona. ‖ V. **placer.**
**Complacerse,** *r.* Alegrarse en alguna cosa.
**Complejo,** *adj.* Ni simple ni sencillo. ‖ *m.* Lo que resulta de unir varias cosas diferentes. ‖ Conjunto de muchas industrias formando una sola. ‖ Embrollo.
**Complementar,** *tr.* Aumentar alguna cosa añadiéndole lo que le falta o lo que puede hacerla mejor.
**Complementario,** *adj.* Que sirve para complementar o perfeccionar alguna cosa. ‖ Dos colores se dicen complementarios cuando al combinarse dan luz blanca. ‖ Dos ángulos son complementarios cuando juntos suman 90°.
**Complemento,** *m.* Lo que hace falta añadir a una cosa para completarla o perfeccionarla. ‖ Si dos ángulos son complementarios, cada uno de ellos es «complemento del otro». ‖ En gramática, complemento es toda palabra que haga más comprensible la oración. ‖ V. **lleno.**
**Completamente,** *adv.* Enteramente,

totalmente, sin que falte nada. || V. **lleno**.
**Completar**, *tr.* Añadir a una cosa lo que le faltaba. || V. **lleno**.
**Completo**, *adj.* Lleno, entero, perfecto, cabal, acabado. || V. **lleno**. || *Contr.:* **Incompleto**.
**Complicación**, *f.* Dificultad, lío o embrollo que resulta de juntarse muchas cosas diferentes. || Confusión, enredo, laberinto.
**Complicado**, *adj.* Compuesto de gran número de piezas. || Dificultuso, enredado, de difícil comprensión, confuso, complejo.
**Complicar**, *tr.* Unir cosas diferentes entre sí. || Enredar, dificultar, confundir, embrollar. || V. **plegar**.
**Cómplice**, *com.* Persona que ayuda a otra a cometer un delito.
**Complicidad**, *f.* Participación en un mismo delito o falta.
**Complot**, *m.* Intriga, reunión secreta de varias personas para combatir a otras. || Conspiración, intriga.
**Complutense**, *adj.* De Alcalá de Henares.
**Componenda**, *f.* Arreglo poco legal.
**Componente**, *m.* Cada una de las partes que forman un todo.
**Componer**, *tr.* Formar de varias cosas una sola. || Constituir, formar, hacer, producir. || Arreglar algo descompuesto o roto. || Adornar, engalanar. || V. **poner**.
**Componerse**, *r.* Adornarse, acicalarse, engalanarse una persona. || **Componérselas:** Ingeniárselas para salir de un apuro o lograr algo difícil.
**Comportamiento**, *m.* Conducta, manera de portarse.

**Comportarse**, *r.* Portarse. || Conducirse, proceder, actuar.
**Composición.**\*
**Compositor**, *m.* el que hace composiciones. Se dice especialmente del que hace composiciones musicales.
**Compostelano**, *adj.* Natural de Santiago de Compostela o perteneciente a esta ciudad.
**Compostura**, *f.* Arreglo, reparación de una cosa estropeada o rota. || Aseo y adorno de una persona. || Decoro, modestia, modo agradable de estar una persona con otras.
**Compota**, *f.* Dulce hecho de fruta cocida con agua y azúcar.
**Compra**, *f.* Acción de comprar. || Lo que se ha comprado.
**Comprador**, *adj.* Que compra.
**Comprar.**\*
**Compraventa**, *f.* Contrato o negocio de comprar y vender.
**Comprender**, *tr.* Entender, saber lo que significan las palabras, las acciones o las cosas. || Contener, abarcar. || V. **prender**.
**Comprensible**, *adj.* Que se puede comprender.
**Comprensión**, *f.* Acción de comprender. || Conocimiento perfecto de una cosa. || Capacidad o perspicacia para entender algo.
**Comprensivo**, *adj.* Que comprende. || Que es tolerante.
**Compresa**, *f.* Algodón o tela que se pone entre la herida y la venda.
**Comprimido**, *m.* Medicamento condensado y pequeño de tamaño.
**Comprimir**, *tr.* Hacer mucha presión o fuerza sobre algo.

---

\*

COMPOSICIÓN, f. *Acción y resultado de componer:* **La composición de un libro es bastante difícil.** || *Obra científica, literaria o musical:* **La orquesta interpretó composiciones de músicos españoles.** || *Combinación de los elementos que entran en un cuerpo compuesto:* **El hidrógeno y el oxígeno entran en la composición del agua.**
  La palabra viene del latín **cumponere**, que quiere decir 'colocar junto'. || *Contr.:* **Descomposición**.
COMPRAR, tr. *Adquirir algo por dinero:* **Comprar unos zapatos.** || *Sobornar, pagar a alguien para que haga una mala acción:* **Compró a los testigos falsos.**
  Viene del latín **comparare**, que significa 'adquirir, proporcionar'. || *Derivados:* **Compra, comprador**. || *Contr.:* **Vender**.

**Comprobación,** *f.* Acción de comprobar. ‖ Confirmación.
**Comprobante,** *com.* El que comprueba. ‖ *m.* Lo que sirve para demostrar algo.
**Comprobar,** *tr.* Ver si una cosa es cierta. ‖ Cerciorarse. ‖ V. **probar**.
**Comprometedor,** *adj.* Que compromete. ‖ *m.* El que pone a otro en peligro de hacer algo malo. ‖ V. **meter**.
**Comprometer,** *tr.* Poner a uno en peligro de hacer algo malo o arriesgado. ‖ Obligar a otro a hacer algo en un tiempo venidero. ‖ *r.* Obligarse a hacer algo. ‖ V. **meter**.
**Compromisario,** *m.* Persona que recibe poderes de otras para hacer algo.
**Compromiso,** *m.* Apuro, conflicto, aprieto, dificultad. ‖ Obligación contraída, palabra dada, deber. ‖ Convenio, pacto.
**Compuerta,** *f.* Puerta que se pone en los canales y presas y que se puede subir y bajar para dejar pasar las aguas o detenerlas. ‖ Media puerta que tienen algunas casas para que pueda entrar la luz aun estando cerradas.

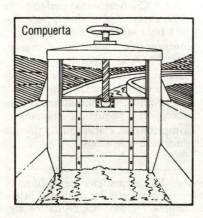
Compuerta

**Compuesto,** *m.* Cosa formada por otras varias diferentes. ‖ Mezcla, composición, mezcolanza. ‖ *adj.* Aseado, callado, circunspecto, endomingado.
**Compunción,** *f.* Tristeza o sentimiento por haber cometido un pecado. ‖ Arrepentimiento.
**Compungido,** *adj.* Arrepentido y lloroso. ‖ Afligido o atribulado.
**Computable,** *adj.* Que se puede contar.
**Computar,** *tr.* Contar o calcular una cosa por medio de números.
**Cómputo,** *m.* Cuenta, cálculo.
**Comulgar,** *intr.* Recibir la Sagrada Comunión.
**Comulgatorio,** *m.* Sitio a que nos acercamos al ir a comulgar.
**Común.***
**Comunero,** *m.* Rebelde popular de Castilla en tiempos de Carlos I de España y V de Alemania.
**Comunicable,** *adj.* Que se puede o se debe comunicar o decir. ‖ Sociable, tratable.
**Comunicación,** *f.* Relación o trato de unas personas con otras. ‖ Unión de los pueblos o naciones por medio de carreteras. ‖ Unión que se establece entre ciertas cosas tales como mares, pueblos, casas y habitaciones, mediante pasos, escaleras, caminos, cables, etc. ‖ Papel en que se comunica algo. ‖ *pl.* Medios de transporte. ‖ Correos, telégrafos, teléfonos, etc. ‖ V. **común**.
**Comunicado,** *m.* Escrito que se dirige a los periódicos informando de algo y para que lo publiquen.
**Comunicante,** *adj.* Que comunica algo a otro.
**Comunicar,** *tr.* Avisar, dar parte o poner en conocimiento de otro alguna cosa. ‖ Transmitir. ‖ Existir un paso entre dos lugares. ‖ V. **común**.

---
*
**Común,** adj. *Que pertenece a varios sin que sea de ninguno en particular:* **Camino común.** ‖ *Corriente, ordinario, vulgar, frecuente, usual:* **Costumbres comunes.**
  Viene del latín **communis**, *que significa 'común'.* ‖ *Deriv.:* **Comunal, comunero, comunicación, comunicante, comunicar, comunicativo, comunión, comunismo, comunista, descomunal, mancomunidad.** ‖ *Contr.:* **Propio, peculiar, extraordinario.**

**Comunicativo,** *adj.* Muy sociable.
**Comunidad,** *f.* Sociedad o congregación de personas que viven unidas y bajo ciertas reglas, como en los conventos, colegios, etc. ‖ Cualidad que tiene lo que es común o pertenece a varios. ‖ V. **común.**
**Comunión,** *f.* Unión en la misma fe, el tener las mismas creencias. ‖ El recibir el Sacramento de la Eucaristía (Condición necesaria: no tener pecado mortal). ‖ Común unión.
**Comunismo,** *m.* Doctrina que quiere quitar la propiedad de cada uno y hacer que todo sea de todos.
**Comunista,** *adj.* Que se refiere al comunismo o es partidario de esta doctrina. ‖ V. **común.**
**Comúnmente,** *adv.* De uso común, frecuentemente.
**Con.**\*
**Conato,** *m.* Intento, empeño o esfuerzo para hacer una cosa.
**Concatenación,** *f.* Unión en forma de cadena.
**Concavidad,** *f.* Hueco.
**Cóncavo,** *adj.* Deprimido por la parte central de su superficie.
**Concebir.**\*
**Conceder,** *tr.* Dar, otorgar. ‖ V. **ceder.** ‖ Contr.: **Negar, rechazar.**
**Concejal,** *m.* Individuo que forma parte del Ayuntamiento o concejo de un pueblo.
**Concejo,** *m.* Ayuntamiento. ‖ Junta que gobierna un pueblo.
**Concelebrar,** *tr.* Celebrar conjuntamente la misa varios sacerdotes.
**Concentración,** *f.* Reunión de muchas personas o cosas en un espacio pequeño. ‖ V. **centro.**
**Concentrado,** *adj.* Puesto o metido en el centro de una cosa. ‖ *m.* Se dice de la disolución que tiene mucha materia disuelta y poca agua.

**Concentrar,** *tr.* Reunir en un centro o espacio pequeño lo que estaba separado. ‖ Aumentar la materia disuelta en un líquido. ‖ Contr.: **Dispersar, diseminar.**
**Concéntricos,** *adj. pl.* Con el mismo centro.
**Concepción,** *f.* Acción de concebir. ‖ Especialmente la de la Santísima Virgen, Madre de Dios.
**Concepcionista,** *adj.* Religioso que pertenece a la Orden llamada de la Inmaculada Concepción.
**Conceptista,** *adj.* De estilo muy complicado.
**Concepto,** *m.* Idea que forma el entendimiento. ‖ Noción, conocimiento. ‖ Opinión, juicio. ‖ V. **concebir.**
**Conceptual,** *adj.* Que se refiere al concepto.
**Conceptuar,** *tr.* Formar idea o concepto de lo que una persona o cosa es. ‖ Juzgar, estimar.
**Concerniente,** *adj.* Que concierne o se refiere a alguna cosa. ‖ Relativo, referente, perteneciente.
**Concernir,** *intr.* Corresponder, pertenecer, atañer, tocar.
**Concertar,** *tr.* Poner orden en las cosas, ordenar, arreglar. ‖ Acordar, convenir o pactar en un asunto cualquiera. ‖ Poner en armonía las voces o los sonidos musicales.
**Concertina,** *f.* Acordeón hexagonal.

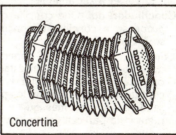
Concertina

---

\*
**Con,** *Preposición que significa el modo o el instrumento para hacer alguna cosa: Escribo con cuidado, escribo con bolígrafo.* ‖ *En compañía, juntamente: Voy con mis amigos.*
  Viene del latín **cum,** que significa 'con'.
**Concebir,** *intr. Quedar fecundada una hembra:* «Concepción» se deriva de «concebir». ‖ *Formarse idea de una cosa, comprenderla:* **Concibió un mal pensamiento.**
  Viene del latín **concipere,** que significa 'formar idea, absorber, contener.* ‖ *Deriv.*: **Concepción, concepto, conceptual, conceptuoso, preconcebir.**

**Concertino,** *m.* El violín o el violoncelo más importante de una orquesta.

**Concertista,** *com.* Que canta o toca o dirige un concierto. ‖ Solista de algún instrumento, durante un concierto.

**Concesión,** *f.* Acción de conceder algo. ‖ Derecho o privilegio que se obtiene del Estado.

**Concesionario,** *m.* El que tiene la exclusiva de venta para algún producto o maquinaria.

**Conciencia,** *f.* Propiedad que tiene el espíritu humano de conocer sus propias acciones. ‖ Conocimiento que se tiene acerca de si las acciones son buenas o malas. ‖ V. **ciencia.**

**Concienzudamente.** *adv.* De modo concienzudo.

**Concienzudo,** *adj.* Se dice de la persona que estudia o hace las cosas con mucho cuidado y atención.

**Concierto,** *m.* Buen orden y disposición de las cosas. ‖ Armonía. ‖ Trato o ajuste entre dos o más personas. ‖ Acuerdo, pacto, convenio. ‖ Función de música en la que se ejecutan composiciones sueltas.

**Conciliábulo,** *m.* Reunión o junta ilegal.

**Conciliación,** *f.* Acción de conciliar. ‖ El volver a ser amigos.

**Conciliador,** *adj.* Que concilia o es propenso a conciliar o conciliarse. ‖ Condescendiente.

**Conciliar,** *tr.* Armonizar, poner de acuerdo a las personas que estaban opuestas entre sí. ‖ Ajustar. ‖ Hacer que no se contradigan los pensamientos o doctrinas que a primera vista parecen contrarias.

**Conciliarse,** *r.* Ganarse o granjearse la voluntad de otros. ‖ Hacerse amigos otra vez.

**Concilio,** *m.* Junta o congreso de los obispos y otros eclesiásticos para tratar sobre el dogma y otros asuntos religiosos. ‖ Se llama **c. ecuménico** cuando intervienen en él los obispos de todos los países, reunidos bajo la presidencia del Papa.

**Concisión,** *f.* Precisión y brevedad.

**Conciso,** *adj.* Breve, corto.

**Cónclave,** *m.* Lugar donde se encierran los cardenales para elegir a un nuevo Papa cuando el anterior ha muerto.

**Concluir,** *tr.* Acabar o terminar una cosa. ‖ Finalizar, rematar. ‖ Deducir una verdad de otras, sacar una consecuencia.

**Conclusión,** *f.* Terminación o fin de una cosa. ‖ Final, término. ‖ Consecuencia de un razonamiento.

**Concluyente,** *adj.* Que convence. ‖ Decisivo, convincente, terminante, irrebatible.

**Concoideo,** *adj.* Semejante a una concha.

**Concomitancia,** *f.* Relación, unión, acompañamiento.

**Concomitante,** *adj.* Que acompaña a otra cosa.

**Concordancia,** *f.* Conformidad de una cosa con otra. ‖ En gramática, conformidad de accidentes entre dos o más palabras variables. ‖ Contr.: **Discordancia.**

**Concordante,** *adj.* Que va de acuerdo con otra cosa. ‖ Contr.: **Discordante.**

**Concordar,** *intr.* Estar de acuerdo una cosa con otra. ‖ En gramática, formar concordancia.

**Concordatario,** *adj.* Perteneciente al Concordato.

**Concordato,** *m.* Tratado entre el gobierno de una nación y la Santa Sede.

**Concorde,** *adj.* Conforme, de un mismo parecer.

**Concordia,** *f.* Unión, armonía, paz. ‖ Contr.: **Discordia.**

**Concreción,** *f.* Reunión de varias partículas en una masa sólida.

**Concretamente,** *adv.* De un modo concreto.

**Concretar,** *tr.* Reducir a lo más esencial la materia sobre que se habla o escribe. ‖ V. **concreto.** ‖ Contr.: **Divagar.**

**Concreto.\***

———————————

*Concreto,* adj. *Se dice que es concreto cualquier objeto determinado que se*

**Concubina,** *f.* Mujer que vive con un hombre como si éste fuera su marido, sin serlo.
**Concupiscencia,** *f.* Apetito y deseo de los bienes terrenos. ‖ Avidez, codicia. ‖ Deseo desordenado de placeres deshonestos. ‖ Sensualidad, liviandad.
**Concurrencia,** *f.* Reunión de muchas personas en un mismo lugar y al mismo tiempo. ‖ Público, espectadores, asistentes.
**Concurrente,** *adj.* Que concurre o se junta en donde otros.
**Concurrir,** *intr.* Juntarse en un mismo lugar y tiempo varias personas. ‖ Tomar parte en un concurso.
**Concursar,** *tr.* Concurrir, tomar parte en un concurso.
**Concurso,** *m.* Abundancia de gente en un mismo lugar. ‖ Concurrencia, público. ‖ Asistencia o ayuda para una cosa. ‖ Llamamiento público a los que quieran obtener un trabajo a fin de elegir el mejor. ‖ V. **correr.**
**Concha,** *f.* Parte dura que cubre el cuerpo de algunos animales, como las tortugas, los caracoles, las almejas. ‖ Mueble que se pone en el escenario de los teatros para ocultar al apuntador y reflejar su voz hacia los actores.
**Condado,** *m.* Territorio en que manda un conde.
**Conde,** *m.* Título de nobleza.
**Condecoración,** *f.* Insignia que se concede en reconocimiento de los méritos de alguna persona.
**Condecorar,** *tr.* Dar a uno condecoraciones u honores.
**Condena,** *f.* Castigo que impone la justicia por algún delito cometido.

**Condenación,** *f.* Acción de condenar. ‖ El hecho de condenarse. ‖ Se dice especialmente de la condenación eterna.
**Condenado,** *adj.* Que ha sufrido condena. ‖ Endemoniado, malo, perverso.
**Condenar,** *tr.* Castigar el juez al que ha cometido un delito. ‖ Declarar mala una doctrina. ‖ Cerrar una habitación, puerta, pasillo haciendo que no se pueda volver a pasar por ellas. ‖ *r.* Caer en el infierno.
**Condenatorio,** *adj.* Que condena.
**Condensación,** *f.* Acción de condensar o condensarse. ‖ Lo que resulta de condensarse una cosa. ‖ En física: el paso de gas a líquido, enfriándose el gas.
**Condensador,** *m.* Recipiente lleno de líquido frío, que sirve para condensar vapores. ‖ Aparato para condensar electricidad.
**Condensar,** *tr.* Reducir una cosa a menor volumen. ‖ Volver líquido un vapor. ‖ Reducir a menor extensión un escrito o discurso sin quitarle nada de lo esencial ‖ *r.* Convertirse un gas en líquido, al sufrir un enfriamiento.
**Condesa,** *f.* Esposa de un conde. ‖ Mujer que tiene el título de conde.
**Condescendencia,** *f.* Bondad, complacencia.
**Condescender,** *intr.* Acomodarse por bondad a lo que otro quiere.
**Condescendiente,** *adj.* Bondadoso, complaciente, dispuesto a condescender.
**Condestable,** *m.* Jefe supremo del ejército en las antiguas regiones imperiales.
**Condición.***

---

\* puede ver y expresar con claridad. Así, **un hombre** es un ser concreto, mientras que **la humanidad** es una cosa que no es concreta.
    Viene del latín **concretus,** que quiere decir 'espeso, compacto'. ‖ Deriv.: **Concretar.** ‖ Contr.: **Abstracto.**
CONDICIÓN, f. Carácter o modo de ser de las personas: **Es de buena condición.** ‖ Propiedad o cualidades de las cosas: **Las condiciones del cobre.** ‖ Circunstancia necesaria para que una cosa se haga: **La luz es condición para ver.**
    Viene del latín **condicio,** que significa 'estipulación' o 'circunstancia

**Condicionado,** *adj.* Condicional.
**Condicional,** *adj.* Que depende de una condición. || Que indica una condición que hay que cumplir.
**Condicionar,** *tr.* Hacer que una cosa dependa de alguna condición.
**condigno (De),** *m. adv.* Merecido por el propio esfuerzo.
**Cóndilo,** *m.* Cabeza redondeada que presentan algunos huesos en una de sus puntas o extremos.

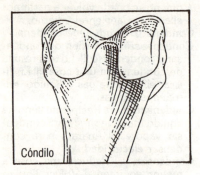
Cóndilo

**Condimentar,** *tr.* Preparar la comida para que sepa bien. || Sazonar.
**Condimento,** *m.* Lo que sirve para dar buen sabor a la comida. || Aliño, adobo, salsa, especias, etc.
**Condiscípulo,** *m.* Persona que estudia o ha estudiado con otra bajo la dirección de un mismo maestro. || Compañero de estudios, camarada de colegio.
**Condolencia,** *f.* Pésame, compasión, lástima, participación en las tristezas de otro.
**Condonación,** *f.* El perdonar una deuda o una pena.
**Cóndor,** *m.* Especie de buitre suramericano, de cuerpo grande y plumaje negro, con las alas blancas y el cuello y la cabeza completamente pelados.
**Conducción,** *f.* Acción de conducir. || Conjunto de tubos o canales dispuestos para el paso de algún líquido o gas.
**Conducente,** *adj.* Que conduce o lleva al fin que se desea.
**Conducir.\***
**Conducirse,** *r.* Portarse, comportarse, proceder bien o mal.
**Conducta,** *f.* Manera de obrar, modo de portarse. || Acción de conducir, conducción || V. **conducir.**
**Conducto,** *m.* Canal para dar paso a las aguas u otros líquidos o gases. || Cañería. || Persona por cuyo medio se encamina un negocio o pretensión. || V. **conducir.**
**Conductor,** *m.* El que conduce. || En física se llaman buenos o malos conductores los cuerpos según que conduzcan bien o mal el calor y la electricidad.
**Condumio,** *m.* Manjar que se come con pan.
**Conectar,** *tr.* Poner en contacto dos mecanismos. || Unir.
**Conejo,** *m.* Animal mamífero roedor, que vive en el campo y puede también criarse en casa siendo muy apreciado por su carne. Tiene las orejas más cortas que la liebre y corre menos que ella.
**Conexión,** *f.* Unión, enlace, relación.
**Confabularse,** *r.* Ponerse de acuerdo para ocultar un delito o para cometerlo.
**Confección,** *f.* Acción de confeccionar. || Lo que resulta de confeccionar.

---

*para que algo suceda' y también 'manera de ser'.* || *Deriv.:* **Acondicionar, condicional, condicionante, condicionar, incondicional.**

CONDUCIR, *tr. Llevar o transportar de una parte a otra:* **Conducir un coche.** || - *Guiar o dirigir hacia un sitio:* **Esta carretera conduce a la ciudad.** || *Dirigir un negocio o una sociedad, administrar, regir, gobernar:* **El gobierno conduce al Estado.**

*Viene del latín* ducere, *que significa 'conducir'.* || *Deriv.:* **Conducción, conducente, conducta, conducto, conductor, deducción, deducir, deductivo, ductibilidad, inducir, inductor, introducción, introducir, introductor, producción, producir, productivo, producto, productor, reducción, reducible, reducir, reproducción, reproducir, reproductor, seducir, seductor, traducción, traducir, traductor.**

Conejo

**Confeccionar,** tr. Hacer, componer una cosa, fabricar.
**Confederación,** f. Unión de varios Estados. ‖ Alianza, liga, coalición.
**Confederarse,** r. Unirse varios Estados, aliarse, ligarse.
**Conferencia.\***
**Conferenciante,** com. Persona que pronuncia conferencias.
**Conferenciar,** intr. Hablar varias personas de algún negocio o asunto.
**Conferir,** tr. Dar o conceder alguna dignidad o empleo.
**Confesable,** adj. Que puede confesarse, que puede decirse sin dificultad alguna. ‖ Contr.: **Inconfesable.**
**Confesar.\***
**Confesarse,** r. Decir al confesor los pecados que uno ha cometido y arrepentirse de haberlos cometido.
**Confesión,** f. Declaración de lo que uno sabe. ‖ Declaración al confesor de los pecados que uno ha cometido. ‖ V. **confesar.**
**Confeso,** adj. Que ha confesado su culpa, pecado o delito. ‖ m. Monje, lego.
**Confesonario,** f. Mueble dentro del cual se coloca el sacerdote para oír las confesiones y perdonar los pecados.
**Confesor,** m. Sacerdote que confiesa a los penitentes. ‖ Cristiano que profesa públicamente la fe de Jesucristo. ‖ V. **Confesar.**
**Confeti,** m. Cada una de las tiras de papel de colores que se arrojan sobre las personas asistentes a alguna fiesta.
**Confiadamente,** adv. Con confianza.
**Confiado,** adj. Que confía fácilmente en los demás, crédulo, sencillo. ‖ Presumido, satisfecho o seguro de sí mismo.
**Confianza,** f. Fe que se tiene en una persona o cosa. ‖ Familiaridad en el trato. ‖ V. **fiar.** ‖ Contr.: **Desconfianza.**
**Confiar,** intr. Esperar con seguridad, fiarse. ‖ tr. Encargar a uno de alguna cosa. ‖ V. **fiar.** ‖ Contrario: **Desconfiar.**
**Confidencia,** f. Revelación secreta, noticia reservada. ‖ V. **fiar.**
**Confidente,** com. Persona a quien se le suelen hacer confidencias, porque es fiel y leal.
**Configurar,** tr. Dar determinada figura a una cosa.
**Confín,** m. Línea que señala los límites que separan a las provincias, estados o demarcaciones territoriales. ‖ Ultimo término a que alcanza la vista. ‖ Límite, término, frontera, lindero.
**Confinar,** intr. Lindar, estar una cosa junto a otra. ‖ tr. Desterrar a uno, señalándole un sitio del que no puede salir.

---

\*

CONFERENCIA, f. *Conversación entre varias personas para tratar de algún negocio:* **Celebraron una conferencia.** ‖ *Lección pública y solemne:* **Sala de conferencias.**
    Viene del latín **ferre,** que significa 'llevar', por eso conferencia significa propiamente 'llevar o tratar juntamente con otro'. ‖ Deriv.: **Conferenciante, conferenciar.**

CONFESAR, tr. *Decir uno lo que piensa o lo que ha hecho:* **Te voy a confesar una cosa.** ‖ *Oír el confesor los pecados del penitente:* **Me confieso los sábados.**
    Viene del latín **confiteri,** que significa 'confesar'. ‖ Deriv.: **Confesable, confesión, confesional, confesionario, confeso, confesor.**

**Confinarse,** *r.* (Galicismo). Encerrarse, recluirse.
**Confirmación,** *f.* Nueva prueba de la verdad de una cosa. || Sacramento de la Iglesia que sirve para fortalecer al cristiano en su fe. || V. **firme.**
**Confirmar,** *tr.* Probar de nuevo la verdad de una cosa. || Administrar el sacramento de la Confirmación. || Reafirmar. || V. **firme.**
**Confiscar,** *tr.* Apoderarse el Estado de los bienes de una persona. || Expropiar.
**Confite,** *m.* Pasta de confitería, en forma de bola.
**Confitería,** *f.* Taller donde se hacen dulces. || Tienda donde se venden. || Pastelería.
**Confitero,** *m.* El que hace o vende dulces.
**Confitura,** *f.* Fruta cubierta de dulce o cocida en almíbar. || Dulce hecho en la confitería.
**Conflagración,** *f.* Incendio, fuego grande. || Perturbación repentina y violenta de pueblos o naciones. || Guerra.
**Conflicto,** *m.* Lo más recio de un combate. || Apuro, aprieto, compromiso, situación de difícil salida.
**Confluencia,** *f.* Lugar en que se unen dos ríos, o dos arroyos, o dos caminos, o dos calles.
**Confluentes,** *adj. pl.* Que se juntan o unen y después siguen el mismo camino.
**Conformarse,** *r.* Recibir sin quejarse algo malo. || Resignarse, acomodarse, allanarse, avenirse, prestarse, amoldarse.
**Conforme,** *adj.* Que tiene la misma forma o que se adapta a una cosa. || De acuerdo con el parecer de otro. || Resignado. || V. **forma.**
**Conformidad,** *f.* Semejanza de forma entre dos personas o cosas. || Unión y buen trato entre personas. || Acuerdo. || Tolerancia y sufrimiento o paciencia. || Resignación. || V. **forma.**
**Confort** (voz inglesa), *m.* Comodidad.
**Confortable,** *adj.* Cómodo, que produce comodidad. || Que consuela o reanima.

**Confortar,** *tr.* Animar, reanimar, consolar.
**Confraternizar,** *intr.* Tratarse y estar como hermanos o amigos.
**Confrontación,** *f.* Comparación. || El enfrentarse entre sí dos cosas.
**Confrontar,** *tr.* Comparar dos fuerzas opuestas.
**Confundir,** *tr.* Mezclar unas cosas con otras hasta que no se distingan. || Desordenar, trastrocar, perturbar, equivocar. || Tomar una cosa por otra. || Humillar, avergonzar, abochornar. || *r.* Equivocarse, engañarse.
**Confusamente,** *adv.* En desorden.
**Confusión,** *f.* Falta de orden y de claridad. || Desorden, mezcolanza. || Acción de tomar una cosa por otra, equivocación.
**Confuso,** *adj.* Mezclado, revuelto, oscuro, difícil de distinguir. || Turbado, temeroso, avergonzado. || Contr.: **Claro, neto, preciso.**
**Congelación,** *f.* El hecho de helarse una cosa.
**Congelar,** *tr.* Convertir en hielo un líquido. || Inmovilizar bienes o créditos para impedir su uso.
**Congeniar,** *intr.* Llevarse bien dos o más personas entre sí, y tener incluso las mismas aficiones.
**Congénito,** *adj.* De nacimiento.
**Congestión,** *f.* Acumulación excesiva de sangre en alguna parte del cuerpo. || Aglomeración grande.
**Conglomerado,** *m.* Cuerpo formado por la aglomeración de materiales diversos.
**Conglutinante,** *adj.* Que une o pega bien.
**Congoja,** *f.* Pena, fatiga, angustia, aflicción de una persona.
**Congoleño,** *adj.* Del Congo. (En Africa central).
**Congosto,** *m.* Desfiladero entre montañas.
**Congraciarse,** *r.* Conseguir la simpatía de alguno.
**Congratularse,** *r.* Sentirse alegre por el bien que le sucede a otra persona.
**Congregación,** *f.* Conjunto de religiosos de la misma orden. || Asamblea de prelados encargada de estudiar

ciertos asuntos de la Iglesia. ‖ Reunión.
**Congregante,** *m.* Individuo que pertenece a una congregación.
**Congregarse,** *r.* Juntarse, reunirse (especialmente personas).
**Congresista,** *com.* El que pertenece a un congreso.
**Congreso.***
**Congrio,** *m.* Pez marino comestible parecido a la angula pero sin escamas, aunque con muchas espinas. Tiene gran hocico.

Coníferas

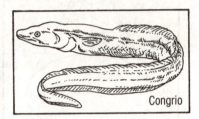
Congrio

**Congrua,** *f.* Renta que debe tener en cada diócesis el sacerdote, para su sustento.
**Congruente,** *adj.* Conveniente, oportuno. ‖ Números congruentes: los que al restarles una misma cantidad quedan convertidos en múltiplos de un mismo número.
**congruo (De),** *m. adv.* No merecido por el propio esfuerzo, sino conseguido a causa de los méritos de otro.
**Cónico,** *adj.* Que tiene la forma de cono.
**Coníferas,** *f. pl.* Plantas de hojas persistentes y de forma cónica, como el ciprés, el pino, etc. Todas dan piñas.
**Conjetura,** *f.* Juicio que se hace de alguna cosa que no es segura, pero sí probable que suceda. ‖ Suposición, hipótesis.
**Conjugación,** *f.* Conjunto de todas las formas distintas que tiene un verbo. ‖ Manera en que termina el infinitivo. ‖ El conjugar un verbo.
**Conjugar,** *tr.* Decir ordenadamente las distintas formas que tiene un verbo en cada uno de sus tiempos. ‖ *fig.* Hacer posible la coexistencia de dos cosas que parecen distintas.
**Conjunción,** *f.* Junta, unión. ‖ En gramática, palabra que sirve para expresar la relación que hay entre dos oraciones. ‖ V. **junto.**
**Conjuntamente,** *adv.* Juntamente, en unión, al mismo tiempo.
**Conjuntiva,** *f.* Especie de telilla que cubre la parte blanca del globo del ojo y la parte interna del párpado.
**Conjuntival,** *adj.* Que pertenece o se refiere a la conjuntiva.
**Conjuntivitis,** *f.* Inflamación de la conjuntiva. Es contagiosa.
**Conjuntivo,** *adj.* Lo que junta una cosa con otra.
**Conjunto,** *adj.* Unido o al lado de otra cosa. ‖ Mezclado con otra cosa. ‖ Junto, contiguo. ‖ *m.* Reunión de varias cosas formando un todo. ‖ Blusita y chaqueta de género de punto; para mujeres. ‖ V. **junto.**
**Conjura,** *f.* Conspiración, complot, conjuración.
**Conjuración,** *f.* Conspiración, conjunto de actos secretos dirigidos contra la autoridad.

---
\* Congreso, m. *Reunión de personas para tratar de algún asunto político, científico o de otra clase cualquiera:* **Habrá un congreso de Primeros Ministros.**
   *Viene del latín* **congredi,** *que significa 'encontrarse'.* ‖ *Deriv.:* **Congresista.**

**Conjuro,** *m.* Ruego encarecido. ‖ Invocación supersticiosa por la cual los tontos creen que se pueden hacer prodigios. ‖ Cosas de hechicero.
**Conllevar,** *tr.* Aguantar con alegría a otro.
**Conmemoración,** *f.* Ceremonia que recuerda un acontecimiento importante.
**Conmemorar,** *tr.* Hacer conmemoración de alguna cosa.
**Conmemorativo,** *adj.* Que se hace para recordar a una persona o acontecimiento.
**Conmigo.** Ablativo de singular del pronombre personal de primera persona. ‖ Indica que alguna persona está o hace algo con el que habla.
**Conminación,** *f.* Amenaza.
**Conminar,** *tr.* Amenazar.
**Conmoción,** *f.* Movimiento o perturbación violenta del ánimo o del cuerpo. ‖ Levantamiento, tumulto, disturbio.
**Conmocionar,** *tr.* Producir conmoción.
**Conmovedor,** *adj.* Que conmueve, que despierta simpatía. ‖ Emocionante.
**Conmover,** *tr.* Perturbar, inquietar, alterar. ‖ Producir emoción.
**Conmoverse,** *r.* Enternecerse, tener compasión de algo. ‖ Emocionarse.
**Conmutador,** *m.* Aparato que sirve para desviar la corriente hacia otro conductor.
**Conmutar,** *tr.* Cambiar una cosa por otra. ‖ Permutar, trocar.
**Conmutativo,** *adj.* Se dice corrientemente de la justicia porque señala la proporción que debe haber entre las cosas cuando se dan unas por otras.
**Connatural,** *adj.* Conforme a la naturaleza y características de un ser vivo.
**Cono,** *m.* Cuerpo geométrico que tiene en su base un círculo y que termina en punta. ‖ Cualquier cosa que tenga forma cónica.

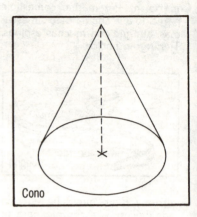
Cono

**Conocedor,** *adj.* Que conoce bien una cosa. ‖ Informado, experto, perito, versado, práctico.
**Conocer.\***
**Conocidamente,** *adv.* Claramente, que lo sabe todo el mundo.
**Conocido,** *adj.* Distinguido, ilustre, famoso, renombrado. ‖ *m.* Persona a quien se conoce, pero con la que no se tiene amistad. ‖ V. **conocer.**
**Conocimiento,** *m.* Acción de conocer. ‖ Acto por el cual formamos en nosotros la idea de una cosa. ‖ Entendimiento, inteligencia. ‖ V. conocer.
**Conquense,** *adj.* De Cuenca.
**Conquista.\***

---
\*
Conocer, tr. *Llegar a saber mediante el entendimiento qué y cómo son las cosas:* **No se puede conocer todo.** ‖ *Tener trato con alguna persona:* **No conozco a ese señor.** ‖ *Saber, entender:* **Conozco la literatura española.**
       *Viene del latín* **cognoscere,** *que significa 'conocer'.* ‖ *Deriv.:* **Cognoscible, cognoscitivo, conocimiento, desconocer, desconocido, desconocimiento, incógnito, reconocer.** ‖ *Contr.:* **Desconocer, ignorar.**
Conquista, f. *Acción de conquistar:* **La conquista de la ciudad fue dura.** ‖ *Cosa conquistada:* **Fue una buena conquista.**
       *Viene del latín* **conquirere,** *que significa 'buscar por todas partes'.* ‖ *Derivados:* **Conquistador, conquistar, reconquista, reconquistar.**

**Conquistador,** *adj.* Que conquista o ha conquistado algo.
**Conquistar,** *tr.* Coger por la fuerza de las armas un territorio o una ciudad. || Hacer que una persona venga a pensar como nosotros; persuadir, convencer.
**Consabido,** *adj.* Sabido, muy conocido.
**Consagración,** *f.* Acto de consagrar.
**Consagrar,** *tr.* Hacer sagrada a una persona o cosa por dedicarla a Dios. || En la misa, hacer el sacerdote que el pan de la hostia y el vino del cáliz se conviertan en el cuerpo, sangre, alma y divinidad de Nuestro Señor Jesucristo. || *r.* Dedicarse a una cosa.
**Consanguinidad,** *f.* Parentesco directo.
**Consciente,** *adj.* Que piensa y obra con conocimiento de las cosas. || Contr.: **Inconsciente.** || V. **ciencia.**
**Conscientemente,** *adv.* De manera consciente, razonadamente.
**Consecución,** *f.* Acción de conseguir una cosa que se desea.
**Consecuencia,** *f.* Pensamiento que se deriva de otro. || Hecho que resulta de otro. || Resultado, efecto, derivación. || V. **seguir.**
**Consecuente,** *adj.* Que resulta a consecuencia de algo. || Que se deduce de algo anterior. || Ser uno consecuente consigo mismo: Aceptar las consecuencias de los propios actos. || *m.* El denominador de una razón aritmética.
**Consecutivo,** *adj.* Que sigue a otra cosa inmediatamente.
**Conseguir,** *tr.* Alcanzar, lograr lo que se pretende. || V. **seguir.**
**Conseja,** *f.* Cuento falso, fábula, patraña, mentira.
**Consejería** (De **consejo**), *f.* Lugar, establecimiento, oficina, etc., donde funciona un consejo, corporación consultiva, administrativa o de gobierno. || Cargo de consejero.
**Consejero,** *m.* Persona que da consejos. || Persona que pertenece a algún Consejo. || Mentor, guía, maestro, orientador.
**Consejo.**\*
**Consenso,** *m.* Consentimiento unánime de todas las personas que componen una reunión. || Acuerdo.
**Consentido,** *adj.* Mimado, mal educado, caprichoso.
**Consentidor,** *adj.* Que consiente lo que debiera evitar o impedir. || Que mima a los niños.
**Consentimiento,** *m.* El consentir algo. || Permiso, autorización. || Halago, mimo.
**Consentir,** *tr.* Permitir que se haga una cosa, autorizar, tolerar, acceder. || Mimar, educar mal a los hijos. || Contr.: **Oponerse, resistirse.**
**Conserje,** *m.* El que tiene a su cuidado la limpieza y buena disposición de una oficina o establecimiento público.
**Conserjería,** *f.* Oficio y empleo de conserje. || Habitación que el conserje ocupa en el edificio que está a su cuidado.
**Conserva,** *f.* Fruta cocida en agua con azúcar y que puede durar mucho tiempo. || Pescado, carne o cualquier otro alimento puesto en una caja completamente cerrada y que se puede conservar mucho tiempo sin corromperse.
**Conservación,** *f.* Acción de conservar o conservarse.
**Conservador,** *adj.* Que conserva. || *m.* Partidario de que las instituciones políticas no tengan cambios precipitados.

---

\*
CONSEJO, m. Hacer una advertencia o dar un consejo para decir cómo se debe hacer una cosa: **Los padres dan consejos a sus hijos.** || Junta o reunión de personas encargadas de aconsejar a las autoridades: **Consejo Nacional de Educación.**
     Viene del latín **consilium,** que significa 'consejo, parecer, asamblea, consultiva, deliberación, consulta'. || Deriv.: **Aconsejar, conseja, consejero, consiliario, desaconsejar.**

**Conservadurismo,** m. Doctrina política de los conservadores.
**Conservar.\***
**Conservatorio,** m. Centro de enseñanza para la música y la declamación.
**Conservero,** m. El que fabrica conservas. || adj. Que se refiere a las conservas.
**Considerable,** adj. Grande, importante, numeroso. || Digno de ser tenido en cuenta. || V. **considerar.**
**Considerablemente,** adv. Con mucha abundancia, mucho.
**Consideración,** f. Examen o reflexión muy atenta. || Respeto, deferencia, aprecio. || V. **considerar.**
**Considerado,** adj. Que suele reflexionar antes de hacer algo o de hablar. || Reflexivo. || Que es respetado por los demás. || Estimado, apreciado. || Que trata con respeto a los demás; respetuoso, mirado, atento, deferente. || Contr.: **Inconsiderado.**
**Considerando,** m. Cada una de las razones por las que se da una sentencia.
**Considerar.\***
**Consigna,** f. Orden que se da al que manda o vigila un puesto. || Lugar de las estaciones de ferrocarril donde se guardan los equipajes.
**Consignación,** f. Acción de consignar.
**Consignar,** tr. Señalar el dinero que debe pagarse por hacer una cosa. || Decir el sitio a donde se envía una cosa. || Poner por escrito las opiniones de alguien o los hechos ocurridos. || V. **seña.**
**Consignatario,** m. Aquel a quien va dirigida o destinada la mercancía que lleva un barco. || Representante de un armador de buques.
**Consigo.** Ablativo de la forma reflexiva *se, si,* del pronombre personal de tercera persona. || Indica que la persona de quien se habla lleva algo de ella.
**Consiguiente,** adj. Que resulta o se deduce de otra cosa. || Contr.: **Antecedente.**
**Consiguientemente,** adv. En consecuencia, por consecuencia, por lo tanto.
**Consiliario,** m. Consejero. || En algunas asociaciones religiosas, sacerdote que cuida de que las decisiones estén de acuerdo con lo que dispone la autoridad eclesiástica.
**Consistencia,** f. Resistencia, dureza, solidez. || Contr.: **Inconsistencia, debilidad.**
**Consistente,** adj. Que resiste mucho, que es de mucha duración. || Contr.: **Inconsistente.**
**Consistir.\***
**Consistorial,** adj. Que se refiere al consistorio o reunión de los cardenales. || Que se refiere al Ayuntamiento.
**Consistorio,** m. Reunión de los cardenales de la Santa Iglesia Católica presididos por el Papa. || En algu-

---

\*
CONSERVAR, tr. *Hacer que una cosa esté siempre en buen estado:* **El frío conserva los alimentos.** || *Guardar cuidadosamente:* **Conservar un secreto.**
   *Viene del latín* **servare,** *que quiere decir 'conservar'.* || *Deriv.:* Conserva, conservación, conservador, observación, observante, observar, observatorio, preservar, reserva, reservado, reservar.
CONSIDERAR, tr. *Pensar, reflexionar, meditar:* **Consideró detenidamente el asunto.** || *Estimar, tratar a una persona con respeto:* **Le considero mucho.**
   *Viene del latín* **considerare,** *que significa 'examinar atentamente'.*
   || *Deriv.:* **Considerable, consideración, desconsideración, desconsiderado, reconsiderar.**
CONSISTIR. *Verbo intransitivo que significa 'estar compuesto de':* **Su fortuna consiste en muchas fincas.** || *Estar fundada una cosa en otra, apoyarse en ella, basarse:* **La felicidad consiste en el amor.**
   *Viene del latín* **sistere,** *que quiere decir 'colocar, detener'; por esto consistir significa propiamente 'estar colocado o apoyado en'.* || *Deriv.:* **Consistencia, consistente, consistentorio, inconsistente.**

nas poblaciones de España, Ayuntamiento.

**Consola,** *f.* Mesa estrecha y arrimada a una pared, sobre cuyo tablero hay o se ponen flores o adornos.

Consola

**Consolación,** *f.* Consuelo. || El consolar y el consolarse.
**Consolador,** *adj.* Que consuela.
**Consolar,** *tr.* Calmar la tristeza de alguno, aliviar su pena, confortar, animar, tranquilizar. || Contr.: **Afligir, apesadumbrar, entristecer.**
**Consolidar,** *tr.* Dar firmeza y solidez a una cosa. || Asegurar del todo, afianzar más una cosa.
**Consomé** (Galicismo), *m.* Caldo.
**Consonancia,** *f.* Reunión de sonidos que producen efecto agradable. || Terminación igual de varias palabras, como puede verse en los finales de muchos versos. || Armonía, proporción.
**Consonante,** *adj.* Palabra que termina igual que otra. || *f.* Cada una de las letras del abecedario que para ser pronunciada necesita ir acompañada de una vocal: b, c, ch, d, f, g, h, j, k, l, ll, m, n, ñ, p, q, r, s, t, v, x, y, z son las letras consonantes del abecedario castellano.
**Consorte,** *com.* Cada uno de los esposos respecto al otro. || Cónyuge.
**Conpiscuo,** *adj.* Ilustre, notable, distinguido, sobresaliente, visible.
**Conspiración,** *f.* Acción de unirse varias personas contra su superior o contra las autoridades del Estado.
**Conspirar,** *intr.* Reunirse varias personas queriendo rebelarse juntas en contra de un superior o de una autoridad.
**Constancia,** *f.* Perseverancia en los propósitos. || Persistencia, tenacidad, tesón, fidelidad. || Prueba que queda de que alguna cosa es verdad. || Contr.: **Inconstancia.**
**Constante,** *adj.* Que tiene constancia; perseverante, tenaz, fiel. || Contr.: **Inconstante, tornadizo, voluble.** || V. **estar.**
**Constantemente,** *adv.* Sin cesar, sin parar, con constancia, siempre. || V. **estar.**
**Constar,** *intr.* Saber de fijo una cosa. || Estar formado de determinadas partes; componerse. || V. **estar.**
**Constatar** (Galicismo), *tr.* Comprobar, observar.
**Constelación,** *f.* Conjunto de varias estrellas que representan poco más o menos una figura.

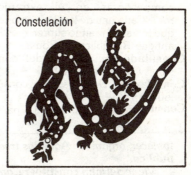
Constelación

**Consternarse,** *r.* Atribularse y desalentarse mucho.
**Constipado,** *m.* Catarro, resfriado.
**Constiparse,** *r.* Acatarrarse, enfriarse, resfriarse.
**Constitución,** *f.* Acción de constituir. || Composición. || Conjunto de cualidades físicas de un hombre; complexión, naturaleza, temperamento. || Ley fundamental de la organización de un Estado.
**Constitucional,** *adj.* Que se refiere a la constitución de un Estado. || Propio de la constitución de un individuo.
**Constituir.\***

---
\* Constituir, tr. *Formar, componer:* **Constituyen un grupo aparte.** || *Ordenar, es-*

**Constituyente,** adj. Que constituye o forma. || Se llaman así especialmente a las Cortes convocadas para redactar o reformar la constitución de un Estado.

**Constreñimiento,** m. El quedarse como cerrada la parte final del intestino grueso.

**Construcción,** f. Acción de construir. || Arte de construir. || Obra construida. || V. **construir.** || Contr.: **Destrucción, demolición.**

**Constructivo,** adj. Que construye o sirve para construir, tanto si se trata de cosas materiales como si se trata de cosas espirituales. || Contr.: **Destructivo, demoledor.**

**Constructor,** adj. Que construye algo. || Contr.: **Destructor.**

**Construir.**\*

**Consubstancial,** adj. Consustancial.

**Consuelo.**\*

**Cónsul,** m. Persona que tiene por misión proteger los intereses de sus compatriotas en el extranjero. || Cada una de las dos personas que tenían el mando supremo en la antigua República de Roma.

**Consulado,** m. Oficina del cónsul. || Cargo de cónsul.

**Consular,** adj. Del cónsul. Del consulado.

**Consulta,** f. Opinión, consejo, parecer o dictamen que pide una persona a otra. || Reunión de personas competentes en una materia para tratar de ella. || Oficina o despacho de médicos, abogados y otros profesionales. || V. **consultar.**

**Consultar.**\*

**Consultivo,** adj. Que no puede hacerse sin consultar antes. || f. Junta establecida para ser consultada por los que gobiernan.

**Consultorio,** m. Establecimiento particular donde se reciben consultas y se dan respuestas técnicas.

**Consumación,** f. Terminación, final.

**Consumado,** adj. Acabado, perfecto. || Totalmente cumplido.

**Consumar,** tr. Hacer del todo una cosa.

**Consumición,** f. Gasto que se hace en un bar, café o establecimiento parecido.

**Consumido,** adj. Muy flaco, extenuado. || Que se apura por poca cosa.

**Consumidor,** adj. Que consume algo. || m. Cliente, parroquiano. || Contr.: **Productor.**

**Consumir,** tr. Gastar comestibles u otras cosas, como electricidad, agua, butano, etc. || Destruir. || Apurar, afligir. || Comulgar el sacer-

---

\*
tablecer, organizar: *Aquellos tres países se constituyeron en una sola república.*
    Viene del latín **constituere,** que significa igual que en castellano. || Derivados: **Constitución, constitucional, constitucionalmente, constitutivo, constituyente.** || V. **institución** y **sustituir.**

Construir, tr. Edificar, fabricar, hacer: **Construir una casa.**
    Viene del latín **struere,** que significa 'construir'. || Deriv.: **Construcción, constructor, destrucción, destructor, destruir, estructura, estructuración, instructivo, instructor, instruir, instrumental, instrumento, obstrucción, obstruir.** || Contr.: **Destruir.**

Consuelo, m. Disminución o alivio de la tristeza; descanso, calmante, gozo: *La sombra de un árbol es un consuelo para el calor.*
    Viene del latín **consolari,** que significa 'consolar, aliviar'. || De **consolar** se derivan también **consolación, desconsolado, desconsuelo, inconsolable.** || Contr.: **Desconsuelo, pesadumbre.**

Consultar, tr. Tratar con una o varias personas sobre lo que debe hacerse en un asunto: *Lo consultaré con mis padres.* || Pedir consejo o parecer a una persona: *Consultar al amigo.*
    Viene del latín **consulere,** que significa 'deliberar, consultar'. || Deriv.: **Cónsul, consulado, consular, consulta, consultante, consultivo, consultor, consultorio, procónsul.**

dote en la Santa Misa. ‖ Contr.: **Producir.**
**Consumo,** *m.* Gasto de las cosas que al usarlas se destruyen. ‖ Cantidad consumida. ‖ V. **consumir.**
**consuno (De),** *m. adv.* De común acuerdo.
**Consustancial,** *adj.* De la misma sustancia; sustancialmente iguales.
**Contabilidad,** *f.* Arte o sistema de llevar las cuentas de un negocio con exactitud.
**Contable** (Galicismo), *m.* El que tiene por oficio llevar la contabilidad en los negocios.
**Contacto,** *m.* Acción de tocarse varias cosas o de relacionarse las personas. ‖ Roce entre dos conductores de electricidad. ‖ V. **tocar.**
**Contado,** *adj.* Escaso, raro ‖ **Al contado:** Con dinero contante.
**Contador,** *adj.* Que sirve para contar. ‖ *m.* El que tiene por oficio llevar las cuentas de un establecimiento o de un negocio. ‖ Aparato que señala el consumo que se ha hecho, por ej. de electricidad, durante un cierto tiempo.
**Contaduría,** *f.* Oficio de contador. ‖ Oficina del contador.
**Contagiar,** *tr.* Pegar a otro una enfermedad. ‖ Contaminar. ‖ Echar a perder a otros con el mal ejemplo. ‖ Viciar, pervertir, corromper.
**Contagio,** *m.* Transmisión de una enfermedad. ‖ Perversión que resulta del mal ejemplo.
**Contagioso,** *adj.* Se llaman así las enfermedades que pueden pegarse.
**Contaminación,** *f.* Contagio producido por la suciedad.
**Contaminarse,** *r.* Contagiarse con lo sucio.
**Contante,** *adj.* Se le dice así al dinero en moneda. También se dice «contante y sonante».
**Contar.\***
**Contemplación,** *f.* Acción de contemplar. ‖ *pl.* Mimos.
**Contemplar.\***
**Contemplativo,** *adj.* Que contempla algo con atención y agrado.
**Contemporáneo,** *adj.* Que existe al mismo tiempo que otra persona o cosa. ‖ Perteneciente al tiempo actual. ‖ *pl.* De la misma época.
**Contemporizar,** *intr.* Transigir por algún motivo.
**Contencioso,** *adj.* Que puede dar motivo a un pleito.
**Contender,** *intr.* Luchar.
**Contendiente,** *m.* Cada uno de los que luchan entre sí.
**Contener,** *tr.* Llevar o encerrar dentro de sí una cosa a otra. ‖ Reprimir, refrenar, moderar, aguantarse un impulso o deseo. ‖ V. **tener.**
**Contenido,** *adj.* Que se porta con moderación. ‖ *m.* Lo que hay dentro de una cosa.
**Contentar,** *tr.* Hacer que una persona se ponga contenta o satisfecha. ‖ Satisfacer, complacer, agradar. ‖ *r.* Darse ya por contento. ‖ V. **contento.** ‖ Contr.: **Disgustar, entristecer.**
**Contento.\***

---

CONTAR, *tr. Decir cuántas cosas hay:* **Contar el dinerito.** ‖ *Enumerar, computar:* **Contar los que hay en una fila.** ‖ *Referir, relatar, decir un suceso verdadero o inventado:* **Contar historias.** ‖ *Poner a uno en la clase que le corresponde:* **Le cuento entre mis amigos.**
  *Viene del latín* **computare,** *que significa 'calcular'.* ‖ *Deriv.:* **Computable, cómputo, contabilidad, contador, contaduría, cuenta, cuentista, cuento, incontable, recontar, recuento.**

CONTEMPLAR, *tr. Poner la atención en algo material o espiritual:* **Contemplar una obra de arte; contemplar un paisaje;** *etc.* ‖ *Complacer, mimar:* **La madre y el niño se reían y se contemplaban.**
  *Viene del latín* **contemplari,** *que significa 'mirar cuidadosamente una cosa'.* ‖ *Deriv.:* **Contemplación, contemplaciones, contemplador, contemplativamente, contemplativo.**

CONTENTO, adj. *Alegre, satisfecho, gozoso, complacido:* **Está contento con su suerte.** ‖ m. *Alegría, placer, regocijo:* **Las noticias le produjeron gran contento.**

**Contera,** f. Trocito de metal que protege el extremo inferior de un bastón o paraguas.

**Contestación,** f. Respuesta. || Acción de contestar. || Lo que resulta de contestar. || V. **contestar.**

**Contestar.***

**Contexto,** m. Contenido de un texto.

**Contextura,** f. Unión de las partes que componen una cosa. || Figura y cualidades corporales de un hombre.

**Contienda,** f. Pelea, riña, disputa, pendencia, lucha.

**Contigo.** Ablativo de singular del pronombre personal de segunda persona. || Indica que la persona con quien se habla tiene algo o está alguna otra con ella.

**Contigüidad,** f. Proximidad.

**Contiguo,** adj. Que está junto a otra cosa. || Adyacente, vecino, pegado.

**Continencia,** f. El moderarse y aguantarse los impulsos. || Castidad.

**Continental,** adj. Que pertenece a un continente.

**Continente,** adj. Que contiene. || m. Cosa que tiene dentro de sí a otra. || Modo de presentarse o de estar una persona. || En geografía, cada una de las grandes extensiones de tierra, rodeadas por los mares. || Contr.: **Contenido.**

**Contingencia,** f. Riesgo.

**Contingente,** adj. Que puede suceder o no suceder. || Contr.: **Necesario, seguro.**

**Continuación,** f. Acción de continuar. || Prolongación. || Contrarios: **Interrupción, casación.** || V. **continuo.**

**Continuamente,** adv. Sin parar, constantemente, siempre. || V. **continuo.**

**Continuar,** tr. Seguir lo comenzado. || intr. Durar, permanecer. || V. **continuo.**

**Continuidad,** f. Repetición o continuación prolongada de una cosa.

**Continuo.***

**Contonearse,** r. Mover mucho las caderas y los hombros al andar.

**Contoneo,** m. Acción de andar moviendo con extravagancia los hombros y las caderas.

**Contorno,** m. Línea o conjunto de líneas que van señalando el límite de una figura. || Campo que rodea a una población. || Canto de una moneda o de una medalla. || Perfil, silueta.

**Contorsión,** f. Acto de torcer violentamente alguna parte del cuerpo. || Gesto ridículo.

**Contorsionista,** m. Artista de circo que sabe hacer muchas contorsiones con su cuerpo.

**Contra.***

**Contraalmirante,** m. El que más manda después del vicealmirante.

**Contraataque,** m. Acción de atacar

---

\*

Viene del latín **contentu,** que significa 'satisfecho'. || Deriv.: **Contentar, descontentar, descontento.** || Contr.: **Triste.**

CONTESTAR, tr. Responder a lo que se pregunta: **Contestar una carta.**
Viene del latín **contestari,** que significa 'invocar a un testigo'. || Deriv.: **Contestación, conteste, incontestable.**

CONTINUO, adj. Que dura o se hace sin parar: **Vivir en lucha continua.** || Que no se corta ni se interrumpe: **Camino continuo.**
Viene del latín **continuus,** que significa 'consecutivo, que se mantiene unido, continuo'. || Deriv.: **Continuación, continuar, continuidad, discontinuo.** || Contr.: **Discontinuo, interrumpido.**

CONTRA. Preposición que significa oposición, contrariedad o choque: **Se dio contra la pared.** || f. Dificultad, inconveniente, obstáculo: **Este negocio tiene muchas contras.** || La prep. «contra» puede servir como prefijo en muchas palabras: **contrabando, contraponer, contraveneno, contradecir,** etcétera.
Viene del latín **contra,** que significa 'contra, frente a'. || Deriv.: **Contrariar, contrariedad, contrario, contraste, encontrado, encontrón, encontronazo, encontrar, encuentro.**

un ejército para responder a un ataque anterior de sus enemigos.

**Contrabajo,** *m.* Especie de violín muy grande, que se toca estando uno de pie y colocando el instrumento verticalmente sobre el suelo.

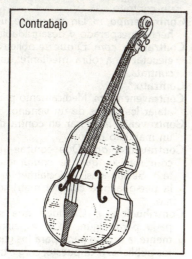

Contrabajo

**Contrabandista,** *m.* El que se dedica al contrabando.

**Contrabando,** *m.* Acción de introducir en un país mercancías prohibidas. ‖ Mercancía prohibida.

**Contrabarrera,** *f.* Segunda fila de asientos en una plaza de toros.

**Contracción,** *f.* Acción de contraerse. ‖ En gramática se llama contracción a la palabra que resulta de unir otras dos suprimiendo alguna letra.

**Contráctil,** *adj.* Capaz de contraerse con facilidad.

**Contracto,** *adj.* Se les llama así a los artículos *al* y *del.* ‖ Contracto es el participio pasivo del verbo contraer.

**Contractual,** *adj.* Que se haya puesto en un contrato.

**Contradecir,** *tr.* Decir uno lo contrario de lo que otro ha dicho.

**Contradicción,** *f.* Frase contraria a la que antes se dijo.

**Contradictorio,** *adj.* Que significa contradicción.

**Contraer,** *tr.* Hacer que una cosa ocupe menos sitio. ‖ Adquirir. ‖ Contr.: **Dilatar.**

**Contraerse,** *r.* Encogerse una cosa.

**Contrafuero,** *m.* Acto o ley que resultan ser contrarios a las leyes principales de un país.

**Contrahecho,** *adj.* Que tiene joroba u otra deformidad.

**Contraindicación,** *f.* Circunstancia por la cual una medicina no debe emplearse para combatir determinada enfermedad.

**Contraindicar,** *tr.* Decir que una medicina no debe emplearse en alguna enfermedad.

**Contralto,** *m.* Voz media entre la de tiple y la de tenor. Voz de niños y de mujeres.

**contraluz (A),** *m. adv.* Iluminado por la parte de atrás.

**Contramaestre,** *m.* En un barco: el encargado de que los marineros cumplan las órdenes dadas por el jefe.

**contramano (A),** *m. adv.* En dirección prohibida.

**Contraorden,** *f.* Orden en la que se manda lo contrario que lo que se había mandado antes.

**contrapelo (A),** *m. adv.* En sentido contrario al normal.

**Contrapesar,** *tr.* Servir de contrapeso. ‖ Igualar, compensar una cosa con otra.

**Contrapeso,** *m.* Peso que se pone en la parte contraria de otro para que queden iguales o equilibrados.

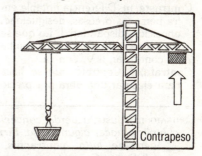

Contrapeso

**Contraponer,** *tr.* Oponer; poner una cosa frente a otra.

**Contraposición,** *f.* Acción de contraponer dos cosas. ‖ Oposición, antagonismo, rivalidad.

**Contraproducente,** *adj.* Que produce un efecto contrario al que se esperaba.

**Contrapropaganda,** *f.* Propaganda contraria a otra.
**Contrapuesto,** *adj.* Puesto enfrente o en contra de otra cosa.
**Contrariamente,** *adv.* Al contrario, en contra de.
**Contrariar,** *tr.* Ponerse en contra de lo que otro dice o quiere. || Oponerse, estorbar, dificultar, entorpecer. || Molestar, fastidiar, incomodar.
**Contrariedad,** *f.* Obstáculo, dificultad o contratiempo, que estorba a alguien en sus propósitos.
**Contrario,** *adj.* Opuesto, que no es partidario de una cosa. || *m.* Enemigo, adversario. || V. **contra.**
**Contrarreforma,** *f.* La verdadera reforma eclesiástica de los siglos XVI y XVII.
**Contrarréplica,** *f.* Contestación a una réplica.
**Contrarrestar,** *tr.* Oponerse a alguna cosa, haciéndole frente.
**Contrasentido,** *m.* Un disparate, un absurdo.
**Contraseña,** *f.* Seña reservada que se dan unas personas a otras para entenderse entre sí. || Señal que se pone en ciertas cosas.
**Contrastar,** *tr.* Resistir, hacer frente. || Comprobar la exactitud de las pesas y medidas. || *intr.* Mostrar gran diferencia unas cosas con otras.
**Contraste,** *m.* Diferencia notable entre personas o cosas; desigualdad, oposición, disparidad. || Lo que se hace para contrastar; lo que resulta de contrastar. || V. **contra.**
**Contrata,** *f.* Contrato que se hace para ejecutar una obra por precio determinado. || Contrato, convenio.
**Contratación,** *f.* Acción de contratar. || Comercio contratado.
**Contratar,** *tr.* Ajustar algún servicio. || Negociar, comerciar, hacer un contrato.
**Contratiempo,** *m.* Un imprevisto, un hecho inesperado y desagradable.
**Contratista,** *com.* El que se obliga a ejecutar una obra mediante una contrata.
**Contrato.\***
**Contraveneno,** *m.* Medicamento para atajar los daños de un veneno.
**Contravenir,** *tr.* Obrar en contra de un mandato o ley.
**Contrayente,** *adj.* Que contrae un compromiso, que se compromete. || Se llama así, especialmente, a la persona que contrae matrimonio.
**Contribución,** *f.* Cantidad que se paga para algún fin y especialmente la que se paga para los gastos públicos. || Impuesto, carga, tributo.
**Contribuir.\***
**Contribuyente,** *m.* El que paga los impuestos que le corresponde pagar.
**Contrición,** *f.* Dolor de haber ofendido a Dios por ser quien es y porque se le debe amar sobre todas las cosas.
**Contrincante,** *m.* El que pretende una cosa en competencia con otro. || Rival.
**Contristar,** *tr.* Entristecer a otro.
**Contrito,** *adj.* Apenado porque se sabe responsable.
**Control** (Galicismo), *m.* Comproba-

---

\*
CONTRATO, m. *Ajuste, acuerdo, convenio entre varias personas que se obligan a cumplir o hacer alguna cosa:* **Firmé el contrato.**
   *Viene del latín* **contractus,** *que significa 'pacto que se hace con otro'.* || *Deriv.:* **Contrata, contratación, contratante, contratar, contratista.** || *V.* **traer.**
CONTRIBUIR, tr. *Pagar la contribución:* **Contribuir** *es algo así como «formar entre todos el dinero de la tribu».* || *Dar voluntariamente algo, para un fin determinado:* **Daremos 250 ptas. para contribuir a la lucha contra el cáncer.** || *Ayudar a otros:* **Ayudar, colaborar y coadyuvar** *son tres formas de contribuir.*
   *Viene del latín* **contribuere,** *que significa igual que en castellano.* || *Derivados:* **Contribución, contribuyente.**

ción, inspección, registro. ‖ Dominio, supremacía. ‖ Lo que se hace al controlar.
**Controlar** (Galicismo), *tr.* Comprobar, revisar, examinar. ‖ Dominar, regir. ‖ Someter a reglas.
**Controversia,** *f.* Discusión larga y detenida.
**Contumaz,** *adj.* Terco en su equivocación, que no quiere reconocer que se equivocó. ‖ Rebelde.
**Contumelia,** *f.* Ofensa que se hace a otra persona en su misma cara, es decir, descaradamente.
**Contundente,** *adj.* Que produce contusión o puede producirla. ‖ Decisivo.
**Conturbado,** *adj.* Intranquilo, alterado y asustado.
**Contusión,** *f.* Daño que recibe alguna parte del cuerpo por un golpe que no causa herida. ‖ Magulladura.
**Contuso,** *adj.* Que ha recibido alguna contusión.
**Convalecencia,** *f.* Estado del que ha pasado una enfermedad grave y aún no ha recuperado las fuerzas.
**Convalecer,** *intr.* Estar convaleciente.
**Convaleciente,** *adj.* Que está recuperando las fuerzas y la salud después de haber tenido una enfermedad.
**Convalidación,** *f.* El convalidar alguna cosa.
**Convalidar,** *tr.* Dar por bueno lo que ya había sido aprobado por otras autoridades.
**Convección,** *f.* Forma de ir calentándose el agua puesta al fuego en un cacharro: cada partícula va calentando a las vecinas. ‖ Propagación del calor en un líquido.
**Convencer,** *tr.* Lograr, por medio de razones, que uno piense como nosotros. ‖ Probar a uno una cosa de tal modo que no la pueda negar. ‖ V. **vencer.**
**Convencimiento,** *m.* El estar convencido.
**Convención,** *f.* Asamblea de las personas que se han apoderado de todos los poderes de un Estado.
**Convencional,** *adj.* Que resulta o se establece por acuerdo de las personas.
**Convencionalismo,** *m.* Conjunto de

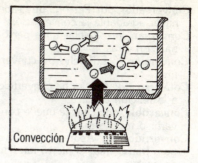
Convección

opiniones o modos de obrar basados en la comodidad o conveniencia social, pero que no tienen valor absoluto.
**Convenido,** *adj.* Que se ha acordado, pactado o ajustado así.
**Conveniencia,** *f.* Conformidad de dos cosas distintas. ‖ Comodidad, utilidad, provecho.
**Conveniente,** *adj.* Util, provechoso, beneficioso, ventajoso. ‖ Decente, propio, proporcionado. ‖ V. **venir.** ‖ Contr.: **Inconveniente.**
**Convenientemente,** *adv.* De manera oportuna.
**Convenio,** *m.* Contrato, ajuste, acuerdo, pacto, tratado.
**Convenir,** *intr.* Ponerse de acuerdo varias personas. ‖ Ser útil o conveniente. ‖ Admitir, confesar, reconocer. ‖ V. **venir.**
**Convento,** *m.* Casa o monasterio en que viven religiosos o religiosas. ‖ V. **venir.**
**Conventual,** *adj.* Que pertenece al convento.
**Convergencia,** *f.* Acción de dirigirse a un mismo punto o de buscar el mismo fin. ‖ Punto de reunión de dos cosas. ‖ contr.: **Divergencia.**
**Convergente,** *adj.* Que tiende a reunirse con otro. ‖ Contr.: **Divergente.**
**Converger,** *intr.* Convergir.
**Convergir,** *intr.* Dirigirse dos o más líneas a unirse en un punto. ‖ Tener el mismo fin las ideas o los actos de dos o más personas.
**Conversación,** *f.* Acción de hablar familiarmente unas personas con otras. ‖ Coloquio, entrevista, charla. ‖ V. **verter.**

**Conversador,** *adj.* Persona que sabe hacer agradable la conversación.
**Conversar,** *intr.* Hablar unas personas con otras.
**Conversión,** *f.* El hecho de convertirse.
**Converso,** *adj.* Que se ha convertido a la religión católica.
**Convertible,** *adj.* Que se puede convertir o transformar.
**Convertidor,** *m.* Aparato que sirve para transformar el hierro fundido en acero.
**Convertir,** *tr.* Hacer que una cosa se mude en otra. ‖ V. **verter.**
**Convertirse,** *r.* Abandonar una religión falsa por la verdadera.
**Convexo,** *adj.* Que tiene saliente y esférica la parte central de su superficie.
**Convicción,** *f.* Idea que uno se forma después de haberse convencido de una cosa.
**Convicto,** *adj.* Se llama así al acusado a quien se le ha probado el delito.
**Convidar,** *tr.* Pedir a una persona que nos acompañe a comer o a una función. ‖ Invitar.
**Convincente,** *adj.* Que convence, que puede convencer a cualquiera.
**Convite,** *m.* Comida o banquete con diversiones.
**Convivencia,** *f.* El hecho de vivir con otros.
**Convivir,** *intr.* Vivir en compañía de otro.
**Convocar,** *tr.* Avisar a varias personas para que vayan a un lugar determinado. ‖ Citar.
**Convocatoria,** *f.* Escrito o anuncio con el que se convoca.
**Convoy,** *m.* Escolta que se destina para llevar con seguridad alguna cosa por mar o por tierra. ‖ Conjunto de barcos o carruajes que llevan mercancías o personas y que van escoltados.
**Convulsión,** *f.* Agitación grande.
**Conyugal,** *adj.* Que se refiere a los cónyuges o al matrimonio.
**Cónyuges,** *m. pl.* Marido y mujer. ‖ Consortes.
**Coñac,** *m.* Bebida con mucho alcohol que se fabrica imitando el procedimiento usado en Cognac, pueblo francés, de donde tomó el nombre. ‖ Brandy.
**Cooperación,** *f.* Ayuda, trabajo en común. ‖ Acción de cooperar.
**Cooperador,** *adj.* Que coopera.
**Cooperar,** *tr.* Obrar o trabajar con otros para un mismo fin. ‖ Ayudar, colaborar.
**Cooperativa,** *f.* Sociedad que se forma para el provecho de sus asociados. ‖ V. **obra.**
**Cooperativamente,** *adv.* De un modo cooperativo.
**Cooperativista,** *com.* Partidario de la cooperativa o perteneciente a ella.
**Cooperativo,** *adj.* Que puede cooperar para un fin.
**Coordenada,** *f.* Distancia hasta el Ecuador. ‖ Distancia hasta el meridiano cero. ‖ *pl.* Situación de un lugar en un mapa. ‖ Situación de un punto respecto a dos ejes de su mismo plano.
**Coordinación,** *f.* Acción de coordinar. ‖ Ordenación, arreglo.
**Coordinar,** *tr.* Ordenar las cosas metódicamente, es decir, con cierto orden.
**Copa,** *f.* Vaso con pie. ‖ Todo el líquido que cabe en una copa. ‖ Conjunto de ramas y hojas que forma la parte superior de un árbol. ‖ Parte hueca del sombrero que entra en la cabeza. ‖ *pl.* Uno de los cuatro palos de la baraja española y cada una de las cartas que pertenecen a él.
**Copar,** *tr.* Rodear por completo a una fuerza militar, impidiendo que puedan los enemigos irse en retirada.
**Copear,** *intr.* Tomar copas en distintos bares.
**Copero,** *m.* Antiguo criado que llenaba las copas a su señor y las probaba antes de que él bebiera (por si estaban envenenadas que no le sucediera nada al señor).
**Copete,** *m.* Mechón de pelo sobre la frente. ‖ Moño de plumas en la cabeza de algunas aves. ‖ Colmo saliente en un vaso de helado.
**Copia.***

---

\* Copia, *f. Abundancia de una cosa:* **Hay una gran copia de alimentos.** ‖ El es-

**Copiar,** *tr.* Escribir o pintar en una parte lo que está escrito o pintado en otra. ‖ Imitar, reproducir.
**Copiosamente,** *adv.* Abundantemente, mucho.
**Copiosidad,** *f.* Abundancia excesiva de una cosa.
**Copioso,** *adj.* Abundante, numeroso, cuantioso.
**Copista,** *com.* Persona que se dedica a copiar escritos ajenos.
**Copla,** *f.* Canción popular. ‖ Cierta clase de composición poética corta.
**Copo,** *m.* Trocito de algodón. ‖ Especie de algodón de nieve que va cayendo cuando nieva.
**Copón,** *m.* Copa grande de metal en que se guardan las Hostias consagradas.
**Copropietario,** *m.* Dueño también.
**Copto,** *adj.* Cristiano de Egipto.
**Copudo,** *adj.* Se le dice así al árbol cuya copa es muy grande y amplia.
**Cópula,** *f.* Atadura o unión de una cosa con otra.
**Copulativo,** *adj.* Que junta, ata o liga una cosa con otra.
**Copyright,** *m.* Palabra inglesa que significa «derechos del autor». Se pone en abreviatura, en los libros, para indicar a qué editorial le ha dado el autor el derecho de editar su libro. (©).
**Coque,** *m.* Carbón de cok.
**Coqueta,** *adj.* Mujer aficionada a agradar a los hombres.
**Coquetear,** *intr.* Portarse como una coqueta.
**Coquetero,** *m.* El estar coqueteando.
**Coquetería,** *f.* Afición de las mujeres a los adornos y a los gestos para agradar a los hombres.

**Coquito,** *m.* Cada uno de los gestos y ademanes con que se intenta que un crío empiece a reírse.
**Coracero,** *m.* Soldado de caballería, armado de coraza.
**Coraje,** *m.* Valor, esfuerzo, ánimo. ‖ Irritación, rabia, ira, furia, enojo.
**Coral,** *m.* Sustancia dura, roja y en forma de árbol, producida por algunos animales marinos y que se usa en joyería. ‖ *adj.* De un coro de cantores.

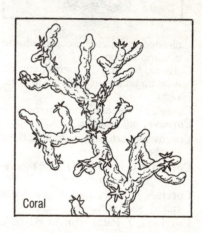
Coral

**Corán,** *m.* Libro sagrado para los musulmanes.
**Coraza,** *f.* Armadura de hierro o de acero, para cubrir el pecho y la espalda.
**Corazón.***
**Corazonada,** *f.* Presentimiento. ‖ Coraje y valor.
**Corbata,** *f.* Trozo de tela que se pone

---

* cribir o pintar en un sitio lo que está escrito o pintado en otro: *Hice una copia en la escuela.*
 Viene del latín *copia,* que significa 'abundancia, riqueza, fuerza'. ‖ Derivados: **Acopiar, acopio, copiar, copioso, copista.**

Corazón, m. Organo principal de los hombres y de los animales para la circulación de la sangre: *El corazón está en medio del pecho.* ‖ Valentía, ánimo: *Ricardo Corazón de León.* ‖ Bondad, amor, buena voluntad: *Es un hombre de mucho corazón.* ‖ Medio o centro de una cosa: *Está en el corazón de la ciudad.*
 Viene del latín **cor,** que significa 'corazón'. ‖ Deriv.: **Concordancia, concordatario, concordato, concorde, concordia, coraje, corajina, corajudo, corazonada, cordial, descorazonar, discordancia, discordante, discorde, discordia, encorajinar.**

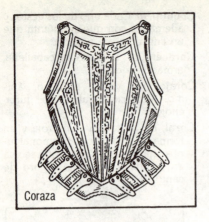

Coraza

alrededor del cuello como adorno o como abrigo.
**Corbeta,** *f.* Barco de guerra parecido a la fragata, pero mucho más rápido.
**Corcel,** *m.* Caballo muy ligero.
**Corcova,** *adj.* Joroba.
**Corcovado,** *adj.* Jorobado, que tiene joroba.
**Corcha,** *f.* Corcho con que se tapona un agujero grande.
**Corchea,** *f.* Figura musical que vale la mitad que las figuras negras.
**Corcheta,** *f.* Parte hembra de cada corchete.
**Corchete,** *m.* Especie de broche de metal. || Antiguo empleado de la justicia de poca categoría y encargado generalmente de prender a los malhechores. || Cierto signo de escritura ([ ]).
**Corcho,** *m.* Parte exterior de la corteza del alcornoque. || Tapón que se hace de esta corteza para botellas, cántaros, etc.
**Cordel,** *m.* Cuerda delgada pero muy resistente.
**Cordero,** *m.* Hijo de la oveja antes de cumplir un año. || Hombre manso, dócil y humilde.
**Cordial,** *adj.* Afable, afectuoso, amistoso.
**Cordialidad,** *f.* Amabilidad, afabilidad, llaneza.
**Cordialmente,** *adv.* Afectuosamente, con cariño, de corazón.
**Cordillera,** *f.* Fila de montañas enlazadas entre sí.

**Cordobán,** *m.* Piel de cabra, bien curtida y preparada.
**Cordobés,** *adj.* Natural de Córdoba o que se refiere a esta ciudad.
**Cordón,** *m.* Cuerda pequeña hecha de hilos. || Cuerda que llevan alrededor del cuerpo algunos religiosos. || Conjunto de gente, soldados o policías colocados en forma de cordón para impedir el paso de otras personas. || El **cordón umbilical** es el que nos sirve, antes de nacer, para alimentarnos directamente de nuestra madre y estar unidos a ella; si no, moriríamos. Cuando ya nacemos, se seca este cordón y nos queda una cicatriz: el ombligo.
**Cordura,** *f.* Prudencia y sabiduría para hacer las cosas como conviene. || Juicio, buen seso, sensatez. || Contr.: **Locura.**
**Coreano,** *adj.* Que pertenece o se refiere a Corea. || Nacido en este país de Asia.
**Coreografía,** *f.* Arte de la danza y de los coros de baile.
**Corifeo,** *m.* El que guiaba el coro en las tragedias antiguas griegas y romanas. || Jefe de un partido o secta.
**Corimbo,** *m.* Conjunto de flores que forman un ramillete en la misma planta.
**Corindón,** *m.* Mineral de aluminio, que es casi tan duro como el diamante.
**Cornada,** *f.* Golpe que da el toro atacando con los cuernos.
**Cornamenta,** *f.* Forma que tienen los cuernos de un animal.
**Cornamusa,** *f.* Instrumento músico parecido a la gaita, pero de sonido más metálico.
**Córnea,** *f.* Parte anterior y transparente del ojo. Detrás de la córnea está el iris, el cual es de distinto color, según las personas.
**Corneja,** *f.* Grajo; especie de cuervo de pequeño tamaño.
**Córneo,** *adj.* De cuerno. || Duro como un cuerno.
**Córner,** *m.* En el fútbol: saque de esquina.
**Corneta,** *f.* Instrumento músico de viento. || *m.* Soldado encargado de

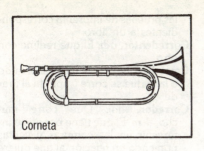
Corneta

**Coro,** *m.* Conjunto de personas reunidas para cantar o celebrar alguna cosa. ‖ Sitio del templo donde se cantan los oficios divinos.
**Coroides,** *f.* Membrana que rodea al ojo por dentro; está situada entre la retina y la córnea.
**Corola,** *f.* Conjunto de las hojas de colores que forman la parte más bonita de la flor.

tocar la corneta o músico que lo tiene por oficio.
**Cornete,** *m.* Cada uno de los dos salientes que presenta la base del cráneo junto a la parte superior de la nariz.
**Cornetín,** *m.* Corneta pequeña.
**Corniabierto,** *adj.* Se le dice al toro que tiene muy separados los cuernos.
**Cornisa,** *f.* Parte saliente y horizontal a lo largo de un muro.

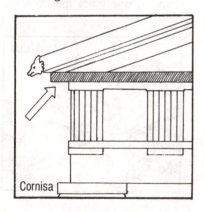
Cornisa

**Corniveleto,** *adj.* Se le dice al toro que tiene sus cuernos derechos y hacia arriba.
**Cornucopia,** *f.* Cuerno de la abundancia; vaso en forma de cuerno y lleno de frutas.
**Cornúpeta,** *m.* Animal con cuerno intentando atacar.

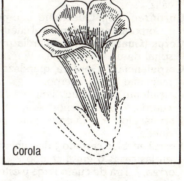
Corola

**Corolario,** *m.* Verdad que se deduce a consecuencia de una demostración anterior.
**Corona.***
**Corona circular,** *f.* Superficie comprendida entre dos circunferencias concéntricas.
**Coronación,** *f.* Acto de coronar a un soberano. ‖ Fin de una obra o de un trabajo. ‖ Adorno que remata un edificio.
**Coronar,** *tr.* Ceremonia en la que se pone la corona en la cabeza del que se proclama rey o emperador de un país. ‖ Perfeccionar, completar una obra. ‖ Ponerse las personas o cosas en la parte superior de una fortaleza, altura, etc.
**Coronel,** *m.* Jefe militar que manda un regimiento.
**Coronilla,** *f.* Parte más alta de la cabeza.

---

\*
Corona, *f. Cerco de ramas o flores para adornar la cabeza:* **Una corona de laurel.** ‖ *Señal distintiva de la nobleza y la monarquía:* **Corona ducal, corona real.** ‖ *Moneda de varias naciones;* **Corona sueca.** ‖ *Dignidad real, reino, monarquía:* **La corona de España.**
    *Viene del latín* **corona,** *que significa lo mismo que en castellano.* ‖ *Derivados:* **Coronación, coronar, coronilla.**

**Corpiño,** *m.* Especie de blusa sin mangas y bastante apretada; es ropa de señoras.
**Corporación,** *f.* Sociedad, institución, reunión de personas que tienen una misma profesión o que ejercen una misma actividad.
**Corporal,** *adj.* Que pertenece al cuerpo o se refiere a él.
**Corporales,** *m. pl.* Telas que el sacerdote extiende en el altar para poner encima de ellas la hostia y el cáliz.
**Corpóreo,** *adj.* Que tiene cuerpo. ‖ Corporal, que pertenece al cuerpo.
**Corps (Guardia de),** *f.* Guardia personal de un rey o reina.
**Corpulencia,** *f.* Gordura, grandeza o magnitud de un cuerpo.
**Corpulento,** *adj.* Que tiene mucho cuerpo. ‖ Gordo, enorme, grueso.
**Corpúsculo,** *m.* Cuerpo muy pequeño.
**Corral,** *m.* Sitio cerrado y descubierto en las casas o en el campo.
**Correa,** *f.* Tira de cuero larga y estrecha ‖ **Tener uno mucha correa:** tener bastante paciencia aguantando bromas.
**Correaje,** *m.* Conjunto de correas de un uniforme militar. ‖ Conjunto de correas que sirven para alguna cosa.
**Corrección,** *f.* Acción de corregir. ‖ El enmendar lo que está mal hecho. ‖ Cualidad de las cosas que no tienen defectos ni errores. ‖ Contr.: **Incorrección, falta.**
**Correccional,** *m.* Colegio especial para corregir a los jóvenes delincuentes.
**Correctamente,** *adv.* De modo correcto; muy bien.
**Correctivo,** *m.* Castigo merecido y que se cumple para corregirse uno.
**Correcto,** *adj.* Sin defectos ni errores. ‖ Fino, educado, digno.
**Corrector,** *m.* El que corrige; especialmente el encargado de corregir las pruebas de imprenta correspondientes a un libro.
**Corredentor,** *adj.* El que redime con otro.
**Corredizo,** *adj.* Se le dice así al nudo o lazo que se corre y aprieta al tirar de él.
**Corredor,** *adj.* Que corre mucho. ‖ *m.* El que tiene por oficio intervenir en las compras y ventas poniendo en relación al que quiere vender con el que quiere comprar. ‖ Pasillo, lugar por donde pasa de un sitio a otro.
**Corregidor,** *m.* Especie de juez y alcalde al mismo tiempo, nombrado directamente por el rey.
**Corregir,** *tr.* Enmendar lo que estaba equivocado. ‖ Advertir, reprender, reñir, amonestar al que ha hecho algo malo.
**Corregüela,** *f.* Correhuela.
**Correhuela,** *f.* Hierba de largos tallos rastreros, que gusta mucho a los conejos.

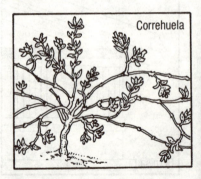
Correhuela

**Correlación,** *f.* Relación entre dos o más cosas.
**Correlativamente,** *adv.* Sucesivamente, por orden, teniendo en cuenta el valor de la relación, por orden de importancia.
**Correligionario,** *adj.* De la misma opinión o partido político o religión que otro.
**Correo.\***

---

\*
Correo, *m. Servicio público para llevar cartas y paquetes de unos lugares a otros:* **Correo o Correos.** ‖ *Estafeta de Correos:* **Voy a Correos a certificar esta carta.** ‖ *Conjunto de cartas, paquetes, etc., que va repartiendo el car-*

**Correoso,** *adj.* Que se estira y dobla sin romperse, como una correa.
**Correr.***
**Correría,** *f.* Ataque rápido y de saqueo, marchándose después.
**Correrse,** *r.* Avergonzarse. ‖ Pasarse de un sitio a otro. ‖ Extenderse, divulgarse, difundirse.
**Correspondencia,** *f.* Conjunto de cartas que se reciben o se mandan. ‖ Relación que tienen entre sí los comerciantes sobre sus negocios. ‖ Comunicación entre dos puntos. ‖ Conformidad, proporción. ‖ V. **responder.**
**Corresponder,** *intr.* Pagar con igualdad el afecto, los agasajos o el cariño que nos tienen. ‖ Pertenecer, tocar. ‖ Tener proporción una cosa con otra. ‖ V. **responder.**
**Correspondiente,** *adj.* Proporcionado, conveniente, oportuno. ‖ V. **responder.**
**Corresponsal,** *m.* Persona que tiene correspondencia con otra, especialmente para asuntos comerciales y periodísticos.
**Corretaje,** *m.* Dinero que se paga por sus servicios al corredor de comercio.
**Corretear,** *intr.* Andar de calle en calle o de casa en casa. ‖ Correr jugando.
**Correveidile,** *com. fig. y fam.* Chismoso, que está deseando oír algo en una parte para ir a contarlo a otro sitio.
**Corrida,** *f.* Carrera, movimiento rápido. ‖ Se dice especialmente de la corrida de toros.
**Corrido,** *adj.* Que pasa un poco del peso o de la medida de que se trata. ‖ Avergonzado, sofocado, confundido, abochornado. ‖ Persona experimentada.
**Corriente,** *adj.* Se dice de la semana, del mes o del año en que estamos. ‖ Que lo sabe todo el mundo o que todo el mundo tiene costumbre de hacerlo. ‖ *f.* Movimiento de las aguas de los ríos. ‖ Cualquier otro movimiento que sea debido a una diferencia de nivel, altura o potencial ‖ V. **correr.**
**Corriente eléctrica,** *f.* Paso de electrones a través de un hilo conductor.
**Corrientemente,** *adv.* Comúnmente, fácilmente, sin dificultad.
**Corrillo,** *m.* Corro de personas conversando en voz baja y separadas del resto de la reunión.
**Corrimiento,** *m.* Deslizamiento de una gran extensión de terreno a causa de un terremoto.
**Corro,** *m.* Cerco que forma la gente para hablar o jugar.
**Corroborar,** *tr.* Confirmar, demostrar más claramente lo que antes se había dicho.
**Corroer,** *tr.* Destruir lentamente una cosa o desgastarla poco a poco.
**Corromper,** *tr.* Echar a perder alguna cosa, pudrir, dañar, descomponer. ‖ Echar a perder las costumbres de alguna persona. ‖ Pervertir, depravar, estragar.

---

* tero: *¿Has recogido ya el correo?* ‖ **Tren correo:** *el que lleva o trae la correspondencia.*

Viene del francés antiguo **corrieu,** que era el nombre que se daba al que hacía de mensajero o correo.

CORRER, *intr.* Ir con velocidad de un sitio a otro: **Corrió porque llegaba tarde.** ‖ Extenderse de una parte a otra: **El camino corre de norte a sur.** ‖ Transcurrir, pasar el tiempo: **Corren los meses.** ‖ Seguir ganando el sueldo: **Me corre la paga.**

Viene del latín **currere,** que significa 'correr'. ‖ Deriv.: **Acorrer, concurrencia, concurrente, concurrir, concursar, concurso, corredera, corredizo, corredor, correría, corretear, corrida, corrimiento, corsario, cursar, cursillo, cursivo, discurrir, discursear, discursivo, discurso, escurridizo, escurrir, excursión, excursionista, incurrir, incursión, ocurrencia, ocurrente, ocurrir, precursor, recorrer, recorrido, recurrir, recurso, socorrer, socorro, sucursal, transcurrir, transcurso.**

**Corrosión,** *f.* Desgaste, destrucción lenta pero continua.
**Corrosivo,** *adj.* Capaz de corroer.
**Corrupción,** *f.* Descomposición, el pudrirse una cosa. ‖ Vicio, perversión.
**Corruptela,** *f.* Corrupción. ‖ Mala costumbre.
**Corruptible,** *adj.* Que puede corromperse.
**Corruptor,** *adj.* Que corrompe.
**Corrusco,** *m. fam.* Mendrugo de pan endurecido.
**Corsario,** *adj.* (Buque mercante) que tiene licencia de su gobierno para perseguir a los piratas. ‖ *m.* Pirata.

Corsario

**Corsé,** *m.* Prenda interior de señoras que puede ajustarse al cuerpo cuanto se quiera.
**Corsetería,** *f.* Tienda donde se hacen o venden corsés y otras prendas interiores de señoras.
**Corso,** *adj.* De la isla de Córcega.
**Corta,** *f.* Acción de cortar los árboles de un bosque. ‖ Tala.
**Cortacésped,** *f.* Máquina para cortar el césped de los jardines.
**Cortacircuitos,** *m.* Aparato automático que hace las veces de fusible; sirve para proteger instalaciones, máquinas industriales automáticas o grandes líneas eléctricas.
**Cortadillo,** *m.* Helado o dulce en forma cuadrada y de tamaño muy grande.
**Cortado,** *m.* Taza de café a la que se añade un poquito de leche. ‖ *adj.* Turbado. ‖ Incompleto.
**Cortador,** *adj.* Que corta. ‖ *m.* Carnicero, el que vende carne. ‖ El que en las sastrerías corta las piezas de los trajes.
**Cortafrío,** *m.* Cincel muy duro, capaz para cortar hierro a golpe de martillo.
**Cortafuego,** *m.* Zanja que se hace para que el incendio de un sitio no se propague a otros.
**Cortante,** *adj.* Que corta, que puede cortar.
**cortapisas (Sin),** *m. adv.* Sin limitación y sin condiciones ni impedimentos.
**Cortar,** *tr.* Partir una cosa con un instrumento de filo como el cuchillo o las tijeras. ‖ Atravesar un líquido o un gas. ‖ Dividir una cosa dejando parte a un lado y parte a otro. ‖ Detener, estorbar o impedir el paso. ‖ V. **corto.**
**Corte,** *m.* Filo del instrumento con que se corta. ‖ Acción de cortar las diferentes piezas de un vestido. ‖ Cantidad que se necesita para hacer un vestido. ‖ V. **corto.** ‖ *f.* Población donde vive el rey de un país. ‖ Conjunto de las personas que componen la familia y el acompañamiento del rey. ‖ V. **cortejo.**
**Cortedad,** *f.* Pequeñez de una cosa. ‖ Falta de valor o de talento.
**Cortejar,** *tr.* Galantear, enamorar mediante atenciones y obsequios.
**Cortejo.***
**Cortes,** *f. pl.* Reunión de las personas encargadas de hacer las leyes.
**Cortés,** *adj.* Amable, atento, afable, fino. ‖ Contr.: **Descortés.**
**Cortesanía,** *f.* Cortesía, atención, urbanidad, buen trato.
**Cortesano,** *m.* El que pertenece a la

---

Cortejo, m. *Personas que forman el acompañamiento de otras:* **El cortejo de los novios.**
    Viene del latín **cohors,** *que significa 'séquito de los magistrados, grupo de personas'.* ‖ *De la misma raíz latina se deriva* **corte** *y después* **cortejar, cortés, cortesano, cortesía, descortés, descortesía.**

corte del rey. ‖ *adj.* Cortés, fino, educado.

**Cortesía,** *f.* Demostración de respeto o cariño que se hace a una persona. ‖ Amabilidad, atención, finura en el trato. ‖ Contr.: **Grosería.**

**Cortésmente,** *adv.* Con cortesía, con amabilidad.

**Corteza,** *f.* Parte que recubre el tronco y las ramas de los árboles. ‖ Parte de fuera de algunas frutas y otras cosas.

**Cortical,** *adj.* De la corteza.

**Cortijo,** *m.* Casa de campo con muchas tierras propias alrededor. ‖ Granja.

**Cortina,** *f.* Tela grande con que se adornan las puertas y ventanas. ‖ Lo que tapa algo por su colorido o forma.

**Cortisona,** *f.* Sustancia producida por el cuerpo para que no se inflamen las articulaciones.

**Corto.\***

**Cortocircuitos,** *m.* Interrupción de la corriente eléctrica porque un cable se ha quemado.

**Cortometraje,** *m.* Película cuya duración no es mayor de 30 minutos ni menor de 8.

**Coruñés,** *adj.* Que pertenece o se refiere a La Coruña. ‖ Nacido en esta ciudad de Galicia.

**Corva,** *f.* Parte opuesta a la rodilla, por detrás.

**Corvejón,** *m.* Parte baja de la pierna de un caballo o de otro cuadrúpedo cualquiera.

**Corveta,** *f.* Movimiento que ejecuta el caballo andando sobre las patas traseras y con los brazos levantados en el aire.

**Corvo,** *adj.* Encorvado, en forma de arco.

**Corzo,** *m.* Animal rumiante parecido tanto a la cabra como al ciervo.

**Cosa.\***

**Cosaco,** *m.* Soldado de infantería rusa, en tiempo de los zares.

Cosaco

**Coscoja,** *f.* Arbol parecido a la encina y al chaparro.

**Coscorrón,** *m.* Golpe en la cabeza.

**Cosecha.\***

---

CORTO, *adj. Que es una cosa pequeña en comparación con otras de su misma especie:* **Pantalón corto.** ‖ *De poca duración:* **Tiempo corto.** ‖ *Tímido, encogido, de poco talento, que no sabe explicarse bien:* **Es un hombre muy corto.**

   *Viene del latín* **curtus,** *que significa 'cortado, incompleto, truncado'.* ‖ *Deriv.:* **Acortar, cortadura, cortafrío, cortante, cortaplumas, cortar, corte, cortedad, entrecortado, entrecortar, recortar, recorte.** ‖ *Contr.:* **Largo.**

COSA, *f. Cualquier objeto, cada uno de los cuerpos, algo de todo lo que existe, aquello que allí ves, un ser cualquiera, eso, esto, lo que te dije ayer, lo que tú has comprado, lo que estoy pensando, la cabeza de un elefante, la punta de un alfiler, etc.:* **Una cosa, hijo mío, es cualquier cosa; menos Dios, que es el único ser que no ha sido causado.**

   *Viene del latín* **cosa,** *que significa 'cosa, algo que existe pero que pudiera no existir' y también 'lo que tiene principio y tiene fin' (es decir, todo menos Dios).*

COSECHA, f. *Conjunto de frutos que se recogen o proceden de la tierra cultivada:* **Cosecha de trigo; cosecha de aceite;** *etc.* ‖ *Epoca o trabajo de recoger*

**Cosechar,** tr. Recoger o recolectar los frutos de la tierra.
**Coser,** tr. Unir con hilos varios pedazos de tela, cuero o cosa parecida.
**Cosificar,** tr. Convertir algo en cosa. Considerar como cosa algo que no lo es; por ejemplo, una persona.
**Cosmética,** f. Arte de confeccionar los productos de tocador que usan las señoras y señoritas.
**Cosmético,** m. Cualquier producto preparado para hermosear el cutis de la cara o la piel en general.
**Cósmico,** adj. Que se refiere al cosmos.
**Cosmografía,** f. Descripción de la tierra y de los astros.
**Cosmología,** f. Conocimiento filosófico del mundo.
**Cosmonave,** f. Vehículo capaz de navegar más allá de la atmósfera terrestre.
**Cosmopolita,** adj. Que ha viajado mucho y considera a todo el mundo como si fuera su patria.
**Cosmos,** m. El mundo, todo o creado, el universo entero.
**Coso,** m. Plaza de toros, generalmente portátil o improvisada.
**Cosquillas,** f. pl. Sensación especial que se experimenta cuando nos tocan suavemente en algunas partes sensibles de la piel; nos hacen reír, sonreír o impacientarnos.
**Cosquilleo,** m. El sentir cosquillas.
**Costa.\***
**Costado,** m. Cada una de las dos partes laterales del cuerpo. ‖ Lado derecho o izquierdo de un ejército, de un barco, etc.
**Costalero,** m. Cada uno de los que transportan un paso de Semana Santa.
**Costar.\***
**Coste,** m. Dinero que hay que pagar por comprar una cosa.
**Costear,** tr. Ir navegando sin perder de vista la costa. ‖ Pagar el gasto de una cosa.
**Costero,** adj. De la costa.
**Costilla,** f. Cada uno de los huesos largos y encorvados que llegan al pecho procedentes de la espalda. ‖ fig. y fam. La esposa.
**Costillar,** m. Conjunto de las costillas.
**Costo,** m. El dinero que cuesta una cosa al comerciante.
**Costoso,** adj. Que cuesta mucho.
**Costra,** f. Corteza dura que se suele formar sobre las cosas blandas y húmedas. ‖ Postilla.
**Costumbre.\***
**Costumbrista,** adj. Se le dice al escri-

---

*esos frutos de la tierra:* **Cuando se termine la cosecha, iré de viaje.** ‖ **Eso es algo de mi propia cosecha:** *eso es algo inventado por mí.*
    *El participio pasivo actual del verbo* **coger** *es* **cogido,** *pero durante la Reconquista, por ejemplo, era* **cogecho,** *también (de donde procede la palabra* **cosecha).** ‖ *Deriv.:* **Cosechar, cosechero.**
Costa, f. *Lugar donde se juntan la tierra y el mar:* **Costa brava.** ‖ *Cantidad que se paga por una cosa:* **Tuvo que pagar las costas del juicio.**
    *Viene del latín* **costa,** *que quiere decir 'costado, lado'.* ‖ *Deriv.:* **Costear, costero.**
Costar, intr. *Tener que pagar cierta cantidad de dinero por comprar una cosa:* **Me costó cien pesetas.** ‖ *Causar perjuicio o esfuerzo una cosa:* **Me costó mucho trabajo.**
    *Viene del latín* **constare,** *que significa 'adquirirse por cierto precio, mantenerse'.* ‖ *Deriv.:* **Costa, coste, costear, costo, costoso, cuesta.**
Costumbre, f. *Modo de obrar que uno ha adquirido por repetir muchos actos iguales:* **Tiene la costumbre de levantarse pronto.** ‖ *Práctica muy usada que tiene fuerza como de ley:* **Es costumbre que las mujeres guisen.**
    *Viene del latín* **consuetudo,** *que significa 'costumbre', como se ve en la palabra española 'consuetudinario', que quiere decir 'acostumbrado'.* ‖ *Deriv.:* **Acostumbrado, acostumbrarse, consuetudinario, costumbrista, desacostumbrado.**

tor cuyas novelas son de tipo regional o pueblerino.

**Costura,** *f.* El estar cosiendo una cosa. ‖ Serie de puntadas e hilo que une dos piezas que estén cosidas.

**Costurero,** *m.* Mesita, cajón o cesto pequeño, en que se guardan las agujas, hilos, alfileres, etc., que se usan para coser.

**Costurón,** *m.* Cicatriz que queda de una herida profunda.

**Cota,** *f.* Vestidura antigua de cuero o de malla de hierro, que servía de armadura ligera. ‖ Número que señala en los mapas las alturas de las tierras.

**Cotarro,** *m.* Lugar donde los vagabundos se reúnen para pasar la noche. ‖ Ladera de una montaña.

**Cotejar,** *tr.* Comparar entre sí dos o más cosas.

**Cotidianamente,** *adv.* Diariamente, todos los días.

**Cotidiano,** *adj.* Diario, de cada día.

**Cotiledón,** *m.* Cada uno de los trozos en que aparece dividida la semilla; el garbanzo, por ejemplo, tiene dos cotiledones.

**Cotilla,** *adj. fam.* Que va divulgando todos los secretillos de que se entera.

**Cotillón,** *m.* Danza última en algunos bailes de sociedad.

**Cotización,** *f.* Precio que se da a las acciones mercantiles. ‖ Cuota que se paga.

**Cotizar** (Galicismo), *tr.* Pagar una cuota.

**Coto,** *m.* Terreno reservado por medio de mojones o señales.

**Cotorra,** *f.* Ave de la familia de los papagayos y que puede pronunciar palabras. ‖ Persona muy habladora.

**Cotufa,** *f.* Chufa.

**Coturno,** *m.* Calzado lujoso y de suela muy gruesa que usaban los artistas de teatro en Grecia y Roma antiguas.

**Covacha,** *f.* Cueva pequeña y sucia.

**Cowboy,** *m.* Vaquero.

**Coxal,** *adj.* Extremo en que termina la columna vertebral.

**Coyote,** *m.* Lobo de las praderas americanas, parecido a un mastín.

**Coyunda,** *f.* Correa o soga fuerte con la que se uncen los bueyes al yugo. ‖ Correa para atar las abarcas. ‖ Unión del marido y la mujer.

**Coyuntura,** *f.* Articulación o unión movible de un hueso con otro. ‖ Ocasión para hacer una cosa.

**Coz,** *f.* Patada hacia atrás. ‖ Palabra grosera.

**Craneal,** *adj.* Del cráneo.

**Craneano,** *adj.* Del cráneo.

**Cráneo,** *m.* Conjunto de huesos que forman en la cabeza la caja donde están los sesos.

**Craneología,** *f.* Ciencia que estudia el cráneo.

**Crápula,** *f.* Borrachera, vicio e inmoralidad.

**Craso,** *adj.* Grueso, gordo, grasiento. ‖ **Error craso:** error imperdonable. ‖ **Ignorancia crasa:** ignorancia imperdonable.

**Cráter,** *m.* Boca de los volcanes, por donde sale la lava y el fuego.

Cráter

Cotorra

**Creación,** *f.* El crear una cosa de la nada. ‖ El conjunto de todas las cosas creadas. ‖ V. **crear.**

**Creador,** *adj.* Que crea. ‖ En verdad, sólo Dios, que creó todas las cosas de la nada. ‖ V. **crear.**

**Crear.\***
**Creatividad,** *f.* Facultad de crear.
**Crecer.\***
**creces (Con),** *m. adv.* Ampliamente.
**Crecida,** *f.* Aumento del agua de un río, a consecuencia de grandes lluvias o dehielos.
**Creciente,** *adj.* Que está haciéndose cada vez más grande.
**Crecimiento,** *m.* Acción de crecer. ‖ Aumento. ‖ Lo que ha crecido uno. ‖ Desarrollo.
**Credencial,** *f.* Documento por el que se nombra a una persona para algún empleo.
**Crediticio,** *adj.* Que se refiere al crédito comercial.
**Crédito,** *m.* Fama que uno tiene, consideración, influencia. ‖ Confianza que se da a otro para que pague más tarde lo que debe. ‖ V. **creer.**
**Credo,** *m.* Relación de las verdades de la fe católica que hicieron los Apóstoles. ‖ Conjunto de doctrinas.
**Crédulo,** *adj.* Que se lo cree todo, sea lo que sea.
**Creencia,** *f.* Lo que se cree. ‖ Fe religiosa. ‖ V. **creer.**
**Creer.\***
**Creíble,** *adj.* Que se puede creer.
**Crema,** *f.* Nata de la leche. ‖ Dulce de natilla y otros alimentos. ‖ Pasta para suavizar la piel. ‖ Lo mejor, lo principal, lo escogido.
**Cremación,** *f.* El quemar a un cadáver.

**Cremallera,** *f.* Costura metálica que puede abrirse y cerrarse gracias a una guía metálica.
**crematístico (Lo),** *n.* Los bienes, el dinero, la producción y distribución de las riquezas naturales, y toda economía en general.
**crematorio (Horno),** *m.* Horno para la cremación de cadáveres.
**Crencha,** *f.* Raya en el peinado. ‖ Cada una de las partes en que queda dividido el pelo al peinarse con raya.
**Crepé** (Galicismo), *m.* Pelo postizo. ‖ Materia artificial que se emplea para suelas de los zapatos y otros usos.
**Crepitación,** *f.* Ruido del chisporroteo o parecido a él.
**Crepitar,** *intr.* Producir ruido parecido al chisporroteo de la leña al arder.
**Crepuscular,** *adj.* Del crepúsculo.
**Crepúsculo,** *m.* Claridad que hay desde un poco antes de salir el sol hasta que sale. Y desde que se pone hasta que es de noche.
**Creso,** *adj.* Muy rico, que posee muchas riquezas.
**Crespo,** *adj.* Rizado. Se dice del pelo.
**Crespón,** *m.* Cierta clase de gasa fina.
**Cresta,** *f.* Pedazo de carne roja que tienen sobre la cabeza el gallo y algunas otras aves. ‖ Cumbre peñas-

\*
CREAR, tr. Hacer algo de la nada: **Dios creó el mundo.** ‖ Fundar o instituir una cosa nueva: **Crearon varias escuelas.** ‖ (Galicismo) Producir una obra, componer: **Creó un papel magnífico en la película.**
    Viene del latín creare, que significa 'crear, producir de la nada'. ‖ Deriv.: **Creación, cría, criadero, criado, criador, crianza, criar, criatura, increado, malcriado, procreación, procrear, recrear, recreo, recría.** ‖ Contr.: **Aniquilar.**
CRECER, intr. Hacerse más grande una cosa: **Con la lluvia los árboles crecen.** ‖ r. Superarse: **Crecerse ante una dificultad.**
    Viene del latín crescere, que significa 'crecer'. ‖ Deriv.: **Acrecentar, crecida, creciente, crecimiento, decrecer, excrecencia, incrementar, incremento.** ‖ Contr.: **Decrecer, disminuir.**
CREER, tr. Pensar y tener certeza de que una cosa que no hemos visto es verdad: **Creo en Dios.** ‖ Pensar, juzgar, suponer: **Creo que esta tarde lloverá.**
    Viene del latín credere, que quiere decir 'creer, dar fe'. ‖ Deriv.: **Acreditar, acreedor, credencial, crédito, credo, credulidad, crédulo, creencia, creyente, desacreditar, descrédito, descreído, incredulidad, incrédulo.**

Cresta

**Criba,** *f.* Cuero o metal agujereado y fijo en un aro de madera y que sirve para limpiar el trigo u otra semilla.

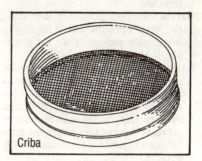
Criba

cosa de una montaña. ‖ La parte más alta de una ola.
**Crestomatía,** *f.* Colección de escritos ordenados de poca a mayor dificultad.
**Creta,** *f.* Cierta clase de tierra que tiene la misma composición que la piedra caliza.
**Cretense,** *adj.* De la isla de Creta.
**Cretinismo,** *m.* Enfermedad y defectos de los cretinos.
**Cretino,** *adj.* (Persona) raquítica, de cuerpo mal conformado. ‖ Idiota, estúpido, tonto.
**Cretona,** *f.* Tela de algodón que suele tener muchos dibujos.
**Creyente,** *adj.* Que cree, que tiene fe.
**Cría,** *f.* Acción de criar a los hombres o a los animales. ‖ Niño o animal pequeñito.
**Criadero,** *m.* Yacimiento de mineral. ‖ Lugar adecuado para criar animales o plantas.
**Criado,** *adj.* Palabra que suele llevar delante los adverbios *bien* o *mal,* y que se aplica a la persona bien o mal educada. ‖ *m.* Persona que sirve por un salario y especialmente si trabaja en una casa.
**Crianza,** *f.* Criar a los niños o a los animales. ‖ Cortesía, educación.
**Criar,** *tr.* Crear. ‖ Alimentar la madre al niño pequeño con la leche de sus pechos o de modo parecido. ‖ Nacer y crecer. ‖ Cuidar y alimentar aves y otros animales.
**Criatura,** *f.* Cualquier cosa creada. ‖ Niño recién nacido o de poco tiempo.

**Cribar,** *tr.* Separar del trigo las impurezas, por medio de una criba. ‖ Separar lo bueno de lo malo.
**Crimen,** *m.* Delito grave.
**Criminal,** *adj.* Que se refiere al crimen. ‖ Que ha cometido un crimen.
**Criminalista,** *adj.* (Abogado) que trabaja principalmente en asuntos relacionados con los delitos y crímenes.
**Crin,** *f.* Conjunto de pelos resistentes que tienen algunos animales en la parte superior del pescuezo.
**Crío,** *m.* Niño o niña pequeños.
**Criollo,** *m.* Hijo de europeos pero nacido fuera de Europa. ‖ Negro nacido en América.
**Cripta,** *f.* Lugar, bajo tierra, en que se acostumbraba enterrar a los muertos. ‖ Piso subterráneo de una iglesia.
**Criptógrama,** *adj.* Planta que no tiene flor.
**Criptógramas,** *f. pl.* Las plantas sin flores; como los hongos, los musgos y las bacterias.
**Crisálida,** *f.* Insecto metido en el mismo capullo que él fabricó.

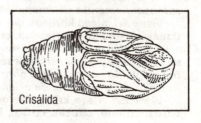
Crisálida

**Crisantemo,** *m.* Planta de la familia de las margaritas, aunque de mayor tamaño, con la que se adornan las tumbas.

**Crisis,** *f.* Cambio grande en la marcha de una enfermedad. ‖ Momento decisivo y peligroso de un negocio. ‖ V. **crítica.**

**Crisma,** *m.* Aceite y bálsamo mezclados, que suele usarse para algunos sacramentos. ‖ *f.* La cabeza. ‖ No es lo mismo **crisma** que **christma.**

**Crisol,** *m.* Especie de vaso muy resistente al fuego que se emplea para fundir algunas sustancias. ‖ *fig.* Prueba.

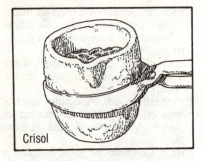
Crisol

**Crispar,** *tr.* Hacer que se encojan repentinamente los músculos o los nervios de una persona.

**Cristal,** *m.* Sustancia dura y transparente que se utiliza para las ventanas, anteojos y otros usos. ‖ Cualquier cuerpo sólido que tenga forma de poliedro desde que se formó en la naturaleza.

**Cristalera,** *f.* Conjunto de cristales que tienen algunas puertas y ventanas.

**Cristalería,** *f.* Conjunto de objetos de cristal, especialmente los que se usan para las comidas. ‖ Taller donde se fabrican objetos de cristal y tienda donde se venden.

**Cristalino,** *m.* Cuerpo en forma de lente que tenemos detrás de la pupila del ojo. ‖ *adj.* De cristal. ‖ Parecido al cristal, transparente.

**Cristalización,** *f.* Proceso de formación de un cristal. ‖ Cosa cristalizada. ‖ El ponerse sólido un gas que ha sufrido tan enorme enfriamiento que ni siquiera se hizo antes líquido.

**Cristalizar,** *intr.* Tomar los cuerpos forma cristalina. ‖ Hacerse claros y precisos los deseos o ideas de una persona.

**Cristalografía,** *f.* Estudio de los cristales minerales.

**Cristiandad,** *f.* Conjunto de los fieles del mundo entero que profesan la religión cristiana.

**Cristianismo,** *m.* Religión cristiana.

**Cristianizador,** *adj.* Que enseña la doctrina cristiana para convertir a los que no pertenecen a esta religión. ‖ Que ayuda a convertirse a la religión cristiana o a fortalecerse en ella.

**Cristianizar,** *tr.* Convertir al cristianismo. ‖ Dar sentido cristiano a las costumbres, a los actos, a los pensamientos y a toda la vida. ‖ *fig.* Bautizar.

**Cristiano.\***

**Criterio,** *m.* Regla para conocer la verdad. ‖ Opinión, parecer, convencimiento.

**Crítica.\***

**Criticar,** *tr.* Examinar detenidamente las cosas y decir el valor o la importancia que tienen. ‖ Hablar mal de la conducta de alguno; censurar, reprobar.

---

\* Cristiano, adj. Que tiene la religión de Cristo, que cree que Cristo es Dios: **Los católicos llamamos «hermanos separados» a los cristianos no católicos.**
  Viene del griego **khristos,** que quiere decir 'el ungido'. ‖ Deriv.: **Acristianar, cristianar, cristiandad, cristianismo, cristianizar.**

Crítica, f. Arte de juzgar si las cosas son buenas, verdaderas o bellas: **Para hacer una crítica hay que saber antes separar lo importante de lo no importante.** ‖ Opinión acerca de una obra de ciencia o de arte: **Crítica literaria.** ‖ Hablar de la conducta de alguno: **Le hizo una crítica feroz.**
  Viene del griego **krisis,** que quiere decir 'decisión, opinión'. ‖ Deriv.: **Crisis, criterio, criticar, crítico, hipercrítico.**

**Crítico,** *adj.* Que pertenece a la crítica. ‖ (Momento) importante y oportuno. ‖ *m.* El que juzga las obras de arte.
**Criticón,** *adj. fam.* Que todo lo censura y en todo quiere hacer de juez y de crítico.
**Croar,** *intr.* Cantar la rana.
**Crochet,** *m.* Gancho, ganchillo. ‖ Labor que se hace a ganchillo.
**Cromo,** *m.* Metal muy duro, de color de plata, que sirve para endurecer superficies metálicas e impedir que se oxiden. ‖ Estampa pequeña y de colores.
**Cromosfera,** *f.* Parte de la esfera de llamas y gases que rodea al Sol.
**Cromosoma,** *m.* Cada uno de los corpúsculos que se tiñen de color, en el núcleo de una célula, cuando ésta va a reproducirse.
**Crónica.***
**Crónico,** *adj.* Se dice de las enfermedades que se tienen desde hace mucho tiempo.
**Cronista,** *com.* El que escribe crónicas.
**Crónlech,** *m.* Monumento antiguo formado por un cerco de piedras grandes clavadas en el suelo.
**Cronógrafo,** *m.* Especie de reloj especial que sirve para medir con toda exactitud décimas, centésimas y milésimas de segundo.
**Cronología,** *f.* Ciencia que tiene por misión señalar el orden y las fechas de los sucesos históricos. ‖ Lista de personas o hechos históricos por orden de fechas.
**Cronológico,** *adj.* Que pertenece a la cronología.
**Cronometrador, ra.** *m. y f.* Persona que cronometra.
**Cronómetro,** *m.* Reloj de fabricación muy esmerada que sirve para medir con mucha exactitud tiempos pequeñísimos.

Cronómetro

**Croqueta,** *f.* Fritura de carne picada y rebozada con leche, huevo y harina o pan rallado.
**Croquis,** *m.* Dibujo rápido que se hace a ojo para dar idea de un terreno, de una figura o cosa parecida.
**Crótalo,** *m.* Serpiente americana muy venenosa, llamada también serpiente de cascabel.

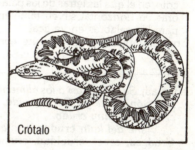
Crótalo

**Cruce,** *m.* Punto donde se cortan dos líneas. ‖ Sitio donde hay una bifurcación.
**Crucero,** *m.* Buque de guerra grande, pero más pequeño que el acorazado. ‖ Viaje de recreo, realizado en un barco grande. ‖ Extensión de mar que recorre un barco. ‖ Espacio en que se cruzan la nave mayor

---
*
**CRÓNICA,** *f. Historia que sigue el orden de los tiempos:* **La crónica de Alfonso VI.** ‖ *Artículo periodístico sobre cuestiones de actualidad:* **Crónica de teatro, crónica de un partido de fútbol,** *etc.*
    Viene del griego **khrónos,** *que quiere decir 'tiempo'; por esto crónica significa propiamente 'lo referido al tiempo'.* ‖ *Deriv.:* **Anacronismo, crónico, cronicón, cronista, cronología, cronometrar, cronométrico, cronómetro, sincronismo.**

de una iglesia y la que la atraviesa. ‖ Sitio donde se atraviesan dos caminos y cruz o monumento religioso que suele adornarle.

**Cruceta,** *f.* Especie de cruz que van formando algunas rejas y muchas labores y adornos femeninos.

**Crucial,** *adj.* En forma de cruz. ‖ Momento crucial: aquel en que es importantísimo decidirse a hacer algo.

**Crucíferas,** *f. pl.* Todas las plantas de las familias del rábano, del alhelí y de la mostaza, llamadas así porque sus flores parecen crucecitas.

**Crucificado,** *adj.* Clavado y muerto en una cruz. ‖ El Crucificado: Jesucristo, Nuestro Redentor.

**Crucificar,** *tr.* Clavar en una cruz a una persona.

**Crucifijo,** *m.* Imagen de Cristo crucificado.

**Crucifixión,** *f.* La acción de crucificar a otro y todo lo que el crucificado tiene que padecer clavado en la cruz.

**Crucigrama,** *m.* Pasatiempo por escrito, en el que las letras de las palabras en horizontal sirven también para las palabras en vertical.

**Crudamente,** *adv.* Asperamente, con mucha severidad, casi con crueldad.

**Crudeza,** *f.* Aspereza, rigor, rudeza.

**Crudo.\***

**Cruel,** *adj.* Que se complace haciendo mal a otra persona o a un animal. ‖ Insufrible, grande, excesivo. ‖ Contr.: **Piadoso, clemente.**

**Crueldad,** *f.* Acción cruel. ‖ Fiereza de ánimo, salvajismo, brutalidad. ‖ Contr.: **Clemencia, compasión.**

**Cruelmente,** *adv.* Con crueldad.

**Cruento,** *adj.* Sangriento. ‖ Con derramamiento de sangre. Se dice de algunos sacrificios.

**Crujir.\***

**Crural,** *adj.* Del muslo.

**Crustáceo,** *adj.* Que tiene una costra endurecida. ‖ *m. pl.* El cangrejo, el langostino, y todos los demás animales de su misma clase.

**Cruz.\***

**Cruzada,** *f.* Expedición militar de la Edad Media para rescatar el sepulcro de Cristo. ‖ Campaña para atajar un mal.

**Cruzado,** *m.* Caballero que tiene la cruz de una orden militar. ‖ El que tomaba la insignia de la cruz para

---

\*

C*RUDO*, adj. *Se llaman así a los alimentos que no están bastante preparados por la acción del fuego:* **Carne cruda.** ‖ *Cruel, áspero, desagradable:* **Lenguaje crudo; día muy crudo.**

Viene del latín **crudus,** *que quiere decir 'crudo, que sangra'.* ‖ *Deriv.:* **Crudeza, cruel, crueldad, cruento, encrudecer, recrudecer, recrudecimiento.**

C*RUJIR*, intr. *Producir un ruido semejante al que se forma rompiendo un palo seco o rajando una tela;* **Hay cosas que crujen al quebrarse; otras, al rozarse; otras, al resquebrajarse.**

Es una palabra onomatopéyica, porque **crujir** *es una palabra que imita un ruido (el de un palo seco al romperse).* ‖ *Otras palabras onomatopéyicas:* **cataplum paf, tic-tac, guau,** *etc.* ‖ *Deriv.:* **Crujidero, crujido, crujiente.**

C*RUZ*, f. *Figura formada por dos líneas que se atraviesan perpendicularmente:* **Pinta una cruz, anda.** ‖ *Patíbulo (formado por un madero vertical y otro horizontal) en el que se clavaba en tiempos pasados a los acusados como criminales:* **Le clavaron en la cruz.** ‖ *Distintivo de muchas órdenes religiosas, militares y civiles:* **La cruz de beneficencia.** ‖ *Reverso de las monedas:* **Cara o cruz.** ‖ *La parte más alta del lomo de los animales:* **Iba montado en la cruz del caballo.** ‖ *Peso, carga, trabajo:* **La enfermedad larga es una cruz pesada.**

Viene del latín **crux, crucis,** *que quiere decir 'cruz, horca, tormento'.* ‖ *Deriv.:* **Crucero, crucificar, crucifijo, crucigrama, cruzada, cruzado, cruzar, encrucijada, entrecruzar.**

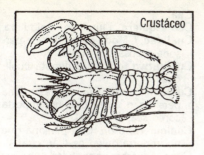
Crustáceo

alistarse en alguna cruzada. ‖ *adj.* (Animal) nacido de padres de distintas castas.
**Cruzar,** *tr.* Atravesar una cosa sobre otra en forma de cruz. ‖ Atravesar un camino, calle, campo, etc., pasando de una parte a otra. ‖ Ponerle a una persona la cruz de una orden militar. ‖ Dar machos de distinta procedencia a las hembras de los animales de la misma especie para mejorar las castas.
**Cruzarse,** *r.* Tomar la cruz de una orden militar. ‖ Pasar por un punto o camino dos personas o cosas en dirección contraria. ‖ Ponerse una cosa delante de otra y no dejarla continuar.
**Cruzeiro,** *m.* Moneda del Brasil.
**Cuadernillo,** *m.* Conjunto de cinco pliegos de papel.
**Cuaderno,** *m.* Conjunto de algunas hojas de papel cosidas en forma de libro.
**Cuadra,** *f.* Caballeriza, sitio donde viven los caballos y los animales de carga. ‖ Conjunto de caballos de carrera.
**Cuadradillo,** *m.* Azúcar en forma de terrón cuadrado.
**Cuadrado,** *m.* Figura plana, cerrada por cuatro líneas rectas. ‖ Cualquier figura en forma de cuadro. ‖ Regla de cuatro caras iguales para rayar el papel. ‖ En Matemáticas, resultado de multiplicar un número por sí mismo.

**Cuadragésimo,** *adj.* Que ocupa el lugar cuarenta.
**Cuadrangular,** *adj.* Que tiene cuatro ángulos.
**Cuadrante,** *m.* Cuarta parte del círculo. ‖ Reloj de sol. ‖ Instrumento para medir ángulos.
**Cuadrar,** *tr.* Dar a una cosa figura de cuadrado. ‖ Multiplicar un número por sí mismo. ‖ *intr.* Agradar o convenir una cosa. ‖ Coincidir en las cuentas comerciales el DEBE y el HABER.
**Cuadrarse,** *r.* Ponerse firme un militar. ‖ Pararse el caballo quedando con las cuatro patas en firme.
**Cuadratura,** *f.* Cuadrar una figura.
**Cuadrícula,** *f.* Conjunto de cuadraditos pequeños que resultan de cortarse perpendicularmente dos series de rectas paralelas y equidistantes.
**Cuadricular,** *tr.* Trazar líneas que formen una cuadrícula.
**Cuadriga,** *f.* Carro tirado por cuatro caballos enganchados de frente.

Cuadriga

**Cuadril,** *m.* Cadera del animal. ‖ Hueco por encima de la cadera, donde antiguamente apoyaban las mujeres el cántaro lleno de agua o de otra cosa.
**Cuadrilátero,** *m.* Polígono cerrado por cuatro líneas rectas.
**Cuadrilla,** *f.* Conjunto de dos o más personas que van a trabajar al mismo campo.
**Cuadro.\***

---

**C**UADRO, *m. Figura cerrada por cuatro líneas y con ángulos rectos:* **Se gasta poco bolígrafo en dibujar un simple cuadro.** ‖ *Lámina de pintura:* **Un cuadro de Velázquez.** ‖ *Marco o cerco que se pone para sujetar y adornar una pintura, un retrato o cosa parecida:* **Colgué el cuadro en la pared.**

**Cuadrumano,** *adj.* Que tiene cuatro manos; como los monos.

**Cuadrunviro,** *m.* Cada uno de los cuatro jefes que se repartían el poder en la antigua Roma.

**Cuadrúpedo,** *adj.* Que tiene cuatro pies o patas; como el toro, el león, etcétera.

**Cuádruple,** *adj.* Que es cuatro veces más grande que otra cosa.

**Cuajado,** *adj.* Inmóvil y como paralizado por el asombro que produce alguna cosa. ‖ Se dice del que se ha quedado dormido.

**Cuajar,** *tr.* Unirse las partes de un líquido para convertirse en sólido o en una pasta densa. ‖ Recargar de adornos una cosa. ‖ *intr.* Lograrse una cosa. ‖ Gustar, agradar. ‖ *r.* Coagularse. ‖ Poblarse, llenarse completamente un sitio. ‖ *m.* Ultima parte del estómago de los rumiantes.

**Cuajarón,** *m.* Porción de sangre casi cuajada.

**Cuajo,** *m.* Sustancia que sirve para cuajar un líquido y especialmente a la leche para convertirla en queso. ‖ Estómago de un rumiante cuando todavía es pequeño y mama.

**Cuál.\***

**Cualesquiera.** Plural de cualquiera.

**Cualidad,** *f.* Modo de ser de una persona o cosa. ‖ V. **cual.**

**Cualitativo,** *adj.* Que denota cualidad.

**Cualquier,** *adj.* Cualquiera. ‖ (Una persona o cosa) que no importa como sea. ‖ V. **cual.**

**Cualquiera,** *pron.* Una persona que no importa quién es. ‖ V. **cual.**

**Cuán.** Adverbio de cantidad que sirve para exagerar lo que significa la palabra con quien va.

**Cuando.\***

**Cuantía,** *f.* Cantidad, porción de algo.

**Cuantificar,** *tr.* Expresar numéricamente una magnitud.

**Cuantioso,** *adj.* Numeroso, abundante, grande, considerable.

**Cuantitativamente,** *adv.* Teniendo en cuenta la cantidad.

**Cuantitativo,** *adj.* Que se refiere a la cantidad.

**Cuanto.\***

**Cuarenta,** *adj.* Número que vale cuatro veces diez. ‖ V. **cuatro.**

**Cuarentena,** *f.* Conjunto de cuarenta unidades. ‖ Tiempo de cuarenta días, meses o años.

---

\* *Viene del latín* **quadrum,** *que quiere decir 'cuadrado' o 'que tiene cuatro cosas'.* ‖ *Deriv.:* **Cuadra, cuadrado, cuadrante, cuadrar, cuadratura, cuadrícula, cuadricular, cuadriga, cuadrilátero, cuadrilla, cuadrillero, cuadrumano, cuadrúpedo, cuádruple, cuadruplicar, cuatrienio, encuadrar, escuadra, escuadrilla, escuadrón, recuadro.**

Cuál. *Pronombre relativo con el que nos referimos a algo ya mencionado, así, por ejemplo:* **Llamo a su criado, el cual dormía.** ‖ *También puede hacer oficio de adverbio y entonces significa cómo:* **Corría cual caballo de carreras.**

*Viene del latín* **qualis,** *que significa 'tal como, cómo, de qué clase'.* ‖ *Derivados:* **Calidad, calificación, calificado, calificar, calificativo, cualidad, cualitativo, cualquier, cualquiera, descalificar.**

Cuando. *Adverbio de tiempo que significa 'en el tiempo en que':* **Cuando lleguemos podremos comer.** ‖ *Puede hacer oficio de conjunción continuativa y entonces significa 'puesto que':* **Cuando tú lo dices, será verdad.** ‖ *Puede ser también conjunción condicional y entonces significa 'si':* **Cuando trabajes, comerás.**

*Viene del latín* **quando,** *que significa lo mismo que en castellano.*

Cuanto, *adj. Significa cantidad indeterminada, que no se conoce:* **Le dio cuanto tenía.** ‖ *adv. Como:* **Tanto cuanto quieras.** ‖ *Puede ser también adverbio de cantidad y significa entonces 'en qué medida o en qué grado':* **¿Cuánto vale este libro?**

*Viene del latín* **quantus,** *que significa 'cuanto'.* ‖ *Deriv.:* **Cantidad, cuantía, cuantioso, cuantitativo.**

**Cuarentón,** adj. Que tiene ya cuarenta años cumplidos.
**Cuaresma,** f. Tiempo de penitencia para los católicos, que dura desde el Miércoles de Ceniza hasta la Pascua de Resurrección.
**Cuaresmal,** adj. Que pertenece o se refiere a la cuaresma.
**Cuarta,** f. Cada una de las cuatro partes iguales en que se divide un todo. ‖ Medida de un palmo.
**Cuartear,** tr. Dividir una cosa en cuatro o más partes. ‖ r. Ponerse una pared llena de grietas.
**Cuartel,** m. Edificio destinado para el alojamiento de los soldados. ‖ Cada uno de los distritos en que se suelen dividir las grandes poblaciones. ‖ Cada una de las cuatro partes de un escudo dividido en cruz. ‖ Cuarta parte de una cosa. ‖ V. **cuarto.**
**Cuarteta,** f. Conjunto formado por cuatro versos de ocho sílabas, rimando el 1.º con el 3.º y el 2.º con el 4.º
**Cuarteto,** m. Poesía de cuatro versos endecasílabos. ‖ Composición musical para cuatro voces o para cuatro instrumentos. ‖ Esas cuatro voces o esos cuatro instrumentos.
**Cuartilla,** f. Hoja de papel que es la cuarta parte de un pliego. ‖ Medida que es la cuarta parte de una fanega. ‖ Medida que es la cuarta parte de una arroba.
**Cuarto.***
**Cuartos,** m. pl. Dinero, riquezas.
**Cuarzo,** m. Parte más blanca de los adoquines. ‖ Piedra parecida a la arena. ‖ Arena parecida a la piedra. ‖ Cristal de roca.

**Cuaternario,** m. La época geológica de los grandes glaciares y de los mamuts.
**Cuatrero,** adj. Ladrón de bestias y ganados.
**Cuatrillizo, za,** adj. Dícese de cada uno de los hermanos nacidos en un parto cuádruple.
**Cuatro.***
**Cuatrocientos,** adj. Cuatro veces ciento.
**Cuba,** f. Vasija de madera, asegurada con aros de hierro.
**Cubano,** adj. Que pertenece o se refiere a Cuba. ‖ El que ha nacido en dicho país.
**Cubertería,** f. Conjunto de cucharas, tenedores, cuchillos y utensilios semejantes para el servicio de mesa.
**Cubeta,** f. Recipiente de poco fondo y de forma rectangular o cuadrada, hecho de plástico, de porcelana, de vidrio, de baquelita o de otra sustancia.

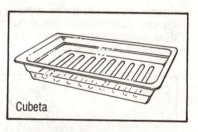

Cubeta

**cúbica (Raíz),** f. Operación aritmética que consiste en hallar un número que multiplicado por sí mismo dos veces resulte al final la cantidad que nos dieron.
**Cubicable,** adj. Que se puede medir su cabida o su volumen.

---

*Cuarto, adj. *Que ocupa el lugar número cuatro:* **Está en el cuarto puesto.** ‖ *Se dice de cada una de las cuatro partes iguales en que se divide una cosa:* **Dos cuartas partes.** ‖ m. *Habitación:* **Vete a tu cuarto.** ‖ pl. *El dinerito:* **Se me acabaron los cuartos.**
    *Viene del latín* **quartus,** *que significa 'cuarto'.* ‖ *Deriv:* **Acuartelar, cuarta, cuartel, cuartelada, cuartelero, cuartelillo, cuarteo, cuarteta, cuarteto, cuartilla, cuartillo, descuartizar.**

*Cuatro, adj. *Número que resulta de añadir uno al tres;* **Tres y uno, cuatro.** ‖ m. *Signo con que se representa el número cuatro:* **, IV.** ‖ *En la baraja, carta que tiene cuatro señales:* **El cuatro de oros.**
    *Viene del latín* **quattuor,** *que significa 'cuatro'.* ‖ *Deriv:* **Catorce, cuatrero, cuatrocientos.** ‖ *Ver también los derivados de* **cuarto** *y* **cuadro.**

**Cubicar,** tr. Multiplicar un número dos veces por sí mismo, o sea, elevarlo al cubo. ‖ Medir el volumen de un cuerpo o la cabida de un hueco.

**Cúbico,** adj. Que se refiere al cubo. ‖ Que es de figura parecida al cubo geométrico.

**Cubierta,** f. Lo que se pone encima de una cosa para taparla. ‖ Forro de un libro. ‖ El suelo de arriba de un barco. ‖ La parte exterior de un neumático (en las ruedas de un coche, bicicleta, etc.).

**Cubierto,** m. Servicio de mesa para cada persona. ‖ Comida que se da en los restaurantes por un precio fijo.

**Cubil,** m. Cueva en donde duermen fieras.

**Cubilete,** m. Vaso hecho de cuero, que se usa para jugar a los dados, para hacer algunos juegos de mano, etc.

**Cubismo,** m. Arte de pintar cuadros y figuras, combinando conos, cilindros, cuadrados, triángulos y otras figuras geométricas.

**Cubo,** m. Vasija de madera, metal u otra materia que sirve para diversas faenas de la casa. ‖ Pieza central de donde salen los radios de las ruedas de los carruajes. ‖ Cuerpo regular, limitado por seis cuadrados iguales. ‖ Cantidad que se obtiene multiplicando un número dos veces por sí mismo, o sea, tercera potencia de ese número.

**Cubrepiés,** m. Abrigo que se pone a los pies de la cama.

**Cubrir.\***

**Cucamonas,** f. pl. fam. Carantoñas, halagos y besos que se da a los padres mientras se les pide algo.

**Cucaña,** f. Palo largo untado de jabón o grasa y clavado en el suelo, en cuyo extremo superior hay un premio para el que pueda cogerlo.

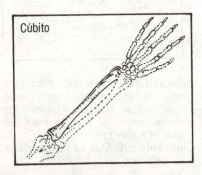

Cúbito

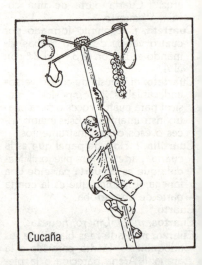

Cucaña

**Cúbito,** m. El hueso más largo y más grueso de los dos que tenemos entre el codo y la muñeca.

**Cucaracha,** f. Insecto que suele salir por las noches en las casas, que corre mucho y despide un olor repugnante.

**cuclillas (En),** m. adv. Agachado de

---

\*
Cubrir, tr. *Tapar una cosa, ocultar:* **Con la gabardina cubría lo que llevaba.** ‖ *En milicia, defender un puesto:* **Cubría un kilómetro de frente.** ‖ r. *Llenarse:* **Cubrirse de llagas.** ‖ *Ponerse el sombrero:* **Se cubre con una gorra.**

Viene del latín **cooperire,** *que significa 'cubrir'.* ‖ *Deriv.:* **Cobertizo, cobertor, cobertura, cubierta, cubierto, cubrecama, descubierta, descubridor, descubrimiento, descubrir, encubridor, encubrimiento, recubrir.** ‖ *Contr.:* **Descubrir.**

tal modo que las asentaderas descansen en los talones.
**Cuco**, *adj.* Astuto, listo, taimado, hipócrita. ‖ Bonito, pulido, mono, arreglado.
**Cucurbitáceas**, *f. pl.* La calabaza, el melón, el pepino, la sandía y otras plantas parecidas a ellas.
**Cucurucho**, *m.* Papel o cartón arrollados en forma de cono.
**Cuchara**, *f.* Instrumento que sirve para comer, compuesto de un mango y una especie de palita hueca.
**Cucharada**, *f.* Porción que cabe en una cuchara.
**Cuchichear**, *intr.* Hablar en voz baja a otro de modo que los demás no se enteren.
**Cuchilla**, *f.* Hoja ancha de hierro con filo en un lado y mango para manejarla. ‖ Hoja de cualquier arma blanca. ‖ Hoja para afeitarse.
**Cuchillería**, *f.* Taller donde se hacen navajas y cuchillos. ‖ Tienda donde se venden.
**Cuchillo**, *m.* Instrumento formado por una hoja de hierro o de acero y de un corte sólo, con mango.
**Cuchufleta**, *f. fam.* Frase o palabra tonta y de broma.
**Cuello**, *m.* Parte del cuerpo que une la cabeza con el tronco. ‖ Parte de arriba y más estrecha de una vasija. ‖ Tira de tela con que se cubre el cuello.
**Cuenca**, *f.* Hueco en que está cada ojo. ‖ Hueco que tiene un plato de madera. ‖ Valle hondo y rodeado de montañas.
**Cuenco**, *m.* Vasija de barro, en forma de cuenca.
**Cuenta**, *f.* Operación aritmética. ‖ Papel en que están escritos los gastos que se han hecho. ‖ Explicación de alguna cosa. ‖ Obligación, cargo, cuidado. ‖ V. **contar**.
**Cuentagotas**, *m.* Utensilio alargado,
de vidrio, o de goma, para echar gota a gota un líquido en alguna herida o en otra parte.
**Cuenta corriente**, *f.* Depósito de dinero que tiene una persona en un Banco o Caja de Ahorros, y de la que se puede disponer para aumentarla o disminuirla todas las veces que sea necesario.
**Cuentista**, *com.* Escritor de cuentos literarios. ‖ *adj. fam.* Chismoso.
**Cuento**, *m.* Narración de una cosa inventada. ‖ Chisme, lío, enredo que se cuenta a una persona para ponerla mal con otra. ‖ V. **contar**.
**Cuerda**, *f.* Conjunto de hilos de cáñamo, lino u otra materia semejante que, torcidos, forman como un hilo más gordo. ‖ Hilo que tienen ciertos instrumentos de música. ‖ Pieza que hace andar al reloj. ‖ Línea recta que une dos puntos de la circunferencia.
**Cuerdo**, *adj.* Que no está loco. ‖ Prudente.
**Cuerna**, *f.* Cornamenta. ‖ Cuerno ramificado que tienen los ciervos y algunos otros animales.
**Cuerno**, *m.* Parte larga y dura que sale de la cabeza de algunos animales y que termina en punta. ‖ Cada una de las dos puntas que se ven en la Luna cuando está a menos de la mitad de grande.
**Cuero**, *m.* Pellejo que cubre la carne de los animales. ‖ Este mismo pellejo después de preparado para los diferentes usos de la industria.
**Cuerpo.**\*

Cuenco

\*
CUERPO, m. *Todo lo que se puede ver o tocar:* **Los cuerpos pueden ser sólidos, líquidos o gaseosos.** ‖ *En Ciencias, se dice que un cuerpo es «simple» cuando todos sus átomos son iguales:* **El agua no es un cuerpo simple.** ‖ *Parte material de un ser vivo:* **El hombre tiene cuerpo y alma.** ‖ *Parte del vestido que cubre desde el cuello hasta la cintura:* **De cuerpo lleva un jersey.** ‖ *Grueso de los tejidos, papel o cosa semejante:* **Esta tela tiene mu-**

Cuervo

**Cuervo,** m. Pájaro negro que viene a ser de grande como la paloma y que come carne.
**Cuesta,** f. Terreno en pendiente.
**Cuestación,** f. El recoger ayudas económicas para un fin benéfico o piadoso.
**Cuestión.\***
**Cuestionario,** m. Lista de preguntas que hay que responder o de temas que hay que estudiar.
**Cuestor,** m. Fiscal de los tribunales romanos, en la antigüedad.
**Cueva,** f. Hoyo debajo de tierra. ‖ Gruta, caverna.
**Cuévano,** m. Cesto para recoger las uvas durante la vendimia.
**cúfica (Escritura),** f. Escritura árabe.
**Cuidado,** m. Atención que se pone para hacer bien alguna cosa. ‖ Asunto, negocio o quehacer que tiene uno a su cargo. ‖ Recelo, miedo, temor, inquietud, sobresalto. ‖ V. **cuidar.**
**Cuidador,** adj. Excesivamente cuidadoso.
**Cuidadosamente,** adv. Con mucho cuidado, con mucha precaución.
**Cuidadoso,** adj. Atento, vigilante, que procura hacer las cosas bien.
**Cuidar.\***
**Cuidarse,** r. Darse buena vida.
**Cuita,** f. Aflicción, angustia, desgracia.
**Culantrillo,** m. Especie de helecho, propio de los pozos y lugares húmedos.
**Culata,** f. Parte posterior de los fusiles, escopetas, caballos, etc.
**Culebra,** f. Serpiente.
**Culebrina,** f. Relámpago.
**Culinario,** adj. Se le dice así al arte de guisar.
**Culmen,** m. La cumbre.
**Culminación,** f. Lo más alto, lo último de una cosa.
**Culminante,** adj. Este adjetivo se aplica a lo más elevado de un monte, de un edificio o cosa parecida. ‖ Elevado dominante. ‖ Sobresaliente, principal, importante.
**Culminar,** intr. Llegar una cosa a lo más alto.
**Culo,** m. Parte sobre la que asienta un vaso. ‖ Parte trasera de un animal o persona.

---

\* cho cuerpo. ‖ Conjunto de personas que constituyen una asociación o corporación: *El cuerpo de bomberos.*
  Viene del latín corpus, corporis, que significa 'cuerpo'. ‖ *Deriv.:* **Corporación, corporal, corporativo, corpóreo, corpulencia, corpulento, corpúsculo, corsé, incorporación, incorporar.**

CUESTIÓN, f. Pregunta, problema o dificultad que sirve de asunto en una discusión: *En aquella reunión se trataron tres cuestiones importantes.* ‖ Asunto o materia que ofrecen dudas: *Tengo que resolver aún dos cuestiones más.*
  Viene del latín **quaestio, quaestionis,** que significa 'cosa que se pregunta o que se busca'. ‖ *Deriv.:* **Cuestionable, cuestionario, incuestionable.**

CUIDAR, tr. Poner atención y procurar hacer bien una cosa: *Cuida de portarte bien.* ‖ Asistir, vigilar, guardar, velar, tener cuenta de algo: *Cuidar a un enfermo.*
  Viene del latín **cogitare,** que significa 'pensar, prestar atención'. ‖ *Derivados:* **Cuidado, cuidador, descuidado, descuidar, descuidero, descuido.** ‖ *Contr.:* **Descuidar.**

**Culombio,** *m.* Unidad para medir la cantidad de electricidad que lleva una corriente eléctrica. ‖ Un culombio tiene casi seis trillones y medio de electrones.
**Culpa.**\*
**Culpable,** *adj.* Que tiene la culpa de algo.
**Culteranismo,** *m.* Estilo demasiado adornado y que resulta poco claro.
**Culterano,** *adj.* Del culteranismo.
**Cultivador,** *adj.* Que cultiva algo.
**Cultivar,** *tr.* Trabajar la tierra y cuidar de las plantas para que crezcan y produzcan mucho. ‖ Seguir tratando a las personas. ‖ Dedicarse a algo.
**Cultivo.**\*
**Culto,** *m.* Homenaje que los hombres hacen a Dios y a los santos. ‖ *adj.* Que tiene cultura. ‖ Instruido, ilustrado, que sabe bien muchas cosas. ‖ Contr.: **Inculto.**
**Cultura,** *f.* Cultivo. ‖ Resultado de perfeccionarse el hombre adquiriendo buenas costumbres y conocimientos. ‖ Saberes y costumbres de una época. ‖ V. **cultivo.**
**Cultural,** *adj.* Que pertenece o se refiere a la cultura.
**Cumbre,** *f.* La parte más alta de un monte. ‖ Cima, cúspide. ‖ Ultimo grado a que puede llegar una cosa.
**Cumpleaños,** *m.* Día en que se cele-

Cumbre

bra, cada año, el nacimiento de una persona.
**Cumplidamente,** *adv.* Enteramente, completamente.
**Cumplido,** *m.* Un obsequio u otra muestra de cortesía.
**Cumplimentar,** *tr.* Visitar a otra persona para felicitarla o para mostrarle nuestro respeto y obediencia. ‖ Cumplir lo que manda una orden o ley.
**Cumplimiento,** *m.* Cortesía. ‖ V. **cumplir.**
**Cumplir.**\*
**Cúmulo,** *m.* Montón de muchas cosas. ‖ Conjunto de nubes blancas y de bordes brillantes que parecen montones grandes de algodón o montañas de nieve.
**Cuna,** *f.* Camita para niños con bordes altos para que no se puedan caer. ‖ Lugar del nacimiento de al-

---

C<small>ULPA</small>, *f. Falta cometida a sabiendas, con intención: ¿Quién tiene la culpa?* ‖ *Delito, pecado:* **Hay culpas graves y culpas leves.**
   *Viene del latín* **culpa,** *que significa lo mismo que en castellano.* ‖ *Deriv.:* **Culpabilidad, culpable, culpar, disculpa, disculpar, exculpar, inculpar.** ‖ *Contr.:* **Inocencia.**

C<small>ULTIVO</small>, m. *Trabajos que se hacen y cuidados que se tienen para que las plantas crezcan bien y produzcan mucho:* **El cultivo del trigo.** ‖ *Cuidados que se toman para conservar o aumentar algo:* **El cultivo de la ciencia, el cultivo de la amistad.**
   *Viene del latín* **colere,** *que significa 'cultivar, cuidar, honrar'.* ‖ *Deriv.:* **Culterano, cultismo, cultivador, cultivar, culto, cultural, inculto, incultura.**

C<small>UMPLIR</small>, tr. *Hacer una cosa:* **Cumplir un deber.** ‖ *Llegar a cierta edad:* **Ha cumplido doce años.** ‖ r. *Ser el tiempo o día en que se termina un plazo:* **Hoy se cumple el tiempo de la promesa.**
   *Viene del latín* **complere,** *que significa 'llenar, completar'.* ‖ *Deriv.:* **Complementario, complemento, completar, completo, cumpleaños, cumplido, cumplidos, cumplimiento.** ‖ *Contr.:* **Incumplir.**

guno. ‖ Familia, linaje, estirpe.
**Cundir,** *intr.* Dar mucho de sí una cosa. ‖ Extenderse o multiplicarse una cosa o una doctrina.
**Cuneiforme,** *adj.* En forma de cuña.
**Cunero,** *adj.* Sin marca. ‖ De padres desconocidos.
**Cuneta,** *f.* Zanja al borde de un camino o carretera.
**Cunicultura,** *f.* El criar conejos.
**Cuña,** *f.* Pieza de madera o metal en forma de ángulo muy agudo. Sirve para abrir brechas en los cuerpos y también para ajustar o apretar unos con otros.
**Cuñado,** *m.* Hermano del marido o de la mujer de uno.
**Cuño,** *m.* Molde para sellar monedas, medallas y cosas semejantes.
**Cuota,** *f.* Cantidad señalada para que uno la pague.
**Cuotidiano,** *adj.* Cotidiano, diario.
**Cuplé,** *m.* Copla de revistas musicales.
**Cupletista** (Galicismo), *f.* Mujer que se dedica, por oficio, a cantar cuplés.
**Cupo,** *m.* Parte que se da a cada persona de alguna cosa que se reparte entre muchos.
**Cupón,** *m.* Cada una de las partes de un documento o papel que periódicamente se va cortando y se presenta para cobrar.
**Cúprico,** *adj.* De cobre.
**Cuproníquel,** *m.* Mezcla de cobre y níquel, con la que se hacen monedas.
**Cúpula,** *f.* Techo en forma de media esfera con que suele cubrirse un edificio o parte de él.
**Cura.***
**Curación,** *f.* El curar a otro o el curarse uno mismo.
**Curandero,** *m.* Persona que hace de médico sin serlo.
**Curar,** *tr.* Dar al enfermo los reme-

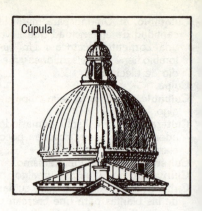
Cúpula

dios para que se le pase la enfemedad. ‖ Preparar las carnes y pescados para que se conserven mucho tiempo. ‖ Preparar las pieles, las maderas y otras materias para que sean más resistentes y útiles.
**Curare,** *m.* Sustancia con que los indios envenenaban las puntas de sus flechas.
**Curasao,** *m.* Licor especial, preparado con cortezas de naranjas y otros ingredientes.
**Curativo,** *adj.* Se dice de lo que sirve para curar.
**Curia,** *f.* Conjunto de abogados y empleados en la administración de justicia. ‖ Conjunto de congregaciones y tribunales que existen en Roma para el gobierno de la Iglesia Católica.
**Curiosear,** *intr.* Procurar enterarse de lo que otros hacen o dicen.
**Curiosidad,** *f.* Deseo de saber alguna cosa. ‖ Vicio que consiste en desear saber lo que no nos importa. ‖ Aseo, limpieza, cuidado, primor.
**Curioso,** *adj.* Que tiene curiosidad. ‖ Que produce curiosidad. ‖ Limpio, aseado, cuidadoso. ‖ Raro, que llama la atención.

---
*
CURA, f. *Acción de curar, especialmente heridas:* **La cura de la pierna.** ‖ m. *Sacerdote encargado por el obispo del cuidado, instrucción y ayuda espiritual de todos los que pertenecen a una parroquia:* **Cuando sea mayor, seré sacerdote católico.**
   *Viene del latín* **cura,** *que significa 'cuidado, solicitud'.* ‖ *Deriv.:* **Curable, curandero, curar, curativo, curiosear, curiosidad, curioso, incurable, incuria, procurador, procurar, sinecura.**

**Curricular,** *adj.* Perteneciente o relativo al currículo o a un currículo.
**Currículo,** *m.* Conjunto de datos relativos a una persona: edad, estudios, estado civil, etc.
**Cursar,** *tr.* Estudiar una ciencia o una carrera. ‖ Hacer que un documento llegue a donde va dirigido.
**Cursi,** *adj.* (Persona) que presume de fina y elegante, y no lo es.
**Cursilería,** *f.* Cosa, palabra o gesto cursi, ridículo o de mal gusto.
**Cursillista,** *com.* Persona que interviene en un cursillo.
**Cursillo,** *m.* Curso de poca duración en los centros de enseñanza. ‖ V. **correr.**
**cursiva (Letra),** *f.* La escrita a mano. ‖ Letra de imprenta cuando es parecida a la letra escrita a mano.
**Curso,** *m.* Dirección o recorrido de algo que se mueve. ‖ Tiempo señalado cada año para asistir a los centros de enseñanza. ‖ Libros principales donde se estudian las diferentes ciencias. ‖ V. **correr.**
**Curtido,** *m.* Cuero preparado para usos industriales.
**Curtir,** *tr.* Preparar las pieles. ‖ Endurecer o tostar al sol y al aire la piel de las personas. ‖ Acostumbrar a uno a la vida dura y a sufrir las inclemencias del tiempo.
**Curva,** *f.* Línea que tiene los puntos en distinta dirección. ‖ Línea que representa las variaciones de un fenómeno.
**Curvar,** *tr.* Hacer una cosa curva.
**Curvatura,** *f.* Desvío de la dirección recta.
**Curvilíneo,** *adj.* De líneas curvas.
**Curvo,** *adj.* En forma de arco.

**Cúspide,** *f.* La punta de una montaña. ‖ En Geometría, la punta del cono o de la pirámide.
**Custodia,** *f.* El guardar una cosa con cuidado. ‖ Pieza de oro, plata u otro metal en que se pone el Santísimo Sacramento para veneración pública.

Custodia

**Custodiar,** *tr.* Guardar con cuidado y vigilancia. ‖ Defender, proteger, conservar.
**Custodio,** *adj.* Guardián y protector.
**Cutáneo,** *adj.* Que se refiere o pertenece a la piel.
**Cutícula,** *f.* Superficie delgada como la piel.
**Cutis,** *m.* Piel del cuerpo humano. ‖ Se dice principalmente hablando de la piel de la cara.
**Cuyo,** *pron.* De quién, del que. ‖ V. **qué.**

# CH

**Ch.** *f.* Cuarta letra del abecedario español. Su nombre es *che*.
**Chabacano,** *adj.* Poco elegante, grosero, sin arte, de mal gusto, vulgar y ridículo.
**Chabola,** *f.* Casita pequeña hecha de prisa en el campo o en las afueras de las ciudades.
**Chabolismo,** *m.* Abundancia de chabolas en los suburbios, como síntoma de miseria social.
**Chacal,** *m.* Mamífero carnicero, parecido al lobo en el color y a la zorra en la cola.

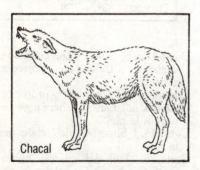
Chacal

**Chacina,** *f.* Carne de cerdo adobada, preparada para hacer chorizos y otros embutidos.
**Chacota,** *f.* Bulla y alegría demasiado ruidosa. ‖ **A chacota.** A broma, a chanza, a burla, a risa.
**Chacha,** *f. fam.* Niñera. ‖ Muchacha del servicio doméstico.
**chaflán (En),** *expr. fam.* Que tiene la arista o la esquina en forma de plano.
**Chal,** *m.* Pañuelo de seda o de lana, más largo que ancho, que las mujeres se ponen en los hombros para adornarse.
**Chalado,** *adj.* Se llama así al que está tonto por una cosa. ‖ Muy enamorado.
**Chaleco,** *m.* Prenda de vestir, sin mangas, que se pone sobre la camisa y debajo de la chaqueta.
**Chalet,** *m.* Casa de madera de estilo suizo. ‖ Casa de recreo, casa con jardín.
**chamba (De),** *expr. fam.* De chiripa.
**Chambelán,** *m.* Persona de distinción que acompaña al rey y presta servicio en palacio.
**Chambergo,** *m.* Sombrero de ala ancha.
**Champán,** *m.* Vino blanco espumoso de estilo francés.
**Champaña,** *m.* Champán.
**Champiñón** (Galicismo), *m.* Seta, hongo.
**Champú,** *m.* Producto químico jabonoso que se usa para lavarse la cabeza.
**Chancear,** *intr.* Usar chanzas o bromas.
**Chancearse,** *r.* Burlarse, divertirse, reírse de alguien.
**Chancleta,** *f.* Zapatilla sin talón, o con el talón doblado, que suele usarse dentro de casa. ‖ **En chancleta,** *m. adv.* Sin llevar calzado el talón del zapato.
**Chanclo,** *m.* Especie de sandalia de madera que sirve para preservarse del barro y de la humedad.
\*Chanchi, *adj.* Estupendo, superior.
**Chanquete,** *m.* Pescado sumamente menudo y pequeño, parecido a la cría del boquerón, y que se come frito.
**Chantaje,** *m.* Amenaza a una persona, diciéndole que la desacreditará si no le da dinero o cosas de gran valor.
**Chantajear,** *tr.* Ejercer chantaje.

**Chanza,** f. Broma, burla, chirigota, dicho gracioso de buen humor.
**Chapa,** f. Hoja o lámina de metal o de madera.
**Chapado a la antigua,** expr. fig. Persona muy apegada a lo antiguo, creyéndose por ello más prudente, más seria y más formal.
**Chaparro,** m. Encina o roble de muchas ramas y poca altura.
**Chaparrón,** m. Lluvia de corta duración pero muy fuerte.
**Chapín,** m. Chanclo de corcho forrado, usado por las mujeres.
**Chapotear,** intr. Agitar los pies o las manos en el agua haciendo ruido.
**Chapuzarse,** r. Zambullirse, meterse de cabeza en el agua.
**Chaqueta,** f. Prenda de vestir, exterior y con mangas, que llega hasta más abajo de la cintura.
**Chaquetero, ra,** adj. fam. Que chaquetea, que cambia de opinión o de partido por conveniencia personal. || Adulador, tiralevitas.
**Chaquetilla,** f. Chaqueta más corta que la ordinaria y generalmente con adornos, como la de los toreros.
**Chaquetón,** m. Prenda de abrigo y algo más larga que la chaqueta.
**Charca,** f. Charco grande.
**Charco,** m. Pequeña cantidad de agua detenida en un hoyo del suelo.
**Charla,** f. Conversación para pasar el tiempo o cambiar impresiones.
**Charladuría,** f. Charla indiscreta.
**Charlar,** intr. Hablar varias personas para pasar el tiempo. || Hablar demasiado y con poco fundamento. || Estar de charla.
**Charlatán,** adj. Que habla mucho y sin fundamento. || Hablador, parlanchín.
**Charloteo,** m. Charla.
**Charol,** m. Barniz muy brillante y flexible. || Cuero preparado con dicho barniz.

**Charrán,** adj. Pillo, tunante.
**Charro,** adj. Aldeano de las tierras de Salamanca. || fig. Tosco, rústico.
**Chascarrillo,** m. Cuentecillo que hace reír. || Chiste.
**Chasco,** m. fig. Desilusión que produce un suceso que no se esperaba.
**Chasis,** m. Armazón de un automóvil, o de una cámara fotográfica, etc.

Chasis
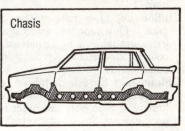

**Chasquido,** m. Estallido del látigo. || Ruido que produce la madera seca cuando se raja o rompe.
**Chatarra,** f. Hierro viejo, especialmente el que queda de las máquinas que ya no funcionan.
**Chato,** adj. Que tiene la nariz aplastada. || Romo, sin punta. || m. Vaso de vino pequeño. || Contr.: **Narigudo.**
**Chaval,** adj. Joven, muchacho.
**Checo,** adj. Que pertenece o se refiere a Checoslovaquia. || Nacido en esta nación europea.
**Chelín,** m. Moneda inglesa cuyo valor es un veinteavo de la libra esterlina.
**Cheque,** m. Documento para sacar dinero de un banco.
**Chequeo,** m. Reconocimiento médico general a que se somete una persona.
**Chico.**\*
**Chícharo,** m. Guisante.
**Chicharra,** f. Cigarra. || fig. y fam. Persona muy habladora.
**Chicharrón,** m. Residuo de las pellas del cerdo, después de derretida la manteca. || fig. Carne quemada.

---

\*
C<small>HICO</small>, adj. *Pequeño, bajo, corto:* **Una casa chica.** || m. *Muchacho:* **Un chico y una chica.**
  Parece que viene del latín **ciccus,** que significa 'cosa insignificante, cosa pequeña, pizca'. || Deriv.: **Achicar, chica, chiquillada, chiquillo.** || Contrario: **Grande.**

**Chichón**, *m.* Bulto o hinchazón que se forma en la cabeza a consecuencia de un golpe.
**Chiflado**, *adj. fam.* Loco.
**Chileno**, *adj.* Que pertenece o se refiere a Chile. || Nacido en este país de América.
**Chillar**, *intr.* Dar chillidos. || Gritar.
**Chillido**, *m.* Sonido agudo y penetrante, parecido a una voz sin palabras.
**Chillón**, *adj.* Que chilla mucho, que grita. || Que tiene un sonido agudo y desagradable. || Se llaman así los colores demasiado vivos y mal combinados.
**Chimenea**, *f.* Especie de tubo o conducto para que salga el humo de la lumbre. || Sitio para encender fuego y calentar las habitaciones.
**Chimpancé**, *m.* Mono africano, casi del tamaño de un hombre.

Chimpancé

**China**, *f.* Piedra pequeña. || Cierta clase de porcelana.
**Chinche**, *f.* Insecto rojizo y pequeño, que se alimenta de sangre de las personas.
**Chinero**, *m.* Armario o alacena en donde se guardan los objetos caseros de loza y cristal.
**Chino**, *adj.* Que pertenece o se refiere a la China. || Nacido en este país de Asia.
**Chipirón**, *m.* Calamar.
**Chiquero**, *m.* Pocilga. || Sitio para encerrar a los cerdos. || Toril, lugar donde se tienen encerrados los toros que han de torearse en la corrida.
**Chiquillería**, *f.* Multitud de chiquillos.
**Chiquillo**, *m.* Chico, niño, muchacho.
**Chiquirritito**, *adj.* Diminutivo de chico. || Chico, pequeñín.
**Chiquitín**, *adj.* Diminutivo de chiquito. || Pequeñín, muy pequeño.
**Chiquito**, *adj.* Diminutivo de chico.
**Chiringuito**, *m.* Quiosco o puesto de bebidas al aire libre.
**Chiripa**, *f.* Casualidad favorable, suerte.
**Chirla**, *f.* Almeja.
**Chirriar**, *intr.* Producir un sonido desagradable, agudo, seco y continuo.
**¡Chis, chis!** Interjección que se usa para llamar a alguno. || ¡Oye!
**Chisme**, *m.* Murmuración, hablilla, enredo. || Noticia que se da a alguno para indisponerle con otro. || Trasto pequeño, baratija, cosa de poca importancia.
**Chispa**, *f.* Pedacito encendido que salta de la lumbre o del hierro golpeado por el pedernal. || Centella. || Pequeña descarga de electricidad. || Gota de lluvia menuda y escasa. || Ingenio, agudeza, gracia. || Borrachera, embriaguez.
**Chispazo**, *m.* Acción de saltar la chispa del fuego.
**Chispeante**, *adj.* Se llama así al escrito o conversación gracioso y agudo.
**Chispear**, *intr.* Echar chispas. || Llover muy poco.
**Chisporrotear**, *intr.* Echar chispas una cosa y sonar, porque al arder estaba mojada esa cosa.
**Chiste**, *m.* Cuentecillo que hace reír. || Chascarrillo, gracia, broma.
**Chistera**, *f.* Sombrero de copa alta que usan los señores en los actos solemnes.
**Chita**, *f.* Uno de los huesos del pie, llamado científicamente «astrágalo».
**Chivato**, *m. fig.* Soplón, acusica.
**Chivo**, *m.* Cría de la cabra.
**Chocante**, *adj. fig.* Que choca, que desagrada.
**Chocar**, *intr.* Dar con fuerza una cosa con otra, tropezar. || Causar extrañeza o enfado. || Pelear, combatir.

**Chocolatada,** f. Merienda de chocolate abundante.

**Chocolate,** m. Pasta hecha con cacao y azúcar molidos. ‖ Bebida que se hace de esta pasta cocida en agua o en leche.

**Chocolatera,** f. Vasija que sirve para hacer chocolate y para servirlo en la mesa.

**Chocolatero,** adj. Se dice de la persona a quien le gusta mucho el chocolate. ‖ m. El que tiene por oficio fabricar o vender chocolate.

**Chocolatina,** f. Pedazo pequeño de chocolate fino y escogido. ‖ Bombón de chocolate.

**Chochear,** intr. Tener debilitadas las facultades mentales a consecuencia de la vejez.

**Chocho,** m. Altramuz. ‖ adj. Que chochea. ‖ fig. y fam. Lelo de tanto cariño.

**Chófer.\***

**Chollo,** m. fam. Ganga, trabajo o negocio que produce un beneficio con muy poco esfuerzo.

**Chopo,** m. Alamo negro.

**Choque,** m. Encuentro violento de una cosa con otra. ‖ Riña, pelea, disputa entre dos o más personas. ‖ Combate pequeño en una guerra.

**Chorizo,** m. Pedazo de tripa lleno de carne picada y adobada.

**Chorrear,** intr. Caer un líquido gota a gota o formando un chorro pequeño.

**Chorro,** m. Agua u otro líquido que sale durante algún tiempo por algún agujero o parte estrecha.

**Chotacabras,** f. Ave trepadora que se alimenta de insectos y de la que se pensaba antiguamente que mamaba de las cabras y ovejas.

**Chotis,** m. Canción madrileña, alegre y burlona.

**Choto,** m. Cría de la cabra mientras mama. ‖ Ternero.

**Choza,** f. Cabaña formada de estacas

Choza

y cubierta de ramas y de paja, en la cual se recogen los pastores y gente del campo. ‖ Cabaña, casa tosca y pobre.

**Christma,** m. Tarjeta de felicitación propia de las Navidades.

**Chubasco,** m. Aguacero con más viento que agua. ‖ Lluvia que cae de repente y con mucho viento.

**Chubasqui,** m. Estufa para calefacción, de dobles paredes y formas cilíndricas. Por lo general funciona con carbón.

**Chuchería,** f. Cosa de escasísima importancia. ‖ Golosina.

**Chucho,** m. fam. Perro.

**Chufa,** f. Raíces con que se prepara la horchata.

**Chuleta,** f. Trozo de costilla con su trozo de carne.

**Chulo,** adj. Presumido. ‖ Hombre sin honor.

**Chumbo,** m. Fruto de la higuera chumba.

**Chupar,** tr. Sacar con los labios el jugo de una cosa. ‖ Absorber.

**Chupete,** m. Objeto que se pone en la boca a los pequeñines para que chupen y callen.

**Churrete,** m. Mancha o suciedad en la cara.

**Churro,** m. Masa delgada y frita.

**Churruscar,** tr. Dejar que se queme una cosa.

**Chusma,** f. Conjunto de gente vil; conjunto de pícaros y sinvergüenzas.

---

\*

Chófer *(Galicismo),* m. Conductor de automóvil o camión: **El chófer vendrá a las 7.**

Viene del francés **chauffeur,** que significa 'conductor' y que antes significó 'fogonero de una locomotora', de donde le viene el nombre, porque en francés calentar se escribe 'chauffer'.

# D

**D.** *f.* Quinta letra del abecedario español. ‖ Su nombre es *de*. ‖ Letra que vale quinientos en la numeración romana.

**Dable,** *adj.* Que se puede dar. ‖ Que puede ocurrir. ‖ Hacedero, posible.

**Dactilar,** *adj.* De los dedos.

**Dactilografía,** *f.* Mecanografía, arte de escribir a máquina.

**Dádiva,** *f.* Regalo, cosa que se da a otro generosamente.

**Dado,** *m.* Cubo pequeño en cuyas caras hay señalados puntos desde 1 hasta 6 y que sirve para varios juegos.

**Daga,** *f.* Arma blanca antigua, con empuñadura, corte por los filos y punta muy aguda.

Dalia

Daga

**Dador,** *adj.* El que da o lleva una cosa a otro.

**Dalai-lama,** *m.* Jefe supremo de los budistas del Tibet (Asia).

**Dalia,** *f.* Planta de jardín de unos dos metros de altura que produce flores muy hermosas, con un botón central amarillo y muchos pétalos, pero sin olor.

**Dalmática,** *f.* Vestidura litúrgica propia del diácono y que parece una casulla con las mangas anchas y cortas.

**Daltonismo,** *m.* Defecto que padece en la vista aquella persona que no distinga el color rojo del color verde.

**Dama,** *f.* Señora, mujer noble y distinguida. ‖ Señora que acompaña a la reina o las princesas. ‖ Peón coronado en el juego de damas. ‖ Reina (del ajedrez).

**Damajuana,** *f.* Vasija de vidrio, de vientre esférico, cuello corto y, generalmente, forrada de mimbres.

**Damas,** *f.* Juego que se juega en un tablero de 64 cuadros y con 24 piezas en forma de discos.

**Damasco,** *m.* Tela fuerte de seda o lana con dibujos labrados en el mismo tejido. ‖ Albaricoque.

**Damasquinado,** *m.* Hierro o acero muy labrado y adornado.

**Damnificar,** *tr.* Causar daños, dañar.

**Dandismo,** *m.* Elegancia de los hombres jóvenes que se preocupan de ir muy compuestos y a la moda.

**Dantesco,** *adj.* Que recuerda las grandiosas descripciones de Dante.

**Danza.\***
**Danzante,** *com.* El que danza en procesiones y bailes públicos. ‖ El que tiene poco juicio, es entremetido y no se puede uno fiar de él.
**Danzar,** *tr.* Bailar, hacer movimientos al compás de una música. ‖ *intr.* Moverse una cosa como saltando.
**Danzarín,** *m.* El que danza con habilidad. ‖ Danzante, persona entremetida y sin juicio.
**Dañar,** *tr.* Hacer daño o causar dolor. ‖ Maltratar o echar a perder una cosa.
**Daño.\***
**Dar.\***
**Dardo,** *m.* Arma arrojadiza parecida a una lanza pequeña y delgada.
**Darse,** *r.* Entregarse. ‖ Suceder, existir. ‖ Dedicarse a una cosa. ‖ Considerarse, tenerse por.
**Dársena,** *f.* Parte interior de un puerto, resguardada artificialmente del ataque de las olas.
**Datar,** *tr.* Indicar el lugar y la fecha en que se hace o sucede una cosa. ‖ *intr.* Durar desde; haber sucedido o tener su fundamento en un determinado tiempo anterior.

**Dátil,** *m.* Fruto comestible de la palmera. ‖ *pl. fam.* Los dedos.
**Dativo,** *m.* En gramática: el caso del complemento indirecto.
**Dato,** *m.* Detalle para llegar a conocer bien una cosa. ‖ Testimonio, documento, fundamento. ‖ V. **dar.**
**D. D. T.,** Abreviatura del nombre químico de un insecticida de uso agrícola y doméstico. Pulverizado, ataca a los insectos y les paraliza el sistema nervioso.
**De.\***
**Deambular,** *intr.* Andar de un sitio a otro; pasear.
**Debajo,** *adv.* En lugar inferior o más bajo que otro. ‖ Con sujeción o bajo el mando de otra persona. ‖ *Contr.:* **Encima.**
**Debate,** *m.* Disputa extensa y detenida, a modo de combate o lucha con palabras.
**Debatir,** *tr.* Discutir, disputar sobre una cosa.
**Debatirse** (Galicismo), *r.* Forcejear, agitarse.
**Debe,** *m.* En los libros de contabilidad: sitio donde se van apuntando los gastos.

---

\*

Danza, *f. Baile:* **Una danza típica.** ‖ *Negocio desacertado o poco limpio:* **Meterse uno en danzas.**
 Viene del francés **dancer,** *que significa 'bailar'.* ‖ *Deriv.:* **Danzante, danzar, danzarín.**
Daño, *m. Perjuicio, dolor, mal:* **Me hace daño.**
 Viene del latín **damnum,** *que significa 'daño'.* ‖ *Deriv.:* **Condena, condenación, condenado, condenar, damnificar, dañar, dañino, dañoso, indemne, indemnización, indemnizar.** ‖ *Contr.:* **Beneficio.**
Dar, *tr. Conceder, entregar, hacer que una cosa que tenemos vaya a poder de otro:* **Dar es mejor que recibir.** ‖ *Producir:* **El nogal da nueces.** ‖ *Tocar, tropezar:* **Dio con la frente en el madero.** ‖ *Encontrar:* **Dio con lo que había perdido.** ‖ *Acertar:* **No dio con lo que se le preguntaba.** ‖ *Hacer sonar el reloj las campanadas correspondientes a la hora que sea:* **Da las cuatro.**
 Viene del latín **dare,** *que significa 'dar'.* ‖ *Deriv.:* **Antídoto, dádiva, dadivoso, data, dativo, dato, dosificación, dosificar, dosis, posdata.** ‖ *Contr.:* **Tomar, recibir.**
De. *Preposición que indica posesión o pertenencia:* **La casa de mi abuelo.** ‖ *Otras veces señala el origen:* **Soy de Madrid.** ‖ *Puede indicar también la materia de que está hecha una cosa:* **Soga de cáñamo.** ‖ *A veces menciona el contenido de una cosa:* **Una garrafa de alcohol.** ‖ *Indica también cualidades personales:* **Mujer de gran belleza.** ‖ *Desde:* **Voy de Barcelona a Valencia.** ‖ *Durante:* **Salió de mañana.** ‖ *Por:* **Colorado de vergüenza.** ‖ *Para:* **Recado de escribir.**
 Viene del latín **de,** *que significa 'desde, desde arriba, de'.*

227

**Deber.\***
**Debidamente,** *adv.* Como es debido, como debe hacerse, como está permitido.
**Debido,** *adj.* Correcto, usual. ‖ **Debido a:** A causa de. ‖ V. **deber.**
**Débil.\***
**Debilidad,** *f.* Falta de fuerza física o de energía moral. ‖ (Galicismo) Afecto, cariño. ‖ Contr.: **Fortaleza, energía.**
**Debilitación,** *f.* Acción de debilitar o debilitarse.
**Debilitar,** *tr.* Disminuir la fuerza o el poder de una persona o cosa.
**Debut,** *m.* Estreno, presentación de un artista o de una compañía.
**Debutar,** *intr.* Estrenarse, presentarse un artista por primera vez ante el público.
**Década,** *f.* Período de diez años. ‖ Serie de diez años seguidos.
**Decadencia,** *f.* Comienzo y circunstancias y manera de ir decayendo. ‖ V. **decaer.** ‖ **Estar en decadencia:** ir de mal en peor, estar cada vez peor.
**Decadente,** *adj.* Que decae. ‖ Decaído.
**Decaer,** *intr.* Ir a menos; perder una persona o cosa su fuerza o importancia. ‖ Disminuir, debilitarse, declinar, flaquear, menguar.
**Decágono,** *m.* Polígono de diez lados.
**Decagramo,** *m.* Peso de diez gramos.
**Decaído,** *adj.* Que se halla en decadencia; que ha perdido su antigua fuerza o importancia.
**Decalitro,** *m.* Medida de capacidad que tiene diez litros.
**Decálogo,** *m.* El conjunto de los diez Mandamientos de la Ley de Dios.

**Decámetro,** *m.* Medida de longitud que vale diez metros.
**Decanato,** *m.* Dignidad de decano. ‖ Oficina o despacho del decano.
**Decano,** *m.* El más antiguo de una comunidad o junta. ‖ El que dirige alguna corporación o facultad universitaria.
**Decantar,** *tr.* Inclinar con cuidado y lentamente una vasija para que caiga el líquido y no salga el poso o sedimento del fondo.
**Decapitar,** *tr.* Cortar la cabeza.
**Decápodo,** *adj.* Que tiene diez patas (como el cangrejo, por ejemplo).

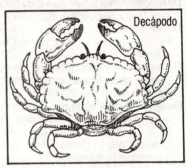
Decápodo

**Decena,** *f.* Conjunto de diez unidades.
**Decencia,** *f.* Aseo adecuado, lógico y conveniente. ‖ Honestidad, modestia, recato, buenas costumbres. ‖ Contr.: **Indecencia.**
**Decenio,** *m.* Tiempo de diez años.
**Decente,** *adj.* Honesto, justo, debido. ‖ Vestido con limpieza, aunque sin lujo. ‖ Contr.: **Indecente.**
**Decentemente,** *adv.* Con decencia, con modestia o moderación.
**Decepción,** *f.* Desengaño. ‖ Tristeza

---

\*
DEBER, *tr. Estar obligado a algo:* **Los hombres deben amar a sus semejantes.** ‖ *Tener obligación de pagar una cantidad:* **Le debe 200 pesetas.** ‖ *m. Obligación, lo que está obligado a hacer alguno:* **Hacer los deberes en casa.**
      *Viene del latín* **debere,** *que significa 'deber' y también 'obligación moral'.* ‖ *Deriv.:* **Adeudar, debe, débito, deuda, deudo, deudor.** ‖ *Contrario:* **Pagar.**
DÉBIL, *adj. Que tiene poca fuerza, enclenque:* **Es un hombre débil.** ‖ *Escaso, que casi no se nota:* **Colores débiles.**
      *Viene del latín* **debilis,** *que significa 'débil'.* ‖ *Deriv.:* **Debilidad, debilitar.** ‖ *Contr.:* **Fuerte, robusto, vigoroso.**

causada al descubrir el engaño de alguien. ‖ Chasco, desencanto, engaño.

**Decepcionar** (Galicismo), *tr*. Desilusionar, desengañar. ‖ *r*. Desilusionarse por no haber alcanzado uno lo que esperaba.

**Decididamente,** *adv.* Con decisión, con energía, resueltamente.

**Decidido** (Galicismo), *adj.* Valiente, atrevido, enérgico. ‖ Contr.: **Vacilante, irresoluto.**

**Decidir,** *tr.* Terminar una discusión o una duda formándose un pensamiento claro y terminante sobre el asunto. ‖ Hacer que alguno tome una determinación. ‖ Resolver, determinar, declarar, disponer. ‖ V. **cortar.**

**Decigramo,** *m.* Lo que pesa la décima parte de un gramo.

**Decilitro,** *m.* Medida de capacidad que es la décima parte de un litro.

**Décima,** *f.* Cada una de las diez partes iguales en que se divide una cosa. ‖ Cierta composición poética que consta de 10 versos. ‖ V. **diez.**

**Decimal,** *adj.* Que tiene por base el número diez.

**Decímetro,** *m.* Medida de longitud que tiene la décima parte de un metro.

**Décimo,** *m.* La décima parte de un billete de lotería. ‖ *adj.* Que ocupa el lugar número diez. ‖ Décima parte.

**Decir.**\*

**Decisión,** *f.* El hecho de decidir o decidirse. ‖ Determinación, resolución. ‖ Firmeza de carácter, energía. ‖ V. **cortar.** ‖ Contr.: **Indecisión, vacilación.**

**Decisivamente,** *adv.* De manera definitiva.

**Decisivo,** *adj.* Se llama así lo que decide o resuelve una cuestión.

**Declamar,** *tr.* Recitar con la entonación y los gestos convenientes.

**Declaración,** *f.* La acción de declarar o declararse. ‖ Decir o explicar a alguien lo que no sabe o está oculto. ‖ Decir lo que uno mismo piensa hacer o está sintiendo.

**Declarar,** *tr.* Explicar lo que está oculto o no se entiende bien; hacer conocer. ‖ V. **claro.**

**Declararse,** *r.* Manifestarse, producirse o formarse una cosa. ‖ Decir o confiar uno sus propios sentimientos a otra persona.

**Declaratorio,** *adj.* Que declara o explica lo que no se sabía. ‖ Aclaratorio.

**Declinación,** *f.* El conjunto de los casos gramaticales de un nombre o pronombre. ‖ **Declinación magnética:** Ángulo que forman en un lugar de la Tierra el meridiano y la dirección indicada por la brújula.

**Declinar,** *intr.* Inclinarse hacia abajo, caer, bajar. ‖ Decaer, menguar, disminuir, ir perdiendo lo que uno tiene o vale. ‖ *tr.* Renunciar, no aceptar. Poner una palabra en sus distintos casos gramaticales.

**Declive,** *m.* Inclinación, cuesta, pendiente de un terreno o de una superficie cualquiera.

**Decoración,** *f.* Cosa que adorna. ‖ En el teatro, representación del lugar en que pasa la escena.

**Decorado,** *m.* Decoración, adorno.

**Decorar,** *tr.* Adornar una cosa o un sitio.

**Decorativo,** *adj.* Que adorna.

**Decoro,** *m.* Respeto u honor que se

---

\* DECIR, *tr. Expresar con palabras lo que uno piensa:* **Te voy a decir una cosa.** ‖ *Manifestar, declarar, asegurar, hablar, explicar, exponer:* **Te digo que sí.** ‖ *Convenir, armonizar una cosa con otra:* **El traje lujoso no dice bien en un pobre.**
*Viene del latín* dicere, *que significa 'decir'.* ‖ *Deriv.:* **Antedicho, bendecir, bendición, bendito, contradecir, contradicción, contradictorio, decidor, desdecir, dicción, diccionario, dictar, dicharachero, dicho, dimes, diretes, entredicho, indecible, interdicción, maldecir, maldiciente, maldición, maldito, maledicencia, predecir, predicción, redicho.** ‖ *Contr.:* **Callar.**

debe a una persona por su dignidad. || Honestidad, pureza, recato y decencia.

**Decorosamente,** *adv.* Con decoro, con honestidad.

**Decoroso,** *adj.* Se dice de la persona que tiene decoro y también de las cosas. || Contr.: **Indecoroso.**

**Decrecer,** *intr.* Disminuir, menguar. || Contr.: **Crecer.**

**Decreciente,** *adj.* Que decrece. || Que disminuye. || Contr.: **Creciente.**

**Decrépito,** *adj.* Viejo y decaído.

**Decretar,** *tr.* Ordenar por decreto, mandar.

**Decreto.\***

**Dedal,** *m.* Caperuza que protege el dedo al coser.

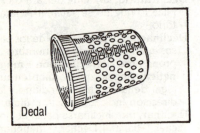
Dedal

**Dedicación,** *f.* La acción de dedicar o dedicarse.

**Dedicar.\***

**Dedicarse,** *r.* Emplearse, trabajar en alguna cosa con gusto y esmero.

**Dedicatoria,** *f.* Carta o frase escrita dirigida a la persona a quien se dedica una obra.

**dedillo (Al),** *m. adv.* Perfectamente.

**Dedo,** *m.* Cada una de las cinco partes alargadas y movibles en que terminan la mano o el pie del hombre y de los animales. || Porción de una cosa del ancho de un *dedo.*

**Deducción,** *f.* La acción de deducir. || Derivación, sacar una cosa de otra. || Rebaja, descuento.

**Deducir,** *tr.* Sacar consecuencias. || (En el comercio) Descontar, rebajar, restar alguna parte de una cantidad. || V. **conducir.**

**Defección,** *f.* El abandonar deslealmente la causa que uno defiende.

**Defectivo,** *adj.* Que es un verbo de conjugación incompleta.

**Defecto,** *m.* La falta o carencia de las cualidades propias y naturales de una cosa. || Imperfección, deficiencia. || V. **falso.**

**Defectuosamente,** *adv.* Con defectos, con faltas. || Contr.: **Perfectamente.**

**Defectuoso,** *adj.* Imperfecto, que no tiene las condiciones o cualidades que debía tener. || Contr.: **Perfecto, correcto, completo.**

**Defender.\***

**Defendible,** *adj.* Que puede ser defendido.

**Defenestrar,** *tr.* Arrojar a alguien por una ventana. || *fig.* Destituir o expulsar a alguien de un puesto, cargo, situación, etc.

**Defensa,** *f.* La acción y el hecho de defender o defenderse. || Amparo,

---

\*
D<small>ECRETO</small>, m. *Mandato del jefe de un estado o de un tribunal:* **Está ordenado por decreto.**
   *Viene del latín* **decernere,** *que significa 'decidir, determinar'.* || *Deriv.:* **Decretar.**

D<small>EDICAR</small>, tr. *Consagrar u ofrecer una cosa al culto:* **Dedicaron una iglesia a la Santísima Virgen.** || *Destinar, emplear, asignar una cosa a un empleo cualquiera:* **Dedicar una parte del terreno a jardín.** || *Ofrecer un obsequio a una persona:* **Le dedicó un retrato.**
   *Viene del latín* **dedicare,** *que significa 'decir' o 'proclamar con carácter solemne'.* || *Deriv.:* **Dedicación, dedicatoria.**

D<small>EFENDER</small>, tr. *Proteger a alguien de los ataques de sus contrarios:* **Defendieron valientemente la ciudad.** || *Amparar, resguardar:* **Esta pared nos defiende del viento.**
   *Viene del latín* **defendere,** *que significa 'alejar, rechazar a un enemigo, defender, proteger'.* || *Deriv.:* **Defensa, defensivo, defensor.** || *Contr.:* **Atacar, ofender.**

protección, socorro. ‖ V. **defender**. ‖ Contr.: **Ataque**.
**defensiva (A la)**, *m. adv.* Defendiéndose.
**Defensivo**, *adj.* Que sirve para defender. ‖ Contr.: **Ofensivo**.
**Defensor**, *m.* El que defiende o protege.
**Deferencia**, *f.* Muestra de respeto o de cortesía. ‖ **Por deferencia:** Por respeto o por condescendencia hacia una persona determinada.
**Deficiencia**, *f.* Defecto, imperfección. ‖ Contr.: **Perfección**.
**Deficiente**, *adj.* Defectuoso, incompleto, insuficiente, que le falta algo. ‖ Contr.: **Perfecto, completo**.
**Déficit**, *m.* Diferencia entre los gastos y los ingresos, cuando el número mayor es el de los gastos.
**Definición**, *f.* Explicación de lo que es una cosa o de lo que significa una palabra.
**Definido**, *m.* La cosa a la que se refiere la definición. ‖ *adj.* Explicado, aclarado, determinado. ‖ Contr.: **Indefinido, vago**.
**Definidor**, *adj.* (El) que define. ‖ En algunas órdenes religiosas, cada uno de los religiosos que forman parte de cierta junta para gobernar la orden.
**Definir**, *tr.* Decir lo que es una cosa o lo que significa una palabra. ‖ Resolver una cosa dudosa.
**Definitivamente**, *adv.* Por fin, del todo, en definitiva.
**Definitivo**, *adj.* (Lo) que decide o resuelve una cuestión. ‖ V. **fin**.
**Deformar**, *tr.* Dar mala forma a una cosa, estropearla. ‖ Contr.: **Reformar**.
**Deforme**, *adj.* Irregular o desproporcionado en la forma. ‖ Feo, desfigurado.
**Deformidad**, *f.* Imperfección, fealdad o desproporción.

**Defraudación**, *f.* La acción de defraudar.
**Defraudar**, *tr.* Robar, quitar a otro, con abuso de confianza, lo que le corresponde. ‖ Burlar el pago de los impuestos o contribuciones. ‖ No dar a otra persona lo que ella esperaba conseguir de nosotros.
**Defunción**, *f.* Muerte. ‖ Contr.: **Nacimiento**.
**Degeneración**, *f.* El hecho de ir perdiendo las buenas cualidades. ‖ Contr.: **Regeneración**.
**Degenerado**, *adj.* Envilecido, viciado y vicioso.
**Degenerar**, *intr.* Hacerse una persona o cosa cada vez peor. ‖ Contr.: **Regenerar**.
**Deglución**, *f.* Acción de tragar los alimentos.
**Deglutir**, *tr.* Tragar los alimentos.
**Degollar**, *tr.* Cortar el cuello a una persona o a un animal. ‖ Matar al toro con una o más estocadas mal dirigidas y que le hace echar sangre por la boca.
**Degradar**, *tr.* Destituir, humillar o deshonrar a una persona. ‖ *r.* Envilecerse.
**Dehesa**, *f.* Tierra destinada a pastos.
**Dehiscente**, *adj.* Se llama así al fruto que se abre para dejar salir las semillas.
**Deidades**, *f. pl.* Dioses falsos.
**Dejación**, *f.* Acción de dejar. ‖ Abandono, cesión o renuncia, hechos con dejadez.
**Dejadez**, *f.* Pereza y despreocupación.
**Dejar.***
**Dejado**, *adj.* Que tiene dejadez, que es un flojo.
**Dejillo**, *m.* Tonillo o modo de pronunciar. ‖ Sabor que deja la comida, o la bebida.

---
D<small>EJAR</small>, tr. *Soltar una cosa:* **Dejó su sombrero**. ‖ *Retirarse o apartarse de algún lugar o cosa:* **Dejó la ciudad**. ‖ *No hacer una cosa que se estaba haciendo, omitir:* **Dejó de escribir**. ‖ *Consentir, permitir:* **Dejar salir a un chico**. ‖ *Producir, rentar:* **El negocio deja bastante**.
    Viene del latín **laxare**, que significa 'ensanchar, aflojar, relajar'. ‖ *Deriv.:* **Dejación, dejadez, dejado, deje, dejo, laxante, laxitud, relajamiento, relajar, relajo**. ‖ *Contr.:* **Tomar**.

Dehesa

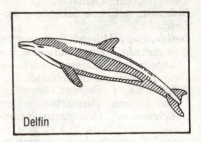
Delfín

**Del.**\*
**Delación,** *f.* Acusación, denuncia.
**Delantal,** *m.* Prenda de vestir que, atada a la cintura, se usa para cubrir la delantera de las piernas. ‖ Mandil.
**Delante,** *adv.* En la parte anterior, antes que otro. ‖ En frente de él y viéndole. ‖ V. **ante.**
**Delantera,** *f.* La parte de delante de una cosa. ‖ Distancia con que uno va por delante de otro en el camino. ‖ En algunos deportes, el conjunto de todos los delanteros.
**Delantero,** *adj.* Que está o va delante. ‖ *m. pl.* Los que juegan delante.
**Delatar,** *tr.* Revelar a la autoridad quién es el autor de un delito o de una falta. ‖ Acusar, denunciar.
**Delator,** *m.* El que acusa o delata. ‖ Acusica, chivato, soplón.
**Delegación.**\*
**Delegado,** *m.* Persona a quien se encarga de hacer una cosa y se le da autoridad para ello.
**Delegar,** *tr.* Encargar una persona a otra que haga sus veces.
**Deleitar,** *tr.* Producir alegría o deleite.
**Deleite,** *m.* Satisfacción, placer.
**Deletrear,** *intr.* Ir pronunciando como el que está aprendiendo a leer: primero, las letras; después las sílabas; y, por fin, decir la palabra.
**Delfín,** *m.* Cetáceo carnívoro de dos a tres metros de largo, con la cabeza gorda y el hocico puntiagudo.
**Delgadez,** *f.* Cualidad del que es delgado. ‖ Contr.: **Gordura.**
**Delgado,** *adj.* Flaco, de pocas carnes, de poco grueso. ‖ Contr.: **Grueso.**
**Deliberación,** *f.* Acto de pensar y hablar detenidamente sobre un asunto.
**Deliberadamente,** *adv.* A sabiendas, con intención, con premeditación. ‖ Contr.: **Impremeditadamente, sin darse cuenta.**
**Deliberar,** *intr.* Pensar bien las ventajas y los inconvenientes de una cosa antes de hacerla. ‖ *tr.* Discutir un asunto en una reunión, en una junta o en una asamblea.
**Delicadeza,** *f.* Finura. ‖ Atención y miramiento en el trato con las personas o las cosas. ‖ Suavidad, ternura, escrupulosidad. ‖ Contr.: **Grosería.**
**Delicado,** *adj.* Agradable al gusto, exquisito. ‖ Fino, atento. ‖ Enfermizo, débil, flaco, enclenque. ‖ Difícil de contentar. ‖ Peligroso o difícil de resolver.
**Delicia,** *f.* Alegría o placer muy grande.

---

\* Del. *Contracción de la preposición 'de' y el artículo 'el': Así se escribe* **la vida del hombre** *en vez de* **la vida de el hombre.** ‖ *Pero si detrás de la preposición* **de** *va el pronombre* **él,** *no se pueden contraer:* **Este libro es de él.**
Delegación, f. *El darle una persona a otra su autoridad o poder:* **Lo hizo por delegación de su padre.** ‖ *Conjunto o reunión de delegados:* **La delegación española en la asamblea internacional.** ‖ *Oficina del delegado:* **Después tengo que ir a la Delegación de Hacienda a pagar un recibo.**
   *Viene del latín* **legare,** *'enviar, delegar, dejar de acuerdo con la ley'.* ‖ *Deriv.:* **Delegado, delegar.** ‖ *De la misma palabra latina* **legare** *se derivan* **alegación, alegar, alegato, legación, legado, relegar.**

**Deliciosamente,** *adv.* De modo agradable y delicioso.
**Delicioso,** *adj.* Muy agradable, que causa mucha sastisfacción.
**Delictivo,** *adj.* Que pertenece o que se refiere al delito. || **Hecho delictivo:** un delito.
**Delimitar,** *tr.* Fijar los límites de una cosa, deslindar.
**Delincuencia,** *f.* Conjunto de delitos. || El hecho de cometer delitos.
**Delincuente,** *com.* El que comete un delito; malhechor, criminal.
**Delineante,** *m.* El que tiene por oficio hacer dibujos geométricos y trazar planos.
**Delinquir,** *intr.* Hacer algo contra lo que mandan las leyes, cometer algún delito.
**Deliquio,** *m.* Desmayo, desfallecimiento.
**Delirar,** *intr.* Tener perturbada la razón por una enfermedad o por una pasión violenta. || Decir disparates o despropósitos; desbarrar, fantasear, desvariar.
**Delirio,** *m.* Acción de delirar. || Desorden de la razón o de la fantasía, originado por una enfermedad o por una pasión violenta. || Disparate, despropósito, desatino, quimera, desvarío.
**Delirium tremens,** *m.* Delirio con grande agitación y temblor de miembros, ocasionado por el uso excesivo de bebidas alcohólicas.
**Delito,** *m.* Culpa, crimen, acto que se ha hecho contra lo que mandan las leyes.
**Delta,** *f.* Cuarta letra del alfabeto griego, que tiene el valor de nuestra d. || *m.* Isla triangular en la desembocadura de algunos ríos.

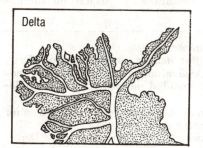
Delta

**Deltoides,** *adj.* De figura triangular, como la delta mayúscula.
**Demacrado,** *adj.* Que ha perdido carnes y está flaco y tiene mal color.
**Demagogia,** *f.* Política que sólo se preocupa de dar satisfacción a la plebe.
**Demanda,** *f.* Súplica, petición, solicitud. || Empresa, empeño, intento. || En los tribunales, escrito en el que una persona pide algo que es suyo pero que ahora tiene otro. || **En demanda de:** en busca de.

**Demandar,** *tr.* Pedir, rogar, suplicar, solicitar. || Preguntar. || Presentar una demanda en los tribunales.
**Demarcación,** *f.* Cada una de las partes que resulta de dividir una nación o una región.
**Demás,** *adj.* Lo otro, las otras cosas. || V. **más.**
**demasía (En),** *m. adv.* Excesivamente.
**Demasiado,** *adj.* En exceso, más de lo que se debe. || V. **más.**
**Demente,** *adj.* Loco, que ha perdido el juicio, que tiene trastornada la razón.
**Demérito,** *m.* Falta de mérito. || Acción por la que se rebaja el mérito de una persona. || Contr.: **Mérito.**
**Democracia,** *f.* Doctrina política en la cual el pueblo tiene intervención en el gobierno. || Contr.: **Aristocracia.**
**Democrático,** *adj.* Que pertenece o se refiere a la democracia; que es partidario de la democracia, demócrata.
**Democratización,** *f.* Hacer demócratas a las personas o a las sociedades.
**Demografía,** *f.* Parte de la estadística que trata de los habitantes de un país, estudiándolos según sus profesiones, edades, etc., y teniendo en cuenta su aumento y su disminución.
**Demográfico,** *adj.* Que pertenece o se refiere a la demografía.
**Demógrafo,** *m.* El que se dedica a la demografía.
**Demoledor,** *adj.* Perjudicial, porque no hace más que demoler.

**Demoler,** *tr.* Deshacer, derribar, destruir, arruinar, arrasar.
**Demonio,** *m.* Diablo; cada uno de los ángeles malos que se rebelaron contra Dios y fueron echados al infierno.
**Demontre,** *m.* Demonio, diablo.
**Demora.**\*
**Demorar,** *tr.* Retardar; dejar para más tarde el hacer una cosa. || Retrasar, diferir.
**Demostración,** *f.* Prueba que se da para hacer ver que una cosa es verdad. || Comprobación. || V. **mostrar.**
**Demostrar,** *tr.* Probar la verdad de lo que se dice. || V. **mostrar.**
**Demostrativo,** *adj.* Que demuestra. || (En gramática) que señala.
**Denario,** *m.* Antigua moneda romana de oro o plata. || *adj.* Que se basa en el número diez.

Denario

**Denegación,** *f.* Acción de denegar una cosa; acción de negar.
**Denegar,** *tr.* No conceder lo que se le pide a uno. || *Contr.*: **Conceder.**
**Denegatorio,** *adj.* Que sirve para denegar.
**Denigrar,** *tr.* Desacreditar, injuriar y difamar a una persona.
**Denodadamente,** *adv.* Con valor, con atrevimiento. || Valientemente y con esfuerzo.
**Denominación,** *f.* Nombre o título con que se distinguen las personas y las cosas.
**Denominador,** *m.* Que denomina; que nombra. || En aritmética, se llama denominador al número que en los quebrados expresa las partes en que se considera dividida la unidad.
**Denominar,** *tr.* Nombrar, dar nombre a alguna persona o cosa.
**Denotar,** *tr.* Indicar, anunciar, significar, señalar.
**Densidad,** *f.* Cualidad de los cuerpos por tener peso. || Relación entre la masa y el volumen de un cuerpo. || **Densidad de población:** relación entre los habitantes y la superficie del territorio.
**Denso,** *adj.* Apretado, compacto, espeso. || Apiñado, apretado. || Contrario: **Ralo.**
**Dentadura,** *f.* Conjunto de dientes, muelas y colmillos de una persona o animal.
**Dentellada,** *f.* Mordisco. || Herida que dejan los dientes donde muerden.
**Dentera,** *f.* Sensación desagradable que se nota uno en los dientes y encías al comer cosas agrias o al oír ciertos ruidos desagradables. || *fig.* y *fam.* Envidia (ponérsele a uno los dientes largos).
**Dentífrico,** *m.* Sustancia que se usa para limpiar y mantener sana la dentadura.
**Dentista,** *com.* El que tiene la profesión de cuidar la dentadura y curar las enfermedades de la boca.
**Dentro.**\*
**Denuncia,** *f.* Acción de denun-

---

\*
DEMORA, *f.* Retraso, tardanza: *El tren trae demora.*
  Viene del latín **morari,** que significa 'detener, entretenerse, quedarse, permanecer'. || *Deriv.:* **Demorar.** || De la misma raíz latina **morari** se derivan **morada, morador, moratoria, morosidad, moroso, remolón, remolonear, rémora.**
DENTRO, *adv. En la parte interior:* **Dentro de un cajón.** || *Comprendido en un período de tiempo determinado:* **Dentro de un mes.**
  Viene del latín **intro,** que quiere decir 'adentro, en el interior'. || *Deriv.:* **Adentrarse, adentro.** || *Contr.:* **Fuera.**

ciar. ‖ Decir, de palabra o por escrito a la autoridad, que se ha cometido alguna falta o delito.
**Denunciante,** com. El que hace una denuncia ante los tribunales.
**Denunciar,** tr. Avisar. ‖ Publicar solemnemente. ‖ Dar parte a la autoridad de que se ha cometido un delito.
**Deo gratias.** Expresión que significa «Gracias a Dios».
**Deparar,** tr. Proporcionar, dar, poner delante.
**Departamento,** m. Cada una de las partes en que se divide un territorio, un edificio, un vehículo, una caja, una organización, etc. ‖ V. **parte.**
**Departir,** intr. Hablar, conversar, platicar, charlar.
**Dependencia,** f. El estar por debajo de otro de mayor autoridad. ‖ Oficina que depende de otra superior. ‖ Conjunto de dependientes o empleados. ‖ V. **depender.**
**Depender.***
**Dependiente.** Que depende. ‖ Persona empleada en un establecimiento. ‖ Contr.: **Independiente.**
**Depilarse,** r. Ir arrancándose pelos; o ponerse sustancias químicas para que se vayan cayendo solos.
**Deplorable,** adj. Lamentable, lastimoso, penoso.
**Deplorar,** tr. Sentir y lamentar intensamente un hecho.
**Deponer,** tr. Dejar, separar. ‖ Quitar un empleo o cargo. ‖ Afirmar como testigo. ‖ Bajar una cosa de donde está. ‖ Evacuar el vientre.

**Deportar,** tr. Desterrar a alguien a un lugar determinado.
**Deporte.***
**Deportista,** com. Persona a la que le gustan o practica los deportes.
**Deportividad,** adj. Nobleza en los deportes.
**Deportivo,** adj. Que pertenece o que se refiere al deporte.
**Depositante,** com. Que deposita.
**Depositar,** tr. Poner cosas de valor bajo la guarda de otro. ‖ Colocar una cosa en un sitio determinado. ‖ r. Caer el poso de un líquido al fondo de la vasija. ‖ V. **poner.**
**Depósito,** m. Lo que se deposita y el hecho de depositar. ‖ Lugar o sitio donde se deposita y pone alguna cosa.
**Depravación,** f. Lo que se hace (y lo que resulta) cuando se vicia, adultera o corrompe algo (que sea inmaterial).
**Depravado,** adj. Malvado, perverso, pervertido, vicioso, corrompido, envilecido.
**Depreciación,** f. Disminución del valor o precio de una cosa.
**Depresión,** f. Descenso o pérdida del ánimo o la fuerza. ‖ Descenso de presión. ‖ Hundimiento de la voluntad.
**Depresivo,** adj. Que causa depresión.
**Deprimente,** adj. Desalentador, que hace perder los ánimos.
**Depuración,** f. Lo que se hace y resulta cuando se depura alguna cosa.
**Depurativo,** adj. Que limpia y purifica la sangre.

---
*
**Depender,** tr. Estar subordinado a otro: *El hombre depende de Dios.* ‖ Necesitar de otra persona: *Fulano depende siempre de Mengano.* ‖ Proceder de otro: *La fortuna depende de muchas cosas.*
   Viene del latín **pendere,** que significa 'estar colgado'. ‖ Deriv.: **Dependencia, dependiente, independencia, independiente, independizar.** ‖ Del mismo verbo latino **pendere** se derivan **apéndice, pender, pendiente, pendular, péndulo, perpendicular, pindonga, pindonguear, pingajo, pingar, pingo, propender, propenso, suspender, suspensión, suspenso.**
**Deporte,** m. *Diversión, entretenimiento, casi siempre al aire libre:* **Los deportes son ejercicios sanos para el cuerpo.**
   Viene del latín **deportare,** que significa 'trasladar, distraer la mente'. ‖ Deriv.: **Deportista, deportivo.** ‖ *La palabra española deportar, que significa enviar lejos o expulsar de un lugar, se deriva de la misma palabra latina* **deportare.**

**Depurar,** tr. limpiar, purificar.
**Derby** (voz inglesa). Carrera para potros de tres años en terreno liso.
**Derecha,** f. Mano derecha. ‖ Contr.: **Izquierda.**
**Derechamente,** adv. Directamente, sin torcerse, en derechura, sin entretenerse en cosas de menos importancia.
**Derecho,** adj. Recto, seguido, sin torcerse a un lado ni a otro. ‖ Que cae, está o mira hacia la mano derecha. ‖ Contr.: **Torcido.** ‖ m. Autoridad que uno tiene para hacer o no una cosa. ‖ Justicia, razón. ‖ Conjunto de leyes de un país. ‖ V. **regir.**
**Derivación,** f. Descendencia, deducción. ‖ Acción de separar una parte del todo al que iba unida. ‖ En Gramática, procedimiento mediante el cual de unas palabras se forman otras.
**Derivar,** intr. Traer su origen de alguna cosa. ‖ En Marina, desviarse los barcos de su camino por efecto del viento o de las corrientes.
**Derivarse,** r. Proceder, tener su origen en alguna cosa.
**Dermis,** f. Capa interior de la piel, en donde están las glándulas del sudor, el nacimiento de los pelos, la grasa y las terminaciones de los capilares y de los nervios.

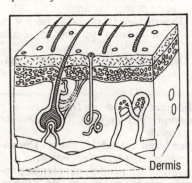
Dermis

**Derogación,** f. Anulación, supresión de una ley.
**Derogar,** tr. Hacer que una ley no tenga ya valor; anular, abolir.
**Derramamiento,** m. Lo que se hace al derramar algo.
**Derramar,** tr. Dejar caer cosas líquidas o muy menudas de donde estaban. ‖ Distribuir entre los vecinos de un pueblo los gastos públicos que han de pagar. ‖ r. Irse o salirse por varias partes y con desorden. ‖ V. **rama.**
**Derrame,** m. Lo que se sale y pierde de la vasija que lo contiene. ‖ Derramamiento.
**Derredor,** m. Lo que rodea una cosa.
**Derrengar,** tr. Lastimar gravemente el espinazo o los lomos de una persona o de un animal.
**Derretirse,** r. Fundirse, disolverse, hacerse líquido.
**Derribado,** adj. Caído, tirado o demolido.
**Derribar,** tr. Tirar al suelo casas, personas o animales. ‖ Echar abajo lo que estaba alto.
**Derribo,** m. Lo que se hace y resulta al derribar.
**Derrocar,** tr. Hacer rodar desde una roca. ‖ Derribar.
**Derrochar,** tr. Malgastar, destrozar, despilfarrar, malbaratar.
**Derroche,** m. Lo que se hace y resulta cuando se malgastan o destrozan los bienes. ‖ Contr.: **Ahorro.**
**Derrota,** f. Vencimiento total del enemigo. ‖ Camino o rumbo.
**Derrotar,** tr. Vencer al enemigo. ‖ Destrozar, romper, arruinar.
**Derrote,** m. Cornada que da el toro levantando bruscamente la cabeza.
**Derrotero,** m. Camino, rumbo que llevan las embarcaciones. ‖ Camino que se toma en la vida para alcanzar un fin.
**Derrotista,** com. Persona que desalienta a los demás con noticias pesimistas.
**Derrumbamiento,** m. Lo que se hace y resulta de derrumbar o derrumbarse.
**Derrumbar,** tr. Precipitar, despeñar.
**Desabrido,** adj. Que tiene poco o mal sabor. ‖ (Tiempo) destemplado, desagradable o desigual. ‖ De trato áspero.
**Desabrochar,** tr. Soltar los broches, botones, etc. ‖ Abrir, descubrir. ‖ Contr.: **Abrochar.**
**Desacato,** m. Falta de respeto o de-

sobediencia para con los superiores.
**Desacelerar,** *tr.* Retardar, retrasar, quitar celeridad.
**Desacierto,** *m.* Lo que pasa y resulta cuando nos equivocamos. || Dicho o hecho desacertado. || Contr.: **Acierto.**
**Desacostumbrado,** *adj.* Fuera de lo corriente o acostumbrado.
**Desacreditar,** *tr.* Disminuir o quitar la fama de una persona o el valor de una cosa.
**Desacuerdo,** *m.* Falta de conformidad entre varias personas respecto de algo.
**Desafiar,** *tr.* Provocar combate o pelea a otro. || Oponerse, competir, retar a otra persona.
**Desafío,** *m.* Lo que se hace al desafiar. || Lo que resulta de desafiar: un duelo.

Desafío

**Desafortunado,** *adj.* Que no tiene suerte. || Desfavorable. || Contr.: **Afortunado.**
**Desafuero,** *m.* Acto violento contra la ley o contra las buenas costumbres.
**Desagradable,** *adj.* Que desagrada; molesto, fastidioso. || Contr.: **Agradable.**
**Desagradar,** *intr.* Disgustar, molestar, fastidiar. || Contr.: **Agradar.**
**Desagradecimiento,** *m.* Lo que pasa y resulta cuando no se corresponde al beneficio recibido. || Contr.: **Agradecimiento.**
**Desagraviar,** *tr.* Borrar la ofensa o compensar el daño causado. || Contrario: **Agraviar, ofender.**
**Desagravio,** *m.* La acción de desagraviar. || Lo que resulta de desagraviar.

**Desagüe,** *m.* Conducto o canal para la salida de las aguas.
**Desahogar,** *tr.* Aliviar el ánimo o el trabajo. || *r.* Descansar, recobrarse del calor y fatiga. || Desempeñarse, salir del ahogo de las deudas. || Decir a otro nuestras penas o preocupaciones.
**Desahogo,** *m.* Descanso, alivio, ensanche, desenvoltura.
**Desahuciar,** *tr.* Quitar las esperanzas. || Despedir al inquilino.
**Desaire,** *m.* Descortesía, falta de garbo o gentileza, desatención, gesto poco delicado para con otra persona.
**Desalentador,** *adj.* Que desalienta, que desanima.
**Desaliento,** *m.* Pérdida o decaimiento del ánimo. || Falta de aliento.
**Desalmado,** *adj.* Sin conciencia, cruel. || Contr.: **Generoso.**
**Desaliñado,** *adj.* Desaseado, sucio, negligente, descuidado, estrafalario, andrajoso.
**Desalojar,** *tr.* Sacar de un sitio a una persona o cosa. || *intr.* Dejar un alojamiento voluntariamente.
**Desalquilar,** *tr.* Dejar (o hacer dejar) una habitación alquilada.
**Desamparar,** *tr.* Abandonar, dejar sin amparo. || V. **parar.** || Contr.: **Amparar.**
**Desamparo,** *m.* Lo que resulta al desamparar. || Lo que se hace al desamparar.
**Desangrar,** *tr.* Sacar sangre a una persona o animal. || Agotar, empobrecer, arruinar. || *r.* Perder mucha sangre.
**Desanimar,** *tr.* Hacer que otro pierda los ánimos. || *r.* Desalentarse, acobardarse. || Contrario: **Animar.**
**Desapacible,** *adj.* Desagradable a los sentidos, que molesta.
**Desaparecer,** *intr.* Dejar de verse. || Esfumarse. || V. **parecer.**
**Desaparición,** *f.* Lo que se hace al desaparecer. || Lo que resulta al desaparecer. || Contr.: **Aparición.**
**Desapercibido,** *adj.* Desprevenido. || (Galicismo). Inadvertido.
**Desaplicado,** *adj.* Que no estudia, que no se aplica, que no pone ni es-

fuerzo ni cuidado ni atención al hacer su trabajo.

**Desaprensivo,** *adj.* Que no tiene escrúpulos para decir o hacer cosas inoportunas.

**Desarmar,** *tr.* Quitar las armas a una persona o a un grupo. ‖ Separar las piezas de un armazón o instrumento. ‖ Contr.: **Armar.**

**Desarme,** *m.* Lo que se hace al desarmar. ‖ Lo que resulta al desarmar.

**Desarraigar,** *tr.* Arrancar de raíz una planta. ‖ Vencer un vicio o costumbre.

**Desarreglar,** *tr.* Desordenar, descomponer.

**Desarreglo,** *m.* Desorden, falta de regla.

**Desarrollar.***

**Desarrollo,** *m.* Aumento de una cosa por la fuerza que tiene dentro. ‖ Crecimiento. ‖ V. **desarrollar.**

**Desasimiento,** *m.* Lo que se hace al desasir.

**Desasir,** *tr.* Soltar, dejar lo que estaba agarrado.

**Desasistir,** *tr.* Desamparar, dejar a una persona sola o abandonada y sin asistencia. ‖ Contr.: **Asistir.**

**Desasosegar,** *tr.* Quitar el sosiego o la tranquilidad.

**Desasosiego,** *m.* Falta de sosiego falta de tranquilidad. ‖ Temor e inquietud.

**Desastre.***

**Desastrosamente,** *adv.* De modo desastroso.

**Desatender,** *tr.* No prestar atención. ‖ No hacer caso de las necesidades de una persona. ‖ Obrar descortésmente con una persona.

**Desatento,** *adj.* Que se distrae, que no pone la atención que debe poner en aquello. ‖ Incorrecto, descortés.

**Desatino,** *m.* Disparate, locura, despropósito o error. ‖ Falta de tino, tiento o acierto.

**Desavenencia,** *f.* Discordia, enemistad.

**Desayunarse,** *r.* Tomar el desayuno. ‖ Tener la primera noticia de alguna cosa.

**Desayuno,** *m.* Primer alimento que se toma por la mañana.

**Desazón,** *f.* Falta de sabor o de condimento. ‖ Molestia, desasosiego. ‖ Mala disposición de salud, comienzo de una enfermedad.

**Desbarajuste,** *m.* Desorden, desconcierto.

**Desbaratar,** *tr.* Deshacer o destruir alguna cosa. ‖ Impedir los propósitos de alguna persona.

**Desbarrar,** *intr.* Escurrirse, deslizarse. ‖ Pensar o decir cosas absurdas y disparatadas.

**Desbocado,** *adj.* Que tiene la boca rota. ‖ (Herramienta) que está rota por el corte. ‖ (Caballo) al que no pueden parar en la carrera. ‖ Desvergonzado, de muy mal hablar.

**Desbordado,** *adj.* Que se ha salido de sus límites.

**Desbordamiento,** *m.* Lo que se hace al desbordar o desbordarse.

**Desbordante,** *adj.* Muy lleno, que se sale de sus límites o medida.

**Desbordar,** *intr.* Salir de los bordes, derramarse un líquido.

---

\*
DESARROLLAR, tr. *Deshacer un rollo:* **El maestro desarrolló el mapa que se hallaba enrollado.** ‖ *Aumentar, mejorar:* **El árbol se ha desarrollado mucho.** ‖ *Explicar una teoría o una cuestión:* **Desarrolló brillantemente el tema.**

Viene del latín **rotulus,** que quiere decir 'ruedecita'. ‖ Deriv.: **Desarrollo.** ‖ De la misma raíz latina viene **arrollar, enrollar, rollizo.** ‖ Contr.: **Enrollar.**

DESASTRE, m. *Desgracia grande, calamidad, cosa lamentable:* **La guerra es un enorme desastre.**

Viene del griego **astron,** que significa 'astro', por eso desastre significa propiamente 'mala estrella'. ‖ Deriv.: **Desastrado, desastroso.** ‖ De la misma raíz griega **astron** se derivan en castellano **astro, astral, astroso, astronauta, astronáutica, astronomía.**

**Descabellado,** *adj.* Disparatado, muy atrevido, absurdo.
**Descabellar,** *tr.* Despeinar, desordenar el pelo. || Matar instantáneamente al toro clavándole la punta de la espada en lo alto del testuz.
**Descabello,** *m.* Lo que se hace al descabellar al toro. || Espada especial para hacer descabellar al toro.
**Descalabro,** *m.* Contratiempo, fracaso, pérdida de lo principal.
**Descalificar,** *tr.* Quitar a uno la calificación. || Excluir a un deportista (por su mal comportamiento).
**Descalzar,** *tr.* Quitar el calzado. || Quitar las herraduras a las caballerías.
**Descalzo,** *adj.* Que no tiene ningún calzado en los pies.
**Descaminado,** *adj.* Que no lleva el camino que debe seguir.
**Descaminar,** *tr.* Sacar a uno del camino que debe seguir. || Pervertir, quitar los buenos propósitos a una persona.
**Descampado,** *m.* Solar, terreno sin árboles ni casas ni cualquier otra cosa.
**Descansar.***
**Descansillo,** *m.* Rellano, sitio de la escalera en que hay una parte lisa.
**Descanso,** *m.* Quietud, reposo del trabajo o la fatiga. || Descansillo. || Cualquier cosa que causa alivio. || V. **descansar.**
**Descapitalizar,** *tr. fig.* Hacer perder las riquezas hitóricas o culturales acumuladas por un país o grupo social. U. t. c. prnl.
**Descaradamente,** *adv.* Con descaro.
**Descarado,** *m.* Desvergonzado, insolente, caradura.

**Descarga,** *f.* Conjunto de disparos hechos de una vez. || La lluvia o granizo que cae de golpe y porrazo. || Chispazo eléctrico. || La acción de descargar.
**Descargadero,** *m.* Sitio destinado para descargar mercancías.
**Descargar,** *tr.* Quitar la carga de un animal o de un vehículo. || Relevar de un trabajo a una persona. || Disparar las armas de fuego.
**Descargo,** *m.* Lo que se hace al descargar. || En los libros de contabilidad, salida de dinero. || Excusa de la acusación que se le hace a uno.
**Descarnar,** *tr.* Quitar la carne del hueso.
**Descaro,** *m.* Desvergüenza, insolencia.
**Descarriar,** *tr.* Separar del camino. || *r.* Perderse, extraviarse.
**Descarrilar,** *intr.* Salirse los trenes, tranvías, etc., del carril que deben seguir.

Descarrilar

**Descartar,** *tr.* Desechar una cosa, intención o proyecto, porque los consideramos inútiles.
**Descastado,** *adj.* Que no quiere mucho a sus familiares o amigos.
**Descendencia,** *f.* Conjunto de personas que descienden de uno mismo.
**Descendente,** *adj.* Que va de arriba abajo. || Contr.: **Ascendente.**
**Descender.***

---
*
DESCANSAR, *tr.* Parar en el trabajo, reposar: *Después de un trabajo seguido conviene descansar un poco.* || Tener algún alivio en los cuidados o en los dolores: *Me descansa un poco la cabeza.* || Estar una cosa apoyada en otra: *Un madero descansa en la pared.* || Estar enterrado: *Sus restos descansan en el cementerio.*
   Viene del latín **campsare,** que significa 'doblar un cabo navegando' o también 'desviarse de un camino'. || Deriv.: **Descansado, descansillo, descanso.** || Del mismo verbo latino se derivan en castellano **cansado, cansancio, cansar, cansino, incansable.** || Contr.: **Cansar.**
DESCENDER, *tr.* Bajar, ir de un lugar alto a otro más bajo: *Las aguas descienden*

**Descendiente,** *adj.* Descendente, que va de arriba abajo. ‖ (Persona) que desciende de otra.
**Descenso,** *m.* Lo que se hace al descender. ‖ Bajada.
**Descentrado,** *adj.* Que está fuera de su centro. ‖ Que está fuera de la posición que debe tener.
**Descifrar,** *tr.* Leer o entender lo escrito en clave o con letras desconocidas o mal hechas. ‖ Aclarar algo que no se comprendía fácilmente.
**Descocado,** *adj.* Demasiado desenvuelto y desvergonzado; que actúa como si no tuviera cabeza.
**Descolgar,** *tr.* Bajar algo que estaba colgado. ‖ *r.* Dejarse caer, deslizándose de arriba abajo.

Descolgar

**Descolorido,** *adj.* De color más pálido y debilitado que el que le corresponde o debiera tener.
**Descollante,** *adj.* Que sobresale, que se hace notar entre los demás.
**Descomponer,** *tr.* Desordenar, desbaratar. ‖ Separar las partes de una cosa. ‖ *r.* Corromperse. ‖ Sentirse uno ligeramente enfermo. ‖ Enfadarse, irritarse una persona.

**Descomposición,** *f.* Lo que se hace al descomponer. ‖ Ligera enfermedad, sobre todo en la tripa.
**Descomunal,** *adj.* Extraordinario, muy raro. ‖ Muy grande, fuera de lo común y corriente.
**Desconcertado,** *adj.* Desbaratado. ‖ Asombrado, que no sabe lo que hacer.
**Desconcertante,** *adj.* Que desconcierta.
**Desconcertar,** *tr.* Desordenar, quitar el orden de una cosa. ‖ Hablando de huesos, dislocar. ‖ Sorprender, asombrar. ‖ *r.* Regañar dos personas, enemistarse.
**Desconcierto,** *m.* Desarreglo, descomposición. ‖ Desorden, falto de gobierno.
**Desconchar,** *tr.* Dejar caer un trozo de enlucido, cal o pintura de una superficie o de una pared.
**Desconectar,** *tr.* Desenchufar, interrumpir la conexión.
**Desconfiado,** *adj.* Que desconfía, que no se fía de la gente.
**Desconfiar,** *intr.* No fiarse de una persona. ‖ Tener poca seguridad en una cosa.
**Desconocer,** *tr.* No conocer, ignorar. ‖ No recordar una cosa, haberla olvidado. ‖ Negar uno haber hecho alguna cosa. ‖ No darse por aludido, disimular. ‖ V. **conocer.**
**Desconocido,** *adj.* Ingrato. ‖ No conocido, que no se había visto antes. ‖ Muy cambiado. ‖ V. **conocer.**
**Desconocimiento,** *m.* Lo que se hace al desconocer. ‖ Ingratitud.
**Desconsiderado,** *adj.* Descortés y desatento, desmedido e irrespetuoso.
**Desconsoladamente,** *adv.* Con desconsuelo.
**Desconsolado,** *adj.* Que no tiene consuelo. ‖ Triste y afligido.
**Desconsuelo,** *m.* Pena, tristeza profunda.
**Descontar,** *tr.* Quitar o rebajar una

*por la falda de las montañas.* ‖ Proceder de una persona: *Desciende del duque de Alba.*
    Viene del latín **descendere,** que significa lo mismo que en castellano. ‖ *Deriv.* **Condescendencia, condescender, condescendiente, descendencia, descendiente, descendimiento, descenso.** ‖ *Contr.:* **Ascender.**

cantidad de una suma. ‖ Rebajar. ‖ Dar por cierto. ‖ Pagar un documento antes de tiempo, rebajándole una cierta cantidad.
**Descontento,** *adj.* Que está disgustado, que no está contento. ‖ *m.* Disgusto o desagrado.
**Descorazonar,** *fig.* Desanimar.
**Descorrer,** *tr.* Volver a andar en sentido contrario lo que ya se había andado. ‖ Doblar o encoger lo que estaba extendido.
**Decortés,** *adj.* Que no tiene cortesía; es decir, que no demuestra respeto ni cariño, ni amabilidad, ni finura, ni buen trato.
**Descortezar,** *tr.* Quitar la corteza a una cosa.

Descortezar

**Descote,** *m.* Escote: corte hecho en un vestido por la parte del cuello.
**Descrédito,** *m.* Pérdida o disminución de la buena fama de las personas o del valor de las cosas.
**Descreído,** *adj.* Que no cree en los misterios de la religión, que no tiene fe, que es un incrédulo.
**Describir,** *tr.* Representar una cosa por medio del lenguaje. ‖ Dibujar una cosa de modo que se comprenda fácilmente lo que es. ‖ V. **escribir.**
**Descripción,** *f.* Lo que se hace al describir. ‖ Explicación muy general. ‖ V. **escribir.**
**Descrito,** *adj.* (Cosa de la) que se ha hecho la descripción.
**Descubierto,** *adj.* Que no está cubierto ni tapado ni oculto.
**Descubridor,** *m.* Que descubre o averigua una cosa. ‖ Principalmente, el que descubre nuevas tierras, explorador.
**Descubrimiento,** *m.* Hallazgo de algo desconocido; principalmente, hallazgo, encuentro de tierras o mares ignorados. ‖ V. **cubrir.**
**Descubrir,** *tr.* Destapar algo que estaba tapado. ‖ Manifestar lo que no se conocía. ‖ Hallar lo que no se conocía o estaba oculto. ‖ Ver. ‖ V. **cubrir.**
**Descuento,** *m.* Lo que se hace al descontar. ‖ Rebaja, cantidad que se nos rebaja.
**Descuidado,** *adj.* Que tiene poco cuidado. ‖ Desarreglado, desaliñado. ‖ Desprevenido. ‖ Desatendido.
**Descuidar,** *intr.* No cuidar de las cosas, desatenderlas.
**Descuido,** *m.* Falta de cuidado. ‖ Equivocación, olvido. ‖ V. **cuidar.**
**Desde.**\*
**Desdecir,** *intr.* No corresponder una persona o cosa a lo que debe ser. ‖ Venir a menos, decaer una cosa, ‖ No venir bien una cosa con otra. ‖ Desmentir. ‖ *r.* Negar lo que antes se había dicho o afirmado.
**Desdén,** *m.* Indiferencia, desprecio.
**Desdeñar,** *tr.* Tratar con desdén a una persona o cosa. ‖ *r.* No dignarse hacer una cosa por razones de honor o por orgullo.
**Desdeñoso,** *adj.* Que manifiesta desdén por una persona o cosa.
**Desdicha,** *f.* Desgracia. ‖ Gran pobreza.
**Desdichadamente,** *adv.* Con desdicha.
**Desdichado,** *adj.* Desgraciado. ‖ Tí-

---

\* DESDE. *Preposición que indica el punto en que empieza a contarse una cosa en el tiempo, en el espacio o en el orden; así se dice:* **Desde hace dos años, desde Madrid, desde el segundo hasta el sexto.**
*Viene del latín* **de ex,** *que quiere decir 'desde dentro de'.*

mido, buenazo, incapaz de hacer daño a nadie.

**Desdoblar,** *tr.* Extender una cosa que estaba doblada.

**Desdoro,** *m.* Deshonra, mancha en la buena reputación.

**Deseable,** *adj.* Que merece ser deseado.

**Deseado,** *adj.* Que se desea.

**Desear.\***

**Desecar,** *tr.* Secar, quitar la humedad.

**Desechar,** *tr.* Rechazar. || Arrojar. || Apartar de nosotros algo.

**Desecho,** *m.* Lo que se va a tirar porque ya no sirve ni se quiere. || No debe confundirse «desecho» con «deshecho».

**Desembarazar,** *tr.* Quitar las cosas que molestan o impiden algo. || Abandonar, desocupar. || Desechar, apartar lo que estorba para hacer una cosa.

**Desembarcar,** *tr.* Sacar del barco el cargamento. || *intr.* Salir del barco los pasajeros y tripulantes.

Desembarcar

**Desembarco,** *m.* La acción de desembarcar las personas. || Operación que hacen en tierra las fuerzas que han venido embarcadas.

**Desembocadura,** *f.* Sitio por donde un río desemboca en el mar, en otro río o en un lago.

**Desembocar,** *intr.* Salir por un sitio estrecho. || Dar una calle a otra. || Desaguar un río en el mar, otro río, un lago, etc.

**Desembolsar,** *tr.* Sacar lo que está en la bolsa. || Pagar una cantidad de dinero.

**Desembragar,** *tr.* Desunir un mecanismo y su motor.

**Desembrollar,** *tr. fam.* Desenredar, aclarar algún lío.

**Desembuchar,** *tr.* Echar las aves lo que tienen en el buche. || *fig.* Decir uno todo lo que tenía callado.

**Desempapelar,** *tr.* Quitar a una cosa el papel que la envuelve o recubre.

**Desempaquetar,** *tr.* Desenvolver lo que está en forma de paquete.

**Desempatar,** *intr.* Deshacer un empate.

**Desempeñar,** *tr.* Liberar algo que estaba empeñado pagando una cierta cantidad de dinero. || Pagar a uno todas sus deudas. || Cumplir uno con sus obligaciones. || Representar algún personaje en una obra teatral o cinematográfica. || V. **empeño.**

**Desempeño,** *m.* Lo que se hace al desempeñar.

**Desencadenar,** *tr.* Soltar al que está atado con cadenas. || *r.* Mostrarse de repente y con violencia alguna fuerza natural o espiritual.

**Desencajar,** *tr.* Sacar de su sitio alguna cosa. || *r.* Descomponerse el rostro.

**Desencanto,** *m.* Desilusión, desengaño.

**Desencuadernar,** *tr.* Romper la encuadernación de un libro. || *r.* Romperse, desencajarse algo.

**Desenchufar,** *tr.* Separar lo que estaba enchufado.

**Desenfadado,** *adj.* Desahogado, libre, desenvuelto.

**Desenfado,** *m.* Desahogo, desenvoltura, desparpajo.

**Desenfrenar,** *tr.* Quitar el freno a las caballerías. || *r.* Entregarse fuertemente a un vicio.

**Desenfreno,** *m.* Lo que se hace al desenfrenarse. || Libertinaje.

**Desenfundar,** *tr.* Quitar la funda a una cosa; o sacarla de su funda.

---

\* **Desear,** *tr. Querer fuertemente alguna cosa o persona:* **Desea el puesto de alcalde.**
Viene del latín **desidium,** *que significa 'deseo'.* || Deriv.: **Deseo, deseoso, indeseable.**

**Desengañar,** *tr.* Hacer comprender a otro que está equivocado. ‖ Quitar las esperanzas o las ilusiones.
**Desengaño,** *m.* Conocimiento de la verdad, con lo cual se sale del engaño o error en que se estaba.
**Desenhebrarse,** *r.* Salirse el hilo de la aguja.
**Desenlace,** *m.* Resolución de la trama de un poema dramático, novela, obra teatral, etc.
**Desenmarañar,** *tr.* Desenredar, quitar el enredo y poner claridad en un asunto.
**Desenmascarar,** *tr.* Quitar la máscara. ‖ Descubrir los propósitos o sentimientos ocultos de otra persona.
**Desenredar,** *tr.* Poner orden en las cosas enredadas.
**Desenrollar,** *tr.* Desarrollar, deshacer un rollo.
**Desentenderse,** *tr.* No querer intervenir en un asunto o negocio.
**Desenterrar,** *tr.* Sacar afuera algo que estaba enterrado. ‖ Sacar a relucir cosas ya olvidadas.
**Desentonar,** *intr.* Sonar fuera de su tono un instrumento músico. ‖ Quedar mal en una reunión, por decir impertinencias.
**Desentrañar,** *tr.* Sacar, arrancar las entrañas. ‖ Averiguar lo más dificultoso de un asunto.
**Desenvainar,** *tr.* Sacar la espada de su vaina.

Desenvainar

**Desenvoltura,** *f.* Desahogo, desparpajo, poca timidez. ‖ Hablar con facilidad, sin pelos en la lengua.
**Desenvolver,** *tr.* Extender, desplegar lo que estaba envuelto. ‖ *r.* Perder la timidez, obrar con desparpajo. ‖ Desenredar, aclarar alguna cosa embrollada y oscura. ‖ V. **volver.**
**Desenvolvimiento,** *m.* Lo que se hace al desenvolver.
**Desenvuelto,** *adj.* Que tiene desenvoltura.
**Deseo,** *m.* Apetito de conocer una cosa, o de poseerla, o de disfrutarla. ‖ V. **desear.**
**Deseoso,** *adj.* Que quiere o desea algo. ‖ V. **desear.**
**Desequilibrio,** *m.* Falta de equilibrio. ‖ Falta de razón, de juicio o de prudencia en el obrar.
**Desértico,** *adj.* De aspecto desierto.
**Desertor,** *m.* Soldado que se fuga del ejército. ‖ El que abandona algo que antes frecuentaba o defendía.
**Desesperación,** *f.* Pérdida de la esperanza, de la ilusión en el futuro. ‖ Impaciencia, enojo, despecho, ira.
**Desesperado,** *adj.* Que ha perdido las esperanzas.
**Desesperar,** *tr.* Quitar la esperanza, desengañar. ‖ Impacientar, molestar. ‖ *r.* Perder la esperanza, desanimarse.
**Desestabilizar,** *tr.* Comprometer o perturbar la estabilidad.
**Desestimar,** *tr.* No estimar una cosa en su verdadero valor. ‖ Rechazar una cosa por no darle importancia.
**Desfachatez,** *f.* Descaro, desvergüenza.
**Desfallecer,** *tr.* Perder las fuerzas. ‖ Desmayo, desvanecimiento. ‖ Decaimiento del ánimo.
**Desfavorable,** *adj.* Que no es favorable. ‖ Perjudicial, contrario.
**Desfavorablemente,** *adv.* De un modo desfavorable.
**Desfigurar,** *tr.* Hacer perder a una cosa su verdadera figura o aspecto, afeándola. ‖ Contar una cosa cambiando sus verdaderos detalles o circunstancias.
**Desfiladero,** *m.* Paso estrecho entre dos montañas.
**Desfilar,** *tr.* Ir en fila, uno a uno, ordenadamente. ‖ Salir varios, uno tras otro, de algún sitio.
**Desfile,** *m.* Lo que se hace al desfilar.
**Desfondamiento,** *m.* Lo que se hace al desfondar.

Desfiladero

**Desfondar,** *tr.* Quitar o romper el fondo a una cosa. ‖ Adelantar un corredor a otro y superarle fácilmente.
**desgaire (Al),** *m. adv.* Sin preocuparse mucho, sin poner mucho cuidado.
**Desgajar,** *tr.* Arrancar con violencia una rama del tronco en que está puesta.
**Desgana,** *f.* Falta de apetito, inapetencia. ‖ Falta de interés, no tener gusto en hacer una cosa.
**Desgarbado,** *adj.* Sin garbo; desmirriado.
**Desgarrar,** *tr.* Romper una cosa violentamente.
**Desgarrón,** *m.* Roto grande del vestido. ‖ Lo que se hace al desgarrar una tela.
**Desgastar,** *tr.* Ir gastando poco a poco una cosa por el roce o por el uso. ‖ *r.* Perder vigor o fuerza.
**Desgaste,** *m.* Lo que se hace al desgastar. ‖ Raspadura, erosión.
**Desgracia,** *f.* Suceso malo, calamidad. ‖ Mala suerte. ‖ Pérdida de favoritismo. ‖ V. **gracia.**
**Desgraciadamente,** *adv.* Con desgracia.
**Desgraciado,** *adj.* Que le ocurren muchas desgracias. ‖ Que tiene muy mala suerte. ‖ V. **gracia.**
**Desgranado,** *adj.* (Rueda dentada) que ha perdido alguno de sus dientes.
**Desgranar,** *tr.* Quitar el grano de alguna cosa.

**Desguarnecer,** *tr.* Quitar la guarnición, la fuerza o la fortaleza a una cosa.
**Deshabitado,** *adj.* Que ya no está habitado, que no vive nadie en ese sitio.
**Deshacer,** *tr.* Descomponer una cosa. ‖ Derretir. ‖ Destruir.
**Deshecho,** *adj.* Hablando de hombres o animales, muy cansado. ‖ Hablando de lluvias o temporales, muy fuerte, violento.
**Deshelar,** *tr.* Hacer o hacerse líquido lo que está helado.
**Desheredar,** *tr.* Dejar sin herencia.
**Deshidratar,** *tr.* Quitar el agua que contiene un cuerpo.
**Deshielo,** *m.* Lo que resulta al deshelarse los ríos, lagos, etc.

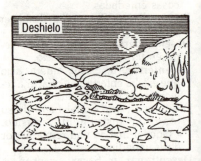
Deshielo

**Deshojar,** *tr.* Quitar las hojas.
**Deshonesto,** *adj.* Deshonroso, indecoroso, indecente.
**Deshonor,** *m.* Pérdida del honor. ‖ Descrédito, deshonra.
**Deshonra,** *f.* Pérdida de la honra.
**Deshonrar,** *tr.* Quitar o hacer perder la honra.
**Deshonroso,** *adj.* Indecoroso, despreciable.
**Deshora,** *f.* Tiempo inoportuno.
**Desiderátum,** *m.* Lo más excelente o lo má deseable de una cosa.
**Desidia,** *f.* Pereza, dejadez.
**Desierto,** *adj.* Despoblado, sin gente. ‖ (Concurso, subasta, etc.) a los que no se presenta nadie. ‖ *m.* Sitio que no se puede cultivar ni habitar y que, por tanto, está despoblado y sin gentes ni edificios.
**Designación,** *f.* Lo que se hace al designar. ‖ Nombramiento.
**Designar,** *tr.* Tener intención o desig-

Desierto

nio de hacer una cosa. ‖ Nombrar a uno para un cargo. ‖ V. **seña**.
**Designio,** m. Idea, proyecto o pensamiento de hacer algo.
**Desigual,** adj. Que no es igual, diferente. ‖ Hablando del terreno, escabroso, con baches, poco llano. ‖ (Persona) inconstante.
**Desigualdad,** f. Lo que hace que una cosa sea desigual a otra. ‖ Montículo, hundimiento, etc., del terreno. ‖ Expresión matemática que indica la falta de igualdad entre dos cantidades. ‖ Diferencia, diferenciación, falta de semejanza.
**Desilusión,** f. Pérdida de la ilusión que uno tenía en una cosa.
**Desinencia,** f. Terminación de una palabra.
**Desinfectante,** m. Producto químico que sirve para desinfectar.
**Desinfectar,** tr. Quitar la infección a una cosa, exterminar los gérmenes o microbios que pueden causar una enfermedad.
**Desinsectar,** tr. Matar los insectos.
**Desintegrar,** tr. Descomponer una cosa separando sus elementos.
**Desinterés,** m. Sin interés, con desprendimiento y largueza, con generosidad.
**Desinteresadamente,** adv. Con desinterés.
**Desinteresado,** adj. Que no obra en beneficio o interés suyo sino que es desprendido y generoso.
**Desistir,** intr. Dejar de hacer una cosa que se pensaba hacer. ‖ Renunciar a un derecho.

**Desleal,** adj. Que obra sin lealtad; que es un falso y un traidor.
**Deslealtad,** f. Falta de lealtad, traición.
**Desleír,** tr. Disolver en un líquido. ‖ Hablar con demasiadas palabras.
**Deslenguado,** adj. Que habla con descaro. ‖ Grosero.
**Desligar,** tr. Desatar, soltar las ligaduras. ‖ Aclarar una cosa. ‖ Dispensar de un juramento.
**Desliz,** m. Resbalón, lo que se hace al deslizar o deslizarse. ‖ Falta, descuido.
**Deslizarse.**\*
**Deslomar,** tr. Romper o maltratar los lomos. ‖ r. fig. Trabajar mucho.
**Deslucido,** adj. Soso, torpe, sin gracia. ‖ Hablando de colores significa empañado, descolorido.
**Deslumbrador,** adj. Que deslumbra.
**Deslumbrante,** adj. Deslumbrador.
**Deslumbrar,** tr. Cegar, molestar a la vista una luz muy viva. ‖ Asombrar a uno, dejarle perplejo.
**Desmán,** m. Hecho malo cometido de palabra o de obra y por capricho.
**Desmayado,** adj. Color muy apagado y que apenas brilla. ‖ Sin sentido, desvanecido.
**Desmayar,** tr. Causar, producir desmayo. ‖ intr. Perder el valor para realizar una cosa. ‖ r. Perder el sentido.
**Desmayo,** m. Pérdida del sentido y de las fuerzas; mareo y desvanecimiento.
**Desmejorar,** tr. Estropear. ‖ intr. Ir perdiendo la salud, ir enfermando.
**Desmelenar,** tr. Despeinar, desordenar el cabello.
**Desmembrar,** tr. Separar, dividir una cosa de otra a la que está unida.
**Desmentir,** tr. Decir a uno que miente. ‖ Contradecir un hecho o dicho demostrando que es falso.
**Desmenuzar,** tr. Deshacer una cosa en trocitos pequeños. ‖ Examinar una cosa con minuciosidad y atención.

---

DESLIZARSE, r. *Resbalar sobre una superficie lisa o mojada:* **Los patinadores se deslizan sobre el hielo.** ‖ *Deriv.:* Desliz, deslizamiento.

**Desmesurado,** *adj.* Mayor de lo corriente, excesivo.

**Desmirriado,** *adj.* Flaco y de mal aspecto físico.

**Desmoralización,** *f.* Lo que se hace al desmoralizar a otro o al desmoralizarse uno mismo.

**Desmoralizar,** *tr.* Volver malas las costumbres o la moral. || Quitar las ilusiones. || *r.* Desalentarse.

**Desmoronar,** *tr.* Deshacer poco a poco una cosa. || *r.* Arruinarse, venir a menos.

**Desnivel,** *m.* Diferencia de altura entre dos o más puntos.

**Desnudar,** *tr.* Quitar los vestidos. || Quitar a una cosa lo que la cubre o adorna. || *r.* Quitarse los vestidos.

**Desnudismo,** *m.* Doctrina que dice que para la salud conviene ir desnudo.

**Desnudo,** *adj.* Sin vestido. || Sin ningún adorno. || Claro, manifiesto. || En escultura y pintura, se llama «desnudo» a toda figura humana desnuda.

**Desobedecer,** *tr.* No obedecer, no hacer uno lo que le mandan si estaba uno obligado a hacerlo.

**Desobediencia,** *f.* Lo que se hace al desobedecer. || El no obedecer.

**Desocupación,** *f.* Descanso. || Falta de ocupación.

**Desocupado,** *adj.* Que está sin hacer nada, que ahora no está ocupado.

**Desojar,** *tr.* Romper el ojo de la aguja. || No debe confundirse «desojar» con «deshojar».

**Desolación,** *f.* Angustia, desconsuelo.

**Desolar,** *tr.* Destruir todo lo que había, arrasar. || *r.* Afligirse, apenarse.

**Desolladero,** *m.* Sitio del matadero donde se quita la piel a los animales que allí se matan.

**Desollar,** *tr.* Quitar la piel a un animal, sacarle el pellejo. || *r.* Hacerse rozaduras en la piel. || *fig.* Murmurar de alguien.

**Desorden,** *m.* Falta de orden. || Confusión, desconcierto. || Malas costumbres de vida. || Trastornos del cuerpo.

**Desorientación,** *f.* Lo que se hace al desorientar. || El estar desorientado.

**Desorientar,** *tr.* Hacer que uno no sepa donde está o donde ir. || Confundir a otra persona.

**Desovar,** *intr.* Soltar sus huevos o huevas las hembras de los peces y de los anfibios.

**Despabilado,** *adj.* Que está despierto y desvelado. || Vivaracho, inteligente, listo, despejado.

**Despacio,** *adv.* Lentamente, poco a poco.

**Despachado,** *adj.* Descarado. || Que tiene facilidad para hacer bien y rápidamente una cosa.

**Despachar,** *tr.* Terminar un negocio o resolver un asunto. || Enviar o vender géneros. || Despedir a alguien. || Matar.

**Despacho.**\*

**Desparpajo,** *m.* Facilidad en hablar y obrar.

**Desparramar,** *tr.* Esparcir, extender una cosa. || Malgastar el dinero.

**Despavorido,** *adj.* Lleno de temor hacia alguna cosa.

**Despectivo,** *adj.* Que indica desprecio. || De desprecio.

**Despecho,** *m.* Resentimiento después de un desengaño.

**Despedazamiento,** *m.* Lo que se hace al despedazar.

**Despedazar,** *tr.* Hacer pedazos una cosa.

**Despedida,** *f.* Lo que se hace al despedir o despedirse.

**Despedir.**\*

---

\*

Despacho, *m. Lo que se hace al despachar:* **El despacho de este asunto cuesta mucho.** || *Habitación para el estudio o el trabajo:* **El despacho del director.** || *Sitio donde se venden ciertos artículos:* **Despacho de carne.** || *Comunicación transmitida por telégrafo o teléfono, principalmente:* **Envió un despacho urgente.**

Viene del francés **dépêcher,** *que significa 'expedir, enviar'.* || *Deriv.:* **Despachar, empachar, empacho.**

Despedir, tr. *Acompañar a alguno que sale de la casa o de la ciudad:* **Le despidió**

**Despegado,** adj. Aspero, antipático en el trato.
**Despegar,** tr. Separar dos cosas pegadas. ‖ intr. Elevarse un avión del suelo y empezar a volar. ‖ r. Perder su amistad dos o más personas.
**Despeinar,** tr. Alborotar el cabello, deshacer el peinado.
**Despejado,** adj. Que habla con facilidad y desparpajo. ‖ Sin nubes. ‖ Inteligente, listo.
**Despejar,** tr. Quitar lo que estorba en un sitio. ‖ Separar por medio del cálculo la incógnita de una ecuación. ‖ r. Hablando de la atmósfera: aclararse, serenarse.
**Despellejar,** tr. Quitar el pellejo. ‖ Murmurar mucho de una persona.
**Despensa,** f. Sitio donde se guardan los comestibles. ‖ Provisiones de boca, es decir, los comestibles guardados.

Despeñadero

**Despeñadero,** m. Lugar por donde uno se puede despeñar, precipicio.
**Despeñarse,** r. Caerse a un precipicio.
**Desperdiciar,** tr. Malgastar el dinero. ‖ Desaprovechar una cosa. ‖ No aprovecharla bien.
**Desperdicio,** m. Derroche, malgastamiento del dinero. ‖ Resto que no se puede aprovechar (escombros, sobras, migajas, etc.).
**Desperdigarse,** r. Hacer como las perdices al sentir al cazador: dispersarse, irse cada una por un lado distinto y, además, rápidamente.
**Desperezarse,** r. Extender y estirar los miembros (brazos y piernas), intentando quitarse la pereza o el entumecimiento.
**Desperfecto,** m. Imperfección, roto (rotura), deterioro.

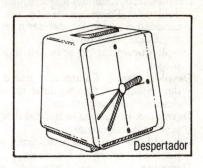
Despertador

**Despertador,** adj. que despierta. ‖ m. Reloj que suena a una hora previamente marcada para despertar al que duerme.
**Despertar.***
**Despiadado,** adj. Sin piedad, inhumano, cruel.
**Despido,** m. El despedir a uno que nos servía o trabajaba.
**Despierto,** adj. Que no está «dormido». ‖ Listo, inteligente.
**Despilfarrar,** tr. Malgastar o gastar excesivamente, derrochar, malbaratar.
**Despintar,** tr. Debilitar o quebrar el

---

\* en la estación. ‖ Lanzar, arrojar: *La leña despide chispas.* ‖ Quitar a uno el empleo que tiene: *Le despidieron de la fábrica.*
   Viene del latín **expetere,** que quiere decir 'reclamar'. ‖ Deriv.: **Despedida, despido.**
DESPERTAR, intr. Dejar de dormir: *Despertar a las cinco.* ‖ tr. Interrumpir el sueño del que duerme: *Le despertaron con un golpe.* ‖ Excitar el apetito: *El ver la comida me despierta el hambre.*
   Viene del latín **expergisci,** que quiere decir 'despertarse'. ‖ Deriv.: **Despertador, despierto.**

color de lo que estaba pintado. || Desfigurar, cambiar una cosa. || r. Irse debilitando los colores.
**Despistar,** *tr.* Hacer que el perseguidor no sepa por donde va uno. || r. Perderse de vista.
**Desplante,** *m.* Postura descarada y desafiante.
**Desplazamiento,** *m.* Lo que se hace al desplazar. || Volumen de agua que desaloja un buque. || (Galicismo) Sustitución.
**Desplazar,** *tr.* Quitar a una persona o cosa del sitio donde está y ponerla en otro. || Desalojar un buque cierto volumen de agua.
**Desplegar,** *tr.* Extender lo que estaba doblado. || Poner en acción una cualidad o poder. || Extender a las tropas que iban replegadas.
**Despliegue,** *m.* Lo que se hace al desplegar.
**Desplomarse,** *r.* Caerse una pared, derrumbarse. || Caerse muerta o desmayada una persona.
**Desplome,** *m.* Lo que se hace al desplomar o desplomarse.
**Despoblado,** *adj.* Que antes estaba poblado y ahora está desierto.
**Despojar,** *tr.* Quitar violentamente a uno lo que tiene. || r. Desnudarse. || Desposeerse voluntariamente de una cosa.
**Despojo,** *m.* Acción de despojar. || Botín del vencedor. || Las partes menos apreciadas de los animales que se comen, como la cabeza, las alas, las patas, el hígado, etcétera.
**Desposado,** *adj.* Recién casado.
**Desposarse,** *recípr.* Contraer matrimonio.
**Desposeer,** *tr.* Quitar a otro lo que tiene y posee.
**Desposesión,** *f.* Lo que se hace al desposeer.
**Déspota,** *adj.* Que gobierna o manda con mucha dureza y abusando de su poder o de su autoridad.
**Despotricar,** *intr.* Hablar sin consideración ni reparo de todo, en una sola conversación.
**Despreciable,** *adj.* Que se merece el desprecio.
**Despreciar,** *tr.* No apreciar, tener en poca estima.

**Desprecio,** *m.* Falta de aprecio. || Desaire.
**Desprenderse,** *r.* Separarse lo que estaba unido. || Dar a alguien una cosa, privarse de ella.
**Desprendimiento,** *m.* El desprenderse una cosa de otra. || Largueza, generosidad.
**Despreocupación,** *f.* Tranquilidad de ánimo, paz de espíritu.
**Despreocupado,** *adj.* Que no tiene ni siente ninguna preocupación.
**Desprestigiar,** *tr.* Quitar el prestigio o la buena fama.
**Desprestigio,** *m.* Lo que se hace al desprestigiar. || Mala fama, falta de prestigio.
**Desprevenido,** *adj.* Que no está preparado para un imprevisto.
**Desproporción,** *f.* Falta de proporción.
**Despropósito,** *m.* Dicho o hecho que no es conveniente ni viene a cuento.
**Desprovisto,** *adj.* Que no tiene lo necesario.
**Después.** Adverbio que quiere decir «detrás» o «más tarde». || V. **pues.**
**Despuntar,** *tr.* Quitar la punta. || Pasar un barco por delante de una punta o cabo. || *intr.* Sobresalir, hacerse notar entre los demás. || Empezar.

Despuntar

**Desquiciarse,** *r.* Perder el quicio una puerta o ventana. || Perder la manera ordenada de obrar.
**Desquitar,** *tr.* Descontar. || *r.* Coger algo en sustitución de lo perdido. || Vengarse.
**Desquite,** *m.* Lo que se hace al desquitar o desquitarse. || Descuento. || Venganza.
**Destacable,** *adj.* Que debe uno fijarse especialmente en él.

**Destacadamente,** *adv.* Visiblemente, que se puede notar con facilidad.
**Destacamento,** *m.* Tropa destacada en un sitio, o destinada a una misión especial. ‖ Lugar donde se halla una tropa destacada.
**Destacar,** *tr.* Separar del cuerpo principal una parte del ejército y darle una misión especial. ‖ Hacer resaltar una cosa. ‖ *r.* Sobresalir, hacerse notar entre los demás. ‖ V. **atacar.**
**Destajo,** *m.* Trabajo que se hace y se paga según la cantidad y prontitud con que se haya hecho.
**Destapar,** *tr.* Quitar la tapadera o el tapón. ‖ Descubrir lo tapado.
**Destartalado,** *adj.* Mal dispuesto, medio estropeado.
**Destejer,** *tr.* Deshacer lo tejido. ‖ Deshacer, desbaratar lo que estaba dispuesto o preparado.
**Destello,** *m.* Rayo de luz que se apaga en seguida. ‖ Resplandor de corta duración.
**Destemplado,** *adj.* Desigual en el tiempo. ‖ Desigual en los afectos. ‖ Con el pulso alterado, por la fiebre o por la ira.
**Destemplarse,** *r.* Alterarse el bienestar del cuerpo. ‖ Desafinarse un instrumento músico. ‖ Perder el temple o la moderación.
**Desternillarse,** *r.* Romperse las ternillas de la nariz en una caída. ‖ Reírse tanto que parece que uno se va a desternillar.
**Desterrar,** *tr.* Echar a uno de un país o lugar como castigo. ‖ Apartar de sí, alejar.
**Destetar,** *tr.* Hacer que un niño o animal deje ya de mamar y empiece a comer.
**Destierro,** *m.* Pena o castigo que consiste en echar a uno de un país o lugar. ‖ Sitio en que vive el desterrado. ‖ *fig.* Lugar muy alejado del centro de una población.

**Destilación,** *f.* Lo que se hace al destilar.
**Destilar,** *tr.* Quitar completamente las impurezas de un líquido, mediante el enfriamiento de sus vapores. ‖ Filtrar. ‖ *intr.* Correr un líquido gota a gota.
**Destilería,** *f.* Fábrica destinada a la destilación.
**Destinar.***
**Destinatario,** *m.* Persona a quien va dirigida una cosa.
**Destino,** *m.* Empleo u ocupación. ‖ Sitio donde tiene que trabajar una persona. ‖ La buena o mala suerte. ‖ V. **destinar.**
**Destitución,** *f.* Lo que se hace al destituir.
**Destituir,** *tr.* Quitar a otro del cargo en que estaba.
**Destocar,** *tr.* Deshacer el peinado. ‖ *r.* Descubrirse la cabeza, es decir, quitarse el sombrero, o la gorra, etc.
**Destornillador,** *m.* Instrumento para sacar tornillos y para hincarlos o aflojarlos.
**Destreza,** *f.* habilidad y maestría para hacer una cosa.
**Destronar,** *tr.* Echar al rey de su trono y privarle de su autoridad y mando.
**Destrozar,** *tr.* Hacer trozos o pedazos una cosa, estropearla. ‖ Vencer al enemigo causándole muchas pérdidas.
**Destrozo,** *m.* Lo que se hace al destrozar. ‖ Destrucción.
**Destrucción,** *f.* Lo que se hace al destruir.
**Destructor,** *adj.* Que destruye. ‖ *m.* Buque de guerra, pequeño y veloz, que lleva torpedos.
**Destruir,** *tr.* Deshacer una cosa, romperla, estropearla. ‖ V. **construir.**
**Desunir,** *tr.* Apartar, separar lo que estaba unido. ‖ Introducir discordia.

---

*DESTINAR, *tr.* Determinar el uso que se va a hacer de una cosa: **Destinar una camioneta al transporte de mercancías.** ‖ Fijar el puesto o lugar donde va a trabajar una persona: **Le destinaron a Madrid.**
    Viene del latín **destinare,** que significa propiamente 'fijar, sujetar, apuntar'. ‖ *Deriv.:* **Destinatario, destino, predestinación, predestinado, predestinar.**

**Desusar,** *tr.* No usar una cosa. ‖ No tener costumbre de hacer una cosa.
**Desvalido,** *adj.* Desamparado, que nadie le protege.
**Desvalijar,** *tr.* Quitar o robar el contenido de una maleta. ‖ Despojarle a uno de sus bienes o de su dinero.
**Desván,** *m.* Parte más alta de la casa que está entre el tejado y el techo del último piso.

**Desvanecerse,** *r.* Deshacerse una cosa de modo que desaparezca de la vista. ‖ Desaparecer del pensamiento una idea o recuerdo. ‖ Desmayarse, perder el sentido.
**Desvanecido,** *adj.* Que ha desaparecido. ‖ Que ha perdido el sentido.
**Desvanecimiento,** *m.* Desmayo.
**Desvariar,** *intr.* Delirar, decir locuras o disparates.
**Desvarío,** *m.* Disparate. ‖ Locura pasajera de algunos enfermos.
**Desvelar,** *tr.* Quitar el sueño. ‖ *r.* Poner gran empeño en hacer una cosa.
**Desvelo,** *m.* Lo que se hace al desvelar o desvelarse.
**Desvencijar,** *tr.* Descomponer una cosa aflojándole las uniones.
**Desvergonzado,** *adj.* Que habla o hace las cosas con mucha desvergüenza.
**Desventaja,** *f.* Inferioridad que se nota por comparación.
**Desventura,** *f.* Desgracia, mala suerte.
**Desvergüenza,** *f.* Falta de vergüenza, insolencia.
**Desvestir,** *tr.* Quitar la ropa, desnudar.
**Desviación,** *f.* Lo que se hace al desviar o desviarse de la posición correcta.
**Desviar,** *tr.* Hacer que una cosa vaya por distinto camino. ‖ Disuadir a uno de su propósito o hacerle desistir de él. ‖ *r.* Salirse del camino.
**Desvirtuar,** *tr.* Hacer perder la virtud a una cosa, echarla a perder.
**Desvivirse,** *r.* Mostrar mucho interés o amor por una persona o cosa.
**Detallar,** *tr.* Contar o referir una cosa con todos sus detalles.
**Detalle.\***
**Detective** (voz inglesa), *m.* Agente de policía secreta.
**Detención,** *f.* Lo que se hace al detener. ‖ El detenerse y pararse. ‖ Tardanza. ‖ Arresto provisional.
**Detener,** *tr.* Parar una cosa en movimiento. ‖ Arrestar, meter en la cárcel. ‖ *r.* Pararse. ‖ V. tener.
**Detenidamente,** *adv.* Con detención y cuidado.
**Detenido,** *adj.* Tímido, que no se atreve a decidir. ‖ Preso.
**Detenimiento,** *m.* Detención.
**Detergente,** *adj.* Que limpia, que limpia la grasa y la suciedad.
**Deterioro,** *m.* Pequeño estropicio de alguna cosa.
**Determinación,** *f.* Lo que se hace al determinar. ‖ Decisión, atrevimiento.
**Determinado,** *adj.* Atrevido, resuelto. ‖ Preciso, señalado de antemano.
**Determinante,** *adj.* Que determina.
**Determinar,** *tr.* Indicar con exactitud. ‖ Señalar, fijar. ‖ V. término.

---

\*
DETALLE, m. *Cada una de las cosas pequeñas y casi sin importancia que han ocurrido en una ocasión:* **No me acuerdo de todos los detalles.** ‖ *Parte pequeña de una cosa:* **Detalle de un cuadro de Velázquez.**
    *Viene del latín* **taleare,** *que quiere decir 'cortar, rajar'.* ‖ *Deriv.:* **Detalle, detallista.** ‖ *De la misma raíz latina se derivan* **atajar, atajo, destajo, entallar, entalladora, tajada, tajante, tajo, talla, tallador, tallar, tajamar, retal.** ‖ *Contr.:* **Conjunto.**

**Detestable,** *adj.* Que merece ser aborrecido.
**Detestar,** *tr.* Aborrecer, odiar.
**Detonación,** *f.* Estampido, ruido muy fuerte y rápido.
**Detractor,** *adj.* Infamador, que habla mal de las personas o cosas.
**Detrás,** *adv.* En la parte posterior, atrás. || V. **tras.**
**Detrimento,** *m.* Daño, perjuicio.
**Deuda,** *f.* Lo que se debe. || Obligación que uno tiene de pagar algo. || Pecado (culpa y ofensa).
**Deudo,** *m.* Pariente, familiar.
**Deudor,** *adj.* Que debe algo a alguien.
**Devanar,** *tr.* Arrollar hilo en un ovillo o carrete. || *fig.* **Devanarse los sesos:** fatigarse meditando y pensando algún asunto.

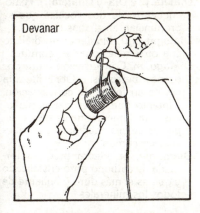
Devanar

**Devaneo,** *m.* Amorío de pasatiempo.
**Devastación,** *f.* Lo que se hace al devastar. || Destrucción.
**Devastador,** *adj.* Que devasta o destruye.
**Devastar,** *tr.* Destruir un territorio arrasando sus edificios y destrozando sus campos. || Destruir.
**Devengar,** *tr.* Adquirir, ganar.
**Devengo,** *m.* La cantidad devengada.

**Devoción,** *f.* Amor de Dios, afición a las cosas sagradas. || Inclinación a la voluntad de Dios. || Predilección, afición.
**Devolución,** *f.* Lo que se hace al devolver.
**Devolver,** *tr.* Reponer una cosa en su primitivo estado. || Restituir una cosa a su dueño. || Corresponder a un favor o agravio haciendo otro parecido. || Vomitar.
**Devorar,** *tr.* Comer con ansia y de prisa. || Consumir, destruir rápidamente.
**Devoto,** *adj.* Que siente devoción. || Que mueve a devoción. || Persona muy aficionada a otra. || V. **voto.**
**Deyección,** *f.* Evacuación de los excrementos de los animales y del hombre. || Los excrementos mismos.
**Día.**\*
**Diabático, ca,** *adj. Fis.* Que lleva consigo intercambio de calor.
**Diabetes,** *f.* Enfermedad caracterizada por abundante expulsión de orina con glucosa (que es una especie de azúcar).
**Diablillo,** *m.* El que se disfraza de diablo en las procesiones y en carnaval. || Niño revoltoso y travieso.
**Diablo,** *m.* Demonio, ángel malo.
**Diablura,** *f.* Travesura grande, trastada.
**Diabólico,** *adj.* Lo que se refiere o pertenece al diablo. || Muy malo, perverso.
**Diábolo,** *m.* Juguete que primero se mece, luego se arroja hacia arriba y, después, se recoge en una cuerda unida a dos palillos. Y vuelta a empezar.
**Diácono,** *m.* Sirviente del altar y de las ceremonias religiosas. || Ayudante de la misión sacerdo-

---
\*
Día, *m. Tiempo que el Sol tarda en dar una vuelta aparente alrededor de la Tierra: **El día tiene 24 horas, que es el tiempo que tarda en dar la Tierra una vuelta sobre su eje.** || Tiempo que dura la claridad del Sol sobre la Tierra: **El día y la noche.** || Tratándose de una persona, la fecha en que se conmemora algún acontecimiento importante de su vida, tal como el nacimiento, el santo, etc.:* **Hoy es su día.**
    *Viene del latín* **dies,** *que quiere decir 'día'.* || *Deriv.:* **Diana, diario, diurno.** || *Contr.:* **Noche.**

tal. ‖ Persona que pronto va a ser sacerdote.

**Díada,** *f.* Pareja de dos seres o cosas estrecha y especialmente vinculados entre sí.

**Diadema,** *f.* Especie de faja o cinta que antiguamente llevaban los reyes ceñida a la cabeza como signo de realeza. ‖ Adorno femenino en forma de media corona abierta por detrás y que se coloca en la cabeza.

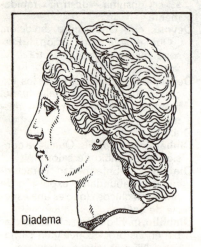
Diadema

**Diáfano,** *adj.* Transparente, que deja pasar la luz. ‖ Claro, limpio, cristalino. ‖ Que se entiende con claridad.

**Diáfisis,** *f.* Parte tubular (en forma de tubo) de los huesos largos.

**Diafragma,** *m.* Músculo en forma de tela que separa el pecho del vientre. ‖ En fotografía, pequeño disco agujereado que sirve para dejar pasar mayor o menor cantidad de luz.

**Diagnosticar,** *tr.* Decir la enfermedad que otro tiene o el estado en que se encuentra, después de examinar los síntomas.

**Diagnóstico,** *m.* Lo que se hace al diagnosticar.

**Diagonal,** *f.* Recta que (en los polígonos) une dos vértices que no estén seguidos.

**Diagrama,** *m.* Representación gráfica de unos resultados.

**Dialéctica,** *f.* Arte de razonar bien.

**Dialecto,** *m.* Variedad regional de un idioma.

**Dialefa.** (De **Dia-** y **sinalefa**), *f.* Hiato, encuentro de dos vocales que se pronuncian en sílabas distintas.

**Dialogar,** *intr.* Mantener un diálogo con otro, reflexionar en común.

**Diálogo,** *m.* Conversación entre dos o más personas. ‖ Obra literaria escrita en forma de conversación. ‖ Intento que hacen varias personas para iluminar una verdad, o aspectos de ella, mediante una reflexión en común.

**Diamante,** *m.* Piedra preciosa formada de carbono puro cristalizado y que es el más duro y brillante de todos los minerales.

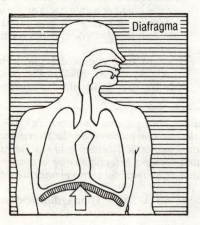
Diafragma

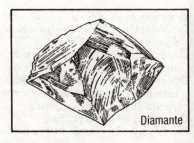
Diamante

**Diámetro,** *m.* Línea recta que divide en dos partes iguales a un círculo; pasa por el centro. ‖ Eje de la esfera.

**Diana,** *f.* Toque militar que se da al amanecer para que se levante la tropa. ‖ Centro de un blanco de tiro.

**Diapasón,** *m.* Aparatito metálico para

regular y afinar el sonido de los instrumentos musicales.
**Diapositiva,** *f.* Fotografía preparada para ser proyectada con un aparato de cine o para verla por transparencia.
**Diariamente,** *adv.* Cada día.
**Diario,** *adj.* Que se hace todos los días. || *m.* Relación de lo que se hace cada día. || Periódico que se publica todos los días. || Gasto diario.
**Diarrea,** *f.* Malestar que se siente en el vientre y que produce evacuaciones más o menos líquidas, pero rápidas y frecuentes.
**Diáspora** (voz griega), *f.* Dispersión.
**Diástole,** *f.* Dilatación.
**Diatriba,** *f.* Discurso violento e injurioso.
**Dibujante,** *adj.* Que dibuja. || *m.* Persona que tiene por oficio dibujar.
**Dibujar,** *tr.* Reproducir mediante líneas, sombras, etc., la forma de los objetos. || Describir.
**Dibujo.***
**Dicción,** *f.* Palabra, vocablo. || Modo de hablar.
**Diccionario,** *m.* Libro en el cual, por orden generalmente alfabético, se contienen y explican las palabras de un idioma o ciencia.
**Diciembre.***
**Dicotiledónea,** *adj.* Se dice de las plantas cuyas semillas tienen dos partes (como el garbanzo y los guisantes).

**Dictado,** *m.* Lo que se hace al dictar. || *pl.* Inspiración, preceptos de la razón o de la conciencia.
**Dictador,** *m.* Jefe supremo que ejerce un poder absoluto pero temporal.
**Dictadura,** *f.* Cargo de dictador. || Tiempo que dura el dictador en su cargo. || Forma de gobierno que tiene el dictador.
**Dictamen,** *m.* Opinión y juicio que se emite sobre una cosa.
**Dictaminar,** *tr.* Dar uno su dictamen.
**Dictar,** *tr.* Decir o leer algo para que otro lo escriba. || Pronunciar sentencia o alguna ley. || Suspirar, sugerir. || V. decir.
**Dicha.***
**Dicharachero,** *adj.* Inclinado o propenso a charlar más de lo debido.
**Dicho,** *m.* Palabra o frase que se emplea corrientemente a modo de refrán para decir algo. || V. decir.
**Dichoso,** *adj.* Feliz, bienaventurado. || Que trae consigo la dicha. || *fam.* Molesto, enfadoso.
**Didáctico,** *adj.* Adecuado para enseñar o instruir.
**Diecinueve,** *adj.* Diez más nueve.
**Dieciocho,** *adj.* Diez más ocho.
**Dieciséis,** *adj.* Diez más seis.
**Diecisiete,** *adj.* Diez más siete.
**Diedro,** *adj.* Formado por dos planos que se cortan.
**Dieléctrico,** *adj.* Mal conductor del calor y de la electricidad.
**Diente.***

---

DIBUJO, m. *Lo que se hace al dibujar:* **Es un dibujo muy bonito.** || *Arte que enseña a dibujar y los procedimientos para ello:* **Estudia dibujo.**
   *Parece que viene del francés* **deboissier,** *que significa 'labrar en madera'.* || *Deriv.:* **Dibujante, dibujar.**

DICIEMBRE, m. *El último mes del año:* **En diciembre se celebra la Navidad.**
   *Viene de la palabra latina* **december,** *derivada de* **decem** *(diez), porque para los romanos el año sólo tenía 10 meses, y diciembre era el último de esos 10.* || *Cuando se añadieron al calendario los meses de julio y agosto, siguió conservando su nombre (diciembre), aunque no su puesto (ahora el duodécimo).*

DICHA, f. *Felicidad, ventura, buena suerte:* **Dios les colmó de dicha.**
   *Viene del latín* **dicta,** *que quiere decir 'cosas dichas' o 'cosas señaladas'.* || *Deriv.:* **Desdicha, desdichado, dichoso.** || *Contr.:* **Desdicha, desgracia.**

DIENTE, m. *Cada uno de los huesos que salen en la boca y que nos sirven para masticar o morder:* **La persona adulta tiene 32 dientes.** || *Cada uno de los ocho dientes delanteros:* **Ocho dientes, cuatro colmillos y veinte muelas,**

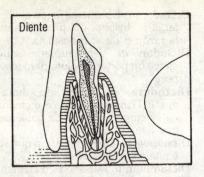
Diente

**Diéresis,** *f.* Figura gramatical que consiste en pronunciar separadamente las dos vocales de un diptongo, o sea, hace de una sílaba dos. ‖ Signo ortográfico ( ¨ ) que se pone sobre la *u* en las sílabas *gue, gui,* para indicar que esta letra debe pronunciarse, o sobre la primera vocal de un diptongo para indicar que sus vocales deben pronunciarse por separado.
**Diestra,** *f.* Derecha. ‖ Mano derecha.
**Diestro,** *m.* Entendido y hábil en alguna cosa. ‖ Matador de toros. ‖ Torero.
**Dieta,** *f.* Régimen de alimentos que ha de observar un enfermo por consejo del médico. ‖ **Estar a dieta:** comer poco o casi nada. ‖ Asamblea política.
**Diez.\***
**Diezmar,** *tr.* Separar una cosa de cada diez. ‖ Causar gran mortandaz.

**Diezmo,** *m.* Un diez por ciento de los frutos y beneficios.
**Difamación,** *f.* Lo que se hace al difamar. ‖ Especie de calumnia.
**Difamar,** *tr.* Hacer perder el crédito y la buena fama a una persona.
**Diferencia,** *f.* Falta de igualdad, diversidad. ‖ Discordia u oposición entre dos o más personas. ‖ V. **diferir.**
**Diferenciable,** *adj.* Que se puede distinguir de otra cosa.
**Diferenciación,** *f.* Lo que se hace al diferenciar. ‖ Distinción entre dos cosas.
**Diferencial,** *adj.* Que se refiere a la diferencia de las cosas. ‖ *m.* Cierto engranaje y mecanismo que los automóviles llevan en el puente trasero.

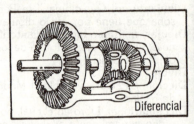
Diferencial

**Diferenciar,** *tr.* Señalar la diferencia que existe entre dos cosas. ‖ *intr.* No estar de acuerdo. ‖ *r.* Distinguirse una cosa de otra, no ser iguales.
**Diferente,** *adj.* Que no es igual. ‖ V. **diferir.**
**Diferir.\***

---

\* tenemos en la boca. ‖ *Cada uno de los salientes de algunas herramientas:* **La sierra de carpintería tiene dientes.**
    *Viene del latín* **dens, dentis,** *que significa 'diente'.* ‖ *Deriv.:* **Dentado, dentadura, dental, dentario, dentecillo, dentellada, dentellado, dentellar, dentellón, dentera, dentición, dentífrico, dentina, dentista, dentudo, odontología, odontólogo, tridente.**
Diez, *adj. Número que resulta de añadir uno al nueve:* **Nueve y uno, diez.** ‖ *m. Cifras con que se representa el número diez:* **10, X.**
    *Viene del latín* **decem,** *que quiere decir 'diez'.* ‖ *Deriv.:* **Decena, decenio, décimo, decimal, decímetro, decilitro, decigramo, decuria, decurión, dieciséis, diecisiete, dieciocho, diecinueve, diezmar, diezmo.** ‖ *En griego se dice* **deka** *y de esta forma griega se derivan:* **Década, decágono, decagramo, decalitro, decálogo, decámetro, decápodo,** *etc.*
Diferir, tr. *Retardar la ejecución de una cosa:* **Los exámenes se difieren para mañana.** ‖ intr. *Ser diferente, distinguirse una cosa de otra:* **El elefante y la hormiga difieren en muchas cosas.**

**Difícil,** *adj.* Que para lograrlo hay que hacer un gran esfuerzo; que cuesta mucho trabajo hacerlo o entenderlo. ‖ V. **hacer.**
**Difícilmente,** *adv.* Con dificultad.
**Dificultad,** *f.* Lo que hace que una cosa sea difícil. ‖ Obstáculo. ‖ Objeción, duda. ‖ V. **hacer.**
**Dificultar,** *tr.* Poner dificultades a una persona, hacer que una cosa siga siendo difícil.
**Dificultoso,** *adj.* Difícil. ‖ Que a todo pone dificultades, que con nada se contenta.
**Difracción,** *f.* Cambio de dirección de un rayo de luz.
**Difteria,** *f.* Enfermedad grave caracterizada por la formación de unas membranas o telillas en la garganta que impiden la respiración.
**Difundir,** *tr.* Hablando de los líquidos, derramar, esparcir, extender. ‖ Divulgar, propagar con rapidez y en muchas direcciones.
**Difunto.**\*
**Difusión,** *f.* Lo que se hace al difundir o difundirse una cosa.
**Difuso,** *adj.* Tan extendido como si estuviera derramado. ‖ Que no se comprende bien. ‖ V. **fundir.**
**Digerir,** *tr.* Transformar el aparato digestivo los alimentos en sustancia nutritiva. ‖ Asimilar.
**Digestión,** *f.* Lo que se hace al digerir.
**Digestivo,** *adj.* Se dice de las operaciones y parte del organismo que son las encargadas de digerir los alimentos. ‖ Que ayuda a hacer la digestión.
**Digital,** *adj.* Lo que se refiere o pertenece al dedo o a los dedos.
**Digitígrado,** *adj.* Que cuando anda sólo se apoya en los dedos (como el gato).
**Dígito,** *m.* Número de una sola cifra.
**Dignamente,** *adv.* De una manera digna. ‖ Merecidamente.
**Dignarse,** *r.* Condescender en hacer alguna cosa.
**Dignatario,** *m.* Persona que desempeña un cargo elevado e importante.
**Dignidad,** *f.* Lo que hace que una cosa o persona sea digna. ‖ Cargo, título elevado e importante. ‖ Seriedad, nobleza en la manera de comportarse. ‖ V. **digno.**
**Dignificar,** *tr.* Ennoblecer, hacer que una cosa tenga más dignidad.
**Digno.**\*
**Dilación,** *f.* Retraso, detención, demora.

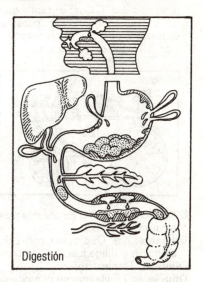

Digestión

---

\*
Viene del latín **differre,** *que quiere decir 'ser diferente, aplazar'.* ‖ *Deriv.:* **Diferencia, diferenciación, diferencial, diferenciar, diferente, indiferencia, indiferente.**

Difunto, adj. Muerto: **Estaba ya casi difunto.** ‖ m. *Un cadáver:* **Un difunto.**
Viene del latín **defunctus** (*'el que ya ha pagado o cumplido su deuda'*). ‖ *Deriv.:* **Defunción.**

Digno, adj. Que merece algo: **Es digno de un homenaje. Es digno de un castigo.** ‖ *Bueno, noble, honrado:* **Es una persona digna.** ‖ *Que corresponde al mérito o condición de una persona o cosa:* **Esto es digno de un rey.**
Viene del latín **dignus,** *que significa digno.* ‖ *Deriv.:* **Condigno, dignarse, dignatario, dignidad, dignificar, indignación, indignante, indignarse, indignidad, indigno.** ‖ *Contr.:* **Indigno.**

**Dilapidador,** adj. Que dilapida.
**Dilapidar,** tr. Derrochar, malgastar el dinero.
**Dilatación,** f. Ensanche, aumento en longitud y en anchura.
**Dilatado,** adj. Extenso, espacioso, ancho.
**Dilatar,** tr. Hacer una cosa mayor de lo que era antes, extenderla, alargarla.
**dilema (Estar en un),** m. adv. Estar entre dos posibilidades igualmente fatales.
**Diletante,** adj. Aficionado a las artes, especialmente a la música. || Que cultiva algún campo del saber, o se interesa por él, como aficionado y no como profesional. A veces, úsase con sentido peyorativo.
**Diligencia,** f. Cuidado, esmero en lograr alguna cosa. || Prontitud, prisa, rapidez. || Coche grande que se usaba antiguamente para el transporte de personas y mercancías. || Negocio, ocupación.

Diligencia

**Diligenciar,** tr. Poner los medios para alcanzar una cosa.
**Diligente,** adj. Que actúa con celo, atención y diligencia.
**Diluir,** tr. Disolver más.
**Diluvio,** m. Lluvia que en tiempos de Noé inundó la tierra. || Lluvia muy abundante. || Abundancia excesiva de alguna cosa.
**Dimensión,** f. Tamaño. || Longitud, anchura o altura de un cuerpo.
**Diminutivo,** adj. Que indica disminución y, a veces, cariño.

**Diminuto,** adj. Muy pequeño, como si hubiera disminuido.
**Dimisión,** f. Renuncia a un cargo o empleo que se estaba desempeñando.
**Dimitir,** tr. Renunciar a un cargo, puesto o empleo que se estaba desempeñando.
**Dina,** f. Unidad física de fuerza. Aproximadamente cada 981 dinas equivalen a un gramo de peso.
**Dinamarqués,** adj. De Dinamarca.
**Dinámico,** adj. Que se mueve. || Que se mueve mucho.
**Dinamismo,** m. Movimiento.
**Dinamita,** f. Explosivo inventado por Nobel, a base de nitroglicerina.
**Dinamitero,** adj. Persona que comete atentados políticos con dinamita u otros explosivos.
**Dínamo,** f. Máquina que transforma un movimiento en corriente eléctrica continua. || No debe confundirse con los «alternadores» (que producen corriente alterna).

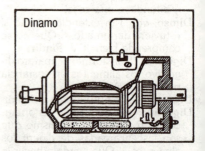
Dinamo

**Dinamómetro,** m. Máquina que sirve para medir la potencia de un motor, o la fuerza que trae, por ej., el viento.
**Dinastía,** f. Serie de reyes o príncipes de una misma familia.
**Dineral,** m. Cantidad bastante grande de dinero.
**Dinero.\***
**Dintel,** m. Parte de arriba del marco de las puertas y ventanas. || (Arriba, el «dintel»; abajo, el «umbral»).

---

\*
DINERO, m. *Moneda o conjunto de monedas; **Llevo dinero en el bolsillo.** || Caudal, riqueza, fortuna de alguien:* ***Es hombre de muchísimo dinero.***
 *Viene del latín* **denarius,** *que era una moneda de plata que valía diez ases.* || *Deriv.:* **Adinerado, adinerar, dineral.**

**Diocesano,** adj. Lo que se refiere o pertenece a la diócesis.
**Diócesis.***
**Dioptría,** f. Unidad de curvatura en una lente, y en las gafas.
**Dios.***
**Diosa,** f. Falso ser divino del sexo femenino.
**Diploma,** m. Documento oficial menos importante que el título, pero que acredita ciertos estudios, o un premio.
**Diplomacia,** f. Ciencia que trata de las relaciones entre los estados. ‖ Disimulo, astucia.
**Diplomado** (Galicismo), adj. Persona que tiene un título o diploma.
**Diplomático,** adj. Perteneciente a la diplomacia. ‖ m. Persona encargada de representar a un país en el extranjero.
**Díptero,** adj. Que es un insecto que sólo tiene dos alas (como la mosca, por ejemplo).
**Diptongar,** tr. Unir dos vocales pronunciándolas en una sola sílaba.
**Diptongo,** m. Reunión de dos vocales en una sola sílaba.
**Diputación,** f. Conjunto de diputados. ‖ Reunión de diputados que gobiernan la provincia.
**Diputado.***
**Dique,** m. Muro hecho para contener las aguas. ‖ Parte de un puerto con instalaciones necesarias para arreglar los barcos. ‖ Cosa que sirve para reprimir.
**Dirección,** f. Línea que se dirige a un punto. ‖ Camino o rumbo que quiere seguir o que sigue un cuerpo al moverse. ‖ Mando, gobierno. ‖ Señas que se ponen a una carta o paquete. ‖ Mecanismo que tienen muchos vehículos y que sirve para guiarlos. ‖ V. **regir**.
**Directamente,** adv. De un modo directo y sin rodeos. ‖ V. **regir**.
**Directiva,** f. Conjunto de personas que dirigen alguna organización.
**Directivo,** com. Miembro de una directiva.
**Directo,** adj. Derecho, en línea recta. ‖ Que va de un sitio a otro sin detenerse en los puntos intermedios. ‖ Que se encamina sin rodeos a la consecución de una cosa. ‖ En línea de padres a hijos. ‖ Que recibe directamente la acción del verbo. ‖ V. **regir**.
**Director,** adj. Que dirige. ‖ m. Persona que está encargada de la dirección de un negocio, establecimiento, etc. ‖ V. **regir**.
**Directorio,** m. Junta directiva. ‖ Conjunto de normas para hacer alguna cosa. ‖ Libro de señas o direcciones.
**Directriz,** adj. (Línea) que dirige.
**Dirigente,** adj. Que dirige.
**Dirigible,** adj. Que se puede dirigir. ‖ m. Globo dirigible.
**Dirigir,** tr. Hacer que una cosa se encamine hacia un lugar determinado. ‖ Mandar, gobernar, guiar. ‖ Poner la dirección a una carta o paquete. ‖ V. **regir**.
**Dirimente,** adj. Que deshace, que disuelve, que separa, pero que no impide el matrimonio.
**Discernir,** tr. Distinguir una cosa de

---

*

Dιόcesis, f. *Territorio en el que ejerce su autoridad un obispo o arzobispo:* **En España hay más de 60 diócesis.**
  Viene del griego **diokesis,** *que significa 'administración, gobierno, provincia'.* ‖ *Deriv.:* **Archidiócesis, diocesano.**
Dιos, m. *Ser Supremo que ha creado el mundo y lo gobierna:* **Dios ama al hombre de un modo especial.**
  Viene del latín **Deus,** *que significa 'Dios'.* ‖ *Deriv.:* **Adiós, adivinación, adivinanza, adivinar, adivino, deicida, deidad, deificar, deísmo, diosa, divinidad, divinización, divinizar, divino, divo, endiosar, pordiosear, pordiosería, pordiosero.**
Dιputado, m. *Persona nombrada por un conjunto de ciudadanos para representarlos:* **Diputado a cortes; diputado provincial,** *etc.*
  Viene del latín **deputare,** *que significa 'evaluar, estimar, elegir'.* ‖ *Deriv.:* **Diputación.**

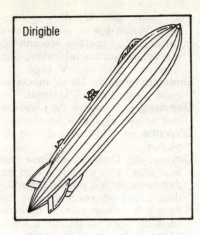

Dirigible

otra dándose cuenta de la diferencia que hay entre ellas. || Darse cuenta de.
**Disciplina,** *f.* Conjunto de leyes o reglamentos que rigen alguna organización. || Ciencia, asignatura. || Obediencia y sumisión a las autoridades y reglamentos. || Instrumento para azotar.
**Disciplinado,** *adj.* Que guarda la disciplina y es obediente.
**Disciplinario,** *adj.* Lo que se refiere o pertenece a la disciplina. || Se dice de los cuerpos militares formados por soldados castigados a alguna pena.
**Discípulo.\***
**Disco,** *m.* Objeto de forma circular. || Señal que en los ferrocarriles indica si la vía está libre o no.
**Díscolo,** *adj.* Insolente, de trato desagradable. || Desobediente, indisciplinado, revoltoso, desaplicado, que no es dócil sino perturbador.
**Disconformidad,** *f.* Falta de conformidad.
**Discorde,** *adj.* Que no está de acuerdo.
**Discordia,** *f.* Discusión, pelea, lucha. || Desacuerdo.
**Discoteca,** *f.* Colección de discos musicales.

**Discreción,** *f.* Prudencia para pensar y obrar como conviene en cada ocasión.
**Discrecionalmente,** *adv.* Conforme al parecer de uno.
**Discrepancia,** *f.* Diferencia de opiniones.
**Discretamente,** *adv.* Con discreción.
**Discreto,** *adj.* Que tiene discreción, que obra como conviene. || Prudente.
**Discriminación,** *f.* Acción y efecto de discriminar. || Separación, distinción.
**Discriminación racial,** *f.* El hecho injusto de despreciar a hombres de otra raza, sólo porque son de diferente color, olvidándose de que todos somos hermanos delante de Dios.
**Disculpa,** *f.* Razón que se da para que a uno le perdonen una falta o culpa.
**Disculpable,** *adj.* Que se puede disculpar.
**Disculpar,** *tr.* Dar como buenas las razones que otro presenta para excusarse de una culpa o perdonar esta. || *r.* Dar uno razones para que le perdonen alguna falta o culpa.
**Discurrir,** *intr.* Andar, ir de un sitio a otro. || Pensar, reflexionar. || *tr.* Imaginar, inventar una cosa.
**Discursivo,** *adj.* Que le gusta mucho discurrir, que es muy dado a ello. || Lo que se refiere al discurso, propio de él.
**Discurso,** *m.* Facultad de razonar. || Explicación razonada de un pensamiento para enseñar o convencer a los demás. || V. **correr.**
**Discusión,** *f.* Lo que se hace al discutir.
**Discutible,** *adj.* Que se puede discutir, que cada uno puede dar su opinión, que no tiene una solución cierta y determinada y por eso debe discutirse y ser pensado bien.
**Discutidor,** *adj.* Que es muy aficionado a discutir.

---

DISCÍPULO, *m.* Persona que sigue y recibe las enseñanzas de un maestro: **Los apóstoles son los discípulos de Jesucristo.**
  Viene del latín **discere,** *que significa 'aprender'.* || *Deriv.:* **Condiscípulo, disciplina, disciplinado, disciplinante, disciplinar, disciplinario.**

Discurso

**Discutir,** *tr.* Examinar con mucho cuidado una cuestión. || Tratar con otro una cuestión || *intr.* Porfiar.
**Diseminar,** *tr.* o *r.* Esparcir o esparcirse las semillas.
**Diseñar,** *tr.* Dibujar o delinear una cosa.
**Disertación,** *f.* Discurso muy razonado.
**Disertar,** *tr.* Tratar en un discurso sobre alguna materia y hacerlo de un modo metódico y razonado.
**Disforme,** *adj.* Que tiene forma rara, irregular o desagradable.
**Disfrazar,** *r.* Ponerse una persona con unos vestidos y un aspecto que no son los suyos corrientes. || *tr.* Cambiar la forma y figura de las cosas. || Enmascarar uno sus verdaderos sentimientos.
**Disfrutar,** *tr.* Gozar, aprovechar. || Pasarlo bien.
**Disfrute,** *m.* Lo que se hace al disfrutar. || Gozo.
**Disgregar,** *tr.* Separar, desunir, apartar las distintas partes de una cosa.
**Disgustado,** *adj.* Incomodado, enfadado.
**Disgustar,** *tr.* Causar disgusto. || *r.* Perder la amistad que se tenía con otro u otros.
**Disgusto,** *m.* Enfado, pena. || Discusión, altercado. || Fastidio, desagrado. || V. **gusto.**
**Disidencia,** *f.* Separación. || Desacuerdo de opiniones en alguna cosa importante.
**Disidente,** *adj.* Separado. || Que no está de acuerdo ni mucho menos.

**Disimuladamente,** *adv.* Con disimulo.
**Disimular,** *tr.* Aparentar lo que no se es. || Ocultar con astucia lo que se piensa.
**Disimulo,** *m.* Modo y astucia de ocultar o disimular una cosa.
**Disipado,** *adj.* Que malgasta su fortuna y es amigo de divertirse. || Desaparecido.
**Disipar,** *tr.* Desaparecer o cesar alguna cosa. || Malgastar, derrochar el dinero.
**Dislocación,** *f.* El salirse un hueso de su sitio. || Y lo mal puesto que queda.
**Disminución,** *f.* Lo que se hace al disminuir una cosa. || Descenso. || Merma.
**Disminuir,** *tr.* Hacer menor una cosa, empequeñecerla.
**Disnea,** *f.* Dificultad en respirar.
**Disociar,** *tr.* Separar una cosa de otra a la que estaba asociada.
**Disolución,** *f.* El hecho de disolver algo. || Lo que resulta de disolver algo en un líquido. || Inmoralidad de costumbres.
**Disolvente,** *adj.* (Líquido) que disuelve.

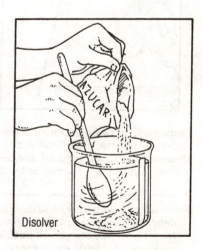
Disolver

**Disolver,** *tr.* Desunir cosas que estaban unidas. || Desunir las partículas de un cuerpo sólico en un líquido, como el azúcar en el agua.
**Disonancia,** *f.* Sonido poco agrada-

ble. ‖ Disconformidad, desacuerdo.

**Disonante,** *adj.* Que no suena bien. ‖ Que no «queda» bien entre las cosas que le rodean.

**Disonar,** *intr.* Sonar mal. ‖ No venir bien una cosa con otra.

**Dispar,** *adj.* Diferente, distinto, que no tiene igual.

**Disparadero,** *m.* Pieza de las armas de fuego que sirve para dispararlas.

**Disparar,** *tr.* Hacer que las armas de fuego lancen el proyectil. ‖ Tirar o arrojar con fuerza alguna cosa. ‖ *r.* Echar a correr muy de prisa. ‖ V. **parar.**

**Disparatado,** *adj.* Contrario a la razón, absurdo.

**Disparate,** *m.* Hecho o dicho disparatado. ‖ *adj.* Sin razón. ‖ Absurdo.

**Disparo,** *m.* Lo que se hace al disparar.

Disparo

**Dispendio,** *m.* Gasto excesivo, derroche, despilfarro, gasto innecesario.

**Dispensa,** *f.* Favor especial concedido a una persona mediante el cual se le libra de alguna obligación. ‖ Documento en el que consta tal favor.

**Dispensar.***

**Dispensario,** *m.* Consultorio médico donde se dan medicamentos y se cura de algunas cosas.

**Dispersar,** *tr.* o *r.* Separar, extender por sitios diferentes lo que estaba reunido. ‖ *r.* Vencer al enemigo haciendo que huya desordenadamente.

**Displicente,** *adj.* Que disgusta y molesta. ‖ De mal humor, enfadado, desabrido.

**Disponer,** *tr.* Colocar las cosas en orden conveniente. ‖ Ordenar lo que se ha de hacer. ‖ Preparar, prevenir, tener. ‖ *r.* Prepararse. ‖ V. **poner.**

**Disponibilidad,** *f.* Lo que tiene una cosa que es o está disponible.

**Disponible,** *adj.* Que se puede usar o utilizar. ‖ V. **poner.**

**Disposición,** *f.* El hecho de disponer o disponerse. ‖ Estado del ánimo, humor, salud. ‖ Habilidad para hacer cosas. ‖ Mandato, orden superior. ‖ V. **poner.**

**Dispositivo,** *adj.* Que dispone, arregla o prepara alguna cosa. ‖ *m.* Mecanismo automático.

**Dispuesto,** *adj.* Gallardo, bien parecido, de buen aspecto. ‖ Hábil, que habla y hace las cosas con soltura y desparpajo. ‖ V. **poner.**

**Disputa,** *f.* Discusión. ‖ Pelea, discusión violenta.

**Disputar.***

**Disquisición,** *f.* Investigación, búsqueda, indagación, examen atento.

**Distancia,** *f.* Cantidad de espacio que separa dos puntos, o cantidad de tiempo entre dos acontecimien-

---

*

**DISPENSAR,** *tr. Permitir que no se cumpla una obligación:* **Dispensar de hacer los deberes.** ‖ *Perdonar alguna pequeña falta:* **Te dispenso esa palabrota.** ‖ *Conceder, otorgar:* **El pueblo le dispensó un recibimiento caluroso.**
　　Viene del latín **dispensare,** que quiere decir 'distribuir, administrar'. ‖ Deriv.: **Dispensa, dispensario, indispensable.**

**DISPUTAR,** *tr. Discutir, debatir, especialmente si es con violencia:* **Dos hombres disputaban en la calle.** ‖ *Luchar por conseguir alguna cosa:* **Esos dos se disputan el puesto.**
　　Viene del latín **disputare,** que significa 'examinar, discutir'. Deriv.: **Disputa, disputable, putativo.**

tos. ‖ Diferencia notable entre dos cosas. ‖ V. **estar.**

**Distanciar,** *tr.* Aumentar la distancia entre dos cosas o la discordia entre dos personas.

**Distante,** *adj.* Lejano, que para llegar a él hay que recorrer mucha distancia en el espacio o en el tiempo.

**Distar,** *intr.* Estar una cosa apartada de otra cierta cantidad de tiempo o espacio. ‖ Diferenciarse mucho una cosa de otra.

**Distender,** *tr.* Estirar.

**Distinción,** *f.* El hecho de distinguir. ‖ Diferencia de una cosa con otra. ‖ Privilegio particular. ‖ Elegancia. ‖ Consideración hacia una persona. ‖ V. **distinguir.**

**Distingo,** *m.* Distinción en un razonamiento. ‖ Reparo que se hace a algo.

**Distinguido,** *adj.* Notable, famoso. ‖ Noble. ‖ Elegante.

**Distinguir.***

**Distintivo,** *adj.* Que por él se puede distinguir a tal persona o cosa. ‖ *m.* Insignia.

**Distinto,** *adj.* Que no es el mismo, que no es igual. ‖ Diferente. ‖ V. **distinguir.**

**Distracción,** *f.* Diversión. ‖ Falta de atención al hacer una cosa.

**Distraer,** *tr.* Divertir, entretener, recrear. ‖ Apartar la atención de una idea o pensamiento.

**Distraídamente,** *adv.* Con distracción.

**Distraído,** *adj.* Que no hace las cosas con atención y cuidado. ‖ Desatento, que se distrae con facilidad.

**Distribución,** *f.* Lo que se hace al distribuir o distribuirse. ‖ Reparto. ‖ Modo de estar colocadas las cosas en algún sitio.

**Distribuidor,** *adj.* Que distribuye algunas cosas.

**Distribuir,** *tr.* Repartir alguna cosa entre varios. ‖ Colocar varias cosas y ponerlas cada una en su sitio. ‖ *r.* Repartirse, irse cada cual a un destino conveniente.

**Distributivo,** *adj.* Que se refiere a la distribución y a cada cosa distribuida.

**Distrito,** *m.* Cada una de las partes en que está dividida una ciudad, provincia o comarca para su mejor administración.

**Disturbio,** *m.* Alteración del orden, jaleo, pelea.

**Disuadir,** *tr.* Dar a otro razones para que abandone una idea o cambie de propósito.

**Disyuntiva,** *f.* Alternativa entre dos cosas de las cuales hay que escoger una.

**Disyuntivo,** *adj.* Que desune o separa.

**Diurno,** *adj.* Que pertenece al día. ‖ Se dice de las flores que sólo se abren durante el día y de los animales que buscan alimento durante el día.

**Divagar,** *intr.* Vagabundear, andar sin rumbo fijo, como un vago. ‖ Desviarse del asunto que se está tratando en ese momento.

**Divergencia,** *f.* Situación de dos líneas que se van apartando una de otra. ‖ Desacuerdo, diferencia de opinión.

**Divergente,** *adj.* Que se aparta.

**Diversidad,** *f.* Diferencia, variedad. ‖ Abundancia de cosas distintas.

**Diversión,** *f.* Recreo, pasatiempo, cosa con la que uno se entretiene y lo pasa bien. ‖ El hecho de divertirse.

---

*

DISTINGUIR, *tr. Conocer la diferencia que hay entre unas cosas y otras:* **Distingo el gorrión de la golondrina.** ‖ *Señalar alguna cosa para que se diferencie de las otras:* **Se puso una corbata roja para distinguirse.** ‖ *Ver un objeto aunque esté muy lejos:* **Distinguí a un hombre a cuatro kilómetros de distancia.** ‖ *Dar particular estimación y honra a alguna persona:* **Distinguen al sabio profesor.**

Viene del latín **distinguere,** *que quiere decir 'separar, dividir, diferenciar.* ‖ *Deriv.:* **Distinción, distingo, distinguido, distinto, indistinto.** ‖ *Contr.:* **Confundir.**

**Diverso**, *adj.* Diferente, distinto. || *pl.* Varios, muchos. || V. **verter**.
**Divertido**, *adj.* Alegre, de buen humor. || Que entretiene.
**Divertimiento**, *m.* Diversión.
**Divertir**, *tr.* Recrear, entretener. || V. **verter**.
**Dividendo**, *m.* Cantidad que se tiene que dividir por otra.
**Dividir.***
**Divieso**, *m.* Especie de grano muy gordo y duro que se forma en el exterior de la piel.
**Divinizar**, *tr.* Suponer o creer divinas a algunas personas o cosas. || Ensalzar o elogiar muchísimo a una persona o cosa.
**Divino**, *adj.* Relativo a Dios o a los dioses falsos. || Excelente, muy bueno. || V. **Dios**.
**Divisa**, *f.* Señal o insignia exterior por la cual se distinguen las personas y las cosas. || Palabras o frase que llevan algunos escudos. || Dinero extranjero.
**Divisar**, *tr.* Ver con poca claridad (o percibir confusamente alguna cosa), debido a la distancia que nos separa de ella.
**Divisibilidad**, *f.* Propiedad que tienen los cuerpos y los números de podérseles dividir.
**Divisible**, *adj.* Que puede ser dividido en partes. Que es un número entero que puede dividirse exactamente (sin resto) por otro número entero.
**División**, *f.* Lo que se hace al dividir. || Operación matemática que se hace al dividir. || Cuerpo de ejército que cuenta actualmente unos 10.000 hombres y los servicios auxiliares. || **División de opiniones:** Diferencias entre las opiniones. || V. **dividir**.
**Divisor**, *m.* En la división, número que divide a otro llamado dividendo.
**Divisorio**, *adj.* Que divide.
**Divorcio**, *m.* Desunión entre dos cosas que deben estar juntas. || Separamiento legal de dos casados. || La Iglesia Católica prohíbe el divorcio.
**Divulgación**, *f.* Lo que se hace al divulgar un secreto.
**Divulgador**, *m.* Que divulga alguna noticia.
**Divulgar**, *tr.* Publicar o difundir una cosa que no se sabía.
**Do**, *m.* Primera nota de la escala musical. || *adv.* Antiguamente dónde. Hoy sólo se usa en poesía.
**Dobladillo**, *m.* Pliegue y costura que se hace en los bordes de la ropa.
**Doblado**, *adj.* De cuerpo pequeño y músculos fuertes. || Terreno desigual y quebrado. || Que finge o disimula algo.
**Doblaje**, *m.* En el cine sonoro: el hecho de sustituir las palabras del actor por la voz de otra persona, que no vemos pero que las dice en nuestro idioma.
**Doblar**, *tr.* Aumentar una cosa haciéndola otro tanto de lo que era. || Plegar. || Torcer una cosa, encorvarla. || Pasar al otro lado de una esquina, monte, cabo, etc. || Hacer el doblaje de una película. || Echarse el toro porque se está muriendo. || *intr.* Tocar a muerto las campanas.
**Doble**, *adj.* Que contiene una cantidad dos veces exactamente. || En telas y otras cosas, de más cuerpo que lo sencillo. || Hipócrita, de

---
\*
DIVIDIR, *tr. Separar una cosa en varias partes: **Dividieron la finca en cuatro partes**. || Repartir, distribuir: **Dividieron los caramelos entre los niños que había**. || Hacer una operación aritmética que consiste en averiguar cuántas veces un número llamado divisor está contenido en otro llamado dividendo: **El resultado de dividir se llama cociente**. || Desunir, hacer que varias personas pierdan su amistad: **La calumnia divide a los amigos**.*
    *Viene del latín* **dividere**, *que significa 'separar, partir'.* || *Deriv.:* **Dividendo, divisa, divisar, divisibilidad, divisible, división, divisionario, divisor, individual, individualidad, individualismo, individualista, individuo, subdividir, subdivisión.** || *Contr.:* **Unir**.

mala intención. ‖ Muy parecido a otro. ‖ En las flores, las que tienen más pétalos que los corrientes. ‖ m. Toque de campanas por los muertos. ‖ V. **dos.**
**Doblegar,** tr. Torcer, doblar, manejar a nuestro antojo. ‖ r. Someterse a otro y abandonar nuestro propósito.
**Doblemente,** adv. Dos veces. ‖ Con malicia y falsedad.
**Doblez,** m. Pliegue, parte que se dobla o pliega. ‖ La señal que le queda a una cosa doblada. ‖ Hipocresía.
**Doblón,** m. Moneda antigua de oro que valía cuatro duros de oro.

Doblón

**Doce,** adj. Diez más dos. ‖ Duodécimo, que va detrás de once y delante de trece. ‖ V. **dos.**
**Doceavo,** adj. Cada una de las partes iguales que resulta al dividir una cantidad en 12 partes iguales.
**Docena,** f. Conjunto de doce cosas de la misma especie.
**Docente,** adj. Que enseña. ‖ Lo que se refiere o pertenece a la enseñanza. ‖ V. **doctor.**
**Dócil,** adj. Que se deja dominar fácilmente. ‖ Que atiende a lo que se le dice.
**Docilidad,** f. Lo que hace que una cosa o persona sea dócil.
**Dócilmente,** adv. Con docilidad.
**Docto,** adj. Que ha estudiado y sabe mucho.

**Doctor.\***
**Doctorado,** m. Grado de doctor.
**Doctoral,** adj. Lo que se refiere o pertenece al doctor o al doctorado.
**Doctoramente,** adv. Con tono o aires de doctor.
**Doctorarse,** r. Hacerse uno doctor en la universidad.
**Doctrina,** f. Conjunto de opiniones importantes sobre cualquier materia. ‖ Conjunto de dogmas que forman una religión, principalmente la cristiana. ‖ V. **doctor.**
**Doctrinal,** adj. Que pertenece a la doctrina. ‖ m. Libro que contiene diversas reglas sobre alguna materia.
**Documentación,** f. Conjunto de documentos que sirven para demostrar una cosa. ‖ V. **doctor.**
**Documentado,** adj. (Petición, instancia, etc.), que va acompañado de los documentos necesarios. ‖ (Persona) muy bien informada acerca de algún asunto.
**Documental,** adj. Que se funda en documentos o está formado por ellos. ‖ m. Película de cine, de corta duración y que informa sobre paisajes, o experimentos, etc.
**Documentalista,** com. Persona que se dedica a hacer cine documental en cualquiera de sus aspectos. ‖ Persona que tiene como oficio la preparación y elaboración de toda clase de datos bibliográficos, informes, noticias, etc., sobre una determinada materia.
**Documentalmente,** adv. Con documentos.
**Documentarse,** r. Informarse muy bien de algún asunto y comprobar todos los informes recogidos.
**Documento,** m. Escrito u otra cosa con que se prueba o demuestra algo. ‖ V. **doctor.**
**Dodecaedro,** m. Sólido geométrico

---
\*
DOCTOR, m. *Persona que ha obtenido el más alto grado académico que dan las universidades:* **Doctor en Filosofía y Letras.** ‖ *Título que da la Iglesia Católica a algunos santos que se han distinguido por la profundidad de su doctrina:* **San Agustín, Obispo y Doctor.** ‖ Fam. *Médico:* **Voy a casa del doctor.**
  Viene del latín **docere,** *que significa 'enseñar'.* ‖ *Deriv.:* **Adoctrinar, docente, dócil, docilidad, docencia, docto, doctorado, doctoral, doctorarse, doctrina, documento, documentación, documental, documentar.**

de 12 caras planas. || **Dodecaedro regular:** el que sus 12 caras son 12 pentágonos regulares iguales.

**Dogal,** m. Soga para atar las caballerías por el cuello. || Cuerda con que se ahorca a un reo.

**Dogaresa,** f. Mujer del Dux.

**Dogma,** f. Verdad revelada por Dios y que la Iglesia pone en conocimiento y hace creer a los fieles. || Afirmación principal de alguna ciencia o religión.

**Dogmático,** adj. Que se refiere a los dogmas o trata de ellos.

**Dólar,** m. Moneda norteamericana que actualmente equivale a unas 125 pesetas.

**Dolencia,** f. Indisposición, enfermedad. || Padecimiento, molestias.

**Doler,** intr. Sentir dolor en alguna parte del cuerpo. || Causar disgusto, apenar. || r. Arrepentirse de haber hecho alguna cosa. || Quejarse.

**Dolicocéfalo,** adj. Se dice del cráneo de forma alargada y que parece más o menos un huevo.

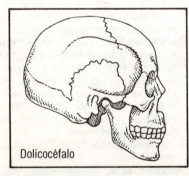
Dolicocéfalo

**Dolmen,** m. Monumento funerario antiguo en forma de mesa y formado por piedras muy grandes.

**Dolor.***

**Dolorido,** adj. Que siente dolor, que le duele algo. || Triste, afligido.

Dolmen

**Dolorosamente,** adv. De modo doloroso.

**Doloroso,** adj. Triste, lamentable, que hace que uno se compadezca. || Que causa dolor. || V. **dolor**.

**Domar,** adj. Amansar a un animal, ponerlo manso.

**Domesticar,** tr. Amansar a los animales salvajes y hacer que se acostumbren a vivir en compañía del hombre.

**Doméstico,** adj. Lo que se refiere o pertenece a la casa. || Animal que se cría en compañía del hombre y le ayuda en sus trabajos o le proporciona alimentos. || V. **casa**.

**Domiciliar,** tr. Dar domicilio. || r. Establecer uno su domicilio en un lugar fijo y determinado.

**Domiciliario,** adj. Que se refiere o pertenece al domicilio. || Persona que vive en lugar fijo.

**Domicilio,** m. Sitio, casa en que uno vive fijamente. || V. **casa**.

**Dominación,** f. El hecho de dominar. || Tiempo que un territorio está dominado por otro país.

**Dominador,** adj. Que domina.

**Dominar,** tr. Mandar en una cosa. || Ser dueño de algo. || Sobresalir un monte, un edificio, etc., entre otros. || V. **dueño**.

**Domingo,** m. Primer día de la semana, dedicado al descanso y al culto. || V. **dueño**.

---

* 

DOLOR, m. Sensación que molesta mucho cuando tenemos algo mal en el cuerpo: *Dolor de cabeza.* || Tristeza, sentimiento, aflicción: **El mal comportamiento de los hijos causa dolor a los padres.** || Pesar y arrepentimiento: *Dolor de los pecados.*

Viene del latín **dolere,** que significa 'doler'. || Deriv.: **Adolecer, condolencia, dolencia, dolido, doliente, dolor, dolorido, doloroso, duelo, indolencia, indolente.** || Contr.: **Placer.**

**Domínica,** *f.* En lenguaje eclesiástico: domingo. || Partes de la Sagrada Escritura que corresponde y debe leerse cada domingo.
**Dominical,** *adj.* Del domingo.
**Dominicano,** *adj.* De la República de Santo Domingo.
**Dominico,** *adj.* De la Orden de Santo Domingo.
**Dominio,** *m.* Poder o superioridad que tiene uno sobre una cosa o persona. || Conjunto de territorios que pertenecen a un soberano.
**Dominó,** *m.* Juego que se hace con 28 fichas punteadas que han de ir combinándose sucesivamente.
**Don.\***
**Donaire,** *m.* Gracia y simpatía muy fina, aguda, rápida y elegante.
**Donar,** *tr.* Dar.
**Donas,** *f. pl.* Regalos de boda.
**Donativo,** *m.* Regalo. || Lo que se hace al dar algo.
**Doncel,** *m.* Joven noble que no estaba armado caballero y solía servir de paje a los reyes.
**Doncella,** *f.* Mujer joven que aún no se ha casado. || Criada.
**Donde.\***
**Donjuán,** *m.* Planta procedente del Perú y que sólo se abre por la noche.

**Donjuanesco,** *adj.* Propio de un don Juan o de un Tenorio.
**Donjuanismo,** *m.* Carácter y conducta propia de un don Juan (de un Tenorio).
**Donostiarra,** *adj.* Natural de San Sebastián. || De esta misma ciudad.
**Doña,** *f.* Tratamiento equivalente al **don** masculino y que se da a las mujeres de alguna distinción, antepuesto a su nombre propio. || V. **don.**
**Dóping** (voz inglesa). Prohibición de usar drogas y otros estimulantes, en competiciones deportivas.
**Doquiera,** *adv.* En cualquier parte.
**Dorado,** *adj.* De color de oro. || *m.* Pez comestible de colores vivos con reflejos dorados.
**Dorar,** *tr.* Cubrir con oro la superficie de alguna cosa. || Encubrir una noticia o una cosa desagradable con el «oro» de las apariencias.
**dórico (Estilo).** Estilo arquitectónico caracterizado principalmente por su sencillez y por su pureza de líneas.
**Dormir.\***
**Dormitar,** *intr.* Estar medio dormido.
**Dormitorio,** *m.* Alcoba, habitación para dormir.
**Dorsal,** *adj.* Que pertenece o se refiere al dorso o espalda.

---

DON. *Es una palabra que tiene doble significado. Como nombre sustantivo significa 'regalo, favor, bien natural o sobrenatural que recibimos de otro, especialmente de Dios'; así decimos* **los dones del Espíritu Santo.** || *También significa 'habilidad especial para hacer alguna cosa':* **Tiene el don de la palabra.** || *Como adjetivo es un título que se antepone al nombre de alguna persona para darle cierta dignidad; así decimos* **don Pedro, don Juan.**
      *En su significado de regalo o favor viene del latín* **dare,** *que significa 'dar'. Como título que se antepone al nombre viene del latín* **dominus,** *que significa 'señor'.*

DONDE. *Adverbio que significa 'en el lugar en que se está o en que se hace algo':* **El sitio donde trabajo.**
      *Viene del latín* **unde,** *que significa 'donde'.* || *Deriv.:* **Adonde, dondequiera, doquier.**

DORMIR, *intr. Estar el hombre o el animal descansando, sin hacer ni sentir nada:* **Por la noche dormimos.** || *r. Descuidarse en lo que uno tenía que hacer:* **Se durmió en los laureles.** || *Entorpecerse algún miembro del cuerpo:* **Se me ha dormido el pie.**
      *Viene del latín* **dormire,** *que significa lo mismo que en castellano.* || *Deriv.:* **Adormecer, adormidera, adormilarse, dormilón, dormitar, duermevela, durmiente.** || *Contr.:* **Velar.**

**Dorso,** m. Revés, parte de atrás de algunas cosas. ‖ La espalda.
**Dos.***
**Doscientos,** adj. Dos veces ciento. ‖ Que en el orden va detrás de 199 y delante de 201. ‖ Conjunto de signos con que se representa el número 200. ‖ V. **dos.**
**Dosel,** m. Especie de techo o visera que cubre un sillón para darle más importancia al que se sienta en él.

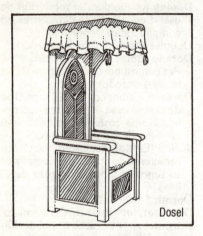
Dosel

**Dosificar,** tr. Fijar la cantidad de medicamento que puede tomarse de una sola vez.
**Dosis,** f. Cantidad de medicamento que se da al enfermo de una sola vez. ‖ Cantidad de una cosa cualquiera.
**Dotación,** f. Lo que se hace al dotar y lo que se dota. ‖ Conjunto de hombres que lleva un buque de guerra para su servicio. ‖ Personal de una oficina, fábrica, etc.
**Dotar,** tr. Dar la dote a una mujer que se va a casar o a profesar en alguna comunidad. ‖ Asignar a una oficina, buque, fábrica, etc., el personal necesario para su servicio. ‖ Dar a uno la naturaleza ciertos dones.
**Dote,** amb. Bienes que la mujer lleva cuando se casa o cuando profesa en alguna orden o comunidad. ‖ Cualidad sobresaliente de una persona.
**Dozavo,** adj. Duodécimo, que en el orden va detrás del once y delante del trece.
**Dracma,** f. Antigua moneda griega de plata.
**Draga,** f. Máquina que arrastra y extrae el fango y las piedras del cauce de un río o del fondo de un puerto de mar, con lo cual se quedan más limpios o más profundos.
**Dragón,** m. Reptil de la familia de los lagartos. ‖ Animal fabuloso que se suele pintar con pies, alas y echando fuego por la boca.
**Drama.***
**Dramáticamente,** adv. De modo triste y dramático.
**Dramático,** adj. Que se refiere al drama o es propio de él. ‖ Conmovedor.
**Dramatismo,** m. Lo que hace que una cosa sea dramática.
**Dramatizar,** tr. Dar a una cosa forma o aspecto triste y dramático.

---

*
Dos. *Número que resulta de añadir uno al uno:* **Uno y uno, dos.** ‖ *Signo con que se representa el número dos:* **2, II.** ‖ *Segundo día del mes:* **El dos de septiembre.** ‖ *Carta o naipe que tiene dos figuras:* **El dos de copas.**
    *Viene del latín* **duo,** *que significa 'dos'.* ‖ *Deriv.:* **Adocenado, desdoblar, dobladillo, doblar, doblegar, doce, docena, doscientos, dual, dualidad, duo, duodécimo, duplicado, duplicar, duplicidad, redoblar, redoble, reduplicar.**

Drama, m. *Obra literaria en la que se representa un hecho de la vida mediante el diálogo de los personajes imaginado por el autor:* **Un drama no es una comedia.** ‖ *Obra teatral y de asunto serio y que suele tener un desenlace triste:* **«La Malquerida» es un drama de Benavente.** ‖ *Suceso triste y conmovedor:* **La inundación fue un drama para el pueblo.**
    *Viene del griego* **drama,** *que quiere decir 'acción, fiesta teatral'.* ‖ *Deriv.:* **Dramático, dramatismo, dramatizar, dramaturgo.**

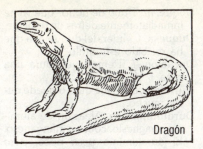
Dragón

**Dramaturgo,** m. Autor teatral de obras dramáticas.
**Drapear,** tr. Disponer una tela formando a modo de pliegues irregulares.
**Drástico,** adj. Enérgico y eficaz.
**Drenaje,** m. Operación para secar los terrenos pantanosos.
**Driblar** (voz inglesa). En el fútbol: sortear y burlar al contrario con regates cortos y rápidos. Es más castizo decir «regatear».
**Dril,** m. Tejido de algodón o de hilo, fuerte y poco confeccionado, como el tejido de las toallas.
**Droga,** f. Cualquier sustancia mineral, vegetal o animal que se usa en medicina o en la industria con determinados fines.
**Drogadicto, ta,** adj. Dícese de la persona habituada a las drogas.
**Droguería,** f. Tienda donde se venden drogas y otros productos.
**Dromedario,** m. Camello que sólo tiene una joroba; pero que corre más que el que tiene dos.

**Drupa,** f. Cualquier fruto que le ocurra como a la aceituna: que es carnoso pero con un solo hueso por dentro.
**Ducado,** m. Territorio o estado gobernado por un duque. ‖ Moneda antigua de oro.
**Dúctil,** adj. Que es un metal que se deja estirar en alambres o hilos (como el cobre, por ejemplo).
**Ductilidad,** f. Propiedad que tienen algunos cuerpos de poder alargarse o ensancharse sin romperse.
**Ducha,** f. Chorro de agua, a modo de lluvia, dirigido al cuerpo humano para bañarlo o refrescarlo. ‖ Aparato con que se dirige ese chorro.
**Ducho,** adj. Que tiene experiencia y destreza.
**Duda.\***
**Dudar,** intr. No saber qué hacer en alguna cuestión. ‖ tr. No saber si una cosa es verdad o mentira. ‖ V. **duda.**
**Dudoso,** adj. Que no se sabe si es falso o verdadero. ‖ Que es poco probable.
**Duelo,** m. Combate o lucha entre dos, a consecuencia de un desafío o reto. ‖ Demostración de pena y sentimiento por la muerte de una persona. ‖ Pena, aflicción.
**Duende,** m. Especie de fantasma chiquito, travieso y familiar.
**Dueño.\***
**Dulce.\***
**Dulcemente,** adv. Con dulzura, amablemente.
**Dulcificar,** tr. Hacer dulce una cosa.

---
\*
DUDA, f. *Situación en la que uno no sabe cuál es lo verdadero:* **Estoy en duda sobre qué será mejor.** ‖ *Cuestión que se propone para resolverla:* **Le expuso sus dudas.**
　*Viene del latín* **dubitare,** *que significa 'vacilar'.* ‖ *Deriv.:* **Dubitativo, dudar, dudoso, indudable.** ‖ *Contr.:* **Certeza.**
DUEÑO, m. *Amo, propietario de una cosa:* **Soy el dueño de este libro.**
　*Viene del latín* **dominus,** *que significa 'señor'.* ‖ *Deriv.:* **Adueñarse, dama, damisela, dominación, dominante, dominar, domingo, domínica, dominical, dominio, don, doncel, doncella, doña, dueña, predominante, predominar, predominio.** ‖ *Contr.:* **Esclavo.**
DULCE, adj. *Que tiene sabor agradable como el azúcar:* **La miel es muy dulce.** ‖ *Amable, complaciente, agradable:* **Tiene una voz muy dulce.** ‖ m. *Golosina, confitura:* **Comimos muchos dulces.**
　*Viene del latín* **dulcis,** *que significa 'dulce'.* ‖ *Deriv.:* **Dulcería, dulcificar, dulzaina, dulzón, dulzura, endulzar.** ‖ *Contr.:* **Amargo.**

**Dulía,** *f.* Culto que se da a los ángeles y a los santos. ‖ Veneración.
**Dulzura,** *f.* Lo que hace que una cosa sea dulce. ‖ Suavidad, amabilidad.
**Duna,** *f.* Colina de arena movediza. Las dunas son características de los desiertos.

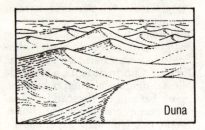

Duna

**Dúo,** *m.* Composición musical que se canta o toca entre dos.
**Duodécimo,** *adj.* Que sigue al undécimo.
**Duodenal,** *adj.* Que se refiere al duodeno.
**Duodeno,** *m.* Primera parte del intestino delgado. Se le llama así porque tiene unos doce dedos de longitud: 216 mm.
**Duplex,** *adj.* Dícese de un sistema de información capaz de transmitir y recibir simultáneamente dos mensajes, uno en cada sentido. ‖ Dícese también de la operación de transmitir y recibir dichos mensajes.
**Duplicado,** *m.* Copia de un documento. ‖ *adj.* Repetido.
**Duplicar,** *tr.* Hacer doble una cosa; es decir, multiplicarla por dos.

**Duque,** *m.* Título de honor que viene inmediatamente detrás de príncipe.
**Duquesa,** *f.* Mujer del duque o la que ha recibido este título.
**Duración,** *f.* Tiempo que dura una cosa. ‖ V. **durar.**
**Duradero,** *adj.* Que dura o puede durar mucho.
**Duraluminio,** *m.* Aleación de aluminio, magnesio, cobre y manganeso. El duraluminio pesa poco, pero tiene la dureza del acero.
**Duramente,** *adv.* Con dureza, con severidad.
**Durante,** *adv.* Mientras dura una cosa. ‖ V. **durar.**
**Durar.**\*
**Durazno,** *m.* Especie de melocotón, pero con la piel más dura y la carne más pegada al hueso.

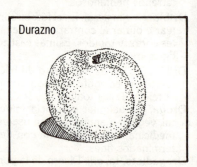

Durazno

**Dureza,** *f.* Lo que hace que algo sea duro. ‖ Severidad.
**Duro.**\*
**Dux,** *m.* Magistrado supremo y príncipe en la antigua Venecia.

---

\*
**Durar,** intr. Continuar siendo o existiendo una cosa: **Las cosas de hierro duran mucho.**
    Viene del latín **durare,** *que significa lo mismo que en castellano.* ‖ *Deriv.:* **Durable, duración, duradero, durante, perdurable, perdurar.**
**Duro,** adj. Que cuesta mucho trabajo doblarlo o moldearlo: **El mármol es muy duro.** ‖ *Fuerte, resistente a la fatiga:* **El asno es un animal duro.** ‖ *Excesivamente severo y áspero:* **Tiene el genio duro.** ‖ *Moneda que vale cinco pesetas:* **Tengo veinte duros.** ‖ **Tener dura la cabeza:** *ser bastante bruto.*
    Viene del latín **durus,** *que significa 'duro'.* ‖ *Deriv.:* **Dureza, endurecer, endurecimiento.** ‖ *Contr.:* **Blando.**

# E

**E.\***
**¡Ea!**, Interjección que se usa para animar a alguien o para afirmar una decisión.
**Ebanista,** *m.* Carpintero que hace trabajos finos, especialmente muebles.
**Ebanistería,** *f.* Arte del ebanista. || Taller del ebanista.
**Ébano,** *m.* Cierto árbol que da una madera muy dura y negra. || Su madera.

Ebano

**Ebonita,** *f.* Sustancia dura hecha de caucho y azufre, muy usada como aislante eléctrico.
**Ebrio,** *adj.* Borracho.
**Ebullición,** *f.* El ponerse hirviendo un líquido debido a la acción del calor.

**Ebúrneo,** *adj.* De marfil o parecido a él.
**Eclesiástico,** *adj.* Que se refiere a la Iglesia. || V. **Iglesia.**
**Eclipsar,** *tr.* Tapar de nuestra vista un astro a otro.
**Eclipse,** *m.* Ocultación de un astro porque se pone otro entre la Tierra y él.
**Eclíptica,** *f.* Curva concéntrica con la órbita terrestre, imaginaria y muy alejada.
**Eco.\***
**Eco-.** Prefijo que entra en la formación de algunas palabras españolas con el significado de «casa», «morada» o «ámbito vital».
**Ecología,** *f.* Parte de la Biología que estudia las relaciones entre los seres vivos y el medio donde se desarrollan.
**Ecologista,** *adj.* Perteneciente o relativo a la ecología.
**Economato,** *m.* Almacén, destinado sólo a cierta clase de personas, en el que se venden las cosas a precios más económicos que en las tiendas.
**Econometría,** *f.* Parte de la ciencia económica que aplica a la resolución de sus problemas la estadística matemática.
**Economía.\***

---

**E,** *f. Sexta letra del alfabeto castellano y segunda de las vocales: La E es también la abreviatura de Este (punto cardinal).* || *Conjunción copulativa que se usa en lugar de la y, delante de las palabras que empiezan por esta letra:* **Los encargos hay que hacerlos bien e inmediatamente.**
  Viene del latín **et,** que significa *'y'.*
**Eco,** *m. Repetición de un sonido porque las ondas sonoras chocan en algún obstáculo y retroceden:* **Algunas montañas producen un eco extraordinario.** || *Resonancia, importancia que se da a un acontecimiento:* **La actuación del torero tuvo mucho eco.**
  Viene del griego **ekho,** que significa *'sonido, eco'.* || *Deriv.:* **Ecolalia.**
**Economía,** *f. Buena administración del dinero para ahorrar todo lo posible evi-*

**Económicamente,** *adv.* De una manera económica, sin gastar mucho. ‖ V. **economía.**
**Económico,** *adj.* Que se relaciona o pertenece a la economía. ‖ Ahorrador, que gasta poco. ‖ Barato. ‖ V. **economía.**
**Economizar,** *tr.* Ahorrar.
**Ecuación,** *f.* Igualdad matemática en la que hay alguna incógnita.
**Ecuador,** *m.* Línea curva formada por todos los puntos de la Tierra que están a igual distancia de los Polos.

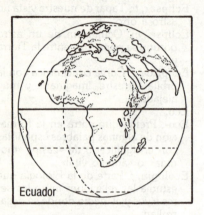

Ecuador

**Ecuánime,** *adj.* Imparcial. ‖ Siempre igual y sin apasionarse.
**Ecuanimidad,** *f.* Fortaleza del alma para no apasionarse. ‖ Imparcialidad.
**Ecuatorial,** *adj.* Del Ecuador.
**Ecuestre,** *adj.* Que se relaciona o pertenece a la equitación. ‖ Que representa a una persona montada a caballo.
**Ecúmene,** *f.* Ecúmeno. ‖ Porción de la Tierra apta para la vida.
**Ecuménico,** *adj.* Universal. ‖ Se dice del Concilio al cual asisten o deben asistir todos los obispos del mundo.
**Eczema,** *f.* Especie de costra que deja sobre la piel una vejiga cuando se seca.
**Echado,** *adj.* Tumbado, arrojado en un sitio. ‖ *m.* Filón inclinado.
**Echar.***
**Edad.***
**Edén,** *m.* Paraíso.
**Edición,** *f.* Impresión de un libro. ‖ Conjunto de ejemplares de un mismo libro, impresos de una sola vez y usando de un mismo molde.
**Edicto,** *m.* Aviso o decreto que algunas autoridades publican para conocimiento de todos, y especial-

---

\* tando los gastos inútiles: ***Viven con economía.*** ‖ *Ciencia de la administración del dinero:* ***Está estudiando Economía.*** ‖ *En plural significa ahorro, dinero que se ha economizado:* ***Tiene muchas economías.***
    *Viene del griego* **oikonomos,** *que significa 'administrador, intendente de una casa'.* ‖ *Deriv.:* **Economato, económicamente, económico, economista, economizar, ecónomo.**

Echar, *tr. Arrojar una cosa, hacer que vaya a un sitio lanzándola con la mano o de otra manera:* ***Echó los desperdicios a la basura.*** ‖ *Expulsar a uno de un sitio:* ***Le echaron del cine.*** ‖ *Quitarle a uno su empleo:* ***Le echaron de donde trabajaba.*** ‖ *Brotar las hojas y flores de las plantas:* ***En abril echan brotes los árboles.*** ‖ *Cerrar las cerraduras:* ***Echó la llave de la puerta.*** ‖ *Representar obras de teatro o cine:* ***Echan una buena película.*** ‖ r. *Tenderse a lo largo:* ***Se echó en el suelo para dormir.*** ‖ *Sosegarse o calmarse el viento:* ***El aire se echó al mediodía.***
    *Viene del latín* **jactare,** *que significa 'arrojar, lanzar, agitar'.* ‖ *Deriv.* **Desechar, desecho, jactancia, jactancioso, jaculatoria.**

Edad, *f. Tiempo que ha transcurrido desde el nacimiento de una persona:* ***Tiene dos años de edad.*** ‖ *Cada uno de los períodos en que se considera dividida la vida humana:* ***La edad adulta.*** ‖ *Período histórico que comprende varios siglos:* ***Edad Moderna; Edad Media;*** *etc.*
    *Viene del latín* **aetas,** *que significa 'vida, tiempo que se vive, edad'.* ‖ *Deriv.:* **Coetáneo, eternidad, eterno, medieval.**

mente de aquellos interesados cuyos domicilios se desconocen.

**Edificación,** f. Lo que se hace al edificar o construir alguna cosa. ‖ Construcciones, edificios.

**Edificante,** adj. Que da ejemplo de virtud.

**Edificar,** tr. Construir, hacer un edificio.

**Edificio.**\*

**Edil,** m. Concejal de un ayuntamiento.

**Editar.**\*

**Editor,** m. Persona que se encarga de la publicación de un libro, un periódico, etc.

**Editorial,** adj. Lo que se refiere al editor o a la edición. ‖ m. Escrito publicado en un periódico y que señala la política seguida por dicho periódico. ‖ f. Empresa que se ocupa en editar libros. ‖ V. **editar.**

**Edredón,** m. Almohadón relleno de plumas.

**Educación.**\*

**Educador,** adj. Persona cuya profesión es educar.

**Educando,** adj. Que recibe educación en un colegio.

**Educar,** tr. Dirigir. ‖ Educarse. ‖ Enseñar. ‖ Desarrollar y perfeccionar las facultades intelectuales y morales de una persona. ‖ Desarrollar los sentidos corporales por medio del ejercicio. ‖ Enseñar cortesía.

**Educativo,** adj. Que se refiere a la educación.

**Efabilidad,** f. Calidad de efable. ‖ Arte o facultad de expresar debidamente lo que se quiere.

**Efable,** adj. Dícese de lo que puede decirse o manifestarse con palabras.

**Efectismo,** m. Abuso artístico de situaciones emocionantes (en una novela, una película, etc.).

**Efectivamente,** adv. En efecto, real y verdaderamente.

**Efectividad,** f. Calidad de efectivo. ‖ Posesión de un empleo cuyo grado se tenía.

**Efectivo,** adj. Real. ‖ Verdadero. ‖ Contr.: **Dudoso, ilusorio.**

**Efecto.**\*

**Efectuar,** tr. Hacer una cosa. ‖ Ejecutar. ‖ V. **efecto.**

**Efemérides,** f. pl. Noticias curiosas de diversas épocas o días.

**Efervescencia,** f. Desprendimiento de burbujas gaseosas en un líquido que esté hirviendo. ‖ Excitación, acaloramiento de los ánimos.

**Eficacia,** f. Fuerza. ‖ Poder para obrar. ‖ Validez. ‖ V. **efecto.**

---

\*

EDIFICIO, m. Cualquier construcción con techo, sobre todo si es grande: **En las poblaciones hay edificios enormes.**
    Es una palabra compuesta que viene de dos palabras latinas: **aedes,** que significa 'casa, templo', y **facere,** que significa 'hacer'; por eso edificio propiamente quiere decir 'construcción de una casa'. ‖ Deriv.: **Edificación, edificador, edificante, edificar, edil.**

EDITAR, tr. Publicar, por medio de la imprenta, un libro, un periódico y, en general, cualquier papel impreso: **En esa imprenta editan bien los libros.**
    Viene del latín **edere,** que significa 'sacar afuera, publicar'. ‖ Deriv.: **Edición, editor, editorial, inédito.**

EDUCACIÓN, f. El educarse: **La educación.** ‖ Desarrollo y perfeccionamiento de las facultades de una persona: **La educación dura toda la vida.** ‖ Cortesía, urbanidad: **Hombre de buena educación.**
    Viene del latín **educare,** que significa 'conducir, criar, enseñar'. ‖ Deriv.: **Educador, educando, educar, educativo.**

EFECTO, m. El resultado de la acción de una causa: **El sudor es efecto del calor.** ‖ Impresión: **Aquella carta le hizo un efecto terrible.** ‖ Documento comercial: **Efectos públicos.** ‖ pl. Bienes que se pueden mover (bienes muebles): **Sacaron todos los efectos de la casa.**
    Viene del latín **eficeri,** que significa 'producir un efecto'. **Eficeri,** por su parte, se deriva de **facere,** que significa 'hacer'. ‖ Deriv.: **Coeficiente, efectista, efectivo, efectuar, eficacia, eficaz, eficiente.**

**Eficaz,** adj. Que tiene eficacia. || V. **efecto.**
**Eficazmente,** adv. Con eficacia.
**Eficiencia,** f. Poder especial para hacer que alguna cosa tenga eficacia.
**Eficiente,** adj. Que tiene eficiencia.
**Efigie,** f. Imagen, representación de una persona. || Estatua.

Efigie

**Efímero,** adj. Que tiene la duración de un solo día. || Breve, de corta duración.
**Efusión,** f. Derramamiento de un líquido, y más comúnmente de la sangre. || Manifestación muy viva de sentimientos.
**Efusivo,** adj. Que manifiesta sentimientos vivos. || Muy cariñoso.
**Égida,** f. Escudo. || Protección, defensa.
**Egipcio,** adj. De Egipto.
**Egiptología,** f. Estudio de las cosas del antiguo Egipto.
**Égira,** f. Hégira.
**Égloga,** f. Poesía que nos habla de la vida campestre.
**Egoísmo,** m. Inmoderado amor que uno tiene a sí mismo.
**Egoísta,** adj. Que tiene egoísmo. || Que todo lo hace por el bien propio sin cuidarse del de los demás. || Contr.: **Altruista.**

**Ególatra,** adj. Que profesa la egolatría.
**Egolatría,** f. Culto excesivo de la propia persona.
**Egregio,** adj. Ilustre. || Insigne.
**Eh.** Interjección que se emplea para llamar, advertir, preguntar, etc. (Según el tono con que se diga.)
**Eibarrés,** adj. De Eibar, población de Guipúzcoa.
**Eje,** m. Varilla o barra que atraviesa un cuerpo por el centro y alrededor de la cual se supone que gira. || Barra que une las dos ruedas laterales de un carro. || Línea que divide por la mitad cualquier cosa. || Idea fundamental en un escrito. || Finalidad principal de una empresa.

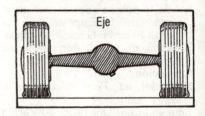
Eje

**Ejecución,** f. Lo que se hace al ejecutar. || Manera de hacer alguna cosa; se dice principalmente de las obras musicales y de la pintura. || Suplicio de un reo de muerte. || V. **ejecutar.**
**Ejecutante,** adj. Que ejecuta. || m. Músico que interpreta o toca una obra muscial.
**Ejecutar.\***
**Ejecutivo,** adj. Que no admite espera. || Urgente.
**Ejecutor,** adj. Que ejecuta o hace una cosa.
**Ejecutoria,** f. Título donde consta la nobleza de una persona. || Sentencia definitiva, la cual debe inmediatamente ser cumplida.
**Ejemplar,** adj. Que da buen ejem-

---
\*
E<small>JECUTAR</small>, tr. Hacer una cosa: *Ejecutó sus trabajos con rapidez.* || *Ajusticiar a un condenado:* **El asesino fue ejecutado.** || *Obligar judicialmente a pagar lo que debe:* **Ejecutar una deuda.** || *Hacer una cosa con mucho arte:* **Ejecutaron una bonita melodía.**
    *Viene del latín* sequi, *que quiere decir 'seguir'.* || *Deriv.:* **Ejecución, ejecutor, ejecutoria, exequia.**

plo. ‖ Que debe servir de escarmiento. ‖ m. Cada uno de los libros, dibujos, etc., sacados de un mismo modelo. ‖ V. **ejemplo**.
**Ejemplaridad,** f. Calidad de ejemplar.
**Ejemplarmente,** adv. Con ejemplaridad. ‖ Sirviendo de ejemplo o modelo para cualquiera.
**Ejemplo.***
**Ejercer.***
**Ejercicio,** m. Lo que se hace al ejercer u ocuparse de una cosa. ‖ Ciertos movimientos corporales como el paseo, la gimnasia, el deporte, etcétera, que se hacen para mejorar la salud. ‖ Trabajo que sirve de aplicación a las lecciones. ‖ Movimientos y evoluciones militares con que se adiestran los soldados. ‖ **Ejercicios espirituales:** Los que por devoción se hacen durante varios días retirándose de las ocupaciones del mundo y dedicándose a la oración. ‖ V. **ejercer**.
**Ejercitación,** f. Lo que se hace al ejercitarse o al ocuparse de una cosa.
**Ejercitante,** adj. Que ejercita. ‖ com. Persona que hace ejercicios.
**Ejercitar,** tr. Dedicarse al ejercicio de un oficio o profesión. ‖ Hacer que uno aprenda una cosa mediante el ejercicio de ella.
**Ejército,** m. Gran multitud de soldados con sus correspondientes armas y bajo las órdenes de un jefe militar. ‖ Conjunto de las fuerzas militares de una nación, especialmente de las terrestres. ‖ V. **ejercer**.
**El.***
**Elaboración,** f. Lo que se hace al elaborar. ‖ Trabajo interior que hace asimilables los alimentos.
**Elaborar,** tr. Preparar. ‖ Trabajar. ‖ Hacer, producir.
**Elástica,** f. Camiseta de punto, ajustada al cuerpo, como la que usan los futbolistas para jugar.
**Elasticidad,** f. Calidad de elástico.
**Elástico,** adj. Se dice del cuerpo que deformado por una fuerza puede recobrar su figura cuando deje de actuar dicha fuerza. ‖ Acomodaticio, propenso a transigir con lo que le conviene. ‖ m. Tejido que tiene elasticidad.
**Elección,** f. Lo que se hace al elegir. ‖ Nombramiento de una persona hecho por votación. ‖ V. **elegir**.
**Electo,** m. Persona elegida para una dignidad o un empleo. ‖ Caudillo de tropas amotinadas.
**Elector,** adj. Que tiene derecho a elegir. ‖ m. Cada uno de los príncipes de Alemania que tenían derecho a elegir al emperador.
**Electoral,** adj. Que pertenece a la dignidad de elector. ‖ Que se re-

EJEMPLO, m. Lo que puede servir de modelo: **Este chico es un ejemplo de buena conducta.** ‖ Hecho o dicho que se utiliza para probar lo que uno afirma: **Le puso un ejemplo de animal carnívoro.**
    Viene del latín **exemplum**, que significa 'ejemplo, modelo, muestra'.
‖ Deriv.: **Ejemplar, ejemplaridad, ejemplificar.**
EJERCER, tr. Practicar una profesión o un empleo: **Ejerce como abogado.** ‖ Usar uno su derecho: **Ejerció sus derechos en el interrogatorio.**
    Viene del latín **exercere**, que significa 'agitar, ejercitar, practicar'. ‖ Deriv.: **Ejercicio, ejercitar, ejército.**
EL. Artículo determinado de género masculino y número singular: **El campo, el árbol, el hombre.** ‖ Cuando la palabra siguiente es femenina y empieza por **a** acentuada, se pone **el** y no **la**. Ejemplos: el agua, el águila, etc. En estos casos **el**=**ela** (artíc. femenino antiguo), que ha perdido la **a** final, para que no suene mal. ‖ **Él**, con acento, es un pronombre personal de tercera persona, género masculino, número singular y caso nominativo: **Él estudia mucho.**
    Viene del latín **ille**, que significa 'aquel'. ‖ Deriv.: **Ella, ello, la, le, lo, laísmo, leísmo, loísmo, las, los.**

fiere a electores o a elecciones. ‖ V. **elegir**.

**Electricidad,** *f*. Forma de energía producida por frotamiento, calor, acción química, etc., y que se manifiesta por atracciones y repulsiones, por chispas y otros fenómenos luminosos.

**Electricista,** *adj*. Se dice de la persona que se dedica al estudio y a trabajos de electricidad.

**Eléctrico.***

**Electrificación,** *f*. Lo que se hace al electrificar.

**Electrificar,** *tr*. Hacer eléctrico una cosa. ‖ Poner las instalaciones adecuadas para que un tren o una máquina se muevan por electricidad.

**Electro,** *m*. Ambar. ‖ Aleación de cuatro partes de oro y una de plata.

**Electrocardiograma,** *m*. Dibujo en forma de línea quebrada que imita los movimientos del corazón; se obtiene aplicando al pecho de la persona una corriente eléctrica pequeña.

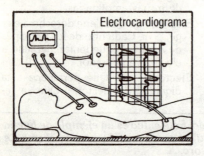
Electrocardiograma

**Electrocutar,** *tr*. Matar a una persona por medio de una descarga eléctrica grande.

**Electrodo,** *m*. Cuerpo sólido buen conductor que permite pasar corriente eléctrica desde un conductor metálico a un gas o a un líquido.

**Electrodoméstico,** *m*. Cualquier aparato de uso doméstico que funcione automáticamente estando enchufado a la corriente eléctrica.

**Electroimán,** *m*. Barra de hierro dulce (es decir, sin impurezas) que se transforma en imán gracias a la corriente eléctrica.

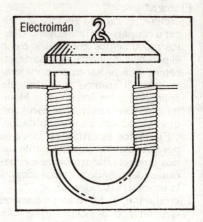
Electroimán

**Electrólisis,** *f*. Descomposición de un líquido por medio de descargas eléctricas.

**electromagnéticas (Ondas),** *f. pl.* Ondas eléctricas con propiedades magnéticas.

**Electromagnetismo,** *m*. Conjunto de fenómenos físicos que se producen entre un imán y una corriente eléctrica.

**Electromotor,** *m*. Motor eléctrico.

**electromotriz (Fuerza),** *f*. Fuerza de una corriente eléctrica.

**Electrón,** *m*. Atomo de electricidad negativa.

**Electrónica,** *f*. Ciencia que estudia el comportamiento físico de los electrones.

**Electrónico,** *adj*. Basado en las propiedades de los electrones.

---
\*
ELÉCTRICO, adj. *Que tiene o que comunica electricidad o que se refiere a ella:* **Aparatos eléctricos.**
  *Viene de la palabra* **elektron**, *nombre griego del 'ámbar', porque este cuerpo tiene la propiedad de atraer eléctricamente al frotarlo.* ‖ *Deriv.:* **Electricidad, electrificar, electrocutar, electrodo, electrólisis, electrón, electrónica, electrónico, electrotecnia.**

**Electroscopio,** *m.* Aparato para descubrir pequeñas cargas eléctricas.
**Electroterapia,** *f.* Empleo de la electricidad para curar enfermedades.
**Elefante,** *m.* Mamífero de hasta 6 toneladas de peso, caracterizado por su gran trompa y sus larguísimos colmillos de marfil puro.

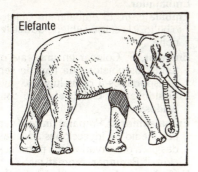
Elefante

**Elegancia,** *f.* Calidad de elegante. ‖ Distinción, finura, garbo, gracia, estilo, buen gusto. ‖ V. **elegir.**
**Elegante,** *adj.* Gracioso, airoso de movimientos. ‖ De buen gusto. ‖ Distinguido en el porte y modales. ‖ Se dice también de la persona que viste sujetándose rigurosamente a la moda.
**Elegantemente,** *adv.* Con elegancia.
**Elegía,** *f.* Composición poética en que se llora la muerte de alguien o una gran catástrofe.
**Elegido,** *m.* Destinado por Dios para alcanzar la gloria eterna. ‖ Destinado para alguna cosa.
**Elegir.\***
**Elemental,** *adj.* Que se refiere al elemento. ‖ Fundamental, que comprende las primeras nociones de una ciencia. ‖ De fácil comprensión. ‖ V. **elemento.**
**Elemento.\***
**Elevación,** *f.* Lo que se hace al elevar. ‖ Altura. ‖ Exaltación a un puesto o empleo muy elevado. ‖ Momento de la misa en que el sacerdote eleva la Hostia o el Cáliz.
**Elevado,** *adj.* Alto. ‖ Sublime. ‖ Excelente.
**Elevador,** *adj.* Que sirve para elevar. ‖ *m.* Aparato que sirve para subir mercancías. ‖ V. **levantar.**
**Elevar,** *tr.* Alzar o levantar una cosa. ‖ Colocar a una persona en un empleo de importancia. ‖ *r.* Transportarse. ‖ Enajenarse. ‖ V. **levantar.**
**Elidir,** *tr.* Suprimir una vocal al final de una palabra, poniendo en su lugar un apóstrofo.
**Eliminación,** *f.* Lo que se hace cuando se elimina. ‖ Supresión.
**Eliminador,** *adj.* Que elimina.
**Eliminar,** *tr.* Quitar. ‖ Separar, apartar, excluir, expulsar.
**Eliminatorio,** *adj.* Que elimina o separa.
**Elipse,** *f.* Curva cerrada y en forma de huevo.
**Elipsis,** *f.* El suprimir alguna palabra de una frase, quedando ésta sin embargo con todo su sentido. Ej.: Al pan, pan, y al vino, vino.
**Elíptico,** *adj.* En forma de elipse. ‖ Elidido, suprimido.
**Elite,** *f.* Minoría selecta o rectora.
**Élitro,** *m.* Pieza dura que protege el primer par de alas de muchos insectos.
**Elixir,** *m.* En árabe: polvo de propie-

---

Elegir, *tr.* Escoger, preferir a una persona o cosa entre otras: **Eligió el vestido más bonito.** ‖ Nombrar a uno entre varios para algún empleo o actividad: **Eligieron al chico más alto.**
 Viene del latín **eligere,** que significa 'escoger, sacar, arrancar'. ‖ *Deriv.:* **Elección, electivo, elector, electoral, elegancia, elegante, elegible, elegido, selección, seleccionar, selectivo, selecto.**

Elemento, *m.* Principio o parte constitutiva de un ser cualquiera: **El cuerpo y el alma son elementos del hombre.** ‖ Cuerpo simple como la plata, el oro, el oxígeno, el calcio: **Con muy pocos elementos están constituidas todas las cosas materiales que existen.**
 Viene del latín **elementum,** que significa 'principio, elemento'. ‖ *Deriv.:* **Elemental.**

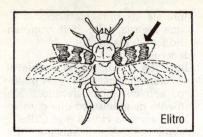
Elitro

dades maravillosas. || Medicamento maravilloso. || Remedio maravilloso. || Licor alcohólico y medicinal. || Sustancia imaginaria que transforma en oro a cualquier otra sustancia.
**Elocuencia,** *f.* El hablar muy bien. || Eficacia para persuadir y conmover con palabras y gestos.
**Elocuente.***
**Elocuentemente,** *adv.* Con elocuencia.
**Elogiar,** *tr.* Hacer elogios, alabar a una persona o cosa. || Contr.: **Censurar, criticar.**
**Elogio.***
**Elongación,** *f.* Angulo que forman las visuales a dos astros distintos.
**Eludir,** *tr.* Evitar. || Librarse de una cosa.
**Ello.** Pronombre personal de tercera persona, género neutro y caso nominativo. || V. **él.**
**Emanación,** *f.* Desprendimiento de sustancias gaseosas.
**Emanar,** *intr.* Proceder. || Derivarse una cosa de otra.
**Emancipar,** *tr.* Libertar de la tutela o de la esclavitud. || *r.* Librarse uno de la sujeción en que estaba.
**Embadurnar,** *tr.* Untar una cosa con grasa, ensuciarla o pintarrajearla.
**Embajada,** *f.* Mensaje para tratar de algún asunto. || Cargo de embajador. || Conjunto de los empleados que tiene a sus órdenes el embajador.
**Embajador.***
**Embalaje,** *m.* El embalar un objeto o bulto, y la caja o cubierta que se le pone.
**Embalar,** *tr.* Colocar en una caja o funda los objetos que han de ser transportados a otros lugares.
**Embaldosar,** *tr.* Cubrir el suelo con baldosas.
**Embalsamar,** *tr.* Preparar un cadáver por medio de inyecciones adecuadas para preservarlo de la putrefacción. || Perfumar, aromatizar.
**Embalse,** *m.* Charca artificial donde se juntan las aguas de un río o arroyo.
**Embarazar,** *tr.* Impedir. || Estorbar una cosa. || Poner dificultades.
**Embarazo,** *m.* Preñez de la mujer. || Impedimento, dificultad. || Encogimiento, timidez en los modales.
**Embarazoso,** *adj.* Incómodo, que presenta muchos estorbos o dificultades.
**Embarcación,** *f.* Barco.
**Embarcadero,** *m.* Lugar destinado para embarcar personas, animales, mercancías, etc.
**Embarcar,** *tr.* Poner en un barco mercancías para transportarlas de

---

*

ELOCUENTE, *adj. Que habla muy bien:* **Orador elocuente.**
    *Viene del verbo latino* **loqui,** *que significa 'hablar'.* || *Deriv.:* **Elocución, elocuente.** || *Del mismo verbo latino* **loqui** *se derivan:* **Alocución, circunloquio, coloquio, locuacidad, locuaz, locución, locutorio, interlocutor.**
ELOGIO, m. *Alabanza de los méritos de una persona o cosa:* **Hizo muchos elogios de su trabajo.**
    *Viene del griego* **eulogia,** *que significa 'bien hablado'.* || *Deriv.:* **Elogiar, elogioso.** || *Contr.:* **Censura, crítica.**
EMBAJADOR, m. *Persona que representa a una nación cerca de un gobierno extranjero:* **Embajador de España en Francia; Embajador del Japón en Inglaterra;** *etc.*
    *Viene de la palabra* **embajada,** *palabra española que procede del francés antiguo* **ambaissada,** *que significa 'encargo, embajada'.* || *Deriv.:* **Embajador, embajadora.**

Embarcadero

un lugar a otro. ‖ tr. y r. Entrar una persona en un barco, avión, etc., para trasladarse a otro lugar. ‖ Meter a uno en un negocio.
**Embargar,** tr. Estorbar, impedir, detener. ‖ Suspender, paralizar. ‖ Enajenar los sentidos. ‖ Retener una cosa en virtud de mandamiento judicial.
**Embargo,** m. Retención de bienes por mandamiento judicial. ‖ **Sin embargo:** No obstante.
**Embarque,** m. Lo que se hace al embarcar mercancías.
**Embarullar,** tr. Confundir unas cosas con otras. ‖ Hacer las cosas atropelladamente.
**embastado (Colchón),** m. Colchón atravesado de trecho en trecho por ataduras.
**Embate,** m. Golpe que dan las aguas del mar sobre una costa rocosa.
**Embaucador,** adj. Que engaña a los bobalicones y confiados.
**Embeber,** tr. Empaparse de líquido. ‖ Encogerse una tela después de mojada.
**Embelesar,** adj. Dejar como atontado a otro, contándole cosas imaginarias y maravillosas.
**Embeleso,** m. Estado en que se encuentra el que está como embobado imaginándose cosas maravillosas.
**Embellecer,** tr. Poner bella a una persona o cosa.
**Embestida,** f. Ataque, arremetida, acometida.
**Embestir,** tr. Acometer. ‖ Atacar.
**Emblema,** m. Jeroglífico o símbolo en que se representa alguna figura y al pie de la cual se pone una frase que explica lo que significa. ‖ Símbolo.
**Embobado,** adj. Atontado, bobo. ‖ Entusiasmado.
**Embocado,** adj. Se le dice así al vino que ha pasado algún tiempo en toneles especiales.
**Embolia,** f. Aire, grasa o coágulo en una vena o arteria o en el mismo corazón, dando lugar a un ataque cardíaco, cerebral o pulmonar.
**Émbolo,** m. Pieza cilíndrica que empuja al medicamento en una jeringa de poner inyecciones. ‖ Pieza cilíndrica que se mueve en lo interior del tubo de algunas máquinas. ‖ Pistón.
**Embolsar,** r. Guardarse el dinero; guardarse algo en una bolsa.
**Emboquillado,** adj. Que tiene boquilla o filtro.
**Emborrachar,** tr. Causar embriaguez. ‖ Atontar, adormecer. ‖ r. Beber vino u otro licor hasta perder el uso de la razón.
**Emborrizar,** tr. Dar a los dulces un baño de almíbar o de azúcar.
**Emborronar,** tr. Llenar de borrones o garrapatos un papel. ‖ Escribir de prisa y con poco cuidado.
**Emboscada,** f. Sitio oculto desde el cual puede atacarse fácilmente a los enemigos. ‖ Trampa.
**Emboscar,** tr. Ocultar tropas para luego atacar por sorpresa al enemigo. ‖ r. Ocultarse entre el ramaje.
**Embotamiento,** m. Falta de agilidad en los pensamientos. ‖ Pérdida de la finura del filo en los cuchillos.
**Embotellado,** adj. Envasado en una botella.
**Embozar,** tr. Cubrir la parte inferior de la cara. ‖ Ocultar con disimulo lo que uno piensa.
**Embozarse,** r. Cubrirse casi todo el rostro con el doblez de la capa, de un manto o de una sábana.
**Embrague,** m. Mecanismo de los coches, por el cual pueden unirse o separarse dos ejes en movimiento o dos superficies en contacto.
**Embrear,** tr. Untar una cosa con brea, alquitrán, resina, sebo u otra sustancia parecida.
**Embriagador,** adv. Que embriaga.

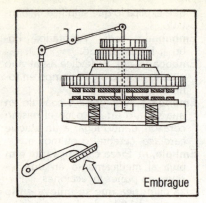

Embrague

**Embriagar,** *tr.* Emborrachar. ‖ Extasiar.
**Embriaguez,** *f.* Borrachera. ‖ Pérdida de la razón por beber vino en abundancia.
**Embrión,** *m.* Semilla que está germinando. ‖ Cuerpo animal o vegetal que está empezando a formarse. ‖ Parte de la semilla, o del huevo, que ha de transformarse en planta, o en pollito.
**Embrionario,** *adj.* Que pertenece o se refiere al embrión.
**Embrollar,** *tr.* Enredar. ‖ Confundir las cosas.
**Embrollo,** *m.* Enredo. ‖ Confusión. ‖ Situación difícil, conflicto.
**Embrujar,** *tr.* Actuar sobre la vida de una persona mediante ciertas prácticas supersticiosas. ‖ Atraer ‖ Causar un efecto agradable.
**Embrutecerse,** *r.* Hacerse cada vez más bruto, ponerse cada vez más bruto.
**Embuchado,** *m.* Embutido de carne picada de cerdo.
**Embuchar,** *tr.* Meter a la fuerza mucha comida en el buche de algún animal.
**Embudo,** *m.* Cono hueco y rematado en un canuto, que sirve para pasar líquidos de una vasija a otra.
**Embuste,** *m.* Mentira.
**Embustero,** *adj.* Que dice embustes. ‖ Mentiroso.
**Embutido,** *m.* Tripa rellena de carne picada, sangre, especias, etc.
**Embutir,** *tr.* Hacer chorizos, morcillas, etc., etc., es decir, embutidos.

**Emergencia,** *f.* Lo que se hace al emerger. ‖ Ocurrencia. ‖ Suceso.
**Emerger,** *intr.* Brotar. ‖ Salir del agua.
**Emigración,** *f.* El emigrar a otro país o región.
**Emigrante,** *com.* Persona que va de su país a vivir a otro.
**Emigrar,** *intr.* Dejar uno su propio país para ir a vivir a otro.
**Emigratorio,** *adj.* Se le dice así al movimiento de emigración.
**Eminencia,** *f.* Altura o elevación del terreno. ‖ Tratamiento que se da a los cardenales. ‖ Persona eminente, que sobresale.
**Eminente,** *adj.* Alto, elevado. ‖ Que sobresale de los demás. ‖ Excelente.
**Eminentemente,** *adv.* Excelentemente.
**Eminentísimo,** *adj.* Muy eminente. ‖ Título que se da a los cardenales de la Iglesia.
**Emir,** *m.* Príncipe o caudillo árabe.

Emir

**Emisario,** *m.* Mensajero. ‖ Persona que lleva un recado, generalmente de gran importancia.
**Emisión,** *f.* Lo que se hace al emitir. ‖ Conjunto de sonidos, señales o imágenes radiadas o televisadas.
**Emisor,** *adj.* Que emite.
**Emisora,** *f.* Aparato que manda señales sonoras o visuales; se dice especialmente de las emisoras de radio y de televisión.
**Emitir,** *tr.* Echar hacia fuera una cosa. ‖ Exponer una opinión o juicio. ‖ Poner en antena una emisión radiada o televisada. ‖ V. **meter.**

**Emoción,** *f.* Turbación o agitación del ánimo. || V. **mover.**
**Emocional,** *adj.* Que se refiere a la emoción.
**Emocionante,** *adj.* Que causa emoción. || Conmovedor.
**Emocionar,** *tr.* Conmover el ánimo. || Causar emoción. || V. **emoción.**
**Emolumento,** *m.* Sueldo de un empleo.
**Emotivo,** *adj.* Que se refiere a la emoción.
**Empacar,** *tr.* Empaquetar.
**Empachar,** *tr.* Hartar.
**Empacharse,** *r.* Indigestarse de tanto comer.
**Empacho,** *m.* Indigestión y hartura.
**Empadronar,** *tr.* Apuntar a una persona en el padrón o lista que se hace en los pueblos y ciudades para saber el número de habitantes que hay.
**Empalagar,** *tr.* Estar un dulce demasiado dulce.
**Empalagoso,** *adj.* Que produce asco su demasiada dulzura.
**Empalizada,** *f.* Cercado de maderas, hecho para defenderse.

Empalizada

**Empalmar,** *tr.* Unir dos palmas, o dos cuerdas, o dos vías de ferrocarril, o dos cables, o dos maderas, etc.
**Empalme,** *m.* Sitio donde dos maderas, caminos, cables, etc., se reúnen o empalman. || Dispositivo para unir dos cables, o dos vías. || Unión de dos trozos de película.
**Empanadilla,** *f.* Pastel pequeño rodeado de hojaldre y en cuyo interior hay algún manjar.
**Empanar,** *tr.* Encerrar un manjar en pan o masa y después cocerlo al horno; o rebozarlo con pan rallado y después freírlo.
**Empañar,** *tr.* Envolver a los niños pequeños en pañales. || Quitar el brillo de una cosa. || Manchar el honor o la fama.
**Empapar,** *tr.* Mojarse mucho. || Estudiar mucho una cosa.
**Empapelar,** *tr.* Envolver en papel. || Cubrir de papel las paredes de una habitación.
**Empaque,** *m.* Aspecto, porte de una persona. || Seriedad con algo de afectación.
**Emparedado,** *adj.* Encerrado entre dos paredes. || *m.* Bocadillo de jamón o de otro manjar cualquiera.
**Emparejarse,** *r.* Formar una pareja. || Ponerse a las parejas.
**Emparentado,** *adj.* Pariente desde hace algún tiempo.
**Emparrado,** *m.* Conjunto de ramas y hojas de una parra que se extienden sobre un armazón de madera o hierro formando una especie de cobertizo.
**Emparrillado,** *m.* Armazón de barras cruzadas para fortalecer los cimientos en terrenos poco duros.
**Empastar,** *tr.* Cubrir de pasta una cosa. || Rellenar con pasta o metal el hueco de un diente dañado. || Encuadernar los libros.
**Empatar,** *intr.* Quedar iguales, sin vencedor ni vencido, los que juegan o pelean.
**Empate,** *m.* Lo que se hace cuando se empata.
**Empedernir,** *tr.* Endurecer mucho. || *r.* Hacerse insensible, de corazón duro.
**Empedrado,** *m.* Pavimento hecho artificialmente con piedras. || Cielo cubierto de nubes pequeñas.

Empedrado

**Empedrar,** *tr.* Cubrir el suelo con piedras, ajustadas unas con otras.
**Empeine,** *m.* Piel endurecida y en forma de monte. ‖ Parte superior del pie. ‖ Cierta enfermedad de la piel que pone el cutis áspero, escamoso y con picazón.
**Empellón,** *m.* Empujón fuerte que se da a otra persona con el cuerpo, bruscamente y con violencia.
**Empeñado,** *adj.* Refiriéndose a disputas, acalorado, reñido, violento.
**Empeñar,** *tr.* Dejar una cosa en garantía de un préstamo.
**Empeño.**\*
**Empeoramiento,** *m.* Lo que se hace al empeorar. ‖ Contr.: **Mejora.**
**Empeorar,** *intr.* Ponerse peor.
**Empequeñecer,** *tr.* Hacer más pequeña una cosa o despreciarla.
**Emperador,** *m.* Jefe supremo del imperio.
**Empero,** *conj.* Pero. ‖ Sin embargo.
**Emperrarse,** *r.* Obstinarse, empeñarse.
**Empezar,** *tr.* Comenzar o dar principio a una cosa. ‖ *intr.* Comenzar. ‖ V. **pieza.**
**Empinado,** *adj.* Muy alto.
**Empinar,** *tr.* Levantar en alto una cosa. ‖ Beber mucho ‖ *r.* Ponerse sobre las puntas de los pies.
**Empingorotado,** *adj.* Que le da demasiada importancia a su posición social.
**Empírico,** *adj.* Basado en la experiencia.
**Empitonar,** *tr.* Coger el toro al torero, o alcanzarlo y herirlo con los pitones.
**Emplasto,** *m.* Ungüento extendido en una tela para ponerlo en la parte enferma. ‖ Persona que anda siempre delicada.

**Emplazado,** *adj.* Citado en un determinado lugar y hora, para que se defienda de las acusaciones que se le hacen.
**Empleado,** *m.* Persona que desempeña un cargo o empleo.
**Emplear.**\*
**Empleo,** *m.* Lo que se hace al emplear. ‖ Destino, ocupación, oficio. ‖ Uso. ‖ V. **emplear.**
**Empobrecerse,** *r.* Ser cada vez más pobre o valer menos.
**Empolvarse,** *r.* Llenarse de polvos.
**Empollar,** *tr.* Calentar el ave los huevos de su nido, poniéndose sobre ellos para sacar pollitos. ‖ Estudiar algún libro o lección con mucho detenimiento.
**Empollón,** *adj.* Estudiante que se prepara muchísimo sus lecciones.
**Emponzoñar,** *tr.* Envenenar.
**Emporio,** *m.* Ciudad famosa por su prestigio artístico y científico.
**Empotrado,** *adj.* Se dice de los roperos, armarios, y cosas así, que están metidos o hechos en un hueco de una pared.
**Emprendedor,** *adj.* Que emprende cosas difíciles de hacer. ‖ Atrevido. ‖ Avispado.
**Emprender,** *tr.* Empezar una cosa difícil. ‖ Importunar a una persona, reñirla. ‖ V. **prender.**
**Empresa,** *f.* Cosa difícil que se empieza con resolución y valor. ‖ Sociedad que realiza negocios de cierta importancia. ‖ V. **prender.**
**Empresario,** *m.* Persona que dirige una empresa. ‖ V. **prender.**
**Empréstito,** *m.* Préstamo de dinero que hace un Banco al Estado o a una corporación.
**Empujar,** *tr.* Hacer fuerza contra una

---

\*
EMPEÑO, m. Lo que se hace al empeñar: *Empeño de una joya.* ‖ *Deseo grande de hacer algo:* Tengo el empeño de ir hoy al cine. ‖ *Constancia de una cosa:* Trabaja con empeño.
    Viene del latín **pignus**, *que quiere decir 'prenda'.* ‖ Deriv.: **Desempeñar, desempeño, empeñado, empeñar, pignorar.**

EMPLEAR, tr. Ocupar a uno, encargándole que haga algo: *Le emplearé para barrer la casa.* ‖ *Gastar el dinero en alguna compra o negocio:* Empleó un millón de pesetas. ‖ *Usar:* Emplea la máquina, Manuel.
    Viene del latín **implicare**, *que significa 'meter' o 'dedicar a alguno a una actividad'.* ‖ Deriv.: **Empleado, empleo, desempleo.**

cosa. ‖ Echar a una persona de su empleo.
**Empuje,** *m.* Lo que se hace al empujar. ‖ Poder, influencia. ‖ Achuchón, impulso.
**Empujón,** *m.* Golpe que se da para empujar una cosa con fuerza.
**Empuñar,** *tr.* Coger una cosa por el puño. ‖ Coger con la mano.
**Emulación,** *f.* Deseo de imitar o superar a otra persona. ‖ Rivalidad, competencia.
**Emulsión,** *f.* Mezcla que se forma batiendo aceite y agua. ‖ Producto farmacéutico líquido y con muchas gotitas grasientas en suspensión.
**En.\***
**Enaguas,** *f. pl.* Falda interior de las mujeres.
**Enajenación,** *f.* Lo que se hace al enajenar o enajenarse. ‖ Distracción, falta de atención. ‖ Locura, desvarío.
**Enajenar,** *tr.* Pasar a otro el dominio de una cosa. ‖ *r.* y *tr.* Perder momentáneamente el uso de la razón.
**Enaltecer,** *tr.* Ensalzar. ‖ Alabar mucho. ‖ Engrandecer.
**Enamoradizo,** *adj.* Que se enamora con facilidad.
**Enamorado,** *adj.* (Persona) que tiene amor. ‖ Que quiere mucho a otra persona.
**Enamorar,** *tr.* Despertar amor. ‖ Decir palabras cariñosas. ‖ *r.* Aficionarse a una cosa. ‖ Prendarse, chiflarse por otra persona.
**Enamoriscarse,** *tr.* Enamorarse poco y a la ligera.
**Enano,** *adj.* Muy pequeño en su especie. ‖ *m.* Persona muy pequeña o de baja estatura.
**Enarbolar,** *tr.* Levantar en alto una bandera u otra cosa.
**Enardecer,** *tr.* Excitar una pasión. ‖ Avivar una disputa. ‖ Contr.: **Apagar.**
**Enarenar,** *tr.* Echar arena para cubrir con ella una superficie.
**Encabezamiento,** *m.* Lo que se hace al encabezar. ‖ Registro o padrón. ‖ Conjunto de palabras con que generalmente se empieza un documento.
**Encabezar,** *tr.* Matricular, empadronar a una persona. ‖ Empezar. ‖ Poner el encabezamiento de un libro o escrito.
**Encabritarse,** *r.* Ponerse el caballo levantado de manos.
**Encadenado,** *adj.* Atado con cadenas. ‖ Sujeto.
**Encadenamiento,** *m.* Serie de enlaces que tiene una cadena.
**Encadenar,** *tr.* Atar con cadena. ‖ Enlazar unas cosas con otras.
**Encajar,** *tr.* Meter una cosa en otra. ‖ Juntar dos cosas de modo que ajusten.
**Encaje,** *m.* El hecho de encajar una cosa en otra. ‖ Labor o tejido de adorno con calados.

Encaje

**Encajonar,** *tr.* Meter una cosa dentro de un cajón o de un sitio estrecho.
**Encalabrinarse,** *r.* Encapricharse, empeñarse en una cosa.
**Encalar,** *tr.* Blanquear las paredes, extendiéndoles cal.
**Encallar,** *intr.* Quedarse parada una embarcación a causa de la arena o piedras con que roza su casco o base.
**Encallecerse,** *r.* Criar callos, endurecerse.
**Encallejonar,** *tr.* Hacer que el toro entre por un callejón.
**Encamarse,** *r.* Meterse en cama. ‖ Esconderse la liebre o el conejo en un hoyo.
**Encaminar,** *tr.* Enseñar a uno el camino. ‖ Dirigir una cosa a un lugar determinado.

---
\* En. *Preposición que indica en qué lugar, tiempo o modo se hace lo que indica el verbo:* **Trabajo en mi cuarto. Vino en invierno. Anda en zapatillas.** *Viene del latín* in, *que significa* 'en, dentro de'.

**Encandilarse,** r. Deslumbrarse al mirar hacia una luz o foco.
**Encanecer,** intr. Ponerse cano.
**Encantado,** adj. Muy contento. || Distraído constantemente. || También se dice de los edificios grandes y deshabitados. || V. **cantar.**
**Encantador,** adj. Que encanta o hace encantamientos. || Que tiene mucha simpatía, y que es muy agradable.
**Encantamiento,** m. Palabra mágica que deja hechizada a una persona.
**Encantar,** tr. Hacer maravillas por medio de la magia. || Gustar, causar placer, cautivar totalmente.
**Encanto,** m. Lo que se hace al encantar. || Seducción, embeleso. || Cosa que encanta, que gusta. || V. **cantar.**
**Encañado,** m. Enrejado hecho de cañas. || Conjunto de tubos de una cañería.

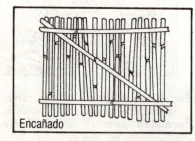
Encañado

**Encapotar,** tr. Cubrir con el capote. || r. Poner la cara enfadada. || Cubrirse el cielo de nubes oscuras.
**Encapricharse,** r. Obstinarse en conseguir un capricho. || Aficionarse excesivamente de alguna cosa.
**Encaramarse,** r. Subirse a las ramas más altas de un árbol. || Colocarse arriba después de un gran esfuerzo.
**Encarar,** intr. Ponerse cara a cara, en frente de otro para reñir.
**Encarcelamiento,** m. Lo que se hace al encarcelar.
**Encarcelar,** tr. Meter a una persona en la cárcel.
**Encarecer,** tr. Subir el precio de una cosa. || Ponderar. || Alabar mucho una cosa. || Recomendar con empeño.

**Encarecidamente,** adv. Con encarecimiento. || Con empeño.
**Encarecimiento,** m. Lo que se hace al encarecer.
**Encargado,** adj. Que tiene un encargo. || m. Persona encargada de un negocio.
**Encargar,** tr. Encomendar a otro una cosa. || Recomendar, aconsejar. || Pedir que desde otro lugar nos envíen alguna cosa. || V. **cargo.**
**Encargo,** m. Lo que se hace al encargar. || La cosa que se encarga. || V. **cargo.**
**Encariñarse,** r. Aficionarse a estar con otra persona y sentir por ella cada vez más amistad o cariño.
**Encarnación,** f. El encarnarse y hacerse hombre.
**Encarnado,** adj. De color carne. || Colorado, rojo.
**Encarnar,** intr. Tomar forma carnal. || Se dice principalmente de Cristo, el cual «se hizo hombre».
**Encarnizado,** adj. Encendido, de color de sangre, de color de carne. || fig. Muy cruel y sangriento.
**Encaro,** m. El mirar con excesiva atención y descaro.
**Encarrilar,** tr. Encaminar. || Dirigir. || Colocar sobre los carriles un vehículo descarrilado.
**Encartar,** tr. Condenar a un reo que ha huido. || Incluir a uno en un negocio. || Apuntar en los padrones. || intr. Venir a cuento.
**Encasquetarse,** r. Ajustarse mucho el sombrero o la gorra a la cabeza.
**Encastillar,** tr. Fortificar con castillos. || r. Encerrarse en un castillo para defenderse. || Obstinarse en una opinión.
**Encauzamiento,** m. Lo que se hace al encauzar.
**Encauzar,** tr. Llevar por un cauce o un canal una corriente de agua. || Encaminar. || Dirigir por buen camino una cosa o a una persona.
**Encebollar,** tr. Echar o poner demasiada cebolla a un guiso.
**Encefálico,** adj. Del encéfalo.
**Encéfalo,** m. Los sesos: el cerebro, el cerebelo y el bulbo raquídeo.
**Encelado,** adj. Demasiado enamorado o encariñado.

**Encenegado,** *adj.* Revuelto con barro. ‖ Entregado al vicio y la mala vida.
**Encendedor,** *adj.* Que enciende. ‖ *m.* Aparatito pequeño que sirve para encender.
**Encender,** *tr.* Hacer que una cosa arda. ‖ Incitar, excitar.
**Encendido,** *adj.* De color rojo. ‖ Irritado. ‖ De color muy subido.
**Encerado,** *adj.* De color de cera. ‖ *m.* Cuadro de hule, madera o tela barnizada de negro que se usa en las escuelas.
**Encerar,** *tr.* Dar cera a una cosa, extender cera sobre esa cosa.
**Encerrar,** *tr.* Meter a una persona o cosa en un sitio de donde no puede salir. ‖ Incluir. ‖ *r.* Retirarse del mundo, irse a un convento. ‖ V. **cerrar.**
**Encerrona,** *f.* Especie de trampa para que alguien haga lo que no quería hacer.
**Encestar,** *tr.* Meter algo en un cesto o cesta. ‖ Meter el balón por el aro, jugando al baloncesto.
**Encía,** *f.* Carne que cubre la raíz de los dientes.
**Encíclica,** *f.* Carta que el Papa dirige a todos los obispos católicos.
**Enciclopedia,** *f.* Libro grueso en el que vienen lecciones de diversas asignaturas o ciencias.
**Encierro,** *m.* El encerrar algo. ‖ El estar uno encerrado. ‖ Prisión.
**Encima.**\*
**Encina,** *f.* Arbol de madera muy dura, cuyo fruto es la bellota. ‖ La madera de este árbol se emplea mucho en construcciones.
**Encinta,** *adj.* Embarazada, preñada.
**Enclavado,** *adj.* Se dice del objeto o lugar que está dentro de otro.
**Enclavar,** *tr.* Clavar. ‖ Atravesar de parte a parte. ‖ Engañar.
**Enclenque,** *adj.* Enfermizo y muy débil.

Encina

**Enclítico,** *adj.* Unido al final de otra palabra.
**Encobar,** *tr.* Empollar huevos un ave en su nido.
**Encoger,** *tr.* Contraer una parte del cuerpo. ‖ Disminuir de tamaño una cosa al secarse. ‖ *r.* Ser tímido y apocado.
**Encogido,** *adj.* Corto de ánimo, tímido, apocado.
**Encolar,** *tr.* Untarle cola a una cosa.
**Encolerizarse,** *r.* Irritarse, ponerse colérico.
**Encomendar,** *tr.* Encargar a uno una cosa. ‖ Recomendar. ‖ *r.* Entregarse, confiarse a uno. ‖ V. **mandar.**
**Encomiar,** *tr.* Alabar mucho.
**Encomiástico,** *adj.* Que alaba, que contiene alabanza.
**Encomienda,** *f.* Encargo. ‖ Dignidad que ahora se da a algunas personas en reconocimiento de sus méritos. ‖ Insignia de dicha dignidad.
**Encomio,** *m.* Alabanza grande.
**Enconarse,** *r.* Inflamarse una herida.
**Encono,** *m.* Aborrecimiento. ‖ Rencor.
**Encontradizo,** *adj.* Que se encuentra con otra persona. ‖ **Hacerse el encontradizo:** Buscar a uno para encontrarse con él como por casualidad.

---

\*
ENCIMA. *Adverbio que significa 'en lugar más alto':* **Puse la caja encima de la mesa.** ‖ *Además:* **Encima he venido a verte.** ‖ *Cuando se dice 'por encima', se quiere decir superficialmente, a la ligera:* **Le miré por encima.**
  *Viene del griego* **kyma,** *que significa 'brote, vástago que sube hacia arriba, ola, onda'.* ‖ *Deriv.:* **Encimero.** ‖ *De la raíz* **kyma** *se derivan* **cima** *y* **cimero.** ‖ *Contr.:* **Debajo.**

**Encontrado,** *adj.* Opuesto. || Contrario.
**Encontrar,** *tr.* Hallar lo que se está buscando. || *intr.* Tropezar una persona con otra. || *r.* Tener un encuentro con otro. || V. **contra.**
**Encopetado,** *adj.* Presumido, orgulloso. || Contr.: **Modesto.**
**Encorajinarse,** *r. fam.* Encolerizarse por una tontería.
**Encorvado,** *adj.* Doblado como una curva.
**Encrespado,** *adj.* Rizado. Se dice del pelo.
**Encrucijada,** *f.* Sitio donde se cruzan dos calles o caminos.
**Encuadernar,** *tr.* Juntar y coser varios pliegos o cuadernos y ponerlos cubierta.
**Encuadrar,** *tr.* Poner en un marco o cuadro.
**Encubierta,** *f.* Fraude, ocultación con engaño.
**Encubrir,** *tr.* Ocultar una cosa, no decirla. || Ocultar un delito ajeno.
**Encuentro,** *m.* Choque de dos cosas. || Lo que sucede al encontrarse dos personas. || Oposición en el parecer de dos personas.
**Encuesta,** *f.* Indagación, averiguación, investigación.
**Encumbrar,** *tr.* Levantar en alto. || Ensalzar, enaltecer a uno. || Subir la cumbre. || *r.* Elevarse mucho.
**Encurtido,** *adj.* Puesto y conservado en vinagre.
**Enchufar,** *tr.* Conectar un aparato con la corriente eléctrica. || Unir dos tubos para formar una tubería. || *r.* Buscarse un buen negocio u oficio.
**Enchufe,** *m.* Unión entre dos cosas enchufadas. || Dispositivo con dos salientes metálicos que, al encajar en los dos agujeros del enchufe hembra, hacen posible el paso de la corriente eléctrica en una nueva dirección. || *fig.* Cargo u oficio de poco trabajo y muchas ganancias.
**Endeble,** *adj.* Débil, poco fuerte. || Contr.: **Fuerte.**
**Endecasílabo,** *adj.* De once sílabas.
**Endecha,** *f.* Canción triste y llena de lamentos.

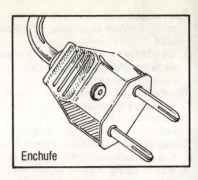
Enchufe

**Endemia,** *f.* Enfermedad frecuente en un país o región.
**Endémica,** *adj.* Que es una enfermedad frecuente en esa región o en ese país.
**Endemoniado,** *adj.* Poseído del demonio. || Muy malo.
**Enderezar,** *tr.* Poner derecho lo que está torcido. || Gobernar bien. || Enmendar, corregir.
**Endiablado,** *adj.* Más feo que el demonio. || Malísimo.
**Endiosarse,** *r.* Llenarse de soberbia y de excesivo orgullo.
**Endocardio,** *m.* Membrana que reviste los huecos del corazón.
**Endocarpio,** *m.* En algunos frutos: membrana que rodea al hueco en que están las semillas.
**endocrina (Glándula),** *f.* La que vierte directamente en la sangre la sustancia que ella produce.
**Endógeno,** *adj.* Que ha nacido dentro.
**Endolinfa,** *f.* Líquido que llena el interior del oído (no de la oreja).
**Endomingarse,** *r.* Vestirse de fiesta o de gala.
**Endosar,** *tr.* Ceder a otra persona un documento de crédito. || Echarle a otro un trabajo que no nos agrada.
**Endósmosis,** *f.* Corriente de fuera adentro, que se establece entre dos líquidos separados por una membrana.
**Endoso,** *m.* Lo escrito en la parte posterior de una letra comercial, para expresar a quien se le ha cedido.
**Endrino,** *adj.* Muy negro y como azulado el brillo.
**Endulzar,** *tr.* Poner dulce una co-

sa. || Facilitar un trabajo difícil. || Suavizar el mal genio.

**Endurecer,** *tr.* Poner dura una cosa. || Robustecer el cuerpo haciéndolo más fuerte para el trabajo. || *r.* Volverse dura o cruel.

**Enea,** *f.* Nea.

**Eneágono,** *m.* polígono de nueve lados.

**Enebro,** *m.* Arbusto de la familia de los pinos, con madera muy apreciada en carpintería, y de cuya esencia se fabrican licores y aguardientes (ginebra).

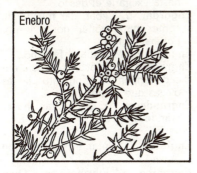
Enebro

**Enemigo,** *m.* El contrario en la guerra o en el juego. || El que odia a otro. || V. **amar.** || Contr.: **Amigo.**

**Enemistad,** *f.* Odio entre dos personas.

**Enemistar,** *tr.* Hacer a uno enemigo de otro o hacer perder la amistad que tenían.

**Energía.\***

**Enérgicamente,** *adv.* Con energía, con firmeza.

**Enérgico,** *adj.* Que tiene energía o que se refiere a ella.

**Energúmeno,** *m.* Persona endemoniada. || Persona dominada por la ira.

**Enero.\***

**Enervado,** *adj.* Débil. || Debilitado. || Sin fuerzas ni para pensar.

**Enésimo,** *adj.* Que ocupa el lugar «n». || Que ha de repetirse «n» veces; es decir, un número indeterminado de veces.

**Enfadar,** *tr.* Causar o producir enfado. || Contr.: **Alegrar.**

**Enfado,** *m.* Disgusto. || Enojo.

**Enfangarse,** *r.* Caer o echarse en el fango, o en los vicios.

**Énfasis,** *m.* Fuerza de expresión o de entonación con que se quiere realzar la importancia de lo que se dice o se lee.

**Enfáticamente,** *adv.* Con énfasis.

**Enfático,** *adj.* Que denota énfasis.

**Enfermar,** *intr.* Contraer una enfermedad. || *tr.* Debilitar, quitar las fuerzas, causar enfermedad.

**Enfermedad,** *f.* Alteración más o menos grave de la salud del cuerpo. || V. **firme.**

**Enfermería,** *f.* Casa destinada para los enfermos.

**Enfermero,** *m.* Persona que se dedica al cuidado de los enfermos.

**Enfermizo,** *adj.* Que tiene poca salud. || Que está enfermo a menudo. || Capaz de ocasionar enfermedades. || Contr.: **Sano, saludable, robusto.**

**Enfermo,** *adj.* Que padece una enfermedad. || Enfermizo. || V. **firme.**

**Enfervorizar,** *tr.* Animar. || Dar fervor.

**Enfilar,** *tr.* Poner en fila varias cosas. || Ensartar.

**Enflaquecer,** *intr.* Ponerse flaco. || Desanimarse.

**Enflaquecimiento,** *m.* Lo que se hace al enflaquecer. || Adelgazamiento.

**Enfocar,** *tr.* Hacer que la imagen de un objeto producida por una lente coincida con un punto determinado en los aparatos fotográficos,

F

---

\*

ENERGÍA, f. *Poder, fuerza para hacer una cosa:* **Tengo energía para levantar grandes pesos.**

    *Viene del griego* **ergón,** *que significa 'obra'.* || *Deriv.:* **Enérgico, energúmeno.**

ENERO, m. *Mes primero de los doce que tiene el año:* **Enero tiene 31 días.**

    *En latín se llama a este mes* **januarius,** *derividado de* **janua,** *que quiere decir 'puerta' y es que el mes de enero es como la puerta que abre cada año.*

cine, etc. || Plantear bien la resolución de un asunto o problema.

**Enfoque,** *m.* El situar bien una imagen en una pantalla.

**Enfoscar,** *tr.* Tapar todos los agujeros de una pared y dejarla completamente lisa.

**Enfrascado, da,** *p. p.* de enfrascarse. || *adj.* Embebido en cualquier trabajo o quehacer, entregado totalmente a él.

**Enfrascarse,** *r.* Meterse de lleno en un negocio, riña, estudio, asunto o lectura. || Meterse en un sitio lleno de matorrales.

**Enfrentar,** *intr.* Poner una cosa enfrente de otra. || Oponer. || *r.* Hacer frente al enemigo. || V. **frente.**

**Enfrente,** *adv.* A la parte opuesta. || Delante. || En contra.

**Enfriamiento,** *m.* Lo que se hace al enfriar. || Enfermedad de poca importancia ocasionada por el frío.

**Enfriar,** *tr.* Poner fría una cosa.

**Enfundar,** *tr.* Poner algo en su funda o estuche.

**Enfurecer,** *tr.* Irritar. || Causar furor. || *r.* Alterarse. || Alborotarse el mar, el viento, etc.

**Enfurruñamiento,** *m.* Lo que se hace al enfurruñarse. || Enfado.

**Enfurruñarse,** *r.* Enfadarse.

**Engalanar,** *tr.* Adornar una cosa, embellecerla.

**Enganchar,** *tr.* Agarrar una cosa con un gancho o colgarla de él. || Sujetar los caballos a los carruajes para que tiren de ellos. || Obligar a uno con maña a que haga una cosa. || Hacer que un hombre siente plaza de soldado.

**Enganche,** *m.* Unión que se consigue por medio de un gancho.

**Engañar,** *tr.* Dar a la mentira apariencia de verdad. || Equivocar. || Entretener, distraer. || *r.* Equivocarse.

**Engañifa,** *f. fam..* Engaño hecho con más habilidad que malicia.

**Engaño,** *m.* Falta de verdad, error. || Muleta de que se sirve el torero para engañar al toro.

**Engañoso,** *adj.* Que engaña. || Contrario: **Verídico, sincero.**

**Engarce,** *m.* Enlace en forma de cadena.

**Engarzar,** *tr.* Unir una cosa con otra formando cadena por medio de un hilo de metal.

**Engastar,** *tr.* Dejar sujeta una piedra preciosa en un trozo de plata, de platino o de oro.

**Engatusar,** *tr.* Ganar la voluntad de una persona con halagos.

**Engendrar,** *tr.* Procrear. || Dar la existencia. || Causar, ocasionar.

**Engendro,** *m.* Criatura informe que nace sin la proporción debida.

**Engolosinar,** *tr.* Presentarle a otro una cosa con mucho atractivo hasta excitarle el deseo.

**Engordar,** *tr.* Cebar, dar mucho de comer para poner gordo. || *intr.* Ponerse gordo.

**Engorro,** *m.* Molestia. || Estorbo.

**Engranaje,** *m.* Enlace, conexión, encadenamiento. || Conjunto de las piezas que engranan.

**Engrandecer,** *tr.* Aumentar, hacer grande una cosa. || Alabar. || Exagerar.

**Engrasar,** *tr.* Untar. || Manchar con grasa.

**Engreírse,** *r.* Envanecerse. || Quedarse absorto en las cosas que uno mismo se está imaginando.

**Engrosar,** *tr.* Hacer que una cosa aumente de peso.

**Engrudo,** *m.* Papilla hecha de harina o almidón y que sirve para pegar o unir cosas.

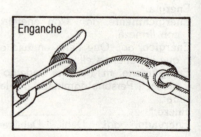
Enganche

**Enguantarse,** *r.* Cubrirse las manos metiéndolas en los guantes.

**Engullir,** *tr.* Tragar deprisa la comida.

**Engurruñido,** *adj.* Arrugado y encogido.

**Enhebrar,** *tr.* Pasar la hebra por el ojo de la aguja o por el agujero de las cuentas, perlas, etc.

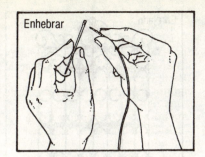
Enhebrar

**Enhiesto,** *adj.* Levantado. ‖ Derecho.
**Enhorabuena,** *f.* Felicitación.
**Enhoramala.** Adverbio que denota disgusto o enfado.
**Enigma,** *m.* Adivinanza. ‖ Conjunto de palabras de sentido oscuro para que sea difícil entenderlo.
**Enigmático,** *adj.* Difícil de entender; oculto e incomprensible.
**Enjabonar,** *tr.* Untar con jabón alguna cosa.
**Enjaezar,** *tr.* Adornar a una caballería.
**Enjabelgar,** *tr.* Blanquear las paredes con cal, yeso, etc.
**Enjambre,** *m.* Conjunto de abejas que viven con su reina en una colmena. ‖ Cantidad grande de personas o cosas.

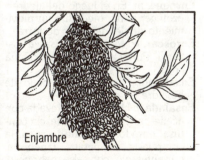
Enjambre

**Enjaular,** *tr.* Meter en una jaula a una persona o a un animal. ‖ *fig.* Meter en la cárcel a un criminal o delincuente.
**Enjuagar,** *tr.* Lavar con agua clara el plato o cosa que antes se había enjabonado. ‖ *r.* Ponerse agua en la boca y moverla convenientemente para dejar limpia la dentadura.
**Enjuague,** *m.* Acción de enjuagarse. ‖ *fig.* Enredo o engaño con que se pretende conseguir lo que no se espera lograr por los medios regulares o normales.
**Enjugar,** *tr.* Secar algo que está húmedo. ‖ *r.* Secarse el sudor o las lágrimas.
**Enjuiciamiento,** *m.* Acción de los jueces y tribunales. ‖ El enjuiciar.
**Enjuiciar,** *tr.* Someter una cosa a examen o juicio.
**Enjundia,** *f.* Gordura de las aves. ‖ Unto y gordura de cualquier animal.
**Enjuto,** *adj.* Delgadísimo, muy flaco y seco.
**Enlace,** *m.* Lo que se hace al enlazar. ‖ Unión de una cosa con otra. Hablando de los trenes: empalme. ‖ Casamiento. ‖ V. **lazo.**
**Enladrillar,** *tr.* Cubrir con ladrillos el pavimento o suelo.
**Enlazar,** *tr.* Coger o juntar una cosa con lazos. ‖ Coger un animal con el lazo. ‖ *r.* Casarse.
**Enloquecer,** *intr.* Perder el juicio una persona, volverse loco. ‖ Volver loco a otro.
**Enlosar,** *tr.* Cubrir con losas el suelo.
**Enlucido,** *adj.* Blanqueado. ‖ *m.* Capa de yeso o cemento que se da a las paredes.
**Enlucir,** *tr.* Blanquear una pared o ponerle una capa de yeso. ‖ Limpiar y dar brillo a un objeto de metal.
**Enlutado,** *adj.* Que tiene luto, que se viste con telas negras.
**Enmarañado,** *adj.* Enredado. ‖ Muy difícil.
**Enmarcar,** *tr.* Poner marco a una cosa.
**Enmascararse,** *r.* Cubrirse la cabeza con una máscara. ‖ Disfrazarse.
**Enmelar,** *tr.* Untar con miel. ‖ Hacer miel las abejas. ‖ Endulzar, hacer suave una cosa.
**Enmendar,** *tr.* Corregir los defectos de una cosa.
**Enmienda,** *f.* Corrección. ‖ Satisfacción o pago de un daño.
**Enmohecerse,** *r.* Cubrirse de moho.
**Enmudecer,** *tr.* Hacer callar. ‖ *intr.* Quedar mudo. ‖ Callarse.
**Ennoblecer,** *tr.* Hacer noble a una

persona. || Realzar, dar esplendor.
**Enojar,** *tr.* Causar enojo. || Molestar, disgustar.
**Enojo,** *m.* Ira, enfado. || Molestia.
**Enorgullecer,** *tr.* Llenar de orgullo.
**Enorme,** *adj.* Muy grande. || Excesivo. || V. **norma.**
**Enormemente,** *adv.* Con enormidad; excesivamente.
**Enormidad,** *f.* Exceso. || Tamaño desmedido. || Despropósito, desatino.
**Enrabiarse,** *r.* Ponerse como rabioso.
**Enraizar,** *intr.* Echar raíces. || Arraigar.
**Enramada,** *f.* Conjunto de ramas entrelazadas.
**Enrarecerse,** *r.* Ponerse desigual la densidad de un gas o aire encerrado.
**Enredadera,** *f.* Cualquier planta cuyo tallo se vaya enredando al crecer y sujetándose a palos o salientes.

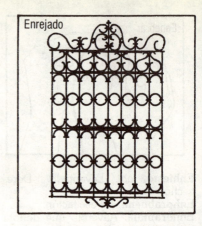
Enrejado

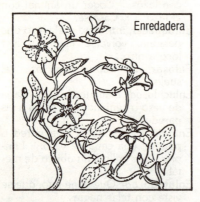
Enredadera

**Enredador,** *adv.* Que enreda. || Embustero. || Chismoso.
**Enredar,** *tr.* Prender con red. || Tender la red para cazar. || Enmarañar. || Mezclar, enlazar. || Revolver. || Enemistar, meter discordia. || Meter a uno en un asunto peligroso.
**Enredo,** *m.* Lío que resulta de mezclarse desordenadamente los hilos y otras cosas flexibles. || Travesura. || Engaño, mentira. || Complicación en algún negocio.
**Enrejado,** *m.* Conjunto de rejas o barras que tienen algunas ventanas. || Conjunto de cosas entretejidas.

**Enrevesado,** *adj.* Difícil. || Oscuro. || Que se entiende con dificultad.
**Enriquecerse,** *r.* Ir poniéndose cada vez más rico.
**Enrocarse,** *r.* Hacer el enroque un jugador de ajedrez.
**Enrojecer,** *tr.* Poner roja una cosa, dar color rojo. || *r.* Coloreársele a uno la cara.
**Enrolar,** *tr.* Alistar, inscribir a alguien para hacer algo.
**Enrollar** (Galicismo), *tr.* Envolver una cosa de tal suerte que resulte en forma de rollo.
**Enronquecer,** *intr.* Ponerse ronco.
**Enroque,** *m.* En el juego del ajedrez: proteger al rey mediante un movimiento doble, de rey y de torre.
**Enroscar,** *tr.* Meter una cosa «a rosca». || Poner en forma de rosca una cosa.
**Ensaimada,** *f.* Especie de bollo de hojaldre en espiral.
**Ensalada,** *f.* Hortaliza aderezada con aceite, sal y vinagre. || Mezcla confusa, enredo. || **Ensalada rusa,** la compuesta de patata, zanahoria, guisantes, etc., con salsa mahonesa.
**Ensaladera,** *f.* Fuente honda en la que se sirve la ensalada en la mesa.
**Ensaladilla,** *f.* Especie de ensalada rusa. || Bocados de dulces diferentes y mezclados. || Conjunto de piedras preciosas pequeñas y diferentes, dispuestas en una misma joya.
**Ensalivar,** *tr.* Empapar de saliva un

alimento mientras se va masticando.
**Ensalmo,** *m.* Modo supersticioso de curar con oraciones y con remedios populares. || **Por ensalmo,** *adv.* Con rapidez extraordinaria y sin saberse cómo.
**Ensalzar,** *tr.* Engrandecer. || Exaltar, alabar, elogiar.
**Ensamblar,** *tr.* Unir y ajustar entre sí varias piezas hechas de madera.
**Ensanchar,** *tr.* Hacer más ancha una cosa. || *r.* Engreírse. || Ponerse muy contento. || V. **ancho.**
**Ensanche,** *m.* Extensión, dilatación. || Tela que queda en las hechuras de un vestido para poderlo ensanchar. || Terreno en las afueras de una población donde se construyen nuevos barrios.
**Ensangrentar,** *tr.* Manchar de sangre. || *r.* Mancharse con sangre.
**Ensañar,** *tr.* Irritar. || Enfurecer. || *r.* Deleitarse en causar el mayor daño posible a quien no puede ya defenderse.
**Ensartar,** *tr.* Meter varias cosas en un hilo o alambre, unas detrás de otras.
**Ensayar,** *tr.* Probar. || Hacer la prueba de una comedia o baile antes de ejecutarlo en público. || Probar la calidad de un metal. || Tantear, intentar.
**Ensayo,** *m.* Lo que se hace al ensayar. || Escrito bien hecho, pero breve, sobre una cosa. || Análisis de un mineral. || Representación de una obra de teatro antes de hacerla ante el público.
**En seguida,** *m. adv.* Inmediatamente, a continuación.

**Enseñado,** *adj.* Instruido, educado. || Acostumbrado.
**Enseñanza,** *f.* Lo que se hace al enseñar. || Modo de dar la enseñanza. || V. **seña.**
**Enseñar,** *tr.* Instruir. || Señalar, indicar, mostrar. || V. **seña.**
**Enseñorearse,** *r.* Hacerse dueño de una cosa, dominarla.
**Enseres,** *m. pl.* Muebles, instrumentos necesarios en una casa o para ejercer un oficio.
**Ensimismado,** *adj.* Pensativo. || Cabizbajo.
**Ensimismarse,** *r.* Abstraerse. || Quedar pensativo. || Envanecerse, engreírse.
**Ensoberbecido,** *adj.* Orgulloso y soberbio.
**Ensombrecer,** *tr.* Oscurecer, cubrir de sombras.
**Ensoñar,** *tr. o intr.* Soñar.
**Ensordecedor,** *adj.* Capaz de dejar sordo. Se dice del ruido extremadamente fuerte o violento.
**Ensortijado,** *adj.* Muy rizado. Se dice del cabello.
**Ensuciar,** *tr.* Manchar una cosa. || Manchar el alma o la fama con malas acciones. || *intr.* Hacer las necesidades corporales. || Hacerse idem en la cama, camisa, etcétera. || Dejarse sobornar.
**Ensueño,** *m.* Sueño, la cosa que se sueña. || Ilusión.
**Entablar,** *tr.* Cubrir con tablas. || Asegurar con tablillas y vendas un hueso roto. || Colocar en su puesto las piezas del ajedrez o las damas. || Disponer, preparar.
**Entarimado,** *m.* Pavimento cubierto de tablas o maderas.

Ensenada

Entarimado

**Ensenada,** *f.* Entrada del mar por un recodo de la costa.
**Enseña,** *f.* Insignia, estandarte.

**Ente,** *m.* Lo que es, existe o puede existir, es decir, una cosa cualquiera. || Sujeto ridículo.

**Enteco,** *adj.* Enfermizo, flaco, débil.
**Entender,** *tr.* Tener idea clara de las cosas; comprenderlas. ‖ Saber muy bien una cosa. ‖ V. **tender.**
**Entendimiento,** *m.* Facultad de comprender. ‖ Inteligencia, talento.
**Entente,** *f.* Alianza entre varias naciones para luchar contra otras.
**Enterado,** *adj.* Que sabe, informado.
**Enteramente,** *adv.* Plenamente. ‖ Del todo.
**Enterar,** *tr.* Informar. ‖ Instruir. ‖ V. **entero.**
**Entereza,** *f.* Fortaleza de ánimo.
**Enterizo,** *adj.* Hecho de una misma pieza.
**Enternecer,** *tr.* Ablandar. ‖ Poner tierna y blanda una cosa. ‖ *r.* Moverse a ternura por compasión u otro motivo.
**Entero.***
**Enterrar,** *tr.* Poner debajo de tierra. ‖ Dar sepultura a un cadáver. ‖ Sobrevivir a alguno.
**Entibar,** *intr.* Sostener con maderas los techos y paredes de las galerías de una mina.
**Entidad,** *f.* Esencia de una cosa. ‖ Importancia de una cosa. ‖ Gremio, asociación, sociedad. ‖ V. **ser.**
**Entierro,** *m.* Lo que se hace al enterrar. ‖ Sepulcro o sitio donde se pone a los difuntos. ‖ El cadáver que se lleva a enterrar y su acompañamiento.
**Entoldado,** *m.* Lo que se hace al entoldar. ‖ Toldo o conjunto de toldos colocados y extendidos para dar sombra.
**Entoldar,** *tr.* Cubrir con toldos los balcones, terrazas, patios, etc., para evitar el calor. ‖ Cubrir con tapices

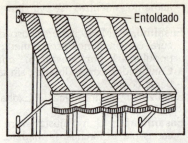
Entoldado

las paredes de las iglesias, casas, etcétera. ‖ *r.* Cubrirse de nubes el cielo.
**Entomología,** *f.* Estudio científico acerca de los insectos.
**Entonación,** *f.* Tono. ‖ Arrogancia, vanidad.
**Entonar,** *tr.* Cantar ajustado al tono. ‖ Afinar la voz. ‖ Empezar uno a cantar una cosa para que los demás continúen. ‖ Dar determinado tono a la voz.
**Entonces.***
**Entontecer,** *tr.* Poner a uno tonto. ‖ *intr.* Volverse tonto.
**Entorchado,** *m.* Cuerda o cordoncillo de seda cubierta con hilo de metal. ‖ Bordado en oro o plata que llevan como distintivo (en las vueltas de las mangas del uniforme) los

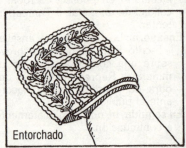
Entorchado

---
*

ENTERO, adj. Completo: *Se estudió la lección entera.* ‖ Recto, justo: **Un maestro muy entero.** ‖ Se dice 'número entero' al que tiene unidades enteras como **tres, cinco,** etc.
   Viene del latín **integer,** que quiere decir 'entero, íntegro, intacto'; por eso entero quiere decir propiamente 'no tocado'. ‖ Deriv.: **Enterar, entereza, enterizo, integración, integral, integrar, integridad, integrista, reintegrar, reintegro.** ‖ Contr.: **Partido.**

ENTONCES, adv. En aquel tiempo: **Entonces tenía viente años.** ‖ En aquella ocasión: **Entonces llovía.** ‖ En tal caso, siendo así: **Entonces vete a la cama.**
   Viene del latín **tunc,** que significa 'entonces'.

ministros, generales y otros altos funcionarios.
**Entornar,** *tr.* Empujar la hoja de una puerta o ventana hacia donde se cierra, pero sin llegar a cerrarla. También se dice de los ojos, y de los párpados.
**Entorpecer,** *tr.* Poner torpe. || Turbar el entendimiento. || Retardar, dificultar.
**Entrada,** *f.* Sitio por donde se entra. || La acción de entrar. || Antesala, vestíbulo. || Conjunto de personas que asisten a un espectáculo. || El papelito que sirve para entrar en un cine, etc. || Ingreso de dineros. || Amistad, favor, familiaridad en una cosa. || Principio, comienzo. || V. **entrar.**
**Entrambos,** *adj. pl.* Ambos. || Los dos.
**Entraña,** *f.* Organos más importantes del cuerpo humano. || Lo más íntimo o principal de una cosa. || Lo más oculto e interior de algo.
**Entrañable,** *adj.* Intimo. || Muy querido.
**Entrañablemente,** *adv.* Con mucho cariño.
**Entrañar,** *tr.* Introducir en lo más hondo. || Contener, llevar dentro de sí. || *r.* Unirse de todo corazón con alguna persona.
**Entrar.***
**Entre.***

**Entreabrir,** *tr.* Abrir un poco una puerta, ventana, etc.
**Entreacto,** *m.* Intermedio, descanso o tiempo que hay de un acto a otro en una representación teatral.
**Entrecejo,** *m.* Espacio que hay entre las cejas. || Ceño.
**Entrecortar,** *tr.* Cortar una cosa de manera incompleta.
**Entrecruzamiento,** *m.* Lo que se hace al entrecruzar o entrelazar.
**Entrecruzar,** *tr.* Cruzar dos o más cosas. || Entrelazar.
**entredicho (Poner en),** *m. adv.* Dudar de la bondad de una cosa o persona hasta que no se demuestre que merece toda nuestra confianza.
**Entredós,** *m.* Bordado o encaje, cosido entre dos telas.
**Entrega,** *f.* Lo que se hace al entregar. || Donación, cosa que se entrega o da. || V. **entregar.**
**Entregado,** *adj.* Dedicado a una cosa o actividad por completo.
**Entregar.***
**Entrelazar,** *tr.* Enlazar, cruzar, entretejer una cosa con otra.
**Entremés,** *m.* Cualquiera de los pequeños manjares que se sirven en la mesa, para ir picando antes de empezar a comer, o entre plato y plato. || Obra de teatro, corta y simpática, que se representa durante los entreactos.

---

ENTRAR, *intr.* Pasar de fuera adentro: **Entrar en la oficina.** || Ser admitido: **El novio entra en casa.** || Caber, encajar: **El libro no entra en el estante.** || Penetrar o introducirse: **El clavo no entra en la pared.** || Tomar una profesión: **Entrar en el ejército.** || Gustar: **No me entra esta tela.**
  Viene del latín **intrare,** que significa 'entrar'. || Deriv.: **Entrada, entrante.** || Contr.: **Salir.**
ENTRE, *prep.* En medio de: **Iba entre dos filas de árboles.** || Dentro de, en lo interior: **Pensaba entre mí qué haría.** || Intermedio: **Entre dulce y amargo.** || Reunión de personas o de cosas: **Entre cuatro se comieron un pollo.**
  Viene del latín **inter,** que significa 'entre'. || Deriv.: **Interinidad, interino, interior, interioridad, internado, internar, interno, intestino, intimidad, intimidar, íntimo, intrínseco.** || Además se pone delante de muchas palabras para formar palabras compuestas como: **Entreabrir, entrecejo, entresuelo, entretela, entretener,** etc.
ENTREGAR, *tr.* Dar, poner en poder de otro: **Le entregó el libro.** || Dedicarse enteramente a una cosa: **Se entrega a su trabajo.**
  Viene del latín **integrare,** que significa 'reparar, rehacer'. || Deriv.: **Entrega.** || Contr.: **Recibir, tomar.**

**Entremeter,** *tr.* Meter entre. ‖ V. **entrometer.**
**Entremezclar,** *tr.* Mezclar una cosa con otra.
**Entrenado,** *adj.* Preparado para un juego o un trabajo. Es un galicismo. Debe decirse «preparado».
**Entrenador,** *m.* El que entrena a otro. Es un galicismo. Debe decirse «preparador».
**Entrenamiento,** *m.* Ejercicio. Es un galicismo. Debe decirse «preparación».
**Entrenar,** *tr.* Ejercitar o amaestrar para un deporte. Es un galicismo. Debe decirse «preparar».
**Entresacar,** *tr.* Sacar o escoger unas cosas de entre otras, generalmente para apartar las malas y dejar las buenas.
**Entresijo,** *m.* Cosa oculta o interior.
**Entresuelo,** *m.* Habitación entre un cuarto bajo y el principal de una casa.
**Entresueño,** *m.* Estado anímico intermedio entre la vigilia y el sueño, que se caracteriza por la disminución de lucidez de conciencia. ‖ Duermevela.
**Entretanto,** *adv.* Entre tanto. ‖ Mientras tanto. ‖ V. **tanto.**

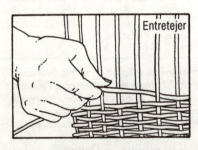
Entretejer

**Entretejer,** *tr.* Enlazar y trabar entre sí hilos o cosas flexibles.
**Entretela,** *f.* Lienzo u otro tejido tieso, que se pone entre la tela y el forro de algunas prendas de vestir.

**Entretener,** *tr.* Recrear, divertir. ‖ Tener a uno esperando.
**Entretenido,** *adj.* Chistoso, divertido.
**Entretenimiento,** *m.* Lo que se hace al entretener o entretenerse. ‖ Cosa que sirve para entretener o divertir. ‖ Conservación de una persona o cosa.
**Entretiempo,** *m.* Nombre que se da al tiempo de primavera y otoño.
**Entrever,** *tr.* Ver confusamente una cosa. ‖ Sospechar una cosa, adivinarla.
**Entreverado,** *adj.* Se le llama así al tocino que tiene por dentro algunas hebras de carne. ‖ Que tiene alguna mezcla en su interior.
**Entrevista,** *f.* Encuentro concertado de dos o más personas para tratar de algo importante. ‖ V. **ver.**
**Entrevistarse,** *r.* Tener una entrevista con una persona.
**Entrevisto,** *adj.* Visto confusamente, sin mucha seguridad.
**Entristecer,** *tr.* Causar tristeza. ‖ *r.* Ponerse triste. ‖ Contr.: **Alegrar.**
**Entrometer,** *tr.* Entremeter. ‖ Meter una cosa entre otras. ‖ *r.* Meterse uno donde no le llaman.
**Entrometido,** *adj.* (Persona) que se mete donde no le llaman.
**Entronar,** *tr.* Entronizar. ‖ Colocar en el trono. ‖ Ensalzar a uno. ‖ *r.* Engreírse, envanecerse.
**Entroncar,** *intr.* Ser pariente de los parientes de otra persona o rey.
**Entronizar,** *tr.* Colocar en el trono.
**Entuertos,** *m. pl.* Injusticias y ofensas.
**Entumecerse,** *r.* Quedarse un miembro del cuerpo como sin movimiento ni sensibilidad.
**Enturbiar,** *tr.* Poner turbia una cosa. ‖ Turbiar. ‖ Oscurecer lo que estaba claro.
**Entusiasmado,** *adj.* Lleno de entusiasmo, extasiado, embobado.
**Entusiasmar,** *tr.* Causar entusiasmo. ‖ Causar admiración.
**Entusiasmo.*** 

---

*ENTUSIASMO, m. Alegría, satisfacción, exaltación del ánimo ante una cosa que se admira mucho:* **Jugaron llenos de entusiasmo.** *‖ Adhesión fervorosa:* **Le siguen con entusiasmo.**
*Viene del griego* **enthusiasmo,** *que significa 'arrobamiento, éxtasis', y que se deriva de la palabra* **theo,** *que significa Dios; por eso entusiasmo,*

**Entusiasta,** *adj.* Partidario fervoroso de algo. ‖ Hincha, forofo. ‖ V. **entusiasmo.**
**Enumeración,** *f.* El ir diciendo por orden una serie de cosas, o las partes de un todo, o los números, etc.
**Enumerar,** *tr.* Decir por orden una serie de cosas.
**Enunciado,** *m.* Frase breve y sencilla con que se dice una cosa.
**Enunciar,** *tr.* Expresar con sencillez una idea.
**Envainar,** *tr.* Meter la espada en su vaina.
**Envalentonarse,** *r.* Ir poniéndose cada momento más valiente.
**Envanecerse,** *r.* Creerse mejor que nadie, ser un maldito orgulloso.
**Envarado, da,** *p. p.* de envarar. ‖ *adj.* Dícese de la persona estirada, orgullosa.
**Envararse,** *r.* Entumecerse un músculo.
**Envasar,** *tr.* Echar un líquido en vasos o vasijas y cerrarlos después.

Envasar

**Envase,** *m.* El estar envasado un líquido. ‖ Recipiente donde se mete una cosa para que se conserve, o para que pueda transportarse. ‖ Caja o embalaje de los artículos de comercio.
**Envejecer,** *intr.* Ponerse vieja o antigua una persona o cosa.
**Envenenamiento,** *m.* Lo que se hace al envenenar.
**Envenenar,** *tr.* Corromper o dañar algo mediante un veneno.

**Envergadura,** *f.* Ancho de la vela de un barco. ‖ Distancia entre las puntas de las alas de un ave cuando están completamente abiertas. ‖ Ancho de un aeroplano.
**Envés,** *m.* Revés, la parte de atrás de las hojas.
**Enviado,** *m.* Persona que se envía con un recado. ‖ Agente diplomático.
**Enviar,** *tr.* Mandar a una persona o cosa a alguna parte. ‖ V. **vía.**
**Enviciado,** *adj.* Corrompido por algún vicio.
**Enviciarse,** *r.* Aficionarse a uno o más vicios.
**Envidia,** *f.* Disgusto por el bien ajeno. ‖ Deseo de imitar las acciones de otro.
**Envilecerse,** *r.* Hacerse cada vez más despreciable.
**Envío,** *m.* Lo que se hace al enviar. ‖ Cosa que se envía. ‖ V. **vía.**
**Envite,** *m.* Apuesta durante un juego, a medida que se va jugando.
**Enviudar,** *intr.* Quedar viudo o viuda. ‖ Morirse el marido o la mujer.
**Envoltorio,** *m.* Lío hecho de ropas. ‖ Papel o plástico en que se halla envuelta alguna cosa o medicamento.
**Envolver,** *tr.* Cubrir una cosa con otra.
**Enzima,** *f.* Sustancia que producen las células vivas y que sirve para la fermentación.
**Épica,** *f.* Poesía en que se cuentan las hazañas de los héroes, las grandes conquistas, y cosas así.
**Epicardio,** *m.* Membrana exterior del corazón.
**Epicardio,** *m.* Piel de un fruto.
**epiceno (Género),** *m.* Género de los nombres de animales cuyas hembras se llamen exactamente igual que los machos.
**Epicentro,** *m.* Punto de la Tierra en donde comienza un terremoto.
**Epidemia,** *f.* Enfermedad que ataca en una misma ciudad a muchas

*propiamente quiere decir 'sentirse lleno de algo divino'.* ‖ *Deriv.:* **Entusiasmado, entusiasmar, entusiasta, entusiástico.**

personas a la vez, como el cólera, el tifus, la viruela, etc.

**Epidermis,** *f.* Piel delgada y casi transparente que cubre todo el cuerpo de los animales y las plantas. (Es la parte que se ve de la piel.)

**Epifanía,** *f.* Manifestación. || Fiesta de la adoración de los reyes magos.

**Epífisis,** *f.* Extremo por donde se articula un hueso largo. || Nombre también de cierta glándula del cerebro.

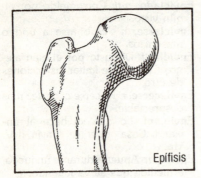
Epífisis

**Epiglotis,** *f.* Tapadera membranosa del agujero de la glotis.

**Epígono,** *m.* El que sigue las huellas o enseñanzas de otro.

**Epígrafe,** *m.* Letrero que sirve de encabezamiento a un capítulo, etc. || Inscripción.

**Epigrafía,** *f.* Ciencia que estudia las inscripciones antiguas.

**Epigráfico,** *adj.* Que se refiere a la epigrafía.

**Epigrama,** *m.* En la antigüedad, inscripción que se ponía en los monumentos. || Composición poética graciosa y burlona. || Crítica, burla.

**Epilepsia,** *f.* Enfermedad que se caracteriza por convulsiones y pérdida del sentido.

**Epiléptico,** *adj.* Se dice de la persona que padece epilepsia. || Que se refiere a esa enfermedad.

**Epílogo,** *m.* Conclusión de una obra literaria y especialmente de una obra dramática.

**Epiqueya,** *f.* Interpretación prudente de lo que quiso decir el legislador en alguna parte de la ley.

**Episcopado,** *m.* Dignidad de obispo. || Tiempo que dura el gobierno de un obispo. || Conjunto de todos los obispos católicos o los de una nación.

**Episcopal,** *adj.* Que se refiere a los obispos. || De los obispos.

**Episódicamente,** *adv.* A manera de episodio. || Incidentalmente.

**Episodio,** *m.* Hecho secundario en una novela y que se cuenta para dar más variedad a la acción principal. || Cada una de las partes que componen la acción principal.

**Epístola,** *f.* Carta. || Cartas escritas por los Apóstoles. || Parte de la Misa (antes del Evangelio).

**Epitafio,** *m.* Conjunto de palabras escritas sobre una tumba o sepulcro.

**Epitelial,** *adj.* Se le dice así al tejido que cubre la parte exterior de las mucosas del cuerpo.

**Epíteto,** *adj.* Que expresa una característica principal del nombre al que acompaña; ej.: «blanca» nieve; «mansa» oveja, etc.

**Epítome,** *m.* Resumen de un libro u obra extensa.

**Época.**\*

**Epopeya,** *f.* Poema extenso en el que aparecen personajes importantes o héroes, históricos o legendarios. || Conjunto de hechos maravillosos, dignos de ser cantados en poesía épica.

**Equiángulo,** *adj.* Que tiene iguales todos sus ángulos.

**Equidad,** *f.* Moderación. || Justicia.

**Equidistante,** *adj.* Que se halla a igual distancia.

**Équidos,** *m. pl.* Los caballos, asnos, cabras, mulos, etc., que tienen una pezuña en cada extremidad.

**Equilátero,** *adj.* Que tiene iguales todos sus lados.

---

\* Época, *f.* Fecha, tiempo en que ocurrió un hecho notable: *Ocurrió en época lejana.* || Cualquier espacio de tiempo: *En la época de la dominación árabe.*

Viene del griego **epokhe,** que significa 'período, época, detención'.

**Equilibrar,** *tr.* Poner en equilibrio. || Hacer que una cosa no supere a otra.
**Equilibrio,** *m.* Estabilidad de un cuerpo a pesar de que tiran de él varias fuerzas. || Ecuanimidad, prudencia.
**Equilibrista,** *adj.* Rápido y diestro en hacer ejercicios de equilibrio.
**Equinoccio,** *m.* Cada una de las dos fechas (21 de marzo y 23 de septiembre), en que los rayos del sol caen perpendiculares al Ecuador. || Comienzo de la primavera, y comienzo del otoño.

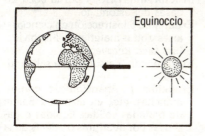

Equinoccio

**Equinodermos,** *m. pl.* Los erizos de mar, estrellas de mar, caballitos de mar, y todos los invertebrados de su misma clase o especie.
**Equipaje,** *m.* Conjunto de cosas que se lleva en los viajes.
**Equipamiento,** *m.* Acción y efecto de equipar.
**Equipar,** *tr.* Proveer a uno de todo lo necesario.
**Equiparar,** *tr.* Considerar que son iguales dos cosas, o que sirven para lo mismo.
**Equipo.*** 
**Equis,** *f.* Letra x. || Signo X. || Incógnita. || Empate.
**Equitación,** *f.* Arte de montar a caballo.
**Equitativamente,** *adv.* De manera equitativa. || A todos por igual.

**Equitativo,** *adj.* Que tiene equidad. || Justicia.
**Equivalente,** *adj.* Que equivale a otra cosa.
**Equivaler,** *intr.* Ser igual una cosa a otra en estimación, valor, poder, etcétera.
**Equivocación,** *f.* Lo que se hace al equivocar o equivocarse. || Cosa hecha equivocadamente.
**Equivocadamente,** *adv.* Con equivocación; erróneamente.
**Equivocarse,** *r.* Tomar una cosa por otra creyendo que son lo mismo.
**Equívoco,** *adj.* Que puede entenderse de varias maneras.
**Era,** *f.* Punto fijo y fecha determinada de un suceso desde el cual se empiezan a contar los años. La «era cristiana» empieza a contarse desde el nacimiento de Nuestro Señor Jesucristo. || Espacio de tierra limpia y llana donde se trilla la mies, o se aparta el carbón de las minas. || Cuadro pequeño de tierra donde se cultivan hortalizas, flores, etc.
**Eral,** *m.* Novillo que todavía no tiene dos años.
**Erario,** *m.* Tesoro público y lugar donde se guarda.
**Erección,** *f.* Lo que se hace al levantar o erigir. || Fundación, institución.
**Eremita,** *m.* Ermitaño solitario.
**Ergio,** *m.* Unidad física de trabajo mecánico. || Trabajo físico que realiza una máquina al mover una dina a un centímetro de distancia.
**Erguir,** *tr.* Levantar y poner derecha una cosa. || *r.* Envanecerse.
**Erial,** *m.* Se dice del campo que está sin cultivar ni labrar.
**Erigir,** *tr.* Construir, edificar, instituir.
**Erisipela,** *f.* Inflamación rojiza de la piel, con vesículas y supuraciones, y acompañada de fiebre elevada.
**Eritema,** *f.* Inflamación de la piel, y quemaduras en la misma, produ-

---

Equipo, *m. Lo que se hace al equipar.* || *Cada uno de los grupos de jugadores que disputan un partido:* **Equipo de fútbol.** || *Conjunto de personas que se dedican a una misma actividad ordenadamente:* **Trabajan en equipo.** || *Ropas necesarias:* **El equipo de la novia.**
 Viene del francés **equiper,** *que significa 'proveerse de lo necesario'.*
|| Deriv.: **Equipaje, equipar.**

cida por los rayos del sol, muy frecuente en verano, sobre todo entre los bañistas.

**Erizado,** *adj.* Cubierto de púas o espinas. ‖ Tieso y rígido. Se dice principalmente del cabello de la persona que está asustada. ‖ Lleno de obstáculos y dificultades.

Erizo

**Erizo,** *m.* Mamífero pequeño, de un palmo de largo, con el dorso y los costados cubiertos de púas, que se alimenta de insectos, ratones y culebras; cuando se ve perseguido se hace una bola espinosa. Pasa el invierno dormido en su madriguera. ‖ Erizo de mar: invertebrado marino, de la familia de la estrella de mar; tiene forma redondeada y está cubierto por una concha con muchas púas.

**Ermita,** *f.* Santuario o capilla situado por lo general en despoblado.

**Ermitaño,** *m.* Persona que vive en la ermita y cuida de ella. ‖ El que vive en soledad, como el monje.

**Erosión,** *f.* Desgaste del suelo y de las rocas, debido a la acción del viento, lluvias, heladas y cambios de temperatura.

**Erosivo,** *adj.* Que produce erosión o desgaste.

**Erótico,** *adj.* Que se refiere al amor.

**Erotismo,** *m.* Amor enfermizo.

**Erradicación,** *f.* El arrancar una cosa de raíz.

**Errado,** *adj.* Que yerra o está equivocado.

**Errante,** *adj.* Que va de un lado a otro, vagabundo.

**Errar,** *tr.* Equivocarse, hacer las cosas con error. ‖ *intr.* Andar de un lado para otro sin estar en un lugar fijo.

**Errata,** *f.* Equivocación de letras que aparece en un impreso (libro, periódico, etc.).

**Erre,** *f.* Nombre de la **R** cuando es consonante fuerte.

**Erróneamente,** *adv.* Con error y equivocadamente.

**Erróneo,** *adj.* Equivocado, hecho con error.

**Error.**\*

**Eructar,** *intr.* Arrojar por la boca los gases del estómago.

**Erudición,** *f.* Instrucción en ciencias y artes y otras materias. ‖ Mucha lectura bien aprovechada.

**Erudito,** *adj.* (Persona) que sabe mucho.

**Erupción,** *f.* Aparición de granos, manchas, etc., en la piel. ‖ Salida de materias sólidas, líquidas o gaseosas por aberturas o grietas de la corteza terrestre.

**Eruptivo,** *adj.* Que pertenece, se refiere o produce erupción.

**Esbelto,** *adj.* Bien formado, de buenas proporciones.

**Esbirro,** *m.* Persona encargada de ir a

Ermita

---

\*
Error, *m. Pensamiento falso:* **Está en un error.** ‖ *Equivocación:* **Error de ortografía.**

  Viene del latín **errare**, *que significa 'vagar, vagabundear, equivocarse'.* ‖ *Deriv.:* **Aberración, aberrante, errabundo, errante, errar, errata, erróneo, yerro.** ‖ *Contr.:* **Verdad, acierto.**

prender a otra persona. ‖ Policía. ‖ Alguacil.

**Esbozar,** *tr.* Hacer y pensar o trazar los elementos esenciales de que constará algo.

**Esbozo,** *m.* Lo que se hace al esbozar. ‖ Boceto, esquema.

**Escabeche,** *m.* Salsa condimentada con vinagre, laurel y otros ingredientes, para conservar pescados y otros manjares.

**Escabechina,** *f.* Desastre, destrozo. ‖ Abundancia de suspensos en un examen.

**Escabel,** *m.* Tarima pequeña para poner los pies estando uno sentado.

**Escabroso,** *adj.* Desigual, que tiene unas cosas más altas que otras. ‖ Áspero, difícil. ‖ Peligroso.

**Escabullirse,** *r.* Escapársele a uno una cosa de entre las manos.

**Escafandra,** *f.* Vestido especial para buzos y astronautas; ha de estar perfectamente cerrado y permite que la persona que se lo ponga vea y pueda respirar.

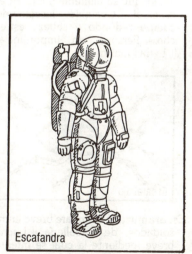
Escafandra

**Escala.***

**Escalafón,** *m.* Lista de los individuos que pertenecen a una sociedad o compañía ordenados con arreglo a su cargo, antigüedad, etc.

**Escalar,** *tr.* Llegar a un sitio alto ayudándose con escalas. ‖ Alcanzar cargos elevados.

**Escaldado,** *adj.* Escarmentado. ‖ Bañado con agua muy caliente.

**Escaleno,** *adj.* Que tiene todos sus lados desiguales entre sí.

**Escalera,** *f.* Conjunto de escalones seguidos y que sirve para subir y bajar sin dificultad.

**Escalerilla,** *f.* Escalera de pocos escalones. ‖ En el juego de cartas, juntar tres con números consecutivos.

**Escalinata,** *f.* Escalera exterior de un edificio y que tiene un solo tramo.

**Escalofrío,** *m.* Especie de temblor en el cuerpo sintiendo frío y calor a la vez.

**Escalón,** *m.* Madero o piedra que colocado junto con otros forma una escalera. ‖ Grado a que se asciende en un cargo. ‖ Peldaño.

**Escalonado,** *adj.* Colocado en forma de escalera.

**Escalpelo,** *m.* Especie de cuchillo pequeño y puntiagudo de dos filos, que usan los médicos durante las operaciones quirúrgicas.

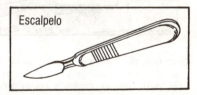
Escalpelo

**Escama,** *f.* Especie de membrana que superpuesta con otras cubre la piel de algunos animales. ‖ Lo que tiene forma de escama. ‖ Sospecha, desconfianza.

**Escamar,** *tr.* Quitar las escamas a los

---

\*

ESCALA, f. *Escalera de mano hecha de madera o cuerda:* **Pusieron una escala para subir al tejado.** ‖ *Serie ordenada de cosas de la misma especie:* **Escala musical.** ‖ *Graduación que sirve para medir o comparar lo que se halla representado:* **Escala de un mapa.**

Viene del latín **scala,** que significa 'escalón, escalera'. ‖ *Deriv.:* **Escalada, escalador, escalafón, escalar, escalinata, escalonamiento, escalonar.**

pescados. || r. Ponerse uno receloso y lleno de sospechas y desconfianzas.

**Escamochar,** *tr.* Quitarle a los árboles las ramas inútiles y las hojas secas. || Quitarle la monda o piel a un fruto.

**Escamotear,** *tr.* Hacer el prestigitador que desaparezca algo y sin que los espectadores sepan cómo ha desaparecido. || Robar una cosa con delicadeza.

**Escampar,** *intr.* Dejar de llover.

**Escanciar,** *tr.* Echar el vino de la botella a la copa.

**Escandalizar,** *tr.* Dar escándalo. || Armar jaleo, alborotar, enfadarse.

**Escándalo,** *m.* Pecado que es causa de que otro peque.

**Escandaloso,** *adj.* Que causa o da escándalo. || *fig.* Revoltoso, travieso.

**Escandinavo,** *adj.* De Escandinavia.

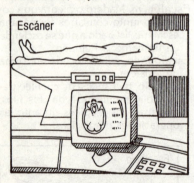
Escáner

**Escáner,** *m.* Aparato tubular para la exploración radiográfica, en el cual la radiación es enviada concéntricamente al eje longitudinal del cuerpo humano. Recogida esta radiación a su salida del cuerpo por un sistema de detectores circularmente dispuestos y ordenada mediante un computador la información así recibida, el aparato permite obtener la imagen completa de varias y sucesivas secciones transversales de la región corporal explorada.

**Escaño,** *m.* Banco grande con respaldo.

**Escapada,** *f.* Lo que se hace al escapar o escaparse.

**Escapar,** *intr.* Salir de un encierro o de un peligro.

**Escaparate,** *m.* Especie de armario con cristales para poner imágenes, alhajas, etc. || Hueco tapado con cristales y que situado en la fachada de una tienda sirve para mostrar las cosas que en ella se venden.

**Escapatoria,** *f.* El escaparse o evadirse. || Excusa para librarse de un peligro o encierro. || Sitio estrecho por donde alguien se escapa.

**Escape,** *m.* Lo que se hace al escapar. || Fuga hecha a toda velocidad. || Pieza que si no se levanta no deja funcionar a la máquina en que esté colocada.

**Escápula,** *f.* Omoplato o paletilla.

**Escapulario,** *m.* Distintivo piadoso que cuelga sobre el pecho y la espalda, y que consiste en dos piezas de tela unidas por cintas.

**Escaque,** *m.* Cada una de las casillas de un tablero de ajedrez o de jugar a la damas.

**Escarabajo,** *m.* Insecto de color negruzco por encima, y rojizo por abajo, que se alimenta y cría en el estiércol. || Cualquier insecto de cuerpo redondo y cabeza estrecha. || Persona sin importancia. || Letras mal hechas.

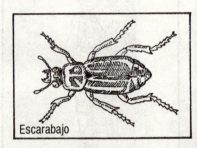
Escarabajo

**Escaramuza,** *f.* Combate breve entre soldados de caballería. || Lucha breve mediante la cual se intenta descubrir si el enemigo es muy potente o no.

**Escarbar,** *tr.* Excavar en el suelo arañando la tierra con las manos; las gallinas y otros animales escarban con las patas.

**Escarcha,** *f.* Vapor de agua congelado durante la noche.

**Escarchado,** *adj.* Cubierto de escarcha. ‖ *m.* Labor de oro y plata.

**Escardar,** *tr.* Separar en los sembrados las hierbas malas de las hierbas buenas, arrancando las malas.

**Escardilla,** *f.* Instrumento agrícola parecido a una azada pequeña, y que sirve para escardar.

**Escarlata,** *f.* Color un poco más pálido que el grana.

**Escarlatina,** *f.* Enfermedad contagiosa que produce fiebre y la aparición de unas manchas de color escarlata en la piel.

**Escarmentar,** *tr.* Castigar a otro para que no vuelva a hacer una cosa mala. ‖ *intr.* Desengañarse de algo.

**Escarmiento,** *m.* Experiencia que se adquiere tras sufrir un castigo. ‖ Castigo para que alguien escarmiente.

**Encarnecer,** *tr.* Burlarse de otro que está delante pero que no puede defenderse.

**Escarnio,** *m.* Burla o injurias descaradas.

**Escarola,** *f.* Planta de huerta, parecida a una lechuga rizada, que sirve para hacer ensaladas y guisos.

**Escarpado,** *adj.* Se le llama así al terreno muy peligroso para el que quiera subirlo o bajarlo, debido a que está muy en declive y quebrado.

**Escasamente,** *adv.* Con escasez o dificultad. ‖ Apenas.

**Escasear,** *intr.* Haber poco de una cosa, faltar.

**Escasez,** *f.* Pobreza. ‖ Falta de una cosa. ‖ Poca cantidad.

**Escaso.\***

**Escatimar,** *tr.* Ser un roñica con lo que se ha de gastar o dar.

**Escayola,** *f.* Yeso especial muy fino.

**Escayolar,** *tr.* Poner escayola.

**Escena.\***

**Escenario,** *m.* Parte del teatro donde se colocan las decoraciones y se representa la obra.

**Escénico,** *adj.* Que se refiere a la escena de la obra.

**Escenificación,** *f.* El preparar la puesta en escena de una obra de teatro. ‖ Representación en escena de una obra.

**Escenificado,** *adj.* Representado en escena.

**Escenografía,** *f.* Arte de pintar y preparar las decoraciones del escenario de un teatro.

**Escéptico,** *adj.* Que las cosas las cree con dificultad.

**Escisión,** *f.* Separación y rompimiento.

**Esclarecer,** *tr.* Poner en claro una cosa.

**Esclarecido,** *adj.* Famoso, ilustre.

**Esclavina,** *f.* Tela sobrepuesta a la capa.

**Esclavitud,** *f.* Situación o estado del esclavo. ‖ Cualquier otra situación parecida a esa.

**Esclavo.\***

**Esclerosis,** *f.* Endurecimiento de los tejidos del cuerpo.

---

Escaso, adj. Poco abundante: **A fin de mes anda escaso el dinero.** ‖ Incompleto, corto: **Peso escaso.**
    Viene del latín **excerpere,** que quiere decir 'entresacar, sacar de entre muchos'. ‖ *Deriv.:* **Escasear, escasez.** ‖ *Contr.:* **Abundante.**

Escena, f. *Lugar del teatro dedicado a las representaciones y separado del destinado al público:* **El autor salió a escena.** ‖ *Cada una de las partes en que se divide el acto teatral:* **Esta obra tiene muchas escenas.** ‖ *Suceso de la vida real que llama la atención:* **Fue una escena lamentable.**
    Viene del griego **skene,** que significa 'escenario, tienda'. ‖ *Deriv.:* **Escenario, escénico, escenificar, proscenio.**

Esclavo, m. *Que está bajo el poder o dominio de otra persona y no tiene libertad:* **En la antigua Roma había muchos esclavos.** ‖ *Que está dominado por las pasiones o por un vicio:* **Es esclavo del tabaco.**
    Viene del griego **sclavos,** que significa 'esclavo' y 'eslavo'. ‖ *Deriv.:* **Esclavina, esclavitud, esclavizar.** ‖ *Contr.:* **Señor, dueño.**

**Esclerótica,** f. Membrana que forma lo blanco de los ojos.

**Esclusa,** f. Depósito y compuertas que se ponen atravesando un río o canal, en los sitios de distinto nivel y en las zonas de riego.

Esclusa

**Escoba,** f. Manojo de palmas o plumas que, sujetadas con un mango, sirven para barrer.

**Escoba,** f. Cierto juego de naipes entre dos o más personas consistente en alcanzar 15 puntos cumpliendo ciertas reglas.

**Escobillas,** f. pl. Serie de salientes de cobre o carbón, de las máquinas eléctricas; sirven para establecer el contacto entre la parte que gira y la parte que permanece fija.

**Escobón,** m. Conjunto que forman una escoba y un palo largo.

**Escocedura,** f. Trozo de piel levantada o rota a causa del sudor o de un roce; pica como las quemaduras.

**Escocés,** adj. De Escocia.

**Escofina,** f. Lima de dientes gruesos y triangulares.

**Escoger,** tr. Elegir una cosa o persona entre otras. || V. **coger.**

**Escogido,** adj. Lo mejor.

**Escolanía,** f. Conjunto de niños que ensayan sus cantos en un monasterio o iglesia.

**Escolapio,** adj. De las Escuelas Pías. || m. Estudiantes o sacerdotes de las Escuelas Pías.

**Escolar,** adj. Que pertenece a la escuela. || m. Chico que va a la escuela para estudiar. || V. **escuela.**

**Escolaridad,** f. Tiempo obligatorio de asistir a las escuelas. || Número de años que comprende esa obligación.

**Escolio,** m. Comentario escrito en las hojas de un manuscrito.

**Escolopendra,** f. Ciempiés.

**Escolta,** f. Conjunto de soldados o embarcaciones que acompañan a una cosa o persona para protegerla.

**Escollo,** m. Peñasco un poco oculto por la superficie del agua, que resulta muy peligroso para las embarcaciones. || Dificultad, obstáculo o peligro.

Escollo

**Escombro,** m. Cascotes y trozos de un edificio destruido. || Resto de la explotación de una mina o cantera.

**Esconder,** tr. Ocultar. || Encerrar una cosa dentro de sí algo de lo que todos no se dan cuenta.

**Escondite,** m. Sitio bueno para esconder algo en él. || Juego de chicos en el que unos se esconden y otros buscan al escondido.

**Escondrijo,** m. Rincón o lugar oculto en que se esconde o guarda alguna cosa.

**Escopeta,** f. Arma de fuego que es llevada por un solo hombre y que se suele usar para cazar.

**Escoplo,** m. Herramienta de hierro acerado, con mango de madera y cuya punta es un filo cortante.

**Escorbuto,** m. Enfermedad debida a falta de vitamina C; sus síntomas son: anemia, manchas azuladas en la piel y hemorragias en las encías.

**Escoria,** f. Residuos que quedan al quemarse el carbón mineral.

|| Lava seca de los volcanes. || Residuos inútiles que los fogoneros del tren arrojan del horno de las máquinas de vapor. || Excrementos.

**Escorpión,** m. Animal invertebrado, de la familia de las arañas pero en forma de cangrejo, en cuya parte posterior tiene un aguijón venenoso. || Alacrán.

Escorpión

**Escorzo,** m. Serie de líneas y rayas cortas y breves, con que se da idea de la figura que va a pintarse sobre el mismo lienzo o papel.

**Escote,** m. Abertura o corte hecho en la parte superior de la ropa. || Adorno de encajes en el cuello de la ropa de las mujeres.

**Escotilla,** f. Abertura redonda y tapada, en los suelos o paredes del buque.

**Escozor,** m. Dolor picante. || Picazón dolorosa.

**Escriba,** m. Doctor de la Ley, entre los hebreos.

**Escribano,** m. Persona que da fe de las actuaciones judiciales.

**Escribiente,** com. Persona cuyo oficio consiste en escribir o copiar lo que le manden.

**Escribir.***

**Escrito,** m. Carta o cualquier cosa escrita a mano. || Carta en la cual se pide algo. || V. **escribir.**

**Escritor,** m. El que por oficio o afición se dedica a escribir. || V. **escribir.**

**Escritorio,** m. Mueble para escribir y guardar papeles. || Habitación que sirve de despacho.

**Escritura,** f. Lo que se hace al escribir. || Arte de escribir. || Escrito. || Si se escribe con mayúscula, la Escritura significa la Biblia.

**Escrúpulo,** m. Intranquilidad en la conciencia sin motivo suficiente.

**Escrupuloso,** adj. Que tiene escrúpulos. || Exacto, justo.

**Escrutinio,** m. Investigación llevada a cabo para la averiguación de una cosa. || Recuento del número de votantes. || Recuento del número de acertantes (en las quinielas).

**Escuadra,** f. Instrumento que tiene forma de triángulo rectángulo, o el compuesto por dos reglas formando un ángulo recto.

**Escuadrilla,** f. Grupo compuesto generalmente de 5 ó 6 aviones de guerra.

Escuadrilla

---

*
ESCRIBIR, tr. *Representar lo que se piensa por medio de letras:* **En la escuela escribo mucho.** || *Hacer libros o discursos:* **Escribió un libro de historia.** || *Decir algo por escrito a alguien:* **Estoy escribiendo a mi padre.**
   *Viene del latín* **scribere,** *que quiere decir'escribir'.* || *Deriv.:* **Adscribir, circunscribir, circunscripción, describir, descripción, escribanía, escribano, escrito, escritor, escritorio, escritura, inscribir, inscripción, prescribir, prescripción, proscribir, proscripción, proscrito, suscribir, suscripción, transcribir, transcripción.**

**Escuadrón,** *m.* Cada una de las partes en que se divide un regimiento de caballería.
**Escuálido,** *adj.* Flaco, sucio y descolorido.
**Escucha,** *f.* Lo que se hace al escuchar || *m.* Centinela.
**Escuchar.**\*
**Escudarse,** *r.* Cubrirse con un escudo, para defenderse. || Ampararse en la ayuda de otra persona para evitar un peligro.
**Escudilla,** *f.* Plato en forma de media naranja que se suele usar para caldo y sopa.
**Escudo,** *m.* Arma defensiva para cubrirse, que se llevaba en el brazo izquierdo. || Moneda antigua. || Emblema de una familia.

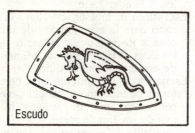

Escudo

**Escudriñar,** *tr.* Observar con mucha atención los diversos pormenores de lo que estamos mirando.
**Escuela.**\*
**Escueto,** *adj.* Sin adornos, simple, sencillo.
**Escultor,** *adj.* Persona que tiene por oficio o afición el hacer esculturas.
**Esculpir,** *tr.* Labrar a golpes una piedra o mármol y hacer con ella una estatua o escultura.
**Escultura,** *f.* Arte de representar las cosas o personas por medio de figuras hechas con barro, bronce, mármol, etc. || Obra del escultor.
**Escultural,** *adj.* Que tiene la belleza y las proporciones de una estatua elegante y hermosa.
**Escupir,** *tr.* Echar saliva u otra cosa por la boca. || Arrojar violentamente o echar de sí una cosa con desprecio.
**Escurialense,** *adj.* Del pueblo o del monasterio de El Escorial.
**Escurridizo,** *adj.* Que se escapa fácilmente de entre las manos. || Que resbala mucho.
**Escurrir,** *tr.* Vaciar una vasija hasta las últimas gotas. || *r.* Deslizarse una cosa por encima de otra.
**Esdrújula,** *f.* Palabra cuyo acento cae en la antepenúltima sílaba, como **cír-cu-lo, má-qui-na,** etc.
**Ese.**\*
**Esencia,** *f.* Aquello por lo que una cosa es lo que es y no es otra cosa diferente. || Naturaleza de las cosas. || Perfume.
**Esencial,** *adj.* Que se refiere o pertenece a la esencia. || Importante, que no se puede prescindir de ello. || **Lo esencial:** lo principal.
**Esencialmente,** *adv.* De un modo especial. || Por naturaleza.
**Esfera,** *f.* Cuerpo redondo limitado por una superficie curva, cuyos puntos están todos a la misma distancia de otro interior llamado cen-

---

\*
E<small>SCUCHAR</small>, tr. *Oír atentamente:* **Escuchaba la explicación.** || *Atender los ruegos de alguien:* **Escuchó la petición.** || *Oír algo:* **Este niño no sirve ni para escuchar si llueve.**
    *Viene del latín* **auscultare,** *que significa 'escuchar'.* || *Deriv.:* **Auscultación auscultar, escucha.**
E<small>SCUELA</small>, f. *Institución o lugar dedicado a la educación:* **Escuela primaria; escuela técnica,** *etc.* || *Doctrina propia de un autor o de un conjunto de autores:* **La escuela de Aristóteles.**
    *Viene del griego* **skhole,** *que significa 'ocio, estudio, escuela'.* || *Deriv.:* **Escolar, escolaridad, escolástica, escolástico, escolio.**
E<small>SE</small>. Adjetivo (o pronombre) demostrativo que indica las cosas próximas a la persona a quien se habla: **Ese perro; ese árbol; ése lo hizo.**
    *Viene del latín* **ipse,** *que quiere decir 'mismo'.* || *Deriv.:* **esa, eso, esas, esos, esotro.**

tro. ‖ Superficie donde giran las manecillas del reloj.
**Esférico,** *adj.* Relativo o perteneciente a la esfera o que tiene su figura.
**Esfinge,** *f.* Escultura con cabeza de mujer y cuerpo de león echado.

Esfinge

**Esforzado,** *adj.* Valiente.
**Esforzar,** *tr.* Animar, infundir o comunicar ánimo o valor. ‖ *r.* Hacer esfuerzos.
**Esfuerzo,** *m.* Empleo enérgico de la fuerza física. ‖ Intento más fuerte de lo corriente para conseguir o alcanzar alguna cosa. ‖ V. **fuerza.**
**Esfumarse,** *r.* Desaparecer rápidamente.
**Esgarrarse (la garganta),** *r.* Sentir como un desgarrón en la garganta cuando uno está tosiendo mucho o expectorando.
**Esgrima,** *f.* Arte de manejar la espada o el sable.
**Esgrimir,** *tr.* Luchar con espada, sable o florete, pero no con intención de causarse daño, sino como juego o deporte.
**Esguince,** *m.* Movimiento brusco para evitar un choque o caída. ‖ Daño o torcedura de un tendón o articulación.
**Eslabón,** *m.* Hierro que unido o enlazado a otros forma una cadena. ‖ Hierro afilado y que se usa para sacar fuego del pedernal.
**Eslavo,** *m.* Cierto pueblo antiguo que pobló el Norte y algo del Centro de Europa. ‖ *adj.* Que se refiere o pertenece a dicho pueblo.
**Eslora,** *f.* Longitud interior de un buque.

**Esmaltado,** *adj.* Que tiene esmalte.
**Esmaltar,** *tr.* Adornar una cosa con esmalte. ‖ Pintar o adornar una cosa de varios colores.
**Esmalte,** *m.* Mezcla de varias sustancias parecida al vidrio y que, derritiéndola, se pega al metal, a la loza, a la porcelana, etc. ‖ Capa blanca y exterior de los dientes.
**Esmeradamente,** *adv.* Con esmero.
**Esmerado,** *adj.* Hecho con esmero. ‖ Cuidadoso, que hace las cosas con esmero.
**Esmeralda,** *f.* Piedra preciosa de color verde.
**Esmerarse,** *r.* Hacer las cosas con esmero. ‖ Pulir, limpiar.
**Esmeril,** *m.* Piedra para afilar objetos de metal o piedras preciosas. ‖ Corindón.
**Esmero,** *m.* El hacer las cosas con sumo cuidado, perfección y diligencia.
**Esmirriado,** *adj.* Desmirriado.
**Esmorecido,** *adj.* Casi muerto de frío, morado de frío.
**Esófago,** *m.* Conducto entre la garganta y el estómago, por donde pasan los alimentos que tragamos.

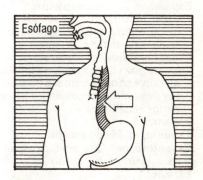
Esófago

**Espabilar,** *tr.* Quitar la parte ya quemada de la mecha de las velas. ‖ Darse prisa al hacer una cosa.
**espacial (Era),** *f.* Nombre que se da a nuestra época, porque los principales inventos de ahora están relacionados con el estudio y conquista del espacio exterior a la Tierra.
**Espaciar,** *tr.* Separar las cosas. ‖ Poner espacio entre ellas. ‖ Separar las letras o renglones en la imprenta.

**Espacio**, *m.* Lugar donde están las cosas. ‖ Sitio en el que están todos los astros. ‖ Extensión que ocupa una cosa. ‖ Distancia entre dos cosas.
**Espacioso**, *adj.* Lento, calmoso. ‖ Ancho, muy ancho.
**Espada**, *f.* Arma formada por un hierro largo con punta y dos filos y que lleva también empuñadura. ‖ Uno de los cuatro palos de la baraja de cartas. ‖ *m.* Matador de toros.
**Espadachín**, *m.* El que se hace el valiente y es amigo de reñir, porque sabe que maneja muy bien la espada.
**Espadaña**, *f.* Campanario de una sola pared, con un hueco para las campanas. ‖ Nea.
**Espalda**, *f.* Parte de atrás del cuerpo humano que va desde los hombros a la cintura. ‖ Parte del vestido que se pone en la espalda. ‖ Parte de atrás de una cosa.
**Espaldarazo**, *m.* Golpe dado con lo plano de la espada en las espaldas de otra persona.
**Espantado**, *adj.* Asustado, que tiene miedo.
**Espantajo**, *m.* Espantapájaros. ‖ *fig.* y *fam.* Persona que por sus ademanes y orgullo merece ser despreciada y no temida.
**Espantapájaros**, *m.* Conjunto de telas o ropas viejas, sujetas a un palo, que sirve para ahuyentar a los pájaros y evitar que se coman los trigos de los sembrados.
**Espantar.***
**Espanto**, *m.* Miedo grande.
**Espantoso**, *adj.* Que produce espanto. ‖ Horrible, horroroso.
**Español.***

Espantapájaros

**Españolismo**, *m.* Cariño a las cosas de España.
**Españolista**, *adj.* Partidario de las cosas de España.
**Esparadrapo**, *m.* Tela con una especie de pasta extendida para pegarla a las heridas.
**Esparcir**, *tr.* Extender o desparramar lo que está junto. ‖ Extender, divulgar una noticia.
**Espárrago**, *m.* Planta que produce unos tallos blancos y rectos con yema que son comestibles. ‖ Palo de madera o barrita de hierro que se utiliza para diferentes usos.
**Espartano**, *adj.* Nacido en Esparta o perteneciente a esta antigua región de Grecia. ‖ Se dice especialmente de las personas que son fuertes y se contentan con poco para vivir.
**Esparto**, *m.* Planta gramínea que produce unas hojas duras y largas utilizadas para hacer sogas, cuerdas y esteras y otras cosas.
**Espasmo**, *m.* Pasmo. ‖ especie de estremecimiento que siente uno sin querer.
**Espátula**, *f.* Paleta pequeña que sue-

---

*
ESPANTAR, *tr. Asustar, causar espanto, dar miedo:* **Aquello espantaba**.
   *Viene del latín* **expavere**, *que significa 'temer'.* ‖ *Deriv.:* **Espantada, espantadizo, espantajo, espantar, espanto, espantoso.**
ESPAÑOL, adj. *De España:* **Yo soy español.** ‖ m. *Idioma castellano:* **Aprender bien el español.**
   *Es una palabra derivada de* **España**, *antiguamente* **Hispania** *(los fenicios la llamaban así porque en su idioma* **hispania** *quiere decir 'tierra de conejos', animal muy abundante entonces en nuestra Patria).* ‖ *Deriv.:* **Españolismo.** ‖ *Deriv. de Hispania:* **Hispánico, hispanidad, hispanista, hispanizar, hispano, hispanoamericano, hispanófilo.**

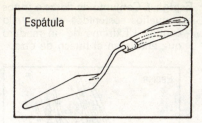

Espátula

len utilizar los farmacéuticos y los pintores para sus mezclas.
**Especial,** *adj.* Extraordinario, estupendo, particular. || Muy adecuado o conveniente para alguna cosa.
**Especialidad,** *f.* Particularidad, singularidad. || Parte de una ciencia o arte a que se dedica un individuo.
**Especialista,** *adj.* (Persona) especializada en algo.
**Especialización,** *f.* Lo que se hace al especializarse.
**Especializado,** *adj.* Dedicado o preparado de un modo especial para algún trabajo.
**Especializarse,** *r.* Aprender alguna especialidad. || Dedicarse a una especialidad.
**Especialmente,** *adv.* De un modo especial y único. || Particularmente, con especialidad.
**Especias,** *f. pl.* Sustancias que se añaden a los guisos y comidas para mejorar su sabor, aromatizar los manjares y estimular la digestión.
**Especie.**\*
**Especificadamente,** *adv.* Concretamente, con especificación.
**Especificar,** *tr.* Explicar, detenida y claramente, alguna cosa concreta.
**Específico,** *adj.* Que caracteriza y distingue una especie de otra. || Medicamento que sirve para una enfermedad o un grupo de enfermedades determinadas y no para otras.
**Espectacular,** *adj.* Extraordinario, fuera de lo normal.
**Espectáculo.**\*
**Espectador,** *m.* El que va a un espectáculo. || *adj.* Que mira con atención un objeto.
**Espectro,** *m.* Resultado al descomponerse la luz. || A veces el espectro que se forma es el «arco iris». || Fantasma o visión que se representa en la fantasía.
**Espectroscopio,** *m.* Instrumento que sirve para formar y observar el espectro de la luz.

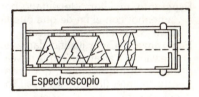

Espectroscopio

**Especulación,** *m.* Lo que se hace al especular. || Operación comercial que se hace para ganar mucho dinero.
**Especular,** *tr.* Reflexionar, meditar. || Traficar para ganar dinero rápidamente.
**Espejismo,** *m.* Fenómeno de la luz que nos hace ver cosas en distinto sitio o de diferente modo en que están o son. || Este fenómeno es corriente en los desiertos cálidos, y se debe a que el aire alto, quieto y caliente, actúa como si fuera un espejo. || Ilusión, percepción falsa.
**Espejo,** *m.* Superficie pulimentada en

---

\*

ESPECIE, f. *Conjunto de cosas que forman un grupo:* **La especie humana.** || *Pretexto, noticia:* **Es una especie falsa.** || *Cosa parecida a...:* **En tu casa he visto una especie de mapa.**
   *Viene del latín* **species,** *que quiere decir 'aspecto, especie, apariencia, tipo'.* || *Deriv.:* **Especial, especialidad, especialista, especializar, especialmente, especificar, específico.**
ESPECTÁCULO, m. *Diversión pública que se celebra en un sitio preparado para ello y al cual va la gente para verlo:* **El espectáculo de los toros.** || *Cualquier cosa que ocurre y que atrae la atención:* **Fue un espectáculo divertido.**
   *Viene del latín* **spectare,** *que significa 'mirar, contemplar'.* || *Deriv.:* **Conspicuo, expectación, espectador, espectral, espectro, especulación, especulador, especular, especulativo, introspección, retrospectivo.**

la que se reflejan la luz y los objetos. || Modelo digno de ser imitado.
**Espejuelo,** *m.* Lámina de yeso. || Laminilla de mica.
**Espeleología,** *f.* Parte de la geografía que estudia las cavernas y grutas naturales.
**Espeleólogo,** *m.* El que se dedica a la espeleología; es decir, el que estudia cómo se han formado las cuevas y grutas, qué animalitos viven allí, qué clases de plantas tienen, etcétera.
**Espeluznante,** *adj.* Que da mucho miedo; aterrador, que pone los pelos de punta.
**Espera,** *f.* El hecho de esperar. || Tiempo que se está esperando.
**Esperanto,** *m.* Idioma inventado por Zamenhof con el fin de que pueda servir como idioma universal.
**Esperanza,** *f.* Creer justificadamente que vamos a alcanzar lo que deseamos. || Virtud teologal que consiste en creer firmemente que Dios nos salvará.
**Esperanzado,** *adj.* Que tiene esperanza.
**Esperar.**\*
**Esperma,** *f.* Cera. || Simiente especial.
**Esperpento,** *m.* Persona o cosa extravagante y ridícula.
**Espeso,** *adj.* Muy condensado, grueso, pesado, sucio.
**Espesor,** *m.* Grueso de una cosa.
**Espesura,** *f.* La cualidad de las cosas espesas. || Bosques con árboles y matorrales muy juntos que hacen difícil andar por él.
**Espetar,** *tr.* Atravesar con el asador lo que se quiere asar. || Decir a uno de pronto algo que le sorprende o le molesta.
**Espía,** *com.* Persona que sin que se den cuenta los demás pretende averiguar algo para comunicárselo al que le ha encargado el trabajo.

**Espiga,** *f.* Conjunto de flores o frutos pequeños sostenidos en un tallo común. || Extremo de un madero que encaja en el hueco de otro.

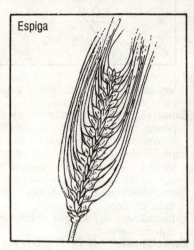
Espiga

**Espigado,** *adj.* Alto y delgado.
**Espigar,** *tr.* Recoger las espigas que han dejado caer los segadores. || *intr.* Tomar datos y apuntar cosas buscando por un sitio y por otro.
**Espigón,** *m.* Punta de cualquier instrumento puntiagudo.
**Espina,** *f.* Esqueleto de los peces. || Cada una de las púas que tienen algunas plantas, como el rosal, etc. || Objeto terminado en punta que pincha.
**Espinaca,** *f.* Planta de huerta, de hojas comestibles, más sabrosa que la acelga y más rica en hierro y vitaminas.
**Espinal,** *adj.* Lo que se refiere o pertenece a la espina.
**Espinazo,** *m.* Columna vertebral, fila de huesos que hay entre la cabeza y el ano.
**Espinilla,** *f.* Parte delantera del hueso largo de la pierna. || Especie de granito que aparece en la piel.

---

\* ESPERAR, *tr.* *Creer que se va a conseguir lo que se desea:* **Espero aprobar los exámenes.** || *Estar en un sitio hasta que venga una persona:* **Le esperaré hasta las seis de la tarde.**
    *Viene del latín* **sperare,** *que significa 'tener esperanza, esperar'.* || *Deriv.:* **Desesperación, desesperante, desesperar, espera, esperanza, esperanzado.** || *Contr.:* **Desesperar.**

Espinaca

**Espino,** m. Nombre corriente de muchas plantas con pinchos.
**Espinoso,** adj. Que tiene espinas. || Difícil, molesto.
**Espionaje,** m. Lo que se hace al espiar, lo que hace el espía.
**Espira,** f. Cada una de las vueltas de una espiral, hélice, rosca o tornillo.
**Espiral,** f. Línea curva en forma de rizo continuo, como la concha de un caracol, el reborde seguido de un tornillo, etc.
**Espirar.\***
**Espirilo,** m. Microbio alargado y en forma de espiral.
**Espiritismo,** m. El comunicarse con los muertos con ayuda del demonio.
**Espíritu,** m. Alma. || Ser inmaterial dotado de razón. || Los ángeles son espíritus puros. || El Espíritu Santo es la tercera persona de la Santísima Trinidad. || V. **espirar.**
**Espiritual,** adj. Lo que se refiere o pertenece al espíritu. || V. **espirar.**
**Espiritualidad,** f. Que hace que una cosa o persona sea espiritual.
**Espiritualismo,** m. Doctrina filosófica que dice que además de los seres que podemos ver y tocar hay otros.
**Espiritualmente,** adv. Con el espíritu.
**Espita,** f. Grifo puesto en la pared de una cuba o tonel.
**Esplendente,** adj. Que resplandece.
**Espléndidamente,** adv. De un modo espléndido. || V. **esplendor.**
**Espléndido,** adj. Magnífico, grande, bonito. || Generoso. || V. **esplendor.**
**Esplendor.\***
**Esplendoroso,** adj. Que resplandece. || Espléndido.
**Espolear,** tr. Pinchar al caballo con la espuela para que corra u obedezca. || Animar.
**Espoleta,** f. Dispositivo mecánico para incendiar la carga explosiva de una bomba.
**Espolón,** m. Especie de cuernecillo que tienen algunas aves en las patas. || Muro fuerte para contener las aguas.
**Espongiarios,** m. pl. Las esponjas (animales).
**Esponja,** f. Animal marino, en forma de flor fija en las rocas del fondo, cuyo esqueleto es poroso y flexible. Este esqueleto tiene muchos usos domésticos, por la facilidad con que absorbe cualquier líquido, soltándolo si se le comprime. || Producto fabricado industrialmente a imitación de las esponjas naturales.

---

\*
Espirar, intr. En la respiración, echar el aire hacia afuera: **Para respirar, inspiramos primero y espiramos después.**
    Viene del latín **spirare,** que significa 'respirar, soplar'. || Deriv.: De esta palabra latina se derivan: **aspiración, aspirador, aspirante, aspirar, conspiración, conspirador, conspirar, espiración, espiritismo, espiritista, espíritu, espiritual, espiritualidad, espiritualismo, expirar, inspiración, respiración, respiradero, respirar, respiratorio, suspirar, suspiro, transpiración, transpirar.** || Contrario: **Inspirar.**
Esplendor, m. Brillo, resplandor: **Se celebró la fiesta con mucho esplendor.**
    Viene del latín **splendere,** que quiere decir 'brillar, resplandecer'. || Deriv.: **Esplendente, esplender, espléndido, esplendoroso, resplandecer, resplandeciente, resplandor.**

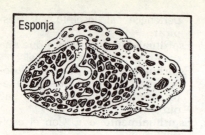
Esponja

**Esponjarse,** r. Hacer como la esponja al llenarse de agua. || Creerse una persona superior a las demás, envanecerse.

**Esponjoso,** adj. Poroso y blando y flexible como una esponja.

**Esponsales,** m. pl. Promesa de matrimonio que se hacen mutuamente un hombre y una mujer. || Celebrarse los esponsales: estar casándose dos personas.

**Espontáneamente,** adv. De un modo espontáneo, sin que nadie se lo esperase.

**Espontaneidad,** f. Lo que hace que algo sea espontáneo. || Naturalidad y rapidez.

**Espontáneo,** adj. Que sale de repente y lo hace porque quiere. || (Plantas) que crecen sin que el hombre las cuide.

**Espora,** f. Especie de semilla que tienen los hongos, bacterias, algas y helechos.

**Esporádico,** adj. Casual, sin que nadie se lo esperase.

**Esposado,** adj. Aprisionado con esposas.

**Esposas,** f. pl. Aros de hierro con que se sujeta a los reos por las muñecas.

**Esposo.***

**Espuela,** f. Especie de aro de metal con puntas y que ajustado a la pierna sirve para pinchar al caballo y así que obedezca y corra. || Estímulo.

**Espuerta,** f. Especie de cubo ancho, hecho de palmas o esparto, y con dos asas pequeñas en el borde.

**Espuma,** f. Burbujas pequeñitas que forman como una masa esponjosa y blanca en algunos líquidos.

**Espumadera,** f. Paleta circular, algo hundida por su centro, y llena de agujeros, con que se sacan y escurren las frituras que se han frito en la sartén.

**Espumoso,** adj. Que tiene espuma o se convierte en ella, como el jabón.

**Espurrear,** tr. Rociar una cosa con agua que se arroja desde la boca.

**Esputo,** m. Especie de moco o sangre, arrojado por la boca.

**Esqueje,** m. Trozo de vegetal que se inserta en el tronco de alguna otra planta.

**Esquela,** f. Papel en el que se da una cita o se comunica una noticia y que suele ir impreso. || Cada uno de los recuadros que aparecen en los periódicos comunicando la muerte de alguien.

**Esquelético,** adj. Muy flaco, casi en el esqueleto.

**Esqueleto,** m. Armazón de huesos que tiene el cuerpo humano y los cuerpos de los animales vertebrados. || fig. Armazón.

**Esquema,** m. Explicación o representación de una cosa en sus líneas principales.

**Esquí,** m. Cada uno de los patines que llevan algunos aviones y con

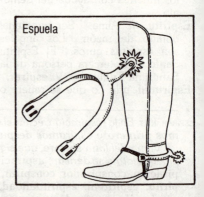
Espuela

---

\* Esposo, m. Casado: *El hombre que está casado es el esposo de su mujer.*
*Viene del latín* **spondere,** *que quiere decir 'prometer'; por eso esposo propiamente quiere decir 'que ha cumplido su promesa de matrimonio'.*
|| *Deriv.:* **Desposado, desposar, desposorio, esponsales, esposa, esposar.**

los que despegan o aterrizan sobre el hielo o la nieve. ‖ Especie de madero que sirve para correr o deslizarse por la nieve.

**Esquiador,** *m.* El que sabe esquiar, o está esquiando.

**Esquiar,** *intr.* Deslizarse por la nieve teniendo afianzados los pies cada uno en un esquí.

**Esquife,** *m.* Barquichuelo redondo, bote de desembarco.

**Esquila,** *f.* Cencerro pequeñito y en forma de campana. ‖ Campana pequeña y de sonido agudo.

**Esquilar,** *tr.* Pelar a las ovejas.

**Esquilón,** *m.* Campana o cencerro que suele llevar al cuello el ganado; así si se pierde o aleja se puede saber aproximadamente donde está.

**Esquimales,** *m. pl.* Los habitantes de las costas cercanas al polo norte. Se alimentan de focas, renos, osos y pescado, y viven en cuevas hechas en la nieve.

**Esquina,** *f.* Arista; sobre todo las que salen cuando se juntan dos paredes de un edificio.

**Esquinado,** *adj.* Que tiene esquinas. ‖ Antipático, o difícil de tratar.

**Esquinar,** *tr.* Poner o formar esquinas.

**Esquinazo (Dar),** *fr. fig. y fam.* Deshacerse de otro, dejándole plantado, abandonado o esperando.

**Esquirla,** *f.* Astilla desprendida de un hueso.

**Esquivar,** *tr.* Agacharse, ladearse o hacer cualquier movimiento para evitar un peligro.

**Esquizofrenia,** *f.* Enfermedad mental.

**Esquizofrénico,** *adj.* Loco, demente, lleno de alucinaciones y rarezas.

**Estabilidad,** *f.* Lo que hace que una cosa sea estable. ‖ Permanencia, duración, firmeza. ‖ Equilibrio.

**Estabilizado,** *adj.* Que le ha sido dada estabilidad.

**Estabilizar,** *tr.* Dar estabilidad, hacer que una cosa sea estable.

**Estable,** *adj.* Firme, que es difícil hacerlo caer. ‖ Duradero.

**Establecer,** *tr.* Fundar, instituir, mandar. ‖ *r.* Ponerse a vivir o a trabajar en un sitio. ‖ V. **estar**.

**Establecimiento,** *m.* Lugar dispuesto y destinado para trabajar, especialmente en el comercio.

**Establemente,** *adv.* De un modo estable, con estabilidad.

**Establo,** *m.* Sitio cubierto donde se mete el ganado para que descanse y coma.

**Estabulación,** *f.* Cuidado y cría de los ganados en establo.

**Estaca,** *f.* Palo, garrote o rama, con punta en un extremo.

**Estacada,** *f.* Fila de estacas, clavadas en la tierra y que pueden tener muchas aplicaciones. ‖ **Dejar en la estacada:** dejar a otro solo y sin ayuda en un peligro.

**Estacazo,** *m.* Golpe dado con una estaca o garrote.

**Estación,** *f.* Cada una de las cuatro partes en que se divide el año. ‖ Visita que se hace en las iglesias para rezar. ‖ En los ferrocarriles, sitio adecuado para pararse el tren y bajar y subir los viajeros. ‖ Una estación de radio o televisión es un sitio especial donde hay una emisora de lo mismo. ‖ V. **estar**.

**Estacionar,** *tr.* Colocar algo, especialmente un coche, en un lugar. ‖ V. **estar**.

**Estadio,** *m.* Lugar público que sirve para ejercitarse en las carreras, la lucha y en otros deportes. ‖ Medida antigua de ciento veinticinco pasos, que viene a ser la octava parte de una milla.

**Estadista,** *m.* Persona entendida en cuestiones de política.

**Estadística,** *f.* Relación de datos referidos a un mismo asunto. ‖ Ciencia que estudia las relaciones numéricas de los fenómenos.

**Estadístico,** *adj.* Lo que se refiere a la estadística. ‖ *m.* Hombre que entiende de estadística.

**Estado,** *m.* Situación en que se halla una persona o cosa que puede cambiar. ‖ Sociedad política que comprende una nación. ‖ Territorio sometido a un mismo gobierno.

**Estafa,** *f.* Lo que se hace al estafar. ‖ Robo con engaño.

**Estafador,** *m.* Que estafa.

**Estafar,** *tr.* Robar a uno con engaño.

**Estafeta,** *f.* Casa destinada al servicio de correos.

**Estafilococo,** *m.* Bacteria de forma redondeada que se agrupa con las de su misma especie en forma de racimos y que produce muchas enfermedades.

**Estalactita,** *f.* Especie de columna pendiente del techo que se forma de un modo natural en algunas grutas.

Estalactita

**Estalagmita,** *f.* Columna que se va formando hacia arriba a consecuencia del goteo de las estalactitas.

**Estallar,** *intr.* Explotar, romperse de golpe una cosa saliendo despedidos los pedazos. ‖ Sentir de repente una gran alegría o dolor.

**Estallido,** *m.* Lo que se hace al estallar una cosa, especialmente el ruido que produce.

**Estambre,** *m.* Tejido especial de lana fina. ‖ Organo sexual masculino de algunas plantas.

**Estameña,** *f.* Tela de lana ordinaria y sencilla, hecha de estambre.

**Estampa.\***

**Estampado,** *adj.* Se dice de la tela o cuero en el que se han impreso dibujos.

**Estampar,** *tr.* Imprimir, especialmente dibujos. ‖ Hacer huella una cosa en otra.

**Estampido,** *m.* Ruido de una explosión.

**Estampilla,** *f.* Especie de sello con el que se puede estampar algún letrero especial, como la firma de una persona, la fecha de un día, etc.

**Estampillado,** *m.* Lo que se hace al estampillar.

**Estampillar,** *tr.* Señalar con una estampilla.

**Estancar,** *tr.* Detener el movimiento de una cosa, especialmente de una corriente de agua.

**Estancia,** *f.* Habitación o lugar donde se vive. ‖ Cada día que un enfermo está en un hospital o clínica. Y el dinero que le cuesta.

**Estanco,** *m.* Tienda donde se vende tabaco, sellos y papel oficial.

**Estandarte,** *m.* Bandera distintiva de alguna sociedad o corporación.

Estandarte

**Estanque,** *m.* Depósito de agua hecho para regar, criar peces o adornar.

**Estanquero,** *m.* Persona que vende en los estancos. ‖ El que tiene por oficio cuidar los estanques.

**Estante,** *m.* Mueble para poner libros, piezas de tela u otras cosas.

**Estantería,** *f.* Conjunto de muebles llamados estantes, que sirven para guardar libros, papeles, etc.

**Estañar,** *tr.* Poner estaño en la rotura de algún cacharro de metal, o para

---

\* Estampa, *f. Dibujo o cosa pintada en un papel:* **Una estampa de la Virgen.** ‖ *Aspecto general de una persona o de un animal:* **Este caballo tiene buena estampa.** ‖ *Imprenta o impresión:* **Dio un escrito a la estampa.**
    *Viene del alemán* **stampfen,** *que significa 'machacar, aplastar, estampar'.* ‖ *Deriv.:* **Estampación, estampar, estampía, estampido, estampilla, estampillar.**

unir dos piezas metálicas.
**Estaño,** *m.* Metal más duro y brillante que el plomo y que tiene el color como el de la plata.
**Estar.***
**Estatal,** *adj.* (Lo) que se refiere o pertenece al Estado.
**Estático,** *adj.* Que está sin moverse ni cambiar. ‖ Quieto, parado.
**Estatua,** *f.* Figura de bulto hecha por el hombre representando a otra persona o cosa.
**Estatuario,** *m.* Cierta clase de «pase» que hacen algunos toreros, quedándose totalmente quietos, como una estatua, cuando pasa a su lado el toro bravo.
**Estatura,** *f.* Altura, lo que mide una persona desde la cabeza a los pies.
**Estatuto,** *m.* Conjunto de reglas por las que se gobierna una sociedad o corporación. ‖ V. **estar.**
**Este.***
**Esteatita,** *f.* Talco en forma de jaboncillo, como el que usan los sastres.
**Estela,** *f.* Señal de espuma que deja tras de sí en el agua una embarcación u otro cuerpo en movimiento.
**Estelar,** *adj.* Que se refiere a los astros.
**Estenografía,** *f.* Taquigrafía.
**Estepa,** *f.* Trozo de tierra llano y muy extenso, pero sin labrar ni cultivar.

**Estepario,** *adj.* Propio o natural de las estepas.
**Estera,** *f.* Tejido grueso de esparto, juncos o palmas, que se usa como alfombra, o como persiana.
**Estercolero,** *m.* Lugar donde se almacena estiércol. ‖ Montón de estiércol.
**Estereometría,** *f.* Estudio de los volúmenes geométricos.
**Estereotipado,** *adj. fig.* Tieso y rígido como una letra de molde.
**Estéril,** *adj.* Que no da fruto, que no produce nada.
**Esterilización,** *f.* Lo que se hace y lo que resulta de esterilizar. ‖ El hacer una matanza de microbios.
**Esterilizar,** *tr.* Hacer estéril lo que antes no lo era. ‖ Matar los microbios que hay en una cosa.
**Estérilmente,** *adv.* De modo estéril, inútilmente, sin resultado.
**Esterlina,** *f.* Moneda inglesa que actualmente equivale a la unidad monetaria inglesa **(libra esterlina).**
**Esternón,** *m.* Hueso en forma de puñal, situado en la parte anterior del pecho, al que van a unirse las costillas superiores.
**Estertor,** *m.* Respiración agitada que tienen los moribundos.
**Estética,** *f.* Ciencia que trata de la belleza.
**Estético,** *adj.* Lo que se refiere o per-

---

\*
ESTAR, *intr. Hallarse una persona en cierto lugar o de cierta manera:* **Está en Madrid; está de pie.** ‖ *Cuando se habla de vestido,* **estar** *significa 'caer o sentar bien o mal':* **Le está un poco ancho.**
   *Viene del latín* stare, *que significa 'estar en pie, estar firme'.* ‖ *Deriv.:* **Bienestar, constancia, constante, constar, contrastar, contraste, distancia, distante, distar, estabilidad, estable, establecer, establecimiento, establo, estación, estacionamiento, estacionar, estacionario, estadista, estadística, estado, estancia, estanque, estante, estatal, estatua, estatuario, estatuir, estatura, estatuto, inconstante, inestable, malestar, sobrestante.**
ESTE, *m. Pronombre demostrativo, género masculino, número singular, con el que se indica la cosa que se halla cerca de la persona que habla:* **Este se va a marchar en seguida.** ‖ *Cuando va unido al nombre hace oficio de adjetivo:* **Este libro me gusta.** ‖ *Puede también hacer oficio de nombre y entonces significa uno de los cuatro puntos cardinales:* **Norte, Sur, Este y Oeste.**
   *El pronombre* **éste** *viene del latín* iste, *que significa lo mismo que en castellano. De esta palabra se derivan* **aqueste** *y* **estotro.** ‖ *El nombre* **Este,** *que indica el punto cardinal por donde sale el Sol, se deriva del inglés* **east,** *que significa 'este'.*

tenece a la estética. ‖ Artístico, bello. ‖ m. Persona que estudia la estética.

**Estiaje,** m. Pequeño caudal de agua que llevan los ríos durante el verano.

**Estiércol,** m. Excremento de las bestias y caballerías. Es un abono excelente. ‖ Vegetales podridos o paja mojada de orines, que sirve de abono.

**Estigma,** m. Marca o señal. ‖ Especie de cicatriz. ‖ Agujerito que tienen las flores femeninas y que es por donde entra el polen. ‖ Agujerito que tienen los insectos en el abdomen y que es por donde respiran.

**Estilarse,** r. Usarse, estar de moda.

**Estilete,** m. Punzón o puñal muy delgado.

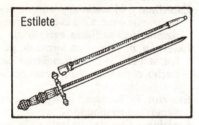
Estilete

**Estilista,** com. Escritor que escribe con estilo, cuidado, elegancia y perfección.

**Estilizar,** tr. Dar a una cosa un estilo determinado haciendo resaltar sólo sus rasgos más característicos.

**Estilo.**\*

**Estilográfica,** f. Pluma que lleva dentro tinta para escribir.

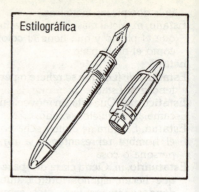
Estilográfica

**Estima,** f. Afecto, simpatía hacia una persona o cosa.

**Estimable,** adj. Que merece estima o aprecio.

**Estimado,** adj. Que es tenido en estima por alguien. ‖ V. **estimar.**

**Estimar.**\*

**Estimulante,** adj. Que estimula. ‖ m. Medicina o cosa que estimula (como ducharse, cafe, té, respiración artificial, etc.).

**Estimular,** tr. Animar, excitar.

**Estímulo,** m. Lo que se da al estimular. ‖ Cualquier cosa que pueda estimular.

**Estío,** m. Estación del año que empieza el 22 de junio y termina el 21 de septiembre. ‖ Verano.

**Estipendio,** m. Paga que se da a una persona por su trabajo.

**Estípite,** m. Tallo largo y sin ramas, como el de las palmeras.

**Estipular,** tr. Convenir o acordar una cosa.

**Estirado,** adj. Alargado. ‖ Que se da

---

\*
ESTILO, m. *Manera de escribir, hablar o comportarse una persona:* **Escribe con un estilo florido.** ‖ *Parte de la flor mediante la cual se reproducen las plantas:* **Ovario, estilo y estima.** ‖ *Especie de punzón que usaban los antiguos para escribir en tablas:* **Hoy se escribe con «estilo-gráfica».** ‖ *Forma especial de arte:* **Estilo gótico; estilo románico;** *etc.*
  Viene del latín **stilus,** que significa 'tallo, punzón para escribir, manera o arte de escribir'. ‖ *Deriv.:* **Estilar, estilete, estilista, estilizar, estilográfica.**

ESTIMAR, tr. *Tener aprecio o estima por alguna persona o cosa:* **Le estimo mucho.** ‖ *Poner precio a una cosa, calcular su valor:* **Lo estimó en 2.500 pesetas.** ‖ *Juzgar, creer:* **Estimo que debe hacerse tal cosa.**
  Viene del latín **aestimare,** que significa 'estimar, evaluar, apreciar, juzgar.** ‖ *Deriv.:* **Desestimar, estima, estimable, estimación, estimativa, inestimable.** ‖ *Contr.:* **Desestimar, despreciar.**

mucha importancia al tratar a los demás.

**Estirar,** *tr.* Alargar y extender una cosa haciendo fuerza.

**Estirón,** *m.* Lo que se hace al estirar o arrancar una cosa con fuerza. ‖ Crecimiento rápido y grande en altura.

**Estirpe,** *f.* Origen de un linaje o familia. ‖ Descendencia familiar.

**Estival,** *adj.* Que se refiere al estío o verano.

**Estocada,** *f.* Golpe dado de punta con el estoque y herida que resulta de él.

**Estofado,** *m.* Guiso condimentado con aceite, ajo, cebolla y especias, y puesto a cocer en una vasija bien cerrada.

**Estoicamente,** *adv.* Con tranquilidad e indiferencia ante el dolor.

**Estoico,** *adj.* Imperturbable ante el dolor o la desgracia.

**Estola,** *f.* Tira ancha de tela simple o de tela de abrigo. ‖ Ornamento litúrgico en forma de tira ancha de tela.

**Estolón,** *m.* Tallo rastrero que echa raíces por diversos sitios dando lugar a nuevas plantas, como los tiene la fresa.

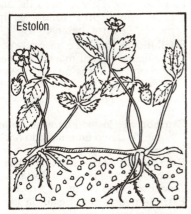
Estolón

**Estoma,** *m.* Cada uno de los agujeritos de las hojas de los vegetales, por donde respiran las plantas.

**Estomagante,** *adj.* Que empacha.

**Estómago,** *m.* Parte más ancha del aparato digestivo. Está el estómago antes que el intestino y en él los alimentos permanecen algún tiempo transformándose en una papilla agria.

**Estomatitis,** *f.* Inflamación de la boca.

**Estomatología,** *f.* Parte de la medicina que estudia las enfermedades de la boca.

**Estopa,** *f.* Cáñamo muy seco.

**Estoque,** *m.* Espada larga y estrecha con la que sólo se puede herir de punta, pues no tiene filo. ‖ Planta que se llama también gladiolo.

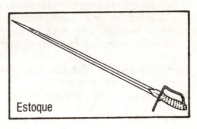
Estoque

**Estorbar,** *tr.* Molestar. ‖ Poner obstáculos a lo que otro hace.

**Estorbo,** *m.* Persona o cosa que estorba.

**Estornino,** *m.* Pájaro exactamente igual al tordo, pero de plumaje negro.

**Estornudar,** *intr.* Despedir de golpe el aire que se estaba respirando, a causa de algunas partículas que estaban picando en la mucosa interior de la nariz, produciendo al hacerlo un ruido característico.

**Estornudo,** *m.* El hecho de estornudar. ‖ El ruido que se hace al estornudar.

**Estrabismo,** *m.* Defecto que presentan los ojos del que es bizco.

**Estrada,** *f.* Camino o carretera.

**Estradivario,** *m.* Cada uno de los 600 violines magníficos que aún quedan de los que construyó hace unos dos siglos el célebre Antonio Stradivarius; uno cualquiera de ellos vale varios millones de pesetas.

**Estrado,** *m.* Tarima adornada, dispuesta para que queden en un puesto más honroso las personas importantes de una reunión.

**Estrafalario,** *adj.* Que lleva los vestidos sin cuidar. ‖ Raro, extraño, extravagante.

**Estrago,** m. Daño grande, matanza.

**Estrambote,** m. El conjunto de versos que se añaden detrás de algún soneto.

**Estrambótico,** adj. Irregular, sin orden, estrafalario.

**Estrangular,** tr. Ahogar a una persona o animal apretándole el cuello con mucha fuerza, impidiéndole respirar. ‖ Ahorcar.

**Estraperlo,** m. Dinero de más (sobre precio) que se cobra ocultamente y a escondidas de la autoridad, o en cosas tasadas por ésta, aprovechándose de que falta en el mercado.

**Estratagema,** f. Astucia de guerra. ‖ Engaño, trampa.

**Estrategia,** f. Arte de mandar bien a un ejército y llevarlo a la victoria. ‖ Habilidad para obrar en un asunto.

**Estratégico,** adj. Que se refiere a la estrategia. ‖ m. El que conoce el arte de la estrategia.

**Estratificar,** tr. Formar o hacer estratos.

**Estrato,** m. Masa mineral en forma de capa extendida.

**Estratosfera,** f. Parte alta de la atmósfera, en la cual se producen vientos.

**estraza (Papel de),** m. Papel basto, áspero y poco blanco.

**Estrechamente,** adv. Con estrechez.

**Estrechar,** tr. Hacer una cosa menos ancha de lo que era antes o quitarle espacio. ‖ Apretar. ‖ r. Hacer uno más pequeño el número de sus gastos, de sus relaciones, etc.

**Estrechez,** f. Poca anchura. ‖ Unión estrecha entre dos cosas. ‖ Amistad o parentesco estrecho. ‖ Escasez, falta de lo más importante para vivir.

**Estrecho.\***

**Estregar,** tr. Frotar con fuerza una cosa sobre otra para dar a ésta brillo o para limpiarla.

**Estrella,** f. Cuerpo que por la noche brilla en el firmamento. ‖ Artista importante, especialmente en los espectáculos.

**Estrellar,** tr. Tirar con violencia una cosa sobre otra, rompiéndola. ‖ Freír los huevos. ‖ r. No lograr obtener una cosa por tropezar con algo que no se puede evitar.

**Estremecer,** tr. Hacer temblar a alguien. ‖ r. Temblar uno de miedo.

**Estrenar,** tr. Usar una cosa por primera vez. ‖ En los espectáculos, presentarlos por primera vez. ‖ r. Empezar uno a desempeñar un cargo o profesión.

**Estreno,** m. Lo que se hace y lo que resulta de estrenar o estrenarse. ‖ La primera vez que se usa una cosa, o que se la presenta en público.

**Estreñimiento,** m. Dificultad de evacuar del cuerpo los excrementos.

**Estrepitosamente,** adv. Con gran ruido.

**Estría,** f. Surco acanalado, en una columna o superficie.

**Estribar,** intr. Caer el peso de una cosa sobre otra sólida y firme. ‖ Apoyarse, basarse.

**Estribillo,** m. Palabra o frase que por costumbre repiten mucho algunas personas. ‖ Versos que se repiten de vez en vez en algunas poesías.

**Estribo,** m. Pieza para apoyar el pie.

**Estribor,** m. Costado derecho de un buque, estando uno mirando hacia la proa.

**Estricnina,** f. Matarratas que huele y sabe a nueces podridas. Es tan venenoso como el curare.

**Estrictamente,** adv. Según la ley y nada más. ‖ Tan sólo, únicamente.

---

\*

Estrecho, adj. Que tiene poca anchura: **Un callejón estrecho.** ‖ Apretado, ajustado: **Vestidos estrechos.** ‖ Se dice también de la amistad o parentesco cercano: **Tienen una relación estrecha.**
    Viene del latín **strictus,** que quiere decir 'estrecho'. ‖ Deriv.: **Astringente, constreñir, estrechar, estrechez, estrechura, estreñir, restricción, estricto, restringir.** ‖ Contr.: **Ancho.**

Estribo

**Estricto,** *adj.* Ajustado a la ley, que no se puede ampliar.
**Estridencia,** *f.* Ruido desagradable y chirriante.
**Estrofa,** *f.* Cualquiera de las partes que tienen el mismo número de versos y ordenados del mismo modo, de que constan algunas composiciones poéticas o poesías.
**Estropear,** *tr.* Romper una cosa o ponerla peor de lo que antes estaba.
**Estructura,** *f.* El orden y la forma en que están colocadas las partes de una cosa.
**Estructural,** *adj.* Que se refiere o pertenece a la estructura.
**Estruendo,** *m.* Ruido grande que produce confusión. || Ruido del trueno.
**Estrujar,** *tr.* Apretar una cosa para sacarle algo. Se dice sobre todo de la fruta para sacarle el zumo. || Apretar a una persona tan fuerte que puede llegarse a lastimarla o hacerle daño. || Sacar a una cosa todo el partido posible.
**Estuario,** *m.* Entrada del mar en la desembocadura de un río.
**Estuco,** *m.* Masa de yeso y cal, con que se recubren algunas superficies escultóricas o de albañilería.
**Estuche,** *m.* Caja o cartera que sirve para guardar o llevar en ella cosas determinadas.
**Estudiado,** *adj.* Amanerado, fingido.
**Estudiante,** *com.* Persona que está haciendo un curso en una universidad o colegio. || V. **estudio.**
**Estudiantil,** *adj.* Que se refiere a los estudiantes.
**Estudiantina,** *f.* Conjunto de los estudiantes que componen y cantan coplas al son de instrumentos de cuerda y panderetas.
**Estudiar,** *tr.* Intentar comprender una cosa. || Aprender una cosa. || Hacer un curso en una universidad o colegio. || V. **estudio.**
**Estudio.**\*
**Estudioso,** *adj.* Que estudia mucho.
**Estufa,** *f.* Aparato para producir calor y dejarlo salir poco a poco por sus aberturas. || Brasero.

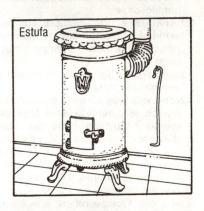
Estufa

**Estupefaciente,** *m.* Cualquier droga que ataque al cerebro y al sistema nervioso.
**Estupefacto,** *adj.* Asombrado, pasmado.
**Estupendamente,** *adv.* De modo estupendo.
**Estupendo,** *adj.* Admirable, asombroso. || Magnífico, muy bueno.
**Estupidez,** *f.* Torpeza grande para comprender las cosas. || Cosa o dicho que lo suelen hacer los estúpidos.
**Estúpido,** *adj.* Necio, tonto, imbécil.

---

\*
Estudio, *m. Lo que se hace al estudiar: aplicación y cuidado para llegar a conocer algo:* **Se dedica al estudio de las ciencias.** *|| Lugar donde trabajan los técnicos u hombres de letras:* **El estudio del arquitecto; estudios de televisión;** *etc.*
  *Viene del latín* **studium,** *que significa 'aplicación, trabajo, diligencia'.*
|| *Deriv.:* **Estudiante, estudiantil, estudiantina, estudiar, estudioso.**

**Estupor,** *m.* Asombro, pasmo que deja entontecido a uno.

**Esturión,** *m.* Pez abundante en los mares Negro y Caspio, de cuyas huevas se hace el caviar. ‖ Sollo.

**Esvástica,** *f.* Símbolo en forma de cruz cuyas extremidades se tuercen hacia la derecha.

**Etapa.** *

**Etcétera.** *

**Éter,** *m.* Cierto líquido que se usa en las clínicas para adormecer a los enfermos que van a ser operados inmediatamente. ‖ Especie de gas fluido que se supone invade todo el espacio y que por su movimiento produce los fenómenos caloríficos, luminosos, etc.

**Eternamente,** *adv.* Siempre, sin fin.

**Eternidad,** *f.* Tiempo que no tiene ni principio ni fin. ‖ Tiempo muy largo.

**Eternizarse,** *r. fig.* Durar muchísimo tiempo una cosa.

**Eterno,** *adj.* Que no tiene principio ni fin. En este sentido, sólo Dios es eterno. ‖ Que no tiene fin, que dura mucho tiempo. ‖ V. **edad**.

**Ética,** *f.* Ciencia que forma parte de la filosofía y que estudia si las cosas son buenas o malas, y las obligaciones del hombre.

**Ético,** *adj.* Que se refiere a la ética.

**Etimología,** *f.* Ciencia que forma parte de la gramática y que estudia el origen de las palabras, su formación y su significado.

**Etimológico,** *adj.* Que se refiere a la etimología. ‖ Un diccionario castellano es etimológico cuando explica de qué idiomas vienen las palabras principales del español.

**Etiópico,** *adj.* Que se refiere a una nación de Africa llamada Etiopía.

**Etiqueta,** *f.* Ceremonias que se hacen en los palacios y sitios de importancia. ‖ Trocito de papel o hierro en los que se escribe alguna cosa.

**Etiquetar,** *tr.* Colocar etiquetas.

**Etnológico,** *adj.* Que se refiere a la ciencia que estudia las razas humanas.

**Etrusco,** *adj.* De Etruria (En Italia Antigua).

**Eucalipto,** *m.* Árbol de origen australiano que se suele plantar en terrenos encharcados. Sus hojas contienen sustancias expectorantes, y con su madera se construyen barcos, y traviesas de ferrocarril, pavimentos, etc.

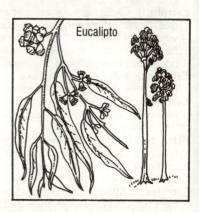
Eucalipto

**Eucaristía,** *f.* El Sacramento de la Hostia Consagrada.

**Eucarístico,** *adj.* Que se refiere al Santísimo Sacramento del Altar.

**Eufemismo,** *m.* Frase de contenido desagradable pero que está expresada con palabras bien sonantes.

**Eufonía,** *f.* Lo que hace que las palabras o frases suenen bien. ‖ Buen sonido.

**Eufónico,** *adj.* Palabra o frase que suena bien.

---

ETAPA, f. *Cada uno de los sitios en que se paran los que van de viaje:* **Las etapas del viaje son Burgos, San Sebastián, Burdeos y París.** ‖ *Parte del camino o trabajo en que se divide uno más grande:* **El trabajo lo haremos en tres etapas.**

Viene del francés **etape,** que significa 'localidad donde pernoctan las tropas'.

ETCÉTERA. *Palabra con que se indica la continuación de cosas iguales:* **Alava, Albacete, Almería, etcétera, son provincias españolas.**

Viene de la frase latina **et caetera,** que significa 'y las demás cosas'.

**Euforia,** *f.* Sensación de alegría rebosante que tiene todo cuerpo sano y fuerte. ‖ Estado de bienestar que producen las drogas.
**Eufórico,** *adj.* Que parece rebosar de alegría y optimismo.
**Eugenesia,** *f.* El hecho de aplicar las leyes científicas de la herencia para mejorar la raza humana.
**Eunuco,** *m.* Guardián de un harén.
**¡Eureka!,** *interj.* ¡Lo encontré!, ¡Por fin lo encontré!
**Euritmia,** *f.* Armonía entre las diversas partes de una obra de arte.
**Europeizar,** *tr.* Introducir en una nación o pueblo las costumbres de los europeos.
**Europeo,** *adj.* De Europa. ‖ *m.* Nacido en Europa.
**Eurovisión,** *f.* Conexión con las redes de televisión de otros países de Europa.
**Euskera,** *m.* Vascuence, la lengua vasca. ‖ *adj.* Perteneciente a la lengua vasca.
**Eutanasia,** *f.* Muerte sin sufrimientos. ‖ Crimen de matar a un enfermo grave, bajo la excusa de que deje de sufrir.
**Evacuación,** *f.* Lo que se hace al evacuar.
**Evacuar,** *tr.* Hacer que salga del cuerpo los excrementos. ‖ Desocupar la gente de un sitio y abandonarlo.
**Evacuatorio,** *m.* Lugar en las ciudades donde puede ir la gente a hacer sus necesidades.
**Evadirse,** *r.* Fugarse, escaparse. ‖ Irse de un sitio donde estaba encerrado.
**Evaluación,** *f.* El estimar lo que vale o debe valer una cosa.
**Evaluar,** *tr.* Valorar.
**Evangélico,** *adj.* (Lo) que se refiere a los Evangelios. ‖ (Lo) que se refiere al protestantismo y a cierto grupo de protestantes.
**Evangelio,** *m.* Doctrina de Nuestro Señor Jesucrito y libro en el que está escrito. ‖ Parte de los Evangelios que se lee en la Misa de cada día.
**evangelistas (Los cuatro),** *m. pl.* San Mateo, San Marcos, San Lucas y San Juan, que son los cuatro discípulos del Señor a quienes Dios confió el escribir los Evangelios.
**Evangelización,** *f.* Predicación del Evangelio.
**Evangelizar,** *tr.* Predicar la fe cristiana y las verdades contenidas en los Evangelios.
**Evaporación,** *f.* Cambio de un líquido en vapor.
**Evasión,** *f.* Lo que se hace al evadirse. ‖ Fuga.
**Evasiva,** *f.* Excusa para salir de una dificultad.
**Eventual,** *adj.* Que no es ni seguro ni fijo.
**Eventualidad,** *f.* Hecho que puede o no ocurrir.
**Eventualmente,** *adv.* Por casualidad.
**Evidencia,** *f.* Seguridad tan clara y absoluta que nadie puede dudar de ella.
**Evidenciar,** *tr.* Demostrar que una cosa es evidente y verdadera.
**Evidente,** *adj.* Cierto, seguro, claro.
**Evidentemente,** *adv.* Con seguridad, con evidencia.
**Evitar.**\*
**Evocación,** *f.* Lo que se hace al llamar o recordar alguna cosa.
**Evocador,** *adj.* Que evoca o recuerda alguna cosa.
**Evocar,** *tr.* Llamar a los espíritus y a los muertos. ‖ Recordar alguna cosa, acordarse de ella.
**Evolución,** *f.* Desarrollo gradual de las cosas y especialmente de los seres vivientes. ‖ Cambio.
**Evolucionar,** *tr.* Irse transformando. ‖ Hacer evoluciones.
**Evolutivo,** *adj.* Que puede evolucionar. ‖ Que se refiere a la evolución.

---

\*
Evitar, *tr. Apartar o librarse de alguna cosa molesta:* **Quien evita la ocasión, evita el peligro.** ‖ *Procurar no tratar con alguna persona:* **Evitar la compañía de Fulano.**
  Viene del latín **evitare,** que significa 'huir de algo, evitar'. ‖ Deriv.: **Evitable, inevitable, vitando.**

**Ex.**\*
**Ex abrupto,** *m.* Palabrota desagradable y brusca.
**Exacerbación,** *f.* Enfado, enojo. || Agravación de una enfermedad o molestia.
**Exactamente,** *adv.* Con exactitud, sin equivocación ni error.
**Exactitud,** *f.* Lo que hace que una cosa sea exacta. || Precisión. || V. **exigir.**
**Exacto,** *adj.* Que no tiene equivocación. || Justo, cabal, preciso, correcto. || V. **exigir.**
**Exageración,** *f.* Lo que se hace al exagerar. Un ejemplo: «tenía tanta hambre que fue al campo y las margaritas le parecían huevos fritos».
**Exagerado,** *adj.* Que exagera, que agranda las cosas. || Excesivo.
**Exagerar,** *tr.* Agrandar las cosas, hacerlas mayores de lo que en realidad son.
**Exaltación,** *f.* Lo que se hace al exaltar o exaltarse. || Emoción, pasión.
**Exaltado,** *adj.* Que se exalta. || Exagerado.
**Exaltar,** *tr.* Alabar a una persona o cosa, hablar muy bien de ella. || *r.* Excitarse, dejarse emocionar mucho por alguna cosa.
**Examen.**\*
**Examinar,** *tr.* Hacer exámenes. || Mirar u observar a una persona o cosa con mucha atención. || V. **examen.**
**Exánime,** *adj.* Muerto. || Desmayado, sin aliento.
**Exasperación,** *f.* Lo que tiene una persona irritada o enfadada. || Irritación grande.

**Exasperar,** *tr.* Enfadar mucho, irritar || *r.* Irritarse mucho.
**Ex cáthedra,** *m. adv.* Sin equivocarse y hablando desde un trono.
**Excavación,** *f.* Lo que se hace al excavar. || Hoyo, agujero.

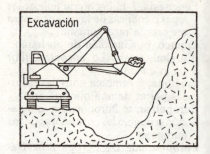
Excavación

**Excavar,** *tr.* Hacer un hoyo o una cavidad.
**Exceder,** *tr.* Ser una persona o cosa más grande que otra. || *r.* Hacer una persona algo fuera de los límites de lo que debe hacer.
**Excelencia,** *f.* Lo que hace que una cosa sea excelente. || Calidad o bondad superiores. || Trato que se da a algunas personas de muy elevada dignidad. || V. **excelente.**
**Excelente.**\*
**Excelentísimo,** *adj.* Trato de honor que se da a algunas personas.
**Excelso,** *adj.* Superior. || Muy elevado. || Excelente.
**Excéntrico,** *adj.* Raro y extravagante. || Que gira alrededor de un punto que no es su centro.
**Excepción,** *f.* Lo que se hace al exceptuar. || Lo que se sale de las reglas comunes.

---
\*

Ex. *Palabra que se coloca delante de otra y sirve para indicar lo que una persona ha sido y ya no es:* **Ex-ministro, ex-presidente.**
   *Viene del latín* **ex,** *que quiere decir 'fuera de, venido de'.*

Examen, m. *Lo que se hace al examinar:* **Aquel examen duró 3 horas.** || *Observación atenta para conocer bien una cosa:* **El médico hizo un examen detenido del enfermo.** || *Prueba que se hace al que quiere obtener un título o empleo para ver si está en condiciones para él:* **Aprobó el examen.**
   *Viene del latín* **examen,** *que significa 'fiel de la balanza, acción de pesar'.* || *Deriv.:* **Examinado, examinar.**

Excelente, adj. *Muy bueno, estupendo, que es bueno entre los buenos:* **Es una persona excelente.**
   *Viene del latín* **excellens,** *que significa 'sobresaliente, el que tiene más talla que otro'.* || *Deriv.:* **Excelencia, excelso.** || *Contr.:* **Pésimo.**

**Excepcional.\***
**Excepcionalmente,** *adv.* Por excepción.
**Excepto,** *adv.* A excepción de, menos.
**Exceptuar,** *tr.* No incluir o sacar fuera de la regla común a una persona o cosa.
**Excesivamente,** *adv.* Con exceso.
**Excesivo,** *adj.* Que se pasa de los límites ordinarios. ‖ Enorme. ‖ V. **exceso.**
**Exceso.\***
**Excipiente,** *m.* Sustancia que se añade a los medicamentos para que sepan a algo o para que puedan endurecerse.
**Excitabilidad,** *f.* Facilidad para excitarse rápidamente.
**Excitación,** *f.* Lo que se hace al excitar o excitarse. ‖ Estado de alteración nerviosa.
**Excitar,** *tr.* Provocar algún movimiento. ‖ Estimular, incitar.
**Exclamación,** *f.* Grito de alegría, sorpresa, etc.
**Exclamar,** *intr.* Decir alguna cosa con fuerza y de repente.
**Excluir,** *tr.* Quitar a una persona o cosa de donde está.
**Exclusiva,** *f.* Privilegio que tiene una persona o compañía para poder hacer sólo ella alguna cosa.
**Exclusivamente,** *adv.* Solamente, únicamente.
**Exclusivista,** *adj.* Que todo lo quiere para sí mismo o como él piensa.
**Exclusivo,** *adj.* Que excluye, que estando ello no puede estar otra cosa. ‖ Solo, único.
**Excomulgado,** *adj.* Que se le ha prohibido recibir los sacramentos.

**Excomulgar,** *tr.* Apartar a un mal fiel del uso de los sacramentos.
**Excomunión,** *f.* Castigo eclesiástico que consiste en excomulgar a un fiel por motivos graves.
**Excremento,** *m.* Los restos de comida que pasan al intestino grueso, después de efectuada la digestión completa de los alimentos.
**Exculpación,** *f.* Lo que hace uno para disculpar a otro.
**Excursión,** *f.* Ir a algún sitio para conocerlo, estudiarlo o hacer ejercicio físico. ‖ V. **correr.**
**Excursionista,** *com.* Persona que hace una excursión.
**Excusa,** *f.* Motivo que se dice para librarse de algo o para quitarse una culpa. ‖ Disculpa, pretexto.
**Excusar,** *tr.* Perdonar, disculpar. ‖ *r.* Decir o hacer alguna cosa para librarse de hacer algo. ‖ V. **acusar.**
**Exégesis,** *f.* Explicación de alguna cosa, sobre todo de la Sagrada Escritura.
**Exegeta,** *m.* El que explica la Sagrada Escritura.
**Exención,** *f.* Dispensa o permiso para no hacer algo.
**Exento,** *adj.* Libre. ‖ Descubierto por todos sus lados.
**Exequias,** *f.* Funerales, ceremonias en honor del que se ha muerto.
**Exhalar,** *tr.* Despedir o echar gases, vapores u olores. ‖ Lanzar suspiros, quejas, etc.
**Exhaustivo,** *adj.* Que cansa, que agota.
**Exhibición,** *f.* Lo que se hace al enseñar o mostrar en público una cosa.
**Exhibicionismo,** *m.* Manía de que le vean a uno.

---

\*
EXCEPCIONAL, adj. *Que no está dentro de la regla común, que es algo extraordinario:* **Es un estudiante excepcional.** ‖ *Que ocurre rara vez:* **Es un caso excepcional.**
   *Viene del verbo latino* **excipere,** *que significa 'sacar, exceptuar'. De este verbo latino se derivan* **excepción, excepto, exceptuar.** ‖ *Contr.:* **Corriente, ordinario.**
EXCESO, m. *Lo que pasa o sobra de la medida o regla aceptada:* **Vd. tiene exceso de equipaje.** ‖ *Abuso, delito:* **Es un exceso intolerable.** ‖ **En exceso:** *Mucho, demasiado, muchísimo.*
   *Viene del latín* **excedere,** *que significa 'salir'.* ‖ *Deriv.:* **Excedencia, excedente, exceder, excesivo.**

**Exhibir,** *tr.* Mostrar, enseñar. ‖ Mostrar algo en público para que lo vea la gente.
**Exhortación,** *f.* Discurso de palabras para exhortar o convencer a alguien de que haga algo.
**Exhortar,** *tr.* Animar, alentar. ‖ Inducir a uno con palabras, ruegos, etc., a que haga alguna cosa.
**Exhumar,** *tr.* Desenterrar. ‖ Sacar de la sepultura el cadáver o los restos de alguien.
**Exigencia,** *f.* Lo que se hace al exigir.
**Exigente,** *adj.* Que exige mucho.
**Exigible,** *adj.* Que puede y debe exigirse o pedirse.
**Exigir.\***
**Exigüidad,** *f.* Escasez, pequeñez.
**Exiguo,** *adj.* Escaso, pequeño, poco, insuficiente.
**Exilado,** *adj.* Desterrado. ‖ Echado de un país o ciudad.
**Exilio,** *m.* Sitio en que vive el que está exilado o desterrado. ‖ Destierro.
**Eximio,** *adj.* Muy bueno, buenísimo.
**Eximir,** *tr.* Liberar de una obligación a otro.
**Existencia,** *f.* El hecho de existir. ‖ Vida del hombre. ‖ V. **existir.**
**Existente,** *adj.* Que existe, que vive.
**Existir.\***
**Éxito.\***
**Ex libris,** frase latina que significa «los libros se hacen de otros libros».
**Éxodo,** *m.* Viaje de un pueblo que se traslada de un país a otro.
**Exorbitante,** *adj.* Excesivo, enorme.
**Exorcismo,** *m.* Mandato que hace el sacerdote o el obispo, en nombre de Jesucristo y de la Iglesia, para que el demonio abandone el cuerpo del que va a ser bautizado.
**Exordio,** *m.* Primera parte o introducción de un discurso o sermón.
**Exósmosis,** *f.* Corriente de sentido contrario a la endósmosis.
**Exótico,** *adj.* Extranjero, extraño.
**Exotismo,** *m.* Calidad de exótico.
**Expansión,** *m.* Crecimiento de una cosa. ‖ Propagación. ‖ Recreo, diversión.
**Expansionarse,** *r.* Confiar a otra persona cosas muy íntimas o secretos de uno.
**expansiva (Fuerza),** *f.* Fuerza que crece y se propaga cada vez más.
**Expatriado,** *adj.* Que abandonó su patria y se ha ido a vivir a otro país.
**Expectativa,** *f.* Esperanza de conseguir alguna cosa. ‖ El estar esperando que ocurra alguna cosa.
**Expectorante,** *adj.* Que ayuda o facilita el expectorar. ‖ Se dice de algunas sustancias como la esencia de eucalipto, la miel, etc.
**Expectorar,** *tr.* Arrojar por la boca moco o pus o sangre, procedente del aparato digestivo.
**Expedición,** *f.* Lo que se hace al expedir. ‖ Excursión grande.
**Expedicionario,** *adj.* Que hace una expedición o excursión.
**Expediente,** *m.* El conjunto de los documentos necesarios para resolver un asunto. ‖ V. **impedir.**
**Expedir,** *tr.* Despachar un negocio. ‖ Extender por escrito un documento. ‖ Enviar.
**Expedito,** *adj.* Libre de estorbos. ‖ Hábil y rápido.

---

\*
**E**xigir, *tr. Pedir algo porque se tiene derecho a ello:* **Le exigió una indemnización.** ‖ *Mandar, ordenar:* **Las leyes lo exigen así.**
  *Viene del latín* **exigere,** *que significa 'hacer pagar, cumplir, ejecutar'.* ‖ *Deriv.:* **Exacto, exactitud, exigencia, exigente.** ‖ *Contr.:* **Perdonar.**

**E**xistir, *intr. Ser, estar en la realidad:* **Las cosas existen porque Dios las ha creado.** ‖ *Tener vida:* **Mi tatarabuela ya no existe.**
  *Viene del latín* **existere,** *que significa 'salir, nacer, aparecer'.* ‖ *Deriv.:*
  **Coexistencia, coexistir, desistir, existencia, existente, existir, insistencia, insistir, persistir, subsistencia, subsistir.**

**É**xito, *m. Buen resultado de un asunto o trabajo:* **Tuvo éxito en sus estudios.**
  *Viene del latín* **exitus,** *que quiere decir 'salida, resultado'.* ‖ *Contr.:* **Fracaso.**

**Expendeduría,** f. Tienda en la que se vende en pequeñas cantidades algunas determinadas mercancías, como tabaco.
**Expensas,** f. pl. Gastos. ‖ **A expensas** de otro: A costa de otro, por cuenta de otro.
**Experiencia.**\*
**Experimentación,** f. Lo que se hace al experimentar una cosa. ‖ Experimento científico.
**Experimentado,** adj. Que tiene experiencia.
**Experimental,** adj. Que se sabe por la experiencia diaria, o por los experimentos científicos. ‖ Científico y empírico a la vez.
**Experimentar,** tr. Probar y examinar en la realidad las propiedades de una cosa. ‖ Sentir una cosa, notarla. ‖ Sufrir, padecer.
**Experimento,** m. Prueba que se hace en la realidad para conocer las propiedades de una cosa.
**Experto,** adj. Que sabe o entiende mucho de alguna cosa.
**Expiar.**\*
**Expiatorio,** adj. Que se hace para borrar alguna culpa. ‖ Para expiar.
**Expirar,** intr. Morir. ‖ tr. Acabarse alguna cosa.
**Explanada,** f. Parte de terreno que está llano. ‖ Terreno llano situado delante de una fortaleza.
**Explayarse,** r. Extenderse. ‖ Extenderse demasiado.
**Explicable,** adj. Que se puede explicar.
**Explicación,** f. Aclaración de lo que es difícil de entender. ‖ V. **plegar.**
**Explicaderas,** pl. fam. Modo de explicarse que tiene una persona.
**Explicar,** tr. Aclarar, hacer más fácil de comprender una cosa difícil o complicada. ‖ V. **plegar.**
**Explicativo,** adj. Que aclara una cosa, que la explica.
**Explícitamente,** adv. Llanamente, sin ser difícil de comprender.
**Explícito,** adj. Que dice o expresa una cosa con claridad,
**Exploración,** f. Lo que se hace al explorar. ‖ Reconocimiento, tanteo.
**Explorador,** adj. Aficionado a hacer exploraciones. ‖ Que ha explorado muchos sitios y lugares.

Explorador

**Explorar,** tr. Reconocer, examinar una cosa o lugar.
**Explosión,** f. El hecho de estallar una cosa acompañándose de gran ruido. ‖ Reventón.
**Explosivo,** adj. Que hace explosión o que la produce. ‖ m. Producto químico que se incendia con explosión.
**Explotable,** adj. Que se puede explotar y obtener ganancias de él.
**Explotación,** f. Aprovechamiento de las riquezas de una mina, de una industria, o de un terreno, etc.

---

\*

EXPERIENCIA, f. Conjunto de conocimientos que se van adquiriendo con la vida diaria o con la práctica de un oficio: **Es hombre de mucha experiencia.** ‖ Experimento: **Le gusta hacer experimentos de química.**
   Viene del latín **expediri,** que significa 'intentar, ensayar, experimentar'. ‖ Deriv. y afines: **Experto, perito, pericia.**
EXPIAR, tr. Borrar las culpas sufriendo la pena correspondiente: **Expió su falta.**
   Viene del latín **pius,** que quiere decir 'piadoso'. ‖ Deriv.: **Expiación, expiatorio.** ‖ De la palabra latina **pius** se derivan **despiadado, piedad, piadoso, pitanza, impío, impiedad, pietismo.**

**Explotar,** *tr.* Trabajar una cosa para obtener ganancias de ella. ‖ Estafar, abusar de uno. ‖ No confundáis «explotar» con «hacer explosión».

**Expolio,** *m.* Despojo hecho con violencia.

**Exponente,** *adj.* Que expone. ‖ *m.* Número que indica la potencia a que se ha de elevar otro llamado base.

**Exponer,** *tr.* Poner de manifiesto. ‖ Hacer una petición razonada. ‖ Arriesgar. ‖ V. **poner.**

**Exportación,** *f.* Venta y salida de mercancías del país de uno a cualquier otro.

**Exportador,** *adj.* Que exporta. ‖ Que se dedica al negocio de exportación.

**Exportar,** *tr.* Mandar o enviar productos del país de uno a otro país.

**Exposición,** *f.* Lo que se hace al exponer. ‖ Exhibición o muestra pública de arte, ciencia o comercio. ‖ V. **poner.**

**Expositor,** *adj.* Que expone. ‖ El que lleva cosas suyas a una exposición.

**Exprés,** *m.* Tren muy rápido. ‖ Empresa de transporte.

**Expresamente,** *adv.* Claramente, con claridad.

**Expresar.\***

**Expresión,** *f.* Declaración de una cosa, manifestación. ‖ Palabra, forma de expresarse. ‖ Aspecto de la cara. ‖ V. **expresar.**

**Expresivamente,** *adv.* De manera expresiva, de forma tal que se entiende claramente lo que uno quiere decir.

**Expresivo,** *adj.* Que dice o expresa muy bien y claramente lo que quiere decir.

**Expreso,** *adj.* Claro, que se ve fácilmente. ‖ Muy veloz, rápido.

**Exprimir,** *tr.* Apretar una cosa para sacarle el zumo o jugo. ‖ Estrujar, apretar una cosa.

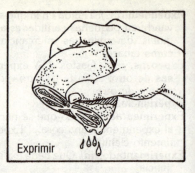
Exprimir

**Expropiación,** *f.* Lo que se hace al expropiar.

**Expropiar,** *tr.* Quitar a uno una cosa de su propiedad pagándole a cambio una cierta cantidad de dinero.

**Expuesto,** *adj.* Peligroso, arriesgado. ‖ V. **poner.**

**Expugnar,** *tr.* Asaltar un castillo o fortaleza, y conquistarlo.

**Expulsar,** *tr.* Echar fuera de sí. ‖ Echar a una persona de un colegio, una reunión, etc. ‖ Desterrar.

**Expulsión,** *f.* Lo que se hace al expulsar.

**Expulsor,** *m.* Pieza que tienen las armas de fuego automáticas, para ir expulsando los cartuchos o vainas metálicas a medida que se va disparando. ‖ Aparato renovador del aire en una mina o edificio.

**Exquisitez,** *f.* Lo que hace que algo sea exquisito.

**Exquisito,** *adj.* Delicado, elegante. ‖ Delicioso, agradable.

**Extasiarse,** *r.* Admirarse mucho. ‖ Quedarse fuera de sí.

**Éxtasis,** *m.* Estado de unión con Dios, sin darse cuenta de nada más. ‖ Admiración grande.

**Extemporáneo,** *adj.* Que no corresponde al tiempo en que se hace.

**Extender,** *tr.* Hacer que una cosa ocupe más sitio que antes. ‖ Desenvolver, desplegar. ‖ *r.* Ocupar cierta porción de terreno. ‖ Difundirse. ‖ V. **tender.**

**Extensamente,** *adv.* Con extensión.

---

\*
EXPRESAR, *tr. Decir o manifestar lo que uno piensa, siente o quiere:* **Le expresó su agradecimiento con palabras y lágrimas.**
   Viene del latín **exprimere**, *que significa 'exprimir, hacer salir, expresar'.* ‖ *Deriv.:* **Expresión, expresivo, expreso, exprimir, inexpresable.**

**Extensión,** *f.* Espacio que ocupa cada cuerpo. ‖ Trozo o parte de terreno. ‖ V. **tender.**
**Extensivo,** *adj.* Que se extiende o puede extenderse.
**Extenso,** *adj.* Que tiene extensión. ‖ Grande. ‖ V. **tender.**
**Extenuado,** *adj.* Debilitado por el esfuerzo o por la enfermedad.
**Exterior,** *adj.* Que está por la parte de afuera. ‖ Que se refiere a países extranjeros del que uno es. ‖ *m.* Parte de afuera de las cosas. ‖ Pinta que tiene una persona. ‖ V. **extra.**
**Exteriorizar,** *tr.* Hacer exterior una cosa para que todos la sepan.
**Exteriormente,** *adv.* Por el exterior, por la parte de afuera.
**Exterminar,** *tr.* Acabar del todo con una cosa, no dejar ni rastro de ella.
**Exterminio,** *m.* Lo que se hace al exterminar.
**Externado,** *m.* Lo contrario de internado.
**Externamente,** *adv.* Por la parte externa, por afuera.
**Externo,** *adj.* Que está afuera. ‖ *m.* Alumno que sólo va al colegio a las horas de clase, y va a comer y a dormir a su casa.
**Extinción,** *f.* Lo que se hace al extinguir.
**Extinguir,** *tr.* Ahogar. ‖ Hacer que cesen o se apaguen del todo algunas cosas que desaparecen poco a poco.
**Extintor,** *adj.* Que extingue. ‖ *m.* Aparato que se usa para apagar el fuego.
**Extirpación,** *f.* Lo que se hace al extirpar.
**Extirpar,** *tr.* Arrancar de cuajo una cosa. ‖ Acabar con una cosa de modo que deje de existir, como los vicios, costumbres, etc.
**Extra.***
**Extracción,** *f.* Lo que se hace al extraer.
**Extractar,** *tr.* Hacer el extracto de una cosa, resumirla.
**Extracto,** *m.* Resumen de un escrito o discurso dejando sólo lo más importante. ‖ Sustancia que se extrae de otra.
**Extraer,** *tr.* Sacar, arrancar, poner una cosa fuera de donde estaba.
**Extrajudicial,** *adj.* Que se hace fuera de lo judicial.
**Extralimitarse,** *r.* Abusar, pasarse de la raya.
**Extramuros,** *adv.* Fuera del recinto amurallado de una ciudad.
**Extranjerismo,** *m.* Afición grande a las cosas o costumbres extranjeras. ‖ Voz, frase o giro de un idioma extranjero usado en el de uno.

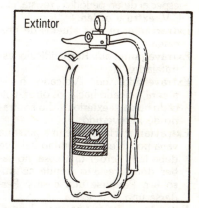

Extintor

---

* EXTRA. Preposición que se une a otras palabras y que significa 'fuera de'. Así, **extraordinario** significa 'fuera de lo oridinario'. ‖ Como adjetivo significa 'excelente': **Es una tela extra.** ‖ También puede ser sustantivo y entonces indica dinero que le dan a uno además del sueldo: **En ese empleo tiene muchos extras.** ‖ En el cine, un «extra» es cada una de las personas que aparecen «como en rebaño», en algunas escenas de la película.
Viene del latín **extra,** que también significa 'fuera de'. ‖ De la misma raíz se derivan **exterior, exteriorizar, externo, extranjero, extrañar, extrañeza, extraño, extremado, extremaunción, extremidad, extremista, extremo, extrínseco.** ‖ Con el prefijo 'extra' se forman: **extraordinariamente, extraordinario, extravagancia, extravagante, extravasar, extraviar, extravío.**

**Extranjero,** *adj.* De cualquier nación o país diferente del de uno. ‖ *m.* Cualquier país que no sea el de uno. ‖ V. **extra.**
**Extrañar,** *tr.* Notar que una cosa nos resulta rara. ‖ No tratar con una persona que antes era amiga o conocida.
**Extrañeza,** *f.* Cosa que no conocíamos y nos resulta rara. ‖ Disgusto, enfado entre los que eran amigos.
**Extraño,** *adj.* Que es de otro oficio, nación o familia. ‖ Que no se le conoce y resulta raro y nuevo. ‖ V. **extra.**
**Extraoficialmente,** *adv.* No de una manera oficial, sino privadamente.
**Extraordinariamente,** *adv.* De un modo extraordinario. ‖ Que no ocurre corrientemente. ‖ V. **extra** y **orden.**
**Extraordinario,** *adj.* Que sucede pocas veces, que sale de lo corriente. ‖ Estupendo, excelente. ‖ *m.* Plato que se añade a la comida normal en los días de fiesta. ‖ Edición especial de un periódico, revista, etc. ‖ V. **extra** y **orden.**
**Extrarradio,** *m.* Las afueras de una ciudad.
**Extravagante,** *adj.* Raro, ridículo, estrafalario.
**Extravertido,** *adj.* Volcado hacia afuera, volcado hacia los otros, volcado hacia el exterior. ‖ Lo contrario de introvertido.
**Extraviar,** *tr.* Hacer que una persona vaya por diferente camino del que debe ir. ‖ Perder una cosa, no saber dónde está o dónde se puso. ‖ *r.* Perderse una cosa. ‖ Perderse uno. ‖ V. **extra.**
**Extravío,** *m.* Lo que se hace al extraviar o extraviarse. ‖ Desorden.
**Extremadamente,** *adv.* Grandemente, exageradamente.
**Extremado,** *adj.* Que es o muy bueno o muy malo. ‖ Grande.
**Extremar,** *tr.* Exagerar. ‖ Llevar una cosa al extremo.
**Extremaunción,** *f.* Sacramento que se administra a los enfermos antes de morir. ‖ Viático.
**Extremeño,** *adj.* De Extremadura.
**Extremidad,** *f.* Punta, parte última de una cosa. ‖ Brazo o pierna. ‖ **Extremidades superiores:** los brazos. ‖ **Extremidades inferiores:** las piernas.
**Extremista,** *adj.* Que todo lo que piensa lo piensa extremadamente. ‖ Exagerado (principalmente en cosas políticas).
**Extremo,** *adj.* Último, final. ‖ Grande, mucho, excesivo. ‖ Lejano, que está lejos. ‖ *m.* Parte última de una cosa, punta, extremidad, cabo. ‖ V. **extra.**
**Extremoso,** *adj.* Que hace todo muy grande o muy pequeño. ‖ Exagerado en sus afectos y acciones.
**Extrínseco,** *adj.* Lo contrario de intrínseco.
**Exuberancia,** *f.* Gran abundancia.
**Exuberante,** *adj.* Muy abundante.
**Exudar,** *intr.* Filtrarse hacia afuera el agua de un botijo. ‖ Ir saliéndose un líquido por los poros de la vasija en donde está.
**Exvoto,** *m.* Cada una de las figurillas en forma de pierna, brazo, etc., con que se adornan los altares de algunos santos, en recuerdo de curaciones milagrosas.

Exvoto

# F

**F.** Séptima letra del alfabeto castellano. ‖ Es consonante. ‖ Su nombre es *efe*.
**Fabada,** *f.* Potaje de judías con tocino y morcilla.
**Fábrica.**\*
**Fabricación,** *f.* Lo que se hace al fabricar cosas.
**Fabricante,** *adj.* Que fabrica. ‖ *m.* Dueño de una fábrica.
**Fabricar,** *tr.* Hacer una cosa por medios mecánicos. ‖ Construir un edificio. ‖ V. **fábrica.**
**Fabril,** *adj.* Referente a las fábricas o a los fabricantes.
**Fábula,** *f.* Cuento casi siempre corto, del que se saca alguna enseñanza o moraleja. ‖ Historia falsa.
**Fabulista,** *com.* Persona que escribe fábulas.
**Fabulosamente,** *adv.* Muy, mucho, con exageración.
**Fabuloso,** *adj.* Falso, que no es verdad, que está inventada por la imaginación. ‖ *fig.* Extraordinario, que parece cosa de fábula.
**Faca,** *f.* Cuchillo grande y con punta.
**Facción,** *f.* Banda o pandilla de rebeldes. ‖ *pl.* Las distintas partes del rostro.
**Faceta,** *f.* Cada una de las caras de una esmeralda. ‖ Cada uno de los aspectos que se pueden considerar en un asunto.
**Facial,** *adj.* Que se refiere a la cara. ‖ De la cara.
**Fácil,** *adj.* Que no cuesta mucho hacerlo. ‖ (Persona) que se deja arrastrar en seguida por lo que le digan. ‖ V. **hacer.**
**Facilidad,** *f.* El poder hacer una cosa con poco trabajo.
**Facilitar,** *tr.* Hacer una cosa fácil, quitar las pegas que tenía. ‖ Entregar. ‖ V. **hacer.**
**Fácilmente,** *adv.* Sin gran trabajo, sin mucha dificultad. ‖ V. **hacer.**
**Facineroso,** *adj.* Que se dedica a no cumplir la ley. ‖ Que vive del robo, o estafa, etc.
**Facistol,** *m.* Atril grande y elevado donde se pone algún libro en la iglesia.

Facistol

**Facsímil,** *m.* Copia de un escrito, documento, firma o dibujo.
**Factible,** *adj.* Que se puede hacer.
**Factor,** *m.* Persona que hace las cosas de otra. ‖ Empleado del ferro-

---

\* FÁBRICA, f. *Lo que se hace al fabricar.* ‖ *Sitio donde se fabrica alguna cosa:* **Fábrica de automóviles.** ‖ *Edificio, construcción hecha con ladrillos o piedra:* **Estas murallas son una fábrica imponente.**
   *Viene del latín* **faber,** *que quiere decir 'el que trabaja, artesano'.* ‖ *Deriv.:* **Fabricante, fabricar, fabril.**

carril que cuida de las maletas o equipajes que viajan por tren. ‖ Número que se multiplica por otro.

**Factoría,** f. Cargo o empleo que tiene el factor y sitio donde trabaja. ‖ Tienda grande que existe en las poblaciones recién fundadas y en las que se vende de todo.

**Factura,** f. Forma de un traje, hechura. ‖ Cuenta en la que viene todo lo que se ha comprado o vendido, diciendo su precio.

**Facturación,** f. Lo que se hace al facturar.

**Facturar,** tr. Hacer los trámites necesarios para que un equipaje, bulto o mercancía sea enviado a su destino, por ferrocarril o empresa de transportes.

**Facultad,** f. Capacidad de obrar. ‖ Poder o derecho que tiene una persona para hacer una cosa. ‖ En una Universidad, el conjunto de todos los profesores y alumnos que enseñan o estudian una carrera. ‖ V. **hacer.**

**Facultativo,** adj. Que se refiere a una facultad. ‖ Que puede o no hacerse. ‖ m. Médico.

**Facundia,** f. El poder hablar bien, sin que cueste esfuerzo.

**Facha,** f. Aspecto, lo que parece una persona o cosa.

**Fachada,** f. Parte de afuera de un edificio, barco, etc.

**Faena,** f. Trabajo, labor. Especialmente los trabajos propios de la casa. ‖ Lo que hace el torero al toro.

**Faisán,** m. Ave parecida al gallo, pero con un penacho de plumas en lugar de cresta, y con el plumaje verde y rojizo brillantes y larga cola, cuya carne es muy estimada.

**Faja,** f. Tira de tela.

**Fajar,** tr. Poner una faja alrededor.

**Fajín,** m. Faja de seda de color llamativo, que usan los generales, ministros, gobernadores civiles, etc., como insignia de su alto cargo.

**Fajos,** m. pl. Conjunto de paños y fajas con que se viste a los niños recién nacidos.

**Falange,** f. Cantidad grande de soldados armados. ‖ Cada uno de los huesos de los dedos.

**Falangeta,** f. Hueso de la punta del dedo.

**Falangina,** f. El segundo hueso del dedo.

**Falangista,** adj. Persona que es de alguna falange.

**Falaz,** f. Traidor, mentiroso.

**Falda,** f. Ropa que va colgando de la cintura hacia abajo. ‖ Parte de abajo de un monte. ‖ Carne del animal que está por abajo. ‖ Regazo.

**Faldear,** tr. Andar por la falda de una montaña.

**Faldero,** adj. Se le dice así al perro que, por ser pequeño, cabe en la falda de una persona.

**Faldón,** m. Una ropita que se le pone a los bebés encima de todas las demás.

**Falsamente,** adv. Con mentira, con falsedad, sin verdad.

**Falsario,** adj. Falso, falsificador o mentiroso.

**Falsedad,** f. Mentira.

**Falsificación,** f. Lo que se hace al falsificar y cosa que se falsifica.

**Falsificador,** adj. El que falsifica algo.

**Falsificar,** tr. Hacer una cosa mala, imitando una buena, y hacer creer que es la buena.

**Falso.**\*

Faisán

---

\*

FALSO, adj. Engañoso, fingido, que no es verdadero: **Moneda falsa.** ‖ Desleal, traidor: **Amigo falso.** ‖ Contrario a la verdad: **Lo que dije ayer era falso.**

**Falta,** *f.* Ausencia de una cosa, no tener algo. ‖ Lo que se hace al no cumplir con la obligación, norma o ley. ‖ Ausencia de una persona, no estar donde suele estar. ‖ V. **falso** y **faltar.**
**Faltar.***
**Faltriquera,** *f.* Bolsillo suelto y atado a la cintura.
**Falla,** *f.* Defecto en una cosa. ‖ Quiebra de un terreno. ‖ En las fiestas valencianas, hoguera que se enciende en medio de las calles para quemar figuras, de madera y cartón, que son un remedo de personas o de acontecimientos recientes.
**Fallar,** *tr.* Pronunciar el juez la sentencia definitiva. ‖ Estropearse, dejar de servir una cosa, no ser tan buena una cosa como se esperaba. ‖ *intr.* Equivocarse, no acertar.
**Falleba,** *f.* Cierre metálico y corredizo que se pone a las ventanas para cerrarlas y abrirlas.
**Fallecer,** *intr.* Morir. ‖ V. **faltar.**
**Fallecimiento,** *m.* Muerte. ‖ V. **faltar.**
**Fallido,** *adj.* Estropeado, que no ha resultado lo que se esperaba.
**Fallo,** *m.* Cosa que no se hace bien. ‖ Sentencia pronunciada por el juez.
**Fama.***

**Famélico,** *adj.* Hambriento.
**Familia.***
**Familiar,** *adj.* Que pertenece a la familia. ‖ *m.* Conocido, que se ve casi todos los días. ‖ V. **familia.**
**Familiaridad,** *f.* Confianza con una persona, tratarla como si fuera de la misma familia de uno.
**Familiarizar,** *tr.* Acostumbrar. ‖ *r.* Acostumbrarse a algunas cosas, aprender a conocerlas.
**Familiarmente,** *adv.* Con confianza, con familiaridad.
**Familión,** *m.* Familia grande, familia numerosa.

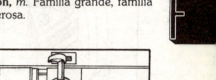

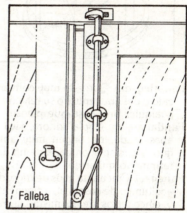
Falleba

---

\* Viene del latín **fallere,** que significa 'engañar'. ‖ *Deriv.*: **Falsario, falsear, falsedad, falsía, falsificación falsificar, falta, faltar, falto.** ‖ *Contr.*: **Verdadero.**

FALTAR, intr. *No tener una cosa:* **Me falta dinero.** ‖ *No cumplir con su deber:* **Faltó a su trabajo.** ‖ *No ir a una cita o a un sitio donde se tiene que ir:* **Faltar a clase.** ‖ *Ofender a una persona, no tratarla como se merece:* **Le faltó al respeto.**
   Viene del latín **fallere,** 'engañar, quedar inadvertido'. ‖ *Deriv.*: **Desfallecer, desfallecimiento, falacia, falaz, falta, faltar, falla, fallar, fallecer, fallecimiento, fallido, fallo, infalibilidad, infalible.**

FAMA, f. *Lo que piensa la gente acerca de alguna persona o país:* **Tiene buena fama.** ‖ *Celebridad, renombre:* **Tiene mucha fama.**
   Viene del latín **fama,** que quiere decir 'rumor, opinión pública, renombre'. ‖ *Deriv.*: **Afamado, difamación, difamar, famoso, infamante, infame, infamia.**

FAMILIA, f. *Sociedad formada por los padres y los hijos que viven en la misma casa:* **Familia numerosa.** ‖ *El conjunto de parientes:* **Es de mi familia.** ‖ *Parentesco:* **Es familia mía.**
   Viene del latín **familia,** que significa 'familia'. (Al principio significaba 'conjunto de los criados de una persona'). ‖ *Deriv.*: **Familiar, familiaridad, familiarizar, fámulo.**

**Famoso,** adj. Conocido, que tiene fama, buena o mala. || Bueno, excelente. || Se dice de las personas o cosas que llaman la atención por ser raras. || V. **fama.**
**Fanal,** m. Campana de cristal para cubrir algo (un dulce grande, por ejemplo).

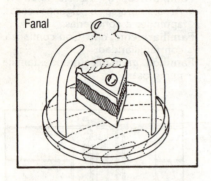

Fanal

**Fanático,** adj. Que está muy convencido o defiende mucho su religión o cualquier otra cosa que piense.
**Fandango,** m. Copla sonora, viva y apasionada, de origen muy antiguo, y que se acompaña de un determinado guitarreo.
**Fanega,** f. Cincuenta kilos de trigo, de aceituna o de cosas así; o cincuenta y cinco litros de lo mismo. || Fanega de tierra, espacio de tierra en que se puede sembrar una fanega de trigo; 54,60 metros cuadrados, aproximadamente.
**Fanerógamas,** f. pl. Plantas con flores, plantas que echan flores.
**Fanfarrón,** adj. Que presume mucho de ser lo que no es o de tener lo que no tiene.
**Fango,** m. Barro mezclado con agua detenida.
**Fantasear,** intr. Darle rienda suelta a la imaginación.
**Fantasía.\***

**Fantasma,** m. Lo que es imaginado por la fantasía.
**Fantasmal,** adj. Que se refiere o pertenece a los fantasmas.
**Fantástico,** adj. Que no existe en la realidad y que ha sido inventado por la imaginación. || Que se refiere a la fantasía. || Grande, gigantesco, propio de la fantasía.
**Fantoche,** m. Figurilla que se mueve por hilos manejados desde arriba por alguien; se diferencian de los títeres en que parecen apoyar los pies en el escenario en que se mueven. || Persona presumida y tonta.
**Faquir,** m. Hindú pobre que se sacrifica sobre camas de clavos y cosas así y que vive de lismosnas.
**Farándula,** f. Compañía de circo, o de teatro, que va ambulante por los pueblos y aldeas.
**Faraón,** m. Título de los antiguos reyes de Egipto.
**Fardo,** m. Bulto de ropas o de mercancías que van envueltas con telas de saco.
**Farfolla,** f. Ropaje de hojas que tiene la mazorca del maíz, del mijo y del panizo.
**Farfullero,** adj. Que no se esmera haciendo las cosas.
**Faringe,** f. La garganta, el tragadero.
**Faringitis,** f. Inflamación de las paredes de la garganta, inflamación de la faringe.
**Fariseo,** m. Hombre que formaba parte de una secta entre los judíos. || Hipócrita que pretende aparecer como bueno no siéndolo.
**Farmacéutico,** adj. (Lo) que se refiere a la farmacia. || m. El que ha estudiado farmacia y tiene el título. || El que trabaja en la farmacia.
**Farmacia,** f. Arte de preparar medicinas. || Sitio donde hay y se venden medicinas.
**Faro.\***

---

\*
Fantasía, f. *Facultad de imaginarse cosas que no son o no existen:* **Tiene mucha fantasía.** || *Cosa que no es así en la realidad;* **Eso es una fantasía.**
    *Viene del griego* **phaino,** *que significa 'aparecer'.* || *Deriv.:* **Fantasear, fantasma, fantasmagoría, fantasmón, fantástico.**
Faro, m. *Torre alta situada en las costas y que tiene una luz con la que alumbra a los barcos:* **El faro de Santander.** || *Linterna o luz que alumbra mucho:* **Los faros del automóvil.** || *Persona sabia y conocida, imitada por las gentes:* **Es un faro de la humanidad.**

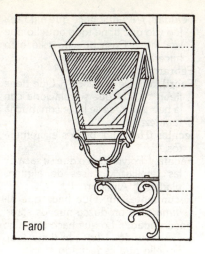
Farol

**Farol,** *m.* Especie de caja transparente, dentro de la cual va una luz y que se usa para alumbrar. ‖ Persona muy presumida. ‖ En los toros, una clase de pase con la capa.
**Farra,** *f.* Pez parecido al salmón y cuya carne sabe muy bien. ‖ Jaleo. ‖ Gente que se divierte armando mucho ruido.
**Fárrago,** *m.* Conjunto de cosas o noticias, desiguales y en desorden, mezcladas rápidamente.
**Farsa,** *f.* Nombre que tenían antiguamente las comedias. ‖ Obra de teatro para hacer reír. ‖ Obra de teatro mala. ‖ Engaño, trampa.
**Farsante,** *m.* Persona que se dedica a representar farsas. ‖ *adj.* Que engaña a la gente, tramposo.
**Fascículo,** *m.* Un haz pequeño. ‖ Cada uno de los cuadernillos de un libro cuando se van publicando por separado.
**Fascinación,** *f.* Lo que se hace al fascinar. ‖ Engaño que se hace a otro haciéndole ver una cosa como más maravillosa de lo que es.

**Fascinador,** *adj.* Que fascina, que maravilla a las gentes.
**Fascinar,** *tr.* Dominar o maravillar a otro fuertemente con sólo verle. ‖ Engañar.
**Fascismo,** *m.* Doctrina política que empezó en Italia y que se extendió mucho entre la primera y la segunda guerra mundial.
**Fascista,** *adj.* Que es partidario del fascismo.
**Fase,** *f.* Aspecto que presentan los astros, y en especial la Luna, según los ilumina el Sol. ‖ Cada una de las formas por las que va pasando una enfermedad, un negocio, etc.
**Fastidiar,** *tr.* Resultar una cosa o persona desagradable a otra. ‖ Molestar. ‖ *r.* Tenerse que aguantar a la fuerza.
**Fastidio,** *m.* Molestia, disgusto que causa una cosa.
**Fastidioso,** *adj.* Que fastidia. ‖ Molesto.
**Fasto,** *m.* Fausto.
**Fastuoso,** *adj.* Amigo del lujo. ‖ Lujoso.
**Fatal,** *adj.* Malo. ‖ Desgraciado, triste. ‖ Que tiene malas consecuencias.
**Fatalidad,** *f.* Mala suerte, desgracia.
**Fatalista,** *adj.* Que cree que todo está fijado por el destino y que nada puede cambiar. ‖ Pesimista hasta la exageración.
**Fatalmente,** *adv.* Desgraciadamente. ‖ Muy mal.
**Fatídico,** *adj.* Que anuncia lo que pasará, sobre todo desgracias.
**Fatiga.**\*
**Fatigar,** *tr.* Causar fatiga, cansar. ‖ Molestar. ‖ *r.* Cansarse.
**Fatuo,** *adj.* Extravagante, necio, tonto, vanidoso.
**Fauces,** *f. pl.* La faringe, la garganta, el tragadero.
**Fauna,** *f.* Conjunto de animales que se dan en un país o región.

---

\* Viene del griego **pharos,** nombre que llevaba una isla junto a Alejandría, que tenía un faro muy famoso. ‖ *Deriv.:* **Faro, farola, farolear, farolero.**
**Fatiga,** f. Cansancio: *El mucho trabajo produce fatiga.* ‖ *Molestias al respirar: El enfermo tiene mucha fatiga.*
Viene del latín **fatigare,** que significa 'agotar, extremar, torturar'. ‖ *Deriv.:* **Fatigar, fatigoso.** ‖ *Contr.:* **Descanso.**

Fauno

**Fauno,** *m.* Dios falso de los griegos y romanos, del que decían que tenía el tronco y la cabeza de hombre y lo demás de cabra.
**Fausto,** *m.* Lujo grande. ‖ *adj.* Feliz, afortunado, venturoso.
**Favor.** *
**Favorable,** *adj.* Que es bueno para lo que uno quiere hacer. ‖ V. **favor.**
**Favorablemente,** *adv.* De tal modo que ayuda a uno.
**Favorecer,** *tr.* Ayudar. ‖ Tratar bien una persona a otra, hacerle un favor. ‖ V. **favor.**
**Favoritismo,** *m.* El tratar a otro mejor que lo que merece y porque uno quiere, aunque eso no sea justo.
**Favorito,** *adj.* Que resulta más agradable, que gusta más que otro. ‖ *m.* Persona que es la más amiga de un rey o de otra que mande mucho.
**Faz,** *f.* Cara o rostro de una persona. ‖ Aspecto que tiene una cosa.
**Fe.** *
**Fealdad,** *f.* Lo que hace que algo sea feo y lo que tiene todo aquello que sea feo. ‖ Cosa que no está bien hacerla. ‖ Mala acción.
**Febrero.** *
**Febril,** *adj.* De la fiebre. ‖ Que tiene fiebre. ‖ (Lo) que se relaciona con la fiebre. ‖ Que se hace con mucha rapidez.
**fecales (Heces),** *f. pl.* Los excrementos.
**Fécula,** *f.* Polvo blanco que se saca de las semillas y raíces de algunas plantas. ‖ Almidón.
**Fecundante,** *adj.* Que hace que alguna cosa produzca nuevos seres.
**Fecundidad,** *f.* Lo que hace que algo sea fecundo. ‖ Lo que tiene todo aquello que es fecundo.
**Fecundo,** *adj.* Que produce. ‖ Que produce nuevos seres.
**Fecha,** *f.* Día, mes, año, etc., en que ocurrió alguna cosa o que se pone en las cartas para decir cuándo fue escrita. ‖ **Hasta la fecha:** hasta hoy. ‖ V. **hacer.**
**Fechar,** *tr.* Poner la fecha a una carta, a un documento o algo así. ‖ Decir cuándo ocurrió una cosa.
**Fechoría,** *f.* Mala acción.
**Federación,** *f.* Reunión de sociedades para formar otra más importante.
**Federal,** *adj.* Que pertenece a alguna federación.
**Federar,** *tr.* Reunir varias sociedades en una federación.
**Federativo,** *adj.* Que pertenece o se relaciona con alguna federación.
**Fehacientemente,** *adv.* Dando testi-

---

Favor, *m. Ayuda o protección que se concede a alguien:* **Le hizo muchos favores.**
        *Viene del latín* favor, *que quiere decir 'favor, simpatía, aplausos'.* ‖ *Deriv.:* **Favorable, favorecer, desfavorable, fausto, infausto.**
Fe, *f. El creer algo que no se ve, pero porque otro nos lo dice y eso basta:* **Tengo fe en lo que me dicen mis padres.** ‖ *Especialmente creer en Dios:* **La fe, junto con las obras buenas, salva a los hombres.**
        *Viene del latín* fides, *que significa 'fe, confianza, palabra dada'.* ‖ *Deriv.:* **Fementido, fidedigno, fidelidad, fiel, infidelidad, infiel, perfidia, pérfido.** ‖ *Contr.:* **Incredulidad.**
Febrero, *m. Segundo mes del año:* **Febrero tiene 28 días; y, en los años bisiestos, 29 días.** ‖ **Febrerillo el loco:** *Se le dice así a febrero porque durante este mes el tiempo es muy variable.*
        *Viene del latín* februarius, *que significa 'el mes de febrero'.*

monio de algo. ‖ Afirmando o negando alguna cosa.
**Feldespato,** *m.* Mineral parecido al cuarzo y que forma parte de las rocas, adoquines, etc. El 60 % de la superficie terrestre es feldespato.
**Felicidad,** *f.* El estar contento. ‖ Buena suerte. ‖ V. **feliz.**
**Felicitación,** *f.* Lo que se hace al felicitar. ‖ Carta o escrito en que se felicita a alguien. ‖ V. **feliz.**
**Felicitar,** *tr.* Alabar a uno por algo bueno que haya hecho. ‖ Desear a otro buena suerte y felicidad. ‖ V. **feliz.**
**Feligrés,** *m.* Persona que pertenece a una parroquia.
**Feligresía,** *f.* Conjunto de feligreses que tiene una parroquia. ‖ Parroquia del pueblo.
**Felino,** *adj.* Del gato. ‖ Que parece del gato. ‖ *m.* Animal que pertenece a la familia zoológica cuyo tipo es el gato.

Felino

**Feliz.**\*
**Felizmente,** *adv.* Con felicidad.
**Felpudo,** *m.* Alfombra de pelo o de estera.
**Femenino,** *adj.* Propio de mujer. ‖ Que se refiere o pertenece a las mujeres o hembras.
**Fementido,** *adj.* Desleal, que no cumple su palabra y es un falso.
**Femineidad,** *f.* Características femeninas.
**Fémur,** *m.* Hueso del muslo. Es el más gordo y largo del cuerpo humano.

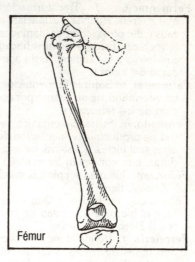
Fémur

**Fenecer,** *intr.* Morir, acabar.
**Fenicio,** *adj.* De Fenicia (en Asia mediterránea).
**Fénix,** *m.* El más excelente, el único en su clase, el que siempre será famoso.
**Fenómeno.**\*
**Feo,** *adj.* Que no tiene belleza ni hermosura, que no es guapo. Que no gusta, que causa disgusto. ‖ Que no va a convenir para lo que uno quiere. ‖ *m.* Desprecio.
**Feraz,** *adj.* Fértil, fecundo.
**Féretro,** *m.* Caja en que se pone a un muerto para enterrarlo. ‖ Ataúd.
**Feria,** *f.* Mercado grande que se cele-

---

FELIZ, adj. *Que tiene felicidad, que está muy contento:* **Con sus padres se siente feliz.** ‖ *Que da felicidad o alegría:* **Día feliz.** ‖ *Que es una cosa acertada y bien dicha:* **Tuvo una frase feliz.**
   *Viene del latín* **felix,** *que quiere decir 'feliz'.* ‖ *Deriv.:* **Felicidad, felicitación, felicitar, infeliz.** ‖ *Contr.:* **Desdichado, desgraciado.**
FENÓMENO, m. *Todo aquello que, por manifestarse al exterior, puede ser notado por los sentidos o por la conciencia:* **Los fenómenos de la naturaleza.** ‖ m. *Cosa, animal o persona que llama la atención:* **Iba hecho un fenómeno.**
   *Viene del griego* **phaino,** *que quiere decir 'brillar, aparecer'.* ‖ *Deriv.:* **Fenomenal, diafanidad, diáfano.**

bra durante ciertos días. ‖ Fiestas que se celebran con ocasión de ese mercado. ‖ Día de descanso. ‖ Cualquier día de la semana, menos sábado y domingo.

**Feriante,** *m.* El que va a un mercado o feria para comprar o vender.

**Fermentación,** *f.* Transformación que sufren algunas sustancias a causa de otros cuerpos llamados fermentos. (Estos fermentos hacen casi hervir a los alimentos, sin ayudarse del calor.)

**Fermentar,** *tr.* Sufrir la fermentación, transformándose un cuerpo por acción de los fermentos.

**Fermento,** *m.* Sustancia orgánica capaz de producir la fermentación de otras sustancias. (La saliva, las levaduras, etc., contienen fermentos.)

**Feroz,** *adj.* Que obra sin piedad, cruel. ‖ Animal, fiero.

**Férreo,** *adj.* De hierro. ‖ Que se refiere al hierro o a la Edad de Hierro. ‖ Fiero, duro, tenaz.

**Ferretería,** *f.* Tienda donde se venden cosas de hierro. ‖ En las minas, sitio donde se purifica el hierro, separándolo del material impuro.

**Ferrocarril,** *m.* Camino formado por dos barras de hierro paralelas, sobre las que marcha, generalmente, un tren.

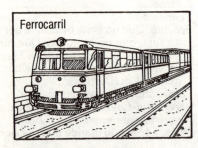

Ferrocarril

**Ferrolano,** *adj.* De El Ferrol.
**Ferrovía,** *f.* Ferrocarril
**Ferroviario,** *adj.* Que se refiere a las vías férreas. ‖ *m.* Empleado que trabaja en el ferrocarril.
**Fértil,** *adj.* Que produce mucho. ‖ Abundante en algo.
**Fertilizante,** *adj.* Que hace fértil. ‖ *m.* Sustancia que hace fértiles a tierras que no lo eran o que hace crecer las plantas.

**Férvidamente,** *adj.* Ardientemente, con pasión.
**Ferviente,** *adj.* Piadoso, fervoroso. ‖ V. **hervir.**
**Fervientemente,** *adv.* Con fervor.
**Fervor,** *m.* Piedad y devoción grande. ‖ Entusiasmo.
**Fervorosamente,** *adv.* Con fervor, con entusiasmo.
**Fervoroso,** *adj.* Que tiene fervor. ‖ Que hace las cosas con fervor.
**Festejar,** *tr.* Hacer fiestas en honor de alguien o de algo. ‖ *r.* Divertirse.
**Festejo,** *m.* Lo que se hace al festejar. ‖ Fiesta, regocijo público.
**Festín,** *m.* Fiesta particular con baile, música, banquete y otras cosas. ‖ Banquete grande.
**Festival,** *m.* Fiesta musical o de cine, teatro, etc.
**Festividad,** *f.* Fiesta con que se celebra alguna cosa. ‖ Día en que la Iglesia conmemora algún misterio o santo. ‖ Gracia en la manera de hablar.
**Festivo,** *adj.* Chistoso, gracioso, alegre. ‖ De fiesta.
**Festón,** *m.* Bordado de realce, recortado por el borde de la tela.
**Fetiche,** *m.* Ídolo o estatuilla adorada por una tribu.
**Fétido,** *adj.* Hediondo.
**Feto,** *m.* Animal o persona antes de su nacimiento, o que ha nacido muerto.
**Feudal,** *adj.* (Lo) que pertenece al feudo.
**Feudalidad,** *f.* Lo que hace que una cosa sea feudal.
**Feudatario,** *adj.* Sujeto y obligado a pagar feudo.
**Feudo,** *m.* Contrato por el cual el rey y los grandes señores concedían tierras a un vasallo, obligándose éste a rendir tributo de vasallo y otras cosas. ‖ Tierra cedida en feudo.
**Fiable,** *adj.* Digno de confianza.
**Fiambre,** *adj.* Alimento que se cocina y se deja enfriar para comerlo frío. ‖ Pasado de tiempo, que no tiene novedad.
**Fiambrera,** *f.* Especie de cacerola, con tapadera bien ajustada, y que sirve para llevar comida a las excursiones, viajes, etc.

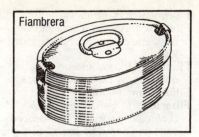
Fiambrera

**Fianza,** *f.* Obligación por la que uno se compromete a hacer lo que otro promete si éste no lo hace. ‖ Cosa que uno da en prenda de que cumplirá su compromiso.
**Fiar.***
**Fibra,** *f.* Cada uno de los filamentos o hilillos de algunas sustancias animales, vegetales o minerales. ‖ Fuerza, vigor.
**Fibroso,** *adj.* Que tiene fibras.
**Ficción,** *f.* Lo que se hace al fingir. ‖ Creación de la imaginación, cosa inventada por uno.
**Ficticio,** *adj.* Que parece verdad, pero que no lo es.
**Ficha,** *f.* Pieza pequeña de marfil, madera, etc., que sirve para señalar los tantos en el juego. ‖ Pieza de cartón o metal que se usa como moneda en algunas tiendas o casas de negocios. ‖ Trozo de cartulina o papel fuerte en que se pueden apuntar cosas relativas a una materia y que se guarda clasificada entre otras que tratan de lo mismo.
**Fichero,** *m.* Conjunto de fichas. ‖ Caja donde se guardan.
**Fidedigno,** *adj.* Digno de ser creído.
**Fidelidad,** *f.* Lealtad, no traicionar a otro. ‖ Exactitud en cumplir con los compromisos.
**Fideo,** *m.* Pasta de harina en forma de hilo y que sirve para sopa. ‖ Persona muy delgada.
**Fiebre,** *f.* Conjunto de síntomas que se dan en varias enfermedades, siendo el principal la elevación de temperatura en el cuerpo.
**Fiel,** *adj.* Que cumple sus compromisos. ‖ Exacto, que no dice mentiras, verdadero. ‖ *m.* Cristiano que obedece a la Iglesia Católica. ‖ Encargado de que se hagan algunas cosas, como los pesos y medidas, aleaciones de metales finos, etcétera. ‖ Legalmente y sin trampa. ‖ Aguja de las balanzas que se pone vertical cuando los pesos comparados son iguales. ‖ Clavillo que sujeta las hojas de las tijeras. ‖ V. **fe.**
**Fielmente,** *adv.* De un modo fiel, con fidelidad.
**Fieltro,** *m.* Paño hecho de lana o pelo, convenientemente trabajado y prensado.
**Fiera,** *f.* Animal salvaje. ‖ Persona de carácter cruel.
**Fieramente,** *adv.* Con fiereza, como si fuera una fiera.
**Fiereza,** *f.* Crueldad con que los animales atacan a otros animales o al hombre.
**Fiero,** *adj.* Cruel, que tiene fiereza.
**Fiesta.***

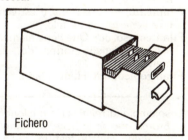
Fichero

---

F<small>IAR</small>, tr. *Asegurar que otro cumplirá lo que ha prometido. No sólo lo aseguramos sino que nos comprometemos a cumplirlo nosotros si él no pudiera:* **En este sentido, «fiar» es «garantizar».** ‖ *Vender una cosa sin cobrarla en el momento:* **El tendero fía a sus clientes.** ‖ r. *Creer que una persona cumplirá lo que promete:* **Se fía de sus amigos.** ‖ intr. *Confiar, tener esperanza:* **Fía en el tiempo venidero.**
    *Viene del latín* **fidere,** *que quiere decir 'fiar'.* ‖ *Deriv.:* **Afianzamiento, afianzar, confianza, confiar, confidencia, confidencial, confidente, desafiar, desafío, desconfianza, desconfiar, fiador, fianza.** ‖ *Contr.:* **Desconfiar.**

F<small>IESTA</small>, f. *Alegría, diversión:* **Hoy es día de fiesta.** ‖ *Día en que se celebra alguna*

**Fígaro,** *m.* Barbero.
**Figura.***
**Figurado,** *adj.* Se dice del lenguaje o estilo en que abundan las figuras o metáforas. ‖ Sentido metafórico de las palabras. ‖ Sentido contrario al propio.
**Figurar,** *tr.* Hacer la figura de una cosa. ‖ Fingir, aparentar. ‖ *intr.* Estar entre determinadas personas. ‖ *r.* Imaginarse, suponerse. ‖ V. **figura.**
**Figurín,** *m.* Cuadernillo con dibujos pequeños que sirven de modelo para los trajes y cosas de vestir.
**Fijación,** *f.* Lo que se hace al fijar o establecer una cosa.
**Fijador,** *adj.* Que fija. ‖ *m.* Líquido especial para que no se borre algo. ‖ Líquido para fijar.
**Fijamente,** *adv.* Con seguridad, con fijeza. ‖ Atentamente.
**Fijar.***
**Fijeza,** *f.* Seguridad, firmeza en lo que se cree o piensa. ‖ Persistencia, continuidad.
**Fijo,** *adj.* Firme, sujeto, que ya no se mueve. ‖ Puesto de una vez para siempre y que ya no se cambia. ‖ V. **fijar.**
**Fila,** *f.* Conjunto de cosas o personas puestas en línea recta. ‖ Antipatía, rabia. ‖ V. **filo.**
**Filamento,** *m.* Cosa fina y estrecha que tiene forma de hilo.
**Filamentoso,** *adj.* Que tiene filamentos. ‖ Que tiene forma de filamento.
**Filantrópico,** *adj.* Humanitario.

**Filarmónica,** *f.* Orquesta.
**Filatelia,** *f.* Afición a coleccionar sellos y arte de clasificarlos y conocerlos.
**Filete,** *m.* Línea o adorno fino. ‖ Pequeña lonja de carne o pescado.
**Filfa,** *f. fam.* Mentira, engaño.
**Filiación,** *f.* Señas personales de cualquier persona. ‖ El proceder cada uno de sus padres. ‖ El seguir una doctrina política determinada.
**Filial,** *adj.* Del hijo. ‖ Seguidor o seguidora.
**Filibustero,** *m.* Pirata del mar de las Antillas.

Filibustero

**Filigrana,** *f.* Cosa delicada hecha con hilo o alambre de oro y plata. ‖ Dibujo o marca transparente que se hace en el papel al fabricarlo. ‖ Cosa delicada y difícil de hacer.
**Filípica,** *f.* Regaño fuerte, censura.

---

*\*  solemnidad religiosa o nacional: **Fiesta del Corpus.** ‖ Caricia, agasajo o broma que se le hace a alguno: **Hacían fiestas al niño.**
    Viene del latín **festum,** que quiere decir 'festivo'. ‖ Deriv.: **Festejar, festejo, festín, festival, festivo.**
FIGURA, f. Forma exterior de un cuerpo: **Es de figura redondeada.** ‖ Aspecto, cara, rostro: **Tiene mala figura.** ‖ Cosa que es símbolo de otra: **La cruz es figura de los cristianos.** ‖ Dibujo: **Dos figuras bonitas.**
    Viene del latín **fingere,** que significa 'amasar, modelar, dar forma'. ‖ Deriv.: **Configurar, desfigurar, figuración, figurado, figurar, figurín, prefigurar.**
FIJAR, tr. Clavar, asegurar algo de tal forma que no pueda moverse: **Fijar un cuadro en la pared.** ‖ Determinar, precisar: **Fijó las condiciones.** ‖ Atender, observar, advertir: **Se fijó de pronto y lo vio.**
    Viene del latín **figere,** que quiere decir 'clavar'. ‖ Deriv.: **Afijo, fijación, fijador, fijeza, fijo, sufijo.**

**Filipino,** *adj.* De Filipinas.
**Filisteo,** *m.* Pueblo antiguo enemigo de los israelitas.
**Film,** *m.* Filme.
**Filmar,** *tr.* Fotografiar e ir formando una película fotográfica.
**Filme,** *m.* Película cinematográfica.
**Filmina,** *f.* Especie de filme de corta duración y que sirve de propaganda para una marca comercial o para un establecimiento de la localidad.
**Filmoteca,** *f.* Lugar donde se guardan y ordenan los filmes.
**Filo,** *m.* Parte por donde corta una espada, cuchillo, etc. ‖ Punto o línea que divide una cosa en dos mitades. ‖ V. **hilo.**
**Filología,** *f.* Estudio científico de algún idioma.
**Filólogo,** *adj.* Que ha estudiado y sabe filología.
**Filón,** *m.* Masa de metal que está en capas diferentes del terreno. ‖ Negocio en el que se espera ganar mucho o sacar gran provecho.
**Filosofar,** *intr.* Hacer filosofía respecto a alguna cosa. ‖ meditar, razonar.
**Filosofía.**\*
**Filosóficamente,** *adv.* Con filosofía o resignación.
**Filosófico,** *adj.* Relativo o perteneciente a la filosofía.
**Filósofo,** *m.* El que se dedica a la filosofía o la estudia y sabe de ella. ‖ El que hace vida retirada. ‖ V. **Filosofía.**
**Filoxera,** *f.* Especie de pulgón amarillento que ataca a las viñas y las destruye.

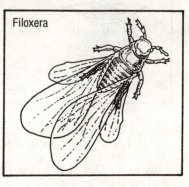

Filoxera

**Filtración,** *f.* El paso de un líquido a través de un filtro.
**Filtrar,** *tr.* Hacer pasar un líquido por un filtro para que desaparezcan las impurezas. ‖ *intr.* Penetrar, pasar un líquido a través de los poros de un sólido.
**Filtro,** *m.* Papel, membrana o tela, etcétera, que se utilizan para filtrar un líquido. La arena es un filtro estupendo. ‖ Bebida antigua a la que atribuían cierta virtud mágica.
**Fin.**\*
**Final,** *adj.* Que pone fin a una cosa, terminándola o perfeccionándola. ‖ Último. ‖ *m.* Fin, remate de algo. ‖ V. **fin.**

---

\*
FILOSOFÍA, *f. Conocimiento del ser y de las causas de todas las cosas:* **La filosofía es la más general de las ciencias humanas.** ‖ *Paciencia para soportar las cosas malas:* **Lo recibió con filosofía.**
    La palabra filosofía está compuesta de dos raíces griegas, **philos,** *que quiere decir 'amor' y* **sophos,** *que quiere decir 'sabiduría'. Por tanto, filosofía significó primeramente 'amor a la sabiduría'.* ‖ *Deriv.:* **Filosofar, filosófico, filósofo.**
FIN, m. *Término, límite o remate de una cosa:* **El fin del mundo.** ‖ *Lo que uno pretende alcanzar cuando hace algo:* **Estudia con el fin de aprobar.** ‖ *Hay muchas frases que se componen con la palabra fin; así, por ejemplo,* **a fin de,** *quiere decir 'para, con objeto de'.* ‖ **Al fin** *quiere decir 'por último'.* ‖ **En fin** *quiere decir 'últimamente, finalmente'.* ‖ **Por fin** *quiere decir lo mismo, 'finalmente, últimamente'.*
    *Viene del latín* **finis,** *que significa 'límite, fin'.* ‖ *Deriv.:* **Afín, afinidad, confín, confinamiento, confinar, definición, definir, definitiva, fenecer, fenecimiento, final, finalidad, finalista, financiero, finanza, finir, finito, sinfín.**

Filtro

**Finalidad,** f. Lo que se quiere alcanzar al hacer una cosa. || Objetivo. || V. **fin.**
**Finalista,** adj. Que llega a la prueba final en algún certamen.
**Finalizar,** tr. Acabar una cosa. || Terminarse algo. || V. **fin.**
**Finalmente,** adv. Al final, por último. || V. **fin.**
**Finamente,** adv. Con finura, con delicadeza.
**Financiero,** m. Entendido en cosas de dinero y de banca. || V. **fin.**
**Finanzas** (Galicismo), f. pl. Hacienda, operaciones bancarias.
**Finca.*** 
**Finés,** adj. De Finlandia.
**Fineza,** f. Delicadeza.
**Fingir,** tr. Hacer que parezca verdad una cosa que no lo es. || r. Aparentar que se es algo, sin serlo.
**Finito,** adj. Limitado, que tiene fin, que se acaba.
**Fino,** adj. Delicado, de buena calidad. || Delgado. || Atento, cortés, bien educado. || Astuto.

**Finura,** f. Buena calidad. || Suavidad, delicadeza. || Elegancia, cortesía. || Delgadez.
**Fiordo,** m. Golfo estrecho y muy profundo en una costa muy rocosa. Los fiordos abundan en Noruega.

Fiordo

**Firma,** f. Nombre o título de una persona, que ella pone con rúbrica debajo de algún escrito. || Documentos que se presentan a un jefe o superior para que los firme. || V. **firme.**
**Firmamento,** m. Parte del cielo en que se ven los astros desde la Tierra.
**Firmante,** adj. Que firma algo.
**Firmar,** tr. Poner uno su firma. || V. **firma.**
**Firme.***
**Firmemente,** adv. Con firmeza.
**Firmeza,** f. Estabilidad, que no se mueve. || Solidez, fortaleza. || Fuerza de ánimo.
**Fiscal,** m. El que cuida y defiende los intereses del dinero de un Esta-

---

*

FINCA, f. *Tierra o casa que es propiedad de una persona:* **Finca rústica, finca urbana.**
    *Viene del antiguo verbo* **fincar** *('hincar estacas alrededor de nuestro terreno').* || *Deriv.:* **Afincarse.** || *Deriv. de hincar:* **Ahincar, ahínco.**
FIRME, adj. *Fuerte, seguro, que no se puede mover:* **Este poste está muy firme.** || *Constante, que no cambia de opinión por mucho que le digan:* **Es hombre de ideas firmes.** || *m. Capa de terreno sobre la que se puede construir o caminar con seguridad:* **Firmes especiales.** || *adv. Con firmeza, con seguridad:* **Aprieta de firme.**
    *Viene del latín* **firmus,** *que quiere decir 'firme'.* || *Deriv.:* **Afirmación, afirmar, afirmativo, confirmación, confirmar, firma, firmante, firmar, firmemente, firmeza, reafirmar.** || *También vienen de la misma raíz* **enfermedad** y **enfermo,** *que se refieren o quieren decir 'lo que no está firme'.*

do. ‖ El que acusa al reo en los tribunales. ‖ El que averigua o investiga lo que hace otro.

**Fiscalía,** *f.* Oficio del fiscal. ‖ Oficina o sitio donde trabaja y tiene su despacho el fiscal.

**Fiscalizar,** *tr.* Trabajar de fiscal. ‖ Averiguar y criticar lo que hacen los demás.

**Fisco,** *m.* El tesoro público.

**Fisgar,** *tr.* Curiosear lo que hacen los vecinos o gentes así. ‖ *intr.* Burlarse de uno, reírse de él.

**Fisgonear,** *tr.* Husmear y tratar de averiguar lo que están haciendo otras personas.

**Física,** *f.* Ciencia que estudia las propiedades de los cuerpos y las leyes por las que cambian de forma o estado, sin cambiar su naturaleza.

**Físicamente,** *adv.* Realmente, verdaderamente. ‖ Corporalmente.

**Físico.**\*

**Fisiología,** *f.* Ciencia que estudia cómo funcionan los distintos órganos del cuerpo.

**Fisioterapeuta,** *com.* Persona especializada en aplicar la fisioterapia.

**Fisioterapia,** *f.* Método curativo por medios naturales.

**Fisonomía,** *f.* Aspecto de la cara de una persona.

**Fisonomista,** *adj.* Que recuerda bien la fisonomía de una persona que ha visto él.

**Fístula,** *f.* Abertura que se forma en la piel y que sirve de conducto a las secreciones en vez del conducto normal. ‖ Conducto por donde pasa el agua u otro líquido. ‖ Instrumento músico, parecido a la flauta.

**Fisura,** *f.* Raja o grieta en un hueso o en un mineral.

**Fláccido,** *adj.* Flaco y flojo, débil y poco consistente.

**Flaco,** *adj.* Delgado. ‖ Débil, que tiene poca fuerza. ‖ *m.* Defecto o debilidad principal de una persona.

**Flagelación,** *f.* El flagelar a alguien. (Suplicio antiguamente muy corriente.) ‖ El conjunto de dolores que sufre el que es azotado.

**Flagelar,** *tr.* Azotar.

**Flagrante,** *adj.* Se le dice así al delito en el mismo momento en que se está cometiendo.

**Flamante,** *adj.* Nuevo, acabado de hacer, acabado de estrenar, brillante.

**Flamear,** *intr.* Echar llamas. ‖ Ondear al viento la bandera o la vela de un buque. ‖ Poner algo al fuego para desinfectarlo.

**Flamenco,** *adj.* Natural de Flandes o perteneciente a esta región de Bélgica. ‖ Ciertas cosas andaluzas como el cante y el baile. ‖ Presumido, achulado.

**Flamígero,** *adj.* Que echa llamas.

**Flan,** *m.* Dulce tembloroso hecho de yema de huevos, leche, azúcar y vainilla.

**Flanco,** *m.* Lado, parte de una cosa vista de frente.

**Flanquear,** *tr.* Estar en el lado o flanco de una cosa.

**Flaquear,** *intr.* Debilitarse, ir perdiendo la fuerza. ‖ Ir perdiendo la fuerza de ánimo, desalentarse.

**Flaqueza,** *f.* Debilidad, falta de fuerzas.

**Flato,** *m.* Conjunto de gases acumulados en el estómago o en los intestinos y molestias que causa.

**Flauta,** *f.* Instrumento músico de viento que consiste en un tubo con agujeros por el que se sopla, y se produce el ruido al destapar con los dedos los agujeros.

**Flautista,** *com.* Persona que toca la flauta.

**Fleco,** *m.* Cordoncillo corto, un poco grueso y colgante.

**Flecha,** *f.* Especie de palo delgado y ligero con punta de hierro o así y que arrojado por el arco sirve de arma.

---

\* Físico, *adj. Que se refiere a los cuerpos o a las cosas materiales:* **Dolores físicos.** ‖ m. *Aspecto exterior de una persona:* **Tiene un físico desmirriado.** ‖ *El que se dedica a la física:* **Ese señor es físico.**

Viene del griego **physis,** que quiere decir 'naturaleza'. ‖ Deriv.: **Física, fisiología, fisiológico, fisiólogo, fisonomía, metafísica, metafísico.**

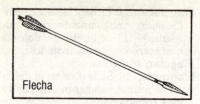
Flecha

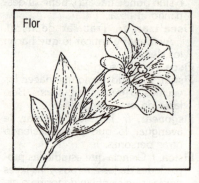
Flor

**Flechar**, *tr.* Estirar la cuerda del arco para arrojar la flecha. || Tirar flechas o algo, herir o matar con flechas. || Enamorar a alguien.
**Flechazo**, *m.* Disparo rápido y certero. || *fig.* Cariño surgido de pronto.
**Flechero**, *m.* El que combate o caza con flechas o arco. || El que fabrica flechas. || Estuche que se lleva a la espalda para guardar flechas. A este estuche también se le dice **carcaj**.
**Flema**, *f.* Conjunto de mocos que arrojan por la boca los niños recién nacidos. || Lentitud, tardanza.
**Flemático**, *adj.* Lento, calmoso.
**Flemón**, *m.* Inflamación en alguna parte de la encía.
**Flequillo**, *m.* Conjunto de cabellos que caen sobre la frente.
**Fletar**, *tr.* Alquilar un barco, avión, etcétera, para llevar personas o mercancías.
**Flexible**, *adj.* Que se dobla fácilmente pero sin romperse. || Se dice de la persona que le parece bien lo que le dice otro y hace como le dicen.
**Flexión**, *f.* Lo que hace al doblarse una cosa. || Cambios que tienen los verbos o palabras al conjugarlos o declinarlos.
**Flirtear**, *intr.* Hacer como que se es novio o se está enamorado de alguien para divertirse o presumir.
**Flojedad**, *f.* Poca fuerza, debilidad o pereza al hacer alguna cosa.
**Flojo**, *adj.* Que está mal atado, que no está bien sujeto. || Que no tiene fuerza. || Perezoso, holgazán, que no se interesa por las cosas y que trabaja poco.
**Flor.***
**Flora**, *f.* El conjunto de todas las plantas que crecen en un país o región.
**Floración**, *f.* Lo que hacen las plantas al florecer y época en que florecen.
**Floral**, *adj.* Perteneciente o relativo a la flor. Compuesto de flores.
**florales (Juegos)**, *m. pl.* Concurso poético en que se premia al vencedor con una flor, natural o hecha de oro.
**Florearse**, *r.* Hacer una cosa con todo cuidado y primor.
**Florecer**, *intr.* Salir flores a las plantas. || Mejorar una cosa, prosperar. || Existir, vivir una persona o cosa y lograr fama en su época. || *r.* Ponerse mohoso el queso, pan, etc.
**Floreciente**, *adj.* Resplandeciente como una flor. || Próspero. || Que florece, que le salen flores. || Que mejora, que prospera.
**Florecilla**, *f.* Flor pequeñita y silvestre.
**Florecimiento**, *m.* El florecer de las plantas. || Prosperidad.
**Florentino**, *adj.* De Florencia.
**Floreo**, *m.* Conversación sin importancia, que es sólo para entretener-

---

\* **FLOR**, *f. Parte de la planta, generalmente bonita, de la que después se forma el fruto:* **La flor del naranjo se llama azahar.** || *Lo mejor de una cosa:* **La flor y nata de los caballeros.** || *Piropo, requiebro.*
    *Viene del latín* **flos, floris**, *que significa 'flor'.* || *Deriv.:* **Aflorar, desflorar, flora, floración, floral, florecer, floreciente, florero, floricultor, floricultura, florido, florilegio, inflorescencia.**

se. ‖ Cosa que no tiene importancia y que se dice para presumir de ingenioso o para agradar. ‖ En la danza española, movimiento que se hace con un pie en el aire. ‖ Movimiento de la punta de la espada.
**Florero,** *m.* Vaso de cristal para ponerle flores.
**Floresta,** *f.* Terreno bonito con muchos árboles. ‖ Bosque. ‖ Colección de cosas agradables.
**Florido,** *adj.* Que tiene flores. ‖ Lo mejor y más escogido de una cosa.
**Florilegio,** *m.* Colección de los mejores trozos de obras literarias.
**Florín,** *m.* Moneda de plata que valía lo que el escudo español y que se usa todavía en algunos países. ‖ Moneda antigua de oro.
**Florista,** *com.* Persona que fabrica flores artificiales. ‖ Persona que vende flores naturales.
**Florón,** *m.* Adorno en forma de flor grande que se usa en pintura y arquitectura. ‖ Adorno en forma de flor que se pone en algunas coronas.
**Flota,** *f.* Conjunto de barcos mercantes o de guerra.
**Flotador,** *adj.* Que flota. ‖ *m.* Cosa que flota.
**Flotante,** *adj.* Que flota.
**Flotar,** *intr.* Sostenerse un cuerpo en la superficie de un líquido. ‖ Estar una cosa en el aire y moverse empujada por él, ondear.
**flote (A),** *m. adv.* Manteniéndose sobre el agua. ‖ Salvando todas las dificultades.
**Flotilla,** *f.* Flota pequeña o que tenga muchos barcos pequeños.
**Fluctuar,** *intr.* Oscilar un corcho en el agua que está moviéndose. ‖ Estar en peligro alguna cosa. ‖ Estar dudando.
**Fluidez,** *f.* Calidad de fluido.
**Fluido,** *adj.* Se dice de los líquidos y gases, porque toman diversas formas, según en donde estén.
**Fluir,** *intr.* Correr un líquido.
**Flujo,** *m.* Movimiento de los fluidos o líquidos. ‖ Movimiento de la marea cuando sube. ‖ Abundancia, que hay mucho de algo.
**Flúor,** *m.* Gas parecido a los vapores de yodo, pero de distinto olor, que arde con luz muy brillante e igual.
**Fluorescente,** *adj.* Que brilla como el flúor al arder. ‖ Lámpara fluorescente: especie de bombilla cilíndrica y alargada, en cuyo interior arde el flúor u otro gas, gracias a la corriente eléctrica.
**Fluvial,** *adj.* Que pertenece a los ríos.
**Fobia,** *f.* Miedo sin motivo y que algunas clases de enfermos sienten de algunas cosas.
**Foca,** *f.* Mamífero en forma de pez, y cuya cabeza y cuello parecen de perro.

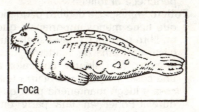
Foca

**Focal,** *adj.* Que pertenece o se refiere al foco.
**Foco,** *m.* Sitio en donde se juntan los rayos de luz que ha reflejado una lente de cristal. ‖ Sitio donde está una cosa como concentrada. ‖ Sitio de donde salen los rayos de luz o de calor.
**Fofo,** *adj.* Blando, esponjoso y débil.
**Fogata,** *f.* Hoguera con muchas llamas.
**Fogón,** *m.* Sitio de las cocinas donde se hace fuego para guisar. ‖ Sitio donde se hace fuego en las calderas de vapor. ‖ Hoguera, fogata.
**Fogoso,** *adj.* Rápido, impetuoso, que parece como si tuviera fuego.
**Foguear,** *tr.* Limpiar un arma disparándola. ‖ Hacer que los soldados o los caballos se acostumbren y no tengan miedo a las balas, la pólvora, etc. ‖ Poner al toro banderillas de fuego.
**Folio,** *m.* Cada una de las hojas de un pliego. ‖ Hoja de papel, doble que la cuartilla. ‖ Hoja de papel.
**Folklore,** *m.* Conjunto de las tradiciones, artes y costumbres de un pueblo.

**Folklórico,** *adj.* (Lo) que se relaciona con el folklore.
**Follaje,** *m.* Conjunto de las hojas de un árbol o de muchos árboles cercanos entre sí.
**Folletero,** *m.* El que hace o vende fuelles.
**Folletín,** *m.* Artículo o trozo de una novela que viene en la parte de abajo de las hojas de los periódicos. ‖ Novela que se publica trozo a trozo en la parte de abajo de las hojas de los periódicos. ‖ Novela de asunto triste y emocionante, muy apropiada para mujeres lloronas.
**Folletinesco,** *adj.* Que se relaciona o pertenece al folletín.
**Folleto,** *m.* Especie de libro pequeño que tiene menos importancia que un libro normal y que se suele publicar en forma de cuaderno.
**Fomentar,** *tr.* Calentar, dar calor a una cosa. ‖ Hacer que ocurra una cosa y luego mantenerla para que dure. ‖ Poner en una parte enferma del cuerpo paños empapados en algún líquido caliente. ‖ Ayudar a alguna cosa. ‖ Promover.
**Fomento,** *m.* Calor que se da a una cosa. ‖ Cosa con que existe otra. ‖ Ayuda, protección a alguna cosa. ‖ Paños calientes que se ponen a los enfermos. ‖ Promoción.
**Fonación,** *f.* Producción de la voz humana.
**Fonador,** *adj.* De la fonación.
**Fonda,** *f.* Casa en la que se da habitación y comida pagando algo de dinero.
**Fondeadero,** *m.* Sitio donde los barcos pueden fondear.
**Fondear,** *intr.* Sujetarse un barco al fondo del mar o del río por medio de anclas o de grandes pesos.
**Fondo,** *m.* Parte interior y baja de una cosa. ‖ V. **hondo.**
**Fonema,** *m.* Cada uno de los sonidos del lenguaje.
**Fonendoscopio,** *m.* Especie de trompetilla con que los médicos antiguos escuchaban el pecho de los enfermos.
**Fonética,** *f.* Parte de la gramática que estudia los sonidos de las palabras y cómo se deben pronunciar éstas.
**fónico (Grupo),** *m.* Conjunto de sonidos que emitimos entre cada dos pausas al hablar o al leer. Cuando se escribe, debe ponerse el signo correspondiente (, ; .) entre cada dos grupos fónicos.
**Fontana,** *f.* Fuente.
**Fontanero,** *m.* El que arregla las fuentes o grifos.
**Forajido,** *m.* El que anda huyendo de la justicia.
**Forastero,** *adj.* Que viene o es de fuera del lugar. ‖ Que vive algún tiempo en un sitio donde no suele vivir generalmente.
**Forcejear,** *intr.* Luchar haciendo fuerza.
**Forense,** *adj.* Que se refiere al foro. ‖ *m.* Médico que trabaja para un juzgado o para la policía.
**Forestal,** *adj.* De los bosques.
**Forja,** *f.* Fragua de los plateros. ‖ Herrería. ‖ Lo que se hace al forjar alguna cosa. ‖ Mezcla de cal, arena y agua. (Es decir, la «mezcla» o «argamasa» de los albañiles.)
**Forjado,** *adj.* Se dice del metal al que ya se le ha dado forma con el martillo. ‖ Fabricado, hecho.
**Forjador,** *m.* El que se dedica a forjar los metales.
**Forjar,** *tr.* Dar forma con el martillo a una pieza de cualquier metal. ‖ Hacer una obra de albañilería. ‖ Inventarse alguna cosa. ‖ Formar, fabricar.

Forja

**Forma.\***
**Formación,** *f.* Lo que se hace al formar o formarse. ‖ Colocación ordenada de los soldados u otras gentes que tienen que hacer algo con orden. ‖ Perfeccionamiento intelectual y espiritual. ‖ V. **forma**.
**Formal,** *adj.* (Lo) que se refiere a la forma. ‖ (Persona) seria y amiga de la verdad. ‖ Que se dice sin que haya lugar a dudas. ‖ V. **forma**.
**Formalidad,** *f.* Constancia y seriedad en hacer lo que uno tiene obligación de hacer, o en la conducta y opiniones. ‖ Condición necesaria para hacer o ejecutar alguna cosa. ‖ Modo de hacer bien hecha una cosa, o estar bien y con seriedad en una ceremonia o acto importante.
**Formalizar,** *tr.* Dar la última forma a una cosa. ‖ Cumplir en una cosa todos los detalles o formalidades que la ley pide. ‖ Precisar una cosa, fijar sus detalles más pequeños. ‖ *r.* Enfadarse por una tontería.
**Formalmente,** *adv.* Con formalidad.
**Formar,** *tr.* Dar forma a una cosa. ‖ Reunir. ‖ Hacer algo. ‖ Poner en orden, colocar las cosas o personas. ‖ Educar y criar a una persona. ‖ *r.* Irse desarrollando una persona y creciendo en el cuerpo y en el espíritu. ‖ V. **forma**.
**Formativo,** *adj.* Que forma. ‖ Que educa.
**Formato,** *m.* Forma que tiene por fuera un libro, es decir, modo de estar encuadernado. (Galicismo.)

**Formidable.\***
**Formón,** *m.* Instrumento de carpintería parecido al escoplo, pero más ancho de boca y menos grueso.

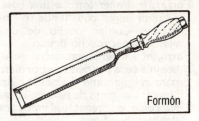
Formón

**Fórmula,** *f.* Modo ya establecido de hacer o decir alguna cosa. ‖ Receta. ‖ En matemáticas, forma o manera de calcular algo. ‖ En química, representación de lo que están compuestos los cuerpos por medio de letras o signos determinados. ‖ V. **forma**.
**Formular,** *tr.* Decir claramente un pensamiento, deseo, etc. ‖ Hacer una receta con fórmulas. ‖ V. **forma**.
**Formulario,** *m.* Librito en el que se contienen las fórmulas que son necesarias para hacer algo. ‖ *adj.* Que se hace por simple cortesía.
**Formulismo,** *m.* Mucho apego a las fórmulas.
**Fornido,** *adj.* Robusto, fuerte y de cuerpo musculoso.
**Foro,** *m.* Plaza donde se trataban en Roma los asuntos públicos. ‖ Sitio en donde los tribunales juzgan y dicen la sentencia. ‖ Todo lo que se relaciona con los abogados y los tribunales. ‖ Fondo de los escenarios.

---

\*
FORMA, *f.* Aspecto de los cuerpos por fuera: **Es de forma alargada.** ‖ Modo de proceder y de hacer las cosas: **Habla con malas formas.** ‖ Hostia pequeña para que comulguen los que no son sacerdotes: **Sagrada Forma.** ‖ Modo de escribir y expresar lo que se quiere decir: **La forma no es el fondo.**
    Viene del latín **forma**, que quiere decir 'forma, figura, imagen, hermosura'. ‖ *Deriv.:* **Conformación, conformar, conforme, conformidad, deformación, deformar, deforme, deformidad, disforme, formación, formal, formalidad, formar, formativo, fórmula, formular, información, informal, informante, informar, informe, multiforme, reforma, reformar, reformatorio, reformista, transformación, transformador, transformar, uniformar, uniforme.**
FORMIDABLE, *adj.* Que da mucho miedo: **Es un enemigo formidable.** ‖ Muy grande, estupendo: **Es un automóvil formidable.**
    Viene del latín **formidare**, que quiere decir 'temer, dar miedo'.

**Forraje,** *m.* Hierba o paja que se da a los animales para que coman.
**Forrajero,** *adj.* (Vegetales) que sirven para forraje.
**Forrar,** *tr.* Poner forro a una cosa. || Cubrir algo con funda o forro. || *r.* Comer mucho de una vez. || Ganar mucho dinero.
**Forro,** *m.* Cubierta con que se recubre una cosa por dentro o por fuera para resguardarla. || Cubierta del libro. || Conjunto de tablas, y cosas así, con que se recubre el barco por dentro y por fuera.
**Fortalecer,** *tr.* Fortificar, dar fuerza a una cosa.
**Fortaleza,** *f.* Fuerza y vigor. || Tercera de las cuatro virtudes cardinales, mezcla de prudencia y entereza. || Sitio al que se han hecho unas construcciones para fortificarlo y defenderlo.
**Fortificación,** *f.* Obra con que se fortifica un pueblo o cualquier otro sitio. || Modo de fortificar una ciudad, pueblo, etc. || Sitio fortificado.
**Fortificar,** *tr.* Dar fuerza material o espiritual a una cosa. || Hacer ciertas obras en un pueblo, ciudad o cualquier otro sitio para que pueda resistir a los ataques del enemigo.
**Fortuito,** *adj.* Que ocurre por casualidad y sin que nadie se lo espere.
**Fortuna,** *f.* Suerte. || Hacienda, capital.
**Forzadamente,** *adv.* De un modo forzoso, sin poderse evitar.
**Forzado,** *adj.* Conquistado, cogido por la fuerza. || Que se hace por obligación. || Que se esfuerza por hacer alguna cosa. || *m.* Preso que estaba condenado a remar en galeras.
**Forzar,** *tr.* Hacer violencia para lograr alguna cosa. || Conquistar un castillo, o así, por las armas. || Obligar a otro por la fuerza a que haga algo. || Coger algo por la fuerza.
**Forzoso,** *adj.* Que no se puede evitar que ocurra.
**Forzudo,** *adj.* Que tiene grandes fuerzas.
**Fosa,** *f.* Sepultura. || Hoyo. || Nombre de algunas cavidades del cuerpo.
**Fosco,** *adj.* Severo, intratable, que resulta muy difícil ser amigo y tener buenas relaciones con él. || De color moreno oscuro. || Hosco.
**Fosfato,** *m.* Sal formada por la combinación del ácido fosfórico.
**Fosforescencia,** *f.* Luz verdosa y brillante, como la del metaloide llamado fósforo, el brillo de los pescados, el brillo de los ojos del gato en la oscuridad, etc.
**Fósforo,** *m.* Metaloide venenoso, muy combustible, que luce en la oscuridad, y con el que se hacen las cabezas de las cerillas. || Cerilla.
**Fósil,** *m.* Animal o vegetal antiguos, enterrados y hechos piedra.

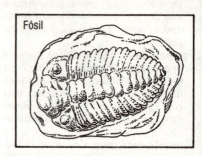
Fósil

**Fosilización,** *f.* El proceso de fosilizarse un animal o vegetal.
**Fosilizarse,** *r.* Ir convirtiéndose la masa de un cuerpo, animal o vegetal, en piedra.
**Foso,** *m.* Hoyo, agujero grande. || Sitio que hay en los teatros debajo del escenario. || Excavación profunda que rodea una fortaleza o fortificación.
**Foto,** *f.* Fotografía. || Palabra griega que significa «luz».
**Fotocélula,** *f.* Instrumento en forma de ampolla de vidrio, que transforma cualquier luz en energía eléctrica. Se le llama también célula fotoeléctrica.
**Fotocopia,** *f.* Copia de un documento por medio de un aparato fotográfico especial.
**Fotogénico,** *adj.* Que se refiere a los efectos químicos de la luz sobre ciertos cuerpos. || (Personas) cuyas caras o gestos son buenos para fotografiarlos.
**Fotograbado,** *m.* Procedimiento especial para grabar o estampar plan-

chas, mediante la acción química de la luz, y poder así imprimir en el papel un dibujo, una fotografía o una ilustración cualquiera, como las que vienen, por ejemplo, en los periódicos.

**Fotografía.\***

**Fotográfico,** *adj.* (Lo) que se refiere a la fotografía.

**Fotógrafo,** *m.* El que se dedica por oficio a sacar fotografías.

**Fotomatón,** *m.* Aparato que automáticamente hace todo el proceso fotográfico: captación de la imagen, revelado, copia, fijación y entrega de la fotografía (bastante fea, por cierto; como todas las cosas hechas a la ligera).

**Fotomecánica,** *f.* Copia de documentos y de libros obtenida por medio de máquinas con dispositivo fotográfico.

**Fotonovela,** *f.* Relato, normalmente de carácter amoroso, formado por una sucesión de fotografías de los personajes, acompañadas de trozos de diálogos que permiten seguir el argumento.

**Fotosfera,** *f.* Superficie visible del Sol, sobre la cual se ven como más manchas.

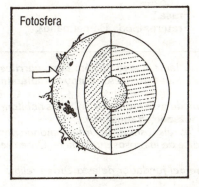

Fotosfera

**Fotosíntesis,** *f.* Función clorofílica de las plantas, gracias a la cual transforma los minerales en masa vegetal, es decir, en alimentos, y llena el aire de oxígeno.

**Frac,** *m.* Vestidura de hombre con dos faldones por detrás.

**Fracasado,** *adj.* Se dice de la persona a la que ya no se estima por el fracaso repetido en lo que pensaba hacer. ‖ Que siempre le sale todo mal.

**Fracasar,** *intr.* Estropearse una cosa, salir mal algo que se quería hacer. ‖ Romperse una cosa y, sobre todo, las embarcaciones al chocar con algún escollo.

**Fracaso,** *m.* Contratiempo; es decir, que una cosa no sale bien y como se quería.

**Fracción,** *f.* División, deshacer en partes una cosa. ‖ Parte o trozo de la cosa que se ha dividido. ‖ Número que indica una o varias partes de una unidad dividida en partes iguales.

**Fraccionario,** *adj.* Número quebrado.

**Fractura,** *f.* Rotura de una cosa difícil de romper. ‖ Rotura de un hueso del cuerpo.

**Fragancia,** *f.* Buen olor. ‖ Fama de las virtudes de una persona.

**Fragata,** *f.* Buque antiguo de tres palos, con velas en los tres.

**Frágil,** *adj.* Que se rompe con facilidad. ‖ Que cae fácilmente en el pecado.

**Fragmento,** *m.* Parte pequeña de una cosa rota. ‖ Parte o trozo de un libro o cosa así.

**Fragor,** *m.* Ruido grandísimo, mezcla seguida de otros muchos; como el de una gran batalla.

**Fragua,** *f.* Horno del herrero en que

---

\*
FOTOGRAFÍA, f. *Arte de reproducir y fijar en una placa las imágenes que se logran mediante la cámara oscura:* **El arte de la fotografía.** ‖ *Tienda o laboratorio en el que se trabaja en este oficio:* **Artículos de fotografía.** ‖ *Retrato hecho con cámara oscura:* **Hace buenas fotografías.**

  La palabra fotografía está compuesta por raíces griegas, **photos,** que significa 'luz' y **graphos,** que significa 'imagen'; por tanto, fotografía quiere decir propiamente 'imagen formada por la luz'. ‖ *Deriv.:* **Fotografiar, fotográfico, fotógrafo.** ‖ De la misma raíz **photos** se derivan muchas palabras en castellano, como **fotocopia, fotocopiar, fotogénico, fotograbado.**

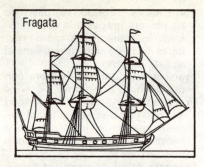

Fragata

se calientan los metales para forjarlos.

**Fraguar,** *tr.* Forjar, dar forma a los metales. ‖ Idear, inventarse alguna cosa. ‖ *intr.* Endurecerse bien la cal, el yeso, etc., y llegar a sujetar bien los ladrillos o piedras.

**Fraile,** *m.* (Persona) que pertenece a una de las órdenes religiosas.

**Francamente,** *adv.* Con franqueza. ‖ Diciendo lo que se piensa, sin mentir. ‖ V. **franco.**

**Francés.\***

**Franciscano.\***

**Franco.\***

**Franela,** *f.* Tela fina de lana o algodón.

**Franja,** *f.* Tira de tela con que se adornan los vestidos y otras cosas. ‖ Faja, tira, borde, banda.

**Franquear,** *intr.* Preparar algo para que tenga paso libre. ‖ Ponerle el sello a las cartas. ‖ Abrir una puerta y dejar el paso libre.

**Franqueo,** *m.* Lo que se hace al franquear una carta. ‖ Cantidad en sellos que se pone a una carta o paquete.

**Franqueza,** *f.* Sinceridad. ‖ Generosidad.

**Franquicia,** *f.* Privilegio que se concede a una persona o sociedad para que pueda mandar las cartas sin franquearlas.

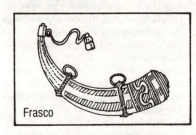

Frasco

**Frasco,** *m.* Botella de cuello estrecho para tener y guardar líquidos. ‖ Contenido del frasco, lo que hay dentro del frasco. ‖ Especie de vaso hecho con el cuerno de algún animal que servía para guardar la pólvora con que se cargaban las escopetas.

**Frase.\***

**Fraternal,** *adj.* De hermanos.

---

*

FRANCÉS, adj. *Nacido en Francia o perteneciente a esta nación:* **Ferrocarriles franceses; ríos franceses;** *etc.* ‖ m. *Lengua francesa:* **Estoy estudiando francés.**
    *Viene del nombre de* **Francia,** *llamada así porque sus antiguos habitantes eran los 'francos'.* ‖ *Deriv.:* **Afrancesado, francesada.**

FRANCISCANO, adj. *Se aplica este adjetivo a los religiosos de la Orden fundada por San Francisco de Asís, y también se dice de las cosas que a dicha Orden se refieren:* **Convento franciscano.**
    *Esta palabra se deriva del nombre del fundador de esta Orden religiosa.* ‖ *Deriv.:* **Franciscanismo.**

FRANCO, adj. *Leal, sincero, generoso:* **Es un hombre muy franco.** ‖ *(Cosa o sitio) que está libre de impuestos y contribuciones:* **Puerto franco.** ‖ m. *Moneda francesa:* **Allí gana 3.000 francos cada dos meses.**
    *Viene del nombre de los* **francos,** *dominadores que constituyeron la nobleza de Francia.* ‖ *Deriv.:* **Francamente, franquear, franqueo, franqueza, franquía.**

FRASE, f. *Conjunto de palabras que tienen sentido:* **Le dirigió frases muy amables.**
    *Viene del griego* **phrasis,** *que quiere decir 'expresión'.* ‖ *Deriv.:* **Antífrasis, fraseología, parafrasear, perífrasis, perifrástico.**

**Fraternalmente,** *adv.* Como si fuese un hermano, con fraternidad.
**Fraternidad,** *f.* Unión y cariño que hay o debe haber entre los hermanos o entre los que son muy amigos y se tratan como hermanos.
**Fraterno,** *adj.* Que se refiere o pertenece a los hermanos. || Fraternal.
**Fratricida,** *adj.* Que mata a su hermano.
**Fraude,** *m.* Engaño, algo que se hace contrario a la verdad y de lo que resulta un mal para otro.
**Fray,** *m.* Apócope de **fraile**, que se usa delante del nombre de los religiosos de algunas órdenes.
**Frecuencia,** *f.* Número de veces que ocurre una cosa. || Número de ondas en cada segundo. || **Frecuencia modulada:** cuando el sonido va como a caballo sobre las ondas electromagnéticas que lanza la emisora. || V. **frecuente.**
**Frecuentar,** *tr.* Ir muchas veces a algún sitio. || Hacer muchas veces alguna cosa.
**Frecuente.***
**Frecuentemente,** *adv.* Con mucha frecuencia.
**Fregadero,** *m.* Especie de pila o cosa así donde se friega.
**Fregado,** *m.* Lo que se hace al fregar. || Jaleo, bulla, enredo.
**Fregar,** *tr.* Frotar con fuerza una cosa con otra para limpiarla, darle brillo, etcétera. || Limpiar los suelos, los platos, etc., con agua y jabón y frotándolos con estropajo.
**Fregona,** *f.* Utensilio casero para fregar los suelos.
**Freiduría,** *f.* Tienda donde se vende pescado recién frito.
**Freír,** *tr.* Echar un alimento en aceite (o grasa) hirviendo y dejarlo allí un ratito.
**Frenar,** *tr.* Poner el freno. || Parar o quitar velocidad con el freno. || Parar o quitar velocidad con el freno a un coche, a una máquina, a un carro, etc.
**Frenesí,** *m.* Locura, delirio, furioso. || Exaltación grande del ánimo.
**Frenéticamente,** *adv.* Con frenesí.
**Frenético,** *adj.* Furioso, rabioso, lleno de frenesí, loco.
**Frenillo,** *m.* Membrana que sujeta por debajo a la parte central de la lengua.
**Freno,** *m.* Cualquier cosa que sirva para frenar o detener un movimiento.
**Frente.***
**Fresa,** *f.* Planta de la familia de las rosas, pero con tallos por el suelo y frutitos rojos y redonditos. || Herramienta o máquina para labrar metales.

Fresa

**Fresca,** *f.* El frescor de las mañanas o tardes de un día caluroso.
**Frescales,** *m. fam.* Un sinvergüenza.
**Fresco,** *adj.* Que está algo frío. || Reciente, acabado de hacer o suce-

---

\*

FRECUENTE, *adj.* Que ocurre bastantes veces, que se repite mucho: **En abril hay lluvias frecuentes.**
   Viene del latín **frequens, frequentis,** que quiere decir 'numeroso, frecuente'. || *Deriv.:* **Frecuencia, frecuentar.** || *Contr.:* **Raro.**

FRENTE, f. Parte de arriba de la cara: **Tiene la frente muy ancha.** || m. Parte delantera de una cosa: **El frente de una casa.** || Primera fila de la tropa formada o acampada: **El frente de batalla.** || adv. Enfrente de: **Frente al castillo.**
   Viene del latín **frons, frontis,** que quiere decir 'frente'. || *Deriv.:* **Afrentar, afrentoso, afrontar, confrontación, confrontar, enfrentar, enfrente, frontispicio, frontón.**

der. ‖ Tranquilo, sereno, que no se asusta. ‖ Desvergonzado, sinvergüenza, carota.

**Frescor,** m. Fresco, frescura que tiene lo que está fresco.

**Frescura,** f. Lo que hace que algo o alguien sea o esté fresco. ‖ Descaro, desenfado. ‖ Broma, burla. ‖ Descuido.

**Fresno,** m. Árbol muy apreciado por su madera (para armas, barcos, utensilios de gimnasia, etc.).

**Fresón,** m. Especie de fresa, pero con los frutos mayores que ella.

**Fresquera,** f. Especie de jaula ventilada para conservar frescos algunos alimentos. En muchos sitios las ponen en la ventana de la cocina.

**Frialdad,** f. Falta de calor.

**Fríamente,** adv. Con frialdad.

**Fricativa,** adj. Se les llama así a las letras F, S, Z y J, porque al ser pronunciadas parece que salen rozando alguna parte de la boca.

**Fricción,** f. El frotar, el ir frotando uno una cosa.

**Frigorífico,** adj. Que produce frío. ‖ m. Cámara o sitio enfriado artificialmente en los que se guardan para que no se estropeen, frutas, carnes, etc.

**Fríjol** (o **fréjol**), m. Judía (alubia).

**Frío.***

**Friolera,** f. Cosa insignificante.

**Friolero,** adj. Que siente mucho el frío.

**Frisar,** intr. fig. Acercarse.

**Friso,** m. Franja con figuras o decoraciones, en algunas importantes obras de arquitectura.

**Frito,** adj. Preparado con aceite o grasa hirviendo. ‖ Fastidiado, molesto. ‖ m. Cualquier alimento que esté frito.

**Fritura,** f. Cosa frita y dispuesta para ser comida.

**Frivolidad,** f. Lo que hace que algo sea frívolo.

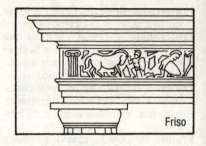
Friso

**Frívolo,** adj. Que no se preocupa de las cosas importantes y sólo le gustan las tonterías.

**Frondoso,** adj. Que tiene muchas hojas y ramas.

**Frontal,** adj. De la frente. ‖ De la parte de delante.

**Frontera,** f. Límite de un estado, sitio donde se acaba una nación y empieza otra.

**Fronterizo,** adj. Que está en la frontera. ‖ Que se refiere a la frontera. ‖ Que está enfrente de otra cosa.

**Frontispicio,** m. Fachada de un edificio. ‖ Remate triangular de una fachada.

**Frontón,** m. Pared principal del juego de pelota. ‖ Remate arquitectónico en forma de triángulo.

**Frotar,** tr. Pasar con fuerza una cosa sobre otra muchas veces seguidas.

**Fructífero,** adj. Que da mucho fruto.

**Fructificar,** tr. Dar fruto los árboles y otras plantas. ‖ Dar provecho una cosa, dar utilidad.

**Fructuoso,** adj. Que da fruto o provecho; provechoso.

**Frugal,** adj. Moderado en el comer.

**Fruición,** f. Placer grande, gozar de una cosa.

**Fruncir,** tr. Arrugar la frente, casi siempre cuando se está enfadado o triste. ‖ Hacer en una tela arrugas pequeñas para que queden como adorno.

---

\*

FRÍO, adj. *Que no tiene calor:* **Este cuarto está muy frío.** ‖ *Indiferente, que no le importa lo que le dicen:* **Estuvo muy frío con él.** ‖ *Sin gracia, soso:* **Son adornos muy fríos.** ‖ m. *Falta de calor:* **Tengo frío, mucho frío.**

Viene del latín **frigidus,** que significa 'frío'. ‖ *Deriv.:* **Enfriar, fiambre, fiambrera, frialdad, frigorífico, friolero, refrigeración, refrigerador, refrigerar, resfriar.** ‖ *Contr.:* **Caliente, calor.**

**Fruslería**, *f.* Cosa pequeña y sin importancia.
**Frustrar**, *tr.* Quitar a uno lo que esperaba que iba a tener o lo que deseaba. ‖ *r.* No llegar a hacerse una cosa.
**Fruta de sartén**, *f.* Masa preparada y frita, de varios nombres y figuras, y a la que se pone después miel o cosa así.
**Frutal**, *adj.* (Árbol) que da fruta.
**Frutería**, *f.* Tienda o puesto donde se vende fruta.
**Fruto.***
**Fuego**, *m.* Calor y luz que producen las cosas al quemarse. ‖ Incendio. ‖ Ardor, pasión. ‖ Disparo.
**Fuelle**, *m.* Cosa que sirve para echar aire en algún sitio y que se usa en

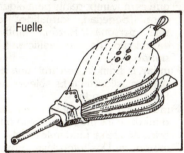
Fuelle

algunos instrumentos de música, o para avivar el fuego. ‖ Arruga en la ropa. ‖ En algunos carruajes, especie de cubierta hecha de cuero y que se puede echar hacia atrás. ‖ Acusica, hablador, soplón.
**Fuente.***
**Fuera.***
**Fueraborda**, *m.* Motor fuera borda.
**Fuero**, *m.* Conjunto de leyes. ‖ Privilegio que se concede a una ciudad o persona. ‖ Ley de un municipio o ayuntamiento.
**Fuerte.***
**Fuertemente**, *adv.* Con fuerza. ‖ V. **fuerte**.
**Fuerza**, *f.* Poder para hacer un movimiento o un trabajo. ‖ Violencia. ‖ Eficacia. ‖ V. **fuerte**.
**Fuga**, *f.* Huida, irse a la fuerza de un sitio en el que uno tiene que estar. ‖ Sitio de una tubería o depósito por donde se escapa un gas o un líquido.
**Fugacidad**, *f.* Lo que hace que una cosa sea fugaz.
**Fugarse**, *r.* Irse de un sitio en el que uno tiene que estar forzosamente.
**Fugaz**, *tr.* Que huye con velocidad. ‖ De muy corta duración.
**Fugitivo**, *adj.* Que anda huyendo y

---

\*
FRUTO, m. *Parte de las plantas que se forma de la flor y que contiene la semilla:* **La aceituna es el fruto del olivo.** ‖ *Provecho o resultado de una cosa:* **No obtuvo fruto de sus esfuerzos.**
   *Viene del latín* **fructus,** *que quiere decir 'producto, disfrute, fruto'.* ‖ *Deriv.:* **Disfrutar, disfrute, fructífero, fructificar, fructuoso, frugal, frugalidad, fruta, frutal, frutería.**
FUENTE, f. *Lugar por donde sale agua:* **¿Echa la fuente?** ‖ *Manantial:* **Las fuentes del campo producen agua fresca.** ‖ *Plato grande para servir alimentos:* **Sacaron una fuente de pasteles.** ‖ *Principio, origen de una cosa:* **La ociosidad es fuente de muchos males.**
   *Viene del latín* **fons, fontis,** *que significa 'fuente'.* ‖ *Deriv.:* **Fontanar, fontanería, fontanero.**
FUERA. *Adverbio que significa en la parte exterior, más allá de donde termina una cosa:* **Fuera de la ciudad; fuera de este tiempo.**
   *Viene del latín* **foras,** *que quiere decir 'afuera'.* ‖ *Deriv.:* **Afuera, foráneo, forastero.** ‖ *Contr.:* **Dentro.**
FUERTE, adj. *Que tiene fuerza y resistencia:* **Es un hilo muy fuerte.** ‖ *Robusto, valiente, duro:* **Es hombre fuerte.** ‖ *Que sabe mucho de alguna cosa:* **Está fuerte en Matemáticas.**
   *Viene del latín* **fortis,** *que significa 'fuerte'.* ‖ *Deriv.:* **Confortable, confortante, confortar, contrafuerte, esforzado, esfuerzo, forcejear, forcejeo, fortalecer, fortalecimiento, fortaleza, fortificación, fortificar, fortín, forzar, forzoso, forzudo, fuerza, reforzar, refuerzo.** ‖ *Contr.:* **Débil.**

escondiéndose. ‖ Que pasa muy a prisa.
**Fulano,** *m.* Palabra que se usa para decir «una persona cualquiera» o en vez del nombre de una persona.
**Fulcro,** *m.* El punto donde se apoya una palanca.
**Fulgor,** *m.* Resplandor, brillo.
**Fulgurar,** *intr.* Brillar, resplandecer.
**Fulminante,** *adj.* Que fulmina. ‖ Se llaman así a las enfermedades repentinas y mortales. ‖ Que estalla con explosión.
**Fulminar,** *tr.* Arrojar rayos.
**Fullería,** *f.* Trampa en el juego.
**Fullero,** *adj.* Que hace fullerías al jugar.
**Fumador,** *adj.* (Persona) que tiene la costumbre de fumar.
**Fumar,** *intr.* o *tr.* Tragar humo de tabaco, opio, etc. ‖ Gastar completamente una cosa. ‖ No cumplir una obligación, faltar a un sitio a donde se debía ir.
**Fumigar,** *tr.* Desinfectar por medio de gases.
**Fumista,** *m.* El que arregla y limpia las chimeneas.
**Funámbulo,** *m.* Titiritero que anda sobre una cuerda.
**Función.\***
**Funcional,** *adj.* Que se refiere a las funciones fisiológicas del cuerpo. ‖ Que está fabricado para comodidad principalmente.
**Funcionamiento,** *m.* Lo que se hace al funcionar. ‖ Movimientos y modo de funcionar.
**Funcionar,** *tr.* Hacer bien una cosa o persona lo que debe hacer. ‖ Moverse una máquina y hacer lo que es natural que haga. ‖ V. **función.**
**Funcionario,** *m.* Empleado, señor que trabaja en una oficina. ‖ V. **función.**
**Funda,** *f.* Cubierta o bolsa, de forma adecuada, para envolver y guardar una cosa.
**Fundación,** *f.* Lo que se hace al fundar algo. ‖ Origen, principio de una cosa.
**Fundacional,** *adj.* Que se refiere a la fundación.
**Fundador,** *adj.* Que funda, que hace una cosa nueva. ‖ V. **hondo.**
**Fundamental,** *adj.* Que sirve de fundamento a una cosa. ‖ Que es lo más importante de una cosa. ‖ V. **hondo.**
**Fundamentalmente,** *adv.* De manera fundamental.
**Fundamento,** *m.* Base de una cosa, que es muy importante para alguna cosa. ‖ Seriedad, formalidad de una persona. ‖ Razón, motivo. ‖ Cimiento de un edificio. ‖ V. **hondo.**
**Fundar,** *tr.* Edificar, construir una ciudad, un asilo, etc. ‖ Establecer, instituir. ‖ V. **hondo.**
**Fundición,** *f.* Lo que se hace al fundir o fundirse los metales. ‖ Sitio o fábrica donde se funden los metales.
**Fundido,** *m.* Dos fotografías proyectadas a la vez en la pantalla.
**Fundir.\***
**Fúnebre,** *adj.* Que se refiere a los muertos. ‖ Triste.
**Funeral,** *adj.* Que se refiere al entierro de una persona. ‖ *m.* Ceremonia por un muerto.
**Funeraria,** *f.* Empresa que se encarga de llevar los muertos al cementerio y de enterrarlos.
**Funesto,** *adj.* Triste, desgraciado, fatal.

---

Función, *f. Actividad de un órgano del cuerpo:* **La vista es la función de los ojos.** ‖ *Espectáculo al que puede ir la gente:* **Vimos una función de teatro muy bonita.**
    *Viene del latín* **functio,** *que quiere decir* 'cumplimiento, ejecución'. ‖ Deriv.: **Funcional, funcionamiento, funcionar, funcionario, fungible.**
Fundir, *tr. Derretir, convertir en líquidos los metales u otros cuerpos sólidos:* **El hierro necesita mucho calor para fundirse.** ‖ *r. Unirse, juntarse:* **Se fundieron las dos compañías.**
    *Viene del latín* **fundere,** *que significa* 'derretir, fundir, derramar'. ‖ Deriv.: **Confundir, confusión, confuso, difundir, difusión, difuso, efusión, efusivo, fundición, fundidor, fusible, fusión, fusionar, infundir, infuso, infusorio, profusión, refundir, transfusión.** ‖ Contr.: **Solidificar.**

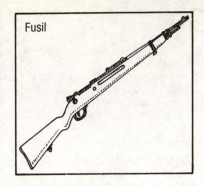
Fusil

**Fungible,** *adj.* Que se gasta con el uso.
**Funicular,** *adj.* Que se mueve por una cuerda o cable.
**Fuño,** *m.* Gesto de enfado hecho arrugando la frente y cerrando los labios.
**Furgón,** *m.* El último vagón de muchos trenes, en el cual van los equipajes, mercancías, etc.
**Furgoneta,** *f.* Carro de cuatro ruedas y cubierto que sirve para transportes.
**Furia,** *f.* Ira, furor, cólera, violencia.
**Furibundo,** *adj.* Furioso. ‖ (Persona) muy fácil de enfurecerse.
**Furioso,** *adj.* Que tiene ira, que está enfadadísimo. ‖ Violento, fuerte, terrible.
**Furor,** *m.* Ira, enfado grande.
**Furtivo,** *adj.* Hecho a escondidas. ‖ Que hace algo a escondidas.
**Furúnculo,** *m.* Especie de lobanillo, pequeño y duro.
**Fuselaje,** *m.* En un avión: parte para el motor, los mandos, la carga y la tripulación.
**Fusible,** *adj.* Que puede fundirse fácilmente. ‖ *m.* Hilo o chapa, fácil de fundirse, y puesta en una instalación eléctrica para que en caso de excesiva corriente la interrumpa al fundirse.
**Fusiforme,** *adj.* De forma de huso.

**Fusil,** *m.* Arma de fuego que usa cada soldado de infantería.
**Fusilar,** *tr.* Matar a una persona con tiros de fusil. ‖ Copiar, imitar obras ajenas.
**Fusión,** *f.* Paso de un cuerpo sólido al estado líquido por medio del calor. ‖ Unión.
**Fusta,** *f.* Varilla flexible. ‖ Látigo delgado.
**Fuste,** *m.* Parte de la columna, entre la basa y el capitel.
**Fustigar,** *tr.* Darle con una fusta al caballo. ‖ Azotar. ‖ Censurar con mucha dureza.
**Fútbol.**\*
**Futbolín,** *m.* Mesa de recreo, con un hueco cuyo suelo imita a un campo de fútbol, y cuyos laterales están cruzados por barras en donde hay figurillas de futbolistas. Hay que mover las barras, haciéndolas girar al tiempo que pasa un bolita de madera, e introducir esta bolita en la portería del adversario o de los adversarios.

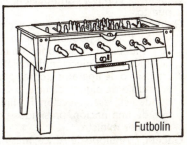
Futbolín

**Futbolista,** *adj.* Jugador de fútbol, que juega al fútbol.
**Fútil,** *adj.* De muy poca importancia, insignificante.
**Futuro,** *m.* El tiempo que todavía tiene que venir. ‖ *adj.* Que todavía no ha ocurrido, pero que ocurrirá.
**Futurología,** *f.* Conjunto de los estudios que se proponen predecir científicamente el futuro del hombre.

---

\* FÚTBOL, *m. Deporte que se juega entre dos equipos, cada uno de los cuales trata de meter un balón en la portería defendida por el equipo contrario:* **Vimos un buen partido de fútbol.**
   *Viene de una doble raíz inglesa,* **foot,** *que significa 'pie' y* **ball,** *que significa 'pelota'; por eso la palabra castiza española sería* **balompié**'. ‖ *Deriv.:* **Futbolista, futbolín, futbolístico.**

# G

**G,** *f.* Octava letra del abecedario y sexta de las consonantes.
**Gabán,** *m.* Abrigo.
**Gabardina,** *f.* Especie de blusa ancha con las mangas ajustadas que usan los labradores de algunas comarcas. ‖ Tela impermeable. ‖ Abrigo hecho con esta tela y que se usa los días de lluvia.
**Gabarra,** *f.* Embarcación mayor que una lancha y que se usa para transporte. ‖ Barco pequeño que se usa para la carga y descarga en los puertos.
**Gabela,** *f.* Tributo, contribución, impuesto.
**Gabinete,** *m.* Habitación para recibir visitas. Es más pequeña que la sala. ‖ Muebles que se ponen en esa habitación. ‖ Colección de objetos curiosos o de aparatos y cosas para el estudio de alguna ciencia, y sitio donde está esa colección. ‖ Ministros de una nación, presididos por el primer ministro.
**Gacela,** *f.* Antílope de África, más pequeño que el corzo, de cola corta y patas finas.
**Gaceta,** *f.* Periódico político, o literario, o administrativo.
**Gacetilla,** *f.* Parte de un periódico donde se publican noticias cortas. ‖ Noticias que ahí se publican. ‖ Persona chismosa y cotilla.
**Gacha,** *f.* Cualquier masa muy blanda. ‖ *pl.* Cierta comida muy blanda, compuesta de harina, leche, miel y unos trocitos de picatoste.
**Gádidos,** *m. pl.* Familia de peces muy apreciada por su carne.
**Gaditano,** *adj.* De Cádiz.
**Gafas,** *f. pl.* Anteojos.
**Gaita,** *f.* Instrumento músico de viento muy usado en Galicia.

**Gaje,** *m.* Sueldo que se gana en un oficio o empleo.
**Gajo,** *m.* Rama de un árbol desprendida del tronco. ‖ Cada uno de los grupos de uva que tiene el racimo. ‖ Parte de algunos frutos, como la naranja, la granada, etc.
**Gala,** *f.* Vestido bueno y lujoso, mejor que el corriente. ‖ Simpatía, gracia. ‖ Lo mejor y más escogido de una cosa.
**Galán,** *m.* Hombre guapo, bien vestido y simpático. ‖ El que hace la corte a una mujer. ‖ Actor que hace alguno de los papeles serios menos el del que lleva barba.
**Galante,** *adj.* Cortés, educado con las señoras. ‖ Mujer a la que le gusta mucho que la sigan los hombres, etcétera.
**Galantemente,** *adv.* Con galantería.
**Galantería,** *f.* Educación, cortesía. ‖ Elegancia, gracia.
**Galanura,** *f.* Elegancia. ‖ Gracia. ‖ Gentileza.
**Galápago,** *m.* Especie de tortuga pequeña y de vida acuática. Si se echa a un pozo, acaba con todos los bichillos.

Gacela

**Galardón,** *m.* Premio, recompensa por alguna cosa.
**Galardonar,** *tr.* Premiar, recompensar los méritos o servicios de uno.
**Galaxia,** *f.* Reunión de múltiples astros en alguna región extensa del firmamento. ‖ La **Vía Láctea,** por ejemplo, es una galaxia.
**Galbana,** *f.* Pereza.
**Galena,** *f.* Mineral de azufre y plomo. Es de color gris y muy brillante. De ella se extrae el plomo.
**Galeno,** *m.* Médico.
**Galeote,** *m.* Preso condenado a remar en galeras.
**Galera,** *f.* Barco antiguo que se movía con velas y con remos. ‖ Carro grande de cuatro ruedas, con toldo de tela fuerte. ‖ Cárcel de mujeres. ‖ *pl.* Antiguamente, castigo de remar en las galeras.
**Galería,** *f.* Especie de corredor con arcos o ventanas. ‖ Paso subterráneo. ‖ Colección de cuadros (de pintores).
**Galerías,** *f. pl.* Comercio que ocupa varias plantas o pisos y que tiene muchas secciones distintas, unas con buenos géneros y otras con géneros más vulgares.
**Galgo,** *m.* Perro muy delgado y ligero y bueno para cazar.

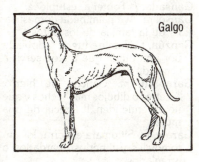
Galgo

**Galicismo,** *m.* Palabra o giro del francés usado en otra lengua.
**Galileo,** *adj.* De Galilea. ‖ *m.* Nombre que a veces se da a Jesucristo y a los cristianos.
**Galimatías,** *m.* Lenguaje difícil de comprender.
**Galo,** *adj.* De la Galia (antiguo nombre con que los romanos llamaban a Francia).

**Galón,** *m.* Insignia que algunos militares llevan en la manga o en la bocamanga de su uniforme (como los sargentos y los cabos).
**Galopada,** *f.* Carrera que se da el caballo yendo a galope.
**Galope,** *m.* La marcha más rápida del caballo.
**Galpón,** *m.* Sitio en que vivían los esclavos en las haciendas de América. ‖ Cobertizo grande.
**Galvanizado,** *adj.* Se le llama al metal que está recubierto de una capa de cinc, para que no se oxide.
**Galvanizar,** *tr.* Recubrir un metal con una ligera capa de otro.
**Gallardete,** *m.* Especie de bandera terminada en punta que se pone en los barcos, edificios, etc., como insignias o señal, o adorno.
**Gallardía,** *f.* Elegancia en la manera de moverse y andar. ‖ Valor, ánimo para hacer las cosas.
**Gallardo,** *adj.* Que hace las cosas con gallardía. ‖ Valiente, apuesto.
**Gallego,** *adj.* De Galicia. ‖ Viento que viene del NO.
**Galleta,** *f.* Pasta de harina y azúcar, cortada en trozos y cocida al horno. ‖ Cachete, bofetada.
**Galletero,** *m.* Cacharro en que se ponen las galletas para guardarlas o sacarlas a la mesa.
**Gallina,** *f.* Hembra del gallo. ‖ *com.* Persona cobarde.
**Gallinero,** *m.* Persona que vende gallinas o las cría, etc. ‖ Sitio donde van a dormir las gallinas. ‖ Sitio donde hay mucho jaleo. ‖ Parte alta de los teatros donde cuesta más barata la entrada.
**Gallo,** *m.* Ave de corral que canta de este modo: ki-ki-ri-ki. ‖ Pez de mar parecido al lenguado, pero de peor carne. ‖ Nota desafinada al cantar. ‖ El que manda o se hace el mandón en un sitio. ‖ Hombre valiente y fanfarrón.
**Gama,** *f.* Tabla para enseñar el sonido de las notas musicales. ‖ Clasificación de los colores, del más fuerte al más pálido, o al revés.
**Gamba,** *f.* Animal invertebrado, de la familia de los cangrejos.
**Gamberro,** *adj.* Libertino. ‖ *m.* Per-

Gallo

sona que se dedica a armar jaleo y a desobedecer las leyes.

**Gameto,** m. Cada una de las células que se juntan para formar un nuevo ser vivo.

**Gamo,** m. Mamífero rumiante parecido al ciervo, pero con los cuernos aplastados y en forma de palas.

**Gana,** f. Deseo, querer hacer alguna cosa. ‖ Hambre, apetito para comer. ‖ V. **ganar.**

**Ganadería,** f. Granja, o así, que se dedica a criar ganado. ‖ Raza especial de ganado que suele llevar el nombre de su dueño.

**Ganadero,** adj. Que se refiere a la ganadería. ‖ (Perro u otro animal) que acompaña al ganado. ‖ m. El que cría ganado. ‖ Dueño de ganado.

**Ganado,** m. Animales domésticos, salvo el perro, el gato y el gallo. ‖ Abejas que hay en una colmena. ‖ Conjunto grande de personas. ‖ V. **ganar.**

**Ganador,** adj. Que gana. ‖ m. Vencedor.

**Ganancia,** f. Lo que se hace al ganar. ‖ Lo que se gana.

**Ganar.\***

**Ganchillo,** m. Aguja que en una punta tiene forma de gancho y que sirve para hacer labores de punto. ‖ Labor que se hace con esa aguja. ‖ Horquilla para el pelo.

**Gancho,** m. Cosa de metal, madera, etcétera, con forma curva por un extremo y que sirve para coger, agarrar o colgar algo. ‖ Pedazo que queda en el árbol cuando se rompe una rama. ‖ El que con astucia quiere convencer a otra persona de alguna cosa. ‖ Horquilla para el pelo. ‖ Gracia, atractivo que tiene una persona.

**Gandul,** adj. Vago, holgazán. ‖ m. Soldado de un ejército antiguo de los moros de África y Granada.

**Ganga,** f. Parte de mineral que no se aprovecha por estar impuro o mezclado. ‖ Cosa que se compra muy barata.

**Ganglio,** m. Tumor pequeño en un tendón o en un músculo. ‖ Nudo en el trayecto de un nervio.

**Gangrena,** f. Muerte de una parte infectada del cuerpo, y que puede acabar con el organismo entero.

**Gangrenoso,** adj. Que tiene gangrena.

**Gángster** (voz inglesa), m. Bandido, criminal.

**Gansada,** f. Tontería, estupidez.

**Ganso,** m. Ave palmípeda doméstica. Es de la familia de los patos.

**Ganzúa,** f. Alambre fuerte y doblado por una punta que puede servir a veces de llave.

**Garabato,** m. Gancho de hierro. ‖ Letras o dibujos mal hechos y que no se entienden. ‖ Gracia de una mujer.

**Garaje,** m. Sitio para encerrar los automóviles y tenerlos guardados o arreglarlos.

**Garantía,** f. Seguridad, protección.

---

\*

GANAR, tr. *Obtener dinero con el trabajo, comercio, juego, etc.:* **Este hombre gana mucho.** ‖ *Vencer en los juegos, carreras, pleitos, luchas, etc.:* **Ganó fácilmente.** ‖ *Conquistar:* **El ejército ganó la plaza.** ‖ *Llegar al sitio que se quería:* **Ganar la orilla.**

Es una palabra de origen incierto pero que se conoce desde hace mucho tiempo en el castellano y en portugués. ‖ Deriv.: **Gana, ganadería, ganadero, ganado, ganador, ganancia, ganancial, ganapán.** ‖ Contr.: **Perder.**

Ganso

**Garantizar.\***
**Garbanzo,** m. Planta de las legumbres que da futo comestible. ‖ Fruto de esta planta.
**Garbeo,** m. Paseo, acción de pasearse. Se usa sobre todo en la frase dar o darse un **garbeo**.
**Garbo,** m. Elegancia, andar y moverse con gracia natural.
**Garfio,** m. Gancho de hierro.
**Garganta,** f. Parte anterior del cuello. ‖ Parte interior del cuello que comunica la boca con el esófago y la laringe. ‖ Parte de arriba del pie donde se une con la pierna. ‖ Estrecho entre dos montañas, sitio donde un río se estrecha, etc. ‖ Parte más estrecha de agunas cosas.
**Gárgara,** f. Acción de mantener un líquido en la garganta con la boca hacia arriba, sin tragarlo y moviéndolo arrojándole el aliento.
**Garita,** f. Torrecilla que se pone en los sitios más importantes de la fortaleza para que el centinela no esté al descubierto. ‖ Casilla pequeña de madera para los guardas, etcétera. ‖ Cuarto pequeño que suelen tener los porteros en el portal.
**Garra,** f. Pata o mano del animal cuando tiene uñas fuertes y torcidas. ‖ Mano del hombre.
**Garrafa,** f. Vasija grande, ancha y redonda, con cuello largo y estrecho y de cristal.
**Garrafal,** adj. Que es una falta o error muy grande.
**Garrapato,** m. Garabato dibujado con pluma y tinta.
**Garrido,** adj. Hermoso, bien vestido, gallardo.
**Garrocha,** f. Vara larga que se utiliza para picar a los toros durante las corridas. Lleva un arponcillo en la punta.
**Garrota,** f. Palo gordo y fuerte que puede usarse como bastón.
**Garrotazo,** m. Golpe dado con un garrote.
**Garrote,** m. Palo gordo que puede usarse como bastón. ‖ Aparato para ejecutar a los condenados a muerte. ‖ Olivo todavía pequeño.
**Gas,** m. Cuerpo en forma de aire a la temperatura y presión normales. ‖ Clase de gas que se utiliza para el alumbrado, la calefacción y para mover motores.
**Gasa,** f. Tela de seda o hilo muy fino y poco espeso. ‖ Tira de gasa de color negro que se pone en sombreros, solapas, etc., en señal de luto.
**Gaseosa,** f. Bebida refrescante que tiene algo de gas y nada de alcohol.
**Gaseoso,** adj. De forma de gas. ‖ Que tiene gases.
**Gasógeno,** m. Aparato para fabricar gas. ‖ Cierto gas combustible. ‖ Cierta mezcla de bencina y alco-

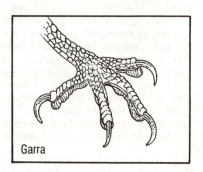
Garra

---

\*
GARANTIZAR, tr. *Hacer y decir algo que asegure que se va a cumplir lo prometido: Garantizó el pago de la deuda.*
    Viene del francés **garant**, *que significa 'el que da garantía'.* ‖ *Deriv.:* **Garante, garantía, garantir.**

hol que se utiliza para el alumbrado y para quitar manchas.

**Gasoil,** *m.* Aceite derivado del petróleo y que se utiliza como combustible en los motores tipo Diesel.

**Gasolina,** *f.* Líquido que se quema fácilmente y que sirve para mover algunos motores. Se saca del petróleo.

**Gastado,** *adj.* Borrado, estropeado porque se ha usado mucho. ‖ (Persona) cansada y debilitada.

**Gastador,** *adj.* Que gasta mucho dinero. ‖ *m.* Preso condenado a trabajar en carreteras, pantanos, construcciones, etc. ‖ Soldado que tiene como misión hacer trincheras, abrir pasos, etc.

**Gastar,** *tr.* Emplear el dinero en comprar algo. ‖ Consumir, acabar con algo. ‖ Echar una cosa a perder, estropearla. ‖ Usar una cosa.

**Gasto.**\*

**Gástrico,** *adj.* Que pertenece al estómago. ‖ Del estómago.

**Gastritis,** *f.* Inflamación del estómago.

**Gastronomía,** *f.* Arte de cocinar bien. ‖ Afición a las comidas muy sabrosas.

**Gatear,** *intr.* Trepar como los gatos.

**Gatera,** *f.* Agujero que se hace en las puertas para que puedan entrar o salir los gatos.

**Gatillo,** *m.* En las armas de fuego portátiles, la pieza que golpea a la bala o cartucho.

**Gato,** *m.* Mamífero de la familia de los felinos, que se tiene en las casas para que persiga a los ratones. ‖ Bolsa en que se guarda el dinero. ‖ Dinero que se guarda en ella. ‖ Máquina para levantar grandes pesos a poca altura. ‖ Ratero. ‖ Madrileño, hombre nacido en Madrid. ‖ Persona astuta.

**Gavilán,** *f.* Ave de rapiña. Tiene color gris azulado y ataca principalmente a los gorriones. ‖ Rasgo que se hace al final de algunas letras. ‖ Punta del pico de la pluma de escribir. ‖ Hierro que forma la cruz de la espada.

**Gavilla,** *f.* Haz de mieses, sarmientos, etcétera. ‖ Junta de gente mala.

**Gaviota,** *f.* Ave de las palmípedas que se alimenta de los peces que coge en el mar.

**Gaya,** *f.* Raya hecha sobre una tela y que es de distinto color que esa tela. ‖ Insignia de victoria.

**Gazapo,** *m.* Conejo pequeñín. ‖ Error involuntario al ir leyendo o escribiendo.

**Gazpacho,** *m.* Cierta clase de sopa fría hecha con agua, sal, aceite, vinagre, pimiento, tomates, pedacitos de pan, etc.

**Géiser,** *m.* Surtidor de agua caliente de origen volcánico, cuyo chorro se va interrumpiendo de cuando en cuando.

**Gelatina,** *f.* Sustancia que parece hueso derretido o clara de huevo espesa. La gelatina seca se destina para la alimentación.

**Gema,** *f.* Cualquier piedra preciosa.

**Gemelo,** *adj.* Se dice de los mellizos idénticos. ‖ *m. pl* Anteojos de dos tubos que son para el teatro. ‖ Botones iguales que se ponen en el puño de la camisa.

**Gemido,** *m.* Voz lastimera y de dolor.

**Gemir,** *intr.* Lanzar gemidos de pena o de dolor.

Gato

\*————————————————

G<small>ASTO</small>, m. *Lo que se hace al gastar:* **En esta casa hay mucho gasto.** ‖ *Lo que se gasta:* **Los viajes exigen muchos gastos.**

Viene del latín **vastare,** *que significa 'arruinar, devastar'.* ‖ *Deriv.:* **Desgastar, desgaste, gastador, gastar, malgastar.** ‖ *De la misma raíz latina* **vastare,** *se derivan* **devastación, devastador, devastar.** ‖ *Contr.:* **Ingreso, ganancia.**

**Gemología,** *f.* Ciencia que trata de las gemas o piedras preciosas.
**Gendarme,** *m.* Militar que, en otros países (Francia, p. ej.) hacen las veces de guardia civil.
**Genealógico,** *adj.* Que pertenece a la genealogía o serie de antepasados de una persona.
**Generación,** *f.* Conjunto de los hombres que viven en un mismo tiempo. || El hecho de engendrar.
**Generador,** *adj.* Que engendra, que produce. || *m.* Caldera de vapor que produce fuerza para mover algo. || Los generadores eléctricos producen fuerza electromotriz.
**General,** *adj.* Común a todos, que es lo mismo para todos aquellos de los que se habla. || Ordinario, corriente. || *m.* Jefe superior del ejército. || Superior de una orden religiosa, el que manda en los demás miembros de esa orden. || V. **género.**
**Generalidad,** *f.* El mayor número de las personas o cosas de las que se habla.
**Generalísimo,** *m.* Jefe del ejército que manda sobre todos los demás generales.
**Generalizar,** *tr.* Hacer pública, decir una cosa que estaba casi en secreto. || Hablar o tratar de alguna cosa sin considerarla respecto a un caso determinado.

**Generalmente,** *adv.* Casi siempre.
**Generatriz,** *f.* En geometría, aquella línea o figura que al girar un eje produce otra figura o un cuerpo geométrico.
**Genérico,** *adj.* Que es lo mismo para muchas clases de animales o cosas diferentes.
**Género.** *
**Generosamente,** *adv.* Con generosidad.
**Generosidad,** *f.* Lo que hace que uno sea generoso. || Nobleza de alma.
**Generoso,** *adj.* Que es de familia distinguida. || Que da cosas sin roñería, que no es roñoso. || Que se porta bien con la gente, de corazón noble, valiente. || V. **género.**
**Génesis,** *m.* Primer libro de la Biblia, escrito por Moisés, y que trata de la creación del mundo y de los primeros hombres. || *f.* Origen de una cosa.
**Genial,** *adj.* Que se refiere al genio, al carácter de uno. || Que tiene mucho talento y sobresale de los demás. || Que gusta, agradable, divertido.
**Genialidad,** *f.* Rareza, cosa extraña que hacen las personas geniales.
**Genio.** *
**Genitivo,** *m.* El segundo caso de la declinación gramatical de un nombre. Indica de quién es la cosa.
**Genovés,** *adj.* De Génova (Italia).
**Gente.** *

---

GÉNERO, *m. Especie o clase formada por todas las cosas que son semejantes:* **El pino, el cedro y el abeto son árboles que pertenecen al género de las coníferas.** || *Cualquier mercancía que hay en el comercio:* **En estas tiendas hay muchos géneros.** || *En Gramática, es el accidente que sirve para indicar el sexo de las personas o animales y el que se atribuye a las cosas:* **Los géneros son masculino y femenino.**
    *Viene del latín* **genus, generis,** *que significa 'linaje, especie, género'.* || *Deriv.:* **Congénere, degenerado, degenerar, general, generalidad, generalísimo, generalizar, genérico, generoso, generosidad.**

GENIO, m. *Carácter, modo de ser de una persona:* **Tiene mal genio.** || *Inteligencia grande y capacidad para hacer cosas extraordinarias:* **Los genios inventan cosas admirables.** || *Persona que tiene gran inteligencia y capacidad:* **Es un genio de la música.**
    *Viene del latín* **genius,** *que significa 'la personalidad propia de cada hombre'.* || *Deriv.:* **Congeniar, genial, genialidad, ingeniarse, ingenio, ingenioso, pergeñar.**

GENTE, f. *El conjunto de muchas personas:* **En el mercado se ve mucha gente.** || *Familia de uno:* **Voy con mi gente.** || **Gente menuda:** *los niños.*

**Gentil,** *adj.* Pagano que cree o adora a dioses falsos. ‖ Gracioso, amable. ‖ Grande, de importancia. ‖ Gallardo.
**Gentileza,** *f.* Gracia, garbo, elegancia, urbanidad, buena educación.
**Gentilhombre,** *m.* Hombre de buena familia que servía al rey.
**Gentilicio,** *adj.* Nacido o perteneciente a un lugar o nación.
**Gentilmente,** *adv.* Con gentileza, con gracia, con cortesía.
**Gentío,** *m.* Mucha gente, multitud.
**Gentuza,** *f.* Mala gente.
**Genuflexión,** *f.* El poner una rodilla (o las dos) en el suelo en señal de adoración a Dios.
**Genuino,** *adj.* Verdadero, puro, auténtico.
**Geografía.\***
**Geográfico,** *adj.* (Lo) que se refiere o pertenece a la geografía.
**Geógrafo,** *m.* El que se dedica a la geografía.
**Geología,** *f.* Ciencia que estudia el origen, la formación y la constitución de la Tierra.
**Geológico,** *adj.* Que se refiere o pertenece a la geología.
**Geometría.\***
**Geométrico,** *adj.* (Lo) que se refiere o pertenece a la geometría. ‖ Muy exacto.
**Geranio,** *m.* Planta de la familia de las geraniáceas que se cultiva mucho en los jardines, pues da una flor muy bonita. Si se estruja una de sus

Geranio

hojas entre los dedos huele a manzana verde.
**Gerencia,** *f.* Cargo y trabajo que tiene el gerente.
**Gerente,** *m.* El que dirige una sociedad o empresa por cuenta de otro.
**Germánico,** *adj.* (Lo) que se refiere a Germania o a los germanos.
**Germano,** *adj.* De Germania, alemán.
**Germen,** *m.* Parte de la semilla de la que luego se forma la planta. ‖ Célula viva y pequeñísima, que sirve de origen a un ser vivo.
**Germinar,** *intr.* Brotar la planta de la semilla. ‖ Empezar a formarse algo.
**Gerundio,** *m.* Forma invariable del modo infinitivo que expresa que se está haciendo algo en el presente. Ejemplo: **leyendo.**
**Gerundivo,** *m. Gram.* Participio latino de futuro pasivo en -ndus.

---

\* *Viene del latín* **gens, gentis,** *que significa 'raza, familia, tribu, pueblo'.* ‖ *Deriv.:* **Gendarme, gentil, gentileza, gentilicio, gentilhombre, gentío, gentuza.**

GEOGRAFÍA, f. *Ciencia que trata de la descripción de la Tierra:* **Me preguntaron una lección de Geografía.**
*Viene de dos palabras griegas:* **geo,** *que significa 'tierra', y* **grapho,** *que significa 'describir'.* ‖ *Deriv.:* **Geográfico, geógrafo.** *De la misma raíz griega* **geo** *se derivan varias palabras científicas del idioma castellano, como* **geometría, geología, apogeo.**

GEOMETRÍA, f. *Parte de las matemáticas que trata de las propiedades y medidas de la extensión.*
*Viene del griego* **geo,** *que significa 'tierra' y* **metron,** *'medida'. Significa, por tanto, medida de la tierra, porque los estudios geométricos empezaron con la medición de los campos para cultivar. El prefijo* **geo-** *forma parte de los nombres de varias ciencias, como* **geodesia, geofísica, geografía, geología, geometría.**

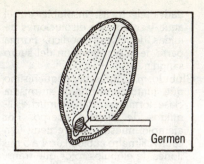
Germen

**Gesta,** f. Hazañas o cosas famosas de algún personaje.
**Gestación,** f. Tiempo que el nuevo ser está en el vientre de la madre.
**Gesticulación,** f. Gesto, mueca, movimientos hechos con la cara.
**Gesticulador,** adj. Que gesticula.
**Gesticular,** intr. Hacer gestos raros.
**Gestión.\***
**Gestionar,** tr. Hacer diligencias o gestiones para conseguir algo. || V. gestión.
**Gesto,** m. Aspecto de la cara, según uno esté alegre, triste, etc. || Movimiento de la cara.
**Gestor,** adj. Que gestiona algo. || m. Gerente, encargado de la dirección de una empresa.
**Giba,** f. Joroba, bulto grande en la espalda. Se debe a una deformación de la columna vertebral.
**Gigante,** adj. Gigantesco || m. Persona muy alta. || El que es mejor que los demás en alguna cosa, el que sobresale.
**Gigantesco,** adj. Propio de un gigante. || Muy grande.
**Gimnasia,** f. Arte de desarrollar y fortalecer el cuerpo. || Movimientos que se hacen para desarrollarse y fortalecerse. || Ejercicio que le ayuda a uno a mejorar en cualquier trabajo o actividad.
**Gimnasio,** m. Sitio para hacer gimnasia.
**Ginebra,** f. Alcohol de semillas que está aromatizado con las uvas de un árbol llamado enebro.
**Ginebrino,** adj. De Ginebra, ciudad de Suiza.
**Gineceo,** m. Habitación de la casa que los griegos destinaban a las mujeres. || Pistilo.
**Ginecólogo,** m. Médico especialista en enfermedades de la mujer.
**Gira,** f. Excursión larga. || Jira.
**Girar.\***
**Girasol,** m. Planta herbácea de tallo alto, y que se llama así porque su flor (redonda, única y grande) siempre está mirando al sol. Las pepitas de girasol son comestibles y las venden tostadas.

Girasol

**Giratorio,** adj. Que gira, que da vueltas alrededor de un eje.
**Giro,** m. Vuelta alrededor de una cosa. || Dirección.
**Gitano,** m. Raza de vagabundos que proceden del N. de la India y se han

---
\*
GESTIÓN, f. *Los trabajos y diligencias que se hacen para conseguir algo:* **Hizo las gestiones oportunas para cobrar la herencia.** || *Administración, dirección de una empresa:* **Lleva la gestión de la compañía.**
    *Viene del latín* **gerere**, *que significa 'llevar, resolver asuntos, conducir'.* || *Deriv.:* **Gerencia, gerente, gerundio, gesta, gestación, gesticular, gestionar, gesto.**
GIRAR, intr. *Dar vueltas alrededor de un punto:* **La veleta gira según la dirección del viento.** || *Mandar una orden de pago:* **Le giró 200 pesetas.**
    *Viene del griego* **gyros**, *que quiere decir 'circunferencia, círculo'.* || *Deriv.:* **Girasol, giratorio, giro.**

extendido por toda Europa. ‖ *adj.* Que se refiere a los gitanos.
**Glacial,** *adj.* Helado, muy frío.
**Glaciar,** *m.* Masa grande de hielo que en los sitios donde nieva mucho se desliza desde la cumbre de las montañas.
**Gladiador,** *m.* Luchador de los antiguos circos romanos.

Gladiador

**Glándula,** *f.* Cualquier órgano de un cuerpo animal. Las glándulas segregan algún líquido (saliva, bilis, sudor, lágrimas u otro líquido).
**Glasé,** *m.* Tela de seda muy delgada y de mucho brillo.
**Glicerina,** *f.* Líquido sin color, espeso y dulce, que se usa mucho para curar las escoceduras, para hacer perfumes y para preparar la nitroglicerina.
**Global,** *adj.* Entero, total, del todo.
**Globo.\***
**Globulina,** *f.* Proteína vegetal y animal, de mayor peso molecular que las albúminas y de distintas propiedades eléctricas, insoluble en el agua y soluble en disoluciones diluidas de cloruro sódico. Forma parte de la composición del suero sanguíneo.
**Glóbulo,** *m.* Corpúsculo pequeñísimo que, junto con otros de su misma clase, forman o están en muchos líquidos de nuestro cuerpo. Por ejemplo, nuestra sangre tiene (¡en cada milímetro cúbico!) de 4 a 5 millones de glóbulos rojos que transportan oxígeno y unos 7 millones de glóbulos blancos que combaten a los microbios perjudiciales.
**Gloria.\***
**Gloriarse,** *r.* Alegrarse muchísimo de las cosas de uno mismo y envanecerse de ello.
**Glorieta,** *f.* Plazoleta en un jardín. ‖ Plaza donde desembocan varias calles o alamedas.
**Glorificación,** *f.* Lo que se dice de algo o alguien al hablar bien de ellos. ‖ Alabanza. ‖ Lo que se hace al glorificar.
**Glorificar,** *tr.* Hablar bien de alguien, dándole gloria.
**Gloriosamente,** *adv.* Con gloria.
**Glorioso,** *adj.* Que ha ganado gloria, que es digno de que le alaben. ‖ Famoso. ‖ Que está en el cielo. ‖ Presumido, vanidoso. ‖ V. **gloria.**
**Glosar,** *tr.* Explicar un libro o algo parecido que no se entiende bien. ‖ Poner una nota en la cuenta.
**Glotis,** *f.* Pequeño espacio entre las cuerdas vocales (que son las cuerdas de la voz). Está en la parte superior de la laringe.
**Glotón,** *adj.* Que come mucho y muy de prisa.

---

\*
G<small>LOBO</small>, m. *Esfera, cuerpo completamente redondo:* **Globo de luz.** ‖ *Tela que se hincha y que, llena de un gas menos pesado que el aire, sube hacia el cielo:* **Globo aerostático.** ‖ **Globo terrestre:** *la Tierra.*
    *Viene del latín* **globus,** *que significa 'bola, esfera, montón de gente'.* ‖ *Deriv.:* **Englobar, global, globular, glóbulo.**
G<small>LORIA</small>, f. *Bienaventuranza:* **Los que mueren en gracia van a la gloria.** ‖ *Fama y honor por hacer cosas grandes:* **Se cubrió de gloria con sus hazañas.** ‖ m. *Oración y cántico a la Santísima Trinidad:* **Yo sé rezar el Gloria.**
    *Viene del latín* **gloria,** *que significa lo mismo que en castellano.* ‖ *Deriv.:* **Gloriarse, glorieta, glorificación, glorificar, glorioso.**

**Glotonamente,** *adv.* Como un glotón.
**Glucosa,** *f.* Especie de azúcar que puede sacarse de las uvas y de la mayor parte de las frutas.
**Gobernación,** *f.* Lo que se hace al gobernar. || Gobierno.
**Gobernador,** *adj.* Que gobierna. || *m.* El jefe que más manda en una provincia, ciudad, etc. || V. **gobierno.**
**Gobernante,** *adj.* Que gobierna. || *m.* El que se mete a gobernar una cosa porque quiere.
**Gobernar,** *tr.* Mandar con autoridad una cosa. || Guiar y conducir. || *intr.* Moverse el barco según se lleve el timón, obedecer el barco al timón. || V. **gobierno.**
**Gobierno.***
**Godo,** *adj.* Del pueblo de los godos, antiguo pueblo de Escandinavia que llegó hasta España e Italia y fundó reinos. || También se dice de la persona rica y poderosa. || Nombre con que se llama a los españoles en América.
**Gol,** *m.* En el fútbol, cuando el balón entra en alguna de las dos porterías.
**Golf,** *m.* Juego de origen escocés, consistente en ir metiendo, a palos, una pelotita en una serie de agujeros alejados.
**Golfo,** *m.* Trozo grande de mar que se mete en la tierra, entre dos cabos de la costa. || Pillo, ladroncillo, maleducado.
**Golondrina,** *f.* Pájaro de pico negro, alas grandes y cola en forma de horquilla. || Pez de mar con aletas tan grandes que parecen alas.
**Golosina,** *f.* Cosa más dulce que nutritiva, o más agradable que útil.
**Goloso,** *adj.* Aficionado a las golosinas y a los dulces.
**Golpe,** *m.* Choque repentino de dos cuerpos.

Golondrina

**Golpeador,** *adj.* Que golpea, que da golpes.
**Gollete,** *m.* Parte de arriba del cuello o garganta. || Cuello de las botellas.
**Goma,** *f.* Sustancia pegajosa que se saca de algunos árboles. || Tira de goma que se puede estirar y que se usa como una cinta.
**Góndola,** *f.* Embarcación típica de las calles de Venecia (ciudad italiana, famosa porque sus calles son canales de agua).
**Gong,** *m.* Plancha metálica grande y suspendida, la cual se golpea con una porra forrada y suena mucho.
**Gordo,** *adj.* Que tiene muchas carnes. || Que tiene grasa y manteca; mantecoso. || Que tiene más espesor del ordinario. || *m.* Sebo o manteca de la carne de algún animal. || El premio mayor de la lotería.
**Gorgorita,** *f.* Burbuja pequeña.
**Gorigori,** *m.* Palabra para nombrar el canto de los sacerdotes en entierros y funerales.
**Gorila,** *f.* El tipo de mono más grande y más fuerte que hay.
**Gorjeo,** *m.* Fallo que se tiene al can-

---

\*
GOBIERNO, m. *El hecho de dirigir o conducir personas o cosas:* **El gobierno de la sociedad.** || *El conjunto de los Ministros de un Estado:* **Los miembros del Gobierno se reunieron con el Jefe del Estado.** || *Empleo del gobernador y sitio en que manda:* **Gobierno Civil.**

Viene del latín **gubernare,** *que significa 'gobernar o conducir'.* || Deriv.:
**Gobernación, gobernador, gobernante, gobernar, gubernamental, gubernativo.**

tar. ‖ Palabra mal pronunciada por los niños pequeñines. ‖ Canto del pájaro.
**Gorra,** f. Prenda para ponerse en la cabeza y defenderse del sol o del frío.
**Gorrino,** m. Cerdo pequeño que no tiene ni cuatro meses. ‖ adj. Grosero.
**Gorrión,** m. Pájaro muy abundante en España, de pico fuerte algo doblado en la punta y que tiene de color pardo las plumas.

Gorrión

**Gorro,** m. Prenda de tela o de punto para ponérsela en la cabeza contra el sol o contra el frío.
**Gorrón,** adj. Que tiene la mala costumbre de comer, de vivir o de divertirse a costa ajena.
**Gota.***
**Gotear,** intr. Caer un líquido gota a gota. ‖ Comenzar a llover a gotas espaciadas. ‖ Recibir o dar una cosa poco a poco.
**Gotera,** f. Agujero en el techo de una casa por donde van cayendo gotas cuando llueve.
**Gótico,** adj. Se le dice a cierto estilo artístico que tienen algunos edificios y catedrales que parece que están señalando hacia el cielo.
**Goyesco,** adj. Característico de Goya o del tiempo de Goya.
**Gozar,** tr. Hacer alguna cosa de la que se saca provecho. ‖ Pasarlo bien, gustarle a uno alguna cosa y alegrarse con ella. ‖ V. **gozo**.
**Gozo.***
**Gozoso,** adj. Que siente gozo o alegría, que está contento.
**Grabado,** m. Arte de grabar y modo de hacerlo. ‖ Estampa hecha mediante una lámina de acero o una tabla de madera, que ya tiene marcado el dibujo sobre un papel.
**Grabador,** m. Persona que se dedica a hacer grabados.
**Grabar,** tr. Hacer grabados. ‖ Fijar mucho en la memoria alguna cosa.
**Gracia.***
**Gracioso,** adj. Se dice de toda persona de aspecto agradable y simpático. ‖ Que tiene o hace gracia. ‖ Que quiere hacer gracias y no sabe. ‖ Gratuito, sin cobrar nada. ‖ m. Actor que representa los papeles chistosos.

---

GOTA, f. *Parte muy pequeña de algún líquido y separada de él:* **Gota a gota el mar se agota.** ‖ *Enfermedad que causa hinchazón muy dolorosa en algunas articulaciones y sobre todo en el tobillo y pie:* **Muchos reyes padecieron de gota.**
    *Deriv.:* **Cuentagotas, goteado, gotear, goteo, gotera, goterón, gotoso.**
GOZO, m. *Alegría, contento, satisfacción:* **Está lleno de gozo.** ‖ pl. *Versos en alabanza de la Virgen o de los santos:* **En la novena cantaron los gozos del santo.**
    *Viene del latín* **gaudere,** *que significa 'gozar, alegrarse'.* ‖ *Deriv.:* **goce, gozar, gozoso, regocijarse, regocijo.** ‖ *Contr.:* **Tristeza, pena.**
GRACIA, f. *Don de Dios por el que nos hace sus hijos y herederos del cielo:* **Gracia santificante.** ‖ *Cualidad agradable y atractiva de una persona o cosa:* **Este chico tiene gracia.** ‖ *Algo que se da sin estar obligado a ello:* **Es gracia que espero conseguir de su bondad.**
    *Viene del latín* **gratus,** *que quiere decir 'agradable, agradecido'.* ‖ *Deriv.:* **Agraciado, agraciar, congraciarse, desgracia, desgraciado, desgraciar, gracejo, gracioso, gratis.** ‖ *Contr.:* **Desgracia.**

**Grada,** f. Especie de escalón que sirve de asiento corrido.
**Grado.***
**Graduable,** adj. Que se puede graduar.
**Graduación,** f. Lo que se hace al graduar. ‖ Categoría que va teniendo un militar en su carrera.
**Graduado,** adj. Militar que tiene un grado superior a lo que es. ‖ Persona que se ha graduado en la universidad.
**Gradual,** m. Canto anterior al Evangelio, durante la santa misa.
**Gradualmente,** adv. De grado en grado, poco a poco.
**Graduar,** tr. Dar a una cosa o una persona el grado que debe tener. ‖ Poner en una cosa los grados en que se divide. ‖ Ordenar una cosa en una serie o fila de grados. ‖ En las universidades, colegios, etc., dar el grado de bachiller, licenciado, etc. ‖ r. Ganar, sacar un título en una universidad o colegio.
**Gráfico.***
**Grafito,** m. Mineral de color negro, compuesto por carbono casi puro y del que se hacen las barritas de los lápices.
**Gragea,** f. Confite pequeño de varios colores. ‖ Pastillita pequeña, píldora.

**Gramática.***
**Gramatical,** adj. Que se refiere o es propio de la gramática.
**Gramaticalmente,** adv. Como dicen las reglas de la gramática.
**Gramático,** adj. Gramatical. ‖ m. El que estudia y entiende mucho de gramática.
**Gramínea,** adj. Nombre científico que se da a todas aquellas plantas cuyos tallos son cañas y cuyos frutos son mazorcas (o espigas).
**Gramo,** m. Unidad de peso en el sistema métrico. Con mil gramos se forma un kilo.
**Gramófono,** m. Aparato que reproduce el sonido, grabado antes en un disco. ‖ Tocadiscos.
**Gran,** adj. Grande.
**Granada,** f. Fruto del granado. ‖ Bala de cañón. ‖ Bomba de mano.
**Granadero,** m. Soldado que arroja bombas de mano. ‖ Soldado que iba a la cabeza del regimiento por ser muy alto.
**Granadino,** adj. De Granada. ‖ m. Flor del granado.
**Granado,** m. Árbol que produce unos frutos llamados granadas, que son rojas y con muchos granos por dentro. ‖ adj. Crecido, espigado, al-

---

G<small>RADO</small>, m. Peldaño. ‖ Rango, dignidad o categoría que pueden tener las cosas y personas: **El general es un militar de alto grado.** ‖ Título que se obtiene realizando ciertos estudios: **Grado de bachiller; grado de doctor.** ‖ En las escuelas, cada una de las secciones en que se dividen los alumnos según sus conocimientos: **Está en primer grado.** ‖ Cada una de las 360 partes en que se considera dividida la circunferencia: **El ángulo recto mide 90 grados.** ‖ **De buen grado:** con agrado.
    Viene del latín **gradus,** que significa 'paso, peldaño, graduación'. ‖ Deriv.: **Agradable, agradecer, agradecimiento, degradación, degradante, degradar, grada, gradería, graduación, graduado, gradual, graduar, retrógrado.**

G<small>RÁFICO</small>, adj. Que se refiere a la escritura o al dibujo: **Expresión gráfica.** ‖ m. Representación de datos por medio de líneas o dibujos: **Hizo un gráfico de la producción minera de España.**
    Viene del griego **grapho,** que significa 'escribir, dibujar'. ‖ Deriv.: **Autógrafo, epígrafe, epigrafía, grafía, grafismo, grafito, grafología, polígrafo.**

G<small>RAMÁTICA</small>, f. Arte de hablar y escribir correctamente una lengua. Ciencia que estudia los elementos de una lengua y sus combinaciones: **La gramática se ha transformado mucho en el siglo XX.**
    Viene del griego **grammatos,** 'letra' y **-cos,** 'relación'. De aquí que signifique ciencia de las letras y sus combinaciones.

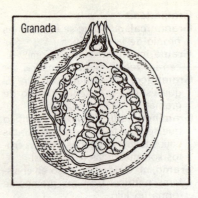

Granada

to. || Notable, señalado, principal, ilustre.

**Granate,** *m.* Piedra preciosa que cuando es roja y transparente vale muchísimo dinero. || Color rojo intenso y un poco oscuro.

**Grande.***

**Grandemente,** *adv.* Mucho, muy bien.

**Grandeza,** *f.* Tamaño o importancia grande de una cosa. || Nobleza, bondad. || Categoría de Grande de España.

**Grandiosidad,** *f.* Grandeza extraordinaria.

**Grandioso,** *adj.* Que se distingue mucho, magnífico.

**Grandullón,** *adj.* Persona alta.

**granel (A),** *m. adv.* Vendiéndolas por suelto.

**Granero,** *m.* Lugar para guardar el grano. || V. **grano.**

**Granítico,** *adj.* Que está formado de granito. || Fuerte, resistente.

**Granito,** *m.* Roca compacta y dura formada por cuarzo, feldespato y mica, que se usa mucho para construir casas y para los empedrados de las calles.

**Granívoro,** *adj.* Que se alimenta de granos.

**Granizada,** *f.* El conjunto de granizos que caen de una vez. || Especie de refresco muy helado. || V. **grano.**

**Granizar,** *intr.* Caer granizo.

**Granizo,** *m.* Agua congelada que cae de las nubes en forma de granos duros más o menos gruesos. || V. **grano.**

**Granja,** *f.* Campo y casa destinada a la cría de animales.

**Granjear,** *tr.* Adquirir ganancias traficando.

**Granjero,** *m.* Persona que cuida o trabaja en una granja.

**Grano.***

**Granuja,** *f.* Uva desgranada y sepa-

Granero

---

*

GRANDE, adj. *Que tiene mayor tamaño, extensión o importancia que lo corriente y normal:* **Es una montaña muy grande.** || m. *Persona de mucha nobleza o categoría:* **Grande de España.**

 Viene del latín **grandis,** *que quiere decir 'grande, de edad avanzada'.* || *Deriv.:* **Agrandar, engrandecer, engrandecimiento, grandeza, grandilocuente, grandioso, grandullón.** || *Contr.:* **Pequeño.**

GRANO, m. *Semilla pequeña de algunas plantas, como el trigo:* **El grano de mostaza es el más pequeño de los granos.** || *Pedacitos pequeños de algunas cosas:* **Granos de arena.** || *Especie de bultito que nace en alguna parte del cuerpo y a veces forma pus:* **Le salió un grano en el cuello.** || **Ir al grano** *significa 'atender directamente a lo que importa, y dejarse de tonterías'.*

 Viene del latín **granum,** *que significa 'grano'.* || *Deriv.:* **Desgranar, grana, granada, granado, granar, granate, granazón, a granel, granero, granito, granizada, granizo, granuja, granulado.**

rada del racimo. ‖ m. Vagabundo. ‖ V. **grano**.
**Granular,** adj. En forma de grano.
**Granuloso,** adj. Que tiene granillos.
**Grapa,** f. Pieza de hierro o alambre cuyos extremos se clavan para sujetar dos cosas.
**Grasa,** f. Sustancia aceitosa. ‖ Manteca o sebo de un animal.
**Grasiento,** adj. Lleno de grasa.
**Graso,** adj. Que tiene grasa.
**Gratamente,** adv. De manera agradable.
**Gratificación,** f. Dinero que se paga por un trabajo o servicio provisional. ‖ V. **grato**.
**Gratificar,** tr. Dar dinero por un servicio.
**Gratis,** adv. De balde. ‖ De gracia. ‖ V. **grato**.
**Gratitud,** f. Sentimiento por el que se reconoce un beneficio recibido y se dispone uno a corresponder a él de alguna manera. ‖ V. **grato**.
**Grato.\***
**Gratuitamente,** adv. Gratis, sin interés, sin pedir dinero por lo que se hace. ‖ Sin fundamento.
**Gratuito,** adj. Que no cuesta nada. ‖ De balde. ‖ Sin fundamento. ‖ V. **grato**.
**Grava,** f. Piedra machacada. ‖ Guijo.
**Gravamen,** m. Carga u obligación que tiene alguna persona o cosa.
**Gravar,** tr. Cargar, pesar sobre una persona o cosa. ‖ V. **grave**.
**Grave.\***
**Gravedad,** f. Fuerza producida por la atracción de la Tierra que impulsa a los cuerpos a caer. ‖ Seriedad en el modo de obrar. ‖ Calidad de grave, importante o peligroso. ‖ V. **grave**.

**Gravemente,** adv. De manera grave. ‖ Con gravedad.
**Gravitación,** f. El hecho de gravitar. ‖ Atracción que tienen todos los cuerpos entre sí.
**Gravitar,** tr. Tender un cuerpo hacia otro. ‖ Descansar una cosa sobre otra. ‖ V. **grave**.
**Gravoso,** adj. Que ocasiona gastos. ‖ Muy molesto.
**Graznar,** intr. Dar graznidos.
**Graznido,** m. Voz de algunas aves, como el cuervo, el ganso, etc., que cantan mal. ‖ Canto desentonado y molesto.
**Greca,** f. Adorno que consiste en una faja con dibujos repetidos.

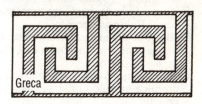
Greca

**Grecolatino,** adj. Que se refiere a los griegos y a los latinos.
**Greda,** f. Arcilla arenosa que se usa para desengrasar y limpiar manchas.
**Gredoso,** adj. Que tiene las cualidades de la greda.
**Gregario,** adj. Que hace lo que los demás porque no tiene ideas propias.
**Gregoriano,** adj. Canto religioso reformado por el Papa Gregorio I. ‖ Calendario gregoriano es la manera de contar el tiempo según lo reformó Gregorio XIII.
**Gremial,** adj. Perteneciente al gre-

---

\*
G<small>RATO</small>, adj. Agradable, gustoso: **Es muy grata su compañía**.
    Viene del latín **gratus**, que significa 'agradable, agradecido'. ‖ Deriv.: **Agradable, agradar, agradecer, agradecimiento, congratulación, congratularse, desagradable, desagradar, desagradecido, gratificación, gratificar, gratitud, gratuito, ingratitud, ingrato.** ‖ Contr.: **Ingrato**.
G<small>RAVE</small>, adj. Importante, pesado, serio, difícil: **Enfermedad grave**. ‖ Se dice del sonido bajo, propio de la voz de hombre, lo contrario del sonido agudo, que es propio de la voz de niños y de mujeres.
    Viene del latín **gravis**, que significa 'pesado, grave'. ‖ Deriv.: **Agravante, agravar, agraviar, agravio, desagraviar, gravamen, gravar, gravedad, gravidez, gravitación, gravitar, gravoso.** ‖ Contr.: **Leve**.

mio, oficio o profesión. || V. **gremio.**
**Gremio,** m. Sociedad formada por los maestros, oficiales y aprendices de un mismo oficio. || Unión de los fieles de una misma Iglesia.
**Greña,** f. Pelos revueltos.
**Greñudo,** adj. Que tiene greñas.
**Gres,** m. Barro especial para fabricar diversos objetos.
**Gresca,** f. Riña, alboroto.
**Grey,** f. Rebaño. || Congregación de los fieles de la Iglesia.
**Griego,** adj. Nacido en Grecia. || Que pertenece a Grecia.
**Grieta,** f. Raja, abertura.
**Grifo,** m. Llave de metal para permitir o impedir la salida de un líquido.
**Grillera,** f. Jaula para encerrar grillos. || Ruido y alboroto.
**Grillete,** m. Pieza de hierro que sirve para asegurar a una cadena el pie de algún preso.
**Grillo,** m. Insecto de color negro que produce un ruido muy agudo (cri-cri-cri).

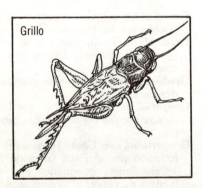

Grillo

**Grillos,** m. pl. Conjunto de grilletes que se ponen a los presos para que no puedan andar.
**Gringo,** adj. Palabra despectiva con la que se nombra a los extranjeros en algunos países de Iberoamérica.
**Gripal,** adj. Que se refiere a la gripe.
**Gripe,** f. Enfermedad que se manifiesta principalmente por fiebre y catarro.
**Gris.***
**Grisú,** m. Gas inflamable, propio de las minas de carbón. Si se incendia, ocurre una explosión que puede dejar caer parte de la mina y matar a muchos mineros o dejarlos mutilados.
**Gritar,** intr. Dar gritos. || Hablar muy alto.
**Gritería,** f. Confusión de voces altas y desentonadas.
**Grito.***
**Grog,** m. Bebida caliente que se hace con algún licor y azúcar.
**Grosella,** f. Fruto parecido a la uva, de sabor agridulce.
**Grosellero,** m. Arbusto que da grosellas.
**Grosería,** f. Falta de respeto. || Incultura. || Descortesía.
**Grosero,** adj. Que comete groserías. || Descortés, basto, tosco.
**Grosor,** m. Grueso de un cuerpo.
**Grotesco,** adj. Ridículo, que hace reír, extravagante, de mal gusto.
**Grúa,** f. Máquina compuesta de un brazo y una o varias poleas que sirve para levantar pesos y llevarlos de un sitio a otro.
**Gruesa,** f. Cantidad formada por doce docenas de cosas.
**Grueso,** adj. Gordo, corpulento, abultado. || Se dice **mar gruesa** cuando hay grandes olas.
**Grulla,** f. Ave zancuda de gran tamaño. Es mayor que la cigüeña, pero tiene el pico más corto. Las grullas vuelan muy alto; van graz-

---

\*
GRIS, adj. *Color que resulta de la mezcla del blanco y el negro:* **Nubes grises.** || *Triste, apagado, que no se distingue de otras cosas semejantes:* **Es un hombre gris.** || m. *Viento muy frío:* **Hace un gris...**
  *Es palabra de origen alemán.* || *Deriv.:* **Grisáceo.**
GRITO, m. *Voz muy alta y dicha con mucha fuerza:* **Le dio un grito.** || *Deriv.:*
  **Grita, gritar, gritería, griterío.**
    *Viene probablemente del latín* **quiritare,** *que significa 'implorar el auxilio de los señores romanos'* **(quirites;** *del griego* **kyries,** *'señor').*

Grulla

nando y formando números por el aire.
**Grumete,** *m.* Marinero de clase inferior.
**Grumo,** *m.* Parte de un líquido que se coagula formando como granos.
**Gruñido,** *m.* Voz del cerdo. || Sonidos inarticulados que producen las personas en señal de enfado o desagrado.
**Gruñir,** *intr.* Dar gruñidos. || Murmurar entre dientes en señal de disgusto.
**Gruñón,** *f.* Que gruñe con frecuencia.
**Grupa,** *f.* Parte de atrás de las caballerías, entre el lomo y la cola.
**Grupo.** *

**Gruta,** *f.* Cueva formada en riscos o peñas.
**Guacamayo,** *m.* Ave de América del tamaño de una gallina y de plumas verdes, amarillas y rojas. Es de la familia de los loros.
**Guadaña,** *f.* Herramienta para segar a ras de tierra, principalmente la hierba verde. Tiene un mango muy largo.
**Guajira,** *f.* Canto popular de Cuba.
**Guajiro,** *m.* Campesino blanco de la isla de Cuba.

**Gualda,** *f.* Hierba que se utiliza para teñir de amarillo dorado.
**Gualdo,** *adj.* De color de la gualda; amarillo.
**Gualdrapa,** *f.* Manta o ropa que cubre la parte de atrás de la mula o el caballo.
**Guanche,** *m.* Individuo que poblaba las islas Canarias antes de ser ocupadas por los castellanos.
**Guano,** *m.* Abono formado por los excrementos de muchas aves marinas. El guano abunda mucho en las costas de Chile y del Perú (América). || Abono industrial fabricado a imitación del guano natural.
**Guantazo,** *m.* Guantada, bofetada.
**Guante,** *m.* Funda de la misma forma que la mano. Sirve para abrigarla y es de piel o de tela.
**Guantera,** *f.* Lugar para poner los guantes, especialmente en los automóviles.
**Guapo.** *
**Guaraní,** *m.* Indio de una raza que se extiende en América del Sur desde el Orinoco al río de la Plata.
**Guarda,** *com.* El que tiene a su cargo el cuidado de una cosa. || *f.* Cada una de las dos varillas fuertes del abanico. || Cumplimiento de lo mandado.
**Guardabarrera,** *com.* Persona que

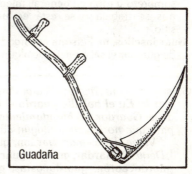
Guadaña

*
GRUPO, *m.* Conjunto, especialmente conjunto de personas: *Se ven grupos de gente.*
 Viene del italiano **gruppo**, que significa 'grupo escultórico, bulto'. || *Deriv.*: **Agrupación, agruparse, grupa.**
GUAPO, adj. Bien parecido: *¿Cuántos meses tiene este nene? ¡Qué guapo es!* || Presumido, chulo: *Es un guapo.*
 Viene del latín **vappa**, que significa 'granuja'. || *Deriv.*: **Guapetón, guapeza.** || *Contr.*: **Feo.**

en las líneas de los ferrocarriles guarda las barreras del paso a nivel.

**Guardabarros,** *m.* Pieza de metal que se pone encima de las ruedas para que éstas no salpiquen.

**Guardabosque,** *m.* Persona dedicada a guardar los bosques.

**Guardacantón,** *m.* Piedra para resguardar de los carros las esquinas de los edificios. ‖ Piedras que se colocan a los lados de los paseos o carreteras para evitar que los carruajes se desvíen.

**Guardacostas,** *m.* Barco especialmente dedicado a la persecución del contrabando y a la defensa de las costas.

**Guardafrenos,** *m.* Empleado de los ferrocarriles encargado de manejar los frenos de los trenes.

**Guardaagujas,** *m.* Empleado encargado de manejar las agujas de la vía del tren.

**Guardameta,** *m.* Portero de fútbol.

**Guardamuebles,** *m.* Local destinado a guardar muebles.

**Guardapolvo,** *m.* Funda o cubierta que se pone encima de una cosa para evitar que se ensucie. ‖ Vestido largo de tela ligera.

**Guardar.\***

**Guardarropa,** *m.* Lugar destinado para dejar las prendas de abrigo, sombrero y ropa en general, mientras se trabaja o se está en un sitio.

**Guardasellos,** *m.* Persona encargada de guardar el sello oficial de alguna autoridad o corporación.

**Guardavía,** *m.* Empleado que tiene a su cargo la vigilancia de un trozo de la vía del ferrocarril.

**Guardería,** *f.* Oficio y trabajo del guarda. ‖ Se llama guardería infantil a un lugar donde se recogen y cuidan los niños pequeños mientras sus madres trabajan.

**Guardesa,** *f.* Mujer del guarda. ‖ Mujer encargada de cuidar o guardar una casa o finca.

**Guardia,** *f.* Conjunto de soldados que protegen o defienden a una persona o cosa. ‖ Defensa, vigilancia, sobre todo la que hacen los soldados. ‖ *m* Persona encargada de mantener el orden y perseguir a los malhechores y que pertenece a la Policía o a la Guardia Civil. ‖ V. **guardar.**

**Guardián,** *f.* Guarda. ‖ Entre los frailes franciscanos, el padre superior de un convento.

**Guarecer,** *tr.* Acoger a uno, ponerle al abrigo de un peligro o de una molestia. ‖ *r.* Refugiarse.

**Guarida,** *f.* Cueva donde se recogen los animales.

**Guarismo,** *m.* Cada una de las diez cifras que sirven para escribir todos los números.

**Guarnecer,** *tr.* Poner guarnición. ‖ Adornar, equipar.

**Guarnecido,** *m.* Revoque o entablado con que se revisten las paredes de una casa.

**Guarnición.\***

---

GUARDAR, *tr. Conservar y procurar tener una cosa para que no desaparezca o se pierda:* **En el bolsillo guardo el dinero.** ‖ *Observar y cumplir lo que uno debe:* **Guardar los Mandamientos.** ‖ *Proteger, cuidar una cosa o persona para que no le venga ningún daño:* **La madre guarda a sus hijos.**

Viene del alemán *wardon, que significa 'guarda, montar la guardia'.* ‖ *Deriv.:* **Aguardar, guarda, guardabarrera, guardabarro, guardabosque, guardacantón, guardacostas, guardaagujas, guardamuebles, guardarropía, guardián, resguardar, retarguardia, vanguardia.**

GUARNICIÓN, f. *Tropa o guardia encargada de la defensa de una ciudad o de un buque:* **Las ciudades fronterizas tienen mucha guarnición.** ‖ *Alimentos que sirven para acompañar a otro más fuerte formando plato con él:* **Puso patatas de guarnición para la carne.** ‖ *Adorno que se pone en los vestidos o en las colgaduras:* **Un vestido sencillo no tiene guarnición.** ‖ *Guarniciones significa el conjunto de correas y demás cosas que se pone a las caballerías para engancharlas a los carruajes, para cargarlas o para montar en ellas:* **Son guarniciones de cuero.**

**Guarnicionar,** *tr.* Poner guarnición en una plaza fuerte.
**Guarnicionero,** *m.* El que trabaja en el cuero y hace o vende guarniciones para caballerías.
**Guarro,** *adj.* Sucio, cochino.
**Guasa,** *f.* Broma, burla.
**Guasearse,** *r.* Reírse de alguno.
**Guasón,** *m.* Bromista, burlón, que le gusta reírse de los demás.
**Guata,** *f.* Manta de algodón en rama. La guata es muy usada en sastrería.
**Guatemalteco,** *adj.* Nacido en Guatemala o perteneciente a esta República de América.
**Guateque,** *m.* Comida, banquete. ‖ Jolgorio y desorden.
**Guayabera,** *f.* Chaquetilla corta de tela. Forma parte del traje típico andaluz.
**Guayabo,** *m.* Cierto árbol de América. ‖ *fam.* Jovencita muy linda y elegante.
**Gubernamental,** *adj.* Que pertenece al gobierno del estado.
**Gubernativo,** *adj.* Perteneciente al gobierno.
**Gubia,** *f.* Herramienta de los escultores para raspar la madera y hacerle canales.

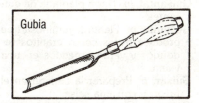
Gubia

**Guedeja,** *f.* Cabellera larga. ‖ Melena del león.
**Güelfo,** *adj.* En la Edad Media, partidario de los Papas, enfrente de los gibelinos, que eran partidarios de los defensores de Alemania.
**Guerra.***
**Guerrear,** *intr.* Hacer guerra.
**Guerrera,** *f.* Especie de chaqueta ajustada y abrochada hasta el cuello que forma parte de algunos uniformes.
**Guerrero,** *m.* Soldado que es aficionado a la guerra o pertenece a ella. ‖ Hombre o chico travieso que molesta a los demás.
**Guerrilla,** *f.* Conjunto pequeño de soldados que se utiliza para exploraciones y emboscadas. ‖ Grupo de paisanos que acosan y molestan a los enemigos.
**Guerrillero,** *m.* Paisano que pertenece a una guerrilla, especialmente si es jefe de ella.
**Guía,** *com.* Persona que conduce a otra y le enseña un camino, una ciudad, etc. ‖ *f.* Libro en que se dice cómo ha de hacerse una cosa. ‖ Vara que se deja en los árboles al podarlos. ‖ Documento que lleva consigo el que transporta algunos géneros que no son de libre circulación. ‖ V. **guiar.**
**Guiar.***
**Guija,** *f.* Piedra pequeña y redondeada que se encuentra en los ríos y arroyos.
**Guijarral,** *m.* Terreno con muchos guijarros.

---
\* *Viene de la palabra alemana* **warnjan** *que significa 'proveer, armar, amonestar'.* ‖ *Deriv.:* **Desguarnecer, guarnecer, guarnicionería, guarnicionero.**

**Guerra,** *f. Lucha entre naciones o pueblos:* **La guerra es una desgracia enorme.** ‖ *Discordia o lucha entre dos o más personas:* **Esos comerciantes se hacen la guerra.** ‖ **Guerra civil:** *Guerra entre los habitantes de una misma nación.*
    *Viene del alemán* **werra,** *que significa 'discordia, pelea, guerra'.* ‖ *Deriv.:* **Aguerrido, guerrear, guerrero, guerrilla, guerrillero.** ‖ *Contr.:* **Paz.**

**Guiar,** *tr. Ir delante para enseñar a otro el camino:* **Les guió a través del monte.** ‖ *Dirigir el movimiento de un aparato como el automóvil, el aeroplano, etcétera:* **Guía bien su coche.**
    *Viene de una antigua palabra europea que significa 'escoltar, acompañar'.* ‖ *Deriv.:* **Guía, guión.**

**Guijarro,** *m.* Piedra redonda porque ha rodado mucho.
**Guijo,** *m.* Montón de guijas.
**Guillotina,** *f.* Máquina usada en Francia para cortar la cabeza a los sentenciados a muerte. ‖ Máquina de cortar papel.
**Guillotinar,** *tr.* Cortar la cabeza con la guillotina. ‖ Cortar papel con la guillotina.
**Guinda,** *f.* Fruto redondo de color rojo con hueso dentro y sabor un poco agrio. Es de la familia de las cerezas.

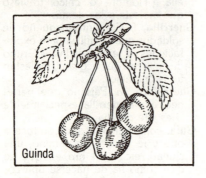
Guinda

**Guindal,** *m.* Guindo.
**Guindalera,** *f.* Sitio plantado de guindos.
**Guindilla,** *f.* Especie de pimiento pequeño, alargado y encarnado, que es muy picante y se usa para algunos guisos.
**Guindo,** *m.* Árbol que produce guindas.
**Guinea,** *f.* Antigua moneda inglesa que equivale a una libra esterlina y un chelín.
**Guiñada,** *f.* El hecho de guiñar.
**Guiñapo,** *m.* Andrajo o trapo roto. ‖ Persona que anda con vestido roto o desaliñado. ‖ Persona despreciable.
**Guiñar,** *tr.* Cerrar un ojo dejando el otro abierto. Suele hacerse a manera de señal para entenderse con uno sin que los demás se den cuenta.
**Guiño,** *m.* Guiñada, el hecho de guiñar un ojo.
**Guión,** *m.* Cruz o estandarte que va delante de las autoridades religiosas o políticas. ‖ Pendón o bandera pequeña que se lleva delante de algunas procesiones o desfiles. ‖ Escrito en el que se han apuntado ordenadamente algunas cosas que uno se propone explicar y desarrollar después. ‖ Manuscrito detallado para una película de cine. ‖ También se llama **guión** a un signo ortográfico que se pone al final de un renglón cuando no cabe la palabra entera.
**Guipar,** *tr.* Ver, descubrir.
**Guipuzcoano,** *adj.* Nacido en Guipúzcoa o perteneciente a esta provincia vasca.
**Guirigay,** *m.* Gritería y confusión que resulta de hablar muchos a un tiempo.
**Guirlache,** *m.* Dulce hecho de almendras tostadas.
**Guirnalda,** *f.* Corona de flores. ‖ Tira tejida de ramas y flores, o de papeles de colores, que se utiliza como adorno en las fiestas.
**Guisa,** *f.* Manera, modo. ‖ Se usa principalmente en frases hechas: **a guisa; de tal guisa;** etc.
**Guisado,** *m.* Comida preparada con salsa.
**Guisandero,** *m.* Persona que guisa la comida.
**Guisantal,** *m.* Tierra plantada de guisantes.
**Guisante,** *m.* Planta leguminosa que produce frutos como granitos redondos y verdes, metidos en una vaina.
**Guisar,** *tr.* Preparar la comida en el fuego y con una salsa.
**Guiso,** *m.* Comida guisada.
**Guita,** *f.* Cuerda delgada de cáñamo. ‖ Dinero. (En lenguaje familiar.)
**Guitarra,** *f.* Instrumento de música que se compone de una caja de madera con un agujero en el centro y un mástil con cuerdas que se tocan con los dedos de la mano derecha.
**Guitarrear,** *intr.* Tocar la guitarra.
**Guitarreo,** *m.* Toque de guitarra cuando es repetido o cansado.
**Guitarrería,** *f.* Taller donde se hacen y tienda donde se venden las guitarras.
**Guitarrero,** *m.* Persona que hace o

Guitarra

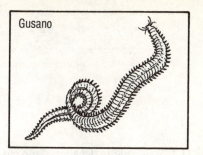
Gusano

vende guitarras. ‖ Guitarrista poco hábil.
**Guitarrista,** *com.* Persona que toca la guitarra.
**Güito,** *m.* Hueso de albaricoque que usan los chicos para jugar. ‖ Sombrero hongo o de copa.
**Gula,** *f.* Apetito desordenado de comer y beber.
**Gules,** *m. pl.* Color rojo de los escudos.
**Gulusmear,** *intr.* Andar oliendo lo que se guisa, golosinear.
**Gulusmero,** *adj.* Que gulusmea.
**Gumia,** *f.* Arma blanca, como una especie de puñal un poco curvo, que usan los moros.
**Gusanera,** *f.* Lugar en que se crían gusanos. ‖ Pasión dominante de uno.
**Gusanería,** *f.* Abundancia de gusanos.
**Gusanillo,** *m.* Hilo de oro, plata, seda u otra materia preciosa, ensortijado para adornos de telas. ‖ Algunos dicen **matar el gusanillo** cuando toman en ayunas algún licor.

**Gusano,** *m.* Nombre común a varias clases de animales invertebrados, de cuerpo blanco y alargado, que se arrastran por el suelo y parece que están formados de anillos. ‖ Lombriz, oruga.
**Gusanoso,** *adj.* Que tiene gusanos.
**Gusarapo,** *m.* Gusanos o animalejos que se crían en algunos líquidos.
**Gustar,** *tr.* Sentir en el paladar cómo saben las cosas. ‖ *intr.* Agradar, parecer bien. ‖ V. **gusto.**
**Gustazo,** *m.* Placer grande que uno tiene en hacer una cosa.
**Gustillo,** *m.* Saborcillo que percibe el paladar al mismo tiempo que otro sabor predominante.
**Gusto.**\*
**Gustosamente,** *adv.* Con gusto.
**Gustoso,** *adj.* Que sabe bien, sabroso, agradable.
**Gutapercha,** *f.* Goma que se obtiene de cierto árbol de la India y se usa para fabricar telas impermeables. ‖ Tela barnizada con gutapercha.
**Gutural,** *adj.* Perteneciente o relativo a la garganta.
**Guzla,** *f.* Instrumento de música de una sola cuerda.

---
\*
Gusto, *m. Sentido corporal que sirve para percibir cómo saben las cosas:* **El gusto reside principalmente en la lengua.** ‖ *Sabor que tienen las cosas:* **Esta fruta tiene buen gusto.** ‖ *Placer, satisfacción, deleite:* **Lo hago con mucho gusto.** ‖ *Capacidad para distinguir lo bello y lo feo:* **Es persona de buen gusto.** ‖ *Capricho, antojo:* **No te lo voy a dar porque ése sea tu gusto, así que cállate.**
   *Viene del latín* **gustus,** *que significa 'sabor de una cosa, acción de catar'.* ‖ *Deriv.:* **Arregostarse, degustar, disgustar, disgusto, gustar, gustoso.** ‖ *Contr.:* **Disgusto.**

# H

**H,** *f.* Novena letra del abecedario castellano.
**Haba,** *f.* Planta leguminosa cuyo fruto contiene unas cuantas semillas grandes en una vaina. || Fruto y semilla de esta planta.

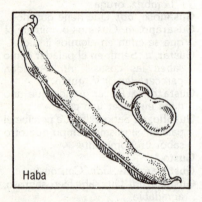
Haba

**Habanera,** *f.* Baile y música típicos de La Habana.
**Habanero,** *adj.* Nacido en La Habana o perteneciente a esta ciudad.
**Habano,** *m.* Cigarro puro hecho en Cuba con tabaco del país.

**Habar,** *m.* Terreno sembrado de habas.
**Haber.\***
**Habichuela,** *f.* Alubia, judía.
**Hábil,** *adj.* Que tiene capacidad para hacer una cosa. || V. **haber.**
**Habilidad,** *f.* Capacidad o destreza para hacer una cosa.
**Habilidoso,** *adj.* Que tiene muchas habilidades.
**Habilitación,** *f.* El hecho de habilitar. || El empleo de habilitado. || La oficina del habilitado.
**Habilitado,** *m.* Persona encargada de cobrar y pagar en los organismos oficiales.
**Habilitar,** *tr.* Dar a una persona capacidad para hacer algo. || Promover.
**Hábilmente,** *adv.* Con habilidad, muy bien.
**Habitabilidad,** *f.* Cualidad que tiene lo habitable.
**Habitable,** *adj.* Que puede habitarse.
**Habitación,** *f.* Casa o parte de ella que se destina para vivir las personas. || Cuarto de una casa. || El hecho de habitar. || V. **haber.**
**Habitante,** *m.* El que habita en un lugar. || V. **haber.**

---

\* **HABER,** intr. Existir, hallarse una cosa: **En el baúl hay mucha ropa.** || Es un verbo auxiliar que sirve para formar los tiempos compuestos de otros verbos: **He rezado; habíamos leído; habrás observado; ha dicho;** etc. || Este verbo, **haber,** tiene una forma impersonal, **hay,** que puede significar 1) **existe** (en este bolsillo hay dinero); 2) **es necesario** (hay que estudiar). || En las frases negativas significa 'no es conveniente'.: **No hay que correr tanto.** || m. Cantidad que se cobra cada mes, cada año, etc., por servicios prestados: **Los haberes del personal son muy elevados.** || Una de las dos partes en que se dividen las cuentas de una contabilidad: **El haber y el debe indican la situación del dinero.**

Viene del latín **habere,** que significa 'tener, poseer'. || *Deriv.:* **Cohabitar, deshabitado, deshabitar, hábil, habilidad, habilidoso, habilitación, habilitar, habitable, habitación, habitante, habitar, hábito, habitual, inhabilitar, rehabilitar.**

**Habitar,** *tr.* Vivir permanentemente en un lugar o casa.
**Hábito,** *m.* Vestido que cada uno usa según su estado, especialmente el que usan los religiosos. ‖ Costumbre. ‖ Facilidad que se adquiere para hacer algo mediante la repetición de ejercicios. ‖ V. **haber.**
**Habitual,** *adj.* Que se hace frecuentemente o por hábito. ‖ V. **haber.**
**Habitualmente,** *adv.* De modo habitual.
**Habituar,** *tr.* Acostumbrar.
**Habla,** *f.* Facultad de hablar. ‖ Modo de hablar, idioma, lengua, dialecto.
**Hablador,** *adj.* Que habla mucho. ‖ Que lo dice todo.
**Habladuría,** *f.* Murmuración, cosa de la cual no debe hacerse caso. ‖ Hablilla.
**Hablar.***
**Hablilla,** *f.* Rumor, habladuría o mentira que corre entre gente no entendida.
**Hablista,** *com.* Persona que habla muy bien.
**Hacedero,** *adj.* Que se puede hacer. ‖ Que es fácil de hacer.
**Hacedor,** *adj.* Que hace alguna cosa. ‖ A Dios se le llama el Supremo Hacedor porque lo ha creado todo.
**Hacendado,** *adj.* Que tiene muchas tierras o ganados.
**Hacendoso,** *adj.* Trabajador y diligente.
**Hacer.***
**Hacia.***
**Hacienda,** *f.* Finca agrícola. ‖ Conjunto de bienes y dinero que uno tiene. ‖ Faena casera.
**Hacina,** *f.* Conjunto de haces colocados unos encima de otros.
**Hacinamiento,** *m.* Lo que se hace al hacinar o hacinarse. ‖ Montón de cosas apretadas.
**Hacinar,** *tr.* Poner los haces unos encima de otros formando montones o hacinas. ‖ Amontonar, acumular.
**Hacha,** *f.* Herramienta cortante de acero con mango de madera. ‖ **Ser un hacha** quiere decir sobresalir en alguna cosa. ‖ Vela de cera grande y gruesa. ‖ Mecha de esparto y alquitrán para alumbrar sin que la apague el viento.
**Hachazo,** *m.* Golpe de hacha.
**Hache,** *f.* Nombre de la letra H.
**Hachero,** *m.* Mueble que sirve para

---

HABLAR, *intr. Pronunciar palabras para decir lo que uno piensa o quiere:* **Ese señor habla mucho.** ‖ *Conversar:* **Están hablando esos dos señores.** ‖ *Murmurar o criticar:* **Se habla demasiado.** ‖ *tr. Ser capaz de emplear algún idioma para darse a entender:* **Habla inglés y francés.**
　*Viene del latín* **fari,** *que significa 'hablar'.* ‖ *Deriv.:* **Confabulación, fábula, fabuloso, habla, hablador, habladuría, hablilla, malhablado.** ‖ *Contr.:* **Callar.**

HACER, *tr. Formar, fabricar, producir una cosa:* **El zapatero hace zapatos.** ‖ *Trabajar, ejecutar, realizar alguna actividad:* **No está haciendo nada.** ‖ *Crecer, irse haciendo más grande o más perfecto:* **Este árbol hace mucho con el riego.** ‖ *Es verbo impersonal refiriéndose al tiempo:* **Hace frío, hace calor.** ‖ *Haber transcurrido cierto tiempo:* **Hace tres meses que no lo veo.**
　*Viene del latín* **facere,** *que significa 'hacer'.* ‖ *Deriv.:* **Bienhechor, contrahecho, deshacer, deshecho, difícil, dificultad, dificultar, facción, faccioso, fácil, facilitar, facineroso, factible, factor, factoría, factorial, factura, facturar, facultad, facultar, fecha, fechador, fechar, fechoría, hacedero, hacedor, hacendado, hacendoso, hacienda, hechicero, hechizar, hecho, hechura malhechor, quehacer.** ‖ *Contr.:* **Deshacer.**

HACIA. *Preposición que indica la dirección de una cosa que se mueve:* **Va hacia Madrid.** ‖ *También indica el lugar o tiempo en que aproximadamente está o se hace una cosa:* **Iremos hacia el mes de noviembre.**
　*Viene del latín* **facies,** *que quiere decir 'cara, rostro' por eso propiamente* **hacia** *significa 'de cara a'.*

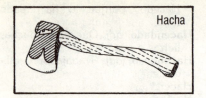
Hacha

poner hachas de las que se encienden.
**Hachón,** *m.* Vela gruesa, hacha.
**Hada,** *f.* Personaje de los cuentos que se representa en forma de mujer y de la cual se dice que tiene poderes mágicos y adivinatorios, pero es cuento.
**Hado,** *m.* Destino.
**Hagiografía,** *f.* Historia de las vidas de los santos.
**Haitiano,** *adj.* Nacido en Haití o perteneciente a esta isla de América.
**¡Hala!,** exclamación que se emplea para infundir ánimo o meter prisa.
**Halagador,** *adj.* Que da muestra de aprecio y de cariño.
**Halagar,** *tr.* Dar uno muestras de consideración a otro. ‖ Agradar, deleitar.
**Halagüeño,** *adj.* Que halaga, que gusta.
**Halar,** *tr.* En marina, tirar hacia sí de una cosa, especialmente de una cuerda, de una lona o de cosas así.
**Halcón,** *m.* Ave de rapiña que ataca a otras aves y a los mamíferos pequeños. ‖ Se domestica con facilidad y en la antigüedad se utilizaba mucho para cacerías.
**Halconería,** *f.* Caza que se hace con halcones. ‖ Cetrería.
**Halda,** *f.* Falda.
**Hálito,** *m.* Aliento, respiración que sale de la boca. ‖ Vapor que arroja una cosa. ‖ Viento suave y apacible.
**Halo,** *m.* Corona luminosa.
**Halófilo,** *adj.* Se dice de la planta que puede vivir en los terrenos donde abunda la sal.
**Halógeno,** *adj.* Que forma sales al unirse con los metales. ‖ *m. pl.* El cloro, el bromo, el yodo y el flúor.
**Halterofilia,** *f.* Deporte olímpico de levantamiento de peso.
**Hall** (voz inglesa que se pronuncia «jol»), *m.* Vestíbulo, zaguán pequeño o recibimiento en cada uno de los pisos de los grandes edificios.
**Hallar.***
**Hallazgo,** *m.* El hecho de hallar algo. ‖ Cosa hallada, descubrimiento. ‖ Dinero o regalo que se da a otro por haber hallado una cosa y habérsela devuelto a su dueño.
**Hamaca,** *f.* Red gruesa o tela que sirve de cama, columpio, transporte o para reposar.
**Hamaquero,** *m.* El que hace hamacas.
**Hambre.***
**Hambriento,** *adj.* Que tiene mucha hambre.
**Hambrón,** *adj.* Muy hambriento.
**Hamburgués,** *adj.* Nacido en Ham-

Halcón

---

HALLAR, tr. Encontrar: **Hallé lo que había perdido.** ‖ Averiguar, descubrir: **Hallar el área de un triángulo.** ‖ r. Estar presente en un sitio: **Se hallaba en el lugar del suceso.**
    Viene del latín **afflare,** que significa 'soplar hacia un sitio, encontrar algo'. ‖ Deriv.: **Fallar, fallo, hallazgo.** ‖ contr.: **Perder.**
HAMBRE, f. Gana de comer: **Al mediodía tengo hambre.** ‖ Deseo grande de una cosa: **Tiene hambre de cariño.** ‖ Escasez: **Fue un año de hambre.**
    Viene del latín **fames,** que significa 'hambre'. ‖ Deriv.: **Famélico, hambriento.** ‖ Contr.: **Hartura.**

burgo o perteneciente a esta ciudad de Alemania.
**Hampa,** *f.* Vida picaresca y maleante. ‖ Conjunto de personas que se dedican a mal vivir.
**Hampón,** *adj.* Bribón, pícaro, delincuente.
**Hándicap** (voz inglesa que se pronuncia jándicap), *m.* Dificultad, obstáculo. ‖ Carrera de caballos en que se imponen algunas desventajas a algunos competidores para igualarlos en condiciones con los demás.
**Hanega,** *f.* Fanega.
**Hanegada** ‖ Fanegada.
**Hangar** (galicismo), *m.* Cobertizo grande para guardar aviones.
**Haragán,** *adj.* Holgazán, perezoso, que rehúye el trabajo.
**Haraganear,** *intr.* Pasar la vida sin trabajar. ‖ Trabajar poco.
**Haraganería,** *f.* Pereza, ociosidad, no trabajar.
**Harakiri,** *m.* En el Japón, suicidio ceremonioso abriéndose el vientre de un tajo.
**Harapiento,** *adj.* Lleno de harapos.
**Harapo,** *m.* Andrajos. ‖ Ropa rota.
**Harca,** *f.* En Marruecos, expedición militar pero mal organizada. (Se pronuncia «jarca».).
**Harén,** *m.* Parte de las casas de los musulmanes dedicada a que vivan en ella las mujeres.
**Harina.**\*
**Harinero,** *m.* El que fabrica o vende harina. ‖ *adj.* Relacionado con la harina.
**Harpillera,** *f.* Tela basta que suele utilizarse para envolver y embalar cosas. ‖ Tela de saco.
**Hartar,** *tr.* Satisfacer el apetito de comer y beber. ‖ Fastidiar, cansar.
**Harto,** *adv.* Bastante. ‖ *adj.* Satisfecho de comer o de beber. ‖ Sobrado, abundante.
**Hartura,** *f.* Exceso de comida.
**Hasta.**\*
**Hastial,** *m.* Pared que llega a las dos vertientes de un tejado. ‖ Pared para separar dos habitaciones de dos casas distintas.
**Hastiar,** *tr.* Fastidiar, cansar.
**Hastío,** *m.* Aburrimiento, disgusto.
**Hatillo,** *m.* Bulto pequeño de ropa de uno.
**Hato,** *m.* Ropa y cosas que uno necesita. ‖ Porción de ganado.
**Haya,** *f.* Árbol que llega a hacerse muy grande y produce madera resistente. ‖ Madera de este árbol.

Haya

**Hayedo,** *m.* Sitio poblado de hayas.
**Haz,** *m.* Montón pequeño de leña, hierba o mies, atado. ‖ Conjunto de rayos de luz que llevan la misma dirección. ‖ También se llama **haz** a la cara más verde y más brillante de las hojas de las plantas.
**Haza,** *f.* Porción de tierra de cultivo.
**Hazaña,** *f.* Acción importante.
**Hazmerreír,** *m. fam.* Persona extra-

---

Harina, f. Especie de polvo que resulta de moler el trigo u otras semillas: *El pan se hace de harina.* ‖ Se dice *estar metido en harina* para indicar que uno se halla muy ocupado en un trabajo.
　　Viene del latín **farina,** que significa 'harina'. ‖ Deriv.: **Enharinar, farináceo, harinoso, harnero.**

Hasta. Preposición que sirve para señalar el límite o fin de una cosa o acción: *Fue valiente hasta lo último.*
　　Esta palabra viene de una preposición árabe que se pronuncia casi igual que en castellano **(háttà).**

vagante que sirve de juguete y diversión a los demás.

**He.** Adverbio que junto con alguna otra palabra sirve para señalar una persona o cosa.

**Hebilla,** *f.* Pieza de metal que se utiliza para sujetar correas o cintas.

**Hebra,** *f.* Porción de hilo que se pone en la aguja para coser. || Fibra de la carne.

**Hebreo,** *m.* Judío, israelita, el que profesa la religión de Moisés. || El idioma de los hebreos.

**Hecatombe,** *f.* Sacrificio de cien víctimas que hacían los antiguos paganos. || Gran calamidad, gran cantidad de víctimas, desgracia muy grande.

**Heces,** *f. pl.* V. «hez».

**Hectárea,** *f.* Medida de superficie que tiene cien áreas.

**Hectogramo,** *m.* Medida de peso que tiene cien gramos.

**Hectolitro,** *m.* Medida de capacidad que tiene cien litros.

**Hectómetro,** *m.* Medida de longitud que tiene cien metros.

**Hechicería,** *f.* Creencia o acto supersticioso.

**Hechicero,** *adj.* Que hechiza.

**Hechizo,** *m.* Cualidad que hace atractivas a algunas personas o cosas.

**Hecho,** *adj.* Perfecto, maduro, completo. || *m.* Suceso, acontecimiento, acción. || V. **hacer.**

**Hechura,** *f.* Forma de estar hecha una cosa. || Dinero que se paga por el trabajo de hacer algo.

**Heder,** *intr.* Oler muy mal, despedir un olor muy malo y penetrante.

**Hediondo,** *adj.* Que huele muy mal.

**Hedonismo,** *m.* El huir de cualquier dolor y buscar sólo el placer.

**Hedor,** *m.* Mal olor.

**Hegemonía,** *f.* Superioridad de una nación o persona sobre otras.

**Hégira** (o **héjira**), *f.* Palabra árabe que significa la huida o traslado de Mahoma desde La Meca a Medina. Esto ocurrió el 16 de julio del año 622; y desde esa fecha empiezan los mahometanos a contar sus años, que son de 354 días. (¿Por qué año van ahora? Anda, averígualo.)

**Helada,** *f.* Congelación de líquidos producida por la frialdad del tiempo.

**Helado,** *adj.* Muy frío. || Pasmado, atónito. || *m.* Bebida o comida helada.

**Heladera,** *f.* Máquina para producir frío artificial y hacer helados o bloques de nieve.

**Helar,** *tr.* Hacer tanto frío que las cosas se conviertan en hielo.

**Helecho,** *m.* Planta pequeña de hojas grandes, pero entrelargas y con muchos puntitos negros, que se cría en los lugares fríos, húmedos o en sombra.

**Helénico,** *adj.* Griego.

**Hélice,** *f.* Aparato formado por dos o mas especies de paletas que giran rapidísimamente para poner en movimiento a los aeroplanos y barcos.

**Helicoidal,** *adj.* En forma de hélice.

**Helicóptero,** *m.* Aparato que se sostiene en el aire por la acción de dos hélices que giran horizontalmente.

Helicóptero

**Helio,** *m.* Cuerpo simple, incoloro y gaseoso que se encuentra en la atmósfera y en algunos minerales.

**Heliógrafo,** *m.* Instrumento destinado a hacer señales a distancia por medio de un espejo en el que se reflejan los rayos del sol.

**Heliotropo,** *m.* Cierta planta cuyas flores pequeñas y azuladas nacen en espigas. || Cierta piedra preciosa.

**Helipuerto,** *m.* Pista destinada al aterrizaje y despegue de helicóptero.

**Helvético,** *adj.* Natural o perteneciente a Suiza, que antiguamente se llamaba Helvecia.

**Hematíes,** *m. pl.* Los glóbulos rojos de la sangre.

**Hematología,** f. Parte de la biología o de la medicina que se refiere a la sangre.
**Hematoma,** m. Cardenal o chichón, acumulación de sangre en alguna parte del cuerpo y debido a un golpe.
**Hembra,** f. Animal del sexo femenino. || Mujer.
**Hemeroteca,** f. Biblioteca de periódicos y de revistas.
**Hemina,** f. Medida antigua de capacidad.
**Hemíptero,** adj. Con dos alas endurecidas y otras dos más débiles. || m. pl. Los escarabajos, los saltamontes, las cigarras, las chicharras, etc.

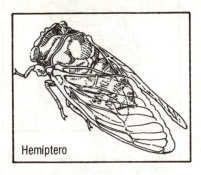

Hemíptero

**Hemisferio,** m. Parte norte o parte sur de la Tierra.
**Hemistiquio,** m. Pausa a la mitad de un verso.
**Hemofilia,** f. Dificultad para coagularse la sangre.
**Hemoglobina,** f. El colorante rojo que tiene la sangre.
**Hemorragia,** f. Derrame de sangre.
**Henchir,** tr. Llenar completamente.
**Hendedura,** f. Raja, abertura estrecha y larga en algún cuerpo. || También se dice «**hendidura**».

**Hender,** tr. Causar una hendedura. || Partir, cortar, rajar.
**Heno,** m. Planta gramínea. || Hierba segada y seca que se usa para el alimento del ganado.
**Hepático,** adj. Que pertenece o se refiere al hígado.
**Hepta-.** Prefijo que entra en la formación de algunas palabras españolas con el significado de «siete».
**Heptágono,** m. Polígono de siete lados.
**Heráldica,** f. Ciencia de los blasones y escudos de las familias.
**Heráldico,** adj. Perteneciente a los escudos de las familias.
**Herbáceo,** adj. Que es como hierba.
**Herbario,** m. Colección científica de hierbas o plantas ya secas.
**Herbívoro,** adj. (Animal) que se alimenta de hierbas.
**Herbolario,** m. Tienda donde se venden hierbas medicinales.
**Herborizar,** intr. Andar por el campo para recoger hierbas y plantas y después estudiarlas.
**Herboso,** adj. Que tiene mucha hierba.
**Hércules,** m. Hombre que tiene mucha fuerza.
**Heredad,** f. Porción de terreno que pertenece a una persona.
**Heredar,** tr. Recibir bienes que al morir dejan las personas.
**Heredero,** m. Persona que hereda.
**Hereditario,** adj. (Inclinaciones, costumbres o enfermedades) que se heredan de padres a hijos.
**Hereje,** com. Cristiano que se aparta de las doctrinas que enseña la Iglesia.
**Herejía,** f. Doctrina distinta de la que enseña la Iglesia en cosas de fe.
**Herencia.**\*
**Herida.**\*

---

\*
Herencia, f. *Cosas que deja a otra persona quien muere:* **Recogió la herencia de su padre.**
    *Viene del latín* **haerere,** *que significa 'estar unido, estar adherido'.* || *Deriv.:* **Desheredar, heredad, heredar, heredero, hereditario.**
Herida, f. *Rotura de la piel o de otra parte del cuerpo producida por un pinchazo, golpe u otra causa cualquiera:* **Jugando le hicieron una herida.** || *Ofensa, agravio, insulto:* **Perdónale esas heridas.**
    *Viene del latín* **ferire,** *que significa 'golpear, dar fuerte con una cosa'.* || *Deriv.:* **Herido, herir, hiriente, zaherir.**

**Herido,** m. Persona que ha recibido una herida.
**Herir,** tr. Abrir la piel o los tejidos de un animal o de un hombre por medio de un golpe violento. || Golpear, chocar, ofender.
**Hermafrodita,** adj. Que es macho y hembra a la vez (como le pasa a la lombriz de tierra, p. ej., y a la mayoría de los vegetales.
**Hermanado,** adj. Hecho igual que otra cosa.
**Hermanar,** tr. Unir, juntar, acomodar, hacer iguales dos o más cosas.
**Hermanastro,** m. Hermano de padre o de madre solamente.
**Hermandad,** f. Parentesco entre hermanos. || Amistad íntima. || Cofradía, sociedad de varias personas.
**Hermano.\***
**Hermenéutica,** f. Arte de interpretar los escritos.
**Hermético,** adj. Cerrado.
**Hermosamente,** adv. Con hermosura, perfectamente, muy bien.
**Hermosear,** tr. Adornar una cosa, hacerla hermosa, ponerla bonita.
**Hermoso.\***
**Hermosura,** f. Belleza. || V. **hermoso.**
**Hernia,** f. Tumor blando, producido principalmente en el vientre.
**Héroe.\***
**Heroicamente,** adv. Con valentía, con heroicidad.

**Heroicidad,** f. Acción heroica, valiente.
**Heroico,** adj. Valiente, fuerte, atrevido. || Ilustre por sus grandes hechos.
**Heroína,** f. Mujer heroica. || Alcaloide derivado de la morfina y que tiene propiedades analgésicas, sedantes e hipnóticas.
**Heroísmo,** m. Esfuerzo grande del ánimo para realizar hechos difíciles y buenos.
**Herpe,** amb. Erupción de la piel que suele escocer.
**Herrada,** f. Cubo de madera más ancho por abajo que por arriba.

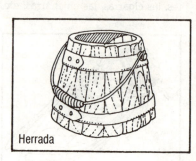
Herrada

**Herrador,** m. El que tiene el oficio de herrar las caballerías.
**Herradura,** f. Hierro que se clava a las caballerías en los cascos para que no se les desgasten.
**Herraje,** m. Conjunto de piezas de

---

\*

HERMANO, m. *Persona que tiene los mismos padres que otro:* **Los hermanos se tienen cariño.** || *Individuo de una cofradía o hermandad:* **Los hermanos se reunieron en sesión.** || *Todos los hombres son hermanos porque todos tenemos un mismo Padre, Dios.* || *Llamamos* **hermanos separados** *a los distintos grupos de cristianos que están separados de la Iglesia Católica, por lo cual tienen menos medios para ganar el Cielo y salvarse. Debemos pedir a Dios por ellos.*
   *Viene del latín* **frater,** *que significa 'hermano'.* || *Deriv.:* **Hermana, hermanar, hermandad.** || *De la misma palabra latina* **frater** *se derivan en castellano* **cofradía, fraternal, fraternidad, fraterno.**
HERMOSO, adj. *Bonito, bello, bueno, agradable:* **El campo está hermoso.**
   *Viene del latín* **forma,** *que significa 'hermosura'.* || *Deriv.:* **Hermosear, hermosura.** || *Contr.:* **Feo.**
HÉROE, m. *El que es valiente para hacer cosas muy difíciles:* **Se portó como un héroe.** || *El protagonista de un cuento, historia, obra de teatro, etc.:* **Don Quijote es el héroe de la principal obra de Cervantes.**
   *Viene del griego* **heros** *que significa 'semidiós, jefe militar'.* || *Deriv.:* **Heroicidad, heroico, heroísmo.**

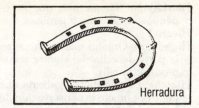
Herradura

hierro de una puerta, de un carruaje, etc.
**Herramienta,** *f.* Instrumento con que se trabaja en algún oficio.
**Herrar,** *tr.* Clavar las herraduras a las caballerías.
**Herrería,** *f.* Taller del herrero.
**Herrero,** *m.* El que trabaja el hierro.
**Herrumbre,** *f.* Orín, roña que se forma en el hierro.
**hertzianas (Ondas),** *f. pl.* Vibraciones electromagnéticas que se propagan por el espacio al producirse una chispa eléctrica especial en un aparato emisor.
**Hervidor,** *m.* Movimiento y ruido que hacen los líquidos al hervir. ‖ Conjunto de muchas personas o animales.
**Hervir.\***
**Hervor,** *m.* Lo que hace un líquido al hervir.
**Heterodoxia,** *f.* Herejía, doctrina diferente de lo que enseña la Iglesia en cosas de fe.
**Heterodoxo,** *adj.* Que mantiene una doctrina diferente de la que enseña la Iglesia.
**Heterogéneo,** *adj.* Compuesto de partes diferentes.
**Heteromancia,** *f.* Adivinación supersticiosa por el vuelo de las aves.
**Hexa-.** Prefijo que entra en la formación de algunas palabras españolas con el significado de «seis».
**Hexaedro,** *m.* Cuerpo geométrico de seis caras planas; como un dado.
**Hexagonal,** *adj.* Que tiene la figura de un hexágono.

**Hexágono,** *m.* Polígono de seis lados.
**Hexápodo,** *adj.* Que tiene seis patitas.(Cualquier insecto es hexápodo.)
**Hez,** *f.* Especie de suciedad que queda debajo de algunos líquidos. ‖ *pl.* Excrementos.
**Hiato,** *m.* Sonido desagradable que se produce a veces al pronunciar dos o más vocales seguidas. Ej.: Va a Arabia a hablar.
**Híbrido,** *adj.* Se dice del animal que, como la mula, viene de dos padres de distinta especie.
**Hidalgo,** *m.* Persona de familia noble y distinguida.
**Hidalguía,** *f.* Caballerosidad, nobleza de ánimo.
**Hidra,** *f.* Culebra acuática venenosa.
**Hidratado,** *adj.* Combinado con el agua.
**Hidrato,** *m.* Combinación de un cuerpo con el agua.
**Hidráulica,** *f.* Parte de la física que estudia el equilibrio y el movimiento de los líquidos.
**Hidráulico,** *adj.* Que está hecho o se mueve por medio del agua.
**Hidria,** *f.* Tinaja grande antigua.
**Hidroavión,** *m.* Aeroplano preparado para pararse sobre el agua.
**Hidrocarburo,** *m.* Compuesto químico de carbono e hidrógeno, como el petróleo; cualquier hidrocarburo almacena gran cantidad de energía y es combustible.
**Hidroeléctrico,** *adj.* Que se refiere a la energía eléctrica producida por los saltos de agua.
**Hidrófilo,** *adj.* Que absorbe el agua con gran facilidad.
**Hidrofobia,** *f.* Horror al agua. ‖ Rabia (enfermedad).
**Hidrógeno,** *m.* Gas incoloro que con el oxígeno forma el agua.
**Hidrografía,** *f.* Parte de la geografía que trata de los mares, ríos y corrientes de agua en general.

---
\*
HERVIR, *intr. Cocer, hacer burbujas y moverse un líquido por efecto del calor: El agua hierve a los cien grados de temperatura.*
   *Viene del latín* fervere, *que significa 'hervir'.* ‖ *Deriv.:* **Efervescencia, efervescente, fermentación, fermentar, fermento, ferviente, fervor, fervoroso, hervidero, hervor, hirviente.**

**Hidrología,** *f.* Parte de las ciencias naturales que trata de las aguas y de sus cualidades.
**Hidromancia,** *f.* Adivinación supersticiosa por las señales del agua.
**Hidropesía,** *f.* Enfermedad producida por la acumulación de agua en alguna parte interior del cuerpo.
**Hidroplano,** *m.* Hidroavión.
**Hidróxidos,** *m. pl.* La cal apagada, la sosa cáustica, etc.; es decir, los cuerpos que en química se llaman **bases.**
**Hiedra,** *f.* Planta trepadora con hojas siempre verdes.
**Hiel,** *f.* Sustancia producida por el hígado, amarilla o verdosa, muy amarga. ‖ Bilis. ‖ Disgusto, amargura.
**Hielo,** *m.* Agua convertida en sólido por efecto del frío.
**Hiena,** *f.* Mamífero carnicero que sale de noche y se alimenta principalmente de carnes muertas. Hiede muchísimo.
**Hierático,** *adj.* Que se refiere a las cosas sagradas o a los sacerdotes. ‖ Tieso, solemne.
**Hierba,** *f.* Cualquier planta pequeña que tenga tallos verdes y tiernos.
**Hierbabuena,** *f.* Planta con hojas que producen buen olor (a menta) y que se usa como condimento.
**Hierbajo,** *m.* Planta mala que estropea los sembrados y jardines.
**Hierro.***
**Hígado,** *m.* Órgano que tenemos en la parte derecha del vientre y que produce la bilis.
**Higiene,** *f.* Parte de la Medicina que tiene por objeto la conservación de la salud. ‖ Limpieza, aseo.
**Higiénico,** *adj.* Perteneciente a la higiene.
**Higo,** *m.* Segundo fruto de la higuera.
**Higrometría,** *f.* Parte de la física que trata de la humedad de la atmósfera.
**Higrómetro,** *m.* Instrumento que sirve para medir la humedad del aire.
**Higroscópico,** *adj.* Que se apodera de la humedad (como p. ej., le ocurre a la sal; el salero se pone húmedo por dentro en invierno).
**Higroscopio,** *m.* Higrómetro que lleva una cuerda de tripa.
**Higuera,** *f.* Árbol que produce higos y brevas cada año. Primero da brevas y después da higos.

Hiena

Higuera

**Hijastro,** *m.* El que no es hijo propio, sino del marido o de la mujer solamente.
**Hijo.***

---

HIERRO, *m. Metal de color gris que se usa mucho en la industria:* **En Vizcaya hay muchas minas de hierro.**
  *Viene del latín* **ferrum,** *que significa 'hierro'.* ‖ *Deriv.:* **Aferrar, férreo, ferretería, ferretero, ferroso, ferruginoso, herrada, herrador, herradura, herraje, herramienta, herrar, herrería, herrero, herrumbre.**
HIJO, *m. Persona o animal respecto de su padre o de su madre:* **Un hogar sin hi-**

**Hijodalgo,** m. Hidalgo.
**Hijuela,** f. Parte de la herencia que corresponde a cada hijo.
**Hila,** f. Hebra que se saca de una tela.
**Hilacha,** f. Pedazo de hilo que se desprende de una tela.
**Hiladillo,** m. Cinta estrecha de tela. || Hilito de un capullo de seda.
**Hilado,** m. Cosa que está hecha de hilo.
**Hilandera,** f. Mujer que tiene por oficio hilar.
**Hilar,** tr. Reducir a hilos (la lana, el algodón y otras fibras textiles). Se puede hacer con un huso.
**Hilaridad,** f. Risa.
**Hilaza,** f. Hilo gordo y desigual.
**Hilera,** f. Línea de personas puestas unas al lado de otras. || Línea de cosas puestas unas al lado de otras.
**Hilo.\***
**Hilván,** m. Cosido de puntadas largas con que se prepara lo que se ha de coser bien después.
**Hilvanar,** tr. Unir con hilvanes. || Ir preparando un trabajo.
**Himeneo,** m. Boda o casamiento.
**Himno,** m. Poesía en alabanza de alguna persona o nación.
**Hincapié,** m. Fuerza que se hace especialmente con el pie. || **Hacer hincapié** quiere decir «insistir».
**Hincar,** tr. Clavar una cosa en otra.
**Hinchado,** adj. Abultado, orgulloso, presumido.
**Hinchar,** tr. Hacer que una cosa se haga más grande llenándola de aire o de agua.

**Hinchazón,** f. Lo que resulta de haberse hinchado algo.
**Hindú,** adj. Que profesa el hinduismo.
**Hinduismo,** m. Religión india no cristiana.
**Hinojo,** m. Rodilla. || Cierta planta olorosa que se utiliza para condimentar las aceitunas.
**Hipar,** intr. Tener hipo. || Desear o pedir una cosa repetidamente.
**Hipérbaton,** m. Alteración en el orden de las palabras dentro de una frase. Ej.: conquistó San Fernando Sevilla (debe decirse: San Fernando...).
**Hipérbole,** f. Aumento o exageración cuando se habla.
**Hiperbólico,** adj. Exagerado.
**Hiperdulía,** f. Culto que se da a la Virgen.
**Hipermetropía,** f. El ver bien de lejos y mal de cerca. (¿Tú no has visto cómo muchos viejos al leer el periódico se lo alejan un poco?)
**Hipertrofia,** f. Aumento excesivo del volumen de un órgano del cuerpo.
**Hípico,** adj. Que se refiere al caballo.
**Hipismo,** m. Dedicación, juego o trabajo con los caballos.
**Hipnotismo,** m. Hacer que otro se duerma y obedezca, aunque no quiera.
**Hipnotizar,** tr. Usar el hipnotismo.
**Hipo,** m. Movimiento del vientre que interrumpe la respiración. || Ansia, deseo grande.
**Hipocondría,** f. Enfermedad que consiste en estar triste siempre. || Melancolía.

---

\*

*jos es como un nido sin pajaritos.* || *Cualquier persona respecto del país o pueblo donde ha nacido:* **Los españoles son hijos de España.**
    Viene del latín *filius*, que significa 'hijo'. || *deriv.:* **Afiliación, afiliar, ahijado, filiación, filial, hidalgo, hidalguía, hijastro, hijuela, prohijar.**
Hɪʟo, m. *Hebra larga y delgada formada principalmente de lana, algodón, cáñamo, etc.:* **Por el hilo se saca el ovillo.** || *Ropa blanca de lino, distinta de la que es de algodón, lana o seda:* **Tiene sábanas de hilo.** || *Chorro muy delgado:* **Caía un hilo de agua.**
    Viene del latín *filum*, que significa 'hilo'. || *Deriv. de* **hilo: deshilachar, filiforme, filigrana, filo (y sus derivados), hila, hiladillo, hilado, hilandera, hilar, hilas, hilatura, hilaza, hilera, hilván, hilvanar, retahíla, sobrehilado, sobrehila.** || *Deriv.: de* **filo: afilado, afilar, desfilar, desfiladero, desfile, enfilar, fila, filamento, filamentoso, filete, filón, perfil, perfilar, de refilón.**

**Hipocresía,** *f.* Fingimiento de cualidades o sentimientos que no se tienen.
**Hipócrita,** *adj.* Que finge o aparenta lo que no es.
**Hipodérmico,** *adj.* Que está o que se pone debajo de la piel.
**Hipódromo,** *m.* Lugar destinado para carreras de caballos.
**Hipopótamo,** *m.* Mamífero paquidermo de gran tamaño y de piel gruesa y negruzca que vive en los grandes ríos de África.
**Hipoteca,** *f.* Finca con que se asegura el pago de una deuda.
**Hipotecar,** *tr.* Asegurar un pago con una finca.
**Hipotecario,** *adj.* Que se refiere a las hipotecas.
**Hipotenusa,** *f.* Lado opuesto al ángulo recto de un triángulo rectángulo.
**Hipótesis,** *adj.* Que no es seguro.
**Hirsuto,** *adj.* Se dice del pelo ralo y duro.
**Hirviente,** *m.* Que hierve.
**Hisopo,** *m.* Mata muy olorosa, con flores azules o blanquecinas. ‖ Especie de palo corto y redondo que se usa en las iglesias para bendecir con agua bendita.

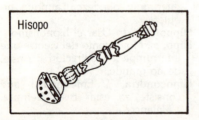
Hisopo

**Hispánico,** *adj.* Español. ‖ De raza española.
**Hispanidad,** *f.* Conjunto de naciones civilizadas por España.
**Hispanismo,** *m.* Afición a las cosas de España.
**Hispanista,** *com.* Persona entendida en arte español, y en lengua y literatura españolas.
**Hispano,** *adj.* Español o de raza española. ‖ V. **español.**
**Hispanoamericano,** *adj.* Nacido o perteneciente a los países de América en que se habla español.
**Hispanófilo,** *adj.* Aficionado a las cosas de España.
**Histerismo,** *m.* Enfermedad nerviosa.
**Histología,** *f.* Parte de la anatomía que estudia los tejidos del cuerpo.
**Historia.***
**Historiador,** *m.* Persona que entiende y que escribe historia.
**Historial,** *m.* Reseña de los servicios que ha prestado un funcionario. ‖ Reseña de las distintas enfermedades que ha tenido una persona.
**Históricamente,** *adv.* De un modo histórico.
**Historicidad,** *f.* Lo que hace que algo sea histórico.
**Histórico,** *adj.* Que pertenece a la Historia. ‖ Verdadero, cierto, que sucedió de verdad. ‖ Que debe figurar en la Historia por la importancia que tiene.
**Historieta,** *f.* Cuento o relato breve de alguna aventura de poca importancia.
**Hitita,** *adj.* Dícese de un antiguo pueblo establecido en Anatolia, donde fue cabeza de un gran imperio. ‖ Natural de dicho pueblo. ‖ Lengua indoeuropea de dicho pueblo.
**Hito,** *m.* Piedra que se pone para conocer la dirección de los caminos, señalar las distancias y límites de las provincias, naciones, etc.
**Hocico,** *m.* Boca y narices salientes de algunos animales.
**Hockey** (voz inglesa), *m.* Juego en el que los jugadores le van dando a una pelotita maciza con un palo de

HISTORIA, *f. Ciencia que trata de los hechos pasados:* **La historia es maestra de la vida.** ‖ *Relato de cualquier aventura, suceso o vida de una persona, aunque no sea muy importante:* **Conozco la historia de este pueblo.** ‖ *Cuento, cosa que se inventa para contarla y entretener a la gente:* **Contó historias muy divertidas.**
    *Viene del griego* **histor,** *que significa 'sabio, conocedor'.* ‖ *Deriv.:* **Historiador, historial, historieta, histórico, prehistoria.**

| Hito

extremo curvo (llamado stick); los porteros llevan las piernas protegidas. Hockey sobre hielo, hockey sobre patines.
**Hogar.\***
**Hogaza,** *f.* Pan grande y redondo. ‖ Pan hecho con salvado o harina mal molida que hacen los campesinos y labradores.
**Hoguera,** *f.* Cosas encendidas que levantan bastante llama.
**Hoja.\***
**Hojalata,** *f.* Chapa de metal, hoja de lata.
**Hojalatero,** *m.* El que tiene por oficio hacer o vender cosas de hojalata.
**Hojaldre,** *m.* Masa de confitería que al cocerse en el horno toma la forma de hojas delgadas, unas encima de otras.
**Hojarasca,** *f.* Conjunto de ramillas y de hojas caídas de los árboles.
**Hojear,** *tr.* Pasar las hojas de un libro o cuaderno leyendo de prisa algunos trocitos para hacerse una idea de cómo es.
**Hojoso,** *adj.* Que tiene muchas hojas.
**¡Hola!,** *Interj.* Que se usa cuando uno se extraña de alguna cosa, para llamar a uno o saludar a los amigos o familiares.
**Holandés,** *adj.* De Holanda. ‖ *m.* Idioma que se habla en Holanda.
**Holgadamente,** *adv.* Con holgura.
**Holgado,** *adj.* Ancho, no ajustado.
**Holgar,** *intr.* Descansar. ‖ No trabajar, no hacer nada. ‖ Alegrarse de una cosa. ‖ Ser inútil una cosa. ‖ *r.* Divertirse, entretenerse, alegrarse.
**Holgazán,** *adj.* (Persona) vaga y perezosa a la que no le gusta y no quiere trabajar.
**Holgura,** *f.* Anchura. ‖ Desahogo.
**Holocausto,** *m.* Sacrificio en el que se quema todo lo que se ofrece.
**Hollar,** *tr.* Pisar algo con los pies. ‖ Despreciar a uno, tratarle mal, humillarle.
**Hollín,** *m.* Tizne que el humo va depositando por dentro de la chimenea o conducto que atraviese.
**Hombre.\***
**Hombrera,** *f.* La parte del vestido o traje que está descansando sobre los hombros.

---

\*

Hogar, m. *Sitio donde se enciende la lumbre en las cocinas.* ‖ *Casa, domicilio:* **Es triste vivir lejos del hogar.**
    Viene del latín **focus**, que significa 'hogar' y 'hoguera'. ‖ *Deriv.:* **Hogareño, hoguera, hogaza, fogón, fogata.**

Hoja, f. *Cada una de las partes pequeñas y delgadas que nacen en la mayoría de las plantas:* **Las hojas de muchos árboles se caen en invierno.** ‖ *En los libros y cuadernos, cada uno de los papeles en los que se puede leer y escribir:* **Cuaderno de 32 hojas.** ‖ *Lámina delgada de cualquier cosa:* **La hoja del cuchillo.** ‖ *En las puertas y ventanas, cada una de las partes que se pueden abrir y cerrar:* **Esta ventana tiene dos hojas.** ‖ **Hoja de lata:** *hojalata.*
    Viene del latín **folium**, que quiere decir 'hoja'. ‖ *Deriv.:* **Deshojar, folio, follaje, folletín, folleto, hojalata, hojalatero, hojaldre, hojarasca, hojear, hojuela.**

Hombre, m. *Animal racional:* **El hombre es superior a todos los animales.** ‖ *Animal racional de sexo masculino:* **Hombres y mujeres.** ‖ *Persona mayor del sexo masculino:* **Hombres y niños.** ‖ *Cada uno de los componentes del género humano:* **Dios ama al hombre de un modo especial.**
    Viene del latín **homo**, que quiere decir 'hombre'. Esa palabra **homo** viene de otra palabra más antigua (**humus**=tierra). ‖ *Deriv.:* **Hombrada, hombrear, hombría, hombruno, homicida, homicidio, superhombre.**

**Hombría,** *f.* Conjunto de virtudes, cualidades o defectos propios del hombre. ‖ Características propias de los hombres.
**Hombro.**\*
**Homenaje,** *m.* Juramento que se hace de ser siempre fiel a un señor o rey. ‖ Respeto hacia una persona. ‖ Fiesta o banquete hechos en honor de una persona.
**Homenajear,** *tr.* Festejar, hacer público el respeto y la admiración por una persona.
**Homicida,** *adj.* Qe ha matado a alguien.
**Homicidio,** *m.* El matar a otra persona.
**Homilía,** *f.* Plática o sermón pequeños hechos para explicar alguna cosa de la religión, sobre todo el evangelio de los domingos.
**Homogéneo,** *adj.* Igual, de la misma naturaleza, de la misma clase, que se podrían sumar. ‖ Que sus elementos son homogéneos.
**Homologado,** *adj.* Formado por elementos químicos de la misma clase o tipo.
**Homólogo,** *adj.* Parecido en su colocación, en su significado o en su función.
**Homónimo,** *adj.* Que tiene el mismo nombre que otra cosa. ‖ Cuando dos personas tienen el mismo nombre son «tocayos». ‖ Palabras que, aunque se escriben y pronuncian de la misma forma, no quieren decir lo mismo.
**Honda,** *f.* Tira de cuero o cuerda de lana o cáñamo, con un trozo de cuero en el centro, que sirve para tirar piedras muy lejos.

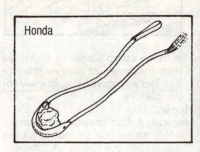

Honda

**Hondamente,** *adv.* Con hondura o profundidad. ‖ Profundamente.
**Hondo.**\*
**Hondonada,** *f.* Trozo de terreno que está más bajo que el terreno que le rodea.
**Honestamente,** *adv.* Con honestidad.
**Honestidad,** *f.* El ser honesto, el ser decente. ‖ Pudor.
**Honesto,** *adj.* Decente, decoroso. ‖ Pudoroso, recatado.
**Hongo,** *m.* Sombrero que tiene la copa pequeña y redonda por arriba. ‖ Familia de plantas sin flores y que pueden tener muchas formas.
**Honor.**\*

---

\*
Hombro, m. *Parte de arriba del cuerpo humano, de donde nacen los brazos:* **La cabeza está por encima de los hombros.** ‖ *Arrimar el hombro significa trabajar mucho y bien.*
    *Viene del latín* **humerus,** *que quiere decir 'hombro'.* ‖ *Deriv.:* **Humeral, húmero.**
Hondo, adj. *Profundo:* **Es un pozo muy hondo.** ‖ *Parte del terreno que está más bajo que lo que le rodea:* **Ese pueblo está construido en un hondo.** ‖ *Tratándose de un sentimiento, significa 'grande, intenso':* **Alegría honda.**
    *Parece que viene del latín* **profundus,** *que significa 'hondo, profundo'.* ‖ *Deriv.:* **Ahondar, fondo, fundación, fundador, fundamental, fundamento, fundar, hondura, profundidad, profundizar, profundo.**
Honor, m. *Virtud que lleva al hombre a cumplir sus deberes para con las personas y para con él mismo:* **Es un hombre de honor.** ‖ *En plural significa cargos importantes o empleos elevados:* **Está lleno de honores.**
    *Viene del latín* **honor,** *que quiere decir 'honor'.* ‖ *Deriv.:* **Deshonesto, deshonor, deshonra, deshonrar, honesto, honorabilidad, honorable, honorario, honorífico, honra, honradez, honrado, honrar, honrilla, honroso.** ‖ *Contr.:* **Deshonor.**

Hongo

**Honorable,** *adj.* Que se merece que le respeten, que tiene buena fama.
**Honorario,** *adj.* Que sirve para honrar o respetar a uno. ‖ Que lleva el título de un cargo, pero que no trabaja en él ni cobra sueldo. ‖ *m. pl.* Sueldo que se da a los abogados, artistas, catedráticos, etc.
**Honoríficamente,** *adv.* Con honor. ‖ Dándole el título de un cargo sin que trabaje en él.
**Honorífico,** *adj.* Que da honor. ‖ Honorario, sin que se le pague.
**Honra,** *f.* Respeto de la propia dignidad de uno mismo. ‖ Buena fama adquirida por la virtud y el mérito. ‖ *pl.* Funerales, ceremonias que se celebran en la iglesia por el alma de los muertos.
**Honradamente,** *adv.* Con honra, con honradez.
**Honradez,** *f.* Lo que hace que uno sea honrado. ‖ Rectitud, hombría de bien.
**Honrado,** *adj.* Que hace las cosas como deben hacerse, sin engañar ni mentir a nadie.
**Honrar,** *tr.* Respetar a una persona. ‖ Premiar la virtud o el mérito de una persona. ‖ *r.* Querer uno ser mejor o hacer una cosa buena para agrandar su buena fama.

**Honroso,** *adj.* Que da buena fama, que da honra. ‖ Decente, decoroso.
**Hora.**\*
**Horadar,** *tr.* Agujerear una cosa atravesándola hasta la otra parte.
**Horario,** *adj.* Que se refiere a las horas. ‖ *m.* Manecilla del reloj que señala las horas y que suele ser más pequeña que la que señala los minutos en el minutero. ‖ Cuadro en que vienen las horas en que deben hacerse las cosas que se van a hacer durante ese día.
**Horca,** *f.* Conjunto de tres palos, dos hincados en la tierra y el tercero encima de los dos y colgando de él una cuerda en la que se colgaba a los condenados a muerte. ‖ Palo que termina en dos o más puntas hechas del mismo palo o de hierro y que usan los labradores para remover la paja en la era y para algunas otras cosas.
**horcajadas (A).** Modo adverbial con que se expresa la postura del que va montado a caballo, cada pierna en un lado.
**Horchata,** *f.* Bebida que se hace de chufas, almendras, etc., con agua y azúcar, y que se toma fresquita.
**Horda,** *f.* Tribu de salvajes reunidos bajo el mando de un jefe y que no tiene sitio fijo para vivir y van de una parte a otra. ‖ Ejército formado por gente salvaje y cruel.
**Horizontal,** *adj.* Que está paralelo al horizonte. ‖ *f.* Línea recta que es perpendicular a la vertical.
**Horizonte,** *m.* Línea en que parece al que mira que allí se acaba la tierra y empieza el cielo.
**Horma,** *f.* Molde de madera, en forma de pie, que encaja perfectamente en el interior de un zapato. ‖ Molde.
**Hormiga,** *f.* Familia de insectos de co-

---

\* Hora, f. *Cada una de las 24 partes en que se divide el tiempo que dura el día: El día tiene 24 horas.* ‖ Momento determinado del día en que se suele hacer una cosa: *¿A qué hora vendrás?* ‖ **Hora española:** Hora que en tal momento hay en España. ‖ No todos los países tienen la misma hora; así, por ejemplo, en los países en que ahora está amaneciendo no va a haber nuestra misma hora,.

Viene del griego **hora,** que significa 'rato, división del día, hora'. ‖ *Deriv.:* **Ahora, deshora, enhorabuena, horario, horóscopo.**

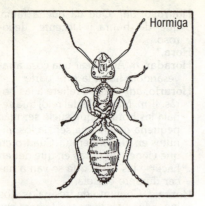

Hormiga

lor negro, que no vuelan; viven bajo tierra, pero salen afuera para buscar comida. Hay más de 5.000 clases de hormigas.

**Hormigón,** *m.* Mezcla de agua, piedras pequeñas, cal o cemento y arena que se usa en la construcción, pues es una mezcla que resulta muy fuerte y resistente.

**Hormigueo,** *m.* Sensación de picor parecida a las cosquillas, como si uno tuviera en aquel sitio del cuerpo unas hormiguitas andando por allí.

**Hormiguero,** *m.* Sitio donde viven las hormigas. ‖ *fig.* Lugar con mucha gente en movimiento.

**Hormona,** *f.* Producto líquido segregado por algún órgano importante del cuerpo y que va directamente a la sangre o a la linfa.

**Hornacina,** *f.* Hueco en forma de arco, hecho en la pared, y que sirve para poner allí un jarrón, una estatua u otra cosa así.

**Hornilla,** *f.* Hueco que se hace (en los hogares de las cocinas) con una reja para dejar caer la ceniza y otro hueco para dejar entrar el aire.

**Horno,** *m.* Construcción redonda y casi cerrada que sirve para cocer o tostar algunas cosas. ‖ Construcción hecha para obtener dentro de ella una temperatura muy alta. ‖ Parte de fogón de la cocina donde se asan las cosas o se calientan sin llama.

**Horóscopo,** *m.* Posición de los astros en el momento de nacer una persona. ‖ Anuncio que hacían los astrólogos antiguamente de los sucesos que iban a ocurrirle a una persona, mirando hacia el cielo para ver cómo estaban los astros. ‖ Anuncio escrito «de lo que nos a va a pasar»; y que, si nos pasa, es porque uno quiere, ni más ni menos. ‖ El horóscopo que viene en algunos periódicos es una imitación de los antiguos horóscopos.

**Horquilla,** *f.* Vara terminada en dos puntas. ‖ Forma de la Y. ‖ Pieza de alambre, en forma de U estrecha, que usan las mujeres para sujetarse el pelo.

**Horrendo,** *adj.* Que da horror.

**Hórreo,** *m.* Granero, sitio para guardar los granos. ‖ En Asturias, granero construido sobre cuatro o más columnas que lo separan del suelo para que la humedad y los roedores no echen a perder el grano.

Hórreo

**Horrible,** *adj.* Que da horror, horrendo.

**Horriblemente,** *adv.* De un modo horrible, que da miedo.

**Horripilante,** *adj.* Que horripila.

**Horripilar,** *tr.* Hacer que se le pongan a uno los pelos de punta. ‖ Dar mucho miedo una cosa.

**Horrísono,** *adj.* Que con su ruido da mucho miedo.

**Horror.**\*

---

Horror, *m. Espanto, miedo grandísimo producido por alguna cosa terrible:*

**Horrorizar,** *tr.* Dar mucho miedo una cosa. ‖ *r.* Tener horror, tener mucho miedo.
**Horroroso,** *adj.* Que da horror. ‖ Muy feo, espantoso de feo.
**Hortaliza,** *f.* Verduras, plantas que se comen y que se cultivan en las huertas.
**Hortelano,** *adj.* Que se refiere a las huertas. ‖ *m.* El que tiene por oficio cultivar y cuidar huertas. ‖ Pájaro muy corriente en España, cuyas plumas son de color verdoso amarillento.
**Hortera,** *f.* Cazuelita de madera. ‖ En Madrid, apodo que se da al dependiente de las tiendas de ultramarinos.
**Hortícola,** *adj.* Perteneciente o relativo a la horticultura.
**Horticultura,** *f.* Cultivo de los huertos. ‖ Parte de la agricultura que trata de este cultivo.
**Hosanna,** *m.* Palabra hebrea que significa «Señor, te rogamos nos salves». ‖ Exclamación con que los judíos recibieron a Cristo en Jerusalén. ‖ Canto de los ángeles cuando nació Jesús; canto de alegría, porque ¡«ahora» sí que ya podíamos salvarnos y ser redimidos!
**Hosco,** *adj.* De color moreno muy oscuro. ‖ Áspero, que siempre está como enfadado y que resulta difícil tratarle.
**Hospedaje,** *m.* Habitación y comida que se da a una persona en una casa que no es la suya. ‖ Cantidad que se paga por la habitación y comida.
**Hospedar,** *tr.* Dar uno en su casa habitación y comida a otro. ‖ *r.* Alojarse, vivir en una casa que no es la de uno.
**Hospedería,** *f.* Habitación que hay en los conventos para los huéspedes. ‖ Casa en la que pagando cierta cantidad le dan a uno habitación y comida o habitación sólo.
**Hospicio,** *m.* Casa hecha para albergar peregrinos y pobres. Asilo para huérfanos, viejos, etc.
**Hospital.\***
**Hospitalario,** *adj.* Nombre que se da a las órdenes religiosas que tienen como fin acoger a los enfermos y cuidarlos. ‖ Que ayuda y alberga a los extranjeros y a los que no tienen casa ni sitio donde vivir.
**Hospitalidad,** *f.* Virtud que consiste en ayudar y dar albergue y comida a los peregrinos, enfermos, pobres, etcétera, sin cobrarles nada. ‖ Recibir y tratar bien a los extranjeros o invitados. ‖ Tiempo que está un enfermo en el hospital.
**Hospitalizar,** *tr.* Llevar a uno a un hospital para que allí le cuiden.
**Hostal,** *m.* Fonda; generalmente en algún sitio agradable del campo.
**Hostelería,** *f.* Arte de atender a los viajeros que se hospedan en hoteles, paradores, etc.
**Hostia,** *f.* Antiguamente, animal que se ofrecía a Dios en sacrificio. ‖ Hoja delgada y redonda de pasta sin levadura que consagra el sacerdote en la misa.
**Hostigamiento,** *m.* Lo que se hace al dar latigazos a uno. ‖ Lo que se hace al molestar mucho a uno, riéndose y burlándose de él.
**Hostil,** *adj.* Contrario, enemigo.
**Hostilidad,** *f.* Lo que hace que uno sea enemigo o contrario. ‖ Cosa hecha por un enemigo. ‖ Ataque de un ejército o tropa armados. ‖ La hostilidad siempre es algo así como una mezcla de enemistad y desafío.

---

* **Temblaba de horror.** ‖ Cosa o palabra que se hace o dice y es muy fea o grosera: **Es un horror.**
  Viene del latín **horrere,** que significa 'temblar, erizarse, ponerse los pelos de punta'. ‖ *Deriv.:* **Horrendo, horrible, horripilante, horroroso.**
**Hospital,** *m. Casa para atender a enfermos, especialmente pobres:* **Le llevaron al hospital.**
  Viene del latín **hospes,** que significa 'huésped, el que hospeda o es hospedado'. ‖ *Deriv.:* **Hospedaje, hospedar, hospedería, hospicio, hospitalario, hospitalidad, hostería, hotel, inhóspito.**

**Hostilizar,** tr. Molestar o hacer daño a los enemigos.

**Hotel,** m. Casa grande con muchas habitaciones y comedor, donde pagando cierta cantidad le dan a uno habitación y comida. ‖ Casa un tanto separada de las demás y donde sólo viven una o dos familias. ‖ V. **hospital.**

**Hoy.** *

**Hoyo,** m. Cavidad en la tierra hecha aposta o formada naturalmente. ‖ Cavidad pequeña en cualquier superficie.

**Hoz,** f. Instrumento curvo y de acero que sirve para segar hierbas y mieses y que tiene un manguito de madera. ‖ Garganta entre dos sierras o montañas.

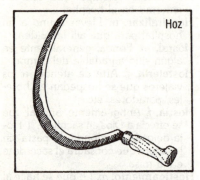

Hoz

**Hozar,** intr. Hincar el hocico y remover la tierra, como hacen el cerdo y el jabalí.

**Hucha,** f. Cajita para ir guardando los ahorros. También se le llama «alcancía».

**Hueco.** *

**Huecograbado,** m. Procedimiento especial para imprimir dibujos de colores de distintas tonalidades.

**Huelga,** f. Tiempo que está uno sin trabajar. ‖ Abandonar los obreros el trabajo porque quieren, para obligar a sus patronos a que les traten mejor. ‖ Diversión, rato que se pasa bien.

**Huelguista,** m. El que toma parte en una huelga colectiva.

**Huella,** f. Señal que deja el pie en el sitio por donde ha andado. ‖ Señal dejada por cualquier cosa en otra. ‖ Las señales que dejan las yemas de los dedos, al ponerlos sobre las cosas, se llaman «huellas dactilares».

**Huérfano,** adj. Que es una persona a la que se le ha muerto su padre o su madre, o los dos.

**Huero,** adj. Vacío, que no tiene nada importante por dentro.

**Huerta,** f. Huerto grande; la huerta suele tener menos árboles y más plantas. ‖ Toda la tierra que se cultiva y riega en una provincia o región.

**Huerto,** m. Campo o jardín pequeño en que se plantan árboles frutales y se crían, a veces, hortalizas y verduras.

**Hueso,** m. Parte dura y fuerte que forma el armazón interior del cuerpo de los animales. ‖ Parte dura que está dentro de algunas frutas y que contiene la semilla. ‖ Parte peor o más molesta de una cosa.

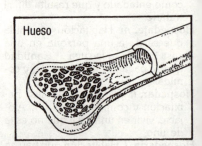

Hueso

**Huesoso,** adj. Que se refiere o es de hueso.

---

*

Hoy, adv. *El día en que estamos: **Después de hoy vendrá mañana**. Viene del latín* **hodie,** *que significa* 'hoy'.

Hueco, adj. *Vacío por dentro:* **Este tronco está hueco.** ‖ *Presumido, orgulloso:* **Va muy hueco.** ‖ m. *Hoyo, cavidad, agujero:* **En esta pared hay un hueco.**

Viene del latín **occare,** *que significa* 'poner hueca la tierra'. ‖ *Deriv.:* **Ahuecar, huecograbado, oquedad.**

**Huésped,** *m.* Persona que vive en una casa y no es la suya. ‖ Dueño de una posada. ‖ Persona que tiene en su casa a un huésped.

**Hueste,** *f.* Ejército, tropa en campaña. ‖ Personas que son partidarias de una causa o de otra persona.

**Hueva,** *f.* Masa que forman los muchos huevecillos que ponen los peces.

**Huevera,** *f.* Utensilio o sitio para poner los huevos que han de comerse. ‖ Parte del cuerpo de una gallina, en la cual se forman los huevos. ‖ Mujer que vende huevos.

**Huevería,** *f.* Tienda de huevos.

**Huevo,** *m.* Cuerpo redondeado que se forma en el interior de las aves hembras, del cual nacen otras aves.

**Huida,** *f.* Lo que se hace al huir, la fuga. ‖ Movimiento del caballo que se aleja de la dirección en que le lleva el jinete.

**Huidizo,** *adj.* Que huye fácilmente.

**Huir,** *intr.* Marcharse rápidamente de un sitio donde no se quiere estar. ‖ Irse con rapidez. ‖ Apartarse de alguna cosa mala, evitarla.

**Hule,** *m.* Tela impermeable que el agua no puede pasar a través de ella. ‖ Camilla para transportar heridos.

**Hulla,** *f.* Carbón de piedra que al arder da mucho calor. ‖ Se llama «hulla blanca» a la corriente de agua que se está aprovechando para producir fuerza motriz.

**Humanamente,** *adv.* Con humanidad. ‖ Según las fuerzas del hombre. ‖ Según las posibilidades humanas.

**Humanidad,** *f.* Género humano, conjunto de todos los hombres. ‖ Bondad, compasión de las desgracias de los demás. ‖ Naturaleza humana.

**Humanismo,** *m.* Estudio de las lenguas y literaturas antiguas, sobre todo griega y latina.

**Humanista,** *com.* Persona que estudia las lenguas y literaturas antiguas.

**Humanístico,** *adj.* Que se refiere o pertenece al humanismo.

**Humanitario,** *adj.* Que mira al bien del género humano. ‖ Caritativo, benéfico.

**Humanizar,** *tr.* Volver humano, hacer humano. ‖ *r.* Apiadarse, ablandarse.

**Humano.\***

**Humear,** *intr.* Echar humo o vapor alguna cosa. ‖ Quedar los restos de un jaleo, riña o enemistad que hubo en tiempos pasados.

**Humedad,** *f.* Lo húmedo que está un cuerpo impregnado de agua. ‖ El vapor de agua que hay en la atmósfera.

**Humedecer,** *tr.* Poner húmeda alguna cosa.

**Húmedo,** *adj.* Que está un poco mojado, de agua o de otro líquido.

**Húmero,** *m.* Hueso del brazo, entre el hombro y el codo.

**Humildad,** *f.* Virtud que consiste en darse cuenta de lo poco que somos y hacer las cosas dándonos cuenta de ello.

**Humilde.\***

**Humildemente,** *adv.* Con humildad.

**Humillación,** *f.* Lo que se hace al humillar, ofender o afrentar a otro.

**Humo,** *m.* Mezcla de gases que sale de un fuego o de algo que se está quemando. ‖ Gases que sueltan

---

**Humano,** *adj. Que se refiere al hombre o es propio de él:* **Huellas humanas.** ‖ *m. Persona que tiene buenos sentimientos:* **Es muy humano.**
    Viene del latín **humus,** *que quiere decir 'tierra'. Deriv.:* **Humanidad, humanitario, humanismo, humanista, humanizar, inhumano, sobrehumano.** ‖ *Contr.:* **Inhumano.** ‖ *V.* **hombre.**

**Humilde,** *adj. Que tiene humildad, que se reconoce inferior a otros:* **Es un hombre muy humilde.** ‖ *De condición social baja:* **Gentes humildes.**
    Viene del latín **humilis,** *que se deriva también de la palabra latina* **humus,** *que quiere decir 'suelo, tierra'.* ‖ *Deriv.:* **Humildad, humillación, humillante, humillar.** ‖ *Contr.:* **Soberbio.**

los motores de los coches, camiones, etc.

**Humor,** *m.* Arte de expresar con simpatía los aspectos ridículos de las cosas y acontecimientos. El humor no es ni cruel como la sátira, ni despreocupado, como lo cómico.

**Humorismo,** *m.* Libros en que se mezclan la gracia con la tristeza y la alegría.

**Humorista,** *adj.* Autor cuyos libros son de humorismo.

**Humorístico,** *adj.* Que se refiere al humorismo. ‖ Chistoso, gracioso, alegre.

**Humus,** *m.* Capa negra, superior y removida de un terreno.

**Hundimiento,** *m.* Lo que se hace al hundir o hundirse una cosa. ‖ Caída, derrumbamiento.

**Hundir.\***

**Húngaro,** *adj.* De Hungría. ‖ *m.* Idioma que se habla en Hungría.

**Huracán.\***

**Huraño,** *adj.* Que no le gusta tratar con la gente y prefiere estar solo; que se esconde de la gente.

**Hurís,** *f. pl.* Según los musulmanes, mujeres bellísimas, de ojos hermosos, que serán en el cielo las compañeras de los creyentes.

**Hurón,** *m.* Mamífero parecido a una rata grande, con el pelo blanco amarillento y los ojos encarnados, que se utiliza para echar fuera de sus madrigueras a los conejos.

**Huronear,** *intr.* Imitar a los hurones: meterse en una parte o conversación para averiguar cosas y curiosear.

**¡Hurra!.** Interjección usada cuando se está muy contento y admirado, o para excitar el entusiasmo.

**Hurto,** *m.* Lo que se hace al robar, robo. ‖ Cosa que se roba.

**Husmear,** *tr.* Ir oliendo el rastro que deja una cosa; como hacen algunos perros cazadores. ‖ *Intr.* Ir averiguando cosas con mucho disimulo.

**Huso,** *m.* Palo de hilar para ir uniendo o retorciendo los hilos.

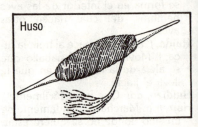

Huso

**Huso esférico,** *m.* Parte de superficie esférica que tiene la forma de la cáscara de una tajada de melón.

**¡Huy!** Interjección que se usa cuando a uno le duele mucho algo, o cuando está asombrado o tiene miedo de algo, etc.

---

HUNDIR, *tr. Echar algo al fondo de otra cosa:* **No puedo hundir el corcho.** ‖ r. *Meterse una cosa en lo hondo:* **Se hundió en el mar.** ‖ *Caerse, venirse abajo algo:* **Se hundió la casa.**
    *Viene del latín* **fundere,** *que significa 'derramar, derribar, fundir'.* ‖ *Deriv.:* **Hundimiento.** ‖ *Contr.:* **Flotar.**

HURACÁN, m. *Viento muy fuerte que arrastra las cosas a su paso:* **Un huracán destruyó al pueblo.**
    *Huracán es una palabra que aprendieron los españoles cuando el descubrimiento de América.* ‖ *Deriv.:* **Huracanado.**

# I

**I,** *f.* Décima letra del abecedario español. || Escrita con mayúscula y en letra de imprenta es un número romano que vale 1.
**Ibérico,** *adj.* Natural o perteneciente a España o Portugal, que son los dos pueblos de la Península Ibérica.
**Ibero,** *m.* Nombre de los primeros pobladores de España, de los cuales se deriva el nombre de Iberia. || Ibérico.
**Ibis,** *m.* Especie de cigüeña pequeña y con el pico encorvado que era venerada por los egipcios antiguos.

Ibis

**Iceberg,** *m.* Montaña de hielo flotante en el mar.
**Icónico, ca,** *adj.* Relativo o perteneciente al icono. || Dícese del signo que participa de la naturaleza de la cosa significada. Así, la cruz como signo del cristianismo.
**Icono,** *m.* Imagen religiosa que veneran los rusos y otros pueblos orientales de Europa.
**Iconoclasta,** *adj.* Rompedor de imágenes.
**Iconografía,** *f.* Descripción de pinturas y estatuas e imágenes en general.
**Icosaedro,** *m.* Cuerpo geométrico limitado por veinte caras.
**Ictericia,** *f.* Enfermedad que proviene del hígado y pone amarilla la piel y el blanco de los ojos.
**Ictiófago,** *adj.* Que se alimenta de peces.
**Ictiología,** *f.* Parte de la zoología que trata de los peces.
**Ictiosaurios,** *m. pl.* Reptiles enormes que vivieron en los mares antiguos.
**Ida,** *f.* Acción de ir de un lugar a otro.
**Idea.***
**Ideación,** *f.* Formación de ideas.
**Ideal,** *adj.* Que sólo existe en el pensamiento. || Excelente, perfecto. || *m.* Modelo de perfección. || Lo que nos parece más digno de conseguir. || V. **idea.**
**Idealismo,** *m.* Propensión a idealizar las cosas.
**Idealista,** *adj.* Partidario del idealismo.
**Idealizar,** *tr.* Imaginarse que una cosa tiene muchas perfecciones.
**Idealmente,** *adv.* Que existe sólo en idea y no en la realidad.
**Idear,** *tr.* Formar ideas. || Inventar.

---

*
IDEA, f. *Representación de una cosa en nuestro entendimiento:* **Idea de la justicia; idea del mundo.** || *Plan, disposición, intención de hacer una cosa:* **Tengo la idea de comprar un coche.** || *Ingenio para inventar cosas:* **Ese hombre tiene idea.**
   *Viene del griego* **idea,** *que significa 'apariencia, imagen de un objeto'; el griego* **eidon,** *significa 'ver'.* || *Deriv.:* **Ideación, ideal, idealismo, idealista, idealizar, idear, ideario, ideográfico, ideología.**

**Ideario,** *m.* Conjunto de ideas que tiene una persona.

**Ídem.** Palabra latina que se usa también en castellano para significar «el mismo» o «lo mismo».

**Idéntico.\***

**Identidad,** *f.* Cualidad de idéntico. ‖ Lo que hace que dos cosas sean completamente iguales. ‖ Yo soy yo.

**Identificar,** *tr.* Reconocer quién es una persona o qué es una cosa.

**Ideográfico,** *adj.* Especie de escritura hecha por medio de figuras o símbolos.

**Ideología,** *f.* Sistema de ideas (referente a cuestiones políticas, religiosas, artísticas, etc.).

**Ideológico,** *adj.* Que pertenece a la ideología.

**Idílico,** *adj.* Tranquilo, agradable, sosegado.

**Idilio,** *m.* Composición poética que trata de los afectos amorosos. ‖ Coloquio entre enamorados.

**Idioma.\***

**Idiosincrasia,** *f.* Carácter peculiar de cada persona.

**Idiota,** *adj.* Ignorante, tonto (pero menos tonto que el imbécil). ‖ V. **idioma.**

**Idiotez,** *f.* Tontería, ignorancia, falta de capacidad para entender las cosas.

**Idiotismo,** *m.* Modo de hablar que se aparta de las reglas gramaticales. ‖ Ignorancia.

**Ido,** *adj.* Muy distraído. ‖ Que tiene alguna clase de locura.

**Idólatra,** *adj.* Que adora a los ídolos o falsos dioses.

**Idolatrar,** *tr.* Adorar a los falsos dioses. ‖ Amar excesivamente a una persona o cosa.

**Idolatría,** *f.* Adoración que se da a los ídolos.

**Ídolo,** *m.* Figura de un dios falso.

Idolo

**Idóneo,** *adj.* Que sirve o que viene bien para una cosa.

**Iglesia.\***

**Ígneo,** *adj.* Ardiendo, echando fuego.

**Ignición,** *f.* Estado de un cuerpo cuando está encendido.

**Ignominia,** *f.* Afrenta. ‖ Infamia. ‖ Contr.: **Honor.**

**Ignominioso,** *adj.* Afrentoso. ‖ Infame. ‖ Que deshonra.

---

\*

IDÉNTICO, adj. *Que es exactamente igual que otra cosa:* **Es idéntico a su hermano gemelo.**
   *Viene del latín* **idem,** *que significa 'el mismo, lo mismo'.* ‖ *Deriv.:* **Identidad, identificación, identificar.** ‖ *Contr.:* **Distinto.**

IDIOMA, m. *Lengua de una nación o comarca:* **El castellano es un idioma muy extendido.**
   *Viene del griego* **idioma,** *que significa 'propio, particular, peculiar'.* ‖ *Deriv.:* **Idiomático, idiota, idiotez, idiotismo.** ‖ *Idiota quiere decir 'que tiene su propio idioma, que no hay quien lo pueda entender, que él tampoco entiende a nadie' (que es tonto, vamos).*

IGLESIA, f. *Congregación o sociedad de todos los cristianos:* **La verdadera Iglesia fundada por Cristo es la Iglesia católica.** ‖ *Casa destinada al culto religioso, templo:* **Las iglesias románicas son preciosas.**
   *Viene del griego* **ekklesia,** *que significa 'reunión, asamblea'; por eso iglesia propiamente es 'congregación o reunión'.* ‖ *Deriv.:* **Anteiglesia, eclesiástico.**

**Ignorancia,** *f.* Falta de ciencia o de saber. || Contr.: **Saber, ciencia.**
**Ignorante,** *adj.* Que no sabe una cosa. || Contr.: **Sabio.**
**Ignorar.**\*
**Igual.**\*
**Iguala,** *f.* Lo que se hace al igualar. || Igualación.
**Igualación,** *f.* Lo que se hace al igualar.
**Igualada,** *f.* Lo que se hace al igualar el toro.
**Igualar,** *tr.* Hacer una cosa igual a otra. || Allanar.
**Igualdad,** *f.* Conformidad de una cosa con otra. || Llanura. || Contr.: **Desigualdad.**
**Igualmente,** *adv.* Con igualdad. || También, además. || V. **igual.**
**Iguana,** *f.* Cierto reptil, de metro y medio de largo, que tiene como una fila de dientes por el dorso, y que en Madagascar y en algunas partes de América resulta comestible.
**Ijada,** *f.* Cada uno de los dos huecos situados por encima de las caderas y debajo de las costillas.
**Ijar,** *m.* Ijada.
**Ilación,** *f.* Unión lógica.
**Ilativo,** *adj.* Que sirve para expresar una unión lógica.
**Ilegal,** *adj.* Contrario a lo señalado por la ley. || Contr.: **Legal.**
**Ilegible,** *adj.* Que no se puede leer, que está borroso.
**Ilegítimo,** *adj.* Que no está conforme

Iguana

a la ley. || Falso. || Contr.: **Legítimo.**
**Íleon,** *m.* Tercera y última parte del intestino delgado.
**Ilerdense,** *adj.* De Lérida.
**Ileso,** *adj.* Que no ha recibido herida, lesión o daño.
**Iletrado,** *adj.* Que no está instruido, que no sabe.
**Ilicitano,** *adj.* De Elche.
**Ilícito,** *adj.* No permitido.
**Ilimitado,** *adj.* Que no tiene límites.
**Ilógico,** *adj.* Absurdo.
**Ilota,** *com.* Esclavo de los antiguos habitantes de Esparta (Grecia).
**Iluminación,** *f.* Lo que se hace y lo que resulta de iluminar. || Adorno hecho con luces.
**Iluminado,** *adj.* Alumbrado. || Que recibe la luz.
**Iluminar,** *tr.* Alumbrar. || Dar color a las letras o dibujos de un libro. || V. **lumbre.**
**Ilusión.**\*

---

\*

Ignorar, *tr. No saber una cosa:* **Ignora de lo que tratamos.**
    *Viene del latín* **ignorare,** *que significa 'no saber'.* || *Deriv.:* **Ignaro, ignorancia, ignorante.** || *Contr.:* **Saber.**

Igual, *adj. De la misma forma:* **Dos casos iguales.** || *Liso:* **Terreno igual.**
    *Viene del latín* **aequus,** *que significa 'plano, liso, igual'.* || *Deriv.:* **Desigual, desigualdad, iguala, igualación, igualar, igualdad, igualitario.** *De la misma palabra latina* **aequus** *se derivan* **adecuado, adecuar, ecuación, ecuador, equidistante, equilátero, equilibrar, equilibrio, equinoccio, equiparar, equivalencia, equivalente, equivaler, equivocación, equivocar, equívoco, inicuo, iniquidad.** || *Contr.:* **Desigual, diferente.**

Ilusión, f. *Imagen sin verdadera realidad:* **Es una ilusión.** || *Tener una esperanza sin fundamento real:* **Tenía la ilusión de que le tocara la lotería.** || *Alegría o esperanza que se pone en una cosa:* **Trabajo con ilusión.**
    *Viene del latín* **ilusio,** *que significa 'engaño' y que, a su vez, se deriva de la palabra latina* **ludere,** *que significa 'jugar'.* || *Deriv.:* **Desilusión, desilu-**

**Ilusionarse**, r. Hacerse ilusiones.
**Ilusionismo**, m. Arte del que hace juegos de manos.
**Ilusionista**, m. Jugador de manos. || Prestidigitador.
**Iluso**, adj. Engañado, chiflado. || Víctima de una ilusión. || Que se esperanza en tonterías.
**Ilustración**, f. Cultura. || Grabado de un libro.
**Ilustrado**, adj. Que sabe. || Que tiene ilustración. || Que tiene fotografías o dibujos.
**Ilustrar**, tr. Enseñar, instruir. || Adornar un libro, etc., con grabados, láminas o dibujos.
**Ilustre.***
**Ilustrísimo**, adj. Superlativo de ilustre. || Tratamiento que se da a los obispos y a otras personas. || V. **ilustre**.
**Imagen.***
**Imaginable**, adj. Que puede imaginarse o figurarse.
**Imaginación**, f. Facultad de representarse lo objetos en el pensamiento. || Facultad de inventar o contar. || V. **imagen**.
**Imaginar**, tr. Representar una cosa en la imaginación. || Inventar. || Sospechar. || V. **imagen**.
**Imaginaria**, f. Servicio que hacen los soldados en los dormitorios de los cuarteles. || Guardia que se nombra por si hay necesidad de reemplazar a alguno.
**Imaginario**, adj. Que sólo existe en la imaginación. || Contr.: **Real**.
**Imaginería**, f. Arte de tallar la madera y hacer imágenes de santos.
**Imam**, m. El que preside la oración musulmana poniéndose delante de los fieles para que éstos le sigan en sus rezos y movimientos. || El guía, jefe o modelo de una sociedad de musulmanes, generalmente espiritual o religiosa, y a veces mezcla de religiosa y política, que en algunas ocasiones fue casi exclusivamente política.
**Imán**, m. Cierto mineral que tiene la propiedad de atraer al hierro y al acero (principalmente).

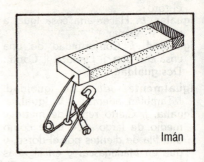

Imán

**Imanar**, tr. Imantar.
**Imantar**, tr. Hacer que un trozo de hierro o de acero se haga imán y pueda tener las propiedades del imán.
**Imbécil**, adj. Falto de entendimiento. || Tonto de remate.
**Imberbe**, adj. Que todavía no le ha salido la barba.
**Imborrable**, adj. Que no se puede borrar.
**Imbuir**, tr. Persuadir. || Infundir.
**Imitación**, f. Lo que se hace al imitar. || Copia.
**Imitar**, tr. Hacer una cosa parecida a otra.
**Impaciencia**, f. Falta de paciencia.
**Impacientar**, tr. Hacer que otro

---

\* sionarse, ilusionar, ilusorio, ludibrio, preludiar, preludio. || Contr.: **Desilusión**.

Ilustre, adj. *Que tiene mucha fama o mucho mérito:* **Hombre ilustre**.
    Viene del latín **lustrare**, *que significa 'purificar, iluminar'*. || *Deriv.:* **Ilustración, ilustrado, ilustrar, ilustrativo, lustrar, lustre, lustroso**.

Imagen, f. *Representación de alguna cosa en dibujos, pintura o escultura:* **Una imagen de la Virgen**. || *Símbolo, figura:* **La bandera es la imagen de la Patria**. || *Representación de una cosa en un espejo o en el agua:* **Se movía su imagen en el estanque**.
    Viene del latín **imago**, *que significa 'representación, retrato'*. || *Deriv.:* **Imaginación, imaginar, imaginario, imaginativo, imaginería, imaginero**.

pierda la paciencia. ‖ r. Perder uno la paciencia.
**Impaciente,** adj. Que no tiene paciencia. ‖ Que no es capaz de esperar. ‖ Contr.: **Paciente.**
**Impacto,** m. Choque.
**Impalpable,** adj. Que no produce sensación al tocarlo.
**Impar,** adj. Único, sin igual. ‖ Se dice de los números 1, 3, 5, 7, 9, 11, etc., es decir, de los números que no son pares.
**Imparcial,** adj. Que juzga sin ponerse de parte de nadie. ‖ Neutral.
**Imparcialidad,** f. Lo que hace que uno sea imparcial. ‖ Neutralidad, igualdad, justicia.
**Impartir,** tr. Repartir, conceder, dar.
**Impasible,** adj. Incapaz de padecer. ‖ Insensible. ‖ Contr.: **Susceptible, impresionable.**
**Impasiblemente,** adv. De manera impasible.
**Impávido,** adj. Atrevido, valiente. ‖ Contr.: **Cobarde.**
**Impecable,** adj. Incapaz de pecar. ‖ Sin defecto. ‖ Perfecto. ‖ Contrario: **Defectuoso.**
**Impedido,** adj. Que no puede usar de sus miembros. ‖ Tullido, inválido.
**Impedimenta,** f. Bagaje que lleva la tropa.
**Impedimento,** m. Lo que impide que se haga algo. ‖ Obstáculo, estorbo.
**Impedir.\***
**Impenetrable,** adj. Que no se puede atravesar o penetrar.
**Impensado,** adj. Inesperado, imprevisto.
**Imperar,** intr. Mandar. ‖ Regir.
**Imperativo,** adj. Que manda. ‖ Modo del verbo que indica mandato o petición.

**Imperatorio,** adj. Que se refiere al emperador o al imperio.
**Imperceptible,** adj. Que no se puede ver o percibir.
**Imperceptiblemente,** adj. De un modo imperceptible.
**Imperdible,** adj. Que no se puede perder. ‖ m. Alfiler de seguridad en forma de broche.
**Imperdonable,** adj. Que no se puede o no se debe perdonar.
**Imperecedero,** adj. Que no puede perecer o acabar. ‖ Inmortal.
**Imperfección,** f. Defecto.
**Imperfecto,** adj. Que no es perfecto. ‖ Incompleto, que no está acabado. ‖ Que tiene defectos.
**Imperial,** adj. Que pertenece al imperio o al emperador.
**Imperialismo,** m. Opinión favorable al mando de unas naciones sobre otras.
**Imperialista,** adj. Partidario del imperialismo político.
**Imperio.\***
**Imperiosamente,** adv. De un modo imperioso.
**Imperioso,** adj. Que manda sin admitir réplica. ‖ Altanero, orgulloso.
**Impermeabilización,** f. Lo que se hace para que una cosa se vuelva impermeable.
**Impermeable,** adj. Se dice de los cuerpos que no se dejan atravesar por el agua.
**Impersonal,** adj. Que no indica persona determinada.
**Impertérrito,** adj. Que no se asusta, que muestra siempre una gran entereza.
**Impertinencia,** f. Acción propia del que es un impertinente.
**Impertinente,** adj. Molesto, insolen-

---

\*

I<small>MPEDIR</small>, tr. Estorbar, no dejar que se haga una cosa: **La lluvia le impidió salir.**
   Viene del latín **impedire,** que significa 'estorbar, atar los pies de alguno'. ‖ Deriv.: **Impedido, impedimenta, impedimento.** ‖ Contr.: **Expedir.**
I<small>MPERIO</small>, m. Autoridad, fuerza en los mandatos: **Lo ordenó con imperio.** ‖ Estado o conjunto de estados gobernados por un emperador: **Imperio inglés.**
   Viene del latín **imperare,** que significa 'mandar, ordenar'. ‖ Deriv.: **Emperador, emperatriz, imperar, imperativo, imperialismo, imperialista, imperioso.**

te. ‖ *m. pl.* Anteojo plegable que suelen usar las señoras.
**Imperturbable,** *adj.* Que no se altera por nada. ‖ Que aguanta lo que sea con tranquilidad.
**Impétigo,** *m.* Erupción de la piel, que forma al secarse unas costras espesas.
**Impetrar,** *tr.* Pedir, solicitar. ‖ Conseguir una cosa solicitada.
**Ímpetu,** *m.* Violencia, empuje.
**Impetuosidad,** *f.* Ímpetu.
**Impetuoso,** *adj.* Que tiene ímpetu. ‖ Violento.
**Impiedad,** *f.* Falta de piedad.
**Impío,** *adj.* Que no tiene piedad.
**Implacable,** *adj.* (Persona) que no se deja convencer por ruegos o lloros.
**Implacablemente,** *adv.* De modo implacable.
**Implantación,** *f.* Acción de implantar o introducir algo en un sitio.
**Implantar,** *tr.* Introducir, establecer, poner una cosa que antes no había.
**Implicar,** *tr.* Envolver, encerrar, llevar dentro.
**Implícitamente,** *adv.* De un modo implícito.
**Implícito,** *adj.* Idea o pensamiento que está comprendido en otro. ‖ Contr.: **Explícito.**
**Implorar,** *tr.* Pedir, suplicar, rogar con humildad.
**Impoluto,** *adj.* Sin mancha, limpio.
**Imponderable,** *adj.* Que no se puede pesar o apreciar bien.
**Imponente,** *adj.* Que impone. ‖ Asombroso, grande, respetable ‖ *m.* El que impone dinero en un banco o en una oficina pública. ‖ V. **poner.**
**Imponer,** *tr.* Poner una carga u obligación. ‖ Infundir respeto o miedo. ‖ Poner dinero a rédito. ‖ V. **poner.**
**Imponible,** *adj.* Que se puede imponer.
**Impopular,** *adj.* Que no agrada a la multitud. ‖ Que no es popular.
**Impopularidad,** *f.* Poca fama, o ninguna.
**Importación,** *f.* Introducción de géneros extranjeros. ‖ Contr.: **Exportación.**
**Importador,** *adj.* Que se dedica a traer del extranjero alguna mercancía.

**Importancia,** *f.* El interés que tiene una cosa. ‖ Lo que hace que una cosa sea importante. ‖ Autoridad. ‖ Influencia. ‖ V. **portar.**
**Importante,** *adj.* Conveniente, grande o interesante. ‖ (Persona) que tiene autoridad o influencia. ‖ V. **portar.** ‖ Contr.: **Insignificante.**
**Importar,** *intr.* Convenir. ‖ Ser importante. ‖ Valer. ‖ Introducir en un país géneros de otro país. ‖ V. **portar.** ‖ Contr.: **Exportar.**
**Importe,** *m.* Cantidad que hay que pagar por lo que se compra o ajusta.
**Importunar,** *tr.* Molestar, incomodar.
**Importuno,** *adj.* Inoportuno, que molesta. ‖ Que no viene al caso.
**Imposibilidad,** *f.* El no poder hacer una cosa. ‖ Contr.: **Posibilidad.**
**Imposibilitado,** *adj.* Que no puede mover alguna parte de su cuerpo, que está como inválido.
**Imposible,** *adj.* Que no puede ser. ‖ Que no puede hacerse. ‖ V. **poder.** ‖ Contr.: **Posible.**
**Imposición,** *f.* Lo que se hace al imponer. ‖ Tributo, contribución, impuesto.
**Impostor,** *adj.* Que finge y engaña.
**Impotencia,** *adj.* Que no tiene fuerza. ‖ Que no puede. ‖ Contr.: **Potente.**
**Impracticable,** *adj.* Se dice de los caminos por los que no se puede pasar ni transitar.
**Imprecar,** *tr.* Maldecir, echar maldiciones.
**Imprecisión,** *f.* Falta de precisión; sin precisión.
**Impreciso,** *adj.* Que no tiene precisión. ‖ Que no se entiende bien. ‖ Confuso.
**Impregnar,** *tr.* Hacer que se introduzcan en un cuerpo las partículas de otro. ‖ Empapar.
**Imprenta,** *f.* Arte de imprimir. ‖ Taller donde se imprimen libros, periódicos o cosa parecida.
**Imprescindible,** *adj.* Necesario, indispensable, útil.
**Imprescriptible,** *adj.* (Cosa) que no puede perderse o anularse, que no puede poseerse legítimamente por otro que no sea el dueño.

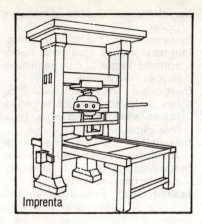
Imprenta

**Impresentable,** *adj.* Que no se puede presentar.
**Impresión.***
**Impresionable,** *adj.* Que se impresiona fácilmente. || Contr.: **Impasible.**
**Impresionante,** *adj.* Que impresiona.
**Impresionar,** *tr.* Producir impresión. || V. **impresión.**
**Impresionismo,** *m.* Estilo de pintar cuadros buscando que impresione mucho el color y la forma de haberlo pintado.
**Impreso,** *m.* Obra impresa. || V. **impresión.**
**Imprevisible,** *adj.* Que no puede preverse.
**Imprevisto,** *adj.* No previsto.
**Imprimir,** *tr.* Dejar una señal o huella sobre una cosa. || Señalar sobre papel u otra materia letras o dibujos mediante ciertos procedimientos mecánicos.
**Improbable,** *adj.* No probable.
**Ímprobo,** *adj.* Se dice del trabajo excesivo. || Que carece de probidad, que no tiene honradez.
**Improcedencia,** *f.* Falta de fundamento, de derecho o de oportunidad.
**Improcedente,** *adj.* Que no es procedente. || Inadecuado.
**Impronta,** *f.* Huella que deja la figura de una moneda en una cosa blanda.
**Improperio,** *m.* Insulto, injuria, grave y de palabra.
**Impropio,** *adj.* Que no tiene las cualidades necesarias. || Indigno.
**Improrrogable,** *adj.* Que no se puede prorrogar.
**Improvisación,** *f.* Lo que se hace al improvisar. || El improvisar.
**Improvisar,** *tr.* Hacer de pronto y sin preparación una cosa. || V. **ver.**
**improviso (De),** *m. adv.* De pronto, sin esperárselo uno.
**Imprudencia,** *f.* Falta de prudencia.
**Imprudente,** *adj.* Que no tiene prudencia; que no piensa las cosas antes de hacerlas.
**Impudencia,** *f.* Impudicia.
**Impudicia,** *f.* Descaro, desvergüenza.
**Impúdico,** *adj.* Deshonesto, inmoral. || Contr.: **Honesto, pudoroso.**
**Impuesto,** *m.* Tributo, contribución.
**Impugnar,** *tr.* Combatir, atacar. || Contr.: **Defender.**
**Impulsar,** *tr.* Dar fuerza o impulso a una cosa. || Empujar.
**Impulsivo,** *adj.* Que impele, que empuja con fuerza. || (Persona) que se deja llevar por la ira u otras pasiones violentas. || Contr.: **Reflexivo.**
**Impulso,** *m.* Movimiento producido por una fuerza. || Fuerza que nos empuja a hacer una cosa.
**Impune,** *adj.* Que queda sin castigo.
**Impunidad,** *f.* Falta de castigo.
**Impureza,** *f.* Falta de pureza. || Sustancia mala que se ha mezclado con otra sustancia que es buena.
**Impuro,** *adj.* Que no es puro. || Que tiene impurezas.
**Imputable,** *adj.* Que se le puede atribuir a otro.

---

*
IMPRESIÓN, f. *Lo que se hace al imprimir:* **La impresión de un periódico.** || *Señal que deja una cosa al apretarla con otra:* **Impresión de los dedos de la mano.** || *Especie de emoción fuerte pero instantánea:* **¡Qué impresión me he llevado al verte así!**
  Viene del latín **imprimere,** *que significa 'hacer presión, marcar una huella'.* || *Deriv.:* **Imprenta, impresionar, impresionismo, impreso, impresor, imprimir, impronta.**

**Imputación,** *f.* Lo que se hace al imputar. ‖ El echar la culpa a otro.
**Imputar,** *tr.* Decir que alguno ha hecho alguna cosa mala. ‖ Echarle la culpa.
**In.\***
**Inabordable,** *adj.* Que nos falta medios para poder hacer esa cosa.
**Inacabable,** *adj.* Que dura tanto tiempo que no llega a acabarse.
**Inaccesible,** *adj.* No accesible. ‖ Que no se puede alcanzar o conseguir.
**Inacción,** *f.* Falta de acción. ‖ Pereza. ‖ Contr.: **Actividad.**
**Inaceptable,** *adj.* Que no se puede aceptar o que no se debe aceptar.
**Inactivo,** *adj.* Sin actividad, perezoso.
**Inadecuado,** *adj.* Que no es adecuado.
**Inadmisible,** *adj.* Que no se puede admitir. ‖ No aceptable.
**Inadvertido,** *adj.* Se dice del que no advierte o repara en las cosas que debe.
**Inagotable,** *adj.* Que no se puede agotar.
**Inaguantable,** *adj.* Que no se puede aguantar, que no se puede sufrir o tolerar.
**Inalienabilidad,** *f.* Lo que hace que una cosa no se pueda vender.
**Inalienable,** *adj.* Que no se puede vender.
**Inalterable,** *adj.* Que no se altera, que no cambia.
**Inamovible,** *adj.* Que no se puede mover o quitar del cargo que ocupa.
**Inanición,** *f.* Debilidad extremada causada por el hambre.
**Inanimado,** *adj.* Que no tiene vida, que está muerto (las piedras, p. ej., son seres inanimados).

**Inapelable,** *adj.* Que no admite apelación.
**Inapetente,** *adj.* Que no tiene apetito.
**Inapreciable,** *adj.* Que no se puede apreciar porque es muy pequeño o porque vale mucho.
**Inarticulado,** *adj.* No articulado. ‖ Se dice de los sonidos que se producen en la garganta sin formar palabras claras.
**Inasequible,** *adj.* Que no se puede adquirir, que no se puede alcanzar.
**Inatacable,** *adj.* Que no se puede atacar por ninguna parte.
**Inaudito,** *adj.* Extraordinario, que nunca se había oído hablar de eso.
**Inauguración.\***
**Inaugural,** *adj.* Que pertenece a la inauguración.
**Inaugurar,** *tr.* Estrenar con solemnidad un edificio o un servicio público.
**Incalculable,** *adj.* Que no se puede calcular. ‖ Muy grande.
**Incalificable,** *adj.* Que no se puede calificar. ‖ Muy malo, infame.
**Incandescente,** *adj.* Ardiendo, echando llamas o mucho calor.
**Incansable,** *adj.* Que no se cansa.
**Incansablemente,** *adv.* Sin rendirse al cansancio.
**Incapacidad,** *f.* Falta de capacidad. ‖ Falta de inteligencia.
**Incapacitar,** *tr.* Hacer incapaz. ‖ Inhabilitar.
**Incapaz,** *adj.* Que no sabe o no puede hacer una cosa.
**Incardinar,** *tr.* Admitir un obispo a un sacerdote de otra diócesis.
**Incas,** *m. pl.* Los que mandaban en el Perú cuando la conquista de América por los españoles.
**Incautarse,** *r.* Tomar posesión de bie-

---

\*
IN. *Preposición latina que figura como prefijo en muchas palabras castellanas. Tiene muchos significados. En ocasiones significa 'situación en el interior de algo', como* **incluso**; *otras, indica 'dirección, inclinación o tendencia', como* **incidir, intención**: *en otras ocasiones es privativa y equivale a 'no', como en* **incansable, incierto, infinito.**
INAUGURACIÓN, *f. Estreno de un monumento, de un edificio o de un servicio público:* **La inauguración de una carretera.**
    *Viene del latín* **augurium,** *que significa 'señal o predicción de cosa futura'.* ‖ *Deriv.: de* **augurium:** *Agorero, agüero, augur, augural, augurio,* **inaugurar.**

nes o dinero la autoridad competente.
**Incauto,** *adj.* Imprudente.
**Incendiar,** *tr.* Prender fuego a una cosa.
**Incendiario,** *adj.* Que con mala intención incendia una cosa. ‖ Que puede causar un incendio.
**Incendio.**\*
**Incensario,** *m.* Especie de brasero pequeño en donde se quema el incienso en las iglesias.

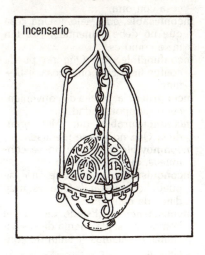
Incensario

**Incentivo,** *m.* Lo que estimula o mueve a desear o a hacer una cosa. ‖ Aliciente.
**Incertidumbre,** *f.* Duda. ‖ El no tener conocimiento cierto de una cosa. ‖ El no saber qué hacer. ‖ Contr.: **Certeza.**
**Incesante,** *adj.* Que no cesa, que no acaba, que no para.
**Incesantemente,** *adv.* De una manera continua. ‖ Sin cesar, sin parar.

**Incidencia,** *f.* Algo que ocurre sin que nosotros lo esperásemos.
**Incidental,** *adj.* Casual, fortuito. ‖ Que no se esperaba.
**Incidente,** *m.* Lo que sobreviene sin que nosotros lo esperásemos.
**Incidir,** *intr.* Caer en un error, falta, etcétera. ‖ En física, chocar un rayo de luz contra una lente.
**Incienso,** *m.* Especie de resina aromática que se quema como perfume en las ceremonias religiosas. ‖ Lisonja, adulación.
**Incierto,** *adj.* Que no es seguro. ‖ Que no es cierto.
**Incineración,** *f.* El reducir una cosa a cenizas.
**Incinerador,** *m.* Aparato para incinerar.
**Incinerar,** *tr.* Quemar a un muerto. ‖ Reducir una cosa a cenizas.
**Incipiente,** *adj.* Que empieza.
**Incisión,** *f.* Una incisión es un corte.
**Incisivo,** *adj.* Que sirve para cortar. ‖ Punzante, mordaz.
**Inciso,** *adj.* Cortado, partido, dividido. ‖ *m.* Paréntesis.
**Incitar,** *tr.* Mover o estimular a hacer algo.
**Incivil,** *adj.* Que parece que no está civilizado.
**Inclemencia,** *f.* Falta de clemencia. ‖ Rigor, aspereza.
**Inclinación,** *f.* Lo que se hace al inclinar. ‖ Dirección que tiene una línea inclinada.
**Inclinar,** *tr.* Desviar una cosa de su posición vertical. ‖ Ladear. ‖ Persuadir a una persona.
**Ínclito,** *adj.* Ilustre, célebre.
**Incluir.**\*
**Inclusa,** *f.* Casa donde se recogen a los niños abandonados por sus padres.

---

\*

INCENDIO, *m. Fuego grande que se va extendiendo cada vez más:* **El incendio destruyó muchas casas.**
    *Viene del latín* **incendere,** *que significa 'quemar, incendiar'.* ‖ *Deriv.:* **Encendedor, encender, incendiar, incendiario, incensar, incensario, incienso.**

INCLUIR, tr. *Poner, meter una cosa dentro de otra:* **Le incluyeron en la lista de socios.**
    *Viene del latín* **claudere,** *que significa 'cerrar'.* ‖ *Deriv.:* **Concluir, conclusión, concluyente, excluir, exclusión, exclusivo, inclusión, inclusive, ocluir, oclusión, recluir, reclusión, recluso.** ‖ *Contr.:* **Excluir.**

**Inclusero,** *adj.* Que lo abandonaron cuando era pequeño y ha sido criado en una inclusa.
**Inclusión,** *f.* Acto de meter una cosa dentro de otra. ‖ Contr.: **Exclusión.**
**Inclusive,** *adv.* Además, también.
**Incluso,** *prep.* Hasta. ‖ *adv.* Además, también. ‖ V. **incluir.**
**Incoar,** *tr.* Empezar, iniciar (un proceso o pleito).
**Incógnita,** *f.* Cantidad desconocida en un problema. ‖ Causa desconocida de un hecho.
**incógnito (De),** *m. adv.* Procurando pasar desapercibido y que la gente no se fije en él.
**Incoherente,** *adj.* Sin enlace lógico.
**Incoloro,** *adj.* Que no tiene color.
**Incólume,** *adj.* Sano, sin daño. ‖ Ileso. ‖ Contr.: **Lesionado.**
**Incombustible,** *adj.* Que no puede quemarse ni arder.
**Incomodar,** *tr.* Causar molestias a otro.
**Incomodidad,** *f.* Molestia. ‖ Falta de comodidad.
**Incómodo,** *adj.* Molesto, que carece de comodidad.
**Incomparable,** *adj.* Que no puede compararse con otra cosa. ‖ Distinto y mejor.
**Incomparablemente,** *adv.* Sin comparación posible.
**Incompatibilidad,** *f.* Diferencia esencial que hace que no puedan unirse dos cosas. ‖ Impedimento para ejercer una función determinada. ‖ Antipatía entre dos personas.
**Incompatible,** *adj.* Opuesto.
**Incomplejo,** *adj.* Se dice de los números que están expresados en una sola clase de medidas.
**Incompleto,** *adj.* Que no está completo.
**Incomprensible,** *adj.* Que no se puede comprender.
**Incomprensiblemente,** *adv.* De manera incomprensible.
**Incomprensión,** *f.* Falta de comprensión. ‖ No hacerse cargo de lo que piensan o de lo que necesitan los demás.
**Incomunicable,** *adj.* Que no se debe decir. ‖ Que no se puede comunicar.

**Incomunicado,** *adj.* Que no tiene comunicación con nadie.
**Inconcebible,** *adj.* Que no puede comprenderse. ‖ Extraordinario.
**Inconcluso,** *adj.* Que no está acabado de hacer.
**Incondicional,** *adj.* Absoluto, sin limitación ni condición.
**Incondicionalmente,** *adv.* De manera incondicional. ‖ Sin poner condiciones.
**Inconexión,** *f.* Falta de unión de una cosa con otra.
**Inconfesable,** *adj.* Malo. ‖ Una cosa que no debe comentarse, de tan mala como es.
**Inconfundible,** *adj.* Que no puede confundirse con otra cosa. ‖ Distinto.
**Incongruencia,** *f.* Falta de conveniencia o de oportunidad.
**Inconmensurable,** *adj.* Muy grande. ‖ Que no puede medirse.
**Inconmovible,** *adj.* Que no se conmueve, que no se altera.
**Inconquistable,** *adj.* Que no se puede conquistar. ‖ Que es muy difícil de conseguir.
**Inconsciencia,** *f.* Estado en que el hombre no se da cuenta de sus acciones o palabras. ‖ Falta de conciencia.
**Inconsciente,** *adj.* Que no se da cuenta de lo que hace.
**Inconscientemente,** *adv.* De manera inconsciente.
**Inconsolable,** *adj.* Que es muy difícil consolarle porque está muy apenado.
**Inconstante,** *adj.* Que cambia o varía con mucha facilidad y frecuencia.
**Inconsútil,** *adj.* Sin costuras (como era la túnica de Nuestro Señor Jesucristo).
**Incontable,** *adj.* Muy difícil de contar. ‖ Innumerable, numerosísimo.
**Incontestable,** *adj.* Que no se puede negar ni dudar. ‖ Indiscutible.
**Incontrastable,** *adj.* Que no se puede discutir o rebatir.
**Incontrovertible,** *adj.* Que nadie puede ponerlo en duda, que no admite discusión.
**Inconveniencia,** *f.* Incomodidad, no conveniente.
**Inconveniente,** *m.* Impedimento, obs-

táculo. ‖ adj. Que no conviene. ‖ V. **venir**.
**Incorporación,** f. Lo que se hace al incorporar.
**Incorporar,** tr. Juntar varias cosas para que formen algo. ‖ Levantar la parte superior de un cuerpo que estaba echado hasta dejarlo sentado o reclinado. ‖ r. Juntarse varias personas para formar un grupo. ‖ V. **cuerpo**.
**Incorpóreo,** adj. Sin cuerpo.
**Incorrección,** f. Descortesía. ‖ Falta de corrección.
**Incorrecto,** adj. Que no es correcto. ‖ Descortés, grosero.
**Incorrupto,** adj. Que no se ha corrompido ni podrido.
**Incredulidad,** f. Falta de fe. ‖ Repugnancia en creer una cosa.
**Incrédulo,** adj. Que no cree en los misterios de la religión. ‖ Que no cree con facilidad.
**Increíble,** adj. Que no puede creerse. ‖ Muy difícil de creer.
**Incrementar,** intr. Aumentar.
**Incremento,** m. Aumento.
**Increpar,** tr. Reprender con severidad.
**Incruento,** adj. Sin derramamiento de sangre.
**Incrustación,** f. Acción de incrustar.

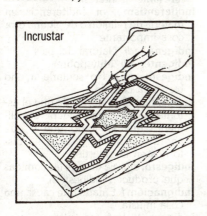
Incrustar

**Incrustar,** tr. Meter en una superficie lisa y dura piedras, metales, madera, etc., formando dibujos para que sirvan de adorno. ‖ Cubrir una superficie con una costura dura.
**Incubación,** f. Lo que hacen las aves al empollar sus huevos. ‖ Tiempo que transcurre entre la entrada en el organismo del germen de una enfermedad y la aparición de los primeros síntomas de la misma.
**Incubadora,** f. Máquina en donde se incuban huevos. Esta máquina les da calor durante 21 días y salen los pollitos como si los hubiera incubado la gallina.

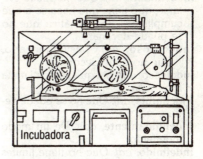
Incubadora

**Incubar,** intr. Empollar el ave los huevos para sacar sus pollitos.
**Inculcar,** tr. Imprimir una cosa en la mente a fuerza de repetirla.
**Inculpación,** f. Acusación.
**Incultivable,** adj. Que no puede cultivarse.
**Inculto,** adj. Que no está cultivado. ‖ Falto de cultura.
**Incumbencia,** f. Obligación. ‖ **Eso no es de tu incumbencia:** eso a ti no te debe importar.
**Incumbir,** imper. Estar a cargo de uno una cosa.
**Incumplido,** adj. No cumplido, no hecho.
**Incumplimiento,** m. Falta de cumplimiento.
**Incumplir,** tr. Dejar de cumplir una cosa.
**Incunable,** adj. Se dice de los libros primeros que se hicieron a imprenta.
**Incurable,** adj. Que no se puede curar. ‖ Que no tiene enmienda.
**Incurrir,** intr. Cometer una falta que merece castigo.
**Incursión,** f. Correría.
**Indagar,** tr. Averiguar.
**Indebido,** adj. Ilícito, prohibido. ‖ Que no debe hacerse.
**Indecencia,** f. Acto vergonzoso y despreciable.

**Indecente,** *adj.* Indecoroso, desvergonzado.
**Indecible,** *adj.* Que no se puede expresar.
**Indecisión,** *f.* Falta de resolución o decisión. ‖ El estar indeciso.
**Indeciso,** *adj.* Irresoluto, dudoso, incierto. ‖ Que no sabe uno lo que hacer.
**Indeclinable,** *adj.* Que no puede evitarse, que tiene que hacerse o que cumplirse. ‖ En gramática, que no se puede declinar.
**Indecoroso,** *adj.* Desvergonzado. ‖ Que no tiene decoro.
**Indefenso,** *adj.* Sin que nadie ni nada lo proteja.
**Indefinible,** *adj.* Que no se puede definir.
**Indefinidamente,** *adv.* De un modo indefinido.
**Indefinido,** *adj.* Que no tiene límites señalados. ‖ No definido.
**Indehiscente,** *adj.* Se le dice a todo aquel fruto que no se abra por sí solo para expulsar las semillas.
**Indeleble,** *adj.* Que no se puede borrar o quitar.
**Indeleblemente,** *adv.* De manera indeleble.
**Indemne,** *adj.* Sin daño.
**Indemnización,** *f.* Lo que se hace al indemnizar. ‖ Cantidad que se da para compensar de un daño o perjuicio.
**Indemnizar,** *tr.* Compensar o pagar un daño.
**Independencia,** *f.* Libertad. ‖ Entereza, firmeza de carácter.
**Independiente,** *adj.* Libre. ‖ Que no depende de otro. ‖ V. **depender.**
**Independientemente,** *adv.* Con independencia. ‖ Libremente.
**Independizarse,** *r.* Hacerse independiente.
**Indescifrable,** *adj.* Que no se puede descifrar.
**Indescriptible,** *adj.* Que no se puede describir.
**Indeseable,** *adj.* (Persona mala) que es mejor no tener trato con ella. ‖ Que por sus malas acciones es expulsado de un país, o de un pueblo, o de una ciudad.
**Indestructible,** *adj.* Que no se puede destruir.
**Indeterminación,** *f.* Vacilación. ‖ Falta de determinación. ‖ Falta de precisión.
**Indeterminado,** *adj.* No determinado. ‖ Indeciso.
**Indiano,** *adj.* Que vive en América, pero no ha nacido allí. ‖ Se llama así al que vuelve rico de América.
**Indicación,** *f.* Lo que se hace al indicar. ‖ Dato, informe, señal. ‖ V. **índice.**
**Indicador,** *adj.* Que indica o sirve para indicar.
**Indicar,** *tr.* Señalar. ‖ Enseñar a otro lo que busca. ‖ Dar a entender algo. ‖ V. **índice.**
**Indicativo,** *adj.* Que indica o sirve para indicar.
**Índice.\***
**Indicio,** *m.* Señal de una cosa.
**Indiferencia,** *f.* Estado de una persona a la que le da lo mismo una cosa que otra. ‖ Insensibilidad.
**Indiferente,** *adj.* Que siente indiferencia. ‖ Sin interés, que no es interesante ni interesa.
**Indiferentismo,** *m.* Indiferencia en materia de religión o de alguna otra cosa importante.
**Indígena,** *adj.* Natural del país.
**Indigente,** *adj.* Muy pobre.
**Indigestarse,** *r.* No sentarle a uno bien una comida.
**Indigestión,** *f.* El hecho de que el estómago no pueda digerir un alimento que se tomó uno y que ahora se le ha indigestado. ‖ Trastornos en la digestión.
**Indigesto,** *adj.* Se dice de las comidas que producen indigestión.
**Indignación,** *f.* Enfado que causa una cosa injusta.
**Indignar,** *tr.* Enfadar, irritar.
**Indigno,** *adj.* Malo, deshonroso, vil.

---
\*
Índice, m. Indicio o señal de una cosa: **El movimiento comercial es índice de riqueza.** ‖ Lista de los capítulos de un libro: **El índice viene al final.**
  Viene del latín **index,** que quiere decir 'indicador, tabla lista'. ‖ Deriv.: **Indicación, indicador, indicar, indicativo, indicio.**

**Indio,** *adj.* Natural de la India. || *m.* Piel roja americano. || Metal parecido al estaño.
**Indirecta,** *f.* Dicho o medio de que se vale uno para no decir claramente una cosa, y, sin embargo, darla a entender.
**Indirectamente,** *adv.* De manera indirecta.
**Indirecto,** *adj.* Que no va derechamente a un fin.
**Indisciplinado,** *adj.* Desobediente y rebelde.
**Indiscreción,** *f.* Sin discreción ni prudencia. || Dicho o hecho indiscreto.
**Indiscreto,** *adj.* Que obra sin discreción; con poca oportunidad.
**Indiscriminadamente,** *adv.* Sin discriminación. || Sin la debida discriminación.
**Indiscutible.***
**Indispensable,** *adj.* Necesario. || Forzoso, inevitable. || Que no se puede dispensar. || V. **dispensar.**
**Indisposición,** *f.* Falta de preparación para una cosa. || Alteración leve de la salud.
**Indispuesto,** *adj.* Que se siente algo malo.
**Indistintamente,** *adv.* Sin distinción.
**Individual,** *adj.* Que pertenece o se refiere al individuo. || Propio de una cosa.
**Individualismo,** *m.* Egoísmo en las relaciones con los demás.
**Individualista,** *adj.* Partidario del individualismo.
**Individualmente,** *adv.* Uno a uno. || De modo individual.
**Individuo,** *adj.* Indivisible. || *m.* Cada ser animal o vegetal, respecto de la especie a que pertenece. || Persona que pertenece a una clase o corporación. || Persona de quien no se sabe o no se quiere decir el nombre. || V. **dividir.**

**Indivisible,** *adj.* Que no se puede dividir.
**Indivisiblemente,** *adv.* De manera que no puede dividirse.
**Indócil,** *adj.* Indisciplinado, que no es dócil
**Indocumentado,** *adj.* Se dice del que no lleva documentos que prueban quién es él.
**Indoeuropeo,** *adj.* Que su origen es el mismo de muchos pueblos europeos y asiáticos. || *m.* Idioma primitivo de donde han derivado casi todos los idiomas de Europa y algunos de Asia.
**Índole,** *f.* Condición. || Modo de ser de cada uno.
**Indolente,** *adj.* Perezoso, negligente. || Que no duele.
**Indomable,** *adj.* Que no se puede domar.
**Indómito,** *adj.* Que no está domado. || Que no se puede domar. || Indócil.
**Indubitable,** *adj.* Indudable, seguro, cierto.
**Inducción,** *f.* Lo que se hace al inducir.
**Inducir,** *tr.* Persuadir.
**Indudable,** *adj.* Seguro, cierto. || Que no puede dudarse.
**Indudablemente,** *adv.* De modo indudable.
**Indulgencia,** *f.* Facilidad en perdonar las culpas o en conceder gracias. || Perdón que concede la Iglesia de las penas merecidas por los pecados.
**Indulgente,** *adj.* Pronto en perdonar y disimular las faltas.
**Indultar,** *tr.* Conceder un indulto.
**Indulto,** *m.* Perdón de la pena que había de pagarse por una falta o delito cometido.
**Indumentaria,** *f.* El traje, el vestido, el conjunto de las prendas de vestir.
**Industria.***

---

Indiscutible, adj. Que no se puede discutir: **Es indiscutible que el sol da calor.**
  Viene del latín **discutere,** que quiere decir 'decidir, disipar'. || Deriv.: **Discusión, discutible, discutir.** || Contr.: **Discutible.**
Industria, f. Maña o habilidad para hacer una cosa: **Siempre tiene alguna industria para salir de los apuros.** || Trabajo que sirve para la fabricación de

**Industrial,** *adj.* Que se refiere a la industria. ‖ *m.* El que se dedica a la industria. ‖ V. **industria.**

**Industrialización,** *f.* Lo que se hace al industrializar.

**Industrializar,** *tr.* Hacer que una cosa sea objeto de industria. ‖ Favorecer el desarrollo industrial de un país.

**Inédito,** *adj.* Que se ha escrito, pero no se ha publicado.

**Inefable,** *adj.* Que no se puede explicar con palabras.

**Ineficaz,** *adj.* Que no produce efecto. ‖ Que no es eficaz.

**Ineficazmente,** *adv.* Sin producir efecto. ‖ Sin eficacia.

**Ineludible,** *adj.* Que no puede evitarse.

**Inenarrable,** *adj.* Que no puede contarse. ‖ Indecible.

**Inepcia,** *f.* Estupidez, necedad.

**Inepto,** *adj.* Estúpido, necio.

**Inequívoco,** *adj.* Seguro. ‖ Que no admite equivocación.

**Inercia,** *f.* Propiedad que tienen los cuerpos de seguir moviéndose si van moviéndose, o de seguir parados si están parados. P. ej., cuando nos subimos a un autobús y arranca el autobús, todos los viajeros se mueven hacia atrás (hacia donde estaban antes). (Y si frena el autobús, todos se van hacia adelante, es decir, intentan seguir en movimiento.)

**Inerme,** *adj.* Que está sin armas.

**Inerte,** *adj.* Sin movimiento o sin vida.

**Inesperadamente,** *adv.* Sin esperarse.

**Inesperado,** *adj.* Que no se esperaba. ‖ V. **esperar.**

**Inestable,** *adj.* Sin estabilidad. ‖ Se dice del tiempo (clima) cuando varía mucho.

**Inestimable,** *adj.* Que no puede estimarse en todo su valor.

**Inevitable,** *adj.* Que no puede evitarse. ‖ V. **evitar.**

**Inexacto,** *adj.* Que no es exacto.

**Inexcusable,** *adj.* Que no puede excusarse.

**Inexistencia,** *f.* Falta de existencia. ‖ No existir.

**Inexistente,** *adj.* Se dice de lo que no existe.

**Inexorable,** *adj.* Duro, severo. ‖ Que no se conmueve con ruegos.

**Inexorablemente,** *adv.* De manera inexorable.

**Inexperto,** *adj.* Que no tiene experiencia. ‖ Que no sabe.

**Inexplicable,** *adj.* Que no puede explicarse.

**Inexplorado,** *adj.* Que todavía no lo ha explorado nadie.

**Inexpugnable,** *adj.* Que no se puede conquistar utilizando las armas.

**Inextenso,** *adj.* Que no ocupa sitio, que le pasa como al punto geométrico.

**Inextinguible,** *adj.* Que no puede apagarse.

**Inextricable,** *adj.* Difícil de desenredar. ‖ Muy confuso.

**Infalibilidad,** *f.* El no poder equivocarse ni engañar a otros.

**Infalible,** *adj.* Que no se equivoca, que no engaña.

**Infamante,** *adj.* Que infama, que deshonra.

**Infamar,** *tr.* Causar infamia. ‖ Deshonrar, avergonzar.

**Infame,** *adj.* Que carece de honra y de estimación. ‖ Muy malo.

**Infamia,** *f.* Deshonra. ‖ Maldad.

**Infancia,** *f.* Niñez, época de la vida humana que comprende los primeros años.

**Infanta,** *f.* Hermana de un príncipe o de una princesa.

**Infante,** *m.* Niño pequeño. ‖ Soldado de infantería. ‖ Hermano de un príncipe o princesa.

**Infantería.\***

---

\* productos: *La industria del hierro es muy importante en el norte de España.*

Viene del latín **industria,** *que significa* 'actividad, trabajo'. ‖ *Deriv.:* Industrial, industrialización, industrioso.

INFANTERÍA, *f.* Tropa que sirve a pie en la milicia: **Tras de la infantería viene la artillería.**

Viene del italiano **fante,** *que quiere decir* 'muchacho, mozo, criado'.

**Infantil,** adj. Que pertenece a la infancia o a los niños. ‖ Propio de la infancia.

**Infarto,** m. El quedarse parada la circulación de la sangre a causa de que se ha formado un coágulo en una arteria o en otra parte, pero que forma como un tapón.

**Infatigable,** adj. Que no se cansa.

**Infausto,** adj. Desgraciado, infeliz.

**Infección,** f. Penetración de microbios y enfermedad que producen.

**Infectar,** tr. Dañar, corromper, contagiar.

**Infecundo,** adj. No fecundo. ‖ No productivo. ‖ Árido.

**Infeliz,** adj. Desgraciado. ‖ Bondadoso y apocado.

**Inferior.\***

**Infernal,** adj. Del infierno. ‖ Muy malo, perverso.

**Infidelidad,** f. Falta de fidelidad, deslealtad.

**Infiel,** adj. Falto de fidelidad; desleal. ‖ Que no profesa la verdadera fe.

**Infierno,** m. Lugar destinado por Dios para castigo de los malos.

**Infiltrarse,** r. Meterse.

**Ínfimo,** adj. Inferior; muy bajo. ‖ Se dice de lo vil y despreciable.

**Infinidad,** f. Calidad de infinito. ‖ Gran número de personas o cosas.

**Infinitamente,** adv. De un modo infinito.

**Infinitivo,** m. Modo del verbo por el que se da nombre a éste.

**Infinito,** adj. Que no tiene fin. ‖ Que no tiene límites.

**Inflación,** f. Subida general de precios. ‖ Creación de papel moneda sin tener oro que lo garantice.

**Inflamable,** adj. Que se enciende muy pronto y muy rápido.

**Inflamación,** f. Lo que ocurre al inflamarse. ‖ Hinchazón en alguna parte del cuerpo.

**Inflamar,** tr. Encender una cosa produciéndose fuego. ‖ r. Acalorarse. ‖ Ponerse colorado.

**Inflar,** tr. Hinchar una cosa con aire o gas. ‖ Exagerar. ‖ r. Ensoberbecerse, envanecerse.

**Inflexible,** adj. Que no se puede doblar. ‖ Que por la firmeza de su carácter no se doblega ni desiste de sus propósitos.

**Inflexión,** f. Lo que se hace al doblar o inclinar. ‖ Torcimiento, cambio.

**Infligir,** tr. Imponer una pena.

**Inflorescencia,** f. Forma de estar colocadas las flores de una planta (pueden, p. ej., estar en forma de espiga).

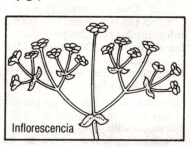

Inflorescencia

**Influencia,** f. Lo que se hace al influir. ‖ Influjo.

**Influenciar,** tr. Influir.

**Influenza,** f. Gripe.

**Influir.\***

---

\* INFERIOR, adj. Que está debajo de otra cosa: **La cocina está en la parte inferior de la casa.** ‖ Más pequeño, menos importante: **Teniente es un grado inferior a capitán.**
    Viene del latín **inferior,** que significa lo mismo que en castellano. ‖ Deriv.: **Inferioridad, infernal, infiernillo, infierno, ínfimo.** ‖ Contr.: **Superior.**

INFLUIR, tr. Contribuir a que unas cosas cambien por la acción de otras: **La alimentación influye en el crecimiento de los niños.** ‖ Tener importancia y dominio un hombre sobre otro: **Los sabios influyen en la vida de la humanidad.**
    Viene del latín **fluere,** que significa 'manar, escurrirse'. ‖ Deriv.: **Influencia, influjo, influyente.** ‖ De la misma palabra latina **fluere,** se derivan otras muchas palabras castellanas, como **afluencia, afluente, afluir, confluencia, confluir, fluctuación, fluencia, fluidez, fluir, flujo, flúor, fluorescencia, fluvial, superfluo.**

**Influjo,** m. Influencia.
**Influyente,** adj. Que influye. ‖ Que tiene poder para influir.
**Información,** f. Lo que se hace al informar. ‖ Investigación. ‖ Informe. ‖ V. **forma.**
**Informador,** adj. Que informa o entera de una cosa.
**Informal,** adj. Que no obra como había prometido o como tiene obligación de obrar. ‖ No formal.
**Informalidad,** f. Calidad de informal. ‖ Cosa mala por informal.
**Informar,** tr. Enterar de una cosa. ‖ Enseñar. ‖ Dar noticia. ‖ V. **forma.**
**Informática,** f. El conjunto de conocimientos científicos y técnicas que se ocupan del tratamiento de la información por medio de ordenadores electrónicos.
**Informativo,** adj. Que informa, que enseña, que entera.
**Informe,** m. Noticia o información. ‖ adj. Que no tiene forma. ‖ De forma fea o pesada. ‖ V. **forma.**
**Infortunado,** adj. Desgraciado.
**Infortunio,** m. Desgracia. ‖ Hecho desgraciado.
**Infracción,** f. Quebrantamiento de la ley o del orden.
**Infractor,** adj. Que no ha cumplido una ley o mandato.
**Infranqueable,** adj. Imposible de franquear, o muy difícil de franquear.
**Infrascrito,** m. El que firma al final de un escrito. ‖ adj. Que va dicho abajo o después de un escrito.
**Infringir,** tr. No cumplir una ley, un mandato o un trato.
**Infructuosamente,** adv. Sin sacar fruto ni provecho.
**Ínfulas,** f. pl. Orgullo, vanidad.
**Infundir,** tr. Causar un sentimiento o un impulso moral.
**Infusión,** f. Acción de echar el agua sobre el que se está bautizando. ‖ Líquido que resulta después de cocer en agua algunas hierbas medicinales.
**Infuso,** adj. Por una gracia especial de Dios.
**Infusorio,** adj. Se dice de los animalillos microscópicos que viven en los líquidos.
**Ingeniar,** tr. Inventar, imaginar. ‖ r. Inventarse uno un modo rápido de hacer bien una cosa.
**Ingeniero,** m. Persona que dirige la construcción de puentes, ferrocarriles, canales, puertos, máquinas, etcétera. ‖ V. **genio.**
**Ingenio,** m. Facultad del hombre para discurrir o inventar con prontitud y facilidad. ‖ Hombre dotado de esta facultad. ‖ Máquina, aparato mecánico.
**Ingenioso,** adj. Que tiene ingenio. ‖ Que está dicho o hecho con talento y prontitud.
**Ingente,** adj. Muy grande, enorme.
**Ingenuamente,** adv. Con ingenuidad. ‖ Con sencillez.
**Ingenuidad,** f. Sinceridad e inocencia en lo que se dice o hace.
**Ingenuo,** adj. Sincero y leal, pero cándido.
**Ingerencia (o injerencia),** f. Entrometimiento. ‖ Lo que se hace al ingerir.
**Ingerir,** tr. Introducir una cosa en otra. ‖ Tragar alimentos o medicinas. ‖ Entremeterse.
**Ingle,** f. Unión del muslo y el vientre.
**Inglés.\***
**Ingratitud,** f. Desagradecimiento, olvido de los beneficios recibidos. ‖ Acción ingrata.
**Ingrato,** adj. Desagradecido, que olvida los beneficios recibidos. ‖ Desapacible, desagradable.
**Ingrediente,** m. Cualquier cosa que entra con otras en la composición de un remedio, un guiso, una bebida, etc.

---
\*

INGLÉS, adj. *De Inglaterra:* **Turista inglés.** ‖ m. *Idioma de Inglaterra y de su antiguo imperio:* **Estudio inglés con un profesor nativo.**
 Es un derivado de la palabra **Inglaterra** (en su idioma, **England**; en latín, *ingleses* se dice *angli*). ‖ *Deriv.:* **Anglicanismo, anglicanizado, anglicano, anglo, angloamericano, anglomanía, anglosajón, inglesiano.**

**Ingresar.\***
**Ingreso,** *m.* Lo que se hace al ingresar. ‖ Entrada.
**Inhabilidad,** *f.* Torpeza. ‖ Falta de habilidad.
**Inhabilitar,** *tr.* Dejar a otro sin su empleo.
**Inhalar,** *tr.* Aspirar algunas medicinas buenas para las vías respiratorias.
**Inherente,** *adj.* Que por su naturaleza está de tal manera unido a otra cosa que no se puede separar.
**Inhibición,** *f.* Lo que se hace al inhibir o inhibirse.
**Inhibir,** *tr.* Impedir. ‖ *r.* Echarse para atrás en un asunto.
**Inhumar,** *tr.* Enterrar un cadáver.
**Iniciación,** *f.* Lo que se hace al iniciar o iniciarse algo. ‖ Comienzo.
**Inicial,** *adj.* Lo que pertenece al origen o principio de las cosas. ‖ *pl.* Las primeras letras de un nombre. ‖ V. iniciar.
**Iniciar.\***
**Iniciativa,** *f.* Acción de adelantarse a los demás en hablar u obrar. ‖ Cualidad personal que inclina a hablar u obrar antes que los demás.
**Inicuo,** *adj.* Contrario a la justicia. ‖ Malvado, injusto.
**Inigualado,** *adj.* Que no tiene igual.
**Inimaginable,** *adj.* Increíble. ‖ No imaginable.
**Inimitable,** *adj.* Que no se puede imitar.
**Ininteligible,** *adj.* Que no se entiende.
**Ininterrumpido,** *adj.* Continuado. ‖ Sin interrupción.

**Injertar,** *tr.* Ingerir en la rama o tronco de un árbol alguna parte de otro, en la cual ha de haber yema para que pueda brotar.
**Injerto,** *m.* Lo que se hace al injertar. ‖ Rama con yemas que se separa de un vegetal para unirla a otro.

Injerto

**Injuria,** *f.* Agravio. ‖ Ultraje. ‖ Daño que causa una cosa.
**Injuriar,** *tr.* Ofender a uno con obras o palabras. ‖ Dañar.
**Injurioso,** *adj.* Que ofende, que injuria.
**Injustamente,** *adv.* Sin razón. ‖ Con injusticia.
**Injusticia,** *f.* Acción contraria a la justicia. ‖ Falta de justicia. ‖ V. **justicia**.
**Injusto,** *adj.* Contrario a la justicia. ‖ No justo. ‖ Inmerecido. ‖ Falso, ilegal.
**Inmaculado.\***
**Inmaterial,** *adj.* Espiritual.
**Inmediación,** *f.* Calidad de inmedia-

---

\*
INGRESAR, intr. *Entrar:* **Ingresó en un instituto.** ‖ *Colocar, depositar:* **Ingreso dinero en el banco.**
    Viene del latín **ingredi,** que quiere decir 'entrar'. ‖ *deriv.:* **Ingrediente, ingreso.**
INICIAR, tr. *Empezar, comenzar una cosa:* **Iniciaron los trabajos para construir una casa.** ‖ *Instruir a uno en cosas importantes:* **Le inició en los secretos de la medicina.**
    Viene del latín **initium,** que quiere decir 'comienzo, principio'. ‖ *Deriv.:* **Iniciación, inicial, iniciativa, inicio.** ‖ *Contr.:* **Acabar, terminar.**
INMACULADO, adj. *Que no tiene mancha:* **Alma inmaculada o purísima.** ‖ f. *La Santísima Virgen María:* **El 8 de diciembre celebramos la fiesta de la Inmaculada Concepción.**
    Viene del latín **in-maculatus,** que significa 'sin mácula, sin mancha, puro, limpio'. ‖ *Deriv.:* **Inmaculadamente.**

to. ‖ Contorno. ‖ *pl.* Alrededores o afueras de una población.

**Inmediatamente,** *adv.* En seguida. ‖ Sin esperar nada. ‖ Seguido después de otro. ‖ V. **medio.**

**Inmediato,** *adj.* Seguido. ‖ Muy cercano. ‖ Instantáneo, al momento.

**Inmejorable,** *adj.* Muy bueno. ‖ Que no se puede mejorar.

**Inmemorial,** *adj.* De hace mucho tiempo. ‖ De muy antiguo. ‖ Tan antiguo que ya nadie se acuerda.

**Inmenso,** *adj.* Muy grande. ‖ Que no tiene medida. ‖ V. **medir.**

**Inmersión,** *f.* El meterse por dentro de un líquido, como hacen los submarinos.

**Inmigración,** *f.* El venir a vivir en un país desde otro país extranjero. ‖ Contr.: **Emigración.**

**Inmigrante,** *adj.* Que viene a vivir a una nación desde otra nación extranjera.

**Inminencia,** *f.* Calidad de inminente.

**Inminente,** *adj.* Que amenaza o está para suceder en seguida. ‖ Próximo a ocurrir.

**Inmiscuirse,** *r.* Meterse uno en donde uno no tiene por qué meterse; como entremeterse en una conversación ajena.

**Inmobiliario,** *adj.* Lo que se refiere a las casas y otros bienes inmuebles. ‖ *f.* (Inmobiliaria). Empresa constructora de casas y pisos.

**Inmoderado,** *adj.* Falto de moderación.

**Inmodestia,** *f.* Falta de modestia o recato. ‖ Falta de decencia o de humildad.

**Inmodesto,** *adj.* Que no tiene modestia, que no es modesto.

**Inmolar,** *tr.* Sacrificar.

**Inmoral,** *adj.* Que no es moral. ‖ Que se opone a las buenas costumbres.

**Inmoralidad,** *f.* Falta de buenas costumbres. ‖ Falta de moralidad. ‖ Acción inmoral.

**Inmortal,** *adj.* Que no puede morir. ‖ Que dura siempre.

**Inmortalidad,** *f.* Calidad de inmortal. ‖ Propiedad que tiene el alma: de no morir.

**Inmortalizar,** *tr.* Perpetuar una cosa en la memoria de los hombres.

**Inmóvil,** *adj.* Que no se mueve. ‖ Constante, firme, invariable.

**Inmovilidad,** *f.* Calidad de inmóvil. ‖ Quietud.

**Inmovilizar,** *tr.* Dejar inmóvil a una persona o cosa.

**Inmueble,** *adj.* Se dice de los bienes que no se pueden mover (p. ej., una casa).

**Inmundicia,** *f.* Suciedad, basura.

**Inmune,** *adj.* Libre de ciertos oficios, cargos o penas. ‖ No atacable por ciertas enfermedades.

**Inmunidad,** *f.* Resistencia que opone el cuerpo a una infección o enfermedad.

**Inmunizar,** *tr.* Vacunar.

**Inmunología,** *f.* Conjunto de los conocimientos científicos relativos a la inmunidad biológica.

**Inmutar,** *tr.* Alterar, variar una cosa.

**Innato,** *adj.* Que se tiene desde el nacimiento mismo.

**Innecesario,** *adj.* Inútil. ‖ No necesario.

**Innegable,** *adj.* Que no se puede negar.

**Innoble,** *adj.* Se dice de lo que es malo. ‖ Vil. ‖ Que no es noble.

**Innominado,** *adj.* Que no tiene nombre especial.

**Innovación,** *f.* Novedad que se introduce en una cosa.

**Innovador,** *adj.* Que trae innovaciones.

**Innumerable,** *adj.* Que no puede contarse. ‖ Muy numeroso.

**Innúmero,** *adj.* Innumerable.

**Inocencia,** *f.* Estado del alma que está limpia de culpa. ‖ Falta de culpabilidad. ‖ Candor, sencillez.

**Inocentada,** *f.* Engaño de broma.

**Inocente,** *adj.* Que no tiene culpa. ‖ Cándido, sin malicia, fácil de engañar.

**Inocuidad,** *adj.* Cualidad de inocuo. ‖ Falta de maldad para hacer daño.

**Inoculación,** *f.* Introducción en el cuerpo de una enfermedad contagiosa.

**Inocular,** *tr.* Comunicar por medios artificiales una enfermedad contagiosa. ‖ Contagiar. ‖ Pervertir, dañar.

**Inocuo,** adj. Que no hace daño. || Inofensivo. || Contr.: **Nocivo.**
**Inodoro,** adj. Que no huele a nada, que no tiene olor.
**Inofensivo,** adj. Que no puede ocasionar daño. || Incapaz de ofender.
**Inolvidable,** adj. Que no puede o no debe olvidarse.
**Inopia,** f. Pobreza.
**Inopinado,** adj. Que no se esperaba.
**Inoportunidad,** f. Falta de oportunidad.
**Inoportuno,** adj. Fuera de tiempo. || No oportuno.
**Inorgánico,** adj. Se le dice a los minerales, porque no tienen órganos para la vida. || Desordenado, en desorden.
**Inoxidable,** adj. Que no se puede oxidar.
**Inquebrantable,** adj. Que no puede quebrantarse o doblegarse.
**Inquietante,** adj. Que inquieta. || Que quita el sosiego.
**Inquietar,** tr. Atormentar, turbar. || Quitar el sosiego.
**Inquieto,** adj. Que no está tranquilo. || Preocupado, molesto, impaciente.
**Inquietud,** f. Falta de quietud o tranquilidad.
**Inquilino,** adj. Persona que ha tomado una casa o parte de ella en alquiler para habitarla.
**Inquirir,** tr. Averiguar, investigar, indagar.
**Inquisición,** f. Lo que se hace al inquirir. || Tribunal eclesiástico que inquiría y castigaba los delitos contra la fe.
**Inquisidor,** adj. Investigador. || Juez de la Inquisición.
**Inquisitorial,** adj. Que se refiere a la Inquisición. || Se dice de los procedimientos parecidos a los del Tribunal de la Inquisición.
**Inri,** m. Rótulo que lleva la Santa Cruz y que significa «Este es Jesús Nazareno, Rey de los judíos».
**Insaciable,** adj. Que no se harta nunca.
**Insaculación,** f. El hecho de poner una cosa en un saco o recipiente parecido.
**Insalivación,** f. El mezclarse la saliva y los alimentos.

**Insalubre,** adj. Malsano, que no es saludable.
**Insatisfactorio, ria,** adj. Que no produce satisfacción.
**Inscribir,** tr. Grabar letreros en metal, piedra, u otra materia. || Apuntar el nombre de una persona entre otras para un objeto determinado.
**Inscripción,** f. Lo que se hace al inscribir. || Escrito, grabado en piedra, metal, etc., en recuerdo de una persona o suceso importante. || V. **escribir.**
**Insecticida,** m. Sustancia que sirve para matar alguna clase de insectos perjudiciales.
**Insectívoro,** adj. Se dice de los animales que se alimentan de insectos. || Se dice también de algunas plantas que aprisionan a los insectos entre sus hojas.
**Insecto,** m. Animal artrópodo, generalmente pequeño y con seis patas como las hormigas, mariposas, escarabajos.

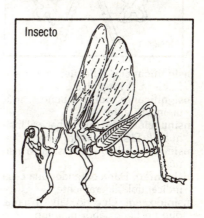
Insecto

**Inseguridad,** f. Falta de seguridad, de confianza, de protección.
**Inseguro,** adj. Falto de seguridad, de confianza.
**Insensato,** adj. Sin sentido. || Tonto, extravagante.
**Insensible,** adj. Que no experimenta sensación.
**Insensiblemente,** adv. De un modo insensible. || Poco a poco.
**Inseparable,** adj. Que no se puede separar. || Que está muy unido con otra cosa.

**Insepulto,** *adj.* Que es un cadáver que no está enterrado.
**Inserción,** *f.* Lo que se hace al insertar.
**Insertar,** *tr.* Incluir. || Introducir una cosa en otra.
**Inservible,** *adj.* Que no tiene utilidad, que no sirve.
**Insidioso,** *adj.* Que arma asechanzas. || Malicioso o dañino con apariencias inofensivas.
**Insigne,** *adj.* Famoso, célebre.
**Insignia,** *f.* Señal, distintivo. || Bandera de una legión romana. || Pendón, estandarte, emblema.

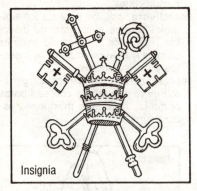
Insignia

**Insignificancia,** *f.* Pequeñez. || Insuficiencia. || Inutilidad.
**Insignificante,** *adj.* Pequeño. || Inútil, insuficiente.
**Insinuación,** *f.* Lo que se hace al insinuar. || El sugerir o dar a entender.
**Insinuante,** *adj.* Que se insinúa o insinúa.
**Insinuar,** *tr.* Dar a entender una cosa indicándola ligeramente.
**Insípido,** *adj.* Que no sabe a nada, que no tiene sabor ninguno.
**Insistencia,** *f.* Obstinación y porfía sobre una cosa. || V. **existir.**
**Insistente,** *adj.* Obstinado, que porfía, que insiste.
**Insistentemente,** *adv.* Con insistencia, con obstinación.

**Insistir,** *intr.* Instar repetidamente. || Persistir en una cosa. || V. **existir.**
**Insolación,** *f.* Enfermedad causada en la cabeza por tenerla expuesta al excesivo calor del sol.
**Insolencia,** *f.* Atrevimiento, descaro, desvergüenza.
**Insolentarse,** *r.* Mostrarse insolente.
**Insolente,** *adj.* Descarado, carota, desvergonzado.
**Insólito,** *adj.* Contrario a lo usual o acostumbrado. || Raro, que no es frecuente.
**Insoluble,** *adj.* Que no se disuelve.
**Insolvencia,** *f.* Incapacidad para pagar una deuda.
**Insomnio,** *m.* El no poder dormir, aunque se intente.
**Insondable,** *adj.* Que no se puede sondear. || Se dice del mar cuando no se le puede hallar el fondo mediante una sonda. || Que no se puede averiguar o saber a fondo.
**Insoportable,** *adj.* Insufrible, intolerable. || Muy molesto. || Incómodo.
**Insospechado,** *adj.* No sospechado.
**Insostenible,** *adj.* Absurdo.
**Inspección.**\*
**Inspeccionar,** *tr.* Examinar, vigilar, cuidar de una cosa.
**Inspector,** *adj.* Que cuida, examina y vigila una cosa.
**Inspiración,** *f.* Lo que se hace al inspirar el aire y entrarlo en los pulmones. || Especie de luz interior que facilita la producción de obras artísticas o científicas.
**Inspirar,** *tr.* Aspirar, introducir el aire en nuestros pulmones. || Infundir en el ánimo afectos, ocurrencias, etcétera.
**Instalación,** *f.* Lo que se hace al instalar. || Conjunto de aparatos, tubos y cosas por donde pasa el agua, o la electricidad, o el gas, etc., de las casas.

---

\* INSPECCIÓN, f. *Lo que se hace al inspeccionar:* **Hicieron una inspección muy detenida.** || *Cargo y cuidado de velar por una cosa:* **La Inspección de Enseñanza Primaria.** || *Oficina o despacho del inspector:* **A la entrada de la población está la Inspección de Arbitrios.**
  *Viene del latín* **inspicere,** *que significa 'mirar adentro'.* || *Deriv.:* **Inspeccionar, inspector.**

**Instalar.***
**Instancia.***
**Instantáneo,** *adj.* Que dura un instante. || Que se produce bruscamente. || Momentáneo, breve.
**Instante,** *m.* Tiempo muy corto. || V. **instancia.**
**Instar,** *tr.* Repetir una súplica o petición. || *intr.* Urgir la pronta ejecución de una cosa.
**Instauración,** *f.* Lo que se hace al instaurar.
**Instaurar,** *tr.* Establecer. || Restaurar.
**Instigación,** *f.* Incitación. || Impulso.
**Instigar,** *tr.* Incitar a otro para que haga algo.
**Instilación,** *f.* Lo que se hace al instilar.
**Instilar,** *tr.* Echar poco a poco, gota a gota.
**Instintivamente,** *adv.* Rápidamente, por instinto, sin darse ni cuenta.
**Instintivo,** *adj.* Que nace del instinto.
**Instinto,** *m.* Impulso natural. || Sentimiento interior, independiente de la razón, que dirige a los animales en sus acciones.
**Institución.***
**Institucional,** *adj.* Que pertenece o se refiere a la institución.
**Instituir,** *tr.* Establecer algo de nuevo; dar principio a una cosa.
**Instituto,** *m.* Orden religiosa. || Corporación científica, literaria o artística. || Establecimiento oficial de segunda enseñanza, en España y en otros países. || V. **institución.**

**Institutriz,** *f.* Maestra encargada de la educación o instrucción de uno o varios niños en una casa particular.
**Instrucción,** *f.* Lo que se hace al instruir o instruirse. || El conjunto de conocimientos que se adquieren gracias a una enseñanza. || *pl.* Normas y advertencias. || V. **construir.**
**Instructivo,** *adj.* Que instruye o que enseña.
**Instructor,** *adj.* Que instruye, que enseña.
**Instruido,** *adj.* Que sabe, que tiene bastante instrucción.
**Instruir,** *tr.* Enseñar, dar lecciones. || Informar de una cosa. || V. **construir.**
**Instrumentación,** *f.* El hecho de arreglar una composición musical para varios instrumentos.
**Instrumental,** *adj.* Que se refiere a los instrumentos músicos. || Que pertenece a los instrumentos o escrituras públicas. || *m.* Conjunto de instrumentos.
**Instrumento,** *m.* Máquina o herramienta que sirve para realizar un determinado trabajo. || Escritura o documento con que se prueba alguna cosa.
**Insubordinación** || Rebeldía.
**Insubstancial,** *adj.* Insignificante.
**Insuficiencia,** *f.* Falta de capacidad o de inteligencia. || Escasez de una cosa.
**Insuficiente,** *adj.* Que no basta. || No suficiente. || Escaso.
**Insufrible,** *adj.* Que no se puede su-

---

*
INSTALAR, tr. *Colocar, poner:* **Instalaron la luz eléctrica.** || *Poner en posesión de un empleo o cargo:* **Le instalaron como presidente de la sociedad.**
  *Viene del francés* **installer,** *que significa 'establecer a una persona en el lugar adecuado'.* || *Deriv.:* **Instalación.**
INSTANCIA, f. *Solicitud, petición por escrito:* **Presentó una instancia.** || *Instancia, el repetir muchas veces lo mismo:* **Le pidió con instancia que le favoreciera.**
  *Viene del latín* **instare,** *que significa 'estar encima de algo'.* || *Deriv.:* **Instantáneo, instante, instar.**
INSTITUCIÓN, f. *Lo que se hace al instituir:* **Asistieron a la institución de una escuela.** || *Cosa establecida o fundada:* **Institución de beneficencia.**
  *Viene del latín* **statuere,** *que significa 'organizar, disponer, colocar'.* || *Deriv.:* **Institucional, instituir, instituto, institutriz.** || *De la misma raíz latina* **statuere,** *se derivan muchas palabras castellanas, como:* **Constitución, constitucional, constituir, constituyente, destitución, destituir, restitución, restituir, sustitución, sustituir, sustituto.** || *Contr.:* **Destitución.**

frir. ‖ Muy difícil de sufrir. ‖ Insoportable.

**Ínsula,** *f.* Isla. ‖ Población pequeña sobre la que mandará siempre el mismo.

**Insular,** *adj.* De una isla.
**Insulina,** *f.* Una sustancia que produce el páncreas y que si la produce en pequeña cantidad, la persona se pone diabética (con azúcar en la sangre).
**Insulso,** *adj.* Soso, sin gracia, sin sabor.
**Insultar,** *tr.* Ofender a uno, provocándole, con palabras o acciones.
**Insuperable,** *adj.* Que no se puede superar. ‖ Excelente, extraordinario.
**Insurrección,** *f.* Sublevación de todo un pueblo, región o país contra el que manda.
**Insurrecto,** *adj.* Rebelde.
**Insustituible,** *adj.* Que no puede sustituirse.
**Intacto,** *adj.* Que no se ha tocado. ‖ Entero, completo.
**Intachable,** *adj.* Que no admite o no merece tacha o censura.
**Intangible,** *adj.* Que no debe o no puede tocarse.
**Integral,** *adj.* Entero, completo.
**Integralmente,** *adv.* De un modo integral. ‖ Totalmente.
**Íntegramente,** *adv.* Enteramente. ‖ Con integridad.
**Integrante,** *adj.* Que integra. ‖ Componente de un todo.

**Integrar,** *tr.* Componer, formar algo con todas sus partes. ‖ V. **entero.**
**Integridad,** *f.* Calidad de íntegro. ‖ Entereza. ‖ Totalidad.
**Íntegro,** *adj.* Que no le falta ninguna de sus partes. ‖ Entero. ‖ Desinteresado, recto. ‖ V. **entero.**
**Intelecto,** *m.* Entendimiento, la inteligencia.
**Intelectual,** *adj.* Que se relaciona con el entendimiento. ‖ Espiritual o sin cuerpo. ‖ (Persona) que se dedica al cultivo de las ciencias y las letras.
**Inteligencia\***
**Inteligente,** *adj.* Sabio. ‖ Que tiene inteligencia. ‖ V. **inteligencia.**
**Inteligible,** *adj.* Que se entiende bien, que se puede entender bien.
**Intemperie,** *f.* Destemplanza o desigualdad del tiempo. ‖ **A la intemperie,** *adv.* A cielo descubierto, sin techo.
**Intempestivo,** *adj.* Que está fuera de tiempo. ‖ Que no se hace en momento oportuno.
**Intención,** *f.* Deseo o voluntad de hacer una cosa. ‖ Instinto dañino. ‖ V. **tender.**
**Intencionadamente,** *adv.* Con intención.
**Intencionado,** *adj.* Que tiene alguna intención.
**Intendencia,** *f.* Dirección y cuidado de la economía de algunos asuntos. ‖ Empleo del intendente. ‖ Oficina del intendente.
**Intendente,** *m.* Administrador económico.
**Intensamente,** *adv.* Con intensidad.
**Intensidad,** *f.* Grado de energía o fuerza de una cosa. ‖ V. **tender.**
**Intensificación,** *f.* Lo que se hace cuando se intensifica. ‖ Aumento en intensidad.
**Intensificar,** *tr.* Hacer que una cosa adquiera intensidad.
**Intensivo,** *adj.* Que intensifica.
**Intenso,** *adj.* Muy fuerte. ‖ Muy vehemente. ‖ V. **tender.**

---

\*
INTELIGENCIA, f. *Facultad que tiene el hombre para conocer las cosas:* **Tiene mucha inteligencia.**
    *Viene de dos palabras latinas,* **intus, legere,** *que quieren decir 'leer dentro, coger, escoger'.* ‖ *Deriv.:* **Intelección, intelectivo, intelecto, intelectual, inteligente, inteligible.**

**Intentar,** tr. Tener el propósito de hacer una cosa. || Procurar o pretender. || Tantear la ejecución de una cosa. || V. **tender.**
**Intento,** m. Propósito o intención. || Cosa que se intenta.
**Intentona,** f. Intento temerario.
**Interamericano, na.** adj. Relativo a cualquier clase de relaciones multilaterales entre países americanos.
**Intercalar,** tr. Poner una cosa entre otras.
**Intercambio,** m. Cambio mutuo entre dos cosas. || Cambio cultural, o comercial, efectuado entre dos países.
**Interceder,** tr. Pedir que le den algo a otro.
**Interceptar,** tr. Apoderarse de una cosa antes de que llegue a su destino. || Detener una cosa que va de camino. || Interrumpir, obstruir una vía de comunicación.
**Intercesor,** adj. Que ruega por otro para alcanzarle una gracia o librarle de un mal.
**Intercontinental,** adj. Que pone en comunicación a dos o más continentes.
**Intercostal,** adj. Que está entre las costillas.
**Interdisciplinario, ria,** adj. Dícese de los estudios u otras actividades que se realizan mediante la cooperación de varias disciplinas.
**Interés.\***
**Interesado,** adj. Que tiene interés en una cosa. || Que se deja llevar del interés o egoísmo.
**Interesante,** adj. Que interesa o despierta interés. || V. **interés.**
**Interesar,** tr. o intr. Tener interés en una cosa. || Dar parte a uno en un negocio. || Importar. || Inspirar interés a una persona. || Cautivar la atención. || V. **interés.**
**Interferencia,** f. Lo que se hace al interferir. || El mezclarse y chocar unos movimientos o fuerzas con otros.
**Interino,** adj. Que está ejerciendo su cargo en sustitución de su dueño.
**Interior,** adj. Que está muy adentro. || Se dice así de la habitación o cuarto que no tiene vistas a la calle. || m. El alma. || V. **entre.**
**Interjección,** f. Palabra que expresa alguna impresión súbita y repentina, como asombro, dolor, sorpresa, etc.
**Interlocutor,** adj. Cada una de las personas que toman parte en un diálogo.
**Intermediario,** adj. Que media entre dos o más personas para algún negocio.
**Intermedio,** adj. Que está entre dos lugares o entre dos tiempos. || m. Descanso. || V. **medio.**
**Interminable,** adj. Que dura mucho tiempo. || Que no tiene término.
**Intermitencia,** f. Interrupción y vuelta a empezar, y así muchas veces.
**Intermitente,** adj. Que se interrumpe y vuelve a empezar alternativamente.
**Internacional,** adj. (Lo) que se refiere a dos o más naciones. || V. **nacer.**
**Internado,** m. Colegio de alumnos internos.
**Internar,** tr. Meter a personas o animales en una casa o en otro lugar cerrado.
**Interno,** adj. Que está dentro. || Interior. || (Alumno) que vive dentro del colegio. || V. **entre.**
**Interpelar,** tr. Dirigir la palabra a uno para que dé algo. || Exigir explicaciones sobre un hecho.
**Interplanetario,** adj. Se le dice al espacio que hay entre los distintos planetas.
**Interpolar,** tr. Poner una cosa entre otras que hacen los polos o extremos.

---

\* INTERÉS, m. Provecho, utilidad o ganancia: **La finca produce mucho interés.** || Ganancia producida por el dinero prestado: **Por el préstamo cobra intereses muy altos.** || Inclinación o afición hacia alguna cosa o persona: **Tiene interés por ella.**
　　Viene del latín **interesse,** que significa 'interesar'. || Deriv: **Desinterés, desinteresado, interesado, interesante, interesar.** || Contr: **Desinterés.**

**Interponer,** tr. Poner una cosa entre otras. ‖ r. Ponerse en medio.
**Interposición,** f. Lo que se hace al interponer o interponerse.
**Interpretación,** f. Lo que se hace cuando se interpreta. ‖ Explicación. ‖ Traducción, sentido o significado. ‖ V. **interpretar.**
**Interpretar.***
**Interpretativo,** adj. Que sirve para interpretar una cosa.
**Intérprete,** com. Persona que interpreta. ‖ Persona que traduce de viva voz de un idioma a otro.
**Interpuesto,** adj. Que se interpone. ‖ Puesto entre otras cosas.
**Interregno,** m. Tiempo durante el cual un país está sin soberano.
**Interrogación,** f. Pregunta. ‖ Signo ortográfico (¿ ?) que se pone al principio y al fin de una frase interrogativa.
**Interrogante,** adj. Que interroga. ‖ m. Pregunta.
**Interrogar,** tr. Preguntar.
**Interrogativo,** adj. Que indica interrogación.
**Interrogatorio,** m. Serie de preguntas que se dirigen a un acusado.
**Interrupción,** f. Lo que se hace cuando se interrumpe. ‖ Pausa.
**Interrumpir,** tr. Impedir la continuación de una cosa. ‖ Cortar la palabra a uno.
**Intersección,** f. El punto donde se cruzan dos líneas.
**Intervalo,** m. Distancia que hay de un tiempo a otro o de un lugar a otro.
**Intervención,** f. Lo que se hace al intervenir. ‖ Tratamiento. ‖ Operación. ‖ V. **venir.**
**Intervenir,** intr. Tomar parte en un asunto. ‖ Interponer uno su autoridad. ‖ Mediar. ‖ Operar a un enfermo. ‖ V. **venir.**
**Interventor,** adj. Que interviene. ‖ m. Empleado que autoriza y fiscaliza ciertas operaciones con el fin de que se hagan con legalidad.
**Interviú,** f. Entrevista que tiene un periodista con una persona, y que después cuenta por escrito.
**Intestinal,** adj. (Lo) que se refiere a los intestinos.
**Intestino,** m. Especie de tubo blando con muchas vueltas que hay en el vientre.

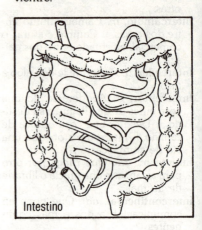
Intestino

**Íntimamente,** adv. Con intimidad. ‖ V. **entre.**
**Intimar,** intr. Ir haciéndose cada vez más amigos.
**Intimidad,** f. Amistad muy grande. ‖ Parte más reservada o personal de las cosas de una persona, una familia o un grupo. ‖ V. **entre.**
**Intimidar,** tr. Amenazar a otro causándole miedo (con lo que le digamos).
**Íntimo,** adj. Interior, interno. ‖ Se dice de la amistad muy estrecha y del amigo muy querido y de confianza.
**Intocable,** adj. Que no se puede tocar. ‖ Que no se deja corromper aceptando regalos.

---

*
INTERPRETAR, tr. *Explicar el sentido de una cosa:* **Interpretó los jeroglíficos.** ‖ *Traducir de un idioma a otro:* **Interpretó lo escrito en griego.** ‖ *Encontrar el verdadero sentido de las palabras de otra persona:* **Tú no has interpretado bien.** ‖ *Representar un teatro; o ejecutar una música:* **¡Qué bien lo están interpretando!**
Viene del latín **interpres,** que significa 'mediador, intérprete'. ‖ Deriv.: **Interpretación, intérprete.**

**Intolerable,** adj. Que no se puede permitir o tolerar.
**Intolerancia,** f. Falta de tolerancia.
**Intoxicarse,** r. Envenenarse un poco el organismo por haber tomado alguna sustancia en malas condiciones; o por haber tomado una droga.
**Intramuscular,** adj. Se dice de las inyecciones que han de ponerse en los músculos (no en las venas).
**Intranquilidad,** f. Inquietud. || Falta de tranquilidad.
**Intranquilizar,** tr. Inquietar, quitar la tranquilidad.
**Intranquilo,** adj. Inquieto, falto de tranquilidad.
**Intransferible,** adj. No transferible.
**Intransigente,** adj. Que no transige. || Arisco. || Insoportable, intolerable.
**Intransitable,** adj. Se dice así del sitio o lugar por donde no se puede transitar o caminar.
**Intransitivo,** adj. Se dice del verbo que no lleva complemento directo.
**Intrascendente,** adj. Que tiene poca importancia. || Sin trascendencia.
**Intratable,** adj. No tratable. || Insociable, arisco, grosero.
**Intravenoso,** adj. Que se inyecta en las venas.
**Intrépido,** adj. Que no tiene miedo; valiente, atrevido.
**Intriga,** f. Enredo o embrollo que se hace para conseguir algo sin que otros se den cuenta. || **De intriga:** De emoción.
**Intrigar,** intr. Hacer intrigas. || tr. Emocionar.
**Intrínseco,** adj. Interno, esencial.
**Intríngulis,** f. La causa o intención que estaba oculta.
**Introducir,** tr. Hacer entrar. || Meter una cosa en otra. || V. **conducir.**
**Introductor,** adj. Que introduce.
**Introito,** m. El principio de la santa misa.
**Intromisión,** f. Lo que se hace al entrometerse. || Lo que hace una persona cuando se mete donde no le importa.
**Introvertido,** adj. Encerrado en sí mismo.
**Intruso,** adj. Que se introduce donde no tiene derecho.
**Intuición,** f. El intuir una cosa.
**Intuir,** tr. Percibir claramente y muy rápido una idea o una verdad, y tal como si la tuviéramos delante.
**Inundación,** f. Desbordamiento de los ríos que inundan los terrenos próximos. || Multitud excesiva de una cosa.
**Inundar,** tr. Salirse el agua de los ríos y llenar los campos o ciudades.
**Inusitado,** adj. Que no es frecuente, que no es corriente.
**Inútil,** adj. No útil. || Que no sirve para nada.
**Inutilidad,** f. Calidad de inútil.
**Inutilización,** f. Lo que se hace al inutilizar. || El estropear una cosa.
**Inutilizar,** tr. Anular. || Dejar sin utilidad o uso una cosa.
**Inútilmente,** adv. Sin utilidad.
**Invadir.\***
**Invalidar,** tr. Hacer que no valga una cosa.
**Inválido,** adj. Que no puede moverse. || Que no tiene fuerza ni vigor, que está muy débil. || Que no vale.
**Invariable,** adj. Que no cambia, que no varía.
**Invariablemente,** adv. Sin variación.
**Invasión,** f. Lo que se hace al invadir. || Entrada violenta de los enemigos en nuestro país.
**Invasor,** adj. Que invade.
**Invencible,** adj. Que no puede ser vencido.
**Invención,** f. Lo que se hace al inventar. || Descubrimiento, cosa inventada. || V. **venir.**
**Inventar,** tr. Hallar o descubrir una cosa nueva. || Imaginar, crear su obra el poeta o el artista. || Fingir hechos falsos. || Levantar embustes. || V. **venir.**

---

\*
INVADIR, tr. *Entrar por la fuerza en alguna parte:* **Las aguas invadieron el pueblo.**
  Viene del latín **vadere,** *que significa 'ir'.* || *Deriv.:* **Invasión, invasor.** || *De la misma raíz latina se derivan:* **Evadir, evasión, evasiva.**

**Inventario,** m. Lista de los bienes de una persona o de una comunidad.
**Invento,** m. Invención, descubrimiento, cosa inventada.
**Inventor,** adj. Que inventa o descubre algo.
**Invernadero,** m. Sitio cómodo para pasar el invierno y destinado a este fin. || Lugar destinado para que pasten los ganados durante el invierno. || Lugar cubierto y abrigado artificialmente para defender las plantas de la acción del frío.

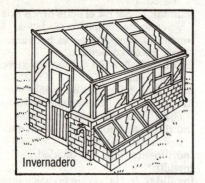
Invernadero

**Invernal,** adj. Que pertenece al invierno.
**Inverosímil,** adj. Que no parece verdad.
**Inversamente,** adv. A la inversa. || Al revés, al contrario.
**Inversión,** f. Lo que se hace al invertir.
**Inverso,** adj. Cambiado, trastornado.
**Invertebrado,** adj. Se le dice a cada uno de los animales que no tienen huesos.
**Invertido,** adj. Vuelto del revés, puesto al revés.
**Invertir,** tr. Cambiar, alterar el orden de las cosas. || Hablando de dinero, gastarlo o emplearlo en algo productivo. || Refiriéndose al tiempo, emplearlo u ocuparlo.
**Investidura,** f. Lo que se hace al investir. || Carácter que se adquiere con la toma de posesión de ciertos cargos o dignidades.
**Investigación.***
**Investigador,** adj. Que investiga. || V. **investigación.**
**Investigar,** tr. Hacer todo lo posible y necesario para descubrir una cosa. || Indagar, registrar.
**Investir,** tr. Conceder una dignidad o cargo importante.
**Invicto,** adj. Que no ha sido vencido.
**Invierno.***
**Inviolado,** adj. Que se conserva en toda su integridad y pureza. || Que nunca ha sido violado.
**Invisible,** adj. Que no puede verse.
**Invitación,** f. Lo que se hace cuando se invita. || Tarjeta con que se invita.
**Invitado,** m. Persona que ha recibido invitación.
**Invitar.***
**Invocación,** f. Lo que se hace al invocar.
**Invocar,** tr. Pedir ayuda. || Llamar a uno para que nos auxilie. || Acogerse a una ley, costumbre o razón.

---

*
INVESTIGACIÓN, f. *Lo que se hace cuando se trata de descubrir una cosa oculta o escondida:* **Los policías hicieron una investigación detenida.**
    *Viene del latín* **vestigium,** *que quiere decir 'huella'.* || *Deriv.:* **Investigador, investigar.** || *De la misma palabra latina* **vestigium** *se deriva el castellano* **vestigio.**

INVIERNO, m. *Estación del año que comienza el 22 de diciembre y acaba el 21 de marzo:* **El invierno es la estación más fría en el hemisferio norte, y la estación más calurosa en el hemisferio sur de la Tierra.**
    *Viene del latín* **hivernum,** *que significa 'invierno'.* || *Deriv.;* **Invernada, invernadero, invernal, invernar, invernizo.**

INVITAR, tr. *Convidar:* **Le invitaron a comer.** || *Decir a uno que haga algo:* **Le invitaron a entrar en casa.**
    *Viene del latín* **invitare,** *que significa 'invitar'.* || *Deriv.:* **Invitación, invitado.** || *De la misma raíz latina se derivan* **convidado, convidar, convite, envidar, envite.**

**Involuntariamente,** adv. Sin voluntad ni consentimiento.
**Involuntario,** adj. No voluntario: sin consentimiento, sin querer.
**Inyección.***
**Inyectar,** tr. Introducir un líquido en el cuerpo con un instrumento adecuado.
**Ión,** m. Átomo o molécula con carga eléctrica.
**Ir.***
**Ira,** f. Indignación, enojo. ‖ Deseo de venganza. ‖ Furia.
**Iracundo,** adj. Propenso a la ira. ‖ Dominado por la ira.
**Irascible,** adj. Que se irrita con facilidad.

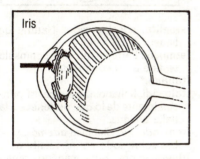

Iris

**Iris,** m. Arco de colores que se forma cuando los rayos del sol se descomponen al atravesar el agua de lluvia. ‖ Círculo de color en el centro de la superficie exterior del ojo.
**Irisación,** f. Brillo de varios colores, que se produce en algunas superficies muy lisas de metales, agua, etcétera.

**Irlandés,** adj. Natural de Irlanda. ‖ m. Lengua de los irlandeses.
**Ironía,** f. Burla fina que consiste en dar a entender lo contrario de lo que se dice.
**Irónicamente,** adv. Con ironía.
**Irracional,** adj. Que carece de razón.
**Irracionalidad,** f. Calidad de irracional.
**Irradicar,** tr. Despedir rayos de luz o calor en todas direcciones.
**Irreal,** adj. Que no es real.
**Irrealizable,** adj. Que no se puede realizar.
**Irreconciliable,** adj. Se llama así al que no quiere volver a la paz y amistad con otro.
**Irredentismo,** m. Doctrina política según la cual un país debe comprender también las comarcas, situadas fuera de sus fronteras, que tienen sus mismas costumbres y lengua.
**Irredentista,** adj. Partidario del irredentismo como actitud política.
**Irreductible,** adj. Que no se puede reducir.
**Irrefrenable,** adj. Que no se puede refrenar.
**Irregular,** adj. Que no es regular. ‖ Que no sucede comúnmente.
**Irregularidad,** f. Calidad de irregular. ‖ Cosa irregular.
**Irreligiosidad,** f. Falta de religiosidad en una persona.
**Irremediablemente,** adv. Sin remedio, sin poderse evitar.
**Irreparable,** adj. Que no se puede reparar. ‖ Que no se puede remediar o arreglar.
**Irreprochable,** adj. Que no se puede

---

*

INYECCIÓN, f. Lo que se hace al inyectar: **Ponía muy mal las inyecciones.** ‖ Líquido que se inyecta: **Le pusieron una inyección de vitaminas.**
 Viene del latín **jacere,** que significa 'arrojar'. ‖ Deriv.: **Inyectar.** ‖ De la misma raíz latina se derivan **adjetivo, abyección, conjetura, conjeturar, interjección, objeción, objetar, objetivo, objeto, proyección, proyectar, proyecto, subjetivismo, subjetivo, sujetar, sujeto, trayecto, trayectoria.**

IR, intr. Moverse de un lugar para ponerse en otro: **El tren va de Madrid a Burgos.** ‖ Extenderse una cosa, ocupar determinado espacio: **España va de los Pirineos hasta el estrecho de Gibraltar.** ‖ Estar apostada una cantidad en juego: **Van diez pesetas.** ‖ r. Morirse o estarse muriendo: **El abuelo se va poco a poco.** ‖ Salirse un líquido de la vasija donde está: **Este botijo se va.**
 Viene del latín **ire,** que quiere decir 'ir'. ‖ Deriv.: **Adición, circuir, circuito, ida, ido, preterición, preterir, pretérito.** ‖ Contr.: **Venir.**

reprochar o reconvenir. ‖ Que no se debe censurar.
**Irresistible,** *adj.* Que no se puede resistir o contener.
**Irresistiblemente,** *adv.* Sin poderse resistir.
**Irresponsable,** *adj.* Se dice de la persona a quien no se puede exigir responsabilidad.
**Irrevocable,** *adj.* Que no se puede revocar. ‖ Que no se quiere revocar.
**Irrigación,** *f.* El acto de regar. ‖ El rociar con un líquido medicinal alguna parte interior y abierta del cuerpo.
**Irrisorio,** *adj.* Que provoca la risa, ridículo.
**Irritable,** *adj.* Que se irrita con facilidad.
**Irritación,** *f.* El irritarse y ponerse irritado.
**Irritante,** *adj.* Que irrita.
**Irritar,** *tr.* Encolerizar, enfadar mucho. ‖ Causar inflamación y dolor en una parte del cuerpo.
**Irrumpir,** *intr.* Entrar violentamente en un lugar.
**Isabelino,** *adj.* De la reina Isabel.
**Isidro,** *adj.* Se le dice a todo forastero que asiste a las fiestas de San Isidro, patrón de Madrid.
**Isla,** *f.* Porción de tierra rodeada de agua por todas partes.
**Islam,** *m.* El islamismo.
**Islamismo,** *m.* La doctrina de Mahoma.
**Isleño,** *adj.* Natural de una isla. ‖ Que pertenece a una isla.
**Islote,** *m.* Isla pequeñita.
**-ismo.** Sufijo que entra en la formación de algunas palabras españolas con el significado de «doctrina», «sistema», «modo» o «partido».

**Isósceles,** *adj.* Se le dice al triángulo que tiene dos ángulos iguales (también tiene dos lados iguales).
**Isquión,** *m.* Hueso de la parte baja de las caderas, sobre el que nos apoyamos al sentarnos.

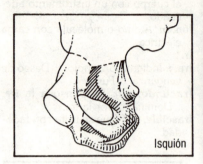

Isquión

**Israelita,** *adj.* Hebreo. ‖ Natural de Israel.
**Istmo,** *m.* Parte en que una península se une a un continente.
**Italiano.**\*
**Italo,** *adj.* Italiano. ‖ Se dice así principalmente de lo que pertenece a la Italia antigua.
**Ítem,** *adv. lat.* Significa *además,* y se usa sobre todo en las escrituras.
**Itinerario,** *m.* Ruta, camino, dirección, recorrido. ‖ Descripción de un camino indicando los lugares por donde se ha de pasar.
**Izar,** *tr.* Hacer subir una cosa colgada de una cuerda tirando de esa cuerda.
**Izquierda,** *f.* Mano zurda o izquierda. ‖ Hablando de partidos políticos, el más exaltado.
**Izquierdista,** *f.* Partidario de la izquierda.
**Izquierdo.**\*

---

\*
Italiano, *adj. De Italia:* **Arte italiano.** ‖ m. *Lengua o idioma de esta nación europea:* **El idioma italiano es agradable y dulzón.**
  *Se deriva de la palabra* **Italia,** *y ésta de* **Italus,** *que fue el rey que dio su nombre a la Italia antigua.* ‖ *Deriv.:* **Italianismo, italianizar, itálico, ítalo.**
Izquierdo, *adj. Que está por el lado de la mano izquierda:* **Este es el pie izquierdo, Pepe.** ‖ *Zurdo:* **La mano zurda o izquierda es poco hábil.**
  *Es una palabra formada en España, quizá del vasco* **ezherr.** *Deriv.:* **Izquierda.**

# J

**J,** *f.* Undécima letra del abecedario castellano.
**Jabalí,** *m.* Cerdo salvaje, de pelo casi negro, grandes colmillos y hocico puntiagudo.

Jabalí

**Jabalina,** *f.* Lanza de deportes, hecha de madera y con punta de hierro. ‖ Hembra del jabalí.
**Jabato,** *m.* Cría del jabalí.
**Jabón,** *m.* Producto industrial que sirve para blanquear la ropa, limpiarla y desengrasarla.
**Jaboncillo,** *m.* Pastilla de jabón de talco que usan los sastres.
**Jabonera,** *f.* Sitio para el jabón en los lavabos.
**Jaca,** *f.* Caballo cuyo alzado no llega a las siete cuartas.
**Jacarandoso,** *adj.* Alegre, desenfadado y bullicioso.
**Jaco,** *m.* Caballo pequeño y ruín.
**Jactarse,** *r.* Enorgullecerse y presumir mucho de lo que uno sabe hacer o de lo que ha hecho.
**Jaculatoria,** *f.* Frase breve en forma de oración piadosa.
**Jadeante,** *adj.* Que está jadeando.
**Jadear,** *intr.* Resoplar estando cansado de tanto correr.
**Jaguar,** *m.* Mamífero suramericano parecido al leopardo de África y Asia, pero que tiene el pelaje amarillo rojizo con manchas negras, como la pantera.
**Jalea,** *f.* Caldo de carne, o zumo de fruta, en forma de pasta fría. ‖ **Jalea real:** Miel especial con que se alimenta la abeja reina y sus crías.
**Jalear,** *tr.* Armar jaleo haciendo palmas mientras otros bailan.
**Jaleo,** *m.* Alboroto, bulla.
**Jalifa,** *m.* Sustituto del sultán.
**Jalón,** *m.* Palo o listón con punta de hierro que se clava en tierra para señalar algo.
**Jamás,** *adv.* Nunca, en ninguna ocasión. ‖ V. **ya.**
**Jamba,** *f.* Cada una de las dos piezas verticales que forman el cerco de una puerta.
**Jamelgo,** *m.* Caballo flaco y desgarbado.
**Jamón,** *m.* Carne curada de la pata del cerdo.
**Japonés,** *adj.* Del Japón.
**Jaque,** *m.* Aviso que se hace al otro jugador de ajedrez para indicarle que se le está amenazando al rey o a la reina. ‖ **Jaque mate:** Mate al rey contrario.
**Jaqueca,** *f.* Dolor de cabeza más o menos duradero, que no ataca sino a intervalos y, por lo común, en un lado de ella.
**Jáquima,** *f.* Correaje o cuerda que ciñe y sujeta la cabeza de la caballería.
**Jara,** *f.* Mata de ramas pardo rojizas, con flores blancas y hojas casi verdes, cuya resina huele a ámbar.
**Jarabe,** *m.* Bebida que se hace con almíbar claro y zumos refrescantes o medicinales.
**Jaramago,** *m.* Planta de los escombros y tejados.

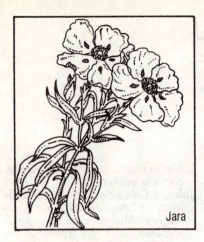
Jara

**Jarana,** *f.* Jaleo formado por holgazanes intentando divertirse.
**Jardín.***
**Jardinero,** *m.* El que por oficio cultiva un jardín.
**Jarra,** *f.* Vasija de barro o cristal, ancha de cuello y boca, que tiene además un asa grande.
**Jarro,** *m.* Vasija de boca más ancha que la jarra y con un asa pequeña.
**Jarrón,** *m.* Jarro grande y artístico.
**Jaspe,** *m.* Cierta piedra dura, de granos finos y con diversos colores. || Mármol de color pardo, amarillo, etc.
**Jaula,** *f.* Armazón de madera, mimbres, alambres, barras de hierro, etc., que sirve para encerrar animales pequeños, fieras, presos o locos, según su tamaño.
**Jauría,** *f.* Conjunto de perros que cazan juntos.
**Jazmín,** *m.* Arbusto de jardín, con ramas trepadoras y florecillas blancas de cinco hojitas muy olorosas.
**Jazz,** *m.* Música de los cantos espirituales de los negros americanos, en cuya orquesta son elementos importantes la trompeta, el saxófono, el piano y la batería.
**Je, je,** interjección que denota risa.
**Jeep,** *m.* Automóvil de motor muy potente, con seis marchas y mandos para las cuatro ruedas.
**Jefatura,** *f.* Dignidad de jefe. || Dirección.
**Jefe.***
**Jehová,** *m.* Dios (en idioma hebreo).
**Jerarca,** *m.* Superior en la jerarquía eclesiástica.
**Jerarquía.***
**Jerárquico,** *adj.* Que pertenece a la jerarquía.
**Jerarquizar,** *tr.* Establecer una jerarquía y un orden.
**Jerga,** *f.* Lenguaje especial de los maleantes o de los miembros de alguna profesión poco importante.
**Jergón,** *m.* Colchón lleno de paja o cosa parecida.
**Jerigonza,** *f.* Lenguaje de muy mal gusto, complicado o difícil de entender.
**Jeringa,** *f.* Utensilio con que se ponen inyecciones.

Jarrón

---

JARDÍN, m. *Terreno, generalmente cercado, donde se cultivan flores y plantas de sombra y adorno:* **En este jardín hay muchos rosales.**
    *Viene del francés* **jardín,** *que significa lo mismo que en castellano.* || *Deriv.:* **Jardinera, jardinería, jardinero.**
JEFE, m. *El que manda:* **Ese es el jefe de la oficina.**
    *Viene del francés* **chef,** *que significa 'jefe'.* || *Deriv.:* **Jefatura.**
JERARQUÍA, f. *Orden y grado entre las autoridades sagradas:* **Jerarquía eclesiástica.**
    *Viene de dos palabras griegas,* **hieros,** *que significa 'sagrado', y* **arjo,** *que significa 'mandar'.* || *Deriv.:* **Jerarca, jerárquico.**

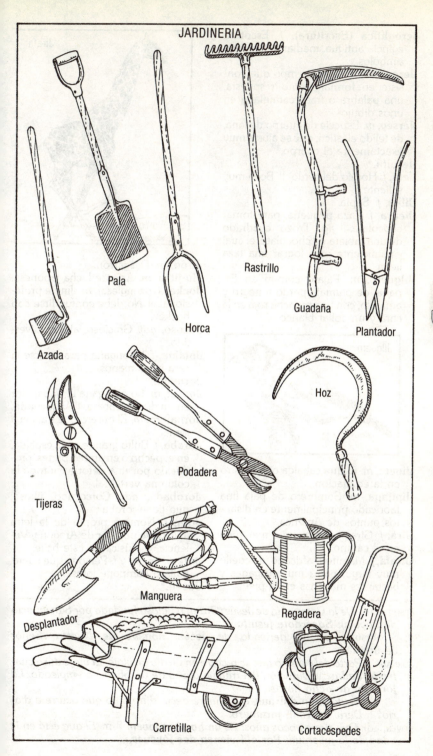

**jeroglífica (Escritura)**, *f.* Escritura egipcia antigua, mediante figuras y símbolos.

**Jeroglífico**, *m.* Pasatiempo que consiste en formar, como respuesta, una palabra o frase camuflada en unos dibujos.

**Jersey**, *m.* Especie de cuerpo de lana, de tejido elástico, que se ajusta muy exactamente al cuerpo.

**Jesuita.***

**Jeta**, *f.* Hocico del cerdo. ‖ Boca muy saliente.

**Jibia**, *f.* Sepia.

**Jícara**, *f.* Taza pequeña, para tomar chocolate. ‖ *fig.* Trozo cuadrado de una tableta de chocolate, el cual es suficiente para lograr una taza llena.

**Jilguero**, *m.* Pájaro común en España, de plumaje pardo y negro y amarillo, con una mancha roja en la cara y un collar blanco.

Jilguero

**Jinete**, *m.* El que cabalga o es diestro en la equitación.

**Jipijapa**, *m.* Sombrero de paja fina fabricado principalmente en distintos puntos de América.

**Jira**, *f.* Gira. ‖ Banquete o merienda en el campo.

**Jirafa**, *f.* Mamífero africano, de cuello muy largo, patas muy delgadas y bastantes manchas en la piel.

Jirafa

**Jirón**, *m.* Desgarrón.

**Jiu-jitsu**, *m.* Arte de lucha japonesa.

**Jockey** (voz inglesa), *m.* Jinete profesional. ‖ No debe confundirse con hockey.

**Jocoso**, *adj.* Gracioso, alegre, divertido.

**Jofaina**, *f.* Palangana para lavarse la cara o las manos.

**Jornada.***

**Jornal**, *m.* Lo que gana el trabajador en un día de trabajo. ‖ V. **jornada**.

**Jornalero**, *m.* El obrero que trabaja a jornal.

**Joroba**, *f.* Bulto grande en la espalda, en el pecho o en ambas partes, producido por una deformación de la columna vertebral.

**Jorobado**, *adj.* Corcovado, jiboso, que tiene joroba.

**Jota**, *f.* Nombre propio de la letra J. ‖ Baile popular de Aragón y Valencia. ‖ Música de este baile.

**Jotero, ra**, *m.* y *f.* Persona que canta, baila o compone jotas.

**Joven.***

---

\*
JESUITA, adj. *De la Compañía de Jesús (Orden religiosa fundada por San Ignacio de Loyola):* **Sacerdote jesuita**.
    **Jesuita** *es un derivado de* **Jesús**, *nombre de Nuestro Señor Jesucristo.*

JORNADA, f. *Parte del camino que se recorre en un día de viaje:* **El viaje duró cuatro jornadas**. ‖ *Duración del trabajo diario de un obrero o empleado:* **La jornada de ocho horas**.
    *Viene del latín* **diurnus**, *que quiere decir 'diurno, lo que ocurre a diario'.* ‖ *Deriv.:* **Jornal, jornalero**.

JOVEN, adj. *Que tiene pocos años:* **Es un hombre joven**. ‖ m. *El que está en la edad de la juventud:* **Por allí vienen dos jóvenes**.

**Jovial,** *adj.* Alegre, risueño y agradable.
**Joya,** *f.* Objeto pequeño de metal precioso y a veces con pedrería. ‖ Cosa de mucho valor.
**Joyería,** *f.* Establecimiento donde se venden las joyas.
**Joyero,** *m.* El que vende joyas. ‖ Objeto para guardarlas.
**Juanete,** *m.* Bulto doloroso en el dedo grueso del pie.
**Jubilación,** *f.* Acción de jubilar o jubilarse.
**Jubilar,** *tr.* Quitar del servicio a un empleado o funcionario por ancianidad o enfermedad.
**Jubileo,** *m.* Entre los católicos, indulgencia plenaria y solemne concedida por el Papa en ciertas ocasiones.
**Júbilo,** *m.* Alegría muy grande.
**Jubiloso,** *adj.* Alegre, lleno de júbilo.
**Jubón,** *m.* Vestidura muy ajustada que cubre desde los hombros hasta la cintura. ‖ En nuestros tiempos no se usa.
**Judaísmo,** *m.* Religión de los judíos.
**Judicial,** *adj.* Perteneciente a la justicia.
**Judío,** *adj.* Hebreo, israelita.
**Juego** *.
**Juerga,** *adj.* Diversión y jaleo.
**Juerguista,** *adj.* Aficionado a divertirse, pero armando jaleo.
**Jueves** *.
**Juez** *.
**Jugada,** *f.* Acción de jugar. ‖ Treta, jugarreta.
**Jugador,** *adj.* (Persona) que juega.
**Jugar,** *tr.* Recrearse, divertirse. ‖ Intervenir en un juego o deporte. ‖ V. **juego.**
**Jugarreta,** *f.* Acción mala e inesperada contra uno.
**Juglar,** *m.* En la Edad Media, el que se ganaba la vida recitando versos y tocando música.
**Jugo,** *m.* Zumo de una sustancia.
**Jugosidad,** *f.* Calidad de jugoso.
**Juguete,** *m.* Lo que sirve para divertir a un niño. ‖ Objeto curioso y bonito con el que se entretienen los niños (y a veces, los mayores).
**Juguetear,** *intr.* Divertirse jugando y retozando.
**Jugueteo,** *m.* Acción de juguetear.
**Juguetería,** *f.* Comercio o tienda de juguetes.
**Juicio,** *m.* Facultad de juzgar. ‖ Opinión. ‖ Sentencia. ‖ V. **Juez.**
**Juicioso,** *adj.* Prudente y razonable.
**Julio** *.
**Juncal,** *adj.* Derecho como un junco; gallardo, apuesto, bien plantado.

---

\* Viene del latín **juvenis,** que significa 'joven'. ‖ *Deriv.*: **Jovenzuelo, juvenil, juventud, rejuvenecer.** ‖ *Contr.*: **Viejo.**

JUEGO, *m. Acción de jugar y diversión que resulta:* **Son juegos muy entretenidos.** ‖ *Manera de estar unidas dos cosas para que pueda moverse una estando fija la otra:* **El juego de bolas de las ruedas del coche.** ‖ *Conjunto de cosas que sirven para lo mismo:* **Juego de cama.**
    Viene del latín **jocus,** que quiere decir 'broma, diversión'. ‖ *Deriv.*: **Jocoso, jugada, jugador, jugar, jugarreta, juglar, juguete, juguetear, juguetería, juguetón.**

JUEVES, *m. Quinto día de la semana:* **El jueves por la tarde no hay clase.**
    El nombre viene de **jovis,** con el cual nombraban los romanos a Júpiter, que decían era el dios más importante.

JUEZ, *m. El que administra justicia, juzgando y sentenciando:* **Dios es juez universal.**
    Viene del latín **judex,** que quiere decir 'juez'. ‖ *Deriv.*: **Adjudicación, adjudicar, enjuiciar, judicatura, judicial, juicio, juicioso, juzgado, juzgar, perjudicar, perjudicial, perjuicio, prejuicio.**

JULIO, *m. Séptimo mes del año:* **En julio hace mucho calor.** ‖ *Un julio, en Física, es una unidad de trabajo:* **Un julio es 9,8 veces más pequeño que un kilográmetro.**
    La palabra viene de **Julius,** que era el nombre del gran caudillo romano Julio César.

Junco

**Junco,** *m.* Planta de tallos lisos, menudos, largos y tiesos, flexibles y puntiagudos, y de color verde, que se cría en las orillas de los arroyos y ríos. || Embarcación pequeña.
**Jungla,** *f.* Selva virgen, en el Sur de Asia.
**Junio \*** .
**Junior.** Palabra latina que significa «más joven» || En abreviatura (Jr.) la añaden los americanos al nombre del hijo, cuando éste se llama igual que el padre.
**Junquillo,** *m.* Planta parecida al junco, pero con flores olorosas y amarillas.
**Junta \*** .
**Juntamente,** *adv.* En unión.
**Juntamiento,** *m.* Unión.
**Juntar,** *tr.* Unir, reunir. || Congregar, agrupar.
**Junto,** *adj.* Unido, cercano. || V. **junta.**
**Juntura,** *f.* Sitio en el que se juntan y unen dos o más o cosas.
**Jura,** *f.* Acto solemne en que los soldados prometen defender su bandera.

**Jurado,** *m.* Tribunal cuyo cargo es juzgar el hecho, quedando a cargo de los magistrados la designación de la pena.
**Juramento,** *m.* El afirmar o negar una cosa tomando por testigo a Dios.
**Jurar,** *tr.* Pronunciar un juramento.
**Jurel,** *m.* Pez comestible parecido al bonito, pero más blancuzco y con dos aletas de espinas fuertes en el lomo. También se le llama chicharro.

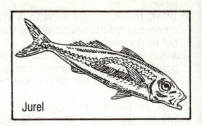

Jurel

**Jurídico,** *adj.* Conforme al derecho o a un derecho.
**Jurisconsulto,** *m.* Jurisperito y jurista.
**Jurisdicción,** *f.* Poder o derecho para juzgar. || Territorio en el que manda una autoridad.
**Jurisdiccional,** *adj.* Perteneciente a la jurisdicción.
**Jurisperito,** *m.* El que sabe perfectamente el derecho.
**Jurisprudencia,** *f.* Ciencia del derecho.
**Jurista,** *m.* Persona que estudia o ejerce la ciencia del derecho.
**Justa,** *f.* Combate, propio de la Edad Media, entre dos jinetes con lanza.
**Justamente,** *adv.* Con justicia. || Precisamente. || Ni más ni menos.
**Justeza,** *f.* Precisión.
**Justicia,** *f.* Virtud que nos hace dar a cada cual lo suyo. || Quienes pue-

---

\*

Junio, *m. Sexto mes del año:* **En junio me examinaré de Reválida.**
   *La palabra viene del latín* **junius,** *que significa 'mes dedicado a Juno', la mujer de Júpiter.*
Junta, *f. Reunión de varias personas para tratar de un asunto:* **El alcalde convocó a junta de vecinos.** || *Cada una de las sesiones que se celebran en una agrupación:* **Tienen junta todos los martes.** || *Unión de dos o más cosas:* **Están flojas las juntas de este aparato.**
   *Viene del latín* **junctus,** *que significa 'junto'.* || *Deriv.:* **Adjunto, ayuntamiento, ayuntar, conjunción, conjuntiva, conjunto, descoyuntar, disyuntivo, juntura, subjuntivo, yunta, yuntero.**

den castigar al que no cumpla las leyes. || V. **justo.**
**Justiciero,** *adj.* Que respeta la justicia y la hace cumplir con severidad.
**Justificación,** *f.* Acción de justificar.
**Justificado,** *adj.* Demostrado.
**Justificante,** *adj.* Que justifica.
**Justificar,** *tr.* Demostrar, probar. || Hacer justo a uno. || V. **justo.**
**Justipreciar,** *tr.* Valorar una cosa en su verdadero valor, o en su justo valer.
**Justo.**\*

**Juvenil,** *adj.* Perteneciente a la juventud.
**Juventud,** *f.* Tiempo que transcurre entre la niñez y la edad viril. || V. **joven.**
**Juzgado,** *m.* Sitio donde se juzga de acuerdo con las leyes. || Tribunal de un solo juez. || V. **juez.**
**Juzgar,** *tr.* Decidir una cuestión haciendo de juez o árbitro. || Dar su sentencia un tribunal de justicia. || Opinar, estimar, pensar. || V. **juez.**

---

\*

Justo, adj. *Que obra con justicia:* **Es un profesor muy justo.** || *Exacto, cabal, preciso:* **Tengo diez pesetas justas.** || *Apretado o algo estrecho:* **Estos zapatos me están justos.**
    *Viene del latín* **jus,** *que quiere decir 'derecho, justicia'.* || *Deriv.:* **Ajustar, ajuste, ajusticiar, injusticia, injusto, justicia, justiciero, justificación, justificar, justipreciar.** || *Contr.:* **Injusto.**

# K

**K**, *f.* Duodécima letra del alfabeto y novena de sus consonantes.
**Káiser**, *m.* En alemán, emperador.
**Kermesse**, *f.* Quermese.
**Kilo.***
**Kilociclo**, *m.* Mil ciclos en cada segundo. El kilociclo es la unidad de frecuencia en radiodifusión y expresa el número de ondas que van saliendo en cada segundo de la emisora.
**Kilográmetro**, *m.* Trabajo que se realiza al levantar un kilogramo de peso a un metro de altura.
**Kilogramo**, *m.* Unidad de peso que pesa mil gramos. ‖ V. **kilo**.
**Kilolitro**, *m.* Medida de capacidad que es igual a mil litros. ‖ V. **kilo**.
**Kilométrico**, *adj.* De muchos kilómetros. ‖ Para muchos Kms. o viajes.
**Kilómetro**, *m.* Unidad de longitud que mide mil metros. ‖ V. **kilo**.
**Kilotón**, *m.* Mil toneladas de t. n. t. (trilita=cuerpo explosivo llamado técnicamente trinitrotolueno).
**Kilovatio-hora** o **Kilowatio-hora**, *m.* Unidad de consumo eléctrico.
**Kimono**, *m.* Quimono.
**Kindergarten**, *m.* En alemán, colegio de niños pequeños.
**Kiosco**, *m.* Quiosco.
**Kirie** (o **Kirieleisón** o **Kirie eleisón**), *m.* Ruego que se hace al Señor para que tenga piedad de nosotros los pecadores.
**Kirsch**, *m.* Licor que se hace de huesos de cerezas.
**K.O.**, *m.* En el boxeo, declaración de que uno de los combatientes ha quedado fuera de combate porque ha caído y no se levanta antes de contar hasta diez. ‖ **K.O. técnico:** cuando uno de los dos pierde porque el árbitro lo da ya por vencido.
**Kremlin**, *m.* Ciudadela de cualquier ciudad rusa. El más famoso es el de la ciudad de Moscú.

---

*

KILO, *m. Palabra que suele usarse en lugar de* **kilogramo** *para indicar la unidad que es igual a mil gramos:* **Compré un kilo de azúcar**.

**Kilo** *es una palabra griega que significa 'mil' y que en castellano se pone delante de otros nombres para indicar lo que vale mil; así, por ejemplo,* **kilómetro** *quiere decir unidad que vale* **mil metros**, **kilogramo** *quiere decir unidad que vale* **mil gramos**, *y* **kilowatio** *quiere decir unidad que vale* **mil watios**.

# L

**L,** *f.* Decimotercera letra del abecedario castellano. Su nombre es *ele.* || Letra que vale cincuenta en la numeración romana.
**La.** Artículo determinado en género femenino y número singular. || Acusativo del pronombre *ella.* || V. **él.** || *m.* Sexta nota de la escala musical.
**Lábaro,** *m.* Estandarte o bandera con la cruz y con los signos X. P. (que son las iniciales del nombre griego de Cristo).
**Laberinto,** *m.* Lugar artificialmente formando calles, encrucijadas y plazuelas para que confundiéndose el que está dentro no pueda encontrar la salida. || Cosa confusa y enredada. || Cierta parte interna del oído.
**Labia,** *f.* Abundancia de palabras al hablar.
**Lábil,** *adj.* Que resbala fácilmente. || Frágil, débil.
**Labio.\***
**Labor.\***
**Laborable,** *adj.* Que se puede trabajar.
**Laboral,** *adj.* Que se refiere al trabajo o a los trabajadores. || V. **labor.**
**Laborista,** *com.* Especialista en derecho laboral.

Laberinto

**Laborar,** *tr.* Labrar, trabajar alguna cosa.
**Laboratorio,** *m.* Especie de oficina donde se hacen los experimentos científicos o las medicinas, etc.
**Laboreo,** *m.* Cultivo de la tierra. || Arte de la minería. || Conjunto de operaciones necesarias para extraer los minerales de la mina que los tenga.
**Laboriosidad,** *f.* Aplicación al trabajo.
**Laborioso,** *adj.* Trabajador. || Trabajoso, penoso.
**Laborismo,** *m.* En Inglaterra y, por extensión, en algunos otros países, partido socialista u obrerista.

---

\*

L<small>ABIO</small>, *m. Cada una de las dos partes que forman la boca:* **Los labios se mueven al hablar.** || *Borde de ciertas cosas:* **Los labios de esta herida.**
    *Viene del latín* **labrum,** *que quiere decir 'labio'.* || *Deriv.:* **Labia, labiado, labial, labiodental.**
L<small>ABOR</small>, *f. Trabajo:* **Tengo una labor muy dura.** || *Adorno hecho en la tela o en otros objetos:* **Es una labor muy fina.** || *Labranza:* **Campo de labor.** || *Clase especial de cerillas, o de tabacos:* **Labor popular, 40 céntimos.**
    *Viene del latín* **labor,** *que quiere decir 'trabajo, tarea, fatiga'.* || *Deriv.:* **Colaboración, colaborador, colaborar, elaboración, elaborar, laborable, laborante, laboreo, laboriosidad, laborioso, labrador, labrar, labriego.**

**Labrado,** adj. Se llama así a las telas y otras cosas que tienen alguna labor, o sea, que no están lisas.
**Labrador,** m. El que tiene por oficio cultivar la tierra. ‖ V. **labor.**
**Labrantío,** m. Campo de labranza.
**Labranza,** f. Cultivo del campo. ‖ Hacienda de campos o tierras.
**Labrar,** tr. Trabajar. ‖ Cultivar la tierra, arar.
**Labriego,** m. Labrador rústico.
**Labro,** m. Parte de la boca de los insectos (la parte que hace de labio superior).
**Laca,** f. Resina que se saca de las ramas de ciertos árboles de la India. ‖ Sustancia de color que se emplea en pintura. ‖ Barniz de China, muy hermoso.
**Lacayo,** adj. Criado.
**Lacedemonio,** adj. De Lacedemonia (Esparta, Atenas).
**Lacerar,** tr. Lastimar, golpear, herir, dañar.
**Lacio,** adj. Marchito, mustio. ‖ Flojo, sin vigor.
**Lacón,** m. Brazuelo del cerdo (el brazuelo es la parte de la pata delantera comprendida entre el codo y la rodilla).
**Lacónico,** adj. Breve, conciso. ‖ Contr.: **Locuaz.**
**Lacra,** f. Huella o señal que deja una enfermedad. ‖ Especie de enfermedad contagiosa.
**Lacrar,** tr. Cerrar con lacre. ‖ Perjudicar a uno en sus intereses.
**Lacre,** m. Cierta pasta sólida que al derretirse sirve para cerrar garrafas, botellas, cartas. etc.
**Lacrimógeno,** adj. Que produce lagrimeo. ‖ Se dice especialmente de ciertos gases.
**Lacrimoso,** adj. Que tiene lágrimas. ‖ Que está triste y parece haber llorado.

**Lactancia,** f. Tiempo que mama un niño.
**Lactante,** adj. Se dice al niño o a la niña que aún mama.
**Lacteado,** adj. Mezclado con leche y azúcar.
**Lácteo,** adj. Que se refiere a la leche. ‖ Parecido a la leche.
**Lactosa,** f. Azúcar con leche.
**Lacustre,** adj. De un lago. ‖ De los lagos.
**Ladeado,** adj. Inclinado, torcido, desviado.
**Ladearse,** r. Inclinarse, torcerse, desviarse hacia uno de los lados.
**Ladera,** f. Pendiente de un monte.
**Ladino,** adj. Astuto.
**Lado*.**
**Ladrar,** intr. Dar ladridos. ‖ Amenazar sin acometer.
**Ladrido,** m. Voz del perro. ‖ Murmuración, censura.
**Ladrillo,** m. Barro cocido de formas diversas que sirve para construir paredes.
**Ladrón,** adj. Que roba.
**Lady,** f. Señora de la nobleza (en Inglaterra).
**Lagaña,** f. Legaña.
**Lagañoso,** adj. Legañoso.
**Lagar,** m. Sitio donde se pisa la uva y se obtiene el mosto.
**Lagarterano,** adj. Natural de Lagartera, que es un pueblo de Toledo que es célebre por sus bordados y encajes.
**Lagartija,** f. Reptil parecido al lagarto, pero más pequeño que él y que vive escondido entre los escombros y en los huecos de las paredes.
**Lagarto,** m. Reptil saurio que se alimenta de insectos. ‖ Pícaro.
**Lago,** m. Gran extensión de agua rodeada de tierra por todas partes.
**Lágrima*.**

---

\* Lado, m. *Costado o parte del cuerpo que está entre el brazo y la cadera:* **Me duele el lado derecho.** ‖ *Lo que está alrededor de un cuerpo a su derecha o izquierda:* **Miro a un lado y a otro.** ‖ *Sitio, lugar:* **Me voy a otro lado.** ‖ *En geometría, cada una de las dos líneas que forman un polígono, y también la arista o esquina de los poliedros regulares:* **Este lado mide 8 cm.**
Viene del latín **latus,** que quiere decir 'lado'. ‖ *Deriv.:* **Colateral, ladeado, ladear, ladera, lateral, unilateral.**

Lágrima, f. *Gota de líquido que sale de los ojos cuando se tiene dolor o tristeza:* **Lloró a lágrima viva.**

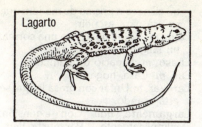
Lagarto

**Lagrimal,** m. La parte del ojo que está más próxima a la nariz. ‖ adj. Que es un órgano que segrega lágrimas.
**Lagrimeo,** m. El segregar lágrimas los ojos, haya llanto o no.
**Lagrimoso,** adj. Se dice así al ojo cuando está humedecido por el llanto y al que tiene lagrimosos los ojos.
**Laguna,** f. Lago pequeño.
**Laicismo,** m. Doctrina que defiende la independencia de la sociedad o del hombre ante cualquier influencia religiosa.
**Laical,** adj. Que pertenece a los legos o seglares.
**Laicado,** m. Condición y conjunto de los fieles que no son clérigos.
**Laico,** adj. Lego. ‖ Cristiano que no ha recibido el sacramento del Orden. Pero como desde que se bautizó forma parte del pueblo de Dios, está obligado a buscar su santificación y la de los demás.
**Laísmo,** m. El laísmo consiste en usar **LA** o **LAS** para complemento indirecto. Un ejemplo: **LA** traje un caramelo. (Se debería decir: **LE** traje **A ELLA** un caramelo).
**Lamentable,** adj. Que da pena; que produce tristeza.
**Lamentación,** f. Queja dolorosa acompañada de llanto y suspiros.
**Lamentar,** tr. Sentir una cosa, con llanto, suspiros o dolor. ‖ Llorar. ‖ r. Quejarse con lamentos.
**Lamento,** m. Lamentación.
**Lamer,** tr. Pasar repetidamente la lengua por una cosa. ‖ Tocar suavemente una cosa.
**Lámina,** f. Trozo delgado y plano de un metal. ‖ Dibujo o estampa que ocupa la página entera de un libro. ‖ Cualquier superficie plana.
**Laminador,** m. Máquina para estirar el metal en láminas. ‖ El que tiene por oficio hacer láminas de metal.
**Lámpara,** f. Utensilio para el alumbrado de varias formas y diferente disposición. ‖ Bombilla pequeña y especial que está dentro de un aparato de televisión o de radio. ‖ Mancha de aceite en la ropa.
**Lana.\***
**Lanar,** adj. Se dice así del ganado que tiene lana.
**Lance,** m. Trance, situación crítica. ‖ Riña. ‖ En el toreo, cada vez que se usa el capote.
**Lanceolado,** adj. Que tiene forma de lanza (como le pasa a las hojas de distintas plantas).
**Lancero,** m. Soldado que luchaba con lanza.
**Lancha,** f. Piedra lisa, plana y de poco grueso. ‖ La mayor de las embarcaciones que llevan los grandes buques para su servicio. ‖ Bote, barca.
**Landó,** m. Coche de cuatro ruedas con capota movible.
**Langosta,** f. Insecto de la familia del grillo y del saltamontes. Las langostas forman, al volar juntas, como una nube que es capaz de oscurecer la luz del sol. Devoran las plantas y son por eso muy dañinas. ‖ También se le llama langosta a un crustáceo de la familia de las gambas, pero que tiene cinco pares de patas terminadas en pinzas. Estas langostas son comestibles y están riquísimas.
**Langostino,** m. Animalito de la misma familia que la langosta y las gambas, pero más pequeño que la langosta y de carne más estimada.

---

\* Viene del latín **lacrima,** que quiere decir 'lágrima'. ‖ Deriv.: **Lacrimal, lacrimoso.**

LANA, f. Pelo de las ovejas y carneros y de algunos otros animales: *Las telas de lana abrigan mucho.*
   Viene del latín **lana,** que significa lo mismo que en castellano. ‖ Deriv.: **Lanar, lanífero, lanoso, lanudo.**

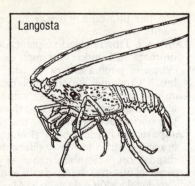
Langosta

**Lánguido,** adj. Muy débil y flojo.
**Lanolina,** f. Sustancia grasa que se obtiene de los animales que tienen lana. La lanolina es de color amarillo blancuzco y se utiliza para hacer pomadas, cosméticos y cosas así.
**Lanza,** f. Arma ofensiva compuesta de un palo largo en cuya extremidad hay un hierro cortante y puntiagudo a manera de cuchilla.
**Lanzada,** f. Golpe que se da con la lanza y herida que produce.
**Lanzamiento,** m. Lo que se hace al lanzar una cosa.
**Lanzar.**\*
**Laña,** tr. Grapa.
**Lapa,** f. Especie de caracol marino aplastado que vive pegado a las rocas de la costa. || Superficie sucia de algunos líquidos.
**Lapicero,** m. Donde se pone el lápiz o los lápices. || Lápiz.
**Lápida,** f. Piedra llana que generalmente lleva una inscripción.
**Lapidar,** tr. Apedrear.
**Lapislázuli,** m. Mineral muy duro y de color azul intenso.
**Lápiz,** m. Nombre que se da a varias sustancias que sirven para dibujar. || Barra de grafito encerrada en un cilindro o prisma de madera que se usa para escribir.
**Lapo,** m. Golpe dado con una correa, un látigo u otra cosa flexible.
**Lapso,** m. Espacio de tiempo.
**Lar,** m. Casa, hogar.
**Lardear,** tr. Untar con grasa lo que se está asando.
**Largamente,** adv. Con extensión, cumplidamente. || Por mucho tiempo.
**Largar,** tr. Soltar, dejar libre una cosa.
**Largarse,** r. Marcharse con disimulo o con rapidez.
**Largo.**\*
**Largometraje,** m. Película cuya duración sobrepasa los 60 minutos.
**Larguero,** m. Cada uno de los dos palos laterales que se ponen en una obra de carpintería. || El palo de arriba de una portería de fútbol.
**Larguirucho,** adj. Muy alto pero muy delgado.
**Largura,** f. Longitud. || La mayor de las dimensiones principales que tienen las cosas o figuras planas, en contraposición a la menor, que se llama latitud o anchura.
**Laringe,** f. La parte del hueco de la garganta que corresponde a la nuez del cuello. En la laringe están las cuerdas vocales, la glotis y la epiglotis.
**Laringitis,** f. Inflamación de las paredes del conducto de la laringe.
**Larva,** f. Especie de gusano recién salido del huevo (en muchos insectos).
**Lascivo,** adj. Lujurioso.
**Láser,** m. Dispositivo electrónico que, basado en la emisión inducida, amplifica de manera extraordinaria un haz de luz monocromático y coherente.

---

\*
LANZAR, tr. *Arrojar o tirar una cosa:* **Lanzó una piedra muy lejos.**
  *Viene del latín* **lancea,** *que significa 'lanza', por eso lanzar quiere decir propiamente 'arrojar una lanza'.* || *De* **lancea** *se derivan* **alancear, lancear, lancero, lanceta, lanza, lanzada, lanzallamas, lanzatorpedos, lanzadera, lanzamiento, lance, lanceolado.**

LARGO, adj. *Que tiene bastante longitud:* **Este hilo es muy largo.** || *Abundante, copioso:* **Habló largo y tendido.**
  *Viene del latín* **largus,** *que quiere decir 'abundante, considerable, generoso'.* || *Deriv.:* **Alargamiento, alargar, largar, larguero, largueta, larguirucho, largura.** || *Contr.:* **Corto.**

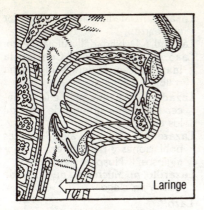

Laringe

**Lástima,** *f.* Enternecimiento y compasión a causa de los males que padece otro. || Quejido, lamento. || Cualquier cosa que cause disgusto.
**Lastimar,** *tr.* Herir, hacer daño. || Agraviar, ofender.
**Lastimero,** *adj.* Que da lástima.
**Lastimoso,** *adj.* Que mueve a compasión, que da lástima.
**Lastre,** *m.* Piedra de mala calidad que se encuentra en la superficie de la cantera. || Piedra, arena u otra cosa pesada que se pone en el fondo de una embarcación para que la mantenga en equilibrio.
**Lata,** *f.* Hoja de lata. || Bote de hoja de lata. || Cosa fastidiosa.
**Latente,** *adj.* Oculto. || Que no se manifiesta exteriormente.
**Lateral,** *adj.* Que pertenece a una cosa y está a su lado.
**Lateralmente,** *adv.* De lado. || De los lados. || Indirectamente.
**Látex,** *m.* Jugo de algunas plantas; tiene aspecto de leche.
**Latido,** *m.* Cada uno de los movimientos del corazón.
**Latifundio,** *m.* Gran extensión de terreno perteneciente a un solo dueño.
**Látigo,** *m.* Especie de cuerda con que se aviva o castiga a las caballerías y a otros animales.
**Latigazo,** *m.* Golpe dado con el látigo y sonido que produce.
**Latín,** *m.* Lengua de los antiguos romanos, de la cual proceden otros idiomas (como el español, el francés y el italiano). || **Ése sabe hasta latín:** ése sabe demasiado, ése es demasiado astuto.
**Latino,** *adj.* Natural o perteneciente a cualquiera de los pueblos romanos. || De los antiguos romanos. || Del latín. || **Iglesia latina:** la que obedece directamente al Papa.
**Latir,** *intr.* Dar latidos el corazón. || Sentir los latidos del corazón en alguna parte del cuerpo.
**Latitud,** *f.* Achura. || Distancia hasta el Ecuador.
**Lato,** *adj.* Dilatado, extendido. || Aplícase al sentido que por extensión se da a las palabras.
**Latón,** *m.* Aleación de cobre y cinc.
**Latoso,** *adj.* Fastidioso, pesado.
**Latría,** *f.* Adoración, culto que se debe a Dios, culto que sólo Dios merece, culto que sólo se da a Dios.
**Latrocinio,** *m.* Robo, hurto o estafa.
**Laúd,** *m.* Instrumento de música, más pequeño que la guitarra. Es un instrumento de cuerda y tiene forma de media pera.

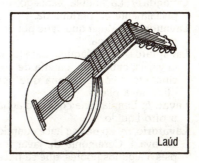

Laúd

**Laudable,** *adj.* Digno de alabanza.
**Laudatorio,** *adj.* Que alaba. || Elogioso.
**Laureado,** *adj.* Que ha sido recompensado con honor y gloria. || Se dice especialmente de los militares que obtienen la Cruz de San Fernando y también de esta insignia.
**Laurel,** *m.* Árbol siempre verde de seis o siete metros de altura, cuyas hojas son muy usadas para condimentar la comida y en algunas medicinas. || Corona, premio.
**Lauro,** *m.* Laurel. || Triunfo, fama.
**Lava,** *f.* Conjunto de materias derretidas y ardiendo que vomitan los vol-

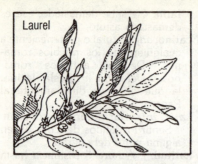
Laurel

canes cuando están en erupción.
**Lavabo,** *m.* Mesa generalmente de mármol y con jofaina, grifos y demás utensilios necesarios para el aseo personal. || Cuarto dispuesto para este aseo.
**Lavadero,** *m.* Sitio donde se lava la ropa. || Lugar de un río o arroyo donde se lavan las arenas que tienen oro.
**Lavado,** *m.* Lo que se hace al lavar o al lavarse.
**Lavadora,** *f.* Máquina para lavar ropas automáticamente.
**Lavanda,** *f.* Lavándula, espliego, especialmente en perfumería.
**Lavandera,** *f.* Mujer que tiene por oficio lavar la ropa.
**Lavaplatos,** *com.* Máquina para lavar la vajilla, cubertería, batería de cocina, etc. || *com.* Persona que por oficio lava platos.
**Lavar,** *tr.* Limpiar una cosa con agua u otro líquido.
**Lavatorio,** *m.* Lo que se hace cuando se lava. || Ceremonia de lavar los pies a algunos pobres, que se hace el día de Jueves Santo. || Ceremonia de la misa en que el sacerdote se lava los dedos.
**Lavavajilla,** *com.* Lavaplatos, máquina para lavar.

**Laxante,** *m.* Medicamento para aflojar el vientre.
**Laxitud,** *f.* Debilidad. || Aflojamiento.
**Laxo,** *adj.* Débil y flojo. || **Conciencia laxa:** conciencia demasiado ancha o libre.
**Lazada,** *f.* Nudo que se puede deshacer fácilmente tirando de uno de los cabos.
**Lazareto,** *m.* Hospital alejado de las poblaciones y para enfermos contagiosos. || Hospital de leprosos.
**Lazarillo,** *m.* Muchacho que sirve de guía a un ciego.
**Lazo.**\*
**Le.**\*
**Leader,** *m.* Líder.
**Leal,** *adj.* Que guarda fidelidad. || Sincero, franco, honrado.
**Lealmente,** *adv.* Con lealtad. || Con buena fe.
**Lealtad,** *f.* Modo de obrar de una persona leal. || Fidelidad, sinceridad.
**Lebrero,** *adj.* Se dice del perro que sirve para cazar liebres.
**Lebrillo,** *m.* Vasija grande y muy ancha que sirve para fregar o lavar.
**Lección,** *f.* El hecho de leer. || Explicación de un maestro. || Parte en que se divide un libro de estudios. || V. leer.
**Lectivo,** *adj.* Se le dice así a cada uno de los días de clase en los distintos centros de enseñanza.
**Lector,** *m.* Persona que lee. || V. leer.
**Lectorado,** *m.* Orden de lector que es la segunda de las menores.
**Lectura,** *f.* Lo que se hace al leer. || Cosa leída. || V. leer.
**Lechada,** *f.* Especie de masa poco espesa, como la que hacen los albañiles con cal o con yeso.

---

\*
LAZO, *m. Atadura o nudo de cuerdas de cinta que sirve de adorno:* **Lleva un lazo en la cabeza.** || *Nudo corredizo hecho de alambre, cuerda o cosa semejante para cazar animales pequeños:* **Caza liebres con lazo.** || *En general, cuerda o soga que sirve para atar, o sujetar, carga o animales.*
    *Viene del latín* **laqueus,** *que quiere decir 'lazo'.* || *Deriv.:* **Desenlace, desenlazar, enlace, enlazar, entrelazar, lacero, lazada.**
LE. *Forma del pron.* ÉL, *cuando es complemento directo:* **Le quiero.** *(V.* leísmo.*)* || *Forma en que se ponen los prons.* ÉL *y* ELLA, *cuando son complem. indirect.:* **Le traje un caramelo a él; le compré una muñeca a ella.** *(V.* él.*)* || *Deriv.:* **Leísmo.**

**Leche.\***
**Lechera,** *f.* Mujer que vende leche. ‖ Vasija en que se guarda la leche.
**Lechero,** *adj.* Que tiene leche o alguna de las propiedades de la leche. ‖ *m.* El que vende leche.
**Lecho,** *m.* Cama. ‖ Terreno por donde corren las aguas de un río.
**Lechón,** *m.* Cerdo pequeño que todavía mama. ‖ *fig.* Hombre sucio y bastante enemigo del aseo y la limpieza.
**Lechoso,** *adj.* Parecido a la leche. ‖ Se llama así a las plantas y frutos que tienen un jugo blanco semejante a la leche.
**Lechuga,** *f.* Planta de huerta, cuyas hojas sirven para hacer las ensaladas.
**Lechuguino,** *m.* Se le dice lechuguino al que presume de elegante y de hombre siendo todavía un muchacho imberbe.
**Lechuza,** *f.* Ave de rapiña. Tiene la cara redonda, el pico corto y encorvado, los ojos grandes, brillantes y de color amarillento, y el tamaño de una paloma aproximadamente. A las lechuzas les gusta mucho el aceite.
**Leer.\***
**Legación,** *f.* Cargo que da un gobierno a una persona para que le represente en otro país. ‖ conjunto de empleados que el legado tiene a sus órdenes. ‖ Casa u oficina del legado.
**Legado,** *m.* Contenido de un testamento. ‖ Jefe de una legación.
**Legajo,** *m.* Conjunto de papeles antiguos enrollados y atados.

Lechuza

**Legal,** *adj.* Conforme a la ley. ‖ Que obra bien y con rectitud. ‖ V. **ley.**
**Legalidad,** *f.* Calidad de legal.
**Legalización,** *f.* Lo que se hace al legalizar. ‖ Certificado que acredita la autenticidad de un documento o de una firma.
**Legalizar,** *tr.* Hacer legal una cosa. ‖ Comprobar y certificar la autenticidad de un documento o firma.
**Legalmente,** *adv.* Según la ley.
**Légamo,** *m.* Especie de barro fino y pegajoso.
**Legaña,** *f.* Especie de líquido cuajado y blancuzco que a veces se forma entre los párpados y el ojo.
**Legañoso,** *adj.* Que tiene legañas así de grandes.
**Legendario,** *adj.* Que se refiere a las leyendas.
**Legible,** *adj.* Que se puede leer.
**Legión,** *f.* Cuerpo de tropa romana compuesto de infantería y caballería. ‖ Nombre que tienen ciertos

---

\*
LECHE, *f. Líquido blanco y dulce que se forma en los pechos de las madres y en las hembras de algunos animales para alimentar a los hijos:* **La leche es el alimento de los niños pequeñitos.** ‖ *Zumo o jugo blanco que se extrae de algunas plantas o semillas:* **Leche de coco.**
    *Viene del latín* lac, lactis, *que quiere decir 'leche'.* ‖ *Deriv.:* **Lactancia, lactante, lacteado, lácteo, lacticinio, lechada, lechal, lechecena, lechera, lechero.**
LEER, tr. *Recorrer con la vista lo que está escrito y enterarse de lo que dice:* **Lee muy de prisa.** ‖ *Descubrir, comprender o averiguar lo que piensan algunos:* **Leía sus pensamientos.**
    *Viene del latín* legere, *que significa 'leer'.* ‖ *Deriv.:* **Lección, lectivo, lector, lectura, legible, leyenda.**

cuerpos de tropas. || Número indeterminado y copioso de personas.
**Legionario,** *m.* Soldado de la Legión. || Soldado de una legión.
**Legislación,** *f.* Conjunto de las Leyes de un Estado. || Ciencia de las Leyes.
**Legislador,** *m.* El que da o hace las leyes.
**Legislar,** *intr.* Dar o hacer leyes.
**Legislativo,** *adj.* Se dice del poder de dar leyes y del conjunto de las leyes.
**Legislatura,** *f.* Período de tiempo durante el cual funcionan las asambleas legislativas. || Período de tiempo durante el cual se celebran sesiones en las Cortes.
**Legítima,** *f.* Parte de la herencia de que no pueden ser despojados los herederos legítimos.
**Legitimar,** *tr.* Certificar que algo es legítimo.
**Legítimo,** *adj.* Conforme a la ley. || Auténtico, cierto, verídico.
**Lego,** *m.* Seglar, laico, que no tiene órdenes religiosas. || *adj.* Que no tiene instrucción.
**Legua,** *f.* Medida de longitud que equivale a 5.572 metros.
**Leguleyo,** *m.* El que habla mucho de leyes sin conocerlas suficientemente. || El que antepone la letra de una ley a la debida epiqueya.
**Legumbre,** *f.* Todo género de fruto o semilla que se cría en vainas.
**Leguminosa,** *adj.* Que es una legumbre. || *f.* Legumbre.
**Lejanía,** *f.* Parte distante de un lugar.
**Lejano,** *adj.* Que está lejos, distante.
**Lejos.\***
**Leído y escribido,** *fr. fam.* Se le dice así al que presume de ser muy instruido.
**Leísmo,** *m.* El leísmo consiste en usar **LE** para complemento directo. Un ejemplo: **LE besó en la frente.** (Estaría mejor decir: **LO besó en la frente**).
**Lelo,** *adj.* Atontado, bobo.
**Lema.\***
**Lencería,** *f.* Tienda donde se vende ropa blanca (ropa interior).
**Lengua.\***
**Lenguado,** *m.* Pez casi plano que vive en el fondo del mar, echado siempre del mismo lado, y cuya carne es muy estimada.

Lenguado

---

\*
LEJOS, adv. *A gran distancia o en tiempo muy remoto:* **La casa está muy lejos.**
    *Viene del latín* **laxius,** *que quiere decir 'más separado'.* || *Deriv.:* **Alejamiento, alejar, lejanía, lejano.** || *contr.:* **Cerca.**
LEMA, m. *Rótulo o encabezamiento que precede a algunos escritos para indicar su asunto:* **Hizo una bonita composición sobre el lema «La primavera».** || *Palabra que se usa como contraseña en alguna ocasión:* **Puso un lema en el sobre que envió al concurso.** || *Frase más importante en nuestra vida:* **Un lema precioso es «antes morir que pecar».** || *Frase que llevan algunos escudos:* **Tenía el lema «Paz y Justicia».**
    *Viene del griego* **lemma,** *que quiere decir 'tema o título'.* || *Deriv.:* **Dilema.**
LENGUA, f. *Organo musculoso situado dentro de la boca:* **La lengua sirve para tragar y para hablar.** || *Modo de hablar de un pueblo o nación:* **El castellano es una lengua muy extendida.**
    *Viene del latín* **lingua** *que quiere decir 'órgano para comer y pronunciar' y también significa 'lenguaje'.* || *Deriv.:* **Bilingüe, deslenguado, lenguado, lenguaje, lengüeta, trilingüe.**

**Lenguaje,** m. Conjunto de palabras con que el hombre manifiesta lo que piensa. || Facultad y modo de expresarse.
**Lengüetazo,** m. Lo que se hace al lamer.
**Leninismo,** m. Doctrina de Lenin, quien basándose en el marxismo promovió y condujo la revolución soviética.
**Lenitivo,** adj. Que suaviza, que alivia.
**Lentamente,** adv. Con lentitud.
**Lente,** m. Cristal no plano que se emplea en varios instrumentos ópticos.
**Lenteja,** f. Planta de la familia de las leguminosas cuyas semillas son muy alimenticias.
**Lentejuela,** f. Disco pequeño de metal brillante.
**Lenticular,** adj. Que tiene forma de lente. || m. Nombre que recibe el hueso más pequeño que hay detrás del tímpano del oído, y que se le llama así por la forma que tiene.
**Lentisco,** m. Mata siempre verde, resinosa y aromática que crece en el monte.
**Lentitud,** f. Tardanza. || Falta de ligereza.
**Lento,** adj. Tardo, pesado. || Que no obra con ligereza.
**Leña.***
**Leñador,** m. Persona que se dedica a cortar leña.
**Leñazo,** m. Garrotazo, golpe fuerte con un garrote.
**Leño,** m. Trozo de árbol cortado y limpio de ramas. || Madera. || fig. fam. Persona de poco talento.

**Leñoso,** adj. Lo que está formado o parece de leña.
**León.***

León

**Leonera,** f. Sitio donde están encerrados los leones. || fig. y fam. Habitación sucia y desarreglada.
**Leonés,** adj. De León (ciudad que antiguamente fue reino).
**Leonino,** adj. Que se refiere al león.
**Leopardo,** m. Mamífero carnicero muy cruel y sanguinario, en forma de gato muy grande y de color amarillento y manchas negras, enemigo terrible de los monos.

Leopardo

---

LEÑA, f. *Matas, ramas o trozos de madera que se usan para quemarlos:* **En la chimenea arde muy bien la leña.** || *Castigo, paliza, zurra:* **Le está dando leña por haberse portado mal.**
   *Viene del latín* **lignum,** *que quiere decir 'madero y madera'.* || *Deriv.:* **Leñador, leñazo, leño, leñoso, lignito.** || *Se usa también la frase* **lignum crucis** *para indicar algún trozo de la madera de la cruz de Cristo y que significa propiamente 'leño de la cruz'.*
LEÓN, m. *Animal mamífero de la familia de los felinos, de un metro de altura aproximadamente y de un cierto color amarillento:* **El león macho suele tener una larga melena.** || *Hombre muy valiente:* **Luchó como un león.**
   *Viene del latín* **leo, leonis,** *que quiere decir 'león'.* || *Deriv.:* **Leonado, leonino, leopardo.**

**Lepe (Saber más que),** fr. fam. Saber muchísimo, ser muy listo.
**Lepidópteros,** m. pl. Las mariposas (insectos).
**Lepóridos,** m. pl. Las liebres y otros roedores parecidos.
**Lepra,** f. Enfermedad contagiosa muy grave y muy difícil de curar, que ataca la piel (principalmente la cara), produciéndole úlceras, nudosidades, deformaciones y destrucción cada vez mayor.
**Leprosería,** f. Hospital de leprosos.
**Leproso,** adj. Que padece la enfermedad de la lepra.
**Lerdo,** adj. Pesado y torpe al andar. ‖ Torpe para comprender una cosa.
**Lesión,** f. Daño causado en el cuerpo por una herida, golpe o enfermedad.
**Lesionar,** tr. Causar una lesión.
**Letanía,** f. Súplica que se hace a Dios, en forma de oración alternativa, invocando a Jesucristo, a la Virgen y a los santos.
**Letanías,** f. pl. Letanía. ‖ fig. Retahíla de nombres o frases.
**Letargo,** m. Sueño muy profundo (como si se hubiera desmayado mientras está durmiendo).
**Letra.***
**Letrado,** adj. Sabio, docto, instruido. ‖ m. Abogado.
**Letrero,** m. Escrito que sirve para indicar una cosa.
**Letrilla,** f. Composición poética de versos cortos y estribillo que se va repitiendo.

**Letrina,** f. Retrete.
**Leucemia,** f. Enfermedad gravísima que consiste en que la sangre se va haciendo una especie de agua blancuzca, a causa de un crecimiento excesivo de los glóbulos blancos.
**Leucocito,** m. Cada uno de los glóbulos blancos que tiene la sangre.
**Leva,** f. Salida de un buque del puerto. ‖ Recluta de soldados.
**Levadizo,** adj. Que se puede levantar (como p. ej., los puentes de los antiguos castillos).
**Levadura,** f. Sustancia capaz de producir la fermentación de un cuerpo.
**Levantamiento,** m. Lo que hace uno cuando se levanta. ‖ El levantar alguna cosa pesada. ‖ El levantar algo. ‖ Alzamiento, alboroto, motín, rebelión.
**Levantar.***
**Levante,** m. Oriente. ‖ Punto por donde sale el sol. ‖ Conjunto de regiones españolas que tienen sus costas en el mar Mediterráneo. ‖ Viento que viene de la parte oriental.
**Levantino,** adj. Natural de Levante. ‖ Que pertenece a la parte oriental o del Mediterráneo.
**Levantisco,** adj. De genio inquieto y turbulento.
**Levar,** tr. Levantar.
**Leve,** adj. Ligero, de poco peso. ‖ De poca importancia, venial.
**Levemente,** adv. Ligeramente, poco.
**Leviatán,** m. Monstruo marino. ‖ El demonio.

---

*
LETRA, f. *Signo que representa por escrito un sonido o una articulación:* **El alfabeto castellano tiene 28 letras.** ‖ *Forma de la escritura:* **Escribe con buena letra.** ‖ *Conjunto de las palabras de un cantar:* **La letra de un fandanguillo.**
   *Viene del latín* **littera,** *que significa 'letra'.* ‖ *Deriv.:* **Deletrear, deletreo, letrado, letrero, letrilla, literal, literario, literato, literatura.**

LEVANTAR, tr. *Mover de abajo hacia arriba una cosa:* **Levantó una piedra muy grande.** ‖ *Poner derecha o vertical alguna cosa que está caída o inclinada:* **Levantó un poste caído.** ‖ *Construir, edificar:* **Están levantando una casa.** ‖ *Dar mayor fuerza a la voz cuando se está hablando:* **Levantó mucho la voz.**
   *Viene del latín* **levare,** *que significa 'levantar, aliviar'.* ‖ *Deriv.:* **Levantamiento, levante, levantismo.** ‖ *De la misma raíz latina* **levare,** *se derivan* **elevación, elevar, elevador, leva, levadizo, levadura, llevar, sublevación, sublevar.** ‖ *Contr.:* **Abatir, rebajar.**

## TIMES

ABCDEFGHIJKLMNÑOPQRSTUVWXYZ
abcdefghijklmnñopqrstuvwxyz0123456789!?().,:;

*ABCDEFGHIJKLMNÑOPQRSTUVWXYZ*
*abcdefghijklmnñopqrstuvwxyz0123456789!?( ).,:;*

**ABCDEFGHIJKLMNÑOPQRSTUVWXYZ**
**abcdefghijklmnñopqrstuvwxyz0123456789!?().,:;**

***ABCDEFGHIJKLMNÑOPQRSTUVWXYZ***
***abcdefghijklmnñopqrstuvwxyz0123456789!?( ).,:;***

## UNIVERS

ABCDEFGHIJKLMNÑOPQRSTUVWXYZ
abcdefghijklmnñopqrstuvwxyz0123456789!?().,:;

*ABCDEFGHIJKLMNÑOPQRSTUVWXYZ*
*abcdefghijklmnñopqrstuvwxyz0123456789!?().,:;*

**ABCDEFGHIJKLMNÑOPQRSTUVWXYZ**
**abcdefghijklmnñopqrstuvwxyz0123456789!?().,:;**

***ABCDEFGHIJKLMNÑOPQRSTUVWXYZ***
***abcdefghijklmnñopqrstuvwxyz0123456789!?().,:;***

## BASKERVILLE

ABCDEFGHIJKLMNÑOPQRSTUVWXYZ
abcdefghijklmnñopqrstuvwxyz0123456789!?().,:;

*ABCDEFGHIJKLMNÑOPQRSTUVWXYZ*
*abcdefghijklmnñopqrstuvwxyz0123456789!?( ).,:;*

**ABCDEFGHIJKLMNÑOPQRSTUVWXYZ**
**abcdefghijklmnñopqrstuvwxyz0123456789!?().,:;**

***ABCDEFGHIJKLMNÑOPQRSTUVWXYZ***
***abcdefghijklmnñopqrstuvwxyz0123456789!?().,:;***

## SERIF GOTHIC

ABCDEFGHIJKLMNÑOPQRSTUVWXYZ
abcdefghijklmnñopqrstuvwxyz0123456789!?().,:;

*ABCDEFGHIJKLMNÑOPQRSTUVWXYZ*
*abcdefghijklmnñopqrstuvwxyz0123456789!?().,:;*

**ABCDEFGHIJKLMNÑOPQRSTUVWXYZ**
**abcdefghijklmnñopqrstuvwxyz0123456789!?().,:;**

***ABCDEFGHIJKLMNÑOPQRSTUVWXYZ***
***abcdefghijklmnñopqrstuvwxyz0123456789!?().,:;***

**Levita,** m. Israelita de la tribu de Leví, dedicado al culto del templo. ‖ f. Especie de chaqueta que baja hasta la rodilla.

**Lexema,** m. Unidad léxica mínima.

**Léxico,** m. Diccionario griego. ‖ También, diccionario de cualquier otra lengua. ‖ Palabras y modismos de un escritor.

**Ley.\***

**Leyenda,** f. Especie de cuento. ‖ Relación de sucesos que tienen más de tradicionales o maravillosos que de verdaderos. ‖ Composición poética en que se narra un suceso de esta clase.

**Lezna,** f. Instrumento que usan los zapateros para hacer los agujeros por donde después pasan la aguja.

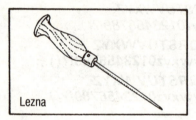
Lezna

**Lía,** f. Soga de esparto en forma de trenza.

**Liana,** f. Cada una de las ramas colgantes, flexibles y en forma de lías que tienen los árboles tropicales (Tarzán, en las películas, las utiliza para irse de un árbol a otro).

**Liar,** tr. Envolver una cosa sujetándola con papeles, cuerdas, cinta, etc. ‖ Engañar a uno, envolverle en un compromiso.

**Libanés,** adj. Natural o perteneciente a la República del Líbano (Fenicia, en la antigüedad).

**Libar,** tr. Chupar el jugo de una flor (como hacen las abejas). ‖ Probar o beber un licor como si se le estuviera chupando.

**Libelista,** m. Autor de uno o varios libelos o escritos satíricos e infamantes.

**Libelo,** m. Escrito satírico e infamante.

**Libélula,** f. Insecto rojizo, o azul, que revolotea en verano alrededor de los sitios con agua. Tiene cuatro alitas muy transparentes y un abdomen fino y alargado. También se le llama «caballito del diablo».

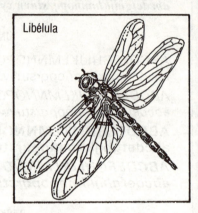
Libélula

**Liberación,** f. El poner en libertad a alguna persona o a algún pueblo.

**Liberador,** adj. Que pone a otro en libertad.

**Liberal,** adj. Que obra con liberalidad. ‖ Partidario de la libertad. ‖ Aficionado a dar, generoso.

**Liberalidad,** f. Virtud que consiste en repartir uno sus bienes sin esperar recompensa. ‖ Generosidad.

**Libertad,** f. Facultad que tiene el hombre de obrar de una manera o de otra. ‖ Condición del que no es esclavo. ‖ Estado del que no está preso. ‖ V. **libre.**

**Libertador,** adj. Que ha proporcio-

---

\*
**Ley,** f. *Mandato hecho por quien tiene autoridad:* **La ley de Dios está contenida en los Mandamientos.** ‖ *Regla o norma de conducta en juegos, trabajos y actividades en general:* **Hay que seguir las leyes establecidas.** ‖ *Lealtad, fidelidad, cariño:* **Le tiene mucha ley.** ‖ *Cantidad de oro o plata que han de tener las monedas y joyas en general:* **Plata de ley.**

 *Viene del latín* **lex, legis,** *que quiere decir 'ley'.* ‖ *Deriv.:* **Desleal, deslealtad, ilegal, ilegalidad, leal, lealtad, legal, legalidad, legalizar, legislación, legislador, legislatura, legítimo, leguleyo.**

nado la libertad a otro o a otros muchos.
**Libertario,** *adj.* Que defiende la libertad absoluta, la supresión de todo gobierno y de toda ley. || Anarquista.
**Liberticida,** *adj.* Que ataca la libertad.
**Libertinaje,** *m.* Abuso de la libertad que tenemos para hablar o para hacer algo.
**Libertino,** *adj.* Se dice de la persona de conducta desenfrenada. || Vicioso, perverso, inmoral.
**Liberto,** *m.* Esclavo al que se ha concedido la libertad.
**Libidinoso,** *adj.* Lujurioso.
**Libra.***
**Libranza,** *f.* Especie de cheque que ha de cobrarse en algún sitio que no sea ni un banco ni una caja de ahorros.
**Librar,** *tr.* Preservar a uno de un trabajo, de un mal o de un peligro. || Salvar. || V. **libre.**
**Libre.***
**Librea,** *f.* Traje distintivo que llevan los criados de una casa grande.
**Librecambista,** *adj.* Partidario del libre cambio de género y mercancías entre todos los países.
**Libremente,** *adv.* Con libertad.
**Librería,** *f.* Tienda donde se venden libros. || Estantería, armario para libros. || V. **libro.**
**Librero,** *m.* El que vende libros.
**Libreta,** *f.* Cuaderno.
**Libreto,** *m.* Texto de una ópera.
**Libro.***
**Licencia.***
**Licenciado,** *adj.* Libre del servicio militar. || *m.* Persona que ha obtenido en una Universidad el grado que le habilita para ejercer una profesión; es decir, que ha estudiado una carrera universitaria. || V. **licencia.**
**Licenciamiento,** *m.* Lo que se hace cuando se licencia a los soldados.
**Licenciar,** *tr.* Dar permiso o licencia. || Conferir el grado de licenciado (en las universidades).
**Licenciatura,** *f.* Estudios necesarios para alcanzar un título universitario. || Grado de licenciado.
**Licencioso,** *adj.* Desvergonzado, atrevido, inmoral.
**Liceo,** *m.* Nombre de ciertas socieda-

---

*

LIBRA, *f. Peso antiguo: **La libra de Castilla equivalía a 460 gramos.** ||  Cada arroba tiene 25 libras, y cada libra tiene 16 onzas.* || **Libra esterlina:** *la moneda unidad en Inglaterra (cada £=20 chelines=240 peniques).*
   *Viene del latín* **libra,** *que significa 'libra de peso' y también 'balanza'.* || *Deriv.:* **Libélula** *('que se mantiene en el aire como una balanza pequeña').*

LIBRE, adj. *Que puede obrar conforme su razón le dice que debe hacerlo:* **El hombre es libre.** || *Independiente, atrevido, suelto:* **Es un hombre muy libre.**
   *Viene del latín* **liber,** *que quiere decir 'libre'.* || *Deriv.:* **Liberación, liberal, liberalidad, liberalismo, libertad, libertar, libertador, libertario, libertino, libranza, librar, librecambio, librepensador.** || *Contr.:* **Esclavo, sujeto.**

LIBRO, m. *Conjunto de hojas de papel, impresas y unidas entre sí:* **Estoy leyendo un libro muy bonito.**
   *Viene del latín* **liber, libri,** *que quiere decir 'libro'.* || *Deriv.:* **Libelo, librería, librero, libresco, libreta.**
   *En griego, libro se escribe* **biblion,** *y de esta raíz se derivan muchas palabras castellanas de cosas referentes a libro, por ejemplo,* **biblioteca, bibliotecario, bibliófilo.**

LICENCIA, f. *Permiso para hacer una cosa:* **Tiene licencia para marcharse.** || *En la Universidad, título que acredita haber terminado una carrera:* **Obtuvo la licencia en filosofía.**
   *Viene del latín* **licere,** *que quiere decir 'ser lícito, estar permitido'.* || *Deriv.:* **Licenciado, licenciatura, licenciar, licencioso.** || *De la misma palabra latina se derivan las castellanas* **ilícito, licitación, lícito, licitud.**

des literarias o de recreo. ‖ Nombre que se da a establecimientos de primera y segunda enseñanza.
**Licitador,** m. El que licita.
**Lícitamente,** adv. Legítimamente. ‖ Con justicia y derecho.
**Licitante,** adj. Que licita.
**Licitar,** tr. Ofrecer precio por una cosa en subasta o almoneda.
**Lícito,** adj. Justo, permitido. ‖ Según justicia y razón.
**Licor,** m. Cuerpo líquido. ‖ Bebida compuesta de alcohol, agua y azúcar y esencias aromáticas variadas.
**Lictor,** m. Ministro de Justicia entre los romanos.
**Licuación,** f. Efecto o acción de licuar o licuarse.
**Licuadora,** f. Aparato eléctrico para licuar frutas y otros alimentos.
**Licuar,** tr. Hacer líquida una cosa sólida. ‖ Derretir.
**Lid,** f. Combate, lucha, pelea.
**Líder,** m. El jefe verdadero de todo un grupo de personas. ‖ El que más se destaca.
**Lidia,** f. Acción de lidiar.
**Lidiador,** m. Persona que lidia.
**Lidiar,** intr. Pelear, combatir. ‖ Tratar con una persona enfadosa y molesta. ‖ tr. Burlar al toro luchando con él y esquivando sus acometidas hasta darle muerte; es decir, torear.
**Liebre,** f. Mamífero parecido al conejo, pero con las orejas más largas y el pelo más castaño. Hace madrigueras. Es un animal tímido y de veloz carrera. Su carne y su piel son muy apreciadas. Abunda en España.
**Liendre,** f. Cada uno de los huevecillos de donde nacen los piojos.
**Lienzo,** m. Tela que se fabrica de lino, cáñamo o algodón. ‖ Pintura he-

Liebre

cha sobre lienzo. ‖ Pared de un edificio.
**Liga,** f. Cinta elástica con que se sujetan las medias o los calcetines. ‖ Confederación que hacen entre sí los Estados para combatir o defenderse de otros. ‖ Unión, mezcla. ‖ En fútbol, la liga es la competición sucesiva que van jugando todos los equipos de una misma categoría.
**Ligado,** m. Unión de las letras en la escritura.
**Ligamento,** m. Especie de pliegue o cordón que está entre los huesos y los une.
**Ligar.\***
**Ligazón,** m. Unión, enlace.
**Ligeramente,** adv. Con ligereza. ‖ Levemente.
**Ligereza,** f. Presteza, agilidad. ‖ Levedad. ‖ Inconstancia, imprudencia. ‖ Prontitud, rapidez.
**Ligero.\***

---

\* Ligar, tr. Atar: *Le ligó con una cuerda muy fuerte.* ‖ r. Confederarse, unirse para algún fin: *Varias naciones se ligaron contra un enemigo común.*
    Viene del latín ligare, que significa 'atar'. ‖ Deriv.: **Desligar, lía, liga, ligadura, ligamento, ligazón, lío, lioso, obligación, obligar, obligatorio, religar.** ‖ Contr.: **Soltar.**

Ligero, adj. Que pesa poco: *El algodón es muy ligero.* ‖ Agil, rápido, veloz: *Va muy ligero.* ‖ De poca importancia, insignificante, delgado: *Es un trabajo ligero.*
    Viene del francés leger, que significa 'poco pesado'. ‖ Deriv.: **Aligerar, ligereza.** ‖ Contr.: **Pesado, lento.**

**Lignito,** m. Carbón fósil, pero de peor calidad que la hulla.

**Ligures,** m. pl. Nombre que daban los griegos antiguos a los pueblos que habitaban la parte de Europa que está comprendida entre los Pirineos y los Alpes.

**Lija,** f. Papel que tiene en una de sus caras vidrio molido y encolado, y que sirve para rascar, pulir o alisar. || Pez marino de un metro de largo y que no tiene escamas, sino unos granitos finos, duros y ásperos por toda la piel.

**Lila,** f. Arbusto de flores muy olorosas y de color morado claro.

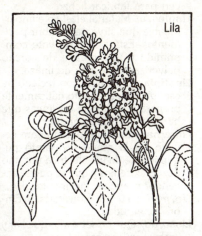
Lila

**Liliputiense,** adj. Se le dice así a la persona extremadamente pequeña y endeble.

**Lima,** f. Instrumento de acero, con las dos caras entrelargas y ásperas, muy adecuado para desgastar los salientes que tenga un trozo de metal o un trozo de madera. || Especie de limón con sabor de naranja dulzona.

**Limaduras,** f. pl. Polvillo menudo que saca la lima a un metal o a una madera.

**Limar,** tr. Cortar o alisar los metales, la madera, etc., con la lima. || Debilitar.

**Limbo,** m. Lugar o seno donde estaban detenidas las almas de los santos y patriarcas antiguos esperando la venida del Mesías. || Donde van las almas de los niños que mueren sin bautizar.

**Limeño,** adj. De Lima (ciudad del Perú).

**Limitación,** f. Lo que se hace al limitar. || Límite.

**Limitado,** adj. Se dice de la persona que tiene poco entendimiento.

**Limitar,** tr. Poner límites a un terreno.

**Límite.\***

**Limítrofe,** adj. Vecino, colindante.

**Limo,** m. Cieno, barro, légamo.

**Limón,** m. Fruto del limonero, de color amarillo, comestible, jugoso y de sabor ácido muy agradable.

Limón

**Limonada,** f. Bebida compuesta de agua, azúcar y zumo de limón.

**Limonero,** m. El árbol del limón.

**Limosna,** f. Lo que se da por caridad para socorrer una necesidad.

**Limpiabotas,** m. El que tiene por oficio limpiar y darle brillo a las botas y zapatos.

**Limpiador,** adj. Que limpia.

**Limpiamente,** adv. Con limpieza.

**Limpiar,** tr. Quitar la suciedad de una cosa.

**Límpido,** adj. (se usa en poesías). Limpio.

---

\*

Límite, m. *Término o lindero de fincas, pueblos o naciones:* **Los límites de España.** || *Fin, término, acabamiento:* **Trabajó hasta el límite de sus fuerzas.**
   *Viene del latín* **limes, limitis,** *que quiere decir 'sendero entre dos campos, límite, frontera'.* || *Deriv.:* **Colindante, deslindar, extralimitarse, ilimitada, limitación, limitar, limítrofe, lindante.**

**Limpieza,** *f.* Calidad de limpio. ‖ Lo que se hace cuando se limpia. ‖ Aseo, higiene.
**Limpio.***
**Linaje,** *m.* El conjunto de los ascendientes o descendientes de una persona. ‖ **El linaje humano:** los descendientes de Adán, es decir, todos los hombres.
**Linaza,** *f.* Simiente del lino, que sirve para hacer aceites industriales y harinas medicinales.
**Lince,** *m.* Mamífero carnicero tan grande como un lobo y de la familia de los gatos, con muchos pelos alrededor de la cara y una vista penetrante. ‖ *fig.* Persona muy astuta y sagaz. ‖ **Vista de lince:** Vista rápida, precisa y penetrante.

Lince

**Linchar,** *tr.* Ahorcar entre muchos a un criminal.
**Lindamente,** *adv.* Con perfección. ‖ Primorosamente.
**Lindar,** *intr.* Estar contiguas o tocarse dos cosas.
**Linde,** *amb.* Límite. ‖ Línea que divide unas heredades de otras.
**Lindero,** *adj.* Que linda con una cosa. ‖ Linde.
**Lindeza,** *f.* Hecho o dicho gracioso.
**Lindezas,** *f. pl. fig.* Insultos.
**Lindo,** *adj.* Bonito, bello, primoroso.
**Línea.***
**Lineal,** *adj.* Que se refiere a las líneas.
**Linfa,** *f.* Líquido que baña los tejidos del cuerpo. ‖ En poesía, agua.
**Lingote,** *m.* Trozo o barra de metal en bruto; es decir, sin pulir.
**Lingüista,** *m.* Científico del lenguaje.
**Lingüístico,** *adj.* Que pertenece o se refiere a la lingüística.
**Linimento,** *m.* Especie de ungüento, pero menos espeso y que se aplica mediante fricciones.
**Lino,** *m.* Planta textil cuyas fibras sirven para fabricar lienzo.
**Linóleo,** *m.* Material elástico e impermeable que sirve para cubrir pavimentos. Está hecho de yute comprimido y una mezcla de corcho pulverizado y aceite de linaza.
**Linotipia,** *f.* Máquina con teclado de escribir, que semiautomáticamente prepara y compone las líneas que ha de utilizar la imprenta.
**Linterna,** *f.* Farol preparado para llevarlo en la mano. ‖ Aparato pequeño que da luz eléctrica por uno de sus extremos y que se puede encender o apagar fácilmente.
**Lío,** *m.* Ropa u otra cosa atada. ‖ Embrollo, enredo.
**Lioso,** *adj.* Que no sabe más que liar y embrollar las cosas.
**Liquen,** *m.* Planta criptógama formada por la reunión de un alga y un hongo que crece sobre las rocas, las cortezas de los árboles y las paredes.
**Liquidación,** *f.* Lo que se hace cuando se liquida. ‖ Rebaja grande

---

*
L**IMPIO**, adj. *Que no tiene manchas:* **Vestido limpio.** ‖ *Puro, que no tiene mezcla de otra cosa:* **Un vagón de trigo limpio.** ‖ *Que tiene el hábito del aseo:* **Es un niño muy limpio.**
  Viene del latín **limpidus,** *que quiere decir 'claro, limpio'.* ‖ *Deriv.:* **Limpiabotas, limpiar, limpidez, limpieza.** ‖ *Contr.:* **Sucio.**
L**ÍNEA**, f. *Raya, señal larga y estrecha:* **Trazo líneas en el papel.** ‖ *En geometría, extensión considerada en una sola dimensión:* **Líneas curvas y líneas rectas.** ‖ *Vía de comunicación regular, por tren, por mar o por aire:* **Línea del ferrocarril.**
  Viene del latín **linea,** *que quiere decir 'hilo, raya, rasgo'.* ‖ *Deriv.:* **Alineación, alinear, aliñar, aliño, delineante, delinear, desaliño, entrelíneas, linaje, linajudo, linear, lineamiento, linotipia.**

de sus artículos que hacen algunos comercios.
**Liquidador,** *m.* El que liquida.
**Líquidamente,** *adv.* Con liquidación.
**Liquidar,** *tr.* Hacer líquida una cosa sólida o gaseosa. || Hacer el ajuste final en una cuenta. || Vender los artículos a un precio muy barato. || Poner término a una cosa o estado de cosas.
**Líquido,** *adj.* Que es un cuerpo que se puede derramar (como el agua, el vino, etc.).
**Lira,** *f.* Instrumento músico usado por los antiguos. || Moneda italiana. || Cierta combinación poética de cinco versos.

Lirón

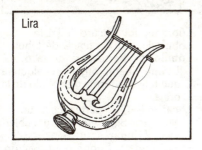
Lira

**Lírica,** *adj. f.* Se llama así a cierta clase de poesías, que tratan de amores y afectos, y que antiguamente se cantaban al son de una lira. || También se dice de las obras teatrales con música.
**Lírico,** *adj. m.* Se le dice al poeta que expresa en sus poesías los sentimientos propios. || A esta clase de poesía también se le dice «lírica».
**Lirio,** *m.* Planta de la familia del azafrán, pero con hermosas flores azules, rojas o blancas. || **Lirio blanco:** azucena.
**Lirón,** *m.* Animal mamífero muy parecido al ratón, pero mucho mayor, y que pasa todo el invierno durmiendo. || Persona muy dormilona.
**Lis,** *f.* Lirio. || **Flor de lis:** la que llevan en el escudo los reyes de la Casa de Borbón.
**Lisboeta,** *adj.* Natural o perteneciente a Lisboa (capital de Portugal).
**Lisiado,** *adj.* Que tiene alguna lesión en el cuerpo o que está inválido y no puede moverse.
**-lisis.** Sufijo que entra en la formación de algunas voces españolas con el significado de «disolución», «destrucción».
**Liso,** *adj.* Igual, sin asperezas; sin adornos. || Se dice de las telas y vestidos que no tienen adorno.
**Lisonja,** *f.* Alabanza engañosa.
**Lisonjero,** *adj.* Que agrada o deleita como una alabanza.
**Lista.\***
**Listado,** *adj.* Que forma o tiene listas.
**Listo.\***
**Listón,** *m.* Pedazo de tabla largo y estrecho.

---

LISTA, *f.* Tira o banda larga y estrecha de papel o tela: **Aquello era una tira de papel blanco.** || Raya de distinto color también en telas o papeles: **Lleva un vestido de listas.** || Relación de cosas o personas: **Lista de los alumnos de clase.**
    Viene del alemán **lista,** que quiere decir 'tira, franja'. || *Deriv.:* **Alistamiento, alistar, listado, listero, listón.**

LISTO, adj. *Rápido, veloz, diligente, preparado:* **Está listo para salir.** || *Inteligente, que sabe mucho:* **Es un chico muy listo.**
    Viene del latín **lexitus,** que quiere decir 'leído, avisado'. || *Contr.:* **Torpe.**

**Lisura,** *f.* Lo liso que está una superficie lisa.

**Litera,** *f.* Cada una de las camas fijas que hay en los camarotes de los buques. || Caja de coche antiguo que se sostenía con dos palos y servía para transportar a ciertos personajes.

**Literal,** *adj.* Conforme a la letra del texto.

**Literalmente,** *adv.* Conforme a la letra o al sentido literal.

**Literariamente,** *adv.* Según los preceptos y reglas de la literatura.

**Literario,** *adj.* Que pertenece o se refiere a la literatura. || V. **letra.**

**Literato,** *m.* Escritor o poeta.

**Literatura,** *f.* Arte que emplea como instrumento la palabra. || Conjunto de obras literarias propias de un país o una época.

**Litigio,** *m.* Pleito. || Disputa, contienda.

**Litoral,** *adj.* Que pertenece a la orilla o costa del mar. || *m.* Costa del mar, país o territorio.

**Litro.***

**Liturgia,** *f.* Orden y forma aprobados por la Iglesia para celebrar los cultos divinos y para que los fieles participen en los cultos.

**Litúrgico,** *adj.* Que pertenece a la liturgia.

**Liviano,** *adj.* Ligero, que pesa poco. || Fácil, inconstante.

**Lívido,** *adj.* De color casi morado.

**Liza,** *f.* Campo dispuesto para lidiar o combatir. || Combate. || Hilo grueso de cáñamo.

**Lo.***

**Loa,** *f.* Alabanza. || Discurso con que se solía empezar una función en el teatro antiguo. || Poema dramático de breve extensión en que se celebra a una persona ilustre o un hecho importante.

**Loable,** *adj.* Digno de alabanza.

**Lobanillo,** *m.* Tumor pequeñito que se forma en algunas partes del cuerpo y que duele poco.

**Lobo,** *m.* Mamífero carnicero parecido a un perro: es frecuente en España y enemigo terrible del ganado. Generalmente tiene un pelaje gris amarillento.

Lobo

**Lóbrego,** *adj.* Oscuro. || Triste.

**Lobulado,** *adj.* En figura de lóbulo.

**Lóbulo,** *m.* Parte baja de la oreja. || Parte de un órgano cualquiera que tenga la forma del lóbulo de la oreja.

**Local,** *adj.* Que pertenece a un lugar. || *m.* Sitio cerrado y cubierto. || V. **lugar.**

**Localidad,** *f.* Lugar o población. || Local. || Cada uno de los asientos de los locales destinados a espectáculos públicos. || V. **lugar.**

**Localización,** *f.* Lo que se hace cuando se localiza.

**Localizar,** *tr.* Fijar, encontrar, limitar en un punto determinado. || Determinar el sitio en que está una persona o una cosa.

**Locamente,** *adv.* Con locura. || Excesivamente, sin moderación.

**Locativo,** *m.* Lugar en donde está una cosa.

**Loción,** *f.* Producto farmacéutico preparado para la limpieza del cabello. || Especie de colonia para darse masajes en la cara antes o después del afeitado.

---

*

LITRO, *m. Medida de capacidad que equivale a un decímetro cúbico:* **Un litro de leche.**
  *Viene del francés* **litre,** *que quiere decir 'litro'.* || *Deriv.:* **Decalitro, decilitro, hectolitro, kilolitro, mililitro, mirialitro.**

LO. *Artículo determinado en género neutro.* || *Acusativo del pronombre personal de tercera persona, masculino o neutro.*
  *Viene del latín* **ille,** *que significa 'aquél'.*

**Loco,** *adj.* Que tiene perturbada la razón. || Disparatado, imprudente.
**Locomotora,** *f.* Máquina que montada sobre ruedas y movida generalmente por vapor arrastra los vagones de un tren. Las locomotoras más rápidas son las eléctricas.
**Locuacidad,** *f.* Calidad de locuaz. || El charlar sin parar.
**Locuaz,** *adj.* Que habla mucho.
**Locución,** *f.* Modo de hablar. || Frase.
**Locura,** *f.* Perturbación de la razón. || Imprudencia.
**Locutor,** *m.* El que tiene por oficio hablar por radio, televisión, etc.
**Locutorio,** *m.* Habitación donde reciben las monjas sus visitas. || Oficina telefónica destinada al público.
**Lodazal,** *m.* Sitio que está lleno de lodo.
**Lodo,** *m.* Mezcla de agua y tierra formada generalmente por el agua de la lluvia. || Barro.
**Logaritmo,** *m.* Exponente (en matemáticas).
**Lógica,** *f.* Ciencia que estudia las leyes del conocimiento científico. || Naturalidad al pensar o razonar.
**Lógicamente,** *adv.* Según las reglas de la lógica. || Como es natural o normal.
**Lógico.**\*
**Logística,** *f.* Estrategia militar, ciencia de guerrear.
**-logo, -loga.** Sufijo que entra en la formación de algunas palabras españolas con el significado de «persona versada, conocedora, especialista», en lo que el primer elemento indica.
**Lograr.**\*
**Logrero,** *adj.* Usurero. || *m.* Persona que acapara mercancías para venderlas después a un precio excesivo.

**Logro,** *m.* Lo que se hace al lograr. || Ganancia, lucro. || Usura.
**Loísmo,** *m.* El loísmo consiste en usar **LO** para complemento indirecto. Un ejemplo: **Vi a Manolo y LO dije lo que se merecía.** (Debe decirse: **y LE...**).
**Loma,** *f.* Altura pequeña y alargada de terreno.
**Lombardos,** *m. pl.* Los nacidos en Lombardía (norte de Italia).
**Lombriz,** *f.* Gusano que come tierra húmeda. || Especie de gusano en los intestinos.

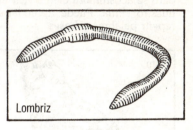

Lombriz

**Lomo,** *m.* Parte inferior y central de la espalda. || Parte del libro opuesta al corte de las hojas. || En los instrumentos cortantes, parte opuesta al filo.
**Lona,** *f.* Tela fuerte de algodón o cáñamo que se emplea en las velas de navío, toldos, tiendas de campaña, etcétera.
**Londinense,** *adj.* Natural de Londres. || Que pertenece a esa ciudad inglesa.
**Longaniza,** *f.* Pedazo de tripa muy menuda y rellena de carne de cerdo picada y adobada.
**Longevidad,** *f.* Larga vida.
**Longitud,** *f.* Dimensión de un extremo a otro.
**Longitudinal,** *adj.* Que pertenece a la

---

\*
Lógico, adj. *Que se refiere a las leyes del pensamiento:* **Un razonamiento lógico.** || *Que es consecuencia natural de ciertas cosas:* **Cuando llueve es lógico que el suelo se moje.**
    *Viene del griego* **logikos,** *que quiere decir 'relativo al razonamiento'.* || *Deriv.:* **Logaritmo, lógica, silogismo.** || *Contr.:* **Ilógico.**
Lograr, tr. *Conseguir lo que se desea:* **Logró llegar a tiempo.** || r. *Llegar una cosa a su perfección:* **Se logró la cosecha.**
    *Viene del latín* **lucrari,** *que significa 'hacer ganancia'.* || *Deriv.:* **Logrero, lucrativo, malograrse.** || *Contr.:* **Malograrse.**

longitud; hecho o colocado en la dirección de ella.

**Lonja,** *f.* Edificio público donde se reunían los comerciantes para sus tratos y comercio.

**lontananza (En).** A lo lejos.

**Lord,** *m.* Título de honor que se da en Inglaterra a las personas de la nobleza.

**Loriga,** *f.* Especie de coraza formada por escamas de acero.

**Loro,** *m.* Ave trepadora, de plumaje amarillo, verde y encarnado. Es propio de los países tropicales, pero se acostumbra bien a vivir en nuestro clima. Puede aprender a repetir palabras y frases.

Loro

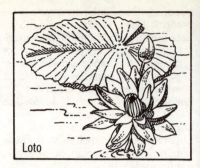
Loto

**Losa,** *f.* Piedra llana y de poco grueso.

**Lote.***

**Lotería,** *f.* Especie de rifa que hace el Estado. ‖ Juego casero que se juega con cartones y fichas.

**Lotero,** *m.* El que vende lotería.

**Loto,** *m.* Planta acuática, de grandes flores y hojas en forma de escudo.

**Loza,** *f.* Especie de losa hecha de barro y barnizada.

**Lozanía,** *f.* Verdor y frondosidad en las plantas. ‖ Vigor y robustez en los hombres y animales.

**Lozano,** *adj.* Verde y frondoso. ‖ Vigoroso y robusto.

**Lúbrico,** *adj.* Resbaladizo. ‖ Vicioso.

**Lubrificante,** *m.* Producto industrial para suavizar el rozamiento entre las piezas movibles de una máquina.

**Lucero,** *m.* Astro grande y brillante. ‖ El planeta Venus. ‖ Lunar blanco y grande que tienen en la frente algunos cuadrúpedos.

**Lucidez,** *f.* Claridad.

**Lucido,** *adj.* Que hace las cosas con gracia. ‖ Bonito.

**Lúcido,** *adj.* Que tiene lucidez. ‖ Reluciente.

**Luciérnaga,** *f.* Insecto cuya hembra, que carece de alas, despide por la noche una luz de color blanco verdoso.

**Lucimiento,** *m.* Lo que se hace al lucir. ‖ El salir airoso de una cosa difícil.

**Lucir,** *intr.* Brillar, resplandecer. ‖ *r.* Vestirse con esmero. ‖ Sobresalir, aventajar. ‖ V. **luz.**

**Lucrar,** *tr.* Lograr. ‖ *r.* Sacar provecho de una cosa, ganar.

**Lucrativo,** *adj.* Que produce lucro.

**Lucro,** *m.* Provecho o ganancia que se saca de una cosa.

**Luctuoso,** *adj.* Digno de ser llorado.

**Lucha.***

---

*

LOTE, *m. Parte que corresponde a cada uno cuando se divide una cosa: **De la herencia hicieron cuatro lotes.***
    *Viene del francés **lot,** que quiere decir 'parte que toca a cada uno en un reparto'. ‖ Deriv.:* **Lotería, lotero.**

LUCHA, f. *Pelea, combate:* **Fue una lucha encarnizada.**

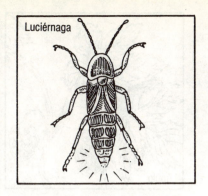
Luciérnaga

**Luchador,** m. Persona que lucha.
**Luchar,** intr. Combatir dos personas cuerpo a cuerpo, pelear. || Disputar. || V. **lucha.**
**Ludibrio,** m. Burla, desprecio.
**Luego.**\*
**Luengo,** adj. Largo.
**Lugar.**\*
**Lugarteniente,** m. El que tiene poder para sustituir a otro en un cargo o empleo.
**Lúgubre,** adj. Triste.
**Lujo.**\*
**Lujosamente,** adj. Que tiene lujo.

**Lujuria,** f. Vicio contrario a la castidad y a la pureza.
**Lujurioso,** adj. Que peca contra la castidad y la pureza.
**Lulista,** adj. Partidario de la filosofía de Raimundo Lulio.
**Lumbago,** m. Dolores rápidos y paralizantes desde la nuca hasta los riñones. || Reuma en el lomo.
**Lumbar,** adj. Se le llama así a la parte de la columna vertebral que está cerca de los riñones.
**Lumbrada,** f. Cantidad grande de lumbre.
**Lumbre.**\*
**Lumbrera,** f. Cuerpo luminoso. || Abertura en el techo, hecha para que penetre la luz. || Persona muy ilustre.
**Luminaria,** f. Luz que arde continuamente en la iglesia delante del Santísimo. || Luz que se pone en las calles en señal de fiesta.
**Luminosidad,** f. Luz y claridad.
**Luminoso,** adj. Que despide luz. || V. **lumbre.**
**Luminotecnia,** f. Técnica del alumbrado.
**Luminotécnico, ca,** adj. Pertene-

---

\*

*Viene del latín* **luctari,** *que quiere decir 'luchar'.* || *Deriv.:* **Luchador, luchar.**

L<small>UEGO</small>, adv. *Pronto, sin esperar nada:* ***Lo hicieron luego de decirlo.*** || *Después:* ***Luego de haber estudiado fueron a jugar.*** || *Es también conjunción ilativa con la que se denota la consecuencia o la deducción de algo:* ***Trabaja bien, luego merece premio.***
  *Viene de dos palabras latinas* **in loco,** *que quiere decir 'en el lugar, allí mismo'.*
L<small>UGAR</small>, m. *Sitio que ocupa o puede ocupar un cuerpo:* ***Este es el lugar para poner la mesa.*** || *Población, villa o aldea, principalmente si es pequeña:* ***En un lugar de la Mancha.***
  *Viene del latín* **locus,** *que quiere decir 'lugar'.* || *Deriv.:* **colocación, colocar, dislocación, dislocar, disloque, local, localidad, localismo, localizar, locomoción, locomotora, locomotriz, lugareño, lugarteniente.**
L<small>UJO</small>, m. *Exceso en el adorno de una cosa:* ***Tiene la casa puesta con lujo.***
  *Viene del latín* **luxus,** *que quiere decir 'exceso, lujo'.* || *Deriv.:* **Lujoso, lujuria, lujurioso.** || *Contr.:* **Modestia.**
L<small>UMBRE</small>, f. *Carbón, leña u otro combustible, cuando están encendidos:* ***El calor de la lumbre; la lumbre de un encendedor;*** *etc.*
  *Viene del latín* **lumen,** *que significa 'luz que despide un cuerpo que está ardiendo'.* || *Deriv.:* **Alumbrado, alumbramiento, alumbrar, deslumbramiento, deslumbrante, deslumbrar, iluminación, iluminado, iluminar, iluminismo, lumbrera, luminaria, lumínico, luminiscencia, luminosidad, luminoso, luminotecnia, relumbrar, relumbre, relumbrón, vislumbrar, vislumbre.** || *V.* **Deslumbrar, iluminar, luminoso.**

ciente o relativo a la luminotecnia.
**Luna,** *f.* Satélite de la Tierra, alrededor de la cual gira, y que nos ilumina durante la noche. || Especie de tabla de cristal gruesa y plana. || Espejo.
**Lunar,** *m.* Mancha pequeña y oscura en la cara o en otra parte del cuerpo. || Defecto.
**Lunático,** *adj.* Que de cuando en cuando se pone loco.
**Lunes.\***
**Lupa,** *f.* Lente, cristal de aumento.

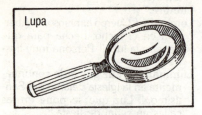

**Lúpulo,** *m.* Planta trepadora cuyos frutos se utilizan para darle a la cerveza su sabor amargo.

**Lusitano,** *adj.* De Lusitania. || Portugués.
**Luso,** *adj.* Portugués.
**Lustre,** *m.* Brillo.
**Lustro,** *m.* Conjunto de cinco años.
**Luterano,** *adj.* Que profesa la doctrina de Lutero. || Protestante.
**Luto,** *m.* Signo exterior de pena y duelo, en vestidos y adornos, por la muerte de una persona. || Duelo, pena.
**Luz.\***

---

\*
LUNES, m. *Segundo día de la semana:* **El lunes iré al cine.**
   *Viene del latín* **luna,** *por eso* lunes *quería decir 'día dedicado a la luna'.* || *De la misma raíz latina vienen las palabras castellanas* **luna, lunar, lunático.**
LUZ, f. *Rayos especiales que nos permiten ver las cosas:* **La luz del Sol.** || *Aparato que sirve para alumbrar:* **Esta lámpara tiene seis luces.**
   *Viene del latín* **lux, lucis,** *que quiere decir 'luz, claridad'.* || *Deriv.:* **Contraluz, deslucido, deslucir, elucubración, enlucir, lucero, lucir, luciérnaga, lucidez, translúcido.** || *Contr.:* **Oscuridad.**

# LL

**Ll,** *f.* Decimotercera letra del abecedario castellano. Su nombre es *elle*.
**Llaga,** *f.* Úlcera que se cierra con dificultad.
**Llama,** *f.* Mamífero rumiante existente en América meridional.
**Llamada,** *f.* Acción de llamar. ‖ Signo o número que en un escrito sirve para atraer la atención hacia otra parte. ‖ V. **llamar**.
**Llamamiento,** *m.* Llamada.
**Llamar.***
**Llamarada,** *f.* Llama que brota de repente y acaba pronto.
**Llamativo,** *adj.* Que atrae la atención.
**Llamear,** *intr.* Echar llamas.
**Llaneza,** *f.* Sinceridad. ‖ Modestia, sencillez.
**Llano,** *adj.* Liso, plano. ‖ Sencillo y sincero.
**Llanta,** *f.* Cerco metálico de la rueda de un vehículo, donde asienta el neumático.
**Llantina,** *f.* Lloro fuerte y continuado.
**Llanto,** *m.* Efusión de lágrimas con lamentaciones.
**Llanura,** *f.* Gran extensión de terreno liso.
**Llar,** *m.* Fogón. ‖ *f. pl.* Cadena que colgando de la campana de la chimenea sirve para sostener la caldera.
**Llave,** *f.* Objeto de hierro que se introduce por la cerradura y sirve para abrir y cerrar cajas, puertas, arcones, etc. ‖ Instrumento que sirve para atornillar o desatornillar.
**Llavero,** *m.* Especie de anillo en que se enganchan las llaves.
**Llavín,** *m.* Llave pequeña y casi plana.
**Llegada,** *f.* Acción de llegar. ‖ V. **llegar**.
**Llegar.***

Llama

---

*
**Llamar,** tr. *Atraer la atención de uno con voces para que venga o nos atienda: Le llamó muchas veces.* ‖ *Nombrar, apellidar:* **Se llama Pedro González.** ‖ intr. *Hacer sonar el timbre o cosa parecida para que se abra la puerta o acuda alguien:* **Llamó a la puerta.**
　*Viene del latín* **clamare**, *que quiere decir 'gritar, clamar, exclamar'.* ‖ *Deriv.:* **Aclamación, aclamar, clamor, declamación, declamador, declamar, exclamación, exclamar, llamada, llamamiento, llamativo, proclama, proclamación, proclamar, reclamación, reclamar, reclamo.**
**Llegar,** intr. *Ir a parar a un sitio una persona o una cosa:* **Llegó a Madrid.** ‖ *Durar hasta un tiempo determinado:* **Llegó hasta el invierno.** ‖ *Tocar, alcanzar una cosa a otra:* **Llega al techo.**
　*Viene del latín* **applicare**, *que quiere decir 'arrimar, acercar'.* ‖ *Deriv.:* **Allegado, allegar, llegada.** ‖ *Contr.:* **Partir, marcharse.**

**Llenar,** *tr.* Poner llena una cosa. ‖ Ocupar un lugar o empleo. ‖ V. **lleno.**
**Llenarse,** *r.* Hartarse de comer y beber. ‖ V. **lleno.**
**Lleno.**\*
**Llevadero,** *adj.* Que se puede aguantar, tolerar o sufrir.
**Llevar.**\*
**Llorar.**\*
**Llorera,** *f.* Llorar sin motivo. ‖ Llantina.

**Lloriqueo,** *m.* Gimoteo, lloro tonto y casi sin lágrimas.
**Lloro,** *m.* Acción de llorar. ‖ Llanto.
**Llorona,** *adj.* Plañidera. ‖ *f.* Muñeca que llora.
**Llover,** *intr.* Caer agua del cielo.
**Llovizna,** *f.* Lluvia muy fina.
**Lloviznar,** *intr.* Caer llovizna.
**Llueca,** *f.* Gallina clueca.
**Lluvia.**\*
**Lluvioso,** *adj.* Se dice del tiempo o el sitio en que llueve mucho.

\*
Lleno, adj. *Ocupado completamente por una cosa: El autobús va lleno.* ‖ m. *Gente que ocupa todas las localidades de un espectáculo: En el estadio de fútbol hubo un lleno.*
  Viene del latín **plenus,** *que quiere decir 'lleno'.* ‖ *Deriv.:* **Llenar, pleamar, plenario, plenilunio, plenipotenciario, plenitud, plétora, relleno, rellenar.** ‖ *Contr.:* **Vacío.**
Llevar, tr. *Conducir una cosa de una parte a otra: Lo llevó a otro sitio.* ‖ *Tolerar, soportar, aguantar: Lleva con paciencia la enfermedad.* ‖ *Guiar, dirigir: Lleva el coche con demasiada velocidad.* ‖ *Traer algo en la mano, en el bolsillo o puesto en el cuerpo: Lleva mucho dinero.*
  Viene del latín **levare,** *que significa 'aliviar, levantar'.* ‖ *Deriv.:* **Conllevar, llevadero, relevar, relevo, relieve, sobrellevar.** ‖ *Contr.:* **Traer.**
Llorar, intr. *Derramar lágrimas cuando se está triste o se tiene algún dolor: Lloró desconsoladamente.* ‖ *Caer un líquido gota a gota: Esas paredes lloran.*
  Viene del latín **plorare,** *que quiere decir 'llorar'.* ‖ *Deriv.:* **Deplorar, deplorable, implorar, lloriqueo, lloro, lloroso, llorón.** ‖ *Contr.:* **Reír.**
Lluvia, f. *Lo que ocurre al llover: El otoño trajo muchas lluvias.*
  Viene del latín **pluere,** *que quiere decir 'llover'.* ‖ *Deriv.:* **Llover llovizna, lloviznar, pluvial, pluviómetro.**

# M

**M,** *f.* Decimoquinta letra del abecedario. ‖ En la numeración romana, signo que vale mil.

**Macabro,** *adj.* Muy triste. ‖ Horroroso. ‖ Fúnebre.

**Macaco,** *m.* Animal cuadrumano muy parecido a la mona, pero más pequeño. ‖ *adj.* Feo, deforme.

**Macana,** *f.* Cosa imperfecta o mal hecha.

**Macarrón,** *m.* Pasta alimenticia hecha con harina de trigo en figura de tubos largos de color blanco o amarillo.

**Macedonio,** *adj.* Natural de Macedonia.

**Maceración,** *f.* Acción y efecto de macerar. ‖ Procedimiento especial para ablandar y disolver sustancias orgánicas.

**Macerar,** *tr.* Ablandar una cosa golpeándola, estrujándola, etc.

**Macero,** *m.* El que lleva la maza en una procesión o delante de alguna autoridad.

**Maceta,** *f.* Tiesto de barro cocido, con un agujero en la parte inferior y que lleno de tierra sirve para cultivar plantas. ‖ Vaso donde se ponen flores artificiales.

**Macetero,** *m.* Armazón en donde se colocan las macetas de flores.

**Macilento,** *adj.* Flaco. ‖ Descolorido, triste.

**Macizo,** *adj.* Grueso, fuerte, sólido, sin huecos. ‖ Grupo de alturas o montañas. ‖ Prominencia del terreno. ‖ Agrupación de plantas con que se adornan los jardines.

**Macrocéfalo,** *adj.* Que su cabeza es muy grande.

**Mácula,** *f.* Mancha.

**Macuto,** *m.* Especie de saco largo y estrecho.

**Machacadera,** *f.* Instrumento para machacar.

**Machacador,** *adj.* Que machaca.

**Machacamiento,** *m.* Acción de machacar. Y el resultado de haber machacado.

**Machacar,** *tr.* Golpear una cosa para romperla o deformarla. ‖ Insistir pesadamente sobre una cosa.

**Machacón,** *adj.* Importuno, pesado, que repite mucho la misma cosa.

**Machete,** *m.* Especie de cuchillo que los soldados ponen en la punta delantera del fusil.

**Machismo,** *m.* Actitud de prepotencia de los varones respecto de las mujeres.

**Macho,** *m.* Animal del género masculino. ‖ Pilar hecho de ladrillos y que sirve para fortalecer los sitios más importantes de un edificio o construcción grande.

**Madeja,** *f.* Hilo, seda o lana recogido en vueltas iguales que luego pueden desenrollar bien.

**Madera,** *f.* Parte sólida de los árboles que está cubierta por la corteza. ‖ V. **materia.**

**Maderamen,** *m.* El conjunto de todas las maderas de un edificio o de otra cosa.

**Maderero,** *adj.* Que se refiere a la madera. ‖ *m.* El que comercia con maderas.

Macuto

**Madero,** *m.* Pieza larga de madera. || Persona poco inteligente, poco sensible.
**Madrastra,** *f.* La nueva mujer del padre de uno.
**Madraza,** *f.* Escuela musulmana de estudios superiores.
**Madre.***
**Madreperla,** *f.* Especie de ostra casi redonda que suele producir perlas en su interior.
**Madrigal,** *f.* Poesía breve, elegante, delicada y afectuosa.
**Madriguera,** *f.* Cueva pequeña que hacen en el terreno algunos animales, como el conejo.
**Madrileño.***
**Madrina,** *f.* Mujer que asiste a uno en el sacramento del Bautismo, del Matrimonio, etc. || La que favorece o protege a otra persona. || V. **madre.**
**Madroño,** *m.* Fruto parecido a la fresa, redondo, rojo y con muchos granitos en la superficie.
**Madrugada.***
**Madrugador,** *adj.* Que madruga. || Que tiene costumbre de madrugar.
**Madrugar,** *intr.* Levantarse al amanecer o muy temprano. || Adelantarse a otros en una cosa.
**Madrugón,** *m.* El levantarse mucho antes de amanecer.

Madroño

**Madurar,** *intr.* Ir poniéndose maduros los frutos. || Madurar una idea: ir pensándola uno muy bien.
**Madurez,** *f.* El estar maduros y sazonados los frutos. || Prudencia con que se gobierna el hombre.
**Maduro,** *adj.* Se dice del fruto en estado de ser recogido. || Prudente, juicioso. || Entrado en años.
**Maestranza,** *f.* Sociedad donde los componentes se ejercitan en la equitación. || Taller donde se construyen y componen los montajes de las piezas de artillería. || Conjunto de oficiales y operarios que trabajan en la maestranza.
**Maestre,** *m.* Superior de una cual-

---

 \*
MADRE, *f. Mujer que tiene o ha tenido hijos:* **Madre de familia.** || *Animal hembra que tiene hijos:* **La madre de esos cachorros.** || *Título que se da a las religiosas:* **Madre superiora.** || *Causa u origen:* **La ociosidad es madre de todos los vicios.**
  *Viene del latín* **mater,** *que quiere decir 'madre'.* || *Deriv.:* **Comadre, comadrona, madrastra, madreperla, madreselva, madriguera, madrina, maternal, maternidad, materno, matriarcado, matricida, matrimonial, matrimonio, matriz, matrona, metrópoli.**
MADRILEÑO, adj. *Natural de Madrid:* **No soy madrileño, pero vivo en Madrid.** || *Que pertenece a Madrid o a su provincia:* **Un pueblo madrileño; un parque madrileño;** *etc.*
  *Viene del árabe* **Magerit,** *nombre que pusieron los moros a la actual capital de España. En tiempo de los romanos, Madrid era todavía un pueblo, al que llamaron* **Miacum** *(Arroyo* **Miaque;** *Casa de Campo).*
MADRUGADA, f. *El amanecer:* **En verano la madrugada llega pronto.** || **De madrugada** *es un modo adverbial que significa 'al amanecer':* **Salieron de madrugada.**
  *Viene del latín* **maturare,** *que significa 'hacer madurar, darse prisa, levantarse temprano'.* || *Deriv.:* **Madrugador, madrugar, madrugón.** || *Contr.:* **Anochecida.**

quiera de las llamadas «Órdenes militares».

**Maestresala,** *m.* Criado principal cuya misión era dirigir el servicio de mesa de su señor.

**Maestrescuela,** *m.* Dignatario de algunas iglesias, encargado de enseñar las ciencias eclesiásticas.

**Maestría,** *f.* Arte, destreza, habilidad. || Título de maestro en su oficio.

**Maestro.**\*

**Magdalena,** *f.* Bollo pequeño hecho con harina y huevo.

**Magia,** *f.* Especie de ciencia oculta que pretende realizar cosas extraordinarias. || Atractivo.

**Magiar,** *m.* Húngaro.

**Mágicamente,** *adv.* Con magia.

**Mágico,** *adj.* Que se relaciona con la magia. || Maravilloso, extraordinario.

**Magisterio,** *m.* Profesión del maestro. || Conjunto de maestros de una nación, provincia, etc. || Enseñanza y gobierno que el maestro ejerce con sus discípulos.

**Magistrado,** *m.* Superior en el orden civil. || Juez.

**Magistral,** *adj.* Que pertenece al maestro o al magisterio. || Magnífico.

**Magistralmente,** *adv.* Con maestría. || Con tono de maestro.

**Magistratura,** *f.* Oficio y dignidad del magistrado y tiempo que dura. || Conjunto de los magistrados.

**Magma,** *m.* Sustancia espesa que sirve de soporte a otras.

**Magnanimidad,** *f.* Grandeza de ánimo. || Generosidad.

**Magnánimo,** *adj.* Que tiene grandeza de ánimo. || Que es muy generoso.

**Magnate,** *m.* Persona muy ilustre y principal por su cargo y poder.

**Magnesia,** *f.* Sustancia terrosa, blanca, suave e insípida que se usa en medicina como purgante.

**Magnesio,** *m.* Cierto metal terroso que al arder lo hace con una llama clara y muy brillante, por lo cual se le suele usar para hacer bengalas, por ejemplo.

**Magnético,** *adj.* Del imán. || De las propiedades del imán.

**Magnetismo,** *m.* Propiedad de atraer que tiene la piedra imán. || Conjunto de fenómenos que produce el imán.

**Magneto,** *m.* Generador eléctrico que tiene dos polos magnéticos.

**Magnetófono,** *m.* Aparato que sirve para registrar y reproducir sonidos y voces.

**Magníficamente,** *adv.* Con magnificencia. || Perfectamente, muy bien.

**Magnificencia,** *f.* Liberalidad, esplendidez. || Ostentación, grandeza.

**Magnífico.**\*

**Magnitud,** *f.* Tamaño de un cuerpo. || Grandeza o importancia de una cosa.

**Magno,** *adj.* Grande. || Se usa con algunos nombres ilustres.

**Mago,** *adj.* Que ejerce la magia. || Dícese de los tres reyes que fueron a adorar a Jesucristo niño.

**Magro,** *adj.* Flaco y con poca grasa.

**Magullar,** *tr.* Producir una contusión o cardenal en un cuerpo golpeándolo violentamente.

---

\*

Maestro, m. *El que enseña en una escuela:* **Maestro de Enseñanza Primaria.** || *El que domina un oficio y dirige a otros en él:* **Maestro carpintero.** || *Compositor de música:* **Música, maestro.** || adj. *Principal, excelente, perfecto:* **Obra maestra; viga maestra,** *etc.*

Viene del latín **magister,** *que quiere decir 'jefe, director, maestro'.* || *Deriv.:* **Amaestrado, amaestrar, contramaestre, maestranza, maestría, magisterio, magistrado, magistratura.**

Magnífico, adj. *Grande, excelente, admirable:* **Es un edificio magnífico.** || *Título de honor que se da a algunas personas ilustres:* **El Rector Magnífico de la Universidad.**

Viene del latín **magnus,** *que quiere decir 'grande'.* || *Deriv.:* **Magnánimo, magnate, magnificar, magnificencia, magnanimidad, magno, megáfono, megalomanía.**

**Mahometano,** *adj.* Que tiene la religión de Mahoma.
**Mahonesa,** *f.* Salsa mayonesa.
**Maíz,** *m.* Planta gramínea originaria de América que produce mazorcas con granos amarillos y rojizos.

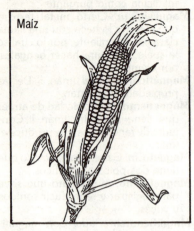
Maíz

**Maizena,** *f.* Harina muy fina hecha de maíz.
**Majada,** *f.* Lugar donde se recogen de noche el ganado y los pastores. || Estiércol de los animales.
**Majadería,** *f.* Dicho o hecho necio, imprudente, molesto.
**Majadero,** *adj.* Necio, molesto. || *m.* Mano de almirez o de mortero.
**Majar,** *tr.* Machacar en un almirez o mortero.
**Majestad,** *f.* Título que se da a Dios y también a soberanos y reyes. || Grandeza que infunde respeto.
**Majestuoso,** *adj.* Que tiene majestad.
**Majo,** *adj.* (Persona) que ostenta en su porte cierta elegancia, más propia de la gente ordinaria que de la gente fina. || Compuesto, lujoso. || Lindo, hermoso.
**Mal,** *m.* Daño, desgracia; lo contrario de bien. || V. **malo.**
**Malabares,** *pl.* Se dice de ciertos juegos de destreza de equilibrio, o juegos de mano.
**Malabarista,** *com.* El que sabe hacer juegos de destreza, equilibrio, etc.
**Malagueña,** *f.* Canción popular de la provincia de Málaga.
**Malamente,** *adv.* Mal.
**Malandrín,** *adj.* Malo, perverso, vil.

**Malaquita,** *f.* Mineral de cobre, verde como una esmeralda.
**Malaria,** *f.* Cierta enfermedad infecciosa transmitida por los mosquitos; paludismo.
**Malayo,** *adj.* Se les llama malayos a los habitantes de la península de Malaca (en Oceanía). Tienen la piel muy morena, los ojos grandes y la nariz aplastada.
**Malbaratar,** *tr.* Malgastar. || Vender la hacienda a un precio excesivamente barato.
**Maldad,** *f.* Calidad de malo. || Acción mala e injusta. || Malicia.
**Maldecido,** *adj.* Se dice de la persona de mala índole.
**Maldecir,** *tr.* Echar maldiciones contra una persona o cosa.
**Maldición,** *f.* El desearle a una persona que le ocurra un mal muy grande.
**Maldito,** *adj.* Perverso, de malas intenciones. || Condenado y castigado por Dios.
**Maleable,** *adj.* Se le llama así a cualquier metal que se pueda transformar en láminas.
**Maleante,** *adj.* Se dice de la persona de malas costumbres y con antecedentes penales. || Malo, dañoso.
**Malear,** *tr.* Dañar, echar a perder. || Pervertir a uno con sus malas costumbres.
**Malecón,** *m.* Muralla grande para contener las aguas.

Malecón

**Maledicencia,** *f.* Maldición, murmuración.
**Maleficio,** *m.* Daño producido por alguna hechicería.
**Maléfico,** *adj.* Dañino.
**Maléolo,** *m.* Tobillo.
**Malestar,** *m.* Molestia, incomodidad.

**Maleta,** *f.* Cofre de cuero o lona que sirve para guardar ropa y que se utiliza en los viajes.
**Maletín,** *m.* Maleta pequeña.
**Maletilla,** *m.* Persona joven que, desasistida de medios y de ayudas, aspira a abrirse camino en el toreo comenzando a practicarlo, a veces, en las ganaderías o procurando intervenir en tientas, capeas, becerradas, etc.
**Malévolo,** *adj.* Perverso, aficionado o inclinado a hacer el mal.
**Maleza,** *f.* Vegetación poco alta pero muy enredada.
**Malgache,** *adj.* De Madagascar (isla del océano Indico).
**Malgastar,** *tr.* Emplear mal el dinero. || No saber aprovechar bien el tiempo.
**Malhechor,** *adj.* Que comete algún delito. || Especialmente si lo hace por hábito.
**Malhumorado,** *adj.* Que está de mal humor, antipático.
**Malicia,** *f.* Inclinación a lo malo. || Maldad.
**Maliciosamente,** *adv.* Con malicia.
**Malicioso,** *adj.* Que piensa con mucha malicia.
**Maligno,** *adj.* Propenso a pensar u obrar mal. || Malo, dañino, perverso, malvado.
**Malintencionado,** *adj.* Que tiene mala intención.
**Malmeter,** *tr.* Incitar a otro para que haga alguna cosa mala, como, por ejemplo, que pelee con otra persona o se enfade con ella.
**Malo.\***
**Malograr,** *tr.* No aprovechar la ocasión, el tiempo, etc.
**Malsano,** *adj.* Malo para la salud. || Enfermizo.
**Malta,** *f.* Cebada germinada y tostada, que se usa para elaborar cerveza, alcohol y café de mala calidad.
**Maltratar,** *tr.* Tratar mal.
**Malucho,** *adj.* Que está algo malo.
**Malva,** *f.* Nombre de algunas hierbas de hojas velludas y flores grandes. Algunas especies son de jardín.
**Malvado,** *adj.* Muy malo, perverso.
**Malversación,** *f.* El emplear dineros ajenos y que están bajo nuestro cuidado en negocios propios. La malversación de fondos es un grave delito.
**Malla,** *f.* Cada uno de los cuadraditos que forma el tejido de la red. || Tejido de anillos de hierro u otro metal con el que se construían algunas armaduras defensivas.
**Mallorquín,** *adj.* Natural de Mallorca. || Que pertenece a esta isla. || *m.* Dialecto que se habla en las islas Baleares.
**Mamá.\***
**Mamar,** *tr.* Chupar con los labios y lengua la leche de los pechos. || *fig.* Adquirir alguna cualidad en la niñez.
**Mamarracho,** *m.* Figura o adorno extravagante y ridículo. || Hombre informal.
**Mameluco,** *adj.* Bobo, necio, tonto. || *m. pl.* Antiguos esclavos turcos que servían como soldados en Egipto.
**Mamífero,** *adj.* Que mama cuando es pequeño.
**Mamotreto,** *m.* Libraco.
**Mampara,** *f.* Cancel movible a manera de biombo.
**Mamporro,** *m.* Golpe o coscorrón pequeño.
**Mampostería,** *f.* Obra hecha con piedras desiguales.
**Mamut,** *m.* Especie de elefante que

---

**\*** 
MALO, *adj. Que es dañoso, inútil o perjudicial:* **El pecado es malo.** *|| De baja calidad, estropeado:* **Alimentos malos.**
    *Viene del latín* **malus,** *que significa 'malo'. || Deriv.:* **Mal, malamente, maldad, malear, maleficio, malevolencia, malévolo, maleza, malicia, malicioso, maligno.** *|| Contr.:* **Bueno.**
MAMÁ, *f. Palabra cariñosa con que se nombra a la madre:* **Mi mamá me quiere.**
    *Viene del latín* **mamma,** *que quiere decir 'madre' y también 'teta'. || Deriv.:* **Amamantar, mamar, mamífero.**

Mamut

había en los tiempos antiguos y que tenía sus grandes colmillos curvados hacia arriba y la piel cubierta de pelos muy largos.

**Maná,** *m.* Alimento en forma de copos de nieve y de sabor a miel que Dios procuraba, en forma de lluvia, a los israelitas cuando iban por el desierto camino de la Tierra Prometida. || Símbolo de la Sagrada Eucaristía.

**Manada,** *f.* Rebaño de ganado que está al cuidado del pastor. || Conjunto de animales de una misma especie que andan reunidos.

**Manantial,** *m.* Agua que mana de la tierra. || Nacimiento de las aguas. || Origen de donde proviene una cosa.

**Manar,** *intr.* Brotar un líquido. || Abundar una cosa.

**Manatí,** *m.* Mamífero acuático americano, cuyas aletas anteriores parecen manos, y que vive en los ríos Orinoco y Amazonas.

**Mancebo,** *m.* Hombre de pocos años. || Hombre soltero. || Empleado de poca importancia en los comercios. || Ayudante del farmacéutico.

**Mancilla,** *f.* Mancha. || Deshonra, desdoro.

**Manco,** *adj.* Persona o animal que ha perdido un brazo, o el uso de ellos. || Defectuoso, incompleto.

**Mancha,** *f.* Señal que una cosa hace en un cuerpo ensuciándolo. || Parte de una cosa de distinto color que el resto de ella. || Deshonra, desdoro.

**Manchadizo,** *adj.* Que se mancha fácilmente.

**Manchado,** *adj.* Que tiene manchas.

**Manchar,** *tr.* Ensuciar una cosa. || Deshonrar la buena fama de una persona.

**Manchego,** *adj.* Natural de la Mancha. || Que pertenece a esta región.

**Mandamás,** *m.* Nombre que se da irónicamente a la persona que desempeña una función de mando.

**Mandamiento,** *m.* Orden de un superior a un inferior. || Cada uno de los mandatos de la ley de Dios. || V. **mandar.**

**Mandar.**\*

**Mandarín,** *m.* Gobernador chino.

**Mandarina,** *adj.* Se le dice a la naranja pequeña, aplastada y de cáscara muy fácil de separar.

**Mandato,** *m.* Orden. || Hacer un mandato: cumplir una misión muy necesaria, aunque sea poco importante, como, p. ej., ir a un sitio a dar

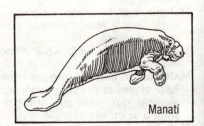
Manatí

o recoger algo, ir a encargar una cosa, hacer algunas compras, etc.

**Mandato,** *m.* Orden, precepto. || Ceremonia religiosa que consiste en lavar los pies a doce personas el día de Jueves Santo.

**Mandíbula,** *f.* La parte dura de arriba, o de abajo, de la boca.

---

\*
M<small>ANDAR</small>, *tr. Ordenar lo que otro tiene que hacer:* **Le mandó hacer la comida.** || *Enviar:* **Le mandó una carta.**
   *Viene del latín* **mandare,** *que significa 'encargar, encomendar'.* || *Deriv.:* **Comandante, comando, comendador, demandar, demanda, desmandar, encomendar, manda, mandadero, mandamiento, mandarín, mandato, mando, mandón, recomendación, recomendar.** || *Contr.:* **Obedecer.**

**Mandil,** *m.* Especie de delantal que se usa en algunos oficios.
**Mandoble,** *m.* Golpe de espada que se da esgrimiéndola con las dos manos.
**Mandón,** *adj.* Que manda más de lo que debe.
**Manducar,** *intr.* Comer.
**Mando,** *m.* Autoridad y poder que tiene el superior sobre sus súbditos. || V. **mandar.**
**Manecilla,** *f.* Broche. || Signo en figura de mano. || Cada una de las saetillas del reloj.
**Manejable,** *adj.* Que se puede manejar fácilmente.
**Manejar,** *tr.* Traer entre manos o usar una cosa. || Gobernar, dirigir.
**Manejo,** *m.* Lo que se hace cuando se maneja una cosa. || Arte de manejar los caballos. || Dirección y gobierno de un negocio.
**Manera.**\*
**Manes,** *m. pl.* Entre los antiguos romanos, las almas de los antepasados.
**Manga,** *f.* Parte del vestido por donde se mete el brazo. || Tubo largo de lona o cuero.
**Manganeso,** *m.* Cierto metal muy empleado para hacer aleaciones resistentes al desgaste.
**Mangante,** *m.* Mendigo que va pidiendo.
**Mango,** *m.* La parte donde debe ponerse la mano al usar un cuchillo y otros instrumentos y utensilios.
**Manguera,** *f.* Tubo largo por donde pasa el agua con la que se está regando algún sitio.
**Manguito,** *m.* Rollo con abertura en los extremos, hecho generalmente de piel, que las señoras usan para abrigarse las manos. || Media manga.
**Manía,** *f.* Especie de locura. || Extravagancia. || Preocupación caprichosa por una cosa.
**Maníaco,** *adj.* Que padece manía, que unas veces está loco y otras sufre grandes trastornos nerviosos.
**Maniatar,** *tr.* Atar las manos.
**Manicomio,** *m.* Residencia para locos.
**Manicuro,** *m.* Persona que tiene el oficio de cuidar las manos y principalmente cortar y abrillantar las uñas.
**Manido,** *adj.* Sobado.
**Manifestación,** *f.* Lo que se hace al manifestar. || Especie de motín público.
**Manifestante,** *com.* (Persona) que toma parte en una manifestación pública.
**Manifestar,** *tr.* Dar a conocer, declarar. || Descubrir, poner a la vista. || Exponer públicamente el Santísimo Sacramento a la adoración de los fieles. || V. **mano.**
**Manifiesto,** *adj.* Patente, claro, evidente. || Se dice del Santísimo Sacramento cuando se tiene expuesto a la adoración de los fieles. || *m.* Escrito en que se hace público propósitos de interés general.
**Manillar,** *m.* En las bicicletas y motos, la parte donde se ponen las manos al guiarlos.
**Maniobra,** *f.* Operación material que se hace con la ayuda de las manos. || Evolución o ejercicios de entrenamiento del ejército. || Movimientos para cambiar de rumbo. Lo hacen los trenes, camiones, barcos, etcétera.
**Maniobrar,** *intr.* Hacer maniobras.
**Manipular,** *tr.* Arreglar una cosa con las manos. || Manejar uno los negocios a su modo.
**Manípulo,** *m.* Ornamento sagrado que ciñe el brazo izquierdo del sacerdote. || Insignia del antiguo ejército romano.
**Maniqueo,** *adj.* Que cree en un Dios del Bien y en otro Dios del Mal.
**Maniquí,** *m.* Muñeco grande en forma de hombre o de mujer.
**Manirroto,** *adj.* Que malgasta y derrocha sus bienes.

---

\*
MANERA, f. *Modo y forma de hacer una cosa:* **Lo hace de manera fácil.** || *Porte y modales de una persona:* **Habla con buenas maneras.**
  Viene del latín **manuarius,** que quiere decir 'manejable, hábil, mañoso'. || *Deriv.:* **Amanerado, amaneramiento, sobremanera.**

**Manivela,** *f.* Manubrio.
**Manjar,** *m.* Cualquier cosa que se come.
**Mano.**\*

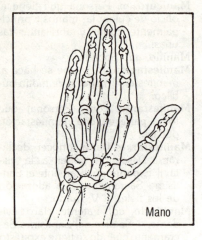
Mano

**Manojo,** *m.* Un haz pequeño de hierba que cabe en una mano. ‖ Puñado.
**Manola,** *f.* Moza del Madrid castizo.
**Manómetro,** *m.* Instrumento para medir la presión de los gases.
**Manopla,** *f.* Pieza de la armadura antigua para proteger la mano.
**Manosear,** *tr.* Tentar o tocar una cosa muchas veces seguidas sobándola con la mano.

**Manotazo,** *m.* Golpe dado con la mano.
**Manotear,** *intr.* Mover muchísimo las manos cuando se está hablando.
**mansalva (A),** *m. adv.* Sobre seguro y sin ningún peligro.
**Mansamente,** *adv.* Con mansedumbre. ‖ Lentamente. ‖ Sin hacer ruido.
**Mansedumbre,** *f.* Suavidad en el trato con una persona. ‖ Dulzura y bondad.
**Mansión,** *f.* Casa, habitación, vivienda. ‖ Morada, albergue. ‖ Casa suntuosa.
**Manso,** *adj.* De condición suave y benigna. ‖ Se dice de los animales que no son bravos. ‖ *m.* Animal que sirve de guía a los demás de su especie.
**Manta.**\*

Manómetro

\*
Mano, *f. Parte del cuerpo humano que se extiende desde la muñeca hasta la punta de los dedos:* **Nos santiguamos con la mano derecha.** ‖ *En las caballerías y otros animales, cualquiera de las dos patas delanteras:* **El caballo se inclinó de manos.** ‖ *Cada uno de los dos lados, derecho e izquierdo de un lugar:* **Está a mano derecha.** ‖ *Capa de pintura o barniz:* **Le dio dos manos de pintura.** ‖ *Conjunto de cinco cuadernillos de papel:* **La mano tiene 25 pliegos.** ‖ *En el juego, jugador a quien corresponde jugar en primer lugar:* **Yo tengo la mano.** ‖ *Habilidad, destreza, maña:* **Tiene buena mano para hacer eso.** ‖ *Auxilio, socorro, ayuda:* **Le echó una mano.**
Viene del latín **manus,** *que significa 'mano'.* ‖ *Deriv.:* **Amanuense, antemano, mamporro, mampostería, manada, mancera, mandón, manecilla, manejable, manejar, maniatar, manicura, manifestación, manifestar, manifiesto, manija, manilla, maniobra, maniobrar, manipular, manirroto, manivela, manojo, manosear, manotazo, a mansalva, mantenedor, mantener, mantenimiento, manuable, manual, manubrio, manufactura, manuscrito, trasmano.**

Manta, *f. Prenda gruesa y suelta de lana o algodón, que sirve para abrigarse:* **En invierno uso tres mantas.** ‖ *Cubierta que sirve de abrigo a las caballerías:* **Pon la manta a la mula.**
Viene del latín **mantum,** *que significa 'manto corto'.* ‖ *Deriv.:* **Desmantelar, manteamiento, mantel, mantilla, mantillo, manto, mantón.**

**Mantear,** *tr.* Coger entre varios a una persona puesta encima de una manta y voltearla hacia arriba.

**Manteca,** *f.* Grasa del cerdo. ‖ Grasa de los animales. ‖ Grasa de la leche. ‖ Grasa de algunos vegetales (p. ej., la manteca de cacao).

**Mantecado,** *m.* Bollo pequeño amasado con manteca de cerdo. ‖ Sorbete helado hecho con leche, azúcar y huevos.

**Mantecoso,** *adj.* Que tiene mucha manteca. ‖ Que parece manteca.

**Mantel,** *m.* Tela con que se cubre la mesa mientras comemos. ‖ Lienzo que cubre el altar.

**Mantelería,** *f.* Conjunto de mantel y servilletas.

**Mantener,** *tr.* Alimentar. ‖ Conservar una cosa. ‖ Sostener. ‖ V. **mano.**

**Mantenimiento,** *m.* Alimento, sustento. ‖ Lo que se hace al mantener.

**Mantequilla,** *f.* Manteca de vaca. ‖ Pasta hecha con la manteca de vaca batida con azúcar.

**Mantilla,** *f.* Prenda de tul o encaje con que se cubren las mujeres la cabeza. ‖ Bayeta con que se abriga a los niños antes de andar.

**Mantillo,** *m.* Parte superior de los terrenos de labor. ‖ Abono que se forma al pudrirse el estiércol.

**Mantisa,** *f.* Parte decimal del número con que se expresa un logaritmo.

**Manto,** *m.* Vestido amplio parecido a la capa. ‖ Vestidura exterior de algunas religiosas.

**Mantón,** *m.* Pañuelo grande que sirve de adorno unas veces y de abrigo otras.

**Manual,** *adj.* Que se hace con las manos. ‖ *m.* Libro que contiene abreviadamente las primeras nociones de un arte o de una ciencia.

**Manualidad,** *f.* Trabajo llevado a cabo con las manos.

**Manubrio,** *m.* Empuñadura de algunos mecanismos que se hacen girar a mano.

**Manufactura,** *f.* Obra hecha a mano o con el auxilio de una máquina.

**Manuscrito,** *adj.* Escrito a mano. ‖ *m.* Libro o papel escrito a mano, particularmente el que tiene antigüedad o está escrito por un personaje célebre.

**Manutención,** *f.* Lo que se hace al mantener o mantenerse. ‖ Mantenimiento, conservación.

**Manzana,** *f.* Fruto del manzano. ‖ Grupo de casas no separadas por ninguna calle.

**Manzanilla,** *f.* Planta de flores blancas y amarillas cuya infusión se emplea mucho como estomacal. ‖ Cierto vino blanco y muy oloroso de Andalucía.

Manzanilla

**Maña,** *f.* Destreza, habilidad. ‖ Mala costumbre. ‖ Impertinencia de niños.

**Mañana.**\*

**Maño,** *m.* Aragonés.

**Mañoso,** *adj.* Habilidoso. ‖ Que tiene mañas.

**Mapa,** *m.* Representación geográfica de la Tierra o de una parte de ella.

---

\*

Mañana, f. Tiempo que va desde que amanece hasta mediodía: **Por la mañana voy a la escuela.** ‖ Tiempo comprendido entre la medianoche y el mediodía: **El despertador sonó a las tres de la mañana.** ‖ adv. *El día que viene a continuación al de hoy:* **Mañana trabajaré más.** ‖ En tiempo venidero: **El día de mañana seré hombre.**

    Viene del latín **mane,** que significa 'por la mañana'. ‖ Deriv.: **Amanecer, mañanada, mañanero.** ‖ Contr.: **Tarde, ayer.**

**Mapamundi,** *m.* Mapa que representa la superficie entera de la Tierra.

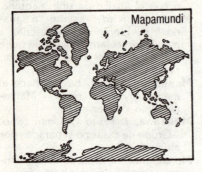
Mapamundi

**Maqueta,** *f.* Modelo hecho en tamaño pequeño de un monumento, edificio, etc.
**Maquiavélico,** *adj.* Que está hecho con demasiada astucia y excesiva deslealtad.
**Maquillaje,** *m.* Lo que se hace al maquillar. (Galicismo.)
**Maquillar,** *tr.* Poner afeites o retocarse el rostro. (Galicismo.)
**Máquina.***
**Maquinar,** *tr.* Urdir o tramar alguna cosa mala, idear algo malo.
**Maquinaria,** *f.* Conjunto de máquinas empleadas para una obra.
**Maquinista,** *m.* El que gobierna o dirige una máquina.
**Maquis,** *com.* Persona que, huida a los montes, vive en rebeldía y oposición armada al sistema político establecido. ‖ La misma organización de esa oposición.
**Mar.***
**Maragato,** *adj.* Natural de la Maragatería. ‖ Lo que se relaciona con esta comarca, situada en el reino de León.
**Maraña,** *f.* Maleza, matorral. ‖ Especie de encina. ‖ Enredo de hilos o del cabello. ‖ Mentira, embuste.
**Maravedí,** *m.* Nombre de algunas monedas españolas antiguas.
**Maravilla.***
**Maravillar,** *tr.* Admirar, asombrar.
**Maravillosamente,** *adv.* De un modo maravilloso. ‖ Muy bien.
**Maravilloso,** *adj.* Extraordinario, admirable, excelente. ‖ V. **maravilla.**
**Marca,** *f.* Señal que se pone para distinguir una cosa. ‖ **De marca:** bueno, excelente o conocido.
**Marcado,** *adj.* Señalado. (Galicismo.)
**Marcador,** *adj.* Que marca. ‖ *m.* Muestra o dechado que hacen las niñas en el colegio a punto de cruz. ‖ En algunos deportes, tablero en el que se van poniendo los resultados.
**Marcaje,** *m.* Acción y efecto de marcar a un jugador del equipo contrario.
**Marcapaso,** *m.* Aparato mediante el cual una corriente eléctrica estimula rítmicamente el músculo cardíaco y corrige la incapacidad pato-

*
MÁQUINA, f. *Aparato para producir, transformar, aprovechar o dirigir la acción de una fuerza:* **La palanca, la bicicleta y la polea son máquinas.**
    *Viene del griego* **mekhane,** *que significa 'invención ingeniosa, máquina, astucia'.* ‖ *Deriv.:* **Maquinación, maquinal, maquinar, maquinaria, maquinista, mecánica, mecánico, mecanismo, mecanizar, mecanografía, mecanógrafo.**
MAR, amb. *Masa de agua salada que cubre la mayor parte de la superficie terrestre:* **El mar tiene una superficie tres veces mayor que las tierras.** ‖ *Cada una de las partes en que se considera dividida la masa de agua:* **El mar Mediterráneo está entre Europa, Africa y Asia.** ‖ *Abundancia extraordinaria de alguna cosa:* **En esa tienda hay la mar de juguetes.**
    *Viene del latín* **mare,** *que significa 'mar'.* ‖ *Deriv.:* **Amaraje, amarar, marea, mareante, marear, marejada, mareo, marinero, marinería, marina, marino, marisco, marisma, marítimo, submarino.**
MARAVILLA, f. *Suceso o cosa que causa admiración:* **Una montaña nevada siempre es una maravilla.**
    *Viene del latín* **mirabilia,** *que significa 'cosa admirable'.* ‖ *Deriv.:* **Maravillar, maravilloso.**

lógica de éste para contraerse con regularidad por sí mismo.
**Marcar.\***
**Marcial,** *adj.* Que se refiere a la guerra. ‖ Bizarro, varonil.
**Marciano,** *adj.* Del planeta Marte.
**Marco,** *m.* Cerco que rodea algunas cosas, como cuadros, ventanas, puertas, etc. ‖ Moneda alemana. ‖ V. **marcar.**
**Marcha,** *f.* Lo que se hace al marchar. ‖ Velocidad de lo que va marchando. ‖ Música para que desfilen las tropas. ‖ V. **marchar.**
**Marchamo,** *m.* Marca o señal. ‖ **Marchamo comercial:** la marca de fábrica que llevan puesta los géneros.
**Marchante,** *m.* Traficante. ‖ Persona que casi siempre compra en esa tienda.
**Marchar.\***
**Marchitar,** *tr.* Ajar, deslucir. ‖ *r.* Ponerse mustias las plantas. ‖ Debilitarse cada vez más; ir perdiendo la fuerza y el vigor.
**Marchito,** *adj.* Mustio, débil, sin vigor ni lozanía.
**Marea,** *f.* Movimiento periódico de ascenso y descenso de las aguas del mar. ‖ Viento suave entre la tierra y el mar.
**Marear,** *tr.* Dirigir una embarcación en el mar. ‖ Enfadar, molestar o fastidiar a otro. ‖ *r.* Sentir mareo.
**Marejada,** *f.* Movimiento tumultuoso de grandes olas.
**Mareo,** *m.* Sentir molestias en la cabeza o en el estómago, principalmente cuando se va en tren, en barco o en avión. ‖ Cosa molesta y fastidiosa.
**Marfil,** *m.* Sustancia de la cual están formados los colmillos de los elefantes. ‖ Pasta dura de los dientes, situada detrás del esmalte.
**Marfileño,** *adj.* De marfil. ‖ Semejante al marfil.
**Margarina,** *f.* Sustancia parecida a la mantequilla. Es de calidad muy inferior.
**Margarita,** *f.* Planta de flores blancas con el centro amarillo; es muy común en los campos. ‖ Caracol marino pequeño.
**Margen.\***
**Marginal,** *adj.* Escrito en el margen.
**Mariano,** *adj.* Que se refiere a la Santísima Virgen María y especialmente a su culto.
**Marica,** *adj.* Sarasa.
**maricastaña (En tiempos de).** Frase con la que se indica que hace muchísimo tiempo que aquello pasó.
**Marido.\***

---
\*
MARCAR, *tr.* Señalar una cosa para que se distinga de otra semejante: ***Está marcando su ganado.*** ‖ Bordar en la ropa iniciales o alguna otra señal: ***Tiene la camisa marcada con sus iniciales.*** ‖ Indicar el reloj la hora: ***Marca las tres y media.*** ‖ En algunos deportes, meter un gol ***(marcaron tres goles)****,* o contrarrestar a un contrario ***(marcaba al delantero y lo hacía muy bien).***
    Viene del italiano **marcare,** que significa 'señalar una persona o cosa'. ‖ *Deriv.:* **Comarca, comarcano, demarcación, demarcar, marca, marco, marqués, marquesado, marquesina.**

MARCHAR, *intr.* Caminar, andar, viajar: ***Marcha a París.*** ‖ Funcionar una máquina: ***Este reloj no marcha bien.***
    Viene del francés **marcher,** que significa 'usar, dejar una huella'. ‖ *Deriv.:* **Contramarcha, marcha, marchoso.** ‖ *Contr.:* **Detenerse, pararse.**

MARGEN, *amb.* Borde u orilla de una cosa: ***Las márgenes del río.*** ‖ Ocasión, oportunidad de hacer algo: ***No le dio margen para correr.*** ‖ **Margen comercial:** Diferencia entre el precio de coste y el precio de venta: es decir, lo que gana el comerciante.
    Viene del latín **margo, marginis,** que significa 'borde, margen'. ‖ *Deriv.:* **Marginal, marginar.**

MARIDO, *m.* Hombre casado, respecto de su mujer: ***Cose la ropa de su marido.***
    Viene del latín **mas, maris,** que quiere decir 'macho, varón'. ‖ *Deriv.:* **Maridaje, marital.**

**Marimorena,** *f.* Riña a grandes voces.
**Marina,** *f.* Arte que enseña a navegar. ‖ Cuadro que representa una escena marítima. ‖ Conjunto de los buques de una nación. ‖ **Marina de guerra:** el conjunto de los barcos de guerra de un país. ‖ **Marina mercante:** conjunto de los buques que tiene un país para transportar mercancías por el mar. ‖ V. **mar.**
**Marinero,** *adj.* Que pertenece a la marina. ‖ *m.* Hombre cuyo oficio es navegar.
**Marino,** *adj.* Que pertenece al mar. ‖ Hombre que sirve en la marina ‖ V. **mar.**
**Marioneta,** *f.* (Galicismo.) Títere.
**Mariposa,** *f.* Insecto con cuatro alas escamosas y de bellos colores. ‖ Hay más de 200.000 clases de mariposas.

Mariposa

**Mariscal,** *m.* Oficial superior de la milicia antigua.
**Marisco,** *m.* Se le dice así a cualquier animal invertebrado que viva en el mar, pero sobre todo se le dice si es comestible.
**Marisma,** *f.* Terreno pantanoso e inundado por las aguas de un mar o de un río.
**Marista,** *adj.* Religioso que pertenece a la Congregación de los Sacerdotes de María.
**Marítimo,** *adj.* Que pertenece al mar.
**Marmita,** *f.* Especie de olla de metal con tapadera y una o dos asas.
**Mármol,** *m.* Piedra muy dura que se puede pulimentar bellamente. ‖ Obra artística de mármol.

**Marmóreo,** *adj.* Que es de mármol. ‖ Semejante al mármol.
**Marmota,** *f.* Animal mamífero de hermosa piel que pasa el invierno durmiendo; vive en los montes más altos de Europa. ‖ Persona que duerme mucho.

Marmota

**Maroma,** *f.* Cuerda gruesa y fuerte de esparto o de cáñamo.
**Marqués,** *m.* Título de nobleza. ‖ Antiguamente señor de una tierra situada en la frontera de un reino.
**Marquetería,** *f.* Arte de hacer juguetes de madera o figurillas de madera fina recortada.
**Marra,** *f.* Falta, error, defecto, imperfección.
**Marrano,** *m.* Puerco, cerdo. ‖ Hombre sucio.
**marras (De).** Frase que significa «de lo que se está hablando, de lo que sabemos».
**Marro,** *m.* Juego infantil entre dos bandos que procuran cogerse. ‖ Otro juego que consiste en ver quién acerca más una piedrecita a una cosa que está hincada en el suelo.
**Marrón.\***
**Marrullero,** *adj.* Que emplea su astucia en engañar a otro.
**Marsellesa,** *f.* Himno patriótico de Francia.
**Marsopa,** *f.* Mamífero acuático muy parecido al delfín, pero más voraz que él.

---
\*
Marrón, adj. *Castaño (color):* **Es de color marrón.** ‖ *La palabra* **marrón** *es un galicismo. Debe decirse 'castaño'.*
*Viene del francés* **marrón,** *que significa 'color de la castaña'.*

Marsopa

**Marsupial,** *adj.* Se llama así a los mamíferos cuyas hembras tienen una bolsa abdominal en donde ponen y llevan a las crías (el canguro, por ejemplo).
**Marta,** *f.* Animalillo parecido al armiño y al visón y que tiene también una piel muy estimada.
**Martes,** *m.* Tercer día de la semana.
**Martillazo,** *m.* Golpe fuerte dado con el martillo.
**Martillo,** *m.* Herramienta que sirve para golpear, compuesta de una cabeza generalmente de hierro y un mango de madera.
**Martingala,** *f.* Artimaña, astucia, treta.
**Martín-pescador,** *m.* Ave de plumaje brillante que vive en las orillas de los ríos y se alimenta de pececillos.
**Mártir,** *com.* Persona que padece muerte violenta por amor a Jesucristo y en defensa de la verdadera religión. ‖ Persona que padece muchos trabajos.
**Martirio,** *m.* Muerte o tormento padecidos por defender la verdadera religión o también por otra causa. ‖ Cualquier trabajo penoso.
**Martirizar,** *tr.* Atormentar a uno que no deja de confesar y defender su religión.
**Marxismo,** *m.* Doctrina socialista de Carlos Marx.
**Marxista,** *adj.* Que es partidario del marxismo. ‖ Lo que se relaciona o pertenece al marxismo.
**Marzo.**\*
**Más.**\*
**Masa.**\*
**Masacrar,** *tr.* Cometer una matanza humana o asesinato colectivo.
**Masacre,** *f.* Matanza de personas por lo general indefensas.
**Masaje,** *m.* Fricción del cuerpo o de la cara.
**Mascar,** *tr.* Masticar.
**Máscara,** *f.* Careta, disfraz o trozo de cartón o de tela con que alguien se tapa la cara para no ser conocido.
**Mascarilla,** *f.* Máscara que cubre parte del rostro. ‖ Molde que se hace de la cara de una persona.

Martín-pescador

**Mascarón,** *m.* Máscara grande. ‖ Cara fantástica que se pone como adorno.

---

MARZO, m. *Tercer mes del año:* **Marzo tiene 31 días.**
 Viene del latín **marcius,** *que quiere decir 'mes dedicado a Marte', que los romanos decían que era dios de la guerra.*
MÁS. *Adverbio comparativo con que se da idea de aumento, de preferencia o de superioridad:* **Este tiene más fuerza que aquél.** ‖ m. *Signo con el que se representa la suma en aritmética:* **El signo más se representa con una cruz.**
 Viene del latín **magis,** *que significa 'más'.* ‖ *Deriv.:* **Además, demás, demasía, demasiado.** ‖ *Contr.:* **Menos.**
MASA, f. *Cantidad de materia, volumen, conjunto:* **Las montañas son masas grandes de tierra.** ‖ *Mezcla de cualquier sustancia con agua, de la que resulta una cosa blanda y espesa:* **El barro es una masa de agua y tierra.**
 Viene del latín **massa,** *que significa 'masa, amontonamiento'.* ‖ *Deriv.:* **Amasar, amasijo, macizo, masilla.**

Mascarón

**Mascota,** *f.* Aquello que siempre llevan consigo la gente supersticiosa porque dice que les trae buena suerte.
**Masculino,** *adj.* Que está dotado de órganos para fecundar. || Varonil.
**Masetero,** *m.* Músculo que mueve la mandíbula inferior.
**Masilla,** *f.* Pasta hecha de aceite de linaza mezclada con tiza, y que suelen usar los vidrieros y carpinteros.
**Masivo,** *adj.* En masa. || Fuerte, en gran cantidad.
**Masón,** *m.* Que pertenece a la masonería (que era una secta anticatólica).
**Masonería,** *f.* Francmasonería.
**Masónico,** *adj.* Que pertenece o se relaciona con la masonería.
**Masticación,** *f.* Lo que se hace al masticar: partir y triturar los alimentos.
**Masticar,** *tr.* Triturar los alimentos en la boca.
**Mástil,** *m.* En los barcos de vela, palo vertical o inclinado de cuyo extremo superior cuelga la vela.
**Mastín,** *m.* Perro grande y fuerte que se emplea para guardar el ganado.
**Mastodonte,** *m.* Mamífero antiguo parecido al actual elefante, aunque mucho más grande.
**Mastuerzo,** *m.* Nombre de una planta. || Berro. || Hombre tonto, majadero.
**Mata,** *f.* Cualquier planta de tallo bajo, poco leñoso y bastante ramificado. || Pie de una hierba. || Terreno con árboles iguales. || **Mata de pelo:** porción grande de cabello suelto de una mujer.
**Matachín,** *m.* Se le dice así al hombre que siempre está buscando peleas y duelos.
**Matadero,** *m.* Lugar donde se mata el ganado destinado para el abastecimiento público.
**Matador,** *adj.* Que mata. || Se dice también del torero que ya ha tomado la alternativa.
**Matadura,** *f.* Herida o llaga que le produce a una bestia el roce con el aparejo.
**Matamoros,** *m.* Valentón, matón.
**Matamoscas,** *m.* Papel pegadizo, instrumento o producto químico que sirve para matar a las moscas.
**Matanza,** *f.* Lo que se hace cuando se mata. || Mortandad de personas ocurrida en una batalla, en un bombardeo, en un asalto, etc. || Faena de matar los cerdos y preparar su carne, salándola para el consumo, haciendo embutidos, etc.
**Matar.**\*

Mastín

---

\* MATAR, *tr. Quitar la vida:* **El cazador mató de un tiro a la liebre.** || *Quitar la fuerza o la acción de algo:* **Matar la luz; matar la sed.** || *Trabajar sin descanso:* **Se está matando con tanto quehacer.**
  *Palabra originada en España que significó también 'herir'.* || *Deriv.:* **Matadero, matador, matadura, matanza, matarife, matacán, matahambre, matamoros, mataperros, matarratas, matón, matasanos, matasellos, matasiete, mate, rematar, remate.**

**Matarife,** m. El encargado de matar animales en el matadero.
**Matasanos,** m. fig. y fam. El médico que no cura a nadie.
**Matasellos,** m. Estampilla de correos.
**Matasiete,** m. Matachín, valentón, fanfarrón.
**Mate,** adj. Sin brillo. || m. Calabaza que vaciada y seca sirve para muchos usos domésticos en algunas partes de América. || En el juego del ajedrez, **dar mate** es ganar la partida.
**Matemática.**\*
**Matemático,** adj. Que se relaciona con las matemáticas. || Exacto, preciso. || m. Persona que se dedica al estudio de las matemáticas.
**Materia.**\*
**Material,** adj. Que se relaciona o pertenece a la materia. || Opuesto a lo espiritual. || V. **materia.**
**Materialidad,** f. Calidad de material. || Lo material de cualquier cosa.
**Materialismo,** m. Error del que dice que sólo existe lo material y no lo espiritual.
**Materialista,** adj. Partidario del materialismo.
**Materialmente,** adv. De un modo material.
**Maternal,** adj. De la madre.
**Maternidad,** f. Calidad y dignidad de madre.
**Matinal,** adj. Que se relaciona con la mañana. || Que ocurre en las horas de la mañana.
**Matiz,** m. Color proporcionadamente combinado con otros en una pintura. || Cada una de las intensidades de un mismo color.
**Matizar,** tr. Unir diversos colores de manera perfecta.

**Matorral,** m. Campo lleno de matas y malezas.
**Matraca,** f. Especie de aspa formada de tablas y mazos que al girar hacen mucho ruido. || Petición o queja molesta.
**Matraquear,** intr. Dar «la matraca», molestar.
**Matraz,** m. Vasija de cristal en forma esférica que termina en un tubo estrecho. Es muy empleado en los laboratorios químicos.

Matraz

**Matriarcado,** m. Régimen social donde la mujer tiene la mayor autoridad.
**Matricidio,** m. Crimen de matar uno a su madre.
**Matrícula,** f. Catálogo. || Lista de los nombres de las personas inscritas con un fin determinado. || El hecho de matricularse.
**Matricular,** tr. Inscribir el nombre de uno en la matrícula.
**Matrimonial,** adj. Relativo al matrimonio.
**Matrimoniar,** intr. Contraer matrimonio.
**Matrimonio,** m. Unión legal del hom-

---

\*

MATEMÁTICA, f. Ciencia que trata de la cantidad y el número. Se usa más en plural (Matemáticas).
    Viene del griego **matema,** que significa 'ciencia' y que, a su vez, tiene su origen en **mantano,** que significa 'aprender'.

MATERIA, f. Sustancia de que están hechos los cuerpos: **Materia y energía son los dos grandes elementos del mundo.** || Asunto o negocio de que se trata en alguna ocasión: **Están hablando de materias graves.** || Pus: **Este grano tiene mucha materia.**
    Viene del latín **materia,** que significa 'madera de árbol, materia'. || Deriv.: **Inmaterial, madera, maderable, maderamen, maderero, madero, material, materialidad, materialismo, materialista.**

bre y la mujer. ‖ Sacramento que une al hombre y la mujer desde el punto de vista religioso. ‖ V. **madre**.
**Matritense,** *adj.* De Madrid.
**Matriz,** *f.* Víscera donde se verifica la concepción. ‖ Parte principal de un talonario.
**Matrona,** *f.* Madre de familia de alguna edad. ‖ Comadrona.
**Maturrangas,** *f. pl.* Tretas, astucias.
**Matutino,** *adj.* De la mañana.
**Maullar,** *intr.* Dar maullidos el gato.
**Maullido,** *m.* Voz del gato.
**Mauser,** *m.* Fusil de repetición que usan los soldados.
**Mausoleo,** *m.* Sepulcro o tumba con mucho lujo por fuera.
**Maxilar,** *adj.* De la quijada.
**Máxima,** *f.* Regla, norma.
**Máxime,** *adv.* Sobre todo. ‖ Principalmente.
**Máximo,** *adj.* Tan grande como el que más. ‖ Muy grande. ‖ V. **mayor**.
**Mayar,** *intr.* Maullar.
**Mayestático,** *adj.* Majestuoso.
**Mayo.** *
**Mayólica,** *f.* Loza de esmalte metálico que se fabrica en las islas Baleares.
**Mayonesa,** *f.* Salsa fría que se hace mezclando lentamente aceite y clara de huevo, sin dejar de mover y añadiendo vinagre y sal y especias para sazonarla.
**Mayor.** *
**Mayoral,** *m.* Pastor principal. ‖ Capataz de algunas faenas del campo.
**Mayordomo,** *m.* Criado que lleva la dirección de la casa.

**Mayoría,** *f.* Los más. ‖ Mayor de edad. ‖ V. **mayor**.
**Mayúscula,** *adj. y f.* Se dice de la letra que se usa en principio de palabra, de nombres propios, etc. ‖ **Mayúsculo:** muy grande.
**Maza,** *f.* Antigua arma de guerra. ‖ Pieza que sirve para golpear cualquier instrumento.
**Mazapán,** *m.* Dulce que se empezó a fabricar en Toledo. Es de almendra y azúcar.
**Mazazo,** *m.* Golpe de la maza.
**Mazmorra,** *f.* Cárcel oscura y subterránea.
**Mazo,** *m.* Martillo grande de madera.
**Mazorca,** *f.* Especie de espiga grande y con los granos muy apretados que tienen algunas plantas (como el maíz, p. ej.).

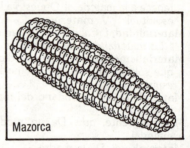

Mazorca

**Me.** Forma del pronombre personal de primera persona. ‖ V. **yo**.
**Meandro,** *m.* Cada una de las curvas que va haciendo un río.
**Mecánica,** *f.* Parte de la física que estudia el equilibrio de las máquinas y de las fuerzas. ‖ Mecanismo interior de una máquina.
**Mecánicamente,** *adv.* De un modo mecánico, sin darse cuenta.

---

*
Mayo, m. Quinto mes del año: *Marzo ventoso y abril aguanoso sacan a mayo florido y hermoso.* ‖ Arbol o palo alto que se pone en un lugar público donde se van a celebrar fiestas y bailes: *El mayo estaba en el centro de la plaza.*
   Viene del latín **maius**, que significa 'mayo'. ‖ Deriv.: **Maya**.
Mayor. Adjetivo comparativo de **grande**, y que significa 'lo que es más grande que otra cosa': *El elefante es mayor que el toro.* ‖ *Mayor de edad* significa que se tiene ya los derechos de los hombres. ‖ En plural indica los abuelos y demás antepasados de una persona: *El recuerdo de sus mayores.*
   Viene del latín **major**, que quiere decir 'mayor, más grande'. ‖ Deriv.: **Majestad, majestuoso, máxima, máxime, máximo, mayoral, mayorazgo, mayoría, mayorista, mayúsculo, mayordomo.** ‖ Contr.: **Menor**.

**Mecánico,** *adj.* Relativo a la mecánica. ‖ Que lo hace una máquina. ‖ *m.* El que se dedica a la mecánica. ‖ V. **máquina.**
**Mecanismo,** *m.* Conjunto de piezas que producen o transforman un movimiento.
**Mecanizar,** *tr.* Volver una cosa mecánica.
**Mecanografía,** *f.* Escritura con máquina de escribir. ‖ Arte de escribir a máquina.
**Mecanógrafo,** *adj.* Se dice del que está dedicado a la mecanografía.
**Mecedora,** *f.* Especie de silla que descansa sobre dos arcos de madera, y en la que puede mecerse el que se sienta.

Mecedora

**Mecenas,** *m.* Dícese de aquel que protege a artistas y literatos.
**Mecer,** *tr.* Mover o menear acompasadamente.
**Meco,** *m.* Golpe que le da a un peón (peonza o trompo) la púa de otro peón.
**Mecha,** *f.* Cuerda menuda y retorcida, hecha generalmente de algodón, y que se pone dentro de las velas. ‖ Cinta o cuerda que dura bastante tiempo encendida.
**Mechada,** *adj.* Se le llama así a la carne cocinada con trozos o mechas de tocino.
**Mechero,** *m.* Sitio especial para que vaya ardiendo una mecha. ‖ Encendedor de bolsillo. ‖ Boquilla por donde sale el gas, y se le enciende en algunos aparatos, cocinas de gas butano, etc.
**Mechinal,** *m.* Cada uno de los agujeros que se dejan en las paredes para ir metiendo los palos del andamio a medida que se va haciendo la pared.
**Mechón,** *m.* Pequeña porción de pelo.
**Medalla.***
**Medallón,** *m.* Joya con forma de caja circular para poner retratos, rizos o algún otro recuerdo. ‖ Medalla grande.

Medallón

**Médano,** *m.* Montón de arena que sobresale del agua.
**Media,** *f.* Especie de funda para las piernas. ‖ Calzado de punto que va desde el pie hasta la rodilla. ‖ V. **medio.**
**Mediación,** *f.* Intervención. ‖ V. **medio.**
**Mediado,** *adj.* La mitad lleno. ‖ Hacia la mitad.
**Mediador,** *adj.* Que media.
**Mediana,** *f.* Recta que une un vértice del triángulo con el punto medio del lado opuesto.
**Medianamente,** *adv.* De un modo mediano. ‖ No muy bien.
**Medianero,** *adj.* Intercesor.
**Medianía,** *f.* Se dice de la persona o cosa de poca importancia.
**Mediano,** *adj.* Que está entre los dos extremos. ‖ Ni muy grande ni muy pequeño. ‖ V. **medio.**

---
*
MEDALLA, *f. Pieza de metal redonda y con la imagen de alguna figura o emblema: Le dieron una medalla.*
   *Viene del italiano* **medaglia,** *que quiere decir 'medalla'.* ‖ *Deriv.:* **Medallón.**

**Medianoche,** *f.* Bollo. ‖ Mitad de la noche.
**Mediante,** *adv.* Por medio de. ‖ Por intercesión de. ‖ **Dios mediante:** si Dios quiere. ‖ V. **medio.**
**Mediar,** *intr.* Interponerse entre dos. ‖ Llegar a la mitad.
**Medicamento,** *m.* Sustancia empleada para que produzca efectos curativos.
**Medicina,** *f.* Ciencia de las enfermedades, que tiene por objeto restablecer y prolongar la salud. ‖ Medicamento.
**Medicinal,** *adj.* Relativo a la medicina. ‖ Se dice de aquellas sustancias que son buenas para la salud.
**Medicinarse,** *r.* Tomarse o ponerse medicinas.
**Medición,** *f.* Acción de medir.
**Médico.***
**Medida,** *f.* El resultado de medir una cosa. ‖ La unidad que sirve para medir. ‖ La acción de medir algo. ‖ V. **medir.**
**Medieval,** *adj.* Perteneciente o relativo a la Edad Media.
**Medio.***

**Mediocre,** *adj.* Regular, mediano.
**Mediocridad,** *f.* Medianía.
**Mediodía,** *m.* Mitad del día. ‖ El sur.
**Mediopensionista,** *adj.* Dícese de la persona que vive en alguna institución sometida a régimen de media pensión.
**Medir.***
**Meditabundo,** *adj.* Que medita mucho en silencio.
**Meditación,** *f.* Acción de meditar. ‖ Oración mental meditando sobre algún punto religioso.
**Meditar,** *tr.* Pensar, reflexionar con mucha atención y en silencio.
**Mediterráneo,** *adj.* Rodeado de tierra.
**Medo,** *m.* De Media (región antigua de Asia).
**Medrar,** *intr.* Aumentar, crecer.
**Medroso,** *adj.* Miedoso, temeroso, que se asusta de cualquier sombra.
**Médula,** *f.* Sustancia grasa y blanca que se halla dentro de los huesos.
**Medusa,** *f.* Animal marino que tiene aspecto de sombrilla, con muchos tentáculos hacia abajo.
**Megafonía,** *f.* Técnica que se ocupa

---

MÉDICO, m. *El que ejerce la medicina:* **Llamó al médico de cabecera.**
   *Viene del latín* **mederi,** *que significa 'cuidar, curar'.* ‖ *Deriv.:* **Medicación, medicamento, medicina, medicinal.**
MEDIO, adj. *Igual a la mitad de una cosa:* **Media manzana.** ‖ m. *Parte central de una cosa alargada:* **Este lápiz se está rompiendo por el medio.** ‖ *Número quebrado cuyo denominador es un dos:* **3/2 se lee «tres medios».** ‖ *Manera o forma de conseguir una cosa:* **El único medio de salvarse es cumplir los Mandamientos.** ‖ *Ambiente en que se desarrolla un ser vivo:* **El agua es el medio en que vive el pez.** ‖ *Conjunto de personas y circunstancias entre las que vive un individuo:* **Medio rural; medio urbano; etc.** ‖ pl. *Los recursos o bienes que una persona tiene:* **No tengo muchos medios económicos.** ‖ adv. *No del todo, no por completo, no por entero:* **Medio dormido.**
   *Viene del latín* **medius,** *que significa igual que en castellano.* ‖ *Deriv.:* **Inmediatamente, inmediato, intermediario, intermedio, media, mediación, mediador, mediana, medianamente, medianería, medianero, medianía, mediano, medianoche, mediante, mediar, mediatización, mediatizar, mediato, mediocre, mediocridad, mediodía, mediterráneo, mitad, promedio.**
MEDIR, tr. *Averiguar las dimensiones o la cantidad de una cosa:* **Está midiendo la altura de esa mesa.** ‖ *Tener cuidado de lo que se hace o dice:* **Mide tus palabras.**
   *Viene del latín* **metiri,** *que significa 'medir'.* ‖ *Deriv.:* **Desmedido, desmesurado, dimensión, inconmensurable, inmensidad, inmenso, medición, medida, mesura.**

466

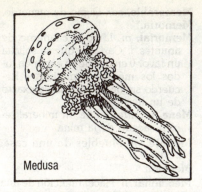
Medusa

de los aparatos e instalaciones precisos para aumentar el volumen del sonido. ‖ Conjunto de micrófonos, altavoces y otros aparatos que, debidamente coordinados, aumentan el volumen del sonido en un lugar de gran concurrencia.

**Megalítico,** *m.* Monumento prehistórico hecho de piedras muy grandes y toscas.

**Megaterio,** *m.* Género de mamíferos antiguos que medían seis metros de longitud y dos de altura.

**Megatón,** *m.* Un millón de toneladas de trinitroglicerina (o trilita).

**Mejicano,** *adj.* De Méjico.

**Mejilla,** *f.* Parte saliente del rostro humano debajo de los ojos.

**Mejillón,** *m.* Molusco comestible de concha negruzca.

**Mejor.\***

**Mejora,** *f.* Aumento, adelanto. ‖ Ventaja. ‖ Mejoría.

**Mejoramiento,** *m.* Acción de mejorar. ‖ Mejoría.

**Mejorar,** *tr.* Beneficiar. ‖ Aliviar. ‖ Dar una ventaja a uno de los herederos. ‖ *intr.* Ponerse mejor de salud. ‖ V. **mejor.**

**Mejoría,** *f.* Disminución de la enfermedad.

**Mejunje,** *m.* Especie de pomada o medicamento de mala calidad y hecho de varios ingredientes.

**Melancolía,** *f.* Tristeza enfermiza.

**Melancólico,** *adj.* Triste y enfermizo.

**Melar,** *adj.* Que sabe a miel. ‖ *intr.* Azucarar una cosa usando miel.

**Melena,** *f.* Cabellera larga que cae sobre los hombros y sobre los ojos.

**Melenudo,** *adj.* Que tiene muy largo el cabello.

**Melifluo,** *adj.* Que tiene miel o que parece que tiene miel.

**Melindre,** *m.* Fruta de sartén hecha con miel y harina. ‖ El aparentar que se tiene demasiada finura y cursilería.

**Melocotón,** *m.* Fruto de un árbol llamado melocotonero. Es esférico, de piel delgada y vellosa, amarillento por fuera y con un hueso, así de gordo y de arrugado, por dentro.

**Melodía,** *f.* Dulzura y suavidad de la voz cuando se canta o del sonido de un instrumento músico cuando se toca.

**Melodioso,** *adj.* Agradable al oído.

**Melodrama,** *f.* Obra dramática de teatro acompañada de música. ‖ Ópera. ‖ Drama de carácter popular que despierta emociones fuertes.

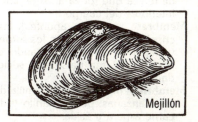
Mejillón

**Melodramático,** *adj.* Que se relaciona o pertenece al melodrama. ‖ Demasiado triste.

**Meloja,** *f.* Miel mezclada y batida con agua.

**Melómano,** *adj.* Que tiene grandísima afición por la música.

**Melón,** *m.* Fruto de la familia de las calabazas, pero más pequeño, más dulce y más jugoso. ‖ *fig.* Persona

---

\*MEJOR. *Adjetivo comparativo de* **bueno,** *y que significa 'más bueno, superior a otra cosa':* **Este papel es mejor que aquél.** ‖ *Adverbio de modo, comparativo de* **bien,** *y que significa 'más bien':* **Esto está mejor escrito.**
  *Viene del latín* **melior,** *que significa 'mejor'.* ‖ *Deriv.:* **Desmejorar, medrar, medro, mejora, mejorar, mejoría.** ‖ *Contr.:* **Peor.**

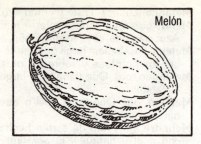

Melón

sin las aptitudes corrientes y normales.
**Melonar,** *m.* Campo sembrado de melones.
**Meloso,** *adj.* Dulce como la miel. || Blando, suave.
**Mella,** *f.* Rotura en el filo de un arma, en el borde de un objeto, etc. || Hueco que queda en una cosa por faltar lo que antes ocupaba ese hueco. || Menoscabo.
**Mellado,** *adj.* Que le falta uno o más dientes.
**Mellizo,** *adj.* Se dice de cada uno de dos o más hermanos nacidos al mismo tiempo.
**Membrana,** *f.* Piel delgada y en forma de túnica que rodea a los órganos interiores del cuerpo.
**Membrete,** *m.* Nota o apunte. || Inscripción que se pone en los sobres y papel de escribir indicando el nombre de una persona o sociedad.
**Membrillo,** *m.* Fruto de la familia de las manzanas, pero amarillo y de carne áspera y ácida.
**Membrudo,** *adj.* Fuerte y robusto.
**Memo,** *adj.* Tonto, necio y mentecato.

**Memorable,** *adj.* Digno de recuerdo.
**Memoria.\***
**Memorial,** *m.* Libro o cuaderno de apuntes. || Carta en que se solicita un favor y en donde se exponen todos los méritos y motivos. || Recuerdo simbólico, público y exacto de un hecho glorioso.
**Mena,** *f.* Parte útil de un mineral recién sacado de la mina.
**Menaje,** *m.* Muebles de una casa. || Material escolar.
**Mención.\***
**Mencionar,** *tr.* Hacer mención de una persona. || Recordar y contar una cosa. || V. mención.
**Mendicante,** *adj.* Que mendiga.
**Mendicidad,** *f.* Estado y situación de un mendigo.
**Mendigo,** *m.* Persona que habitualmente pide limosna.
**Mendrugo,** *m.* Pedazo de pan endurecido o desechado.
**Menear,** *tr.* Mover una cosa de una parte a otra. || *r.* Dirigir, manejar un negocio. || Hacer con prontitud una cosa o andar de prisa.
**Meneo,** *m.* El ir meneándose mucho al andar.

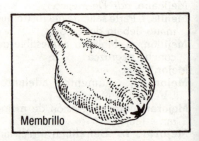

Membrillo

---

**\*Memoria,** *f.* Potencia del alma con la cual recordamos lo pasado: *Tiene buena memoria.* || Lista o relación de gastos, objetos o trabajos: *Memoria del curso.*
  Viene del latín **memorare,** que significa 'recordar algo'. || *Deriv.:* **Conmemoración, conmemorar, conmemorativo, desmemoriado, inmemorial, memorable, memorial, memorándum, remembranza, rememorar.** || *Contr.:* **Olvido.**
**Mención,** *f.* Recuerdo que se hace de una persona o cosa nombrándola: *Mención honorífica.*
  Viene del latín **mens, mentis,** que significa 'mente, pensamiento'. || *Deriv.:* **Mencionar.** || *De la misma raíz latina* **mens,** *vienen muchas palabras castellanas como;* **Amnesia, amnistía, demencia, demente, mental, mentalidad, mentar, mentecatez, mentecato, mentor, mnemotecnia, mnemotécnico, reminiscencia, vehemencia, vehemente.**

**Menester,** *m.* Ocupación, quehacer.
**Menestra,** *f.* Guiso hecho con hortalizas y con trocitos de carne o de jamón.
**Menestral,** *m.* Obrero que se dedica a la mecánica.
**Mengano,** *m.* Nombre que se usa después de *fulano,* o antes que *zutano,* para indicar sin nombrarla a otra persona.
**Mengua,** *f.* Lo que se hace al menguar. ‖ Pobreza, necesidad, escasez. ‖ Descrédito, deshonra.
**Menguado,** *adj.* Cobarde, tímido. ‖ Tonto. ‖ Miserable, ruín. ‖ *m.* Cada uno de los puntos que van reduciendo las mujeres en una labor de punto de media.
**Menguante,** *adj.* Se le llama así a la Luna cuando durante unos días se la va viendo cada vez más pequeña.
**Menguar,** *intr.* Disminuir. ‖ Hacer los menguados en las labores de punto.
**Menhir,** *m.* Monumento prehistórico formado por una enorme piedra larga hincada verticalmente en el suelo.

Menhir

**Menina,** *f.* Mujer que desde niña entraba de criada de una reina, princesa o infanta.

**Meninge,** *f.* Cada una de las tres membranas que envuelven a los sesos y a la médula espinal.
**Meningitis,** *f.* Inflamación de las meninges.
**Menisco,** *m.* Superficie curva que presentan los líquidos al ponerlos en un tuvo estrecho. ‖ Un cartílago que tenemos en la articulación de la rodilla.
**Menor,** *adj.* Más pequeño, que tiene menos cantidad que otro de la misma especie. ‖ V. **menos.**
**Menos.\***
**Menoscabo,** *m.* Mengua, disminución. ‖ Deterioro.
**Menospreciar,** *tr.* Despreciar a una persona o a una cosa teniéndolas por menos de lo que se merecen.
**Menosprecio,** *m.* Poco aprecio, poca estimación. ‖ Desprecio, desdén.
**Mensaje,** *m.* Recado de palabra que lleva una persona a otra. ‖ Comunicación oficial entre las asambleas de un país.
**Mensajero,** *m.* Persona que lleva un recado o una noticia a otra. ‖ **Paloma mensajera:** paloma que se emplea para llevar mensajes porque vuelve pronto a su nido.
**Mensual,** *adj.* Que se repite cada mes. ‖ Que dura un mes.
**Mensualmente,** *adv.* Por meses, o cada mes.
**Mensurable,** *adj.* Que se puede medir.
**Menta,** *f.* Hierbabuena. ‖ Jugo de la hierbabuena. ‖ Cierta bebida alcohólica de color verde.
**Mental,** *adj.* Que se relaciona o pertenece a la mente.
**Mentalidad,** *f.* Capacidad y actividad mental. ‖ Modo de pensar que caracteriza a una persona, a un pueblo, a una generación, etc.
**Mentalmente,** *adv.* Sólo con el pensamiento o con la mente.

---

\*
Menos. *Adverbio comparativo con el que se da idea de disminución o inferioridad:* **Trabaja menos que su hermano.** ‖ *En aritmética es un nombre sustantivo que indica el signo de la resta y que se representa con una rayita horizontal (—).*
    Viene del latín **minus,** *neutro de* **minor,** *que significa 'menor'.* ‖ *Deriv.:* **Aminorar, menoscabar, menospreciar, menosprecio, minoría, minorista, minúscula, mínimo, pormenor, pormenorizar.** ‖ *Contr.:* **Más.**

Menta

**Mentar,** tr. Nombrar o mencionar.
**Mente,** f. Inteligencia, memoria, pensamiento.
**Mentecato,** adj. Tonto, falto de juicio.
**Mentidero,** m. Lugar donde se reúne cierta gente para hablar y criticar.
**Mentir,** intr. Decir lo contrario de lo que uno sabe o piensa.
**Mentira,** f. Dicho o manifestación contraria a lo que se sabe o piensa.
**mentirijillas (De),** m. adv. De broma, no de veras.
**Mentiroso,** adj. Que tiene costumbre de mentir.
**Mentís,** m. El hecho de atacar lo que acaba de decir una persona, diciéndole que lo que acaba de decir es falso o inexacto.
**Mentol,** m. Esencia de la menta; es refrescante.
**Mentón,** m. La barbilla.

**Mentor,** m. Consejero de otro.
**Menú,** m. Conjunto de platos que constituyen una comida. || Carta del día donde se relacionan las comidas, postres y bebidas.
**Menudillos,** m. pl. Las partes menudas e interiores de un ave (cuando estas partes se aprovechan para la alimentación).
**Menudo.**\*
**meñique (Dedo),** m. El dedo más pequeño de cada mano.
**Meollo,** m. Seso. || Lo más importante o esencial de una cosa.
**Meramente,** adv. Simplemente. || Solamente.
**Mercader,** m. Comerciante. || Vendedor.
**Mercado,** m. Lugar destinado a la venta y compra de mercancías.
**Mercancía.**\*
**Mercante,** adj. Comercial, mercantil.
**Mercantil,** adj. Que se relaciona con el comercio.
**Mercar,** tr. Comprar.
**Merced,** f. Beneficio que hacemos a otro o que recibimos de otro.
**Mercedario,** m. Religioso de la Orden de la Merced.
**Mercenario,** adj. Que se hace por dinero. || m. Soldado que sirve por dinero a un gobierno extranjero.
**Mercería,** f. Comercio de objetos menudos y de poco valor, como alfileres, botones, hilos, etc. || Tienda donde se venden esos objetos.
**Mercurio,** m. Metal líquido que tiene diversas aplicaciones (construcción de termómetros, espejos, etc.).
**Merecer.**\*

---

MENUDO, adj. *Pequeño:* **Son cosas menudas.** || *Se dice también del dinero suelto formado por monedas de poco valor:* **El dinero menudo, al monedero.** || **A menudo:** *frecuentemente.*
  *Viene del latín* **minuere,** *que significa 'disminuir'; por eso menudo propiamente quiere decir 'disminuido'.* || *Deriv.:* **Desmenuzar, menudear, menudencia, menudeo, menudillos, minucia, minuciosidad, minucioso, minuta, minutero, minuto, minué.**

MERCANCÍA, f. *Cualquier cosa que se pueda vender:* **En la feria hay muchas mercancías.**
  *Viene del latín* **mercari,** *que significa 'comprar'.* || *Deriv.:* **Mercader, mercado, mercante, mercantil, mercantilismo, mercachifle, mercar.**

MERECER, tr. *Hacerse uno digno de premio o castigo:* **El que trabaja mucho merece alabanza.**
  *Viene del latín* **merere,** *que significa 'merecer'.* || *Deriv.:* **Desmerecer, de-**

**Merecidamente,** adv. Con razón y justicia.
**Merecido,** m. fig. Castigo que con justicia se da a uno.
**Merecimiento,** m. Lo que se hace al merecer. || Mérito.
**Merendar,** intr. Tomar la merienda. || tr. Tomar durante la merienda una u otra cosa.
**Merendola,** f. Merienda espléndida y abundante.
**Merengue,** m. Dulce hecho con claras de huevo y azúcar.
**Meridiano,** adj. Que pertenece a la hora del mediodía. || Clarísimo || m. Círculo máximo que pasa por los polos y divide al globo terrestre en dos partes: la oriental y la occidental.
**Meridional,** adj. Que pertenece o se relaciona con el sur o mediodía.
**Merienda,** f. Comida ligera que se hace por la tarde. || **Merienda de negros:** confusión y desorden donde nadie se entiende.
**Merina,** f. Lana blanda, corta, muy rizada y muy fina.
**Meritar,** intr. Hacer méritos.
**Mérito,** m. Lo que hace digno de aprecio a una persona. || Lo que hace tener valor a una cosa. || V. **merecer.**
**Meritorio,** adj. Digno de premio. || Empleado que trabaja en una casa durante cierto tiempo sin cobrar sueldo.
**Merluza,** f. Pez marino de carne blanquecina, comestible y muy apreciada. Cuando es joven se llama pescadilla.

Merluza

**Merma,** f. Parte quitada o desgastada. || Pérdida de peso.
**Mermelada,** f. Dulce de membrillo con miel o azúcar. La mermelada se puede hacer también de otros frutos.
**Mero.**\*
**Merodear,** intr. Estar dando vueltas y más vueltas esperando robar en un sitio.
**Merovingios,** m. pl. Nombre que se da a los primeros reyes de Francia, por ser descendientes de Meroveo.
**Mes.**\*

---

\* mérito, emérito, merecedor, merecimiento, mérito, meritorio. || Contr.: Desmerecer.

MERO, adj. *Puro, simple, que no tiene mezcla de otra cosa:* **Con un mero papel doblado se hace un cuaderno.** || m. *Pez de carne muy fina que vive principalmente en el Mediterráneo:* **De la pesca, el mero; y de la tierra, el cordero.**
  El adjetivo **mero,** viene del latín **merus,** que significa 'puro, sin mezcla'. || Deriv.: **Esmerado, esmerarse, esmero.**

MES, m. *Cada una de las doce partes en que se divide el año:* **Febrero es el mes más corto del año.**
  Viene del latín **mensis,** que significa 'mes'. || Deriv.: **Mensual, mensualidad, mesada, semestre, sietemesino, trimestral, trimestre.**
  Los nombres de los meses vienen del latín. El latín es el idioma que hablaba Julio César. Julio César reformó el calendario que se usaba antes que él. Los nombres de los ocho primeros meses están dedicados a algún dios. Los cuatro últimos meses llevan los nombres que les correspondían por el calendario anterior, que empezaba en marzo:

| | | |
|---|---|---|
| Enero | —**Januarius** | —*Mes de Jano, el dios de las puertas.* |
| Febrero | —**Februarius** | —*Mes de Febro y de los sacrificios que se hacían en este mes.* |
| Marzo | —**Marcius** | —*Mes de Marte, el dios de la guerra.* |
| Abril | —**Aprilis** | —*Mes de Apolo, llamado también Aperta, dios de las artes.* |

**Mesa.\***
**Meseta,** *f.* Una extensión llana situada en una montaña. ‖ Una llanura muy grande y, además, mucho más alta que la superficie del mar o de los mares más próximos. ‖ Descanso de una escalera.

Meseta

**Mesianismo,** *m.* Doctrina relativa al Mesías.
**Mesías,** *m.* Hijo de Dios, prometido a través de los profetas al pueblo israelita.
**Mesilla,** *f.* Descanso de una escalera. ‖ Mesa de noche. ‖ Piedra que se pone en la parte superior de los antepechos de las ventanas.
**Mesnada,** *f.* Compañía de soldados que antiguamente estaban bajo el mando de un rey o de un caballero principal. ‖ Compañía, congregación.
**Mesocarpio,** *m.* En los frutos, la parte comprendida entre la piel y el hueso del centro.
**Mesón,** *m.* Posada antigua para viajeros, caballerías y carruajes. ‖ Especie de taberna adornada como si fuera un mesón antiguo.
**Mester,** *m.* Durante la Edad Media, arte u oficio.
**Mestizo,** *adj.* Nacido de padres de distinta raza. ‖ Hijo de hombre blanco e india; o de indio y mujer blanca.
**Mesura,** *f.* Gravedad y compostura en la actitud. ‖ Cortesía. ‖ Demostración exterior de sumisión y respeto.
**Mesurar,** *tr.* Infundir mesura. ‖ *r.* Moderarse, contenerse.
**Meta,** *f.* Término señalado a una carrera. ‖ Fin a que se dirigen las acciones o deseos de una persona. ‖ La portería (en el fútbol y otros deportes).
**Metabolismo,** *m.* Intercambio de materia y energía entre el organismo vivo y el medio exterior.
**Metacarpo,** *m.* En la mano, la parte comprendida entre la muñeca y los dedos.
**Metafísica.\***
**Metáfora,** *f.* Sentido figurado que al-

---

\*
| | | |
|---|---|---|
| Mayo | —**Maius** | —*Mes de Júpiter, el dios mayor.* |
| Junio | —**Junius** | —*Mes de Juno, diosa del matrimonio.* |
| Julio | —**Julius** | —*Mes de Julio César.* |
| Agosto | —**Augustus** | —*Mes de Octavio César Augusto, el primer emperador de Roma.* |
| Septiembre | —**September** | —*El mes séptimo en el antiguo calendario.* |
| Octubre | —**October** | —*El mes octavo en el antiguo calendario.* |
| Noviembre | —**November** | —*El mes noveno en el antiguo calendario.* |
| Diciembre | —**December** | —*El mes décimo en el antiguo calendario.* |

M<small>ESA</small>. f. *Mueble para comer, escribir o trabajar, que está formado por un tablero horizontal sostenido por una o varias patas:* **La mesa del comedor.** ‖ *En las reuniones grandes, el conjunto de las personas que las dirigen:* **La mesa directiva.**
    *Viene del latín* **mensa,** *que significa 'mesa'.* ‖ *Deriv.:* **comensual, meseta, sobremesa.**
M<small>ETAFÍSICA</small>, f. *La parte primera y principal de la filosofía que trata de todo lo que es, o sea, del ser de todas las cosas.*
    *Viene del griego* **meta-física,** *que quiere decir 'después de la física' porque estudia lo que no se puede ver, ni oír, ni tocar, etc., sino que sólo se puede comprender con la razón.*

guna palabra tiene en una frase. Por ejemplo, el *cantar* del agua que sale de una fuente; el *oro* de sus cabellos, etc.

**Metal,** *m.* Cuerpo simple, dotado de un brillo exterior; en general, buen conductor del calor y la electricidad. ‖ **Metales preciosos:** el oro, la plata y el platino.

**Metálico,** *adj.* De metal o que parece metal. ‖ *m.* Dinero en monedas de metal.

**Metaloide,** *m.* Cuerpo químico simple y que no es metálico.

**Metalurgia,** *f.* Arte y técnica de obtener los metales que hay en los minerales.

**Metalúrgico,** *adj.* Relativo a la metalurgia. ‖ *m.* El que se dedica a la metalurgia.

**Metamorfosis,** *f.* Cambio de un ser en otro. ‖ Cambio de forma.

**Metano,** *m.* Gas que se produce al ir descomponiéndose algunas materias orgánicas. Es combustible. Cada una de sus moléculas tiene un átomo de carbono y cuatro átomos de hidrógeno. En las minas se le llama grisú.

**Metatarso,** *m.* En el pie, la parte comprendida entre el tobillo y los dedos.

**Meteorito,** *m.* Trozo de algún astro que si cae en la Tierra, antes tienen que atravesar la atmósfera y se ponen luminosos y ardiendo.

**Meteoro,** *m.* Nombre que se da a cualquiera de los fenómenos que ocurren en la atmósfera (nubes, rocío, rayo, viento, lluvia, nieve, etc.).

**Meteorología,** *f.* Parte de la física que estudia los meteoros.

**Meteorológico,** *adj.* Relativo a la meteorología.

**Metepatas,** *com.* Persona que mete la pata; inoportuno, indiscreto.

**Meter.\***

**Meticuloso,** *adj.* Muy delicado, escrupuloso.

**Metido,** *adj.* Apretado, que abunda en una cosa. ‖ Introducido.

**Metódicamente,** *adv.* De un modo metódico.

**Metódico,** *adj.* Que tiene orden y método.

**Método.\***

**Metralla,** *f.* Pedazo de hierro o piedras que saltan de resultas de haber estallado una bomba. ‖ Pedazos menudos.

**-metría.** Elemento compositivo que entra pospuesto a otro en la formación de algunas voces españolas con el significado de «medida».

**Métrico,** *adj.* Relativo al metro. ‖ **Sistema métrico:** conjunto de medidas cuya base es el metro. ‖ **Quintal métrico:** peso de cien kilogramos. ‖ **Tonelada métrica:** peso de mil kilogramos.

**Metro.\***

---

Meter, *tr. Introducir una cosa en alguna parte:* **Se metió el dinero en el bolsillo.**
  *Viene del latín* **mittere,** *que significa 'enviar, soltar, arrojar'.* ‖ *Deriv.: de* **mittere** *(enviar):* Acometer, acometida, arremeter, arremetida, admisión, admitir, cometido, comprometer, compromisario, compromiso, comprometedor, dimisión, dimitir, emisión, emisora, emisario, emitir, entrometido, entrometerse, intermitente, intromisión, meterete, misión, misional, misionero, misiva, omisión, omitir, permiso, permitir, premisa, promesa, prometer, remesa; remitir, remitente, someter, sometimiento, sumisión, transmisión, transmitir. ‖ *Contr.:* Sacar.

Método, m. *Modo de obrar ordenadamente para hacer una cosa:* **Ese hombre trabaja con un buen método.** ‖ *Especialmente se dice del procedimiento para adquirir y enseñar la ciencia:* **Este profesor tiene un buen método de enseñanza.**
  *Viene del griego* **meta,** *que significa 'hacia', y* **odos,** *que significa 'camino'. Método, según su etimología, sería camino para llegar o alcanzar un fin.*

Metro, m. *Unidad de longitud adoptada por casi todos los países civilizados y que sirve de base a un sistema completo de pesas y medidas:* **El metro equi-**

473

**Metrópoli,** *f.* Ciudad principal. ‖ La nación respecto de sus colonias. ‖ Ciudad que tiene una iglesia arzobispal.

**Metropolitano,** *adj.* Que pertenece a la metrópoli. ‖ Que se relaciona o pertenece al arzobispo. ‖ *m.* Ferrocarril subterráneo o aéreo que pone en comunicación los barrios extremos de las grandes ciudades.

**Mezcla,** *f.* Lo que se hace al mezclar. ‖ Reunión de varias sustancias. ‖ Tejido hecho de diferentes hilos y colores. ‖ Cal, arena y agua (en albañilería.)

**Mezclar,** *tr.* Juntar, unir una cosa con otra. ‖ Reunir personas de distinta condición.

**Mezcolanza,** *f.* Mezcla rara. ‖ Desorden.

**Mezquinamente,** *adv.* Pobre, miserablemente. ‖ Con avaricia.

**Mezquino,** *adj.* Pobre, necesitado. ‖ Miserable, avaro. ‖ Escaso, pequeño.

**Mezquita,** *f.* Edificio religioso de los mahometanos.

Mezquita

**Mi.** Forma de genitivo, dativo y acusativo del pronombre personal de primera persona en género masculino o femenino y número singular. ‖ V. **yo.** ‖ *m.* Nombre de la tercera nota de la escala musical.

**Miaja,** *f.* Migaja. ‖ Pizca, porción muy pequeña de una cosa.

**Mica,** *f.* Mineral formado por muchas hojuelas brillantes, pequeñas y elásticas, que se usa como aislante de la corriente eléctrica.

**Micción,** *f.* La acción de orinar.

**Mico,** *m.* Mono de cola larga.

**Micra,** *f.* La milésima parte de un milímetro.

**Microbio,** *m.* Cada uno de los seres vivos, sólo visibles al microscopio como las bacterias, los infusorios, los hongos, las levaduras, etc.

**Microbús,** *m.* Autobús pequeño y de paradas a voluntad de los viajeros.

**Microcéfalo,** *adj.* De cabeza muy pequeña.

**Microescuela,** *m.* Edificio pequeño en forma de escuela y preparado para dar clases.

**Microfilm,** *m.* Película en que se reproducen documentos, libros, etc.; como es tan pequeño se necesita un aparato amplificador cuando se quiera ver.

**Micrófono,** *m.* Aparato que sirve para aumentar en los teléfonos la intensidad del sonido.

**Microorganismo,** *m.* Organismo pequeño. ‖ Microbio.

**Microscópico,** *adj.* Que pertenece o se relaciona con el microscopio. ‖ Hecho con ayuda del microscopio. ‖ Muy pequeño, extremadamente pequeño.

**Microscopio.**\*

---

\* *vale aproximadamente a la diezmillonésima parte del cuadrante del meridiano terrestre.* ‖ *Barra de platino iridiado, de una longitud invariable, conservado en el Observatorio de París y que sirve como patrón de todas las medidas:* **Metro patrón.** ‖ *Objeto que sirve para medir y que tiene aproximadamente la longitud de un metro:* **El dependiente sacó el metro.** ‖ *Abreviatura de 'tren metropolitano':* **Me he subido en el Metro.**
 Viene del griego **metron,** *que significa 'medida'.* ‖ *Deriv.:* **Asimetría, asimétrico, diámetro, disimetría, disimétrico, métrico, metrología, metrónomo, parámetro, perímetro, simetría, simétrico.**

MICROSCOPIO, *m.* Instrumento óptico que sirve para observar de cerca objetos extraordinariamente diminutos: **En el laboratorio de ese centro hay un mi-**

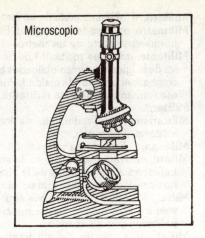

Microscopio

en plural en frases como: **Parar mientes, venir a las mientes,** que significan pensar, traer a la imaginación, reflexionar.

**Mientras.***

**Miera,** *f.* La trementina del pino.

**Miércoles,** *m.* Cuarto día de la semana. ‖ **Miércoles de ceniza:** primer día de la Cuaresma.

**Mies,** *f.* Cereal.

**Miga,** *f.* Parte interior y blanda del pan. ‖ Porción menuda de una cosa.

**Migaja,** *f.* Parte menuda de pan que salta al partirlo. ‖ Porción muy pequeña de una cosa. ‖ Desperdicios o sobras.

**Migajón,** *m.* La miga del pan.

**Migratorio,** *adj.* Perteneciente o relativo a las aves que emigran.

**Mijo,** *m.* Especie de maíz blancuzco y menudo.

**Mil.***

**Milagro.***

**Milagrosamente,** *adv.* Por milagro. ‖ De una manera que admira a cualquiera.

**Milagroso,** *adj.* Que sale de lo natu-

**Miedo.***

**Miedoso,** *adj.* Que tiene muchísimo miedo.

**Miel,** *f.* Sustancia amarillenta y muy dulce que producen las abejas con las sustancias que chupan en las flores.

**Miembro.***

**Miente,** *f.* Palabra antigua que significa pensamiento. ‖ Ahora se usa

---

croscopio electrónico.
   Viene de la unión de dos palabras griegas, **micros,** que significa 'pequeño', y **okopéo,** que significa 'observar'.

Miedo, m. *Sentimiento angustioso causado por un peligro real o imaginario:* **Tiene miedo de los ladrones.**
   Viene del latín **metus,** que significa 'miedo'. ‖ Deriv.: **Amedrentar, medroso, miedoso, meticulosidad, meticuloso.** ‖ Contr.: **Valor.**

Miembro, m. *Cualquiera de las extremidades del hombre o de los animales:* **Los brazos son los miembros superiores del cuerpo humano.** ‖ *Individuo que forma parte de una comunidad:* **Es miembro del equipo de fútbol.** ‖ *Parte de un todo:* **El cuerpo tiene muchos miembros interiores.**
   Viene del latín **membrum,** que significa 'miembro'. ‖ Deriv.: **Desmembrar, membrana, membrudo.**

Mientras, adv. *Durante el tiempo en que ocurre algo:* **Mientras yo trabajo, él se divierte.**
   La palabra mientras viene de dos palabras latinas, **dum,** que significa 'mientras' e **interim,** que significa 'entretanto'.

Mil, adj. *Diez veces ciento:* **Dame mil pesetas.** ‖ *En general, número grande:* **En abril, aguas mil.**
   Viene del latín **mille,** que significa 'mil'. ‖ Deriv.: **Milenario, milenio, milésima, milésimo, milhojas, miligramo, mililitro, milímetro, milla, millar, millón, millonario, millonada, millonésima.**

Milagro, m. *Hecho sobrenatural debido al poder divino:* **Jesús hizo muchos milagros.** ‖ *Cualquier suceso extraordinario o maravilloso:* **Es un milagro.**
   Viene del latín **miraculum,** que quiere decir 'hecho admirable'. ‖ Deriv.: **Milagrería, milagrero, milagroso.**

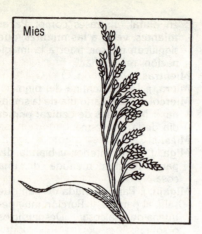
Mies

ral, normal y corriente. || Que hace milagros. || Maravilloso, asombroso. || V. **milagro**.

**Milano**, *m*. Ave pequeña de la familia de las águilas. Cuando tiene aproximadamente medio metro de largo, se le llama azor.

**Mildeu**, *m*. Especie de moho blanco que es una enfermedad de las hojas de la vid.

**Milenario**, *m*. Espacio de mil años.

**Milésima parte**. || Cada una de las partes que resultan si se coge una cosa y se la divide en mil trozos iguales entre sí.

**Mili**, *f*. Servicio militar. || Mili es también un prefijo que significa milésima parte.

**Milicia**, *f*. Arte militar. || Servicio o profesión militar. || Tropa o gente de guerra.

**Miliciano**, *adj*. Que pertenece o se relaciona con la milicia. || Individuo de una milicia.

**Miligramo**, *m*. Milésima parte de un gramo.

**Mililitro**, *m*. Milésima parte de un litro.

**Milímetro**, *m*. Medida de longitud. Es la milésima parte de un metro.

**Militante**, *adj*. Que milita. || Los fieles de la Iglesia estamos obligados a combatir el pecado y la maldad. Por eso formamos la **Iglesia militante**.

**Militar**.\*

**Militarismo**, *m*. Predominio de los militares en un país.

**Milonga**, *f*. Especie de tango.

**Milord**, *m*. Tratamiento que se da en Inglaterra a las personas de la alta nobleza, y que significa «mi señor».

**Milla**, *f*. Medida de longitud que equivale a 1.852 metros, usada principalmente por los marinos.

**Millar**, *m*. Conjunto de mil unidades. || Gran cantidad. || V. **mil**.

**Millón**, *m*. Mil millares. || Número muy grande, indeterminado. || V. **mil**.

**Millonario**, *adj*. Muy rico.

**Millonésimo**, *adj*. Cada una de las partes iguales de un todo dividido en un millón de partes.

**Mimar**, *tr*. Hacer caricias. || Tratar con excesivo regalo y condescendencia a uno, y en especial a los niños.

**Mimbre**, *amb*. Mimbrera, arbusto. || Cada una de las varitas delgadas y flexibles que produce la mimbrera. Los mimbres se emplean para hacer cestas, canastillas, etc.

**Mimetismo**, *m*. Propiedad que tienen algunos animales y plantas de asemejarse, principalmente en el color, a los seres u objetos inanimados entre los cuales viven.

**Mímica**, *f*. Arte de expresarse por medio de gestos y ademanes.

**Mimo**, *m*. Cariño, demostración expresiva de ternura.

**Mina**.\*

---

\*
Militar, *adj*. *Que pertenece o se relaciona con la milicia o la guerra*: **Fortificaciones militares**. || *m*. *Persona que se dedica a la milicia*: **Es un militar valiente**.

    *Viene del latín* **miles, militis**, *que significa* 'soldado'. || *Deriv.*: **Milicia, miliciano, militarada, militarismo, militarista**.

Mina, *f*. *Lugar, generalmente subterráneo, de donde se sacan los minerales*: **En Asturias hay minas de carbón**. || *Paso subterráneo abierto artificialmente*: **Debajo del castillo hay una mina**. || *Barrita que va en el interior del lápiz*: **Este lápiz tiene mina negra**.

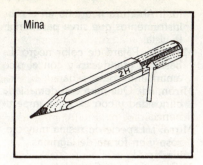
Mina

**Minar,** *tr.* Excavar galerías y caminos por debajo de tierra. || Hacer grandes destrozos, desgastes o destrucciones en el interior de algo.
**Mineral,** *adj.* (Cuerpo) inorgánico. || Que pertenece a los cuerpos inorgánicos.
**Mineralogía,** *f.* Parte de la historia natural que estudia los minerales.
**Minería,** *f.* El conjunto de todas las minas de una nación o comarca. || El arte y la técnica de trabajar en las minas.
**Minero,** *adj.* Que pertenece o se relaciona con las minas. || *m.* Hombre que trabaja en las minas.
**Miniatura,** *f.* Trabajos o adornos de pequeño tamaño y realizados sobre marfil, papel, metal, vidrio, etcétera.
**Mínimo,** *adj.* Se dice de lo que es tan pequeño en su especie que no lo hay menor. || Religioso de la Orden de San Francisco de Paula. || V. **menos.**
**Minio,** *m.* Mineral de plomo, en forma de polvo, que se utiliza para hacer pinturas rojas.
**Ministerial,** *adj.* Que pertenece al Ministerio o Gobierno del Estado. || Se dice del que apoya habitualmente a un ministerio.

**Ministerio.***
**Ministro,** *m.* El que administra alguna cosa. || Juez que se emplea en la Administración de Justicia. || El que está empleado en el Gobierno para la resolución de los negocios políticos y económicos. || Jefe de cada uno de los departamentos en que se divide la gobernación del Estado. || Representante o agente diplomático. || V. **menester** y **ministerio.**
**Minoría,** *f.* El número menor en una asamblea. || Menor edad.
**Minucia,** *f.* Menudencia, pequeñez.
**Minuciosamente,** *adv.* Con minuciosidad. || Sin dejarse atrás ningún detalle.
**Minuciosidad,** *f.* Calidad de minucioso.
**Minucioso,** *adj.* Que se detiene en las cosas más pequeñas.
**Minué,** *m.* Baile francés que ejecutan dos personas realizando diversas figuras y que estuvo de moda en el siglo XVIII. || Composición musical que se canta y se toca para acompañar este baile.
**Minuendo,** *m.* Cantidad que hay que reducir y poner más pequeña.
**Minúsculo,** *adj.* Pequeño, diminuto.
**Minusvalía,** *f.* Detrimento o disminución del valor de alguna cosa.
**Minusválido, da,** *adj.* Dícese de la persona que adolece de invalidez parcial.
**Minuta,** *f.* Lista detallada de alguna cosa.
**Minutero,** *m.* Manecilla que en el reloj va marcando los minutos.
**Minuto,** *m.* Cada una de las sesenta partes iguales en que se divide una hora. || Cada una de las sesenta partes iguales en que se divide un grado de círculo. || V. **menudo.**

---

\* *Viene de una palabra céltica,* **mina,** *que significa 'mineral'.* || *deriv.:* **Minar, mineralogía, mineral, minería, minero.**

MINISTERIO, m. *Cargo de ministro y tiempo que dura:* **En cada ministerio hay un ministro.** || *Cada uno de los departamentos en que se divide la gobernación del Estado:* **Ministerio de Trabajo; Ministerio de Educación y Ciencia;** *etc.* || *Empleo o cargo que ejerce uno:* **Pertenece al ministerio sacerdotal.**
    *Viene del latín* **ministerium,** *que quiere decir 'servicio, empleo, oficio'.* || *Deriv.:* **Administración, administrar, administrativo, menester, menesteroso, menestra, ministerial.**

**Mío.**\*
**Miocardio,** m. Parte musculosa del corazón.
**Miopía,** f. Defecto de la vista: ver borrosa las figuras que estén un poco alejadas.
**Mira,** f. Pieza que en ciertos instrumentos sirve para dirigir la vista. ‖ Pieza de las armas de fuego que sirve para asegurar la puntería. ‖ En las fortalezas antiguas, obra avanzada. ‖ Intención.

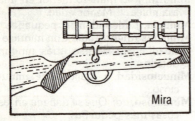
Mira

**Mirada,** f. Lo que se hace al mirar.
**Mirado,** adj. Se dice de la persona prudente y juiciosa. ‖ Merecedor de buen o mal concepto.
**Mirador,** m. Galería desde donde se contempla una vista hermosa. ‖ Balcón cerrado con cristales y cubierto.
**Miramiento,** m. Cuidado y precaución con que debe hacerse una cosa.
**Mirar.**\*
**Miríada,** f. Cantidad sumamente grande de cosas parecidas.
**Miriámetro,** m. Diez kilómetros, es decir, diez mil metros.
**Miriápodo,** m. Cualquier animalillo de la familia del ciempiés.
**Mirilla,** f. Abertura en una puerta para ver desde dentro sin ser visto. ‖ Abertura pequeña en ciertos instrumentos que sirve para dirigir la vista.
**Mirlo,** m. Pájaro de color negro. Es bastante grandecito y con el pico amarillento. Sabe silbar.
**Mirón,** adj. Que mira con demasiada curiosidad y con excesiva impertinencia.
**Mirra,** f. Especie de resina muy olorosa y en forma de lágrimas.
**Misa.**\*
**Misacantano,** m. Sacerdote que dice o canta su primera misa.
**Misal,** m. Libro que contiene las oraciones de la misa.
**Misántropo,** m. Especie de loco que no quiere tratar con ninguna persona.
**Miscelánea,** f. Mezcla de cosas diver-

Mirador

sas. ‖ Colección de escritos sin conexión entre sí.
**Miserable,** adj. Desdichado, desgraciado. ‖ Avariento, mezquino.
**Miserere,** m. Salmo que empieza con esta palabra.

---

Mío, adj. *Que me pertenece:* **Este libro es mío.**
*Viene del latín* **meus,** *que significa 'mío'.*

Mirar, tr. *Fijar la vista en una cosa:* **Mirar a la calle.** ‖ *Estar situada una cosa enfrente de otra:* **Este balcón mira al río.** ‖ *Averiguar, buscar:* **Mira a ver lo que puedes hacer.**
*Viene del latín* **mirari,** *que significa 'admirar, asombrarse, contemplar'.* ‖ *Deriv.:* **Admirable, admiración, admirador, admirar, mirar, mirada, mirador, miramiento, mirilla, mirón.**

Misa, f. *Sacrificio del cuerpo y sangre de Cristo, que hace el sacerdote en el altar:* **La misa es la oración principal de la religión católica.**
*Viene del latín* **missa,** *que significa 'ofrenda' o 'envío'.* ‖ *Deriv.:* **Misacantano, misal.**

**Miseria,** *f.* Desgracia, estrechez. ‖ Pobreza extrema.
**Misericordia,** *f.* Virtud que nos hace tener compasión de los males ajenos. ‖ Virtud que nos impulsa a perdonar.
**Misericordioso,** *adj.* Se dice del que se compadece de los males ajenos. ‖ Que perdona las ofensas.
**Mísero,** *adj.* Desgraciado, pobre.
**Misiles,** *m. pl.* Especie de cohetes atómicos intercontinentales.

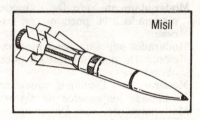
Misil

**Misión,** *f.* Encargo y poder que se da a una persona para hacer una cosa. ‖ Viaje que hacen los predicadores cristianos para difundir la religión. ‖ V. **meter.**
**Misional,** *adj.* Que pertenece a las misiones o a los misioneros.
**Misionar,** *intr.* Predicar la religión.
**Misionero,** *m.* Predicador cristiano que se dedica a las misiones. ‖ V. **meter.**
**Misiva,** *f.* Carta o papel que se envía a una persona.
**Mismamente,** *adv.* Precisamente. ‖ Cabalmente.
**Mismo.**\*
**Miss,** *f.* En inglés, señorita.
**Míster,** *m.* En inglés, señor.
**Misterio.**\*
**Misterioso,** *adj.* Que encierra un misterio. ‖ Aficionado a hacer misterios de cosas que no lo son.
**Mística,** *f.* Misticismo.
**Misticismo,** *m.* Estado extraordinario de perfección religiosa que consiste en la unión estrecha del alma con Dios por el amor.
**Místico,** *adj.* Que pertenece al misticismo. ‖ Muy devoto.
**Mitad,** *f.* Cada una de las dos partes iguales que puede hacerse de un todo. ‖ V. **medio.**
**Mítico,** *adj.* De un mito. ‖ De los mitos.
**Mitigar,** *tr.* Calmar, suavizar.
**Mitin,** *m.* Reunión y discusión pública de carácter político.
**Mito,** *m.* Cada una de las leyendas acerca de héroes antiguos o de dioses falsos, etc. ‖ Cosa fabulosa.
**Mitra,** *f.* Ornamento que los obispos se ponen en la cabeza en las fiestas solemnes.

Mitra

**Mitrado,** *adj.* Se dice de la persona que puede usar mitra. ‖ *m.* Arzobispo u obispo.
**Mixtela,** *f.* Bebida que se hace con aguardiente, agua, azúcar y canela.
**Mixtilíneo,** *adj.* Se le llama así al ángulo que tiene un lado recto y el otro curvo.
**Mixto,** *adj.* Mezclado. ‖ Compuesto de varios elementos. ‖ *m.* Ceri-

---

\*
Mismo, *adj. Igual, idéntico, semejante en todo: Lo mismo da esa cosa que la otra.*
    *Viene del latín* **ipse,** *que significa 'el mismo'.*
Misterio, m. *Verdad que no puede comprenderse y que debe creerse:* **Los misterios de la religión.** ‖ *Pasos de la vida y pasión de Nuestro Señor Jesucristo:* **Misterios gozosos, dolorosos y gloriosos.** ‖ *Cosa secreta:* **Su modo de vivir es un misterio.**
    *Viene del griego* **mysterion,** *que quiere decir 'secreto, misterio, ceremonia religiosa'.* ‖ *Deriv.:* **Misterioso, mística, místico.**

lla. || Tren que transporta viajeros y mercancías.

**Mixtura,** f. Mezcla de varias cosas. || Se dice, sobre todo, de algunos medicamentos líquidos, que hay que ingerir por la boca.

**Mnemotecnia,** f. Arte y astucia de aprenderse cosas de memoria.

**Moabita,** adj. Natural de la región de Moab, en la Arabia.

**Mobiliario,** adj. Mueble. || m. Conjunto de muebles de una casa.

**Mocedad,** f. Juventud.

**Mocetón,** m. Persona joven y robusta.

**Moción,** f. Movimiento, impulso. || Inspiración interior. || Propuesta que se presenta a una asamblea.

**Mocito,** adj. Persona muy joven.

**Moco,** m. Especie de líquido que sale de las narices. || Porción derretida de las velas, la cual al caer se va cuajando.

**Mocoso,** adj. Que tiene mocos. || Se llama así al niño atrevido y desobediente.

**mochales (Estar).** Frase familiar que significa «estar chiflado, estar loco».

**Mochila,** f. Especie de zurrón en donde meten sus cosas los soldados, y que lo suelen llevar a la espalda.

**Mocho,** adj. Que le han cortado mucho el pelo.

**Mochuelo,** m. Especie de lechuza, pero más pequeño, y que se alimenta de insectos y ratones principalmente.

**Moda,** f. Costumbre que se tiene durante un cierto tiempo. || V. **modo.**

**Modales,** m. pl. Modo de tratar unas personas con otras.

**Modalidad,** f. Modo de ser o de manifestarse una cosa.

**Modelado,** m. Acción y efecto de modelar.

**Modelar,** tr. Hacer con barro, cera, etcétera, un adorno o una figura. || Copiar un modelo.

**Modelismo,** m. Arte y técnica de moldear, reparar y hacer figuras de barro, metal, madera, plástico, etc. || Arte y técnica de hacer maquetas.

**Modelista,** m. Que modela y crea modelos.

**Modelo,** m. Hombre, animal u objeto que es reproducido por el pintor o escultor. || Persona o cosa que debe ser imitada. || V. **modo.**

**Moderación,** f. Virtud que nos mantiene en un punto medio entre dos extremos. || Templanza.

**Moderadamente,** adv. De un modo moderado. || Ni poco ni con exceso.

**Moderado,** adj. Que tiene moderación. || De poca intensidad, poco abundante.

**Moderar,** tr. Disminuir, suavizar. || Impedir los excesos de alguno.

**Modernamente,** adv. De un modo moderno. || Hace poco tiempo.

**Modernizar,** tr. Dar aspecto moderno a cosas antiguas.

**Moderno.\***

**Modestia,** f. Virtud de no hablar o pensar orgullosamente de nosotros. || Pudor, recato.

**Modesto,** adj. Que tiene modestia. || V. **modo.**

Mochuelo

---

\* MODERNO, adj. *De hace poco tiempo, de la época actual:* **Es un coche moderno.**

  *Viene del latín* **modo,** *que significa 'hace un momento'.* || *Deriv.:* **Modernidad, modernismo, modernista, modernizar.** || *Contr.:* **Antiguo.**

**Módico,** *adj.* Pequeño, moderado, hablando de precios.
**Modificación,** *f.* Acción y efecto de modificar. ‖ Cambio, enmienda, variación, alteración. ‖ V. **modo.**
**Modificador,** *adj.* Que modifica.
**Modificar,** *tr.* Cambiar, alterar un plan o la forma de una cosa.
**Modificativo,** *adj.* Que modifica algo.
**Modismo,** *m.* Modo particular de hablar y que se aparta un poco de las reglas de la gramática.
**Modista,** *com.* Persona que tiene por oficio hacer vestidos y adornos para señoras. ‖ *f.* Mujer que tiene una tienda de modas.
**Modistilla,** *f.* Mujer que está aprendiendo el oficio de modista. ‖ Modista con poca habilidad en su oficio.
**Modisto,** *m.* Modista, persona que hace vestidos de señora.
**Modo.**\*
**Modorra,** *f.* Sueño muy pesado y que nos pone como aturdidos.
**Modular,** *tr.* Dar a la voz el tono conveniente para expresar nuestro afecto. ‖ Pasar de un tono musical a otro tono que guarde armonía con el primero. ‖ En radio y televisión, ir modificando convenientemente el tono de las voces y de la música.
**Módulo,** *m.* Unidad que sirve para determinar la proporción de las columnas y de las partes de un edificio. ‖ En una cápsula espacial: cada una de las partes que pueden desprenderse y volverse a unir, encajando perfectamente una en otra.
**Mofa,** *f.* Burla hecha con palabras y con gestos o con gestos solamente.
**Mofarse,** *r.* Burlarse de una persona.
**Mofeta,** *f.* Escape de gases en los terrenos volcánicos o próximos a un volcán.
**Moflete,** *m.* Carrillo grueso y carnoso.
**Mogol,** *adj.* De Mogolia o Mongolia (en Asia).
**Mohíno,** *adj.* Triste y disgustado. ‖ Que tiene negro el hocico.
**Moho,** *m.* Planta muy pequeña de la familia de los hongos, que se cría en la superficie de ciertos cuerpos orgánicos, produciendo su descomposición. Si ataca al queso, lo pone verdoso. ‖ Capa rojiza que sale sobre el hierro viejo y las chatarras.
**Mohoso,** *adj.* Que está cubierto de moho.
**Moisés,** *m.* Cuna que no tiene pies. Parece una canastilla.
**Mojar,** *tr.* Humedecer con un líquido. ‖ *intr.* Mojar en una salsa. ‖ *r.* Beneficiarse de un negocio.
**Mojicón,** *m.* Especie de bollo o bizcocho hecho de mazapán y mojado en chocolate. ‖ Tortazo.
**Mojigato,** *adj.* Se le dice así a la persona que hace escrúpulos de todo.
**Molar,** *adj.* Que pertenece o se refiere a la muela. ‖ Que sirve para moler.
**Molde,** *m.* Cacharro preparado de manera que dé su forma a la materia que en él se mete.
**Moldear,** *tr.* Sacar el molde de una figura.
**Mole,** *f.* Cosa en forma de gran bulto.
**Molécula,** *f.* Agrupación de átomos que no pueden ser separados por medios físicos, pero sí por medios químicos.
**Molecular,** *adj.* De una molécula.
**Moler,** *tr.* Reducir un cuerpo a partes menudas o aplastarlo mucho. ‖ Maltratar.

---
\*
Modo, *m. Forma o manera de ser o hacer una cosa:* **De un modo regular.** ‖ *Urbanidad y cortesía en el trato:* **Habla con buenos modos.** ‖ *En gramática, cada una de las distintas maneras generales de manifestarse la significación de los verbos:* **Modo indicativo, modo potencial, modo subjuntivo, modo imperativo, modo infinitivo.**
    *Viene del latín* **modus,** *que significa 'manera, género, moderación'.* ‖ *Deriv.:* **Amoldar, moda, modalidad, modelar, modelo, moderación, moderador, moderar, modestia, modesto, modista, modificación, modificar, modoso, modulación, módulo, molde, moldear, moldura.**

**Molestar.**\*
**Molestia,** *f.* Incomodidad, fatiga o cansancio. ‖ V. **molestar.**
**Molesto,** *adj.* Que causa molestia. ‖ Que siente molestias.
**Molicie,** *f.* Blandura. ‖ Comodidad excesiva y afeminada.
**Molienda,** *f.* Proceso mecánico de ir haciendo la harina. ‖ Acción de moler alguna cosa.
**Molinero,** *adj.* Que se refiere al molino. ‖ *m.* El que trabaja en el molino.
**Molinete,** *m.* Ruedecilla de aspas de hoja de lata que sirve para renovar el aire de los sitios cerrados. ‖ Juguete de papel que da vueltas a impulsos del viento.
**Molinillo,** *m.* Máquina pequeña que sirve para moler.
**Molino.**\*

Molino

**Molusco,** *m.* Animal de cuerpo blando y que vive dentro de un caparazón (como la almeja, el caracol, etc.).

**Molleja,** *f.* El estómago de las aves.
**Mollera,** *f.* Parte superior de la cabeza.
**Momentáneamente,** *adv.* Durante algunos momentos o durante poco tiempo. ‖ En seguida, inmediatamente.
**Momentáneo,** *adj.* Que dura poco tiempo.
**Momento,** *m.* Tiempo muy corto. ‖ (Galicismo). Ocasión, circunstancia. ‖ V. **mover.**
**Momia,** *f.* Cadáver muy antiguo y muy seco, pero sin estar podrido.
**Momio,** *adj.* Sin grasa, flaco.
**Mona,** *f.* Hembra del mono. ‖ Borrachera. ‖ Cierto refuerzo que se ponen los picadores en la pierna derecha para protegerse cuando ataca el toro.
**Monacal,** *adj.* De los monjes.
**Monacillo,** *m.* Monaguillo.
**Monada,** *f.* Cosa graciosa, monería.
**Monaguillo,** *m.* Niño que sabe ayudar a misa.
**Monarca,** *m.* Rey. ‖ Jefe de una monarquía.
**Monarquía,** *f.* Estado gobernado por un rey.
**Monárquico,** *adj.* Que se relaciona con el monarca y la monarquía. ‖ Partidario de la monarquía.
**Monasterio,** *m.* Casa o convento donde viven frailes o monjas. ‖ V. **monje.**
**Monástico,** *adj.* Se dice de lo que se relaciona con los monjes o los monasterios.
**Mondadientes,** *m.* Palillo especial para sacar alguna cosa de entre los dientes.
**Mondar,** *tr.* Quitar la cáscara a una fruta, a un rábano o a cosas así. ‖ Limpiar mucho una cosa. ‖ Cor-

---

\*
MOLESTAR, *tr. Fastidiar, incomodar, causar molestias:* **El ruido molesta mucho.**
    *Viene del latín* **moles,** *que significa 'masa o peso grande'.* ‖ *Deriv.:* **Demoledor, demoler, mole, molécula, molestia, molesto.**
MOLINO, *m. Máquina para moler ciertas materias:* **Molino de aceite.** ‖ *Edificio donde está instalada dicha máquina:* **Se ve un molino junto al río.**
    *Viene del latín* **molere,** *que significa 'moler'.* ‖ *Deriv.:* **Amolar, arremolinarse, emolumento, moler, molienda, molinero, molinete, molinillo, muela, remolino.**

tarle a uno el pelo. ‖ **Mondarse de risa:** reírse muchísimo.
**Mondo y lirondo.** Frase que significa «sin quitar ni añadir nada».
**Monear,** *intr.* Ir haciendo monadas.
**Moneda.**\*
**Monedero,** *m.* Bolsita o estuche pequeño para llevar dinero en el bolsillo.
**Monería,** *f.* Monada. ‖ Ademán o gesto gracioso.
**Monetario,** *adj.* Se dice de lo que se relaciona o pertenece a las monedas.
**Monigote,** *m.* Muñeco ridículo. ‖ Figurilla, pintura o estatua que está muy mal hecha.
**Monitor,** *m.* Que señala algo o que avisa de algo.
**Monja,** *f.* Religiosa. ‖ Mujer que consagra su vida a Dios en una orden religiosa. ‖ V. **monje.**
**Monje.**\*
**Mono,** *adj.* Bonito, lindo, gracioso. ‖ *m.* Animal cuadrumano que se distingue por su parecido con el hombre. ‖ Dibujo tosco, monigote.

Mono

**Monocotiledónea,** *adj.* Se le llama así a las plantas cuyo fruto no tiene nada más que un cotiledón (el garbanzo, p. ej., no es monocotiledóneo).
**Monocromático, ca,** *adj.* De un solo color. ‖ Se dice de la persona que sólo ve un color, del cristal que sólo deja pasar un color, o de la luz que sólo tiene un color.
**Monóculo,** *adj.* Que sólo tiene un ojo. ‖ *m.* Lente para un solo ojo.
**Monogamia,** *f.* El matrimonio de un hombre con una sola mujer.
**Monografía,** *f.* Descripción especial de una cosa determinada.
**Monolito,** *m.* Monumento hecho con una sola piedra.
**Monólogo,** *m.* Discurso que se dirige uno a sí mismo. ‖ Escena dramática en que sólo habla un personaje.
**Monomio,** *m.* Expresión algebraica que consta de un solo término.
**Monopolio,** *m.* Privilegio de vender o de explotar una cosa que se concede a un individuo o sociedad.
**Monosílabo,** *adj.* y *m.* Palabra que tiene una sola sílaba.
**Monoteísmo,** *m.* Doctrina que afirma que sólo existe un Dios, como es verdad.
**Monótonamente,** *adv.* De un modo monótono.
**Monotonía,** *f.* Poca variedad.
**Monótono,** *adj.* Que tiene monotonía.
**Monseñor,** *m.* Título que tienen en Italia los prelados, y en Francia los obispos y personajes de alta dignidad.
**Monserga,** *f.* Especie de discurso que se dice para corregir algo.
**Monsieur,** *m.* Palabra francesa que significa «señor».

---

M<small>ONEDA</small>, f. *Pieza de metal acuñada que sirve para comprar y vender:* **Moneda de níquel.** ‖ *Los billetes de banco se llaman* **papel moneda.**
   Viene del latín **moneta,** *que significa 'moneda'.* ‖ *Deriv.:* **Monedero, monetario, monises.**
M<small>ONJE</small>, m. *Religioso y separado del mundo:* **Los primeros monjes vivían en el desierto.** ‖ *Persona de una comunidad religiosa de las antiguas:* **Monje benedictino.**
   Viene del latín **monachus,** *que significa 'solitario, anacoreta'.* ‖ *Deriv.:* **Monacal, monacato, monasterio, monástico, monja, monjil.**

**Monstruo,** *m.* Ser fantástico de la mitología y la leyenda. ‖ Ser de forma diferente de los demás de su especie.

**Monstruoso,** *adj.* Horrible, horroroso, deforme. ‖ Que tiene una forma distinta de la natural.

**Monta,** *f.* Acción de montar. ‖ Toque de trompeta que sirve para ordenar que monte la caballería. ‖ **Cosa de poca monta:** cosa de poca importancia.

**Montacargas,** *m.* Ascensor para paquetes, maletas, etc.

**Montado,** *m.* Trozo de pan en el que va «montado» un poco de chorizo, carne de lomo, morcilla o cualquier otra cosa de comer.

**Montaje,** *m.* Acción de montar una máquina, o una instalación, o una película, etc.

**Montaña,** *f.* Elevación natural del terreno ‖ V. **monte.**

**Montañés,** *adj.* Natural de un terreno montañoso, y en especial de Santander.

**Montañoso,** *adj.* Se le dice montañoso al terreno en donde hay muchas montañas.

**Montar,** *intr.* Subir encima de una cosa. ‖ Cabalgar sobre un caballo. ‖ *tr.* Armar una máquina, poniendo las piezas cada una en su sitio. ‖ Establecer un negocio. ‖ V. **monte.**

**Montaraz,** *adj.* Que se ha criado en los montes. ‖ Difícil de domar. ‖ Intratable.

**Monte.**\*

**Montés,** *adj.* Montaraz.

**Montepío,** *m.* Establecimiento de caridad o de ayuda económica, ya sea público o privado.

**Montera,** *f.* Gorra que llevan los toreros y que utilizan para brindar. ‖ Prenda de abrigo para la ca-

Montera

beza. ‖ Cubierta de cristales sobre un patio, galería, etc.

**Montería,** *f.* Ronda que se hace por un monte para apresar caza mayor.

**Montero,** *m.* Buscador y ojeador de caza en el monte.

**Montículo,** *m.* Monte pequeño y casi aislado.

**Montilla,** *m.* Vino de Montilla (Córdoba).

**Montón,** *m.* Número considerable de cosas puestas sin orden ni concierto. ‖ Número considerable.

**Montura,** *f.* Cabalgadura. ‖ Silla de montar a caballo.

**Monumental,** *adj.* Grande, muy grande.

**Monumento,** *m.* Obra de arquitectura o de escultura, considerable por su tamaño y por lo que representa. ‖ Construcción hecha encima de una sepultura. ‖ Sepulcro. ‖ Altar adornado que se hace en las iglesias el día de Jueves Santo para conservar una de las hostias consagradas este día hasta el día del Viernes Santo. ‖ Lazo de cintas negras que los toreros se sujetan a la coleta. ‖ Adornos de cintas de colores que se sujetan a la guitarra o a la divisa del toro. ‖ Objeto o documento de gran valor histórico.

**Monzón,** *m.* Conjunto de vientos y

---

\*
Monte, m. Terreno muy elevado: **Subir al monte cuesta mucho.** ‖ Tierra cubierta de árboles o matas: **El monte estaba muy espeso.** ‖ El establecimiento que presta dinero sobre ropas y alhajas se llama **Monte de Piedad.**

*Viene del latín* **mons, montis,** *que significa 'monte, montaña'.* ‖ *Deriv.:* **Amontonar, desmontar, desmonte, montacargas, montaña, montañoso, montante, montar, montaraz, montería, montero, montepío, montón, montuoso, montura, remontar, ultramontano.**

lluvias que durante el verano fertilizan el sureste de Asia; proceden del océano Índico.

**Moño,** m. Atado que se hacen las mujeres en el cabello por adorno o por tenerlo recogido.

**Moquillo,** m. Catarro de los gatos, perros, gallinas y algunos otros animales.

**Mora,** f. Fruta del moral o de las moreras. Si es del moral, es morada, casi negra. Si es de la morera, es más blanca.

**Morada,** f. Casa, vivienda.

**Morado,** adj. De un color violeta oscuro.

**Morador,** adj. Habitante de una casa o de un pueblo.

**Moral.***

**Moraleja,** f. Lección moral extraída de un cuento o fábula.

**Moralidad,** f. Costumbre de obrar según manda la moral.

**Moralizar,** tr. Enseñar las buenas costumbres y corregir las malas.

**Moralmente,** adv. De un modo moral. ‖ Con moralidad.

**Moratoria,** f. Plazo en que se ha de pagar una deuda que ya debía estar pagada.

**Morboso,** adj. Que causa enfermedad. ‖ Enfermizo.

**Morcilla,** f. Tripa de cerdo rellena de sangre, cocida con diferentes ingredientes.

**Morcillo,** m. Parte musculosa del brazo.

**Morcón,** m. Morcilla muy gruesa.

**Mordacidad,** f. Murmuración o crítica maligna.

**Mordaz,** adj. Corrosivo. ‖ Que hace murmuraciones o críticas con mucha malicia.

**Mordaza,** f. Trozo de tela o cualquier otro objeto colocado en la boca de una persona para impedir que hable. ‖ Nombre de diversos aparatos utilizados para apretar.

**Morder,** tr. Clavar fuertemente los dientes en algún objeto o cosa.

**Mordisco,** m. Bocado que se saca de alguna cosa. ‖ Acción de morder.

**Moreno.***

**Morera,** f. Árbol cuyas hojas sirven de alimento a los gusanos de seda.

**Morería,** f. Barrio, país o territorio habitado por los moros.

**Morfema,** m. Afijo. ‖ Elemento léxico mínimo que diferencia a una palabra de las demás de su familia.

**Morfina,** f. Tóxico que se saca del opio y que en inyecciones sirve para calmar el dolor.

**Morfinómano,** adj. Aficionado a la morfina. ‖ Que tiene el vicio de inyectarse morfina.

**Morfología.***

---

*

MORAL, f. *Ciencia que trata de las acciones humanas y enseña el modo de obrar bien:* **La moral se apoya en la ley de Dios.** ‖ *Árbol cuyo fruto es la mora:* **Este moral da moras negras.** *Cuando es adjetivo puede significar: 1) Conforme a la ley divina, religiosa o natural:* **Una acción moral.** ‖ *2) Del entendimiento o de la conciencia:* **Prueba moral: certidumbre moral.** ‖ *3) Interior y personal:* **Obligación moral.**
    *Viene del latín* **mos, moris,** *que significa 'costumbre, modo de vivir'.* ‖ *Deriv.:* **Amoral, amoralidad, moraleja, moralidad, moralista, morigerado.** ‖ *Contr.:* **Inmoral.**

MORENO, adj. *De color oscuro:* **Tiene la piel morena.**
    *Viene del latín* **maurus,** *que era el nombre que se daba a los habitantes del Norte de África* **(Mauritania),** *cuya piel tiene el color oscuro.* ‖ *Deriv.:* **Morería, morillo, morisco, morisma, moro, morocho, moruno.** ‖ *Contr.:* **Claro.**

MORFOLOGÍA, f. *Ciencia de las formas. Se utiliza especialmente en la biología como ciencia que trata de las formas de los seres vivos y de sus cambios, y en la gramática como tratado o parte que trata de las formas de las palabras; se suele utilizar el término morfología en lugar del más anticuado analogía.*

**morfológico (Análisis),** *m.* Ejercicio de análisis gramatical que consiste en decir cuál es el morfema de una palabra y lo que significa. Ej., «correrán» = corr + erán = tercera persona del plural del futuro imperfecto de indicativo del verbo correr.
**Morgue,** *f.* En Francia, depósito judicial de cadáveres.
**Moribundo,** *adj.* Que se está muriendo.
**Morigerado,** *adj.* Que tiene buenas costumbres.
**Morigerar,** *tr.* Moderar, templar.
**Morir.\***
**Morisca,** *adj.* Moro, moruno.
**Moro,** *m.* Persona que ha nacido en el norte de África como todos los de su familia.
**Moroso,** *adj.* Que tarda mucho en pagar, que no quiere pagar sus deudas.
**Morsa,** *f.* Especie de foca sin orejas y con grandes colmillos.

Morsa

**Mortadela,** *f.* Especie de embutido que antes sólo se hacía en Italia.
**Mortaja,** *f.* Sábana o vestidura con que se envuelve a un cadáver antes de enterrarlo.
**Mortal,** *adj.* Que causa la muerte. || Sujeto a la muerte; es decir, que ha de morir. || Excesivo, penoso, que puede causar la muerte. || V. **morir.**
**Mortalidad,** *f.* Número de personas que se han muerto durante un año.
**Mortalmente,** *adv.* De manera mortal.
**Mortandad,** *f.* Número de muertos que ha producido una guerra o una epidemia.
**Mortecino,** *adj.* Que se está apagando.
**Mortero,** *m.* Arma pequeña de artillería para tirar bombas por elevación. || Cacharro que se utiliza para moler. || Mezcla (en albañilería).
**Mortífero,** *adj.* Que causa la muerte.
**Mortificación,** *m.* Sacrificio voluntario.
**Mortificar,** *tr.* Castigar el cuerpo con ayunos y maceraciones. || Molestar.
**Mortuoria,** *f.* Anuncio que se hace en un periódico y que avisa de que alguien ha muerto.
**Moruno,** *adj.* De los moros.
**Morral,** *f.* Zurrón.
**Morrillo,** *m.* Parte carnosa que las reses tienen en el cogote. || Guijarro. || Palo redondo que llevan al hombro los cargadores.
**Morriña,** *f.* Tristeza, disgusto, llorar cada vez que se acuerda uno de su pueblo.
**Morro,** *m.* Hocico abultado. || Extremidad redonda de una cosa.
**Morrocotudo,** *adj.* Difícil. || Imponente.
**Mosaico,** *m.* Obra compuesta de pedacitos de piedra, vidrio, etc., y que forma una especie de dibujo.
**Mosca,** *f.* Nombre de diversos insectos. Tienen dos alas transparentes cruzadas en forma de trompa. Son molestas y asquerosas. Las corrientes son negruzcas.
**Moscardón,** *m.* Especie de mosca de gran tamaño.
**Moscatel,** *adj.* Se le dice así a la uva

---

\* *Viene del griego* **morfé,** *que significa 'forma' y* **logos,** *que significa 'conocimiento' o 'tratado'.*
MORIR, intr. *Dejar de vivir:* **Morir en gracia de Dios es lo más importante de todo.** || *Sufrir por algo:* **Morir de frío.**
  *Se deriva del latín* **mori,** *que significa 'morir'.* || *Deriv.:* **Amortajar, amortiguar, amortizar, inmortal, inmortalidad, moribundo, mortaja, mortecino, mortífero, mortificación, mortificar, mortal, mortuorio, muerte, muerto.** || *Contr.:* **Vivir, nacer.**

Mosaico

blanca o morada, muy redondita y muy lisa, y con un sabor sumamente dulce y aromático.

**Moscovita,** *adj.* De Moscú.

**Mosén,** *m.* Título que se daba a los monjes y a los nobles de Aragón.

**Mosquearse,** *r.* Considerar como una ofensa lo que otro ha dicho de uno.

**Mosquetero,** *m.* Soldado antiguo que tenía un fusil mucho más grueso y largo que el fusil de ahora.

**Mosquetón,** *m.* Arma corta parecida al fusil.

**Mosquitero,** *m.* Colgadura de gasa que se pone alrededor de una cama para impedir que entren los mosquitos y piquen al que está en ella.

**Mosquito,** *m.* Insecto díptero de picadura muy dolorosa. Los mosquitos son de la misma familia que las moscas, pero son más menudos y tienen las patas más largas. A los que zumban mucho se les llama **mosquitos de trompetilla.**

**Mostacho,** *m.* Bigote muy grande.

**Mostachón,** *m.* Especie de bollo hecho de almendra, azúcar y canela.

**Mostaza,** *f.* Planta cuya semilla tiene sabor picante y se emplea como condimento.

**Mosto,** *m.* Zumo que se hace exprimiendo uvas.

**Mostrador,** *m.* Especie de mesa grande que se usa en las tiendas para enseñar y vender las mercancías. || *adj.* Que enseña o muestra una cosa.

**Mostrar.***

**Mota,** *f.* Nudo pequeño que tiene el paño de algunas telas. || Trozo de hilo que se ha quedado pegado a la ropa.

**Mote,** *m.* Apodo relacionado con algún defecto o circunstancia de la persona a quien se le pone.

**Motete,** *m.* Composición musical que se suele cantar en las iglesias. || Atado, envoltorio.

**Motejar,** *tr.* Poner motes o apodos.

**Motín,** *m.* Rebelión, alzamiento contra la autoridad.

**Motivar,** *tr.* Dar motivo para alguna cosa. || V. **mover.**

**Motivo,** *m.* Causa que mueve a hacer algo. || **Copiar un motivo:** copiar un dibujo ornamental. || V. **mover.**

**Moto,** *f.* Vehículo de dos ruedas parecido a la bicicleta, movido por un motor de gasolina. || Su nombre entero es «motocicleta».

**Motocicleta,** *f.* Una moto.

**Motonave,** *f.* Nave de motor.

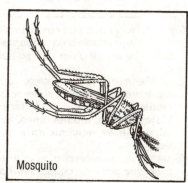

Mosquito

**Motor,** *m.* Máquina utilizada para mover ciertos aparatos.

**Motorista,** *com.* Persona aficionada a montar en moto.

**Motorizar,** *tr.* Poner un motor en algún aparato.

---

\*

Mostrar, *tr. Enseñar, poner ante la vista:* **Mostrar una tela.**
  Viene del latín **monstrare**, *que significa 'mostrar, indicar, advertir'.*
  || *Deriv.:* **Demostración, demostrar, demostrativo, mostrador, muestra, muestrario.**

487

**Motriz,** adj. Fuerza capaz de producir un movimiento.
**Mover.***
**Movible,** adj. Que se puede mover.
**Móvil,** adj. Movible. || m. Causa de una acción. || Cualquier cuerpo moviéndose.
**Movilidad,** f. Calidad de movible. || Movimiento.
**Movilización,** m. Mover una tropa.
**Movilizar,** tr. Poner un ejército o tropa en acción o en pie de guerra.
**Movimiento,** m. Acción de mover. || V. **mover.**
**Moza,** f. Criada, fregona. || **Buena moza:** mujer alta, guapa y bien formada.
**Mozalbete,** m. Mozo joven.
**Mozárabe,** m. Cristiano español que vivía en territorio donde mandaban los musulmanes.
**Mozarabismo,** m. Rasgo lingüístico peculiar de los mozárabes. || Elemento artístico típico del arte mozárabe. || Conjunto de caracteres socioculturales de la mozarabía.
**Mozo,** adj. Joven. || Soltero. || m. Sirviente.

**Muceta,** f. Vestidura corta y brillante que se ponen los catedráticos y algunas otras personas en los actos solemnes, y que sólo cubre hasta media espalda aproximadamente.
**Mucosa,** f. Membrana que produce mocos o cosa parecida.
**Muchacho.***
**Muchedumbre,** f. Multitud, gentío. || V. **mucho.**
**Mucho.***
**Muda,** f. El mudar una cosa. || El mudar el ave sus plumas o las serpientes su piel, etc. || El conjunto de ropa blanca (interior) que se muda de una vez.
**Mudanza,** f. Cambio. || Cambio de casa (vivir en una casa e irse a vivir a otra).
**Mudar,** tr. e intr. Cambiar.
**Mudéjar,** adj. Mahometano que sin cambiar de religión era súbdito de los reyes cristianos.
**Mudo.***
**Mueble,** m. Objeto móvil que sirve para comodidad o adorno en una casa. || V. **mover.**
**Mueca,** f. Gesto que se hace con el rostro, generalmente como burla.

*
MOVER, tr. *Hacer que una cosa cambie de un sitio a otro:* **Mover la silla.** || *Menear o agitar una cosa:* **Algunas medicinas se mueven antes de tomarlas.** || *Persuadir o dar motivo para hacer una cosa:* **Le movió a que fuera con él.**
   Viene del latín **movere,** que significa 'mover'. || Deriv.: **Amotinar, amueblar, automóvil, conmoción, conmover, emoción, emocional, emocionante, emotivo, inmobiliario, inmóvil, inmovilidad, mobiliario, moblaje, moción, momentáneo, momento, motín, movedizo, movible, móvil, movilizar, movimiento, mueble, mueblista, promover, remoto, remover.**

MUCHACHO, m. *Hombrecito ya crecido:* **Ese muchacho está muy alto.** || *Persona que sirve de criado:* **No hay muchas muchachas.**
   La palabra **muchacho,** viene del antiguo **mochacho,** que es una palabra derivada de **mocho** = 'pelado al rape'. || Deriv.: **Muchacha, muchachez, muchachuelo.**

MUCHO, adj. *Abundante, numeroso, en gran cantidad:* **Hace mucho calor.** || adv. *Con abundancia:* **Escribe mucho.**
   Viene del latín **multus,** que quiere decir 'mucho'. || deriv.: **Muchedumbre.** || De la misma raíz latina **multus** se derivan las palabras castellanas que empiezan con **multi** y que quieren decir 'mucho de lo que sigue'. Así, por ejemplo, **multicolor, multiforme, multimillonario, múltiple, multiplicación, multiplicar, multiplicidad.** || Contr.: **Poco.**

MUDO, adj. *Que no puede hablar:* **Los mudos se entienden por señas.**
   Viene del latín **mutus,** que significa 'mudo'. || Deriv.: **Enmudecer, mudez, mutismo.**

**Muela,** *f.* Piedra de afilar. || Piedra de molino. || Nombre de los dientes grandes que están situados detrás de los caninos.
**Muelle.**\*
**Muérdago,** *m.* Planta parásita y siempre verde, que vive a costa de las ramas y troncos de los árboles.

Muérdago

**Muerte,** *f.* Terminación de la vida. || V. **morir.**
**Muerto,** *adj.* Que no tiene vida. || Que está muy asustado. || **Punto muerto:** punto en que una máquina no recibe impulso del motor y, si obra, lo hace gracias a la velocidad recibida. || **Naturaleza muerta:** dibujo que no representa ni cuerpos humanos ni paisajes. || V. **morir.**
**Muesca,** *f.* Corte que se hace al ganado en la oreja para que sirva de señal. || Hueco o ranura que tiene una cosa y que sirve para meter el saliente de otra cosa.

**Muestra,** *f.* Modelo. || Cartel o figura que en la puerta de una tienda da a conocer la clase de comercio que allí hay. || Parte pequeña de una mercancía que sirve para darse cuenta de ella. || V. **mostrar.**
**Muestrario,** *m.* Reunión de muestras.
**Mugido,** *m.* Voz del buey y de la vaca.
**Mugre,** *f.* Suciedad, porquería.
**Mujer.**\*
**Mula,** *f.* Hembra del mulo. || Juego de niños (a la una, la mula, a las dos, la coz, a las tres, Periquillo y Andrés; a las cuatro, el gato; etc.).
**Mular,** *adj.* De los mulos.
**Mulato,** *m.* Hijo de negra y blanco.
**Muleta,** *f.* Palo con un puño atravesado y que sirve a los enfermos y cojos para caminar. || Palo del que cuelga un capote rojo y que usan los toreros.
**Muletilla,** *f.* Bastón de puño atravesado. || Frase que algunas personas repiten y repiten al hablar de lo que sea.
**Muletón,** *m.* Tela de lana afelpada y de mucho abrigo.
**Mulo,** *m.* Hijo de burro y de yegua, o de caballo y burra.
**Multa.**\*
**Multicolor,** *adj.* De varios colores.
**Multicopista,** *f.* Máquina de oficina que sirve para reproducir documentos, dibujos, hojas escritas, etcétera.
**Multimillonario,** *adj.* Que tiene muchos millones.

---

\*

MUELLE, *adj. Blando, suave, flexible:* **Lleva una vida muelle.** || *m. Resorte de metal:* **Es un muelle de acero.** || *Andén alto en las estaciones y en los puertos para facilitar los trabajos de carga y descarga:* **El trabajo de muelle es muy pesado.**
    *El adjetivo castellano viene del latín* **mollis,** *que quiere decir 'flexible, blando, suave'.* || *Deriv.:* **Molicie, muletón, mollar, mollera, mullido, mullir.**

MUJER, f. *Persona del sexo femenino:* **Reunión de mujeres.** || *La que ha dejado de ser niña:* **Está hecha una mujer.** || *La casada con relación al marido:* **El marido quiere y respeta a su mujer.**
    *Viene del latín* **mulier,** *que quiere decir 'mujer'.* || *Deriv.:* **Mujeriego, mujeril, mujerío.**

MULTA, f. *Castigo que se paga con dinero:* **Le impusieron una multa.**
    *Viene del latín* **multa,** *que significa lo mismo que en castellano.* || *Deriv.:* **Multar.**

**Múltiple,** *adj.* Que no es sencillo. ‖ *pl.* Diversos. ‖ V. **mucho.**
**Multiplicación,** *f.* Aumento en número. ‖ En aritmética, operación consistente en repetir un número **(multiplicando)** tantas veces como unidades tenga otro **(multiplicador).** El resultado se llama producto.
**Multiplicador,** *m.* El segundo de los números que se están multiplicando.
**Multiplicando,** *m.* El primero de los números que se están multiplicando.
**Multiplicar,** *tr.* Aumentar en algo una cantidad o un número. ‖ Repetir un número tantas veces como unidades tenga otro.
**Multiplicativo,** *adj.* Que multiplica.
**Multiplicidad,** *f.* Calidad de múltiple. ‖ Número grande.
**Múltiplo,** *adj.* Número que contiene a otro varias veces exactamente.
**Multitud,** *f.* Muchedumbre. ‖ Muchos; en gran cantidad. ‖ V. **mucho.**
**Mullir,** *tr.* Ablandar, esponjar una cosa. ‖ Remover la tierra para ponerla más ligera.
**Mundanal,** *adj.* Mundano, del mundo.
**Mundano,** *adj.* Muy aficionado a las cosas del mundo. ‖ Relativo o perteneciente al mundo. ‖ V. **mundo.**
**Mundial,** *adj.* De todo el mundo.
**Mundo.***
**Mundología,** *f.* Experiencia para gobernarse en la vida.
**Mundovisión,** *f.* Conexión con las redes de televisión de cualquier continente.
**Munición,** *f.* Carga que se pone a los cartuchos para cazar.
**Municipal,** *adj.* Relativo al municipio, del municipio. ‖ *m.* Guardia municipal. ‖ V. **municipio.**
**Municipalidad,** *f.* Municipio, ayuntamiento.
**Municipio.***
**Munificencia,** *f.* Generosidad espléndida.
**Muñeca,** *f.* Parte del cuerpo humano en donde se unen la mano y el antebrazo. ‖ Juguete propio de niñas.

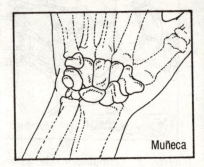
Muñeca

**Muñeco,** *m.* Figurilla humana hecha de diversas materias y que las niñas la emplean para jugar.
**Muñeira,** *f.* Baile popular gallego.
**Muñequera,** *f.* Correa que se pone alrededor de la muñeca.
**Muñidor,** *m.* Criado de cofradía encargado de los recados. ‖ Persona que gestiona activamente o fragua intrigas.
**Mural,** *adj.* Se dice de lo que se relaciona o pertenece al muro.
**Muralla,** *f.* Muro muy fuerte que ciñe y defiende una población. (Cuando una población está rodeada de murallas, se le llama «plaza fuerte».)
**Murciano,** *adj.* Natural de Murcia.
**Murciélago,** *m.* Mamífero parecido a

---

*
Mundo, *m. Conjunto de todas las cosas creadas:* **Dios es el Señor y el creador del mundo.** ‖ *La Tierra:* **Dio la vuelta al mundo.** ‖ *Todos los hombres:* **Lo sabe todo el mundo.** ‖ *En doctrina cristiana, es uno de los enemigos del alma:* **El mundo, el demonio y la carne.**
     *Viene del latín* **mundus,** *que significa 'mundo'.* ‖ *Deriv.:* **Mapamundi, mundanal, mundano, mundial, mundillo.**
Municipio, *m. Conjunto de habitantes de un mismo pueblo gobernado por un ayuntamiento:* **Hay municipios grandes y municipios pequeños.**
     *Viene del latín* **municipium,** *que quiere decir 'municipio'.* ‖ *Deriv.:* **Municipal, municipalidad.**

un ratón con alas y a un vampiro pequeñito.

**Murga,** *f.* Grupo de músicos que van tocando instrumentos de viento de puerta en puerta.

**Murmullo,** *m.* Ruido sordo y confuso que hacen varias personas que hablan a un tiempo, o el agua de un río, el viento, etc.

**Murmuración,** *f.* Conversación en que se está hablando mal de un ausente.

**Murmurador,** *adj.* Que murmura.

**Murmurar,** *intr.* Criticar, censurar. ‖ Hacer un ruido sordo y prolongado. ‖ Quejarse entre dientes o en voz baja.

**Muro,** *m.* Pared o tapia. ‖ Muralla.

**Musa,** *f.* Personaje femenino que, según su leyenda, era protectora de las ciencias y de las artes.

**Musaraña,** *f.* El animal mamífero más pequeño que existe. Sólo tiene unos seis centímetros de largo nada más. Parece un ratoncito recién nacido. ‖ Muñeco ridículo.

**Muscular,** *adj.* Que se refiere o pertenece a los músculos.

**Musculatura,** *f.* Conjunto de los músculos de un animal.

**Músculo,** *m.* Órgano fibroso e irritable, cuyas contracciones producen todos los movimientos del animal.

**Musculoso,** *adj.* Que tiene muy abultados los músculos.

**Muselina,** *f.* Tela fina de algodón.

**Museo,** *m.* Colección importante de objetos de arte o de ciencia.

**Musgo,** *m.* Plantas menudas y apiñadas que crecen sobre las piedras, las cortezas de los árboles, etc.

**Música,** *f.* Arte de combinar los sonidos de un modo agradable al oído. ‖ V. **músico**.

**Musical,** *adj.* Que se refiere a la música.

**Músico.***

**Musiquilla,** *f.* Música sin valor artístico.

**Musitar,** *intr.* Susurrar, hablar entre dientes.

**Muslo,** *m.* Parte de la pierna que comprende desde la cadera hasta la rodilla.

**Mustio,** *adj.* Melancólico, triste. ‖ Marchito.

**Musulmán,** *adj.* Mahometano.

**Mutación,** *f.* Cambio, mudanza.

**Mutilación,** *f.* Lo que se hace al mutilar.

**Mutilado,** *adj.* (Persona) a quien falta un miembro de su cuerpo debido a algún accidente.

**Mutilar,** *tr.* Cortar, arrancar un miembro u otra parte del cuerpo. ‖ Romper, destruir.

**Mutismo,** *m.* Estado del que es mudo. ‖ Silencio.

**Mutual,** *adj.* Mutuo.

**Mutualidad,** *f.* Especie de sociedad establecida para ayudarse los socios entre sí.

**Mutualista,** *adj.* Que se refiere a la mutualidad. ‖ *com.* Miembro de una mutualidad.

**Mutuamente,** *adv.* Los dos entre sí.

**Mutuo.***

**Muy,** *adv.* En grado sumo. ‖ V. **mucho**.

---

\*

**Músico,** adj. *Musical, que se refiere a la música:* **Un instrumento músico**. ‖ m. *Persona cuya principal ocupación es componer o tocar música:* **Falla fue un músico español importantísimo**.
　Viene del griego **musikos**, que significa 'poético, referido a las masas'. ‖ *Deriv.:* **Música, musical, musicólogo**.

**Mutuo,** adj. *Que se hace entre dos personas:* **Forman una sociedad de ayuda mutua**.
　Viene del latín **mutare**, que quiere decir 'cambiar'; por eso mutuo significa propiamente 'lo que se cambia entre uno y otro'. ‖ *Deriv.:* **Conmutar, conmutación, conmutador, demudado, inmutar, muda, mudable, mudanza, mutualidad, mutualismo, permutar, transmutación, transmutar**.

# N

**N,** *f.* Decimosexta letra del alfabeto castellano. ‖ Su nombre es *ene.*
**Nabo,** *m.* Planta anual, de raíz carnosa, comestible. Se cultiva mucho en las huertas.
**Nácar,** *m.* Sustancia dura, brillante e irisada que se encuentra en el interior de algunas conchas.
**Nacer.\***
**Nacido,** *m.* Hombre.
**Naciente,** *adj.* Que nace, que empieza. ‖ Nuevo, reciente.
**Nacimiento,** *m.* Acción de nacer. ‖ Momento de nacer. ‖ Principio u origen de una cosa. ‖ Sitio donde brota un manantial o nace un río. ‖ Belén, que representa el nacimiento de Nuestro Señor Jesucristo. ‖ V. **nacer.** ‖ Contr.: **Muerte, fin.**
**Nación,** *f.* Conjunto de habitantes de un mismo país y que hablan la misma lengua. ‖ Territorio nacional. ‖ V. **nacer.**
**Nacional,** *adj.* Que pertenece a la nación. ‖ V. **nacer.**
**Nacionalidad,** *f.* Condición y carácter peculiar de los pueblos y de los individuos de una nación. Nosotros somos de nacionalidad española.
**Nacionalismo,** *m.* Preferencia que se concede a las cosas de la nación propia y desprecio por todo lo extranjero.
**Nacionalista,** *adj.* Partidario del nacionalismo.
**Nacionalización,** *f.* Lo que se hace al nacionalizar.
**Nacionalizar,** *tr.* Dar carácter nacional a ciertas cosas.
**Nacionalsocialismo,** *m.* Doctrina totalitaria y racista del partido nacionalsocialista fundado en Alemania por Adolfo Hitler, el cual gobernó en dicho país desde 1933-1945.
**Nada.\***
**Nadador,** *adj.* Que nada.
**Nadar,** *intr.* Sostenerse e ir por el agua moviendo ciertas partes del cuerpo.
**Nadería,** *f.* Cosa sin importancia.
**Nadie,** *pron.* Ninguna persona. ‖ V. **nada.**
**Nadir,** *m.* El punto opuesto al cenit.
**nado (A),** *m. adv.* Nadando.
**Nafta,** *f.* Uno de los productos derivados del petróleo.
**Naftalina,** *f.* Sustancia que sirve para preservar las ropas y las pieles contra las polillas.
**Naipe,** *m.* Carta de la baraja.

---

**\***
**NACER,** *intr. Salir el niño o el animal del vientre de la madre:* **Nació el día de San José.** ‖ *Empezar a salir una planta de su semilla o empezar a brotar sus hojas y las flores:* **En primavera nacen muchas flores.**
  *Viene del latín* **nasci,** *que quiere decir 'nacer'.* ‖ *Deriv.:* **Innato, internacional, nacido, nacimiento, nación, nacional, nacionalidad, nacionalismo, nacionalista, nacionalizar, natal, natalicio, natalidad, natividad, navidad, navideño.** ‖ *Contr.:* **Morir.**

**NADA,** *f. Ausencia de todo:* **Dios creó el mundo de la nada.** ‖ *pron. Ninguna cosa:* **No hay nada.** ‖ *adv. De ninguna manera, de ningún modo:* **Nada, nada, váyase usted.**
  *Viene del latín* **natam non,** *que quiere decir 'nada, cosa no nacida, ninguna cosa'.* ‖ *Deriv.:* **Anonadamiento, anonadar, nadería, nadie.** ‖ *Contr.:* **Todo.**

**Nalga,** *f.* Cada una de las dos partes carnosas y redondeadas que constituyen el trasero.
**Nana,** *f.* Canción de cuna.
**Nao,** *f.* Nave. || Embarcación.
**Napolitano,** *adj.* Que es natural de Nápoles (Italia).
**Naranja,** *f.* Fruto del naranjo; es de corteza rugosa de color entre rojo y amarillo como el de la pulpa, que está dividida en gajos y es comestible, jugosa y de sabor agridulce muy agradable.

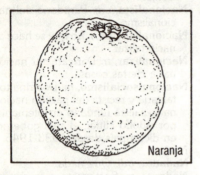
Naranja

**Naranjero,** *adj.* De naranjas, que produce naranjas. || Se dice del arma de calibre muy grande y cañón de forma acampanada. || *m.* Vendedor de naranjas.
**Naranjo,** *m.* Árbol de follaje siempre verde cuyo fruto es la naranja.
**Narcótico,** *f.* Sustancia que produce sueño profundo y entorpecimiento de los sentidos.
**Narcotizar,** *f.* Intoxicar con algún narcótico.
**Nardo,** *m.* Especie de lirio blanco que se cultiva por la belleza de sus flores y por el olor que sueltan de noche.
**Narigón,** *adj.* Que tiene muy grande la nariz.
**Narigudo,** *adj.* Narigón.
**Nariz,** *f.* Parte saliente del rostro entre la frente y la boca; es el órgano del olfato.

**Narración,** *f.* Relato. || Lo que se hace al contar o narrar.
**Narrar,** *tr.* Contar, referir, relatar algún suceso.
**Nasa,** *f.* Especie de cesto (de mimbre o de red) que sirve para pescar.
**Nasal,** *adj.* Que pertenece o se refiere a la nariz.
**Nata,** *f.* Sustancia grasa y amarillenta que sobrenada en la leche en reposo. || Lo principal, lo mejor.
**Natación,** *f.* Arte de nadar. || Lo que se hace al nadar.
**Natal,** *adj.* Relativo al nacimiento. || Nativo. || *m.* Nacimiento.
**Natalicio,** *m.* Nacimiento.
**Natalidad,** *f.* Nacimiento de Nuestro Señor, de la Virgen María o de San Juan. || Número de nacimientos durante el año.
**Natatoria,** *adj.* Se le dice a la vejiga interior de los peces que ellos van llenando o vaciando de aire según naden hacia arriba o hacia abajo.
**Natividad,** *f.* Nacimiento.
**Nativo,** *adj.* Relativo al lugar donde ha nacido uno. || Natural, propio. || (Mineral) puro.
**Nato,** *adj.* Nacido. || Que es el representante de los que tienen su misma profesión.
**Natura,** *f.* La naturaleza.
**Natural.**\*

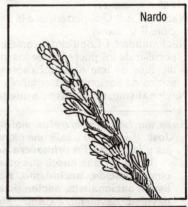
Nardo

\* NATURAL, *adj. Propio de una cosa, perteneciente a ella:* **La inteligencia es cosa natural del hombre.** || *Hecho sin artificio, producido por la naturaleza:* **Belleza natural.** || *De la naturaleza:* **Ciencias Naturales.**
  Viene del latín **natura,** *que quiere decir 'nacimiento'.* || *Deriv.:* **Connatural, desnaturalización, naturaleza, natalidad, naturalismo, naturalista, naturista, sobrenatural.** || *Contr.:* **Antinatural, artificial.**

**Naturaleza.\***
**Naturalidad,** *f.* Calidad de natural. ‖ Ingenuidad y sencillez en la manera de obrar. ‖ Conformidad de los acontecimientos con las leyes de la naturaleza.
**Naturalismo,** *m.* Realismo más o menos exagerado.
**Naturalista,** *com.* Persona que estudia la historia natural (ciencias naturales).
**Naturalmente,** *adv.* De una manera natural. ‖ Corrientemente. ‖ V. **natural.**
**Naufragar,** *intr.* Hundirse un barco en el mar.
**Naufragio,** *m.* Acción de naufragar.
**Náufrago,** *adj.* Víctima del naufragio.
**Náusea,** *f.* Malestar en el estómago y ganas de vomitar.
**Nauseabundo,** *adj.* Que produce náuseas y asco.
**Náutico,** *adj.* Relativo a la navegación. ‖ Que se dedica a la navegación.
**Navaja,** *f.* Especie de cuchillo cuya hoja se cierra entre el mismo mango.
**Naval,** *adj.* Relativo a las naves y a la navegación.
**Navarro,** *adj.* Natural de Navarra.
**Nave.\***
**Navegable,** *adj.* Que se puede navegar por él.
**Navegación,** *f.* Acción de navegar. ‖ Arte de navegar. ‖ **Navegación aérea:** Navegación por el aire.
**Navegante,** *adj.* Que navega y se dedica a la navegación.

**Navegar,** *intr.* Viajar por un mar, un río, el aire, etc. ‖ Andar el barco.
**Navidad,** *f.* Día de la Natividad de Jesús. ‖ Época en que esta fiesta se celebra. ‖ V. **nacer.**
**Navideño,** *adj.* De la Navidad.
**Naviero,** *m.* Que se dedica a hacer negocio con el mar y sus cosas. ‖ Dueño de un barco.
**Navío,** *m.* Barco grande destinado a pasajeros.
**Nazareno,** *m.* Nacido en Nazareth, aldea donde vivió Jesús.
**Nea,** *f.* Planta de hojas largas y delgadas con las que se hacen esteras y asientos de sillas. También se le dice aneas, eneas y espadaña.
**Neblina,** *f.* Niebla espesa y baja.
**Nebulosa,** *f.* Especie de nube que se ve con el telescopio y que está formada por trozos de astros. Hay muchas nebulosas.
**Necedad,** *f.* Hecho o dicho propio de necios.
**Necesariamente,** *adv.* De un modo necesario.
**Necesario,** *adj.* Que hace falta. ‖ V. **necesidad.**

Nave

---
\*
NATURALEZA, f. *El conjunto de todas las cosas que componen el universo creado:* **La naturaleza es hermosa.** ‖ *Propiedad característica de cada ser:* **La inteligencia es propia de la naturaleza del hombre.** *A la idea de naturaleza se opone la de cultura, como conjunto de cosas que hace el hombre.*

   *Viene de natural, y éste, a su vez, de la palabra latina* **natura,** *y ésta de* **nascor,** *que quiere decir 'nacer'. De aquí que natural indique a todo lo que nace o ha sido creado por Dios, mientras que lo que hace el hombre se llama artificial.*

NAVE, f. *Barco:* **Las naves de Colón.** ‖ *En las fábricas, en las iglesias y otros edificios grandes,* **nave** *es cada uno de los espacios alargados que hay en ellos, como si fueran calles techadas.*

   *Viene del latín* **navis,** *que quiere decir 'nave'.* ‖ *Deriv.:* **Aeronave, naufragar, náufrago, nauta, náutica, náutico, naval, navegable, navegación, navegante, navegar, naviero, navío.**

**Necesidad.\***
**Necesitado,** *adj.* Pobre, que no tiene con qué vivir. || V. **necesidad**.
**Necesitar,** *tr.* Tener necesidad de una cosa. || V. **necesidad**.
**Necio,** *adj.* Tonto, ignorante y obstinado.
**necrológica (Noticia).** Noticia acerca de alguien que ha muerto.
**Necrópolis,** *f.* Cementerio muy grande.
**Néctar,** *m.* Jugo azucarado que tienen las flores y que lo chupan las abejas y otros insectos.
**Nefando,** *adj.* Indigno. || Infame.
**Nefasto,** *adj.* Desgraciado, funesto, penosísimo.
**Negación,** *f.* Lo que se hace cuando se niega. || Contr.: **Afirmación.**
**Negar.\***
**Negativa,** *f.* Negación. || Lo que se hace al negar.
**Negativamente,** *adv.* Con negación.
**Negativo,** *adj.* Que contiene o indica negación. || *m.* Imagen fotográfica en que los claros y los oscuros salen al revés. || V. **negar**.
**Negligencia,** *tr.* Falta de cuidado o de aplicación. || Contr.: **Cuidado y aplicación.**

**Negociación,** *f.* Lo que se hace al negociar. || Negocio.
**Negociado,** *m.* Nombre de las diferentes secciones en que se dividen ciertas oficinas.
**Negociar,** *intr.* Traficar. || Comerciar. || Comprar y vender. || Cambiar mercancías.
**Negocio.\***
**Negrero,** *m.* Quien vendía esclavos negros.
**Negro.\***
**Negrura,** *f.* Lo contrario de la blancura.
**Negruzco,** *adj.* Casi negro.
**Nene,** *m.* Niño pequeño. || Muñeco que representa un niño de pecho. || Se usa como expresión cariñosa hablando a chicos mayores. || V. **niño**.
**Neófito,** *m.* Persona recién convertida a la religión.
**Neón,** *m.* Gas parecido al flúor y que se utiliza también para lámparas fluorescentes.
**Neoyorquino,** *adj.* Natural de Nueva York.
**Nervio.\***

\*
NECESIDAD, f. *Lo que tiene que suceder:* **Obrar bien es de necesidad para la salvación.** || *Pobreza grande, hambre:* **Esa familia tiene muchas necesidades.**
 Viene del latín **necesse,** *que quiere decir 'ser inevitable, ser necesario'.* || Deriv.: **Necesario, neceser, necesitado, necesitar.**
NEGAR, tr. *Decir que no es verdad una cosa:* **Negó haber pagado a su hermano.** || *Rehusar, no conceder lo que se pide:* **Le negó el permiso.**
 Viene del latín **negare,** *que significa 'negar'.* || Deriv.: **Abnegación, abnegado, abnegarse, denegar, negación, negativa, negativo, renegado, renegar.** || Contr.: **Afirmar, conceder.**
NEGOCIO, m. *Comercio:* **Puso un negocio.** || *Trabajo, ocupación:* **Tiene muchos negocios.**
 Viene del latín **negotium,** *que significa 'ocupación, quehacer', lo contrario de* **otium,** *que significa 'reposo'.* || Deriv.: **Negociable, negociación, negociado, negociante, negociar.** || Contr.: **Ocio.**
NEGRO, adj. *De color oscuro, como el carbón:* **Vestido negro.** || *Sombrío, oscuro, que no se ve claro:* **El que no trabaja tiene un povernir negro.** || *m. Individuo cuya piel es de color negra:* **Un negro africano.**
 Viene del latín **niger, nigra, nigrum,** *que quiere decir 'negro'.* || Deriv.: **Denigrante, denigrar, ennegrecer, negrar, negrero, negrura, negruzco, renegrido.** || Contr.: **Blanco.**
NERVIO, m. *Nombre de los órganos de color blanquecino que sirven en el cuerpo como conductores para la sensibilidad y para el movimiento:* **Los nervios del ojo.** || *Fuerza, vigor:* **Es un joven de mucho nervio.**
 Viene del latín **nervus,** *que quiere decir 'nervio'.* || Deriv.: **Enervación,**

**Nerviosidad,** *f.* Fuerza y actividad de los nervios.
**Nervioso,** *adj.* Que tiene nervios. ‖ De nervios irritables.
**Netamente,** *adv.* Con limpieza y distinción.
**Neto,** *adj.* Puro, limpio, castizo, sin mezcla. ‖ Se dice del peso después de deducir el embalaje.
**Neumático,** *adj.* Aplícase a varios aparatos que operan con el aire. ‖ *m.* Tubo de goma que lleno de aire comprimido sirve de llanta.
**Neumología,** *f.* Tratado sobre los pulmones.
**Neumológico, ca,** *adj.* Perteneciente o relativo a la neumología.
**Neumonía,** *f.* Pulmonía.
**Neurálgico,** *adj.* Que sirve para quitar los dolores.
**Neurastenia,** *f.* Enfermedad por agotamiento nervioso, general y prolongado.
**Neurasténico,** *adj.* Perteneciente o relativo a la neurastenia. ‖ Que padece esta enfermedad.
**Neurología,** *f.* Estudios de los nervios del cuerpo.
**Neurólogo,** *m.* Médico especialista del sistema nervioso.
**Neurona,** *f.* Célula nerviosa.
**Neutral,** *adj.* Que no es ni de un partido ni de otro.
**Neutralizar,** *tr.* Hacer neutral o neutro.
**Neutro,** *adj.* Se dice del género que no es ni masculino ni femenino. ‖ Sin efecto.
**Neutrón,** *m.* Partícula sin electricidad que se halla en el núcleo de un átomo.
**Nevada,** *f.* Acción de nevar. ‖ Porción considerable de nieve que cae de una vez.
**Nevado,** *adj.* Cubierto de nieve. ‖ Blanco como la nieve.
**Nevar,** *intr.* Caer la nieve.
**Nevera,** *f.* Especie de frigorífico, pero al que hay que ponerle hielo porque ella no lo produce.

**Nexo,** *m.* Unión, enlace.
**Ni.** Conjunción que denota negación. ‖ V. **no**.
**Nicotina,** *f.* Sustancia tóxica que tiene el tabaco.
**Nictitante,** *adj.* Se le llama así al tercer párpado que tienen las aves.
**Nicho,** *m.* Hueco grande y alargado que se hace en las paredes de los cementerios y que sirve para poner allí el muerto en su caja.
**Nidal,** *m.* Lugar donde la gallina pone sus huevos.
**Nido,** *m.* Especie de lecho que forman las aves, ciertos insectos y algunos peces para depositar sus huevos.

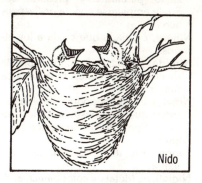
Nido

**Niebla,** *f.* Nube en contacto con la tierra que oscurece más o menos la luz del sol.
**Nieto,** *m.* Hijo del hijo. ‖ Descendiente.
**Nieve,** *f.* Agua de nube helada que cae del cielo en copos blancos y ligeros.
**Nigh-club,** *m.* Palabras inglesas que significan «club nocturno, sala de fiestas, cabaret».
**Nigromancia,** *f.* Arte vano y supersticioso de adivinar el futuro evocando a los muertos.
**Nigromante,** *m.* El que ejerce la nigromancia. ‖ Especie de brujo o bruja.
**Nimbo,** *m.* Aureola, círculo. ‖ Capa

---

\* enervante, enervar, inervación, nerviosidad, nervioso, nervudo. ‖ De la palabra griega **neuron,** *que significa 'nervio', también se derivan muchas palabras castellanas que empiezan por* **neur,** *como* **neuralgia, neurastenia, neurópata, neurosis, neurótico.**

de nubes negruzcas formada por cúmulos casi uniformes; anuncian lluvia o tormenta.

**Nimiedad,** *f.* Exceso, demasía.

**Ninfa,** *f.* Joven hermosa que las leyendas decían que hacía su vida en las aguas, en los bosques, etc.

**Ningún,** *adj.* Ninguno o ninguna.

**Ninguno,** *adj.* Ni uno solo. || *pron.* Nulo y sin valor. || Nadie. || V. **no.**

**Niña,** *f.* Femenino de niño. || Pupila del ojo. || **La niña bonita;** nombre que se da familiarmente al número quince.

**Niñato, ta,** *adj.* Dícese del joven sin experiencia. || Dícese del jovenzuelo petulante y presuntuoso. Suele emplearse con valor despectivo.

**Niñera,** *f.* Criada que cuida a los niños.

**Niñería,** *f.* Acción de niños o propia de ellos. || Pequeñez, cosa de poca importancia.

**Niñez,** *f.* Primer período de la vida humana que llega hasta la adolescencia. || Principio de cualquier cosa.

**Niño.***

**Nipón,** *adj.* Japonés. || Natural del Japón.

**Níquel,** *m.* Metal de color blanco agrisado brillante. Este metal se usa mucho para hacer monedas.

**Niquelar,** *tr.* Cubrir con un baño de níquel.

**Nirvana,** *m.* Paraíso de la tranquilidad.

**Níspero,** *m.* Fruto en forma de huevo pequeño, de color amarillento negruzco y con dos o tres huesos por dentro parecidos a las almendras.

**Nitidez,** *f.* Claridad, limpieza, brillo.

**Nítido,** *adj.* Claro, limpio, puro, brillante.

**Nitrato,** *m.* Uno de los componentes de muchos abonos.

**Nítrico,** *adj.* Relativo al nitrógeno.

**Nitro,** *m.* Salitre.

**Nitrogenado,** *adj.* Que contiene nitrógeno.

**Nitrógeno,** *m.* Gas simple que se encuentra en el aire, constituyendo las cuatro quintas partes de la atmósfera.

**Nitroglicerina,** *f.* Uno de los explosivos más usados, en forma de dinamita.

**Nivel,** *m.* Instrumento que sirve para averiguar la diferencia de altura entre dos puntos o comprobar si tienen la misma altura. || Altura de la superficie del mar cuando está en calma.

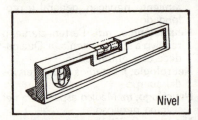

Nivel

**Nivelar,** *tr.* Medir por medio de un nivel la diferencia de altura. || Poner horizontal una superficie. || Equilibrar.

**Níveo,** *adj.* De nieve. || Que parece nieve.

**No.***

**Nobel (Premio),** *m.* Galardón otorgado por la Academia Sueca a los estudios y descubrimientos que ella selecciona de entre los mejores del año.

---

Niño, *m.* El que tiene pocos años: *Los niños necesitan ayuda de las personas mayores.*

Es una palabra típicamente castellana. Las palabras **niño** y **nene** se formaron de otra palabra española antigua (ninno). || En latín, niño y niña se decían puer y puella. || *Deriv.: de* niño: aniñado, niña niñear, niñera, niñería, niñero y niñez. || *Deriv.: de* nene: nena; || *Deriv.: de* puella: pupila (la niña del ojo). || *Deriv.: de* puer: pueril, puerilidad y puericultura.

No. Adverbio negación: *No, señor; yo no he sido.*

Viene del latín *non*, que significa 'no'. || *Deriv.:* **Anulación, anular, nihilista, ninguno, nulidad, nulo, nunca.**

**Nobiliario,** *adj.* De la nobleza.
**Nobilísimo,** *adj.* Muy noble.
**Noble.***
**Nobleza,** *f.* Generosidad, dignidad y grandeza de alma. ‖ Clase de individuos que por su nacimiento o por merced del soberano gozan de ciertos privilegios o poseen títulos que los distinguen de los demás ciudadanos.
**Noción,** *f.* Conocimiento que se tiene de una cosa.
**Nocivo,** *adj.* Dañoso, perjudicial. ‖ Contr.: **Benéfico.**
**Nocturno,** *adj.* Que ocurre durante la noche. ‖ V. **noche.**
**Noche.***
**Nochebuena,** *f.* Noche de Navidad.
**Nochevieja,** *f.* La última noche de cada año.
**Nodriza,** *f.* Señora que se encarga de criar a un niño por encargo de su madre o de otra persona. ‖ Máquina, barco o avión que le suministra a otra máquina, barco, etc., lo que ésta necesite (gasolina, etc.).
**Nogal,** *m.* Árbol cuyo fruto es la nuez y cuya madera es muy buena para hacer muebles.
**Nogalina,** *f.* Color pardo oscuro que se disuelve en agua y que se emplea para pintar, imitando el color de la madera de nogal.
**Nómada,** *adj.* Que está viajando continuamente y no tiene domicilio fijo.
**Nombramiento,** *m.* Acción de nombrar. ‖ Documento en que se nombra a uno para un empleo.
**Nombrar,** *tr.* Designar por su nombre a una persona o a una cosa. ‖ Elegir, escoger a alguien para un empleo. ‖ V. **nombre.**
**Nombre.***
**Nomenclátor,** *m.* Catálogo, nómina.
**Nomenclatura,** *f.* Conjunto de palabras técnicas propias de una ciencia.
**Nómina,** *f.* Lista de nombres de personas o de cosas.
**Nominal,** *adj.* Relativo o perteneciente al nombre.
**Nominalmente,** *adv.* Por su nombre. ‖ De un modo nominal. ‖ Oficialmente.

Nogal

---

Noble, adj. *Que forma parte de la nobleza, que antiguamente era la parte más importante de la sociedad:* **Es noble por su nacimiento.** ‖ *Propio de la nobleza, ilustre, generoso:* **Es un muchacho muy noble.**
   *Viene del latín* **nobilis,** *que quiere decir 'noble, conocido, ilustre'.* ‖ *Deriv.:* **Ennoblecer, innoble, nobiliario, nobleza, noblote.** ‖ *Contr.:* **Plebeyo, innoble.**
Noche, f. *Tiempo en que, por haberse puesto el Sol, se ve muy poco:* **Ya es de noche.**
   *Viene del latín* **nox, noctis,** *que quiere decir 'noche'.* ‖ *Deriv.:* **Anoche, anochecer, anteanoche, noctámbulo, nocturnidad, nocturno, nochebuena, nocherniego, pernoctar, trasnochado, trasnochador, trasnochar.** ‖ *Contr.:* **Día.**
Nombre, m. *Palabra con que se llama a una cosa o a una persona para distinguirla de las demás:* **Cada cosa tiene su nombre.** ‖ *Fama, reputación:* **Es una persona de mucho nombre.**
   *Viene del latín* **nomen,** *que significa 'nombre'.* ‖ *Deriv.:* **Anónimo, denominación, denominador, denominar, ignominado, ignominia, nombradía, nombramiento, nombrar, nomenclátor, nomenclatura, onomástico, pronombre, renombrado, renombrar, sinónimo, sobrenombre.**

**Nominativo,** *m.* Primer caso de la declinación; indica el sujeto.

**Nomografía,** *f.* Rama de las matemáticas que estudia la teoría y aplicación de los ábacos o nomogramas.

**Nomograma,** *m.* Representación gráfica que permite realizar con rapidez cálculos numéricos.

**Non,** *adj.* Impar. ‖ **Números nones:** el 1, el 3, el 5, etc.

**Nonagenario,** *adj.* Que tiene noventa años cumplidos.

**Nonato,** *adj.* No nacido aún.

**Nonio,** *m.* Cierto aparato para medir un grosor con gran precisión.

**Nono,** *adj.* Noveno.

**No obstante,** *m. adv.* Sin embargo.

**Noosfera,** *f.* Conjunto que forman los seres inteligentes con el medio en que viven.

**Nordeste,** *m.* Situado entre el Norte y el Este.

**Nórdico,** *adj.* Que es un país, o una lengua, un pueblo, etc., que está en Escandinavia (al norte de Europa).

**Noria,** *f.* Máquina en forma de rueda que sirve para sacar agua de un pozo y que es movida por una caballería.

**Norma.\***

**Normal,** *adj.* Corriente, ordinario. ‖ V. **norma.** ‖ **Escuela Normal:** Escuela del Magisterio. ‖ V. **normalista.**

**Normalidad,** *f.* Naturalidad. ‖ Calma. ‖ Sin novedad.

**Normalista,** *com.* Alumno que está estudiando en la Normal (que es donde se estudia para ser maestro de enseñanza primaria; es decir, maestro de escuela).

**Normalización,** *f.* Acción de normalizar. ‖ Estado de calma y de sosiego.

**Normalizar,** *tr.* Imponer la normalidad.

**Normalmente,** *adv.* De un modo normal, corrientemente, ordinariamente.

**Normando,** *adj.* De Normandía (parte noroeste de Francia).

**Normativo,** *adj.* Que ofrece normas o reglas. ‖ Que sirve de norma.

**Noroeste,** *m.* Situado entre el Norte y el Oeste.

**Norte.\***

**Norteamericano,** *adj.* Nacido o perteneciente a los Estados Unidos de América. ‖ V. **norte.**

**Norteño,** *adj.* Del Norte. ‖ Natural del norte de un país.

**Noruego,** *adj.* De Noruega. ‖ Natural de Noruega.

**Nos.\***

**Nosotros.** Pronombre personal de primera persona en plural. ‖ V. **nos.**

**Nostalgia,** *f.* Pena producida por el recuerdo de alguna cosa.

**Nota.\***

---

NORMA, *f. Regla que indica cómo se debe obrar:* **Las mejores normas de conducta son los Mandamientos.**
    *Viene del latín* **norma,** *que significa lo mismo que en castellano.* ‖ *Deriv.:* **Anormal, anormalidad, enorme, enormidad, normal, normalidad, normalizar, normativo.**

NORTE, m. *Punto cardinal hacia donde está la Estrella Polar:* **Los puntos cardinales son: Norte, Sur, Este y Oeste.** ‖ *Caminar hacia el norte:* Caminar dejándose siempre el Este a la derecha.
    *Viene del inglés* **north,** *que significa 'Norte'.* ‖ *Deriv.:* **Nordeste, nórdico, noroeste, norteño.** ‖ *Contr.:* **Sur.**

Nos. *Una forma plural del pronombre personal de primera persona:* **Nos vamos a casa.**
    *Viene del latín* **nos,** *que significa 'nosotros' (no los otros).* ‖ *Deriv.:* **Nosotros, nuestro.**

NOTA, f. *Calificación de exámenes:* **Obtuvo buena nota.** ‖ *Apuntación que se hace:* **Libro de notas.** ‖ *Signo musical que representa un sonido:* **Las notas musicales son DO, RE, MI, FA, SOL, LA y SI.**
    *Viene del latín* **nota,** *que significa 'signo o mancha'.* ‖ *Deriv.:* **Anota-**

**Notable,** adj. Digno de ser tenido en cuenta. ‖ Calificación entre el sobresaliente y el aprobado. ‖ V. **nota.**
**Notablemente,** adv. De manera notable.
**Notación,** f. Conjunto de signos que sirven para anotar alguna cosa.
**Notar,** tr. Darse cuenta de alguna cosa. ‖ V. **nota.**
**Notaría,** f. Oficina y oficio de notario.
**Notaria,** f. Mujer del notario. ‖ Mujer que ejerce el notariado.
**Notarial,** adj. Relativo o perteneciente al notario. ‖ Hecho o autorizado por notario.
**Notario,** m. Funcionario público cuyo cargo consiste en aprobar o desaprobar contratos, testamentos y otras cosas así. ‖ V. **nota.**
**Noticia.**\*
**Notición,** m. Noticia interesante.
**Notificación,** f. Acción y efecto de notificar. ‖ Documento en que se notifica algo a alguien.
**Notificar,** tr. Dar conocimiento de una cosa. ‖ Enterar a uno de alguna noticia.
**Notoriamente,** adv. De un modo notorio.
**Notorio,** adj. Que todo el mundo lo sabe.
**Nova,** f. Estrella nueva.
**Novatada,** f. Broma pesada que se da a los inexpertos.
**Novato,** adj. Nuevo, de poca experiencia. ‖ Principiante.
**Novecientos,** adj. Nueve veces ciento.
**Novedad,** f. Cosa nueva. ‖ Cambio. ‖ V. **nuevo.**
**Novel,** adj. Nuevo o principiante.
**Novela,** f. Relato. ‖ Creación literaria que cuenta, por lo general, una historia inventada.
**Novelero,** adj. Aficionado a las noticias nuevas y que está deseando enterarse de alguna para ir a decirla a la gente.
**Novelista,** com. El que escribe novelas.
**Novena,** f. Actos de devoción consistentes en oraciones, sermones, misas, etc., celebrados nueve días antes de una fiesta importante.
**Noveno,** adj. Que ocupa el lugar número nueve. ‖ Cada una de las partes que resulta si dividimos una cosa en nueve trozos iguales.
**Noventa,** adj. Nueve veces diez.
**Noviazgo,** m. Tiempo transcurrido entre la promesa de dos novios y su casamiento.
**Noviciado,** m. Tiempo transcurrido para los novicios desde que toman el hábito hasta hacer los votos.
**Novicio,** m. Aquel que toma el hábito religioso para estar un tiempo de prueba antes de hacer sus votos. ‖ Principiante.
**Noviembre.**\*
**Novillada,** f. Lidia de novillos. ‖ Acto de hacer novillos.
**Novillero,** m. El que cuida novillos. ‖ Matador de novillos. ‖ Chico acostumbrado a hacer novillos.
**Novillo,** m. Toro de dos o tres años. ‖ **Hacer novillos:** no asistir los chicos a clase contra lo acostumbrado.
**Novio,** m. Persona que tiene relaciones amorosas esperando un futuro matrimonio. ‖ Persona recién casada.
**Nubarrón,** m. Nube grande y muy oscura.

---
\*
ción, anotar, denotar, notabilidad, notable, notación, notar, notaría, notario.

Noticia, f. Conocimiento elemental de una cosa: *Tiene noticias del acontecimiento.* ‖ Cosa que ha sucedido en alguna parte y que después se cuenta a otros: *El periódico trae muchas noticias.*
　Viene del latín **noticia,** que quiere decir 'conocimiento, noticia'. ‖ Deriv.: **Noticiero, notificación, notificar, notoriedad, notorio.**

Noviembre, m. Undécimo mes del año; *Noviembre tiene 30 días.*
　Viene de **november,** porque hubo un tiempo en que el año tenía diez meses solamente y entonces noviembre hacía el número nueve. (En latín, **novem** significa «nueve»).

Novillo

**Nuevo\***.
**Nuez,** *f.* Fruto del nogal. ‖ Prominencia que forma la laringe en la garganta. ‖ Fruto de otros árboles que tienen alguna semejanza con la nuez del nogal.

**Nube,** *f.* Masa de vapor suspendida en la atmósfera. ‖ Mancha en la córnea del ojo.
**Nublarse,** *r.* Ponerse oscuro el cielo.
**Nubosidad,** *f.* Abundancia de nubes.
**Nuboso,** *adj.* Cubierto de nubes. ‖ Adverso. ‖ Desgraciado.
**Nuclear,** *adj.* De los núcleos. Se llama energía nuclear a la energía que se desprende al reaccionar los núcleos de los átomos, y que es una energía enorme.
**Núcleo,** *m.* Hueso de algunos frutos. ‖ Parte más principal de algo. ‖ La parte más luminosa de un cometa o astro. ‖ Parte central de un átomo.
**Nudo\***.
**Nudoso,** *adj.* Que tiene muchos nudos.
**Nuera,** *f.* La mujer de un hijo.
**Nuestro,** *pron.* o, *adj.* De nuestra propiedad. ‖ *pl.* Los de nuestra causa, equipo, etc. ‖ V. **nos.**
**Nuevamente,** *adv.* De nuevo.
**Nueve\***.

Nuez

**Nulidad,** *f.* Inutilidad. ‖ Vicio que disminuye la estimación de una cosa. ‖ Incapacidad. ‖ Persona incapaz.
**Nulo,** *adj.* Que no vale.
**Numantino,** *adj.* De Numancia (ciudad junto a Soria, que es muy célebre por haber resistido a los romanos durante más de veinte años).

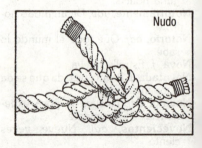
Nudo

* ————————————————

Nudo, *m. Lazo para unir varias cuerdas entre sí o para atar algo:* **Lo ató con un nudo muy fuerte.** ‖ *Principal dificultad:* **Ahí está el nudo de la cuestión.** ‖ *Unión:* **Nudo de ferrocarriles; nudo matrimonial; nudo en un árbol; nudo de montañas.** ‖ *Unidad de velocidad para barcos:* **Aquel barco iba a 30 nudos por hora.**
  Viene del latín **nodus,** *que quiere decir 'nudo'.* ‖ *Deriv.:* **Anudar, nudillo, nudoso, reanudación, reanudar.**

Nueve, *adj. Número que viene después del ocho:* **Ocho y uno, nueve.**
  Viene del latín **novem,** *que quiere decir 'nueve'.* ‖ *Deriv.:* **Nonagenario, nono, novecientos, novena, novenario, noveno, noviembre.**

Nuevo, *adj. Recién hecho:* **Es un traje nuevo.** ‖ *De ahora, no de antes:* **Aquel es un alumno nuevo.** ‖ *De nuevo:* **otra vez.**
  Viene del latín **novus,** *que quiere decir 'nuevo'.* ‖ *Deriv.:* **Innovación, innovar, novatada, novato, novedad, novel, novela, novelesco, novelista, noviazgo, novilunio, novillada, novillero, novio, renovación, renovar, renuevo.** ‖ *Contr.:* **Viejo.**

**Numen,** m. Especie de ídolo que era adorado por los paganos. ‖ Inspiración.
**Numeración,** f. Orden de los números. ‖ Lo que se hace al numerar. ‖ Conjunto de palabras y signos para poder expresar todos los números. Las dos principales son la numeración decimal y la numeración romana.
**Numerador,** m. Cifra que señala cuantas partes iguales de la unidad contiene un quebrado. ‖ Aparato que sirve para numerar.
**Numerar,** tr. Marcar con números una cosa.
**Numerario,** adj. Que es uno de los individuos de una corporación. ‖ m. Dinero en efectivo.
**Número\*.**
**Numeroso,** adj. Que tiene mucho de algo. ‖ Abundante. ‖ V. **número.**
**Numismática,** f. Ciencia que trata de las monedas y medallas.
**Nunca,** adv. Jamás, ninguna vez. ‖ V. **no.**
**Nunciatura,** f. Dignidad de nuncio. ‖ Residencia del nuncio.
**Nuncio.\***
**Nupcial,** adj. Perteneciente a las bodas.
**Nupcialidad,** f. Proporción de matrimonios en algún sitio. ‖ Número de matrimonios celebrado durante un año.
**Nupcias,** f. pl. Boda.

**Nutria,** f. Mamífero parecido a la marta, pero que tiene las manos como los patos: nada muy bien y se alimenta de peces.

Nutria

**Nutricio,** adj. Que alimenta. ‖ Que sirve para nutrirse. ‖ Que procura el alimento de otra persona. San José era padre nutricio del Niño Jesús.
**Nutrición,** f. Lo que se hace al nutrirse. ‖ Alimento, sustento.
**Nutrido,** adj. Abundante.
**Nutrir,** tr. Alimentar. ‖ Fortalecer.
**Nutritivo,** adj. Que nutre y alimenta.
**Nylón (voz inglesa),** m. Seda artificial, ligera, resistente, sólida, transparente y suave al tacto.

---

\*

Número, m. *Expresión de la cantidad de una cosa:* **El número nos sirve para indicar cuántas veces la cantidad contiene a la unidad.** ‖ *Expresión de personas o cosas que hay:* **Se veía un gran número de árboles.** ‖ *Accidente gramatical con el que se dice si una palabra se refiere a una sola persona o cosa, o a más de una:* **Los números gramaticales son dos: singular y plural.**
 *Viene del latín* **numerus,** *que significa 'número'.* ‖ *Deriv.:* **Enumerable, enumeración, enumerar, numeración, numerador, numeral, numerar, numerario, numérico, numeroso, sinnúmero.**

Nuncio, m. *Representante diplomático de la Santa Sede:* **El nuncio es una especie de embajador del Papa.**
 *Viene del latín* **nuntius,** *que significa 'el que lleva noticias, el emisario'.* ‖ *Deriv.:* **Anunciación, anunciante, anunciar, anuncio, denuncia, denunciar, enunciación, enunciado, enunciar, pronunciación, pronunciamiento, pronunciar, renuncia, renunciar.** ‖ *V.* **Anunciar, anuncio, pronunciar, renunciar.**

# Ñ

**Ñ,** *f.* Decimoséptima letra del abecedario castellano. Su nombre es *eñe*.
**Ñame** (voz del Congo), *m.* Planta herbácea, de raíz grande, parecida a la batata. Es comestible y muy usual en los países intertropicales. || Raíz de esta planta.
**Ñandú,** *m.* Avestruz de América. Tiene el plumaje gris y tres dedos en cada pie.
**Ñiquiñaque,** *m.* Persona o cosa muy despreciable.
**Ñoñería,** *f.* Acción o dicho de persona ñoña.
**Ñoñez,** *f.* Calidad de ñoño. || Ñoñería.
**Ñoño,** *adj.* Dícese de la persona sumamente apocada o quejumbrosa.

**Ñora,** *f.* Pimienta muy picante.
**Ñudo,** *m.* Nudo.
**Ñudoso,** *adj.* Nudoso.

Ñandú

# O

**O,** *f.* Decimoctava letra del abecedario español y cuarta de sus vocales.*
**Oasis,** *m.* Sitio del desierto en donde hay algún manantial y alguna vegetación.

Oasis

**Obcecar,** *tr.* Ofuscar, cegar.
**Obedecer.***
**Obediencia,** *f.* Lo que se hace al obedecer. || El someter nuestra libertad al amor. || El someter nuestra libertad a lo razonable y justo. || La forma más imperfecta de la obediencia es la de someter nuestra libertad al mandato de otro. || Sumisión de una cosa a otra.
**Obediente,** *adj.* Que obedece.
**Obelisco,** *m.* Monumento en forma de pilar cuadrado y alto, rematado en pirámide.
**Obertura,** *f.* Parte primera de la música de una ópera.
**Obesidad,** *f.* Grosura excesiva de algunas personas.
**Obeso,** *adj.* Gordísimo.
**Óbice,** *m.* Obstáculo, estorbo.
**Obispado,** *m.* Dignidad de obispo y territorio sometido a su jurisdicción.
**Obispo.***
**Óbito,** *m.* Muerte natural de una persona.
**Objeción,** *f.* Réplica o dificultad que se presenta en contra de una opinión.
**Objetar,** *tr.* Oponer, alegar algo en contra de una cosa.
**Objetividad,** *f.* Realidad, verdad.
**Objetivo,** *m.* Finalidad. || Lente de algunos aparatos en la parte dirigida hacia los objetos. || *adj.* Real y concreto: que puede ser observado. || V. **objeto.**

---

O. *Conjunción que denota contraposición:* **Elige pronto esto o lo otro.** || *Conjunción que denota equivalencia:* **A los nacidos en España se les llama españoles o hispanos.** || *Abreviatura de Oeste:* **Está al O.**
  *Viene del latín* **aut,** *que significa 'o'.*
OBEDECER, tr. *Actuar por obediencia:* **Cristo nos enseñó a obedecer.** || *Hacer lo que otro manda:* **El hijo obedece a su padre.** || *intr. Proceder, tener su origen en algo:* **El «cate» obedece a que no estudió bastante, y ya está.**
  *Viene del latín* **audire,** *que significa 'oír'.* || *Deriv.:* **Desobedecer, desobediencia, desobediente, obediencia, obediente.** || *Contr.:* **Desobedecer.** || V. **obediencia.**
OBISPO, m. *Prelado superior de una diócesis:* **Los obispos son sucesores de los Apóstoles.**
  *Viene del griego* **episkopos,** *que quiere decir 'vigilante, guardián, protector'.* || *Deriv.:* **Arzobispado, arzobispo, episcopal, obispado.**

**Objeto.\***
**Oblación,** *f.* Ofrecimiento. ‖ Sacrificio que se ofrece a Dios.
**Oblicuamente,** *adv.* Indirectamente. ‖ De un modo oblicuo.
**Oblicuo,** *adj.* Inclinado. ‖ Torcido.
**Obligación,** *f.* Deber que uno tiene que cumplir. ‖ Documento en que se dice cuánto dinero le ha prestado uno a una sociedad. ‖ Motivo de agradecimiento. ‖ V. **ligar.**
**Obligacionista,** *com.* Propietario de obligaciones comerciales.
**Obligado,** *m.* Música principal (a la que forzosamente han de acompañar todos los sonidos de los distintos instrumentos o voces).
**Obligar,** *tr.* Imponer una obligación. ‖ V. **ligar.**
**Obligatoriedad,** *f.* Calidad de obligatorio. ‖ El modo de obligarnos una obligación.
**Obligatorio,** *adj.* Que tiene fuerza legal de obligación. ‖ Que debe hacerse.
**Óbolo,** *m.* Donativo.
**Obra.\***
**Obrador,** *adj.* Que obra. ‖ *m.* Taller donde se trabaja a mano.
**Obrar,** *tr.* Hacer una cosa, ejecutarla.
**Obrerismo,** *m.* Conjunto de los obreros de un país.
**Obrero,** *adj.* Que trabaja. ‖ *m.* Persona que se dedica a algún oficio manual. ‖ V. **obra.**
**Obsceno,** *adj.* Indecente. ‖ Contrario al pudor.

**Obscurecer,** *tr.* Volver oscuro. ‖ Debilitar el brillo de una cosa. ‖ *intr.* Anochecer.
**Obscuridad,** *f.* Falta de luz y claridad.
**Obscuro,** *adj.* Oscuro.
**Obsequiar,** *tr.* Agasajar, regalar.
**Obsequio,** *m.* Agasajo. ‖ Regalo.
**Observación,** *f.* Lo que se hace al observar. ‖ Atención que se presta a ciertas cosas. ‖ Advertencia que se hace a otro. ‖ V. **observar.**
**Observador,** *adj.* Que observa.
**Observancia,** *f.* Cumplimiento exacto de una ley o regla.
**Observar.\***
**Observatorio,** *m.* Establecimiento para hacer observaciones meteorológicas o astronómicas.

Observatorio

**Obsesión,** *f.* Idea de que no puede uno librarse.
**Obstaculizar,** *tr.* Dígase: **Estorbar, impedir.**

---

\*
OBJETO, *m. Cualquier cosa que se puede conocer:* **Vi un objeto por el aire.** ‖ *Finalidad con que se hace algo:* **Estudia con objeto de aprender.** ‖ *Materia o asunto propio de una ciencia:* **La descripción de la Tierra es el objeto de la Geografía.**
  *Viene del latín* **objicere,** *que significa 'poner delante, proponer'.* ‖ *Deriv.:* **Objeción, objetar, objetivo.** ‖ *Contr.:* **Sujeto.**
OBRA, f. *Trabajo, cosa hecha por alguien:* **Las obras buenas honran a un hombre.** ‖ *Cosa que se está haciendo:* **¿Cuándo estará terminada esta obra?**
  *Viene del latín* **opus, operis,** *que significa 'obra, trabajo'.* ‖ *Deriv.:* **Cooperación, cooperar, cooperativa, obrador, obrero, operación, operador, operativo, reobrar.**
OBSERVAR, tr. *Mirar y examinar atentamente algo:* **Observaba el vuelo de los pájaros.** ‖ *Cumplir lo que manda alguien:* **Observó cuidadosamente sus mandatos.**
  *Viene del latín* **servare,** *que quiere decir 'conservar'.* ‖ *Deriv.:* **Observación, observancia, observante, observatorio.**

**Obstáculo,** m. Impedimento, estorbo, oposición.

**Obstante.** *

**Obstinarse,** r. Empeñarse en hacer algo.

**Obtención,** f. Acción de obtener o conseguir. Y lo que se obtiene o se consigue.

**Obtener,** tr. Conseguir o alcanzar lo que se desea.

**Obstruir,** tr. Tapar o taponar algún conducto, paso o camino.

**Obturador,** adj. Que sirve para obturar. || Cierto dispositivo de las cámaras fotográficas, que sirve para mantener la entrada de luz el tiempo que se desea.

**Obturar,** tr. Tapar o cerrar una abertura introduciendo una cosa en ella.

**Obtusángulo,** adj. Que tiene un ángulo obtuso.

**Obtuso,** adj. Romo, sin punta. || Ángulo mayor que el recto.

**Obús,** m. Pieza de artillería usada para arrojar granadas.

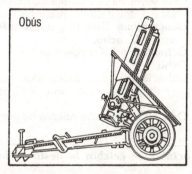
Obús

**Obvio,** adj. Se dice de lo que se pone delante de los ojos. || Claro, evidente, indiscutible.

**Oca,** f. Especie de pato con el plumaje blanco y el pico color naranja. || Juego de sesenta y cinco casi-

Oca

llas pintadas en espiral sobre un cartón y que se juega con varias fichas y un dado.

**Ocasión.** *

**Ocasionado,** adj. Molesto, que ocasiona disgustos.

**Ocasional,** adj. Que ocurre por accidente.

**Ocasionar,** tr. Causar, dar lugar, provocar. || V. **ocasión.**

**Ocaso,** m. Puesta del sol al trasponer el horizonte. || Occidente. || Decadencia, acabamiento.

**Occidental,** adj. Que pertenece al Occidente o que está en el Occidente.

**Occidente,** m. Punto cardinal por donde se oculta el sol. || Parte de la Tierra situada hacia donde se pone el sol. || Contr.: **Oriente.**

**Occipital,** adj. Se le llama así al hueso de atrás de la cabeza.

**Occipucio,** m. Parte de atrás de la cabeza, por donde se une ésta con la columna vertebral.

**Occiso,** m. Muerte violenta de una persona.

**Oceánico,** adj. Que pertenece o se refiere al océano. Se suele decir de las cosas grandes.

---

(No) OBSTANTE, modo adv. *Sin embargo:* **No obstante, iré a tu casa.**
  *Viene del latín* **obstare,** *que significa 'ponerse delante, cerrar el paso'. Por eso «no obstante» quiere decir propiamente 'a pesar de los obstáculos o estorbos'.*

OCASIÓN, f. *Oportunidad para hacer una cosa:* **Ahora tenemos ocasión de divertirnos.** || **De ocasión:** *Barato porque ya está usado.*
  *Viene del latín* **ocassio,** *que significa 'ocasión'.* || *Deriv.:* **ocasional, ocasionar.**

**Océano,** *m.* Cada una de las cinco grandes extensiones de agua salada que cubren la mayor parte del globo terráqueo. || Parte de dicha extensión de agua.

**Oceanografía,** *f.* Estudio de los océanos.

**Ocio,** *m.* Cesación del trabajo; descanso. || Entretenimiento, distracción del espíritu. || Tiempo que el hombre debe aprovechar para perfeccionarse humanamente. Si durante el tiempo de ocio no hace otra cosa que descansar, se irá asemejando cada vez más a un animal: trabajar, comer y dormir, y nada más. ¡Qué poco!

**Ociosidad,** *f.* Estado de la persona ociosa. || Contr.: **Laboriosidad.**

**Ocioso,** *adj.* (Persona) que no trabaja, que está sin hacer nada. || Desocupado.

**Ocluir,** *tr.* Cerrar una cañería o conducto.

**Ocre,** *m.* Tierra arcillosa amarilla o parda que sirve para preparar colores.

**Octaedro,** *m.* Cuerpo geométrico de ocho caras planas.

**Octágono,** *m.* Polígono de ocho lados.

**Octavilla,** *f.* Propaganda escrita en una media cuartilla de papel.

**Octavo,** *adj.* Que sigue al séptimo y está antes que el noveno.

**Octogenario,** *adj.* Que ya ha cumplido los ochenta años.

**Octógono,** *m.* Octágono.

**Octubre.***

**Ocular,** *adj.* Relativo a los ojos. || *m.* Lente de un anteojo situada en la parte por donde se mira.

**Oculista,** *com.* Médico especialista de los ojos.

**Ocultación,** *f.* Lo que se hace al ocultar.

**Ocultar.***

**Ocultismo,** *m.* Conjunto de conocimientos y prácticas mágicas y misteriosas con las que se pretende penetrar y dominar los secretos de la naturaleza. || Dedicación a las ciencias ocultas.

**Oculto,** *adj.* Escondido.

**Ocupación,** *f.* Empleo, trabajo. || V. **ocupar.**

**Ocupar.***

**Ocurrencia,** *f.* Idea, pensamiento. || Un dicho agudo e ingenioso.

**Ocurrente,** *adj.* Que se le ocurren muchas cosas. || Ingenioso, listo.

**Ocurrir,** *intr.* Suceder una cosa. || Pensar. || V. **correr.**

**Ochavo,** *m.* Moneda antigua cuyo valor era doble que el maravedí.

**Ochenta,** *adj.* Setenta y nueve más uno. || V. **ocho.**

**Ochentón,** *adj.* Octogenario.

**Ocho.***

**Ochocientos,** *adj.* Setecientos noventa y nueve más uno. || Ocho veces cien.

**Oda,** *f.* Composición poética de gran elevación.

---

*
O<small>CTUBRE</small>, m. *Décimo mes del año:* **En octubre se celebra la fiesta de la Raza.**
    *Octubre viene de la palabra latina* **october,** *que quiere decir 'mes octavo'.* || *En tiempo de los romanos, el año empezó a dividirse en diez meses y entonces octubre ocupaba el lugar octavo; después se añadieron los meses de julio y agosto y el mes de octubre pasó a ser el décimo, pero sin cambiar de nombre.*
O<small>CULTAR</small>, tr. *Esconder:* **Ocultó sus libros en un armario.**
    *Viene del latín* occulere, *que quiere decir 'esconder, disimular'.* || *Deriv.:* **Ocultación, ocultismo, oculto.** || *Contr.:* **Mostrar, enseñar.**
O<small>CUPAR</small>, tr. *Tomar posesión de una cosa:* **Ocupar su sitio.** || *Emplear, dar trabajo:* **Los ocupó en su fábrica.**
    *Viene del latín* occupare, *que significa 'ocupar'.* || *Deriv.:* **Desocupado, desocupar, ocupación, preocupación, preocupar.** || *Contr.:* **Desocupar.**
O<small>CHO</small>, adj. *Número que va después del siete:* **Siete y una, ocho.**
    *Viene del griego* okto, *que quiere decir 'ocho'.* || *Deriv.:* **Octaedro, octava, octavario, octavilla, octavo, octógeno, octosílabo, octubre, ochenta, ochentón, ochocientos.**

**Odalisca,** *f.* Esclava que se dedica a cuidar del harén.
**Odiar.***
**Odio,** *m.* Aversión hacia alguna persona o cosa cuyo mal se desea. ‖ Lo contrario del amor.
**Odioso,** *adj.* Que se debe odiar.
**Odisea,** *f.* (Por alusión a la *Odisea*, nombre de una novela de Homero.) Viaje o aventura en la cual abundan los hechos favorables y los contrarios.
**Odontología,** *f.* Ciencia que trata de los dientes y sus dolencias.
**Odontólogo,** *m.* Dentista.
**Odre,** *m.* Especie de bolsa hecha de piel de cabra y que se usa para contener aceite, vinos u otra cosa líquida.
**Oeste,** *m.* Punto cardinal por donde se pone el sol. ‖ Se dice también de Norteamérica; el **oeste americano.**
**Ofender,** *tr.* Injuriar, insultar. ‖ *r.* Picarse o enfadarse por algo.
**Ofendido,** *adj.* Que le han hecho una ofensa.
**Ofensa,** *f.* Lo que se hace al ofender. ‖ Insulto.
**Ofensiva,** *f.* Acto de atacar al enemigo. ‖ Ataque.
**Ofensivo,** *adj.* Que ofende o sirve para ofender. ‖ Que ataca.
**Oferta,** *f.* Ofrecimiento. ‖ Propuesta. ‖ V. **ofrecer.**
**Ofertar,** *tr.* En el comercio, ofrecer en venta un producto.
**Ofertorio,** *m.* Parte de la misa en que ofrece el sacerdote la hostia y el vino del cáliz. ‖ Oraciones que acompañan a esta oblación.

**Oficial,** *adj.* Que pertenece al Estado o a alguna corporación pública. ‖ *m.* Obrero, trabajador. ‖ Militar que posee un grado o empleo desde alférez hasta capitán inclusive. ‖ Empleado de una oficina. ‖ V. **oficio.**
**Oficialía,** *f.* Empleo del oficial en una oficina. ‖ Calidad de oficial que adquirían los obreros después de ser aprendices.
**Oficialmente,** *adv.* De un modo oficial.
**Oficiar,** *tr.* Celebrar los oficios divinos. ‖ Ayudar a cantar la misa. ‖ Comunicar oficialmente algo.
**Oficina,** *f.* Sitio donde se hace una cosa. ‖ Departamento donde trabajan empleados. ‖ V. **oficio.**
**Oficinal,** *adj.* Se dice de cualquier planta empleada como medicina. ‖ Se dice de los medicamentos preparados de antemano en la farmacia.
**Oficinista,** *m.* El que está empleado en alguna oficina.
**Oficio.***
**Oficiosamente,** *adv.* Con oficiosidad. ‖ Sin usar del carácter oficial que tiene el que actúa.
**Oficiosidad,** *f.* Aplicación, laboriosidad. ‖ Importunidad. ‖ Solicitud excesiva.
**Oficioso,** *adj.* Hacendoso, laborioso. ‖ Complaciente. ‖ Importuno, que se mete en lo que no le importa. ‖ Que no tiene carácter oficial.
**Ofidio,** *m.* Reptil que tenga el cuerpo alargado y cubierto de escamas.
**Ofrecer.***

---

ODIAR, *tr. Tener rabia a otro, quererle muy mal:* **No se debe odiar a nadie.**
    *Viene del latín* **odium,** *que quiere decir 'odio, mala conducta'.* ‖ *Deriv.:* **Odio, odiosidad, odioso.**
OFICIO, m. *Ocupación habitual, profesión:* **Tiene el oficio de carpintero.** ‖ *Comunicación escrita acerca de asuntos públicos o privados:* **El gobernador envió un oficio a los alcaldes.** ‖ *En plural significa función religiosa:* **Oficios de Semana Santa.**
    *Viene del latín* **officium,** *que significa 'servicio, función'.* ‖ *Deriv.:* **Oficial, oficiar, oficina, oficiosidad, oficioso.**
OFRECER, tr. *Prometer:* **Le ofreció su ayuda.** ‖ *Presentar y dar voluntariamente una cosa:* **Les ofreció pasteles.**
    *Viene del latín* **offerre,** *que se deriva a su vez del verbo* **ferre,** *que significa 'llevar'.* ‖ *Deriv.:* **Oferta, ofertorio, ofrecimiento, ofrendar, ofrenda.**

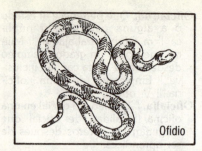
Ofidio

**Ofrecimiento,** *m.* Lo que se hace al ofrecer algo a alguien. O al ofrecerse uno.

**Ofrenda,** *f.* Don que se ofrece a Dios. ∥ Lo que ofrecen los fieles a la Iglesia por sufragio a los difuntos. ∥ Lo que se ofrece para una obra de caridad.

**Ofrendar,** *tr.* Hacer una ofrenda.

**Oftálmico,** *adj.* Se dice de lo que se refiere a los ojos.

**Oftalmología,** *f.* Parte de la medicina que estudia especialmente las enfermedades de los ojos.

**Oftalmológico,** *adj.* Que pertenece o se refiere a la oftalmología.

**Oftalmólogo,** *m.* Médico oculista.

**Ofuscar,** *tr.* Deslumbrar. ∥ Turbar la visión. ∥ Confundir.

**Ogro,** *m.* Gigante de los cuentos y leyendas, que se alimentaba de carne humana.

**¡Oh!** Interjección que indica sorpresa, pena o alegría.

**Ohmio,** *m.* Nombre de la unidad práctica de resistencia eléctrica. ∥ El filamento de las bombillas corrientes tiene unos 220 ohmios de resistencia a la fuerza eléctrica.

**Oídio,** *m.* Nombre que se da a ciertos hongos parásitos que atacan a la vid.

**Oído,** *m.* Sentido del oír. ∥ Aparato de la audición colocado a uno y otro lado de la cabeza. ∥ Parte interna del aparato auditivo. ∥ Agujero que tiene el cañón de ciertas armas.

**Oil,** *m.* Petróleo.

**Oír.**\*

**Ojal,** *m.* Rajita en forma de ojo que sirve para sujetar un botón.

**¡Ojalá!** Interjección que expresa vivo deseo de una cosa.

**Ojeada,** *f.* Una mirada rápida.

**Ojear,** *tr.* Echar ojeadas. ∥ Mirar con atención. ∥ Escudriñar.

**Ojera,** *f.* Mancha casi morada que rodea los ojos en ciertos casos. ∥ Copita de cristal que sirve para bañar el ojo con alguna medicina.

**Ojiva,** *f.* Figura formada por dos arcos cruzados en ángulo.

Ojiva

**Ojo.**\*

**Ola,** *f.* Gran cantidad de agua, por lo general del mar, agitada por el viento. ∥ **Ola de frío, ola de calor:** descenso (o subida) grande de la temperatura del aire.

---

Oír, *tr. Percibir el sonido:* **Oigo muy bien.** ∥ *Atender, escuchar los ruegos de otro:* **Oyó con cariño su petición.**
   *Viene del latín* **audire,** *que significa 'oír'.* ∥ *Deriv.:* **Audición, audiencia, auditivo, auditor, auditoría, auditorio, desoír, inaudito, oyente.**

Ojo, *m. Organo de la vista:* **Abre bien los ojos.** ∥ *Agujero que tiene la aguja para que pase el hilo:* **Cabe por el ojo de una aguja.** ∥ *En general, agujero más o menos redondo, como* **el ojo de una cerradura, los ojos de un puente,** *etc.*
   *Viene del latín* **oculus,** *que significa 'ojo'.* ∥ *Deriv.:* **Anteojo, antojadizo, antojarse, antojo, ocular, oculista, ojal, ojeada, ojear, ojeriza, ojeroso, ojinegro, ojituerto.**

**Ole.** Interjección que se emplea para ovacionar y aplaudir, generalmente en las corridas de toros.

**Oleada,** *f.* Muchedumbre, gentío.

**Oleaginoso,** *adj.* Aceitoso.

**Oleaje,** *m.* Golpes que dan las olas al chocar contra las costas.

**Óleo,** *m.* Aceite consagrado en las iglesias y que se usa para algunas ceremonias. || Aceite.

**óleo (Pintura al).** Pasta especial para pintar.

**Oleoducto,** *m.* Tubería que cruza algunas regiones y que sirve para conducir petróleo.

Olivo

**Oler,** *tr.* Percibir los olores. || *intr.* Dar olor. || Meterse uno a curiosear lo que están haciendo otras personas.

**Olfatear,** *tr.* Oler poco a poco y de manera seguida.

**Olfato,** *m.* Sentido para percibir los olores.

**Oligarquía,** *f.* Gobierno en que todos los poderes se los reparten entre unos pocos.

**Oligisto,** *m.* Oxido natural de hierro. De él se saca hierro muy bueno.

**Oligofrénico,** *adj.* Que está poco desarrollado en el aspecto mental.

**Olimpíada,** *f.* Período de cuatro años entre cada dos juegos olímpicos (en la antigua Grecia). || Juegos olímpicos actuales.

**olímpicos (Juegos),** *m. pl.* Conjunto de todas las competiciones deportivas que cada cuatro años se celebran en una capital distinta, y en la que participan los mejores deportistas (no profesionales) de todos los países.

**Oliva,** *f.* Aceituna. || Adorno hecho en arquitectura y que tiene la forma de una aceituna. || Un ramo de oliva es el símbolo de la paz.

**Olivar,** *m.* Campos de olivos.

**Olivarero,** *adj.* (Sitio) propio de olivares. || Que se dedica a cultivar su olivar.

**Olivo,** *m.* Árbol muy importante, cuya fruta es la oliva o aceituna, de donde se saca el mejor aceite.

**Olmo,** *m.* Árbol de tronco robusto y derecho, con la corteza gruesa y resquebrajadiza, la copa ancha y espesa y que tiene una madera muy buena.

**Olor,** *m.* Sensación que producen en el olfato ciertas emanaciones (perfumes, aromas, etc.).

**Oloroso,** *adj.* Que tiene un olor muy bueno.

**Olvidadizo,** *adj.* Que se olvida muy pronto de las cosas.

**Olvidar.**\*

**Olvido,** *m.* Lo que se hace al olvidar. || Falta de memoria. || V. **olvidar.**

**Olla,** *f.* Vasija redonda, ancha y con asas, que es muy usada en la cocina. || Cocido hecho de garbanzos, tocino, carne y cosas así. || Remolino que forman las aguas de un río. || **Olla podrida:** la que, además de carne, tocino, legumbres y garbanzos, tiene también jamón, trozos de ave y otras cosas suculentas.

**Olla a presión,** *f.* Vasija metálica con tapadera que cierra muy bien, y en la cual se hacen muy pronto los guisos y cocidos.

**Ombligo,** *m.* Cicatriz redonda y arrugada que se nos queda en medio del vientre cuando se seca el cor-

---

\* OLVIDAR, *tr. No recordar: **Se me olvidó lo que aprendí, porque no lo aprendí bien.*** || *Dejar una cosa sin darse cuenta: **Olvidé la cartera en la calle.*** || *Dejar de querer: **Mi madre no me olvida nunca.***
   *Viene del latín* **oblivisci**, *que significa 'olvidar'.* || *Deriv.:* **Olvidadizo, olvido.** || *Contr.:* **Recordar.**

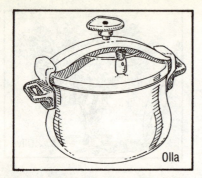
Olla

dón umbilical, y como señal del cariño de nuestra madre.
**Omega,** *f.* La última letra del alfabeto griego.
**Ominoso,** *adj.* Detestable, abominable.
**Omisión,** *f.* El no hacer lo que se tenía que hacer. || El no cumplir lo que se tenía que cumplir.
**Omiso,** *adj.* Descuidado. || **Hacer caso omiso:** omitir algo por no tener importancia.
**Omitir,** *tr.* No hacer. || No decir alguna cosa. || Dejar fuera.
**Ómnibus,** *m.* Vehículo público que recorre ciertas calles de la población para llevar viajeros.
**Omnipotencia,** *f.* Poder de Dios.
**Omnipotente,** *adj.* Que todo lo puede.
**Omnívoro,** *adj.* Que come de todo (animales y vegetales).
**Omoplato,** *m.* Cada uno de los dos huesos anchos y planos que tenemos en la espalda debajo de los hombros.
**Once,** *adj.* Antes que el doce y después que el diez. || V. **uno.**
**Onceno,** *adj.* Undécimo.
**Onda,** *f.* Elevación que se forma en el movimiento de un líquido, especialmente del agua del mar. || Curva, que a manera de ese, forman algunas cosas flexibles, como el pelo.
**Ondear,** *intr.* Hacer ondas como el agua o una bandera. || Ondular.
**Ondulado,** *adj.* Que tiene ondas.
**Ondular,** *intr.* Formar ondas en todas direcciones. || *tr.* Hacer ondas en el pelo.
**Ondulatorio,** *adj.* En forma de ondas u olas.

**Oniromancia,** *f.* Arte falso y supersticioso de adivinar el porvenir interpretando los sueños.
**Onomancia,** *f.* Adivinación por el nombre de las personas.
**Onomástico,** *adj.* Se dice de lo que se refiere a los nombres. || **Día onomástico:** el santo de una persona.
**Onomatopeya,** *f.* Imitación del sonido de una cosa. Ejemplo: cataplún, tictac, miau, etc.
**Ontología,** *f.* Parte de la metafísica que estudia los seres.
**Onubense,** *adj.* De Huelva.
**Onza,** *f.* Duodécima parte de la libra romana que equivale a veintiocho gramos.
**Opaco,** *adj.* Que no deja pasar la luz a su través.
**Opción,** *f.* Libertad de elegir.
**Ópera,** *f.* Poema dramático con música, compuesto de recitados y cantos.
**Operación,** *f.* Ejecución de alguna cosa. || V. **obra.**

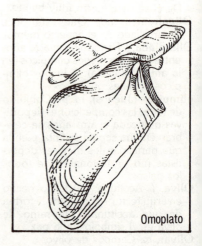
Omoplato

**Operador,** *adj.* Que hace una operación cualquiera. || *m.* Médico que hace operaciones quirúrgicas.
**Operar,** *tr.* Efectuar una operación. || V. **obra.**
**Operario,** *m.* Obrero, trabajador.
**Operativo,** *adj.* Se dice de lo que obra y hace su efecto.
**Operatorio,** *adj.* Que se refiere a las operaciones quirúrgicas.

**Opérculo,** *m.* Cada una de las dos piezas que se ven en la cabeza de los peces y que tapan el sitio de las agallas.
**Opereta,** *f.* Ópera musical de poca extensión.
**Opinar,** *intr.* Formular opinión sobre una cosa.
**Opinión.***
**Opio,** *m.* Jugo de la adormidera y de otras plantas, el cual contiene muchas drogas tóxicas.
**Opíparo,** *adj.* Espléndido, abundante.
**Oponer,** *tr.* Colocar una cosa de manera que estorbe a otra. ‖ Poner en frente, contraponer. ‖ *r.* Mostrarse contrario.
**Oporto,** *m.* Vino tinto portugués afamado.
**Oportunamente,** *adv.* De modo oportuno.
**Oportunidad,** *f.* Ocasión, conveniencia, coyuntura de tiempo y lugar. ‖ V. **puesto.**
**Oportuno,** *adj.* Favorable, que sucede cuando conviene. ‖ Ocurrente, gracioso. ‖ V. **puesto.**
**Oposición,** *f.* Lo que ocurre al oponerse dos cosas. ‖ Contraste entre dos cosas contrarias. ‖ Posición de una cosa enfrente de otra. ‖ Concurso, examen para la obtención de ciertos empleos. ‖ V. **poner.**
**Opositar,** *intr.* Hacer oposiciones para un empleo o cargo.
**Opositor,** *m.* El que se opone a otro. ‖ El que toma parte en las oposiciones a un empleo.
**Opresión,** *f.* Lo que se hace cuando se oprime algo. ‖ Angustia. ‖ Estado de una cosa oprimida.
**Opresivo,** *adj.* Que oprime.
**Oprimir,** *tr.* Ejercer violencia o presión en una persona o cosa. ‖ Estrujar.
**Oprobio,** *m.* Ignominia, deshonra.
**Optar,** *tr.* Escoger entre varias cosas.
**Óptica,** *f.* Tienda donde se venden gafas, lentes y cosas así para la vista. ‖ Parte de la física que estudia la luz y sus efectos.
**Óptico,** *adj.* Que pertenece o se refiere a la visión. ‖ *m.* Comerciante de gafas, lentes, etc.
**Optimismo,** *m.* El verlo todo de color de rosa, el verlo todo como muy perfecto. ‖ Sistema de los que pretenden que el mundo actual y todo lo que nos rodea es perfecto, o poco menos.
**Optimista,** *adj.* Partidario del optimismo. ‖ Que suele ver las cosas bajo su aspecto más favorable. ‖ Contr.: **Pesimista.**
**Óptimo,** *adj.* Muy bueno.
**Optómetro,** *m.* Aparato que usan los oculistas para medir la vista, la dirección de los rayos de luz en el ojo y el cristal que necesita ponerse el paciente.
**Opuesto,** *adj.* Que está colocado enfrente. ‖ Contrario.
**Opulencia,** *f.* Abundancia de bienes, riqueza. ‖ Contr.: **Miseria.**
**Opúsculo,** *m.* Obra científica o literaria muy pequeña.
**Oquedad,** *f.* Hueco interior.
**Ora,** *conj.* Ahora.
**Oración.***
**Oráculo,** *m.* Respuesta que daban los ministros de los dioses falsos.
**Orador,** *m.* Persona que se dedica a decir discursos en público.
**Oral,** *adj.* Que se dice de palabra y no por escrito. ‖ De la boca; o por la boca.
**Orangután,** *m.* Gran mono antropo-

---

*O<small>PINIÓN</small>, *f.* Parecer o juicio que se forma uno de una cosa: **Mi opinión es la misma que la suya.**
   Viene del latín **opinio,** que significa 'opinión, parecer'. ‖ Deriv.: **Inopinado, opinable, opinar.**

O<small>RACIÓN</small>, *f.* Conjunto de palabras con que se expresa un pensamiento: **Oración gramatical.** ‖ Lo que se hace al orar, o sea, dirigirse a Dios y pedir algo: **Dios escucha las oraciones de los hombres.**
   Viene del latín **orare,** que significa 'hablar, rogar, solicitar'. ‖ Deriv.: **Adoración, adorador, adorar, inexorable, oráculo, orador, orar, peroración, perorar, perorata.**

Orangután

morfo que suele medir dos metros de alto y habita en Sumatra y Borneo.

**Orante,** *adj.* Que ora, que está rezando.

**Orar,** *intr.* Elevar súplicas a Dios y a los santos. || V. **adoración**.

**Orate,** *com.* Loco y charlatán.

**Oratoria,** *f.* Arte de persuadir por medio de la palabra; es decir, hablando.

**Oratorio,** *m.* Capilla que hay en algunas casas particulares. || Lugar destinado a la oración. || *adj.* De la oratoria.

**Orbe,** *m.* Mundo.

**Orbicular,** *adj.* Redondo, circular.

**Órbita,** *f.* Curva que describen los astros alrededor del sol y los satélites alrededor de sus planetas. || Trayectoria que sigue un satélite artificial o una nave espacial. || Cuenca del ojo.

**órdago (De),** *m. adv.* Superior, de la mejor calidad.

**Orden.***

**Ordenación,** *f.* Disposición, orden. || Acción de ordenar a un sacerdote.

**Ordenada,** *f.* Coordenada vertical. || Distancia desde un punto hasta un eje horizontal.

**Ordenado,** *adj.* Que sigue un orden y método. || Se dice de la persona que tiene sus cosas en orden.

**Ordenador,** *adj.* Que ordena.

**Ordenamiento,** *m.* Lo que se hace al ordenar. || Orden.

**Ordenanza,** *f.* Disposición. || Conjunto de órdenes por las que se rige alguna institución. || *m.* Soldado que sirve a algún general, coronel, etc. || Muchacho encargado de llevar paquetes, recados, etc., en ciertas oficinas.

**Ordenar,** *tr.* Poner en orden. || Mandar que se haga una cosa. || Conferir las órdenes sagradas. || V. **orden**.

**Ordeñar,** *tr.* Extraer la leche de las ubres de ciertos animales. || Coger la aceituna con la mano rodeando el ramo para que éste la suelte.

**Ordinal,** Adjetivo numeral que expresa el orden, como primero, segundo...

**Ordinariamente,** *adv.* De un modo ordinario. || Frecuentemente, corrientemente. || De un modo grosero.

**Ordinariez,** *f.* Falta de cultura, grosería.

**Ordinario,** *adj.* Común, corriente. || Grosero. || Regular. || V. **orden**.

**Orear,** *tr.* Secarse una cosa húmeda gracias al aire.

**Orégano,** *m.* Planta cuyas hojas ver-

---

*

ORDEN, m. *Colocación de las cosas en el lugar correspondiente:* **En esta habitación se ve mucho orden.** || *Buena disposición de las cosas y personas entre sí:* **Desfilaron con orden.** || *Sacramento de la Iglesia por el que algunos son consagrados sacerdotes:* **Los laicos no han recibido el Sacramento del Orden.** || *f.* Mandato que se debe obedecer: **Le dio la orden por escrito.**

    *Viene del latín* ordo, ordinis, *que quiere decir 'orden'.* || *Deriv.:* **Coordinación, coordinada, coordinar, desorden, desordenar, extraordinariamente, extraordinario, insubordinación, ordenación, ordenanza, ordenar, subordinado, subordinar.** || *Contr.:* **Desorden.**

des y alargadas se suelen usar como condimento.

**Oreja,** f. Parte externa del sentido del oído.

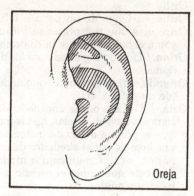
Oreja

**Orensano,** adj. Natural de Orense.
**Orfanato,** m. Asilo para huérfanos.
**Orfandad,** f. Estado del huérfano. || Pensión de dinero que se da a ciertos huérfanos.
**Orfebre,** m. Persona que se dedica a la orfebrería.
**Orfebrería,** f. Obra de oro y plata.
**Orfelinato,** m. (Galicismo), asilo de huérfanos.
**Orfeón,** m. Sociedad de cantantes para fomentar el canto.
**Organdí,** m. Tela blanca muy fina y transparente.
**Orgánico,** adj. Relativo a los órganos o a los cuerpos organizados. || **Química orgánica:** parte de la química en que se estudia el carbono y sus compuestos.
**Organillo,** m. Especie de piano o de órgano que se hace tocar con un manubrio.

**Organismo,** m. Conjunto de órganos que constituyen el cuerpo animal o vegetal. || Conjunto de leyes y reglas por que se rige una institución. || Conjunto de oficinas y empleos de una institución. || V. **órgano.**
**Organista,** com. Persona que tiene por oficio tocar el órgano.
**Organización,** f. Lo que se hace al organizar. || Disposición de los órganos del cuerpo animal o vegetal. || Arreglo, disposición. || V. **órgano.**
**Organizado,** adj. Que tiene órganos de cuyo funcionamiento depende la vida. || Ordenado, dispuesto.
**Organizador,** adj. Que organiza o que sabe organizar.
**Organizar,** tr. Dar a las partes de algo un arreglo para que puedan funcionar. || Ordenar, disponer. || V. **órgano.**
**Órgano.**\*
**Orgía,** f. Banquete en que se empieza por comer y se termina con borracheras y otros excesos.
**Orgullo.**\*

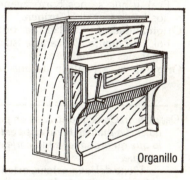
Organillo

\*
ÓRGANO, m. *Instrumento músico de viento usado principalmente en las iglesias:* **La música de órgano es muy solemne.** || *Parte del cuerpo cuya misión es realizar algo necesario para vivir:* **Los pulmones son el órgano de la respiración.**
  *Viene del griego* **organon,** *que significa 'herramienta, instrumento'.* || *Deriv.:* **Orgánico, organillo, organismo, organista, organización, organizar.**

ORGULLO, m. *Soberbia, vanidad:* **¡Cuánto orgullo tiene! ¡Qué inmodestia!** || - *Creer que uno mismo es mucho mejor que nadie:* **Tiene mucho orgullo y es muy idiota.** || *A veces el orgullo es un sentimiento bueno y noble:* **¿Quién no habla con orgullo de su propia madre?**
  *Viene del alemán* **urguol,** *que significa 'insigne, excelente'.* || *Deriv.:* **Enorgullecer, orgulloso.** || *Contr.:* **Humildad.**

**Orgullosamente,** *adv.* Con orgullo.
**Orgulloso,** *adj.* Que tiene orgullo.
**Orientación,** *f.* Lo que se hace al orientar. ‖ El hecho de orientarse y saber dónde quedan los puntos cardinales. ‖ V. **orientar.**
**Orientador,** *adj.* Que orienta.
**Oriental,** *adj.* Natural o perteneciente al Oriente.
**Orientalismo,** *m.* Conocimiento de los pueblos del Oriente. ‖ Afición a las cosas del Oriente.
**Orientar.***
**Oriente,** *m.* Punto del horizonte por donde sale el sol. ‖ Asia oriental **(Extremo Oriente)** y las regiones asiáticas inmediatas a África y Europa **(Medio oriente).**
**Orificio,** *m.* Abertura o agujero de alguna cosa.
**Oriflama,** *f.* Bandera.
**Origen.***
**Original,** *adj.* Que no es imitación de otra cosa. ‖ Extravagante, extraño. ‖ **El original de un retrato** es la persona retratada. ‖ **Pecado original:** pecado heredado de nuestros primeros padres (Adán y Eva), y que se nos borró cuando nos bautizaron. ‖ V. **origen.**
**Originalidad,** *f.* Calidad de original. ‖ Conjunto de características especiales de una cosa.
**Originar,** *tr.* Ser origen de una cosa. ‖ *r.* Traer una cosa su origen de otra.
**Originario,** *adj.* Que tiene su origen en alguna cosa o sitio.
**Orilla.***
**Orillo,** *m.* Orilla de un paño o tela.
**Orín,** *m.* Moho rojizo que se forma sobre el hierro y sobre la chatarra.
**Orina,** *f.* Líquido segregado por los riñones.
**Oriundo,** *adj.* Procedente, originario (de un país, p. ej.).
**Orla,** *f.* Orilla o borde adornado de ciertos vestidos y telas. ‖ Adorno que se pone a modo de marco en una hoja de papel alrededor de un retrato, etc. ‖ Ornamento a modo de ribete que rodea el escudo sin tocar sus bordes.
**Ornamentación,** *f.* Lo que se hace cuando se adorna algo. ‖ Decoración.
**Ornamento,** *m.* Adorno. ‖ Cualquier cosa que sirve para adornar. ‖ **Ornamentos:** vestiduras sacerdotales que sirven para celebrar la santa misa.
**Ornar,** *tr.* Adornar. ‖ Poner adornos.
**Ornitorrinco,** *m.* Mamífero muy curioso porque tiene pico como los patos (no tiene dientes), garras para excavar y membrana entre los dedos que le sirven para nadar.
**Oro.***

---

ORIENTAR, tr. *Colocar una cosa en posición determinada según los puntos cardinales:* **La puerta de mi casa está orientada al Sur.** ‖ *Informar a alguien de lo que quiere saber e indicarle el camino que debe seguir:* **Les orientó en el bosque.**
　*Viene del latín* **oriens, orientis,** *que quiere decir 'oriente, sitio por donde el Sol está saliendo, levante'.* ‖ *Deriv.:* **Desorientación, desorientar, orientación, oriental, orientalista, oriente.** ‖ *Contr.:* **Desorientar.**
ORIGEN, m. *Principio, nacimiento, procedencia de una cosa:* **El frío es origen del hielo.** ‖ *Ascendencia o familia de una persona:* **Es de origen modesto.**
　*Viene del latín* **origo, originis,** *que significa 'origen'.* ‖ *Deriv.:* **Aborigen, original, originalidad, originar, oriundo.**
ORILLA, f. *Límite, borde de una cosa:* **El libro está en la orilla de la mesa.** ‖ *Cada una de las partes de tierra que tocan con el mar, con un lago, con un río, etc.:* **Es peligroso estar a la orilla de los ríos.**
　*Viene del latín* **ora,** *que significa 'borde, costa, orilla'.* ‖ *Deriv.:* **Orillar, orillo.**
ORO, m. *Metal precioso de color amarillo brillante:* **Muchas joyas se hacen de oro.** ‖ *Uno de los palos de la baraja:* **A mí me ha salido el 5 de oros.**
　*Viene del latín* **aurum,** *que significa 'oro'.* ‖ *Deriv.:* **Desdoro, dorado,**

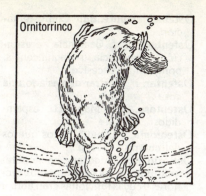
Ornitorrinco

**Orogenia,** f. Estudio de cómo han ido formándose las montañas.
**Orogénico,** adj. Se le llama así a los grandes movimientos interiores que tuvo la Tierra y que dieron lugar a la aparición de las montañas.
**Orografía,** f. Parte de la geografía que trata de las montañas.
**Orondo,** adj. Se dice de la vasija redonda o panzuda. || Lleno de vanidad, engreído.
**Oropel,** m. Lámina de cobre batida y muy delgada que imita el oro. || Cosa brillante y de poco valor.
**Oropéndola,** f. Pájaro de color amarillo, pico rojo, alas y cola negros, muy abundante en España y que hace sus nidos colgándolos de las ramas. La hembra es de color verdoso.
**Orquesta.**\*
**Orquídea,** f. Flor de color y forma muy diversos, que crece, sobre todo, en los países tropicales.
**Ortiga,** f. Planta cuyas hojas cubiertas de pelos segregan un líquido irritante que penetra en la piel por simple contacto, produciendo picor.
**Orto,** m. Salida del Sol o de otro astro.
**Ortodoxia,** f. Conformidad con el dogma católico.

**Ortodoxo,** adj. Que está conforme con el dogma católico. || Por extensión, conforme con la doctrina fundamental en cualquier ramo del saber humano. || Contr.: **Heterodoxo.**
**Ortogonal,** adj. Formando ángulo recto.
**Ortografía,** f. Arte de escribir correctamente las palabras de un idioma.
**Ortográfico,** adj. Se dice de lo que pertenece o se refiere a la ortografía.
**Ortopedia,** f. Arte de corregir o evitar las deformidades del cuerpo humano.
**Ortopédico,** adj. Que se refiere a la ortopedia. || m. Persona cuyo oficio es la ortopedia.
**Ortóptero,** adj. Se dice así a los insectos que tienen dos alas endurecidas y otras dos más débiles; como le pasa a los escarabajos.
**Ortosa,** f. Mineral de aluminio y potasio.
**Oruga,** f. Larva de las mariposas.
**Orujo,** m. Residuo que deja la aceituna después de molida y prensada.
**Orza,** f. Vasija de barro alta y vidriada.
**Orzuelo,** m. Especie de grano muy doloroso que a veces sale en el párpado.

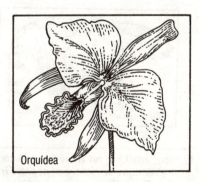
Orquídea

---

\* **dorar, orfebre, orfebrería, oropel, sobredorar.** *De la misma palabra latina se derivan* **áureo, aureola, aurífero.**
Orquesta, f. *Conjunto de músicos que tocan en el teatro o en un concierto:* **La orquesta municipal tocó muy bien.**
    *Viene del griego* **orkhestra,** *que significa 'sitio destinado al coro y a los músicos en los teatros'.* || *Deriv.:* **Orquestación, orquesta, orquestar.**

**Os.** Pronombre personal de segunda persona en ambos géneros y número plural, en dativo o acusativo. || V. **vosotros.**

**Osadía,** f. Atrevimiento audaz o descarado.

**Osado,** adj. Atrevido, audaz.

**Osar,** intr. Atreverse a una cosa.

**Osario,** m. Sitio donde se van reuniendo los huesos de los cadáveres que se sacan de sus nichos.

**Oscilación,** f. Movimiento hacia los dos lados.

**Oscilante,** adj. Que oscila.

**Oscilar,** intr. Moverse de un lado para otro, una y otra vez, como el péndulo de un reloj de pared.

**Ósculo,** m. Beso.

**Oscurecer,** tr. Verbo que significa y es lo mismo que **obscurecer.**

**Oscuro.**\*

**Óseo,** adj. De hueso. || De la naturaleza del hueso.

**Osezno,** m. El cachorro del oso.

**Osmio,** m. Metal muy parecido al platino, y que se emplea para filamentos de lámparas eléctricas, puntas de las plumas estilográficas, etc.

**Ósmosis,** f. Paso de un líquido a través de una membrana.

**Oso,** m. Mamífero carnicero de espeso pelaje y gran tamaño que vive en diversos países del mundo.

Oso

**Ostensiblemente,** adv. Con ostentación.

**Ostentación,** f. Jactancia, presunción, arrogancia. || Magnificencia, pompa, lujo excesivo.

**Ostentar,** tr. Mostrar demasiado una cosa.

**Ostentoso,** adj. Magnífico, espléndido.

**Osteología,** f. Estudio de los huesos del cuerpo.

**Ostiario,** m. Clérigo que había obtenido uno de los cuatro grados menores y cuyas funciones eran abrir y cerrar la iglesia.

**Ostra,** f. Molusco de doble concha. || Algunas ostras suministran el nácar y las perlas.

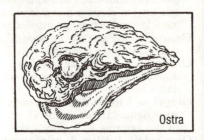
Ostra

**Ostracismo,** m. Destierro político.

**Ostrogodo,** m. Pueblo godo que estaba establecido entre los mares Negro y Báltico.

**Otear,** tr. Mirar desde un lugar alto lo que está abajo.

**Otero,** m. Cerro aislado en un llano, desde el cual se puede muy bien otear el horizonte.

**Otoñal,** adj. Para otoño, del otoño, propio del otoño.

**Otoño.**\*

**Otorgamiento,** m. Permiso, autorización. || El otorgar algo a alguien.

---

\*
Oscuro, adj. *Que no tiene luz o tiene muy poca:* **Este cuarto es muy oscuro.** || *Color que se parece al negro:* **Gris oscuro.** || *Confuso, difícil de comprender:* **Este libro es muy oscuro.**
  *Viene del latín* **oscurus,** *que significa 'oscuro'*. || *Deriv.:* **A oscuras, oscurecer, oscurecimiento, oscuridad.** || *Contr.:* **Claro.**

Otoño, m. *Estación del año que dura, en el hemisferio Norte, del 23 de septiembre al 21 de diciembre:* **Las estaciones son: primavera, verano, otoño e invierno.** || *En el hemisferio Sur, del 23 de septiembre al 21 de diciembre hace un tiempo «primaveral».*
  *Viene del latín* **autumnus,** *que significa 'otoño'*. || *Deriv.:* **Otoñada, otoñal.**

**Otorgar.**\*
**Otorrinolaringología,** *f.* Estudio de las enfermedades del oído, la nariz y la boca.
**Otro.**\*
**Ovación,** *f.* Aplauso ruidoso que colectivamente se tributa a una persona.
**Ovacionar,** *tr.* Debe decirse: **aclamar** o **aplaudir.**
**Oval,** *adj.* De forma de huevo.
**Ovalado,** *adj.* Oval.
**Óvalo,** *m.* Cualquier curva parecida al perfil de un huevo.
**Ovario,** *m.* La parte de la flor que se transforma en fruto.
**Ovas,** *f. pl.* Los huevos que ponen los peces.
**Oveja,** *f.* Hembra del carnero.
**Ovillo,** *m.* Bola hecha de hilo enrollado.
**Ovino,** *adj.* Que se refiere a las ovejas. || Se dice de esta clase de ganado.
**Ovíparo,** *adj.* Que nace de un huevo.
**Óvulo,** *m.* Cada uno de los gérmenes que hay dentro del ovario.

**Oxidación,** *f.* Transformación que sufren los cuerpos por la acción del oxígeno.
**Oxidar,** *tr.* Añadir oxígeno a un cuerpo. || *r.* Ponerse mohoso un metal.
**Óxido,** *m.* Nombre de ciertos compuestos del oxígeno.
**Oxigenado,** *adj.* Que contiene oxígeno.
**Oxígeno,** *m.* Es un gas incoloro, inodoro e insípido. Es necesario para la respiración y la combustión. Mezclado con el nitrógeno forma el aire y combinado con el hidrógeno forma el agua.
**Oyente,** *adj.* Que oye || *m.* El que está escuchando algo. || **Alumno oyente:** alumno que asiste a clase aunque no está matriculado como oficial.
**Ozono,** *m.* Estado especial en que se pone el oxígeno al descargarle uno una gran corriente eléctrica. || Sirve para desinfectar las aguas. Cuando está en forma líquida, es explosivo.

---

\*
Otorgar, *tr. Conceder, dar o conseguir:* **Le otorgó el permiso.**
  *Viene del latín* **auctoricare,** *que significa 'otorgar'.*
Otro, *adj. Se aplica a la persona o cosa distinta de aquella de que se habla:* **Yo quiero otra cosa.**
  *Viene del latín* **alter,** *que significa 'otro'.* || *Deriv.:* **Alteración, alterar, alternar, alternativa, subalterno.**

# P

**P.** Decimonona letra del abecedario castellano y decimoquinta de sus consonantes. Su nombre es *pe*.

**Pabellón,** *m.* Tienda de campaña de forma cónica sostenida por un palo gordo clavado en el suelo. || Colgadura para una cama, trono, altar, etc. || Ensanche cónico en el extremo de la trompeta, de la corneta y del clarinete. || Habitación grande separada de la parte principal de un edificio. || Nación a que pertenece un barco. || Bandera nacional. || El repliegue de la oreja.

**Pabilo,** *m.* Mecha o torcida que se coloca en la parte central de una vela. || La parte quemada de esa torcida o mecha.

**Pábulo,** *m.* Comida, alimento.

**Pacato,** *adj.* Pacífico, tranquilo, tranquilote.

**Pacense,** *adj.* Natural o perteneciente a Badajoz.

**Pacer,** *intr.* Comer el ganado la hierba de los prados o dehesas. || *tr.* Apacentar el ganado.

**Paciencia,** *f.* Virtud que consiste en sufrir todos los males y adversidades sin queja de ninguna clase. || Saber esperar las cosas que se retrasan mucho. || Bollito pequeño y redondo, hecho con harina, huevo, almendra y azúcar.

**Paciente,** *adj.* Que tiene paciencia. || Enfermo. || **Sujeto paciente:** el sujeto de una oración pasiva.

**Pacientemente,** *adv.* Con paciencia.

**Pacificación,** *f.* El poner paz entre los que estaban enemistados.

**Pacífico,** *adj.* Que tiene paz y es amigo de ella.

**Pacotilla,** *f.* Cantidad de género que los pasajeros y marineros de un barco pueden llevar por su cuenta. || Género de peor calidad.

**Pactar,** *tr.* Hacer un pacto.

**Pacto,** *m.* Convenio, tratado.

**Pachón,** *m.* Hombre flemático y tranquilo. || *adj.* Variedad de perros que tienen unas piernas muy cortas y unas orejas muy largas y colgantes y que son muy apreciados para cazar.

**Pachucho,** *adj.* Pasado de maduro. || Flojo y muy débil.

**Padecer.***

**Padecimiento,** *m.* Lo que se tiene al padecer. || Sufrimiento, enfermedad, dolencia.

**Padrastro,** *m.* El nuevo esposo de la madre de uno.

**Padre.***

---

*
PADECER, *tr. Sentir un dolor, enfermedad o cosa así:* **Padeció una pulmonía.** || *Soportar:* **Sostener, llevar o padecer una carga o peso.**
    *Viene del latín* **pati,** *que quiere decir 'sufrir, soportar'.* || *Deriv.:* **Apasionarse, compasión, compasivo, compatible, impaciencia, impacientar, impaciente, incompatible, paciente, padecimiento, pasión, pasional, patíbulo.** || *Contr.:* **Gozar.**

PADRE, m. *El que tiene uno o más hijos:* **Es padre de una familia numerosa.** || *Religioso o sacerdote:* **Predicó un padre jesuita.**
    *Viene del latín* **pater,** *que quiere decir 'padre'.* || *Deriv.:* **Apadrinar, compadrazgo, compadre, compatriota, empadronar, padrastro, padrenuestro, padrino, paternidad, patria, patriarca, patriarcal, patricio, pa-**

**Padrenuestro,** *m.* La oración más bonita y perfecta, llamada así porque empieza por las palabras Padre Nuestro.

**Padrinazgo,** *m.* Acto de servir como padrino en una ceremonia. ‖ Título de padrino. ‖ Protección o favor de que uno goza.

**Padrino,** *m.* El que presenta a otro para que éste reciba el bautismo, la confirmación, la boda, el orden sacerdotal, y si es mujer, a la que profesa. ‖ El que ofrece a otro su protección. ‖ *pl.* El padrino y la madrina.

**Padrón,** *m.* Nómina de los moradores de un pueblo.

**Paduano,** *adj.* Natural o perteneciente a Padua (Italia).

**Paella,** *f.* Plato típico de Valencia que tiene arroz, carne, legumbres, pescados, etc., y poco caldo.

**Paf.** Voz con que se imita un golpe.

**Paga,** *f.* Lo que se da al pagar. ‖ Sueldo de un empleado o militar. ‖ Lo que se da para pagar un sueldo o una deuda. ‖ V. **pagar.**

**Pagadero,** *adj.* Que se ha de pagar en un tiempo determinado o que es muy fácil de pagar.

**Pagaduría,** *f.* Oficina destinada a pagar a ciertas personas.

**Paganismo,** *m.* El conjunto de los no bautizados.

**Pagano,** *adj.* Que no es cristiano ni católico. ‖ *m.* El que tiene que pagar.

**Pagar.***

**Pagaré,** *m.* Papel escrito en el que uno se obliga a pagar en la fecha que allí se diga.

**Página.***

**Paginación,** *f.* Numeración de las páginas escritas.

**Pago.***

**Pagoda,** *f.* Templo asiático dedicado a un ídolo.

Pagoda

**País,** *m.* Nación, territorio. ‖ Región, comarca. ‖ V. **pago.**

**Paisaje,** *m.* Aspecto artístico de una porción de terreno.

**Paisajista,** *m.* Pintor de paisajes.

**Paisano,** *adj.* De la misma ciudad, re-

---

\* trimonio, patriota, patriótico, patriotismo, patrón, patronal, patronato, patrono, repatriar.

P<small>AGAR</small>, tr. *Dar a otro lo que uno le debe:* **Le pagó por su trabajo.** ‖ **Pagar una falta o delito:** *Sufrir el castigo merecido.*
    *Viene del latín* **pacare,** *que significa 'apaciguar, pacificar'.* ‖ *Deriv.:* **Paga, pagadero, pagador, pagaduría, pagaré, pago, sobrepaga.** ‖ *Contr.:* **Deber.**

P<small>ÁGINA</small>, f. *Cada una de las dos planas de la hoja de un libro o de un cuaderno:* **Aquel libro tiene 500 páginas.**
    *Viene del latín* **pagina,** *que significa lo mismo que en castellano.* ‖ *Deriv.:* **Compaginar, paginar.**

P<small>AGO</small>, m. *Acción de pagar:* **Le hizo un pago de dos mil pesetas.** ‖ *Distrito agrícola o parte del campo que pertenece a un pueblo:* **Mi finca está en el pago del Campillo.**
    *Cuando «pago» significa acción de* **pagar,** *viene de este verbo. Cuando significa 'distrito agrícola', viene del latín* **pagus,** *que quiere decir 'pueblo, aldea'.* ‖ *De esta última palabra latina se derivan en castellano* **pagano, paganismo, paganizar, país, paisaje, paisano.**

gión o comarca que otro. ‖ *m.* el que no es militar.

**Paja,** *f.* Caña de la familia de las gramíneas y a la que se ha quitado el grano.

**Pajar,** *m.* Sitio para guardar la paja.

**Pajarero,** *adj.* Relativo a los pájaros. ‖ *m.* El que caza o vende pájaros, o los cría.

**Pajarita,** *f.* Papel doblado y en forma de pájaro. ‖ Adorno de tela que se pone en el cuello, entre los dos picos de la camisa y que asemeja las dos alas de un pajarillo.

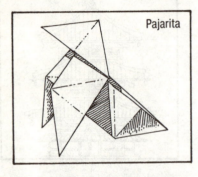

Pajarita

**Pajarito,** *m.* Diminutivo de pájaro. ‖ **Quedarse uno como un pajarito:** morirse muy pronto y sin hacer ni un gesto.

**Pájaro,** *m.* Ave pequeña y cantora. ‖ Perdiz macho. ‖ Hombre que abusa de su astucia.

**Pajarraco,** *m.* Pájaro grande y desconocido.

**Paje,** *m.* Antiguamente, muchacho joven que servía a un señor para aprender el ejercicio de las armas. ‖ Criado joven. ‖ Muchacho que está de criado en los barcos para aprender el oficio de marinero, y antes de ser grumete.

**Pajizo,** *adj.* Que tiene el color de la paja.

**Pala,** *f.* Herramienta que consiste en un palo y al final de éste una especie de cuchara plana, y que se emplea generalmente para coger arena. ‖ Parte ancha del remo. ‖ Especie de raqueta que se enfunda en la mano y sirve para jugar a la pelota. ‖ Lo ancho y plano de los dientes. ‖ Cada uno de los cuatro dientes que muda el potro a los treinta meses de edad.

**Palabra.\***

**Palabrería,** *f.* Muchas palabras tontas y vanas.

**Palabrota,** *f.* Expresión grosera y chabacana.

**Palacete,** *m.* Casa corriente, pero muy lujosa.

**Palaciego,** *adj.* Relativo al palacio. ‖ *m.* El que iba frecuentemente a palacio y estaba enterado de sus usos y modas.

**Palacio.\***

**Paladar,** *m.* Parte superior de la boca por dentro. ‖ Gusto y sabor que se saca a los manjares.

**Paladear,** *tr.* Sacar el gusto a una cosa. ‖ Poner al recién nacido en el paladar miel o algún otro dulce para que se aficione al pecho. ‖ *intr.* Hacer el recién nacido unos movimientos con la boca significando que quiere mamar.

**Paladín,** *m.* Caballero que se distingue por sus hazañas.

**Paladinamente,** *adv.* A ojos vistas, públicamente.

**Palafrén,** *m.* Caballo manso que era montado por una dama o señora.

**Palanca,** *f.* Barra de hierro o metal

---

\*
P<small>ALABRA</small>, *f. Conjunto de sonidos que expresan una idea:* **Cada idioma tiene muchas palabras.** ‖ *Facultad de hablar:* **Pidió la palabra.**
   *Viene del griego* **parabole,** *que significa 'comparación'.* ‖ *Deriv.:* **Apalabrar, palabrería, palabrero, palabrota, parábola, parabólico, parlamentar, parlamentario, parlamentarismo, parlamento, parlanchín, parlar, parlotear, parloteo.**

P<small>ALACIO</small>, m. *Casa suntuosa y grande que suele servir para que vivan los reyes o las personas importantes:* **Palacio Real; Palacio de la Audiencia.**
   *Viene del latín* **palatium,** *que quiere decir 'palacio'.* ‖ *Deriv.:* **Palaciego, paladín, palatino.**

que se emplea para levantar o remover pesos. || Barra o palo que sirve para llevar un peso entre dos. || Fortín construido con estacas y tierra.

**Palangana,** *f.* Vasija ancha y poco profunda, que sirve para lavarse la cara, las manos, etc. También se llama jofaina.

**Palanqueta,** *f.* Barra de hierro usada para hacer saltar una puerta o cerradura.

**Palatino,** *adj.* Del paladar. || Relativo o perteneciente al palacio. || Antiguamente se decía de los que tenían un cargo importante en palacio, y luego sirvió este adjetivo para nombrar duques, virreyes y capitanes generales.

**Palco,** *m.* Sitio independiente y que tiene cuatro, cinco, seis o más asientos, en el teatro, cine y en los toros. || Tablado donde se pone gente para ver el teatro.

**Palenque,** *m.* Sitio cercado para ver un espectáculo público. || Cerca o estancia hecha con maderas.

**Paleo-.** Prefijo que entra en la formación de palabras con el significado de «antiguo».

**Paleografía,** *f.* Ciencia de leer las escrituras de muchos monumentos y documentos antiguos.

**Paleontología,** *f.* Estudio de los restos de antiguos seres que se han encontrado enterrados en muchos sitios.

**Palestino,** *adj.* Natural o perteneciente a Palestina.

**Palestra,** *f.* Sitio o lugar donde se celebra una lucha.

**Paleta,** *f.* Tabla en donde el pintor va extendiendo sus colores para después ir mojando los pinceles con el color que necesite. || Especie de pala pequeña y de metal con la que se remueve la lumbre. || Nombre de otras cosas que parecen una pala pequeña.

**Paletada,** *f.* Cantidad que se coge de una vez con una paleta.

**Paletilla,** *f.* Omoplato. || Ternilla de la punta del esternón.

**Paleto,** *m.* Persona criada en el campo y de costumbres poco finas.

**Paliar,** *tr.* Encubrir, disimular, disculpar, suavizar, atenuar o calmar.

**Paliativos,** *m. pl.* Medicamentos que sirven para calmar los síntomas dolorosos o peligrosos.

**Palidez,** *f.* El estar pálido.

**Pálido,** *adj.* Amarillento, que se le ha ido su color natural.

**Paliducho,** *adj.* Que tiene mal y poco color.

**Palillero,** *m.* Estuche donde se guardan los palillos de dientes y de donde pueden cogerse fácilmente.

**Palillo,** *m.* Mondadientes de madera. || Palo pequeño.

**Palio,** *m.* Gran manto griego, que más tarde adoptaron los romanos. || Especie de capa usada por el Papa y la insignia que envía a todos los arzobispos y a ciertos obispos. || Dosel sostenido por cuatro varas largas y que se usa en las procesiones para llevar el Santísimo, recibir a los obispos, etc.

**Palique,** *m.* Conversación tonta, sin importancia.

**Paliza,** *f.* Zurra de golpes dados con un palo.

**Palizón,** *m.* Paliza muy grande.

**Palma,** *f.* Palmera. || Hoja de la palmera. || Parte inferior de la mano. || Nombre de algunas plantas de cuyas hojas se hacen escobas, cestas y cosas así. || *pl.* Aplausos.

**Palmada,** *f.* Golpe dado con la palma de la mano. || Ruido que se hace golpeando las palmas.

**Palmar,** *m.* Lugar donde crecen muchas palmas. || *intr. y fam.* Morir.

**Palmatoria,** *f.* Especie de candelero pequeño y con un mango. || Tablilla con la que los antiguos maestros castigaban a los malos alumnos.

**Palmera,** *f.* Árbol de la familia de las palmas y cuyo fruto son los dátiles.

**Palmípeda,** *adj.* Se le dice a cualquier ave que tenga los dedos unidos por una membrana, como el pato.

**Palmito,** *m.* Planta de la familia de las palmas, cuyo tallo, después de pelado, es comestible; también es comestible el fruto rojizo que tienen.

**Palmo,** *m.* Medida de longitud que equivale aproximadamente a 21 cm. || Lo que mide la mano extendida del hombre desde el extremo

Palmera

del pulgar hasta el final del meñique.

**Palo,** *m.* Trozo de madera mucho más largo que grueso y más o menos cilíndrico.

**Paloma,** *f.* Ave domesticada, de la que existen muchas variedades, que se diferencian principalmente por el tamaño y el color.

**Palomar,** *m.* Sitio donde las palomas se recogen y crían a sus pollos.

**Palomera,** *f.* Palomar pequeño que hay en algunas casas. || Casilla de madera en donde hay palomas.

**Palomina,** *f.* Excremento de las palomas.

**Palomino,** *m.* Pollo de la paloma. || *fam.* Mancha de caca en la parte posterior de la camisa.

**Palote,** *m.* Palo pequeño. || Ejercicio caligráfico para aprender a escribir.

**Palpable,** *adj.* Que puede tocarse. || Claro, evidente.

**Palpar,** *tr.* Tocar una cosa con las manos. || Conocer muy claramente una cosa.

**Palpitación,** *f.* Movimiento violento y desordenado de alguna parte del cuerpo, sobre todo del corazón.

**Palpitante,** *adj.* Que palpita.

**Palpitar,** *intr.* Contraerse y dilatarse alternativamente el corazón. || Moverse o agitarse una parte del cuerpo interiormente con movimiento trémulo e involuntario.

**Paludismo,** *m.* Enfermedad transmitida por los mosquitos y que destruye los glóbulos rojos de la sangre; por eso los que tienen paludismo se ponen tan paliduchos y amarillentos.

**Palurdo,** *adj.* Campesino, tosco, grosero, rústico.

**Palustre,** *m.* Paleta que usa el albañil.

**Pamela,** *f.* Sombrero de paja, con las alas muy anchas y que a veces usan las mujeres para adornarse.

**Pampa,** *f.* Cualquiera de las grandes llanuras sin árboles que hay en América del Sur.

**Pámpano,** *m.* Hoja o pimpollo de la vid.

Paloma

**Pamplina,** *f.* Cierta planta amarillenta de la familia de las amapolas, y propia de los sembrados. Es la comida preferida por los canarios. || Cosa de poca importancia.

**Pamplinoso,** *adj.* Que dice muchas pamplinas.

**Pan.**\*

**Pana,** *f.* Tela de algodón semejante al terciopelo.

**Panadería,** *f.* Sitio donde se hace o se

---

\* P<small>AN</small>, *m.* Alimento hecho de harina, principalmente de trigo, amasada y cocida al horno: **El pan es un alimento muy corriente.** || Hoja muy delgada de oro o de otro metal que sirve para adornar algo: **El techo está cubierto de panes de oro.**

 Viene del latín **panis,** que significa 'pan'. || *Deriv.:* **Empanada, panadero, panal, panecillo, panera, paniaguado, panificación.**

vende pan. || El oficio del panadero.
**Panal**, *m.* Conjunto de celdillas de cera que hacen las abejas para ir depositando la miel.
**Panameño**, *adj.* Natural de Panamá.
**Panamericano**, *adj.* Que pertenece o que se refiere a toda América.
**Pancarta**, *f.* Cartel. || Especie de cartel de tela y con letreros o dibujos.
**Pancismo**, *m.* Tendencia o actitud de quienes acomodan su comportamiento a lo que creen más conveniente y menos arriesgado para su provecho y tranquilidad.
**Páncreas**, *m.* Órgano en forma de lengua, situado debajo del estómago y que segrega jugo pancreático para la digestión e insulina para la sangre.
**Pandereta**, *f.* Pandero.
**Pandero**, *m.* Instrumento rústico de percusión, formado por un redondel de piel sujeto a un aro con sonajas o sin ellas.

Pandero

**Pandilla**, *f.* Unión de varias personas formadas generalmente con mal fin. || Reunión de gente que va a divertirse al campo. || Grupo de muchachos.
**Panecillo**, *m.* Pan pequeño, generalmente más tierno y esponjado que el grande.
**Panegírico**, *m.* Discurso en alabanza de una persona o cosa.
**Panel**, *m.* Cada uno de los cuadros en que se divide una puerta o ventana.
**Panera**, *f.* Lugar destinado para guardar el pan, el trigo o la harina. || Cesta grande para llevar el pan. || Cestillo de mimbre, de plata u otra materia para sacar el pan a la mesa.
**Pánfilo**, *adj.* Muy pesado, flojo y tardo en obrar.
**Panfleto**, *m.* Libelo difamatorio, obra de poca extensión de carácter agresivo.
**Pánico**, *m.* Se dice del miedo grande o temor excesivo sin causa justificada.
**Panificación**, *f.* Lo que se hace al panificar.
**Panificadora**, *f.* Tahona, fábrica de pan.
**Panificar**, *tr.* Fabricar el pan.
**Panizo**, *m.* Mijo de poca calidad.
**Panoja**, *f.* Mazorca del maíz, del mijo o del panizo. || El conjunto que forman tres o más boquerones que se fríen pegados por la cola.
**Panoli**, *adj. fam.* Necio, tonto, que se deja engañar facilísimamente.
**Panorama**, *m.* Vista de un horizonte extenso.
**Panorámico**, *adj.* Que se refiere al panorama o que lo recuerda.
**Pantalón.***
**Pantalla**, *f.* Aparato de diversas formas que se coloca sobre la luz para que no haga daño a los ojos. || Lienzo blanco sobre el cual se proyectan películas. || Persona que encubre a otra.
**Pantano**, *m.* Terreno anegado y con las aguas estancadas y de fondo más o menos cenagoso.
**Pantanoso**, *adj.* Se dice del terreno cubierto de pantanos, charcos y cenagales.
**Panteísmo**, *m.* Error del que piensa o afirma que todas las cosas son Dios.
**Panteón**, *m.* Monumento funerario destinado al enterramiento de varias personas.
**Pantera**, *f.* Especie de leopardo con

---
*
PANTALÓN, *m. Prenda de vestir que se sujeta en la cintura y que baja cubriendo cada pierna hasta los tobillos:* **Pantalón de pana.**
Viene del italiano **pantalone**, *que significa 'pantalón'.* || *Deriv.:* **Pantalonera.**

manchas circulares en la piel; son todas amarillas. || La pantera de Java es totalmente negra.

**Pantomima,** *f.* Arte de expresarse por medio de gestos y movimientos sin auxilio de la palabra. || Pieza dramática en que no hablan los actores.

**Pantorrilla,** *f.* Parte de atrás, carnosa y abultada, de la pierna por debajo de la corva.

**Pantufla,** *f.* Calzado sin orejas ni talón, propio para estar por casa.

**Panza,** *f.* Vientre abultado. || Especie de vientre de algunas vasijas. || La primera de las cuatro partes del estómago de los animales rumiantes.

**Pañal,** *m.* Lienzo en que se envuelve a los niños chiquitos.

**Pañería,** *f.* Comercio o conjunto de paños.

**Paño,** *m.* Tejido de lana tupido. || Mancha oscura en el rostro. || Lo que disminuye el brillo de una cosa. || Trapo para limpiar. || Compresa.

**Pañuelo,** *m.* Pedazo de tela pequeño y cuadrado que sirve para diferentes usos.

**Papa,** *m.* Sumo Pontífice de la Iglesia Católica.

**Papá,** *m.* Nombre familiar que dan los niños a su padre.

**Papada,** *f.* Carne que hay debajo de la barbilla.

**Papado,** *m.* Dignidad de Papa. || Tiempo que dura.

**Papagayo,** *m.* Especie de loro, con la cabeza amarillenta y el cuerpo con plumas verdes.

**Papanatas,** *m.* Hombre bastante panoli.

**Papel.***

**Papeleo,** *m.* Conjunto de papeles revueltos, muchos de los cuales son innecesarios.

**Papelera,** *f.* Especie de bolsa metálica en donde se van echando los papeles que ya no sirven.

**Papelería,** *f.* Conjunto de papeles en desorden. || Tienda donde se venden papeles.

**Papeleta,** *f.* Cédula. || Hoja de papel con algo escrito.

**Papera,** *f.* Tumor en la papada o en la garganta. || *pl.* Inflamación de las glándulas situadas debajo del oído, junto a la mandíbula inferior.

**Papila,** *f.* Cada uno de los pequeños salientes que tiene la superficie de la lengua.

**Papilla,** *f.* Alimento hecho con harina, leche y azúcar que se da a los niños pequeñitos.

**Papiro,** *m.* Planta del Oriente, de cuyo tallo sacaban los antiguos láminas que se empleaban para escribir. Muchos escritos de la antigüedad están escritos en papiros.

**Papirología,** *f.* Ciencia auxiliar de la historia que se aplica al estudio de los papiros. || Por extensión humorística, técnica de hacer pajaritas y otras figuras doblando el papel.

**Papista,** *adj.* Nombre que los herejes dan a los católicos romanos porque obedecen al Papa y así lo confiesan.

**Paquete,** *m.* Lío o envoltorio bien dispuesto y no muy abultado. || Hombre que sigue rigurosamente la moda y va muy compuesto.

Papagayo

---

 PAPEL, *m. Hoja delgada que se usa para escribir, dibujar o cosas parecidas:* **Escribo en papel rayado.** || *Parte de una obra teatral que ha de representar cada actor:* **Representó muy bien su papel.**

   *Viene del griego* **papyros,** *que significa 'papel'.* || *Deriv.:* **Empapelar, papelear, papelera, papeleta, papelucho, traspapelar.**

**Paquidermo,** *adj.* Se le llama así a los mamíferos que tienen una piel muy dura y muy gruesa, como le ocurre al hipopótamo.

Paquidermo

**Par.**\*
**Para.**\*
**Parabién,** *m.* Felicitación.
**Parábola,** *f.* Narración de un suceso fingido del cual se deduce una enseñanza moral.
**Parabólico,** *adj.* Que tiene la forma de la trayectoria de un proyectil tirado al aire.
**Paracaídas,** *m.* Artefacto de tela que usan los aviadores para moderar la velocidad de la caída cuando se tiran del avión.
**Parada,** *f.* La acción de pararse. || El hecho de detenerse uno en un sitio. || Sitio en que algo se ha parado. || Sitio en que se suele parar un coche, un autobús, o lo que sea.
**Paradero,** *m.* Lugar de parada. || Estación.
**Paradigma,** *m.* Ejemplo, modelo, ejemplar.
**Paradigmático, ca,** *adj.* Perteneciente o relativo al paradigma. || Ejemplar. || *Ling.* Dícese de las relaciones que existen entre los elementos de un paradigma.

**Paradisíaco,** *adj.* Propio del paraíso.
**Parado,** *adj.* Que no se mueve, poco activo. || Desocupado, sin empleo.
**Paradoja,** *f.* Frase que parece absurda y no lo es, fijándose uno bien. Ejemplo: El avaro es pobre.
**Paradójico,** *adj.* Que incluye paradoja.
**Parador,** *m.* Especie de mesón para turistas.
**Parafina,** *f.* Sustancia sólida y blanca derivada del petróleo.
**Paraguas,** *m.* Utensilio compuesto de un bastón y un varillaje flexible cubierto de tela, que sirve para resguardarse de la lluvia.
**Paraguayo,** *adj.* Natural de Paraguay.
**Paraíso,** *m.* Lugar delicioso en donde Dios puso a nuestros primeros padres, Adán y Eva. || Cielo. || Conjunto de asientos del piso de algunos teatros. || Cualquier sitio muy ameno.
**Paraje,** *m.* Lugar, sitio, estancia.
**Paralelamente,** *adv.* De un modo paralelo.
**Paralelepípedo,** *m.* Cuerpo geométrico formado por seis caras que son paralelogramos; cada dos de sus caras son paralelas e iguales entre sí.
**Paralelo,** *adj.* Se dice de las líneas o planos equidistantes entre sí y que por más que se prolonguen nunca llegan a encontrarse. || *m.* Comparación entre dos cosas. || Circunferencia paralela al Ecuador.
**Paralelogramo,** *m.* Cuadrilátero cuyos lados opuestos son paralelos.
**Parálisis,** *f.* Privación o disminución del movimiento y de la sensibilidad en una o varias partes del cuerpo.
**Paralítico,** *adj.* Enfermo de parálisis.
**Paralizar,** *tr.* Causar parálisis. || Detener, impedir, entorpecer.

---
\*
PAR, *m. Conjunto de dos cosas iguales:* **Un par de calcetines.** || *Título de dignidad en ciertos países:* **Los pares del reino.** || *adj. Exactamente divisible por dos:* **Número par.**
 Viene del latín par, *que significa 'igual, semejante'*. || *Deriv.:* **Aparear, aparejador, aparejo, dispar, disparidad, impar, pareado, pareja, parejar, parejo, paridad, paritario.** || *Contr.:* **Impar, dispar.**
PARA. *Preposición que tiene muchas significaciones, principalmente la de dirección hacia alguna cosa o finalidad:* **Trabajo para vivir.**
 Viene del latín per, *que significa 'por'*. || *Deriv.:* **Parabién, parapoco.**

**Paramento,** *m.* Adorno con que se cubre una cosa. ‖ Cada una de las caras de una pared. ‖ Adornos del altar.
**Paramera,** *f.* Llanura grande y fría.
**Páramo,** *m.* Lugar desierto, raso y sin vegetación. ‖ Cualquier sitio muy frío y elevado.
**Parangón,** *m.* Comparación.
**Parangonar,** *tr.* Comparar una cosa con otra.
**Paraninfo,** *m.* Salón de actos de algunas universidades.
**Paranoia,** *f.* Cierta clase de locura.
**Paranoico,** *adj.* Que padece paranoia.
**Parapetarse,** *r.* Hacer parapetos para defenderse. ‖ Guardarse de algún peligro.
**Parapeto,** *m.* Especie de muralla hecha con sacos de arena, piedras, palos, etc., que hacen los soldados para defenderse del enemigo. ‖ Baranda que se pone en los puentes, pasarelas, etc., para evitar las caídas.
**Parar.**\*
**Pararrayos,** *m.* Aparato dispuesto para evitar que la electricidad de las nubes cause daño a una casa, barco, palacio, etc.
**Parásito,** *m.* Microbio. ‖ Animal o vegetal que se pone en el cuerpo de otro y le chupa los jugos.
**Parca,** *f.* La muerte.
**Parcela,** *f.* Trozo pequeño de terreno.
**Parcelación,** *f.* Lo que se hace al parcelar.
**Parcelar,** *tr.* Dividir una finca grande en terrenos pequeños para ser vendidos o cultivados por separado.
**Parcelario,** *adj.* Que se refiere a las parcelas.

**Parcial,** *adj.* En una sola parte de algo. ‖ Que no es todo de una vez. ‖ Que va con una persona o partido y le favorece o ayuda.
**Parcialidad,** *f.* Calidad de parcial. ‖ Favoritismo.
**Parcialmente,** *adv.* De un modo parcial o imperfecto.
**Parco,** *adj.* Moderado, sobrio. ‖ Corto, escaso.
**Parche,** *m.* Pedazo de lienzo en el que va pegado un ungüento medicinal que se pone en una herida del cuerpo. ‖ Trapo, goma, etc., que sirve para tapar algo.

Pararrayos

**Parchís,** *m.* Juego parecido a la oca, pero que es diferente, ya que gana el que primero llega a la casilla central con todas sus fichas.
**Pardo,** *adj.* De color más o menos oscuro y terroso.
**Pardusco,** *adj.* De un color parecido al pardo, sin llegar a serlo.
**Pareado,** *m.* Trozo poético formado por dos versos.
**Parecer.**\*

---

\*
PARAR, *intr. Cesar de hacer algo;* **Después de mucho andar, pararon.** ‖ *Convertirse una cosa en otra distinta:* **Vino a parar en loco.** ‖ *Habitar, hospedarse:* **Para en el Hotel Español.**
  *Viene del latín* **parare,** *que significa 'preparar, disponer'.* ‖ *Deriv.:* **Amparar, aparador, aparato, aparatoso, desamparar, desamparo, disparar, disparo, irreparable, palmarado, parabrisas, paracaídas, parada, paradero, parador, paraguas, paragüero, paraje, pararrayos, parasol, preparativo, reparación, reparador, reparar.**
PARECER, *intr. Tener una cierta semejanza:* **Se parece a su madre.** ‖ *Tener cierto aspecto:* **Parece buena esta tela.** ‖ *m. Opinión de uno:* **Ese es mi parecer.**

**Parecido,** adj. Que se parece a otro. ‖ **Bien (o mal) parecido:** que tiene buen o mal aspecto. ‖ m. Semejanza.

**Pared.**\*

**Paredón,** m. Muralla o pared que queda en pie cuando todo el edificio se ha caído ya.

**Pareja,** f. Un par; es decir, dos. ‖ Compañero o compañera de baile.

**Parejo,** adj. Llano, liso. ‖ Igual, semejante.

**Parénquima,** m. Tejido vegetal constituido por células casi esféricas o cúbicas y separadas entre sí.

**Parentesco,** m. Lazo de consanguinidad o alianza entre varias personas. ‖ Conjunto de los parientes.

**Paréntesis.**\*

**Paria,** com. Persona de casta inferior entre los indios.

**Parida,** adj. Se dice de la hembra que acaba de parir.

**Pariente,** m. Persona unida con otra por lazos de consanguinidad o afinidad. ‖ Que son de la misma familia.

**Parietal,** adj. Se dice así a cada uno de los dos huesos que cubren el cráneo por la parte de arriba.

**Parihuela,** f. Especie de camilla para transportar enfermos, hecha de madera.

**paripé (Hacer el),** fr. fam. Darse importancia, hacer ostentación o cubrir las apariencias.

**Parir,** intr. Tener la hembra el hijo.

**Parisiense,** adj. Natural de París.

**Paritario,** adj. Se dice del comité formado con un número igual de representantes de patronos y obreros.

**Parla,** f. Labia.

**Parlamentar,** intr. Conversar para hacer un pacto.

**Parlamentario,** adj. Que pertenece al Parlamento. ‖ m. Militar que se envía a parlamentar. ‖ Miembro de un Parlamento.

**Parlamentarismo,** m. Régimen de gobierno parlamentario.

**Parlamento,** m. Conjunto de las dos cámaras legislativas.

**Parlanchín,** adj. Que habla demasiado.

**Parnaso,** m. Conjunto de todos los poetas que ha tenido un país, o de una época.

**Parné,** m. Nombre que los gitanos le dan al dinero.

**Paro,** m. Suspensión del trabajo industrial.

**Parodia,** f. Imitación burlesca de una obra literaria.

**Paroxismo,** m. Extrema intensidad de una enfermedad y, por extensión, de una pasión, del dolor, etcétera.

**Parpadear,** intr. Cerrar y abrir los ojos con rapidez y varias veces seguidas.

**Párpado,** m. Membrana movible que cubre y resguarda el ojo en el hombre y muchos animales.

**Parque,** m. Lugar arbolado, de cierta extensión, destinado para la caza o el paseo. ‖ Recinto militar donde se custodian cañones, municiones, etcétera.

**Parra,** f. Vid; especialmente frondosa y levantada artificialmente.

---

\* Viene del latín **parere,** que significa 'aparecer, parecer'. ‖ Deriv.: **Aparecer, aparecido, aparentar, aparente, aparición, apariencia, comparecencia, comparecer, desaparecer, transparentarse, transparente.**

PARED, f. *Tabique, muro hecho de ladrillos, piedra, madera u otra materia, levantada para cerrar un espacio:* **Las paredes de este edificio son muy gruesas.**
  Viene del latín **paries, parietis,** que significa 'pared'. ‖ Deriv.: **Emparedado, emparedar, paredón, parietal.**

PARÉNTESIS, m. *Signo ortográfico [( )] en que se suele encerrar una oración o frase:* **Pon esta palabra entre paréntesis.** ‖ *Oración o frase incidental y que no tiene enlace necesario con lo que se viene diciendo:* **Hizo un paréntesis en su discurso.**
  Viene del griego **parentesis,** *que quiere decir 'interposición'.*

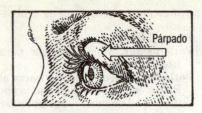
Párpado

**Parrafada,** *f.* Conversación larga y detenida.
**Párrafo,** *m.* Cada uno de los grandes trozos en que está dividido un escrito.
**Parral,** *m.* Conjunto de parras. ‖ Viñedo.
**Parranda,** *f.* Diversión nocturna y callejera.
**Parricidio,** *m.* Crimen de matar a un padre.
**Parrillas,** *f. pl.* Utensilio de cocina que sirve para tostar cosas. Parece una ventana de hierro, pequeña, con mango y con cuatro pies.
**Párroco,** *m.* Sacerdote que gobierna un parroquia. ‖ V. **parroquia.**
**Parroquia.***
**Parroquial,** *adj.* Relativo a la parroquia.
**Parroquiano,** *m.* Cliente habitual.
**Parsimonia,** *f.* Lentitud. ‖ Moderación en los gastos.
**Parsimonioso,** *adj.* Que muestra parsimonia. ‖ Cicatero, agarrado.
**Parte.***
**Partera,** *f.* Mujer que tiene por oficio asistir a las mujeres que están de parto.
**Parterre,** *m.* Jardín o parte de él, con césped, flores y paseos.

**Partición,** *f.* El dar a cada uno la parte que le corresponda.
**Participación,** *f.* Lo que se hace al participar. ‖ Aviso, noticia.
**Participante,** *adj.* Que participa o avisa.
**Participar,** *tr.* Notificar. ‖ Comunicar.‖ *intr.* Tener uno parte en una cosa. ‖ V. **parte.**
**Partícipe,** *adj.* Que tiene parte en una cosa.
**Participio,** *m.* Parte de la oración, que se llama así porque participa a la vez de las cualidades del verbo y de las del adjetivo.
**Partícula,** *f.* Parte pequeña de cualquier cosa. ‖ Parte indeclinable de la oración que se usa generalmente en composición con otros vocablos, como *in, sub.*
**Particular,** *adj.* Propio de una cosa o de una persona. ‖ V. **parte.**
**Particularidad,** *f.* Circunstancia particular.
**Particularizar,** *tr.* Explicar una cosa en todas sus partes y detalles. ‖ Tratar a una persona con más

Parterre

---

Parroquia, *f. Iglesia en que se administran los sacramentos a los fieles de cierto territorio:* **Voy a misa a mi parroquia.**
   *Viene del griego* **paroikos,** *que significa 'vecino'.* ‖ *Deriv.:* **Párroco, parroquial, parroquiano.**
Parte, *f. Porción o trozo de un todo:* **La pierna es una parte del cuerpo humano.** ‖ *Sitio o lugar:* **Vámonos a otra parte.** ‖ *Lado a que se inclina uno en alguna lucha:* **Se puso de parte de sus amigos.** ‖ *m. Escrito que se envía para dar un aviso o noticia urgente:* **Le mandó un parte.**
   *Viene del latín* **pars, partis,** *que significa 'parte'.* ‖ *Deriv.:* **Apartadizo, apartado, apartar, aparte, comportamiento, compartir, departamento, departir, imparcial, impartir, parcela, parcelar, parcialidad, partición, participar, partícipe, partícula, partida, partidario, partidista, partido, partícipe, partir, tripartito.** ‖ *Contr.:* **Todo.**

atenciones que a las demás. ‖ r. Distinguirse.

**Particularmente**, *adv.* De un modo particular. ‖ V. **parte**.

**Partida**, *f.* Lo que se hace al partir o marcharse de una parte a otra. ‖ Registro de bautismo, matrimonio, etc., y copia certificada de dichos documentos. ‖ Expedición, excursión. ‖ Cantidad de mercancías que se compran o se envían de una vez. ‖ Conjunto poco numeroso de gente armada. ‖ **Jugar una partida:** jugar hasta que pierda uno de los jugadores. ‖ V. **parte**.

**Partidario**, *adj.* Que sigue un partido o bando o entra a formar parte de él.

**Partido**, *adj.* Dividido, cortado, ‖ *m.* Conjunto de compañeros que están jugando contra otros tantos. ‖ Juego deportivo entre dos bandos. ‖ Conjunto de personas que tienen las mismas ideas políticas. ‖ **Partido judicial:** sitio donde hay un juez principal, el cual manda en varios pueblos, aunque, claro está, sólo manda en sus cosas de juez. ‖ **Sacar partido de una cosa:** sacar provecho de ella. ‖ V. **parte**.

**Partir**, *tr.* Dividir una cosa en dos o más partes. ‖ Rajar, quebrar. ‖ Romper ciertos frutos de cáscara dura. ‖ *intr.* Empezar a caminar, ponerse en camino. ‖ V. **parte**.

**Partitivo**, *adj.* Se le llama así a los adjetivos numerales «mitad, tercio, cuarto, etc.», porque expresan parte de una cosa.

**Partitura**, *f.* Ejemplar en que están reunidas todas las partes de una obra musical.

**Parto**, *m.* Acción de parir.

**Parturienta**, *adj.* (Mujer) que está de parto o recién parida.

**Parva**, *f.* Cada uno de los montones que se trillan de una vez en una era.

**Parvo**, *adj.* Pequeño.

**Párvulo**, *m.* Niño pequeño que no tiene seis años. ‖ *adj.* Inocente, sencillo.

**Pasa**, *f.* Uva secada al sol.

**Pasable**, *adj.* Que se puede pasar sin grandes dificultades. ‖ Que no es ni de buena ni de mala calidad.

**Pasacalle**, *m.* Marcha popular, de compás muy vivo, que se toca generalmente con guitarras.

**Pasadizo**, *m.* Sitio estrecho que sirve para pasar de una parte a otra.

**Pasado**, *m.* Tiempo que pasó. ‖ V. **paso**.

**Pasador**, *m.* Pieza de metal que, pasándola por donde se debe pasar, deja sujeta una cosa.

**Pasaje**, *m.* Lo que se hace cuando se pasa de un sitio a otro. ‖ Derecho que se paga por pasar de un sitio a otro. ‖ Sitio por donde se pasa. ‖ Precio del viaje en un buque. ‖ Conjunto de pasajeros de un barco. ‖ Trozo o lugar de un escrito.

**Pasajero**, *adj.* Se dice del lugar por donde pasa mucha gente. ‖ Que pasa pronto. ‖ Que pasa o va de camino de un lugar a otro.

**Pasamano**, *m.* Especie de galón o trencilla de oro, seda, etc., que se usa como adorno. ‖ Baranda, barandilla.

Pasamano

**Pasante**, *m.* El que ayuda a un médico, abogado, etc., para ir aprendiendo bien su carrera.

**Pasaporte**, *m.* Permiso para pasar de un país a otro.

**Pasar**, *tr.* Llevar una cosa de un sitio a otro. ‖ Atravesar. ‖ Dejar atrás, aventajar. ‖ Sufrir. ‖ Colar. ‖ V. **paso**.

**Pasarela**, *f.* Puente pequeño. ‖ Puente provisional.

**Pasatiempo**, *m.* Entretenimiento o juego en que se pasa un rato.

**Pascua**, *f.* Fiesta solemne de los hebreos, establecida para conmemorar su salida de Egipto. || Fiesta solemne de la Iglesia Católica en memoria de la Resurrección de Cristo. || *pl.* Tiempo que media entre Navidad y Reyes.

**Pascual,** *adj.* Que se refiere a la Pascua.

**Pase,** *m.* Permiso para pasar personas o cosas. || Cada una de las veces que el torero, después de citar al toro, le deja pasar.

**Paseante,** *adj.* Que pasea, que está paseando.

**Pasear,** *intr.* Andar a pie o a caballo o en carruaje, etc., por diversión o por hacer ejercicio. || *tr.* Llevar una cosa de un sitio a otro para enseñarla.

**Paseíllo,** *m.* Desfile de las cuadrillas por el ruedo antes de comenzar la corrida.

**Paseo,** *m.* Lo que se hace al pasear o pasearse. || Avenida pública destinada para pasearse. || En los toros, desfile de las cuadrillas y saludo a la presidencia antes de empezar la corrida. || V. **paso.**

**Pasiego,** *adj.* Del valle del Pas, en Santander.

**Pasillo,** *m.* Corredor de una casa o edificio. || Obra de teatro muy corta.

**Pasión,** *f.* Sufrimiento, serie de tormentos. || Relato de la Pasión contada en el Evangelio. || Deseo muy grande de una cosa.

**Pasionista,** *m.* El que canta la Pasión en los oficios de Semana Santa. || Sacerdote en los hospitales dedicado al cuidado espiritual de los enfermos.

**Pasivo,** *adj.* Que padece la acción. || **Verbo pasivo:** el que expresa la acción que sufre el sujeto. || **Voz pasiva:** conjugación del verbo ser con un participio pasivo de un verbo. || *m.* Cantidad debida por el comerciante.

**Pasmado,** *adj.* Asombrado, admirado.

**Pasmar,** *tr.* Enfriar mucho o bruscamente. || Asombrar mucho. || Ocasionar pérdida del sentido o del movimiento. || *r.* Enfermar de pasmo.

**Pasmo,** *m.* Enfriamiento que causa dolor de huesos, romadizo, etc. || Admiración y asombro muy grandes.

**Paso.\***

**Pasodoble,** *m.* Compás de la marcha que lleva la tropa.

**Pasquín,** *m.* Escrito anónimo fijado en sitio público para insultar al gobierno, a una persona, una empresa, etc.

**Pasta,** *f.* Masa hecha con diversas cosas machacadas. || Cartón cubierto de tela o de piel y usado para encuadernar. || Galleta, bizcocho.

**Pastar,** *intr.* Comer pastos el ganado, arrancándolos con su boca.

**Pastel,** *m.* Pasta de harina y manteca en la que se envuelve crema, nata, etcétera, o pescado, fruta, carne. || Lápiz hecho de pintura colorante amasada con agua de goma. || Lío, engaño. || Montón de forma extraña e irregular.

**Pastelería,** *f.* Comercio donde se venden pasteles. || Arte de hacer pasteles.

**Pasterizar,** *tr.* Pasteurizar.

**Pasteurizar,** *tr.* Calentar un líquido (generalmente la leche) hasta los

---

\* Paso, m. *Movimiento que se hace al andar, echando un pie por delante de otro:* **Anda con pasos largos.** || *Longitud comprendida entre el pie adelantado y el que queda atrás:* **Está a una distancia de 20 pasos.** || *Tránsito, acción de pasar:* **El paso del ferrocarril.** || *Cualquiera de los sucesos más notables de la Pasión de Jesucristo:* **Los pasos del Vía Crucis; los pasos de la Semana Santa,** *etc.*

Viene del latín **passus,** que quiere decir 'movimiento del pie cuando se va de una parte a otra'. || *Deriv.:* **Acompasar, antepasado, compás, descompasado, pasacalle, pasadizo, pasaje, pasajero, pasamanos, pasante, pasaporte, pasar, pasatiempo, paseo, pasillo, propasarse, repasar, sobrepasar, traspasar, traspaso.**

60 u 80 grados para matarle los microbios malos que pudiera tener.
**Pastilla,** *f.* Porción pequeña de cualquier pasta. || Trozo pequeño de pasta dulce o medicinal.
**Pastizal,** *m.* Terreno que tiene mucho pasto.
**Pasto,** *m.* Hierba que el ganado pace. || Prado en que pace.
**Pastor,** *m.* Criador de ganado. || Sacerdote, prelado. || **Buen Pastor:** Jesucristo.
**Pastoral,** *adj.* Se dice de lo que se refiere a los pastores. || **Carta pastoral:** carta de un obispo a su diócesis.
**Pastorear,** *tr.* Llevar el ganado al campo y cuidar de él mientras pace.
**Pastoreo,** *m.* El cuidar de los ganados mientras comen el pasto.
**Pastoso,** *adj.* Que tiene la blandura de la pasta.
**Pata,** *f.* Pie y pierna de los animales. || Pie o base de un mueble u otra cosa. || Hembra del pato.
**Patada,** *f.* Golpe dado con el pie o con la pata.
**Patalear,** *intr.* Mover mucho y muy ligero los pies y las piernas. || Dar patadas en el suelo estando enfadado.
**Patán,** *m.* Bruto, rústico, tosco.
**Patata,** *f.* Planta cuyos tubérculos, llamados también patatas, son uno de los alimentos mejores del hombre.
**Patatero,** *m.* El que vende patatas. || *adj.* Muy aficionado a comer patatas. || En el ejército, el sargento, brigada, etc., que haya sido ascendido desde soldado raso.
**Patatús,** *m.* Pérdida momentánea del conocimiento a causa de un ataque al corazón, y acompañado generalmente de un pequeño pataleo.
**Patear,** *tr.* e *intr.* Dar golpes con los pies.
**Patena,** *f.* Especie de almeja metálica, de oro, plata o metal dorado, en la cual se pone la hostia durante la santa misa.
**Patentar,** *tr.* Registrar legalmente un invento o el modo de hacer algo.
**Patente,** *f.* Registro de un invento. || *adj.* Claro, sin lugar a dudas, evidente.

**Patentemente,** *adv.* De un modo patente.
**Patentizar,** *tr.* Hacer patente alguna cosa.
**Paternal,** *adj.* Del padre. || Que se refiere al padre.
**Paternalmente,** *adv.* Con cariño de padre.
**Paternidad,** *f.* Calidad y dignidad de padre.
**Paterno,** *adj.* Propio del padre. || Del padre.
**Patético,** *adj.* Que conmueve el ánimo, causando dolor, tristeza, etcétera.
**Patíbulo,** *m.* Especie de mesa o tablado en donde se ejecuta a un reo.
**Patilla,** *f.* Barba que crece sobre los carrillos. || Pieza de la llave de ciertas armas de fuego.
**Patín,** *m.* Aparato que se ajusta al calzado y que sirve para patinar.
**Pátina,** *f.* Capa verdosa que se forma sobre los objetos de cobre o de bronce. || Tono que adquieren las pinturas a medida que se van secando y pasando el tiempo.

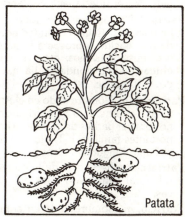

Patata

**Patinar,** *intr.* Deslizarse sobre el hielo o sobre alguna superficie lisa. || Resbalar las ruedas de un vehículo sin avanzar.
**Patio,** *m.* Parte (en la casa) que no tiene techo, pero que está rodeada de edificios que comunican con él. || En el teatro, planta baja ocupada por las butacas.
**Patitieso,** *adj.* Que le ha dado un pa-

tatús. || Que se ha quedado atontolinado de admiración o de sorpresa.
**Patizambo,** *adj.* Que anda con las rodillas juntas y con las piernas hacia fuera.
**Pato,** *m.* Ave acuática palmípeda. || *adj.* Torpe, soso.

Pato

**Patógeno,** *adj.* Dícese de lo que origina y provoca las enfermedades.
**Patológico,** *adj.* De alguna enfermedad. || De las enfermedades.
**Patraña,** *f.* Mentira o noticia inventada por el que la está contando.
**Patria,** *f.* Nación o estado donde se ha nacido. || Región o ciudad donde han nacido o prosperado artistas, músicos, sabios, etc. || **Patria chica:** pueblo donde se ha nacido. || V. **padre.**
**Patriarca,** *m.* Nombre dado en el Antiguo Testamento a algunos ancianos por ser padres de grandes e importantes familias. || Título que da el Papa a algunos obispos.
**Patriarcal,** *adj.* Se dice de lo que se refiere al patriarca o a los patriarcas.
**Patricio,** *m.* Nombre dado en el imperio romano a los nobles. || *adj.* De un noble romano.
**Patrimonial,** *adj.* Se dice de lo que se refiere al patrimonio.
**Patrimonio,** *m.* Bienes heredados del padre o de la madre.
**Patrio,** *adj.* Se dice de lo que se refiere a la patria y es de ella. || Se dice de lo que se refiere al padre.
**Patriota,** *m.* El que ama a su patria y busca el beneficio de ella.

**Patriótico,** *adj.* Todo lo que se refiere al patriota y al patriotismo.
**Patriotismo,** *m.* Amor a la patria.
**Patrocinar,** *tr.* Proteger, ayudar.
**Patrocinio,** *m.* Protección, ayuda.
**Patrón,** *m.* Dueño de la casa donde uno se aloja. || Amo, señor. || El santo bajo cuyo patrocinio se pone una nación, pueblo, iglesia, etc.
**Patrona,** *f.* Dueña de la pensión donde uno se hospeda. || Virgen o santa protectora de alguna ciudad o región.
**Patronal,** *adj.* Se dice de lo que se refiere al patrón o al patronato.
**Patronato,** *m.* Derecho o poder que tiene el patrón o los patronos. || Corporación de patronos. || **Escuela de Patronato:** la fundada y administrada por alguna asociación particular. || V. **padre.**
**Patronazgo,** *m.* Patronato.
**Patrono,** *m.* Patrón. || Persona que emplea obreros para hacer un trabajo que tendría si no que hacerlo él.
**Patronímico,** *m.* Apellido.
**Patrulla,** *f.* Grupo de seis soldados encargados de vigilar.
**Patrullero,** *adj.* Barco para patrullar por las costas.
**Paúl,** *m.* Individuo de la Orden de San Vicente de Paúl.
**Paulatinamente,** *adj.* Poco a poco.
**Pausa,** *f.* Parar un poco en una cosa que se está haciendo.
**Pausado,** *adj.* Que obra con lentitud.
**Pauta,** *f.* Rayas en el papel. || Norma.
**Pavesa,** *f.* Pequeña chispa encendida que salta de una materia inflamada y que se convierte en ceniza.
**Pavimento,** *m.* Suelo enlosado.
**Pavo,** *m.* Ave gallinácea americana. || Hombre soso.

Pavo

**Pavo real**, *m.* Gallinácea procedente de Asia, aclimatada en Europa y que tiene un hermoso plumaje.
**Pavor**, *m.* Terror, miedo muy grande. ‖ Temor acompañado de sobresalto muy grande.
**Payasada**, *f.* Dicho o hecho propios de un payaso.
**Payaso**, *m.* Hombre que se dedica a hacer reír a la gente en circos y ferias.
**Payés**, *m.* Campesino de Cataluña y Baleares.
**Paz.**\*
**Pazguato**, *adj.* Que se queda admirado con cualquier cosa.
**Pazo**, *m.* Palacio gallego.
**¡Pchs!** Interjección que significa «ya veremos», «lo mismo me da», indiferencia, etc.
**pea (Tener una)**, *fr. fam.* Estar borracho.
**Peana**, *f.* Apoyo donde se coloca una estatua u otra cosa.
**Peatón**, *m.* Hombre que va a pie.
**Peca**, *f.* Mancha de color pardo que, por lo general, suele salir en la cara.
**Pecado.**\*
**Pecador**, *adj.* Que peca o tiene costumbre de pecar. ‖ Que puede caer en pecado.
**Pecaminoso**, *adj.* Que se refiere al pecado. ‖ Que contiene el pecado.
**Pecar**, *intr.* Obrar, decir o pensar contra la Ley de Dios.
**Pecera**, *f.* Recipiente de cristal lleno

Pecera

de agua donde se tienen peces vivos para distracción.
**Pécora**, *f.* Res de ganado lanar.
**Pectoral**, *adj.* Que se refiere al pecho. ‖ *m.* Cruz que llevan los obispos sobre el pecho.
**Pecuario**, *adj.* Que se refiere al ganado.
**Peculiar**, *adj.* Típico, característico.
**Pechera**, *f.* Parte del traje, de la camisa o del vestido que recubre el pecho.
**Pecho.**\*
**Pechuga**, *f.* Pecho del ave.
**Pedagogía**, *f.* Arte y ciencia de enseñar y educar. ‖ Conjunto de ciencias que se refieren a la educación.
**Pedagógico**, *adj.* Que se refiere a la pedagogía. ‖ Educativo.
**Pedagogo**, *m.* El que se dedica a la pedagogía.
**Pedal**, *m.* Palanca que se empuja con

---

\*

Paz, f. *Virtud que da tranquilidad y sosiego a una persona:* **Está en paz.** ‖ *Tranquilidad pública en un país, que no tiene guerra dentro de él ni con ningún otro:* ***La paz de los pueblos.***
    Viene del latín *pax, pacis,* que significa 'paz'. ‖ *Deriv.:* **Apaciguar, pacto, pacificación, pacificar, pacífico, pacifismo, pazguato.** ‖ *Contr.:* **Guerra.**

Pecado, m. *Hecho, palabra o pensamiento que va contra la Ley de Dios:* ***Pecado original es el que cometieron Adán y Eva y que se transmite a todos los hombres.***
    Viene del latín *peccare,* que significa 'faltar, fallar'. ‖ *Deriv.:* **Empecatado, impecable, pecador, pecaminoso, pecar.**

Pecho, m. *Parte del cuerpo humano que va desde el cuello hasta el vientre:* ***En el pecho están los pulmones y el corazón.*** ‖ *Parte exterior y delantera del mismo pecho:* ***Iba con los pechos levantados.***
    Viene del latín *pectus,* que quiere decir 'pecho'. ‖ *Deriv.:* **Antepecho, apechugar, despechugado, expectoración, pectoral, pechar, pechera, pechero, pechuga petirrojo, pretil, pretina, repecho, pechada.**

los pies y que sirve para mover un mecanismo.

**Pedalear,** *intr.* Ir moviendo los pedales estando subido a la bicicleta.

**Pedaleo,** *m.* Acción y efecto de pedalear.

**Pedante,** *adj.* Presumido, orgulloso que se cree que lo sabe todo.

**Pedantería,** *f.* Calidad de pedante.

**Pendantesco,** *adj.* Que se refiere a los pedantes o se parece a ellos.

**Pedazo,** *m.* Trozo, parte, porción.

**Pedernal,** *m.* Clase de cuarzo muy corriente que produce chispas con el eslabón.

**Pedestal,** *m.* Peana sobre la que se pone una columna o una estatua.

**Pedestre,** *adj.* Hecho a pie.

**Pediatra,** *m.* Médico especialista en curar enfermedades que se presentan en los niños.

**Pediatría,** *f.* Medicina de enfermedades infantiles.

**Pedicuro,** *m.* Callista.

**Pedido,** *m.* Encargo hecho a un fabricante o comerciante de géneros que él trafica.

**Pedigüeño,** *adj.* Que siempre está pidiendo.

**Pedir.\***

**Pedrada,** *f.* Golpe dado con una piedra. Y señal que deja. ‖ Frase dicha con intención de que moleste a otro.

**Pedrea,** *f.* Combate a pedradas.

**Pedregoso,** *adj.* Lleno de piedras.

**Pedrería,** *f.* Conjunto de piedras preciosas.

**Pega,** *f.* Lo que se hace al pegar una cosa con otra. ‖ Engaño, chasco. ‖ Entre estudiantes, pregunta de un examen que parece una pregunta difícil y no lo es.

**Pegadizo,** *adj.* Pegajoso.

**Pegajoso,** *adj.* Que se pega con mucha facilidad. ‖ Contagioso. ‖ Molesto, pesado.

**Pegamento,** *m.* Sustancia pastosa que sirve para pegar. ‖ Antiguamente los pegamentos principales eran el almidón, las colas y las gomas. Ahora casi todos los pegamentos son productos industriales sintéticos.

**Pegar,** *tr.* Unir con goma, cola, etc., dos o más cosas. ‖ Dar golpes. ‖ *r.* Unirse una cosa con otra. ‖ Contagiarse.

**Pegatina,** *f.* Adhesivo pequeño que lleva impreso propaganda política, comercial, etc. ‖ Se emplea también para marcar los precios en los centros de venta.

**Peinado,** *m.* Arreglo y disposición del pelo.

**Peinador,** *m.* Especie de toalla para cubrir el cuerpo del que se peina o afeita.

**Peinar,** *tr.* Arreglar y disponer el pelo. ‖ Desenredar la lana de los animales.

**Peine,** *m.* Utensilio para desenredar y alisar el pelo.

**Peineta,** *f.* Peine alto que usan las mujeres para sostener o adornar el pelo.

**Pejiguera,** *f. fam.* Cualquier cosa que molesta y dificulta a uno.

**Peladilla,** *f.* Almendra lisa y redondeada, cubierta con un baño de azúcar y cocida.

**Pelado,** *adj.* Sin pelo. ‖ Que no tiene dinero. ‖ Sin vegetales.

**Pelaje,** *m.* El aspecto que presenta el pelo de algún animal.

**Pelandusca,** *f.* Mujer de mala vida.

**Pelar,** *tr.* Cortar el pelo. ‖ Quitar la piel a una fruta. ‖ Quitar las plumas a un ave.

**Peldaño,** *f.* Cada uno de los escalones de una escalera.

**Pelea,** *f.* Riña con las manos. ‖ Combate.

**Pelear,** *intr.* Reñir, combatir. ‖ Esforzarse por conseguir algo.

---

\*
P̲edir, *tr. Rogar a uno que dé o haga una cosa:* **Le pidió prestado un libro.**

  Viene del latín petere, que significa *'dirigirse hacia un sitio, aspirar a algo'.* ‖ *Deriv.:* **Apetecer, apetecible, apetencia, apetito, apetitoso, competencia, competente, competer, competidor, competir, pedido, pedigüeño, petición.**

**Pelechar,** *intr.* Estar las aves mudando de plumas.
**Pelele,** *m.* Muñeco de trapo no muy bien hecho.
**Peletería,** *f.* Tienda donde se venden abrigos de pieles.
**Peliagudo,** *adj.* Muy difícil.
**Pelícano,** *m.* Ave parecida al pato, pero con el pico más largo y más ancho que, según la leyenda, se desgarra el pecho para alimentar a sus hijos con la propia sangre.

Pelícano

**Película,** *f.* Rollo de celuloide. ‖ Cinta cinematográfica. ‖ Piel muy delgada. ‖ V. **piel.**
**Peligro.***
**Peligroso,** *adj.* Que tiene mucho peligro.
**Pelma,** *adj.* Pelmazo.
**Pelmazo,** *adj.* Que tiene mucha calma y hace las cosas excesivamente despacio.
**Pelo.***
**Pelota,** *f.* Bola de cualquier tamaño hecha generalmente de goma y que sirve para jugar.
**Pelotari,** *m.* Jugador de pelota vasca.
**Pelotazo,** *m.* Golpe dado con la pelota.
**Pelotilla,** *m.* Bola de cera y pequeña. ‖ **Hacerle a otro la pelotilla:** adularle, darle coba, lisonjearle.
**Pelotón,** *m.* Conjunto de personas en tropel. ‖ Conjunto de soldados mandados por un sargento.
**Peluca,** *f.* Cabellera postiza. ‖ Pelo muy largo.
**Peludo,** *adj.* Que tiene mucho pelo.
**Peluquería,** *f.* Establecimiento y oficio del peluquero.
**Peluquero,** *m.* El que tiene por oficio cortar el pelo y afeitar.
**Pelusa,** *f.* Especie de pelo que con el tiempo van soltando las telas. ‖ *fig.* y *fam.* Envidia propia de niños.
**Pelvis,** *f.* Parte inferior del abdomen.

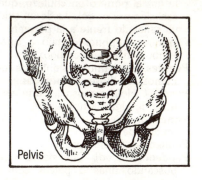
Pelvis

**Pella,** *f.* Parte mantecosa del cerdo recién matado.
**Pellejo,** *m.* La piel.
**Pellica,** *f.* Zamarra hecha de piel fina.
**Pelliza,** *f.* Especie de chaqueta hecha o forrada con pieles.
**Pellizcar,** *tr.* Dar pellizcos. ‖ Ir comiéndose alguna cosa poco a poco y a pellizcos.
**Pellizco,** *m.* Dolor causado por coger

---

*P*ELIGRO, *m. Riesgo de que suceda algún mal:* **Al cruzar un río hay peligro de ahogarse.**
  *Viene del latín* **periculum,** *que quiere decir 'ensayo, prueba'.* ‖ *Deriv.:* **Peligrar, peligroso.** ‖ *Contr.:* **Seguridad.**
*P*ELO, m. *Especie de hilillo que nace en la piel del hombre y de bastantes animales:* **Ese caballo tiene el pelo negro.** ‖ *Cualquier cosa insignificante y pequeñísima:* **Le falta un pelo para llegar.**
  *Viene del latín* **pilus,** *que significa 'pelo'.* ‖ *Deriv.:* **A contrapelo, depilación, depilar, espeluznante, pelagatos, pelaje, pelambrera, pelicano, pelillo, pelirrojo, peludo, pelusa, repelar, repelón.**

entre los dedos un trozo de carne y apretar fuerte. ‖ Pequeña cantidad que se coge de una cosa.
**Pena.\***
**Penacho,** m. Adorno hecho con plumas. ‖ Grupo de plumas que tienen en la cabeza ciertas aves.
**Penado,** m. Delincuente condenado a una pena.
**Penal,** m. Cárcel. ‖ adj. Se dice de lo que se refiere al castigo.
**Penalidad,** f. Sufrimiento, trabajo molesto.
**Penalizar,** tr. En competiciones deportivas, imponer una sanción o castigo.
**Penalti,** m. Falta cometida en el área de puerta cuando el árbitro la pita, y ordena que, sin nadie delante, se le tire al portero un chutazo, que casi siempre es gol, desde un sitio ya señalado frente a la portería.
**Penar,** tr. Imponer castigo a uno. ‖ intr. Padecer un castigo.
**Penates,** m. pl. Entre los antiguos romanos, los dioses domésticos.
**Penca,** f. Hoja carnosa. ‖ Parte carnosa de algunas hojas.
**Penco,** m. Caballo flaco y medio muerto de hambre.
**Pendencia,** f. Riña, pelea.
**Pendenciero,** adj. Que siempre va buscando riñas o peleas contra quien sea.
**Pender,** intr. Colgar. ‖ Estar ocupado en un pleito o negocio.
**Pendiente,** adj. Que pende o cuelga. ‖ Que está por resolverse. ‖ m. Adorno que se ponen las mujeres en las orejas. ‖ f. Cuesta.
**Pendón,** m. Insignia o bandera más larga que ancha.
**Péndulo,** m. Cuerpo pesado que puede oscilar y que está colgando de una varilla.
**Penetración,** f. Lo que se hace al penetrar. ‖ Astucia, sagacidad, talento.
**Penetrante,** adj. Que penetra. ‖ Profundo. ‖ Agudo, intenso.

**Penetrar,** tr. Pasar a través de una cosa. ‖ Entrar. ‖ Darse cuenta de una cosa, adivinar.
**Penibético,** adj. Del sureste de España.
**Penicilina,** f. Sustancia que mata los microbios. La descubrió Alexander Fleming, sacándola del hongo penicilio.
**Península,** f. Extensión de tierra rodeada de agua por todas partes menos por una, que se une al continente.

Península

**Peninsular,** adj. Natural de una península y lo que a ella se refiere.
**Penique,** m. Moneda inglesa de poco valor (vale doce veces menos que la libra esterlina).
**Penitencia,** f. Sacramento por el que se perdonan los pecados cometidos después del bautismo. ‖ Pena que impone el confesor para satisfacer el pecado y preservarnos de él. ‖ Virtud que consiste en el dolor de haber pecado y el propósito de no pecar más. ‖ Serie de castigos corporales que uno se aplica a sí mismo para satisfacer a Dios por los pecados cometidos.
**Penitenciaría,** f. Cárcel, penal donde los presos se sujetan a un régimen destinado a su enmienda y mejora.
**Penitenciario,** adj. Se dice de lo que se refiere a las cárceles.
**Penitente,** com. El que hace penitencia y tiene el propósito de no pecar más. ‖ En las procesiones, persona

---

\*

PENA, f. *Castigo impuesto por algo que se ha hecho mal:* **Está pagando la pena de su crimen.** ‖ *Tristeza, dolor, aflicción profunda:* **Le dio mucha pena.** *Viene del griego* **poine,** *que significa 'expiación, castigo'.* ‖ *Deriv.:* **Apenar, despenar, penado, penal, penar.** ‖ *Contr.:* **Premio, alegría.**

que viste túnica morada en señal de penitencia.
**Penosamente,** *adv.* De un modo penoso.
**Penoso,** *adj.* Difícil, con muchas dificultades.
**Pensador,** *adj.* Que piensa. ‖ *m.* Filósofo que se dedica a pensar y decir frases muy sabias.
**Pensamiento,** *m.* Lo que se hace al pensar. ‖ Idea. ‖ Frase notable de un escrito. ‖ V. **pensar.**
**Pensar.***
**Pensativo,** *adj.* Que piensa intensamente y está como ajeno a todo lo demás.
**Pensil,** *m.* Jardín delicioso.
**Pensión.***
**Pensionado,** *adj.* Que cobra alguna pensión de dinero. ‖ *m.* Colegio de alumnos internos.
**Pensionista,** *com.* Persona que tiene derecho a cobrar una pensión de dinero. ‖ Alumno que paga para recibir en un sitio enseñanza y alimentos. ‖ **Medio pensionista:** alumno que come en el colegio, pero que no duerme en él.
**Penta-.** Prefijo que entra en la composición de algunas palabras españolas con el significado de «cinco».
**Pentágono,** *m.* Polígono de cinco lados.
**Pentragrama,** *m.* El conjunto de las cinco rayas o renglones en que se escribe la música.
**Pentateuco,** *m.* Parte de la Biblia que comprende los cinco primeros libros del Antiguo Testamento. Es la parte de la Biblia que escribió Moisés.
**Penúltimo,** *adj.* Inmediatamente anterior al último.
**Penumbra,** *f.* Semioscuridad; sombra débil y poco oscura.

**Penuria,** *f.* Pobreza, escasez.
**Peña,** *f.* Roca, piedra muy grande. ‖ Círculo de aficionados a algo.
**Peñasco,** *m.* Peña grande y difícil de subir.
**Peñón,** *m.* Monte peñascoso.
**Peón,** *m.* El que camina a pie. ‖ Jornalero. ‖ Pieza pequeña del ajedrez.
**Peonada,** *f.* Trabajo que un peón o un jornalero hacen en un día.
**Peonza,** *f.* Juguete de madera en punta y al que se le hace bailar con una cuerda.

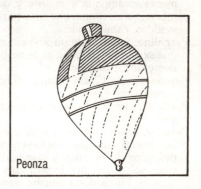
Peonza

**Peor,** *adj.* Más malo. ‖ *adv.* Más mal.
**Pepinillo,** *m.* Pepino pequeño en vinagre.
**Pepita,** *f.* Simiente de algunas frutas (manzanas, peras, etc.). ‖ Arena de oro o de otro metal bueno.
**Pepito,** *m.* Bocadillo de pan y carne.
**Pepitoria,** *f.* Guisado de ave cuya salsa tiene yema de huevo. ‖ Montón hecho sin orden ni concierto.
**Pepona,** *f.* Muñeca grande de cartón.
**Pepsicola,** *f.* Cierta bebida refrescante y estomacal.
**Pequeñez,** *f.* Cosa sin importancia. ‖ Calidad de pequeño.

---

*

PENSAR, tr. *Discurrir, reflexionar, formarse ideas en la mente:* **Piensa muy seriamente en el asunto.**
   Viene del latín **pensare,** *que significa 'pesar cuidadosamente'.* ‖ *Deriv.:* **Pensador, pensamiento, pensativo.**

PENSIÓN, f. *Cantidad que se paga mensualmente o al año por algún servicio:* **Tiene una pensión de guerra.** ‖ *Casa de huéspedes:* **Vive en una pensión.**
   Viene del latín **pensio, pensionis,** *que significa propiamente 'pago'.* ‖ *Deriv.:* **Pensionado, pensionista.**

**Pequeño.\***
**Pera,** *f.* Fruto del peral.
**Peral,** *m.* Árbol de la familia del manzano y del almendro, cuyo fruto es la pera. Su madera, de color blanco rojizo, se usa mucho para hacer reglas y escuadras para dibujantes.
**Perca,** *f.* Pez de río, verdoso en el lomo, plateado en el vientre y dorado en los costados. En los costados presenta, además, seis o siete fajas negruzcas. Su carne es comestible.
**Percal,** *m.* Tela de algodón, generalmente estampada y brillosa y de más o menos finura, que sirve para vestidos, camisas, etc.
**Percalina,** *f.* Percal de un solo color, que se emplea para forros de vestidos y otros usos.
**Percance,** *m.* Contratiempo, daño imprevisto.
**Percatar,** *intr. y r.* Darse cuenta, advertir.
**Percebe,** *m.* Animal de la familia de las almejas, pero que vive fijo en los peñascos de la costa, y que tiene cinco valvas (en vez de dos) en su concha. Fuera de la concha tiene un saliente largo y carnoso con el que se agarra a los peñascos. Vive en grupos. || *fig.* Hombre tonto e ignorante.
**Percepción,** *f.* Lo que se hace al percibir. || Sensación interior que resulta de alguna impresión material hecha en nuestros sentidos por alguna cosa exterior.
**Perceptible,** *adj.* Que se puede percibir.
**Percibir,** *tr.* Recibir por alguno de los sentidos una impresión exterior. || Recibir una cosa.
**Percibo,** *m.* Lo que se hace al percibir dinero u otra cosa.
**Percusión,** *f.* Golpe que da una cosa contra otra que está quieta y sonido que se produce. || Golpe que da el médico en la superficie del cuerpo, con los dedos o con un martillito, para averiguar la posición de los órganos profundos y el estado en que se encuentra, estando el médico muy atento a las diferencias de sonido que se van produciendo.
**Percha,** *f.* Soporte especial para colgar abrigos, sombreros, trajes y cosas así. || Trampa para cazar pájaros, palomas y perdices.
**Perchero,** *m.* Madero que sirve para sostener alguna cosa y en especial prendas de vestir.
**Percherón,** *adj.* Se le llama así a una clase de caballos de origen francés, fuertes, corpulentos y de pecho saliente, que son capaces de arrastrar grandes pesos.
**Perdedor,** *adj.* Que pierde las cosas.
**Perder.\***
**Perdición,** *f.* Pérdida. || El hecho de perderse uno. || El hecho de condenarse uno. || La causa que ha ocasionado un grave daño o que lo puede ocasionar.

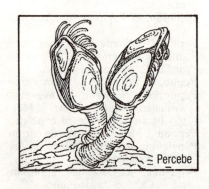
Percebe

---
\*
PEQUEÑO, *adj. Corto, de poco tamaño, de poca edad:* **Es un niño pequeño.** *Es una palabra nacida en España.* || *Deriv.:* **Empequeñecer, pequeñez.** || *Contr.:* **Grande.**
PERDER, tr. *Verse privado de algo que se tenía:* **Perdió su dinero.** || *Ocasionar a uno daño en la honra o en la hacienda:* **Quiso perderle.** || r. *Extraviarse, no hallar el camino, dejar de entender a quien le está hablando:* **Entre tantas sendas se perdió.**
  *Viene del latín* **perdere,** *que significa 'perder'.* || *Deriv.:* **Desperdiciar, desperdicio, perdición, pérdida, perdido, perdulario.** || *Contr.:* **Encontrar, ganar.**

**Pérdida,** *f.* Privación de una cosa. || Daño, menoscabo. || Cosa perdida. || V. **perder.**

**Perdido,** *adj.* Que no lleva una dirección determinada. || Muy sucio. || Que no puede estar más.

**Perdigón,** *m.* Pollo de la perdiz. || Perdiz macho que sirve para reclamo. || Cada uno de los granitos de plomo que tienen los cartuchos de caza.

**Perdiz,** *f.* Ave de la familia de las gallináceas, pero más pequeña y de carne más sabrosa. Tiene las patas y el pico de color rojo, y el plumaje ceniciento rojizo con trozos negros y blancos. Las alas son cortas y por eso vuela poco, aunque lo hace con mucho ímpetu y se aleja muchísimo. Corre mucho.

Perdiz

**Perdón,** *m.* Lo que se hace al perdonar. || Indulgencia, misericordia. || V. **perdonar.**

**Perdonar.***

**Perdulario,** *adj.* Persona muy descuidada en sus deberes o en su persona. || Pillo, vicioso, incorregible.

**Perdurable,** *adj.* Que dura siempre. || Que dura mucho.

**Perdurar,** *intr.* Durar mucho tiempo.

**Perecedero,** *adj.* Que dura poco. || Que ha de acabarse o perecer.

**Perecer,** *intr.* Morir, dejar de existir. || Padecer un gran daño o un trabajo muy duro.

**Peregrinación,** *f.* Lo que se hace al peregrinar. || Viaje que hace el peregrino. || V. **peregrino.**

**Peregrinar,** *tr.* Ir a una iglesia o santuario por devoción o por voto. || Viajar por tierras extrañas.

**Peregrino.***

**Perejil,** *m.* Hierba cuyas hojas sirven de condimento (a las tortillas, por ejemplo, les da un aroma muy agradable). Las hojas, que son pequeñas, están divididas en tres gajos de borde dentado. El perejil se usa para muchas comidas y frituras.

**Perengano,** *m.* Otra palabra como fulano, mengano y zutano.

**Perenne,** *adj.* Que dura siempre. || Que no cae.

**Perennemente,** *adv.* De un modo perenne.

**Perentorio,** *adj.* Se dice del último plazo que se da para la terminación de un asunto o el pago de una deuda. || Decisivo, terminante. || Urgente, que corre prisa.

**Pereza,** *f.* Vicio por el que nos damos a la holganza y nos alejamos de nuestro trabajo. || Flojedad o tardanza en nuestras acciones o movimientos.

**Perezosamente,** *adv.* Con pereza.

**Perezoso,** *adj.* Que tiene pereza. || *m.* Cierto mamífero americano que es muy lento al andar. Tarda mucho tiempo para subir a un árbol y, para bajar, se deja caer hecho una bola.

**Perfección,** *f.* Calidad de perfec-

---

*
Perdonar, *tr.* *No reclamar el castigo por una falta, delito u ofensa:* **Le perdonó generosamente.**
    Viene del latín **donare,** *que quiere decir 'dar'.* || *Deriv.:* **Perdón, perdonavidas.** *De la misma palabra* **donare** *se deriva* **don, donación, donativo.** || *Contr.:* **Castigar.**

Peregrino, m. *El que va a una iglesia o santuario por devoción:* **Peregrino a Santiago de Compostela.** || *Como* adj., *se dice de las cosas muy raras:* **Claudio, hijo mío, no digas esas cosas tan peregrinas.**
    Viene del latín **peregrinus,** *que quiere decir 'extranjero'.* || *Deriv.:* **Peregrinación, peregrinante, peregrinar.**

to. ‖ Lo que se hace al perfeccionar o perfeccionarse.

**Perfeccionamiento,** *m.* Perfección, mejora. ‖ V. **perfecto.**

**Perfeccionar,** *tr.* Hacer perfecta o mejorar una cosa. ‖ V. **perfecto.**

**Perfectamente,** *adv.* De un modo perfecto. ‖ V. **perfecto.**

**Perfectible,** *adj.* Que se puede perfeccionar.

**Perfecto.**\*

**Pérfido,** *adj.* Desleal, traidor.

**Perfil,** *m.* Adorno fino al borde de una cosa. ‖ Postura en la que sólo se ve un lado del cuerpo. ‖ *pl.* Últimos retoques con los que se da fin a una obra o trabajo.

**Perfilar,** *tr.* Sacar el perfil a una cosa. ‖ Hacer una cosa con mucho cuidado y primor. ‖ *r.* Adornarse, arreglarse. ‖ Empezarse a notar una cosa.

**Perforación,** *f.* Lo que se hace al perforar. ‖ Agujero.

**Perforar,** *tr.* Agujerear.

**Perfumar,** *tr.* Echar perfume a una cosa.

**Perfume,** *m.* Preparado industrial que despide un olor muy bueno. ‖ Cualquier olor muy bueno.

**Perfumería,** *f.* Comercio donde se hacen y venden perfumes. ‖ Arte de hacer perfumes.

**Pergamino,** *m.* Piel de ganado arreglada para escribir en ella. ‖ Cualquier carta o documento escrito en pergamino.

**Pergeñar,** *tr.* Trazar la apariencia de una cosa.

**Pericardio,** *m.* Tejido membranoso que envuelve al corazón.

**Pericarpio,** *m.* La parte del fruto que está alrededor de la semilla.

**Pericia,** *f.* Conjunto de sabiduría, experiencia, habilidad y práctica que se tiene de un oficio, ciencia o arte.

**Perico,** *m.* Especie de papagayo, con las alas verdosas y azuladas por fuera y amarillas por dentro, que tiene los ojos encarnados y de contorno blanco, y cuyas patitas son de color gris. ‖ **Perico de los palotes:** otra palabra como fulano, mengano, perengano y zutano.

**Perieco,** *m.* El que está en la parte opuesta del mismo paralelo geográfico en que vive uno.

**Periferia,** *f.* Contorno de una figura curvilínea. ‖ Suburbio, alrededores de una ciudad.

**Periférico,** *adj.* Se dice de lo que se refiere a la periferia.

**perifrástico (Vebo),** *m.* Verbo que, en vez de expresarse con una sola palabra, se expresa con varias. (Ejemplos: tener que volver a...; acabar de...; comenzar a...; tener que...; deber de...). En estos verbos sólo se conjuga el primer elemento.

**Perífrasis,** *f.* Rodeo al hablar, generalmente necesario porque no tenemos verbos para expresar ideas compuestas y usamos de los verbos perifrásticos.

**Perigeo,** *m.* Punto en que la Luna (u otro satélite artificial) está más cerca de la Tierra.

**Perihelio,** *m.* Punto en que la Tierra

Pergamino

---

\*
PERFECTO, *adj. Muy bueno, excelente, que tiene todas las virtudes y ningún vicio:* **Es un hombre perfecto.**

Viene del latín **perficere,** *que quiere decir 'perfeccionar, hacer completamente'.* ‖ *Deriv.:* **Desperfecto, imperfecto, percepción, perceptible, perfeccionar.** ‖ *Contr.:* **Imperfecto.**

(u otro planeta) está más cerca del Sol.

**Perilla,** *f.* Parte inferior de la barba que tiene forma de pera. || **Eso viene de perillas:** eso viene a propósito, eso viene muy bien, eso viene en el momento más preciso y conveniente.

**Perímetro,** *m.* Contorno. || Contorno de los lados de un polígono cualquiera.

**Periódicamente,** *adv.* De un modo periódico. || De vez en cuando.

**Periodicidad,** *f.* El repetirse una cosa periódicamente.

**Periódico,** *adj.* Que se produce cada cierto tiempo. || *m.* Diario o revista que se publica periódicamente. || V. **período.**

**Periodismo,** *m.* Profesión y trabajo del periodista.

**Periodista,** *com.* El que trabaja en un periódico. || V. **período.**

**Periodístico,** *adj.* Se dice de lo que se refiere a los periódicos y a los periodistas.

**Período.**\*

**Periostio,** *m.* Cubierta que tienen los huesos.

**Peripatético,** *adj.* Que sigue la doctrina de Aristóteles. || Que quiere ser tan inteligente como Aristóteles, y no es más que un ridículo en sus máximas o dichos.

**Peripecia,** *f.* Aventura imprevista. || En el teatro o en una novela, cambio repentino de la situación de las cosas.

**Periplo,** *m.* Viaje en barco alrededor de una península o de un continente.

**Peripuesto,** *adj.* Muy adornado por fuera.

**Periquete,** *m.* Tiempo muy corto. Ejemplo: hacer una cosa en un periquete.

**Periscopio,** *m.* Tubo largo, vertical y con lentes que usan los submarinos

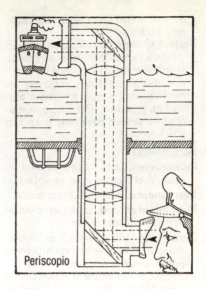
Periscopio

para ver lo que hay en la superficie del mar, estando ellos sumergidos.

**Peristáltico,** *adj.* Se les llama así a los movimientos que realizan los intestinos al hacer la digestión de los alimentos o al expulsar los excrementos.

**Peristilo,** *m.* Galería de columnas.

**Peritaje,** *m.* Estudios que tiene que hacer uno para llegar a ser perito (industrial, agrónomo, etc.).

**Perito,** *m.* El que en alguna materia tiene título de entendido concedido por el Estado. || *adj.* (Persona) hábil o entendida en alguna materia.

**Peritoneo,** *m.* Membrana interior que rodea a todo el vientre.

**Perjudicar,** *tr.* Molestar, ocasionar o causar daño. || V. **juez.**

**Perjudicial,** *adj.* Que perjudica o puede perjudicar.

**Perjuicio,** *m.* Lo que se hace al perjudicar. || Daño.

**Perjurar,** *intr.* Jurar en falso. || *r.* Faltar a lo que se había jurado.

**Perjuro,** *adj.* Que ha jurado en fal-

---

\*

Período, *m. Tiempo que tarda en repetirse una misma cosa:* **Las estaciones del año cambian en períodos de tres meses.** *|| En gramática, conjunto de oraciones que unidas unas con otras forman sentido completo:* **Este autor escribe con períodos largos.**

*Viene del griego* **periodos,** *que quiere decir 'circuito, camino alrededor'.* || *Deriv.:* **Periódico, periodista, periodístico.**

so. ‖ Que no cumple el juramento que hizo.

**Perla,** *f.* Cuerpo de color blanco, duro y figura redondeada que se cría en el interior de las conchas de algunos moluscos, sobre todo en las madreperlas, y que se estima mucho en joyería. ‖ Persona con muchas virtudes o cosa muy buena en su clase.

**Permanecer.**\*

**Permanencia,** *f.* El permanecer en un sitio. Y el tiempo que se está allí.

**Permanente,** *adj.* Que permanece.

**Permanentemente,** *adv.* Con permanencia. ‖ Constantemente.

**Permeable,** *adj.* Que no es impermeable, sino que se deja atravesar por el agua o por otro líquido.

**Permiso,** *m.* Licencia o autorización para hacer una cosa. ‖ V. **meter.**

**Permitir,** *tr.* Dar licencia a uno para que haga una cosa. ‖ No tratar de impedir lo que se debiera evitar. ‖ Respetar la responsabilidad de otro. ‖ V. **meter.**

**Permuta,** *f.* Lo que se hace al permutar.

**Permutabilidad,** *f.* Posibilidad de cambiarse una cosa por otra cosa.

**Permutación,** *f.* Permuta.

**Permutar,** *tr.* Cambiar una cosa por otra. ‖ Cambiar entre sí.

**Perniciosamente,** *adv.* Con maldad.

**Pernicioso,** *adj.* Muy perjudicial.

**Pernil,** *m.* Parte del pantalón en donde se mete toda una pierna.

**Pernoctar,** *intr.* Pasar la noche en algún sitio, fuera del propio domicilio.

**Pero.**\*

**Perogrullada,** *f.* Dicho que por su sencillez es una simpleza decirlo.

**Perol,** *m.* Especie de sartén honda, sin mango y con dos asitas redondas.

**Peroné,** *m.* Hueso de la pierna, por detrás de la tibia.

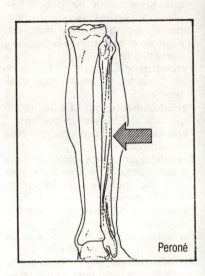

Peroné

**Perpendicular,** *adj.* Se dice de cualquier línea o plano que forme ángulo recto con otra línea o con otro plano.

**Perpendicularmente,** *adv.* De un modo perpendicular. ‖ Formando ángulo recto.

**Perpetrar,** *tr.* Cometer, consumar un delito o falta muy grave.

**Perpetuidad,** *f.* Duración sin fin. ‖ Duración muy larga.

**Perpetuo,** *adj.* Que dura para siempre.

**Perplejo,** *adj.* Sin saber qué hacer.

**Perras,** *f. pl.* Las monedas de cinco y de diez céntimos (perra chica y perra gorda).

**Perro,** *m.* Animal mamífero doméstico que tiene muy buen olfato.

**Persa,** *m.* De Persia (Asia).

**Persecución,** *f.* Lo que se hace al per-

---

\* P<small>ERMANECER</small>, intr. *Estar en un sitio sin cambiar:* **Permaneció de pie largo tiempo.**
    *Viene del latín* **manere,** *que quiere decir 'permanecer'.* ‖ *Deriv.:* **Permanencia, permanente.** *De la misma raíz latina* **manere** *viene* **inmanencia** *e* **inmanente.** ‖ *Contr.:* **Cambiar.**

P<small>ERO</small>. *Conjunción adversativa que indica oposición de una cosa con otra:* **Quisiera salir de paseo, pero llueve.**
    *Viene del latín* **per hoc,** *que quiere decir 'por esto, por lo tanto'.* ‖ *Deriv.:* **Empero.**

seguir. ‖ Cada una de las crueles persecuciones que algunos emperadores romanos mandaron contra los cristianos.
**Perseguir,** *tr.* Seguir al que huye con intención de cogerle.
**Perseverancia,** *f.* Lo que se hace al perseverar. ‖ Virtud del que persevera.
**Perseverante,** *adj.* Que persevera.
**Perseverar,** *intr.* Seguir lo que se ha comenzado. ‖ Durar mucho tiempo.
**Persiana,** *f.* Especie de celosía, formada por tablillas movibles y que se pueden colocar de forma que den paso al aire y no al sol.
**Persignarse,** *r.* Signarse primero y santiguarse a continuación.
**Persistencia,** *f.* Constancia al hacer una cosa. ‖ Tiempo durante el cual se sigue intentando o haciendo una cosa.
**Persistente,** *adj.* Que persiste.
**Persistir,** *intr.* Durar en una cosa. ‖ Tener persistencia.
**Persona.**\*
**Personaje,** *m.* Persona de mucha importancia. ‖ Persona representada en un libro, una obra de teatro, etcétera.
**Personal,** *adj.* Se dice de lo que se refiere a la persona. ‖ *m.* Conjunto de empleados de una tienda, una oficina, etc. ‖ V. **persona.**
**Personalidad,** *f.* Carácter de cada uno. ‖ Personaje. ‖ Conjunto de virtudes que tiene una persona que se supone inteligente. ‖ V. **persona.**
**Personalmente,** *adv.* En persona. ‖ V. **persona.**
**Personarse,** *r.* Presentarse personalmente. ‖ Reunirse con una persona.
**Personificar,** *tr.* Dar vida propia del ser racional al irracional o a las cosas abstractas. ‖ Por ejemplo, en los cuentos hablan hasta los perros.
**Perspectiva,** *f.* Arte de representar las cosas según las diferencias que en ellas producen la distancia y la posición. ‖ Paisaje que se ve mirando hacia el horizonte. ‖ Aspecto que presentan desde un punto diversos objetos lejanos.
**Perspicacia,** *f.* Agudeza de la vista. ‖ Penetración del entendimiento.
**Persuadir,** *tr.* Convencer a otro para que crea o haga una cosa.
**Persuasión,** *f.* Habilidad para convencer a los demás.
**Pertenecer,** *intr.* Ser de uno una cosa. ‖ Formar parte una cosa de otra. ‖ V. **tener.**
**Perteneciente,** *adj.* Que pertenece. ‖ V. **tener.**
**Pertenencia,** *f.* Derecho que uno tiene a poseer una cosa. ‖ Cosa pequeña que forma parte de una principal. ‖ V. **tener.**
**Pértiga,** *f.* Vara larga muy adecuada para hacer saltos de altura.

Pértiga

**Pertinaz,** *adj.* Terco, tenaz. ‖ Persistente.
**Pertinente,** *adj.* Que pertenece a una cosa. ‖ Que viene a propósito.

---

Persona, *f. Individuo de la especie humana:* **Juan es una buena persona.** ‖ *Una persona cualquiera:* **Toda persona humana, sea la que sea, es digna, libre y respetable.** ‖ *Cada una de las tres* **personas** *de la Santísima Trinidad (Padre, Hijo y Espíritu Santo).*
    *Viene del latín* **persona,** *que significa 'máscara de actor, personaje teatral'.* ‖ *Deriv.:* **Personaje, personal, personalidad, personalmente.**

**Pertrechar,** *tr.* Dar pertrechos.
**Pertrechos,** *m. pl.* Armas, municiones, provisiones, etc., para defender una plaza, un buque, etc. || Instrumentos necesarios para hacer una cosa.
**Perturbación,** *f.* Lo que se hace al perturbar. || Trastorno, alteración.
**Perturbador,** *adj.* Que perturba.
**Perturbar,** *tr.* Molestar, ocasionar confusión. || Estropear o deshacer el buen orden de las cosas.
**Peruano,** *adj.* Se dice de lo que se refiere al Perú. || Natural del Perú.
**Perversión,** *f.* El pervertir a otro o el pervertirse uno.
**Perverso,** *adj.* Malo, malintencionado.
**Pervertir,** *tr.* Hacer a uno perverso. || Perturbar.
**Pesa,** *f.* Pieza de un peso determinado que se usa para pesar. || Pesa de peso suficiente empleada para dar movimiento a ciertos relojes o de contrapeso para subir y bajar cosas. || V. **pesar.**

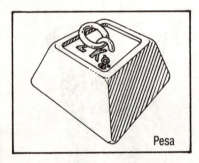
Pesa

**Pesadez,** *f.* Molestia grande y fatigosa.
**Pesadilla,** *f.* Sueño molesto. || Preocupación muy grande por la solución de un asunto, temor a ciertos peligros, etc. || V. **pesar.**
**Pesado,** *adj.* Que pesa mucho. || Molesto, impertinente. || Muy lento, que tarda mucho. || Profundo. || V. **pesar.**
**Pesadumbre,** *f.* Tristeza por haber hecho algo malo. || V. **pesar.**
**Pésame,** *m.* Manifestación del sentimiento y disgusto que se tiene de la tristeza o pena de otro.
**Pesar.\***
**Pesca,** *f.* Lo que se hace al pescar. || Todo lo que se pesca. || Oficio del pescador.
**Pescada,** *f.* Merluza.
**Pescadería,** *f.* Tienda donde se vende pescado.
**Pescadilla,** *f.* Pez parecido a la merluza, pero más pequeño. || Merluza pequeña.
**Pescado,** *m.* Pez (generalmente, el que ya ha sido pescado y es comestible).
**Pescador,** *m.* El que tiene por oficio pescar.
**Pescante,** *m.* Parte delantera de un coche de caballos en donde se pone el que lo conduce.
**Pescar,** *tr.* Sacar peces del agua con cañas o redes para ser comidos. || Coger o agarrar a alguien.
**Pescozón,** *m.* Golpe dado con la mano en el pescuezo de otro o en la cabeza.
**Pescuezo,** *m.* Cuello del hombre o del animal.
**Pesebre,** *m.* Sitio para que coma el ganado.
**Peseta,** *f.* Moneda de color pardo y que es la unidad monetaria española. || V. **pesar.**
**Pesetero, ra,** *adj.* Aplícase a la persona aficionada al dinero. || Ruín, tacaño, avaricioso.
**Pesimismo,** *m.* Lo contrario del optimismo.
**Pesimista,** *adj.* (El) que mira el mundo por su peor lado.

---
\*
P<small>ESAR</small>, m. *Aflicción o dolor interior:* **La muerte de mi primo me causó gran pesar.** || *intr. Tener gravedad o peso:* **Este paquete pesa mucho.** || *tr. Hallar el peso de un cuerpo:* **La balanza sirve para pesar cosas.** || **A pesar de que:** *aunque.*

   *Viene del latín* **pendere,** *que quiere decir 'pesar'.* || *Deriv.:* **Contrapesar, pesa, pesada, pesadez, pesadilla, pesadumbre, pesaroso, peseta, peso.**

**Pésimo,** *adj.* Malísimo, que ya no puede ser peor.
**Peso,** *m.* Fuerza con que un cuerpo es atraído por la Tierra. || Cierta moneda. || Balanza. || En boxeo, categoría de los boxeadores según su peso. || V. **pesar.**
**Pespunte,** *m.* Labor de costura, hecho a máquina o a mano, con puntadas unidas de tal modo que el hilo pase dos veces por cada agujero.
**Pesquería,** *f.* Lugar en el que abunda mucho la pesca.
**Pesquero,** *adj.* Se dice de lo que se refiere a la pesca.
**Pesquisa,** *f.* Averiguación, investigación.
**Pestaña,** *f.* Pelo que sale en los bordes del párpado.
**Pestañeo,** *m.* Movimiento rápido y continuo de las pestañas de los ojos.
**Peste,** *f.* Enfermedad contagiosa y muy grave que causa muchas muertes. || Mal olor. || *pl.* Palabras de amenaza e insulto.
**Pestilencia,** *f.* Peste, mal olor.
**Pestillo,** *m.* Especie de cerrojo interior que tienen las cerraduras. || Pasador metálico que tienen algunas puertas hacia arriba o hacia abajo y que se mueven y actúan como si fueran cerrojos.

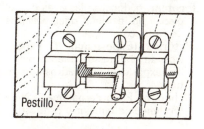
Pestillo

**Pestiño,** *m.* Fruta de sartén hecha de masa frita y después bañada con miel.
**Petaca,** *f.* Estuche de piel o de metal que sirve para llevar cigarros o tabaco picado.
**Pétalo,** *m.* Cada una de las hojitas bonitas de una flor.
**Petanca,** *f.* Especie de juego de bolas.
**Petardo,** *m.* Cartucho relleno de pólvora con una mecha y que, en pequeño, se usa en verbenas y fiestas.
**Petate,** *m.* Lío de ropas atadas (de los presos, de los marineros o de los soldados).
**Petición,** *f.* Lo que se hace al pedir. || Favor que se pide a una persona importante. || V. **pedir.**
**Peticionario,** *adj.* (Persona) que pide oficialmente una cosa. || V. **pedir.**
**Petimetre,** *m.* Joven muy peripuesto y presumido.
**Peto,** *m.* Parte de la armadura que cubre el pecho.
**Pétreo,** *adj.* De piedra.
**Petrificar,** *tr.* Convertir una cosa en piedra. || Dejar a uno inmóvil de asombro.
**Petróleo,** *m.* Aceite mineral que se saca de la tierra, especialmente en Asia y América.
**Petrolero,** *adj.* Lo que se refiere al petróleo. || *m.* Máquina con motor de petróleo. || Buque cisterna para transportar petróleo.
**Petrolífero,** *adj.* Que contiene petróleo.
**Petulante,** *adj.* Presumido, orgulloso, descarado.
**Peyorativo, va,** *adj.* Que empeora, dícese generalmente de las palabras. || Despectivo.
**Pez,** *m.* Animal acuático vertebrado y que respira por branquias. || *f.* Sustancia resinosa.
**Pezón,** *m.* Especie de botoncito saliente que tienen los limones y otras frutas. También tienen un pezón algunas otras cosas, como p. ej., los pechos.
**Pezuña,** *f.* Especie de uña en las patas y manos de los cuadrúpedos.
**Pi,** *f.* Una letra ($\pi$) del alfabeto griego. || En matemáticas, $\pi = 3,1416$.
**Piadoso,** *adj.* Religioso, devoto. || Misericordioso, que tiene piedad de algo. || V. **expiar.**
**Pianista,** *com.* Persona que tiene por oficio tocar el piano.
**Piano,** *m.* Instrumento músico compuesto de teclado y cuerdas. || *adv.* Bajito, suavemente.
**Pianola,** *f.* Piano mecánico.
**Piar,** *intr.* Hacer sonar su voz algunas aves y especialmente los pollos.
**Piara,** *f.* Manada de cerdos, o de ca-

bras, o de alguna otra clase de ganados.

**Pica,** *f.* Especie de lanza que utiliza el picador en la plaza de toros.

**Picacho,** *m.* Especie de punta o de pico que tienen algunos montes.

**Picadillo,** *m.* Guisado de carne picada, tocino, verduras y ajos. || Lomo de cerdo picado para hacer los chorizos.

**Picado,** *m.* Descenso casi vertical de un avión.

**Picador,** *m.* Torero a caballo que pica con su vara a los toros. || El que tiene por oficio domar caballos.

**Picadura,** *f.* Lo que se hace al picar. || Pinchazo o mordedura de un insecto. || Tabaco picado para fumar.

**Picante,** *adj.* Que pica, que causa picor. || **Frase picante:** la que tiene un segundo significado incitante y provocativo.

**Picaporte,** *m.* Cerradura muy sencilla cuya parte esencial es una barrita que queda sujeta en una especie de nariz.

**Picar,** *tr.* Cortar en trozos menudos. || Causar comezón en el cuerpo. || Causar o producir picor. || Herir el picador al toro clavándole la garrocha. || Picotear. || Morder el anzuelo algún pez. || Provocar, pinchar, incitar. || *intr.* Calentar mucho el sol. || Empezar a venir compradores, inocentes al engaño. || *r.* Agujerearse la ropa por la polilla. || Enfadarse uno por una tontería.

**Picardía,** *f.* Acción mala y baja. || Travesura de chicos. || Astucia de pícaros.

**Picaresco,** *adj.* Se dice de lo que se refiere a los pícaros. || Se dice de las obras en las que se contaba la vida de los pícaros.

**Pícaro,** *adj.* Ruín, que no tiene honra ni vergüenza. || Astuto. || Travieso, listo, tunante (tomado en buen sentido). || *m.* Hombre o muchacho listo, bribón y holgazán que figura en muchas obras de nuestra literatura.

**Picatoste,** *m.* Trozo de pan frito.

**Picazón,** *f.* Especie de picor en alguna parte del cuerpo.

**Picio (Más feo que),** *fr. fam.* Feo, feo, feo.

**Pick-up.** (Palabra inglesa). *m.* Tocadiscos.

**Picnic.** (Palabra inglesa), *m.* Comida o merienda en el campo.

**Pico,** *m.* Parte saliente de la boca de un ave. || Punta de una cosa. || Herramienta que pincha. || La punta más alta de una montaña. || **Tres pesetas y pico:** tres pesetas y «un poquito». || **Pico de oro:** persona que habla muy bien. || **Hincar el pico:** morir.

**Picón,** *m.* Cisco para el brasero.

**Piconera,** *adj.* Se le decía así a la mujer que iba vendiendo picón por la calle.

**Picor,** *m.* Especie de cosquilla un poco dolorosa que producen en la lengua los alimentos que pican. || Picazón.

**Picota,** *f.* Trozo de madera donde ponían la cabeza los reos cuando eran ajusticiados.

**Picotazo,** *m.* Especie de bocado que dan los animales que tienen pico. || Punzada dolorosa que dan algunos insectos.

**Picotear,** *tr.* Pinchar las aves con el pico. || *fig. e intr.* Coger pellizcos de fruta, comida, etc.

**pictórica (Exposición),** *f.* Exposición de pinturas de buenos pintores, exposición de cuadros de pintura.

**Pichón,** *m.* Pollo de paloma. || Niño (en lenguaje familiar y cariñoso).

**Pie.**\*

Pie

---

\*
P<small>IE</small>, *m. Extremidad de los miembros inferiores del hombre:* **Carmen se torció el pie.** || *Base o parte en que se apoya una cosa:* **Lo que dijo Juan me dio pie**

**Piedad,** *f.* Devoción, amor, respeto hacia las cosas sagradas dentro y fuera de los actos litúrgicos. || V. **expiar.**
**Piedra.***
**Piel.***
**Pienso,** *m.* Alimento seco que se le da al ganado en el establo.
**Pierna,** *f.* Parte del animal entre el pie y la cadera o entre el pie y la rodilla. || Muslo de los cuadrúpedos y aves. || **Dormir a pierna suelta:** dormir pesadamente y mucho.
**Pieza.***
**Pifia,** *f.* Golpe en falso que se da con el taco en la bola de billar.
**Pigmentación,** *f.* Acción y efecto de pigmentar o pigmentarse.
**Pigmento,** *m.* Sustancia orgánica que produce el color del pelo, el color del ojo, el color de la piel, etc. Como estas sustancias son colorantes, cuando en alguna parte de la piel hay una aglomeración de pigmentos, se producen las pecas.
**Pijama,** *m.* Traje de dormir, con pantalón y blusa de tela ligera.
**Pila,** *f.* Recipiente de piedra donde se queda el agua para lo que sea necesario. || Aparato que produce corriente eléctrica. || Montón grande de alguna cosa.
**Pilar,** *m.* Columna pequeña. || Especie de pila para que allí beban los animales; pilón.

**Pilastra,** *f.* Columna de forma cuadrada.
**Píldora,** *f.* Medicamento en forma de bolita y de sabor más o menos agradable.
**Pileta,** *f.* Pila pequeñita en donde se pone agua bendita. || Pila pequeña.

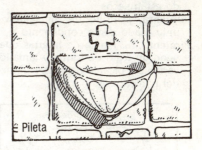
Pileta

**Pilón,** *m.* Especie de cajón hecho de piedra y en donde cae un chorrito de agua. || Pila grande.
**Píloro,** *m.* Abertura final del estómago por donde van pasando los alimentos hacia el intestino.
**Pilotar,** *tr.* Llevar los mandos que dirigen a un coche, barco, avión, etcétera.
**Piloto,** *m.* El que tiene por oficio pilotar o dirigir un barco, avión, etc. || Segundo de a bordo de un buque mercante.

---

\* *para pedir aumento de sueldo.* || *Parte de abajo de algunas cosas:* **Pie de página; pie del árbol;** *etc.*
 *Viene del latín* **pes, pedis,** *que significa 'pie'.* || *Deriv.:* **Apeadero, apear, apearse, peana, peatón, pedal, pedalear, pedestal, pedestre, pedúnculo, peón, peonza.**

Piedra, f. *Sustancia mineral, dura y compacta, que no es terrosa ni de aspecto metálico:* **Jugaba con una piedra del jardín.**
 *Viene del latín* **petra,** *que significa 'roca'.* || *Deriv.:* **Apedrear, desempedrar, empedrado, empedrar, pedernal, pedrada, pedregal, pedregoso, pedrería, pedrusco, petróleo.**

Piel, f. *Membrana que cubre el cuerpo:* **Al encender la lumbre me quemé la piel de la mano.**
 *Viene del latín* **pellis,** *que significa 'piel'.* || *Deriv.:* **Despellejar, peletería, peletero, película, pellejo, pellica, pelliza, pellizcar, pellizco.**

Pieza, f. *Parte de una cosa:* **El motor tiene rota una pieza.** || *Porción de tela que se hace de una vez:* **Acabamos de recibir dos piezas de pana.** || *Habitación, sala:* **El comedor es la pieza mayor de la casa.** || *Obra musical breve:* **Tocaron una pieza muy alegre.**
 *Viene del italiano* **pezza,** *que significa 'pedazo'.* || *Deriv.:* **Empezar.**

**Piltrafa,** f. Un trozo de pellejo con un poco de carne.
**Pillaje,** m. Saqueo, robo.
**Pillar,** m. Coger una cosa agarrándola con fuerza.
**Pillín,** adj. Pillo, pícaro, astuto.
**Pillo,** adj. Pícaro. || Astuto, listo.
**Pimentón,** m. Polvo que se obtiene moliendo los pimientos rojos cuando están secos.
**Pimienta,** f. Fruto del pimientero, muy usado como condimento.
**Pimiento,** m. Planta de huertas que tiene un fruto de forma y tamaño variable y picante a veces. || Fruto del pimiento.

Pimiento

**Pimpollo,** m. Tallo nuevo de un árbol. || Rosa que se empieza a abrir. || Niño o niña de corta edad.
**Pinacoteca,** f. Museo de pintura.
**Pináculo,** m. La parte más alta de un templo o de otro edificio hermoso. || Lo más elevado de alguna cosa importante.
**Pinar,** m. Sitio en donde hay plantados muchos pinos.
**Pincel,** m. Instrumento que se usa para poner los colores en el lienzo y que consiste en un mango de madera o metal y que en uno de sus extremos tiene sujetos unos pelos o cerdas.
**Pincelada,** f. Golpe de pincel.

**Pinchar,** tr. Picar con una espina, alfiler, etc.
**Pinchazo,** m. Herida hecha al pinchar.
**Pinche,** m. Mozo de cocina.
**Pincho,** m. Punta de hierro aguda y delgada.
**Pingos,** m. pl. Vestidos de mujer feos, cursis y de poco precio.
**Ping-pong,** m. Tenis de mesa, con pelota de celuloide y raquetas de madera.
**Pingüe,** adj. Gordo, grasiento. || Abundante, copioso.
**Pingüino,** m. Pájaro bobo. Vive en las costas heladas, tiene la parte delantera blanca y la parte de atrás negra y brillante. Anda como si fuera un personaje, pero casi no sabe andar ni volar. Las alas las utiliza para nadar.

Pingüino

**Pino.***
**Pinta,** f. Aspecto. || Lunar, adorno en forma de mancha.
**Pintada,** f. Gallina de Guinea.
**Pintado,** adj. Que tiene pintas de muchos colores. || Listo, avispado.
**Pintar.***

---

Pino, m. *Árbol con tronco de madera resinosa, hojas perennes muy estrechas, puntiagudas y punzantes, cuya semilla es el piñón:* **Merendamos a la sombra de un pino.**
    *Viene del latín* **pinus,** *que significa 'pino'.* || *Deriv.:* **Apiñado, apiñar, pimpollo, pinar, piña, piñata, piñón.**

Pintar, tr. *Representar en una superficie, por medio de líneas y colores, personas o cosas:* **Goya pintó a la familia real.** || *Extender pintura sobre una cosa:* **Estoy pintando esta puerta.**
    *Viene del latín* **pinsare,** *que significa 'machacar, triturar'.* || *Deriv.:* **Pintarrajear, pintor, pintura, repintar.**

**Pintiparado,** *adj.* Que viene a propósito.
**Pintor,** *m.* El que tiene por oficio pintar.
**Pintoresco,** *adj.* Que representa una imagen, un paisaje, etc., que merecen ser pintados. || Alegre, vivo, animado.
**Pintura,** *f.* Arte de pintar. || Tabla, lienzo, etc., en que hay pintado un paisaje u otra cosa. || Sustancia que sirve para pintar.
**Pinturero,** *adj.* Que presume de elegante y bien parecido.
**Pinzas,** *f. pl.* Especie de tenacillas de metal que las usan los médicos para extraer cosas del cuerpo.
**Piña,** *f.* Fruto del pino. || Fruto de cualquier planta conífera.

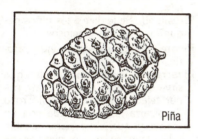
Piña

**Piñón,** *m.* Simiente encerrada en las piñas. || Cada uno de los dientecitos que tienen algunas ruedas.
**Piñonate,** *m.* Pasta muy dulce hecha de piñones y azúcar quemada.
**Pío,** *adj.* Piadoso, devoto. || *m.* Voz de los pollitos.
**Piocha,** *f.* Herramienta de albañiles que tiene una punta plana y cortante y un poco ancha.
**Piojillo,** *m.* Insecto parásito de las aves.
**Piojo,** *m.* Insecto pequeñito, redondeado y chato, que tiene unas uñas en forma de pinza con las que araña la piel para hacer sangre y chuparla. Son abundantes en las personas desaseadas.
**Piorrea,** *f.* Pus en la dentadura.
**Pipa,** *f.* Cazoleta de madera o metal con un cañón de lo mismo y que se usa para fumar. || Tonel, barrica. || Pepita, simiente de algunas frutas.
**Pipeta,** *f.* Tubo delgado de cristal, con un ensanche alargado en la parte del centro, que se usa mucho en los laboratorios.
**pique (Irse a).** Frase marinera que quiere decir «hundirse un barco».
**Piqueta,** *f.* Herramienta que utilizan los sepultureros para abrir hoyos en la tierra.
**Piquete,** *m.* Herida hecha al pinchar. || Grupo de soldados para hacer diferentes cosas. || Agujero muy pequeño.
**Pira,** *f.* Hoguera para quemar animales o cadáveres.
**Piragua,** *f.* Especie de canoa que usan los indios de América y de Oceanía. Antiguamente las hacían ahuecando un tronco de árbol.
**Pirámide,** *f.* Cuerpo geométrico cuya base es un polígono y cuyas caras laterales se unen en un punto llamado vértice.
**Pirata,** *m.* Ladrón que roba en el mar. || Hombre cruel y malvado.
**Pirita,** *f.* Mineral amarillento-verdoso y brillante, compuesto de hierro y azufre.
**Pirograbado,** *m.* Grabado hecho sobre madera y con un punzón al rojo vivo, es decir, grabado a fuego.
**Piromanía,** *f.* Tendencia patológica a la provocación de incendios.
**Piropo,** *m.* Alabanza, lisonja, requiebro.
**Pirotecnia,** *f.* Arte de los fuegos artificiales. || Industria donde se hacen y preparan balas, cartuchos y cosas de pólvora.
**Pirrarse,** *r.* Desear muchísimo una cosa, ponerse tonto por quererla conseguir.
**Pirueta,** *f.* Salto rápido dando una vuelta al mismo tiempo.
**Pirula,** *f.* Botijo de aguardiente.
**Pisada,** *f.* Acción de pisar. || Huella dejada al pisar en un sitio.
**Pisar,** *tr.* Poner el pie encima de una cosa. || Maltratar.
**Piscicultura,** *f.* Arte y forma de criar peces y mariscos en estanques adecuados.
**Piscina,** *f.* Estanque para nadar. || Estanque para tener peces.

**Piso.\***
**Pisotear,** *tr.* Pisar una cosa varias veces. ‖ Humillar, maltratar.
**Pista,** *f.* Huella que dejan los animales al pisar por un sitio. ‖ Sitio en los circos, o hipódromos, etc., por donde corren los caballos o corredores. ‖ Indicio o señal que pueden llevar a la averiguación de un hecho.
**Pistilo,** *m.* Órgano femenino de las flores.
**pisto (Darse),** *fr. fam.* Darse demasiada importancia.
**Pistola,** *f.* Pequeña arma de fuego que se maneja con una sola mano.
**Pistón,** *m.* Parte de la cápsula donde se coloca el fulminante. ‖ Émbolo.
**Pita,** *f.* Planta mejicana de grandes hojas carnosas, alargadas y puntiagudas. De ellas se sacan fibras que son textiles. ‖ Voz con que se llama a las gallinas. ‖ Conjunto de silbidos fuertes y desagradables.

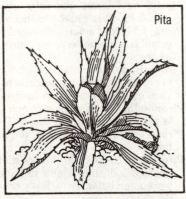

Pita

**Pitanza,** *f.* Distribución de la comida a los que viven juntos o a los pobres. ‖ Alimento de cada día.

**Pitar,** *intr.* Tocar el pito. ‖ *tr.* Repartir las pitanzas.
**Pitido,** *m.* Especie de silbido que producen los pájaros. ‖ Sonido producido introduciendo aire muy fuerte en el hueco de un pito.
**Pitillera,** *f.* Cajita para llevar los pitillos.
**Pitillo,** *m.* Cigarrillo.
**Pito,** *m.* Especie de flauta pequeña que al soplarle uno produce un sonido muy agudo. ‖ Pitillo, cigarro.
**Pitón,** *m.* Punta del cuerno. ‖ Serpiente mayor que la boa.
**Pitonisa,** *f.* Especie de hechicera de algunos templos antiguos.
**Pitorreo,** *m.* Burla, guasa, abucheo.
**Pitorro,** *m.* Sitio por donde sale el chorrito de agua en los botijos.
**Pituitaria,** *f.* Membrana interior de la nariz.
**Pituso,** *adj.* Se le dice a los niños pequeños que son graciosos.
**Pivote,** *m.* Extremo de un eje giratorio.
**Pizarra,** *f.* Piedra negra azulada y que sirve en algunas regiones para poner tejados en las casas. ‖ Trozo de pizarra negra rodeada con un marco y que sirve para escribir. ‖ También se hacen pizarras de madera.
**Pizarrín,** *m.* Barrita o lápiz que sirve para escribir o dibujar en las pizarras.
**Pizca,** *f.* Migajita pequeña de una cosa.
**Placa.\***
**Placenta,** *f.* Especie de bolsa en donde los mamíferos tienen a sus hijos antes de nacer.
**Placentero,** *adj.* Agradable, simpático, alegre.

---

P<small>ISO</small>, m. *Cada una de las plantas o suelos de una casa:* **Nosotros vivimos en el piso cuarto.** ‖ *Suelo o pavimento:* **El piso del comedor es de madera.**
    Viene del latín **pinsare,** con el significado de 'machacar'. ‖ Deriv.: **Apisonar, pisa, pisada, pisar, pisotear, pisotón, repisa.**
P<small>LACA</small>, f. *Insignia, mayor que una medalla, y que se lleva sobre el vestido:* **Placa de Isabel la Católica.** ‖ *Lámina en la que se toma la fotografía y luego se revela:* **Tomamos varias placas del bautizo.** ‖ *Lámina delgada:* **Esta placa es de oro.**
    Viene del francés **plaquer,** que quiere decir 'revestir de una plancha o placa'.

**Placer.\***
**Plácidamente,** *adv.* Con tranquilidad.
**Plaga,** *f.* Calamidad grande de todo un pueblo. || Azote de la agricultura, como la langosta y otros insectos que se comen las hojas y secan las plantas. || Abundancia de alguna cosa.
**Plagar,** *tr.* Llenar de cualquier cosa mala.
**Plagio,** *m.* El publicar un libro o un escrito habiéndolo copiado de otro autor y firmándolo como si fuera propio.
**Plan,** *m.* Proyecto de una cosa que se piensa hacer. || Proyecto para lograr (o intentar) un desarrollo económico, social, etc.
**Plana,** *f.* Cada una de las dos caras de una hoja de papel. || Ejercicio de los que están aprendiendo a escribir. || Llanura.
**Plancha,** *f.* Lámina de metal. || Instrumento de hierro que se usa para planchar. || Desacierto, torpeza por la cual uno queda en ridículo.
**Planchar,** *tr.* Pasar la plancha caliente sobre la ropa para dejarla sin arrugas.
**Planear,** *tr.* Hacer planes. || *intr.* Volar un avión sin usar el motor.
**Planeta,** *m.* Cada uno de los astros que giran alrededor del Sol. || Uno de los planetas es la Tierra.
**Planetario,** *adj.* De los planetas. || También se le llama planetario al movimiento de los electrones alrededor del núcleo atómico.

**Planicie,** *f.* Llanura muy grande.
**Planificar,** *tr.* Planear, hacer un proyecto con todo detalle.
**Planisferio,** *m.* Mapamundi.
**Plano.\***
**Planta.\***
**Plantar,** *tr.* Meter en tierra. || Poblar de plantas un terreno.
**Planteamiento,** *m.* Lo que se hace al plantear.
**Plantear,** *tr.* Exponer.
**Plantel,** *m.* Lugar apropiado para criar plantas. || Reunión de personas distinguidas en su oficio o profesión.
**Plantígrado,** *adj.* Que al andar apoyan en el suelo toda la planta del pie (el oso, por ejemplo, es plantígrado).
**Plantilla,** *f.* Suela que el zapato tiene en su interior. || Tabla o plancha cortada para que pueda servir de patrón. || Plano de una obra. || Conjunto de personas que trabajan en una oficina, fábrica, etc., de una manera llana.
**Plantón,** *m.* Planta pequeña que debe ser trasplantada. || Estaca que se pone para que arraigue. || Soldado que está de guardia más tiempo del debido.
**Plañidera,** *f.* Mujer que antiguamente contrataban para que llorara en los entierros.
**Plasma,** *m.* Parte líquida de la sangre.
**Plasmar,** *tr.* Formar, figurar o hacer una cosa.
**Plástica,** *f.* Arte de hacer cosas de barro, yeso, cerámica, etc.

---

PLACER, m. *Sensación agradable:* **El placer de hablar contigo.** || tr. *Agradar o dar gusto:* **Procuraré que os plazca la reunión.**
 Viene del latín **placere,** *que significa 'gustar'.* || *Deriv.:* **Apacible, complacer, complaciente, desapacible, disciplente.** || *Contr.:* **Dolor.**

PLANO, adj. *Liso y llano:* **Este suelo no está plano.** || m. *Superficie lisa y llana:* **Con un plano inclinado se facilita el descenso de objetos pesados.** || *Representación gráfica de una casa, ciudad, terreno, fábrica, etc., cuando dicho dibujo se hace en un papel o superficie plana:* **El delineante hizo el plano del barrio.** || *V.* **planta.**

PLANTA, f. *Parte inferior del pie, con que se pisa:* **Tengo muy dolorida la planta del pie.** || *Vegetal:* **Tengo unas plantas en el balcón.** || *Suelos de las casas:* **Yo vivo en la tercera planta de ese edificio alto.**
 Viene del latín **plantare,** *que significa 'plantar, clavando con la planta del pie'.* || *Deriv.:* **Plan, plano, planteamiento, plantear, plantilla, plantío, plantón, suplantar.**

**Plástico,** *adj.* Blando, que se puede moldear bien. ‖ *m.* Nombre de varios materiales parecidos a los que hay en la naturaleza, pero obtenidos en fábricas especiales. Ejemplos: seda artificial, nylón, plexiglás, celuloide, baquelita, etc. En cualquier casa hay muchas cosas «de plástico».
**Plata.\***
**Plataforma,** *f.* Especie de cabina que tienen atrás y delante los tranvías, autobuses, etc., y en la que se va de pie. ‖ Tablero u obra de piedra construida sobre el suelo. ‖ Suelo o azotea de algunos edificios.
**Platanero,** *m.* Plátano (la planta).

Platanero

**Plátano,** *m.* Planta tropical de fruto blando y agradable. ‖ Fruto de esta planta.
**Platea,** *f.* Cada uno de los palcos bajos que hay en muchos teatros.
**Plateado,** *adj.* Que tiene el color de la plata. ‖ Cubierto con una capa de plata.
**Plateresco,** *adj.* Muy adornado, que parece obra de plateros.
**Platería,** *f.* Tienda donde se venden cosas de oro y plata. ‖ Arte y oficio del platero.
**Platero,** *m.* Hombre cuyo oficio es trabajar el oro y la plata. ‖ El que vende cosas de plata y oro.
**Plática,** *f.* Conversación. ‖ Sermón que se dice generalmente a los recién casados o al que va a hacer la primera comunión.
**Platicar,** *intr.* Charlar sobre un negocio o asunto.
**Platillo,** *m.* Pieza en forma de plato o disco sirva para lo que sirva.
**Platino,** *m.* Metal precioso de color blanco grisáceo y que es el más pesado e inatacable de todos.
**Plato.\***
**platónico (Amor),** *fr. fam.* Amor desinteresado y puro.
**Playa.\***
**Plaza.\***
**Plazo.\***

---
\*
P<small>LATA</small>, f. *Metal blanco, brillante, que se emplea para hacer monedas y joyas:* **Tengo una pulsera de plata.**
    *Viene del latín* **plattus,** *que significa 'lamina metálica'.* ‖ *Deriv.:* **Platal, platear, platería, platero, platino.**
P<small>LATO</small>, m. *Vasija que se emplea en las mesas para comer:* **Tenemos platos de loza.**
    *Viene del latín* **plattus,** *que significa 'chato, aplastado'.* ‖ *Deriv.:* **Platillo, platina.**
P<small>LAYA</small>, f. *Sitio arenoso en la orilla de un mar o de un río:* **Nos bañamos en la playa.**
    *Viene del latín* **plagia,** *que quiere decir 'lados, costados'.* ‖ *Deriv.:* **Desplayado, playera, playero.**
P<small>LAZA</small>, f. *Lugar ancho dentro de una ciudad:* **Jugaron en la plaza.** ‖ *Sitio de una ciudad donde se venden diferentes cosas:* **Compramos el pescado en la plaza.** ‖ *Sitio para un viajero:* **Este autobús tiene 40 plazas.** ‖ **Plaza de toros:** *Recinto donde se celebran las corridas de toros.* ‖ **Plaza fuerte:** *Ciudad fortificada.*
    *Viene del latín* **platea,** *que quiere decir 'calle ancha'.* ‖ *Deriv.:* **Plazoleta, plazuela, reemplazar, reemplazo.**
P<small>LAZO</small>, m. *Tiempo que se da para responder o pagar una cosa:* **Espero contestarte en un plazo de diez días.**

**Plazoleta,** f. Sitio a modo de plazuela que suele haber en jardines y alamedas.

**Plazuela,** f. Plaza pequeña.

**Pleamar,** m. Momento en que la marea está más crecida.

**Plebe,** f. Los ciudadanos de menos influencia.

**Plebeyo,** adj. De la plebe.

**Plebiscito,** m. Ley establecida por la plebe romana. || Resolución tomada por los habitantes de un país por mayor cantidad de votos.

**Plegador,** adj. Que pliega. || m. Instrumento con que se pliega una cosa.

**Plegar.**\*

**Plegaria,** f. Oración, súplica. || Toque de campana a mediodía para hacer oración.

**Pleita,** f. Cada una de las tiras trenzadas que tienen las esteras de esparto, los sombreros de paja y las cestas hechas de palmas. || Tira trenzada y hecha de vegetales.

**Pleito,** m. Disputa judicial. || Pendencia, batalla.

**Plenamente,** adv. Completamente, enteramente. || V. **lleno.**

**Plenario,** adj. Completo, entero, sin faltarle nada.

**Plenilunio,** m. Luna llena.

**Plenipotenciario,** adj. Se dice del diplomático que un gobierno envía a otro país con plenos poderes.

**Plenitud,** f. Totalidad, abundancia grande de una cosa.

**Pleno,** adj. Lleno. || m. El total de los que componen una corporación o junta. || V. **lleno.**

**Pleonasmo,** m. Repetición o empleo innecesario de vocablos al hablar o escribir. Ejemplo: lo vi con mis propios ojos.

**Pletórico,** adj. Lleno, rebosante.

**Pleura,** f. Nombre de cada una de las membranas que envuelven a los pulmones.

**Pliego,** m. Hoja de papel doblada por medio. || Hoja de papel sin doblar. || Carta o documento cerrado.

**Pliegue,** m. Doblez (en una tela o en una cosa flexible).

**Plinto,** m. Cuadrado sobre el que se asienta la columna.

**Plomada,** f. Peso de plomo que cuelga de una cuerda y que sirve para ver si una pared, por ejemplo, está vertical o inclinada.

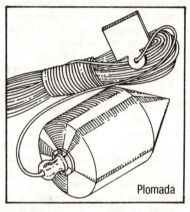

Plomada

**Plomizo,** adj. De plomo. || De color de plomo. || Parecido al plomo.

**Plomo,** m. Metal pesado de color gris azulado. || Bala. || Pieza o trozo de plomo.

**Pluma.**\*

---

\*

Viene del latín **placitus,** que significa 'día aprobado por la autoridad'. || Deriv.: **Aplazamiento, aplazar, emplazado, emplazar.**

P<small>LEGAR</small>, tr. Hacer pliegues: *Estuvimos plegando una falda.* || Doblar: ***Plegamos la tela.*** || r. Someterse, ceder: ***Se plegaron a su capricho.***

Viene del latín **plicare,** que significa 'doblar, plegar'. || Deriv. de **plegar: Aplicación, aplicar, complicación, complicar, cómplice, complicidad, desplegar, despliegue, explicaderas, explicación, explicar, explicativo, explícito, implicación, implicar, implícito, plegable, plegadizo, plexo, plica, pliego, pliegue, replegar, réplica, replicar, repliegue, súplica, suplicante, suplicar, suplicio.**

P<small>LUMA</small>, f. Apéndices que crecen en la piel de las aves: *Las plumas de las gallinas.* || Instrumento para escribir: *Escribo con la pluma de Carmen.*

**Plumaje,** m. Conjunto de plumas que tiene un ave y aspecto y color que presentan.

**Plumero,** m. Utensilio que consiste en un palo que tiene sujetas en uno de sus extremos gran cantidad de plumas y que se usa para quitar el polvo.

**Plumón,** m. El conjunto de plumas finas y suaves que están debajo del plumaje exterior de las aves. || Colchón lleno de estas plumas.

**Plural,** adj. Que significa más de una sola cosa o persona.

**Pluri-.** Elemento compositivo que entra en la formación de algunas voces españolas para dar idea de «pluralidad».

**Pluriempleo,** m. Situación social caracterizada por el desempeño de varios cargos, empleos, oficios, etc., por la misma persona.

**Plus,** m. Paga extraordinaria.

**Pluscuamperfecto,** adj. (Tiempo del verbo), que indica que una cosa ya estaba hecha cuando otra se hizo.

**Plus ultra.** Frase latina que significa «más allá».

**Pluviómetro,** m. Especie de caja cuadrada, de un decímetro de lado (generalmente), que sirve para calcular el agua que cae en un sitio y en un tiempo determinado.

**Población,** f. Ciudad, pueblo. || Número de habitantes de una población, comarca, nación, etc. || V. **pueblo.**

**Poblado,** m. Población, lugar. || V. **pueblo.**

**Poblador,** adj. Que puebla.

**Poblar,** intr. Ir gente a un sitio para quedarse a vivir en él.

**Pobre.**\*

**Pobreza,** f. Falta de lo necesario. || Escasez de recursos.

**Pocilga,** f. Establo para cerdos. || Lugar sucio y hediondo.

**Pócima,** f. Cualquier bebida con cualidades medicinales.

**Poción,** f. Pócima.

**Poco.**\*

**Pocho,** adj. Podrido o demasiado maduro y blando.

**Podadera,** f. Especie de tijeras con que se cortan las ramas de los árboles.

**Podar,** tr. Cortar las ramas a los árboles o a los arbustos para que vuelvan a subir con más fuerzas.

**Podenco,** adj. Se le dice al perro de buen olfato empleado en la caza y que ladra poco.

**Poder.**\*

**Poderío,** m. Poder, autoridad. || Dominio, señorío. || La calidad y la fuerza de los toros.

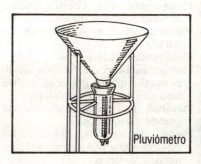

Pluviómetro

\* ───────────

*Viene del latín* **pluma,** *que significa lo mismo que en castellano.* || *Deriv.:* **Emplumar, plumada, plumazo, plumaje, plumero, plumilla.**

Pobre, adj. *Necesitado, que carece de lo necesario para vivir:* **Le di una limosna a un pobre.** || *De poco valor:* **Me dio una explicación muy pobre.**
  *Viene del latín* **pauperis,** *que significa 'pobre'.* || *Deriv.:* **Empobrecer, paupérrimo, pobrete, pobreza.** || *Contr.:* **Rico.**

Poco, adj. *Escaso, corto en cantidad o calidad:* **Es de poca belleza.** || *Poca cantidad:* **Dame un poco de agua.** || *Poco a poco: Despacio, lentamente.*
  *Viene del latín* **paucus,** *que quiere decir 'poco numeroso'.* || *Deriv.:* **Apocado, apocar, poquedad, poquito.** || *Contr.:* **Mucho.**

Poder, m. *Dominio, fuerza o poderío:* **Tiene mucho poder.** || tr. *Tener facultad de hacer una cosa:* **Puedo ir a tu casa.** || impers. *Ser posible que ocurra alguna cosa:* **Puede que llueva mañana por la tarde.**
  *Viene del latín* **potere,** *que significa 'poder'.* || *Deriv.:* **Apoderado, poderío, poderoso, posibilidad, pudiente.** || *Contr.:* **Impotencia.**

**Poderosamente,** *adv.* Con fuerza, con poder.
**Poderoso,** *adj.* Que tiene mucho poder. || Rico, adinerado. || V. **poder.**
**Podología,** *f.* Rama de la actividad médica, que tiene por objeto el tratamiento de las afecciones y deformaciones de los pies, cuando dicho tratamiento no rebasa los límites de la cirujía menor.
**Podredumbre,** *f.* Descomposición de una cosa.
**Podrido,** *adj.* Que tiene podredumbre. || Que se está pudriendo. || Que ya está todo podrido.
**Poema,** *m.* Obra escrita en verso o perteneciente a la poesía, aunque esté escrita en prosa.
**Poesía.**\*
**Poeta,** *m.* El que se dedica a hacer versos.
**Poético,** *adj.* Se dice de lo que se refiere a la poesía. || Propio de la poesía.
**Poetisa,** *f.* Mujer que es poeta.
**Póker,** *m.* Cierto juego de cartas en el que gana el jugador que consigue mejor combinación.
**Polaco,** *adj.* De Polonia.
**Polaina,** *f.* Paño o cuero que cubre la pierna hasta la rodilla y que a veces se abotona o abrocha por la parte de afuera. La suelen utilizar los jinetes.
**Polar,** *adj.* Del Polo Norte. || Del Polo Sur. || Muy frío.
**Polarizar,** *tr.* Modificar el reflejo los rayos luminosos.
**Pólders,** *m. pl.* Terrenos ganados al mar mediante diques y dedicados al cultivo.
**Polea,** *f.* Rueda acanalada, móvil sobre un eje, y por cuyo canal pasa una cuerda que sirve para elevar cuerpos.
**Polémica,** *f.* Arte de atacar y defender fortalezas o plazas fuertes. || Discusión en torno a algún libro, alguna obra de teatro, etc.
**Polen,** *m.* Granitos amarillentos que tienen muchas flores en forma de polvo muy fino.
**Policía,** *f.* Organización encargada de cuidar el orden público. || Ordenanzas que mantienen dicho orden. || *m.* Agente de policía. || **Policía secreta:** aquella cuyos agentes no usan uniforme. || V. **política.**
**Policíaco,** *adj.* Se dice de lo que se refiere a la policía.
**Policial,** *adj.* De la policía.
**Policlínica,** *f.* Consultorio para enfermos, con distintos médicos especialistas.
**Policromado, da,** *p. p.* de policromar. || *adj.* Dícese de lo que está pintado de varios colores, especialmente las esculturas.
**Policromar,** *tr.* Pintar de varios colores. || Colorear.
**Policromía,** *f.* Multitud de colores.
**Policromo,** *adj.* De diferentes colores.
**Polichinela,** *m.* Títere con una joroba delante y otra detrás.
**Polideportivo, va,** *m.* Aplícase al lugar, instalaciones, destinadas al ejercicio de varios deportes.
**Poligamia,** *f.* Costumbre (en algunos países) que permite tener varias mujeres.

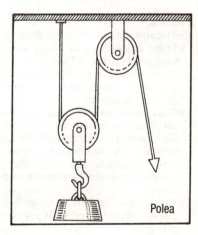

Polea

---

\*
Poesía, f. *Arte de hacer obras en verso:* **La poesía requiere inspiración.** || *Obra escrita en verso:* **San Juan de la Cruz escribió poesías místicas.** || *En general, belleza del cualquier expresión.*
  *Viene del griego* **poiein,** *que quiere decir 'hacer', 'construir'.*

**Polígono,** *m.* Figura geométrica, plana y cerrada por líneas rectas.
**Polígrafo,** *m.* Escritor importante en muchas materias diferentes.
**Polilla,** *f.* Mariposa nocturna que destruye las ropas, las pieles, etc. || Cosa que destruye a otra poco a poco.

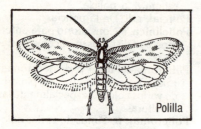
Polilla

**Polio,** *f.* Poliomielitis.
**Poliomielitis,** *f.* Parálisis infantil. || Inflamación de la médula espinal.
**Pólipo,** *m.* Pulpo. || Cualquier animal de la familia del pulpo. || Tumor en alguna membrana mucosa del cuerpo.
**Polisílaba,** *f.* Que tiene muchas sílabas.
**Politécnico,** *m.* Centro de enseñanzas técnicas.
**Politeísmo,** *m.* El creer en muchos dioses.
**Política.**\*
**Políticamente,** *adv.* Con política.
**Político,** *adj.* Se dice de lo que se refiere a la política. || Que no es pariente directo. || *m.* Aquel que se dedica a los asuntos del estado. || V. **política**.
**Póliza,** *f.* Sello que se pone para pagar el impuesto en determinados documentos. || Documento de un contrato (de seguros, por ejemplo). || Papeleta que se recibe y que sirve para diversos usos comerciales.
**Polizón,** *m.* Vagabundo, vago. || El que embarca a escondidas y sin pagar.

**Polizonte,** *m.* Policía, en sentido despreciativo.
**Polo,** *m.* Cada extremo del eje imaginario de la Tierra o de otra esfera: Polo Norte y Polo Sur.
**Poltrona,** *f.* Especie de butaca baja.
**Polvareda,** *f.* Cantidad de polvo que se levanta del suelo en un momento.
**Polvera,** *f.* Caja que usan las señoras para llevar los polvos y la borla con que se los dan.
**Polvo,** *m.* Partículas menudas de tierra u otra cosa.
**Pólvora,** *f.* Mezcla detonante e inflamable compuesta de salitre, carbón y azufre y que se emplea para disparar proyectiles. || Conjuntos de fuegos artificiales en alguna fiesta.
**Polvoriento,** *adj.* Cubierto de polvo. || Lleno de polvo.
**Polvorín,** *m.* Sitio donde se guarda la pólvora y los explosivos.
**Polvorón,** *m.* Bollo pequeño que se deshace al comer. Los polvorones se hacen con harina, manteca y azúcar.
**Pollino,** *m.* Burro, asno. || Persona tonta y necia.
**Pollo,** *m.* Cría de cualquier ave. || Gallo pequeño. || Mozo joven y en edad de casarse.
**Polluelo,** *m.* Pollo pequeño.
**Pomada,** *f.* Pasta blanda que se emplea como perfume o como medicamento.
**Pomo,** *m.* La manzana y cualquier otro fruto que se le parezca. || Sitio por donde termina el mango de una espada. || Vasija pequeñita llena de colonia.
**Pompa,** *f.* Lujo, grandeza. || Esfera hecha soplando un canuto o caña mojada en agua de jabón.
**Pompeyano,** *adj.* Natural o perteneciente a Pompeya (Italia antigua). || Partidario de Pompeyo.
**Pomposo,** *adj.* Demasiado adornado y sin valor.
**Pómulo,** *m.* Hueso de cada una de las mejillas.

---

\* Política, *f. Arte de gobernar los pueblos y conservar el orden y buenas costumbres:* **La política de España.**
    *Viene del griego* **polis,** *que quiere decir 'ciudad'.* || *Deriv.:* **Apolítico, policía, politicastro, político, politiquear, politiquero.**

**Ponche,** *m.* Bebida hecha batiendo agua, azúcar, limón y un líquido que sea alcohólico (ron, p. ej.). ‖ **Ponche de huevo:** el que se hace con vino, huevo y azúcar, generalmente.

**Ponderación,** *f.* Cuidado y atención con que se hace o dice una cosa. ‖ Exageración, alabanza. ‖ Compensación entre dos pesos.

**Ponderado,** *adj.* Que hace las cosas con prudencia y tacto.

**Ponderar,** *tr.* Pesar. ‖ Alabar una cosa, exagerar.

**Ponedor,** *adj.* Que pone. ‖ Se dice del caballo enseñado a sostenerse sobre las patas. ‖ *f.* Gallina que pone huevos.

**Ponencia,** *f.* Cargo de ponente. ‖ Informe dado por el ponente.

**Ponente,** *adj.* Se dice del juez o persona a quien toca hacer el informe de un asunto que ha de ser sometido a votación.

**Poner.\***

**Ponerse al día.** Frase que significa una de estas tres cosas principalmente: 1) Ponerse al corriente en un asunto o negocio; 2) Manifestarse de acuerdo con los tiempos nuevos, y 3) Actualizar nuestra actitud cristiana de acuerdo con las nuevas circunstancias y buenas costumbres.

**Poniente,** *m.* Occidente, sitio por donde se pone el sol.

**Pontificado,** *m.* Dignidad de pontífice. ‖ Tiempo que cada pontífice tiene esta dignidad.

**Pontifical,** *adj.* Del o lo que se refiere al pontífice. ‖ *m.* Los ornamentos del obispo.

**Pontífice.\***

**Pontificio,** *adj.* Se dice de lo que se refiere al pontífice.

**Ponzoñoso,** *adj.* Perjudicial.

**Popa,** *f.* Parte posterior de la nave donde se coloca el timón.

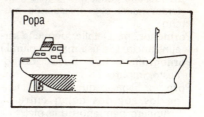

**Populacho,** *m.* Lo peor y más bajo de la plebe.

**Popular,** *adj.* Se dice de lo que se refiere al pueblo. ‖ Del pueblo. ‖ Grato al pueblo. ‖ Famoso. ‖ V. **pueblo.**

**Popularidad,** *f.* Favor y aplauso del pueblo. ‖ Fama.

**Populista,** *adj.* Se dice de lo que se refiere o pertenece al pueblo.

**Populoso,** *adj.* Que tiene muchos habitantes.

**Poquito,** *adj.* Diminutivo de poco. ‖ Muy poco. ‖ Que es tímido y de poca habilidad.

**Por.\***

**Porcelana,** *f.* Especie de loza fina, muy blanca y bastante brillante. ‖ Cualquier cacharro de porcelana.

---

\*

PONER, *tr. Colocar en un lugar a una persona o cosa:* **Puse las flores en el jarrón.** ‖ **Ponerse un astro:** *Ocultarse un astro por el horizonte.*
  *Viene del latín* **ponere,** *que significa 'colocar'.* ‖ *Deriv.:* **Componer, composición, disponer, disponible, disposición, dispuesto, interponer, ponedero, ponedor, ponencia, ponente, poniente, proponer, suponer.** ‖ *Contr.:* **Quitar.**

PONTÍFICE, m. *Obispo o Arzobispo, y principalmente el Papa:* **Rezamos por el Pontífice.**
  *Viene del latín* **pontifex,** *que significa 'Papa' y antes significó 'la persona que cuidaba de los puentes de Roma'.* ‖ *Deriv.:* **Pontificado, pontifical, pontificio.**

POR. *Preposición con la que se indican diversas relaciones de tiempo, causa, modo, fin, etc.:* **Ibas por la calle.** ‖ *Signo de multiplicar* **(X).**
  *Viene del latín* **pro,** *que significa 'por, para'.* ‖ *Deriv.:* **Porque, por qué.**

561

**Porcentaje.** (Galicismo), *m.* Tanto por ciento.
**Porción,** *m.* Pedazo, parte. ‖ Cantidad sacada de otra mayor.
**Porche,** *m.* Cobertizo. ‖ Atrio.
**Pordiosero,** *adj.* Pobre que pide por las calles de puerta en puerta.
**Porfía,** *f.* Disputa. ‖ Empeño, intento.
**Porfiar,** *intr.* Discutir con otro queriendo uno ganar a la fuerza. ‖ Intentar hacer algo insistiendo mucho.
**Pormenor,** *m.* Detalle, pequeña circunstancia. (Se usa más en plural.)
**Pornográfico,** *adj.* Sucio, deshonesto, impuro.
**Poro,** *m.* Espacio que las moléculas de los cuerpos dejan entre sí. ‖ Agujero pequeño de la piel.
**Poroso,** *adj.* Que tiene muchos poros.
**Porqué,** *m.* Causa, razón, cantidad, parte. ‖ V. **por.**
**Porquería,** *f.* Suciedad, basura. ‖ Acción sucia e indecente. ‖ Golosina o fruta perjudicial para la salud. ‖ Cosa pequeña y mala.
**Porra,** *f.* Especie de palo hecho de goma y que sirve para pegar golpes.
**Porrazo,** *m.* Golpe dado con una porra. ‖ Golpe que se recibe al caerse uno.
**Porrón,** *m.* Botijo. ‖ Vasija para beber vino a chorro.
**Portaaviones,** *m.* Barco de guerra de mucho tonelaje y que tiene sobre la cubierta un campo de aviación para llevar aviones.
**Portada,** *f.* Adorno de arquitectura hecho en la fachada de una casa o edificio. ‖ Tapa de un libro o revista.
**Portador,** *adj.* Que lleva una cosa. ‖ *m.* Persona que lleva un recibo para cobrarlo. ‖ V. **portar.**
**Portaestandarte,** *m.* Oficial que lleva la bandera de un regimiento.
**Portal,** *m.* Vestíbulo de una casa en la cual está la puerta principal.

**Portañuela,** *f.* Reborde de tela que cubre la abertura que tienen los pantalones por la parte delantera.
**Portar.**\*
**Portátil,** *adj.* Fácil de llevar de un sitio a otro.
**Portavoz,** *m.* Bocina para hacerse escuchar mejor. ‖ Representante.
**Portazo,** *m.* Golpe fuerte dado por la puerta al cerrarse sin cuidado.
**Porte,** *m.* Lo que se hace al llevar una cosa de un sitio a otro. ‖ Lo que hay que pagar por el transporte de una cosa. ‖ Modo de portarse. ‖ Aspecto exterior de una persona.
**Portear,** *tr.* Llevar una cosa de un sitio a otro por un precio ya señalado.
**Portento,** *m.* Especie de milagro, cosa fuera de lo corriente.
**Portentoso,** *adj.* Milagroso, extraordinario.
**Porteño,** *adj.* De Buenos Aires (Argentina). ‖ Del Puerto de Santa María (Cádiz).
**Portería,** *f.* Habitación del portero. ‖ Oficio de portero. ‖ Meta en el fútbol.

Portaaviones

**Portero,** *m.* Hombre encargado en los edificios de vigilar la entrada y salida de personas, coches, etc. ‖ Guardameta en el fútbol.
**Portezuela,** *f.* Puerta pequeña. ‖ Puerta de un coche o carruaje.

---

\* PORTAR, *tr. Llevar o traer de un sitio a otro:* **Portamos las sillas.** ‖ *r. Obrar bien o mal:* **Se portaron bien.**
    Viene del latín **portare,** *que quiere decir 'transportar, conducir'.* ‖ *Deriv.:* **Aportación, aportar, comportar, exportar, portador, portante, portear, soportar, transportar.**

**Pórtico,** m. Sitio cubierto y con columnas que está delante de los grandes edificios.

Pórtico

**Portón,** m. Puerta grande.
**Portuario,** adj. Se dice de lo que se refiere a los puertos de mar.
**Portugués,** adj. Natural o propio de Portugal.
**Porvenir,** m. Futuro. ‖ Lo que ha de suceder en el futuro.
**Posada,** f. Establecimiento donde puede uno dormir y comer. ‖ Hospedaje.
**Posadero,** m. Dueño de una posada.
**Posar,** intr. Hospedarse en una posada o casa. ‖ r. Pararse las aves o los insectos en un sitio. ‖ Caer lo sucio de un líquido al fondo de la vasija.
**posbalance (Venta),** f. Venta rebajada que algún comercio ofrece después de haber hecho balance.
**Posdata,** f. Anotación escrita debajo de una carta, después de la firma.
**Pose.** (Galicismo), f. Postura quieta, propia de un maniquí en pie.
**Poseedor,** m. Que posee.
**Poseer.\***
**Poseído,** adj. Furioso, loco.
**Posesión,** f. Cosa que se posee. ‖ Lo que se hace al poseer.
**Posesionar,** tr. Poner en posesión. ‖ Entrar en posesión de una cosa.

**Posesivo,** adj. Que indica de quién es una cosa.
**Posguerra,** f. Período de tiempo que sigue a la guerra.
**Posibilidad,** f. El ser posible una cosa. ‖ El tener medios para hacer algo. ‖ V. **poder.**
**Posible,** adj. Que puede hacerse. ‖ Que puede suceder. ‖ V. **poder.**
**Posiblemente,** adv. Con posibilidad. ‖ Quizá, quizás, tal vez.
**Posición,** f. Postura, situación en que está puesta una persona o cosa. ‖ Categoría social de una persona. ‖ Punto fortificado o estratégico en la guerra. ‖ V. **poner.**
**Positivo,** adj. Cierto, verdadero. ‖ Se dice de aquel que no busca sino el lado material y real de las cosas, prefiriéndolo a lo que sólo sea probable.
**Poso,** m. Sedimento que deja un líquido en el fondo de la vasija. ‖ Sedimento que dejan los buenos vinos en el fondo de la botella. ‖ fig. El buen ejemplo que deben dejar los cristianos durante toda su vida.
**posta (A),** fr. fam. Queriendo.
**Postal,** adj. Se dice de lo que se refiere al servicio de Correos. ‖ Tarjeta postal. ‖ V. **poner.**
**Postar,** tr. Apostar, hacer apuestas.
**Poste,** m. Columna o madero colocado verticalmente para servir de apoyo o señal.
**Posteridad,** f. El tiempo futuro.
**Posterior,** adj. Que viene o queda detrás o después.
**Posterioridad,** f. Calidad de posterior. ‖ **Con posterioridad a:** después de.
**Posteriormente,** adv. Después (no antes ni delante).
**Postigo,** m. Puerta falsa. ‖ Puerta pequeña en forma de ventana y hecha en otra puerta.
**Postilla,** f. Costra seca de una herida o de una llaga.

---
\*
POSEER, tr. Ser dueño de una cosa: *Poseo una casa.* ‖ Saber bastante de una cosa: *Posee dos idiomas.*
   Viene del latín **possidere,** que quiere decir 'poseer'. ‖ Deriv.: **Poseedor, posesión, poseso.** ‖ Contr.: **Carecer.**

**Postín,** *m.* Dígase mejor: vanidad o presunción.
**Postizo,** *adj.* Que no es verdadero, sino artificial o fingido. ‖ *m.* Peluca artificial.
**Postor,** *m.* El que ofrece dinero por algo que están subastando.
**Postrar,** *tr.* Rendir, humillar o derribar una cosa. ‖ Debilitar, quitar las fuerzas a uno. ‖ *r.* Arrodillarse a los pies de otro.
**Postre.\***
**Postremo,** *adj.* Último.
**Postrero,** *adj.* Último.
**Postrimerías,** *f. pl.* Los últimos acontecimientos de la vida humana: muerte, juicio, infierno y gloria.
**Postulación,** *f.* Petición hecha para satisfacer alguna necesidad.
**Postulado,** *m.* Razonamiento cuya verdad no da lugar a dudas. ‖ Verdad que no necesita demostración.
**Postulante,** *adj.* Que hace una postulación.
**Postular,** *tr.* Pedir para remediar alguna necesidad social.
**Póstumo,** *adj.* Que nace cuando ha muerto su padre. ‖ Que es una obra publicada o expuesta cuando ha muerto su autor.
**Postura,** *f.* Situación o modo en que está una persona o cosa. ‖ Precio máximo ofrecido por el comprador. ‖ Cantidad apostada entre dos o más personas.
**Potable,** *adj.* Que se puede beber.
**Potasio,** *m.* Elemento metálico que entra en la composición de muchos abonos.
**Potencia,** *f.* Poder o virtud para hacer una cosa. ‖ En aritmética, potencia es el resultado de haber multiplicado un número por sí mismo las veces que sea. ‖ En física, potencia es el trabajo que hace una fuerza en un segundo; esta potencia física se mide en «caballos de vapor» y «en vatios», principalmente. ‖ V. **poder.**

**Potencial,** *m.* Reserva de energía. ‖ Altura o nivel de un depósito de agua o de electricidad, etc. ‖ *adj.* Que tiene potencia. ‖ **Energía potencial:** la que está retenida; como la energía del agua de un embalse. ‖ En gramática, el modo potencial de un verbo es el modo condicional, que expresa posibilidad y condición. ‖ V. **poder.**
**Potaje,** *m.* Cocido de legumbres.
**Pote,** *m.* Cocido gallego. ‖ Vaso de barro, alto, que sirve para guardar licores o para hacer guisados.
**Potenciación,** *f.* Operación aritmética que consiste en multiplicar un número por sí mismo tantas veces como indique el exponente.
**Potente,** *adj.* Que tiene mucha potencia. ‖ Grande y fuerte.
**Potestad,** *f.* Dominio o facultad de mandar que se tiene sobre una cosa. ‖ Poder.
**Potestativo,** *adj.* Que está bajo el mandato de uno.
**Potingue,** *m. fam.* Bebida que se ha comprado en la farmacia.
**Potro,** *m.* Caballo menor de cuatro años y medio. ‖ Instrumento para dar tormento. ‖ Máquina donde se sujetan los caballos para ponerles herraduras o curarlos.

Potro

**Poyo,** *m.* Piedra grande que sirve de asiento.

---

\*
**Postre,** m. *Fruta, pastel u otra cosa que se sirve al terminar la comida:* **Hoy habrá postre especial.**
   *Viene de latín* **postremus,** *que significa 'postrero, último, final'.* ‖ *Deriv. (de postrero):* **Posteridad, posterior, posterioridad, postre, postrimero, póstumo.**

**Pozo.** *
**Práctica.** *
**Prácticamente,** *adv.* De un modo práctico.
**Practicante,** *adj.* Que practica. ‖ *m.* El que tiene título para ejercer la cirugía menor. ‖ El que estudia la práctica de la medicina bajo la dirección de un médico. ‖ El que en los hospitales y clínicas cuida de los enfermos y les da las medicinas mandadas por el médico. A estos practicantes, o sea, a los que ponen inyecciones, etc., se les llama hoy día «auxiliares técnicos sanitarios».
**Practicar,** *tr.* Hacer prácticas de una cosa que se había estudiado. ‖ Trabajar en una cosa. ‖ V. **práctica.**
**Práctico,** *adj.* Lo que se refiere a la práctica. ‖ Que procura no desperdiciar nada. ‖ Aprovechable. ‖ V. **práctica.**
**Pradera,** *f.* Prado muy grande.
**Prado,** *m.* Tierra húmeda donde crece o se deja crecer la hierba para pasto del ganado.
**Pragmática,** *f.* Nombre de algunas viejas leyes españolas.
**Pratense,** *adj.* De los prados.
**Preámbulo,** *m.* Primeras frases que se dicen a manera de prólogo.
**Prebenda,** *f.* Renta que corresponde a algunos cargos eclesiásticos. ‖ Oficio en el que se gana mucho y se trabaja poco.
**Precario,** *adj.* De muy poca seguridad.
**Precaución,** *f.* Cuidado o reserva tomados para impedir cualquier inconveniente o peligro.
**Precavido,** *adj.* Prudente, que sabe prevenirse de los daños o peligros.
**Precedente,** *adj.* Que precede. ‖ *m.* Antecedente.
**Preceder,** *intr.* Ir delante. ‖ *tr.* Estar antes que otra cosa.
**Preceptivo,** *adj.* Que es cosa de preceptos.
**Precepto,** *m.* Orden, mandato. ‖ Regla o instrucción que se dan para conocer mejor un arte o ciencia. ‖ Cada uno de los mandamientos.
**Preceptuar,** *tr.* Dar preceptos.
**Preces,** *f. pl.* Oraciones sacadas de la Sagrada Escritura y que se dicen en la misa. ‖ Oraciones, ruegos, súplicas.
**Preciado,** *adj.* Apreciado, estimado. ‖ Vanidoso.
**Preciar,** *tr.* Apreciar, estimar, poner precio. ‖ *r.* Alabarse a sí mismo.
**Precintado, da,** *p. p.* de precintar. ‖ *m.* Precinto, ligadura o señal sellada.
**Precinto,** *m.* Especie de sello, de papel o metal que se pone a muchos productos industriales para garantía de que nadie los ha abierto desde que se fabricaron.
**Precio.** *
**Preciosidad,** *f.* Hermosura o primor. ‖ Cosa preciosa.
**Precioso,** *adj.* Excelente, muy bueno. ‖ Que tiene mucho valor. ‖ Muy bonito. ‖ V. **precio.**
**Precipicio,** *m.* Despeñadero, sitio muy peligroso para andar por él.

---

*
Pozo, *m. Hoyo o perforación profunda que se hace en el terreno:* **En casa hay un pozo de agua hondo y fresco.**
    *Viene del latín* **puteus,** *que quiere decir 'hoyo, pozo'.* ‖ *Deriv.:* **Empozar, pocero, pocillo, poza, pozal, pozuelo.**
Práctica, f. *Ejercicios que sirven para aprender una cosa:* **Prácticas de Química.** ‖ *Destreza y habilidad que se consigue haciendo esos ejercicios:* **Tiene mucha práctica.**
    *Viene del griego* **praktikos,** *que significa 'activo'.* ‖ *Deriv.:* **Platicar, practicar, práctico, pragmático.**
Precio, m. *Valor en que se estima una cosa:* **Esta casa es de mucho precio.**
    *Viene del latín* **pretium,** *que quiere decir 'valor'.* ‖ *Deriv.:* **Apreciable, apreciar, aprecio, despreciable, despreciar, desprecio, preciado, preciosidad, precioso, preciosura.**

**Precipitación,** *f.* Acción de precipitar o precipitarse. ‖ Caída rápida. ‖ Prontitud, prisa o desorden. ‖ Lluvia, o nieve, o granizo, que caen de la atmósfera.
**Precipitadamente,** *adv.* De un modo precipitado, sin cuidado.
**Precipitado,** *adj.* Alocado, con mucha prisa. ‖ *m.* Sustancia que por sí sola se separa del líquido en que estaba disuelta y forma un sedimento.
**Precipitar,** *tr.* Tirar desde un precipicio o lugar alto. ‖ *r.* Acelerar, ir muy deprisa. ‖ Caer desde un precipicio. ‖ Obrar sin prudencia ninguna.
**Precisamente,** *adv.* De un modo preciso. ‖ Necesariamente, sin poderlo evitar. ‖ V. **preciso.**
**Precisar,** *tr.* Determinar de un modo preciso. ‖ Obligar a que uno haga una cosa. ‖ Necesitar una cosa.
**Precisión,** *f.* Obligación o necesidad que obliga a hacer una cosa. ‖ Exactitud. ‖ V. **preciso.**
**Preciso.**\*
**Preclaro,** *adj.* Famoso, ilustre.
**Precocidad,** *f.* Cualidad por la que uno se desarrolla antes de tiempo.
**Precolombino,** *adj.* Anterior al tiempo de Colón.
**Preconcebido,** *adj.* Pensado con todo detalle mucho antes de haberse hecho.
**Preconizar,** *tr.* Alabar a una persona o cosa públicamente. ‖ Pregonar.
**Precoz,** *adj.* Aventajado para su edad.
**Precursor,** *adj.* Que va delante. ‖ *m.* El que anuncia una cosa. ‖ **El Precursor:** San Juan Bautista.
**Predecesor,** *m.* Persona que precede a otra en cualquier empleo o cargo.

**Predecir,** *tr.* Anunciar cosas que vendrán en el futuro.
**Predestinación,** *f.* Determinación de las cosas futuras. ‖ Doctrina según la cual hay hombres condenados y salvados desde su nacimiento.
**Predestinado,** *adj.* Elegido por Dios para lograr la gloria eterna.
**Predicación,** *f.* Lo que se hace al predicar. ‖ Doctrina que se predica o enseñanza que se da de ella.
**Predicado,** *m.* Lo que se dice del sujeto en una proposición.
**Predicador,** *adj.* Que predica. ‖ *m.* Orador que predica la palabra de Dios.
**Predicar.**\*
**Predicción,** *f.* Lo que se hace al predecir.
**Predilección,** *f.* Preferencia o cariño hacia una persona o cosa.
**Predilecto,** *adj.* Que goza de predilección, que es el preferido.
**Predisponer,** *tr.* Preparar algunas cosas o el ánimo de las personas para un fin determinado.
**Predominante,** *adj.* Que predomina.
**Predominar,** *tr.* Prevalecer una cosa sobre otra.
**Predominio,** *m.* Ventaja, mejoría, poder o superioridad que una cosa tiene sobre otra.
**Prefacio,** *m.* Prólogo.
**Prefectura,** *f.* Cargo de ciertos militares o políticos. ‖ Despacho de dichos militares o políticos.
**Preferencia,** *f.* Ventaja que una cosa o persona tiene sobre otra. ‖ V. **preferir.**
**Preferente,** *adj.* Que prefiere o es preferido.
**Preferentemente,** *adv.* Con preferencia.
**Preferible,** *adj.* Que se debe preferir.
**Preferir.**\*

---
\* 
PRECISO, adj. *Necesario, indispensable para un fin:* **Para aprobar es preciso estudiar.** ‖ *Puntual, exacto:* **Este reloj es preciso.**
    *Viene del latín* **praecisus,** *que significa 'cortado'.* ‖ *Deriv.:* **Precisamente, precisar, precisión.** ‖ *Contr.:* **Impreciso.**
PREDICAR, tr. *Publicar y hacer patente una cosa:* **Predicar la verdad.**
    *Viene del latín* **praedicare,** *que significa 'proclamar solemnemente'.* ‖ *Deriv.:* **Predicación, predicado, predicador, predicamento.**
PREFERIR, tr. *Dar preferencia:* **Prefiero el cine al teatro.**

**Prefijo,** *m.* Primera parte de muchas palabras y que se pone delante de la raíz. Ejemplo: Des, en deshacer.
**Pregón,** *m.* Publicación que se hace de una cosa en voz alta para que todos se enteren.
**Pregonar,** *tr.* Decir pregones. ‖ Vocear una cosa o mercancía que se quiere vender.
**Pregonero,** *adj.* Que pregona. ‖ *m.* Persona encargada de leer los pregones.
**Pregunta,** *f.* Interrogación que se hace para que otro responda lo que sabe acerca de una cosa.
**Preguntar.\***
**Prehistoria,** *f.* Tiempo anterior a la historia y ciencia que se encarga de estudiar este tiempo.
**Prehistórico,** *adj.* De la prehistoria.
**Preinserto,** *adj.* Que se ha insertado antes.
**Prejuicio,** *m.* Idea de las cosas tenida antes de tiempo y sin buen conocimiento de ellas.
**Prejuzgar,** *tr.* Juzgar imprudentemente antes de tiempo.
**Prelación,** *f.* Preferencia con que una cosa debe ser atendida respecto de otras.

**Prelado.\***
**Preliminar,** *adj.* Que prepara para el estudio de una ciencia. ‖ *m. pl.* Los preparativos para hacer después algo y que salga bien hecho.
**Preludio,** *m.* Lo que precede a alguna cosa. ‖ Cualquier cosa que se toque o cante y sirva para ensayar el instrumento musical o la voz. ‖ Pieza con que se empieza una obra musical.
**Prematuro,** *adj.* Que ocurre o se hace antes de tiempo.
**Premeditar,** *tr.* Pensar bien una cosa antes de hacerla.
**Premiar,** *tr.* Dar premios. ‖ V. **premio.**
**Premio.\***
**Premioso,** *adj.* Muy apretado o ajustado. ‖ Molesto, incómodo. ‖ Que apremia o mete prisa.
**Premisa,** *f.* Cada una de las dos verdades de donde se saca una conclusión.
**Premura,** *f.* Prisa, urgencia. ‖ Apuro, aprieto.
**Prenda.\***
**Prendarse,** *r.* Enamorarse de una cosa.
**Prender.\***

---

*Viene del latín* **praeferre,** *que significa 'llevar delante'.* ‖ *Deriv.:* **Aferente, preferencia, preferente, preferible.** ‖ *Contr.:* **Postergar.**

Preguntar, tr. *Hacer a otro preguntas para que las responda:* **¿Te preguntaron de Historia?**
    *Viene del latín* **percontari,** *que quiere decir 'someter a interrogatorio'.* ‖ *Deriv.:* **Pregunta, preguntón.**

Prelado, m. *Superior eclesiástico, dignidad de la Iglesia (abad, obispo, arzobispo, etc.):* **El prelado de Madrid.**
    *Viene del latín* **praelatus,** *que significa 'jerarca eclesiástico'.* ‖ *Deriv.:* **Prelación, prelatura.**

Premio, m. *Recompensa que se da por un mérito o por un buen servicio:* **Obtuvo un premio por su aplicación.** ‖ **Premio gordo:** *el premio mayor en la lotería.*
    *Viene del latín* **praemium,** *que significa 'recompensa'.* ‖ *Deriv.:* **Premiar.** ‖ *Contr.:* **Castigo.**

Prenda, f. *Objeto que se da en garantía de algo:* **Dejé mi pulsera en prenda.** ‖ *Cualquiera de las partes que componen el vestido:* **Te cosí esa prenda.** ‖ **En prenda de:** *Como señal de.*
    *Viene del latín* **pignora,** *que significa 'objeto que se da en garantía'.* ‖ *Deriv.:* **Prendar, prendería, prendero.**

Prender, tr. *Agarrar una cosa:* **Prendimos el vestido con alfileres.** ‖ *Apresar a una persona:* **Prendieron a los ladrones.**
    *Viene del latín* **prendere,** *que significa 'atrapar, sorprender'.* ‖ *Deriv.:* **Aprehender, aprehensión, aprender, aprendiz, aprendizaje, aprensivo,**

**Prendería,** f. Tienda de compraventa de alhajas, muebles usados o prendas.
**Prendimiento,** m. El prender o apresar a una persona.
**Prensa.**\*

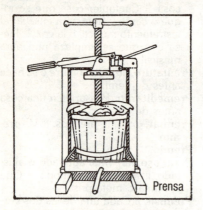
Prensa

**Prensar,** tr. Ponerle a una cosa un gran peso encima. || Apretar una cosa mediante una prensa.
**Prensil,** adj. Que puede coger o agarrar cosas.
**Preñada,** adj. Dícese de la hembra en cuyo vientre se forma un hijo.
**Preñez,** f. Estado de la hembra preñada.
**Preocupación,** f. Inquietud o temor que produce una cosa. || V. **ocupar.**
**Preocupar,** tr. Ocupar una cosa antes que otro. || Preparar el ánimo de uno en favor de una persona o cosa. || r. Tener uno el ánimo en alguna cosa. || Inquietarse uno con alguna cosa. || V. **ocupar.**
**Preparación,** f. Lo que se hace al preparar una cosa o al prepararse uno para lograr algo. || V. **parar.**

**Preparado,** adj. Capacitado. || m. Droga o medicamento ya preparados adecuadamente para curar enfermedades y que no perjudiquen.
**Preparador,** m. El que prepara.
**Preparar,** tr. Arreglar, disponer una cosa para algún uso. || Fabricar una medicina o producto químico. || r. Arreglarse, disponerse para hacer alguna cosa. || V. **parar.**
**Preparativo,** adj. Que prepara para alguna cosa. || m. Arreglo de las cosas. || Cosa ya preparada. || Tener hechos los preparativos: tener preparadas ya las cosas.
**Preponderancia,** f. Mayor peso de una cosa respecto de otra. || Superioridad de autoridad, fuerza, etc.
**Preponderante,** adj. Que tiene preponderancia.
**Preposición,** f. Parte invariable de la oración que sirve para manifestar la relación de unas palabras con otras.
**Prerrogativa,** f. Privilegio, ventaja.
**Presa,** f. Cosa que se coge. || Estanque de riego construido en un río o arroyo para detener el agua y llevarla al sitio que se quiere regar.

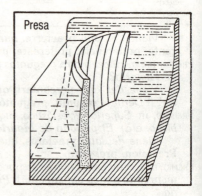
Presa

---

apresar, aprisionar, comprender, comprensible, comprensión, comprensivo, desprender, desprendimiento, emprendedor, emprender, empresa, empresario, incomprensible, prendedero, prendedura, prendido, prendimiento, prensil, prensa, presa, presilla, preso, prisión, prisionero, reprender, represa, represalia, represar, reprensible, represión, sorprendente, sorprender, sorpresa.

PRENSA, f. *Máquina que sirve para comprimir:* **Prensa hidráulica.** || *Periódicos y revistas:* **Dame la prensa de hoy.**
    *Viene del latín* **premere,** *que significa 'apretar'.* || *Deriv.:* **Aprensión, prensar.**

**Presagio,** m. Señal que indica o anuncia una cosa futura. || Adivinación, suposición.
**Presagiar,** tr. Anunciar una cosa futura.
**Presbicia,** f. Vista cansada, propia de los viejos.
**Presbiterado,** m. Dignidad del sacerdote o presbítero.
**Presbiteriano,** adj. (Secta protestante) que no reconoce la autoridad de los obispos, sino la de los presbíteros.
**Prebisterio,** m. Area del altar mayor que va hasta el pie de las gradas.

Presbiterio

**Presbítero,** m. Sacerdote.
**Prescindir.**\*
**Prescripción,** f. Orden, determinación de una cosa. || Manera de adquirir una cosa por haberla tenido cierto tiempo y en ciertas condiciones. || **Prescripción facultativa:** la receta que hace un médico a un enfermo.
**Prescrito,** adj. Ordenado, determinado.
**Presencia,** f. El modo y la forma de estar presente. || Porte exterior de una persona. || V. **ser.**
**Presencial,** adj. Se dice del que presencia algo que está ocurriendo delante de él.
**Presenciar,** tr. Hallarse presente en un acto, suceso, etc. || V. **ser.**
**Presentable,** adj. Que se puede presentar. || Digno de ser presentado.
**Presentación,** f. Lo que se hace al presentar o presentarse. || Fiesta de la Iglesia Católica para festejar el día en que la Virgen fue presentada a Dios en el templo por sus padres. || V. **ser.**
**Presentar,** tr. Poner una cosa en presencia de uno. || Dar graciosamente una cosa uno a otro. || Proponer a una persona para un cargo o empleo. || r. Ponerse delante o a disposición de alguien. || V. **ser.**
**Presente,** adj. Que está delante; actual, de ahora. || m. Regalo. || V. **ser.**
**Presentimiento,** m. Pensamiento que tiene uno de que va a suceder una cosa.
**Presentir,** tr. Tener un presentimiento.
**Preservar,** tr. Guardar a una persona o cosa de cualquier daño o peligro.
**Presidencia,** f. Dignidad de presidente. || Lo que se hace al presidir. || Sitio que ocupa el presidente. || Tiempo que dura el cargo.
**Presidencial,** adj. Se dice de lo que se refiere a la presidencia o al presidente.
**Presidente,** m. El que preside una junta, una asamblea, una república, etcétera. || V. **presidir.**
**Presidiario,** m. El que está en presidio porque está preso.
**Presidio,** m. Guarnición de soldados de un castillo, fortaleza, etc. || Ciudad en la que se pone una guarnición. || Cárcel a donde van los condenados por delitos graves.
**Presidir.**\*

---

\*
P<small>RESCINDIR</small>, intr. Dejar, no usar de una persona o cosa: **Prescindimos del veraneo.**
    Viene del latín **praescindere,** que significa 'separar'. || Deriv.: **Imprescindible.**
P<small>RESIDIR</small>, tr. Tener el primer lugar en una asamblea o junta: **El rey presidió el acto.**
    Viene del latín **praesidere,** que quiere decir 'estar sentado al frente'.
|| Deriv.: **Presidencia, presidencial presidente.**

**Presilla,** *f.* Hilo con el que se sujeta un botón. ‖ Lazo pequeño de cordón o de hilo. ‖ Costura que hay alrededor de un ojal.
**Presión,** *f.* Lo que se hace al apretar. ‖ Peso del aire.
**Preso,** *adj.* Delincuente cogido por la justicia.
**Prestación,** *f.* Lo que se hace al prestar. ‖ Renta, tributo que se paga al propietario.
**Préstamo,** *m.* Cantidad que se presta.
**Prestar.**\*
**Presteza,** *f.* Diligencia, prontitud en hacer una cosa.
**Prestidigitador,** *m.* El que hace juego con las manos.
**Prestigiador,** *adj.* Que da prestigio.
**Prestigio,** *m.* Autoridad, ascendiente, influencia.
**Prestigioso,** *adj.* Que tiene prestigio.
**Presto,** *adj.* Diligente, rápido. ‖ Dispuesto, preparado. ‖ *adv.* Al instante, con mucha brevedad y prontitud.
**Presumido,** *adj.* Que presume demasiado.
**Presumir.**\*
**Presunción,** *f.* Lo que se hace al presumir. ‖ Sospecha basada en indicios, pero no en pruebas claras.
**Presunto,** *adj.* Supuesto.
**Presuponer,** *tr.* Suponer previamente. ‖ Dar por seguro que una cosa sará «así», como nosotros pensamos.
**Presupuestario,** *adj.* Se dice de lo que se refiere al presupuesto.
**Presupuesto,** *adj.* Supuesto anticipadamente. ‖ *m.* Motivo o causa de una cosa. ‖ Cálculo anticipado de lo que va a costar una cosa. ‖ V. **poner.**
**Presuroso,** *adj.* Con mucha prisa. ‖ Pronto, ligero, veloz.

**Pretender,** *tr.* Pedir una cosa. ‖ Intentar. ‖ V. **tender.**
**Pretendiente,** *adj.* Que pretende una cosa.
**Pretensión,** *f.* Esperanza o ilusión de conseguir una cosa. ‖ Derecho que uno cree tener sobre una cosa. ‖ *pl.* Ambiciones. ‖ V. **tender.**
**Pretérito,** *adj.* Pasado.
**Preternatural,** *adj.* Se le dice a las perfecciones concedidas especialmente por Dios a la naturaleza de una cosa.
**Pretexto,** *m.* Motivo aparente que se dice para ocultar el verdadero motivo de una cosa. ‖ Disculpa por no haber hecho alguna cosa.
**Pretil,** *m.* Especie de muro que se pone en los puentes para evitar que las personas o los coches puedan caerse fácilmente por sus lados.

**Pretor,** *m.* Especie de juez entre los antiguos romanos.
**Pretoriano,** *adj.* (Soldado) de la guardia de los emperadores romanos.
**Prevalecer,** *intr.* Tener una cosa o persona ventaja sobre otras. ‖ Conseguir una cosa a pesar de la oposición de otros. ‖ Aumentar una cosa a pesar de las malas circunstancias.

---

\*
PRESTAR, *tr. Entregar a otro dinero o alguna cosa para que use de ella por un tiempo, con la obligación de devolverlo igual:* **Te presté un duro.** *‖* **Prestar ayuda:** *Socorrer, ayudar.* ‖ **Prestar atención:** *Atender sin distraerse.*
   *Viene del latín* **praestare,** *que significa 'proporcionar'.* ‖ *Deriv.:* **Empréstito, empresto, prestación, prestamista, préstamo, prestante.**
PRESUMIR, intr. *Vanagloriarse, engreírse:* **Presume de guapa.** ‖ tr. *Sospechar una cosa:* **Presumía que ibas a venir.**
   *Viene del latín* **praesumere,** *que significa 'imaginar de antemano'.*
‖ *Deriv.:* **Presumido, presunción.** ‖ V. **sumir.**

**Prevención,** f. Lo que se hace al prevenir. ‖ Preparación que se hace para evitar un riesgo o peligro. ‖ Concepto malo que se tiene de una persona o cosa. ‖ Puesto de policía donde se lleva a la persona sospechosa de algún delito.
**Prevenido,** adj. Dispuesto, preparado para una cosa. ‖ Cuidadoso, advertido.
**Prevenir,** tr. Preparar con anticipación una cosa. ‖ Avisar, advertir.
**Preventivo,** adj. Que previene o impide una cosa.
**Prever,** tr. Figurarse, conjeturar por algunas señales lo que ha de suceder.
**Previamente,** adv. Con anticipación. ‖ Antes.
**Previo,** adj. Anticipado. ‖ V. **vía.**
**Previsión,** f. Lo que se hace al prever. ‖ Preparación para el futuro.
**Previsor,** adj. Que prevé. ‖ Que se prepara para el futuro.
**Previsoramente,** adv. De un modo previsor. ‖ Con previsión.
**Previsto,** adj. Imaginado con anterioridad.
**Prez,** amb. Gloria y honor alcanzados con alguna acción gloriosa.
**Prieto,** adj. Casi negro.
**Prima.**\*
**Primacía,** f. Ventaja que tiene una cosa con respecto a otras de su misma clase. ‖ Dignidad de primado.
**Primado,** m. Primero de todos los obispos y arzobispos de un Estado.
**Primario,** adj. Primero en orden o grado. ‖ Se dice de la primera enseñanza.
**Primate,** m. Personaje, hombre distinguido. ‖ pl. Los monos mayores.
**Primavera,** f. La primera de las cuatro estaciones del año. ‖ Cierta planta.
**Primaveral,** adj. Se dice de lo que se refiere a la primavera.
**Primer,** adj. Primero o primera.
**Primeramente,** adv. Previamente, antes de todo.
**Primerizo,** adj. Principiante, novicio en un arte o profesión.
**Primero,** adj. Que está antes que los demás. ‖ V. **primo.**
**Primicia,** f. Primer fruto de cualquier cosa. ‖ Los primeros frutos y ganados que se daban a la Iglesia. ‖ pl. Primeros resultados de una cosa no material.
**Primitivismo,** m. Condición, mentalidad, tendencia o actitud propia de los pueblos primitivos. ‖ Tosquedad, rudeza, elementalidad. ‖ Carácter peculiar del arte o literatura primitiva.
**Primitivo,** adj. Primero en su línea, que no trae origen de otro. ‖ **Palabra primitiva:** la que no es derivada.
**Primo.**\*
**Primogénito,** adj. El primer hijo, el que nace primero.
**Primogenitura,** f. Conjunto de derechos que tenía el hijo mayor de una familia.
**Primor,** m. Destreza, habilidad en hacer una cosa. ‖ Hermosura, belleza de una cosa hecha con primor.
**Primordial,** adj. Primero, primitivo. ‖ Se dice del principio fundamental de una cosa.
**Primoroso,** adj. Hecho con primor, delicado, perfecto. ‖ Diestro, hábil en hacer cualquier cosa.
**Princesa,** f. Mujer del príncipe. ‖ Mujer que tiene un estado. ‖ En España hija del rey. ‖ V. **príncipe.**
**Principado,** m. Lugar donde manda un príncipe.
**Principal,** adj. Se dice de la persona o

---

PRIMA, f. Cantidad que se paga por el traspaso de un derecho o cosa: **La prima del piso.** ‖ Una de las siete horas canónicas: **A la hora prima.** ‖ Femenino de «primo»: **Vi a tu prima en el cine.**
    Viene del latín **praemium,** que significa 'recompensa'. ‖ V. **primo.**
PRIMO, adj. Primero: **Esta es una materia prima para la industria.** ‖ m. Hijo del tío o de la tía: **Mi primo Juan.**
    Viene del latín **primus,** que quiere decir 'primero'. ‖ Deriv.: **Primeriza, primerizo, primero, primitivo, primor, primoroso, principiante, principiar, principio, prioridad.**

cosa que es más importante que otras de su clase. || Ilustre en nobleza. || Esencial, fundamental en una cosa o asunto. || Primer piso de una casa. || V. **príncipe**.
**Principalmente**, *adv.* Con preferencia a cualquier otra cosa. || V. **príncipe**.
**Príncipe.***
**Principesco**, *adj.* Propio de príncipes o princesas.
**Principiante**, *adj.* Que principia. || Que empieza a estudiar un oficio o profesión.
**Principiar**, *tr.* Empezar, comenzar una cosa.
**Principio**, *m.* Primer instante del ser de una cosa. || V. **primo**.
**Pringada**, *f.* Rebanada de pan empanada de pringue.
**Pringar**, *tr.* Empapar el pan en tocino o en otro alimento que tenga pringue.
**Pringue**, *f.* Grasa de un animal. || Manteca. || Suciedad de la ropa.
**Prior**, *adj.* Que va delante en cualquier orden. || *m.* Superior de un convento.
**Priora**, *f.* Superiora de un convento de monjas.
**Prioridad**, *f.* Anterioridad de una cosa respecto de otra.
**Prisa**, *f.* Rapidez para hacer una cosa. || Pelea, riña muy fuerte y confusa.
**Prisión**, *f.* Lo que se hace al prender o coger. || Cárcel donde se encierra a los presos. || Grillos o cadenas con que se asegura a los presos.
**Prisionero**, *m.* En la guerra, soldado que cae en poder del enemigo. || El que está como preso de un afecto. || V. **prender**.
**Prisma**, *m.* Cuerpo o figura cuyas bases son dos polígonos paralelos e iguales.
**Prismático**, *adj.* Que tiene la forma de un prisma. || *m. pl.* Anteojos.

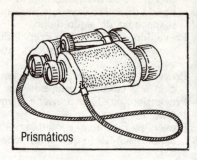
Prismáticos

**Privación**, *f.* Lo que se hace al privar. || Falta de una cosa.
**Privado**, *adj.* Particular de cada uno. || *m.* El que goza de privanza. || V. **privar**.
**Privanza**, *f.* El primer lugar en la gracia o confianza de un príncipe o alto personaje.
**Privar.***
**Privativo**, *adj.* Que priva. || Propio y característico de una persona o cosa.
**Privilegiar**, *tr.* Conceder un privilegio.
**Privilegio**, *m.* Gracia por la cual se libra de la ley general a una persona o cosa. || Don natural.
**Proa**, *f.* Parte delantera del barco con la cual corta las olas.
**Probabilidad**, *f.* Posibilidad más o menos segura y justificada. || V. **probar**.
**Probable**, *adj.* Que puede ser cierto. || Se dice de aquello que puede suceder.
**Probablemente**, *adv.* De un modo

*
PRÍNCIPE, m. *Soberano o noble importante de una nación:* **Ese no es príncipe de aquí.** || *Hijo del rey:* **El príncipe Juan.**
   *Viene del latín* **princeps,** *que significa 'jefe, el primero, soberano'.* || *Deriv.:* **Princesa, principado, principal, principesco.**
PRIVAR, tr. *Quitar a uno una cosa que tenía:* **Nos privaron de la casa.** || *Destituir a una persona de su cargo o dignidad:* **Le privaron de la alcaldía.** || *Prohibir o vedar:* **Me privaron de cazar.**
   *Viene del latín* **privare,** *que significa 'despojar'.* || *Deriv.:* **Privación, privado, privanza, privativo.**

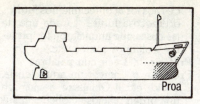
Proa

probable. ‖ Quizá, tal vez, eso es lo más seguro.
**Probado,** *adj.* Demostrado por la realidad.
**Probador,** *adj.* Que prueba.
**Probar.**\*
**Probatorio,** *adj.* Que sirve para probar la verdad de una cosa.
**Probidad,** *f.* Honradez y rectitud en el obrar.
**Problema.**\*
**Problemático,** *adj.* Dudoso, que no es seguro.
**Probo,** *adj.* Que tiene probidad, honrado.
**Proboscídeos,** *m. pl.* Se les dice a los elefantes, porque tienen una nariz en forma de trompa.
**Procaz,** *adj.* Desvergonzado, atrevido.
**Procedencia,** *f.* Origen, sitio de donde procede una cosa. ‖ Punto de partida de un buque, coche, avión o persona.
**Procedente,** *adj.* Que procede de una persona o de un país, etc.
**Proceder.**\*
**Procedimiento,** *m.* Lo que se hace al proceder. ‖ Manera de hacer algunas cosas.
**Proceloso,** *adj.* Se le dice a los mares muy abundantes en borrascas y tormentas.
**Procesado,** *adj.* Declarado reo en un proceso criminal. ‖ V. **proceder.**
**Procesal,** *adj.* Se dice de lo que se refiere al proceso.
**Procesamiento,** *m.* Formación de un juicio criminal.
**Procesión,** *f.* Acción de proceder una cosa de otra. ‖ Paseo solemne de carácter religioso.
**Procesionalmente,** *adv.* En procesión.
**Proceso,** *m.* Causa o juicio criminal. ‖ Progreso, adelanto. ‖ Transcurso del tiempo.
**Proclama,** *f.* Pregón, edicto. ‖ Pequeño discurso militar o político. ‖ *pl.* Amonestaciones de los que van a casarse.
**Proclamación,** *f.* Publicación solemne de una ley para que todos se enteren de ella. ‖ Actos y festejos públicos con que se inaugura un nuevo reinado. ‖ Alabanza pública y común.
**Proclamar,** *tr.* Anunciar solemnemente una cosa para que se enteren todos de ella. ‖ Declarar inaugurado un nuevo reinado. ‖ Aclamar.
**Procónsul,** *m.* Gobernador de una cualquiera de las antiguas provincias romanas.
**Procrear,** *tr.* Tener hijos.
**Procurador,** *adj.* Que procura. ‖ *m.* El que representa a otro en algún

---

*\**
PROBAR, tr. *Demostrar de algún modo la verdad de una cosa:* **Probaron su inocencia.** ‖ *Experimentar las cualidades de personas o cosas:* **Probamos la moto.** ‖ *Gustar un poco de la comida:* **Probaré la sopa.**
   Viene del latín **probare,** que significa 'ensayar, comprobar'. ‖ *Deriv.:* **Aprobado, aprobar, comprobar, probabilidad, probable, probanza, prueba, reprobar, réprobo.**
PROBLEMA, m. *Cosa que no se entiende y se trata de aclarar:* **Antonio es un problema.** ‖ *Duda o preocupación grandes:* **Debemos transformar nuestros problemas en oración.**
   Viene del latín **problema,** que significa 'especie de montaña que se tiene delante'. ‖ *Deriv.:* **Problemático.**
PROCEDER, m. *Conducta o modo de portarse:* **El proceder de Isabel es ejemplar.** ‖ *intr. Seguir u originarse una cosa de otra:* **Después de aquello procedía esto.** ‖ *Actuar de una forma:* **Procedía comprar la casa.**
   Viene del latín **procedere,** que quiere decir 'pasar a otra cosa'. ‖ *Deriv.:* **Procedencia, procedente, procedimiento, procesado, proceso.**

negocio. El que representa ante los tribunales a cada uno de los interesados en un juicio.

**Procurar,** *tr.* Hacer esfuerzos para conseguir una cosa que se desea. ‖ Ocasionar. ‖ V. **cura.**

**Prodigalidad,** *f.* Derroche. ‖ Abundancia.

**Prodigar,** *tr.* Desperdiciar una cosa. ‖ Dar con mucha abundancia.

**Prodigio,** *m.* Suceso raro que pasa de los límites normales de la naturaleza. ‖ Cosa rara y asombrosa. ‖ Milagro.

**Prodigioso,** *adj.* Maravilloso, extraordinario ‖ Excelente, primoroso.

**Pródigo,** *adj.* Que desperdicia sus bienes en gastos tontos e inútiles. ‖ Muy dadivoso, generoso.

**Producción,** *f.* Lo que se hace al producir. ‖ Todo lo que se produce en cierto tiempo en una nación o comarca. ‖ V. **producir.**

**Producir.\***

**Producto,** *m.* Cosa producida. ‖ Beneficio que se obtiene de una cosa vendida o prestada. ‖ Resultado de la multiplicación. ‖ V. **producir.**

**Productor,** *adj.* Que produce. ‖ V. **producir.**

**Proemio,** *m.* Prólogo.

**Proeza,** *f.* Hazaña, acción valerosa.

**Profanación,** *f.* Lo que se hace al profanar.

**Profanar,** *tr.* Tratar una cosa sagrada sin el respeto debido o usarla en cosas profanas. ‖ Hacer uso indigno de cosas respetables.

**Profano,** *adj.* Que no es sagrado ni sirve a usos sagrados. ‖ Que va contra la reverencia debida a las cosas sagradas. ‖ Inmoral, deshonesto. ‖ Que no conoce una ciencia.

**Profecía,** *f.* Don sobrenatural que consiste en conocer por inspiración de Dios los acontecimientos futuros o una cosa futura. ‖ Cada una de las cosas que anunciaron los profetas y algunos santos, etc.

**Proferir,** *tr.* Decir con palabras.

**Profesar,** *tr.* Ejercer un arte, ciencia, oficio, etc. ‖ Obligarse a vivir en una orden religiosa y obedecer sus votos para toda la vida. ‖ Sentir hacia alguna cosa amistad, afecto, odio, etc.

**Profesión.\***

**Profesional,** *adj.* Se dice de lo que se refiere a la profesión. ‖ *com.* Persona que tiene una profesión. ‖ V. **profesión.**

**Profesionalidad,** *f.* Calidad de profesional.

**Profesionalismo,** *m.* Categoría del que tiene una profesión.

**Profesor,** *m.* Persona que enseña una ciencia o arte. ‖ V. **profesión.**

**Pofesorado,** *m.* Cargo de profesor. ‖ Conjunto de profesores de un colegio.

**Profeta,** *m.* Persona que tiene el don de la profecía. ‖ El que por algunas señales o indicios anuncia alguna cosa futura.

**Profético,** *adj.* Anunciado por los profetas.

**Profetisa,** *f.* Mujer que profetiza.

**Profetizar,** *tr.* Anunciar las cosas futuras en virtud del don de la profecía. ‖ Prever cosas futuras por algunos indicios o señales.

**Profilaxis,** *f.* Ciencia de la preservación de las enfermedades. ‖ El prevenirse para no caer enfermo. La mejor profilaxis es hacer una vida higiénica.

**Prófugo,** *adj.* Que huye de la justicia o del servicio militar.

**Profundamente,** *adv.* Con profundidad. ‖ Grandemente.

**Profundidad,** *f.* Altura hacia aba-

---

\*
PRODUCIR, tr. *Fabricar, hacer, elaborar:* **Esta fábrica produce juguetes.** ‖ *Dar fruto los árboles:* **Produce manzanas.** ‖ *Dar interés, utilidad o beneficio anual una cosa:* **Me produce un 12 por 100.**
    *Viene del latín* **producere,** *que significa 'hacer salir'.* ‖ *Deriv.:* **Producción, producto, productor.**

PROFESIÓN, f. *Empleo, oficio:* **Es médico de profesión.**
    *Viene del latín* **professionis,** *que significa 'declaración pública'.* ‖ *Deriv.:* **Profesional, profesor.**

jo. || Una de las tres dimensiones de los cuerpos sólidos.
**Profundizar,** *tr.* Hacer una cosa más profunda de lo que estaba antes. || *intr.* Discurrir mucho una cosa para llegar a su perfecto conocimiento.
**Profundo,** *adj.* Que tiene el fondo muy distante de la boca. || Que tiene mucha profundidad. || V. **hondo.**
**Profusamente,** *adv.* Con profusión.
**Profusión,** *f.* Abundancia, exceso.
**Profuso,** *adj.* Abundante, excesivo.
**Progenitor,** *m.* Ascendiente directo, como padre, abuelo, bisabuelo, etcétera.
**Programa,** *m.* Librito en el que vienen las lecciones y materias de un curso o asignatura que se ha de estudiar. || Anuncio en el que vienen los detalles de una función, las condiciones para un examen, etc. || Plan determinado a seguir en un trabajo. || Asunto radiado o televisado.
**Programador, ra,** *adj.* Que programa. || *m.* Aparato que ejecuta un programa automáticamente.
**Progresar,** *intr.* Hacer progresar en alguna cosa que se está haciendo.
**Progresivo,** *adj.* Que progresa, que adelanta. || Que aumenta en cantidad o perfección.
**Progreso.**\*
**Prohibición,** *f.* Lo que se hace al prohibir.
**Prohibir,** *tr.* Impedir una cosa.
**Prójimo,** *m.* Cualquier hombre respecto de otro.
**Prole,** *f.* Los hijos.
**Proletariado,** *m.* Clase social que constituyen los proletarios.
**Proletario,** *m.* Persona que tiene un trabajo manual pagado a jornal y, además, muchos hijos. || *adj.* Vulgar.
**Proliferación,** *f.* Multiplicación o reproducción.
**Prolijidad,** *f.* Calidad de prolijo.
**Prolijo,** *adj.* Largo, extenso, escesivo.

**Prólogo,** *m.* Especie de discurso escrito que va delante de casi todas las obras y que sirve para presentarlas al público o hacerle alguna advertencia.
**Prolongación,** *f.* Lo que se hace al prolongar. || Parte prolongada de una cosa.
**Prolongadamente,** *adv.* Con mucha extensión.
**Prolongado,** *adj.* Largo, grande. || Más largo que ancho.
**Prolongar,** *tr.* Alargar, extender una cosa. || Hacer que dure una cosa más tiempo de lo normal.
**Promedio,** *m.* Punto que marca la mitad. || Término medio.
**Promesa,** *f.* Ofrecimiento de hacer alguna cosa. || Ofrecimiento hecho a Dios de hacer alguna obra piadosa o alguna mortificación. || V. **meter.**
**Prometedor,** *adj.* Que promete.
**Prometer,** *tr.* Obligarse a hacer o decir alguna cosa. || *intr.* Dar a una cosa o persona buenas muestras de sí para el futuro. || V. **meter.**
**Prometerse,** *r.* Darse entre dos palabra de casamiento.
**Prometido,** *m.* El que tiene compromiso de matrimonio.
**Promoción,** *f.* Conjunto de las personas que han logrado al mismo tiempo un empleo o grado. || Lo que se hace al promover.
**Promocionar,** *tr.* Elevar o hacer valer artículos comerciales, cualidades, personas, etc. U. m. en el lenguaje sociológico o comercial. Usase t. c. prnl.
**Promontorio,** *m.* Montaña. || Altura considerable de tierra que se interna en el mar.
**Promover,** *tr.* Empezar o adelantar una cosa. || Ascender una persona a una dignidad o cargo superior al que antes tenía. || Ayudar a otros para que les sea más fácil desarrollar sus propias posibilidades. || Mover hacia adelante.
**Promovido,** *adj.* Adelantado, ascendido.

---
\*
P<small>ROGRESO</small>, m. *Adelanto, avance:* **El progreso de la ciencia.**
 *Viene del latín* **progressus,** *que significa 'caminar hacia adelante'.* || *Deriv.:* **Progresar, progresión, progresivo.** || *Contr.:* **Retroceso.**

575

Promontorio

**Promulgación,** *f.* Lo que se hace al promulgar.
**Promulgar,** *tr.* Anunciar solemnemente una cosa. ‖ Publicar una ley o decreto para que en adelante se cumpla y se haga cumplir.
**Pronombre,** *m.* Palabra que suple al nombre o lo determina.
**Pronosticar,** *tr.* Hacer pronósticos.
**Pronóstico,** *m.* Conocimiento que se tiene del futuro por algunas señales o indicios. ‖ Señal por la que se pronostica. ‖ Opinión del médico al ver al enfermo. ‖ Opinión del quinielista al escribir su quiniela.
**Prontitud,** *f.* Diligencia, rapidez en hacer una cosa.
**Pronto.\***
**Prontuario,** *m.* Resumen de los principales conocimientos de una ciencia o de un arte.
**Pronunciación,** *f.* Lo que se hace al pronunciar. ‖ Modo de pronunciar.
**Pronunciamiento,** *m.* Rebelión militar.
**Pronunciar.\***
**Propagación,** *f.* Lo que se hace al propagar. ‖ El estar propagándose algo.
**Propagador,** *adj.* Que propaga.
**Propaganda.\***
**Propagandista,** *adj.* Persona que hace propaganda.
**Propagar,** *tr.* Multiplicar mediante la reproducción. ‖ Extender una cosa.
**Propalar,** *tr.* Hacer público un secreto.
**Propasarse,** *r.* Pasarse de lo justo y razonable.
**Propensión,** *f.* Tendencia, inclinación hacia una cosa.
**Propenso,** *adj.* Inclinado hacia una cosa a causa de una gran afición, o por temperamento, o por otro motivo.
**Propiciar,** *tr.* Calmar la rabia y la ira de otro haciéndole benigno y propicio.
**Propicio,** *adj.* Inclinado a hacer bien o ayudar a cualquiera.
**Propiedad,** *f.* Derecho de disponer de una cosa. ‖ Perfección o cualidades de una cosa cualquiera. ‖ V. **propio.**
**Propietario,** *adj.* Que es dueño de una cosa, especialmente de una casa o terreno.
**Propina,** *f.* Gratificación que se da a un criado, camarero, etc., para recompensarle algún servicio.
**Propinar,** *tr.* Dar algo.

---

\*
P<small>RONTO</small>, adj. *Veloz, ligero:* **Este es pronto al actuar, y aquél es tardo.** ‖ *Dispuesto, preparado:* **Estoy pronto a seguirte.** ‖ adv. *De repente, en el primer momento:* **De pronto me enteré.**
    *Viene del latín* **promptus,** *que quiere decir 'pronto, disponible'.* ‖ *Deriv.:* **Aprontar, prontitud, prontuario.**
P<small>RONUNCIAR</small>, tr. *Hacer sonidos para hablar:* **Ya pronuncio el francés.** ‖ *Decir, hablar:* **Pronunció un discurso.** ‖ r. *Sublevarse, rebelarse:* **Se pronunció el Ejército a favor del rey.**
    *Viene del latín* **pronuntiare,** *que significa 'anunciar, pronunciar'.* ‖ *Deriv.:* **Pronunciación, pronunciador, pronunciamiento.** ‖ *V.* **nuncio.**
P<small>ROPAGANDA</small>, f. *Escritos y discursos dichos para propagar una idea:* **La propaganda de esta película.**
    *Viene del latín* **propagare,** *que significa 'establecer'.* ‖ *Deriv.:* **Propagandista.**

**Propio.***
**Proponer,** tr. Invitar a uno a que haga alguna cosa. || Hacer una proposición. || r. Decidir hacer algo. || V. **poner.**
**Proporción,** f. Correspondencia debida entre las cosas. || Tamaño. || En aritmética, igualdad entre dos quebrados (llamados «razones»).
**Proporcionado,** adj. Que tiene proporción, que cada una de sus partes es como debe ser.
**Proporcional,** adj. Lo que se refiere a la proporción.
**Proporcionar.***
**Proposición,** f. Lo que se hace al proponer. || Cosa que se propone para que todos la piensen y den su opinión acerca de ella.
**Propósito,** m. Intención de hacer una cosa. || V. **poner.**
**Propuesta,** f. Invitación que se hace a uno de que haga alguna cosa. || Proposición. || V. **poner.**
**Propuesto,** adj. Presentado para su deliberación.
**Propugnar,** tr. Defender, proteger.
**Propulsar,** tr. Empujar hacia delante.
**Propulsión,** f. Empuje hacia adelante. || **Propulsión a chorro:** la conseguida expulsando hacia atrás un chorro de gases.
**Prórroga,** f. Continuación de una cosa por un tiempo determinado.
**Prorrogable,** adj. Que se puede prorrogar.
**Prorrogar,** tr. Continuar una cosa por un tiempo determinado.
**Prorrumpir,** intr. Salir violentamente. || Llorar o hacer otra demostración de dolor o alegría, pero haciéndolo repentinamente y con fuerza.
**Prosa,** f. Modo de escribir obras literarias y que es contrario al verso.
**Prosaico,** adj. Nada poético.
**Prosapia,** f. Ascendencia o linaje de una persona.
**Proscenio,** m. Conjunto de palcos pegados al escenario.

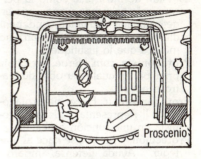
Proscenio

**Proscrito,** adj. Desterrado y expulsado de su patria.
**Proseguir,** tr. Continuar una cosa empezada. || V. **seguir.**
**Proselitismo,** m. Celo de ganar partidarios para una idea.
**Prosélito,** adj. Partidario, seguidor.
**Prosista,** com. Quien escribe en prosa.
**Prosodia,** f. Parte de la gramática que trata de la pronunciación de las palabras.
**Prosopopeya,** f. El atribuir (en un cuento, p. ej.), palabras a los animales.
**Prospecto,** m. Escrito en el que se anuncia algún producto y tienda donde se venderá.
**Prosperar,** intr. Llevar con suerte y fortuna un negocio o empresa.

---

*
PROPIO, adj. *Perteneciente a uno en propiedad:* **Mi propio libro.** || *Peculiar de cada persona o cosa:* **Los granos son propios del sarampión.**
   Viene del latín **proprius,** *que significa 'propio, perteneciente a alguno o alguna cosa'.* || *Deriv.:* **Apropiación, apropiar, expropiación, expropiar, impropiedad, propietario.** || *Contr.:* **Ajeno.**
PROPORCIONAR, tr. *Dar a uno lo que necesita:* **Le proporcionaron el piso.** || *Poner proporción y orden entre las partes de una cosa:* **Esto sí está bien proporcionado.**
   Viene del latín **proportionis,** *que significa 'según la parte'.* || *Deriv.:* **Desproporcionado, desproporcionar, proporción, proporcionado, proporcional.**

**Prosperidad,** *f.* Suerte en lo que se emprende. || Éxito.
**Próspero,** *adj.* Favorable, propicio.
**Prosternarse,** *r.* Ponerse de rodillas, arrodillarse.
**Prostituta,** *f.* Mujer pública, mujer que comercia con su cuerpo.
**Protagonismo.** (De **protagonista**), *m.* Condición de protagonista. || Afán de mostrarse como la persona más calificada y necesaria en determinada actividad, independientemente de que se posean o no méritos que lo justifiquen.
**Protagonista,** *com.* Héroe, personaje principal en cualquier obra de teatro o novela.
**Protagonizar,** *tr.* Hacer de protagonista. || Representar al protagonista en una función o película.
**Protección,** *f.* Lo que se hace al proteger. || Ayuda, defensa, amparo.
**Protector,** *adj.* Que protege.
**Protectorado,** *m.* País que está bajo la protección de otro.
**Proteger.***
**Protegido,** *m.* Que tiene un protector.
**Proteína,** *f.* Sustancia alimenticia que proporciona calor y energía al cuerpo. || Albúmina.
**Protesta,** *f.* Lo que se hace al protestar. || Reclamación.
**Protestante,** *adj.* Que protesta. || Luterano.
**Protestantismo,** *m.* Conjunto de creencias de los protestantes.
**Protestar,** *tr.* Decir uno que no está conforme con una cosa. || Confesar uno en público su fe. || V. **testigo.**
**Protesto,** *m.* Llamamiento que hace el notario a una persona que no quiere pagar una letra comercial.
**Protocolario,** *adj.* Innecesariamente solemne.
**Protocolo,** *m.* Cuaderno de actas de un congreso diplomático. || Ceremonial diplomático, palatino, etc.
**Protomártir,** *m.* El primer mártir (San Esteban).
**Protón,** *m.* Núcleo del átomo de hidrógeno. || Parte del átomo que está cargada de electricidad positiva.
**Protoplasma,** *m.* Sustancia que rodea al núcleo central de las células.
**Prototipo,** *m.* La cosa o persona que es el mejor modelo de un vicio o de una virtud.
**Protozoos,** *m. pl.* Los animales de composición más simple; algunos de ellos producen enfermedades. Todos ellos son muy pequeños y se necesita un microscopio para poderlos ver.

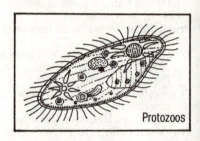

Protozoos

**Protuberancia,** *f.* Saliente redondo.
**Provecho.***
**Provechosamente,** *adv.* De un modo provechoso.
**Provechoso,** *adj.* De provecho, que causa provecho, que es de utilidad.
**Proveedor,** *m.* Persona cuyo oficio es abastecer a un ejército, comunidad o casa particular de las cosas que necesiten.
**Proveer,** *tr.* Tener dispuestas las cosas por si se necesitan para algo. || Abastecer a alguien de lo que necesite. || Conferir una dignidad o empleo.
**Provenir,** *intr.* Proceder, tener su origen en algo.

---
* 
Proteger, *tr. Amparar, favorecer, defender:* **Le protegió en su casa.**
  *Viene del latín* **tegere,** *que significa 'cubrir, ocultar, proteger'.* || *Deriv.:* **Protección, protector, protectorado, protegido.**
Provecho, *m. Beneficio, utilidad de una cosa:* **Un negocio de mucho provecho.**
  *Viene del latín* **profectus,** *que significa 'utilidad'.* || *Deriv.:* **Aprovechamiento, aprovechar, desaprovechar, provechoso.** || *Contr.:* **Daño.**

**Provenzal,** *adj.* De la Provenza (antigua región de Francia).
**Proverbial,** *adj.* Muy conocido y corriente.
**Proverbio,** *m.* Especie de refrán.
**Providencia,** *f.* Disposición, prevención. || Cuidado amoroso que Dios tiene sobre todas las cosas y personas. || V. **ver.**
**Providencial,** *adj.* Enviado por la providencia.
**Providencialmente,** *adv.* De un modo providencial.
**Providente,** *adj.* Cuidadoso, prudente.
**Provincia.\***
**Provincial,** *adj.* Se dice de lo que se refiere a la provincia. || *m.* Religioso que manda en todos los conventos de una provincia. || V. **provincia.**
**Provincialismo,** *m.* Costumbres, voces y usos de una provincia. || Preferencia por la provincia de uno.
**Provinciano,** *adj.* Habitante de una provincia.
**Provisión,** *f.* Lo que se hace al proveer. || Cosas que son necesarias. || Medida encaminada al logro de un fin. || V. **ver.**
**Provisional,** *adj.* Dispuesto interinamente. || Temporal y transitorio.
**Provisionalmente,** *adv.* De un modo provisional.
**Provisor,** *m.* Proveedor, abastecedor. || Juez eclesiástico en quien el obispo, a veces, delega su autoridad.
**Provisorato,** *m.* Empleo u oficio de provisor.

**Provisto,** *adj.* Abastecido de lo necesario.
**Provocación,** *f.* Lo que se hace al provocar.
**Provocar,** *tr.* Incitar a uno a que haga una cosa. || Invitar o excitar a uno. || Vomitar.
**Provocativo,** *adj.* Que provoca.
**Próximamente,** *adv.* Con proximidad.
**Proximidad,** *f.* Parte o lugar que está más cerca de uno.
**Próximo.\***
**Proyección,** *f.* Lo que se hace al proyectar.
**Proyectar.\***
**Proyectil,** *m.* Cualquier cuerpo arrojadizo, como saeta, bala, etc.

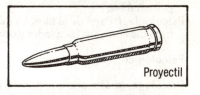
Proyectil

**Proyectista,** *m.* Persona aficionada a hacer proyectos.
**Proyecto,** *m.* Intención o pensamiento de hacer algo. || V. **proyectar.**
**Proyector,** *m.* Aparato para dirigir un haz de luz sobre una pantalla.
**Prudencia,** *f.* Una de las cuatro virtudes cardinales. || Virtud que hace prever y evitar las faltas y peligros. || Moderación.
**Prudencial,** *adj.* De acuerdo con lo que es o resulta prudente.

---

PROVINCIA, *f. Cada una de las grandes partes en que está dividido un país: **España está dividida en provincias.***
    *Viene del latín* **provincia,** *que significa lo mismo que en castellano.* || *Deriv.:* **Provincial, provincialismo, provinciano.**
PRÓXIMO, *adj. Cercano: **Está próximo a tu calle.***
    *Viene del latín* **proximus,** *que significa 'el más cercano'.* || *Deriv.:* **Aproximación, aproximar, proximidad.** || *Contr.:* **Lejano.**
PROYECTAR, *tr. Preparar o trazar el próximo plan de una obra u operación: **Proyectamos ir a Sevilla.*** || *Lanzar rápidamente hacia adelante:* **La manga del jardinero proyectaba un chorro de agua.** || *Hacer visible una figura sobre una pantalla alejada:* **Estaba proyectando una película.**
    *Viene del latín* **projectare,** *que quiere decir 'echar adelante, proyectar'.* || *Deriv.:* **Proyección, proyectil, proyectista, proyecto, proyector.**

**Prudente,** *adj.* Que tiene prudencia.
**Prueba,** *f.* Lo que se hace cuando se prueba alguna cosa. ‖ Razón o testimonio con que se pretende demostrar la verdad o falsedad de una cosa. ‖ Ensayo o experiencia que se hace de una cosa. ‖ Operación que se hace para averiguar si está bien hecha otra operación anterior. ‖ V. **probar.**
**Prurito,** *m.* Comezón, picor. ‖ Deseo vehemente.
**Prusiano,** *adj.* Natural de Prusia.
**Pseudo,** *adj.* Supuesto, falso.
**Psicoanálisis,** *m.* Método de exploración y tratamiento de algunas enfermedades mentales. ‖ Doctrina en la que se basa este método.
**Psicoanalista,** *com.* Especialista en psicoanálisis.
**Psicología,** *f.* Parte de la filosofía que trata del alma, sus facultades y operaciones.
**Psicológico,** *adj.* Que pertenece al alma.
**Psicólogo,** *m.* Persona que profesa la psicología.
**Psicosis,** *f.* Enfermedad mental. ‖ Preocupación propia de los maniáticos.
**Psicoterapeuta,** *com.* Especialista en psicoterapia.
**Psicoterapia,** *f.* Tratamiento moral de las enfermedades mentales y nerviosas.
**Psicoterápico, ca,** *adj.* Perteneciente o relativo a la psicoterapia.
**Psique,** *f.* Alma humana.
**Psiquiatra,** *m.* Médico especialista en psiquiatría.
**Psiquiatría,** *f.* Ciencia de las enfermedades mentales.
**Psíquico,** *adj.* Que se refiere o pertenece al alma.
**Púa,** *f.* Punta aguda y pequeña. ‖ Cada uno de los dientes del peine. ‖ Espina. ‖ Hierro del trompo. ‖ Triángulo pequeño y de pasta con el que se toca la bandurria y otros instrumentos musicales.
**Púber,** *adj.* Joven, que hace poco tiempo era niño.
**Pubertad,** *f.* La época siguiente a la niñez.
**Pubis,** *m.* Hueso que está en la base del vientre.
**Publicación,** *f.* Lo que se hace al publicar. ‖ Obra literaria publicada. ‖ Proclama, amonestación para el matrimonio. ‖ V. **público.**
**Publicador,** *adj.* Que publica.
**Públicamente,** *adv.* De un modo público.
**Publicano,** *m.* Cobrador de tributos en tiempo de los romanos.
**Publicar,** *tr.* Hacer pública una cosa. ‖ Revelar lo que era secreto. ‖ Imprimir y poner en venta un libro, una revista, etc. ‖ V. **público.**
**Publicidad,** *f.* Divulgación. ‖ Conjunto de medios que se emplean para hacer pública una cosa.
**Publicista,** *com.* Persona que escribe para el público.
**Público.\***
**Puchero,** *m.* Vasija de barro o de otra materia que sirve para cocer la comida. ‖ Olla. ‖ Alimento diario. ‖ Gesto que hacen los niños cuando van a llorar.

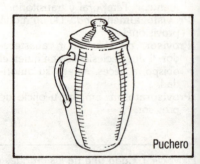

Puchero

**Pudiente,** *adj.* Poderoso, rico.
**Pudor,** *m.* Honestidad.
**Pudrir,** *tr.* Corromperse una cosa. ‖ Impacientarse, irritarse, inquietarse. ‖ *intr.* Haber muerto.

---

\*
Público, adj. *Que pertenece a todos:* **Vía pública.** ‖ *Notorio, conocido por todos:* **La boda de Inés es noticia pública.** ‖ m. *La gente en general:* **Al público le gusta.**
  *Viene del latín* **publicus,** *que significa 'público, oficial'.* ‖ *Deriv.:* **Publicación, publicano, publicar, publicista.** ‖ *Contr.:* **Privado.**

**Pueblerino,** *adj.* De pueblo pequeño y atrasado.
**Pueblo.** *
**Puente,** *m.* Construcción que se hace sobre los ríos, barrancos, etc., para pasar de un lado a otro.

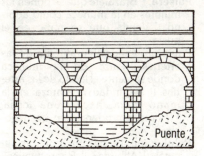
Puente

**Puerco,** *m.* Cerdo.
**Puericultor,** *m.* Médico especialista en enfermedades de los niños pequeños.
**Puericultura,** *f.* Crianza y cuidado de los niños durante sus primeros años.
**Pueril,** *adj.* Que pertenece o se refiere al niño.
**Puerilidad,** *f.* Hecho o dicho propio de un niño. || Cosa insignificante.
**Puerro,** *m.* Planta pequeña, de la familia de los ajos, pero más parecida a la cebolla.
**Puerta.** *
**Puerto.** *

**Pues.** *
**Puesta,** *f.* El momento de ponerse un astro. || Cantidad de dinero que se apuesta en un juego. || **A la puesta del sol:** al atardecer.
**Puesto,** *m.* Sitio, lugar. || Tiendecilla, generalmente ambulante. || Empleo o cargo que ocupa una persona. || V. **poner.**
**Púgil,** *m.* Boxeador.
**Pugilato,** *m.* Lucha o pelea a puñetazos.
**Pugna,** *f.* Lucha, pelea.
**Pugnar,** *intr.* Luchar, pelear. || Porfiar por lograr una cosa.
**Puja,** *f.* Cantidad que un licitador ofrece. || Lo que se hace al pujar en una subasta.
**Pujanza,** *f.* Fuerza grande.
**Pujar,** *tr.* Aumentar un licitador el precio de una cosa en una subasta. || Hacer fuerza.
**Pujo,** *m.* Sensación muy penosa que

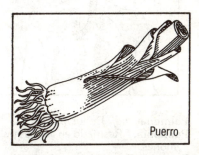
Puerro

---

*
PUEBLO, *m. Conjunto de personas de un país:* **El pueblo español.** *|| Población pequeña:* **En este pueblo no hay agua.**
Viene del latín **populus,** *que quiere decir 'pueblo, conjunto de los ciudadanos'.* || *Deriv.:* **Despoblación, despoblado, despoblar, poblacho, poblador, poblar, populachero, populacho.**
PUERTA, f. *Hueco que se deja en una pared para entrar y salir:* **Dejaron muy grande la puerta.** *|| Lo que cierra este hueco:* **La puerta de madera.**
Viene del latín **porta,** *que significa 'portón, puerta grande'.* || *Deriv.:* **Porche, portada, portadilla, portal, portalada, portalón, portañuela, portazo, portera, portería, portero, portezuela, pórtico.**
PUERTO, m. *Lugar de la costa que sirve de refugio a las naves para las operaciones de tráfico y armamento:* **El puerto de Bilbao.** *|| Paso estrecho entre montañas:* **El puerto de Somosierra.** *|| Refugio, asilo:* **La Santísima Virgen es puerto seguro.**
Viene del latín **portus,** *que significa 'abertura, paso'.* || *Deriv.:* **Oportunidad, oportunismo, oportunista, oportuno, portachuelo, portazgo, portazguero, portazuelo, portuario.**
PUES. *Conjunción que denota motivo o causa:* **Cogió el paraguas, pues llovía.**
Viene del latín **post,** *que significa 'después, detrás'.* || *Deriv.:* **Después.**

se siente en el vientre y que obliga a evacuar el vientre a cada momento, expulsando cada vez muy poca cantidad.

**Pulcritud,** *f.* Esmero, aseo.

**Pulcro,** *adj.* Con pulcritud, aseado.

**Pulga,** *f.* Insecto pequeñín, pero que da grandes saltos y chupa la sangre. || **Tener malas pulgas:** tener mal genio.

**Pulgada,** *f.* Medida que es la duodécima parte del pie (2,54 cm.).

**Pulgar,** *m.* Dedo grueso de la mano.

**Pulido,** *adj.* Pulcro, primoroso.

**Pulimentar,** *tr.* Alisar, dar tersura y brillo a una cosa.

**Pulir,** *tr.* Pulimentar. || Acabar, perfeccionar.

**Pulmón,** *m.* Órgano de la respiración del hombre y ciertos animales.

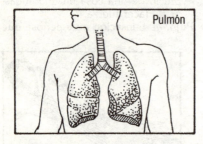
Pulmón

**Pulmonar,** *adj.* De los pulmones.

**Pulmonía,** *f.* Resfriado en los dos pulmones.

**Pulpa,** *f.* Parte blanda de las carnes. || Médula de las plantas leñosas. || En los frutos, la parte comestible. || En los dientes, la parte interior y sensible.

**Púlpito,** *m.* Balconcillo o tribuna desde donde el sacerdote predica a los fieles en la iglesia.

**Pulpo,** *m.* Especie de calamar grandísimo.

**Pulquérrimo,** *adj.* Muy limpio.

**Pulsación,** *f.* Lo que se hace al pulsar. || Cada uno de los latidos de una arteria.

**Pulsar,** *tr.* Tocar, golpear. || Tomar el pulso a una persona enferma. || Tantear un asunto. || *intr.* Latir las arterias y el corazón.

**Pulsera,** *f.* Brazalete que se ponen las mujeres en la muñeca como adorno. || Venda que se pone en el pulso.

**Pulso,** *m.* Latido intermitente de las arterias. || Parte de la muñeca donde se siente el latido de las arterias. || Seguridad o firmeza en la mano para hacer una cosa. || Tiento o prudencia en un negocio.

**Pulular,** *intr.* Empezar a brotar un vegetal. || Abundar. || Reproducirse rápidamente. || Agitarse, bullir personas en un lugar.

**Pulverizar,** *tr.* Reducir a polvo una cosa. || Reducir un líquido a partículas muy tenues, como si fueran polvo.

**Pulla,** *f.* Palabra que ataca la paciencia de otra persona.

**Puma,** *m.* Especie de tigre americano, con el pelo suave y parecido al del león.

Puma

**Pundonor,** *m.* Punto de honor, punto de honra, orgullo de cada uno.

**Punitivo,** *adj.* Que pertenece o se relaciona con el castigo.

**Punta.\***

**Puntada,** *f.* Cada uno de los agujeros que se va haciendo a una tela

---

\*

Punta, f. Extremo de una cosa: **La punta del lápiz.** || Extremo agudo de un arma u otro instrumento con que se puede herir: **La punta de la lanza.** || Clavo pequeño: **Hace falta una punta.**

 Viene del latín **puncta,** que significa 'punzada, estocada'. || Deriv.: **Apuntación, apuntador, apuntalar, apuntar, apunte, despunte, puntapié, puntar, puntiagudo, puntilla.**

cuando se va cosiendo. ‖ Distancia entre cada dos agujeros seguidos. ‖ Trozo de hilo que queda entre cada dos agujeros.
**Puntal,** *m.* Madero que evita la caída de una pared.
**Puntapié,** *m.* Golpe que se da con la punta del pie.
**Puntería,** *f.* Lo que se hace al dirigir o apuntar un arma arrojadiza o de fuego. ‖ Dirección del arma apuntada. ‖ Destreza del que tira.
**Puntero,** *m.* Palo o vara con el que se señala en un mapa.
**Puntiagudo,** *adj.* Que tiene la punta muy fina.
**Puntilla,** *f.* Encaje estrecho. ‖ Punta pequeña. ‖ Especie de punzón que sirve para matar al toro y a otros animales. ‖ **De puntillas:** levantando los tacones.
**Punto.\***
**Puntuación,** *f.* Lo que se hace al puntuar. ‖ Conjunto de signos ortográficos que sirven para puntuar. ‖ Nota (de un examen). ‖ V. **punto.**
**Puntual,** *adj.* Formal. ‖ Diligente, exacto en el cumplimiento de las cosas.
**Puntualidad,** *f.* Exactitud, cuidado o formalidad.
**Puntualizar,** *tr.* Grabar con exactitud una cosa en la memoria. ‖ Referir un suceso con todo detalle. ‖ Precisar, determinar una cosa. ‖ V. **punto.**
**Puntualmente,** *adv.* Con puntualidad.
**Puntuar,** *tr.* Poner en la escritura los signos ortográficos necesarios. ‖ Calificar un examen.
**Punzada,** *f.* Herida producida por una punta. ‖ Dolor agudo, repentino y pasajero.

**Punzante,** *adj.* Que hiere por la punta que tiene.
**Punzón,** *m.* Instrumento delgado y puntiagudo.
**Puñado,** *m.* Porción de cualquier cosa que cabe en un puño. ‖ Cantidad pequeña de una cosa.
**Puñal,** *m.* Arma ofensiva de acero de unos dos decímetros de largo y que sólo hiere por la punta.

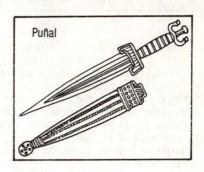
Puñal

**Puñalada,** *f.* Golpe que se da con el puñal. ‖ Herida que resulta de ese golpe. ‖ Disgusto grande repentino.
**Puñetazo,** *m.* Golpe que se da con el puño.
**Puño,** *m.* Mano cerrada. ‖ Parte de las prendas de vestir que rodea las muñecas. ‖ Mango de ciertas cosas.
**Pupila,** *f.* La llamada niña del ojo.
**Pupilo,** *m.* Persona que es cuidada por otra.
**Pupitre,** *m.* Mueble de madera con tapa inclinada y que sirve para escribir.
**Puramente,** *adv.* Con pureza y sin mezcla de otra cosa.
**Puré,** *m.* Pasta o sopa espesa que se

---

\*

PUNTO, m. *Señal que se deja al hacer contacto o presión con alguna cosa puntiaguda:* **Señaló un punto en el papel.** ‖ *El extremo de una línea, y cada parte pequeñísima de una línea:* **Una línea tiene muchísimos puntos.** ‖ *Especie de puntada que da el médico en los labios de una herida:* **Me han dado tres puntos en esta herida.** ‖ *Signo ortográfico (.).* ‖ *Sitio, lugar:* **Puntos cardinales.** ‖ *Unidad de calificación:* **En aquel examen me dieron 8 puntos.**
 Viene del latín *punctum, que significa 'punto, señal minúscula.* ‖ *Deriv.:* **Pespuntar, pundonor, puntada, puntar, puntear, puntería, puntero, puntuación, puntual, puntualidad, puntualizar, puntuar, punzada.**

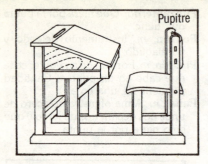

Pupitre

hace con legumbres o verduras, cocidas y pasadas por un colador.

**Pureza,** *f.* Virtud que consiste en ser puro. || Virginidad.

**Purga,** *f.* Un purgante.

**Purgante,** *m.* Medicamento que se toma por la boca y que sirve para descargar el vientre.

**Purgar,** *tr.* Limpiar, quitando lo sucio y lo malo.

**Purgatorio,** *m.* Lugar donde se purgan las almas.

**Purificación,** *f.* Lo que se hace al purificar o purificarse. || Fiesta que celebra la Iglesia el 2 de febrero en honor de la Santísima Virgen, en memoria de la visita que hizo al templo a los cuarenta días del nacimiento del Niño Jesús. || Cada uno de los lavatorios con que en la misa se purifica el cáliz.

**Purificar,** *tr.* Limpiar de toda impureza o mancha. || *r.* Limpiarse de toda mancha moral.

**Purísima,** *f.* Nombre de la Virgen en el misterio de su Inmaculada Concepción.

**Purista,** *adj.* Que escribe o habla con mucha pureza literaria.

**Puritano,** *adj.* Se dice del que profesa una secta protestante inglesa que se precia de observar una religión más pura que ninguna. || Se dice de la persona que, real o afectadamente, profesa con rigor las virtudes públicas o privadas.

**Puro.**\*

**Púrpura,** *f.* Color rojo muy costoso que los antiguos preparaban con la tinta de unos moluscos de este nombre. || Tela muy costosa teñida de este color y que servía para las vestiduras propias de los cardenales, soberanos, etc. || Dignidad imperial, cardenalicia, consular, etc.

**Purpurado,** *m.* Cardenal.

**Purpúreo,** *adj.* De color de púrpura.

**Pus,** *f.* Especie de líquido, hediondo o no, espeso, de color amarillento claro, que se produce en algunas heridas o llagas.

**Pusilánime,** *adj.* Cobarde, tímido.

**Pústula,** *f.* Postilla.

**Putrefacción,** *f.* El ir pudriéndose una cosa y estar ya con mal olor.

**Putrefacto,** *adj.* Podrido y maloliente.

**Puya,** *f.* Punta de las garrochas de los picadores.

---

\*
Puro, adj. *Que no ha manchado su alma con el pecado:* **Dios ama de una manera especialísima a los que son puros.** || *Sin mezcla, sin imperfección:* **Café puro.** || *Cigarro:* **Aquel hombre fuma puros.**

Viene del latín **purus,** *que significa 'puro'.* || *Deriv.:* **Apuración, apurar, depuración, depurar, impureza, impuro, pureza, purga, purgar, purgatorio, purísima, purismo, purista, puritano.** || *Contr.:* **Impuro, mezclado.**

# Q

**Q.** Vigésima letra del abecedario castellano. Su nombre es cu.
**Que.**\*
**Quebrada,** f. Abertura estrecha abierta entre dos montañas.

Quebrada

**Quebradizo,** adj. Fácil de romper o de romperse; frágil.
**Quebrado,** adj. Fraccionario. || Se dice del número que expresa las partes que se han hecho de una cosa (denominador) y cuántas se han cogido (numerador).
**Quebrantamiento,** m. Acción de quebrantar. || Violación.
**Quebrantar,** tr. Romper, quebrar. || Tener un período de malestar a causa de una enfermedad, caída, etc.
**Quebrar,** tr. Romper, rajar. || Dejar un comercio por no poder pagar las deudas.
**Queda,** f. Toque de campanas que se daba en algunos lugares a una hora de la noche para que se recogieran todos los vecinos.
**Quedamente,** adv. Despacio, sin ruido.
**Quedar.**\*
**Quedo,** adj. Tranquilo, quieto. || adv. En voz baja.
**Quehacer,** m. Deber, tarea, ocupación.
**Queja,** f. Gemido. || Protesta, reclamación.
**Quejar,** tr. Aquejar. || r. Acongojarse, afligirse.
**Quejica,** adj. Quejicoso, que se queja con frecuencia o exageradamente.
**Quejido,** m. Sonido de dolor o de pena.
**Quejoso,** adj. Que tiene alguna queja.
**Quejumbroso,** adj. Que se queja por cualquier motivo.
**Quelonio,** adj. Se dice de los reptiles que tienen su cuerpo protegido por una concha (como la tortuga).

---

\*
QUE. *Pronombre relativo:* **El ratón que quiera comerse el queso, caerá en la trampa.** || *Pronombre interrogativo:* **¿Qué dices?** || *Conjunción:* **Quiero que vengas a mi casa.** || *Admiración:* **¡Qué bien!**
      *Viene del pronombre latino* **quid.** || *Otros derivados son:* **quien, cuyo.**
QUEDAR, *tr. o intr. Estar o detenerse en un lugar:* **Se quedó en la iglesia.** || *Permanecer:* **La carta quedó sin contestar.** || *Haber todavía parte de una cosa:* **Me quedan tres pesetas.** || *Llegar a un acuerdo, dar por terminado un asunto:* **En eso quedamos.** || r. *Hacerse dueño de algo:* **Se quedó con lo que le correspondía.**
      **Quedar** *es un derivado de* **quieto** *(latín:* **quietus***); por eso* **quedar** *significa propiamente 'permanecer quieto'.* || *Deriv. de* quieto: **Aquiescencia, aquietar, inquieto, inquietud, queda, quedar, quedo, quietismo, quietud.**

**Quema,** f. Acción de quemar. || Fuego. || Peligro o compromiso.
**Quemado,** m. Cosa que ha sido quemada.
**Quemadura,** f. Herida que produce el fuego o alguna cosa caliente en las carnes. || Efecto del fuego.
**Quemar,** tr. Aplicar fuego a algún sitio consumiéndolo. || Calentar bastante (como hace el sol durante el verano). || intr. Estar demasiado caliente una cosa. || Consumirse una cosa por causa del calor del fuego. || Enfadarse mucho.
**Querella,** f. Disputa, discordia.
**Querencia,** f. Acción de querer o amar. || El hecho de estar muy apegado a un sitio.
**Querer.***
**Querido,** adj. Amado. || V. **querer.**
**Quermese,** f. Fiesta popular (en Flandes). || Nosotros, en español, debemos decir «verbena».
**Querubín,** m. Nombre de los ángeles del primer coro angélico.
**Queso,** m. Alimento hecho con leche.
**Quevedos,** m. pl. Lentes de forma circular unidas entre sí por un puente metálico que se apoya sobre la nariz. Es como unas gafas, pero sin patillas.
**¡Quia!** interj. Que expresa incredulidad en lo que nos dicen.
**Quicio,** m. Parte de la puerta o ventana que queda pegando a la pared, se mueva o no la puerta o la ventana.
**Quiebra,** f. Rotura, grieta. || Acción de quebrar un comercio.
**Quiebro,** m. Movimiento rápido con la cintura hacia un lado o hacia otro.
**Quién,** pron. Qué persona. || V. **que.**
**Quieto,** adj. Sin moverse.
**Quietud,** f. Falta de movimiento.
**Quijada,** f. Cada uno de los huesos de la cabeza del animal, donde están los dientes.
**Quijote,** adj. Serio. || Que defiende cualquier cosa que le parece justa.

**Quilate,** m. Cada una de las veinticuatro partes que, en una moneda o joya, es de oro fino.
**Quilo,** m. Líquido en que se transforman los alimentos cuando están en el intestino delgado.
**Quilla,** f. Armazón inferior del barco. || Parte saliente y afilada del esternón de las aves.

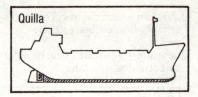

**Quimera,** f. Sueño, idea falsa.
**Química,** f. Ciencia que estudia la naturaleza y las propiedades de los cuerpos y sustancias.
**Químico,** adj. Relativo a la química. || m. El que profesa la química.
**Quimo,** m. Líquido en que se transforman los alimentos cuando están en el estómago.
**Quimono,** m. Vestidura larga, propia del Japón.
**Quina,** f. Corteza de un árbol, llamado quino, con la que se hace medicamentos (como el vino quinado).
**Quincalla,** f. Mercancías de hierro (tijeras, dedales, etc.).
**Quince,** adj. Tres veces cinco. || V. **cinco.**
**Quincena,** f. Unidad de tiempo que tiene quince días. || V. **cinco.**
**Quinesiología,** f. Conjunto de los procedimientos terapéuticos encaminados a restablecer la normalidad de los movimientos del cuerpo humano, y conocimiento científico de aquéllos.
**Quiniela,** f. Sistema de apuestas deportivas; es decir, un modo de hacer apuestas escribiendo uno quién va a ganar, empatar y perder.

---

*
QUERER, tr. Amar, tener cariño: **Quiero a mi padre.** || Desear: **Quiero entrar.**
    Viene del latín **quaerere,** que quiere decir 'buscar, pedir'. || Deriv.: **Aquerenciarse, bienquistarse, cariño, malquistarse, querencia, querido.**

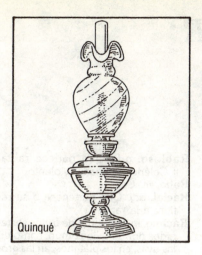
Quinqué

Quiosco

**Quinientos,** *adj.* Cinco veces cien. ‖ V. **cinco.**
**Quinqué,** *m.* Especie de lámpara de aceite o de petróleo y que tiene un tubo largo de cristal.
**Quinquenal,** *adj.* Que sucede cada quinquenio. ‖ Que dura cinco años seguidos.
**Quinquenio,** *m.* Tiempo que comprende cinco años seguidos.
**Quinta,** *f.* Casa de recreo situada en el campo. ‖ Conjunto de quintos que van cada año al ejército. ‖ V. **cinco.**
**Quintal,** *m.* Peso de cien kilos.
**Quinteto,** *m.* Conjunto de cinco versos, cada uno de once sílabas. ‖ En música, composición musical para cinco voces o instrumentos. ‖ Cinco que cantan juntos y a la vez.
**Quintillizo,** *adj.* Dícese de cada uno de los hermanos nacidos de un parto múltiple.
**Quinto,** *adj.* Que sigue en orden a lo cuarto. ‖ *m.* Cada una de las cinco partes iguales en que se puede dividir una cosa. ‖ El que está en edad de ser soldado. ‖ V. **cinco.**
**Quiosco,** *m.* Caseta para vender periódicos, flores, etc.
**Quirófano,** *m.* Mesa especial que hay en las clínicas y hospitales para operar a los enfermos.
**Quiromancia,** *f.* El adivinar algo examinando las manos de otra persona.
**Quirúrgico,** *adj.* Relativo a la cirugía, es decir, a las operaciones que hacen los médicos para curar a los enfermos.
**Quisicosa,** *f.* Acertijo.
**Quisquilla,** *f.* Camarón.
**Quisquilloso,** *adj.* Muy delicado. ‖ Que cualquier cosa le molesta.
**Quiste,** *m.* Especie de tumor o de vejiga dura.
**Quitar.\***
**Quite,** *m.* Acción de quitar. ‖ Lance por el cual un torero libra a otro acometido por el toro.
**Quizá.\***
**Quizás,** *adv.* Quizá.

---

*
Quitar, *tr. Robar, hurtar:* **Me quitaron una maleta.** ‖ *Separar unas cosas de otras:* **Quitaron la pata de la mesa.** ‖ *Suprimir, borrar:* **Quitaré esta mancha.**
 Viene del latín **quietare,** *que significa 'arrebatar, apaciguar, tranquilizar'.* ‖ *Deriv.:* **Desquitar, desquite, quitamanchas, quitanza, quitasol, quite.** ‖ *Contr.:* **Dar.**
Quizá. *Adverbio que indica la posibilidad de una cosa:* **Quizá vaya al cine.** ‖ *También se dice «quizás».*
 Viene del antiguo **quiçabe,** *que significa 'quién sabe'.*

# R

**R,** *f.* Vigésima primera letra del abecedario castellano. Su nombre es *erre*.
**Rabadán,** *m.* El jefe de los pastores, el pastor principal.
**Rabadilla,** *f.* Extremo del espinazo. ‖ En las aves, la parte en donde están las plumas de la cola.
**Rábano,** *m.* Planta de huerta, con raíz carnosa y que se suele comer como entremés.

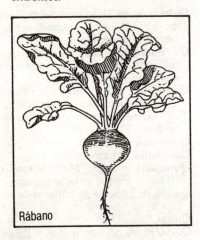
Rábano

**Rabí,** *m.* Rabino. ‖ Doctor de la ley judaica. ‖ Maestro o sabio.
**Rabia,** *f.* Enfermedad que se produce en algunos animales y se transmite por mordedura a otros o al hombre. Se llama también hidrofobia, por el horror al agua que siente el que está rabiando. ‖ Ira, enojo, enfado grande.
**Rabiar,** *intr.* Padecer la enfermedad llamada rabia. ‖ Sufrir mucho. ‖ Desear con vehemencia. ‖ **A rabiar:** mucho, con exceso.
**Rabieta,** *f.* Enfado, enojo sin motivo.
**Rabino,** *m.* Maestro de la ley.

**Rabioso,** *adj.* Que padece rabia. ‖ Colérico, enojado, violento.
**Rabo,** *m.* Cola.
**Racial,** *adj.* Que pertenece o se refiere a la raza.
**Racimo,** *m.* Conjunto de frutos sostenidos por un tallo común, como en las uvas, en los plátanos, en las grosellas, ciruelas, etc.
**Raciocinio,** *m.* Facultad que tenemos de poder razonar.
**Ración,** *f.* Porción de alimento que corresponde a una persona o animal. ‖ Porción o cantidad de una cosa que se vende por determinado precio. ‖ V. **razón**.
**Racional,** *adj.* Que pertenece o se refiere a la razón. ‖ Dotado de razón.
**Racionalmente,** *adv.* De modo racional.
**Racionamiento,** *m.* Lo que se hace al racionar.
**Racionar,** *tr.* Distribuir raciones.
**Racha,** *f.* Ráfaga de viento. ‖ Período breve en que se suceden cosas favorables o adversas.
**Rachear,** *intr.* Ventar a rachas.
**Rada,** *f.* Bahía.
**Radar,** *m.* Aparato de radio de tipo especial, cuyas ondas localizan en el espacio cualquier objeto con el que tropiecen por muy escondido o alejado que esté.

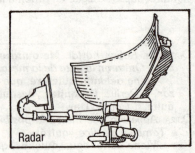
Radar

**Radiación,** f. Transmisión de energía en forma de ondas en línea recta y a velocidades de hasta trescientos mil kilómetros por segundo. Y cada uno de los rayos que se producen.

**Radiactividad,** f. Serie de radiaciones que emiten los núcleos atómicos de algunos elementos químicos.

**Radiactivo,** adj. Que es un mineral que presenta el fenómeno de la radiactividad en determinadas condiciones físicas.

**Radiado,** adj. Se le llama así a la estrella de mar y a otros animales invertebrados parecidos a ella, por la forma de radios que tienen las diversas partes de sus cuerpos.

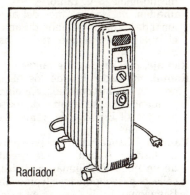
Radiador

**Radiador,** m. Aparato de calefacción compuesto de uno o más cuerpos huecos, a través de los cuales pasa una corriente de agua o vapor a elevada temperatura. ‖ Serie de tubos por los cuales circula el agua destinada a refrigerar los cilindros de algunos motores.

**Radial,** adj. Del radio.

**Radiante,** adj. Que radia. ‖ Brillante, resplandeciente. ‖ Visiblemente contento y satisfecho.

**Radiar,** intr. Despedir rayos de luz o de calor. ‖ tr. Emitir noticias, música, etc., por medio de la radiotelefonía.

**Radicación,** f. Operación aritmética que consiste en hallar un número que, multiplicado por sí mismo una o más veces, reproduzca el número que ya tenemos desde el principio.

**Radical,** adj. Referente a la raíz. ‖ Fundamental. ‖ m. Signo (√) dentro del que se pone un número llamado radicando. ‖ Parte invariable (o casi invariable) en una familia de palabras. ‖ En química, grupo atómico que no varía.

**Radicalmente,** adv. De raíz. ‖ Fundamentalmente.

**Radicar,** intr. Arraigar. ‖ Estar o hallarse situadas ciertas cosas en determinado lugar.

**Radio-.** Elemento compositivo que, antepuesto a otro elemento, interviene con idea de radiación o radiactividad, en la formación de palabras españolas.

**Radio.\***

**Radioaficionado, da,** m. y f. Persona autorizada para emitir y recibir mensajes radiados, privados, usando bandas de frecuencia jurídicamente establecidas.

**Radiodifusión,** f. Emisión hecha por radio y para difundir noticias, conciertos u otros programas musicales o no.

**Radiofónico,** adj. Se le dice radiofónico al sonido que se transmite por medio de ondas, no de hilos. ‖ Explicado por radio (p. ej., bachillerato radiofónico).

**Radiografía,** f. Fotografía de la ima-

---

\* Radio, m. *En Geometría, línea recta que une el centro del círculo con un punto cualquiera de su circunferencia:* **Todos los radios de una circunferencia son iguales.** ‖ *Hueso del antebrazo:* **Entre el codo y la muñeca hay dos huesos: el cúbito y el radio.** ‖ *Nombre abreviado con que se designa la radiotelefonía o radiodifusión:* **Hablo por radio.** ‖ *Cierto metal radioactivo:* **El metal «radio» fue descubierto por los esposos Curie.**
  Viene del latín **radius,** que quiere decir 'varita, rayo de luz'. ‖ Deriv.: **Irradiar, radiación, radiador, radiante, radiar, radiactividad, radiactivo, radiodifusión, radioescucha, radiografía, radiólogo, radioterapia, radioyente, raya, rayar, rayo.**

gen observada gracias a los rayos X.
**Radiograma,** *m.* Comunicación transmitida por telegrafía sin hilos.
**Radiología,** *f.* Parte de la medicina que estudia los rayos X. ‖ Tratado de la radioterapia.
**Radioscopia,** *f.* Examen del interior del cuerpo por medio de los rayos X.
**Radiotécnico,** *m.* Técnico en radio. ‖ Técnico en radio y televisión.
**Radiotelefonía,** *f.* Sistema de comunicación telefónica por medio de ondas, no de hilos.
**Radiotelegrafía,** *f.* Telegrafía sin hilos.
**Radiotelegráfico,** *adj.* Que pertenece o se refiere a la radiotelegrafía.
**Radioterapeuta,** *com.* Persona especializada en radioterapia.
**Radioterapia,** *f.* Método de curación de las enfermedades por los rayos X.
**Raer,** *tr.* Raspar una superficie.
**Ráfaga,** *f.* Golpe de viento de poca duración. ‖ Golpe de luz vivo e instantáneo.
**Raído,** *adj.* Gastado por el uso.
**Raigambre,** *f.* Conjunto de raíces de los vegetales.
**Raigón,** *m.* Raíz de las muelas y de los dientes.
**Raíl,** *m.* Carril de una vía de ferrocarriles.
**Raíz,** *f.* Parte de las plantas que se introduce en la tierra para absorber los elementos necesarios para el crecimiento del vegetal. ‖ Parte oculta (pero principalísima) de una cosa. ‖ Origen. ‖ En gramática, la parte (de una palabra) que es igual en toda la familia de esa palabra. ‖ En aritmética, operación contraria a la potenciación. Y el resultado.
**Raja,** *f.* Abertura o hendidura en alguna cosa. ‖ Cada uno de los cortes que se hacen para sacar una tajada.
**Rajá,** *m.* Soberano de algún territorio (en la India, Asia).
**Rajador,** *m.* El que raja madera o leña.
**Rajar,** *tr.* Partir en rajas. ‖ Hender, romper. ‖ *intr.* Jactarse de valiente. ‖ Hablar mucho. ‖ Murmurar. ‖ *r.* Retractarse, volverse atrás de lo que uno mismo había dicho antes.
**Ralea,** *f.* Calidad. ‖ Linaje.
**Ralo,** *adj.* Se dice de las cosas cuyas partes están más separadas de lo corriente.
**Rallador,** *m.* Utensilio de cocina sobre el que se frota el pan (o el queso u otra cosa) para desmenuzarlo.
**Rallar,** *tr.* Desmenuzar una cosa raspándola una y otra vez contra un rallador.
**Rama,** *f.* Cada una de las partes en que se divide el tronco o parte principal de las plantas. ‖ Serie de personas que traen su origen de un mismo linaje. ‖ V. **ramo.**
**Ramadán,** *m.* Noveno mes del año lunar de los mahometanos, durante el cual hacen ayuno todos los días.
**Ramaje,** *m.* Conjunto de ramas.
**Ramal,** *m.* Cada uno de los hilos gruesos de una cuerda. ‖ Camino pequeño que se aparta de otro principal. ‖ Especie de rama de otras cosas.
**Rambla,** *f.* Cauce natural de las aguas de lluvia. ‖ Arenal. ‖ Cauce seco de un río. ‖ En algunas ciudades, calle o paseo principal (como en Barcelona).
**Rameado,** *adj.* Se dice de la tela o papel cuyo dibujo representa ramos.
**Ramificación,** *f.* Lo que se hace al ramificarse. ‖ División de un vegetal en ramas. ‖ División de un nervio, de una arteria, de un objeto cualquiera a manera de un vegetal.

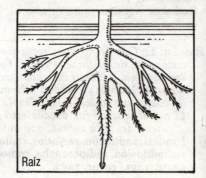

Raíz

**Ramificarse,** r. Esparcirse y dividirse en ramas una cosa. || Propagarse, extenderse.
**Ramilla,** f. Rama pequeña.
**Ramillete,** m. Ramo hecho de flores.
**Ramo.**\*
**Ramón,** m. Conjunto de ramas delgadas que cortan los pastores para pasto del ganado.
**Rampa,** f. Plano inclinado, en pendiente.
**Rampante,** adj. Se le llama así a la postura que presenta el león en nuestro escudo español.
**Rana,** f. Batracio que vive en agua dulce y se alimenta de insectos. Las ranas andan y nadan a saltos.

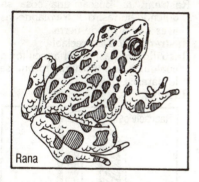
Rana

**Rancio,** adj. Se dice de los vinos y otras cosas comestibles cuando con el tiempo han mejorado o empeorado su calidad. || Se dice también de las cosas antiguas y de las personas apegadas a ellas. || Tocino rancio.
**Ranchero,** m. El que vive en un rancho. || El que manda en un rancho. || El que hace la comida en un rancho.
**Rancho,** m. Comida que se hace para muchos en común. || Conjunto de personas que toman a un tiempo esta comida. || Lugar despoblado donde se albergan varias personas. || Choza o casa pobre fuera del poblado.
**Rango,** m. Situación social elevada o no. || Categoría.
**Ranura,** f. Especie de raja o surco que se abre en la madera, en las piedras, etc.
**Rapacidad,** f. Tendencia a la rapiña y al robo.
**Rapaz,** adj. Inclinado al robo. || m. Muchacho o muchacha que casi siempre está comiendo (porque está en la edad de llevar los bolsillos llenos de pan y otras cosas de comer). || f. pl. Cierta clase de aves de rapiña.
**Rape,** m. Corte de la barba hecho sin cuidado. || **Al rape:** casi a raíz.
**Rapé,** m. Tabaco en polvo.
**Rápidamente,** adv. Con prontitud, con brevedad. || V. **rápido.**
**Rapidez,** f. Movimiento veloz o acelerado. || Velocidad.
**Rápido.**\*
**Rapiña,** f. Robo o saqueo que se ejecuta rápidamente.
**Raposa,** f. Zorra.
**Rapsoda,** m. En la Grecia antigua, cantor que iba de pueblo en pueblo recitando poemas.
**Rapsodia,** f. Trozo de un poema. || Pieza musical formada con fragmentos de otras obras, o sobre temas populares.
**Raptar,** tr. Robar.
**Rapto,** m. Impulso arrebatado. || El apoderarse de una persona con violencia o engaño.
**Raptor,** m. El que comete un rapto.

---

\*
Ramo, m. *Conjunto o manojo de flores:* **Le ofreció un ramo de rosas.** || *Rama cortada de un árbol:* **Se ha caído un ramo de naranjas.** || *Cada una de las partes en que se considera dividida una ciencia, un trabajo, etc.:* **El ministro del ramo; el ramo de comerciantes: el ramo del saber; etc.**
Viene del latín **ramus,** *que significa 'rama'.* || *Deriv.:* **Derramar, enramada, rama, ramaje, ramal, rameado, ramificado, ramificar, ramillete, ramonear.**

Rápido, adj. *Veloz, acelerado, muy de prisa:* **Tren rápido.**
Viene del latín **rapere,** *que significa 'arrebatar'.* || *Deriv.:* **Rapidez.** || *Contr.:* **Lento.**

**Raqueta,** *f.* Pala de madera, con el mango corto, que sirve para diversos juegos. ‖ Raqueta de malla que se usa para jugar al tenis.

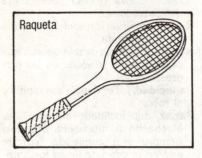
Raqueta

**Raquídeo,** *adj.* De la columna vertebral.
**Raquítico,** *adj.* Muy débil y muy endeble.
**Raquitismo,** *m.* Debilidad muy grande a consecuencia del reblandecimiento de los huesos.
**Raramente,** *adv.* Rara vez.
**Rareza,** *f.* Lo raro que tienen las cosas raras. ‖ Cosa rara. ‖ Acción característica de la persona rara o extravagante.
**Raro.\***
**Ras,** *m.* Igualdad en la superficie o la altura de las cosas. ‖ **A ras:** casi tocando, casi al nivel de una cosa.
**Rasante,** *m.* Sitio en que una calle, camino o carretera cambia de nivel.
**Rascacielos,** *m.* Edificio moderno muy alto. El más alto está en Nueva York y tiene ochenta metros de alto.
**Rascar,** *tr.* Raer con las uñas, arañar.

**Rasgar,** *tr.* Romper una cosa. ‖ Desgarrar a tirones.
**Rasgo,** *m.* Línea trazada con la pluma. ‖ Acción notable, sea de la clase que sea. ‖ *pl.* Las facciones del rostro y las rayas y señales que tiene.
**Rasguño,** *m.* Arañazo.
**Raso,** *adj.* Llano, liso. ‖ Se dice del que no tiene título en su clase. ‖ *m.* Tela de seda, brillante. ‖ **Al raso:** en el campo, al aire libre.
**Raspa,** *f.* Espina de los pescados. ‖ La parte central del espinazo de un pescado.
**Raspar,** *tr.* Rascar, arañar, raer una superficie.
**Rastrear,** *tr.* Buscar una cosa siguiendo su rastro. ‖ Ir volando las aves casi a ras de tierra.
**Rastrero,** *adj.* Despreciable.
**Rastrillo,** *m.* Rastro del agricultor o cualquier otro instrumento que se le parezca.
**Rastro.\***

Rascacielos

---

\*
R<small>ARO</small>, adj. *Poco común, que ocurre pocas veces:* **Es raro ver a un hombre de más de dos metros.**
    *Viene del latín* **rarus,** *que quiere decir 'poco numeroso, poco frecuente'.* ‖ *Deriv.:* **Enrarecer, enrarecido, ralo, rareza.** ‖ *Contr.:* **Frecuente, numeroso.**
R<small>ASTRO</small>, m. *Instrumento de jardinería compuesto de un travesaño con dientes y mango largo:* **Yo sé pintar un rastro de jardineros.** ‖ *Señal que deja una cosa al pasar por algún sitio:* **Se nota el rastro de la liebre.** ‖ *En Madrid, mercado de cosas viejas:* **Lo compró en el Rastro.**
    *Viene del latín* **rastrum,** *que quiere decir 'rastrillo de labrador' y también 'huella'.* ‖ *Deriv.:* **Arrastrado, arrastrar, arrastre, rastrear, rastrillar, rastrillo.**

**Rastrojo,** m. Lo que queda en la tierra sembrada después de haber segado las mieses.
**Rasurar,** tr. Afeitar. ‖ r. Afeitarse.
**Rata,** f. Mamífero roedor pequeño que vive generalmente en los edificios y los barcos.

Rata

**Ratero,** adj. Ladrón que roba con mucha maña cosas de escaso valor.
**Rato.\***
**Ratonera,** f. Trampa para coger ratones mediante un engaño. ‖ Agujero abierto por un ratón. ‖ Madriguera de los ratones.
**Ratonil,** adj. Que pertenece a los ratones.
**Raudal,** m. Gran cantidad de agua que corre con violencia.
**Raudo,** adj. Rápido, violento, precipitado.
**Raya,** f. Señal larga y estrecha. ‖ Cierto pez parecido a una cometa. ‖ V. **radio.**
**Rayado,** m. Conjunto de rayas. ‖ Acción de rayar.
**Rayano,** adj. Cercano, pegado, que está al lado.
**Rayar,** tr. Hacer rayas. ‖ Tachar lo escrito con una o varias rayas. ‖ Subrayar.
**Rayo,** m. Línea de luz que emite un cuerpo luminoso. ‖ Se dice de las cosas que nacen de un centro común y van apartándose. ‖ Chispa eléctrica de gran intensidad producida por descarga entre dos nubes **(relámpago)** o entre una nube y la tierra **(rayo).**
**Rayón,** m. Seda artificial.
**Rayos X,** m. pl. Rayos luminosos pero invisibles y de gran poder de penetración; lo único que no atraviesan es el plomo. (¿Tú has visto cómo brillan los pescados? Bueno, pues así se ponen los huesos cuando le chocan rayos X; por eso se puede retratar a una persona por dentro.)
**Raza,** f. Origen o linaje. ‖ Color de la piel.
**Razón.\***
**Razonable,** adj. Conforme a razón. ‖ Justo. ‖ Arreglado.
**Razonado,** adj. Fundado en el razonamiento.
**Razonamiento,** m. Facultad de razonar. ‖ Lo que se hace al razonar.
**Razonar,** intr. Valerse de la razón para juzgar una cosa. ‖ Hablar. ‖ Discurrir.
**Re.** Preposición inseparable que forma parte de varias palabras de nuestro idioma. Indica repetición. ‖ m. Segunda nota de la escala musical.
**Reacción,** f. Acción que resiste o se opone a otra acción, obrando en sentido contrario a ella. ‖ En química, cambio que sufren dos sustancias al ponerse juntas en ciertas condiciones. ‖ **Reacción en cadena:** cuando la reacción química entre unos átomos desencadena a su vez la reacción de los átomos vecinos; y así muchas veces. ‖ **Aviones de reacción** o aviones de retropropulsión a chorro: aquellos avio-

---

Rato, m. *Tiempo de corta duración:* **Estuvieron sólo un rato.**
   *Es probable que se derive del latín* **raptus,** *que quiere decir 'tirón, arranque, instante'.*

Razón, f. *Facultad por medio de la cual el hombre puede discurrir y conocer:* **Llegó al uso de razón.** ‖ *Argumento para apoyar lo que se dice:* **Le dio buenas razones.** ‖ *Justicia, derecho:* **No tiene razón.** ‖ **Razón entre dos números:** *Su cociente indicado.*
   *Viene del latín* **ratio,** *que quiere decir 'razonamiento, razón, cálculo, cuenta'.* ‖ *Deriv.:* **Irracional, ración, racional, racionalismo, racionar, razonable, razonamiento, razonar, raciocinar, ratificar, sinrazón.**

nes que se mueven de la misma manera que un cohete.

**Reaccionar,** *intr.* Producir una reacción. ‖ V. **acto.**

**Reacio,** *adj.* Remolón.

**Reactivo,** *adj.* Que produce reacción. ‖ *m.* Sustancia que se emplea en química para reconocer la naturaleza de ciertos cuerpos.

**Reactor,** *m.* Avión con motor a reacción, cuyo combustible quemado pasa por una turbina y sale en forma de chorro de gases, alcanzando a veces velocidades supersónicas (mayores que la velocidad del sonido). ‖ **Reactor nuclear:** conjunto de instalaciones para hacer reacciones nucleares y almacenar enormes cantidades de energía.

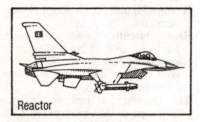

Reactor

**Readmisión,** *f.* Admisión por segunda vez o más veces.

**Readmitir,** *tr.* Volver a admitir.

**Reafirmar,** *tr.* Afirmar de nuevo.

**Reajustar,** *tr.* Volver a ajustar.

**Reajuste,** *m.* El hecho de volver a ajustar.

**Real.***

**Realce,** *m.* Adorno que sobresale en la superficie de una cosa. ‖ Brillo, lustre, esplendor.

**Realeza,** *f.* Dignidad real. ‖ Magnificencia propia de un rey.

**Realidad,** *f.* Existencia verdadera. ‖ Verdad, sinceridad. ‖ V. **real.**

**Realismo,** *m.* Doctrina filosófica de la Edad Media. ‖ Tendencia de ciertos escritores y artistas que copian la naturaleza tal como es y reproduciendo con preferencia sus lados feos y vulgares. ‖ Doctrina política de los partidarios de la monarquía absoluta.

**Realista,** *adj.* Partidario del realismo en filosofía, arte o literatura. ‖ Partidario de la monarquía. ‖ Se dice también de la persona que no se ilusiona por cualquier cosa.

**Realizable,** *adj.* Que puede realizarse.

**Realización,** *f.* Lo que se hace al realizar una cosa. ‖ V. **real.**

**Realizar,** *tr.* Hacer una cosa. ‖ V. **real.**

**Realmente,** *adv.* De un modo real. ‖ Verdaderamente, sí. ‖ V. **real.**

**Realquilar,** *tr.* Alquilar un piso, local o habitación el arrendatario de ellos a otra persona. ‖ Alquilar un piso o un local una persona que no es el dueño, sino que es, a su vez, arrendatario.

**Realzar,** *tr.* Levantar o elevar una cosa más de lo que estaba. ‖ Dar realce a una cosa.

**Reanimar,** *tr.* Confortar, dar vigor, restablecer las fuerzas. ‖ Infundir ánimo y valor al que está abatido.

**Reanudar,** *tr.* Proseguir una cosa interrumpida. ‖ V. **nulo.**

**Reaparecer,** *intr.* Volver a aparecer.

**Rearmar,** *tr.* Volver a armar.

**Reaseguro,** *m.* El hecho de asegurar por segunda vez alguna cosa de valor.

**Reata,** *f.* Cuerda que se ata a dos o más caballerías para que vayan unas detrás de otras. ‖ **De reata:** detrás y amarrado con una cuerda.

**Reavivar,** *tr.* Volver a excitar, volver a avivar.

*
REAL, adj. *Que tiene existencia verdadera:* **La fortuna de que presume es real.** ‖ *Que se refiere al rey:* **Palacio real.** ‖ *Moneda equivalente a veinticinco céntimos de peseta:* **Vale dos reales.** ‖ *Sitio en que acampa un rey, un general, un ejército o donde se celebra algún acontecimiento:* **El real de la feria de Sevilla.**

Cuando significa que tiene existencia verdadera viene del latín **res,** que significa 'cosa'. ‖ *Deriv.:* **Realidad, realismo, realista, realización, realizar, república.** ‖ *Contr.:* **Irreal.** ‖ V. **rey.**

**Rebaja,** *f.* Lo que se rebaja o descuenta de algo.
**Rebajar,** *tr.* Disminuir, quitar algo de una cosa. || Humillar.
**Rebanada,** *f.* Trozo largo, ancho y delgado que se saca de una cosa, especialmente del pan.
**Rebaño,** *m.* Cantidad grande de ganado, especialmente lanar. || Congregación de los fieles que están sometidos a sus pastores espirituales.

Rebaño

**Rebasar,** *tr.* Pasar o exceder de cierto límite.
**Rebatir,** *tr.* Contradecir lo que otro nos dice y afirma.
**Rebato,** *m.* Llamamiento que se hace a los vecinos de un pueblo, por medio del toque de campanas, para advertir a todos de un grave peligro (un fuego, p. ej.).
**Rebeca,** *f.* Especie de blusa de género de punto.
**Rebelarse,** *r.* Sublevarse contra la autoridad legítima.
**Rebelde.\***
**Rebeldía,** *f.* El rebelarse. || Acción del rebelde. || Omisión del reo que no comparece en juicio.
**Rebelión,** *f.* Lo que se hace al rebelarse. || Resistencia hecha a la autoridad.
**Reblandecer,** *tr.* Poner blanda una cosa.
**Rebobinar,** *tr.* Volver a enrollar el hilo de una bobina.

**Reborde,** *m.* Saliente en el borde de una cosa.
**Rebosante,** *adj.* Que rebosa. || **Rebosante de salud:** sanísimo.
**Rebosar,** *intr.* Derramarse un líquido por no caber en el recipiente donde se echa. || Abundar con exceso.
**Rebotar,** *intr.* Botar varias veces un cuerpo elástico.
**Rebrotar,** *tr.* Retoñar, volver a echar tallos la planta. || Reproducirse o repetirse una cosa.
**Rebrote,** *m.* Retoño. || Vástago o tallo que echa de nuevo la planta.
**Rebullir,** *intr.* Empezar a moverse lo que estaba quieto.
**Rebuscar,** *tr.* Buscar con cuidado. || Recoger lo que queda en los campos después de las cosechas.
**Rebuzno,** *m.* Grito del asno.
**Recadero,** *m.* Persona que tiene por oficio el hacer recados.
**Recadista,** *m.* Recadero.
**Recado,** *m.* Mensaje que se da de palabra o por medio de otra persona. || *pl.* Las cosas que se necesitan para hacer un guiso. O para escribir, etc.
**Recaer,** *intr.* Volver a caer en una falta. || Volver a caer enferma la persona que había estado mala y se había puesto ya bien.
**Recaída,** *f.* Segunda caída en una enfermedad o en un vicio.
**Recalar,** *tr.* Penetrar poco a poco un líquido por los poros de un cuerpo seco, dejándolo húmedo o mojado. || *intr.* Llegar el buque a la vista de una cosa conocida.
**Recalcar,** *tr.* Ajustar mucho una cosa con otra. || Llenar con exceso. || Decirle a otro una misma cosa varias veces (para que luego no diga que no se enteró).
**Recalcitrante,** *adj.* Obstinado, terco.
**Recalentar,** *tr.* Volver a calentar.
**Recamado,** *m.* Bordado de realce.
**Recámara,** *f.* Primera parte del cañón de una escopeta, precisamente

---
\*
REBELDE, adj. *Que se rebela o subleva contra la autoridad:* **El ejército rebelde.** || *Indócil, desobediente:* **Es un muchacho muy rebelde.**
    *Viene del latín* **bellum,** *que significa 'guerra'.* || *Deriv.:* **Rebelarse, rebeldía, rebelión.** || *Contr.:* **Sumiso, obediente.**

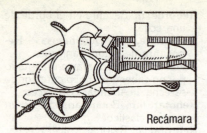

Recámara

donde se coloca el cartucho. || Parte ancha y posterior de una escopeta de aire comprimido.

**Recambio,** *m.* El ponerle a una máquina una pieza nueva quitando antes la vieja. || Conjunto de piezas que venden en algunas tiendas para que se puedan hacer los recambios que necesitan nuestras máquinas.

**Recapacitar,** *tr.* Recordar algo y pensar sobre ello.

**Recapitular,** *tr.* Resumir.

**Recargar,** *tr.* Volver a cargar. || Aumentar la carga.

**Recargo,** *m.* Aumento de cargo a una nueva carga.

**Recato,** *m.* Cautela, discreción. || Modestia.

**Recaudación,** *f.* Lo que se hace al recaudar. || Oficina destinada para la entrega de caudales públicos.

**Recaudar,** *tr.* Cobrar o percibir caudales. || Asegurar, custodiar.

**Recelar,** *tr.* Temer, desconfiar y sospechar algo.

**Receloso,** *adj.* Que tiene recelo o temor.

**Recepción,** *f.* Lo que se hace cuando se recibe. || Admisión en un empleo, oficio o sociedad. || Reunión con carácter de fiesta que se celebra en algunas casas particulares. || Recibimiento de cortesía.

**Receptáculo,** *m.* Cavidad en que puede ponerse algo. || El hueco interior de un recipiente cualquiera.

**Receptor,** *adj.* Que recibe. || *m.* Aparato que recibe las vibraciones eléctricas del teléfono, del telégrafo o de una emisora de radio, etc.

**Recesión,** *f.* Depresión en las actividades industriales y comerciales generalmente pasajeras que tiene como síntomas el decrecimiento de la producción, el trabajo, los salarios, los beneficios, etc.

**Receta,** *f.* Prescripción de un medicamento hecha por un médico. || Nota que indica la manera de hacer una cosa.

**Recetar,** *tr.* Mandar el médico una medicina y escribirlo en un papel.

**Recibí,** *m.* Palabra que se pone al pie de algunos documentos comerciales, con nuestra firma debajo, para indicar que uno ha recibido ya lo que allí se dice.

**Recibidor,** *adj.* Que recibe. || *m.* Recibimiento. || Antesala, vestíbulo.

**Recibimiento,** *m.* Lo que se hace al recibir. || Acogida buena o mala que se hace al que viene de fuera. || Antesala, vestíbulo. || En algunas partes, sala principal de una casa. || Lo que hace una persona al recibir a otras muchas con motivo de una enhorabuena o pésame.

**Recibir.**

**Recibo,** *m.* Recepción, recibimiento o habitación para recibir a las visitas. || Escrito o resguardo firmado en que se declara haber recibido dinero u otra cosa. || V. **recibir.**

**Recién,** *adv.* Recientemente. || Se usa antepuesto a los participios pasivos.

**Reciente.**

---

*
RECIBIR, *tr. Tomar uno lo que le dan o envían:* **Recibir una carta.** || *Padecer un daño:* **Recibió un golpe en la cabeza.** || *Admitir visitas:* **El ministro recibe los jueves.** || *Salir al encuentro del que viene de fuera:* **Fue a la estación a recibirle.**

    Viene del latín **recipere,** *que significa 'tomar, coger, recibir'.* || *Deriv.:* **Recepción, receptor, recetar, recibidor, recibimiento, recibo, recipiente.** || *Contr.:* **Dar.**

RECIENTE, adj. *Nuevo, que acaba de suceder o de hacerse:* **Es una herida reciente.**

**Recientemente,** *adv.* Poco tiempo antes.
**Recinto.*** 
**Recio,** *adj.* Fuerte, robusto, vigoroso, grueso, abultado. ‖ Áspero, duro.
**Récipe,** *m.* Palabra con que suelen encabezar los médicos sus recetas. La ponen en abreviatura (R./).
**Recipiente,** *adj.* Que recibe. ‖ *m.* Vaso que recibe un líquido. ‖ Campana de cristal de la máquina neumática (que es una máquina que puede sacar todo el aire que haya en un sitio cerrado y lo deja vacío como el interior de una bombilla).
**Recíprocamente,** *adv.* De modo recíproco.
**Reciprocidad,** *f.* Carácter de lo recíproco.
**Recíproco,** *adj.* Que tiene lugar entre dos personas o cosas que obran una sobre otra. ‖ Mutuo.
**Recitación,** *f.* Lo que se hace cuando se recita.
**Recital,** *m.* Concierto que da un músico. ‖ Recitación de un poeta.
**Recitar,** *tr.* Decir de memoria, en voz alta, una lección, o unos versos, un discurso, etc.
**Reclamación,** *f.* Lo que se hace al reclamar. ‖ V. **llamar.**
**Reclamante,** *adj.* Que reclama.
**Reclamar,** *intr.* Pedir o exigir una cosa. ‖ V. **llamar.**
**Reclamo,** *m.* Ave amaestrada que se lleva a la caza para que con su canto atraiga a otras de su especie. ‖ Voz con que un ave llama a otra de su especie. ‖ Instrumento con que se imita la voz o el sonido de algún ave. ‖ Llamada, voz con que se llama a uno. ‖ Cosa que atrae o incita a hacer algo.
**Reclinar,** *tr.* Inclinar el cuerpo apoyándolo sobre alguna cosa. ‖ Inclinar una cosa sobre otra.
**Reclinatorio,** *m.* Cualquier cosa adecuada y dispuesta para reclinarse. ‖ Silla baja que sirve para arrodillarse y rezar.
**Recluir,** *tr.* Encerrar o poner en reclusión.
**Reclusión,** *f.* Encierro o prisión voluntaria o forzada. ‖ Sitio en que uno está encerrado o prisionero.
**Recluso,** *adj.* Encerrado, preso.
**Recluta,** *f.* Reclutamiento. ‖ *m.* El que empieza a ser soldado. ‖ Mozo alistado para el servicio militar.
**Reclutamiento,** *m.* Lo que se hace cuando se recluta a los soldados nuevos.
**Reclutar,** *tr.* Alistar los reclutas o soldados.
**Recobrar,** *tr.* Volver a tener lo que se perdió. ‖ V. **cobrar.**
**Recodo,** *m.* Ángulo o revuelta que forman las calles, las carreteras, los ríos, etc., torciendo la dirección que traían.

Recodo

**Recoger,** *tr.* Volver a coger. ‖ Levantar una cosa caída. ‖ Hacer la recolección de los frutos. ‖ Dar asilo, acoger. ‖ *r.* Retirarse a casa. ‖ Irse a dormir y descansar. ‖ Meditar. ‖ V. **coger.**
**Recogida,** *f.* Lo que se hace cuando se recoge alguna cosa.
**Recogido,** *adj.* Que vive apartado del mundo. ‖ Se dice de la mujer retirada a ciertos conventos.
**Recogimiento,** *m.* Lo que se hace al

---

* *Viene del latín* **recens,** *que quiere decir 'nuevo, fresco'.* ‖ *Deriv.:* **Recental, recién.** ‖ *Contr.:* **Antiguo, viejo.**
**Recinto,** *m. Espacio, generalmente cerrado, comprendido dentro de ciertos límites:* **El recinto de la exposición.**
*Viene del latín* **cingere,** *que quiere decir 'ceñir'.*

recoger alguna cosa. ‖ Casa donde viven las mujeres recogidas.
**Recolección,** *f.* Reunión. ‖ Resumen. ‖ Cosecha.
**Recolectar,** *tr.* Recoger los frutos o cosechas.
**Recomendación,** *f.* Lo que se hace al recomendar. ‖ Encargo que se hace con súplicas.
**Recomendar,** *tr.* Encargar a uno que haga una cosa. ‖ Hablar en favor de una persona. ‖ V. **mandar.**
**Recomenzar,** *tr.* Volver a comenzar.
**Recompensa,** *f.* Lo que se hace al recompensar. ‖ Cosa que se da como premio de algo.
**Recompensar,** *tr.* Remunerar o pagar un servicio. ‖ Premiar un favor, una virtud o un mérito.
**Reconcentrar,** *tr.* Juntar en un punto las cosas que se hallaban separadas. ‖ *r.* Abstraerse para pensar, ensimismarse.
**Reconciliación,** *f.* Lo que se hace al reconciliarse.
**Reconciliar,** *tr.* Volver a la unión los que estaban desunidos. ‖ *r.* Confesarse de algunos pecados ligeros u olvidados.
**Recóndito,** *adj.* Muy escondido.
**Reconfortable,** *adj.* Que devuelve las fuerzas perdidas.
**Reconfortar,** *tr.* Dar ánimo, devolver las fuerzas perdidas.
**Reconocer,** *tr.* Examinar con cuidado una cosa. ‖ Darse cuenta de que ya concocíamos a esa persona o cosa. ‖ Aceptar. ‖ Confesar. ‖ Recordar. ‖ V. **conocer.**
**Reconocido,** *adj.* Agradecido, es decir, que reconoce y agradece el beneficio que otro le ha hecho.
**Reconocimiento,** *m.* El hecho de reconocer. ‖ Gratitud, agradecimiento.
**Reconquista,** *f.* El hecho de reconquistar. ‖ Un período de la Historia de España (desde Don Pelayo hasta los Reyes Católicos).

**Reconquistar,** *tr.* Volver a conquistar lo que antes se había tenido.
**Reconstituir,** *tr.* Volver a constituir una cosa.
**Reconstituyente,** *adj.* Que reconstituye. ‖ Se dice especialmente de algunas medicinas que se usan para fortalecer el organismo.
**Reconstrucción,** *f.* El hecho de reconstruir.
**Reconstructivo,** *adj.* Se dice de lo que reconstruye.
**Reconstruir,** *tr.* Volver a construir.
**Recontento,** *adj.* Muy contento.
**Reconvenir,** *tr.* Reprender.
**Recopilación,** *f.* Resumen corto de una obra o discurso. ‖ Colección de escritos.
**Récord.** (Palabra inglesa), *m.* Comprobación oficial de una hazaña notable que suceda a otras parecidas. ‖ **Batir el récord:** obtener un resultado mejor que todos los deportistas habían obtenido antes.
**Recordar.**\*
**Recordatorio,** *m.* Aviso que sirve para recordar alguna cosa.
**Recorrer,** *tr.* Atravesar de un extremo a otro una extensión o un camino determinado. ‖ V. **correr.**
**Recorrido,** *m.* Espacio que recorre o tiene que recorrer una persona o cosa. ‖ V. **correr.**
**Recortado,** *m.* Figura recortada de papel.
**Recortar,** *tr.* Cortar el papel u otra cosa en varias figuras. ‖ Cortar lo que sobra en una cosa.
**Recorte,** *m.* Lo que se hace al recortar. ‖ Regate que se hace al toro. ‖ *pl.* Restos que quedan cuando se va cortando una cosa.
**Recostar,** *tr.* Apoyar la parte superior del cuerpo en algún sitio.
**Recova,** *f.* Compra de huevos, gallinas y otras cosas parecidas, para después revenderlos.
**Recoveco,** *m.* Curva, ángulo o re-

---

\* Recordar, *tr. e intr. Traer a la memoria una cosa:* **Recordó su veraneo; no recuerdo;** *etc.* ‖ *Decir a otro que no se olvide de algo:* **Te recuerdo que mañana estás invitado a comer en casa.**
    Viene del latín **recordari,** *que quiere decir 'tener recuerdo de algo'.* ‖ *Deriv.:* **Recordatorio, recuerdo, trascordarse.** ‖ *Contr.:* **Olvidar.**

vuelta de un callejón, camino, pasillo, etc.
**Recovero,** *tr.* El que hace el negocio de la recova.
**Recrear,** *tr.* Divertir, entretener.
**Recrearse,** *r.* Divertirse, deleitarse.
**Recreativo,** *adj.* Que sirve para recrear.
**Recreo,** *m.* Lo que se hace al recrearse. ‖ En la escuela, descanso para jugar. ‖ Sitio o lugar dispuesto para el juego. ‖ V. **crear.**
**Recría,** *f.* El cruzar distintas clases de animales seleccionados para obtener nuevos animales con determinadas características.
**Recriminación,** *f.* El hecho de responder con una acusación a otra acusación.
**Recrudecerse,** *r.* Hacerse más grande una enfermedad o alguna otra cosa mala.
**Recta,** *f.* Línea que está derecha por tener todos sus puntos en la misma dirección. ‖ Camino más corto entre dos puntos.
**Rectangular,** *adj.* Que tiene uno o más rectángulos. ‖ Que forman, al cortarse, un ángulo recto. ‖ Que tiene uno o más ángulos rectos.
**Rectángulo,** *m.* Polígono de cuatro ángulos rectos y de lados iguales dos a dos. ‖ *adj.* Se dice del triángulo que tiene un ángulo recto.
**Rectificación,** *f.* Lo que se hace al rectificar. ‖ Corrección. ‖ V. **recto.**
**Rectificar,** *tr.* Corregir una cosa para que sea más exacta. ‖ Enmendarse.
**Rectilíneo,** *adj.* Que es como una línea recta. ‖ Que se compone de líneas rectas.
**Rectitud,** *f.* Derechura, honradez,
exactitud. ‖ Lo derecha que está una línea recta.
**Recto.\***
**Rector,** *m.* El que rige o gobierna, especialmente una universidad o un seminario.
**Recua,** *f.* Conjunto de caballerías o animales de carga que van en fila.
**Recuadro,** *m.* Cada uno de los cuadros en que se puede dividir una pared u otra superficie así.
**Recubrir,** *tr.* Volver a cubrir. ‖ Cubrir bien.
**Recuento,** *m.* El hecho de volver a contar una cosa.

Recua

**Recuerdo,** *m.* Memoria que se hace de algo pasado. ‖ Cosa que se regala en testimonio de amistad. ‖ V. **recordar.**
**Recuesto,** *m.* Sitio que está en declive o ladera.
**Recuperación,** *m.* El hecho de recuperar o recuperarse.
**Recuperar,** *tr.* Recobrar, volver a coger una cosa que se tuvo y se había perdido.
**Recurrir,** *intr.* Acudir a alguno con una petición.
**Recurso,** *m.* Lo que se hace al recurrir. ‖ En plural, bienes o medios de subsistencia. ‖ V. **correr.**
**Rechazar.\***

---

RECTO, *adj. Derecho, que no se inclina a un lado ni a otro:* **Se mantiene recto.** ‖ *Justo, severo:* **Es muy recto.** ‖ **Angulo recto:** *El ángulo formado por dos rectas perpendiculares.*
    *Viene del latín* **regere,** *que quiere decir 'dirigir'.* ‖ *Deriv.:* **Rectangular, rectángulo, rectificación, rectificar, rectilíneo, rectitud.** ‖ *Contr.:* **Torcido.**
RECHAZAR, tr. *Negarse a aceptar algo:* **Rechazó la propuesta.** ‖ *Resistir un cuerpo a otro, o un ejército al enemigo obligándole a retroceder:* **Rechazaron el ataque.**
    *Viene del francés* **rechacier,** *que significa 'rechazar'.* ‖ *Deriv.:* **Rechazo.** ‖ *Contr.:* **Aceptar.**

**Rechazo,** m. El hecho de rechazar. ‖ Rebote o retroceso que hace un cuerpo al encontrarse con alguna resistencia.
**Rechifla,** f. El hecho de burlarse de uno (con silbidos fuertes).
**Rechinar,** intr. Producir una cosa un sonido seco y desagradable al rozar contra otra cosa.
**Rechistar,** intr. Chistar, llamar la atención de alguno con un sonido.
**Rechoncho,** adj. Se dice de la persona o animal grueso y bajo.
**rechupete (De),** fr. fam. Muy agradable o excelente.
**Red,** f. Aparejo hecho con cuerdas o alambres y que se usa para pescar, cazar, cercar, etc. ‖ Tejido de malla. ‖ Engaño, ardid. ‖ Dibujo que resultaría al pintar el conjunto de todas las carreteras, etc.

Red

**Redacción.**\*
**Redactar,** tr. Poner por escrito un pensamiento o narración. ‖ V. **redacción.**
**Redactor,** m. El que redacta.
**Redada,** f. Conjunto de cosas que se cogen de una vez usando una red. ‖ Conjunto de delincuentes que coge la policía de una vez.
**Redaño,** m. Parte del peritoneo que cubre por delante a los intestinos.
**Redecilla,** f. Red pequeña que, en forma de bolsa, utilizan las mujeres para sujetarse el pelo. ‖ Segunda parte del estómago de los rumiantes.
**Redención,** f. Lo que se hace al redimir. ‖ Se dice principalmente de la Redención del género humano por la Pasión de Jesucristo.
**Redentor,** m. El que redime. ‖ Especialmente se dice de Jesucristo.
**Redentorista,** m. Persona que pertenece a una congregación religiosa fundada por San Alfonso María de Ligorio.
**Redicho,** adj. Se le dice redicho al que habla de un modo muy presumido.
**Redil,** m. Lugar rodeado con una valla y una red para que puedan estar las ovejas u otras reses.

Redil

**Redimir,** tr. Libertar o sacar de la esclavitud al cautivo mediante un precio.
**Rédito,** m. Renta, interés o beneficio que produce un capital.
**Redivivo,** adj. Resucitado, aparecido.
**Redoblado,** adj. Se dice del hombre o de la cosa que es más gruesa o resistente que de ordinario.
**Redoblar,** tr. Aumentar una cosa otro tanto de lo que es. ‖ Repetir, reiterar. ‖ Tocar redobles en el tambor o en las campanas.
**Redoble,** m. Toque de tambor formado por golpes muy rápidos.
**Redoma,** f. Frasco de vidrio abom-

---

\* REDACCIÓN, f. *El hecho de redactar y lo que se redacta o escribe;* **Hicieron una redacción por escrito.** ‖ *Conjunto de los que escriben en un periódico:* **La redacción del ABC.**
     *Viene del latín* **redigere,** *que significa 'reducir'.* ‖ *Deriv.:* **Redactar, redactor.**

bado por debajo y que se va estrechando más y más a medida que se acerca a la boca, teniendo por eso un cuello largo.

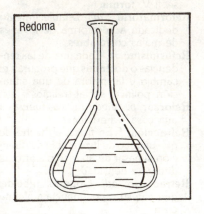

Redoma

**Redomado,** *adj.* Muy listo, muy astuto.
**Redondeado,** *adj.* De forma que tira a redondo. || Casi redondo.
**Redondear,** *tr.* Poner redonda una cosa. || r. Adquirir muchos bienes que permitan vivir holgadamente.
**Redondel,** *m.* Círculo, circunferencia. || Espacio destinado a la lidia en las plazas de toros.
**Redondez,** *f.* Lo redondo de una circunferencia o de una esfera. || Superficie de un cuerpo redondo.
**Redondo.**\*
**Reducción,** *f.* El hecho de reducir o reducirse.
**Reducido,** *adj.* Pequeño, estrecho. || V. **conducir.**
**Reducir,** *tr.* Volver una cosa al lugar o al estado que tenía. || Disminuir algo una cosa o hacerla polvo. || En matemáticas, reducir quiere decir «convertir». || En química, reducirse una sustancia es perder oxígeno esa sustancia.
**Reducto,** *m.* Sitio aún no conquistado.

**Reductor,** *adj.* En química, lo que sirve para reducir, o sea, para separar de un compuesto el oxígeno que contiene.
**Redundancia,** *f.* Exceso, repetición inútil.
**Reedificar,** *tr.* Construir de nuevo, volver a edificar.
**Reeducación,** *f.* El volver a enseñar a una persona los movimientos, después de haber curado de un accidente muy grave.
**Reelección,** *f.* El hecho de volver a elegir a una persona.
**Relegir,** *tr.* Volver a elegir.
**Reembolsar,** *tr.* Recobrar una cantidad que se había desembolsado.
**Reembolso,** *m.* El hecho de reembolsar o reembolsarse.
**Reemplazar,** *tr.* Sustituir una cosa o persona por otra.
**Reemplazo,** *m.* El hecho de reemplazar. || En la milicia, renovación de parte del ejército con nuevos hombres.
**Reenganche,** *m.* El hecho de volver a enganchar o engancharse.
**Reestrenar,** *tr.* Volver a estrenar; dícese especialmente de películas y obras teatrales, cuando vuelven a proyectarse o representarse pasado algún tiempo de su estreno.
**Refajo,** *m.* Falda de paño que usaban antiguamente las mujeres.
**Refección,** *f.* Comida.
**Refectorio,** *m.* Comedor en las comunidades religiosas.
**Referencia,** *m.* Narración o relación de una cosa. || Relación o semejanza de una cosa respecto de otra. || V. **referir.**
**Referéndum,** *m.* Consulta que se hace al pueblo acerca de una cuestión política.
**Referente,** *adj.* Que se refiere o que tiene relación con otra cosa. || V. **referir.**
**Referir.**\*

---

\*
R<small>EDONDO</small>, adj. *Semejante a un círculo, o a una esfera:* **Las pelotas son redondas.**
    *Viene del latín* **rotundus,** *que quiere decir 'redondo'.* || *Deriv.:* **Redondear, redondel, redondilla, rotonda, rotundo.**
R<small>EFERIR</small>, tr. *Contar un hecho:* **Les refería lo que ocurrió.** || r. *Relacionarse:* **Eso se refiere a lo que ya hemos dicho.**

601

**refilón (De)**, m. adv. De pasada, casi rozando, con el rabillo del ojo.
**Refinado**, adj. Muy fino y primoroso. ‖ Astuto, malicioso.
**Refinamiento**, m. Cuidado minucioso con que se hace una cosa.
**Refinar**, tr. Hacer más pura una cosa.
**Refinería**, f. Fábrica para refinar algunos productos (como azúcar, petróleo, etc.).
**Reflector**, m. Aparato para reflejar rayos de luz.

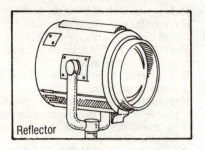

Reflector

**Reflejar**, intr. En física, chocar y retroceder los rayos de luz, calor o sonido. ‖ r. Manifestarse una cosa en otra (como hace nuestra figura al ponernos delante de un espejo).
**Reflejo**, adj. Que ha sido reflejado. ‖ m. Luz reflejada y más o menos brillante.
**Reflexión**, f. Lo que se hace al reflexionar. ‖ Advertencia o consejo. ‖ En física, el hecho de reflejar o reflejarse algún rayo.
**Reflexionar**, tr. Pensar detenidamente en una cosa.
**Reflexivo**, adj. Se le dice así al verbo cuando expresa que su acción la recibe el mismo que la ejecuta. Por ejemplo, lavarse; se queda lavado el mismo que se lava. ‖ Los llamados pronombres reflexivos son los pronombres que acompañan a un verbo para transformarlo en verbo reflexivo. Ejemplo: vosotros os cuidáis mucho.
**Reflujo**, m. Movimiento de descenso de la marea.

**Reforma**, f. Lo que se hace al cambiar de forma alguna cosa.
**Reformar**, tr. Volver a formar, rehacer. ‖ r. Enmendarse, corregirse. ‖ V. **forma**.
**Reformatorio**, m. Establecimiento dedicado a la reforma de jóvenes de malas costumbres.
**Reformismo**, m. Cada una de las tendencias o doctrinas que procuran el cambio y la mejora de una situación política, social, religiosa, etc.
**Reforzar**, tr. Añadir nuevas fuerzas a una cosa. ‖ Fortalecer.
**Refracción**, f. En física, el hecho de que un rayo de luz cambie de dirección al pasar de un medio a otro de diferente densidad.
**Refractario**, adj. Opuesto, rebelde, que muestra repugnancia a alguna cosa.
**Refractarse**, r. Cambiar de dirección un rayo de luz cuando pasa oblicuamente de un medio a otro de distinta densidad. Por ejemplo, cuando pasa del aire al agua: al atravesar al agua se pone en distinta dirección a la que traía.
**Refrán**, m. Dicho sentencioso de uso común.
**Refranero**, m. Conjunto de refranes formando una colección.
**Refregar**, tr. Restregar una cosa contra otra.
**Refrenar**, tr. Contener, reprimir, sujetar.
**Refrendar**, tr. Autorizar un documento por medio de la firma de una persona que tiene autoridad para hacerlo.
**Refrescante**, adj. Que refresca.
**Refrescar**, tr. Disminuir o rebajar el calor de una cosa. ‖ Renovar un sentimiento o un recuerdo. ‖ intr. Ponerse más fresco el aire.
**Refresco**, m. Bebida fría. ‖ Agasajo. ‖ Alimento moderado que se toma para continuar el trabajo.
**Refriega**, f. Combate, batalla pequeña.
**Refrigeración**, f. El hecho de refrigerar. Y el frescor que resulta.

*\* Viene del latín **ferre**, que significa 'llevar'. ‖ Deriv.: **Referencia**, referéndum, referente, refrendar.*

**Refrigerador,** *m.* Aparato destinado a la refrigeración.
**Refrigerar,** *tr.* Refrescar.
**Refrigerio,** *m.* Pequeña comida que se toma para reparar las fuerzas. || Alivio que se siente con lo fresco.
**Refuerzo,** *m.* Apoyo que se pone para fortalecer o afirmar alguna cosa.
**Refugiarse,** *r.* Acogerse o ampararse en algún sitio.
**Refugio,** *m.* Acogida. || Lugar de montaña para guarecerse del tiempo.
**Refulgente,** *adj.* Que tiene resplandor.
**Refulgir,** *intr.* Resplandecer, emitir resplandor.
**Refundir,** *tr.* Volver a fundir varias cosas en una sola.
**Refunfuñar,** *intr.* Estar protestando entre dientes.
**Refutar,** *tr.* Contradecir lo que otros dicen.
**Regadera,** *f.* Vasija de forma conveniente para regar.

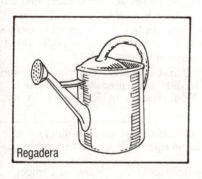
Regadera

**Regadío,** *adj.* Se dice del terreno que se puede regar o que ya se cultiva regándolo.
**Regajo,** *m.* Arroyo estrecho.
**Regalado,** *adj.* Suave, delicado, agradable.
**Regalar.***

**Regalía,** *f.* Privilegio que ejerce un soberano.
**Regaliz,** *m.* Planta leguminosa con tallos que contienen un jugo dulce.
**Regalo,** *m.* Cosa que se da voluntariamente. || Comodidad.
**regañadientes (A),** *m. adv.* Refunfuñando.
**Regañar,** *intr.* Reñir o reprender a otro, pero con razonamientos y no con voces.
**Regaño,** *m.* Lo que se hace al regañar.
**Regar,** *tr.* Echar agua sobre una superficie.
**Regata,** *f.* Carrera de lanchas u otras embarcaciones ligeras.
**Regate,** *m.* Movimiento rápido que se hace para evitar que a uno le cojan.
**Regatear,** *intr.* Hacer regates. || *tr.* Hablar intentando comprar una cosa por menos dinero del que pide el vendedor.
**Regato,** *m.* Arroyo pequeño. || También se le dice otros nombres: regajo, regajal, reguero, etc.
**Regazo,** *m.* Seno que se hace en la falda estando la mujer sentada.
**Regencia,** *f.* Gobierno de un Estado en nombre de otra persona.
**Regenerar,** *tr.* Restablecer o mejorar una cosa.
**Regentar,** *tr.* Ejercer un mando o gobierno.
**Regente,** *com.* Persona que gobierna un Estado en nombre de otro.
**Regicidio,** *m.* El hecho de matar a un rey.
**Regidor,** *adj.* Que rige o gobierna. || *m.* Concejal.
**Régimen,** *m.* Modo de gobernarse o de ejecutar alguna cosa. || V. **regir.**
**Regimiento,** *m.* En el ejército, unidad de una misma arma cuyo jefe es un coronel. Los soldados de un regimiento viven en el cuartel suyo.

---

*
Regalar, *tr. Dar a otro algo sin tener obligación de hacerlo:* **Le regaló un libro.** || *r. Tratarse bien uno mismo procurando tener muchas comodidades:* **Anda, no te regales tanto y atiende más a las necesidades del prójimo.**
*Viene del francés* **regaler,** *que quiere decir 'agasajar, festejar'.* || *Deriv.:* **Regalo, regalón.**

**Regio,** *adj.* Que pertenece o se refiere al rey. || Suntuoso, magnífico.
**Región,** *f.* Conjunto de terreno que tiene parecidos caracteres. || Cada una de las grandes zonas del cuerpo. || V. **regir.**
**Regional,** *adj.* Que pertenece o se refiere a una región.
**Regionalismo,** *m.* Doctrina política que quiere que las regiones tengan cierta autonomía para gobernarse a sí mismas. || Apego a determinada región.
**Regir.\***
**Registrador,** *m.* Funcionario que tiene a su cargo algún registro público, especialmente el de la propiedad. || *adj.* Que registra.
**Registrar,** *tr.* Examinar una cosa con cuidado y ver lo que tiene por dentro. || Anotar en los libros de registro las cosas que hay en algún sitio.
**Registro,** *m.* El hecho de registrar. || Oficina del registrador. || Hueco para examinar el interior de alguna cosa. || Sitio en que quedan registradas algunas cosas.
**Regla.\***
**Reglamentación,** *f.* El hecho de reglamentar. || Conjunto de reglas o normas.
**Reglamentar,** *tr.* Determinar las reglas por las que se ha de regir un trabajo o una institución.
**Reglamentariamente,** *adv.* De acuerdo con el reglamento.
**Reglamentario,** *adj.* Según lo que dice el reglamento (mandatos, normas).
**Regocijar,** *tr.* Alegrar, causar gusto o placer.
**Regocijo,** *m.* Alegría, júbilo.
**Regresar.\***
**Regresión,** *f.* Regreso, vuelta atrás.
**Regreso,** *m.* El hecho de regresar.
**Reguera,** *f.* Canal estrecho que se hace en la tierra para conducir el agua de riego.
**Reguero,** *m.* Corriente de algún líquido a modo de chorro o arroyo pequeño. || Regato.
**Regulación,** *f.* El hecho de decir cómo hay que hacer una cosa.
**Regulador,** *adj.* Que regula. || *m.* Mecanismo para regular el movimiento de alguna máquina.
**Regular,** *adj.* Conforme a regla. || Moderado en el modo de vivir. || Ni bien ni mal. || V. **regla.**
**Regular,** *tr.* Disponer las reglas según las cuales se ha de hacer una cosa. || V. **regla.**
**Regularidad,** *f.* Observancia exacta de una regla. || **Con regularidad:** de un modo regular.
**Rehabilitación,** *f.* El hecho de rehabilitar. || El quedar rehabilitado.
**Rehabilitar,** *tr.* Restablecer a una

Regir, tr. Dirigir, gobernar, guiar: **El gobernador rige una provincia.** || intr. Funcionar bien un artefacto: **Este reloj no rige.** || Tener validez una ley: **En tu país, ¿qué leyes rigen?**
    Viene del latín *regere,* que quiere decir 'gobernar'. || Deriv.: **Dirección, dirigir, rector, rectorado, rectoría, regencia, regentar, regente, regidor, reguiduría, régimen, regimiento, región, regional, regionalismo, regionalista.**

Regla, f. Trozo de madera o metal bien derecho que sirve principalmente para trazar líneas rectas: **Conviene tener una regla para la escuela.** || Ley por la que se gobierna alguna comunidad o algún juego o trabajo: **Hay que seguir las reglas del deporte.** || Moderación, templanza: **Comer con regla.**
    Viene del latín **regula,** que significa 'regla, barra de metal o de madera'. || Deriv.: **Arreglar, arreglo, desarreglar, desarreglo, irregular, irregularidad, reglamentación, reglamentar, reglamentario, reglamento, regularidad, regularizar.**

Regresar, intr. Volver a donde se estaba antes: **Regresó a su pueblo después de un viaje.**
    Viene del latín *regredi,* que quiere decir 'volver atrás'. || Deriv.: **Regresión, regresivo, regreso.** || Contr.: **Progresar.**

persona o cosa en su antiguo estado o profesión.

**Rehacer,** *tr.* Volver a hacer. ‖ Reparar, restablecer.

**Rehén,** *m.* Persona o cosa que se toma en garantía del cumplimiento de una promesa.

**Rehilete,** *m.* Banderilla.

**Rehogar,** *tr.* Sazonar una comida a fuego lento, sin agua y muy tapada, con manteca o aceite.

**Rehuir,** *tr.* Retirar, evitar una cosa por temor o recelo.

**Rehusar,** *tr.* Rechazar, no aceptar una cosa.

**Reimpresión,** *f.* Nueva impresión. ‖ Conjunto de ejemplares que se hace en una nueva impresión.

**Reina,** *f.* La mujer del rey. ‖ Mujer que tiene poderes de rey. ‖ En el juego del ajedrez, la pieza más valiosa después del rey. ‖ Entre las abejas, la abeja madre.

**Reinado,** *m.* Espacio de tiempo en que gobierna un rey o una reina.

**Reinante,** *adj.* Que reina actualmente. ‖ Dominante.

**Reinar,** *intr.* Gobernar como rey. ‖ Dominar, prevalecer. ‖ V. **rey.**

**Reincidencia,** *f.* Repetición de una misma culpa.

**Reincidente,** *adj.* Que ha vuelto a cometer el mismo delito por el que ya estuvo condenado.

**Reincidir,** *intr.* Volver a cometer una falta o delito.

**Reincorporar,** *tr.* Volver a incorporar.

**Reingresar,** *tr.* Volver a ingresar.

**Reingreso,** *m.* El hecho de volver a entrar o reingresar en un puesto.

**Reino,** *m.* Territorio gobernado por un rey. ‖ Territorios que antiguamente tenían rey. ‖ En ciencias naturales, cada uno de los tres grupos de seres (reino animal, reino vegetal y reino mineral). ‖ **El reino de los Cielos:** el Cielo, la Gloria, el reino de Dios, la Iglesia, la salvación eterna.

**Reintegrable,** *adj.* Que se puede o se debe reintegrar.

**Reintegrar,** *tr.* Restituir, devolver, pagar lo que se había tomado en préstamo.

**Reintegro,** *m.* El hecho de reintegrar. ‖ Pago. ‖ Devolución.

**Reír,** *intr.* Manifestar alegría y regocijo mediante gestos y sonidos. ‖ *tr.* Celebrar con risa alguna cosa.

**Reiteradamente,** *adv.* Repetidamente, muchas veces seguidas.

**Reiterar.**\*

**Reiterativo,** *adj.* Que se repite muchas veces.

**Reivindicar,** *tr.* Reclamar, exigir uno algo a lo que tiene derecho.

**Reja,** *f.* Pieza del arado que se hinca en la tierra. ‖ Armazón de barras de hierro que se pone en las ventanas para seguridad o adorno.

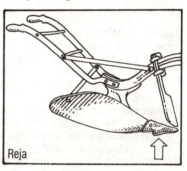

Reja

**Rejilla,** *f.* Enrejado pequeño.

**Rejo,** *m.* Aguijón de hierro o de otra clase. ‖ Aguijón de la abeja.

**Rejón,** *m.* Barra de hierro que termina en punta. ‖ Especie de banderilla que usan los rejoneadores.

**Rejoneador,** *m.* El que rejonea.

**Rejonear,** *tr.* Lidia del toro a caballo.

**Rejuvenecer,** *tr.* Remozar, dar a uno la fuerza que se suele tener en la juventud.

**Relación.**\*

---

\*
Reiterar, *tr. Volver a decir o a repetir una cosa:* **Le reiteró su petición.**
 Viene del latín **reiterare,** *que quiere decir 'repetir'.* ‖ *Deriv.:* **Reiteración, reiterativo.**

Relación, f. *El hecho de que una cosa tiene algo que ver con otra:* **Las flores tienen relación con los frutos.** ‖ *Trato, comunicación de una persona con*

**Relacionar,** *tr.* Referir un hecho. ‖ Poner en relación personas o cosas. ‖ V. **relación.**

**Relais,** *m.* Palabra técnica francesa que sirve para nombrar a un determinado dispositivo eléctrico que hace posible gobernar grandes cantidades de energía mediante una sola energía pequeña.

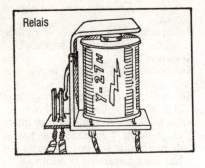

Relais

**Relajar,** *tr.* Aflojar, ablandar. ‖ Hacer menos rigurosa la observancia de leyes o reglas. ‖ Aliviar. ‖ *r.* Entregarse a los vicios, pervertirse. ‖ Aflojar la tensión nerviosa y la de los músculos.

**Relamerse,** *r.* Lo que hace el gato después de comerse un ratón. ‖ Lamerse los labios una o más veces. ‖ Saborear por anticipado.

**Relamido,** *adj.* Demasiadamente limpio.

**Relámpago,** *m.* Resplandor muy vivo e instantáneo producido en las nubes por una descarga eléctrica entre ellas.

**Relampaguear,** *intr.* Haber relámpagos.

**Relatar,** *tr.* Referir, decir algo que ha ocurrido.

**Relativamente,** *adv.* Con relación a una persona o cosa.

**Relatividad,** *f.* Nombre que se da a una teoría física formulada por Einstein.

**Relativo,** *adj.* Que hace relación a una persona o cosa. ‖ Que no es absoluto. ‖ V. **relación.**

**Relato,** *m.* Narración, cuento.

**Releer,** *tr.* Volver a leer.

**Relegar,** *tr.* Apartar, poner detrás, no tener en cuenta los méritos de una persona y dejarle en puesto inferior al que le corresponde.

**Relente,** *m.* Humedad que se nota en algunas noches.

**Relevante,** *adj.* Excelente, importante, sobresaliente.

**Relevar,** *tr.* Liberar de una carga o de un empleo, absolver, perdonar. ‖ En el ejército, cambiar un centinela o un cuerpo de tropa por otro. ‖ Reemplazar, sustituir a una persona por otra.

**Relevo,** *m.* El hecho de relevar.

**Relicario,** *m.* Lugar o caja donde se guardan reliquias.

**Relieve,** *m.* Figura que resalta sobre un plano.

**Religar,** *tr.* Volver a unir, volver a atar.

**Religión.**\*

**Religiosidad,** *f.* Devoción; fiel cumplimiento de las obligaciones religiosas. ‖ Exactitud en cumplir una cosa.

**Religioso,** *adj.* Que se refiere a la religión. ‖ Que ha tomado hábito en una institución religiosa. ‖ Que practica muy bien su religión. ‖ V. **religión.**

**Relimpio,** *adj. fam.* Muy limpio.

**Relinchar,** *tr.* Emitir relinchos.

**Relincho,** *m.* Voz del caballo.

**Reliquia,** *f.* Residuo que queda de un todo. ‖ Parte del cuerpo de un

---

\* otra: *Están en buenas relaciones.* ‖ Lista, enumeración: **Relación de los libros que hay en esta biblioteca.**
    *Viene del latín* **relatum,** *que quiere decir 'relato'.* ‖ *Deriv.:* **Correlación, correlativo, correlato, relacionar, relatar, relatividad, relativo.**

RELIGIÓN, *f. Doctrina religiosa y virtud que nos lleva a reconocer la existencia de Dios y a adorarle:* **Debemos ser apóstoles de la religión cristiana.**
    *Viene del latín* **religare,** *que quiere decir 'atar dos veces'.* ‖ *Deriv.:* **Correligionario, religiosidad, religioso.** ‖ *Contr.:* **Ateísmo.**

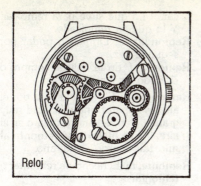
Reloj

santo o de algo que él ha tenido o usado.
**Reloj.\***
**Relojería,** *f.* Arte de hacer relojes. || Tienda donde se hacen o componen relojes.
**Relojero,** *m.* El que hace, compone o vende relojes.
**Reluciente,** *adj.* Que reluce.
**Relucir,** *intr.* Despedir o reflejar luz una cosa resplandeciente.
**Relumbrar,** *intr.* Dar una cosa mucha luz.
**Relumbrón,** *m.* Golpe de luz rápido y grande.
**Rellano,** *m.* Parte llana de una escalera o de una pendiente de terreno.
**Rellenar,** *tr.* Volver a llenar una cosa. || Llenar completamente una vasija.
**Relleno,** *m.* Picadillo sazonado con que se llenan pasteles, aves, hortalizas.
**Remachar,** *tr.* Aplastar o machacar la punta o la cabeza de un clavo u otro objeto. || Recalcar mucho lo que estamos diciendo.
**Remache,** *m.* Clavo ya colocado en un sitio y remachado por la punta, la cual queda aplastada.
**Remanente,** *m.* Lo que queda de una cosa, residuo.

**Remanso,** *m.* Detención de una corriente de agua. || Lugar en que una corriente de agua se tranquiliza.
**Remar,** *intr.* Mover los remos para impulsar las barcas.
**Rematadamente,** *adv.* Por completo, completamente.
**Rematado,** *adj.* Hecho completamente. || También se dice del que está muy loco y muy enfermo, etc.
**Rematante,** *m.* Persona a quien se le da una cosa subastada.
**Rematar,** *tr.* Acabar, terminar una cosa. || Acabar de matar a un hombre o a un animal.
**Remate,** *m.* Fin o conclusión de una cosa. || **De remate:** totalmente.
**Remedar,** *tr.* Imitar. || Burlarse.
**Remediar,** *tr.* Poner remedio a un daño. || Socorrer. || Evitar.
**Remedio.\***
**Remedo,** *m.* Imitación ridícula de una cosa.
**Rememorar,** *tr.* Recordar algún acontecimiento trayendo a la memoria todos sus detalles.
**Remendar,** *tr.* Reparar con un nuevo trozo de tela o de otra cosa conveniente lo que está viejo y roto.
**Remendón,** *adj.* Se le llama así al zapatero que sólo sabe echar remiendos a los zapatos viejos.
**Remero,** *m.* El que rema.
**Remesa,** *f.* Envío que se hace de una cosa.
**Remiendo,** *m.* Pedazo de paño u otra tela que se cose a lo que está viejo o roto.
**Remilgado,** *adj.* Que presume de mucha compostura, delicadeza y gracia.
**Reminiscencia,** *f.* El hecho de recordar imperfectamente alguna cosa.
**Remisión,** *f.* El hecho de remitir o enviar.

---

Reloj, m. Aparato que sirve para medir el tiempo: **Tengo un reloj de pulsera.**
    Viene del griego **horologion**, que quiere decir 'aparato de contar el tiempo'. || *Deriv.:* **Relojería, relojero.**
Remedio, m. Lo que se toma o hacemos para evitar un daño: **El remedio de la enfermedad.**
    Viene del latín **mederi,** que significa 'curar'. || *Deriv.:* **Remediar.** || De la palabra latina **mederi** se deriva **médico.**

**Remiso,** *adj.* Flojo, tímido, vago.
**Remite,** *m.* Palabra que se pone en abreviatura (R./) en los sobres de las cartas escribiendo a continuación quién es el remitente.
**Remitente,** *adj.* Que remite.
**Remitir,** *tr.* Enviar una cosa de un lugar a otro; p. ej., una carta. || Perdonar una pena. || Perder una cosa parte de su intensidad. || V. **meter.**
**Remo,** *m.* Especie de pala larga y estrecha que sirve para mover las embarcaciones haciendo fuerza en el agua.
**Remojar,** *tr.* Empapar en agua una cosa. || Poner una cosa en agua para que se empape. || **Eso hay que remojarlo:** frase que se le dice a otro para que nos invite porque ha estrenado un traje, le ha tocado la lotería o una quiniela de catorce resultados o algún otro acontecimiento que hay que celebrar.
**Remojo,** *m.* Acción de remojar o empapar en agua una cosa.
**Remolacha,** *f.* Planta con raíz grande, carnosa, de la que se extrae el azúcar.

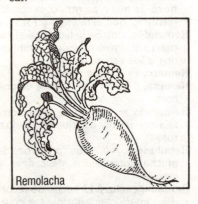
Remolacha

**Remolcar,** *tr.* Llevar una embarcación o carruaje a otra parte, pero enganchándolo antes con una cuerda o cadena.
**Remolino,** *m.* Movimiento giratorio y rápido de una masa de agua o de aire producido por el encuentro de dos corrientes opuestas.
**Remolón,** *adj.* Flojo, perezoso, que huye del trabajo.
**Remolque,** *m.* El hecho de remolcar. || Lo que sirve para remolcar. Y lo que va remolcado.
**Remondar,** *tr.* Limpiar o podar por segunda vez.
**Remonta,** *f.* En la milicia, compra o cuidado de los caballos.
**Remontar,** *tr.* Elevar una cosa por el aire. || Superar una dificultad muy grande. || *r.* Elevarse el pájaro en el aire. || **Esa historia se remonta al año tal:** ocurrió en tal año.
**Remonte,** *m.* El hecho de remontar o remontarse.
**Rémora,** *f.* Pez marino al que los antiguos le atribuían la propiedad de detener las naves. || Cualquier cosa que detiene o estorba.
**Remordernos la conciencia,** *fr. fam.* Estar inquietos por haber hecho alguna cosa mala.
**Remordimiento,** *m.* Pena o sentimiento por haber hecho una mala acción.
**Remoto,** *adj.* Distante o apartado. || Que hace mucho tiempo que ocurrió.
**Remover,** *tr.* Trasladar una cosa de un lugar a otro. || Quitar, apartar. || Revolver.
**Remozar,** *tr.* Dar cierta especie de fuerza propia de la juventud. || *r.* Rejuvenecerse.
**Remuneración,** *f.* Lo que se da como premio o recompensa por un trabajo.
**Remunerador,** *adj.* Que remunera.
**Remunerar,** *tr.* Recompensar, premiar.
**Renacentista,** *adj.* Que pertenece o se refiere al Renacimiento. (El Renacimiento fue un gran movimiento cultural de la Edad Moderna.)
**Renacer,** *intr.* Florecer, retoñar, brotar una cosa. || Resucitar a la vida de la gracia mediante el Bautismo.
**Renacimiento,** *m.* El hecho de renacer.
**Renacuajo,** *m.* Cría de la rana.
**Renal,** *adj.* Que pertenece o se refiere a los riñones.
**Rencilla,** *f.* Resentimiento, rencor o rabia que se tiene a una persona.

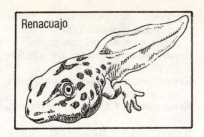
Renacuajo

**Rencor.***
**Rencoroso,** *adj.* Que sigue guardando rencor y sigue estando resentido.
**Rendición,** *f.* El hecho de rendir o rendirse.
**Rendido,** *adj.* Obediente, amable, cortés, sumiso.
**Rendija,** *f.* Hueco o raja que se produce en cualquier cuerpo sólido.
**Rendimiento,** *m.* Humildad, sumisión, subordinación. ‖ Producto o utilidad que da una cosa.
**Rendir.***
**Renegar,** *tr.* Hablar con enfado de alguien que ha obrado mal. ‖ Maldecir, abominar, detestar.
**Renegrido,** *adj.* De color muy oscuro.
**Renfe,** *f.* Red nacional de los ferrocarriles españoles.
**Renglón,** *m.* Serie de palabras o letras escritas en una línea recta.
**Reno,** *m.* Animal rumiante, especie de ciervo de los países septentrionales.
**Renombre,** *m.* Fama, celebridad.
**Renovación,** *f.* El hecho de renovar o renovarse.
**Renovador,** *adj.* Que renueva.
**Renovar,** *tr.* Volver a poner como nueva una cosa. ‖ Sustituir una cosa rota por una nueva.

**Renquear,** *intr.* Andar como un cojo.
**Renta,** *f.* Utilidad o beneficio que rinde una cosa cada año. ‖ Lo que paga un arrendatario. ‖ V. **rendir**.
**Rentar,** *tr.* Producir renta.
**Rentista,** *com.* Persona que vive de sus rentas.
**Renuente,** *adj.* Indócil, remiso, que hace de mala gana y como a la fuerza lo que le mandan.
**Renunciante,** *adj.* Que renuncia.
**Renunciar,** *tr.* No querer una cosa que se tiene o que se puede tener. ‖ Rechazar, despreciar o abandonar. ‖ V. **nuncio**.
**Renuncio,** *m.* Falta o mentira que comete alguno.
**Reñido,** *adj.* Enemistado con otro. ‖ Se dice de la batalla o discusión muy encarnizada.
**Reñir,** *intr.* Pelearse de palabra o de obra. ‖ Enemistarse. ‖ *tr.* Reprender.

Reno

---

*

RENCOR, m. *Enfado o resentimiento que dura mucho:* **Los hombres generosos no tienen rencor.**
    Viene del latín **rancor**, *que significa 'cosa rancia, cosa vieja'.* ‖ *Deriv.:* **Rencoroso.**

RENDIR, tr. *Vencer, obligar a las tropas enemigas a que se entreguen:* **El Cid venció aun después de muerto.** ‖ *Dar fruto o utilidad una cosa:* **Estas tierras rinden mucho.** ‖ *Cansar, fatigar:* **Estoy rendido.**
    Viene del latín **reddere**, *que quiere decir 'devolver, entregar'.* ‖ *Deriv.:* **Arrendador, arrendamiento arrendatario, arriendo, rendición, renta, rentar, rentero, rentista.**

**Reo,** *adj.* Persona que merece castigo por haber cometido una falta.
**Reojo.** Mirar de reojo quiere decir mirar disimuladamente.
**Reorganización,** *f.* El hecho de reorganizar.
**Reorganizar,** *tr.* Volver a organizar una cosa.
**Reóstato,** *m.* Aparato que sirve para hacer variar la resistencia en un circuito eléctrico.
**Repanchigarse** o **(repantigarse)**, *r.* Sentarse en un asiento o sillón con excesiva comodidad.
**Reparación,** *f.* El hecho de reparar. || Desagravio, compensación, satisfacción de un daño.
**Reparador,** *adj.* Que repara o mejora una cosa.
**Reparar,** *tr.* Componer o enmendar algo que se había estropeado o se había hecho mal. || Observar, advertir una cosa.
**Reparo,** *m.* Reparación o remedio. || Advertencia, amonestación. || Duda, dificultad.
**Repartir,** *tr.* Distribuir entre varios una cosa.
**Reparto,** *m.* El hecho de repartir.
**Repasar,** *tr.* Volver a pasar por un mismo sitio o lugar. || Examinar una obra ya terminada y corregir sus imperfecciones. || V. **pasar.**
**Repaso,** *m.* El hecho de repasar, especialmente estudio ligero que se hace de lo aprendido.
**Repatriación,** *f.* El hecho de repatriar y repatriarse.
**Repatriar,** *tr.* Hacer que uno vuelva a su patria.
**Repecho,** *m.* Cuesta que no es muy larga, pero sí muy en pendiente.
**Repeler,** *tr.* Rechazar. || Arrojar, apartar de sí una cosa.
**Repelo,** *m.* Parte pequeña de cualquier cosa levantada en distinta dirección a la natural o corriente.
**Repelón,** *m.* Tirón que se da del pelo.
**Repente,** *m.* Movimiento rápido e imprevisto de personas o animales. || **De repente:** quiere decir rápidamente, sin preparación.
**Repentinamente,** *adv.* De repente, sin preparación.
**Repentino,** *adj.* Rápido, imprevisto, no pensado.
**Repercusión,** *f.* El hecho de repercutir.
**Repercutir,** *intr.* Retroceder o rebotar un cuerpo al chocar con otro. || Causar efecto una cosa en otra posterior. || Lo que hace el eco.
**Repertorio,** *m.* Libro en que se hace mención rápida de cosas notables. || Colección de cosas de la misma clase.
**Repesar,** *tr.* Volver a pesar una cosa para ver si está bien pesada o para ver si la habían pesado con la debida exactitud.
**Repetición,** *f.* El hecho de repetir.
**Repetidamente,** *adv.* Con repetición, muchas veces.
**Repetir.\***
**Repicar,** *tr.* Tocar (las campanas u otro instrumento) con cierto compás en señal de fiesta o alegría.
**Repique,** *m.* El hecho de repicar.
**Repiqueteo,** *m.* Sonido que va soltando la campana al repicar.
**Repisa,** *f.* Especie de mueble o saliente que sirve para sostener alguna cosa.

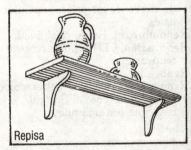

Repisa

**Replantar,** *tr.* Volver a plantar árboles en un sitio que ya antes estuvo plantado de árboles.
**Replantear,** *tr.* Volver a plantear.

---

\*
R̲epetir, tr. *Volver a hacer o a decir lo que ya se había hecho o dicho:* **Repitió el dibujo.**
       Viene del latín **repetere,** que quiere decir 'volver a traer' o 'volver a pedir'. || Deriv.: **Repetición, repetidor.**

**Replegar,** *tr.* Plegar o doblar muchas veces. ‖ En el ejército, retirarse las tropas. ‖ Lo contrario de «desplegar».
**Repleto,** *adj.* Muy lleno.
**Réplica,** *f.* Acción de replicar. ‖ Respuesta.
**Replicar,** *intr.* Responder contra lo que uno ha dicho o mandado.
**Repliegue,** *m.* El hecho de replegar o replegarse. ‖ Pliegue doble.
**Repoblación,** *f.* El hecho de repoblar.
**Repoblar,** *tr.* Volver a poblar.
**Repollo,** *m.* Especie de col cuyas hojas forman como una bola.

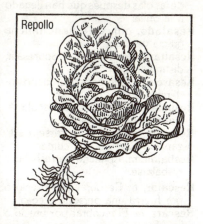
Repollo

**Reponer,** *tr.* Volver a poner. ‖ Completar o sustituir lo que falta de una cosa. ‖ *r.* Recobrarse.
**Reportaje,** *m.* Información periodística sobre una cosa o persona.
**Reportarse,** *r.* Refrenarse, moderar un sentimiento.
**Reportero,** *m.* Periodista encargado de la información de los sucesos del día.
**Reposado,** *adj.* Sosegado, tranquilo.
**Reposar,** *intr.* Descansar.
**Reposición,** *f.* El hecho de reponer.
**Reposo,** *m.* El hecho de reposar.
**Repostar,** *tr.* Reponer provisiones o combustible para los vehículos.
**Repostería,** *f.* Sitio donde se hacen y venden dulces y pasteles.
**Repostero,** *m.* El que hace pasteles y dulces. ‖ Tapiz o paño con las armas o insignias de una persona o familia.
**Reprender,** *tr.* Corregir, amonestar a uno por lo que ha dicho o hecho mal.
**Represalia,** *f.* Daño que uno causa a otro en venganza.
**Representación,** *f.* El hecho de representar. ‖ V. **presentar.**
**Representante,** *com.* Persona que representa a otra o a una sociedad. ‖ V. **presentar.**
**Representar,** *tr.* Hacer presente en la imaginación una cosa por medio de palabras o figuras. ‖ Hacer las veces de otro. ‖ Hacer de actor (en el teatro). ‖ Ser imagen o símbolo de una cosa. ‖ V. **presentar.**
**Representativo,** *adj.* Que sirve para representar a otra cosa.
**Rrepresión,** *f.* El hecho de reprimir.
**Reprimenda,** *f.* Riña o reprensión.
**Reprimir,** *tr.* Contener, refrenar, no dejar que algo se haga.
**Reprobar,** *tr.* No aprobar, decir que una cosa es mala o que no es bastante.
**Réprobo,** *adj.* Condenado a las penas del infierno.
**Reprochar,** *tr.* Reprender, echar en cara, censurar por haber hecho algo.
**Reproche,** *m.* El hecho de reprochar. Y el modo de hacerlo.
**Reproducción,** *m.* El hecho de reproducir o reproducirse.
**Reproducir,** *tr.* Volver a producir de nuevo. ‖ Repetir algo. ‖ *r.* Multiplicarse, propagarse. ‖ V. **producir.**
**Reproductor,** *adj.* Que reproduce.
**Reptar,** *intr.* Andar los reptiles rozando la tierra con el vientre.
**Reptil,** *adj.* Animal vertebrado de sangre fría que camina rozando la tierra con el vientre.

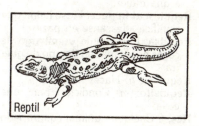
Reptil

**República,** *f.* Estado o nación en que se gobierna sin rey.

**Republicano,** *adj.* Que pertenece o se refiere a la república. || Que es partidario de la república.

**Repudiar,** *tr.* Desechar. || Renunciar.

**Repudrir,** *tr.* Pudrir mucho.

**Repuesto,** *m.* Provisión de comida u otra cosa que puede ser necesaria. || **De repuesto:** por si acaso.

**Repugnancia,** *f.* Asco, aborrecimiento, aversión u oposición entre dos cosas.

**Repugnante,** *adj.* Que causa repugnancia o asco.

**Repugnar,** *intr.* Dar asco una cosa.

**Repujar,** *tr.* Formar figuras de relieve en una chapa de metal, en un cartón humedecido, en un cuero, etc.

**Repulsa,** *f.* El hecho de despreciar una cosa o negar lo que se pide. || Desprecio. || Negación.

**Repulsivo,** *adj.* Despreciable.

**Repullo,** *m.* Sacudida violenta dada con el cuerpo a consecuencia de algo que nos ha sorprendido o asustado bastante.

**Reputación,** *f.* Fama que tiene una persona.

**Reputar,** *tr.* Tener por buena o mala una cosa o persona. || Estimar, formar juicio.

**Requerimiento,** *m.* El hecho de requerir. || Aviso.

**Requerir,** *tr.* Llamar, decir, persuadir a alguien para que haga una cosa.

**Requesón,** *m.* Masa cuajada que se hace a veces con lo que sobra de leche después de hecho el queso. || Queso con suero.

**Requeté,** *m.* Agrupación política tradicionalista.

**Requetebién,** *adv.* Muy bien.

**Requiebro,** *m.* El decir cosas amables a una mujer.

**Requiescat in pace.** Frase latina que significa «descanse en paz».

**Requisa,** *f.* Recuento y embargo de cosas necesarias en tiempo de guerra.

**Requisar,** *tr.* Hacer requisa.

**Requisito,** *m.* Condición para una cosa.

**Res,** *f.* Cualquier animal cuadrúpedo de ciertas especies domésticas o que se cazan.

**Resabio,** *m.* Vicio o mala costum-

Res

bre. || Sabor desagradable que deja una cosa.

**Resaca,** *f.* Movimiento en retroceso de las olas después que han llegado a la orilla.

**Resalado,** *adj.* Que tiene mucha gracia y salero.

**Resaltar,** *intr.* Rebotar. || Sobresalir, distinguirse.

**Resarcir,** *tr.* Compensar un daño, indemnizar.

**Resbaladizo,** *adj.* Que se resbala fácilmente. || Que resbala.

**Resbalar,** *intr.* y *r.* Escurrirse, deslizarse. || Caer en una culpa.

**Resbalón,** *m.* El hecho de resbalar o resbalarse.

**Rescatar,** *tr.* Recobrar por precio o por fuerza una persona o cosa.

**Rescate,** *m.* El recobrar por precio o por fuerza a una persona o cosa que nos habían quitado. || Dinero mediante el que se consigue esa devolución.

**Rescindir,** *tr.* Anular una obligación.

**Rescisión,** *f.* El hecho de rescindir. || Anulación de una obligación.

**Rescoldo,** *m.* Brasa que sigue ardiendo debajo de la ceniza.

**Rescripto,** *m.* Respuesta del Papa o de un rey a una petición especial.

**Resecar,** *tr.* Secar mucho.

**Resentimiento,** *m.* Sentimiento de enfado que dura mucho.

**Resentirse,** *r.* Empezar a aflojarse o flaquear una cosa. || Ofenderse por algo que le hacen a uno.

**Reseña,** *f.* Narración corta, pero en la que no faltan los detalles principales.

**Reseñar,** *tr.* Contar brevemente algo que se ha visto. || V. **seña.**

**Reserva,** *f.* Provisión de alguna cosa

para que sirva a su tiempo. || Discreción.
**Reservadamente,** *adv.* Con reserva, con discreción.
**Reservado,** *adj.* Cauteloso, discreto. || Compartimiento de un vehículo o lugar que se destina sólo a determinadas personas o a determinado uso.
**Reservar,** *tr.* Guardar para más adelante. || Destinar un lugar o cosa para uso de personas determinadas. || Encubrir, ocultar, callar. || V. **conservar.**
**Resfriado,** *m.* Enfermedad ligera del cuerpo debida al frío.
**Resfriar,** *tr.* Enfriar. || *intr.* Empezar a hacer frío. || *r.* Contraer un resfriado.
**Resguardar,** *tr.* Defender o poner en seguridad.
**Resguardo,** *m.* Defensa o seguridad contra un mal que amenaza. || Garantía por escrito de que se tiene algún derecho.
**Residencia.\***
**Residencial,** *adj.* Se le llama así a la zona o barrio en que sólo se construyen viviendas y no fábricas ni cosas así.
**Residente,** *adj.* Que reside en determinado lugar.
**Residir,** *intr.* Vivir una persona en algún sitio. || Estar.

**Residuo,** *m.* Parte que queda de un todo. || Resto.
**Resignación,** *f.* Aceptación voluntaria de lo que a uno le pasa.
**Resignarse,** *r.* Conformarse, someterse, condescender.
**Resina,** *f.* Sustancia pegajosa que segregan algunas plantas y especialmente los pinos.
**Resinoso,** *adj.* Que produce resina.
**Resistencia,** *f.* El hecho de resistir. || Resistencia eléctrica es la fuerza que oponen los cuerpos al ser atravesados por la corriente eléctrica. Se mide en ohmios.
**Resistente,** *adj.* Que resiste.
**Resistir.\***
**Resma,** *f.* Una resma son quinientos pliegos de papel.
**Resolución,** *f.* El hecho de resolver. || Solución. || Decisión, atrevimiento, valor, disposición o mandato. || V. **resolver.**
**Resolutivo,** *adj.* Que tiene capacidad para resolver. || Que resuelve.
**Resolutorio,** *adj.* Que indica resolución.
**Resolver.\***
**Resollar,** *intr.* Respirar soplando.
**Resonancia,** *f.* Prolongación de un sonido causado por el choque de las ondas sonoras en alguna superficie. || Eco. || Gran fama y divulgación que adquiere un hecho.

---

R<small>ESIDENCIA</small>, f. *El estar viviendo en alguna parte durante un cierto tiempo:* **Lleva diez años de residencia en Madrid.** || *Lugar en que se reside:* **Dime cuál es tu residencia y te escribiré dentro de unos días.**
    Es una palabra derivada del verbo **residir,** que es una palabra castellana que procede del latín **residere,** que significa 'quedar o permanecer en un sitio, vivir en un sitio'. || *Deriv. de residir:* **Residencia, residencial, residente.**

R<small>ESISTIR</small>, intr. *Oponerse una cosa a otra:* **Resistió sus ataques:** || *tr. Tolerar, aguantar:* **Resiste bien el dolor.**
    Viene del latín **resistere,** que quiere decir 'resistir'. || *Deriv.:* **Irresistible, resistencia, resistente.**

R<small>ESOLVER</small>, tr. *Tomar una decisión:* **Resolvió el asunto.** || *Dar solución a una duda o hallar la solución a un problema:* **Resolvió los problemas que le pusieron.**
    Viene del latín **solvere,** que quiere decir 'desatar, soltar'. || *Deriv.:* **Resolución, resoluto.** || *De la misma raíz latina* **solvere** *se derivan muchas palabras castellanas, como* **absolución, absolver, absoluto, absolutismo, disolver, disolución, disoluto, soltar, soltería, soltero, soluble, solucionar, solventar, solvente, suelto.**

**Resonante,** *adj.* Que resuena.
**Resonar,** *intr.* Sonar mucho. || Rebotar un sonido.
**Resoplar,** *intr.* Resollar muy fuerte.

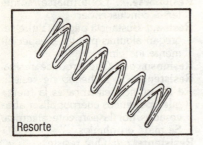
Resorte

**Resorte,** *m.* Muelle. || Medio del que uno se vale para lograr un fin.
**Respaldar,** *tr.* Apuntar algo al respaldo de un escrito. || Apoyar, afianzar. || *m.* Sitio de una silla, sillón, etc., en donde uno apoya la espalda.
**Respaldo,** *m.* Parte de la silla o del sillón, etc., en donde descansa la espalda del que está sentado. || Parte de atrás de un papel o de un escrito y lo que allí se añade por escrito.
**Respectivamente,** *adv.* Con relación a una cosa.
**Respectivo,** *adj.* Que se refiere a persona o cosa determinada. || V. **respeto.**
**Respecto,** *m.* Relación o proporción de una cosa a otra. || V. **respeto.**
**Respetable,** *adj.* Digno de respeto. || Importante, considerable. || V. **respeto.**
**Respetar,** *tr.* Tener respeto. || V. **respeto.**
**Respeto.**\*
**Respetuosamente,** *adv.* Con respeto.
**Respetuoso,** *adj.* Que guarda el debido respeto. || Que causa respeto. || V. **respeto.**
**Respingar,** *intr.* Sacudirse la caballería la carga u otra cosa que le causa molestia.
**Respingo,** *m.* Sacudida violenta del cuerpo.
**Respingona,** *adj.* Se le dice así a la nariz cuya punta está un poquito así para arriba.
**Respiración,** *f.* El hecho de respirar. || Entrada y salida del aire en los pulmones. || Ventilación de un lugar cerrado.
**Respiradero,** *m.* Abertura por donde entra o sale el aire en un lugar cerrado.
**Respirar,** *intr.* Absorber el aire un ser vivo para sacar de él ciertas sustancias y echar fuera el aire con otras que no son necesarias. || V. **espirar.**
**Respiratorio,** *adj.* Que sirve para la respiración.
**Respiro,** *m.* Un rato de descanso en el trabajo o en la fatiga.
**Resplandecer,** *intr.* Despedir luz o brillar mucho una cosa. || Sobresalir.
**Resplandeciente,** *adj.* Que brilla mucho, que está muy brillante.
**Resplandor,** *m.* Luz que arroja un cuerpo luminoso. || Brillo, esplendor.
**Responder.**\*
**Respondón,** *adj.* Que replica mucho y de mala manera.
**Responsabilidad,** *f.* Obligación de compensar o reparar un daño por algo que ha hecho uno libremente. || V. **responder.**
**Responsable,** *adj.* Que tiene la responsabilidad.

---

\* Respeto, m. *Consideración y atenciones que se debe a una persona:* **Le tiene mucho respeto.**
  *Viene del latín* **respicere,** *que quiere decir 'mirar'.* || *Deriv.:* **Respecto, respectivo, respetable, respetar, respetuoso.** || *Contr.:* **Desconsideración.**
Responder, tr. *Contestar a una pregunta:* **Le respondió claramente.** || *Contestar uno al que le llama:* **Le respondió en seguida.** || *intr. Asegurar una cosa grantizando la verdad de ella:* **Respondo de lo que dice mi amigo.**
  *Viene del latín* **respondere,** *que significa 'responder'.* || *Deriv.:* **Correspondencia, correspondiente, corresponder, corresponsal, responsabilidad, responsable, respondón, responso, respuesta.**

**Responsablemente,** *adv.* Con sentido o conciencia de la propia responsabilidad.
**Responso,** *m.* Oraciones que se dicen por los difuntos.
**Respuesta,** *f.* El hecho de responder. || Contestación.
**Resquebrajar,** *intr.* Rajarse un poco algún cuerpo duro.
**Resquemor,** *m.* Resentimiento.
**Resquicio,** *m.* Abertura que hay entre el quicio y la puerta. || Oportunidad que uno tiene para hacer algo.
**Resta,** *f.* Operación de restar. || Resultado de esta operación.
**Restablecer,** *tr.* Volver a poner una cosa en el estado o situación que tenía.
**Restablecimiento,** *m.* El hecho de restablecer o restablecerse.
**Restallar,** *intr.* Producir un ruido ciertas cosas, como los látigos cuando se sacuden con violencia.
**Restante,** *adj.* Que resta. || *m.* Residuo.
**Restañar,** *tr.* Detener el curso de un líquido y especialmente el derrame de la sangre.
**Restar,** *tr.* Disminuir, rebajar. || En aritmética, hallar la diferencia que hay entre dos números. || Faltar, quedar.
**Restauración,** *f.* El hecho de restaurar. || Restablecimiento del régimen político de un país que ha sido sustituido por otro.
**Restaurante,** *m.* Establecimiento donde se sirven comidas. || (No debe decirse «restorán»; que lo pronuncian así los franceses.)
**Restaurar,** *tr.* Volver a poner una cosa como estaba antes.
**Restitución,** *m.* El hecho de restituir. || Devolución.
**Restituir,** *tr.* Devolver una cosa a quien la tenía antes.
**Resto.***
**Restorán,** *m.* **Restaurante.**
**Restregar,** *tr.* Frotar mucho una cosa contra otra y hacerlo con mucha fuerza.
**Restricción,** *f.* El hecho de restringir. || Limitación, reducción.
**Restrictivo,** *adj.* Lo que tiene fuerza para restringir o reprimir.
**Restringir,** *tr.* Rebajar a límites más pequeños, limitar.
**Resucitar.***
**Resueltamente,** *adv.* Con resolución, decididamente, sin dudar.
**Resuelto,** *adj.* Atrevido, audaz, diligente, veloz.
**Resuello,** *m.* Aliento, respiración bastante fuerte.
**Resulta,** *f.* Efecto, consecuencia.
**Resultado,** *m.* Consecuencia de un hecho. || V. **resultar.**
**Resultante,** *adj.* Que resulta de otra cosa.
**Resultar.***
**Resumen,** *m.* El hecho de resumir. || Exposición corta de un asunto o

---

Resto, m. *Residuo, lo que queda después de haber cogido una cosa:* **Los restos de la comida.** || **Restos mortales** *significa lo que queda del cuerpo humano después de muerto:* **Trasladaron sus restos al panteón de hombres ilustres.**
    Viene del latín **restare,** *que quiere decir 'detenerse, restar'.* || **Deriv.: Arrestar, arresto, contrarrestar, resta, restante, restar.**

Resucitar, tr. *Volver la vida a un muerto:* **Sólo Dios puede resucitarle.** || *Restablecer, renovar:* **Resucitó una vieja costumbre.**
    Viene del latín **excitare,** *que quiere decir 'despertar, excitar'.* || **Deriv.: Resurrección.** || *De la misma palabra latina* **excitare,** *se derivan muchas palabras castellanas como* **excitación, excitar, incitar, sobrexcitar (sobreexcitar), suscitar.**

Resultar, intr. *Nacer u originarse una cosa de otra:* **De la discusión resultó una pelea.** || *Aparecer o manifestarse una cosa que estaba oculta:* **Resultó que era mi primo.**
    Viene del latín **resultare,** *que quiere decir 'rebotar, resaltar'.* || **Deriv.: Resulta, resultado.**

materia. ‖ **En resumen:** quiere decir resumiendo. ‖ V. **sumir.**
**Resumir,** *tr.* Abreviar, reducir a pocas palabras lo esencial de un asunto. ‖ V. **sumir.**
**Resurgimiento,** *m.* El hecho de resurgir.
**Resurgir,** *intr.* Volver a aparecer, surgir de nuevo.
**Resurrección,** *f.* El hecho de resucitar. ‖ Se dice especialmente de la Resurrección de Jesucristo.
**Retablo,** *m.* Conjunto de figuras, tallas y adornos que tienen muchos altares en la parte de la pared.

Retablo

**Retaco,** *m.* Escopeta corta muy reforzada. ‖ Hombre grueso y bajo.
**Retador,** *adj.* Que reta o desafía.
**Retaguardia,** *f.* La parte de la tropa que va detrás de todas.
**Retahíla,** *f.* Serie de muchas cosas que están unas detrás de otras.
**Retal,** *m.* Pedazo sobrante de una tela, piel o chapa.
**Retama,** *f.* Mata con muchas ramas delgadas, pocas hojas y flores amarillas. Es de la familia de los guisantes.
**Retamar,** *m.* Sitio poblado de retamas.
**Retar,** *tr.* Desafiar. ‖ Reprender.
**Retardar,** *tr.* Detener, dilatar, diferir; hacer más tarde de lo debido una cosa. ‖ *r.* Retrasarse.
**Retardo,** *m.* El hecho de retardar o retardarse. ‖ Retraso.
**Retazo,** *m.* Trozo, residuo.
**Retejar,** *tr.* Reparar los tejados poniendo las tejas que faltan.
**Retel,** *m.* Aparejo de pesca que consiste en un aro con una red que forma bolsa.

**Retén,** *m.* Tropa que se tiene dispuesta para reforzar algún puesto militar.
**Retención,** *f.* El hecho de retener. ‖ Detención. ‖ Arresto.
**Retener,** *tr.* Conservar, guardar una cosa o persona.
**Retentiva,** *f.* La memoria.
**Reticencia,** *f.* El insinuar una cosa mala dando a entender que se guarda silencio.
**Reticente,** *adj.* Que usa reticencia.
**Reticular,** *adj.* Que tiene la forma de una red.
**Retina,** *f.* Membrana o tela interior del ojo en la cual se reciben las impresiones de la luz.
**Retintín,** *m.* Sensación que persiste en el oído después de oír algo. ‖ Tonillo con que se recalca una cosa maliciosa.
**Retirada,** *f.* El hecho de retirarse.
**Retirado,** *adj.* Distante, apartado. ‖ Se dice del militar o de algún otro empleado que deja el servicio.
**Retirar,** *tr.* Apartar o separar una persona o cosa. ‖ V. **tirar.**
**Retiro,** *m.* El hecho de retirarse. ‖ Lugar apartado del ruido de las gentes.
**Reto,** *m.* Desafío, amenaza.
**Retocar,** *tr.* Volver a tocar. ‖ Dar ciertos toques a un dibujo, o a un peinado, o a una fotografía, etc., para quitarle imperfecciones.
**Retoñar,** *intr.* Volver a echar brotes una planta.
**Retoño,** *m.* Brote que echa de nuevo una planta.
**Retoque,** *m.* Acción y efecto de retocar.
**Retor,** *m.* Tela de algodón fuerte y ordinaria.
**Retorcer,** *tr.* Torcer mucho una co-

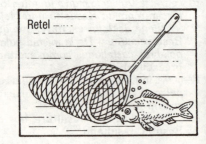
Retel

sa. || Cambiar el sentido de lo que otro ha dicho.
**Retorcido,** *adj.* Poco claro, confuso.
**Retórica,** *f.* Arte de hablar y escribir bien.
**Retórico,** *adj.* Perteneciente a la retórica; adornado.
**Retornar,** *tr.* Volver una cosa a donde estaba antes. || Devolver, restituir.
**Retorno,** *m.* El hecho de retornar.
**Retorta,** *f.* Vasija con cuello largo y encorvado que se usa para trabajos químicos.

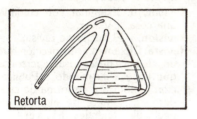
Retorta

**Retortero,** *m.* Vuelta alrededor. || **Andar al retortero:** quiere decir ir de un lado para otro cerca de una cosa.
**Retortijón,** *m.* Torcimiento fuerte de una cosa; p. ej., de tripas.
**Retostar,** *tr.* Volver a tostar. || Tostar mucho una cosa.
**Retozar,** *intr.* Saltar alegremente, saltar y brincar.
**Retozo,** *m.* El hecho de retozar.
**Retozón,** *adj.* Que retoza con mucha frecuencia.
**Retractarse,** *r.* Desdecirse de lo que uno ha dicho.
**Retráctil,** *adj.* Que si se encoge ya no se ve o parece más pequeño; por ejemplo, las uñas de los gatos son retráctiles.
**Retraído,** *adj.* Que gusta poco de la gente, poco comunicativo, tímido.
**Retraimiento,** *m.* El hecho de apartarse del trato con la gente.
**Retranca,** *f.* Correa ancha que llevan las bestias de tiro.
**Retrasar,** *tr.* Atrasar la ejecución de algo. || *intr.* Ir hacia atrás, no adelantar.
**Retraso,** *m.* El hecho de retrasar.
**Retratar,** *tr.* Reproducir la cara de una persona o cualquier otra cosa por medio de la fotografía, dibujos, pinturas o escultura.
**Retrato,** *m.* Pintura o representación de alguna persona o cosa.
**Retrayente,** *adj.* Que se aparta, refugia, retira o retrocede.
**Retreparse,** *r.* Inclinar hacia atrás la parte superior del cuerpo.
**Retreta,** *f.* Toque militar para que la tropa se recoja por la noche.
**Retrete,** *m.* Cuarto destinado a echar las heces del cuerpo.
**Retribución,** *f.* Recompensa o pago de algo.
**Retribuir,** *tr.* Recompensar, pagar.
**Retroceder,** *intr.* Volver hacia atrás. || V. **ceder.**
**Retroceso,** *m.* El hecho de retroceder.
**Retrógrado,** *adj.* Partidario de las cosas de tiempos pasados. || Que cada vez está más retrasado.
**Retropropulsión,** *f.* Propulsión a chorro.
**Retrospectivo,** *adj.* Que se refiere a tiempo pasado.
**Retruécano,** *m.* Juego de palabras al hablar o al escribir.
**Retumbante,** *adj.* Que retumba. || Ostentoso, pomposo.
**Retumbar,** *intr.* Resonar una cosa con grandísimo ruido.
**Reuma,** *m.* Enfermedad que se manifiesta generalmente por dolores en las articulaciones o en los músculos.
**Reumatología,** *f.* Parte de la medicina referente a las afecciones reumáticas.
**Reunión,** *f.* El hecho de reunir o reunirse. || Conjunto de personas reunidas. || V. **unir.**
**Reunir,** *tr.* Juntar, congregar. || V. **unir.**
**Revacunar,** *tr.* Vacunar de nuevo al que ya está vacunado.
**Reválida,** *f.* El hecho de revalidarse. || Estudios y examen para obtener algunos títulos.
**Revalidar,** *tr.* Hacer que una cosa valga de nuevo. || *r.* Aprobar en un grado de enseñanza.
**Revalorización,** *f.* Acción y efecto de revalorizar.
**Revalorizar,** *tr.* Volver a valorar una

cosa aumentando su valor. || Aumentar el precio de algo.

**Revancha.** (Galicismo), *f.* Desquite, venganza.

**Revelación,** *f.* El hecho de revelar. || Manifestación de una verdad oculta.

**Revelante,** *adj.* Muy visible. || Muy destacado.

**Revelar,** *tr.* Descubrir o manifestar una cosa oculta.

**Revender,** *tr.* Vender uno lo que ha comprado antes.

**Reventa,** *f.* El hecho de revender.

**Reventar,** *intr.* Abrirse una cosa por fuerza interior. || Brotar, nacer o salir con mucha fuerza. || Estallar.

**Reventón,** *m.* El hecho de reventar o reventarse.

**Reverberar,** *intr.* Reflejarse la luz en alguna superficie lisa.

**Reverdecer,** *intr.* Tomar nuevo verdor los campos. || Tomar nuevas fuerzas.

**Reverencia,** *f.* Veneración o respeto que una persona muestra hacia otra. || Inclinación del cuerpo en señal de cortesía o respeto.

**Reverenciar,** *tr.* Venerar, respetar.

**Reverendísimo,** *adj.* Tratamiento que se aplica a personas importantes de la Iglesia.

**Reverendo.\***

**Reverente,** *adj.* Con reverencia, con respeto.

**Reverentemente,** *adv.* Con reverencia.

**Reversible,** *adj.* Que puede moverse también en sentido contrario.

**Reversión,** *f.* Restitución de una cosa al estado que tenía.

**Reverso,** *m.* Revés. || Cara posterior de monedas y medallas.

**Revertir,** *intr.* Volver una cosa a la propiedad o a la situación en que antes estuvo.

**Revés,** *m.* Espalda o parte posterior de una cosa. || Golpe que se da con la mano vuelta. || Desgracia, contratiempo. || **Al revés:** así no, al contrario.

**Revesado,** *adj.* Muy difícil, casi incomparable, muy liado.

**Revestido,** *m.* Revestimiento.

**Revestimiento,** *m.* Capa con que se recubre o adorna una superficie.

**Revestir,** *tr.* Ponerse una ropa encima de otra. || Se dice especialmente del sacerdote cuando se prepara para decir misa.

**Revirar,** *tr.* Torcer o desviar, especialmente la vista.

**Revisar,** *tr.* Examinar con cuidado una cosa. || V. **ver.**

**Revisión,** *f.* El hecho de revisar.

**Revista,** *f.* Examen. || Inspección que un jefe hace de las cosas y personas que tiene a su mando. || Publicación periódica y en forma de cuaderno. || Nombre de algunos espectáculos teatrales. || V. **ver.**

**Revistar,** *tr.* Pasar revista un jefe.

**Revistero,** *m.* Persona encargada de escribir las reseñas de un periódico.

**Revivir,** *intr.* Resucitar. || Volver en sí el que parecía muerto. || Renovarse o reproducirse una cosa.

**Revocar,** *tr.* Dejar sin efecto una orden. || En albañilería, pintar las paredes exteriores de un edificio con cal, yeso, etc.

**Revoco,** *m.* Capa de cal o de otra materia que cubre las paredes exteriores de un edificio.

**Revolcarse,** *r.* Darse vueltas en el suelo.

**Revolcón,** *m.* El hecho de revolcarse. || El hecho de hacer caer a uno al suelo dando vueltas.

**Revolotear,** *intr.* Volar alrededor de una cosa. || Venir una cosa por el aire dando vueltas, como volando.

**Revoltijo,** *m.* Mezcla o conjunto de

\*─────────────────────────────────

REVERENDO, adj. *Digno de reverencia. Como tratamiento, se da o aplica a los sacerdotes y a otras personas importantes de algunas órdenes religiosas:* **Reverendo señor cura párroco.**

Es una palabra derivada de **reverencia** *('mucho respeto'), que viene del latín* verecundia *('vergüenza, respeto').* || *Deriv. de reverencia:* **Reverenciar, reverendo, reverendísimo.** || *Deriv. de vergüenza:* **Desvergonzado, desvergüenza, reverencia** *(y sus derivados),* **sinvergüenza, vergonzoso,**

muchas cosas sin orden ni concierto.
**Revoltoso,** *adj.* Travieso, enredador, rebelde.
**Revolución,** *f.* Vuelta completa que da un cuerpo al girar sobre un eje o punto fijo. || Rebelión. || Cambio violento de las instituciones políticas de una nación especialmente con el uso de las armas. || V. **volver.**
**Revolucionar,** *tr.* Desordenar.
**Revolucionario,** *adj.* Que se refiere a la revolución o que es partidario de ella. || Alborotador.

Revólver

**Revólver,** *m.* Pistola de repetición que tiene un barrilete giratorio como cargador.
**Revolver,** *tr.* Mover dando vueltas una cosa de un lado a otro. || Enredar, mover cuestiones o disturbios. || *r.* Volverse rápidamente.
**Revoque,** *m.* Lo que hace el albañil al revocar las paredes de una habitación o de un edificio.

**Revuelo,** *m.* Agitación y movimiento de las cosas como cuando muchas aves vuelan juntas en desorden.
**Revuelta,** *f.* Revolución, disturbios.
**Revuelto,** *adj.* Que se ha vuelto. || Revoltoso, incomprensible, turbio.
**Revulsivo,** *adj.* (Medicamento) que hace que la sangre vaya abundantemente hacia la piel.
**Rey.\***
**Reyerta,** *f.* Riña, contienda, disputa
**Reyezuelo,** *m.* Rey de poca importancia. || Nombre que se da a un pájaro muy vistoso por los colores de sus plumas y por la cresta de plumas que suele levantar; es bastante pequeñito.
**Rezagar,** *tr.* Dejar atrás una cosa. || *r.* Quedarse atrás.
**Rezar.\***
**Rezo,** *m.* El hecho de rezar.
**Rezongar,** *intr.* Gruñir, mostrar enfado.
**Rezumar,** *intr.* Filtrarse un líquido a través de los poros de la vasija que lo contiene.
**Ría,** *f.* Parte de la desembocadura de un río donde entran las aguas del mar y las mareas.

Ría

**Riachuelo,** *m.* Río pequeño.
**Riada,** *f.* Avenida, inundación.
**Ribazo,** *m.* Porción de tierra algo elevada y pendiente.

---

\*
Rey, *m. Autoridad suprema de un reino, monarca:* **Los últimos reyes de España pertenecen a la Casa de Borbón.** *|| Pieza principal del juego de ajedrez:* **Mate al rey.** *|| En las cartas, la que tiene pintada la figura de un rey:* **El rey de bastos.** *|| Hombre, animal o cosa que sobresale entre todos los demás de su clase:* **Velázquez es el rey de los pintores.**
    *Viene del latín* rex, regis, *que quiere decir 'rey'. || Deriv.:* **Real,** *realengo, realista, regalía, regicida, regio, reina, reinar, reino, virreinato, virrey. || V.* **real.**
Rezar, *tr. Decir oraciones dirigiéndose a Dios, a la Virgen o a los santos:* **Está rezando el rosario.**
    *Viene del latín* resultare, *que quiere decir 'rezar'. || Deriv.:* **Rezo.**

**Ribera,** *f.* Orilla del mar o de un río.
**Ribereño,** *adj.* Que pertenece o se refiere a la ribera.
**Ribete,** *m.* Cinta o cosa parecida con que se refuerza la orilla de un vestido o calzado.
**Ribetear,** *tr.* Poner ribetes a una cosa.
**Ricacho,** *m.* Persona rica, aunque de poca cultura.
**Ricino,** *m.* Planta de cuya semilla se extrae un cierto purgante.
**Rico.***
**Ridiculez,** *f.* Dicho o hecho ridículo.
**Ridiculizar,** *tr.* Burlarse de una persona y dejarla en ridículo.
**Ridículo,** *adj.* Que produce risa.
**Riego,** *m.* El hecho de regar.
**Riel,** *m.* Barra pequeña de metal. ‖ Carril.
**Rielar,** *intr.* Brillar con luz temblorosa.
**Rienda,** *f.* Cada una de las dos correas que sirven para gobernar a las caballerías. ‖ Moderación.
**Riente,** *adj.* Que ríe. ‖ Que parece que ríe, como le pasa al agua de una fuente, manantial, etc.
**Riesgo,** *m.* Proximidad de un daño. ‖ Posibilidad de un peligro.
**Rifa,** *f.* Sorteo que se hace de una cosa.
**Rifar,** *tr.* Sortear una cosa en rifa.
**Rifeño,** *adj.* Natural o perteneciente al Rif, comarca de Marruecos.
**Rifle,** *m.* Fusil.
**Rigidez,** *f.* Calidad de rígido y recio.
**Rígido,** *adj.* Que no se dobla; riguroso, severo. ‖ Contr.: **Flexible.**
**Rigodón,** *m.* Cierta especie de danza, y la música correspondiente.
**Rigor,** *m.* Severidad grande. ‖ Exactitud. ‖ **En rigor:** quiere decir en verdad, en realidad.
**Rigorismo,** *m.* Exceso de rigor o severidad.
**Riguroso,** *adj.* Con mucho rigor, muy severo. ‖ Difícil de soportar.
**Rigurosamente,** *adv.* Con rigor.
**Rija,** *f.* Herida o raja pequeña que se hace en alguna parte del cuerpo, especialmente en el ojo.
**Rijoso,** *adj.* Pendenciero, rencoroso. ‖ Que tiene rija o lo parece.
**Rima,** *f.* Composición en verso. ‖ Consonancia o asonancia de unas palabras con otras.
**Rimbombante,** *adj.* Llamativo, ostentoso.
**Rimel.** Cosmético para engrandecer y endurecer las pestañas.
**Rincón.***
**Rinconada,** *f.* Angulo entrante que se forma en la unión de dos casas o de dos calles.
**Rinconera,** *f.* Mesita o estante pequeño que se coloca en un rincón de una habitación.
**Ring,** *m.* (Palabra inglesa que significa «ruedo»). ‖ Especie de cuadrilátero elevado, de siete metros de largo y cinco metros de ancho, con el suelo recubierto de lona y los laterales rodeados de cuerdas y sobre el cual se celebran los combates de boxeo y lucha libre.
**Ringlera,** *f.* Fila de cosas.
**Rinoceronte,** *m.* Animal paquidermo de gran tamaño con hocico puntiagudo y con uno o dos cuernos cortos en el labio superior.
**Riña,** *f.* Pendencia, disputa, pelea.
**Riñón,** *m.* Cada uno de los dos órganos que producen la orina.

---

Rico, adj. *Que tiene mucho dinero o riqueza:* **Es un hombre muy rico.** ‖ *Gustoso, sabroso:* **Es un plato muy rico.** ‖ *De excelentes cualidades:* **Esa joya está hecha de metales ricos.**

Viene de una antigua palabra gótica, **reiks,** que quiere decir 'poderoso'. ‖ *Deriv.:* **Enriquecer, ricacho, ricachón, ricahembra, ricohombre, riqueza.** ‖ *Contr.:* **Pobre.**

Rincón, m. *Angulo entrante que forman dos paredes:* **El rincón de esta habitación está muy oscuro.** ‖ *Escondrijo o lugar retirado:* **Se metió en un rincón.**

Viene del árabe **rukn,** que quiere decir 'rincón'. ‖ *Deriv.:* **Arrinconar, rinconada, rinconera.**

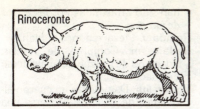
Rinoceronte

**Río.***
**Riojano,** *adj.* Natural o perteneciente a la Rioja.
**Ripio,** *m.* Residuo, escombro. ‖ Palabras inútiles en cualquier discurso o escrito.
**Riqueza,** *f.* Abundancia de bienes.
**Risa,** *f.* El hecho de reír.
**Risco,** *f.* Peñasco alto y escarpado.
**Risotada,** *f.* Carcajada, risa, ruidosa.
**Ristra,** *f.* Fila de ajos, cebollas o pimientos unidos por medio de sus tallos trenzados.

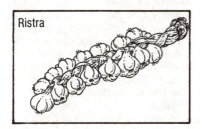
Ristra

**Ristre,** *m.* Sitio del peto de una armadura antigua que servía para apoyar el cabo de la lanza.
**Risueño,** *adj.* Alegre, agradable, que infunde alegría. ‖ Favorable.
**Rítmica,** *f.* Ciencia del ritmo de los versos.
**Rítmico,** *adj.* Que se refiere o pertenece al ritmo.
**Ritmo,** *m.* Sucesión de notas musicales, movimientos o palabras que se oyen o ven con gusto.

**Rito,** *m.* Conjunto de reglas por las que se rige un culto o ceremonia.
**Ritual,** *adj.* Que pertenece o se refiere al rito.
**Rival,** *com.* Competidor, enemigo.
**Rivalidad,** *f.* Oposición entre dos o más personas.
**Rivalizar,** *tr.* Competir, luchar.
**Rizar,** *tr.* Formar artificialmente en el cabello ondas u otros adornos. ‖ Formar el viento pequeñas olas en el mar.
**Rizo,** *m.* Mechón de cabello que forma una especie de sortija.
**Rizoma,** *m.* Tallo horizontal y subterráneo (como el del lirio).
**Rizópodo,** *m.* Denominación de uno de los cuatro grandes grupos en que se dividen los protozoos.
**Robar,** *tr.* Apoderarse de lo ajeno contra la voluntad de su dueño. ‖ En algunos juegos: tomar, coger.

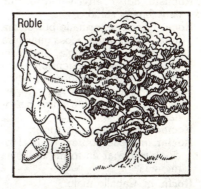
Roble

**Roble,** *m.* Arbol de madera dura y muy apreciada. ‖ Madera de este árbol. ‖ Persona o cosa de gran resistencia.
**Robleda,** *f.* Lugar poblado de robles.
**Robledal,** *m.* Robleda.
**Robo.***

---

Río, *m. Corriente de agua que está saliendo constantemente de la tierra y que va a dar en otra corriente o en el mar: **El Tajo es el río más largo de España.***
    *Viene del latín* **ribus,** *que quiere decir 'arroyo, canal'.* ‖ *Deriv.:* **Ría, riachuelo, riada, rival, rivalidad, rivalizar.**
Robo, *m. El hecho de robar y la cosa robada:* **Eso es un robo.**
    *Viene del alemán* **raubon,** *que quiere decir 'arrebatar, coger con violencia'.* ‖ *Deriv.:* **Arrobamiento, arrobarse, arropar, robar, ropa, ropaje, ropero.**

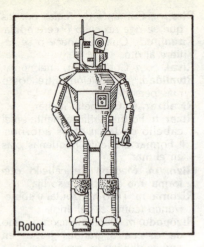
Robot

**Robot,** *m.* Autómata movido por un mecanismo.
**Robustecer,** *tr.* Dar mayor fuerza o resistencia a una cosa.
**Robusto,** *adj.* Fuerte, vigoroso, que tiene buena salud.
**Roca,** *f.* Terreno formado por piedra dura. || Peñasco. || Cosa muy dura y firme. || En geología, sustancia mineral que por su extensión forma una parte importante de la tierra.
**Roce,** *m.* El hecho de rozar o rozarse. || Trato frecuente entre personas.
**Rociada,** *f.* El hecho de rociar.
**Rociar,** *intr.* Caer sobre la tierra el rocío. || *tr.* Regar en forma de lluvia menuda.
**Rocín,** *m.* Caballo malo.
**Rocinante,** *m.* Rocín muy flaco y de muy mal aspecto.
**Rocío,** *m.* Vapor que se condensa con el frío de la noche y que en muy menudas gotas aparece algunas mañanas en muy diversas partes.
**Rocoso,** *adj.* Que tiene muchas rocas.
**Rodaballo,** *m.* Cierto pez de carne muy estimada.
**Rodadizo,** *adj.* Que rueda con facilidad.
**rodados (Cantos),** *m. pl.* Piedras que han sido arrastradas por las aguas de un río.
**Rodaja,** *f.* Pieza redonda y plana.
**Rodaje,** *m.* Conjunto de ruedas. || Tiempo de prueba de un vehículo de ruedas.
**Rodar,** *intr.* Dar vueltas un cuerpo alrededor de su eje. || Moverse una cosa sobre ruedas.
**Rodear,** *intr.* Andar alrededor. || Ir por camino más largo que el necesario. || V. **rueda.**
**Rodela,** *f.* Escudo redondo y delgado.
**Rodeo,** *m.* El hecho de rodear. || Sitio donde se reúne el ganado mayor. || Exhibición pública de la destreza de los cow-boys americanos. || Camino innecesario de recorrer.
**Rodera,** *f.* Señal de haber rodado algo. || Surco abierto por el paso de los carros.
**Rodete,** *m.* Rosca.
**Rodilla,** *f.* Región del cuerpo en que se une el muslo con la pierna. || **De rodillas:** quiere decir con las rodillas dobladas y apoyadas en el suelo.
**Rodillo,** *m.* Madero redondo y fuerte. || Cilindro de piedra o metal que se usa en muchos trabajos de máquina.
**Rodrigón,** *m.* Vara que se clava al pie de una planta para que le sostenga los tallos y ramas.
**Roedor,** *adj.* Que roe.
**Roedura,** *f.* El hecho de roer y la señal que queda.
**Roer,** *tr.* Cortar con los dientes la superfie de una cosa dura.
**Rogar.***

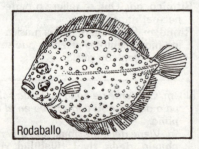
Rodaballo

---

\*
Rogar, *tr. Pedir, suplicar:* **Le rogó que le perdonara.**
    *Viene del latín* **rogare,** *que quiere decir 'rogar' y 'preguntar'.* || *Deriv.:* **Arrogancia, arrogante, derogación, derogar, interrogación, interro-**

**Rogativa,** *f.* Oración pública para conseguir algo importante.
**Roído,** *adj.* Escaso, mezquino. ‖ Que le falta algo.
**Rojizo,** *adj.* De color que tira a rojo.
**Rojo.\***
**Rol,** *m.* Lista de nombres.
**Rollizo,** *adj.* Redondo, en figura de rollo o cilindro. ‖ Grueso y robusto.
**Rollo,** *m.* Cualquier cosa que toma forma cilíndrica. ‖ Trozo de tela o papel enrollado. ‖ En lenguaje de estudiantes: discurso o lectura larga y pesada.
**Romadizo,** *m.* Catarro de la nariz.
**Romana,** *f.* Instrumento para pesar, compuesto de una palanca de brazos desiguales.
**Romance,** *m.* Idioma derivado del latín ‖ Composición poética en la que los versos pares son asonantes.
**Romancero,** *m.* Colección de romances.
**Románico,** *adj.* Se dice del arte que dominó en Europa entre los siglos XI y XIII.
**Romanización,** *f.* El hecho de romanizar y romanizarse.
**Romanizar,** *tr.* Difundir la civilización romana. ‖ *r.* Aprender la cultura romana.
**Romano.\***
**Romanticismo,** *m.* Escuela literaria de la primera mitad del siglo XIX.

**Romántico,** *adj.* Que pertenece o se refiere al romanticismo. ‖ Sentimental.
**Romanza,** *f.* Composición musical de amor o cosa parecida.
**Rombo,** *m.* Paralelogramo que tiene los lados iguales y dos de sus ángulos mayores que los otros dos.
**Romboide,** *m.* Paralelogramo cuyos lados contiguos son desiguales y dos de sus ángulos mayores que los otros dos.
**Romería,** *f.* Viaje que se hace por devoción a un santuario. ‖ Fiesta popular que se celebra en honor de algún santo.
**Romero,** *m.* Arbusto con flores de color azulado muy olorosas. ‖ Se dice del peregrino que va en romería.
**Romo,** *adj.* Obtuso, achatado, sin punta.
**Rompecabezas,** *m.* Problema o acertijo de difícil solución. ‖ Juego de componer una figura teniendo desordenados los pedacitos que le corresponden.
**Rompedero,** *adj.* Fácil de romperse.
**Rompeolas,** *m.* Dique avanzado en el mar para proteger un puerto.
**Romper.\***
**Rompiente,** *adj.* Que rompe. ‖ *m.* Escollo donde rompen las olas.
**Rompimiento,** *m.* Acción de romper. ‖ Desavenencia o riña. ‖ Desunión.

---

\*

gante, interrogar, interrogatorio, irrogar, prerrogativa, prorrogar, rogativa, ruego, subrogar.

ROJO, adj. *De color encarnado muy vivo:* **La sangre es de color rojo.**
   *Viene del latín* **russeus,** *que quiere decir 'rojo'.* ‖ *Deriv.:* **Enrojecer, rojez, rojizo, sonrojarse sonrojo.**

ROMANO, adj. *Natural de Roma:* **Tengo varios amigos que son romanos.** ‖ *Perteneciente o relativo a Roma o a su antiguo imperio:* **Los emperadores romanos.** ‖ *Se aplica también este adjetivo a la religión católica, porque su autoridad suprema, que es el Papa, es obispo de Roma:* **Religión católica, apostólica y romana.**
   *Viene del latín* **romanus** *('perteneciente a Roma').*

ROMPER, tr. *Hacer pedazos una cosa:* **Rompió un plato.** ‖ *Hacer un hueco en un cuerpo:* **Rompió la badana del tambor.** ‖ *Brotar o abrirse las flores o plantas:* **En primavera rompen los brotes de los árboles.**
   *Viene del latín* **rumpere,** *que quiere decir 'romper'.* ‖ *Deriv.:* **Abrupto, corromper, corrupción, derrota, erupción, interrumpir, interrupción, irrumpir, prorrumpir, rompecabezas, rompiente, rompimiento, roto, rotulación, rotura, ruta, rutina.**

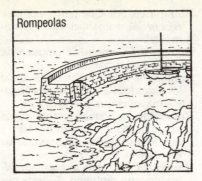

Rompeolas

**Ron,** *m.* Licor alcohólico derivado de la caña de azúcar.
**Roncar,** *intr.* Resoplar mientras se duerme. ‖ *fig.* Hacer el mar o el viento un sonido parecido al que hace una persona cuando está roncando.
**Ronco,** *adj.* Que tiene la voz poco sonora.
**Roncha,** *f.* Abultamiento en la piel, en forma de haba.
**Ronda,** *f.* El hecho de rondar. ‖ Grupo de personas que andan rondando. ‖ Vuelta.
**Rondalla,** *f.* Conjunto de personas con instrumentos para tocar y cantar por las calles.
**Rondar,** *intr.* Recorrer de noche una población para vigilar. ‖ Andar de noche cantando y tocando instrumentos. ‖ *tr.* Dar vueltas alrededor de una cosa.
**Ronquera,** *f.* Enfermedad de la garganta que cambia el tono de la voz y lo pone a uno ronco.
**Ronquido,** *m.* Ruido que se hace al roncar cuando se duerme.
**Ronzal,** *m.* Cuerda que se ata al pescuezo de las caballerías para sujetarlas.
**Roña,** *f.* Porquería y suciedad pegada fuertemente.

**Roñería,** *f.* Miseria, mezquindad, pobretería.
**Roñoso,** *adj.* Que tiene roña. ‖ *fig.* Mezquino, miserable.
**Ropa,** *f.* Tela para usarla las personas o para ponerla en ciertos muebles de las casas, como las camas. ‖ V. **robo.**
**Ropaje,** *m.* Vestido, especialmente cuando es lujoso.
**Ropavejero,** *m.* El que vende ropas y cosas usadas.
**Ropero,** *m.* Armario o habitación destinada a guardar la ropa. ‖ Grupo de personas que distribuyen ropa entre los necesitados.
**Ropón,** *m.* Ropa larga que se pone entre los demás vestidos.
**Roquedal,** *m.* Lugar abundante en rocas.
**Roquero,** *adj.* Que se refiere o se parece a las rocas.
**Roquete,** *m.* Hábito blanco y con mangas cortas que se usa para algunas ceremonias en la iglesia.
**Rorro,** *m.* Niño pequeñito.
**Rosa.**\*

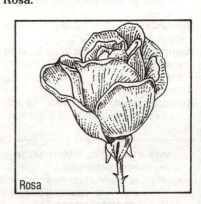

Rosa

**Rosado,** *adj.* De color de rosa.
**Rosal,** *m.* Arbusto que produce rosas.
**Rosaleda,** *f.* Sitio en el que hay muchos rosales.

\*
Rosa, f. *Flor del rosal:* **En mi jardín tengo rosas blancas.** ‖ *Color parecido al de la rosa común:* **Es una tela de color rosa.** ‖ *La rosa de los vientos es un círculo que tiene marcado los 32 rumbos en que se divide la vuelta del horizonte.*
    Viene del latín **rosa,** *que significa lo mismo que en castellano.* ‖ *Deriv.:* **Rosáceo, rosado, rosal, rosaleda, rosario, roseta, rosetón, rosicler, sonrosar.**

**Rosalera,** f. Lugar donde hay muchos rosales. || También se dice «rosaleda».
**Rosarino,** adj. Natural de la ciudad de Rosario, en la Argentina, o que se refiere a esa ciudad.
**Rosario,** m. Rezo en que se conmemoran los quince misterios de la Virgen. || Sarta de cuentas para rezar el rosario. || V. **rosa.**
**Rosca,** f. Conjunto de tornillo y tuerca. || Cualquier cosa redonda y cerrada que deja en medio un espacio vacío.
**Roscón,** m. Bollo en forma de rosca grande.
**Roseta,** f. Mancha en las mejillas en forma redondeada.
**Rosetón,** m. Ventana redonda y adornada que tienen muchas iglesias, con cristales de colores, generalmente.
**Rosquilla,** f. Rosca pequeña y de dulce.
**Rostro.** *
**Rota,** f. Se dice del «tribunal eclesiástico».
**Rotación,** f. El hecho de girar. || Movimiento al girar.
**Rotativo,** adj. Que gira. || Se dice especialmente de la máquina que imprime con gran velocidad. || m. Periódico.
**Roto,** adj. Andrajoso.
**Rotonda,** f. Edificio o habitación de planta circular.
**Rótula,** f. Hueso de la rodilla.
**Rotulación,** f. El hecho de rotular.
**Rotular,** tr. Poner un rótulo.
**Rótulo,** m. Título. || Cartel para indicar algo.
**Rotundamente,** adv. De modo claro y terminante.
**Rotundo,** adj. Redondo, completo, claro, terminante.
**Rotura,** f. El hecho de romper.

|| Abertura de una cosa al romperse.
**Roturar,** tr. Arar por primera vez las tierras para cultivarlas.
**Rozadura,** f. El hecho de rozar.
**Rozagante,** adj. Se dice de la vestidura vistosa y muy larga. || Satisfecho, orgulloso.
**Rozamiento,** m. Roce. || Enemistad pequeña entre dos personas.
**Rozar,** intr. Pasar una cosa tocando ligeramente a otra. || tr. Limpiar las tierras de las malas hierbas. || r. Herirse un pie con alguna cosa dura como el zapato.
**Rúa,** f. Calle de un pueblo.
**Ruana,** f. Especie de capote que se usa en algunos países hispanoamericanos.
**Rubéola,** f. Especie de sarampión.
**Rubescente,** adj. De color que tira a rojo.
**Rubí,** m. Piedra preciosa de color rojo y mucho brillo.
**Rubial,** adj. De color que tira al rubio.
**Rubicundo,** adj. De color que tira a rojo. || (Persona) de aspecto saludable.
**Rubio.** *
**Rublo,** m. Moneda de Rusia.
**Rubor,** m. Color rojo que sale en la cara por vergüenza o algún sentimiento semejante.
**Ruborizarse,** r. Sentir vergüenza, poniéndose el rostro como encendido.
**Ruboroso,** adj. Que tiene rubor. || Que se ruboriza fácilmente.
**Rúbrica,** f. Rasgo de la pluma que se pone en la firma de uno.
**Rubricar,** tr. Hacer una rúbrica. || Firmar un papel.
**Rucio,** adj. De color blanquecino, pardo claro o canoso. Se dice de las bestias.

---

Rostro, m. *Cara de las personas:* **Tienen el rostro tapado.** || *Pico del ave y, en general, cosa en punta.*
    Viene del latín **rostrum,** *que quiere decir 'pico, hocico'.* || *Deriv.:* **Arrostrar.**

Rubio, adj. *De color entre amarillo y rojo claro; se dice especialmente del pelo de este color y de la persona que lo tiene:* **Es un niño rubio.**
    Viene del latín **rubeus,** *que quiere decir 'rojizo'.* || *Deriv.:* **Arrebol, arrebolar, rubial, rubicundo, rubí, rubor, ruborizarse, rufo.**

**Rucho,** *m.* Pollino, asno, burro joven.
**Ruda,** *f.* Planta de olor fuerte y desagradable que se usa en medicina.
**Rudamente,** *adv.* Con rudeza.
**Rudeza,** *f.* Calidad de rudo. || Descortesía o violencia, o torpeza.
**Rudimentario,** *adj.* Que se refiere a los rudimentos de algo.
**Rudimentos,** *m. pl.* Primeros estudios de cualquier ciencia o conocimiento.
**Rudo,** *adj.* Tosco, torpe, descortés, violento.
**Rueca,** *f.* Instrumento que sirve para hilar.

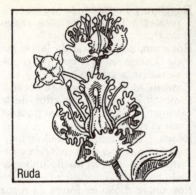
Ruda

Rueca

**Rueda.\***
**Ruedo,** *m.* Acción de rodar. || Círculo o circunferencia de una cosa. || Redondel de la plaza de toros. || Estera pequeña y redonda.
**Ruego,** *m.* Súplica, petición.
**Rufián,** *m.* Hombre de mala conducta, negociante de prostitutas.
**Rufianesco,** *adj.* Propio de un rufián.

**Rufo,** *adj.* Rubio. || Que tiene el pelo ensortijado.
**Rugido,** *m.* Bramido, ruido que hacen las fieras, especialmente el león.
**Rugir,** *intr.* Hacer ruido una fiera. || Bramar (el león o la tormenta).
**Rugoso,** *adj.* Que tiene arrugas.
**Ruibarbo,** *m.* Planta cuya raíz se usa en medicina.
**Ruido.\***
**Ruidoso,** *adj.* Que hace mucho ruido.
**Ruín,** *adj.* Pequeño, desmedrado, despreciable. || Avaro.
**Ruina,** *f.* Acción de destruirse una cosa. || Pérdida grande de los bienes. || *pl.* Escombros.
**Ruindad,** *f.* Calidad de ruín. || Hecho despreciable.
**Ruinoso,** *adj.* Que amenaza ruina.
**Ruiseñor,** *m.* Pájaro común en España; es de plumaje pardo rojizo y canta muy bien.
**Ruleta,** *f.* Aparato para ciertos juegos, compuesto de una rueda que gira horizontalmente.
**Rulo,** *m.* Bola gruesa o cosa redonda que rueda con facilidad.

---

\*
Rueda, f. *Pieza redonda que puede girar sobre un eje:* **Los coches suelen tener cuatro ruedas.** || *Círculo o corro de personas:* **Bailaban en rueda.** || *Tajada redonda de algunas frutas, carnes o pescados:* **Se tomó una rueda de merluza.**
   Viene del latín rota, *que quiere decir 'rueda'.* || *Deriv.:* **Arrodillarse, arrollar, desarrollar, desarrollo, enrolar, enrollar, rodada, rodado, rodaja, rodaje, rodar, rodear, rodera, rodeo, rodete, rodilla, rodillo, rollizo, rollo, rotación, rotativa, rótula, rótulo, ruedo, ruleta, rulo.**

Ruido, m. *Sonido que suele molestar:* **La máquina produce mucho ruido.** || *Alboroto:* **Esos niños hacen mucho ruido.**
   Viene del latín rugitus, *que quiere decir 'rugido'.* || *Deriv.:* **Rugido, ruidoso, rumor, rumorearse, rumoroso.** || *Contr.:* **Silencio.**

**Rumano,** *adj.* Nacido en Rumania o que pertenece a esta nación de Europa.
**Rumba,** *f.* Danza popular de Cuba.
**Rumbo.***
**Rumboso,** *adj.* Generoso, desprendido, pomposo.
**Rumiante,** *adj.* Que rumia. || *m. pl.* Mamíferos con cuatro huecos en el estómago y sin dientes en la parte superior, lo que les obliga a rumiar.
**Rumiar,** *tr.* Masticar varias veces. || Reflexionar sobre una cosa. || Refunfuñar.
**Rumor,** *m.* Voz que corre entre el público. || Ruido vago y continuado, como el runrún de una corriente de agua.
**Rumorearse,** *imp.* Correr un rumor.
**Rumoroso,** *adj.* Que causa rumor.
**Runrún,** *m.* Rumor.
**Rupestre,** *adj.* Que pertenece a las rocas. || Se dice especialmente de las pinturas y dibujos prehistóricos que existen en algunas rocas y cavernas.
**Rupia,** *f.* Moneda de Persia y de la India.
**Ruptura,** *f.* Desavenencia, enemistad, rompimiento, rotura.
**Rural,** *adj.* Que se refiere al campo. || Del campo.
**Ruso,** *adj.* Natural o perteneciente a Rusia.
**Rusófilo,** *adj.* Partidario de las cosas rusas.
**Rústico.***
**Ruta,** *f.* Camino para un sitio.
**Rutar,** *intr.* Murmurar, rezongar.
**Ruteno,** *adj.* Perteneciente a un pueblo que habita entre Polonia y Checoslovaquia.
**Rutilante,** *adj.* Brillante, que despide rayos de luz.
**Rutina,** *f.* Costumbre de hacer cosas sin darse cuenta de por qué.
**Rutinario,** *adj.* Que se hace por rutina.

---

*
Rumbo, m. *Dirección que uno puede seguir:* **La rosa de los vientos marca los rumbos en el horizonte.** || *Lujo excesivo y gastos innecesarios:* **Vive con mucho rumbo.**
  Viene del griego **rhombos**, *que quiere decir 'rombo', porque en esta figura estaban representados las direcciones o rumbos que pueden tomar los caminantes o navegantes.* || *Deriv.:* **Arrumbarse, rumbear, rumboso.**
Rústico, adj. *Perteneciente al campo:* **Fincas rústicas.** || *Inculto, tosco, basto:* **Es un hombre muy rústico.**
  *Viene del latín* **rus,** *que quiere decir 'campo'.* || *Deriv.:* **Rural.**

# S

**S,** *f.* Vigésima segunda letra del abecedario castellano. Su nombre es ese.
**Sábado.***
**Sábana,** *f.* Tela blanca que se pone en la cama.
**Sabana,** *f.* En América, llanura grande y sin árboles.
**Sabandija,** *f.* Cualquier reptil que sea pequeño y asqueroso.
**Sabañón,** *m.* Inflamación causada por el frío, principalmente en los pies, manos y orejas y que suele picar mucho.
**Saber.***
**Sabedor,** *adj.* Que ya conoce esa noticia o cosa.
**Sabiduría,** *f.* Prudencia. ‖ Conocimiento profundo en ciencias, artes o letras. ‖ V. **saber.**
**sabiendas (A),** *m. adv.* Sabiéndolo y queriéndolo.
**Sabihondo,** *adj.* Que presume de sabio sin serlo.
**Sabio,** *adj.* Que sabe mucho. ‖ Prudente.
**Sablazo,** *m.* Golpe dado con un sable. ‖ *fig.* El sacarle dinero a uno, o comer, vivir o divertirse a su costa.
**Sable,** *m.* Arma blanca semejante a la espada, pero de un solo corte. Es un arma larga y un poco curva.

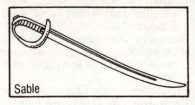
Sable

**Sabor,** *m.* Sensación que ciertos cuerpos producen en el paladar.
**Saborear,** *tr.* Dar sabor a las cosas. ‖ Tomar con deleite el gusto de lo que se come o se bebe. ‖ Apreciar detenidamente alguna cosa que causa placer.
**Sabotaje,** *m.* Perjuicio que el obrero ocasiona al patrono haciendo mal un trabajo o provocando desperfectos en los talleres o máquinas.
**Sabroso,** *adj.* Que sabe bien. ‖ Delicioso.
**Sabueso,** *adj.* Que tiene el olfato muy fino. ‖ *m.* Policía que sabe investigar muy bien y descubre a muchos criminales.
**Saca,** *f.* Saco muy grande y de tela muy fuerte.
**Sacacorchos,** *m.* Utensilio que sirve para quitar los tapones de corcho que tienen las botellas.
**Sacamuelas,** *com.* Dentista. ‖ Charlatán.
**Sacaperras,** *m.* Negocio o tiendecita

---

*
SÁBADO, *m. Séptimo y último día de la semana:* **El sábado iré al cine.**
   *Viene del hebreo* **sabath,** *que significa 'descansar'.* ‖ *Deriv.:* **Sabático, sabatina.**
SABER, *tr. Conocer alguna cosa o ciencia:* **Saben latín.** ‖ *Tener habilidad para una cosa:* **Sabe dibujar.** ‖ *intr. Tener sabor una cosa:* **Sabe a menta.**
   *Viene del latín* **sapere,** *que significa 'tener inteligencia, ser entendido, tener gusto'.* ‖ *Deriv.:* **Consabido, desabrido, insípido, resabio, sabelotodo, sabido, sabiduría, sabio, sabihondo, sabor, saborear, sabroso, sapiencia, sinsabor.** ‖ *Contr.:* **Ignorar.**

donde los chicos o las personas mayores suelen gastar su dinero en cosas inútiles.
**Sacar.***
**Sacarosa,** *f.* Azúcar de caña.
**Sacerdocio,** *m.* Dignidad y estado del sacerdote. || Oficio y trabajo propio del sacerdote.
**Sacerdotal,** *adj.* Perteneciente al sacerdote.
**Sacerdote,** *m.* Hombre dedicado a un culto religioso. || En la religión católica, hombre ungido y ordenado para celebrar el sacrificio de la misa. || V. **sagrado**.
**Sacerdotisa,** *f.* Mujer que estaba encargada de ofrecer sacrificios a los dioses falsos y que cuidaba del templo donde se hacían sacrificios.
**Saciar,** *tr.* Hartar de bebida o comida.
**Saco,** *m.* Bolsa grande hecha por lo común de tela fuerte y ordinaria. || Vestidura tosca y áspera. || Especie de gabán grande y anchote.

Saco

**Sacramental,** *adj.* Que pertenece a los sacramentos. || *m. pl.* Se dice de los remedios que tiene la Iglesia para perdonar los pecados veniales, como son el agua bendita, indulgencias y jubileos.
**Sacramentar,** *tr.* Convertir el pan en el cuerpo de Jesucristo mediante el sacramento de la Eucaristía. || Administrar a un enfermo el Viático y la Extremaunción.
**Sacramento,** *m.* Señal que Jesucristo estableció para indicar que nos concede alguna gracia. || **Santísimo Sacramento:** Cristo en la hostia sagrada.
**Sacratísimo,** *adj.* Superlativo de sagrado. || Muy sagrado.
**Sacrificar,** *tr.* Hacer sacrificios a Dios. || Matar, degollar las reses en el matadero.
**Sacrificarse,** *r.* Dedicarse particularmente a Dios. || Hacer algo molesto o privarse de alguna cosa.
**Sacrificio,** *m.* Ofrenda que se hace a Dios en señal de homenaje o expiación. || Acto del sacerdote al ofrecer en la misa la Eucaristía en honor de Dios Padre. || Acto de abnegación. || V. **sagrado**.
**Sacrílegamente,** *adv.* Irreligiosamente, con sacrilegio.
**Sacrilegio,** *m.* Profanación de cosa, persona o lugar sagrado.
**Sacrílego,** *adj.* Que comete o contiene sacrilegio. || Que pertenece o se refiere al sacrilegio.
**Sacristán,** *m.* Persona encargada de ayudar al sacerdote en el servicio del altar y cuidar de la iglesia y de la sacristía.
**Sacristía,** *f.* Parte del templo en donde están las vestiduras de los sacerdotes y otras muchas cosas que sirven para el culto.
**Sacro,** *adj.* Sagrado.
**Sacrosanto,** *adj.* Muy sagrado y santo.
**Sacudida,** *f.* Lo que se hace al sacudir.
**Sacudir,** *tr.* Menear violentamente una cosa hacia una parte y hacia otra. || Golpear una cosa o agitarla para quitarle el polvo. || Arrojar una cosa o apartarla violentamente de sí.
**Sádico,** *adj.* Que disfruta siendo cruel.
**Saeta,** *f.* Flecha. || Manecilla del re-

---

*
SACAR, *tr. Quitar a una persona o cosa de donde están:* **Saqué a Juan de paseo.** *|| Resolver, averiguar:* **Sacar los problemas.** *|| Hacer decir a una persona lo que quería ocultar:* **Le saqué dónde estuvo.**
Primitiva palabra castellana que significa 'extraer, quitar'. || *Deriv.:* **Entresacar, resaca, saca, saque, sonsacar.** || *Contr.:* **Meter.**

loj. ‖ Copla breve y fervorosa que, al paso de las imágenes, se canta en algunas procesiones religiosas, especialmente en Andalucía.

**Saetero,** *m.* El que peleaba tirando saetas con su arco.

**Safari,** *m.* Excursión de caza mayor, que se realiza en algunas regiones de Africa. Por extensión se aplica a excursiones similares efectuadas en otros territorios. ‖ Lugar en el que se realizan esas excursiones.

**Sagacidad,** *f.* Astucia y prudencia para evitar los peligros.

**Sagaz,** *adj.* Astuto y prudente. ‖ Que piensa bien y sabe evitar el peligro de las cosas.

**Sagita,** *f.* Trozo de recta comprendido entre el punto medio de una cuerda y el punto medio de su arco correspondiente (en una circunferencia, claro está).

**Sagrado.**\*

**Sagrario,** *m.* Lugar en que se tienen guardadas las hostias consagradas.

**Saguntino,** *adj.* De Sagunto (en la provincia de Valencia).

**Sahumerio,** *m.* Humo que produce una materia aromática cuando se está quemando.

**Sainete,** *m.* Salsa que se pone a ciertas comidas para hacerlas más apetitosas. ‖ Obra de teatro pequeña y de asunto gracioso y popular.

**Sajar,** *tr.* Hacer uno o más cortes en la carne.

**Sajón,** *adj.* De Sajonia (noroeste de Alemania).

**Sal,** *f.* Sustancia blanca, cristalina, de sabor característico, que se disuelve en agua y que se emplea para hacer que sepan mejor las comidas y también para conservar algunos alimentos. Es un compuesto de cloro y sodio. ‖ Agudeza o gracia en el hablar y en el modo de portarse.

**Sala.**\*

**Salado,** *adj.* Se dice de los alimentos que tienen más sal de la debida. ‖ Que tiene gracia.

**Salamandra,** *f.* Especie de rana muy larga, negra y con manchas amarillas.

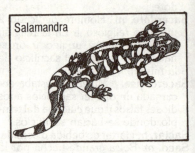
Salamandra

**Salamanquesa,** *f.* Lagartija cenicienta y con la piel muy áspera.

**Salar,** *tr.* Poner salada una cosa echándole sal.

**Salario,** *m.* Cantidad de dinero que se da a una persona para pagarle su trabajo.

**Salazón,** *m.* Industria de pescados en conserva.

**Salchicha,** *f.* Tripa delgada y llena de carne muy picada y bien sazonada.

**Salchichón,** *m.* Tripa llena de carne muy buena, picada con tocino y jamón, todo ello bien prensado y bien curado y generalmente sazonado con pimienta.

**Saldar,** *tr.* Pagar enteramente lo que se debe. ‖ Vender muy barata una mercancía sobrante.

**Saldo,** *m.* Pago de una deuda. ‖ Cantidad que en una cuenta resulta a favor o en contra de uno. ‖ Resto de mercancías que el comerciante vende a bajo precio.

---

\*

SAGRADO, *adj. Que está dedicado a Dios:* **La iglesia es un lugar sagrado.**
  *Viene del latín* **sacratus,** *que significa 'consagrado'.* ‖ *Deriv.:* **Consagración, consagrar, sacerdote, sacramentar, sacramento, sacratísimo, sacrificio, sacrilegio, sacristán, sacristía, sagrario.** ‖ *Contr.:* **Profano.**

SALA, f. *Habitación grande de una casa:* **La sala de recibo.** ‖ *Lugar donde se constituye un tribunal de justicia:* **La sala de la Audiencia.**
  *Viene del alemán* **sal** *('edificio que consta solamente de una gran sala de recibo').* ‖ *Deriv.:* **Antesala, salón.**

**Salero,** *m.* Cacharro donde se guarda la sal en las casas. ‖ Sitio o almacén donde se guarda la sal. ‖ Gracia, donaire.
**Salesa,** *adj.* Religiosa que pertenece a la orden fundada por San Francisco de Sales.
**Salesiano,** *adj.* Religioso que pertenece a la orden fundada por San Juan Bosco. ‖ Que se refiere o pertenece a dicha congregación.
**Salida,** *f.* Lo que se hace cuando se sale. ‖ Sitio por donde se sale de un lugar. ‖ V. **salir.**
**Saliente,** *m.* Oriente. ‖ Sitio por donde sale el sol. ‖ Parte que sobresale en alguna cosa.
**Salina,** *f.* Estanque de sal, obtenida haciendo entrar el agua del mar y dejándola que se vaya evaporando.
**Salino,** *adj.* Que contiene sal. ‖ Que tiene las características de la sal.
**Salir.\***
**Salitre,** *m.* Nombre vulgar del nitro, que es una sustancia que suele formarse en los terrenos húmedos y salados. El salitre sirve para hacer algunos abonos.
**Salitrero,** *adj.* Que pertenece o se refiere al salitre. ‖ *m.* Persona que trabaja en el salitre.
**Saliva,** *f.* Líquido especial segregado por la boca.
**Salmantino,** *adj.* Nacido en Salamanca. ‖ Que pertenece a esta ciudad o provincia.
**Salmista,** *m.* El que compone salmos; como hacía, p. ej., el rey David.
**Salmo,** *m.* Poesía o cántico que contiene alabanzas a Dios.
**Salmodia,** *f.* Canto monótono y que resulta pesado.
**Salmón,** *m.* Pez de carne algo rojiza muy apreciada. El salmón puede alcanzar hasta dos metros de largo; pasa el invierno en el mar y en otoño sube por los ríos para poner

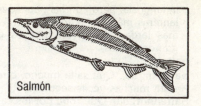
Salmón

los huevos. La carne del salmón se consume fresca, salada, ahumada o en conserva.
**Salmonete,** *m.* Pez de color rojo y cabeza grande. Su carne es muy estimada.
**Salmuera,** *f.* Agua con sal.
**Salobre,** *adj.* Amargo como si tuviera sal.
**Salomónico,** *adj.* De Salomón.
**Salón,** *m.* Sala grande. ‖ V. **sala.**
**Salpicar,** *tr.* Rociar, esparcir en gotas una cosa líquida. ‖ Caer gotas de un líquido a una persona o cosa. ‖ Pasar de una cosa a otra sin orden.
**Salpicón,** *m.* Trozo menudo de barro o de agua sucia que salta del suelo cuando pasa por un charco un coche, p. ej. ‖ Carne picada a la que se pone pimienta, sal, aceite, vinagre y cebolla.
**Salsa,** *f.* Especie de caldo espeso y con muchos sabores.
**Saltador,** *m.* Cuerda para saltar a la comba.
**Saltamontes,** *m.* Insecto parecido a

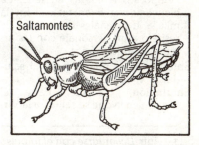
Saltamontes

---

\*
Sᴀʟɪʀ, *intr.* Pasar de dentro a fuera: **Salió de casa.** ‖ Partir: **Salimos para Segovia.** ‖ Librarse de algo peligroso: **Salió de la enfermedad.** ‖ **Salir el sol:** amanecer. ‖ **Salir una planta:** nacer, brotar. ‖ **Salir vencedor:** quedar vencedor. ‖ **Salir a tal familiar:** parecerse a él. ‖ **Salir elegido:** ser elegido.

  Viene del latín **salire,** que significa 'saltar'. ‖ *Deriv.:* **Salida, saliente, sobresaliente, sobresalir.** ‖ *Contr.:* **Entrar.**

la langosta, pero con las patas delanteras más cortas y las de atrás más largas, y que da muchos y grandes saltos.
**Saltar.***
**Saltarín,** *adj.* Que salta mucho, que salta muchas veces seguidas.
**Salteador,** *adj.* Que roba por los caminos.
**Saltear,** *tr.* Atacar en un lugar solitario a las personas para robarlas. || Acometer. || Hacer una cosa con interrupciones o pasar a otras sin terminarlas.
**Salterio,** *m.* Libro de la Biblia en donde están escritos los salmos.
**Saltimbanqui,** *m.* Titiritero.
**Salto,** *m.* Lo que se hace cuando se salta. || Precipicio por donde el agua cae con mucha fuerza.
**Saltón,** *adj.* Que anda a saltos o salta mucho. || Se dice de algunas cosas como los ojos, los dientes, etc., cuando sobresalen más de lo ordinario.
**Salubre,** *adj.* Saludable. || Que es bueno para la salud.
**Salubridad,** *f.* Calidad de salubre.
**Salud.***
**Saludable,** *adj.* Sano. || Bueno para la salud. || Provechoso.
**Saludar,** *tr.* Indicar con algún gesto o palabra el agrado o el respeto con que vemos a una persona. || Arriar los buques un poco y por breve tiempo sus banderas en señal de bienvenida o buen viaje. || En la milicia, dar señales de fiesta o de respeto a un personaje con las armas o con la música.
**Saludo,** *m.* Lo que se hace al saludar. || V. **salud.**
**Salutación,** *f.* Saludo. || Parte del sermón en la que se saluda a la Virgen. || Primera parte del Ave María.
**Salva,** *f.* Saludo, bienvenida. || Saludo hecho disparando armas de fuego. || Aplausos repetidos.
**Salvación,** *f.* Lo que se hace al salvar o salvarse. || El ir al cielo. || El alcanzar la gloria eterna.
**Salvado,** *m.* Cáscara que envuelve al grano y que queda mezclada con la harina al molerlo.
**Salvador,** *adj.* Que salva a otro. || *m.* Principalmente se llama Salvador a Nuestro Señor Jesucristo.
**Salvaguardar.** (Galicismo), *tr.* Defender, custodiar.
**Salvaguardia,** *f.* Documento que se da a uno para que no sea molestado en lo que tiene que hacer. || Protección, defensa.
**Salvaje,** *adj.* (Planta) que crece, aunque nadie la siembre ni cultive. || (Animal) que vive sin el cuidado del hombre. || (Terreno) montañoso y sin cultivar. || Nacido en aquellos países que no tienen cultura. || Ignorante.
**Salvamento,** *m.* Lo que se hace al salvar o salvarse. || Lugar en que uno se acoge para evitar algún peligro.
**Salvar,** *tr.* Librar de un peligro. || Dar Dios a una persona la gloria eterna. || Evitar una dificultad.
**Salve.** Interjección usada en poesía como saludo. || *f.* Oración en honor de la Virgen María.
**Salvo,** *adj.* Salvado de un peligro. || *adv.* Excepto.
**Salvoconducto,** *m.* Documento en el que se autoriza que quien lo lleva puede transitar libremente por un sitio o país.
**Sallar,** *tr.* Quitar las malas hierbas de un sembrado.

---

SALTAR, *intr. Levantarse con el impulso de las piernas y caer de pie:* **Saltamos a la comba.** || *Estallar violentamente una cosa:* **Saltó el vaso por haberle echado leche hirviendo.** || *tr. Pasar de una cosa a otra sin orden:* **Se saltó a dos personas en la cola.**
    *Viene del latín* **saltare,** *que significa 'bailar'.* || *Deriv.:* **Asalto, resaltar, saltante, saltarín, salteador, saltear, saltón, sobresaltar.**
SALUD, f. *Buen estado del organismo:* **Juan tiene mucha salud.**
    *Viene del latín* **salus** *('salud, buen estado físico').* || *Deriv.:* **Saludable, saludar, saludo, salutación.** || *Contr.:* **Enfermedad.**

**Samaritano,** *adj.* De Samaria (en Palestina).
**San,** *adj.* Santo o santa.
**Sanar,** *tr.* Curar, devolver la salud. || *intr.* Recobrar el enfermo la salud.
**Sanatorio,** *m.* Establecimiento dispuesto para que en él residan cierta clase de enfermos. || V. **sano.**
**Sanción,** *f.* Acto solemne por el que el jefe del Estado confirma una ley. || Pena establecida por la ley. || Autorización o aprobación.
**Sancionador,** *adj.* Que sanciona.
**Sancionar,** *tr.* Dar validez o fuerza de ley a una disposición. || Autorizar o aprobar.
**Sancochar,** *tr.* Cocer un poco una comida y no sazonarla.
**Sanchopancesco,** *adj.* Propio de un Sancho Panza.
**Sandalia,** *f.* Calzado muy sencillo que consta de una suela y algunas tiras de correas o de cinta.
**Sandez,** *f.* Tontería, necedad.
**Sandía,** *f.* Planta con fruto redondo muy grande, comestible, de corteza verde y carne encarnada, dulce y con mucha agua. || Fruto de esta planta.
**Sandwich,** *m.* Palabra inglesa que significa «bocadillo, comida sabrosa entre dos trozos de pan».
**Saneamiento,** *m.* Lo que se hace al sanear.
**Sanear,** *tr.* Dar condiciones de salubridad a un terreno, edificio, casa, etcétera.
**Sanedrín,** *m.* Tribunal de máxima autoridad entre los judíos y que estaba formado por setenta y un miembros.
**Sangrar,** *tr.* Abrir una vena y dejar salir sangre. || *intr.* Echar sangre por alguna herida.
**Sangre.**\*
**Sangría,** *f.* Corte que se hace a un árbol para que vaya saliendo la resina. || Corte que se hacía antiguamente en el brazo de una persona que estuviese muy gruesa y colorada para evitar que le diera una congestión. || Bebida refrescante hecha de agua, vino, azúcar y limón.
**Sangriento,** *adj.* Que echa sangre. || Manchado de sangre. || Que hace derramar sangre. || Que ofende mucho.
**Sanguijuela,** *f.* Especie de lombriz gruesa que vive en las aguas de muchos pozos y norias, y que se agarran por dentro a la garganta de los animales que beben esa agua y le van chupando la sangre.

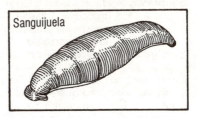
Sanguijuela

**Sanguinario,** *adj.* Feroz. || Vengativo. || Cruel.
**Sanguíneo,** *adj.* De sangre. || Que contiene sangre. || De color de sangre.
**Sanidad,** *f.* Calidad de sano. || Conjunto de servicios oficiales encargados de proteger la salud de los habitantes de un país.
**Sanitario,** *adj.* Que pertenece o se refiere a la sanidad. || V. **sano.**
**Sano.**\*
**Sanseacabó.** Expresión familiar con que se da por terminado un asunto.

---
\*
SANGRE, *f. Líquido que circula por las arterias y las venas de las personas y animales:* **Me salió sangre de la mano.** || *Linaje, parentesco:* **Tienen la misma sangre.**
    *Viene del latín* **sanguis,** *que quiere decir 'sangre'.* || *Deriv.:* **Consanguinidad, desangrar, sangrador, sangrar, sangría, sanguinario, sanguíneo.**
SANO, *adj. Que (una persona o cosa) está buena:* **Juana es una niña muy sana.** || *Que no tiene error:* **Libro sano.**
    *Viene del latín* **sanus,** *que significa 'sensato, que está en su juicio'.* || *Derivados:* **Insano, sanar, sanativo, sanatorio, saneado, sanidad, sanitario.** || *Contr.:* **Enfermo, insano.**

**Santamente,** *adv.* Con santidad. || Sencillamente.
**Santero,** *adj.* Se dice del que tributa a las imágenes un culto supersticioso. || *m.* Persona que cuida de un santuario o ermita. || Persona que pide limosna, llevando de casa en casa la imagen de un santo.
**Santiaguista,** *adj.* (Persona) que pertenece a la orden militar de Santiago.
**santiamén (En un),** *m. adv.* En un momento.
**Santidad,** *f.* Calidad de santo. || Tratamiento honorífico que se da al Sumo Pontífice. || V. **santo.**
**Santificación,** *f.* Lo que se hace al santificar o santificarse.
**Santificante,** *adj.* Que santifica, que hace santo.
**Santificar,** *tr.* Hacer santo. || Consagrar a Dios una cosa. || Hacer venerable una cosa por la presencia o contacto de lo que es santo.
**Santiguarse,** *r.* Hacer la señal de la cruz.
**Santísimo,** *adj.* Muy santo. || Tratamiento honorífico que se da al Papa. || *m.* **El Santísimo:** Cristo Sacramentado. || V. **santo.**
**Santo.**\*
**Santoral,** *m.* Lista de los santos de cada día del año. || Libro que contiene vidas de santos.
**Santuario,** *m.* Templo o ermita en que se venera la imagen o reliquia de un santo. || V. **santo.**
**Saña,** *f.* Crueldad y mala intención.
**Sapientísimo,** *adj.* Muy sabio.
**Sapo,** *m.* Animal de la familia de las ranas, pero con los ojos muy abultados, la piel muy gruesa y con muchas verrugas y el color parduzco o verde sucio.

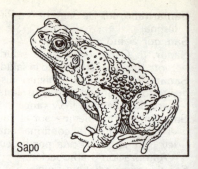
Sapo

**Saque,** *m.* Lo que se hace al sacar en el juego de pelota. || Raya o sitio desde el cual se saca la pelota.
**Saquear,** *tr.* Robar los soldados lo que hallan en una ciudad vencida. || Entrar en un lugar robándolo todo.
**Saqueo,** *m.* Robo como el que hacían los soldados antiguamente cuando conquistaban una ciudad.
**Sarampión,** *m.* Enfermedad contagiosa que produce mucha fiebre y que se manifiesta por manchas pequeñas y rojas en la piel.
**Sarao,** *m.* Reunión nocturna con música y bailes.
**Sarasa,** *m.* Hombre afeminado.
**Sarcasmo,** *m.* Burla sangrienta. || Ironía cruel.
**Sarcástico,** *adj.* Que denota sarcasmo. || Se dice de la persona propensa a emplear el sarcasmo.
**Sarcófago,** *m.* Sepulcro en que encerraban los antiguos los cuerpos que no incineraban. || En la actualidad, parte de un monumento fúnebre que representa el ataúd, aunque no contenga el cuerpo del difunto.
**Sarcoma,** *m.* Tumor maligno.
**Sardana,** *f.* Danza en corro, tradicional de Cataluña.

---

\*

S<small>ANTO</small>, *adj. Perfecto y libre de toda culpa:* **La Santísima Virgen.** || *Se llama especialmente santo al que la Iglesia ha declarado solemnemente que está en el cielo y ha mandado darle culto:* **San Pedro, San Juan,** *etc.,* **son santos.** || **Semana santa:** *aquella en que día a día conmemoramos los sufrimientos y la muerte del Redentor.* || *m. La imagen de un santo:* **En ese altar hay dos santos.** || *Festividad del santo de una persona:* **¿Cuándo es tu santo?**

Viene del latín **sanctus,** que significa 'sagrado'. || *Deriv.:* **Sanción, santero, santidad, santificar, santísimo, santoral, santuario, santurrón.** || *Contr.* **Pecador.**

**Sardina,** *f.* Pez de mar de unos quince centímetros de largo. Se come fresca o conservada en aceite.
**Sardinel,** *m.* Escalón hecho de ladrillos puestos verticalmente.
**Sardinero,** *adj.* Que pertenece a las sardinas. || *m.* Persona que vende sardinas o trata con ellas.
**Sardineta,** *f.* El galón que llevan los brigadas en la bocamanga de su uniforme.
**Sardo,** *adj.* Natural de Cerdeña. || *m.* Lengua hablada en esta isla.
**Sargazo,** *m.* Alga flotante y muy grande.
**Sargento,** *m.* Individuo de la clase de tropa, superior al cabo, que cuida, bajo las órdenes de los oficiales, del orden y disciplina de una compañía. || Nombre de algunos oficiales o funcionarios antiguos. || V. **siervo.**
**Sarmiento,** *m.* Trozo nuevo de la vid, el cual es largo, delgado, flexible y nudoso.
**Sarna,** *f.* Enfermedad de la piel, caracterizada por unas vejiguillas que causan mucha picazón. Ataca a las personas sucias y es contagiosa.
**Sarnoso,** *adj.* Lleno de sarna.
**Sarraceno,** *adj.* Nombre que daban los cristianos de la Edad Media a los musulmanes de Africa y Asia. || *m.* Moro.
**Sarta,** *f.* Serie de cosas metidas ordenadamente en un hilo, alambre o cuerda.
**Sartén,** *f.* Vasija de hierro circular y con mango largo que se utiliza en las cocinas para freír ciertos alimentos.
**Sartenazo,** *m.* Golpe que se da con la sartén o cosa parecida.
**Sastre,** *m.* El que tiene por oficio cortar y coser trajes de hombre.
**Sastrería,** *f.* El oficio y taller de sastre.
**Satanás,** *m.* Nombre que se da al demonio.
**Satánico,** *adj.* Extremadamente malo y perverso.

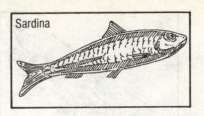
Sardina

**Satélite,** *m.* Cuerpo celeste que gira alrededor de un planeta primario. (También hay satélites artificiales). || Persona o cosa que depende de otra y especialmente el que obedece a otro de un modo servil.
**Satén,** *m.* Tela de seda con brillo.
**Satinado,** *adj.* Se le dice así al papel muy liso y brillante.
**Sátira,** *f.* Frase o dicho para dejar en ridículo a una persona, criticándola o imitándola.
**Satírico,** *adj.* Perteneciente a la sátira. || Que censura o ridiculiza.
**Satisfacción,** *f.* Lo que se hace al satisfacerse. || Placer, gusto. || V. **satisfacer.**
**Satisfacer.**\*
**Satisfactoriamente,** *adv.* De un modo satisfactorio.
**Satisfactorio,** *adj.* Que satisface o agrada.
**Satisfecho,** *adj.* Orgulloso, contento, feliz. || V. **satisfacer.**
**Sátrapa,** *m.* Nombre que le daban en Persia a los antiguos gobernadores de las provincias.
**Saturar,** *tr.* Saciar. || Combinar dos o más cuerpos en la mayor proporción en que puedan unirse.
**Sauce,** *m.* Arbol de hojas estrechas, común en las orillas de los ríos.
**Sauna,** *f.* Baño de calor, a muy alta temperatura, que produce una rápida y abundante sudoración, y que se toma con fines higiénicos y terapéuticos. || Local en que se pueden tomar esos baños.
**Saurio,** *m.* Cualquier reptil de la familia del cocodrilo y de los lagartos.

---

\* Satisfacer, tr. *Resolver bien las dudas, deudas y agravios:* **Me satisfizo el aprobado.**
    Viene del latín **satisfacere**, *que significa 'satisfacer'.* || *Deriv.:* **Satisfacción, satisfactorio, satisfecho.**

Saurio

**Savia,** *f.* Jugo que nutre las plantas. ‖ Energía.
**Saxofón,** *m.* Saxófono.
**Saxófono,** *m.* Instrumento músico metálico en el que hay que soplar y que tiene un tubo hacia abajo que después sube un poquito y se abre hacia afuera.
**Sayal,** *m.* Tela de lana muy ordinaria.
**Sazón,** *f.* Punto o madurez de las cosas. ‖ Estado de perfección de una cosa. ‖ **A la sazón:** entonces, en aquella ocasión.
**Sazonar,** *tr.* Condimentar la comida. ‖ Concluir debidamente las cosas, dándoles la sazón, punto y madurez que deben tener.
**Se.** Forma reflexiva del pronombre personal de tercera persona. ‖ V. **si.**
**Sebáceo,** *adj.* Grasiento. ‖ Que suelta un líquido espeso y grasiento.
**Sebo,** *m.* Grasa sólida y dura que se saca de los animales hervíboros. ‖ Cualquier género de gordura.
**Secamente,** *adv.* Con pocas palabras. ‖ Ásperamente. ‖ De un modo desagradable y descortés.
**Secano,** *m.* Tierra sin riego. ‖ Terreno bajo de arena que no está cubierto por el agua. ‖ Cualquier cosa que está muy seca.
**Secante,** *adj.* Que seca. ‖ *m.* Papel preparado para secar tinta. ‖ **Línea secante:** la que corta a otras.
**Secar,** *tr.* Sacar la humedad de una cosa. ‖ Consumir el jugo de un cuerpo. ‖ Fastidiar, aburrir.
**Secarse,** *r.* Evaporarse la humedad de un cuerpo. ‖ Quedar sin agua una fuente, un río. ‖ Marchitarse una planta. ‖ Enflaquecer una persona o un animal.
**Sección.***
**Secesión,** *f.* Separación política. ‖ Se dice principalmente de la guerra que hubo entre las diversas partes de los Estados Unidos de América, hace aproximadamente un siglo, porque los Estados del Sur querían separarse de los Estados del Norte y seguir teniendo esclavos negros.
**Seco.***
**Secreción,** *f.* Separación, salida. ‖ Salir de las glándulas las materias elaboradas en ellas, como por ejemplo el sudor o el jugo gástrico.
**Secretamente,** *adv.* De manera secreta. ‖ En secreto.
**Secretaria,** *f.* Mujer que hace el oficio de secretario.
**Secretaría,** *f.* Oficina donde está el secretario o la secretaria.
**Secretario.***
**Secretar,** *intr.* Hablar en secreto una persona con otra.
**Secreto,** *adj.* Oculto, ignorado. ‖ Callado, silencioso. ‖ *m.* Cosa secreta.
**Secretor,** *adj.* Que segrega alguna sustancia.

*
Sección, *f. Cada una de las partes en que se divide un todo:* **La sección 3.ª de la escuela.**
   Viene del latín **sectionis,** *que significa 'cortadura'.* ‖ *Son de su misma familia las palabras siguientes:* **Bisectriz, insecto, secante, sector, segar, siega.**
Seco, adj. *Que no tiene agua ni humedad:* **Los árboles secos.** ‖ *Que tiene poquísimas carnes:* **¿Estás muy seco?** ‖ *Se aplica el adj.* **seco** *al aguardiente puro, y a la tos ronca, y a los golpes fuertes y rápidos cuando casi no suenan.*
   *Viene del latín* **siccus,** *que significa 'seco'.* ‖ *Deriv.:* **Reseco, secano, secante, secar, sequedad, sequía.** ‖ *Contr.:* **Húmedo.**
Secretario, m. *Persona que lleva los asuntos de otra, a las órdenes de ésta:* **El secretario de D. Juan.**
   *Viene del latín* **secretus,** *que significa 'secreto'.* ‖ *Deriv.:* **Secretaría.**

**Secta,** *f.* Religión que se aparta de otra principal. || Conjunto de personas que siguen esa doctrina o religión.

**Sectario,** *adj.* Que profesa y sigue una secta. || Fanático de un partido o de una idea.

**Sector,** *m.* Porción de círculo entre un arco y dos radios. || Parte de una clase o colectividad. || V. **sección.**

**Sectorial,** *adj.* Perteneciente o relativo a un sector o sección de una colectividad con caracteres peculiares.

**Secuaz,** *adj.* Que sigue el partido doctrinal de otro.

**Secuela,** *f.* El conjunto de cosas que son consecuencia de otra.

**Secuencia,** *f.* Cada uno de los trozos seguidos que tienen algunas películas y documentales.

**Secuestrar,** *tr.* Depositar una cosa en manos de un tercero hasta decidir de quién es. || Apoderarse los ladrones de una persona exigiendo dinero por el rescate. || Embargar una cosa por mandato del juez.

**Secuestro,** *m.* Lo que se hace cuando se secuestra. || Los bienes que quedan secuestrados.

**Secular,** *adj.* Seglar. || Que sucede o se repite cada siglo. || Que dura un siglo o desde hace siglos. || Se dice del sacerdote que vive en el siglo y no en clausura.

**Secularización,** *f.* El hecho de tomar los bienes eclesiásticos y vendérselos el Estado a los demás ciudadanos.

**Secundar,** *tr.* Ayudar, favorecer.

**Secundariamente,** *adv.* En segundo lugar.

**Secundario,** *adj.* No principal. || Que viene en segundo lugar.

**Sed,** *f.* Gana y necesidad de beber. || Necesidad de agua que tienen ciertas cosas como la tierra, las plantas, etc. || Deseo ardiente de una cosa.

**Seda.**\*
**Sedal,** *m.* El hilo que tienen las cañas de pescar y cuyo extremo tiene un anzuelo para que piquen los peces.

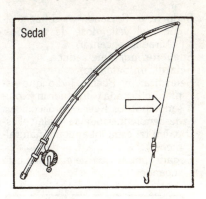
Sedal

**Sedante,** *adj.* Que hace descansar, que es un calmante para los nervios.

**Sede,** *f.* Silla o trono de un prelado. || Capital de una diócesis y también la misma diócesis. || V. **sentar.**

**Sedentario,** *adj.* Que se mueve poco, que siempre vive en la misma región.

**Sedería,** *f.* Conjunto de géneros de seda. || Tienda donde se venden.

**Sedicente,** *adj.* Se aplica irónicamente a la persona que se da a sí mismo tal o cual nombre, sin convenirle el título o condición que se atribuye.

**Sedición,** *f.* El sublevarse el pueblo en contra de la autoridad.

**Sediento,** *adj.* Que tiene sed. || Se dice de los campos o plantas que necesitan agua. || Que desea una cosa con ansia.

**Sedimentación,** *f.* El ir formándose un depósito de sustancias sólidas en la parte baja de un líquido.

**Sedimentar,** *tr.* Depositar sedimento un líquido.

**Sedimento,** *m.* Materia que, habiendo estado suspensa en un lí-

---

\* SEDA, *f. Tela hecha de las hebras de los capullos de algunos gusanos y orugas: Tengo un vestido de seda natural.* || **Seda artificial:** *rayón.*
    Viene del latín **saeta,** *que significa 'sedal de pescar'.* || *Deriv.:* **Sedal, sedería, sedoso.**

quido, se posa en el fondo del recipiente.

**Sedoso,** adj. Parecido a la seda.

**Seducción,** f. Lo que se hace al seducir.

**Seducir,** tr. Persuadir para hacer algún mal valiéndose de engaños. || Agradar, encantar.

**Seductor,** adj. Que seduce.

**Sefardí,** m. Sefardita.

**Sefardita,** m. Pueblo judío que estuvo en España y que fueron expulsados por los Reyes Católicos; sus descendientes todavía hablan el español (el español antiguo, naturalmente).

**Segador,** m. El que siega, el que está segando.

Segar

**Segar,** tr. Cortar mieses o hierba con la hoz, la guadaña u otro instrumento a propósito. || Cortar de cualquier manera, y especialmente la parte superior de una cosa. || Interrumpir bruscamente el desarrollo de una cosa.

**Seglar,** adj. Que pertenece a la vida, estado y costumbres del siglo o mundo.

**Segmento,** m. Pedazo o parte cortada de una cosa. || **Segmento circular:** porción de círculo entre un arco y su cuerda.

**Segregar,** tr. Elaborar y echar fuera una sustancia. || Separar o apartar una cosa de otra.

**seguida (En),** m. adv. Inmediatamente después.

**Seguidamente,** adj. De seguida. || En seguida. || A continuación. || V. **seguir.**

**Seguido,** adj. Continuo, sin interrupción. || Que está en línea recta.

**Seguir.***

**Según,** prep. De conformidad, con arreglo a. || V. **seguir.**

**Segundo,** adj. Que sigue inmediatamente a lo que está en primer lugar. || Cada una de las sesenta partes en que se divide el minuto. || V. **seguir.**

**Seguramente,** adv. De modo seguro.

**Seguridad,** f. Calidad de seguro. || Fianza que se da como garantía de algo. || V. **seguro.**

**Seguro.***

**Seis.***

**Seiscientos,** adj. Seis veces ciento. || m. Conjunto de signos con que se representa el número seiscientos.

**Selección,** f. Elección de una persona o cosa entre otras.

**Seleccionador, ra,** adj. Que selecciona. || Persona que se encarga de elegir los jugadores o atletas que

*
Seguir, tr. *Ir detrás de uno, compartir su opinión:* **Seguía a Pedro en todo.** || *Proseguir, continuar:* **Siguió leyendo.**
Viene del latín sequi, que quiere decir 'seguir'. || Deriv.: **Conseguir, en seguida, perseguir, proseguir, secta, secuencia, secundar, seguidor, siguiente, según, segundo, segundón, séquito.**

Seguro, adj. *Que no corre peligro:* **Allí está seguro.** || *Cierto, que no puede fallar:* **Es seguro que vendrá.** || m. *Ayuda contratada de antemano:* **Seguro de incendios.**
Viene del latín securus, que significa 'tranquilo, sin cuidado'. || Deriv.: **Asegurar, seguramente, seguridad.** || Contr.: **Inseguro.**

Seis, adj. *Cinco y uno:* **Tengo seis caramelos.**
Viene del latín sex, que significa 'seis'. || Deriv.: **Seisavo, seiscientos, sesenta, sexagenario, sexagésimo, sextante, sexto.**

han de intervenir en un partido o en una competición.

**Seleccionar,** *tr.* Elegir, escoger.

**Selecto,** *adj.* Lo mejor entre otras cosas de su especie.

**Selenita,** *com.* Nombre que se daba antiguamente a los habitantes de la Luna (!).

**Selva,** *f.* Bosque o terreno extenso, sin cultivar y muy poblado de árboles.

**Sellar,** *tr.* Poner el sello. || Dejar la señal de una cosa en otra. || Concluir, poner fin a una cosa.

**Sello,** *m.* Instrumento que sirve para estampar letras, armas, etc. || Señal que deja el sello. || Disco de metal o de cera que estampado con un sello se unía a ciertos documentos de importancia. || Trozo pequeño de papel con signos o figuras grabadas que se pega a ciertos documentos en señal de pago de algún derecho o a las cartas para franquearlas.

Sello

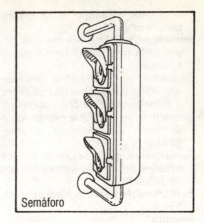
Semáforo

**Semáforo,** *m.* Poste de señales con luces rojas y verdes para indicar «paso libre» o «detenerse».

**Semana,** *f.* Período de siete días que empieza por el domingo y termina por el sábado. || **Semana inglesa:** no trabajar el sábado ni el domingo. || V. **siete.**

**Semanal,** *adj.* Que sucede o se repite cada semana. || Que dura una semana.

**Semanario,** *adj.* Semanal. || *m.* Periódico que se publica una vez a la semana.

**Semantema,** *f.* El campo de significación de una palabra, es decir, la raíz de una familia de palabras. Ej.: des**ayun**aría (la parte **subrayada** es la raíz o semantema).

**Semántica,** *f.* Ciencia que estudia el significado de las palabras y otros signos.

**Semántico,** *adj.* Que se refiere a la significación de las palabras.

**Semblante,** *m.* Cara, rostro. || Aspecto de las cosas.

**Semblanza,** *f.* Reseña de la vida de una persona.

**Sembrado,** *f.* Tierra sembrada.

**Sembrador,** *adj.* Que siembra.

**Sembrar,** *tr.* Esparcir las semillas en la tierra preparada para que germine. || Desparramar, esparcir por el suelo. || Causar, provocar.

**Semejante.**\*

**Semejanza,** *f.* Calidad de semejante. || El parecido que hay entre dos cosas.

**Semejar,** *intr.* Parecerse una persona o cosa a otra.

**Semen,** *m.* Semilla de los animales.

**Semental,** *m.* Se dice del animal elegido para padre.

**Sementera,** *f.* Lo que se hace al sembrar. || Tierra sembrada. || Cosa

---

\* Semejante, adj. *Que se parece a otra persona o cosa:* **Antonio es semejante a Juan.** || **Triángulos semejantes:** *Los que tienen la misma forma, pero uno es mayor que el otro.*
   Viene del latín **similis,** *que significa 'parecido, semejante'.*

sembrada. || Tiempo a propósito para sembrar.
**Semestral,** adj. Que sucede o se repite cada semestre. || Que dura un semestre.
**Semestre,** m. Tiempo de seis meses. || Renta o sueldo que se cobra o se paga al fin de cada semestre.
**Semicircular,** adj. Que pertenece o se refiere al semicírculo, o semejante a él.
**Semicírculo,** m. Cada una de las dos mitades del círculo separadas por un diámetro.
**Semicircunferencia,** f. Media circunferencia.
**Semilla.\***
**Semillero,** m. Sitio donde se siembra para luego trasplantar. || V. **semilla**.
**Seminario.\***
**Seminarista,** m. Alumno de un seminario.
**Semisuma,** f. Mitad de la suma.
**Semita,** adj. Descendiente de Sem; se dice de los árabes, hebreos y otros pueblos.
**Semítico,** adj. Que pertenece o se refiere a los semitas.
**Sémola,** f. Harina buena y muy menuda.
**Sempiterno,** adj. Eterno.
**Senado,** m. Asamblea de patricios que formaba el consejo supremo de la antigua Roma. || Nombre que se da en los países que tienen dos asambleas legislativas a la más importante.
**Senador,** m. Individuo que forma parte del senado.
**Sencillamente,** adv. Con sencillez, de una manera sencilla.
**Sencillez,** f. Calidad de sencillo.

**Sencillo.\***
**Senda,** f. Camino estrecho. || Camino.
**Sendero,** m. Senda.
**Sendos,** adj. pl. Uno para cada cual.
**Séneca,** m. fig. Hombre muy sabio.
**Senectud,** f. La vejez.
**Senil,** adj. Viejo, que ha llegado a la vejez.
**Seno,** m. Hueco. || Pecho humano.
**Sensación,** f. Impresión que las cosas producen en el alma por medio de los sentidos. || Emoción que produce un suceso. || V. **sentir**.
**Sensacional,** adj. Que causa sensación o llama la atención.
**Sensacionalismo,** m. Tendencia a presentar los hechos o algún asunto de una manera exagerada para crear más interés.
**Sensacionalista,** adj. Referente o relativo al sensacionalismo.
**Sensatez,** f. Prudencia y buen juicio.
**Sensato,** adj. Prudente, cuerdo.
**Sensibilidad,** f. Capacidad de sentir. || Propensión a dejarse llevar de la compasión.
**Sensible,** adj. Capaz de sentir las cosas y los hechos. || Fácil de conmover. || Que puede ser conocido por medio de los sentidos. || Fácil de observar. || Que causa sentimientos de pena o de dolor. || V. **sentir**.
**Sensiblemente,** adv. De modo sensible. || De un modo doloroso.
**Sensiblería,** f. Sensibilidad excesiva o fingida.
**Sensiblero,** adj. Que muestra sensiblería.
**Sensorial,** adj. Que se refiere al cono-

---

SEMILLA, f. *Parte de la planta que puede germinar:* **Sembré una semilla de trigo**.
  *Viene del latín* **seminia,** *que significa lo mismo que en castellano.* || *Deriv.:* **Semental, sementera, sementero, semillero, simiente.**
SEMINARIO, m. *Colegio destinado para la educación de niños y jóvenes que quieren ser sacerdotes:* **El seminario de Avila.** || *Curso práctico de enseñanza superior:* **Seminario de Ciencias Sociales**.
  *Viene del latín* **seminare,** *que significa 'sembrar'.* || *Deriv.:* **Seminarista**.
SENCILLO, adj. *Simple, sin complicación, que no está compuesto:* **Un trabajo sencillo**.
  *Viene del latín* **singulus,** *que significa 'uno solo'.* || *Deriv.:* **Sencillez, singular, singularidad, singularizar, señero.** || *Contr.:* **Complicado**.

cimiento adquirido con los sentidos.
**Sensual,** *adj.* Que se refiere a los sentidos. || Se dice de los placeres de los sentidos y de las personas aficionadas a ellos.
**Sensualidad,** *f.* Sensualismo.
**Sensualismo,** *m.* Propensión a los placeres de los sentidos. || Doctrina que pone exclusivamente en los sentidos el origen del conocimiento.
**Sentado,** *adj.* Juicioso, prudente. || Se dice del pan difícil de masticar. || **Dar por sentado:** dar por seguro.
**Sentar.**\*
**Sentencia,** *f.* Dicho o pensamiento corto y moral. || Juicio o decisión del juez. || Parecer emitido por alguno.
**Sentenciar,** *tr.* Condenar. || Dar la sentencia.
**Sentidamente,** *adv.* Con sentimiento.
**Sentido,** *adj.* Que incluye o explica un sentimiento. || Se dice de la persona que se ofende con facilidad. || *m.* Cada una de las aptitudes que tiene el alma de percibir las cosas por medio de determinados órganos corporales. || Inteligencia, entendimiento. || Modo particular de entender una cosa. || V. **sentir.**
**Sentimental,** *adj.* Que indica sentimiento verdadero o fingido. || De sensibilidad exagerada.
**Sentimiento,** *m.* Lo que se hace al sentir. || Aptitud para recibir sensaciones físicas o morales. || V. **sentir.**
**Sentina,** *f.* Una de las partes más bajas de un barco. || Lugar sucio.
**Sentir.**\*
**Seña.**\*
**Señal,** *f.* Marca que se pone a una cosa para distinguirla de otra. || Hito o piedra grande que indica algo en un camino, o los límites de un territorio. || Signo que sirve para recordar una cosa. || Huella que queda de una cosa.
**Señalado,** *adj.* Famoso, importante.
**Señalar,** *tr.* Poner una marca o señal en una cosa para distinguirla de otra. || Llamar la atención sobre algo. || Hacer una herida que deje señal. || Indicar. || *r.* Distinguirse. V. **seña.**
**Señero,** *adj.* Solo, solitario, único.
**Señor.**\*
**Señora,** *f.* Mujer. || Esposa. || **Nuestra Señora:** la Virgen María.

---

\*
SENTAR, tr. *Colocar a alguien en un asiento:* ***Le sentaron en la presidencia.*** || intr. *Caer bien o mal un alimento, bebida, etc., en el estómago:* ***La cerveza me sienta bien.***
  *Viene del latín* sedere, *que significa 'estar sentado'.* || *Deriv.:* **Asentamiento, asiento, sede, sedentario, sedimento, sentado, sesión.**
SENTIR, tr. *Percibir sensaciones físicas o morales:* ***Sentía miedo por ti.***
  *Viene del latín* sentire, *que significa 'percibir por los sentidos'.* || *Deriv.:* **Asentar, consentir, insensibilidad, presentir, resentimiento, resentir, sensación, sensatez, sensato, sensiblero, sensitivo, sentencia, sentido, sentimental, sentimiento.**
SEÑA, f. *Nota o indicación que da a entender una cosa:* ***Me hizo seña para parar.*** || ***Las señas de una persona:*** *su dirección o domicilio.*
  *Viene del latín* signa, *que significa 'marca, insignia'.* || *Deriv.:* **Asignatura, consignar, consignatario, contraseña, diseñar, enseñanza, enseñar, señal, señalado, señalamiento, señalar, significado, significar, signo.**
SEÑOR, m. *Tratamiento de cortesía que se aplica a cualquier hombre:* ***Señor D. Antonio Pérez.*** || *Dueño de una cosa:* ***El señor de esta finca.*** || *Jesucristo:* ***Nuestro Señor.***
  *Viene del latín* senior, *que significa 'más viejo'.* || *Deriv.:* **Enseñorearse, monseñor, señora, señorear, señoría, señoril, señorío, señorita, señorito, señorón.**

**Señoría,** *f.* Tratamiento que se da a algunas personas que ocupan un alto cargo.
**Señorial,** *adj.* Que pertenece o se refiere al señorío. || Majestuoso, noble.
**Señorío,** *m.* Dominio sobre una cosa. || Territorio que pertenece al señor. || Seriedad en la manera de comportarse. || Conjunto de señores, gente rica.
**Señorita,** *f.* Término de cortesía que se da a la mujer soltera.
**Señorito,** *m.* Hijo de un señor. || Nombre que dan los criados al amo. || V. **señor.**
**Señuelo,** *m.* Cosa llamativa pero que oculta una trampa o engaño.
**Seo,** *f.* Iglesia catedral.
**Sépalo,** *m.* Cada una de las hojitas verdes que hay en la parte de abajo de una flor.

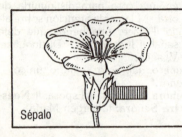
Sépalo

Sepia

**Separación,** *f.* Lo que se hace al separar o separarse.
**Separadamente,** *adv.* Con separación.
**Separar.**\*
**Separatismo,** *m.* Doctrina política de los separatistas y partido que forman.
**Separatista,** *adj.* (Persona) que quiere la separación de un territorio de la soberanía actual.
**Sepia,** *f.* Especie de calamar grande. || También se le llama jibia.
**Septentrional,** *adj.* Que se refiere al Norte. || Que está al Norte.
**Septiembre,** *m.* Noveno mes del año. || V. **siete.**
**Séptimo,** *adj.* Que sigue en orden al sexto. || Cada una de las siete partes iguales en que se divide un todo.
**Septuagésima,** *f.* Fiesta religiosa que se celebra tres semanas antes del primer domingo de cuaresma.
**Sepulcral,** *adj.* Que se refiere o pertenece al sepulcro.
**Sepulcro,** *m.* Monumento donde se da sepultura al cadáver de un cuerpo.
**Sepultar,** *tr.* Poner en la sepultura a un muerto, enterrarle. || Ocultar alguna cosa.
**Sepultura,** *f.* Lo que se hace al sepultar. || Hoyo que se hace en tierra para enterrar a un cadáver.
**Sepulturero,** *m.* El que tiene el oficio de sepultar a los muertos.
**Sequedad,** *f.* Cualidad de seco.
**Sequía,** *f.* Mucho tiempo sin llover. || Época en que llueve menos de lo debido.
**Séquito,** *m.* Conjunto de personas que acompañan a otra más importante.
**Ser.**\*

---

\*
SEPARAR, *tr. Apartar una cosa de otra:* **Se separó de su madre.**
   *Viene del latín* **separare,** *que quiere decir 'disponer aparte'.* || *Deriv.:* **Inseparable, separable, separación, separatismo, separatista.** || *Contr.:* **Unir.**
SER, *m. Cada una de las cosas que existen:* **Los seres vivos.** || *Verbo que significa existir:* **Nosotros somos.** || *Tener determinada cualidad:* **Ser estudioso.** || *Uno de los dos únicos verbos auxiliares españoles:* **Con el verbo «ser» formamos la pasiva de los verbos.**

**Serafín,** *m.* Ángel muy hermoso.
**Serenamente,** *adv.* Con serenidad.
**Serenar,** *tr.* Tranquilizar. || Calmar. || Aclarar los licores que están turbios. || Apaciguar, calmar el enfado de alguno.
**Serenata,** *f.* Música que se toca por la noche en la calle para festejar a una persona.
**Serenidad,** *f.* Calma, tranquilidad. || Tratamiento que se da a algunos príncipes. || V. **sereno.**
**Sereno.**\*
**Seriamente,** *adv.* Con seriedad, de manera grave. || V. **serio.**
**Sericultura,** *f.* Arte y técnica de criar gusanos de seda. || Industria de la producción de la seda.
**Serie,** *f.* Conjunto de cosas que se siguen unas a otras.
**Seriedad,** *f.* Calidad de serio.
**Serio.**\*
**Sermón,** *m.* Discurso religioso que el sacerdote dirige desde el púlpito a los fieles.
**Sermonear,** *tr.* Reprender mucho a uno.
**Serón,** *m.* Espuerta grande y sin asas. || Conjunto formado por dos espuertas unidas por un puente de esparto y que sirve para que los burros lleven cosas y cargas.
**Seroso,** *adj.* Que pertenece o se refiere al suero.
**Serpentear,** *intr.* Moverse o extenderse como una serpiente.
**Serpentín,** *m.* Tubo largo arrollado en espiral.
**Serpentina,** *f.* Tira de papel arrollada en espiral y, generalmente, de colores.
**Serpiente,** *f.* Animal sin patas que se

Serón

arrastra por el suelo, generalmente de gran tamaño y muy venenoso.
**Serranía,** *f.* Espacio de tierra compuesto de montañas y sierras.
**Serrano,** *adj.* Que ha nacido o vive en la sierra.
**Serrín,** *m.* Polvillo que va cayendo de una madera cuando la estamos serrando.
**Serrucho,** *m.* Especie de sierra pequeña y, por lo general, con la hoja ancha.

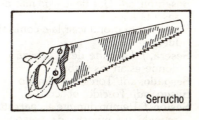
Serrucho

**Serventesio,** *m.* Cuarteto en el que riman el primer verso con el tercero y el segundo con el cuarto.
**Servicial,** *adj.* Cuidadoso y complaciente cuando presta ayuda a otro.

---

\*

Viene del latín **esse,** *que significa 'ser'.* || *Deriv.:* **Esencia, esencial, presencia, presenciar, presentar.**

Sereno, adj. *Apacible, tranquilo, sin turbación de ninguna clase:* **Noche serena.** || m. *Persona encargada de rondar por las calles durante la noche, velando por la seguridad de su zona:* **El sereno de mi barrio.** || *La humedad de la noche:* **Estar al sereno.**
    Viene del latín **serenus,** *que significa 'sereno, apacible'.* || *Deriv.:* **Serenar, serenata, serenidad.** || *Contr.:* **Turbado.**

Serio, adj. *Persona severa:* **Es un hombre muy serio.** || *Verdadero, real, importante:* **Es un trabajo serio.**
    Viene del latín **serius,** *que significa 'serio'.* || *Deriv.:* **Seriedad.** || *Contr.:* **Alegre.**

**Servicio,** *m.* Lo que se hace al servir. ‖ Estado de criado. ‖ Culto. ‖ Estado militar. ‖ Utilidad que nos presta una cosa. ‖ Conjunto de vajilla para servir en la mesa la comida, el café, etc. ‖ V. **siervo.**
**Servidor,** *m.* Persona que sirve como criado. ‖ Término de cortesía. ‖ V. **siervo.**
**Servidumbre,** *f.* Conjunto de criados. ‖ Estado del servidor.
**Servil,** *adj.* Que pertenece a los siervos y criados. ‖ Bajo, humilde.
**Servilleta,** *f.* Paño que sirve para limpiarse en la mesa.
**Servilletero,** *m.* Aro de metal en donde se pone la servilleta.
**Servir,** *intr.* Estar al servicio de otro. ‖ Valer, ser útil para una cosa. ‖ *tr.* Hacer algo en favor de otra persona. ‖ Poner en la mesa lo que se va a comer. ‖ V. **siervo.**
**Sesada,** *f.* Los sesos de un animal, sobre todo cuando están fritos.
**Sesenta,** *adj.* Seis veces diez. ‖ *m.* Conjunto de signos con que se representa el número sesenta.
**Sesentón,** *adj.* Que tiene algo más de sesenta años.
**Seseo,** *m.* El pronunciar la *c* como si fuera *s*.
**Sesera,** *f.* La parte de la cabeza en donde están los sesos.
**Sesgado,** *adj.* Torcido, inclinado.
**Sesgo,** *adj.* Torcido, oblicuo.
**Sesión,** *f.* Tiempo durante el cual está reunido un número de personas para deliberar o determinar algo. ‖ V. **sentar.**
**Seso,** *m.* Cerebro. ‖ Masa cerebral. ‖ Prudencia, cordura.
**Sestear,** *intr.* Dormir la siesta. ‖ Descansar durante la siesta.
**Sesudo,** *adj.* Que tiene seso. ‖ Prudente, cuerdo, sensato.
**Seta,** *f.* Planta muy estimada, pero que a veces es venenosa.
**Setecientos,** *adj.* Siete veces cien-

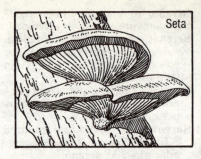
Seta

to. ‖ *m.* Conjunto de signos con que se representa el número setecientos.
**Setenta,** *adj.* Diez veces siete. ‖ *m.* Conjunto de signos con que se representa el número setenta.
**Setiembre,** *m.* Septiembre.
**Seto,** *m.* Cercado hecho de palos y ramas entretejidas.
**Seudo,** *adj.* Falso.
**Seudónimo,** *m.* Falso nombre.
**Seudópodo,** *m.* Pie falso.
**Severamente,** *adv.* Con severidad.
**Severidad,** *f.* Rigor y aspereza. ‖ Gravedad en los modales.
**Severo,** *adj.* Riguroso. ‖ Duro en el trato o en el castigo. ‖ Grave, serio.
**Sevillanas,** *f. pl.* Música muy alegre, cantada y bailada, propia de Sevilla, que se acompaña del sonido de las castañuelas y las palmas.
**Sevillano,** *adj.* Que ha nacido en Sevilla. ‖ Que pertenece a esta ciudad o a su provincia.
**Sexagésima,** *f.* Fiesta religiosa que se celebra quince días antes que el primer domingo de cuaresma.
**Sexo.\***
**Sexteto,** *m.* Composición musical para seis instrumentos o seis voces.
**Sexto,** *adj.* Que sigue inmediatamente en orden al quinto. ‖ Cada una de las seis partes iguales en que se divide un todo.
**Sexual,** *adj.* Que pertenece o se refiere al sexo.

---

\*
SEXO. *Condición orgánica del individuo que distingue al macho de la hembra en animales y plantas:* **Creó, pues, Dios al hombre a su imagen, macho y hembra los creó.**
   Viene del latín **sexus,** *que quiere decir 'sexo', y especialmente el sexo femenino, las mujeres.* ‖ *Deriv.:* **Asexuado, asexual, sexual, sexualidad, sexuado.**

**Sexualidad,** *f.* Conjunto de características propias de cada sexo.
**Shock,** *m.* Agotamiento total y repentino de todas las fuerzas del cuerpo. ‖ En inglés, shock=«choque».
**Sí.\***
**siameses (Hermanos),** *m. pl.* Los que nacen pegados entre sí por alguna parte o región del cuerpo.
**Sibarita,** *adj.* (Persona) que ha nacido en Síbaris. ‖ Que pertenece a esta ciudad de la Italia antigua. ‖ Se dice de aquella persona que sea muy amiga de los placeres y, sobre todo, de la mesa y del sofá.
**Siberiano,** *adj.* De Siberia (al norte de Asia). ‖ Muy frío.
**Sibila,** *f.* Especie de profetisa antigua que hacía sus anuncios danzando y cantando.
**Siciliano,** *adj.* Que ha nacido en Sicilia. ‖ Que pertenece a esta isla de Italia.
**Sidecar.** (Palabra inglesa), *m.* Especie de cochecito pequeño y descubierto que llevan algunas motos a su lado.
**Sideral,** *adj.* De las estrellas.
**Siderurgia,** *f.* Arte de extraer y trabajar el hierro y el acero.
**Siderúrgico,** *adj.* Que pertenece o se refiere a la siderurgia.
**Sidra,** *f.* Bebida alcohólica derivada del zumo de las manzanas.

**Siega,** *f.* Lo que se hace al segar la mies. ‖ Tiempo en que se siega. ‖ Conjunto de mieses ya segadas.
**Siembra,** *f.* Lo que se hace al sembrar. ‖ Tiempo en que se siembra. ‖ Tierra ya sembrada.

Siembra

**Siempre.\***
**Sien,** *f.* Cada uno de los extremos de la frente, comprendido entre la frente, la oreja y el extremo del ojo.
**Sierpe,** *f.* Serpiente, culebra.
**Sierra,** *f.* Cuchilla de acero que sirve para partir madera y otras cosas. ‖ Conjunto de montañas.
**Siervo.\***

---

**Si,** 1) *Sin acento, es conjunción condicional: **Si estudias, aprobarás el examen.*** ‖ 2) *Con acento, o es pronombre reflexivo de tercera persona (**pensó para sí que aquello le convenía,** o es adverbio de afirmación (**sí, señor; lo haré ahora mismo**). En esta forma puede sustantivarse: **Me dará el sí; el sí de las niñas;** etc.* ‖ 3) *m. Séptima nota musical:* **Do, re, mi, fa, sol, la, si.**
*Si es conjunción, viene de la conjunción latina* si *(que significa igual que en castellano).* ‖ *Si es pronombre, viene del latín* sibi *('para sí, para él').* ‖ *Cuando es adverbio de afirmación viene del adverbio latino* sic *('así').* ‖ *Cuando es nota musical, está formada por las dos iniciales del nombre de* **San Juan** *escrito en latín.*
*Sólo tiene derivados cuando es pronombre.* ‖ *Deriv.:* **Aseidad, consigo, ensimismarse, se, su, suicida, suicidarse, suicidio, suyo.**
**Siempre,** adv. *En todo tiempo:* **Siempre estás leyendo.**
*Viene del latín* semper, *que significa 'siempre'.* ‖ *Deriv.:* **Sempiterno, siempreviva.** ‖ *Contr.:* **Nunca.**
**Siervo,** m. *Servidor, esclavo:* **Antiguamente había siervos o esclavos.** ‖ *Título de humildad del Papa:* **Siervo de los siervos del Señor.**
*Viene del latín* servus, *que significa 'esclavo'.* ‖ *Deriv.:* **Sargento, servicial, servicio, servidor, servidumbre, servil, servilleta, servir, sirviente.** ‖ *Contr.:* **Libre, señor.**

**Siesta,** *f.* Tiempo después del mediodía en el que más calor hace. ‖ Tiempo en el que se duerme o descansa después de la comida.
**Siete.**\*
**Sífilis,** *f.* Una enfermedad infecciosa, crónica, generalmente transmitida por contacto sexual.
**Sifón,** *m.* Botella que tiene por dentro líquido a presión llamado agua de seltz y que sale por un tubo doblado (que es verdaderamente lo que se llama sifón=tubo encorvado para pasar líquidos de una parte a otra).
**Sigilo,** *m.* Secreto.
**Sigla,** *f.* Letra o letras iniciales que se utilizan como abreviatura de una palabra.
**Siglo.**\*
**Signarse,** *r.* Hacerse la señal de la cruz.
**Significación,** *f.* Lo que se hace al significar. ‖ Lo que quiere decir o expresar una frase, una cosa, etc.
**Significado,** *m.* Sentido de una palabra o frase.
**Significar,** *tr.* Ser una cosa indicio de otra. ‖ Ser una palabra o frase expresión de una idea. ‖ Hacer saber.
**Significativo,** *adj.* Que da a entender con claridad una cosa.
**Signo,** *m.* Indicio, señal. ‖ Señal que se usa en los cálculos para indicar las operaciones que hay que hacer. ‖ V. **seña.**
**Siguiente,** *adj.* Que sigue. ‖ Posterior. ‖ V. **seguir.**
**Sílaba,** *f.* Una o varias letras que se pronuncian de una sola vez.

Sifón

**Silabario,** *m.* Libro con sílabas que se emplea para enseñar a leer.
**Silabear,** *intr.* Ir pronunciando por separado cada una de las sílabas de un escrito o palabra.
**Silanga,** *f.* Estrecho entre dos islas.
**Silbar,** *intr.* Dar silbidos. ‖ Manifestar desagrado el público con silbidos.
**Silbato,** *m.* Instrumento pequeño y hueco que soplando por él con fuerza da un pitido muy sonoro.
**Silbido,** *m.* Sonido fuerte que resulta de hacer pasar con fuerza el aire por la boca con los labios fruncidos o con los dedos meditos en ella. ‖ El mismo sonido que se hace soplando con fuerza en un cuerpo hueco como silbato, llave, etc.
**Silbo,** *m.* Ruido sonoro y prolongado que se obtiene soplando fuerte por el hueco de una llave. ‖ Voz aguda y penetrante de la serpiente.
**Silenciar,** *tr.* Callar. ‖ Callarse uno una cosa.
**Silencio.**\*

---

**Siete,** adj. *Seis y uno:* **Tengo siete muñecas.** ‖ m. *Signo o conjunto de signos con que se representa el número siete:* **7, VII.**
    *Viene del latín* **septem,** *que significa 'siete'.* ‖ *Deriv.:* **Semana, semanal, semanario, septiembre, séptimo, septuagésima, setecientos, setenta, setentón.**
**Siglo,** m. *Espacio de cien años:* **El siglo XX.** ‖ **Siglo de Oro de un país:** *La época más importante de su historia.*
    *Viene del latín* **saeculum,** *que significa 'generación, época'.* ‖ *Deriv.:* **Secular, secularización, secularizar, seglar.**
**Silencio,** m. *El estar sin hablar, y sin hacer ruido:* **En la escuela se guarda silencio.**
    *Viene del latín* **silentium,** *que significa 'estar callado'.* ‖ *Deriv.:* **Silenciar, silencioso.** ‖ *Contr.:* **Ruido.**

**Silenciosamente,** *adv.* Con silencio. ‖ Disimuladamente.
**Silencioso,** *adj.* Que calla. ‖ Que guarda silencio. ‖ Que no hace ruido.
**Silicato,** *m.* Cuerpo compuesto de ácido silícico.
**Sílice,** *f.* Combinación de silicio con el oxígeno. ‖ Cuarzo, pedernal.
**Silicio.** Cuerpo que se extrae de la sílice; es muy abundante y forma la cuarta parte de la tierra. ‖ V. **Informática.**
**Silo,** *m.* Lugar donde se guarda el trigo y otros cereales. ‖ Cualquier lugar profundo y oscuro.

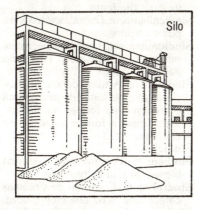
Silo

**Silogismo,** *m.* Conjunto de tres verdades seguidas, de las cuales dos nos las dicen y la tercera la sacamos nosotros como consecuencia. Ej.: 1) cuando llueve las calles están mojadas; 2) ahora está lloviendo, y 3) **por tanto las calles están mojadas ahora.**
**Silueta,** *f.* Dibujo sin detalles, que sigue el contorno de una persona o cosa.
**Siluetar,** *tr.* Dibujar, recorrer, etc., algo siguiendo su silueta. U. t. c. r.
**Silvestre,** *adj.* Que nace y crece en el campo sin cultivarlo nadie. ‖ Salvaje.
**Silla,** *f.* Asiento para una persona, y especialmente el que tiene cuatro patas y respaldo. ‖ Aparejo para montar a caballo.
**Sillín,** *m.* Asiento de una bicicleta o de una moto.

**Sillón,** *m.* Silla de brazos, mayor y más cómoda que la corriente.
**Sima,** *f.* Cavidad muy grande y muy profunda, raja muy profunda en la tierra.

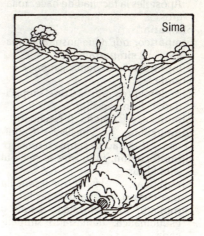
Sima

**Simbiosis,** *f.* Vida en común.
**Simbólico,** *adj.* Que pertenece o se refiere al símbolo. ‖ Expresado por medio de un símbolo.
**Símbolo,** *m.* Signo, señal o divisa con que se representa una idea o una cosa.
**Simetría,** *f.* Proporción de unas partes con otras y de ellas con el conjunto.
**Simétrico,** *adj.* Que tiene simetría.
**Simiente,** *f.* Semilla.
**Simienza,** *f.* Sementera. ‖ Tierra sembrada. ‖ Tiempo a propósito para sembrar.
**Similar,** *adj.* Que tiene semejanza con una cosa. ‖ Semejante, parecido. ‖ V. **semejante.**

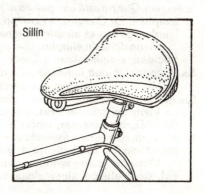
Sillín

**Simio,** m. Mono, un mono cualquiera.
**Simonía,** f. El comprar o vender cosas sagradas; como quiso Simón el Mago: que quería comprarles a los Apóstoles la facultad de hacer milagros.
**Simpatía.\***
**Simpático,** adj. Que inspira simpatía. || V. **simpatía.**
**Simpatizar,** intr. Sentir simpatía.
**Simple.\***
**Simplemente,** adv. Con simplicidad. || Con sencillez.
**Simpleza,** f. Tontería. || Necedad.
**Simplicidad,** f. Sencillez. || Candidez. || Calidad de simple o sencillo.
**Simplificación,** f. Lo que se hace al simplificar.
**Simplificar,** tr. Hacer más sencilla una cosa o hacerla más fácil.
**Simplista,** adj. Demasiado simple y esquemática, demasiado simplificada.
**Simulación,** f. Lo que se hace al simular o fingir.
**Simulacro,** m. Cosa fingida.
**Simular,** tr. Fingir una cosa.
**Simultáneamente,** adv. Al mismo tiempo.
**Simultaneidad,** f. Coincidencia en el tiempo.
**Simultáneo,** adj. Que ocurre al mismo tiempo que otra cosa.
**Simún,** m. Viento muy caliente que sopla en los desiertos de África y de Arabia.
**Sin.\***
**Sinagoga,** f. Especie de templo en donde se reunían los judíos para dar culto a Dios.
**Sinceramente,** adv. Con sinceridad.
**Sinceridad,** f. El no fingir. || Verdad. || V. **sincero.**
**Sincero.\***
**Síncope,** m. El quedarse parado de pronto el corazón y perder el conocimiento.
**Sindicación,** f. Lo que se hace al sindicar o sindicarse.
**Sindical,** adj. Que se refiere al síndico. || Que pertenece al sindicato. || V. **sindicato.**
**Sindicalismo,** m. Organización obrera por sindicatos.
**Sindicalista,** adj. Que pertenece o se refiere al sindicalismo. || Partidario del sindicalismo.
**Sindicar,** tr. Acusar, delatar. || Asociar razas, personas de una misma profesión para formar un sindicato. || Entrar a formar parte de un sindicato.
**Sindicato.\***
**Síndico,** m. Persona que cuida los bienes de una comunidad.
**Síndrome,** m. Conjunto de síntomas característicos de una enfermedad.
**Sinfín,** m. Que no tiene fin. || Gran abundancia.

---

\*

SIMPATÍA, f. *Inclinación que una persona siente hacia otra:* **Tengo mucha simpatía a Isabel.**
    *Viene del griego* **sympátheia,** *que quiere decir 'acto de sentir igual que otro'.* || *Deriv.:* **Simpático, simpatizar.** || *Contr.:* **Antipatía.**
SIMPLE, adj. *Que no está compuesto ni presenta complicación:* **Es una cosa muy simple.** || *En Ciencias, un cuerpo es simple cuando todos sus átomos son iguales:* **El oro es simple; el agua, no.**
    *Viene del latín* **simplus,** *que significa 'simple'.* || *Deriv.:* **Simpleza, simplicidad, simplicísimo.** || *Contr.:* **Compuesto.**
SIN. *Preposición que indica la falta de algo:* **Fue sin abrigo.**
    *Viene del latín* **sine,** *que significa 'sin'.* || *Contr.:* **con.**
SINCERO, adj. *Verdadero, sin fingir:* **Su pena es sincera.**
    *Viene del latín* **sincerus,** *que quiere decir 'intacto, natural, no corrompido'.* || *Deriv.:* **Sincerar, sinceridad.** || *Contr.:* **Hipócrita.**
SINDICATO, m. *Asociación formada por la defensa de intereses comunes a todos sus asociados:* **El sindicato de panaderos.**
    *Viene del griego* **syndikos,** *que quiere decir 'defensor'.* || *Deriv.:* **Sindical, sindicalismo, sindicalista, síndico.**

**Sinfonía,** *f.* Conjunto de voces, de instrumentos musicales o de ambas cosas y que suenan a la vez. || Trozo de música compuesto para ser tocado por varios instrumentos.
**Sinfónico,** *adj.* Que pertenece o se refiere a la sinfonía.
**Singular,** *adj.* Único, extraordinario, especial, que no se parece a los demás. || Original en su conducta. || **Número singular:** el que indica una sola persona o cosa.
**Singularmente,** *adv.* Separadamente. || Particularmente.
**Siniestro,** *adj.* Que está al lado izquierdo. || Perverso, malo. || *m.* Daño grande que sufren las personas o los bienes, especialmente por incendio o naufragio.
**Sino,** *m.* Destino. || Conjunción con que se contrapone un concepto. || V. **seña.** || V. **sí.**
**Sinodal,** *adj.* Del Sínodo.
**Sínodo,** *m.* Nombre que antiguamente se daba a los concilios. || Asamblea de clérigos que se reúnen para estudiar asuntos que se refieren a una diócesis. || Órgano eclesiástico, convocado por el Papa, para asuntos doctrinales y pastorales de toda la Iglesia.
**Sinónimo,** *adj.* Se dice de las palabras que tienen igual significación.
**Sinóptico,** *adj.* Que presenta a primera vista un conjunto.
**Sinrazón,** *f.* Acción injusta o contra lo razonable.
**Sintagma,** *m.* Grupo de palabras de elementos lingüísticos que funcionan como una unidad.
**Sintaxis,** *f.* Parte de la gramática que enseña las funciones y el orden de las palabras.
**Síntesis,** *f.* Composición de un todo por la reunión de sus partes. || Suma y compendio de una materia. || Contr.: **Análisis.**
**Sintéticamente,** *adv.* De manera sintética.
**Sintético,** *adj.* Que pertenece o se refiere a la síntesis.
**Sintetizar,** *tr.* Hacer síntesis.
**Síntoma,** *f.* Fenómeno propio de una enfermedad.
**Sinuosidad,** *f.* Calidad de sinuoso.
**Sinuoso,** *adj.* Torcido. || Que tiene vuelta. || Se dice de una persona que trata de ocultar o disimular lo que se propone.
**Sinvergüenza,** *adj.* Pícaro. || Que no tiene vergüenza.
**Sionista,** *adj.* Perteneciente al sionismo o movimiento nacional de los judíos.
**Siquiera,** *conj.* Aunque. || *adv.* Tan sólo, por lo menos. || V. **querer.**
**Sirena,** *f.* Pito que se oye a mucha distancia y que se emplea en los buques, fábricas, etc. || Figura imaginaria, mitad pez y mitad mujer. || Mujer seductora.
**Sirviente,** *adj.* (Persona) que sirve a otra.
**Sisear,** *intr. y tr.* Pronunciar repetidamente el sonido de la s para manifestar desagrado o para llamar.
**Sistema.***
**Sistemáticamente,** *adv.* De modo sistemático. || Metódicamente.
**Sistemático,** *adj.* Que sigue un sistema.
**Sistematización,** *f.* Lo que se hace al sistematizar.
**Sistematizar,** *tr.* Reducir a sistema.
**Sitial,** *m.* Asiento de ceremonia que usan en actos solemnes determinadas personas.
**Sitiar,** *tr.* Cercar una ciudad o fortaleza para apoderarse de ella. || Perseguir a una persona o a un animal para cogerlo.
**Sitio.***

---

*
Sɪsᴛᴇᴍᴀ, m. *Conjunto de reglas sobre una materia:* **El sistema métrico decimal.** || *Conjunto de órganos que están igualmente formados:* **Sistema nervioso.** || *Conjunto de cosas bien relacionadas entre sí:* **Sistema solar.**
    *Viene del griego* **synistemi,** *que significa 'componer, reunir'.* || *Deriv.:* **Sistemático, sistematizar.**

Sɪᴛɪᴏ, m. *Lugar, paraje:* **Es un sitio muy bonito.** || *Lugar reservado para una*

Sitial

**Situación,** *f.* Lo que se consigue al situar o situarse. || Disposición de una cosa respecto del lugar que ocupa. || Estado, condición económica de una persona. || V. **sitio.**
**Situar,** *tr.* Poner a una persona en determinado lugar o situación. || V. **sitio.**
**Slogan.** (Palabra inglesa), *m.* Frase publicitaria.
**So,** *prep.* Bajo. || *Interj.* Se usa para que se detengan las caballerías. || *m. fam.* Nombre que se usa mucho poniéndole detrás un adjetivo de desprecio para indicar más desprecio todavía. (Ej.: **calla, so bruto.**)
**Soba,** *f.* El manosear mucho una cosa. || Paliza.
**Sobaco,** *m.* Hueco entre el brazo y el lado del tronco.
**Sobar,** *tr.* Manosear mucho una cosa para que se ponga blanda.
**Soberado,** *m.* Sobrado, desván.
**Soberanía,** *f.* Calidad de soberano. || Poder que sobre todos sus súbditos tiene el soberano.
**Soberano,** *adj.* Que ejerce la autoridad suprema. || Excelente, grande. || V. **sobre.**
**Soberbia,** *f.* Orgullo. || Excesiva estimación de uno propio y desprecio de los demás. || Ira, cólera, enfado excesivo.
**Soberbio,** *adj.* Que tiene soberbia. || Orgulloso. || Grandioso, magnífico.
**Sobornar,** *tr.* Pervertir a uno con regalos para conseguir de él algo.
**Sobra,** *f.* Exceso de una cosa. || *pl.* Restos que quedan de la comida. || Lo que sobra o queda de una cosa.
**Sobradamente,** *adv.* De sobra, con exceso.
**Sobrado,** *adj.* Demasiado, excesivo, que sobra. || *m.* Desván.
**Sobrante,** *adj.* Que sobra o está de más.
**Sobrar,** *tr.* Exceder o aventajar. || *intr.* Exceder de lo que se necesita para una cosa. || Estar de más.
**Sobrasada,** *f.* Embutido de carne de cerdo muy picada y mezclada con pimiento rojo molido.
**Sobre.\***
**Sobre,** *m.* Cubierta de papel donde se mete la carta, tarjeta, etc.
**Sobreabundancia,** *f.* Abundancia grande.
**Sobrealimentación,** *f.* El tomar más alimento del que se necesita corrientemente.
**Sobrecarga,** *f.* Lo que se añade a una carga. || Cuerda que se echa encima de una carga para asegurarla. || Molestia que sobreviene y se añade a otra.

\*
persona: *Este es mi sitio.* || *El sitiar una ciudad sus enemigos:* **El sitio de Gerona.**
Viene del latín **situare,** *que significa 'situar'.* || *Deriv.:* **Sitiador, sitial, sitiar, situación, situar.**
Sobre, prep. Encima: *El vestido está sobre la cama.* || *Acerca de:* **Me preguntaron sobre Geografía.** || *Además de:* **Una desgracia sobre otra.** || *Sobre todo:* en primer lugar, primero que otra cosa.
Viene del latín **super,** *que significa 'sobre'.* || *Deriv.:* **Soberanía, soberano, sobra, sobrado, sobrante, sobrar, soprano, superación, superar, superávit, superchería, superior, superioridad.** || *Contr.:* **Bajo.**

**Sobrecoger,** tr. Coger de sorpresa, sorprender. ‖ r. Asustarse.
**Sobrehumano,** adj. Superior a las fuerzas del hombre.
**Sobrellevar,** tr. Ayudar a uno a llevar una carga. ‖ Sufrir con paciencia alguna molestia o desgracia.
**Sobremanera,** adv. Con exceso.
**Sobremesa,** f. Tapete que se pone sobre la mesa para adorno. ‖ Tiempo que se está a la mesa después de haber comido y durante el cual se habla, se juega y se ríe.
**Sobrenatural,** adj. Que excede los términos de la naturaleza. ‖ Divino.
**Sobrenombre,** m. Apodo, mote.
**Sobrepasar,** tr. Pasar de lo justo. ‖ Exceder.
**Sobrepelliz,** f. Vestidura blanca de tela fina que llevan sobre la sotana los sacerdotes en algunas funciones religiosas.
**Sobreponerse,** r. Dominarse un impulso, un dolor, una pena, un deseo de reñir, etc.
**Sobrero,** adj. Se le llama así al toro que está reservado para que salga en el caso de que uno de los toros de la corrida salga manso, se quede cojo o le ocurra alguna cosa por la que no se le pueda torear.
**Sobresaliente,** adj. Que sobresale. ‖ En la calificación de los exámenes, nota muy buena. ‖ Persona destinada a reemplazar a otra en caso de necesidad, como entre artistas, toreros, etc.
**Sobresalir,** intr. Exceder. ‖ Aventajar una persona o cosa a otras.
**Sobresaltar,** tr. Asustar a uno repentinamente. ‖ intr. Resaltar.
**Sobresalto,** m. Sorpresa que causa un suceso imprevisto. ‖ Temor o susto repentino.
**Sobresdrújula,** adj. Se le dice a la palabra que tiene tres o más sílabas detrás de la que lleva el acento.
**Sobresueldo,** m. Dinero que se gana trabajando horas extraordinarias.

**Sobretodo,** m. Prenda de vestir que se lleva sobre el traje ordinario.
**Sobrevenir,** intr. Suceder una cosa después de otra. ‖ Venir de improviso.
**Sobrevivir,** intr. Quedar vivo y estar ya el compañero muerto.
**Sobriedad,** f. Calidad de sobrio. ‖ Moderación (al comer y al beber).
**Sobrino.**\*
**Sobrio,** adj. Moderado en comer y beber.
**Socaire,** m. Defensa que ofrece una cosa en el lado opuesto de donde sopla el viento.
**Socarrón,** adj. Astuto. ‖ Disimulado.
**Socavar,** tr. Excavar una cosa por debajo.
**Socavón,** m. Hoyo muy hondo excavado en un monte o en un camino, y en cuyo fondo hay una cueva. ‖ fig. Hoyo formado en una calle.

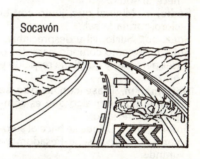
Socavón

**Sociabilidad,** f. Afición natural a estar con los demás.
**Sociable,** adj. Que le gusta el trato con la gente.
**Social,** adj. Que pertenece o se refiere a la sociedad. ‖ V. **socio.**
**Socialismo,** m. Sistema social basado en que sean del Estado todos los medios de producción.
**Socialista,** adj. (Persona) partidaria del socialismo. ‖ Que pertenece o se refiere al socialismo.
**Socializar,** tr. Pasar una industria a propiedad del Estado.
**Sociedad,** f. Reunión de personas, fa-

---

\* SOBRINO, m. *Hijo o hija del hermano o hermana de una persona:* **Tengo dos sobrinas.**
 Viene del latín **sobrinus,** *que quiere decir 'sobrino'.*

milias, pueblos o naciones. || Agrupación de personas para un fin determinado; para un negocio, por ejemplo. || V. **socio**.
**Socio.***
**Socio.** Prefijo que entra en la formación de algunas palabras con el significado de «social».
**Sociología,** *f.* Ciencia que estudia las condiciones y la organización de las sociedades humanas.
**Socorrer,** *tr.* Ayudar a uno en un peligro o necesidad.
**Socorrido,** *adj.* Que sirve para muchas necesidades.
**Socorro,** *m.* Lo que se hace al socorrer. || Dinero, alimento u otra cosa con la que se socorre. || Tropa que acude en auxilio de otra.
**Soda,** *f.* Sosa. || Bebida de agua carbónica, llamada también agua de seltz.
**Sódico,** *adj.* Que se refiere o pertenece al sodio.
**Sodio,** *m.* Mineral que, junto con el cloro, forma la sal.
**Soez,** *adj.* Sucio, vil y despreciable.
**Sofá,** *m.* Asiento cómodo para dos o tres personas y que tiene respaldo y brazos.
**Sofisma,** *m.* Frase con la que se quiere defender algo que es completamente falso.
**Sofocación,** *f.* Lo que se hace al sofocar o sofocarse. || Pesadumbre grande.
**Sofocar,** *tr.* Ahogar. || Impedir la respiración. || Apagar, extinguir. || Avergonzar, abochornar.
**Sofoco,** *m.* Disgusto que parece que nos va a ahogar.
**Sofrito,** *adj.* Casi frito, frito un poco.
**Soga,** *f.* Cuerda gruesa de esparto.

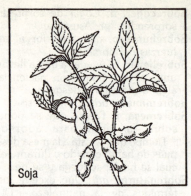

Soja

**Soja,** *f.* Especie de legumbre parecida a la mata de judías, de cuya semilla se extrae aceite.
**Sojuzgar,** *tr.* Dominar, avasallar. || Mandar con violencia.
**Sol.***
**Solamente,** *adv.* De un solo modo. || Únicamente. || V. **solo**.
**Solana,** *f.* Sitio donde da mucho el sol. || Balcón o galería para tomar el sol.
**Solano,** *m.* Viento sofocante y cálido que sopla de la parte oriental.
**Solapa,** *f.* Parte del vestido o chaqueta que se dobla hacia fuera cerca del cuello.
**Solapadamente,** *adv.* Con disimulo.
**Solapado,** *adj.* Se dice del que obra con cautela y disimulo.
**Solar,** *adj.* Perteneciente al Sol. || *m.* Terreno en que se edifica. || Linaje.
**Solariego,** *adj.* Relativo al solar. || Antiguo y noble.
**Solaz,** *m.* Placer. || Descanso.
**Solazar,** *tr.* Dar solaz. || *r.* Descansar.
**Soldadesca,** *f.* Tropa indisciplinada.
**Soldado,** *m.* Hombre que sirve en la milicia. || Militar sin graduación. || V. **sueldo**.

* ─────────────────────────────

Socio, *m. Persona asociada con otras para un fin determinado:* **Juan es socio de la biblioteca.**
    *Viene del latín* **socius,** *que quiere decir 'compañero'.* || *Deriv.:* **Asociación, asociar, disociar, sociable, social, socialismo, socialista, sociedad, societario, sociología, sociólogo.**

Sol, *m. Astro luminoso, centro de nuestro sistema planetario:* **¿Habrá mañana eclipse de Sol?** || *Luz y calor que nos envía el Sol:* **Vamos a sentarnos al sol.**
    *Viene del latín* **sol,** *que significa 'sol'.* || *Deriv.:* **Asolar, asolear, insolación, insolar, solana, solano, solar, soleado, solsticio.**

**Soldadura,** f. Lo que se hace al soldar. ‖ Reparación de una cosa. ‖ **Soldadura autógena:** la que se hace con el mismo metal de que estén hechas las piezas que se van a soldar.
**Soldar,** tr. Unir sólidamente dos cosas, y más especialmente unir dos piezas mecánicas con un metal fundido.
**Solear,** tr. Poner al sol una cosa durante mucho tiempo.
**Solecismo,** m. Falta de sintaxis. ‖ Falta de corrección al usar un idioma.
**Soledad,** f. Carencia de compañía. ‖ Lugar desierto. ‖ Tristeza que se siente por la ausencia de una persona. ‖ V. **solo.**
**Solemne.***
**Solemnemente,** adv. De manera solemne. ‖ V. **solemne.**
**Solemnidad,** f. Calidad de solemne. ‖ Acto o ceremonia solemne. ‖ Festividad eclesiástica.
**Solenoide,** m. Hilo enrollado y atravesado por una corriente eléctrica.
**Soler.***
**Solera,** f. Madero sobre el que descansan otros maderos del mismo edificio. ‖ Sedimento que deja el mosto al transformarse en vino.
**Solería,** f. Conjunto de losas o ladrillos que forman el suelo de una habitación o de una casa.
**Solfatara,** f. En los terrenos volcánicos, abertura por donde salen muchos gases.
**Solfear,** tr. Cantar marcando el compás y pronunciando el nombre de las notas musicales. ‖ Castigar a uno dándole golpes con la mano.

**Solfeo,** m. Lo que se hace al solfear. ‖ Zurra.
**Solícitamente,** adv. De manera solícita. ‖ Con diligencia y cuidado.
**Solicitante,** adj. Que solicita.
**Solicitar.***
**Solícito,** adj. Diligente, cuidadoso.
**Solicitud,** f. Gran cuidado. ‖ Diligencia. ‖ Instancia. ‖ V. **solicitar.**
**Sólidamente,** adv. Con solidez. ‖ Con razones verdaderas.
**Solidaridad,** f. Participación por igual entre varios (de los intereses y responsabilidades acerca de una cosa).
**Solidario,** adj. Que obliga a varias personas por igual. ‖ Adherido a la causa o empresa de otro.
**Solidarizarse,** r. Obligarse entre sí varias personas por igual.
**Solidez,** f. Calidad de sólido. ‖ Firmeza.
**Solidificar,** tr. Hacer sólido un cuerpo líquido enfriándolo mucho.
**Sólido,** adj. (Cuerpo) que por su consistencia tiene siempre la misma forma. ‖ Firme, macizo, consistente, duro y fuerte.
**Soliloquio,** m. Parrafada estando uno solo.
**Solio,** m. Trono o silla con dosel.
**Solípedo,** adj. Que tiene una pezuña en cada pata (como le pasa al caballo, a la cebra, etc.).

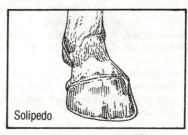

Solípedo

---

*
Solemne, adj. *Que se celebra con gran ceremonia, majestuoso, magnífico:* **Fue un acto muy solemne.**
    *Viene del latín* **sollemnis,** *que significa 'consagrado, que se celebra en fechas fijas'.* ‖ *Deriv.:* **Solemnidad, solemnizar.** ‖ *Contr.:* **Sencillo.**
Soler, intr. *Tener costumbre de hacer alguna cosa:* **Suele ir al cine los jueves.** ‖ *Hablando de hechos o cosas: ser frecuente:* **Suele llover.**
    *Viene del latín* **solere,** *que significa 'acostumbrar'.* ‖ *Deriv.:* **Insolencia, insolente, insólito, sólito.**
Solicitar, tr. *Pedir o buscar una cosa:* **Solicito un empleo.**
    *Viene del latín* **sollicitare,** *que significa 'solicitar'.* ‖ *Deriv.:* **Solicitación, solicitante, solicitud.**

**Solista,** *m.* Músico que ejecuta él solito toda la pieza musical o una parte grande de la misma.
**Solitaria,** *f.* Tenia.
**Solitario,** *adj.* Desamparado. ‖ Desierto. ‖ *m.* Aquel que le gusta la soledad. ‖ Diamante grueso de mucho valor que se pone él solo como adorno en un anillo, pendiente, etc. ‖ Juego de cartas que sólo necesita un jugador.
**Soliviantar,** *tr.* Incitar. ‖ Mover el ánimo de una persona a la rebeldía.
**Solo.\***
**Solomillo,** *m.* Capa de carne que tienen los animales entre las costillas y el lomo.
**Solsticio,** *m.* Época en que los rayos del sol caen perpendiculares a los trópicos. Como los trópicos son dos, los solsticios también son dos (el de verano y el de invierno, llamados así porque entonces entra el verano o entra el invierno).
**Soltar,** *tr.* Desatar. ‖ Dejar en libertad al que estaba detenido. ‖ Decir. ‖ *r.* Empezar a hacer algunas cosas, como hablar, andar y escribir.
**Soltería,** *f.* Estado del soltero.
**Soltero,** *adj.* Que no está casado.
**Solterón,** *adj.* Soltero bastante viejo.
**Soltura,** *f.* Lo que se hace al soltar. ‖ Agilidad, facilidad para hacer algo. ‖ Descaro. ‖ Libertad.
**Solubilidad,** *f.* Calidad de soluble.
**Soluble,** *adj.* Que se puede disolver.
**Solución.\***
**Solucionar,** *tr.* Resolver un asunto.
**Solvencia,** *f.* Capacidad para pagar una deuda. ‖ Capacidad para cumplir una obligación.

**Solventar,** *tr.* Solucionar un asunto. ‖ Pagar una deuda.
**Solvente,** *adj.* Que tiene solvencia.
**Sollozante,** *adj.* Que solloza.
**Sollozar,** *intr.* Llorar, respirando más veces hacia adentro que hacia afuera.
**Sollozo,** *m.* Acción de sollozar.
**Sombra,** *f.* Oscuridad, falta de luz. ‖ Imagen oscura que sobre una superficie proyecta el contorno de un cuerpo. ‖ Espectro o aparición fantástica de una persona muerta. ‖ Defensa, protección. ‖ Semejanza de una cosa.
**Sombrear,** *tr.* Dar sombra a una cosa, dibujo o pintura.
**Sombrerillo,** *m.* Planta herbácea, muy corriente en los tejados y escombros. También se le llama jaramago.
**Sombrero.\***
**Sombrilla,** *f.* Especie de paraguas para resguardarse del sol.
**Sombrío,** *adj.* Lugar poco iluminado o que siempre está en sombra. ‖ Melancólico, triste.
**Somero,** *adj.* Rápido, ligero y superficial.
**Someter,** *tr.* Dominar, rendir, vencer. ‖ V. meter.
**Sometimiento,** *m.* Lo que se hace al someter o someterse.
**Somier,** *m.* Marco de hierro con tela metálica que tiene la cama y sobre el cual se pone el colchón.
**Somnífero,** *adj.* Que produce sueño.
**Somnolencia,** *f.* El tener el cuerpo muy torpe a causa del sueño y de las ganas de dormir.
**Son,** *m.* Sonido agradable. ‖ Noticia, rumor de una cosa.

---

Solo, *adj. Que no tiene compañía:* **Fui solo al cine.** ‖ *Si va acentuado* **(sólo),** *es adverbio y significa 'solamente':* **Sólo quiero esto.**
        *Viene del latín* **solus,** *que significa 'solo'.* ‖ *Deriv.:* **Soledad, solideo, soliloquio, solista, solitario.** ‖ *Contr.:* **Acompañado.**
Solución, *f. El hecho de quitar una dificultad:* **Ya tengo la solución.** ‖ *Líquido en el que se ha disuelto una sustancia:* **Solución o disolución.** ‖ *Resultado de un problema:* **¿Te da a ti la misma solución que a mí?**
        *Viene del latín* **solutio,** *que significa 'disolución'.* ‖ *Deriv.:* **Solucionar.**
Sombrero, m. *Prenda de vestir que sirve para cubrir la cabeza:* **Llevaba el sombrero puesto.**
        *Viene del latín* **umbraculum,** *que quiere decir 'sombra pequeña'.* ‖ *Deriv.:* **Sombrerería, sombrerero.**

**Sonado,** *adj.* Famoso. || Publicado con mucho ruido.
**Sonajero,** *m.* Especie de juguete sonoro para niños muy pequeños.
**Sonambulismo,** *m.* El hablar o andar mientras se duerme.
**Sonámbulo,** *adj.* (Persona) que durante el sueño habla, anda, etc., sin darse cuenta.
**Sonar,** *intr.* Hacer ruido una cosa. || *r.* Limpiarse los mocos haciendo salir el aire por la nariz.
**Sonata,** *f.* Obra musical para piano y que se ejecuta en varios tiempos seguidos.
**Sonda,** *f.* Instrumento que sirve para medir la profundidad del mar. || Barrena que sirve para hacer agujeros profundos en la tierra. || Instrumento delgado y liso, para explorar el estómago y otras cavidades del cuerpo.
**Sondear,** *tr.* Averiguar con la sonda la profundidad del mar, la clase de un terreno, etc. || Averiguar con disimulo la intención de uno.
**Sondeo,** *m.* Lo que se hace al sondear.
**Soneto,** *m.* Composición poética de catorce versos.
**Sonido,** *m.* Sensación que percibe el oído. || Valor y pronunciación de las letras y palabras.
**Sonoro,** *adj.* Que suena o puede sonar. || Que suena bien.
**Sonreír,** *intr.* Reírse un poco y sin ruido.
**Sonriente,** *adj.* Que sonríe.
**Sonrisa,** *f.* Lo que se hace al sonreír. || Gesto agradable del que está sonriente.
**Sonrojar,** *tr.* Avergonzar a uno haciéndole salir los colores a la cara. || *r.* Avergonzarse y ponerse como un tomate.
**Sonsacar,** *tr.* Sacar algo a escondidas. || Averiguar con astucia lo que una persona sabe y no quiere decir.
**Sonsonete,** *m.* Sonido producido con golpes pequeños y repetidos dado con cierto ritmo. || Tonillo que denota desprecio. || Ruido continuado y desapacible.
**Soñador,** *adj.* Que sueña mucho. || Que imagina cosas fantásticas.
**Soñar,** *tr.* Representarse durante el sueño cosas o sucesos. || Imaginar cosas fantásticas.
**Soñarrera,** *f.* Sueño muy profundo. || Muchas ganas de dormir.
**Soñolencia,** *f.* Somnolencia.
**Soñoliento,** *adj.* Que tiene somnolencia.
**Sopa,** *f.* Pedazo de pan mojado en un líquido. || Comida compuesta de caldo y pan, arroz, pastas, etc.
**Sopera,** *f.* Vasija honda para servir la sopa.
**Sopero,** *adj.* Se le dice así al plato hondo en que se toma uno la sopa.
**sopetón (De),** *m. adv.* De pronto, de improviso.
**Sopicaldo,** *m.* Sopa con muchísimo caldo y poquísimo alimento.
**Soplar,** *intr.* Despedir con violencia aire por la boca. || Correr el viento. || Robar. || Sugerir, insinuar. || Acusar a otro.
**Soplete,** *m.* Instrumento que sirve para soldar metales, gracias a la llama que se produce al quemarse un gas que sale a presión por un tubo.

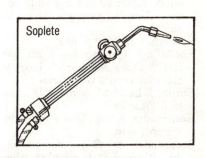

Soplete

**Soplo,** *m.* Lo que se hace al soplar. || Instante. || Tiempo muy corto. || Acusación.
**Soplón,** *adj.* Acusica, chivato, que acusa a otro.
**Soponcio,** *m.* Desmayo. || Síncope.
**Sopor,** *m.* Sueño muy pesado y debido a una enfermedad.
**Soportal,** *m.* Lugar cubierto que en algunas casas está antes de la entrada principal. || Paseo cubierto delante de las fachadas de algunas casas.
**Soportar,** *tr.* Sostener un peso. || Sufrir, tolerar. || V. **portar.**

Soportal

**Soporte,** *m.* Apoyo, sostén.
**Soprano,** *m.* Persona que canta con voz muy aguda, con voz de tiple.
**Sor,** *f.* Hermana religiosa. ‖ Palabra que se antepone al nombre de las monjas.
**Sorber,** *tr.* Beber con ruido.
**Sorbete,** *m.* Refresco dulce y pastoso que se toma aspirando varias veces seguidas.
**Sorbo,** *m.* Lo que se hace al sorber. ‖ Cantidad de líquido que se puede tomar de una vez en la boca. ‖ Cantidad pequeña de un líquido.
**Sordera,** *f.* El estar sordo.
**Sordo,** *adj.* Que no oye o no oye bien. ‖ Que suena poco. ‖ Insensible a los ruegos o consejos.
**Sorna,** *f.* Lentitud, calma. ‖ Disimulo. ‖ Picardía.
**Sorprendente,** *adj.* Que sorprende, extraño, raro.
**Sorprender,** *tr.* Coger desprevenido. ‖ Conmover o asombrar algo que no se esperaba. ‖ Descubrir lo que otro oculta. ‖ V. **prender.**
**Sorpresa,** *f.* Cosa con la cual se sorprende a alguien. ‖ Suceso inesperado.
**Sortear,** *tr.* Echar a suertes una cosa. ‖ Evitar con habilidad un compromiso, una dificultad, etc.

**Sorteo,** *m.* Lo que se hace al sortear. ‖ Rifar. ‖ V. **suerte.**
**Sortija,** *f.* Aro de plata, oro, etc., liso o adornado con piedras, que se lleva en los dedos de la mano como adorno. ‖ Rizo del pelo.
**S. O. S.,** *m.* Señal internacional de peligro.
**Sosa,** *f.* Producto químico derivado del sodio y que se utiliza para lavar.
**Sosegado,** *adj.* Tranquilo, pacífico.
**Sosegar,** *tr. r. e intr.* Tranquilizar, apaciguar. ‖ Reposar, descansar.
**Sosiego,** *m.* Tranquilidad.
**Soslayar,** *tr.* Poner una cosa ladeada u oblicua. ‖ Evitar con un rodeo alguna dificultad.
**soslayo (De),** *m. adv.* De reojo.
**Soso,** *adj.* Sin sal, con poca sal. ‖ Sin gracia.
**Sospecha,** *f.* Lo que se hace al sospechar. ‖ Desconfianza, recelo.
**Sospechar.***
**Sospechoso,** *adj.* Que da motivos para desconfiar de él. ‖ (Persona) que sospecha algo.
**Sostén,** *m.* Lo que se hace al sostener. ‖ Lo que sirve para sostener. ‖ Persona o cosa que sostiene a otra.
**Sostener,** *tr.* Mantener firme una cosa. ‖ Prestar apoyo o protección. ‖ Dar a uno lo necesario para su manutención. ‖ V. **tener.**
**Sostenido,** *adj.* Que tiene medio tono más del que le corresponde.
**Sostenimiento,** *m.* Lo que se hace al sostener. ‖ Sostén, mantenimiento.
**Sota,** *f.* Carta número diez en cada palo de la baraja. ‖ Mujer desvergonzada.
**Sotana,** *f.* Vestidura negra y larga que usan los sacerdotes en la iglesia.
**Sótano,** *m.* Habitación subterránea de una casa o edificio.
**Sotavento,** *m.* Costado de la nave contrario al barlovento; es decir, hacia donde sopla el viento.

*
SOSPECHAR, *tr. Imaginar una cosa por las apariencias:* **Sospecho, por lo que dijo, que vendrá.** ‖ *intr. Desconfiar:* **Sospecha de fulano por muchas razones.**
    *Viene del latín* **suspectare,** *que significa 'sospechar'.* ‖ *Deriv.:* **Sospecha, sospechoso, suspecto, suspicacia, suspicaz.**

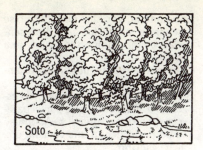
Soto

**Soto,** *m.* Parte de la ribera que está poblada de árboles.
**Soviet,** *m.* Consejo de gobierno local que existe en Rusia. ‖ *pl.* El Estado comunista ruso.
**Soviético,** *adj.* Que se refiere al soviet.
**sport (De).** Expresión inglesa que significa «de deporte».
**Sprint.** (Voz inglesa), *m.* El aumentar de pronto la velocidad para adelantar a otros corredores y llegar primero a la meta.
**Stop.** Voz inglesa que significa «¡alto!». ‖ Parada. ‖ Punto. ‖ Señal internacional para carreteras, en los sitios donde es obligatorio parar.
**Suástica,** *f.* Esvástica.
**Suave.\***
**Suavidad,** *f.* Lo que hace que una cosa sea suave.
**Suavizar,** *tr.* Hacer suave una cosa.
**Subalterno,** *adj.* Inferior. ‖ Que depende de otro.
**Subasta,** *f.* Venta pública de alguna cosa y al que más pague por ella se le da.
**Subastar,** *tr.* Vender o contratar algo en pública subasta.
**Subcampeón,** *m.* El que alcanza el puesto siguiente al de campeón.
**Subcomisión,** *f.* Grupo de personas de una comisión que tiene un trabajo determinado.
**Subcutáneo,** *adj.* Que está debajo de la piel.
**Subdelegación,** *f.* Lo que se hace al subdelegar. ‖ Oficina del subdelegado.
**Subdelegar,** *tr.* Dar el delegado su poder a otra persona.
**Subdiaconado,** *m.* Orden de subdiácono.
**Subdiácono,** *m.* El clérigo ordenado de epístola.
**Subdirector,** *m.* Persona que manda después del director y a veces le sustituye.
**Súbdito,** *adj.* Sometido a un superior. ‖ *m.* Ciudadano sujeto a las autoridades de un país.
**Subdividir,** *tr.* Dividir de nuevo una cosa que ya estaba dividida.
**Subdivisión,** *f.* Lo que se hace al subdividir.
**Subida,** *f.* Lo que se hace al subir. ‖ Camino inclinado que va subiendo.
**Subido,** *adj.* Se dice del dolor y del olor muy fuertes. ‖ Caro.
**Subir.\***
**Súbitamente,** *adv.* De manera súbita, repentinamente.
**Súbito,** *adj.* Repentino. ‖ Que sucede de repente.
**Subjefe,** *m.* El que manda después del jefe y a veces le sustituye.
**Subjetivo,** *adj.* Que pertenece o se refiere al sujeto.
**Subjuntivo,** *adj.* Dícese de uno de los modos del verbo.
**Sublevación,** *f.* Lo que se hace al sublevar o sublevarse.
**Sublevar,** *tr.* Alzar en rebeldía. ‖ Excitar indignación, ira o protesta.
**Sublimar,** *tr.* Enaltecer. ‖ Engrandecer.

---

\*
S<small>UAVE</small>, *adj.* Blando, dulce o agradable: **Tela suave; aire suave; carácter suave.**
    Viene del latín **suavis,** que quiere decir 'dulce'. ‖ *Deriv.:* **Suavidad, suavizar.** ‖ *Contr.:* **Áspero.**
S<small>UBIR</small>, *intr.* Elevarse de un lugar a otro más alto o superior: **Subieron al monte. Subieron las patatas.**
    Viene del latín **subire,** que quiere decir 'irse acercando a un lugar alto desde abajo'. ‖ *Deriv.:* **Subida.** ‖ *Contr.:* **Bajar.**

**Sublime,** *adj.* Eminente. ‖ Grande. ‖ Excelente. ‖ Que alcanza un grado de belleza o bondad extraordinaria.

**Submarino,** *m.* Buque especialmente construido para que navegue por debajo del agua.

**Submúltiplo,** *adj.* Se dice del número contenido en otro dos o más veces. (Ej.: el cinco es submúltiplo del veinte).

**Subnormal,** *adj.* Inferior a lo normal. ‖ Dícese de la persona afectada de una deficiencia mental de carácter patológico.

**Suboficial,** *m.* Militar entre oficial y sargento.

**Subordinación,** *f.* Dependencia. ‖ Sumisión.

**Subordinar,** *tr.* Sujetar personas o cosas a la dependencia de otras.

**Subrayar,** *tr.* Señalar por debajo con una raya alguna letra, palabra o frase. ‖ Recalcar lo que se dice.

**Subrepticio,** *adj.* Que se hace a escondidas.

**Subsanable,** *adj.* Que se puede subsanar.

**Subsanar,** *tr.* Disculpar una falta. ‖ Reparar un defecto. ‖ Indemnizar un daño.

**Subsecretaría,** *f.* Empleo del subsecretario. ‖ Oficio del subsecretario.

**Subsecretario,** *m.* Nombre que se da al secretario general de un ministro. ‖ Persona que hace las veces de secretario.

**Subsidiariamente,** *adj.* Por vía del subsidio. ‖ A manera de subsidio.

**Subsidiario,** *adj.* Que se da en subsidio.

**Subsidio,** *m.* Socorro o auxilio extraordinario. ‖ Contribución impuesta al comercio.

**Subsiguiente,** *adj.* Después del siguiente.

**Subsistencia,** *f.* Permanencia y conservación de las cosas. ‖ Provisión de los alimentos y medios necesarios para el sustento de la vida humana.

**Subsistente,** *adj.* Que subsiste.

**Subsistir,** *intr.* Permanecer. ‖ Durar una cosa. ‖ Vivir.

**Substancia,** *f.* Cualquier materia. ‖ Parte nutritiva de los alimentos.

**Substancial,** *adj.* Que pertenece o se refiere a la substancia. ‖ Lo esencial y más importante en una cosa.

**Substancialmente,** *adv.* En substancia.

**Subscribir,** *tr.* Firmar al fin de un escrito. ‖ Estar conforme con el parecer de otra persona. ‖ *r.* Abonarse a un periódico, a una revista, etc. ‖ V. **escribir.**

**Subscripción,** *f.* Suscrición.

**Subscriptor,** *m.* Persona que subscribe o se subscribe.

**Substancioso,** *adj.* Sustancioso.

**Substantivo,** *adj.* Que existe independientemente. ‖ Que expresa el ser o la sustancia. ‖ *m.* Palabra que designa una persona, cosa, lugar, idea, etc.

**Substitución,** *f.* Lo que se hace al substituir.

**Substituir,** *tr.* Sustituir.

**Substitutivo,** *adj.* (Substancia) que puede substituir a otra.

**Substituto,** *m.* Persona que hace las veces de otra.

**Substraendo,** *m.* Sustraendo.

**Substraer,** *tr.* Apartar, separar. ‖ Robar. ‖ Restar.

**Subsuelo,** *m.* Terreno que está debajo de la capa de tierra que se cultiva.

**Subteniente,** *m.* Segundo teniente.

**Subterráneo,** *adj.* Que está debajo de la tierra.

**Subtítulo,** *m.* Segundo título que llevan algunos libros. ‖ Título o letrero que se pone después del título principal.

**Suburbano,** *adj.* Que une a la ciudad con algún suburbio.

**Suburbio,** *m.* Barrio pobre cerca de la ciudad.

**Subvención,** *f.* Lo que se hace al subvenir. ‖ Cantidad con que se subviene o socorre.

**Subvencionar,** *tr.* Favorecer con una cantidad de dinero.

**Subvenir,** *tr.* Auxiliar, amparar, socorrer.

**Subversivo,** *adj.* Capaz de trastornar o de corromper.

**Subvertir,** *tr.* Trastornar, perturbar. ‖ Destruir.

**Subyugar,** *tr.* Dominar con exceso.

**Succión,** *f.* La acción de chupar.
**Suceder.***
**Sucedáneo,** *m.* Cualquier substancia que por tener propiedades parecidas a otras puede substituirle.
**Sucesión,** *f.* Lo que se hace al suceder. || Herencia o conjunto de bienes que al morir una persona pasa a sus herederos. || Prole, descendencia.
**Sucesivamente,** *adv.* De un modo sucesivo.
**Sucesivo,** *adj.* Que sucede o sigue a otra cosa.
**Suceso,** *m.* Cosa que sucede. || Resultado bueno o malo de una cosa.
**Sucesor,** *adj.* Que sucede o sigue a uno.
**Sucesorio,** *adj.* Que se refiere a la sucesión o herencia.
**Suciedad,** *f.* Cosa muy sucia. || Porquería.
**Sucintamente,** *adv.* De un modo sucinto.
**Sucinto,** *adj.* Breve, conciso, dicho en pocas palabras.
**Sucio,** *adj.* Que tiene manchas. || Que se mancha con facilidad. || Deshonesto.
**Suculento,** *adj.* Jugoso, sustancioso. || Muy nutritivo y de buen sabor.
**Sucumbir,** *intr.* Perderlo todo. || Rendirse, someterse. || Morir.
**Sucursal,** *f.* Tienda, oficina, etc., que sirve de ampliación a otro negocio del cual depende.
**Sudafricano,** *adj.* Que ha nacido en África del Sur. || Que pertenece a esta parte de África.
**Sudamericano,** *adj.* Que ha nacido en América del Sur. || Que pertenece a esta parte de América.
**Sudanés,** *adj.* Que ha nacido en Sudán. || Que pertenece a esta región de África.
**Sudar,** *intr. y tr.* Echar el sudor por los poros. || Destilar las plantas algunas gotas de su jugo. || Rezumar humedad algunas cosas. || Trabajar mucho.
**Sudario,** *m.* Sábana en que se envuelve a un cadáver.
**Sudeste,** *m.* Punto del horizonte que está a igual distancia del Sur que del Este. || Viento que sopla de esta parte.
**Sudoeste,** *m.* Punto del horizonte entre el Sur y el Oeste, a igual distancia de uno y otro. || Viento que sopla de esta parte.
**Sudor.***
**Sudoríparas,** *adj.* Se les llama así a las glándulas que producen el sudor.
**Sudoroso,** *adj.* Lleno de sudor.
**Sueco,** *adj.* Que ha nacido en Suecia. || Que pertenece o se refiere a esta nación europea. || **Hacerse uno el sueco:** fingir que uno no está entendiendo algo.
**Suegra,** *f.* La madre del marido. || La madre de la esposa.
**Suegro,** *m.* Padre o madre respectivas de los cónyuges de un matrimonio.
**Suela,** *f.* Parte del calzado que toca el suelo. || Cuero de buey curtido.
**Sueldo.***

---

**SUCEDER,** *intr. Venir después de alguien o de algo:* **Felipe II sucedió a su padre Carlos I.** *|| impers. Efectuarse un hecho:* **Entonces sucedió el crimen.**
   *Viene del latín* **succedere,** *que significa 'venir después de alguien'.* || *Deriv.:* **Sucedáneo, sucedido, sucesible, sucesión, sucesivo, suceso, sucesor, sucesorio.** || *Contr.:* **Anteceder.**

**SUDOR,** *m. Especie de agua que sale por los poros de la piel cuando se tiene calor:* **Se limpió el sudor con el pañuelo.**
   *Viene del latín* **sudare,** *que significa 'sudar'.* || *Deriv.:* **Sudario, sudorífico, sudoroso.**

**SUELDO,** *m. Dinero que se da a una persona por su trabajo:* **Tiene muy buen sueldo.**
   *Viene del latín* **solidus,** *que quiere decir 'moneda de oro'.* || *Deriv.:* **Consolidación, consolidar, soldada, soldadesca, soldado, soldadura, soldar, solidaridad, solidario, solidez.**

**Suelo.**\*
**Suelta,** f. Lo que se hace al soltar. ‖ Correa o cuerda con que se atan las patas de los caballos.
**Suelto,** adj. Ligero, veloz. ‖ Hábil para hacer algo. ‖ Libre, atrevido. ‖ Separado. ‖ Monedas de níquel, plata, etc., con relación a otras de mayor valor.
**Sueño.**\*
**Suero,** m. Parte líquida que se separa al coagularse la leche, la sangre, etc. ‖ Líquido especial que se pone a algunos enfermos que están muy debiluchos.
**Sueroterapia,** f. Tratamiento médico por medio de sueros.
**Suerte.**\*
**Suevo,** m. Uno de los pueblos bárbaros que vinieron a España en el siglo v.
**Suficiencia,** f. Capacidad. ‖ Pedantería.
**Suficiente.**\*
**Suficientemente,** adv. De un modo suficiente, lo bastante para algo. ‖ V. **suficiente.**
**Sufijo,** m. Añadido que va detrás (y pegado) en algunas palabras. Ej.: se, en morirse.

**Sufragar,** tr. Ayudar, favorecer. ‖ Costear, pagar.
**Sufragio,** m. Ayuda, socorro. ‖ Obra buena aplicada por las almas del purgatorio. ‖ Voto. ‖ **Por sufragio:** por votación.
**Sufrido,** adj. Que sufre. ‖ También se dice del color que disimula lo sucio.
**Sufrimiento,** m. Paciencia, tolerancia. ‖ Dolor, padecimiento.
**Sufrir.**\*
**Sugerencia,** f. Sugestión. ‖ Insinuación.
**Sugerir,** tr. Inspirar, insinuar, dar a entender.
**Sugestión,** f. Lo que se hace al sugerir.
**Sugestionar,** tr. Dejar hipnotizada a una persona. ‖ Dominar la voluntad de otra persona.
**Sugestivo,** adj. Que sugiere. ‖ Notable, que llama la atención.
**Suicida,** com. Persona que se suicida.
**Suicidarse,** r. Matarse. ‖ Quitarse voluntariamente la vida.
**Suicidio,** m. Lo que se hace al suicidarse. ‖ El pecado de quitarse la vida o de intentarlo.

---

\*

Suelo, m. *Superfice de un terreno:* **Esta región tiene el suelo muy montañoso.** ‖ *Superficie artificial que se hace para que el piso esté sólido y llano:* **El suelo de mi casa es de madera.**
    *Viene del latín* **solum,** *que significa 'fondo, base'.* ‖ *Deriv.:* **Asolación, asolamento, asolar, entresuelo, solar, solariego, solera.**
Sueño, m. *Lo que se hace al dormir:* **En aquel sueño soñé contigo.** ‖ *Gana de dormir:* **Tengo mucho sueño.** ‖ *Deseo, ilusión:* **Mi sueño es comprar un coche.**
    *Viene del latín* **somnus,** *que significa 'acto de dormir'.* ‖ *Deriv.:* **Ensueño, hipnotizar, insomnio, somnífero, sonámbulo, soñación, soñador, soñar, soñoliento.** ‖ *Contr.:* **Vigilia.**
Suerte, f. *Circunstancia favorable o adversa para las personas:* **¡Buena suerte, hijo!** ‖ *Lo que sucede para bien o mal de las personas o cosas:* **Tuve suerte al hacer esto.**
    *Viene del latín* **sortis,** *que significa 'campo de tierra de labor'.* ‖ *Deriv.:* **Consorcio, desortijado, ensortijado, sorteador, sortear, sorteo, sortilegio.**
Suficiente, adj. *Bastante:* **Tengo lo suficiente para vivir.**
    *Viene del latín* **sufficientis,** *que significa 'bastante'.* ‖ *Deriv.:* **Suficiencia.** ‖ *Contr.:* **Insuficiente.**
Sufrir, tr. *Padecer:* **Sufro de las muelas.** ‖ *Tolerar, permitir:* **Lo sufro por él.**
    *Viene del latín* **sufferre,** *que significa 'soportar, tolerar, aguantar'.* ‖ *Deriv.:* **Insufrible, sufrible, sufrido, sufrimiento.**

**Suizo.\***
**Sujeción,** *f.* Lo que se hace al sujetar.
**Sujetador,** *adj.* Que sujeta. ‖ Que sirve para sujetar.
**Sujetar,** *tr.* Someter al dominio de uno. ‖ Afirmar. ‖ Fijar, unir.
**Sujeto.\***
**Sulfamida,** *f.* Sustancia que se emplea en medicina para combatir las infecciones.
**Sulfatar,** *tr.* Echar sulfato en el campo para que las plantas no sean atacadas por algunas enfermedades.
**Sulfato,** *m.* Producto químico que en muchos casos sirve de insecticida.
**Sulfonamida,** *f.* Sustancia química en cuya composición entran el azufre, el oxígeno y el nitrógeno, que forma el núcleo de la molécula de las sulfamidas. Usase también como sinónimo de las sulfamidas.
**Sulfúrico,** *adj.* Que se refiere o está compuesto de azufre.
**Sultán,** *m.* Emperador de los turcos. ‖ Príncipe o gobernador de los mahometanos.
**Suma.\***
**Sumamente,** *adv.* En sumo grado.
**Sumando,** *m.* El número que se junta con otros para sumarse.
**Sumar,** *tr.* Juntar muchas cosas de la misma clase en una sola. ‖ Reunir varios números en uno solo.
**Sumario,** *adj.* Breve, conciso.

‖ **Abrir un sumario:** ir apuntando todo lo del crimen para tener todos los datos el día del juicio.
**Sumergible,** *m.* Submarino.

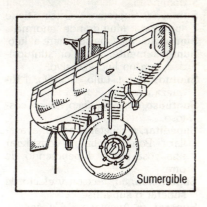
Sumergible

**Sumergir,** *tr.* Meter una cosa debajo del agua o de otro líquido. ‖ Hundir, abatir, abismar.
**Sumidad,** *f.* Cima. ‖ Extremo más alto de una cosa.
**Sumidero,** *m.* Conducto o tubería que sirve para meter las aguas sucias debajo de tierra.
**Suministrar,** *tr.* Abastecer a uno de algo que necesita.
**Suministro,** *m.* Lo que se hace al suministrar. ‖ Abastecimiento de ropas, comidas, etc., para las tropas, prisioneros, etc.
**Sumir.\***

---

Suizo, adj. *De Suiza:* **Reloj suizo.** ‖ m. *Bollo hecho de harina, huevo y azúcar:* **Se me está apeteciendo un suizo y un café.**
    **Suizo** *se deriva del nombre de* **Suiza,** *país europeo situado entre Italia, Alemania y Francia. (Nosotros decimos* **Suiza;** *los alemanes,* **Schweiz;** *los franceses,* **Suisse;** *y los italianos,* **Svizzera.**)

Sujeto, m. *Sometido a alguien o algo:* **Está sujeto a su padre.** ‖ m. *Persona, individuo:* **Es buen sujeto.** ‖ *En Gramática: persona o cosa del que se está diciendo algo:* **Pedro come manzanas.**
    *Viene del latín* **subjectus,** *que significa 'sometido'.* ‖ *Deriv.:* **Subjetivo, sujeción.**

Suma, f. *Resultado de juntar muchas cosas de la misma clase:* **La suma de los caramelos es 24.**
    *Viene del latín* **summum,** *que quiere decir 'lo más alto'.* ‖ *Deriv.:* **Sumado, sumando.** ‖ *Contr.:* **Resta.**

Sumir, tr. *Hundir debajo de la tierra o del agua:* **La tierra sumió el agua de la lluvia.**
    *Viene del latín* s mere, *que significa 'tomar, hundir, sumergir'.* ‖ *Deriv.:* **Asumir, asunto, presumir, resumen, resumir, sumidero.**

**Sumisión,** *f.* Lo que se hace al someter o someterse. || Obediencia total y en todo.
**Sumiso,** *adj.* Totalmente sometido y dominado.
**Sumo,** *adj.* Supremo. || Que no tiene superior. || Muy grande, enorme.
**Suntuario,** *adj.* Que se refiere al lujo.
**Suntuosamente,** *adv.* Con suntuosidad, con un lujo excesivo.
**Suntuosidad,** *f.* Lujo excesivo. || Riqueza excesiva.
**Suntuoso,** *adj.* Magnífico, lujoso, costoso.
**Supeditar,** *f.* Sujetar, oprimir, avasallar. || Poner debajo, considerar una cosa como dependiendo de otra.
**Superación,** *adj.* Acción y efecto de superar o superarse.
**Superar,** *tr.* Aventajar. || Vencer.
**Superávit,** *m.* Las ganancias.
**Superdotado,** *adj.* Que tiene cualidades muy sobresalientes. || Que es muy listo.
**Superficial,** *adj.* Que se refiere a la superficie. || Que está en la superficie. || Aparente, ligero. || Frívolo.
**Superficialmente,** *adv.* De un modo superficial. || Sólo por encima.
**Superficie,** *f.* Límite exterior de un cuerpo. || Extensión que sólo tiene dos dimensiones: largo y ancho.
**Superfluo,** *adj.* Que no es necesario.
**Superior,** *adj.* Que está más alto que otra cosa. || Excelente, de muy buena calidad. || *m.* El que dirige una congregación o comunidad religiosa. || El que más manda. || V. **sobre.**
**Superioridad,** *f.* Calidad de superior. || Las autoridades.
**Superlativo,** *adj.* Que expresa una cualidad en su más alto grado.
**Supermercado,** *m.* Mercado en el que los productos están en diferentes estanterías, pero no en distintos puestos, y en el que el comprador toma una bolsa al llegar, la va llenando con lo que quiere y después paga todo antes de salir.
**Supernumerario,** *adj.* Puesto además del número señalado.
**Superponer,** *tr.* Poner una cosa encima de otra.
**Superponible,** *adj.* Que se puede superponer. || Que es igual o equivalente.
**Supersónica,** *adj.* Se llama velocidad supersónica a la que es superior a la velocidad del sonido (340 m/seg. ó 1.200 Km/hora).
**Superstición,** *f.* Creencia extraña a la fe y contraria a la razón.
**Supersticioso,** *adj.* Que es una cosa que se refiere a la superstición. || (Persona) que cree en supersticiones.
**Superviviente,** *adj.* Que vive después de la muerte de otro. || Que sigue vivo después de una catástrofe, de un desastre, etc.
**Supino,** *adj.* Puesto hacia arriba.
**Suplantación,** *f.* Sustitución ilegal de una persona o cosa por otra.
**Suplementario,** *adj.* Que suple. || Que sirve de suplemento.
**Suplemento,** *m.* Lo que se hace al suplir. || Lo que se añade para completar. || Hoja extraordinaria de un periódico. || **Suplemento de un ángulo:** los grados que le faltan para valer 180°.
**Suplente,** *adj.* Se le llama así al jugador o deportista que jugará si no puede hacerlo el titular.
**Súplica,** *f.* Lo que se hace al suplicar o rogar. || Escrito con que se suplica algo.
**Suplicación,** *f.* Súplica, ruego.
**Suplicar,** *tr.* Rogar. || Pedir con humildad una cosa.
**Suplicio,** *m.* Castigo doloroso que se da al cuerpo de otra persona, pegándole, azotándole o de otra forma.
**Suplir,** *tr.* Completar lo que falta en una cosa. || Ponerse en lugar de uno para sustituirlo. || Disimular una falta de otro.
**Suponer,** *tr.* Dar por sentada una cosa. || Fingir. || V. **poner.**
**Suposición,** *f.* Lo que se hace al suponer. || Lo que se supone.
**Supositorio,** *m.* Barrita de manteca de cacao mezclada con medicamentos especiales que se introduce uno por el ano.
**Suprarrenal,** *adj.* Que está encima de los riñones.
**Suprasensible,** *adj.* Que no puede

ser percibido por los sentidos porque es algo inmaterial.

**Supremacía,** *f.* La mayor importancia y superioridad que una cosa tiene (o tenía) sobre otra cosa.

**Supremo,** *adj.* Que es el más importante. || Que no tiene superior.

**Supresión,** *f.* Lo que se hace al suprimir o quitar.

**Suprimir.\***

**Supuesto,** *adj.* Fingido. || **Por supuesto:** ciertamente.

**Supurar,** *intr.* Echar pus o materia una herida, un grano, etc.

**Sur,** *m.* Punto cardinal opuesto al Norte. || Viento que sopla de esta parte. || Países situados en el Sur.

**Surcar,** *tr.* Hacer surcos en la tierra al ararla. || Hacer rayas en una cosa. || Atravesar o cortar.

**Surco,** *m.* Cortadura que se hace en la tierra con el arado. || Señal que deja una cosa que pasa por otra. || Arruga en la cara.

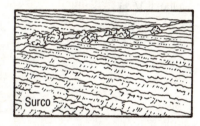

**Surgir.\***

**Suroeste,** *m.* Punto del horizonte entre el Sur y el Oeste, a igual distancia de uno y otro. || Viento que sopla de esta parte.

**Surtido,** *m.* Artículo comercial que se ofrece como mezcla de diversas clases.

**Surtidor,** *adj.* Que surte o abastece. || *m.* Chorro de agua que brota hacia arriba.

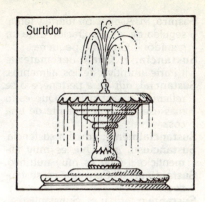

**Surtir,** *tr.* Abastecer a uno de alguna cosa. || *intr.* Brotar el agua hacia arriba.

**Susceptibilidad,** *f.* Calidad de susceptible.

**Susceptible,** *adj.* Que se impresiona muy pronto. || Quisquilloso, irritable.

**Suscitar,** *tr.* Levantar. || Promover, causar.

**Suscribir,** *tr.* Subscribir.

**Suscripción,** *f.* Acción de suscribirse. || Subscripción.

**Suscriptor,** *m.* Subscriptor.

**Suspender,** *tr.* Colgar. || Sostener en alto o en el aire. || Detener. || Causar admiración. || Privar a uno durante cierto tiempo del sueldo o empleo que tiene. || No aprobar a uno en sus exámenes.

**Suspensión,** *f.* Lo que se hace cuando se suspende algo.

**Suspensivo,** *adj.* Que suspende o interrumpe. || **Puntos suspensivos:** signo ortográfico (...).

**Suspenso,** *adj.* Admirado. || Extasiado. || *m.* Nota de haber sido suspendido en un examen.

**Suspicacia,** *f.* Sospecha. || Desconfianza.

**Suspirado,** *adj.* Deseado con ansia.

**Suspirar.\***

---

**S**UPRIMIR, *tr. Hacer desaparecer, quitar:* **Me suprimieron de ese empleo.**
    *Viene del latín* **supprimere,** *que significa 'hundir, ahogar'.* || *Deriv.:* **Supresión.**

**S**URGIR, *intr. Aparecer, manifestarse:* **Surgió la luz.**
    *Viene del latín* **surgere,** *que significa 'alzarse, aparecer'.* || *Deriv.:* **Insurgente, insurrección, resurrección, surgidero, surto.**

**S**USPIRAR, *tr. Dar suspiros, ansiar mucho una cosa:* **Suspiro por un viaje a París.**

**Suspiro,** *m.* Aspiración fuerte y lenta, seguida de una espiración o de un gemido. ‖ Golosina pequeña.
**Sustancia,** *f.* Cualquier materia. ‖ Parte nutritiva de los alimentos.
**Sustancial,** *adj.* Que pertenece o se refiere a la sustancia. ‖ Que es lo más esencial o importante de una cosa.
**Sustancialmente,** *adv.* En sustancia.
**Sustancioso,** *adj.* Que es muy alimenticio. ‖ Que es muy nutritivo.
**Sustantivar,** *tr.* Convertir en sustantivo.
**Sustantivo,** *adj.* y *m.* Substantivo.
**Sustentar,** *tr.* Mantener o sostener algo. ‖ *r.* Alimentarse. ‖ Conservarse una cosa.
**Sustento,** *m.* Alimento. ‖ Lo que sirve para alimentar una cosa. ‖ Apoyo.
**Sustitución,** *f.* Substitución.
**Sustituir.\***
**Sustitutivo,** *adj.* Substitutivo. ‖ Que se puede sustituir.
**Sustituto,** *m.* Substituto. ‖ Persona o cosa que sustituye.
**Susto,** *m.* Impresión repentina de miedo.
**Sustracción,** *f.* La operación de restar.
**Sustraendo,** *m.* La cantidad que representa los gastos. ‖ La cantidad que se ha gastado o consumido. ‖ El segundo de los números de una resta.
**Sustraer,** *tr.* Substraer.
**Susurrar,** *intr.* Hablar bajo, murmurar. ‖ Empezarse a decir una cosa secreta. ‖ Moverse con ruido suave el agua, el viento, etc.
**Susurro,** *m.* Ruidito suave que se hace al hablar en voz baja.
**Sutil,** *adj.* Delgado, fino. ‖ Ingenioso.
**Sutileza,** *f.* Calidad de sutil. ‖ Agudeza, ingeniosidad.
**Sutura,** *f.* Costura que hace el médico para unir los labios de una herida.
**Suyo.** Pronombre posesivo de tercera persona en género masculino y en singular. ‖ *adj.* Que es de él (o de ella). ‖ V. **sí.**

---

\* 
    *Viene del latín* **suspirare,** *que significa 'respirar hondo'.* ‖ *Deriv.:* **Suspiro.** ‖ V. **espirar.**
  Sustituir, *tr. Poner a una persona o cosa por otra:* ***Fue a sustituir a su padre.***
    *Viene del latín* **substituere,** *que significa 'reemplazar'.* ‖ *Deriv.:* **Sustituto.**

# T

**T,** *f.* Vigésima tercera letra del abecedario castellano. Su pronunciación es *te*.
**Taba,** *f.* Hueso del pie. ‖ Juego que se juega con una taba de oveja.
**Tabacalera,** *f.* Fábrica de tabaco.
**Tabaco.**\*
**Tabaquera,** *f.* Caja para guardar el tabaco.
**Tabarra,** *f.* Impertinencia, molestia, «lata».
**Taberna,** *f.* Tienda donde se vende en pequeñas cantidades vino y otras bebidas.
**Tabernáculo,** *m.* Lugar donde los israelitas tenían colocada el Arca de la Alianza.
**Tabernero,** *m.* Persona que vende vino en la taberna.
**Tabique,** *m.* Pared delgada que se hace para separar las habitaciones de una casa.
**Tabla.**\*
**Tablado,** *m.* Suelo plano formado de tablas. ‖ Escenario de un teatro.
**Tablao.** (Vulgarismo por tablado.) *m.* Tablado, escenario dedicado al cante y baile flamenco. ‖ Local y cante flamenco.
**Tablero,** *adj.* Madera que sirve para hacer tablas. ‖ Superficie de madera.
**Tableta,** *f.* Medicamento en forma de pastilla.
**Tablón,** *m.* Tabla gruesa. ‖ Borrachera.
**Tabú,** *m.* Prohibición religiosa.
**Tabulador,** *m.* Parte de la máquina de escribir que permite hacer cuadros y lista con facilidad conservando los espacios pertinentes.
**Taburete,** *m.* Asiento para una persona, sin brazos ni respaldos.
**Taca,** *f.* Alacena pequeña.
**Tacada,** *f.* Serie de carambolas hechas de una vez.
**Tacaño,** *adj.* Astuto, pícaro. ‖ Miserable, mezquino, avaro. ‖ Contr.: **Espléndido.**
**Tacataca,** *m.* Tacatá, andador.
**Tácitamente,** *adv.* Sin decirlo, pero dándolo a entender.
**Taco,** *m.* Pedazo de madera u otro material que se encaja en un hueco. ‖ Pedazo de madera corto y grueso. ‖ Vara con que se juega al billar. ‖ Cilindro de trapo, cartón, etc., que oprime una carga explosiva. ‖ Conjunto de muchas hojas de papel unidas. ‖ **Soltar un taco:** decir una palabrota, decir una grosería.
**Tacón,** *m.* Parte del zapato sobre la que se apoya el talón del pie.

---

Tabaco, m. *Planta originaria de las Antillas, cuyas hojas, preparadas de distintos modos, se fuman, se mascan o se aspiran en polvo por la nariz:* **Tengo un paquete de tabaco.**
    Viene del árabe **tabbaq,** *nombre que se daba a algunas plantas medicinales.* ‖ *Deriv.:* **Atabacado, tabacalera, tabaquería, tabaquero.**

Tabla, f. *Pieza, generalmente de madera, plana, más larga que ancha y de poco espesor:* **El carpintero cogió la tabla.** ‖ *Cuadro de números para facilitar los cálculos:* **Estoy aprendiendo la tabla de multiplicar.** ‖ **Hacer tablas en un juego:** *quedar empatados.*
    Viene del latín **tabula,** *que quiere decir 'tablero de juego, tableta de escribir'.* ‖ *Deriv.:* **Entablado, entablillar, retablo, tablada, tablado, tablazón, tablear, tablero, tableta, tabletear, tablilla, tablón.**

**Taconear,** *intr.* Dar golpes en el suelo con los tacones de los zapatos.
**Táctica,** *f.* Arte que enseña a poner en orden las cosas. || Arte de disponer las tropas en el campo de batalla. || Habilidad para conseguir una cosa.
**Táctico,** *adj.* Que se refiere a la táctica. || *m.* El que sabe la táctica militar o usa de ella.
**Tacto,** *m.* Uno de los cinco sentidos corporales con el cual se percibe la aspereza, suavidad, dureza o blandura, etc., de las cosas. || Lo que se hace al tocar. || Habilidad, acierto.
**Tacha,** *f.* Falta, imperfección, defecto. || Especie de clavo, mayor que la tachuela.
**Tachar,** *tr.* Poner en una cosa falta o tacha. || Borrar lo escrito.
**Tachón,** *m.* Raya gruesa que se hace sobre un escrito para suprimir alguna palabra o frase.
**Tachuela,** *f.* Clavo corto y con la cabeza grande.
**tagüitas (Jugar a las),** *fr. fam.* Tirar piedras planas paralelamente a la superficie de un líquido para que vayan dando saltos y cortando el agua.
**Tahona,** *f.* Molino antiguo de harina en el que se molía el trigo mediante una rueda que era movida por un caballo.
**Tahur,** *m.* Jugador profesional del juego de las cartas.
**Taifa,** *f.* Parcialidad, bandería.
**Taimado,** *adj.* Astuto, pícaro.
**Tajada,** *f.* Porción cortada y sacada de una cosa. || *fam.* Borrachera.
**Tajantemente,** *adv.* Sin más discusiones.
**Tajo,** *m.* Corte, cortadura. || Pedazo de madera grueso que se usa para picar la carne. || Terreno hondo, largo y estrecho.
**Tal.***
**Taladrar,** *tr.* Hacer un agujero en una

Tajo

cosa empleando un instrumento adecuado para hacer agujeros. || Penetrar.
**Taladro,** *m.* Instrumento con el que se agujerea una cosa. || Agujero hecho con el taladro.
**Tálamo,** *m.* Cama donde duerme el matrimonio. || Antiguamente, lugar donde los novios celebraban la boda y recibían las felicitaciones.
**Talante,** *m.* Modo de hacer una cosa. || Semblante.
**Talar,** *adj.* (Vestido) que llega hasta los talones. || *tr.* Cortar por el pie los árboles. || Destruir, arruinar.
**Talco,** *m.* Mineral suave al tacto y reducido a polvo. Es de uso muy corriente.
**Talega,** *f.* Bolsa de tela, ancha y corta.
**Talego,** *m.* Saco estrecho y largo, de tela ordinaria. || Persona gruesa.
**Taleguilla,** *f.* Calzón del traje del torero.
**Talento.***
**Talentoso,** *adj.* Que tiene talento.
**Talismán,** *m.* Figurilla a la que se atribuyen poderes mágicos.
**Talofitas,** *f. pl.* Plantas a las que no se distingue cuál es la raíz, cuál es el tallo y dónde tiene las hojas (el alga, p. ej., es una talofita).

---

T<small>AL</small>, *adj. Semejante:* **Son tal para cual.** || *Tan grande:* **¡Es tal su dolor!...** || *Quizá:* **Tal vez vaya.**
    *Viene del latín* **talis,** *que significa 'tal'.*
T<small>ALENTO</small>, m. *Entretenimiento, inteligencia, aptitud para hacer alguna cosa:* **Tiene talento para estudiar.** || *Moneda antigua:* **Treinta talentos.**
    *Viene del griego* **talanton,** *que significa 'voluntad'.* || *Deriv.:* **Talentoso.**

**Talón,** *m.* Parte posterior del pie. ‖ Calcañar. ‖ Parte del calzado que cubre el calcañar.

**Talonario,** *adj.* Se le llama así al «librito de cheques», al «librito de los recibos» y a otros libritos así. ‖ Cuando se corta un cheque (o un recibo, etc.) queda en dicho librito un trocito de hoja. Estos trocitos van formando la «matriz».

**Talla,** *f.* Obra de escultura, especialmente en madera. ‖ Estatura o altura del hombre.

**Tallado,** *adj.* Con los adverbios **bien** o **mal**: de buen o mal aspecto.

**Tallar,** *tr.* Hacer obras de escultura, especialmente en madera. ‖ Labrar piedras de joyería. ‖ Tasar, valuar. ‖ Medir la estatura de una persona.

**Talle,** *m.* Disposición proporcionada del cuerpo humano. ‖ Parte más estrecha del cuerpo humano por encima de las caderas. ‖ Cintura. ‖ Parte del vestido que corresponde a la cintura. ‖ Traza, aspecto.

**Taller.\***

**Tallo,** *m.* Parte de la planta que crece hacia arriba y sostiene las hojas, las flores y los frutos.

**Talludo,** *adj.* Que tiene tallo grande. ‖ Crecido y alto para su edad.

**Tamaño,** *adj.* Tan grande o tan pequeño. ‖ *m.* Volumen o dimensión.

**También,** *adv.* Se usa para indicar comparación, semejanza, conformidad o relación de una cosa con otra. ‖ V. **tanto.**

**Tambor,** *m.* Instrumento músico de forma cilíndrica, hueco, cerrado por dos pieles estiradas. ‖ El que toca el tambor en una banda de música. ‖ Cilindro de hierro, cerrado y lleno de agujeros, que sirve para tostar café, castañas, etcétera. ‖ Aro de madera sobre el cual se tiende una tela para bordarla.

Tambor

**Tamboril,** *m.* Tambor pequeño que se suele tocar en las danzas populares.

**Tamiz,** *m.* Cedazo con la malla muy fina.

**Tampoco.** Adverbio con que se niega una cosa después de haber negado otra. ‖ V. **tanto.**

**Tampón,** *m.* Especie de almohadilla empapada en tinta espesa y metida en una cajita de lata.

**Tan,** *adj.* Tanto o tanta.

**Tanda,** *f.* Turno o alternativa.

**Tangencia,** *f.* Se llama punto de tangencia al punto en que se tocan dos cosas que son tangentes entre sí.

**Tangente,** *adj.* Se dice de las líneas y superficies que se tocan. ‖ *f.* Recta que toca a una curva o a una superficie.

**Tangible,** *adj.* Que se puede tocar.

**Tango,** *m.* Fiesta y baile de negros. ‖ Baile de origen argentino. ‖ Música para este baile.

**Tanque,** *m.* Automóvil de guerra blindado y artillado que puede avanzar por terrenos muy desiguales. ‖ Vasija española; con un asa. ‖ Estanque, depósito de agua.

**Tantear,** *tr.* Medir o comparar una cosa con otra. ‖ Apuntar los tantos en el juego para saber quién gana. ‖ Considerar con prudencia las cosas antes de decidirse. ‖ Exami-

---

TALLER, m. *Lugar donde se trabaja en un oficio manual:* **Taller de carpintería.**
      *Viene del francés* **atelier,** *que significa 'taller' (y que antiguamente significaba 'montón de madera, almacén de maderas'). ‖ Es de la misma familia que* **astilla, astilloso,** *y* **astillero.**

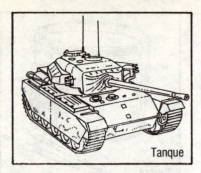
Tanque

nar con cuidado una persona o cosa para conocer sus cualidades. ‖ Averiguar la intención de una persona. ‖ Calcular aproximadamente.

**Tanteo,** m. Lo que se hace al tantear. ‖ Número determinado de tantos que se ganan en el juego.

**Tanto.***

**Tañer,** tr. Tocar un instrumento músico. ‖ Tocar las campanas.

**Tañido,** m. El sonido que hace un instrumento músico al tocarlo. ‖ Sonido de la campana.

**Tapa,** f. Pieza que cubre y cierra una caja, una vasija, etc. ‖ Pequeña cantidad de jamón, chorizo, queso, aceitunas, etc., que dan, al servir un vaso de vino, como aperitivo. ‖ Cubierta de un libro encuadernado.

**Tapadera,** f. La pieza que tapa a una vasija.

**Tapar,** tr. Cubrir o cerrar lo que está abierto. ‖ Abrigar o cubrir con la ropa. ‖ Encubrir, callar un defecto.

**Taparrabo,** m. Pedazo de tela en forma de bañador.

**Tapete,** m. Cubierta de hule, paño, etcétera, que se suele poner sobre las mesas y otros muebles.

**Tapia,** f. Pared de piedra.

**Tapiar,** tr. Hacer una tapia. ‖ Cerrar un hueco poniendo en su lugar una tapia.

**Tapicería,** f. Colección de tapices. ‖ Lugar donde se guardan los tapices. ‖ Arte del tapicero. ‖ Tienda del tapicero.

**Tapicero,** m. Persona que hace tapices. ‖ Persona que tiene por oficio poner alfombras, cortinas, forrar butacas, divanes, etc.

**Tapiz,** m. Paño grande en cuyo tejido se copia algún hecho histórico, alguna ciudad, etc.

Tapiz

**Tapizar,** tr. Adornar una habitación con tapices. ‖ Forrar, cubrir con tela los muebles o las paredes.

**Tapón,** m. Pieza con que se tapan las botellas, los frascos, etc.

**Taponar,** tr. Poner un tapón a una botella. ‖ Cerrar una salida poniendo un tapón de madera, de tela o de otra cosa.

**Taponazo,** m. Golpe que da el tapón de algunas botellas cuando se descorchan (como le pasa a las botellas de champán).

**Taquigrafía,** f. Arte de escribir tan de prisa como se habla por medio de ciertos signos.

**Taquilla,** f. Papelera, sitio para guardar papeles. ‖ Armario. ‖ Casillero para los billetes de teatro, ferrocarril, etc. ‖ Despacho donde se venden los billetes para el cine, fútbol, ferrocarril, etc.

**Taquillero,** m. Persona que está en-

---

*
TANTO, adj. Cantidad o número indeterminado: **¡Vino tanta gente!** ‖ En el fútbol, un tanto es un gol: **Nos metieron 15 tantos porque el portero es bizco.** Viene del latín **tantus,** que significa 'tan grande'. ‖ Deriv.: **Entretanto, también, tampoco, tantear.**

cargada de despachar los billetes de ferrocarril o las entradas de un cine u otra cosa parecida.

**Taquimecanógrafa,** *f.* La que sabe taquigrafía y mecanografía.

**Tara,** *f.* Peso del envoltorio de una mercancía. || Peso de un camión cuando está descargado. || Enfermedad heredada.

**Tarambana,** *com.* Persona alocada y de poco juicio.

**Tarántula,** *f.* Araña venenosa.

**Tararear,** *tr.* Cantar entre dientes y sin pronunciar las palabras.

**Tarascada,** *f.* Herida producida por un mordisco.

**Tardanza,** *f.* Retraso, demora.

**Tardar.\***

**Tarde,** *f.* Tiempo que hay desde mediodía hasta anochecer. || *adv.* A últimas horas del día o de la noche. || En tiempo no oportuno. || V. **tardar.**

**Tardíamente,** *adv.* Tarde.

**Tardío,** *adj.* Que tarda mucho. || Que sucede pasado el tiempo oportuno. || Pausado, lento.

**Tarea.\***

**Tarifa,** *f.* Lista de precios, de impuestos o de derechos.

**Tarima,** *f.* Suelo formado de tablas.

**Tarjeta,** *f.* Pedazo de cartulina rectangular con el nombre y dirección de una persona, con una invitación o cualquier otro aviso impreso o manuscrito. || Membrete o título de los mapas y cartas. || **Tarjeta postal:** cartulina que se emplea como carta sin sobre.

**Tarro,** *m.* Vaso cilíndrico, de cristal o no y con tapadera.

**Tarso,** *m.* El tobillo.

**Tarta,** *f.* Dulce redondo y grande hecho de harina, azúcar, huevos, piñones, etc., y cocido al horno.

**Tartajoso,** *adj.* Que se le traba la lengua cuando está hablando.

**Tartamudo,** *adj.* Que pronuncia entrecortándose mucho y repitiendo sílabas.

**Tartana,** *f.* Embarcación pequeña que se usa para la pesca y el cabotaje. || Coche de dos ruedas con cubierta abovedada.

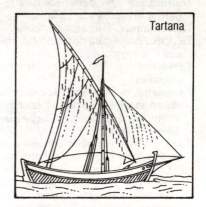

Tartana

**Tartanero,** *m.* Persona que conduce el coche llamado tartana.

**Tarugo,** *m.* Clavija gruesa de madera. || Trozo corto y grueso de madera.

**Tas,** *m.* Yunque de platero.

**Tasa,** *f.* Lo que se hace al tasar. || Precio fijo puesto por la autoridad a las cosas que se venden. || Medida, regla.

**Tasación,** *f.* Lo que se hace al tasar.

**Tasar,** *tr.* Poner tasa o precio a una cosa. || Poner precio a un trabajo. || Regular, medir. || Reducir una cosa.

**Tasca,** *f.* Taberna de poca categoría.

**Tata,** *f.* Nombre que los niños dan a su niñera.

---

\*

TARDAR, intr. *Emplear mucho tiempo en hacer alguna cosa:* **Tardamos mucho en llegar.**
    Viene del latín **tardare,** *que significa 'entretener'.* || *Deriv.:* **Atardecer, retardar, tardanza, tarde, tardío.**

TAREA, f. *Trabajo:* **Cada uno tiene sus tareas.** || *Trabajo que hay que hacer en tiempo determinado:* **La tarea de hoy.**
    Viene del árabe **tariha,** *que significa 'cantidad de trabajo que se impone a uno'.* || *Deriv.:* **Atareado.**

**Tatarabuelo,** m. El abuelo de tu abuelo.
**Tataranieto,** m. Lo contrario de tatarabuelo.
**Tatuaje,** m. Dibujo grabado en la piel de una persona (de un salvaje, por ejemplo).
**Taumaturgo,** m. El que hace cosas prodigiosas.
**Taurino,** adj. Que pertenece o se refiere a los toros y a su lidia.
**Tauromaquia,** f. El arte de torear.
**Taxi,** m. Abreviatura de taxímetro; coche.
**Taxidermia,** f. Arte de embalsamar animales.
**Taxímetro,** m. Aparato que marca la distancia recorrida por un coche y lo que hay que pagar. || Coche que lleva este aparato.
**Taza,** f. Vasija pequeña con asa que se usa para beber leche, café, etc. || Lo que cabe en ella. || Recipiente donde cae el agua de las fuentes.
**Te.** Dativo o acusativo del pronombre personal de segunda persona en género masculino o femenino y número singular. || V. **tú.**
**Té,** m. Planta de la China. || Hoja de esta planta, seca, arrollada y tostada ligeramente. || Bebida hecha con estas hojas echadas en el agua hirviendo. || Reunión de personas que se celebra por la tarde y durante la cual se sirve una merienda con té.
**Tea,** f. Especie de vela grande, hecha de madera e impregnada de resina, que arde muy bien y que antiguamente servía para alumbrar.
**Teatral,** adj. Que se refiere al teatro. || Exagerado, fingido.
**Teatralidad,** f. Calidad de teatral.
**Teatro.**\*

Té

**Tebeo,** m. Especie de cuaderno con muchísimos dibujos e historietas, chistes, pasatiempos, etc., que sirven para divertir a los niños y pasar un rato agradable.
**Tecla,** f. Cada una de las piezas que se toca con los dedos para hacer sonar un instrumento músico u otros instrumentos parecidos.
**Teclado,** m. Parte de la máquina de escribir en donde están todas las teclas.
**Teclear,** intr. Mover las teclas. || Menear los dedos a manera del que toca las teclas. || tr. Ensayar diversos medios para conseguir algo.
**Técnica,** f. Conjunto de reglas de una ciencia o un arte. || V. **técnico.**
**Técnicamente,** adv. De manera técnica.
**Tecnicismo,** m. Se dice de las palabras técnicas de un arte o una ciencia.
**Técnico.**\*
**Techado,** m. Techo.
**Techar,** tr. Poner el techo o cubierta a un edificio.

---

\*
TEATRO, m. *Lugar destinado a la representación de obras dramáticas o a otros espectáculos semejantes:* **Por la tarde fuimos al teatro.** || *Conjunto de todas las obras dramáticas de un pueblo, una época, o un autor:* **El teatro romántico; el teatro griego, el teatro de Lope de Vega.;** *etc.*
 *Viene del griego* **thedomai,** *que significa 'yo miro, contemplo, estudio'.* || *Deriv.:* **Anfiteatro, teatral, teatralidad, teorema, teoría, teorizar.**
TÉCNICO, adj. y m. *Que tiene los conocimientos especiales de un arte o una ciencia:* **Es un técnico en mecánica.**
 *Viene del griego* **teknikós,** *que significa 'relativo a un arte'.* || *Deriv.:* **Politécnica, técnica, tecnicismo, tecnología, tecnológico.**

**Techo,** m. Parte superior que cubre un edificio o una habitación. ‖ Casa, habitación, domicilio.
**Techumbre,** f. Techo.
**Tedio,** m. Aburrimiento, fastidio.
**Tegumento,** m. Tejido o membrana de un cuerpo.
**Teja,** f. Pieza de barro cocida que se emplea para cubrir los techos de las casas. ‖ **A toca teja:** en dinero contante.
**Tejado,** m. Parte superior y exterior del edificio, cubierta corrientemente por tejas.

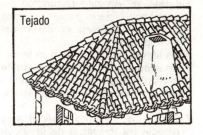
Tejado

Tejón

**Tejedor,** adj. (Persona) que tiene por oficio tejer. ‖ Intrigante.
**Tejemaneje,** m. fam. El modo de manejar un negocio propio, la forma particular de hacer algo o el conjunto de enredos con que se quiere resolver un asunto.
**Tejer,** tr. Entrelazar ordenadamente hilos para formar una tela.
**Tejido,** m. Tela. ‖ Cosa tejida.
**Tejo,** m. Trozo de teja rota. ‖ Juego que consiste en poner derecha una taba en un sitio y tirarle tejos o piedras; el que la derriba gana dos puntos y el que da más cerca gana un punto.
**Tejón,** m. Especie de marta que vive en madrigueras y se alimenta de frutos, caracoles y gusanos. Sus pelos sirven para hacer pinceles para los pintores buenos.
**Tela.**\*
**Telar,** m. Máquina para tejer. ‖ Parte alta del escenario de un teatro de donde bajan los telones. ‖ Aparato en que cosen los libros los encuadernadores.
**Telaraña,** f. Tejido finísimo que forma la araña.
**Tele,** f. Nombre familiar que se le da a la «televisión». ‖ Tele es un prefijo griego que significa «lejos, a lo lejos, etcétera»; p. ej., teléfono.
**Telecomunicación,** f. Comunicación telegráfica o telefónica.
**Telediario,** m. Espacio informativo que comunica las principales noticias del día, y con él informa televisión a todos los telespectadores.
**Teledirigido,** adj. Dirigido desde lejos.
**Teleespectador,** adj. Telespectador.
**Telefilme,** m. Película hecha para la televisión.
**Telefonear,** tr. Hablar por el teléfono.
**Telefonía,** f. Técnica y arte de construir, instalar y arreglar teléfonos.
**Telefónicamente,** adv. Llamando por teléfono.
**Telefónico,** adj. Que pertenece o se refiere al teléfono.
**Telefonista,** com. Persona que trabaja en el servicio de los teléfonos.
**Teléfono.**\*

---

T<small>ELA</small>, f. *Tejido hecho con muchos hilos de seda, lana o algodón entrecruzados: Es una tela muy bonita.*
   *Viene del latín* texere, *que significa 'tejer'.* ‖ *Deriv.:* **Entretelar, telar, telaraña, teleta, telilla, telón.** *De la misma palabra latina vienen* **tejer, tejido, textil** *y* **texto.**
T<small>ELÉFONO</small>, m. *Aparato que sirve para hablar con otra persona que está lejos: Papá está hablando por teléfono.*
   *Viene de las palabras griegas* tele, *que significa 'lejos', y* fonos, *'soni-*

**Telefoto.** (Abrev. de telefotografía.) Fotografía transmitida a distancia mediante sistemas electromagnéticos.

**Telegrafía,** *f.* Técnica y arte de construir, instalar y arreglar telégrafos y de saber manejarlos.

**Telegrafiar,** *tr.* Manejar el telégrafo. || Enviar comunicaciones por el telégrafo.

**Telegráficamente,** *adv.* Por medio del telégrafo.

**Telegráfico,** *adj.* Que se refiere al telégrafo o a la telegrafía.

**Telegrafista,** *com.* El encargado de manejar el telégrafo.

**Telégrafo,** *m.* Aparato que sirve para transmitir noticias a sitios muy lejos con gran rapidez.

**Telegrama,** *m.* Aviso urgente hecho usando el servicio de teléfonos o el servicio de telégrafos, y que nos llega por escrito.

**Telemetría,** *f.* Arte y técnica de medir distancias entre dos objetos que están alejados.

**Teleobjetivo,** *m.* Objetivo especial de algunas máquinas fotográficas que sirve para fotografiar cosas que están muy distantes.

**Telepatía,** *f.* Facultad especial que tienen algunos individuos de acertar lo que otro está pensando en aquel momento.

**Telerín,** *adj.* Se le dice así a la familia que forman esos muñecos dibujados que salen en la «tele» cantando el «vamos a la cama».

**Telescopio,** *m.* Anteojo especial y de gran alcance que sirve para observar los astros. || Instrumento óptico muy grande adecuado para observar bien los astros.

**Telespectador,** *m.* El que mirando a la pantalla del televisor está viendo

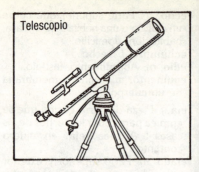
Telescopio

cosas que están muy alejadas en la realidad.

**Teletipo,** *m.* Aparato telegráfico especial con teclado y cuyo receptor imprime el mensaje en caracteres de imprenta.

**Televidente,** *adj.* Que ve a lo lejos.

**Televisión,** *f.* Invento que permite transmitir imágenes en movimiento a lugares alejados y muy rápidamente. || V. **tele.**

**Televisor,** *m.* Aparato especial para recoger las imágenes de la televisión y para presentarlas en una pantalla que llevan.

**Telex,** *m.* Teletipo muy perfeccionado.

**Telón,** *m.* Lienzo grande pintado que se pone en el escenario de un teatro para que forme parte principal de las decoraciones o para ocultar al público la escena.

**Tema.**\*

**Temblar,** *intr.* Agitarse con movimiento seguido e involuntario. || Tener mucho frío o mucho miedo.

**Temblor,** *m.* Movimiento involuntario, repetido y continuo.

**Tembloroso,** *adj.* Que tiembla mucho.

**Temer.**\*

---

\*

do'. || *Deriv.* de **tele** *(lejos):* **Telecomunicación, teléfono, telefonear, telefonema, telefonía, telefónico, telefonista, telégrafo, telegrafía, telegrafiar, telegráfico, telegrafista, telegrama, telémetro, telemetría, telepatía, telescopio, teletipo, televisión, telediario, teledirigido, televisor, telex, teleclub, telecrónica, telerritmo.**

TEMA, m. *Asunto, materia:* **me preguntaron el tema de latín.**
          *Viene del griego* **tithemi,** *que significa 'yo pongo'.* || *Deriv.:* **Temática.**

TEMER, tr. *Tener miedo a una persona o cosa:* **No temas sino al pecado.** || *Sospechar un daño:* **Me lo estaba temiendo.**

**Temerario,** *adj.* Imprudente, muy atrevido. ‖ Sin fundamento.
**Temeroso,** *adj.* Que causa temor. ‖ Cobarde, miedoso.
**Temible,** *adj.* Que da miedo.
**Temor,** *m.* Miedo. ‖ V. **temer.**
**Témpano,** *m.* Bloque grande de nieve que flota en el mar y que resulta peligrosísimo para las embarcaciones que navegan por los mares polares.
**Temperamento,** *m.* Constitución de cada individuo.
**Temperatura.***
**Tempestad,** *f.* Cambio violento de la atmósfera acompañado de truenos, lluvias y viento.
**Tempestuoso,** *adj.* Que causa tempestad. ‖ Expuesto a tempestades.
**Templado,** *adj.* Moderado en la comida y bebida o en alguna otra cosa. ‖ Que no está ni frío ni caliente. ‖ Valiente.
**Templanza,** *f.* Virtud que consiste en moderarse en la comida, en la bebida, en los placeres y en cosas así.
**Templar,** *tr.* Moderar, suavizar una cosa. ‖ Calentar ligeramente algo. ‖ Moderar, aplacar la cólera.
**Templario,** *m.* Individuo de una orden de caballería destinada a proteger a los que iban a visitar los Santos Lugares de Jerusalén.
**Temple,** *m.* Temperatura. ‖ Dureza que se da al vidrio y a ciertos metales. ‖ Carácter de una persona.
**Templete,** *m.* Templo pequeño. ‖ Pabellón o quiosco.
**Templo.***
**Temporada,** *f.* Espacio de tiempo.
**Temporal,** *adj.* Que pertenece al tiempo. ‖ Que dura algún tiempo. ‖ Que no es eterno. ‖ *m.* Tiempo de lluvias persistentes.
**Temporalmente,** *adv.* Por algún tiempo.
**Temprano,** *adj.* Adelantado, que sucede antes del tiempo acostumbrado. ‖ *m.* Sembrado de fruto temprano. ‖ *adv.* En las primeras horas del día o de la noche. ‖ V. **tiempo.**
**Tenacidad,** *f.* Calidad de tenaz. ‖ Obstinación. ‖ Resistencia, firmeza.
**Tenacillas,** *f. pl.* Especie de tijeras que no cortan y que sirven para muchas cosas; hasta para rizar el pelo.
**Tenaz,** *adj.* Resistente, duro; que cuesta mucho romperlo o separarlo. ‖ Firme, constante, obstinado.

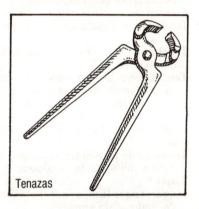
Tenazas

**Tenazas,** *f. pl.* Instrumento de hierro o de otro metal compuesto de dos brazos enganchados por un clavillo, y que sirven para coger, sujetar, arrancar o cortar una cosa. La ca-

---

*Viene del latín **timere**, que significa 'estar inquieto o tener miedo de algo'. ‖ Deriv.: **Atemorizado, atemorizar, intimidación, intimidar, temeroso, temible, timidez, tímido, timorato.**

TEMPERATURA, f. *Nivel de calor de un cuerpo:* **Hay una temperatura muy agradable.**
   Viene del latín **temperare**, que significa 'moderar, templar'. ‖ Deriv.: **Atemperar, destemplado, intemperie, intemperancia, temperamento, templado, templanza, templar, temple.**
TEMPLO, m. *Edificio destinado para adorar a Dios:* **El templo es un lugar sagrado.**
   Viene del latín **templum**, que significa 'templo'. ‖ Deriv.: **Templario, templete.**

beza pueden tenerla de forma distinta, porque tendrá la cabeza como más conveniente sea según el uso que se le vaya a dar.

**Tenazmente,** *adv.* Con tenacidad.

**Tendedero,** *m.* Sitio donde se tiende la ropa mojada para que se vaya secando.

**Tendencia,** *f.* Inclinación en las personas y en las cosas hacia algo.

**Tendencioso,** *adj.* Que manifiesta una inclinación o tendencia determinada.

**Tender.\***

**Tendero,** *m.* El que tiene una tienda de tejidos.

**Tendido,** *m.* Acción de tender. ‖ Graderío descubierto. ‖ *adj.* Se dice del galope ligero del caballo.

**Tendón,** *m.* Especie de cuerda tirante formada por fibras especiales y que sirven para unir la carne al hueso.

**Tenducha,** *f.* Tienda de escasa categoría.

**Tenebroso,** *adj.* Oscuro. ‖ Cubierto de tinieblas.

**Tenedor,** *m.* El que tiene una cosa. ‖ Utensilio de mesa con dientes que sirve para pinchar los alimentos y llevarlos a la boca. ‖ **Tenedor de libros:** el que lleva las cuentas en una tienda u oficina.

**Tenencia de alcaldía,** *f.* El cargo y la oficina del teniente de alcalde.

**Tener.\***

**tenguerengue (En),** *m. adv. fam.* Casi cayéndose; sin equilibrio.

**Tenia,** *f.* Gusano aplastado y larguísimo que a veces vive en el intestino de las personas, pudiendo llegar incluso a ahogarlas. Recibe

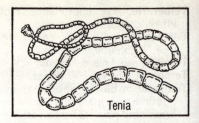
Tenia

también el nombre de solitaria.

**Teniente,** *adj.* Que tiene una cosa. ‖ Algo sordo. ‖ Miserable, avaro. ‖ *m.* El que hace las funciones de otro. ‖ Oficial de grado inmediatamente inferior al del capitán.

**Tenis,** *m.* Juego de pelota que se juega con raquetas y una red que separa a los jugadores.

**Tenor.\***

**Tenorio,** *m.* Galanteador.

**Tensión,** *f.* Estado de lo que está estirado y fuerza que resiste el estiramiento. ‖ Presión. ‖ Diferencia de potencial, voltaje. ‖ V. **tender.**

**Tenso,** *adj.* Estirado, rígido.

**Tentación,** *f.* Impulso que incita a hacer una cosa mala. ‖ Impulso que nos incita a hacer una cosa, aunque no sea mala.

**Tentáculo,** *m.* Saliente blando en forma de brazo movible.

**Tentar,** *tr.* Tocar una cosa. ‖ Reconocer una cosa por medio del tacto. ‖ Incitar, inducir a hacer una cosa mala.

**Tentativa,** *f.* Acción con que se intenta una cosa. ‖ Intento.

**Tentempié,** *m.* Comida pequeña como un bocadillo que se toma entre horas.

---

TENDER, *tr. Desdoblar, extender:* **Tendió la ropa al sol.** ‖ r. *Echarse:* **Me voy a tender durante un rato.**
  *Viene del latín* **tendere,** *que significa 'desdoblar'.* ‖ *Deriv.:* **Contender, contendedor, contienda, desentender, entendido, entendimiento, extender, intención, intensidad, intenso, intentar, sobrentender, tendedero, tendencia, tendencioso, tenderete, tendido, tendiente, tienda, trastienda.**

TENER, *tr. Poseer una cosa:* **Tengo una biblioteca.**
  *Viene del latín* **tenere,** *que significa 'tener agarrado u ocupado'.* ‖ *Deriv.:* **Abstener, abstinencia, contener, continente, detención, detener, entretener, entretenimiento, lugarteniente, obtener, sostener, tenaz, tenedor, teneduría, tenencia, teniente, tenis, tenor.** ‖ *Contr.:* **Carecer.**

TENOR, m. *Cantor cuya voz es intermedia entre la de contralto y la de barítono:* **Este tenor canta muy bien.**

**Tenue,** *adj.* Flojo, débil. ‖ Contr.: **Intenso, fuerte.**
**Teñir,** *tr.* Dar a una cosa un color distinto del que tenía.
**Teologal,** *adj.* Que se refiere a la teología. ‖ **Virtudes teologales:** la fe, la esperanza y la caridad.
**Teología.***
**Teológicamente,** *adv.* En términos teológicos.
**Teológico,** *adj.* Que se refiere a la teología. ‖ Teologal.
**Teólogo,** *m.* Persona que estudia la teología.
**Teorema,** *m.* Proposición matemática que afirma una verdad que se puede demostrar.
**Teoría,** *f.* Conocimiento especulativo. ‖ Opinión. ‖ Explicación de un fenómeno. ‖ V. **teatro.**
**Teóricamente,** *adv.* De manera teórica.
**Teórico,** *adj.* Que pertenece a la teoría.
**Terapéutica,** *f.* Parte de la medicina que estudia cómo curar las enfermedades.
**Tercero,** *adj.* Que sigue a lo segundo. ‖ Que media entre dos o más personas para una cosa. ‖ Religioso de la orden tercera de San Francisco. ‖ V. **tres.**
**Terceto,** *m.* Conjunto de tres versos, cada uno de los cuales tiene once sílabas métricas.
**Terciar,** *tr.* Poner una cosa atravesada. ‖ Dividir una cosa en tres partes. ‖ *intr.* Mediar en una disputa.
**Terciario,** *adj.* Tercero.
**Tercio,** *adj.* Tercero. ‖ *m.* Cada una de las tres partes iguales en que se divide una cosa.
**Terciopelo,** *m.* Tela de seda o algodón velluda por una de sus caras.
**Terco,** *adj.* Testarudo. ‖ Que se mantiene firmemente en lo que dice.
**Tergiversar,** *tr.* Falsear los hechos, interpretándolos de una manera falsa.
**termales (Aguas),** *f. pl.* Las que brotan calientes al salir del manantial.
**Termas,** *f. pl.* Piscinas para tomar baños calientes.
**Térmico,** *adj.* Que se refiere al calor.
**Terminación,** *f.* Lo que se hace al terminar. ‖ Parte final de una cosa. ‖ V. **término.**
**Terminal,** *adj.* Final. ‖ Que pone término a una cosa.
**Terminante,** *adj.* Que termina. ‖ Claro, preciso.
**Terminantemente,** *adv.* De manera terminante y sin discusión.
**Terminar,** *tr.* Poner término a una cosa. ‖ Acabar. ‖ V. **término.**
**Término.***
**Terminología,** *f.* El conjunto de palabras que son propias de una ciencia o de una profesión.
**Termo,** *m.* Vasija de doble pared que

---

*Viene del italiano* **tenore,** *que significa igual que en castellano.* ‖ *Las expresiones* **a tenor de** *('según se dice en') y* **a este tenor** *('por el mismo estilo, de igual forma'), son derivados del verbo* **tener** *(tener algo puesto en una ley).* ‖ **Tenore,** *en italiano, quiere decir propiamente 'chorro de voz que no se interrumpe'.*

Teología, *f. Ciencia que trata de Dios:* **La Teología está por encima de todas las ciencias.**
*Viene de* **Teós,** *que significa 'Dios' y* **logos,** *que significa 'conocimiento' o 'tratado'.* ‖ *Deriv.:* **Teologal, teólogo, teológico.**

Término, *m. Extremo, fin, límite de una cosa:* **Término del camino.** ‖ *Palabra:* **Empleó unos términos tan científicos que pocos le entendieron.** ‖ **Término municipal:** *El territorio ocupado por un pueblo y sus tierras; o por una ciudad y las tierras suyas.*
*Viene del latín* **terminus,** *que significa 'linde'.* ‖ *Deriv.:* **Determinación, determinante, determinar, exterminar, terminado, terminación, terminal, terminante, terminología.**

Termo

sirve para conservar caliente el líquido que en ella se ponga.

**Termómetro,** *m.* Instrumento que sirve para medir la temperatura.

**Termonuclear,** *adj.* Se le llama así a una reacción nuclear cuando da lugar a un gran desprendimiento de calor.

**Terna,** *f.* Conjunto de tres personas propuestas para un cargo o empleo. || Juego de dados.

**Ternario,** *adj.* Compuesto de tres elementos, unidades o números. || Triduo.

**Ternera,** *f.* Cría hembra de la vaca. || Carne de ternera o ternero.

**Ternilla,** *f.* Especie de hueso blando, plano y elástico; como el que forma el tabique de la nariz.

**Terno,** *m.* Conjunto de tres cosas de una misma clase. || Traje de hombre compuesto de tres prendas.

**Ternura,** *f.* Calidad de tierno. || Cariño. || Blandura.

**Terramicina,** *f.* Antibiótico producido por el «Streptomyces Rimosus».

**Terraplén,** *m.* Montón grande de tierra para hacer un camino, una defensa, etc.

**Terrateniente,** *com.* El que posee muchas tierras.

**Terraza,** *f.* Azotea. || Espacio descubierto más o menos levantado del suelo en algunos edificios.

**Terremoto,** *m.* Serie de grandes sacudidas que a veces da el terreno.

**Terrenal,** *adj.* Que pertenece o se refiere a la tierra.

**Terreno,** *adj.* Terrenal. || *m.* Espacio de tierra. || V. **tierra.**

**Terrestre,** *adj.* Que pertenece o se refiere a la tierra.

**Terrible,** *adj.* Que da miedo. || Fuerte. || Muy grande. || V. **terror.**

**Terriblemente,** *adv.* Con miedo, con terror.

**Territorial,** *adj.* Que pertenece al territorio.

**Territorio,** *m.* Parte de la superficie terrestre que pertenece a una nación, una provincia, etc.

**Terrón,** *m.* Cantidad pequeña de tierra. || Cantidad pequeña de azúcar o de otras sustancias.

**Terror.\***

**Terrorífico,** *adj.* Que da miedo.

**Terrorismo,** *m.* El mandar o dominar produciendo el miedo.

**Terrorista,** *m.* Partidario del terrorismo.

**Terruño,** *m.* Nuestra tierra, nuestra comarca, nuestro pueblo, el sitio de donde es uno.

**Terso,** *adj.* Brillante, resplandeciente. || Liso.

**Tersura,** *f.* Brillantez, resplandor.

**Tertulia,** *f.* Reunión de personas que se juntan para pasar el rato hablando, jugando, etc.

**Tesis,** *f.* Proposición que se mantiene con razonamientos. || Disertación escrita que se presenta para doctorarse.

**Tesitura,** *f. fig.* Actitud.

**Tesón,** *m.* Firmeza, constancia, empeño.

**Tesorería,** *f.* Oficina y oficio del tesorero.

**Tesorero,** *m.* Persona encargada de guardar el dinero de una sociedad.

**Tesoro,** *m.* Gran cantidad de oro, plata y cosas preciosas guardadas en un sitio oculto. || Reliquias y jo-

---

\*
TERROR, *m. Miedo, espanto, horror:* **Tengo terror a los truenos.**
   *Viene del latín* **terror,** *que significa 'espantado'.* || ***Deriv.:*** **Aterrorizar, impertérrito, terrible, terrorífico, terrorismo, terrorista.**

yas que se guardan en ciertas iglesias. ‖ Persona o cosa que vale mucho. ‖ **Tesoro público:** es el formado por todos los bienes que el Estado maneja directamente.

**Test,** m. Prueba (de inteligencia, de conocimientos que tiene una persona o de otra por el estilo).

**Testamentaría,** f. El hacer lo dispuesto en el testamento. ‖ La reunión de los testamentarios.

**Testamentario,** adj. Que se refiere al testamento. ‖ m. Persona encargada de cumplir lo dispuesto en el testamento.

**Testamento,** m. Documento en el que una persona dispone lo que ha de hacerse con sus bienes después de su muerte. ‖ V. **testigo.**

**Testarudez,** f. Calidad de testarudo. ‖ Terquedad.

**Testarudo,** adj. Terco.

**Testificar,** tr. Probar una cosa por medio de testigos o documentos. ‖ Actuar de testigo.

**Testigo.***

**Testimonial,** adj. Que hace fe.

**Testimoniar,** tr. Afirmar como testigo alguna cosa.

**Testimonio,** m. Afirmación de una cosa. ‖ Documento legalizado que da fe. ‖ V. **testigo.**

**Testuz,** f. En algunos animales, la frente; en otros animales, la nuca.

**Teta,** f. Órgano que segrega la leche en las hembras de los mamíferos.

**Tétanos,** m. Enfermedad infecciosa muy grave (los músculos se quedan completamente rígidos).

**Tetra.** Prefijo que entra en la formación de algunas palabras españolas con el significado de «cuatro».

**Tetraedro,** m. Sólido geométrico de cuatro caras que son triángulos.

**Tétrico,** adj. Triste. ‖ Serio, melancólico.

**Textil,** adj. Que se puede reducir a hilos y tejerse.

**Texto.***

**Tez,** f. Piel de la cara del hombre.

**Ti.** Forma del pronombre personal de segunda persona de singular. ‖ V. **tú.**

**Tiara,** f. Mitra metálica y en forma de triple corona, usada por el Papa.

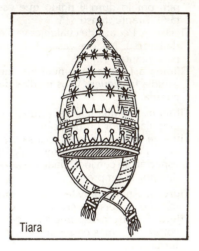

Tiara

**Tibia,** f. Hueso mayor de la pierna. Su saliente es la espinilla.

**Tibio,** adj. Templado. ‖ Ni frío ni caliente. ‖ Descuidado, indiferente.

**Tiburón,** m. Pez marino de seis u ocho metros de largo, cuya boca enorme tiene varias filas de dientes; el tiburón es temible y voraz.

**Tictac,** m. Ruido repetido que hace el reloj.

**Tiempo.***

---

\*

TESTIGO, com. Persona que presencia y da testimonio de una cosa: *Lo vendieron ante testigos. Yo mismo fui testigo.*
  Viene del latín **testificare,** que significa 'testificar'. ‖ Deriv.: **Atestar, atestiguar, protestantismo, protestar, testificación, testificar, testimonio.**

TEXTO, m. Escrito de un autor; pasaje de un libro: *Era un texto muy interesante.* ‖ **Libro de texto:** el que se tenga que estudiar porque por ése examinan.
  Viene del latín **textum,** que significa 'texto'. ‖ Deriv.: **Textual, textualmente.**

TIEMPO, f. Duración de las cosas: *Estuve mucho tiempo en la playa.* ‖ Época: *En tiempo de los romanos.* ‖ Estado de la atmósfera: *Hace buen tiem-*

**Tienda,** *f.* Pabellón de tela o piel, armado con palos clavados en la tierra y que sirve para alojamiento en el campo. ‖ Toldo que sirve para resguardar del sol. ‖ Lugar o puesto donde se venden cosas. ‖ V. **tender.**

**Tienta,** *f.* La operación de probar si son bravos los becerros.

**Tierno.**\*

**Tierra.**\*

**Tieso,** *adj.* Difícil de doblar y de romper, por lo duro y rígido que está. ‖ Tirante, tenso.

**Tiesto,** *m.* Pedazo de cualquier vasija de barro. ‖ Maceta, vasija de barro para plantas y flores.

**Tiflología,** *f.* Parte de la medicina que estudia la ceguera y los medios de curarla.

**Tifón,** *m.* Tromba marina, formada y empujada por un huracán.

**Tifus,** *m.* Enfermedad infecciosa grave. ‖ Personas que asisten a algún espectáculo con localidades regaladas por la empresa.

**Tigre,** *m.* Animal muy feroz y de gran tamaño. ‖ Persona cruel.

**Tijera,** *f.* Instrumento que sirve para cortar. ‖ Es más corriente decir **tijeras** (en *pl.*).

**Tila,** *f.* Flor del tilo. ‖ Bebida que se hace con las flores del tilo y agua caliente.

**Tildar,** *tr.* Poner el rasgo a la ñ o a alguna otra letra o abreviatura. ‖ bo-

Tigre

rrar lo escrito. ‖ Censurar a una persona.

**Tilde,** *f.* Rasgo pequeñito que se pone sobre la ñ o para señalar la acentuación de las palabras.

**Tilín,** *m.* Sonido de la campanilla. ‖ **Eso no me hace tilín:** eso no me cae en gracia, eso no me agrada ni me llama la atención.

**Tilo,** *m.* Árbol de unos veinte metros de altura y con flores medicinales.

**Timar,** *tr.* Robar con engaño. ‖ Engañar.

**Timbrar,** *tr.* Estampar un timbre o un sello.

**Timbre,** *m.* Sello para estampar. ‖ Especie de campanilla que suena por medio de un muelle, de la electricidad, etc. ‖ Sonido característico de una voz o un instrumento. ‖ Insignia que se coloca encima del escudo de armas. ‖ Hazaña que ennoblece a una persona.

---

\*

po. ‖ **Tiempos fundamentales de un verbo:** *el presente, el pretérito y el futuro.*

    *Viene del latín* **tempus,** *que significa 'tiempo'.* ‖ *Deriv.:* **Contemporáneo, contratiempo, destiempo, entretiempo, tempestad, tempestivo, tempestuoso, temporal, temprano.**

Tierno, *adj. Blando, reciente:* **Aún está tierno.** ‖ *Cariñoso; o que llora por cualquier cosa que le pase:* **¡Qué niño más tierno!**

    *Viene del latín* **tener,** *que significa 'tierno'.* ‖ *Deriv.:* **Desternillarse, enternecer, enternecimiento, ternero, terneza, ternilla, ternura.** ‖ *Contr.:* **Duro.**

Tierra, *f. Planeta que habitamos:* **La Tierra es bastante redonda.** ‖ *La superficie no ocupada por el mar:* **Llegaron a tierra después de navegar siete días.** ‖ *Materia suelta y desmenuzada que se forma en el suelo:* **Se manchó de tierra.**

    *Viene del latín* **terra,** *que significa 'tierra'.* ‖ *Deriv.:* **Aterrar, aterrador, desterrar, enterrar, terráqueo, terraplén, terraza, terrazo, terremoto, terrenal, terreno, terrestre.**

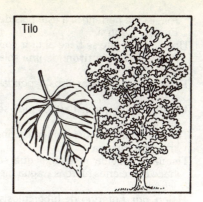
Tilo

**Timidez,** f. La escasez de ánimos que tienen los tímidos.
**Tímido,** adj. Temeroso. || Corto de ánimo, miedoso. || Contr.: **Audaz, atrevido.**
**Timo,** m. Robo con engaño. || Estafa.
**Timón,** m. La pieza plana, vertical y sumergida que llevan las naves para variar el rumbo o para ir cambiando de dirección. Los aviones también tienen timón (o timones) en la cola.
**Timonel,** m. El que maneja el timón de una nave.
**Timorato,** adj. Piadosito y tímido.
**Tímpano,** m. Membrana que tenemos en el oído, al final del agujero.
**Tina,** f. Vasija de madera en forma de cubo ancho.
**Tinaja,** f. Vasija grande y de barro cocido, ancha por el medio y muy adecuada para guardar líquidos.
**Tinerfeño,** adj. De Tenerife (en las islas Canarias).
**Tinglado,** m. Sitio cubierto ligeramente y que sirve para resguardar del frío o la lluvia a las personas, animales y cosas. || Enredo, intriga.
**Tiniebla,** f. Falta de luz. || Oscuridad.
**Tino,** m. Acierto. || Destreza para dar en el blanco con lo que se tira o dispara. || Prudencia para la dirección de un negocio.

**Tinta,** f. Color con que se pinta o tiñe una cosa. || Líquido que se emplea para escribir.
**Tinte,** m. Lo que se hace cuando se tiñe. || Color con que se tiñe. || Tienda o lugar donde se tiñen las telas y las ropas. (Tintorería.)
**Tintero,** m. Especie de vaso donde se pone la tinta de escribir.
**Tintineo,** m. Sonido de una campanilla.
**Tinto,** adj. Se dice de la uva de color negro y del vino que con ella se hace.
**Tintorería,** f. Tienda y taller para teñir ropas.
**Tintura,** f. Tinte. || **Tintura de yodo:** yodo disuelto en alcohol.
**Tiña,** f. Enfermedad contagiosa producida por parásitos en la que suele caerse el cabello dejando manchas blancuzcas en la piel del cráneo.
**Tío.**\*
**Tiovivo,** m. Aparato de feria con asientos de varias formas situados en un tablero circular, que va girando y girando, sirviendo de recreo una y otra vez.
**Tipejo,** m. Persona ridícula.
**Típico,** adj. Característico.
**Tiple,** m. La más aguda o fina de las voces humanas. || com. Persona que tiene voz de tiple.
**Tipo.**\*
**Tipografía,** f. Arte de imprimir. || Imprenta.
**Tipográfico,** adj. Que se refiere a la tipografía.
**Tipógrafo,** m. Persona que trabaja en la tipografía.
**Tique,** m. Vale, bono, cédula, recibo.
**Tira,** f. Pedazo largo y estrecho de tela, papel, cuero u otra cosa delgada.
**Tirabuzón,** m. Sacacorchos. || Rizo de pelo largo.
**Tirachinos,** m. Juguete formado por

---

\* Tío, m. *Hermano o primo del padre o de la madre de una persona:* **Mi tío Juan.** *Viene del griego* **theios,** *que significa 'tío'.*

Tipo, m. *Modelo, ejemplar:* **Santa Teresa es tipo de mujeres españolas.** || *Figura de una persona:* **María tiene buen tipo.**
    *Viene del griego* **typos,** *que significa 'modelo'.* || *Deriv.:* **Prototipo, típico, tipismo, tipógrafo.**

dos tiras de goma, unidas por delante a una horquilla con mango y por detrás a un trozo de badana o de cuero, y que sirve para disparar piedras pequeñas.

**Tirada,** *f.* Lo que se hace al tirar. || Distancia que hay de un lugar a otro. || Número de ejemplares de un libro que se publican de una vez.

**Tirador,** *m.* Persona que tira. || Instrumento con que se estira. || Asidero para cerrar una puerta, abrir un cajón, etc. || Cordón del que se tira para hacer sonar una campanilla. || Tirachinos.

**Tiralíneas,** *m.* Instrumento de metal parecido a una pluma y que sirve para trazar líneas de tinta.

**Tiranía,** *f.* Abuso de poder. || Forma de gobernar que tienen los tiranos.

**Tirano,** *adj.* (Persona) que gobierna un Estado por la fuerza. || (Persona) que gobierna con crueldad.

**Tirante,** *adj.* Que tira. || Estirado. || *m.* Cuerda o correa que sirve para tirar de un carro. || *pl.* Tiras de cuero o tela que sirven para sujetar los pantalones.

**Tirantez,** *f.* Calidad de tirante. || Tensión.

**Tirar.\***

**Tiritar,** *intr.* Temblar mucho y de frío.

**Tiritón,** *m.* Cada uno de los estremecimientos que siente el que está tiritando.

**Tiro,** *m.* Lo que se hace cuando se tira. || Disparo de un arma de fuego. || Estampido que éste produce. || Lugar donde se tira al blanco. || Conjunto de caballerías que tiran de un carro. || Tirante de un carruaje.

**Tirolés,** *adj.* Que ha nacido en el Tirol. || Que pertenece a este país de Europa Central.

**Tirón,** *m.* Lo que se hace al tirar con fuerza. || **De un tirón:** de una sola vez.

**Tirotear,** *tr.* Disparar tiros repetidamente.

**Tiroteo,** *m.* Lo que se hace cuando se tirotea.

**Tirria,** *f.* Odio y aborrecimiento contra otra persona.

**Tisana,** *f.* Bebida medicinal que se hace con ciertas hierbas y agua hirviendo.

**Tísico,** *adj.* Enfermo de tuberculosis.

**Tisis,** *f.* La tuberculosis.

**Tisiología,** *f.* Parte de la medicina relativa a la tisis.

**Tisú,** *m.* Tela de seda, con hilos de oro y de plata.

**Titán,** *m.* Gigante. || Persona que sobresale por alguna cosa.

**Titánico,** *adj.* Que se refiere a los titanes. || Muy grande.

**Títere,** *m.* Figura que se mueve con alguna cuerda u otra cosa. || Persona ridícula.

**Titilar,** *intr.* Centellear las estrellas lejanas (parece que guiñan).

**Titiritero,** *m.* El que va moviendo los hilos de los títeres. || El que en los circos salta o anda como si fuera un títere, haciendo al mismo tiempo ejercicios acrobáticos.

**Titubear,** *intr.* Moverse una cosa de un lado a otro como si se fuera a caer. || Dudar, no saber que hacer.

**Titubeo,** *m.* Lo que se hace cuando se titubea.

**Titulado,** *m.* Persona que tiene un título.

**Titular,** *tr.* Poner título o nombre a una cosa. || *intr.* Obtener un título nobiliario. || V. **título.**

**Título.\***

---

\*
Tirar, *tr. Arrojar una cosa:* **Tiramos los papeles al cesto.** || *Disparar un tiro:* **No tires, que me vas a dar.** || **Tirar el dinero:** *malgastarlo.* || **Tirar un pellizco, una voz,** *etc.: darlo.* || *intr. Hacer fuerza para que una cosa se mueva:* **El buey tira de la carreta.** || *Parecerse una cosa a otra cosa:* **Este azul tira a verde.**

    *Deriv.:* **Estirar, retirada, retirar, retiro, tirada, tirador, tiralíneas, tirante, tirantez, tirilla, tiro, tiroteo.** || *Contr.:* **Recoger.**

Título, *m. Nombre que se pone al principio de un libro, una película, etc., para indicar el asunto de que trata:* **Tiene un título muy interesante.** || *Docu-*

**Tiza,** *f.* Barrita blanca y terrosa que sirve para escribir en el encerado o pizarra.
**Tiznar,** *tr.* o *r.* Manchar o mancharse con tizne, hollín, carbón, ceniza o cosas parecidas.
**Tizne,** *f.* Humo y hollín que quedan pegados a la sartén, peroles, etc., que han estado en la lumbre.
**Tiznón,** *m.* Mancha de tizne.
**Tizo,** *m.* Carbón o cisco que echa mucho humo al arder.
**Tizón,** *m.* Palo a medio quemar. ‖ Hongo negruzco que va destruyendo los trigos de algunas espigas.
**Tizona,** *f.* Nombre que se le da a las buenas espadas, en recuerdo de la del Cid Campeador.
**Toalla,** *f.* Tela especial para secarse uno después de haberse lavado.
**Tobillo,** *m.* Saliente que forma la unión entre la pierna y el pie.

Tobogán

**Tobogán,** *m.* Especie de patín plano para deslizarse por las pendientes.
**Toca,** *f.* Lienzo blanco y almidonado con que cubren su cabeza las enfermeras, algunas monjas, etc.
**Tocadiscos,** *m.* Aparato para oír la música y las canciones que están grabadas en un disco. Los elementos esenciales de este aparato son la aguja y el altavoz.
**Tocado,** *m.* Peinado y adorno de la cabeza en las mujeres.
**Tocador,** *m.* Mueble con espejo que se usa para peinarse y arreglarse una persona. ‖ Habitación donde se pone este mueble. ‖ *adj.* Que toca un instrumento músico.
**Tocante,** *adj.* Que toca.
**Tocar.***
**Tocata,** *f.* Pieza musical breve para piano u órgano.
**Tocayo,** *m.* El que se llama igual que uno, aunque los apellidos sean diferentes.
**Tocino,** *m.* Grasa del cerdo.
**Tocólogo,** *m.* Médico especialista en todo lo referente a partos y a los períodos anterior y posterior al parto.
**tocomocho (Timo del),** *fr. fam.* Un modo de timar a otros vendiéndoles lotería falsa de la que se dice que está premiada.
**Todavía,** *adv.* Hasta el momento. ‖ Aún. ‖ V. **todo.**
**Todo.***
**Todopoderoso,** *adj.* Que todo lo puede. ‖ *m.* Dios.
**Toga,** *f.* Especie de manto que usaban los antiguos romanos encima de la túnica. ‖ Ropa larga, exterior y de ceremonia que usan los abogados, jueces y catedráticos.

---

\*
mento donde se dice cuál es la profesión de uno o la nobleza de su apellido: *Ese hombre tiene los títulos de médico y de conde.*
   Viene del latín **titulus,** que significa 'inscripción'. ‖ *Deriv.:* **Atildar, intitular, tildar, titular, titulillo.**
TOCAR, *tr. Percibir un objeto por medio de los órganos del sentido del tacto: Toco una mesa.* ‖ *Rozar con la mano: No me toques.* ‖ *Hacer sonar (con arte) un instrumento de música: No sabía tocar la guitarra.* ‖ *Avisar a los fieles con el toque de la campana: Está tocando el Angelus.* ‖ *Ser uno pariente de otro: Me toca «primo».* ‖ *intr. Ser obligación o turno de uno: Ahora te toca a ti.*
   *Deriv.:* **Retocar, retoque, tocado, tocante, toque.**
TODO, *adj. Indicar una cosa entera: Todo el pastel es mío.*
   Viene del latín **totus,** que significa 'todo entero'. ‖ *Deriv.:* **Sobretodo, todavía, todopoderoso, total, totalidad, totalitario, tute.** ‖ *Contr.:* **Nada.**

Toga

**Toldo,** *m.* Cubierta de lona u otra cosa para dar sombra.
**Toledano,** *adj.* Que ha nacido en Toledo. ‖ Que pertenece a esta ciudad.
**Tolerable,** *adj.* Que se puede tolerar.
**Tolerancia,** *f.* Lo que se hace cuando se tolera. ‖ Respeto. ‖ Indulgencia sobre las opiniones de los demás. ‖ Permiso.
**Tolerar,** *tr.* Sufrir. ‖ Llevar con paciencia alguna cosa que no se quiere o no se puede impedir.
**Tolosano,** *adj.* Que ha nacido en Tolosa. ‖ Que pertenece a esta población.
**Tolva,** *f.* Cajón en forma de embudo.
**Toma,** *f.* Lo que se hace cuando se toma alguna cosa. ‖ Conquista de una ciudad. ‖ Cantidad que se toma de una cosa de una vez. ‖ Abertura que se hace en una cañería o depósito de agua.
**Tomadura de pelo,** *f.* Burla disimulada.
**Tomar.**\*
**Tomatazo,** *m.* Golpe con un tomate bien disparado.
**Tomate,** *m.* Hortaliza comestible, redonda y de color rojo cuando está madura. ‖ Roto en las medias, calcetines, etc., a través del cual se ve la carne.
**Tomatera,** *f.* Planta que produce los tomates.
**Tomatero,** *m.* Persona que vende tomates.
**Tómbola,** *f.* Rifa de cosas hechas por lo general para dar la ganancia a los pobres, hospitales, etc.
**Tomillo,** *m.* Planta enana y aromática que se emplea como condimento.
**Tomismo,** *m.* Doctrina filosófica de Santo Tomás de Aquino.
**Tomista,** *adj.* Seguidor de la filosofía de Santo Tomás de Aquino.
**Tomiza,** *f.* Soga pequeña y de esparto.
**Tomo,** *m.* Cada uno de los libros de que consta una obra.
**Tonadilla,** *f.* Canción corta y alegre.
**Tonalidad,** *f.* Tono. ‖ Sonido. ‖ Color.
**Tonante,** *adj.* Que truena o arroja rayos (se decía de Júpiter o Zeus).
**Tonel,** *m.* Barril.
**Tonelada.**\*
**Tonelaje,** *m.* Cabida o volumen que tiene una embarcación.
**tónica (Sílaba),** *f.* La sílaba acentuada.
**Tónico,** *adj.* Que tonifica.
**Tonificar,** *tr.* Entonar el cuerpo, darle fuerza y vigor al organismo.
**Tono,** *m.* Mayor o menor elevación de la voz o del sonido de un instrumento músico. ‖ Inflexión de la voz y modo particular de decir una cosa según la intención del que habla. ‖ Energía, fuerza.
**Tonsura,** *f.* Ceremonia de la Iglesia en

---

\*
Tomar, *tr. Coger una cosa:* **Tomaré un libro de la biblioteca.** ‖ *Comer o beber:* **No te tomes eso.**
  *Viene del latín* **automare,** *que quiere decir 'afirmar'.* ‖ *Deriv.:* **Retomar, toma, tomada, tomadura.** ‖ *Contr.:* **Dejar.**
Tonelada, f. *Unidad de peso o capacidad que se usa para calcular el desplazamiento de los buques:* **Lleva una carga de diez toneladas.**
  *Viene del francés* **tonel,** *que significa 'tonel'.* ‖ *Son de su misma familia las siguientes palabras:* **Tonel, tonelaje, tonelero, tonelería, tonelete.**

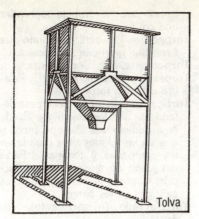
Tolva

la que se corta un poco de pelo en la coronilla al que va a ser pronto sacerdote.

**Tontada,** *f.* Tontería, simpleza.

**Tontaina,** *adj.* Tonto y bobo.

**Tontear,** *intr.* Hacer o decir tonterías.

**Tontería,** *f.* Calidad de tonto. ‖ Dicho o hecho de tonto. ‖ Hecho insignificante, sin importancia.

**Tonto,** *adj.* Se dice de la persona necia y con ninguna o poca inteligencia.

**Toña,** *f.* Pan grande. ‖ Torta hecha con aceite y miel.

**Topar,** *tr.* Chocar una cosa con otra. ‖ Hallar una cosa por casualidad. ‖ Encontrar una cosa.

**Tope,** *m.* Parte por donde pueden topar dos cosas. ‖ Pieza que detiene el movimiento de un mecanismo. ‖ Cada una de las piezas metálicas redondas colocadas en los extremos de los coches del ferrocarril. ‖ Tropiezo.

**Topetazo,** *m.* Golpe dado con la cabeza y atacando.

**Tópico,** *adj.* Que pertenece a un lugar determinado. ‖ Expresión vulgar y muy corriente.

**Topo,** *m.* Mamífero parecido a una rata grande, con ojos pequeños y casi ocultos en el pelo, que excava madrigueras y vive en ellas. Se alimenta de insectos. ‖ *adj.* Que ve poco. ‖ *fig.* Que es muy torpe.

**Topografía,** *f.* Arte de representar por medio de líneas y dibujos un lugar del mundo sobre el papel con todos los accidentes de la superficie.

**Topógrafo,** *m.* Persona que se dedica a la topografía.

**Toque,** *m.* Lo que se hace al tocar una cosa. ‖ Tañido de las campanas o de ciertos instrumentos que anuncian algo. ‖ Prueba, examen. ‖ Pincelada ligera.

**Torácico,** *adj.* Del tórax.

**Tórax,** *m.* El pecho.

**Torbellino,** *m.* Viento fuerte que sopla dando vueltas.

**Torcer,** *tr.* Doblar.

**Torcida,** *f.* Mecha de trapo o de algodón torcido.

**Torcido,** *adj.* Que no es recto. ‖ (Persona) que no obra con justicia. ‖ Hebra muy gruesa de seda torcida.

**Tordo,** *adj.* (Caballería) que tiene el pelo mezclado de negro y blanco. ‖ *m.* Pájaro de color gris o negro, abundante en España y que se alimenta de insectos y frutos. ‖ Al negro se le dice estornino.

Tordo

**Torear,** *tr.* e *intr.* Lidiar los toros en la plaza. ‖ *intr.* Burlarse de alguien con disimulo.

**Toreo,** *m.* Lo que se hace al torear. ‖ Arte de lidiar los toros.

**Torera,** *f.* Chaquetilla corta que usan los toreros.

Topo

**Torería,** *f.* Gremio o conjunto de toreros.
**Torero,** *adj.* Que pertenece al toreo. ‖ *m.* Persona que lidia toros en las corridas. ‖ V. **toro.**
**Toril,** *m.* Sitio de la plaza en donde se tiene encerrados a los toros que van a torearse en ella.
**Tormenta,** *f.* Tempestad. ‖ Desgracia, adversidad.
**Tormento,** *m.* Dolor o sufrimiento grande. ‖ Tortura que se causaba al reo antiguamente para obligarle a declarar.
**Tornado,** *m.* Tromba marina empujada por un ciclón.
**Tornar,** *tr. e intr.* Cambiar. ‖ Regresar, volver.
**Tornasol,** *m.* Reflejo de color en alguna tela. ‖ Colorante químico entre azul y violeta.
**Tornavoz,** *m.* Techo colgante y de madera que hay encima de los púlpitos.
**Tornear,** *tr.* Labrar o redondear algo usando un torno.
**Torneo,** *m.* Fiesta guerrera usual antiguamente en la que se combatía a caballo. ‖ Certamen. ‖ Lucha.
**Tornillo,** *m.* Cilindro o clavo que no es completamente liso, sino torneado. ‖ **Faltarle a uno un tornillo:** estar un poco loco.
**Torno,** *m.* Máquina que consiste en un cilindro giratorio.

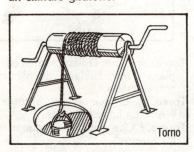

Torno

**Toro.**\*
**Torpe,** *adj.* Sin mañas. ‖ Que no tiene habilidad. ‖ Tonto. ‖ Que le cuesta mucho trabajo aprender una cosa.
**Torpedo,** *m.* Proyectil submarino que tiene una gran carga explosiva.
**Torpemente,** *adv.* Con torpeza.
**Torpeza,** *f.* Falta de aptitud. ‖ Palabra o hecho torpe.
**Torre,** *f.* Edificio fuerte y alto para defenderse de los enemigos desde él. ‖ Edificio más alto que ancho y que en las iglesias sirve para tener las campanas y tocarlas. ‖ Pieza del juego de ajedrez. ‖ Construcción blindada donde se ponen los cañones en los barcos.
**Torrefactado (o torrefacto),** *adj.* Tostado.
**Torrencial,** *adj.* Que parece un torrente o que lleva su fuerza.
**Torrente,** *m.* Corriente de agua rápida, violenta. ‖ Abundancia de cosas. ‖ Gran número de personas.
**Torreón,** *m.* Torre grande.
**Torrezno,** *m.* Pedazo de tocino frito.
**Tórrido,** *adj.* Muy caluroso.
**Torrija,** *f.* Picatoste empapado en vino, leche y miel.
**Torsión,** *f.* Torcedura. ‖ Contorsión.
**Torso,** *m.* Tronco del cuerpo humano. ‖ Estatua sin cabeza y sin extremidades.
**Torta,** *f.* Pastel redondo y aplastado hecho con harina, huevos, manteca y azúcar. ‖ Bofetada. ‖ Cualquier masa de figura de torta.
**Tortazo,** *m.* Bofetada. ‖ *fig.* Choque entre dos vehículos.
**Tortícolis,** *f.* Dolor en el cuello que impide mover la cabeza hacia los lados.
**Tortilla,** *f.* Comida que resulta al freír huevos batidos.
**Tórtola,** *f.* Paloma silvestre.
**Tortuga,** *f.* Reptil cuyo cuerpo está protegido por una fuerte coraza en forma de doble escudo.
**Tortuoso,** *adj.* Torcido. ‖ Que tiene

---
\*
Toro, m. *Animal de metro y medio de altura, con dos cuernos, y cuya hembra es la vaca:* **Este sí que es un toro bravo.** ‖ Viene del latín **taurus** que significa 'toro'. ‖ *Deriv.:* **Tauromaquia, torada, toreador, torear, toreo, torero.**

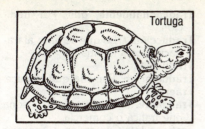
Tortuga

curvas. ‖ Que da muchos rodeos. ‖ Solapado, astuto.
**Tortura,** *f.* Calidad de torcido. ‖ Dolor grande. ‖ Dolor que causaban a los acusados para que declararan la verdad.
**Torturar,** *tr.* Dar tortura, atormentar.
**Tos,** *f.* Expulsión violenta y ruidosa del aire contenido en los pulmones. ‖ **Tos ferina:** cierta enfermedad infantil muy contagiosa.
**Tosco,** *adj.* Basto.
**Toser,** *intr.* Tener tos.
**Tostada,** *f.* Rebanada de pan tostado, untada con mantequilla, miel, etc.
**Tostado,** *adj.* Se dice del color oscuro como el del café tostado. ‖ Lo que se hace al tostar.
**Tostar,** *tr.* Poner una cosa al fuego hasta que tome color, pero sin quemarse. ‖ Curtir el sol o el viento la piel del cuerpo.
**Tostón,** *m.* Garbanzo tostado. ‖ Cochinillo asado. ‖ Cosa demasiado tostada. ‖ Cosa aburrida y pesada.
**Total,** *adj.* Entero, completo. ‖ *m.* Suma (resultado). ‖ V. **todo.**
**Totalidad,** *f.* Calidad de total. ‖ Todo. ‖ Conjunto completo.
**Totalitario,** *adj.* Dícese de lo que incluye todas las partes de una cosa.
**Totalitarismo,** *m.* Subordinación a los propósitos de un dictador en toda tendencia ideológica.
**Totalmente,** *adv.* Enteramente, del todo.
**Totem,** *m.* Figura de animal grabada en una especie de columna y venerada por los salvajes.

**Tóxico,** *adj.* Venenoso, dañino, perjudicial. ‖ *m.* Sustancia venenosa.
**Toxicomanía,** *f.* Hábito de intoxicarse con sustancias que producen sensaciones agradables.
**Toxina,** *f.* Cualquier sustancia tóxica, pero principalmente la producida por los microbios de las enfermedades.
**Tozudo,** *adj.* Testarudo.
**Traba,** *f.* Lo que une y sujeta dos cosas. ‖ Correa o cuerda con que se atan los pies de las caballerías. ‖ Estorbo.
**Trabajador,** *adj.* Que trabaja. ‖ Que le gusta trabajar. ‖ *m.* Obrero. ‖ V. **trabajar.**
**Trabajar.\***
**Trabajo,** *m.* Lo que se hace al trabajar. ‖ En física, trabajo es el producto de la fuerza por el camino recorrido. Y se mide en Kgm, julios y ergios. ‖ V. **trabajar.**
**Trabajoso,** *adj.* Difícil, muy difícil.
**Trabalenguas,** *m.* Palabra o frase difíciles de decir con rapidez.
**Trabar,** *tr.* Poner una traba. ‖ Juntar o sujetar una cosa con otra. ‖ Empezar.

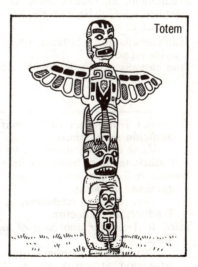
Totem

---

\*
**TRABAJAR,** *intr. Dedicar el esfuerzo corporal o mental a un ejercicio u obra:* **Trabajé en esta labor toda la semana.**
    Viene del latín **tripaliare,** que significa 'torturar'. ‖ *Deriv.:* **Trabajador, trabajo, trabajoso.** ‖ *Contr.:* **Vagar, estar ocioso.**

**Trabazón,** *f.* Sujeción de dos cosas entre sí.
**Trabuco,** *m.* Pistola antigua y muy gruesa.

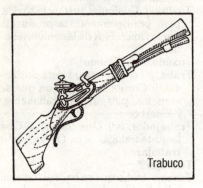
Trabuco

**Traca,** *f.* Conjunto de petardos que estallan a la vez.
**Tracción,** *f.* Lo que se hace al tirar de alguna cosa para moverla o arrastrarla.
**Tractor,** *m.* Máquina automóvil especial para trabajos agrícolas por la gran potencia de tiro que tiene.
**Tradición.**\*
**Tradicional,** *adj.* Que se refiere a la tradición. ‖ Que hace mucho tiempo que es así.
**Tradicionalismo,** *m.* Sistema conservador en política.
**Tradicionalista,** *adj.* Partidario del tradicionalismo.

**Tradicionalmente,** *adv.* Por tradición.
**Traducción,** *f.* Lo que se hace al traducir a otro idioma.
**Traducir.**\*
**Traductor,** *m.* Persona que traduce.
**Traer.**\*
**Traficante,** *adj.* Se dice de la persona que trafica o comercia.
**Traficar,** *intr.* Comerciar. ‖ Negociar con mercancías.
**Tráfico,** *m.* Lo que se hace al traficar. No debe confundirse **tráfico** con **tránsito**.
**Tragaluz,** *m.* Ventana abierta en la parte alta de una pared o en el mismo techo.
**Tragaperras,** *m.* Aparato que empieza a funcionar sólo cuando se le ha introducido una moneda.
**Tragar,** *tr.* Pasar una cosa de la boca al estómago. ‖ Comer mucho. ‖ Hundirse una cosa en el agua. ‖ Creer fácilmente una cosa que no es verdad.
**Tragedia.**\*

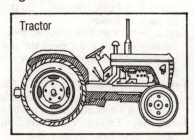
Tractor

---

TRADICIÓN, f. *Transmisión de historias o costumbres de padres a hijos:* **Es una tradición muy bonita.**
    Viene del latín **traditio**, *que significa 'entrega'.* ‖ *Deriv.:* **Tradicional, tradicionalismo, tradicionalista, tradicionista.**
TRADUCIR, tr. *Expresar en una lengua lo escrito o dicho en otra:* **Estuvimos traduciendo del latín.**
    Viene del latín **traducere**, *que significa 'transportar, traducir'.* ‖ *Deriv.:* **Traducción, traductor.**
TRAER, tr. *Trasladar una cosa al lugar donde se halla uno:* **Traje aquí el libro.**
    Viene del latín **trahere**, *que significa 'tirar de algo, arrastrar'.* ‖ *Deriv.:* **Atracción, atractivo, atraer, atrayente, contracción, contrato, contrayente, detraer, distraer, retraer, retrato, tracción, tractor.** ‖ *Contr.:* **Llevar.**
TRAGEDIA, f. *Obra de teatro de asunto y desenlace muy tristes:* **Tragedias de Sófocles.** ‖ *Desgracia:* **Aquí ocurrió una tragedia.**
    Viene del griego **tragoidia**, *que quiere decir 'canto o drama heroico'.* ‖ *Deriv.:* **Trágico, trigicomedia.** ‖ *Contr.:* **Comedia.**

**Trágicamente,** *adv.* De un modo muy doloroso, lamentable y desgraciado.
**Trágico,** *adj.* Que se refiere a la tragedia. ‖ Persona que escribe tragedias. ‖ Autor que representa tragedias en el teatro. ‖ V. **Tragedia.**
**Tragicomedia,** *f.* Obra de teatro que tiene cosas tristes y cosas alegres.
**Trago,** *m.* Parte de líquido que se bebe de una vez. ‖ Desgracia, contratiempo.
**Tragón,** *adj.* (Persona) que come mucho.
**Traición,** *f.* Quebrantamiento o violación de la fidelidad que se debe. ‖ Falta de lealtad.
**Traicionar,** *tr.* Hacer traición a una persona.
**Traidor,** *adj.* Que hace una traición.
**Traidoramente,** *adv.* A traición. ‖ De una manera traidora.
**Traje.\***
**Trajín,** *m.* Lo que se hace al trajinar.
**Trajinar,** *tr.* Transportar mercancías de un sitio a otro. ‖ *intr.* Andar de un sitio a otro haciendo algo.
**Trama,** *f.* Conjunto de hilos que, cruzados con otros, que se llaman urdimbre, forman la tela. ‖ Intriga, complot. ‖ Flor del olivo.
**Tramar,** *tr.* Cruzar la trama con la urdimbre para formar la tela. ‖ Preparar con astucia un engaño.
**Tramilla,** *f.* Cuerda delgada y de cáñamo. ‖ Bramante menudo.
**Tramitación,** *f.* Lo que se hace al tramitar. ‖ Serie de trámites que son necesarios para un asunto.
**Tramitar,** *tr.* Hacer pasar un negocio por los trámites necesarios hasta su solución.
**Trámite,** *m.* Paso de una parte a otra. ‖ Cada una de las diligencias que hay que hacer en un negocio hasta su terminación.
**Tramo,** *m.* Trozo de terreno separado del resto por una señal. ‖ Parte de una escalera comprendida entre dos descansillos.
**Tramontana,** *f.* Viento frío que viene del Norte.
**Trampa,** *f.* Aparato para cazar ratones mediante un engaño. ‖ Tablero que puede subirse y bajarse y que tienen los mostradores de las tiendas. ‖ Deuda que no se paga. ‖ Engaño para burlarse de alguno.

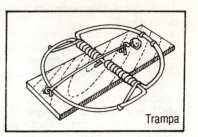
Trampa

**Trampilla,** *f.* Ventanilla pequeña hecha en el suelo de una habitación para ver lo que pasa en la habitación de abajo. ‖ Puerta de la carbonera del fogón de la cocina.
**Trampolín,** *m.* Superficie plana, resistente y flexible que sirve para tomar más impulso al saltar.
**Tramposo,** *adj.* Que no paga sus deudas. ‖ Que hace trampas en el juego.
**Tranca,** *f.* Palo grueso y fuerte.
**Trancazo,** *m.* Golpe dado con una tranca.
**Trance.\***
**Tranquilamente,** *adv.* De manera tranquila. ‖ Con calma.
**Tranquilidad,** *f.* Calidad de tranquilo. ‖ Calma, sosiego. ‖ V. **tranquilo.**
**Tranquilizador,** *adj.* Que tranquiliza. ‖ Que calma.

---

\*

TRAJE, m. *Vestido:* **Lleva un traje bonito.**
 Viene del portugués **trager,** que significa 'llevar un vestido o adorno'.
 ⁋ *Deriv.:* **Trajeado, trajear.**
TRANCE, m. *Momento difícil y especialmente el de la muerte:* **Está en trance de morir.** ‖ *Apuro:* **Fue un trance penoso.**
 Viene del céltico **trenco,** que quiere decir 'yo corto, termino'. ‖ *Deriv.:* **Atrincherar, trincha, trinchante, trinchera.**

**Tranquilizar,** *tr.* Poner tranquilo. || Calmar, sosegar.
**Tranquilo.\***
**Tranquillo,** *m. fig.* Modo rápido y cómodo de hacer una cosa.
**Transacción,** *f.* Lo que se hace al transigir. || Trato, negocio, pacto.
**Transalpino,** *adj.* Se dice de las regiones situadas al otro lado de los Alpes. || Que pertenece a estas regiones.
**Transandino,** *adj.* (Regiones) situadas al otro lado de la cordillera de los Andes. || Que pertenece a estas regiones.
**Transatlántico,** *adj.* (Regiones) situadas al otro lado del Atlántico. || Que pertenece a estas regiones. || *m.* Barco que hace la travesía del Atlántico.
**Transbordador,** *adj.* Que transborda. || *m.* Puente colgante que va de una orilla a la otra. || Barca para poder transbordar.

Transbordador

**Transbordar,** *tr.* Pasar personas o mercancías de un barco a otro, de un tren a otro, etc.
**Transbordo,** *m.* El hecho de transbordar.
**Transcendental,** *adj.* Muy importante por sus consecuencias. || V. **ascender.**
**Transcendente,** *adj.* Trascendente.

**Transcender,** *intr.* Empezar a divulgarse.
**Transcribir,** *tr.* Copiar un escrito. || Arreglar para un instrumento músico lo escrito para otro. || V. **escribir.**
**Transcripción,** *f.* Lo que se hace al transcribir.
**Transcurrir.\***
**Transcurso,** *m.* Paso del tiempo.
**Transeúnte,** *adj.* Que pasa por un lugar.
**Transferencia,** *f.* Transmisión, traslado, envío. || **Transferencia bancaria:** ingresar dinero en la cuenta corriente de otra persona a la que se debía esa cantidad.
**Transferible,** *adj.* Que puede ser transferido o traspasado a otro.
**Transferir,** *tr.* Transportar una cosa desde un lugar a otro. || Ceder. || Traspasar a otro el derecho que se tiene sobre una cosa.
**Transfiguración,** *f.* El cambiar de figura.
**Transfigurar,** *tr.* Cambiar la figura o la forma.
**Transfijo,** *adj.* Atravesado con una cosa puntiaguda.
**Transfixión,** *f.* Lo que se hace al herir atravesando de parte a parte.
**Transflorar,** *intr.* Transparentarse una cosa a través de otra.
**Transformable,** *adj.* Que puede transformarse.
**Transformación,** *f.* Lo que se hace al transformar o transformarse. || Cambio.
**Transformador,** *adj.* Que transforma o cambia. || *m.* Aparato que cambia la intensidad de la corriente eléctrica.
**Transformar,** *tr.* Cambiar de forma o de condiciones. || Hacer cambiar la conducta a una persona.
**Transfregar,** *tr.* Frotar una cosa con otra.

---
\*
TRANQUILO, *adj. Quieto, sosegado, pacífico:* **Tenemos un día tranquilo.**
    *Viene del latín* **tranquilus.** || *Deriv.:* **Tranquilidad, tranquilizar.** || *Contr.:* **Agitado.**
TRANSCURRIR, *intr. Pasar, correr el tiempo:* **Ha transcurrido un mes.**
    *Viene del latín* **transcurrere,** *que significa 'transcurrir'.* || *Deriv.:* **Transcurso.**

**Tránsfuga,** *com.* Persona que pasa huyendo de una parte a otra.
**Transfundir,** *tr.* Echar un líquido de un vaso a otro. || Contar una cosa a varias personas. || *r.* Divulgarse una noticia.
**Transfusión,** *f.* Lo que se hace al transfundir. || **Transfusión de sangre:** hacer pasar cierta cantidad de sangre de una persona a otra.
**Transgredir,** *tr.* Quebrantar una ley.
**Transgresión,** *f.* Lo que se hace al transgredir.
**Transiberiano,** *adj.* (Trenes, coches, etcétera), que atraviesan la Siberia.
**Transición,** *f.* Cambio de un modo de ser a otro. || En un discurso, pasar de una cosa a otra.
**Transido,** *adj.* Fatigado. || Agotado por el dolor, el hambre, etc.
**Transigencia,** *f.* Lo que se hace al transigir.
**Transigir,** *intr.* Consentir en algo lo que no es justo.
**Transilvano,** *adj.* Que ha nacido en Transilvania. || Que pertenece a esta región de Europa.
**Transistor,** *m.* Amplificador de pequeño tamaño que actúa con corriente de poca intensidad. || Aparato de radio que funciona con transistores.
**Transitar,** *intr.* Ir de un sitio a otro por la calle. || Viajar.
**transitivo (Verbo).** El que lleva o puede llevar complemento directo.
**Tránsito,** *m.* Acción de transitar. || Conjunto de personas y vehículos que transitan por el mismo sitio. || Paso. || Parada para descansar durante un viaje. || Muerte de las personas santas.
**Transitorio,** *adj.* Pasajero, que dura poco tiempo.
**Translación,** *f.* Traslación || Acción de trasladar.
**Translimitar,** *tr.* Traspasar los límites morales o materiales.
**Translúcido,** *adj.* Se dice del cuerpo transparente a la luz, pero que no deja ver lo que hay detrás de él.
**Transmarino,** *adj.* (Regiones) situadas al otro lado del mar. || Que pertenece o se refiere a ellas.

**Transmigración,** *f.* El pasar a vivir en otro cuerpo.
**Transmigrar,** *intr.* Ir de un país a otro para vivir en él.
**Transmisible,** *adj.* Que se puede trasmitir.
**Transmisión,** *f.* Mecanismo que comunica el movimiento.
**Transmisor,** *adj.* Que trasmite. || *m.* Aparato telefónico o telegráfico.
**Transmitir,** *tr.* Comunicar. || Trasladar. || V. **meter.**
**Transmudar,** *tr.* Trasladar. || Mudar de un sitio a otro.
**Transmutar,** *tr.* Convertir. || Mudar una cosa en otra.
**Transoceánico,** *adj.* Al otro lado del océano. || Que atraviesa el océano.
**Transpacífico,** *adj.* Que pertenece a las regiones situadas al otro lado del Pacífico.
**Transparencia,** *f.* Calidad de transparente.
**Transparentarse,** *r.* Verse la luz u otra cosa cualquiera a través de un cuerpo transparente. || Dejarse ver alguna cosa secreta en lo que se dice.
**Transparente,** *adj.* Cuerpo a través del cual pueden verse las cosas. || Que se deja adivinar.
**Transpirar,** *intr.* Salir el sudor por los poros de la piel; es decir, sudar.
**Transpirenaico,** *adj.* Las regiones situadas al otro lado de los Pirineos. || Que se refiere a ellos.
**Transponer,** *tr. r.* Trasladar, mudar de sitio. || Ocultarse de nuestro horizonte el sol. || Quedarse algo dormido.
**Transportar,** *tr.* Llevar una cosa de un lugar a otro. || V. **portar.**
**Transporte,** *m.* Acción de transportar. || Éxtasis. || V. **portar.**
**Transposición,** *f.* El transponer algo o el transponerse uno.
**Transubstanciación,** *f.* El convertirse el pan y el vino en eucaristía.
**Transvasar,** *tr.* Pasar un líquido de una vasija a otra.
**Transversal,** *adj.* Que atraviesa de un lado a otro.
**Transvase,** *m.* Acción y efecto de transvasar.
**Transverso,** *adj.* Oblicuo, inclinado.

**Tranvía,** *m.* Carruaje que anda sobre raíles y se utiliza para el transporte de personas en las ciudades y sus alrededores.

Tranvía

**Trapalón,** *adj.* Embustero, charlatán.
**Trapecio,** *m.* Aparato para hacer gimnasia. || Cuadrilátero irregular que tiene paralelos dos de sus lados.
**Trapecista,** *com.* El que hace gimnasia en un trapecio (barra que está colgada por dos cuerdas).
**Trapero,** *m.* Persona que tiene por oficio el recoger los desperdicios de las casas. || El que compra y vende trapos y otros objetos usados.
**Trapezoide,** *m.* Cuadrilátero irregular que no tiene ni dos lados paralelos.
**Trapichear,** *intr.* Intrigar. || Ingeniarse para lograr alguna cosa. || Dedicarse a la compra y venta de cosas de poco valor.
**Trapicheo,** *m.* Lo que se hace al trapichear.
**Trapisonda,** *f.* Alboroto, jaleo. || Embrollo, enredo, lío.
**Trapo,** *m.* Pedazo de tela viejo.
**Tráquea,** *f.* Conducto por el que pasa el aire hacia los bronquios y los pulmones. || Nombre que se da al aparato respiratorio de los insectos.
**Traqueteo,** *m.* Ruido que van produciendo los cohetes al estallar unos después de otros. || Serie de ruidos que hace una cosa transportada y no sujeta.
**Tras.\***
**Trasalpino,** *adj.* Transalpino.

**Trasandino,** *adj.* Transandino.
**Trasatlántico,** *adj.* Transatlántico.
**Trasbordador,** *adj.* Transbordador.
**Trascendencia,** *f.* Importancia. || Resultado de una cosa. || V. **descender.**
**Trascendental,** *adj.* Transcendental.
**Trascendente,** *adj.* Que se prepara a otras cosas. || Que es de mucha importancia. || Que trasciende.
**Trascender,** *intr.* Transcender.
**Trascribir,** *tr.* Transcribir.
**Trascripción,** *f.* Transcripción.
**Trascurrir.** Transcurrir.
**Trascurso.** Transcurso.
**Trasegar,** *tr.* Revolver, desordenar. || Trasladar cosas de un lugar a otro. || Pasar un líquido de una vasija a otra.
**Trasera,** *f.* Parte posterior de una cosa.
**Trasero,** *adj.* Que está detrás. || *m.* Parte posterior del animal.
**Traseúnte.** Transeúnte.
**Trasferible.** Transferible.
**Trasferir.** Transferir.
**Trasfigurar.** Transfigurar.
**Trasfijo.** Transfijo.
**Trasfixión.** Transfixión.
**Trasflorar.** Transflorar.
**Trasformable.** Transformable.

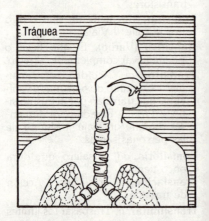
Tráquea

---
\*
**Tras,** *prep. Después de, a continuación de, detrás de, en busca de: La soga tras el caldero.*
    *Del latín* **trans** *(=más allá de).* || *Deriv.:* **Atrás, atrasado, atrasar, atraso, detrás, retrasar, retraso, trasero, trasera** *y todas aquellas palabras que pueden escribirse* **trans-...** || *Contr.:* **Ante.**

**Trasformación.** Transformación.
**Trasformador.** Transformador.
**Trasformar.** Transformar.
**Trásfuga.** Tránsfuga.
**Trasfugar.** Transfugar.
**Trasfundir.** Transfundir.
**Trasfusión.** Transfusión.
**Trasgredir.** Transgredir.
**Trasgresión.** Transgresión.
**Trashumancia,** *f.* Acción y efecto de trashumar.
**trashumante (Ganado).** El que pasta en diversos lugares, según la época del año.
**Trasiego,** *m.* El ir echando poco a poco y sin agitarlo un líquido en otra vasija.
**Traslación,** *f.* Lo que se hace al trasladar.
**Trasladar,** *tr.* Llevar a una persona o cosa de un lugar a otro. ‖ Cambiar de puesto a un empleado. ‖ Adelantar o atrasar el día que estaba señalado para celebrarse una función, un baile, etc. ‖ V. **traslado.**
**Traslado.**\*
**Traslimitar.** Translimitar.
**Traslúcido,** *m.* Translúcido.
**trasluz (Al),** *m. adv.* Por transparencia.
**Trasmarino.** Transmarino.
**Trasmigrar.** Transmigrar.
**Trasmisible.** Transmisible.
**Trasmisión.** Transmisión.
**Trasmisor.** Transmisor.
**Trasmitir.** Transmitir.
**Trasmudar.** Transmudar.
**Trasmutar.** Transmutar.
**Trasnochar,** *intr.* Irse muy tarde a dormir. ‖ Pasar la noche sin dormir.
**Trasoceánico.** Transoceánico.
**Trasparencia,** *f.* Transparencia. ‖ Transparente.
**Trasparentarse.** Transparentarse.
**Trasparente,** *adj.* Transparente.
**Traspasar,** *tr.* Llevar una cosa de un sitio a otro. ‖ Pasar al otro lado. ‖ Atravesar de parte a parte con un arma. ‖ Ceder a otra persona el derecho que se tiene sobre una cosa.
**Traspaso,** *m.* Lo que se hace al traspasar. ‖ Cantidad que se da a otra persona para que le ceda a uno el derecho que ella tiene sobre alguna cosa.
**Traspié,** *m.* Resbalón o tropezón. ‖ El cometer un error.
**Traspirar.** Transpirar.
**Traspirenaico.** Transpirenaico.
**Trasplantar,** *tr.* Mudar de sitio a un vegetal.
**Trasponer,** *tr.* Transponer.
**Trasportar.** Transportar.
**Trasporte.** Transporte.
**Trasquilar,** *tr.* Cortar el pelo sin arte ni orden. ‖ Pelar a un animal.
**Trastazo,** *m. fam.* Porrazo.
**Traste,** *m.* Cada una de las tiras que resaltan en el mango de una guitarra.
**Trastear,** *intr.* Revolver o trasladar trastos de una parte a otra, generalmente buscando algo. ‖ Manejar con habilidad a una persona. ‖ *tr.* Probar cómo ataca el toro.
**Trastero,** *m.* Desván, sobrado, lugar para los trastos.
**Trastienda,** *f.* Habitación detrás de la tienda y que sirve de almacén.
**Trasto,** *m.* Cualquiera de los muebles de una casa. ‖ Mueble viejo. ‖ *pl.* Conjunto de utensilios que se necesitan para hacer algo.
**Trastornar,** *tr.* Desordenar. ‖ Marear, perturbar el sentido. ‖ V. **torno.**
**Trastorno,** *m.* Lo que se hace al trastornar o trastornarse. ‖ V. **torno.**
**Trasvasar.** Transvasar.
**Trasversal.** Transversal.
**Trasverso.** Transverso.
**Trata,** *f.* El comprar y vender a personas para hacerlos esclavos de otros.
**Tratable,** *adj.* Fácil de tratar, cortés, amable, sociable.
**Tratado,** *m.* Convenio o pacto, especialmente el que hacen entre sí los

---

\* Traslado, m. *Lo que se hace al trasladar una cosa a otro lugar:* **Al hacer el traslado se rompió aquella mesa.**
  *Viene del latín* **translatus,** *que significa 'acción de transportar'.* ‖ *Deriv.:* **Trasladar.**

gobiernos de dos o más países. || Libro gordo. || V. **traer**.

**Tratamiento,** *m.* Título de cortesía que se da a una persona. || Método o sistema de curar las enfermedades. || V. **traer**.

**Tratante,** *m.* Persona que se dedica a comprar cosas para luego venderlas a mayor precio.

**Tratar,** *tr. e intr.* Manejar una cosa. || Tener amistad con una persona. || *r.* Portarse bien o mal con una persona. || V. **traer**.

**Trato,** *m.* Lo que se hace al tratar. || V. **traer**.

**Traumatismo,** *m.* Daño que produce un golpe.

**Traumatología,** *f.* Parte de la medicina referente a los traumatismos y sus efectos.

**Través,** *m.* Inclinación, torcimiento. || Desgracia. || **A través de:** por entre. || V. **verter**.

**Travesaño,** *m.* Pieza de madera o de hierro que atraviesa desde una parte hasta la otra.

**Travesía,** *f.* Calle transversal. || Calle que atraviesa entre calles principales. || Distancia entre dos puntos de tierra o de mar. || Viaje por mar o aire.

**Travesura,** *f.* Viveza de ingenio. || Acción hecha por andar uno inquieto y revoltoso de una parte a otra.

**Traviesa,** *f.* Travesía. || Maderos sobre los que asientan los rieles del ferrocarril.

**Travieso,** *adj.* Atravesado o puesto de lado. || Astuto, sagaz. || Revoltoso, inquieto.

**Trayecto,** *m.* Distancia que hay que recorrer para ir de un lado a otro. || Lo que se hace al recorrer esta distancia.

**Trayectoria,** *f.* Recorrido que sigue el proyectil disparado por un arma de fuego. || Recorrido que sigue una cosa al moverse.

**Traza,** *f.* Plano de alguna obra. || Apariencia o figura. || **Darse trazas:** darse maña.

**Trazado,** *adj.* Que tiene buen o mal aspecto. || *m.* Recorrido o dirección de un camino, un canal, etc. || Representación de un plano por medio del dibujo.

**Trazador,** *adj.* Que traza o idea una obra.

**Trazar,** *tr.* Hacer trazos o dibujos. || Dibujar la traza o proyecto de un edificio. || Discurrir el medio de conseguir algo.

**Trazo,** *m.* Dibujo con que se forma el diseño de una cosa. || Línea, raya. || Cada una de las partes en que se considera dividida la letra.

**Trébol,** *m.* Planta de hojas casi redondas dispuestas de tres en tres. || Se utiliza como alimento para los animales.

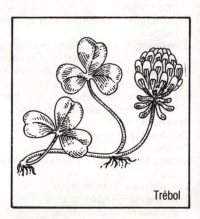

Trébol

**Trece,** *adj.* Diez y tres. || *m.* Conjunto de signos con que se representa el número trece. || V. **tres**.

**Trecientos,** *adj.* Trescientos.

**Trecho,** *m.* Distancia que hay de un lugar a otro. || Espacio de tiempo.

**Tregua,** *f.* Suspensión o interrupción de la lucha durante un tiempo determinado. || Descanso.

**Treinta,** *adj.* Tres veces diez. || *m.* Conjunto de signos con que se representa al número treinta. || V. **tres**.

**Tremendo,** *adj.* Digno de ser temido. || Terrible. || Digno de respeto. || Muy grande.

**Trementina,** *f.* Resina que segregan los pinos.

**Tremolar,** *tr.* Levantar en alto y agitar en el aire las banderas y estandartes.

**Trémulo,** *adj.* Tembloroso.

**Tren.\***
**Trenza,** *f.* Conjunto de tres partes del pelo, tres cuerdas, etc., que se entretejen.

Trenza

**Trenzado,** *m.* Peinado en trenza. ‖ Paso de baile (salto ligero cruzando los pies).
**Trenzar,** *tr.* Hacer trenzas.
**Trepanación,** *f.* Operación de levantarle a una persona o a un cadáver los huesos de la parte superior de la cabeza.
**Trepar,** *intr.* Subir a un lugar alto valiéndose de los pies y las manos. ‖ Crecer y subir las plantas agarrándose a los árboles o a las paredes.
**Trepidar,** *intr.* Temblar, estremecerse.
**Tres.\***
**Trescientos,** *adj.* Tres veces ciento. ‖ *m.* Conjunto de signos con que se representa el número trescientos.
**Tresillo,** *m.* Juego de cartas entre tres personas. ‖ Conjunto de un sofá y dos butacas. ‖ Sortija con tres piedras preciosas.
**Treta,** *f.* Habilidad para conseguir algo. ‖ Engaño hecho con astucia.
**Tríada,** *f.* Conjunto de tres cosas iguales.
**Triangular,** *adj.* En forma de triángulo.
**Triángulo,** *m.* Polígono de tres lados. ‖ Instrumento de música en forma de triángulo y que se toca con una varilla.
**Tribu,** *f.* Conjunto de familias que viven en la misma comarca y obedecen a un mismo jefe.
**Tribulación,** *f.* Disgusto. ‖ Desgracia.
**Tribuna,** *f.* Plataforma alta desde donde hablan los oradores. ‖ Galería destinada al público para presenciar ciertos espectáculos.
**Tribunal.\***

Tribuna

**Tribuno,** *m.* Magistrado romano encargado de defender los derechos del pueblo.

---

\*
⌈REN, *m. Conjunto de carruajes unidos a otros y arrastrados todos por una máquina, para transportar viajeros y mercancías de un lugar a otro:* **Cogimos el tren expreso de Irún.** ‖ *El tren de aterrizaje de un avión está formado por las tres ruedas sobre las que se apoya estando en el suelo.*
  *Viene del francés* **train,** *que significa 'arrastre'.*
⌈RES, adj. *Dos y uno:* **Fuimos los tres al cine.** ‖ m. *Signo o signos con que se representa el número tres:* **3 III.**
  *Viene del latín* **tres,** *que significa 'tres'.* ‖ *Deriv.:* **Terceto, terciar, terciario, tercio, trébol, trece, treinta, trescientos, trinidad, trinitario, trino.**
⌈RIBUNAL, m. *Conjunto de jueces que han de juzgar una cosa:* **El tribunal del examen.**
  *Viene del latín* **tribunal,** *que significa lo mismo que en castellano.* ‖ *Las palabras* **tribu, tribuno** *y* **tribuna,** *son de su misma familia.*

**Tributar,** *tr.* Pagar impuestos. ‖ Ofrecer y manifestar alguna cosa como, por ejemplo, admiración o respeto hacia una persona.
**Tributario,** *adj.* Que se refiere al tributo. ‖ Que paga tributo.
**Tributo,** *m.* Lo que se tributa.
**Tríceps,** *m.* Músculo que tiene tres cabezas de unión.

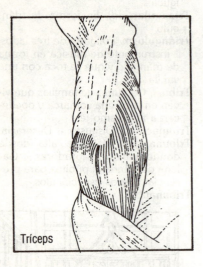

Tríceps

**Triciclo,** *m.* Vehículo de tres ruedas y generalmente sin motor.
**Triclinio,** *m.* Especie de cama inclinada que usaban los romanos durante sus banquetes y comidas.
**Tricornio,** *adj.* Que tiene tres cuernos. ‖ *m.* Sombrero que se usa con algunos uniformes.
**Tricotar,** *tr.* Hacer géneros de punto por medio de máquinas especiales para ello.
**Tridentino,** *adj.* De Trento.
**Triduo,** *m.* Oficio religioso que dura tres días.
**Triedro,** *m.* Ángulo o rincón formado por tres superficies que se cortan.
**Trienio,** *m.* Espacio de tiempo que dura tres años. ‖ Conjunto de tres años seguidos.

**Trigal,** *m.* Campo sembrado de trigo.
**Trigésimo,** *adj.* Que ocupa el lugar número treinta.
**Tríglifo,** *m.* Especie de ladrillo grande con tres estrías verticales por adorno.

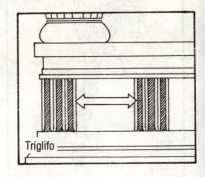

Tríglifo

**Trigo.\***
**Trigonometría,** *f.* Parte especial de las matemáticas que estudia y calcula las relaciones entre los elementos de un triángulo.
**Trigueño,** *adj.* De color de trigo; es decir, entre moreno y rubio.
**Trilita,** *f.* Dinamita. ‖ También se le dice: trinitroglicerina, T.N.T., y trinitrotolueno.
**Trilítera,** *adj.* Se le dice así a la palabra que tiene sólo tres letras.
**Trilogía,** *f.* Conjunto de tres libros de un mismo autor y del mismo estilo o sobre el mismo tema.
**Trilla,** *f.* Lo que se hace al trillar. ‖ Época adecuada para trillar las mieses.
**Trillado,** *adj.* Corriente y vulgar.
**Trilladora,** *f.* Máquina para trillar.
**Trillar,** *tr.* Trabajo agrícola para separar el grano de la paja en los cereales secos.
**Trillizo, za,** *adj.* Se llama así a cada uno de los hermanos nacidos de un parto triple.
**Trillo,** *m.* Instrumento agrícola para

---

\* 
TRIGO, *m. Cereal muy abundante, que se usa principalmente para hacer el pan: **El trigo está ya muy alto.***
    *Viene del latín* **triticum,** *que significa 'trigo'. ‖ Deriv.:* **Trigal, trigueño, triguera, triguero.**

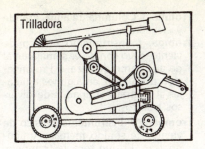
Trilladora

trillar, formado por un tablón con pedernales o sierras abajo para moler la paja y que se separe del grano.

**Trillón,** *m.* Un millón de billones. Se escribe la unidad y detrás se ponen dieciocho ceros.

**Trimestral,** *adj.* Que ocurre cada tres meses o dura tres meses.

**Trimestre,** *m.* Espacio de tiempo que dura tres meses. || Conjunto de tres meses seguidos.

**Trincar,** *tr.* Sujetar a otro cogiéndole por el brazo para que no se escape. || *fam.* Beber vino o licor dando trinquis.

**Trincha,** *f.* Cinturón de tela.

**Trinchar,** *tr.* Cortar en trozos la carne o vianda antes de servirlos.

**Trinchera,** *f.* Defensa hecha de tierra y dispuesta de modo que cubra el cuerpo del soldado.

**Trinchero,** *m.* Mueble de comedor sobre el que se suele trinchar las viandas.

**Trineo,** *m.* Vehículo sin ruedas que se desliza sobre el hielo.

**Trinidad,** *f.* Tres en uno. || **La Santísima Trinidad:** el Padre, el Hijo y el Espíritu Santo.

**Trinitario,** *adj.* Religioso de una orden llamada de la Santísima Trinidad.

**Trino,** *adj.* Tres en uno. || *m.* Tres sonidos vibrando al mismo tiempo y formando uno solo.

**Trinomio,** *m.* Expresión algebraica que tiene tres términos.

**Trinquis,** *m. fam.* Trago de vino o de licor tomado de golpe.

**Trío,** *m.* Conjunto formado por tres cantores o músicos que cantan o tocan al mismo tiempo la misma canción o música.

**Tripa,** *f.* Intestino. || Vientre. || Panza. || *fig. pl.* Lo interior de ciertas cosas. || **Hacer de tripas corazón:** esforzarse por disimular el miedo o algún contratiempo.

**Tripartito,** *adj.* Que está dividido en tres partes iguales.

**Triple,** *adj.* Tres veces mayor.

**Triplicar,** *tr.* Multiplicar por tres. || Hacer tres copias de la misma cosa.

**Triplo,** *adj.* Triple.

**Trípode,** *m.* Mesa, banquillo o armazón de tres patas.

**Tríptico,** *m.* Pintura sobre tres tablillas plegables y unidas.

**Triptongo,** *m.* Reunión de tres vocales en una sola sílaba.

**Tripulación,** *f.* Conjunto de hombres que lleva un vehículo (barco o avión) para su gobierno.

**Tripulado,** *adj.* Que lleva personas a bordo. || Que va conducido por personas.

**Tripulante,** *m.* Hombre que forma parte de una tripulación.

**Triquiñuela,** *f.* Trampa, treta.

**Triquitraque,** *m.* Ruido o golpeo desordenado.

**Trirreme,** *m.* Embarcación antigua con tres filas de remos.

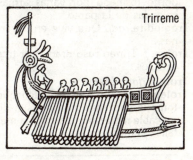
Trirreme

**Trisagio,** *m.* Himno en honor de la Santísima Trinidad.

**Trisílaba,** *adj.* Que tiene tres sílabas.

**Triste.**\*

---

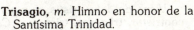

**Triste,** *adj. Que tiene pena:* **Está triste.** || *Que causa tristeza:* **Noticia triste.** || *Que le falta la alegría:* **Es pecado ser triste.**

**Tristeza,** *f.* Estado del que está triste. ‖ V. **triste.**
**Triturar,** *tr.* Desmenuzar una cosa sólida, pero sin llegar a reducirla a polvo. ‖ Masticar los alimentos.
**Triunfador,** *adj.* Que triunfa. ‖ Que vence a otro.
**Triunfal,** *adj.* Que se refiere o pertenece al triunfo. ‖ V. **triunfo.**
**Triunfalismo,** *m.* Actitud real o supuesta, de seguridad en sí mismo y superioridad respecto a los demás fundada en sobrestimación de la propia valía o de los propios hechos; optimismo exagerado de tal sobrestimación. ‖ Manifestación pomposa de esta actitud.
**Triunfalmente,** *adv.* De manera triunfal.
**Triunfante,** *adj.* Que triunfa, que sale victorioso.
**Triunfar,** *intr.* Vencer.
**Triunfo.**\*
**Triunvirato,** *m.* Gobierno con tres jefes.
**Triunviro,** *m.* Cada uno de los tres jefes de un triunvirato.
**Trivial,** *adj.* Sin importancia. ‖ Corriente, conocido por todos.
**Triza,** *f.* Pedazo pequeño.
**Trocar,** *tr.* Cambiar. ‖ *r.* Cambiarse, mudarse.
**Trofeo,** *m.* Premio que se da al vencedor en alguna competición. ‖ Adorno formado por varias armas colgadas de la pared.
**Troglodita,** *adj.* Que vive en cavernas.
**Troica,** *f.* Trineo ruso tirado por tres caballos.
**Trola,** *f. fam.* Mentira.
**Trolebús,** *m.* Autobús eléctrico que toma la corriente que necesita de un cable mediante una manga metálica llamada trole.

**Tromba,** *f.* Columna de agua, grande y elevada.
**Trompa,** *f.* Instrumento músico de viento, cuyo sonido es semejante al de un cuerno de caza. ‖ Prolongación de la nariz en algunos animales. ‖ Aparato chupador de diversos insectos.
**Trompeta,** *f.* Instrumento músico de viento, de sonido metálico y agudo. ‖ *m.* El que toca la trompeta.
**trompicones (A),** *m. adv.* A tropezones.
**Trompo,** *m.* Peonza.
**Tronar,** *impers.* Sonar los truenos. ‖ *intr.* Hacer mucho ruido una cosa.
**Tronco,** *m.* Parte de un árbol que va desde su nacimiento hasta las primeras ramas. ‖ El cuerpo del hombre sin la cabeza ni brazos ni piernas.
**Tronchar,** *tr.* Partir o romper un tallo, una rama, un tronco, etc.
**Troncho,** *m.* Tallo de las coles, repollos, lechugas, etc.

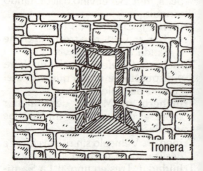
Tronera

**Tronera,** *f.* Abertura en el costado de un buque o en una muralla para disparar los cañones.
**Trono,** *m.* Asiento para los reyes y emperadores.
**Tropa.**\*

---

\*
    *Viene del latín* **tristis,** *que quiere decir 'triste'.* ‖ *Deriv.:* **Entristecer, contristar, tristezas, tristura.** ‖ *Contr.:* **Alegre.**
Triunfo, *m. Victoria:* **Fue un gran triunfo.**
    *Viene del latín* **triumphus,** *que significa 'triunfo'.* ‖ *Deriv.:* **Triunfador, triunfal, triunfante, triunfar.** ‖ *Contr.:* **Derrota, fracaso.**
Tropa, *f. Conjunto de soldados:* **Llegó la tropa.**
    *Viene del francés* **troupe,** *que significa 'banda de gente'.* ‖ *Deriv.:* **Atropellar, atropello, rebaño, tropel, tropelía.**

**tropel (En),** m. adv. En desorden, queriendo todos pasar a la vez.
**Tropezar,** intr. Dar con los pies en algún obstáculo y estar a punto de caer. || Encontrarse con alguna persona, por casualidad.
**Tropezón,** m. Que se hace al tropezar.
**Tropical,** adj. Que se refiere o pertenece a los trópicos.
**Trópico,** m. Círculo menor paralelo al Ecuador y que separa la zona más caliente de la Tierra de la zona templada (del Norte o del Sur).
**Tropiezo,** m. Tropezón. || Dificultad.
**Tropismo,** m. Movimiento estimulado por algún agente químico o físico.
**Trotar,** intr. Andar al trote.
**Trote,** m. Modo de andar de algunos cuadrúpedos. Es más rápido que el paso y más lento que el galope.
**Trovador,** m. Hombre que en la Edad Media iba por los pueblos y castillos recitando versos y cantando.
**Troyano,** adj. De Troya (ciudad de Asia, en la antigüedad).
**Trozo,** m. Parte o pedazo de una cosa.
**Trucaje,** m. Acción y efecto de trucar.
**Trucar,** intr. Hacer trucos.
**Truco,** m. Engaño que por su forma parece arte.
**Trucha,** f. Pez de la familia del salmón, pero que siempre vive en el río y nunca va al mar. Su carne es muy estimada.
**Trueno,** m. Ruido fuerte producido en las nubes por el rayo. || Ruido del disparo de un arma.
**Trufa,** f. Cierto hongo comestible. || Mentira.
**Truhán,** adj. Que vive de engañar y estafar a la gente.
**Truncado,** adj. Cortado.
**Tsetsé,** f. Mosca africana que transmite una enfermedad llamada la enfermedad del sueño.

Trucha

**Tú.***
**Tuberculina,** f. Sustancia especial que se inyecta a las personas para ver si tiene tuberculosis.
**Tubérculo,** m. Bulto en forma de patata.
**Tuberculosis,** f. Enfermedad grave en el pulmón; es contagiosa.
**Tuberculoso,** adj. Enfermo de tuberculosis.
**Tubería,** f. Serie de tubos unidos entre sí, por donde pasa un líquido o un gas.
**Tubo,** m. Pieza hueca y cilíndrica. || Conducto natural.
**Tubular,** adj. Que tiene forma de tubo. || m. Faja cerrada y elástica.
**Tudelano,** adj. De Tudela.
**Tudesco,** adj. De cierta región alemana. || m. Capote alemán.
**Tuerca,** f. Pieza cuyo hueco está labrado en espiral.
**Tuerto,** adj. Que no ve con un ojo.
**Tuétano,** m. Médula.
**Tufo,** m. Humo, olor o vapor que hace difícil la respiración.
**Tul,** m. Tela delgada y transparente de hilo, algodón o seda, muy costosa.
**Tulipán,** m. Planta de la familia del lirio; es muy cultivada en Holanda.
**Tullido,** adj. Que no puede moverse, que está lisiado.
**Tumba,** f. Lugar donde se entierra a los muertos. || Sepulcro, sepultura.
**Tumbado,** adj. Que tiene forma de tumba. || Acostado.
**Tumbar,** tr. Hacer caer o derribar. || r. Echarse.
**Tumbo,** m. Voltereta, caída.

---

* Tú. Pronombre personal de segunda persona de singular: **Tú venías también.** || Cuando va sin acento, es adj. posesivo: **Tu casa.**
Viene del latín **tu,** que significa lo mismo que en castellano. || Deriv.: **Contigo, tutear, tuteo, tuyo, te, ti.** || Los pronombres Tú y Yo, por referirse a personas que están presentes, no necesitan diferenciar el género.

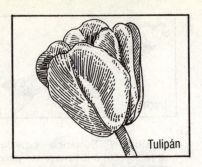
Tulipán

**Tumor,** *m.* Bulto que se forma por enfermedad en alguna parte del cuerpo.
**Tumulto,** *m.* Alboroto producido por una muchedumbre de personas.
**Tumultuoso,** *adj.* Que causa o produce alboroto.
**Tuna,** *f.* Estudiantina. || Vida vagabunda y libertina.
**Tunante,** *adj.* Vagabundo, pícaro.
**Tunda,** *f.* Paliza.
**Túnel,** *m.* Galería hecha bajo tierra, generalmente para dar paso a una vía de comunicación.

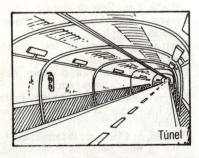
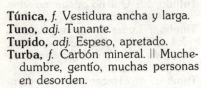
Túnel

**Túnica,** *f.* Vestidura ancha y larga.
**Tuno,** *adj.* Tunante.
**Tupido,** *adj.* Espeso, apretado.
**Turba,** *f.* Carbón mineral. || Muchedumbre, gentío, muchas personas en desorden.

**Turbación,** *f.* Confusión, desorden, inquietud.
**Turbante,** *m.* Especie de sombrero de los orientales que consiste en una faja arrollada a la cabeza.
**Turbar,** *tr.* Alterar, descomponer una cosa. || Aturdir a una persona.
**Turbiedad,** *f.* Cualidad de lo que está turbio.
**Turbina,** *f.* máquina giratoria y con paletas laterales.
**Turbio,** *adj.* Mezclado con alguna cosa que le quita su claridad natural. || Oscuro, confuso.
**Turbulento,** *adj.* Turbio. || Alborotado, desordenado.
**Turco,** *adj.* De Turquía. || *m.* Idioma turco.
**Turismo,** *m.* Viaje de curiosidad y recreo por el propio país o por otro país.
**Turista,** *com.* El que hace turismo.
**Turno,** *m.* Orden para hacer una cosa. || V. **torno.**
**Turrón,** *m.* Dulce hecho de frutos secos tostados y miel.
**Turulato,** *adj.* Alelado, atontado.
**Tute,** *m.* Juego español de naipes. || Trabajo duro y fatigoso.
**Tutear,** *tr.* Hablar a alguien de tú.
**Tutearse,** *recipr.* Hablarse de tú.
**Tutela,** *f.* Autoridad que se da a alguien para cuidar de los bienes de un menor cuando éste no tiene padre ni madre.
**Tutelar,** *adj.* Que protege o defiende. || Se dice de lo que se refiere o pertenece a la tutela.
**Tutor,** *m.* Persona que tiene a su cargo la tutela de un menor.
**Tuyo.** Pronombre posesivo de segunda persona. || Delante de los nombres sólo se pone **tu** o **tus.** Ej.: **tu casa, tus pies.**
**Twist,** *m.* Palabra inglesa que significa «retorcimiento», y que se aplica a uno de los bailes modernos.

# U

**U.\***
**Ubérrimo,** *adj.* Muy fértil, que produce mucho.
**Ubre,** *f.* Cada una de las tetas de la hembra en los mamíferos. Y el conjunto de ellas.
**¡Uf!** Interjección que indica cansancio o desprecio.
**Ufanarse,** *r.* Enorgullecerse, presumir de algo.
**Ufanía,** *f.* Presunción, orgullo.
**Ufano,** *adj.* Orgulloso, presumido.
**Ujier,** *m.* Portero de un palacio o de la sala en que está un tribunal.
**Úlcera,** *f.* Llaga que se produce en la piel o en el interior del cuerpo.
**Ulterior,** *adj.* De la parte de allá. ‖ V. **último.**
**Ulteriormente,** *adv.* Después, más tarde.
**Últimamente,** *adv.* Por ultimo, al final.
**Ultimar,** *tr.* Acabar, terminar una cosa.
**Ultimátum,** *m.* Proposición que una nación hace a otra y que, si no se acepta, empieza la guerra.
**Último.\***
**Ultrajar,** *tr.* Insultar a una persona de hecho o de palabra. ‖ Injuriar.
**Ultramar,** *m.* Tierra situada al otro lado del mar.
**Ultramarino,** *adj.* Del otro lado del mar. ‖ *m. pl.* Comestibles traídos de ultramar.
**ultranza (A),** *m. adv.* A muerte.

**Ultratumba,** *adv.* Más allá de la tumba, después de la muerte.
**Ultrasonido,** *m.* Sonido tan débil que no puede apreciarlo el oído humano.
**ultravioletas (Rayos),** *m. pl.* Rayos invisibles que forman parte de la luz solar y que tienen propiedades curativas.
**Umbela,** *f.* Inflorescencia de algunas plantas (como la zanahoria, el perejil, el apio, etc.); cada cuatro o cinco flores nacen del mismo punto del tallo y llegan a igual altura.

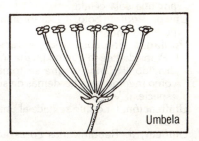
Umbela

**Umbilical,** *adj.* Del ombligo.
**Umbral,** *m.* Parte de abajo de la puerta. ‖ Entrada o comienzo de cualquier cosa.
**Umbroso,** *adj.* Que tiene sombra.
**Un,** *adj.* Apócope de **uno,** que se usa antes de los sustantivos. ‖ V. **uno.**
**Unánime,** *adj.* De común acuerdo.
**Unánimemente,** *adv.* Por unanimidad, con el parecer de todos.

---
\*
**U,** *f.* Vigésima cuarta letra del abecedario castellano: *Después de la t viene la u.* ‖ Conjunción disyuntiva que significa *o: Que venga uno u otro.*
   Viene del latín **aut,** que quiere decir 'o'.

**Último,** *adj.* Que viene detrás de todo, que está al final: *Después de lo último no queda nada.*
   Viene del latín **ultimus,** que quiere decir 'último'. ‖ *Deriv.:* **Antepenúltimo, penúltimo, ulterior, ultimar, ultimátum.** ‖ *Contr.:* **Primero.**

**Unanimidad,** f. Cualidad de lo unánime. ‖ **Por unanimidad:** sin que ninguno se oponga, estando todos de acuerdo.

**Unción,** f. Lo que se hace al ungir. ‖ Extremaunción. ‖ Piedad, respeto.

**Uncir,** r. Poner bajo un mismo yugo a dos animales para que trabajen juntos.

**Undécimo,** adj. Que ocupa el lugar once en una fila. ‖ m. Cada una de las once partes iguales en que se divide una cosa.

**Ungir,** tr. Frotar con aceite. ‖ Signar con óleo consagrado a una persona.

**Ungüento,** m. Pomada, medicamento para curar heridas o aliviar dolores.

**Unguiculado,** adj. Que tiene uñas en los dedos.

**Ungulado,** adj. Que tiene pezuñas.

**Únicamente,** adv. De modo único. ‖ Solamente. ‖ V. **uno.**

**Unicelular,** adj. Que está formado por una sola célula.

**Único,** adj. Solo. ‖ Extraordinario. ‖ V. **uno.**

**Unidad,** f. Una cosa sola y entera. ‖ Propiedad de lo que no puede ser dividido. ‖ Cantidad que se toma como medida para las demás de su especie. ‖ V. **uno.**

**Unificación,** f. Lo que se hace al unificar.

**Unificar,** tr. Reunir varias cosas en una sola.

**Uniformar,** tr. Dar uniforme a varias personas. ‖ Hacer dos cosas semejantes.

**Uniforme,** adj. Que tiene la misma forma que otra cosa. ‖ m. Traje igual que llevan algunas personas para distinguirse de las demás e indicar algo. ‖ V. **uno.**

**Uniformidad,** f. Cualidad de lo uniforme. ‖ **Con uniformidad:** a todos por igual y del mismo modo.

**Unigénito,** adj. Que es hijo único. ‖ **El Unigénito:** Jesucristo.

**Unilateral,** adj. De un solo lado.

**Unión,** f. El hecho de unir o unirse y quedar unido. ‖ Conformidad, acuerdo, concordia. ‖ Casamiento. ‖ Alianza, confederación ‖ V. **uno.**

**unipersonal (Verbo),** adj. Que sólo se conjuga en tercera persona. Ej.: llover.

**Unir,** tr. Juntar dos o más cosas haciendo de ellas una sola. ‖ Acercar una cosa a otra. ‖ V. **uno.**

**Unísono,** adj. Que suena del mismo modo que otra cosa. ‖ **Al unísono:** todos a la vez y por igual.

**Unitario,** adj. Que se refiere a la unidad política o de otra clase.

**Univalvo,** adj. Que tiene una concha simple, como el caracol, y no doble, como la almeja.

**Universal,** adj. Que es, se refiere o sirve para todos. ‖ V. **verter.**

**Universalidad,** f. Totalidad.

**Universalmente,** adv. De un modo universal.

**Universidad,** f. Centro de enseñanza donde se cursan los estudios superiores. ‖ V. **verter.**

**Universitario,** adj. Se dice de lo que se refiere a la universidad y de lo que se hace en ella. ‖ V. **verter.**

**Universo,** m. Conjunto de todas las cosas creadas por Dios. ‖ V. **verter.**

**Unívoco,** adj. Que tiene un solo sentido o significado.

**Uno.***

**Untar,** tr. Extender grasa en alguna parte del cuerpo o en alguna cosa.

**Uña,** f. Parte dura que cubre los extremos de los dedos. ‖ Pezuña o garras de algunos animales. ‖ Gancho o punta curva de algunas cosas.

*
Uno, adj. *Que no está dividido: **El Sol es uno.** ‖ Se dice del que piensa y siente lo mismo que otro:* **Ese es uno con su amigo.** ‖ *Pronombre indeterminado:* **Dame uno.** ‖ m. *Lo que constituye unidad:* **¿Cuántos Kg. quiere? Uno.** ‖ *Número con que se expresa la unidad:* **el 1.**

    Viene del latín **unus,** que quiere decir 'uno, uno solo, único'. ‖ Deriv.: **Aunar, desunión, desunir, once, undécimo, único, unidad, unificación, unificar, unir, unitario, unitivo.** ‖ Contr.: **Múltiple.**

**uña y carne (Ser),** *fr. fam.* Ser muy amigos.
**Uralita,** *f.* Material de construcción, fabricado de cemento y amianto. Es impermeable. También se le dice **rocalla.** Sirve para hacer tubos, planchas onduladas, etc.
**Uranio,** *m.* Mineral radioactivo, brillante como la plata; constituye la carga de la bomba atómica.
**Urbanidad,** *f.* Cortesía, buenos modales.
**Urbanismo,** *m.* Arte de construir ciudades.
**Urbanización,** *f.* Lo que se hace al urbanizar (pavimentación, alcantarillado, etc.).
**Urbanizar,** *tr.* Convertir un terreno despoblado en una ciudad, haciendo no sólo los edificios, sino también asfaltando sus calles y preparándola bien.
**Urbano,** *adj.* De la ciudad. || Contr.: **Rural.** || Cortés, atento. || Contr.: **Descortés, grosero.**
**Urbe,** *f.* Ciudad grande.

Urbe

**Urdimbre,** *f.* La malla o red que van formando los hilos de una misma tela.
**Urdir,** *tr.* Preparar los hilos para hacer una tela. || Preparar alguna intriga o conspiración.
**Uréter,** *m.* Conducto que tenemos entre cada riñón y la vejiga de la orina.
**Uretra,** *f.* Abertura al exterior que tiene la vejiga de la orina.
**Urgencia,** *f.* Cualidad de lo urgente. || Prisa, rapidez.
**Urgente,** *adj.* Que corre prisa. || V. **urgir.**
**Urgentemente,** *adv.* Con urgencia.
**Urgir.***
**Urinario, ria,** *adj.* Perteneciente a la orina.
**Urna,** *f.* Caja o vaso para diversos usos.
**Urología,** *f.* Parte de la medicina referente al aparato urinario.
**Urraca,** *f.* Pájaro europeo de plumaje blanco y negro. || Persona cotilla y habladora.

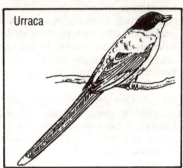
Urraca

**Uruguayo,** *adj.* De Uruguay.
**Urticaria,** *f.* Conjunto de granitos rojos y blanquecinos que se forman en la piel cuando nos intoxicamos por haber tomado algún alimento en malas condiciones.
**Usado,** *adj.* Que se ha empleado mucho y está casi gastado.
**Usanza,** *f.* Costumbre.
**Usar,** *tr.* Emplear, utilizar una cosa. || V. **uso.**
**Usía,** *com.* Abreviatura de «su señoría».
**Uso.***

---

\*
Urgir, *intr.* Correr prisa, apremiar, ser necesaria la ejecución rápida de una cosa: *Urge que eches la carta.*
  Viene del latín **urgere,** que quiere decir 'apretar, apurar, dar prisa'. || *Deriv.:* **Urgencia, urgente.**
Uso, m. *El hecho de usar: El uso de los zapatos los estropea.* || *Moda, costumbre: Los usos de la juventud son distintos de los de la vejez.*
  Viene del latín **uti,** que quiere decir 'usar'. || *Deriv.:* **Abusar, abusivo, abuso, desusado, desuso, inútil, usanza, usar, usual, usuario, usufructo, usufructuar, usura, usurero, usurpación, usurpar, utensilio, útil, utilidad, utilitario, utilizar.** || *Contr.:* **Desuso.**

**uso de razón (Tener).** Ser ya mayorcito para darse cuenta de lo que hacemos, pensamos o queremos.
**Usted,** *com.* Tratamiento de respeto. || V. **vos.**
**Usual,** *adj.* Que se usa corrientemente.
**Usualmente,** *adv.* De un modo usual. || Corrientemente.
**Usuario,** *adj.* El que tiene derecho a usar una cosa (una cosa que no es suya del todo).
**Usufructo,** *m.* Derecho que uno tiene, a veces, de usar los bienes de otro.
**Usura,** *f.* El prestar dinero a otro exigiéndole que nos pague después muchísimo más.
**Usurero,** *adj.* Persona que presta dinero con más interés del debido.
**Usurpar,** *tr.* Apoderarse de una cosa que debe ser para otro.
**Utensilio,** *m.* Instrumento que se usa mucho.
**Útil,** *adj.* Que sirve para algo. || *m. pl.* Utensilios, instrumentos. || V. **uso.**
**Utilidad,** *f.* Lo que se hace que una cosa sea útil. || Provecho que se saca de algo.

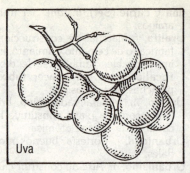
Uva

**Utilitario,** *adj.* Que busca la utilidad por encima de todo. || *m.* Persona que quiere la utilidad sobre todas las cosas.
**Utilización,** *f.* Aprovechamiento.
**utilización conjunta (De),** *m. adv.* Que los dos pueden utilizarla.
**Utilizar,** *tr.* Sacar provecho de alguna cosa. || V. **uso.**
**Utopía,** *f.* Cosa que no existe o proyecto que es imposible de realizar.
**Utópico,** *adj.* Muy bonito, pero irrealizable.
**Uva,** *f.* Fruto de la vid.
**Úvula,** *f.* La campanilla (a la entrada de la garganta).

# V

**V.** *f.* Vigésima quinta letra del alfabeto y vigésima de sus consonantes. Su nombre es *uve*. ‖ En la numeración romana vale cinco.
**Vaca,** *f.* Hembra del toro y su carne.
**Vacación.***
**Vacante,** *adj.* Que está libre. ‖ Que en ese empleo no hay nadie.
**Vaciar,** *tr.* Dejar vacío. ‖ Sacar filo. ‖ Formar un objeto echando en un molde metal fundido u otra cosa blanda que luego se endurece.
**Vacilación,** *f.* Lo que se hace al vacilar. ‖ Falta de decisión para obrar en algún caso.
**Vacilante,** *adj.* Que vacila.
**Vacilar,** *intr.* Moverse una cosa y estar en peligro de caer. ‖ No saber qué hacer o cómo obrar.
**Vacío,** *adj.* Falto de contenido ‖ *m.* Concavidad o hueco.
**Vacuna,** *f.* Sustancia que inyectada a un individuo lo preserva de alguna enfermedad.
**Vacunación,** *f.* Lo que se hace al vacunar.
**Vacunar,** *tr.* Inyectar la vacuna a un individuo.
**Vacuno,** *adj.* Que se refiere o pertenece a los bueyes y vacas.
**Vadear,** *tr.* Cruzar a pie hasta la otra orilla. ‖ *fig.* Vencer una gran dificultad.
**Vagabundo,** *adj.* Que no tiene domicilio fijo y va de una parte a otra.
**Vagar,** *intr.* Ir de un sitio a otro sin rumbo fijo.

**Vago,** *adj.* Que no trabaja. ‖ Indeterminado, que no se notan bien sus límites, su forma o su significado.
**Vagón,** *m.* Carruaje de un ferrocarril.
**Vagoneta,** *f.* Vagón pequeño y no cubierto.

Vagoneta

**Vaguada,** *f.* Línea que señala la parte más honda de un valle.
**Vaguear,** *intr.* Vagar.
**Vaguedad,** *f.* Lo que hace que una cosa sea vaga. ‖ Palabra o frase que no se comprende bien.
**Vahído,** *m.* Desvanecimiento pasajero.
**Vaina,** *f.* Funda larga y estrecha. ‖ **Ser un vaina:** portarse como un tonto.
**Vainilla,** *f.* Sustancia aromática y de sabor a chocolate.
**Vaivén,** *m.* Cada una de las oscilaciones que va dando un vehículo en movimiento.
**Vajilla,** *f.* Conjunto de platos, vasos, etc., para el servicio de la mesa.
**Vale,** *m.* Papel que uno da a otro obli-

---

*
VACACIÓN, f. *Tiempo que dura uno o más días y que se dedica para descansar del trabajo:* **Las vacaciones de Navidad empiezan el 20 de diciembre.**
    Viene del latín **vacare,** *que quiere decir 'estar vacío, estar libre, estar ocioso'.* ‖ *Deriv.:* **Evacuación, evacuar, vacante, vacuo, vagabundo, vagar, vago.**

gándose a pagarle dinero u otra cosa.
**Valencia,** *f.* Número de engarces libres de un átomo.
**Valenciano,** *adj.* De Valencia.
**Valentía,** *f.* El valor y el brío del que es valiente.
**Valer.**\*
**Valeroso,** *adj.* Valiente, atrevido.
**Valía,** *f.* Lo que vale una cosa o una persona.
**Validez,** *f.* Lo que hace que una cosa sea válida. || Valía de una cosa.
**Válido,** *adj.* Que vale.
**Valido,** *m.* El favorito de un rey o de una reina que ha llegado a convertirse en «mandamás».
**Valiente,** *adj.* Que se atreve a hacer cualquier cosa. || V. **valer.**
**Valientemente,** *adv.* Con valor.
**Valija de correos,** *f.* Saco lleno de cartas.
**Valimiento,** *m.* Influencia con algún personaje.
**Valioso,** *adj.* Que vale mucho. || V. **valer.**
**Valor,** *m.* Precio. || Utilidad. || Valentía. || V. **valer.**
**Valorable,** *adj.* Que se puede calcular su valor o precio.
**Valoración,** *f.* Lo que se hace al valorar.
**Valorar,** *tr.* Poner precio a una cosa.
**Valorizar,** *tr.* Valorar.
**Vals,** *m.* Cierto baile de origen alemán que se hizo famoso en Viena y que era el preferido en las cortes de los reyes.
**Valuar,** *tr.* Valorar.
**Valva,** *f.* Cada una de las piezas de una concha. La concha de las almejas, p. ej., tiene dos valvas.
**Válvula,** *f.* Pieza que sirve para cerrar o interrumpir la comunicación entre dos partes de una máquina. || Aquello que, moviéndose, sirve para tapar ciertos agujeros en las máquinas; o en el cuerpo de los animales.

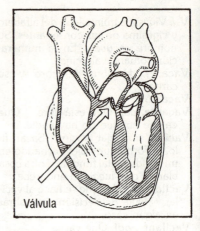

Válvula

**Valla,** *f.* Cercado que rodea generalmente alguna finca o propiedad.
**Valladar,** *m.* Cerco, tapia.
**Valle.**\*
**Vallisoletano,** *adj.* De Valladolid.
**Vampiro,** *m.* Especie de murciélago grande de América tropical. Se alimenta de insectos y de sangre. || Persona que se enriquece de los demás.
**Vanagloriarse,** *r.* Jactarse del propio valer.
**Vanamente,** *adv.* Inútilmente. || Sin provecho.

---

VALER, tr. *Tener las cosas un cierto precio al ser vendidas o compradas:* ***Vale 12 pesetas.*** || intr. *Servir para algo:* ***Vale para abrigarse.*** || r. *Servirse de algo para alcanzar una cosa:* ***Se valió de la vara para defenderse.***
    Viene del latín **valere,** que quiere decir 'ser fuerte, estar sano'. || Deriv.: **Convalecencia, convaleciente, convalidación, convalidar, desvalido, desvalorizar, evaluar, evaluación, inválido, invalidar, envalentonarse, prevalecer, reválida, revalidar, vale, valedero, valedor, valencia, valeroso, valentía, válido, valiente, valioso, valoración, valorar.**

VALLE, m. *Tierra entre dos montañas:* ***Esa aldea está en un valle.*** || *Extensión de tierras cuyas aguas al correr van a parar a un río:* ***El valle del Ebro.***
    Viene del latín **vallis,** que quiere decir 'valle'.

Vampiro

**Vandalismo,** *m.* Espíritu de destrucción.
**Vanguardia,** *f.* Parte de un ejército que va delante del cuerpo central y lo protege.
**Vanidad,** *f.* Deseo de lucirse. || Cosa inútil.
**Vanidoso,** *adj.* Que tiene vanidad.
**Vano,** *adj.* Vacío. || Vanidoso. || **En vano:** inútilmente, sin lograr lo que quería.
**Vapor.\***
**Vapulear,** *tr.* Pegar una paliza.
**Vaquero,** *m.* Pastor de vacas.
**Vara,** *f.* Palo delgado y largo. || Medida española de longitud.
**Variable,** *adj.* Que puede cambiar. || Que varía mucho. || Que no es constante.
**Variación,** *f.* Cambio, modificación.
**Variado,** *adj.* Diferente, que tiene variedad. || Contr.: **Uniforme.** || V. **vario.**
**Variar,** *tr.* Cambiarle la forma a una cosa. || *intr.* Cambiar de forma una cosa. || V. **vario.**
**Varices,** *f. pl.* Dilatación de algunas venas y, en consecuencia, mala circulación de la sangre por dentro de ellas.
**Variedad,** *f.* Lo que hace que muchas cosas sean diferentes unas de otras.
**Varilla,** *f.* Vara delgada y larga.
**Vario.\***
**Varón,** *m.* Hombre, persona del sexo masculino. || Hombre ya mayor.
**Varonil,** *adj.* Que se refiere o pertenece al varón.
**Vasallo,** *adj.* (Hombre) que está bajo el dominio de otro.
**Vasco,** *adj.* De las provincias Vascongadas.
**Vascón,** *adj.* Vasco.
**Vascongado,** *adj.* Vasco.
**Vascuence,** *adj.* De los vascos.
**Vaselina,** *f.* Grasa de las pomadas. Se obtiene industrialmente del petróleo.
**Vasija,** *f.* Recipiente. Se puede hacer de materias y formas diversas.
**Vaso,** *m.* Pieza cóncava, capaz de contener alguna cosa. || Recipiente para beber. || Conducto por donde circulan los fluidos orgánicos.
**Vástago,** *m.* Brote de un vegetal. || Hijo.
**Vasto,** *adj.* Extenso, espacioso.
**Vate,** *m.* Poeta.
**Vaticano,** *adj.* Lo que se refiere o pertenece al Vaticano (donde reside el Papa).
**Vaticinar,** *tr.* Predecir.
**Vatio,** *m.* Unidad de potencia eléctrica. || El número de vatios se calcula multiplicando los amperios por los voltios.
**Ve,** *f.* Nombre de la letra v.
**veces (Hacer las).** Actuar en lugar de otra persona y como ella lo haría.
**Vecinal,** *adj.* Se dice de lo que se refiere o pertenece al vecindario de un pueblo.
**Vecindad,** *f.* Conjunto de personas

---

\*

Vapor, m. *Forma gaseosa de un cuerpo que ordinariamente es líquido, especialmente del agua:* **El vapor tiene una gran fuerza expansiva.** || *Buque de vapor:* **Ese vapor es muy rápido.**
   Viene del latín **vapor,** *que quiere decir lo mismo que en castellano.*
|| *Deriv.:* **Evaporación, evaporar, vaporoso.**

Vario, adj. *Diferente, diverso:* **Este insecto tiene varios colores.** || *En plural significa algunos, unos cuantos:* **Varios muchachos fueron al cine.**
   Viene del latín **varius,** *que quiere decir 'variado, diverso, inconstante'.*
|| *Deriv.:* **Desvariar, desvarío, entreverar, variable, variabilidad, variación, variado, variante, variar, viruela.** || *Contr.:* **Uno.**

que viven en el mismo barrio o casa. || Cercanías.
**Vecindario,** *m.* Conjunto de vecinos de un pueblo.
**Vecino.**\*
**Vector,** *m.* Lo que conduce algo. || Las fuerzas son vectores.
**Vedar,** *tr.* Prohibir.
**Vega,** *f.* Tierra baja bien regada y, por tanto, muy fértil.
**Vegetación,** *f.* Conjunto de las plantas de una región. || Crecimiento de los vegetales.
**Vegetal,** *m.* Planta.
**Vegetar,** *intr.* Crecer y desarrollarse una planta. || Vivir sin pena ni gloria.
**Vegetativo,** *adj.* Que se refiere o pertenece a los vegetales.
**Vehemencia,** *f.* Impetuosidad, violencia.
**Vehemente,** *adj.* Impetuoso, violento.
**Vehementemente,** *adv.* Con vehemencia.
**Vehículo,** *m.* Máquina especial que sirve para transportar personas o cosas. || Se dice también del aire, porque a su través se pueden transmitir enfermedades, sonidos, etc.
**Veinte.**\*
**Veinticinco,** *adj.* Veinte más cinco.
**Veinticuatro,** *adj.* Veinte más cuatro.
**Veintidós,** *adj.* Veinte más dos.
**Veintinueve,** *adj.* Veinte más nueve.
**Veintiocho,** *adj.* Veinte más ocho.
**Veintiséis,** *adj.* Veinte más seis.
**Veintisiete,** *adj.* Veinte más siete.
**Veintitrés,** *adj.* Veinte más tres.
**Veintiuno,** *adj.* Veinte más uno.
**Vejar,** *tr.* Zaherir a otra persona y burlarse de ella.

**Vejez,** *f.* Ultima etapa de la vida del hombre. || Lo que hace que una cosa sea vieja.
**Vejiga,** *f.* Membrana en forma de bolsa. || Ampolla en la piel.
**Vela,** *f.* Velación, acción de velar. || Cilindro de cera para dar luz. || Lona o lienzo fuerte que llevan algunas naves para recibir el viento y puedan moverse.
**Velación,** *f.* Ceremonia de cubrir con un velo a los que se están casando.
**Velada,** *f.* Reunión de personas para divertirse o entretenerse. || Noche pasada sin dormir. || Velada es también una especie de verbena.
**Velar.**\*
**Velatorio,** *m.* El estar reunidos velando a un difunto.
**Veleidad,** *f.* Variación en los deseos, querer una vez una cosa y otra vez otra.
**Velero,** *m.* Embarcación rápida y con velas. Si tiene dos velas recibe el nombre de bergantín.
**Veleta,** *f.* Aparato giratorio y simple que sirve para indicar de dónde viene el viento.
**Velo,** *m.* Cortina o lienzo con que se cubre una cosa. || Prenda con la que las mujeres se cubren la cabeza.
**Velocidad,** *f.* Rapidez, prisa. || Relación entre el camino recorrido y el tiempo tardado en recorrerlo.
**Velocipédico,** *adj.* Relativo al velocípedo.
**Velocípedo,** *m.* Vehículo de ruedas que se mueven con los pies.
**Velón,** *m.* Especie de candelero alto,

---

Vecino, *f. Persona que vive en el mismo barrio, pueblo o casa que otro:* **Esos muchachos son vecinos.** || *Cercano:* **El huerto está vecino del río.**
　Viene del latín **vicinus,** *que quiere decir 'vecino, el que vive en el mismo pueblo'.* || *Deriv.:* **Avecindar, vecinal, vecindad, vecindario.** || *Contr.:* **Lejano.**
Veinte, *adj. Dos veces diez:* **Diez y diez, veinte.**
　Viene del latín **viginti,** *que quiere decir 'veinte'.* || *Deriv.:* **Veintiuno, veintidós,** *etc.,* **vigesimal, vigésimo.**
Velar, *intr. Estar sin dormir:* **Veló durante toda la noche.** || *Cuidar de una persona o cosa:* **Está velando al enfermo.**
　Viene del latín **vigilare,** *que quiere decir 'estar atento, vigilar'.* || *Deriv.:* **Desvelar, desvelo, vela, velada, velador, velatorio, velón, vigía, vigilancia, vigilante, vigilia.** || *Contr.:* **Dormir.**

con torcidas y aceites; arriba tiene un asa y abajo, un pie.

**Veloz,** *adj.* Rápido, con mucha velocidad.

**Velozmente,** *adv.* Con velocidad.

**Vello,** *m.* Pelillos cortos que salen en algunas partes del cuerpo humano. ‖ Pelusilla de algunas frutas y plantas.

**Vellocino,** *m.* La lana que sale junta al ir esquilando a una oveja.

**Vellón,** *m.* Toda la lana de una oveja o carnero. ‖ **Monedas de vellón:** antiguas monedas de plata y cobre, o sólo de cobre.

**Velludo,** *adj.* Que tiene mucho vello.

**Vena,** *m.* Especie de canal pequeño que lleva la sangre desde los pulmones y demás miembros al corazón. ‖ Filón o veta de una mina. ‖ Inspiración poética o para otras cosas.

**Venablo,** *m.* Lanza muy corta y fácil de tirar.

**Venado,** *m.* Ciervo común.

**Vencedero,** *adj.* Vencible, que se puede vencer.

**Vencedor,** *adj.* Que vence o triunfa.

**Vencejo,** *m.* Lazo para atar las mieses. ‖ Pájaro parecido a la golondrina y que se alimenta de insectos.

**Vencer.\***

**Vencimiento,** *m.* Triunfo, victoria. ‖ Cumplimiento de un plazo.

**Venda,** *f.* Tira de tela en forma de faja pequeña; generalmente es de gasa.

**Vendaje,** *m.* Venda para sujetar alguna parte lesionada del cuerpo, esté o no esté sujeta con esparadrapo.

**Vendar,** *tr.* Poner una venda.

Vencejo

**Vendaval,** *m.* Viento muy fuerte que generalmente sopla de la parte del mar.

**Vendedor,** *adj.* Que vende algo.

**Vender.\***

**Vendimia,** *f.* Cosecha de la uva y tiempo en que se hace.

**Vendimiador,** *adj.* Que vendimia.

**Vendimiar,** *tr.* Recoger el fruto de la vid.

**Veneno,** *m.* Sustancia que destruye o estropea las funciones necesarias para la vida. ‖ Bebida o alimento malo para el organismo.

**Venenoso,** *adj.* Que contiene o que produce veneno.

**Venerable,** *adj.* Que es digno de veneración.

**Veneración,** *f.* Respeto grande a algo por lo que representa. ‖ Culto a la Virgen y a los santos.

**Venerar,** *tr.* Respetar mucho a alguna persona o cosa. ‖ Dar culto a la Virgen y a los santos.

**Venero,** *m.* Manantial.

---

V‍ENCER, *tr.* Derrotar al enemigo: **Venció en la batalla.** ‖ Ganar, aventajar en alguna competencia: **Venció en la carrera.** ‖ intr. Cumplirse un plazo: **El plazo del préstamo vence mañana.** ‖ r. Dominarse uno el mal genio, reprimirse: **De hombres es vencerse a sí mismos.**
    Viene del latín **vincere,** que quiere decir 'vencer'. ‖ *Deriv.:* **Convencer, convencimiento, convicción, convicto, invencible, invicto, vencedor, vencimiento, victoria, victorioso, vítor, vitorear.**

V‍ENDER, *tr.* Dar una cosa por dinero: **Vendió la finca.** ‖ Traicionar a uno, faltar a su amistad: **Vendió al amigo.** ‖ r. Dejarse sobornar: **Se vendió por ambición.**
    Viene del latín **vendere,** que significa 'vender'. ‖ *Deriv.:* **Revendedor, revender, reventa, venal, venalidad, vendedor, vendible, venta, ventorrillo, ventorro.** ‖ *Contr.:* **Comprar.**

**Venganza**, *f.* Daño que se hace a otro para satisfacer un agravio o injuria. Es una falta contra la caridad.
**Vengar**, *tr. y r.* Hacer daño a otro para satisfacer un agravio u ofensa.
**Venia**, *f.* Perdón de alguna cosa. || Permiso, autorización. || Saludo hecho inclinando ligeramente la cabeza.
**Venial**, *adj.* Poco grave, leve.
**Venida**, *f.* Lo que se hace al venir. || Regreso, vuelta.
**Venidero**, *adj.* Que ha de venir o suceder.
**Venir.***
**Venoso**, *adj.* Que tiene venas. Que se refiere a las venas.
**Venta**, *f.* Lo que se hace al vender: cambio de una cosa por dinero. || V. **vender**.
**Ventaja**, *f.* Superioridad de una cosa o persona respecto de otra. || Ganancia anticipada que un jugador da a otro para compensar la superioridad de éste. || V. **avanzar**.
**Ventajosamente**, *adv.* Con ventaja.
**Ventajoso**, *adj.* Que tiene ventaja o provecho.
**Ventana**, *f.* Abertura elevada sobre el suelo que se deja en la pared para dar luz y ventilación. || Tablero de cristales con que se cierra. || Agujero de la nariz. || V. **viento**.
**Ventanal**, *m.* Ventana grande.
**Ventanilla**, *f.* Ventana pequeña. || Abertura pequeña que hay en la pared de las oficinas, bancos, etc., para comunicación con el público. || Cada uno de los agujeros de la nariz.

**Ventilación**, *f.* Lo que se hace al ventilar.
**Ventilador**, *m.* Aparato para remover el aire de una habitación u otro lugar y refrescarlo.

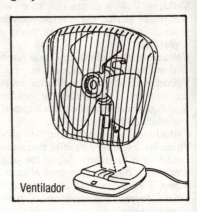
Ventilador

**Ventilar**, *tr.* Renovar el aire de algún sitio.
**Ventisca**, *f.* Tormenta de aire.
**Ventolera**, *f.* Viento fuerte que sale de repente y se acaba enseguida.
**Ventosa**, *f.* Tubo macizo de goma, con un extremo algo hueco, que al ser apretado contra una superficie se queda pegado a ella. || Órgano que tienen las lagartijas y otros animalillos en los extremos de sus patitas para poder caminar por los techos y paredes sin caerse.
**Ventral**, *adj.* Que pertenece o se refiere al vientre.
**Ventrículo**, *m.* Cavidad, hueco, hueco en forma de vientre.
**Ventrílocuo**, *m.* Persona que habla perfectamente sin mover la boca.

---

*
VENIR, *intr. Trasladarse otra persona o cosa desde un sitio lejano hasta un lugar más cerca de nosotros:* **Vinieron a mi casa.** || *Producirse una cosa:* **Vino el mal tiempo.** || *Traer origen una cosa de otra:* **El triunfo viene del esfuerzo.**
  *Viene del latín* **venire**, *que significa 'ir, venir'.* || *Deriv.:* **Avenirse, avenencia, advenedizo, advenimiento, adviento, adventicio, avenida, aventura, aventurado, aventurarse, aventurero, bienvenida, bienaventurado, bienaventuranza, contravenir, conveniencia, conveniente, convención, convencional, convenio, convenir, convento, conventual, desprevenido, desventura, desventurado, devenir, eventual, eventualidad, intervención, intervenir, invención, inventar, inventario, inventiva, invento, inventor, obvencional, porvenir, prevenir, prevención, prevenido, preventivo, revenirse, sobrevenir, subvención, subvencionar, subvenir, venida, venidero, ventura, venturoso.** || *Contr.:* **Ir.**

**Ventura,** *f.* Suerte, felicidad. ‖ V. **venir.**
**Venturero,** *adj.* Vagabundo que no hace nada, que se conforma con lo que él llama buena o mala suerte.
**Venturoso,** *adj.* Feliz.
**Venus,** *f.* Se dice de la mujer que es muy hermosa.
**Ver.\***
**Vera,** *f.* Orilla.
**Veracidad,** *f.* Lo que hace que una cosa sea verdadera. ‖ El ser siempre fiel a la verdad.
**Veranear,** *intr.* Pasar el verano en sitio distinto de donde se vive corrientemente.
**Veraneo,** *m.* Lo que se hace al veranear.
**Veraniego,** *adj.* Propio del verano.
**Veranillo,** *m.* Tiempo corto de calor que suele haber en otoño.
**Verano.\***

**Veras,** *f. pl.* Ánimo o empeño que se pone en hacer una cosa. ‖ **De veras:** de verdad.
**Veraz,** *adj.* Amigo y defensor de la verdad.
**Verbal,** *adj.* Dicho de palabra. ‖ Que se refiere o pertenece al verbo. ‖ V. **verbo.**
**Verbena,** *f.* Cierta planta herbácea. ‖ Fiesta popular nocturna.
**Verbigracia,** *m.* Por ejemplo.
**Verbo.\***
**Verbosidad,** *f.* Palabrería, abundancia de palabras inútiles.
**Verdad.\***
**Verdaderamente,** *adv.* Con toda verdad. ‖ V. **verdad.**
**Verdadero,** *adj.* Que es verdad. ‖ Real, cierto, auténtico. ‖ Contr.: **Falso.** ‖ V. **verdad.**
**Verde.\***

---

VER, *tr. Darse cuenta, por medio de los ojos, de la forma y color de los objetos:* **Por la noche se ve poco.** ‖ *Visitar una persona a otra:* **Fue a ver al director.** ‖ *Conocer, juzgar, prevenir:* **Vio lo que iba a ocurrir.** ‖ *m. Uno de los sentidos, el de la vista:* **Ver, oír, oler, gustar y tocar son los principales sentidos del cuerpo.**
　*Viene del latín* videre, *que significa 'ver'.* ‖ *Deriv.:* **Avistar, desprovisto, entrever, entrevista, entrevistar, evidente, imprevisto, improvisación, improvisar, prever, previsión, previsor, proveer, proveedor, providencia, providencial, provisión, provisional, revisar, revisión, revisor, revista, vidente, visaje, visera, visible, visibilidad, visionario, visor, vistazo, vistoso, vistosidad, visual, visualidad, visita, visitador, visitante, visiteo.**
VERANO, *m. La época más calurosa del año:* **El verano va desde junio a septiembre.** ‖ *En el hemisferio sur, el verano es la época más fría.*
　*Viene del latín* ver, veris, *que quiere decir 'primavera'.* ‖ *Propiamente verano significa 'lo que viene después de la primavera' o sea, 'segunda primavera'.* ‖ *Deriv.:* **Veraneante, veranear, veraneo, veraniego, veranillo.** ‖ *Contr.:* **Invierno.**
VERBO, *m. Palabra:* **Es hombre de verbo elegante.** ‖ *Parte de la oración que indica esencia, acción o estado, casi siempre con expresión de tiempo, número o persona:* **El verbo es la parte principal de la oración.** ‖ **El Verbo divino:** Jesucristo.
　*Viene del latín* verbum, *que quiere decir 'palabra, verbo'.* ‖ *Deriv.:* **Adverbial, adverbio, proverbial, proverbio, verbal, verbalismo, verbigracia, verbosidad.**
VERDAD, *f. Lo que una cosa es:* **Averigüé la verdad.** ‖ *Conformidad o semejanza de las cosas con la idea que de ellas tenemos en el pensamiento:* **Comprobar una verdad.** ‖ *Conformidad de lo que se dice con lo que se siente o se piensa:* **Lo que digo es verdad.**
　*Viene del latín* veritas, *que significa 'verdad'.* ‖ *Deriv.:* **Averiguación, averiguar, inverosímil, veracidad, veraz, verdadero, veredicto, verídico, verosímil.** ‖ *Contr.:* **Error, mentira.**
VERDE, *adj. Del color de la hierba fresca:* **En primavera las hojas de los árboles**

**Verdear,** *intr.* Empezar a mostrar color verde alguna cosa.
**Verderón,** *m.* Gorrión de color verde y con algunas manchas amarillentas.
**Verdín,** *m.* Capa verdosa que se forma en el suelo y paredes de los estantes.
**Verdor,** *m.* Color verde claro de los vegetales.
**Verdoso,** *adj.* De color parecido al verde.
**Verdugo,** *m.* Rama pequeña de un árbol. ‖ El que se encarga de cumplir la sentencia de muerte. ‖ Persona cruel. ‖ Látigo o azote de cuero.
**Verdura,** *f.* Hortaliza o legumbre que se cuece para comer. ‖ Verdor, color verde.
**Vereda,** *f.* Camino o senda para ganado trashumante.
**Veredicto,** *m.* Sentencia dictada por el tribunal del jurado al acabar un juicio.
**Vergel,** *m.* Huerto hermosísimo, como un jardín.
**Vergonzante,** *adj.* Que hace algo con disimulo porque le da vergüenza.
**Vergonzoso,** *adj.* Que causa vergüenza. ‖ (Persona) que se avergüenza con facilidad.
**Vergüenza,** *f.* Apuro que se pasa uno delante de la gente. ‖ Pundonor. ‖ Timidez. ‖ Miedo.
**Vericueto,** *m.* Senda ondulada, estrecha y alargada, llena de tropiezos y dificultades.
**Verificación,** *f.* Lo que se hace al verificar o comprobar alguna cosa.
**Verificar,** *tr.* Comprobar que alguna cosa de que se duda es cierta. ‖ Hacer alguna cosa. ‖ Comprobar.
**Verja,** *f.* Enrejado que sirve de puerta, ventana o valla.
**Vermiforme,** *adj.* Que tiene forma de gusano o lombriz.

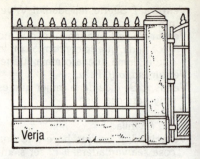
Verja

**Vermífugo,** *adj.* Que sirve para acabar con las lombrices.
**Vermut** (o **vermouth**), *m.* Especie de vino aperitivo, compuesto de vino, sustancias amargas, sustancias tónicas y ajenjo.
**Vernáculo,** *adj.* Propio de nuestro país; se dice sobre todo de la lengua o idioma.
**Verosímil,** *adj.* Que parece verdadero y se puede creer. ‖ Contr.: **Inverosímil.**
**Verraco,** *m.* Cerdo padre.
**Verruga,** *f.* Arruga redonda, pequeña y muy dura que a veces se forma en la piel.
**Versado,** *adj.* Que tiene grandes conocimientos en alguna materia o ciencia.
**Versar,** *intr.* Tratar de una cosa.
**Versátil,** *adj.* Voluble, que cambia fácilmente.
**Versatilidad,** *f.* Calidad de versátil.
**Versículo,** *m.* Cada uno de los párrafos numerados de la Biblia y de algunos otros libros.
**Versificar,** *tr.* Poner en verso.
**Versión,** *f.* Traducción. ‖ Modo de contar una misma cosa.
**Verso,** *m.* Cada línea de una poesía. ‖ Poesía. ‖ V. **verter.**
**Vértebra,** *f.* Cada uno de los huesos que forman el espinazo.
**Vertebrado,** *adj.* Que tiene vértebras, que tiene huesos. ‖ *m. pl.* Los ma-

---

*\* son verdes. ‖ Se dice de los árboles y plantas que están vivos, por tener savia: Este árbol está verde. ‖ Que aún no está maduro: Uvas verdes.*
*Viene del latín viridis, que quiere decir 'vigoroso, vivo, joven'. ‖ Deriv.:* **Reverdecer, verdear, verdeguear, verderón, verdín, verdoso, verdura, verdulería, verdadero, verduzco, verdinegro, vergel.** ‖ *Contr.:* **Seco, maduro.**

míferos, las aves, los reptiles y los peces.

**Verter.**\*

**Vertical,** adj. Perpendicular al horizonte. ‖ f. Línea recta que sube o baja sin inclinarse.

**Vértice,** m. Punto en que se unen los ángulos. ‖ Punta.

**Vertiente,** f. Falda de una montaña por donde corre el agua.

**Vertiginoso,** adj. Que se refiere al vértigo o lo produce.

**Vértigo,** m. Especie de mareo o desmayo producido por la altura en que uno se encuentra.

**Vesícula,** f. Vejiga pequeña.

**Vespa,** f. Moto de ruedas pequeñas y motor trasero, con un espacio central libre y una especie de escudo en la parte delantera. ‖ Es un invento italiano (vespa=avispa).

**Vespertino,** adj. De la tarde.

**Vestíbulo,** m. Especie de habitación situada a la entrada de un edificio.

**Vestido,** m. Todo aquello con lo que el hombre se cubre el cuerpo. ‖ Conjunto de las principales prendas de vestir. ‖ V. **vestir.**

**Vestidura,** f. Vestido, traje. ‖ pl. Vestido que usan los sacerdotes para el culto.

**Vestigio,** m. Huella, señal. ‖ Restos, ruinas de los antiguos.

**Vestimenta,** f. Vestidura.

**Vestir.**\*

**Vestuario,** m. Conjunto de trajes necesarios para una representación teatral. ‖ Sitio donde se visten los actores.

**Veta,** f. Raya o franja de color distinto. ‖ Parte de una mina donde se encuentra en cantidad el mineral buscado.

**Veterano,** adj. (Soldado) que lleva mucho tiempo en el ejército. ‖ Que lleva mucho tiempo en una profesión u oficio.

**Veterinario,** m. Médico de los animales.

**Veto,** m. Derecho que tiene una persona para prohibir una cosa.

**Vetusto,** adj. Muy viejo.

**Vez.**\*

---

VERTER, tr. *Derramar un líquido o cosa parecida inclinando la vasija en que está:* **Vertió el agua del vaso.** ‖ *Traducir:* **Vertió ese libro del inglés al castellano.**

   Viene del latín **vertere,** que quiere decir 'girar, hacer girar, dar vueltas, cambiar, convertir, derribar'. ‖ *Deriv.:* **Adversario, adversidad, adversativo, adverso, advertencia, advertir, adversión, atravesar, controversia, conversación, conversar, conversión, converso, convertir, diversidad, diversificar, diverso, divertir, divorciarse, divorcio, enrevesado, extroversión, introversión, inversión, invertir, malversación, perversidad, perversión, perverso, pervertir, reverso, reversión, subversión, subversivo, transversal, travesaño, travesía, travesura, traviesa, travieso, universal, universidad, universitario, universo, versado, versar, versatilidad, versión, versificar, versificación, vertedero, vértebra, vertebrado, vertebral, vertical, verticalidad, vértice, vertiente, vértigo, vertiginoso.**

VESTIR, tr. *Cubrir o adornar el cuerpo con vestidos:* **Esa señora viste bien.** ‖ *Cubrir una cosa con otra para defenderla o adornarla:* **Está vistiendo a mesa camilla.** ‖ *Cubrir una cosa con otra:* **La nieve viste las montañas de blanco.**

   Viene del latín **vestire,** que quiere decir 'vestir'. ‖ *Deriv.:* **Desvestir, investidura, investir, revestir, revestimiento, vestidura, vestimenta.** ‖ *Contr.:* **Desvestir, desnudar.**

VEZ, f. *Turno:* **Ha llegado mi vez.** ‖ *Tiempo u ocasión:* **Hubo una vez un rey que...** ‖ *Hacer las veces de otra persona:* Actuar en lugar de otra persona. ‖ **A la vez:** Al mismo tiempo. ‖ **De una vez:** Con una sola acción. ‖ **Cada vez que:** Siempre que. ‖ **De vez en cuando:** De cuando en cuando. ‖ **Tal vez:** Quizá.

   Viene del latín **vicis,** que significa 'turno, alternativa', y también 'fun-

**Vía.***
**Viabilidad,** *f.* Lo que hace que una cosa sea viable. || Posibilidad de hacerse.
**Viable,** *adj.* Que puede hacerse.
**Vía crucis,** *m.* Camino del Señor hacia el Calvario.
**Viaducto,** *m.* Puente entre dos trozos del mismo camino, mediante el cual se salva una hondonada.

Viaducto

**Viajante,** *m.* Empleado de comercio que viaja para vender cosas por cuenta de su amo o su fábrica, etc.
**Viajar,** *intr.* Hacer viajes. || Ir de viaje. || V. **vía.**
**Viaje,** *m.* El ir de un sitio a otro. || V. **vía.**
**Viajero,** *adj.* Que viaja.
**Vial,** *m.* Que se refiere a la vía o camino por donde una cosa puede ir.
**Viandas,** *f. pl.* La comida.
**Viático,** *m.* Preparación para un viaje largo. || Eucaristía con que comulga un enfermo grave.
**Víbora,** *f.* Género de reptiles venenosos de Europa.
**Vibración,** *f.* Lo que se hace al vibrar. || Cada movimiento de un cuerpo que vibra.
**Vibrante,** *adj.* Que vibra.

**Vibrar,** *intr.* Temblar rápidamente un cuerpo.
**Vibrátil,** *adj.* Que vibra o puede vibrar.
**Vicaría,** *f.* Oficio del vicario. || Oficina del vicario.
**Vicariato,** *m.* Tiempo que está uno en el oficio de vicario. || Lugar de su jurisdicción.
**Vicario,** *m.* El que sustituye a otro. || El **Vicario de Jesucristo** es el Papa.
**Vicealmirante,** *m.* General de Marina; va después del almirante.
**Vicecanciller,** *m.* El que hace las veces de canciller.
**Vicecónsul,** *m.* Funcionario que va después del cónsul.
**Vicepresidente,** *m.* Persona que hace las veces de presidente.
**Vicerrector,** *m.* Persona que hace las veces de rector.
**Vicesecretario,** *m.* Persona que hace las veces de secretario.
**Viceversa,** *adv.* Al revés, al contrario.
**Viciado,** *adj.* Que no está como debería estar, sino curvado y desviado.
**Vicio,** *m.* Costumbre mala.
**Vicioso,** *adj.* Que tiene algún vicio.
**Vicisitudes,** *f. pl.* Cambios o variaciones de las cosas.
**Víctima,** *f.* Persona o animal sacrificado o destinado al sacrificio. || Persona que padece o sufre por culpa de otros o de la suerte.
**Victoria,** *f.* Ventaja o superioridad, sobre los enemigos de uno, en una competición. || V. **vencer.**
**Victorioso,** *adj.* Que ha logrado la victoria.

---

*ción, lugar o puesto que uno ocupa'.* || *Deriv.:* **Vicario, vice-, viceversa, vicisitud.**

VÍA, f. *Camino o calle, etc., por donde se transita:* **Estaba en plena vía pública.** || *Espacio entre los raíles por donde pasa un tren u otro carruaje:* **Ferrocarriles de vía estrecha o de vía ancha.** || *Sitio por donde pasa el tren:* **Están arreglando ese trozo de vía.** || *Medio de transporte:* **Esta carta va por vía aérea.**

*Viene del latín* **via,** *que significa 'camino'.* || *Deriv.:* **Aviar, desviación, desviado, desviar, desvío, enviado, enviar, envío, extraviar, extravío, obvio, previo, trivial, trivialidad, viaducto, viajante, viajar, viaje, viajero, vial, viandante, viático.**

Vid

**Vid,** *f.* Planta de tronco retorcido cuya fruta es la uva.
**Vida,** *f.* Fuerza mediante la que obra el ser orgánico. || Tiempo que transcurre desde el nacimiento hasta la muerte de las personas. || Duración de las cosas. || V. **vivir.**
**Vidriera,** *f.* Conjunto de vidrios de una ventana, generalmente de colores.
**Vidriero,** *m.* El que fabrica vidrio o lo vende.
**Vidrio.**\*
**Vidrioso,** *adj.* Quebradizo, resbaladizo. || Que tiene las propiedades del vidrio. || Se dice de los ojos brillantes por la fiebre.
**Viejo.**\*
**Viento.**\*
**Vientre,** *m.* Parte del cuerpo donde están los intestinos, el estómago, el hígado, etc.
**Viernes,** *m.* Sexto día de la semana.

**Viga,** *f.* Madero largo y gordo que sirve para sostener pisos y tejados en las construcciones.
**Vigencia,** *f.* Lo que hace que una cosa sea vigente. || Validez legal.
**Vigente,** *adj.* Ley o costumbre que vale.
**Vigésimo,** *adj.* Que ocupa el lugar número veinte.
**Vigía,** *m.* Vigilante situado en un sitio alto.
**Vigilancia,** *f.* Lo que se hace al vigilar. || V. **velar.**
**Vigilante,** *adj.* Que está encargado de vigilar algo.
**Vigilar,** *intr.* Cuidar de que alguna persona o cosa no sufra ningún daño. || V. **velar.**
**Vigilia,** *f.* Víspera. || Noche pasada sin dormir. || Abstinencia de carne.
**Vigor,** *m.* Fuerza física. || Validez, eficacia.
**Vigorizar,** *tr.* Dar vigor o fuerza a una cosa o persona.
**Vigoroso,** *adj.* Que tiene fuerza o vigor.
**Vigués,** *adj.* De Vigo.
**Vigueta,** *f.* Viga pequeña. || Viga grande y de hierro.
**Vikingos,** *m. pl.* Los normandos.
**Vil,** *adj.* Ruín, despreciable, indigno. || Contr.: **Noble.**
**Vilano,** *m.* Apéndice de pelos que co-

---

\*

Vidrio, *m. Cuerpo sólido y transparente del que se fabrican botellas, vasos y otras muchas cosas: **Esa copa no es de vidrio.***
 Viene del latín **vitrum,** *que significa igual que en castellano.* **Vitrum** *es un derivado de* **videre** *('ver'); por eso* **vidrio** *quiere decir propiamente 'transparente'.* || *Deriv.:* **Vidriado, vidriar, vidriera, vidriería, vidriero, vidrioso, vítreo, vitrina, vitriolo.**

Viejo, *adj. De mucha edad: **Un burro viejo vale menos que uno nuevo.*** || *Que ya no está nuevo, sino estropeado: **Este libro está viejo.*** || *Antiguo:* ***Una vieja historia.*** || *m. Persona de mucha edad:* ***Era un viejo muy simpático.***
 *Viene del latín vulgar* **vetulus,** *diminutivo de* **vetus, veteris,** *que significa igual que en castellano.* || *Deriv.:* **Envejecer, envejecido, envejecimiento, vejarrón, vejestorio, vejete, vejez, vejezuelo, veterano, veterinario, vetustez, vetusto, vieja, viejezuela, viejezuelo.**

Viento, *m. Aire en movimiento:* ***El viento sopla de las zonas de alta presión a las zonas de baja presión atmosférica.*** || *Velocidad del aire al moverse:* ***Mucho viento; poco viento; etc.***
 *Viene del latín* **ventus,** *que significa 'el viento'.* || *Deriv.:* **Aventar, vendaval, ventana, ventarrón, ventear, ventilación, ventilador, ventilar, ventisca, ventisquero, ventolera, ventolina, ventosear, ventosidad.**

rona el fruto de algunas plantas. || Flor del cardo. || Milano.

**Vilipendiar,** tr. Despreciar a una persona, decir de ella cosas vergonzosas.

**Villa,** f. Población que tiene ayuntamiento propio. || Casa de recreo.

**Villancico,** m. Cantar popular de asunto religioso que se canta en Navidad. || «Se le ha caído un clavel—a la Aurora de su seno— ¡qué glorioso que está el heno —porque ha caído sobre él.» || «En el portal de Belén—han entrado los gitanos—y les dice San José— cuidadito con las manos.»

**Villano,** adj. Antiguamente, habitante de una villa o aldea: de más baja categoría que un noble o hidalgo. || Descortés, grosero.

**vilo (En),** m. adv. Inquieto y preocupado, sin sosiego.

**Vinagre,** m. Vino agriado que se usa como condimento en la cocina.

**Vinagreta,** f. Salsa compuesta de aceite, cebolla y vinagre.

**Vinajera,** f. Jarro pequeño con agua o vino para la misa.

**Vincular,** tr. Dar riquezas a una familia con prohibición de venderlas. || Atar, unir una cosa con otra.

**Vínculo,** m. Unión de bienes o propiedades a una familia que no puede venderlos. || Unión, ataduría de una cosa con otra. || Nudo.

**Vinícola,** adj. Lo que se refiere o se relaciona con la fabricación del vino.

**Vino.** *

**Viña,** f. Terreno en el cual se han plantado muchas vides.

**Viñeta,** f. Cada uno de los recuadros en que aparece dividida la historieta de un tebeo.

**Violáceo,** adj. De color violeta.

**Violación,** f. Lo que se hace al violar.

**Violar,** tr. Quebrantar una ley o precepto. || Profanar un lugar sagrado.

**Violencia,** f. Fuerza que se hace contra algo que resiste.

**Violentamente,** adv. De manera violenta.

**Violentar,** tr. Obligar a la fuerza a que alguien haga una cosa.

**Violento,** adj. Que tiene fuerza impetuosa. || Arrebatado, iracundo.

**Violeta,** f. Cierta planta de jardín, con flores moradas y aroma muy suave.

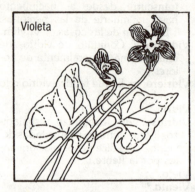

Violeta

**Violín,** m. Instrumento músico de cuerda que se toca con arco. || Violinista.

**Violinista,** com. Persona que toca con arte el violín.

**Violón,** m. Instrumento músico de cuerda parecido al violín, pero mucho más grande. || Persona que toca este instrumento.

**Violoncelo** (o **violonchelo**), m. Violón grande y de sonio muy bajo.

**Viraje,** m. El cambiar de rumbo o de dirección en un corto espacio de terreno.

**Virgen.** *

---

*
VINO, m. *Bebida alcohólica que se hace del zumo de las uvas fermentado: El vino de Jerez es muy famoso.*
　　Viene del latín **vinum,** que significa 'vino de vid, vino de viñas'. || *Deriv.:* **Avinagrado, vendimia, vendimiador, vendimiar, vinagre, vinagreta, vinajera, vinatero, vinícola, vinicultor, vinicultura, vinillo, vinoso, viña, viñedo, viñeta.**

VIRGEN, adj. *Se dice de las cosas en que aún no ha entrado nadie: Selva virgen.* || f. *Se dice de las personas que tienen pureza y castidad perfectas:* La

**Virginal,** *adj.* Puro, inmaculado.
**Virginidad,** *f.* Estado de la persona virgen.
**Vírgula,** *f.* Rayita pequeña y delgada.
**Viril,** *m.* Custodia pequeña que se pone dentro de la grande. ‖ *adj.* Varonil, propio del hombre.
**Virrey,** *m.* Persona que gobierna en algún estado o provincia en nombre del rey.
**Virtual,** *adj.* Que puede hacer una cosa aunque no la esté haciendo. ‖ Aparente pero no real.
**Virtualidad,** *f.* Lo que hace que una cosa sea virtual.
**Virtualmente,** *adv.* De un modo virtual.
**Virtud.**\*
**Virtuoso,** *adj.* Que tiene virtud.
**Viruela,** *f.* Enfermedad contagiosa durante la cual salen granos en la piel que dejan, al secarse, hoyuelos característicos.
**Virulento,** *adj.* Producido por un virus.
**Virus,** *m.* Germen de varias enfermedades contagiosas.
**Viruta,** *f.* Lámina o tira delgada que se saca con el cepillo o con otras herramientas al ir labrando la madera.
**Visar,** *tr.* Certificar la validez de un documento poniéndole el visto bueno, es decir, la aprobación.
**Víscera,** *f.* Cada uno de los órganos importantes contenidos en las cavidades del cuerpo.
**Viscoso,** *adj.* Pegajoso, blando.
**Visera,** *f.* Parte del casco de la armadura que se podía subir y bajar y que defendía el rostro. ‖ Parte delantera de las gorras, etc., que sirve para resguardarse la vista.

**Visible,** *adj.* Que se puede ver.
**Visiblemente,** *adv.* De un modo visible.
**Visigodo,** *adj.* Nombre de un pueblo godo que fundó un reino en España.
**Visillo,** *m.* Cortina pequeña que se pone a las ventanas.
**Visión,** *f.* Acción de ver. ‖ Fantasía o imaginación que no tiene realidad.
**Visionario,** *adj.* Que se imagina o cree fantasías que no son verdad.
**Visir,** *m.* Ministro de un soberano musulmán.
**Visita,** *f.* El ir a ver a una persona en su casa. ‖ Persona que hace la visita. ‖ V. **ver.**
**Visitación,** *f.* Visita. ‖ Principalmente, visita de la Virgen María a su prima Santa Isabel y fiesta o conmemoración de dicha visita.
**Visitador,** *adj.* (Persona) aficionada a hacer visitas. ‖ *m.* Funcionario o encargado de inspeccionar o reconocer alguna cosa.
**Visitante,** *adj.* Que hace una visita.
**Visitar,** *tr.* Ir a ver a una persona en su casa. ‖ Ir a ver alguna cosa por curiosidad, devoción, deber, etc. ‖ V. **ver.**
**Vislumbrar,** *tr.* Ver algo, pero borrosamente por la mucha distancia o falta de luz. ‖ Figurarse una cosa por suposiciones.
**Viso,** *m.* Reflejo luminoso que producen algunas cosas cuando les da la luz. ‖ Forro de color que lleva las mujeres debajo de algunos vestidos claros para que no se transparenten. ‖ Apariencia. ‖ Terreno alto y desde el cual se ve hasta muy lejos.

---

\* *principal de las vírgenes es la Virgen María.* ‖ **La Virgen:** *La Virgen María, madre de Jesucristo y madre nuestra.*
   *Viene del latín* **virgo, virginis,** *que significa 'muchacha en flor'.* ‖ **Deriv.:** **Virginal, virginalidad.**

Virtud, *f. Hábito bueno de obrar el bien y evitar el mal:* **Virtuoso es aquel que siempre está reconstruyendo y mejorando sus propias virtudes.** ‖ *Lo contrario de vicio:* **Huir del vicio y amar la virtud, es un buen consejo que te doy.**
   *Viene del latín* **virtus,** *que significa 'valentía, fuerza, fortaleza de carácter, energía que se mueve, energía espiritual, dinamismo, virtud'.* ‖ **Deriv.:** **Virtuoso.**

Visón

**Visón,** *m.* Mamífero parecido a la marta, cuya piel es muy estimada.
**Víspera.***
**Vista,** *f.* Sentido corporal gracias al cual se ven las cosas. ‖ Acción de ver. ‖ Ojos. ‖ Cuadro, fotografía, etcétera. ‖ *m.* Empleado de aduanas. ‖ **Hasta la vista:** hasta que nos volvamos a ver. ‖ V. **ver.**
**Vistazo,** *m.* Mirada ligera.
**Vistoso,** *adj.* Que llama la atención, llamativo.
**Visual,** *adj.* Que se refiere o pertenece a la vista. ‖ *m.* Línea recta imaginaria que va desde el ojo del espectador hasta el objeto.
**Visualidad,** *f.* Efecto agradable que produce un conjunto de objetos vistosos.
**Visualizar,** *tr.* Representar mediante imágenes o gráficos.
**Vital,** *adj.* Que se refiere o pertenece a la vida. ‖ Que la da o conserva. ‖ De mucha importancia.
**Vitalicio,** *adj.* Que dura o vale para toda la vida.
**Vitalidad,** *f.* Actividad o fuerza de las facultades vitales.
**Vitamina,** *f.* Sustancia que está contenida en algunos alimentos o medicinas y que es beneficiosa y necesaria para la salud.
**Vitícola,** *adj.* Que se refiere o pertenece al cultivo de la vid.

**Vito,** *m.* Cierto baile andaluz y su música.
**Vitola,** *f.* Anillo de papel que se pone a los puros para indicar su marca y su grosor.
**¡Vítor!** Interjección de alegría o aplauso.
**Vitorear,** *tr.* Aplaudir con vítores a alguna persona o cosa.
**Vítreo,** *adj.* De vidrio.
**Vitrina,** *f.* Especie de caja de cristal para exponer alguna cosa al público.
**vitriolo (Aceite de),** *m.* Acido sulfúrico.
**Vituallas,** *f. pl.* Conjunto de cosas necesarias para las comidas.
**Vituperio,** *m.* Ofensa grande y deshonrosa.
**Viudedad,** *f.* Pensión de dinero que se da cada año a una viuda mientras no se vuelva a casar.
**Viudo.***
**Viudez,** *f.* Estado del viudo o de la viuda.
**Vivacidad,** *f.* Calidad de vivaz. ‖ Viveza. ‖ Brillo.
**Vivamente,** *adv.* Con viveza. ‖ Con propiedad o semejanza.
**Vivaz,** *adj.* Que vive mucho tiempo. ‖ Eficaz, vigoroso. ‖ Perspicaz, agudo, listo. ‖ (Planta) cuya raíz vuelve a florecer al año siguiente, sin que nadie la siembre.
**Víveres,** *m. pl.* Alimentos, provisiones de boca.
**Vivero,** *m.* Estanque donde se conservan y crían peces o moluscos. ‖ Terreno donde se crían árboles jóvenes para plantarlos después en otro sitio. ‖ Semillero.
**Viveza,** *f.* Agilidad y rapidez. ‖ Agudeza, ingenio. ‖ Esplendor de los colores brillantes. ‖ Gracia especial en la mirada.

---

*
Víspera, *f. Día inmediatamente anterior a otro, especialmente si es fiesta:* **La víspera de Navidad.**
   Viene del latín **vespera,** *que significa 'la tarde, el anochecer'.* ‖ *Deriv.:* **Vesperal, vespertino.**

Viudo, *adj. (Persona) a la que se le ha muerto su mujer o su marido y no se ha vuelto a casar:* **Se quedó viudo muy joven.**
   *Viene del latín* **viduus,** *que quiere decir 'viudo'.* ‖ *Deriv.:* **Enviudar, viudedad, viudez.**

**Vivienda,** *f.* Casa, sitio donde se vive. ‖ V. **vivir.**
**Viviente,** *adj.* Que vive.
**Vivificador,** *adj.* Que da vida.
**Vivíparo,** *adj.* Que nace de su madre.
**Vivir.\***
**Vivo,** *adj.* Que tiene vida. ‖ Intenso. ‖ Activo, brillante, ingenioso.
**Vizcaíno,** *adj.* De Vizcaya.
**Vizconde,** *m.* Título de nobleza, menos importante que el de conde.
**Vocablo,** *m.* Palabra.
**Vocabulario,** *m.* Diccionario. ‖ Conjunto de palabras que se usan en una materia.
**Vocación,** *f.* Inclinación hacia determinado estado o profesión. ‖ V. **llamar.**
**Vocal,** *adj.* Que se refiere o pertenece a la voz. ‖ *f.* Letra que se pronuncia en una sola emisión de voz. ‖ *com.* Miembro de una junta.
**Vocalizar,** *intr.* Cantar durante un rato una sola vocal e ir dándole diferentes tonos.
**Vocativo,** *m.* Caso de la declinación que sirve para llamar y nombrar a una persona o cosa.
**Vocear,** *intr.* Dar voces.
**Vociferar,** *tr* e *intr.* Hablar a gritos.
**Vocinglero,** *adj.* Que habla muy fuerte y da muchas voces al hablar. ‖ Que habla vanamente y sin sustancia.
**Vodka,** *m.* Aguardiente ruso, hecho de centeno o de patata.
**Volado,** *adj.* Letras de menor tamaño que se colocan en la parte superior del renglón como S$^r$. D$^{on}$. D$^r$. ‖ Avergonzado, violento.
**volandas (En),** *m. adv.* Levantado por ambos brazos.

**Volante,** *adj.* Que vuela. ‖ *m.* Rueda con la que se mantiene la seguridad en el funcionamiento de una máquina. ‖ Tira de tela rizada que llevan algunos vestidos femeninos. ‖ Pieza del reloj. ‖ Hoja de papel doblada en la que se escribe alguna comunicación o aviso.
**Volapié,** *m.* Suerte que consiste en clavar el estoque el espada corriendo hacia el toro, estando éste parado. ‖ **A volapié,** *m. adv.* Ejecutando esta suerte.
**Volar.\***
**Volatería,** *f.* El cazar aves al vuelo y generalmente por medio de otras adiestradas para hacerlo. ‖ Conjunto de diversas aves.
**Volatinero,** *m.* Persona que anda por el aire sobre una cuerda o alambre y hace otros ejercicios acrobáticos.
**Volcán,** *m.* Montaña de la que salen, por una abertura llamada cráter, humo, llamas y materias derretidas. ‖ Persona muy impetuosa.

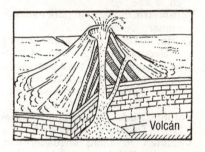

**Volcánico,** *adj.* De un volcán. ‖ Muy cercano a un volcán. ‖ Procedente de un volcán.
**Volcar,** *tr.* Inclinar una cosa de forma que caiga su contenido. ‖ *intr.* Derribarse un vehículo.

---

\*
V<small>IVIR</small>, *intr. Tener vida:* **Ojalá viva Vd. muchos años.** ‖ *Habitar:* **Vive en Madrid.**
    *Viene del latín* **vivere,** *que significa 'vivir'.* ‖ *deriv.:* **Avivar, convivir, revivir, sobrevivir, supervivencia, superviviente, vida, vital, vitalicio, vitalismo, vivacidad, vivaracho, vivaz, víveres, viveza, vividor, vivienda, viviente, vivo.** ‖ *Contr.:* **Morir.**
V<small>OLAR</small>, *intr. Ir o moverse por el aire:* **Volaron a gran altura.**
    *Viene del latín* **volare,** *que significa 'volar'.* ‖ *Deriv.:* **Revolotear, revuelo, voladizo, volado, volador, voladura, volandero, volatería, volátil, voleo.**

**Voleo,** *m.* Golpe que se da a una cosa antes de que caiga, sobre todo a la pelota antes de que bote. || Movimiento rápido de la danza española. || **Al voleo,** *m. adv.* Se dice de la siembra cuando se hace arrojando al aire puñados de semillas.

**Volitivo,** *adj.* De la voluntad.

**Volquete,** *adj.* Cajón posterior de un camión cuando puede volcar la carga hacia un lado.

**Voltaje,** *m.* Número de voltios que hacen falta para el funcionamiento de un aparato eléctrico. || Diferencia de potencial entre los extremos de un conductor.

**Voltámetro,** *m.* Aparato para descomponer el agua mediante la corriente eléctrica; el agua se descompone en oxígeno e hidrógeno.

**Voltear,** *tr.* Dar vueltas. || Volver una cosa del revés. || *intr.* Dar vueltas una persona o cosa, con más o menos arte.

**Voltereta,** *f.* Vuelta rápida ejecutada en el aire.

**Voltímetro,** *m.* Aparato para medir el número de voltios.

**Voltio,** *m.* Unidad de fuerza eléctrica o electromotriz. El voltio es también la unidad que sirve para medir la diferencia de potencial. Las bombillas corrientes funcionan con unos 125 voltios.

**Voluble,** *adj.* Inconstante, variable. || Torcido al ir creciendo.

**Volumen,** *m.* Libro encuadernado, tomo. || Bulto o grueso de un objeto. || Espacio ocupado por un cuerpo.

**Voluminoso,** *adj.* De mucho volumen, que es muy grueso.

**Voluntad.\***

**Voluntariamente,** *adv.* Sin que nadie o nada le obligue.

**Voluntario,** *adj.* Se dice del acto hecho por la propia voluntad de uno mismo. || *m.* Soldado que sirve en el ejército sin estar obligado a ello. || Persona que, entre varias obligadas a hacer un trabajo, se ofrece a hacerlo por su propia voluntad. || V. **voluntad.**

**Voluntarioso,** *adj.* Caprichoso, que quiere todo a su voluntad. || Que pone mucha y buena voluntad al hacer sus cosas.

**Voluta,** *f.* Adorno en forma de viruta.

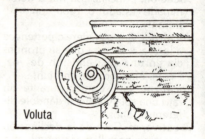
Voluta

**Volver.\***

**Vomitar,** *tr.* Arrojar violentamente por la boca lo contenido en el estómago. || Arrojar violentamente algo que se tenía dentro.

**Vómito,** *m.* Lo que se hace al vomitar.

**Voracidad,** *f.* Lo que hace que una persona o un animal sea voraz. || Deseo constante de comer. || El comer mucho y con ansia.

**Vorágine,** *f.* Remolino impetuoso en el agua del mar.

**Voraz,** *adj.* Que come mucho y con ansia. || Se dice también del fuego.

\*
VOLUNTAD, f. *Facultad de los seres racionales de gobernar libremente todos sus actos:* **Voluntad propia.** || *Intención de hacer una cosa:* **Tengo voluntad de estudiar.**
 Viene del latín **voluntas,** *que significa 'acto de querer'.* || Deriv.: **Veleidad, veleidoso, volición, volitivo, voluntariado, voluntario, voluntarioso.**

VOLVER, tr. *Venir a donde se había estado antes:* **Volvíamos a casa.** || *Dar vuelta a una cosa:* **Volvimos el abrigo.**
 Viene del latín **volvere,** *que significa 'enrollar, hacer rodar'.* || Deriv.: **Desenvolver, desenvuelto, envoltorio, envolver, revoltoso, revolución, revolucionario, voltear, voluble, vuelta, vuelto.**

718

**Vos.**\*
**Vosotros.** Pronombre personal de segunda persona de plural. **Vosotros** es el plural de **tú.** || V. **vos.**
**Votación,** *f.* Lo que se hace al votar. || Conjunto de votos.
**Votante,** *adj.* (Persona) que vota.
**Votar,** *intr.* Dar uno su voto en alguna elección o dar su opinión en alguna deliberación. || V. **voto.**
**Votivo,** *adj.* Ofrecido por voto o relativo a él.
**Voto.**\*
**Voz.**\*
**Vuecencia,** *adj.* Tratamiento honorífico equivalente a «vuestra excelencia».
**Vuelco,** *m.* Cada una de las volteretas que da un vehículo al volcarse. || **Darle a uno un vuelco el corazón:** emocionarse demasiado, sobresaltarse.
**Vuelo,** *m.* Lo que se hace al volar. || Distancia que se recorre sin parar. || Amplitud de un vestido en la parte en que no se ajusta al cuerpo. || Parte saliente de una construcción.
**Vuelta,** *f.* Movimiento giratorio de una cosa alrededor de un punto o sobre sí misma. || Curvatura en un camino. || Cada uno de los rodeos de una cosa alrededor de otra. || Dinero que sobra de una cosa y se devuelve a la persona que hace el pago. || Revés. || Regreso. || V. **volver.**
**Vuelto,** *adj.* Puesto del revés.
**Vuestro.** Pronombre posesivo de segunda persona. || *adj.* De vosotros. || V. **vos.**
**Vulcanismo,** *m.* Serie de fenómenos que presentan los volcanes.
**Vulcanizar,** *tr.* Endurecer goma o caucho mezclándoles azufre.
**Vulgar,** *adj.* Conocido, corriente.
**Vulgaridad,** *f.* Cosa muy vulgar.
**Vulgarmente,** *adv.* De modo vulgar. || Comúnmente, corrientemente.
**vulgata (Biblia),** *f.* La que San Jerónimo tradujo al latín.
**Vulgo,** *m.* El común de la gente, el pueblo. || *adv.* Vulgarmente.
**Vulnerable,** *adj.* Que puede ser herido o dañado. || Contr.: **Invulnerable.**
**Vulnerar,** *tr.* Herir. || Perjudicar, dañar.

---

\*

Vos. *Pronombre personal de segunda persona, que a veces se utiliza como tratamiento:* **Vos, Sr. Obispo.**
    *Viene del latín* **vos,** *que significa 'vosotros'.* || *Deriv.:* **Usía, usted, vosotros, vuecencia, vuestro.**

Voto, *m. Opinión que se expresa en alguna asamblea o en alguna elección:* **Voto por el rey.** || *Promesa hecha a Dios o a uno de los santos:* **Tiene voto de obediencia.**
    *Viene del latín* **votum** *que quiere decir 'promesa que se hace a los dioses, deseo'.* || *Deriv.:* **Devoción, devocionario, devoto, exvoto, votante, votivo.**

Voz, f. *Sonido que produce el aire cuando sale de los pulmones y hace vibrar las cuerdas vocales:* **Tengo mala voz.** || *Grito:* **No deis voces.** || *En Gramática,* **voz activa** *(cuando el sujeto realiza la acción:* **Juan come**), *y* **voz pasiva** *(cuando el sujeto recibe la acción:* **Juan fue apaleado**).
    *Viene del latín* **vox,** *que significa 'voz'.* || *Deriv.:* **Convocar, provocar, revocar, unívoco, vocablo, vocación, vocálico, vocalista, vocativo, vocear, vocerío, vocinglero, vozarrón.**

# W

**W,** *f.* Letra no española, llamada por nosotros *v. doble.* ‖ Abreviatura geográfica de Oeste. ‖ **W. C.:** retrete.

**Watio,** *m.* Vatio.
**Whiski,** *m.* Aguardiente de cebada y maíz.
**Whisky,** *m.* Whiski.

# X

**X,** *f.* Vigésima sexta letra del abecedario castellano. Su nombre es *equis.* ‖ Cifra romana que vale diez.
**Xenofobia,** *f.* Odio o manía a todo lo extranjero o hacia los extranjeros.
**Xerófilo, la,** *adj.* De manera general se aplica a todas las plantas y asociaciones vegetales adaptadas a la vida de un medio seco.
**xifoides (Apéndice),** *m.* La punta en que termina el esternón.
**Xilófago,** *adj.* Se les dice así a los insectos que roen las maderas.
**Xilófono,** *m.* Instrumento músico cuyas teclas sujetas, desiguales y metálicas, se golpean con un martillo o manejando dos palillos.
**Xilografía,** *f.* Arte de grabar en madera. ‖ La impresión que se obtiene.

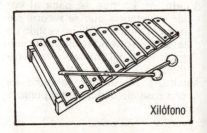
Xilófono

# Y

**Y.**\*
**Ya.**\*
**Yacer,** *intr.* Estar echado. ‖ Estar enterrado un cadáver.
**Yacimiento,** *m.* Masa mineral, de bastante extensión y que yace en un sitio.
**Yahvé.** Nombre de Dios en el Antiguo Testamento. Puede escribirse Jehová. En hebreo, Yahvé significa «el que es, el que existe por sí mismo».
**Yanqui,** *adj.* De los Estados Unidos de América.
**Yarda,** *f.* Medida inglesa de longitud. No llega al metro: le faltan unos ocho centímetros.
**Yate,** *m.* Embarcación de deporte y de recreo.
**Ye,** *f.* Nombre de la y.
**Yedra,** *f.* Hiedra.
**Yegua,** *f.* Hembra del caballo.
**Yeguada,** *f.* Piara de caballos.
**Yeísmo,** *m.* Defecto que consiste en pronunciar la *ll* como si fuera *y*. Este defecto debe evitarse al hablar, sobre todo cuando puede dar lugar a confusiones (pollo y poyo, p. ej.).
**Yelmo,** *m.* Parte de la armadura que protegía la cabeza y el cuerpo.
**Yema,** *f.* Especie de botón en que consiste una flor pequeñita todavía. ‖ Parte central y amarilla del huevo.
**Yerba,** *f.* Hierba.
**Yermo,** *m.* Terreno sin cultivar.
**Yerno,** *m.* Lo que le toca un marido a los padres de su esposa.
**Yero,** *m.* Planta que pertenece a la familia de las leguminosas.
**Yerro,** *m.* Falta, error.
**Yerto,** *adj.* Tieso y rígido, entumecido por el frío.
**Yesca,** *f.* Madera corroída por los hongos; cuando se seca, se enciende con facilidad. ‖ Materia parecida a la yesca natural y que se usaba bastante en los mecheros antiguos.
**Yeso,** *m.* Material de construcción. Después de amasado con agua, se endurece fácilmente y muy pronto.
**Yeyuno,** *m.* Segunda parte del intestino delgado.

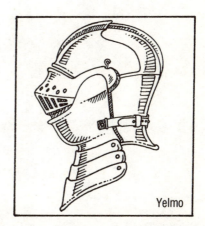
Yelmo

---

**Y.** *Vigesimoséptima letra del abecedario castellano; se llama* **i griega** *y* **ye**. ‖ *Conjunción copulativa que sirve para unir palabras:* **Compramos zapatos y vestidos**) *u oraciones* (**vino y se fue**).
 Viene del latín **et**, *que significa* 'y, también, aún'.

**YA.** *Adverbio que denota el tiempo pasado:* **Ya hace seis años**.
 Viene del latín **jam**, *que significa* 'ya'. ‖ *Deriv.*: **Jamás**.

**Yo.**\*
**Yodo,** *m.* Un metaloide muy usado en forma de tintura (disuelto en alcohol).
**Yoga,** *m.* Conjunto de prácticas y ejercicios corporales que aconseja una cierta filosofía india para dominar los impulsos, dolores, etc., del cuerpo humano.
**Yogurt,** *m.* Especie de leche agria y cortada; es rico en vitaminas A y D y estimula la secreción gástrica.
**Yoquey,** *m.* Jinete que tiene la profesión de montar caballos de carrera.
**Yuca,** *f.* Cierta planta americana de cuya raíz se hace harina.
**Yudo,** *m.* Cierto deporte parecido a la lucha libre.
**Yugo,** *m.* Madero que sirve para uncir los bueyes o la yunta.
**Yugoslavo,** *adj.* Natural de Yugoslavia.
**Yugular,** *adj.* Del cuello.
**Yunque,** *m.* Bloque de hierro u otra materia para forjar metales. ‖ Huesecillo del oído.
**Yunta,** *f.* Par de bueyes o de otros animales que aran juntos.
**Yute,** *m.* Una planta textil de la que son ciertos tejidos (sacos, p. ej.).
**Yuxtaponer,** *tr.* Poner una cosa junto a otra.
**Yuxtapuesto,** *adj.* Puesto inmediatamente al lado, pero sin unión con la otra cosa.

\*
Yo. Pronombre personal de primera persona: **Yo compré esto.**
    *Viene del latín* **ego,** *que significa 'yo'.* ‖ *Deriv.:* **Egocéntrico, egocentrismo, egoísmo, egoísta, egolatría, egotismo.** ‖ *Los pronombres* Yo *y* Tú, *por referirse a personas que están presentes, no necesitan diferenciar el género.*

# Z

**Z,** *f.* Vigésima octava y última letra del abecedario castellano. || Su nombre es *zeta* o *zeda*.
**Zafarse,** *r.* Librarse de un obstáculo o de una molestia.
**Zafarrancho,** *m.* Ataque que los piratas hacían tirándose a otro barco para destrozarlo, destruirlo o robarlo.
**Zafio,** *adj.* Tosco, inculto, grosero.
**Zafiro,** *m.* Piedra preciosa de color azul.
**Zaga,** *f.* La parte posterior o trasera de una cosa. || **Ir a la zaga:** ir detrás.
**Zagal,** *m.* Muchacho. || Pastor. || Mozo.
**Zagalón,** *m.* Muchacho muy crecido.
**Zaguán,** *m.* Parte de la casa que sirve de vestíbulo.
**Zaguero,** *adj.* Que va el último. || En el juego de pelota, el jugador que se pone detrás de los demás.
**Zahareño,** *adj.* Intratable, que no se deja domar.
**Zaherir,** *tr.* Molestar mucho a otro echándole alguna cosa en cara.
**Zahones,** *m. pl.* Especie de pantalones de cuero, o de paño fuerte, que se atan a los muslos.
**Zahorí,** *m.* Adivino de manantiales o de cosas ocultas en la tierra (tesoros y cosas así).
**Zahurda,** *f.* Pocilga (sitio para criar y tener cerdos).
**Zaino,** *adj.* Falso, traidor. || De pelaje castaño oscuro.
**Zalamería,** *f.* Caricia empalagosa.
**Zalamero,** *adj.* Que hace zalamerías.
**Zalea,** *f.* Cuero de oveja o de carnero, bien preparado para que no pierda la lana.
**Zalema,** *f.* Reverencia.
**Zamarra,** *f.* Especie de chaqueta hecha de zalea.

**Zamarrear,** *tr.* Sacudir a un lado y a otro (como hace el perro que tiene en la boca una presa).
**Zambo,** *adj.* Con las rodillas juntas y las piernas hacia fuera.
**Zambomba,** *f.* Especie de medio tambor con la piel muy tirante y un palito muy sujeto al centro.

Zambomba

**Zambombazo,** *m.* Porrazo, golpe o estallido muy fuerte.
**Zambra,** *f.* Cierto baile moro.
**Zambullida,** *f.* El meterse de golpe en el agua.
**Zamorano,** *adj.* Natural o perteneciente a Zamora.
**Zampabollos,** *com.* Glotón, que no piensa más que en comer.
**Zampar,** *tr.* Meter una cosa en otra, pero de golpe y como queriéndola esconder.
**Zanahoria,** *f.* Cierta planta de la familia de los rábanos. Es comestible.
**Zanca,** *f.* Pierna larga y delgada (como tienen algunas aves; la cigüeña, p. ej.; por eso le dicen zancuda).
**Zancada,** *f.* Paso largo.
**Zancadilla,** *f.* Una treta de lucha que consiste en cruzar uno su pierna

por detrás de la pierna de otro y dejarle caer.

**Zanco,** *m.* Cada uno de los dos palos preparados para poner los pies o atárselos a ellos, y así poder andar sin mojarse por donde hay agua. También sirve para hacer juegos de equilibrio.

**Zángano,** *m.* Macho de la abeja reina. || Hombre que le pasa como a los zánganos de las abejas, que no trabaja y come; que es un holgazán y un flojo que vive a costa de otros.

**Zanja,** *f.* Excavación larga.

**Zapador,** *m.* Soldado que cava zanjas y trincheras.

**Zapatería,** *f.* Comercio para arreglar o vender zapatos.

**Zapatero,** *adj.* Se dice del que está encargado de la zapatería.

**Zapateta,** *f.* Palmada que se da en el zapato en ciertos bailes.

**Zapatilla,** *f.* Zapato muy ligero que se usa por comodidad para estar en casa.

**Zapato.**\*

**¡Zape!** Interjección que sirve para ahuyentar a los gatos.

**Zar,** *m.* Título de los antiguos emperadores de Rusia.

**Zaragozano,** *adj.* De Zaragoza.

**Zaranda,** *f.* Criba, cedazo.

**Zarandajas,** *f. pl.* Cosas de poco valor, menudas o insignificantes.

**Zarandear,** *intr.* Limpiar con el cedazo o zaranda. || Agitar una cosa, moverla con ligereza.

**Zarcillo,** *m.* Cada uno de los dos pendientes que se ponen las mujeres en las orejas. || Cada uno de los tallitos retorcidos y pequeños de algunas plantas (la vid, p. ej.).

**Zarco,** *adj.* Se dice del color de los ojos cuando son de color azul claro.

**Zarpa,** *f.* Garra.

**Zarpar,** *tr.* Hacerse un barco a la mar.

**Zarpazo,** *m.* Golpe dado con la garra (los leones, p. ej., dan grandes zarpazos).

**Zarza,** *f.* Planta silvestre que da un fruto llamado zarzamora.

**Zarzal,** *m.* Lugar en el cual hay muchas zarzas.

**Zarzuela,** *f.* Obra dramática en la que se declama o se canta.

**¡Zas!** *m.* Imitación del ruido de un golpe.

**Zeda,** *f.* Nombre de la z.

**Zelandés,** *adj.* natural o perteneciente a Nueva Zelanda.

**Zepelín,** *m.* Globo dirigible.

**Zeta,** *f.* Zeda.

**Zigzag,** *m.* Línea quebrada.

**Zinc,** *m.* Cinc.

**Zipizape,** *m.* Jaleo, pelea.

**Zócalo,** *m.* Parte inferior de las paredes de un edificio.

**Zoco,** *m.* Plaza, mercado (en Marruecos).

**Zodíaco,** *m.* Parte del cielo por donde se mueven la Tierra, los demás planetas del Sol y doce constelaciones. Estas constelaciones son: Aries, Tauro, Géminis, Cáncer, Leo, Virgo, Libra, Escorpión, Sagitario, Capricornio, Acuario y Piscis.

**Zona.**\*

**Zoo,** *m.* Zoológico, parque de fieras.

**Zoología,** *f.* Ciencia que estudia a los animales.

**Zoológico,** *adj.* De los animales. || *m.* Parque de fieras.

**Zopenco,** *adj.* Necio, bruto.

**Zoquete,** *m.* Tarugo de madera corto y grueso. || Hombre bajo y regordete. || Persona bruta como un tarugo de madera.

**Zorro,** *m.* Macho de la zorra. || Se

---

\* Zapato, m. *Calzado que no pasa del tobillo:* **Tengo unos zapatos de tacón.** *Viene del árabe* **sabbat,** *que significa 'zapato'.* || *Deriv.:* **Zapatazo, zapateado, zapatear, zapatería, zapatero, zapatilla.**

Zona, f. *Lista, banda, franja o extensión considerable de terreno que tiene forma de banda o faja:* **Es una zona de tierra buena.** || *Extensión con límites ya señalados:* **zona polar; zona ecuatorial; zona de regadío;** *etc.*

*Viene del griego* **zône** *(= 'cinturón'), derivado de* **zônnymi,** *que significa 'ceñir'.*

Zorro

dice también del «hombre muy astuto».
**Zorzal,** *m.* Pájaro de la familia del tordo.
**Zote,** *adj.* Ignorante, torpe y necio.
**Zozobra,** *f.* Acción de zozobrar un barco. || Angustia, inquietud.
**Zozobrar,** *intr.* Peligrar una embarcación. || naufragar.

**Zueco,** *m.* Zapato de madera con suela también de madera o bien de corcho.
**Zulú,** *adj.* Cierto pueblo de negros africanos.
**Zumbar,** *intr.* Hacer un ruido continuo, desagradable y áspero. || *tr.* Pegar.
**Zumo,** *m.* Líquido de una fruta.
**Zurcir,** *tr.* Arreglar una rotura de una tela.
**Zurdo,** *adj.* Se dice de aquel que utiliza la mano izquierda más que la derecha.
**Zurita,** *f.* Tórtola. || *adj.* Se dice de la paloma que parece una tórtola.
**Zurrar,** *tr.* Darle a otro muchos golpes y azotes fuertes y seguidos.
**Zurrón,** *m.* Bolsa grande, hecha generalmente de cuero. || Cáscara primera y más tierna de algunos frutos.
**Zutano,** *m.* Persona indeterminada o imaginaria.

# NOMBRES PROPIOS

## A

**Abderramán.** Siervo de Dios.
**Abdón.** Servil.
**Abel.** Ídolo.
**Abelardo.** Adelardo.
**Abraham.** Padre de muchos hijos.
**Adán.** Formado de la tierra.
**Adela.** De linaje noble.
**Adelaida.** Adela.
**Adelardo.** Muy noble.
**Adelina.** Adela.
**Adolfo.** Lobo noble.
**Adriano.** Natural de Adria.
**África.** Sin frío.
**Afrodita.** nacida en la espuma.
**Agapito.** Amado.
**Agar.** Peregrina.
**Ágata.** Águeda.
**Águeda.** Buena.
**Agustín.** Habitante de Augusta.
**Alberto.** Brillante por su nobleza.
**Alejandro.** Defensor de los hombres.
**Alejo.** Que ahuyenta el mal.
**Alfonso.** Noble guerrero. || Muy luchador.
**Alfredo.** Consejo de los genios.
**Alicia.** Atractiva. || Tonta. || Zalamera.
**Alipio.** Sin pena.
**Almanzor.** Victorioso.
**Alonso.** Alfonso.
**Álvaro.** Muy atento.
**Amadeo.** Amado de Dios.
**Ambrosio.** Inmortal. || Sagrado.
**Amelia.** Tranquila. || Tranquilona.
**Amílcar.** Regalo de Milcar.
**Amor.** Amor.
**Ana.** Gracia de Dios.
**Anacleto.** Llamado, invocado. || Resucitado.
**Anacreonte.** Que reina de nuevo.
**Ananías.** Don de Dios.
**Anastasio.** Resucitado.
**Andrés.** Varonil.
**Ángel.** Enviado de Dios.
**Aníbal.** Regalo de Baal.
**Aniceto.** Invencible.
**Anselmo.** Protegido de los dioses.
**Antero.** Del amor.
**Antolín.** Antonio.
**Antón.** Antonio.
**Antonio.** Flor.
**Anunciación.** Anunciación (del Ángel a la Virgen María).
**Apolinar.** De Apolo.
**Apolonio.** De Apolo.
**Aquiles.** Sin labios. || Firme.
**Aquilino.** De rostro largo y delgado.
**Argimiro.** Famoso en el ejército.
**Aristófanes.** De nobles modales.
**Aristóteles.** Que persigue un fin bueno.
**Arnaldo.** Con tanto poder como un águila.
**Arquímedes.** Príncipe del consejo.
**Arsenio.** Valeroso || Viril.
**Arturo.** Oso noble. || De la Osa Mayor.
**Ascensión.** Ascensión (del Señor a los Cielos).
**Asdrúbal.** Auxilio de Baal.
**Asunción.** Asunción (de la Stma. Virgen a los Cielos).
**Atanasio.** Inmortal.
**Atila.** Padrecito.
**Atilano.** Atila.
**Augusto.** Magnífico, ilustre.
**Aureliano.** Aurelio.
**Aurelio.** Color de oro.

## B

**Balduino.** Amigo valiente.
**Baltasar.** Dueño del tesoro.
**Bárbara.** Extranjera.
**Bartolomé.** Que tiene el agua bajo su dominio.
**Basilio.** Rey.
**Beatriz.** Felicidad.
**Begoña.** Vizcaya.

**Beltrán.** Distinguido. ‖ Cuervo brillante.
**Benedicto.** Bendito.
**Benigno.** Bueno, afable.
**Benjamín.** El más pequeño. ‖ El hijo de mi felicidad.
**Berenguer.** Cazador de osos.
**Bermudo.** Que tiene el valor de un oso.
**Bernabé.** Gemelo.
**Bernardino.** Bernardo.
**Bernardo.** Oso fuerte. ‖ Corazón de oso.
**Berta.** Brillante, distinguida.
**Bertina.** Berta.
**Blanca.** Brillante, distinguida. ‖ Pura.
**Blas.** Blando de lengua. ‖ Tartamudo.
**Bonifacio.** Bienhechor.
**Brígida.** Alta.
**Bruno.** Moreno. ‖ Brillante, quemado.

## C

**Caín.** Amo.
**Calixto.** Bellísimo, guapetón.
**Camilo.** Varón.
**Cándido.** Sin doblez.
**Carlomagno.** Hombre fuerte.
**Carlos.** Amigo del pueblo.
**Carmelo.** Campo cultivado.
**Carmen.** Viña.
**Carolina.** F. de Carlos.
**Casiano.** Árbol. Fraternal.
**Casimiro.** Que enseña la paz.
**Castor.** Azafrán.
**Catalina.** Pura.
**Cayetano.** Natural de Gaeta.
**Cayo.** Alegría de los padres.
**Cecilio.** Ciego.
**Ceferino.** Céfiro, aire.
**Celedonio.** Golondrina.
**César.** Que nació con cabellera.
**Cipriano.** Natural de Chipre.
**Ciriaco.** Señorial.
**Cirilo.** Señorial.
**Claudio.** Cojo.
**Cleopatra.** Gloria de su padre.
**Clotilde.** Que lucha y vence.
**Columbiano.** Paloma.
**Concepción.** Concepción Inmaculada de la Virgen María.
**Conrado.** De consejo atrevido.
**Consolación.** Consuelo.
**Constancio.** Firme siempre.
**Constantino.** Constancio.
**Consuelo.** Consuelo.
**Cornelio.** En figura de cuerno.
**Cosme.** Adornado, limpio.
**Crescencio.** Que crece.
**Crisóstomo.** Que su palabra es oro.
**Crispín.** Rizado, ensortijado.
**Cristo.** Ungido.
**Cristóbal.** Que lleva a Cristo.

## D

**David.** Predilecto, amado de Dios.
**Dámaso.** Domador.
**Dan.** Juez.
**Daniel.** Juicio de Dios.
**Desiderio.** Deseo.
**Diego.** Jacob.
**Dionisio.** Pensamiento de Zeus.
**Diosdado.** Don de Dios.
**Domingo.** Nacido el día del Señor.
**Donato.** Dado por Dios.
**Doroteo.** Don de Dios.

## E

**Edmundo.** Que protege su riqueza.
**Eduardo.** Que espera riqueza. ‖ Guardián de riquezas.
**Eladio.** Heladio.
**Eleazar.** Dios es mi auxilio.
**Elena.** Helena.
**Eleonor.** Leonor.
**Eleuterio.** Libre.
**Elías.** Mi Dios es el verdadero.
**Elicio.** Brillante como un rayo.
**Elisa.** Isabel.
**Elisabet.** Isabel.
**Eliseo.** Dios es mi salvación.
**Elvira.** De amable alegría.
**Emeterio.** Nacido entre vómitos.
**Emilia.** Gracia, encanto.
**Emiliano.** Emilio.
**Emilio.** Amable.
**Engracia.** Gracia.
**Enrique.** Señor de los árboles de la orilla.
**Epifanía.** Manifestación.
**Erasmo.** Deseable.
**Ernesto.** Fuerte en el combate.
**Esaú.** Velloso.
**Esopo.** De ojos ardientes.
**Esperanza.** Esperanza.
**Estanislao.** Glorioso.
**Esteban.** Corona.

**Estefanía.** Coronación.
**Ester.** Estrella.
**Euclides.** Muy celebrado.
**Eufrasio.** Gozo bueno.
**Eugenio.** Bien nacido.
**Eulalia.** Bien hablada.
**Eulogio.** Que habla bien.
**Eusebio.** Muy piadoso.
**Eustaquio.** Espigado.
**Eva.** Mujer.
**Evaristo.** Muy agradable.
**Ezequiel.** Fortificado por Dios.

## F

**Fabián.** Haba.
**Facundo.** Elocuente.
**Faustino.** Feliz.
**Fausto.** Feliz.
**Federico.** Príncipe de la paz.
**Feliciano.** Feliz.
**Felipe.** Amante de los caballos.
**Félix.** Feliz.
**Fernando.** Bravo en la paz. Demasiado atrevido.
**Fidel.** Fiel.
**Filadelfio.** Amigo de los oráculos.
**Filemón.** Amante. ‖ Amante de los caballos.
**Filiberto.** Muy brillante. ‖ Amante de la profundidad.
**Filomena.** Ruiseñor.
**Florencio.** Floreciente.
**Florentino.** Florencio.
**Fortunato.** Que prospera, afortunado.
**Francisco.** Libre.
**Froilán.** Señorito.
**Fructuoso.** Que da fruto.
**Fulgencio.** Resplandeciente.

## G

**Gabriel.** Varón de Dios.
**García.** Oso.
**Gedeón.** El que humilla.
**Gerardo.** Audaz con la lanza.
**Germán.** Hermano. ‖ Guerrero.
**Geroncio.** Viejecito.
**Gertrudis.** Fuerza de lanza. ‖ Que hechiza con el venablo.
**Gervasio.** Sostén de la ancianidad.
**Gil.** De figura de cabra.
**Gilberto.** Distinguido por la lanza.
**Ginés.** Nacimiento.
**Giselda.** Vara.

**Godofredo.** Paz de Dios.
**Goliat.** Destierro, cautividad.
**Gonzalo.** Dispuesto a la lucha.
**Gregorio.** Vigilante.
**Guillermo.** Que quiere proteger.
**Gumersindo.** Expedición de hombres.
**Gundemaro.** Grande en la guerra.
**Gustavo.** Bastón de mando en la guerra.
**Guzmán.** Buen hombre.

## H

**Heladio.** Griego.
**Helena.** Resplandeciente.
**Heliodoro.** Don del sol.
**Heraclio.** Heráclito.
**Heráclito.** Gloria de la Tierra. ‖ Gloria de los héroes. ‖ Que tiene gloria por Hera.
**Hércules.** Gloria de los héroes.
**Heriberto.** Distinguido por su ejército.
**Hilario.** Risueño.
**Hilarión.** Hilario.
**Hildebrando.** Espada para el combate.
**Hipólito.** Que desata los caballos.
**Homero.** Rehén. ‖ Que no ve.
**Honorio.** Honorable.
**Horacio.** El tiempo de Dios.
**Hugo.** Inteligencia clara.
**Humberto.** Distinguido como un gigante.

## I

**Ignacio.** Español fogoso.
**Ildefonso.** Alfonso.
**Indalecio.** Fuerza.
**Inés.** Pura.
**Inmaculada.** Sin mancha.
**Inocencio.** Inocente, sin culpa.
**Irene.** Paz.
**Ireneo.** Pacífico.
**Isaac.** Él se ríe.
**Isabel.** Que jura por Dios.
**Isaías.** ¡Dios salvará!
**Isidoro.** Isidro.
**Isidro.** Don de Isis.
**Ismael.** Dios oyó nuesta petición.
**Israel.** El que lucha con Dios.

## J

**Jacinto.** Flor. || Piedra preciosa.
**Jacob.** El que engañará.
**Jacobo.** Jacob.
**Jaime.** Jacob.
**Javier.** Casa nueva. || Castillo.
**Jenaro.** Propio de enero.
**Jeremías.** Dios tendrá piedad.
**Jerónimo.** Sacerdote. || Pontífice.
**Jesús.** Salvador de los hombres.
**Joaquín.** Dios es el que funda y establece.
**Job.** El perseguido.
**Jonás.** Paloma.
**Jorge.** Agricultor.
**José.** El aumentará.
**Josué.** El salvará.
**Juan.** Dios es misericordioso.
**Judas.** Confesión.
**Julián.** Dedicado a Julio César.
**Julieta.** F. de Julio.
**Julio.** Rizo de pelo.
**Justino.** Justo.
**Justo.** Justo.

## L

**Ladislao.** Glorioso.
**Lamberto.** Sorpresa.
**Laura.** Laurel.
**Laureano.** Coronado de laurel.
**Lázaro.** Fortificado por Dios.
**Leandro.** Hombre del pueblo.
**Leocadio.** Cuidado del pueblo.
**León.** León.
**Leonardo.** León fuerte.
**Leonor.** Compañera del león. || Dios es mi luz.
**Leopoldo.** Valiente.
**Leovigildo.** León vigilante.
**Lisa.** Isabel.
**Lorenzo.** Laureado. || De la región del Lacio.
**Loreto.** Laureado.
**Lotario.** Héroe famoso.
**Lucas.** Lugar en el bosque.
**Luciano.** Lucio.
**Lucio.** Nacido a la luz del día.
**Luis.** Famoso en la guerra.

## M

**Macario.** Dichoso, feliz.
**Mahoma.** Digno de elogio.
**Magdalena.** Natural de Magdala.
**Manuel.** Dios con nosotros.
**Marcelino.** Martillo pequeño.
**Marcelo.** Martillo.
**Marcial.** Guerrero.
**Marcos.** Nacido en marzo.
**Margarita.** Perla.
**María.** Amada de Dios. || Estrella.
**Mario.** Hombre de mar.
**Marta.** Que provoca.
**Martín.** Hombre de guerra.
**Mateo.** Don de Dios.
**Matías.** Regalo divino.
**Matilde.** Que lucha con fuerza.
**Máximo.** Muy grande.
**Maximiliano.** Máximo.
**Maximino.** Máximo.
**Melchor.** Rey de la luz.
**Melitón.** Dulce como la miel.
**Mercedes.** Favor.
**Miguel.** Quién como Dios.
**Moisés.** Salvado de las aguas.

## N

**Napoleón.** León del valle.
**Narciso.** Que produce sueño.
**Natalia.** Nacida.
**Natividad.** Nacimiento.
**Nazario.** Justo.
**Nemesio.** Justiciero.
**Nicanor.** Vencedor.
**Nicasio.** Victorioso.
**Nicolás.** Vencedor del pueblo.
**Nicomedes.** Que piensa en la victoria.
**Nieves.** Blanca y pura.
**Noé.** Descanso.
**Norberto.** Que el norte está claro.

## O

**Octavio.** Emperador.
**Onésimo.** Útil.
**Ordoño.** Bravo, valiente.
**Orestes.** Que vive en las montañas.
**Orígenes.** Nacido entre mimos.
**Óscar.** Dardo o lanza divina.
**Osio.** Santo.

## P

**Pablo.** Pequeño.
**Pancracio.** Todopoderoso.
**Pánfilo.** De todas las razas.
**Pascual.** Nacido en la Pascua.
**Patricia.** Noble.

**Paulo.** Pablo.
**Paulino.** Pablo.
**Pedro.** Piedra.
**Pelayo.** Marino.
**Pío.** Piadoso.
**Platón.** Ancho de espaldas.
**Policarpo.** Abundante en frutos.
**Prudencio.** Prudente.
**Purificación.** Purificada.

## Q

**Quijote.** Armadura que defiende el muslo.
**Quintiliano.** Quinto.
**Quintín.** Quinto.

## R

**Rafael.** Dios curó.
**Ramiro.** Ramón.
**Ramón.** Que protege con sus consejos.
**Rebeca.** Gruesa y bien alimentada.
**Recaredo.** Fuerte, potente.
**Regina.** Reina.
**Restituto.** Devuelto.
**Ricardo.** El señor más fuerte. || Rico y poderoso.
**Rita.** Religiosa.
**Roberto.** Famoso.
**Rodolfo.** Lobo famoso.
**Rodrigo.** Poderoso en la guerra.
**Rolando.** Famoso en su país.
**Román.** Romano, ciudadano de Roma.
**Romualdo.** Que manda en la fama.
**Roque.** Elevado.
**Rosalía.** Rosa.
**Rosario.** Rosas de la Virgen.
**Rosendo.** Defensor de la gloria.
**Rubén.** Fuerte.
**Rufino.** Rufo.
**Rufo.** Rubio.
**Ruperto.** Roberto.
**Rutilicio.** Afeitado, acicalado.

## S

**Salomé.** Paz.
**Salomón.** Pacífico.
**Salvador.** Salvador.
**Samuel.** Nombre divino.
**Sansón.** Semejante al sol.
**Santiago.** Jacob.
**Sara.** Princesa.

**Saturio.** Satírico.
**Saturnino.** Silenciosos.
**Saúl.** Deseado y pedido a Dios.
**Sebastián.** Venerable.
**Secundino.** Segundo.
**Senén.** Viejo, anciano.
**Serafín.** Príncipe de los ángeles.
**Sergio.** Aceituna.
**Servando.** Que ha de ser guardado.
**Severiano.** Austero. || Muy amigo de la verdad. || Severo.
**Severino.** Severo.
**Silverio.** Río silvestre.
**Silvino.** Que vive en la selva.
**Simeón.** Simón.
**Simón.** Chato. || Encorvado.
**Sócrates.** De sana autoridad.
**Sofía.** Sabiduría.
**Sófocles.** Glorioso por su sabiduría.
**Sotero.** Salvador.
**Susana.** Azucena, lirio.

## T

**Tadeo.** Que alaba.
**Telesforo.** El que lleva a término todas sus cosas.
**Teodomiro.** Admirado y grande delante de Dios.
**Teodoro.** Regalo de Dios.
**Teófilo.** Querido de Dios.
**Teresa.** De la isla de Tera.
**Timoteo.** Que honra a Dios.
**Tobías.** Buen señor.
**Tomás.** Gemelo.

## U

**Ulrico.** Poderoso por herencia.
**Urbano.** De la ciudad.
**Urraca.** Aprisa. || Avellana. || Inclinada al robo.
**Ursicino.** Oso.
**Úrsula.** Osa.

## V

**Valentín.** Bueno, sano, robusto.
**Valeriano.** Salvado y fuerte.
**Valerio.** Valeriano.
**Venancio.** Cazador.
**Venceslao.** Glorioso.
**Verónica.** Verdadero retrato.
**Vicente.** Vencedor.
**Víctor.** Vencedor.
**Victoriano.** Vencedor.

**Vidal.** Que puede vivir mucho tiempo.
**Viriato.** Brazalete.

## Y

**Yucundo.** Agradable.

## Z

**Zacarías.** Dios se acordó de la petición de sus padres.
**Zebedeo.** Gracia de Dios.
**Zenón.** De mucho vigor.

# NOMBRES GENTILICIOS

## A

**Afganistán.** Afgano.
**África.** Africano, afro.
**Ágreda.** Agredano, agredeño.
**Aguilar de la Frontera.** Aguilarense.
**Álava.** Alavés, alavense, babazorro.
**Albacete.** Albacetense, albaceteño.
**Alba de Tormes.** Albense.
**Albaida.** Albaidense.
**Albania.** Albanés, albano.
**Albarracín.** Albarricense.
**Alberique.** Alberiquense.
**Albocácer.** Albocacense.
**Albuñol.** Albuñolense.
**Alburquerque.** Alburquerqueño.
**Alcalá la Real.** Alcalaíno.
**Alcántara.** Alcantareño, alcantarino.
**Alcañices.** Alistano.
**Alcañiz.** Alcañizano.
**Alcaraz.** Alcaraceño.
**Alcázar de San Juan.** Alcaceño.
**Alcira.** Alcireño.
**Alcoy.** Alcoyano.
**Alemania.** Alemán, alemanés, alemánico, germano, germán, germánico, teutón, tudesco, anseático.
**Alfaro.** Alfareño, alfarense.
**Algeciras.** Algecireño.
**Alhama.** Alhameño.
**Alicante.** Alicantino.
**Almadén.** Almadenense.
**Almagro.** Almagreño.
**Almansa.** Almanseño.
**Almazán.** Adnamantino, almazanense.
**Almendralejo.** Almendralejeño.
**Almería.** Almeriense, urcitano.
**Almodóvar del Campo.** Almodovareño, almodoveño.
**Almunia de Doña Godina.** Almuniense.
**Alora.** Aloreño, perote.
**Allariz.** Alaricano.
**América.** Americano, indiano, indio, criollo, gaucho, amerindio.
**Ampurdán.** Ampurdanés.
**Andalucía.** Andaluz, bético, jándalo, gachó, gaché.
**Andújar.** Andujareño, andurense, iliturgitano.
**Antequera.** Antequerano, anticariense.
**Aoiz.** Aoisco.
**Aracena.** Arundense.
**Aragón.** Aragonés, baturro.
**Aragón (Alto).** Somontano.
**Aranda de Duero.** Arandino.
**Arcos de la Frontera.** Arcobricense, arqueño.
**Archidona.** Archidonés.
**Arenas de San Pedro.** Arenero, arenense.
**Arenys de Mar.** Arenyense.
**Arévalo.** Arevalense.
**Argel.** Argelino.
**Argelia.** Argelino.
**Argentina.** Argentino.
**Armenia.** Armenio.
**Arnedo.** Arnedano.
**Arrecife.** Arrecifeño.
**Arzúa.** Arzuano.
**Asia.** Asiático, oriental.
**Astorga.** Astorgano, asturicense, maragato.
**Astudillo.** Astudillano.
**Asturias.** Asturiano, astur.
**Ateca.** Atecano.
**Atenas.** Ateniense, ático.
**Atienza.** Atienzano, bragado.
**Australia.** Australiano.
**Austria.** Austriaco, austrida.
**Ávila.** Avilés, abulense.
**Avilés.** Avilense, avilesino.
**Ayamonte.** Ayamontino.
**Ayora.** Ayorense, ayorino.
**Azpeitia.** Azpeitiano.

## B

**Badajoz.** Badajocense, badajoceño, pacense.

**Baena.** Baenense, baenero.
**Baeza.** Baezano, bastetano, betiense.
**Bailén.** Bailenense.
**Balaguer.** Balagariense.
**Baleares (Islas).** Balear, payés (a los campesinos).
**Baltanás.** Baltanasiego.
**Bande.** Bandés.
**Bañeza (La).** Bañezano.
**Barbastro.** Barbastrense, barbastrino.
**Barcelona.** Barcelonés.
**Barco de Ávila.** Barcense, barqueño.
**Baza.** Baztetano, bastitano.
**Becerrá.** Becerrense.
**Béjar.** Bejarano, bejerano.
**Belchite.** Belchitano.
**Bélgica.** Belga.
**Belmonte (Cuenca).** Belmonteño.
**Belmonte (Oviedo).** Belmontino.
**Belorado.** Beliforano.
**Benabarre.** Barnabense, benabarrense.
**Benavente.** Benaventano.
**Berga.** Bergadán.
**Berja.** Birgitano.
**Bermillo de Sayago.** Sayagués.
**Berna.** Bernés.
**Betanzos.** Brigantino.
**Bilbao.** Bilbaíno.
**Birmania.** Birmano.
**Bisbal (La).** Bisbalense.
**Bogotá.** Bogotano.
**Bolivia.** Boliviano.
**Boltaña.** Boltañés.
**Borja.** Borjano, borsaunense.
**Borjas Blancas.** Borjense.
**Brasil.** Brasileño.
**Brihuega.** Birocense, brihuego, briocense.
**Briviesca.** Briviesco.
**Bruselas.** Bruselense.
**Buenos Aires.** Bonaerense, porteño.
**Bujalance.** Bujalanceño, bursabolitano.
**Bulgaria.** Búlgaro.
**Burgo de Osma.** Burgués.
**Burgos.** Burgalés, burgueño.

## C

**Cabra.** Cabreño, egabrense.
**Cabuérniga.** Cabuérnigo, cahornicano.
**Cáceres.** Cacereño.
**Cádiz.** Gaditano.

**Calahorra.** Calahorrano, calagurritano.
**Calamocha.** Calamochano.
**Calatayud.** Bilbilitano.
**Caldas de Reyes.** Caldense.
**Callosa de Ensarriá.** Callosino.
**Cambados.** Cambadés.
**Campillos.** Campillense, campillero.
**Canadá.** Canadiense.
**Canarias (Islas).** Canario, canariense, guanche.
**Cangas de Onís.** Cangués.
**Canjáyar.** Canjarero, canjilón.
**Cañete.** Cañetero.
**Cañiza (La).** Cañicense.
**Caracas.** Caraqueño.
**Caravaca.** Caravaqueño.
**Carballino.** Carballinés.
**Cariñena.** Cariñenense.
**Carlet.** Carletense, carletino.
**Carmona.** Carmonense, carmonés.
**Carolina (La).** Carolinense.
**Cartagena.** Cartagenero, cartaginés.
**Casa Ibáñez.** Ibañés.
**Caspe.** Caspolino.
**Castellón de la Plana.** Castellonense.
**Castellote.** Castellotense.
**Castilla.** Castellano.
**Castro del Río.** Castreño.
**Castrogeriz.** Castreño.
**Castropol.** Castropolense.
**Castro Urdiales.** Castreño.
**Castuera.** Castuerano.
**Cataluña.** Catalán, payés (campesino).
**Cazalla de la sierra.** Cazallero, cazallense.
**Cazorla.** Cazorlense.
**Cebreros.** Cebrereño.
**Celanova.** Celanovense.
**Cervera.** Cervariense.
**Cervera del Río Alhama.** Cerverano.
**Cervera del Río Pisuerga.** Cerverano.
**Ceuta.** Ceutí, ceptí (ant.).
**Cieza.** Ciezano.
**Cifuentes.** Cifuenteño.
**Ciudad Real.** Ciudadrealeño.
**Ciudad Rodrigo.** Mirobrigense.
**Cocentaina.** Contestano.
**Cogulludo.** Cogolludense.
**Coin.** Coinense, coineño.
**Colmenar.** Colmenarense, colmenareño.
**Colmenar Viejo.** Colmenareño.

**Colombia.** Colombiano.
**Corcubión.** Corcubionés.
**Córdoba.** Cordobés.
**Corea.** Coreano.
**Coria.** Coriano, cauriense.
**Coruña (La).** Coruñés, brigantino.
**Costa Rica.** Costarricense, costarriqueño.
**Cuba.** Cubano, guajiro, mambís, filibustero.
**Cuéllar.** Cuellarano.
**Cuenca.** Conquense, cuencano.

## CH

**Chantada.** Chantadino.
**Checoslovaquia.** Checoslovaco.
**Chelva.** Chelvano.
**Chiclana de la Frontera.** Chiclanero.
**Chile.** Chileno, chileño.
**Chinchilla.** Chinchillano, chinchillense.
**Chinchón.** Chinchonense.
**Chipre.** Chipriota, chipriote, ciprio, ciprino, cipriota, pafio.
**Chiva.** Chivano, chivato.

## D

**Daimiel.** Daimieleño.
**Damasco.** Damasceno, damaceno, damasquino.
**Daroca.** Darocense.
**Denia.** Dianense.
**Dinamarca.** Dinamarqués, danés.
**Dolores.** Dolorense.
**Don Benito.** Dombenitense.
**Durango.** Durangués.

## E

**Écija.** Ecijano, astigitano.
**Ecuador.** Ecuatoriano, chagra (campesino).
**Egea de los Caballeros.** Egeano.
**Egipto.** Egipcio, gitano, egipciano, egipciaco, egiptano.
**Elche.** Elchense, ilicitano.
**Enguera.** Enguerino.
**Escalona.** Escalonero.
**Escandinavia.** Escandinavo.
**Escocia.** Escocés.
**Escorial (El).** Escurialense.
**España.** Español, hispano, hispánico, héspero, hesperio, peninsular.
**Estados Unidos de América.** Angloamericano, estadounidense, norteamericano, yanqui.
**Estella.** Estellés.
**Estepa.** Estepeño, ostipense.
**Estepona.** Esteponero.
**Estrada.** Estradense.
**Etiopía.** Etíope, etiope, etiopio.
**Extremadura.** Extremedano, extremeño.

## F

**Falset.** Falsetense.
**Ferrol (El).** Ferrolano.
**Figueras.** Figuerense.
**Filipinas.** Filipino, tagalo, aeta, ita, polista, indio.
**Finlandia.** Finlandés, finés.
**Fonsagrada.** Fonsagradino, buxanés.
**Fraga.** Fragense.
**Francia.** Francés, galo, galicano, galicado, franco.
**Frechilla.** Frechillano.
**Fregenal de la Sierra.** Fregenalero.
**Fuente Cantos.** Fuentecanteño.
**Fuente Ovejuna.** Fuenteovejunense, fuenteovejeño.
**Fuentesaúco.** Saucano.

## G

**Galicia.** Gallego, galaico, farruco, ártabro.
**Gandesa.** Gandesano.
**Gandía.** Gandiense.
**Garrovillas.** Garrovillano.
**Gaucín.** Gaucineño.
**Gérgal.** Gergaleño.
**Gerona.** Gerundense.
**Getafe.** Getafense, getafeño.
**Gijón.** Gijón, gijonense, gejionense.
**Ginzo de Limia.** Limico.
**Granada.** Granadino.
**Granadilla de Abona.** Granadillense, granadillero.
**Granollers.** Granollerense.
**Grazalema.** Grazalemeño, serrano, serraniego.
**Grecia.** Griego, heleno, greco, helénico, ateniense, ateneo, ático, grecolatino, grecorromano.
**Guadalajara.** Guadalajareño, caracense.
**Guadix.** Accitano, guadijeño.
**Guatemala.** Guatemalteco.
**Guernica.** Guerniqués.

**Guía.** Guiense.
**Guipúzcoa.** Guipuzcoano, vascongado.

## H

**Habana (La).** Habanero.
**Haití.** Haitiano.
**Haro.** Harense.
**Hellín.** Hellinense, ilunense.
**Herrera del Duque.** Herrereño.
**Hervás.** Hervasense.
**Híjar.** Hijarano, hijarense.
**Hinojosa del Duque.** Hinojoseño.
**Holanda.** Holandés, neerlandés.
**Honduras.** Hondureño.
**Hoyos.** Hoyano.
**Huelma.** Huelmense.
**Huelva.** Huelveño, onubense.
**Huércal-Overa.** Huercaleño, huerquense.
**Huesca.** Oscense, tensino.
**Huéscar.** Oscense.
**Huete.** Hoptense, hueteño.
**Hungría.** Húngaro, magiar.

## I

**Ibiza.** Ibicenco.
**Icod.** Icodero.
**Igualada.** Igualadino.
**Illescas.** Illescano.
**Inca.** Inquero.
**India.** Indo, indio, indezuelo, hindú.
**Indonesia.** Indonesio.
**Infantes.** Infanteño.
**Infiesto de Berbio.** Piloñés.
**Inglaterra.** Inglés, anglo, britano, británico, sajón, anglosajón, angloamericano.
**Irán.** Iranio.
**Irlanda.** Irlandés, hibernés.
**Islandia.** Islandés, islándico.
**Israel.** Israelí, israelita.
**Italia.** Italiano, italo, itálico, latino.
**Iznalloz.** Iznallocense.

## J

**Jaca.** Jacetano, jaqués.
**Jaén.** Jaenés, jiennense, giennense, aurgitano.
**Jamaica.** Jamaicano.
**Japón.** Japonés, japón, japonense, nipón.
**Jarandilla.** Jarandillano.

**Játiva.** Jatibés, jativés, setabense, setabitano.
**Jerez de la Frontera.** Jerezano.
**Jerez de los Caballeros.** Jerezano.
**Jijona.** Jijonenco, jijonense.

## L

**Laguardia.** Guardiense.
**Laguna (La).** Lagunero, lagunés.
**Lalín.** Lalinense.
**Laredo.** Laredano.
**Ledesma.** Bletisense, ledesmino.
**León.** Leonés, legionense.
**Lérida.** Leridano, ilerdense.
**Lerma.** Lermeño.
**Lillo.** Lillero.
**Lima.** Limeño.
**Linares.** Linarense.
**Liria.** Liriano.
**Lisboa.** Lisbonés, lisbonense.
**Logroño.** Logroñés, lucroniense.
**Logrosán.** Logrosaniego, logrosano.
**Loja.** Lojeño, lojano.
**Londres.** Londinense.
**Lora del Río.** Loreño, loretano.
**Lorca.** Lorquino.
**Luarca.** Luarqués.
**Lucena.** Elisano, lucentino.
**Lucena del Cid.** Lucenense.
**Lugo.** Lucense, lugués.
**Luxemburgo.** Luxemburgués.

## LL

**Llanes.** Llanisco.
**Llerena.** Llerense.

## M

**Madrid.** Madrileño, matritense.
**Madridejos.** Madridejense, madrideño.
**Mahón.** Mahonés.
**Málaga.** Malacitano, malagueño.
**Malta.** Maltés.
**Mallorca.** Mallorqués, mallorquín.
**Manacor.** Manacorense.
**Mancha (La).** Manchego.
**Mancha Real.** Manchego.
**Manres.** Manresano.
**Manzanares.** Manzanareño.
**Marbella.** Marbellense, marbellero, marbellí.
**Marchena.** Marchenero.
**Marquina.** Marquinés.
**Martos.** Marteño, tuccitano.

**Marruecos.** Marroquí, marroquín, marrueco, moro.
**Mataró.** Mataronés.
**Medinaceli.** Medinense.
**Medina del Campo.** Medinense.
**Medina de Rioseco.** Riosecano.
**Medina-Sidonia.** Asidonense, medinense.
**Méjico.** Mejicano, guachinango.
**Menorca.** Menorquín.
**Mérida.** Emeritense, merideño.
**Mieres.** Mierense.
**Miranda de Ebro.** Mirandés.
**Moguer.** Moguereño.
**Molina.** Molinés.
**Mónaco.** Monegasco.
**Mondoñedo.** Mindoniense.
**Monforte.** Monfortino.
**Monóvar.** Monovarense, monovero.
**Montalbán.** Montalbanense.
**Montánchez.** Montanchego.
**Montblanch.** Montblanquense.
**Montefrío.** Montefrieño.
**Montevideo.** Montevideano.
**Montilla.** Montillano.
**Montoro.** Montoreño.
**Mora de Rubielos.** Morano.
**Morella.** Bisgargitano, morellano.
**Morón de la Frontera.** Moronense.
**Mota de Marqués.** Motano.
**Motilla del Palancar.** Motillano.
**Motril.** Motrileño.
**Mula.** Muleño.
**Murcia.** Murciano.
**Murias de Paredes.** Omañés.
**Muros.** Muradano.

**N**

**Nájera.** Najerano, najerino.
**Nava del Rey.** Navarrés.
**Navahermosa.** Navarmoseño.
**Navalcarnero.** Navalcarnereño.
**Navalmoral de la Mata.** Moralo.
**Navarra.** Navarro, egote.
**Negreira.** Negreirés, nicrairense.
**Nicaragua.** Nicaragüeño, nicaragüense.
**Noruega.** Noruego.
**Novelda.** Noveldense.
**Noya.** Noyense.
**Nules.** Nulense, nulero.

**O**

**Ocaña.** Ocañense, olcadense.

**Olivenza.** Oliventino.
**Olmedo.** Olmedano.
**Olot.** Olotense.
**Olvera.** Ilipense, olvereño.
**Onteniente.** Onteniense.
**Orcera.** Orcereño.
**Órdenes.** Ordenense.
**Orense.** Auriense, orensano.
**Orgaz.** Orgaceño.
**Orihuela.** Orcelitano, oriolano.
**Orjiva.** Orjiveño.
**Orotava (La).** Orotavense, villero.
**Ortigueira.** Ortegano, urticense.
**Osuna.** Osunés, ursaonense.
**Oviedo.** Ovetense.

**P**

**Padrón.** Padronés.
**Palencia.** Palentino.
**Palma.** Palmesano.
**Palma (La) del Condado.** Palmerino, palmesino.
**Palmas (Las).** Palmense.
**Pamplona.** Pamplonés, pamplonica.
**Panamá.** Panameño.
**Paraguay.** Paraguayo, paraguayano.
**París.** Parisiense, parisino.
**Pastrana.** Pastranense, pastranero.
**Pego.** Pegolino.
**Peñafiel.** Peñafielense.
**Peñaranda de Bracamonte.** Peñarandino.
**Perú.** Peruano, peruviano, perulero.
**Piedrabuena.** Piedrabuenero, piedrabuenense.
**Piedrahíta.** Piedrahitense.
**Pina.** Pinero.
**Plasencia.** Placentino, placentín, plasenciano.
**Polonia.** Polaco, polonés.
**Ponferrada.** Ponferradino.
**Pontevedra.** Lerense, pontevedrés.
**Portugal.** Portugués, lusitano, luso.
**Posadas.** Maleno.
**Potes.** Lebaniego.
**Pozoblanco.** Pozoblanquero.
**Pravia.** Praviano.
**Priego.** Priegueño.
**Priego.** Alcarreño.
**Puebla de Alcocer.** Puebleño.
**Puebla de Sanabria.** Sanabrés.
**Puebla de Trives.** Trivés.
**Puenteareas.** Puentearense, puenteareano.
**Puente-Caldelas.** Puentecaldelense.

**Puente del Arzobispo.** Puenteño.
**Puentedeume.** Puentedeumés.
**Puerto de Santamaría.** Bonaerense, porteño, portuense.
**Puigcerdá.** Puigcerdanés.
**Purchena.** Purchenero.

## Q

**Quintanar de la Orden.** Quintanareño.
**Quiroga.** Quirogués.
**Quito.** Quiteño.

## R

**Ramales de la Victoria.** Ramaliego.
**Rambla (La).** Rambleño.
**Redondela.** Redondelano.
**Reinosa.** Reinosano.
**Requena.** Requenense.
**Reus.** Reusense.
**Riaño.** Riañés.
**Riaza.** Riazano.
**Ribadavia.** Ribadaviense, riberaviano.
**Ribadeo.** Ribadense.
**Rioja (La).** Riojano.
**Roa.** Rivereño.
**Roda (La).** Rodense, rodeño.
**Roma.** Quirite, patricio, équite, augur, romano, romántico, latino.
**Ronda.** Arundense, rondeño.
**Rosario (El).** Rosariero.
**Rumania.** Rumano.
**Rusia.** Ruso, moscovita.
**Rute.** Ruteño.

## S

**Sabadell.** Sabadellense, sabadellés.
**Sacedón.** Sacedonense.
**Sagunto.** Saguntino.
**Sahagún.** Sahagunense.
**Sala de los Infantes.** Serranosmatiego, saleño.
**Salamanca.** Salmantino, salamanqués, salamanquino, salmaticense, charro.
**Saldaña.** Saldañés.
**Salvador (EL).** Salvadoreño.
**San Clemente.** Sanclementino.
**San Felíu de Llobregat.** Sanfeliuense.
**San Fernando.** Isleño.

**Sanlúcar de Barrameda.** Sanluqueño.
**Sanlúcar la Mayor.** Sanluqueño, alpechinero.
**San Mateo.** Sanmateuano.
**San Roque.** Sanroqueño.
**San Sebastián.** Donostiarra, easonense.
**Santa Cruz de Tenerife.** Tenerifeño, tinerfeño.
**Santa Fe.** Santafesino.
**Santander.** Santanderino, montañés, santanderiense.
**Santiago de Compostela.** Santiagués, compostelano.
**Santo Domingo.** Dominicano.
**Santo Domingo de la Calzada.** Calceatense.
**Santoña.** Santoñés.
**San Vicente de la Barquera.** Evenciano.
**Sariñena.** Sariñenense.
**Sarriá.** Sarriano.
**Sedano.** Castellano.
**Segorbe.** Segorbino, segobricense, segobrigense.
**Segovia.** Segoviano, segoviense.
**Senegal.** Senegalés.
**Seo de Urgel (La).** Urgelense.
**Sepúlveda.** Sepulvedano.
**Sequeros.** Sequereño.
**Sevilla.** Sevillano, hispalense, hispalio, itálico.
**Sigüenza.** Seguntino.
**Solsona.** Solsonense, solsonino.
**Sorbas.** Sorbense, sorbeño.
**Soria.** Soriano.
**Sort.** Sortense.
**Sos del Rey Católico.** Sopicón.
**Sudán.** Sudanés.
**Sueca.** Suecano.
**Suecia.** Sueco.
**Suiza.** Suizo, esguízaro, helvecio, helvético.

## T

**Tafalla.** Tafallés.
**Talavera de la Reina.** Talabricense, talaverano.
**Tamarite de Litera.** Tamaritano, tamaritense.
**Tarancón.** Taranconense, taranconero.
**Tarazona.** Turiasonense.
**Tarragona.** Tarraconense.

**Tarrasa.** Egarense, tarrasense.
**Telde.** Teldense.
**Tenerife.** Tinerfeño.
**Teruel.** Turolense.
**Tineo.** Tinetense.
**Toledo.** Toledano.
**Tolosa.** Tolosano.
**Tordesillas.** Tordesillano.
**Toro.** Toresano.
**Torrecilla de Cameros.** Torrecillano.
**Torrelaguna.** Torrelagunense.
**Torrelavega.** Torrelavegano, torrelaveguense.
**Torrente.** Torrentino.
**Torrijos.** Torrijeño.
**Torrox.** Torroseño.
**Tortosa.** Dertosense, tortosino.
**Totana.** Totanero.
**Tremp.** Trempolín.
**Trujillo.** Trujillano.
**Tudela.** Tudelano.
**Túnez.** Tunecino, tunecí.
**Turquía.** Turco, turquesco, turquí, turquino, otomano, osmanlí.
**Túy.** Tudense.

## U

**Úbeda.** Ubetense.
**Unión (La).** Unionense.
**Uruguay.** Uruguayo.
**Utrera.** Utrerano.

## V

**Valdeorras (El Barco de).** Valdorrés.
**Valdepeñas.** Valdepeñero.
**Valderrobres.** Valderrobrense.
**Valencia.** Valenciano.
**Valencia de Alcántara.** Valenciano.
**Valencia de Don Juan.** Coyantino, valenciano.
**Valmaseda.** Valmasedano.
**Valoria la Buena.** Valoriano.
**Valverde del Camino.** Valverdeño.
**Valladolid.** Vallisoletano, vallisoletato, pinciano.
**Valls.** Vallense.
**Vascongadas.** Vasco, vascongado, vascuence.
**Vecilla (La).** Vecillense.
**Vélez-Málaga.** Veleño.
**Vélez-Rubio.** Egetano, velezano, velezrubiano.
**Vendrell.** Vendrellense.
**Venezuela.** Venezolano.
**Vera.** Veratense.
**Vergara.** Vergarés.
**Verín.** Verinense.
**Viana del Bollo.** Bolés, vianés.
**Vich.** Ausense, ausetano, vicense, vigitano.
**Viella.** Aranés.
**Viena.** Vienés, vienense.
**Vigo.** Vigués.
**Villacarriedo.** Carredano.
**Villacarrillo.** Campiñés, villacarrillense.
**Villadiego.** Villadiegués, villadieguino.
**Villafranca del Bierzo.** Berciano, villafranquino.
**Villafranca del Panadés.** Villafranqués.
**Villajoyosa.** Jonense, vilero, villajoyosano.
**Villalba.** Villalbés.
**Villalón de Campos.** Villalonés.
**Villalpando.** Villalpandino.
**Villanueva de la Serena.** Villanovense, villanuevés.
**Villanueva y Geltrú.** Vilanovés.
**Villarcayo.** Villarcayense.
**Villar del Arzobispo.** Villarenco.
**Villaviciosa.** Villaviciosano.
**Villena.** Vigerrense, villenense.
**Vinaroz.** Vinarocense.
**Vitigudino.** Vitigudianense.
**Vitoria.** Vitoriano.
**Viver.** Viverense.
**Vivero.** Vivariense.
**Vizcaya.** Vizcaíno.

## Y

**Yecla.** Yeclano.
**Yugoslavia.** Yugoslavo.

## Z

**Zamora.** Zamorano.
**Zaragoza.** Zaragozano, cesaraugustano.

# INFORMATICA

**Ábaco:** Antiguo aparato para calcular. Es un antecedente antiguo de los ordenadores.

**Alfanumérico:** Signo que se utiliza en el ordenador y que puede ser una letra o un número; pero en ningún caso sirve para calcular.

**Algoritmo:** Reglas que deben seguirse para resolver un problema de acuerdo con un método determinado.

**Archivo:** Información que se contiene y guarda fuera del ordenador. Hay archivos en disco o en casette.

**Banco de datos:** Colección de datos o informaciones dispuestas para ser utilizadas por un ordenador. No se debe confundir con la base de datos.

**Base de datos:** Colección de materiales, tales como artículos de revista, periódicos, libros, dispuestos ordenadamente para extraer de ellos la información (banco de datos) en disposición de uso inmediato por parte del ordenador. La base de datos está constituida por las fuentes de donde se extrae la información; el banco de datos se construye utilizando las fuentes.

**BASIC:** Lenguaje de programación muy extendido. Su nombre está formado por las iniciales de **Beginner's All Purpose Symbolic Instruction Code,** que quiere decir: Código de Instrucciones Simbólicas para Uso General de Principiantes.

**Binario:** En general, cosa que consta de dos elementos. En informática es un sistema de numeración de base dos. Los ordenadores utilizan el sistema binario porque operan con dos situaciones: la corriente electrónica *pasa* o *no pasa*.

**Bit:** Es la contracción de las palabras inglesas **Binary Digit** (Dígito Binario). Es la unidad más pequeña de información que puede tomar sólo dos valores: 0 ó 1.

**Bucle:** Conjunto de instrucciones seguidas en un programa que puede ejecutar el ordenador tantas veces cuantas sea necesario.

**Byte:** Es la unidad más pequeña de memoria que puede almacenar la CPU. Está constituido por un grupo de ocho bits. Corrientemente, la capacidad de memoria se expresa en Kilovites (un $Kb = 1.024$ bits $= 2^{10}$).

**Cadenas:** Filas de palabras, frases o símbolos.

**Cálculo no numérico:** Es el cálculo en el cual se utilizan símbolos en lugar de números.

**Cartucho Software:** Que se puede conectar directamente al ordenador.

**Chip:** Palabra inglesa que significa "brizna, migaja, pedacito". Pastilla pequeñísima de silicio metida en un estuche con el que se forma un circuito integrado.

**Circuito integrado:** Circuito electrónico que en un soporte de pocos milímetros cuadrados lleva impresos miles de transistores y otros componentes electrónicos.

**COBOL:** Lenguaje informático caracterizado por su gran facilidad. Está formado por las letras iniciales de la frase inglesa: **Common Business Oriented Language.**

**Código:** Conjunto de instrucciones que constituyen un programa.

**Colector:** Camino que sigue las informaciones y señales para ser transmitidas de un elemento del ordenador a otro.

**Compilador:** Programa que sirve para que los programas escritos en

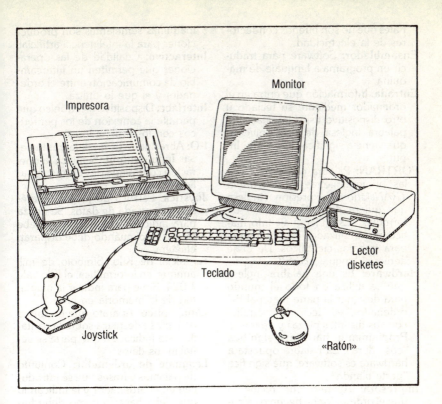

un lenguaje comprensible para el programador se convierta en un lenguaje comprensible para el ordenador. Es como la traducción de un programa al lenguaje binario.

**CPU:** Es el elemento principal de cualquier sistema de ordenadores. Está compuesto por las iniciales de la frase inglesa: **Control Processing Unit,** que significa "Unidad Central de Proceso o Cálculo". La CPU interpreta todas las instrucciones que se den al ordenador y hace que éste las realice.

**CU:** Unidad de mando del ordenador.

**Cursor:** Indicador móvil. Generalmente una forma luminosa que se desplaza sobre la pantalla para indicar el lugar que ocupará el carácter siguiente.

**Diagrama:** Dibujo esquemático que puede indicar situación o movimiento. Así, en un diagrama se pueden expresar las partes del ordenador y las relaciones que hay entre ellas.

**Diagrama de flujo:** Forma práctica de escribir un programa de ordenador.

**Digital:** Forma de representar las cantidades contándolas, a diferencia de la analógica que lo hace midiéndolas. Es distinta de la forma analógica que representa las cantidades midiéndolas. La forma digital expresa las cantidades discretas, mientras la analógica representa las magnitudes continuas.

**Documentación:** Papeles, folletos o libros que se suelen dar con los ordenadores para explicar su funcionamiento.

**Editar:** Poner algo por escrito.

**Editor de pantalla:** Visualizar un texto en la pantalla del ordenador.

**Electrónica:** Ciencia que estudia el movimiento de los electrones en el vacío o también en algunos materiales que no son buenos conductores de la electricidad.

**Ensamblador:** Software para traducir un programa a lenguaje de máquina.

**Entrada:** Información que entra en el ordenador mediante su teclado u otro dispositivo especial. Hay una palabra inglesa de uso universal que viene a significar lo mismo: Input.

**FORTRAN:** Palabra compuesta por las primeras letras de *FORmula TRANslation*, expresión inglesa que quiere decir "Traducción de fórmulas". Es un lenguaje informático muy utilizado, especialmente para trabajos científicos. De él se deriva el lenguaje BASIC.

**Hardware:** Es una palabra inglesa que se utiliza en todo el mundo para designar la parte material del ordenador, es decir, la máquina con sus distintas piezas y aparatos. Propiamente, hardware significa "cosa dura". La palabra opuesta a hardware es software, que significa "parte blanda".

**Impresora:** Aparato que recibe lo que el ordenador ha hecho o calculado y lo imprime sobre el papel. Es un dispositivo de salida del ordenador.

**Información:** Es el significado de lo que se introduce en el ordenador y de lo que él produce.

**Informática:** Ciencia y técnica de la ordenación y cálculo electrónicos de datos.

**Input:** Palabra inglesa de uso universal que quiere decir "entrada" (input: poner dentro). Función que consiste en introducir datos en el ordenador. La palabra opuesta es output. Los dispositivos de input son muy variados, pero el más universalmente utilizado es el teclado.

**Input-Output:** Operaciones de entrada y salida mediante las cuales un ordenador se enlaza con sus periféricos.

**Inteligencia artificial:** Medios técnicos de estudio para la creación de máquinas y programas que actúan de modo parecido a la inteligencia humana. Los autómatas, robots y máquinas semejantes son producciones para la inteligencia artificial.

**Interactivo:** Cualidad de las operaciones que permiten un intercambio de comunicación entre el ordenador y el que lo utiliza.

**Interface:** Dispositivo electrónico que permite la conexión de los periféricos con los ordenadores.

**I-O:** Abreviatura de las palabras inglesas **Input-Output**. Significa la operación controlada de "entrada y salida" de datos.

**Joystick:** Palanca de juegos. Periférico de entrada de datos. Se utiliza para indicar hacia dónde se debe mover algo, cuándo debe disparar, etcétera.

**K:** Inicial de Kilo. Símbolo de mil, aunque, en informática, el Kilo vale 1.024. Sirve para indicar la magnitud de la memoria en bits.

**Lápiz óptico:** Aparato que en forma de lápiz se desplaza sobre la pantalla para indicar en qué parte se señalan los datos.

**Lenguaje de ordenador:** Conjunto de palabras y frases que se introducen en el ordenador y le indican lo que debe hacer y cómo debe hacerlo.

**Lenguaje de programación:** Conjunto de órdenes que indican al ordenador cómo debe efectuar un cálculo.

**Lógica:** Conjunto de operaciones conexionadas que conducen a la resolución de algún problema.

**LOGO:** Lenguaje de programación especialmente dispuesto para la enseñanza.

**Memoria:** Una de las partes constitutivas de un ordenador en la que se almacenan los datos recibidos y están en disposición de ser utilizados en cualquier momento.

**Menú:** Conjunto de funciones y procedimientos que se eligen para realizar un programa determinado.

**Microordenador:** Ordenador pequeño que, mediante circuitos integrados, llega a alcanzar memoria muy grande.

**Miniordenador:** Ordenador de tamaño medio. Corrientemente se suele llamar miniordenadores a los que tienen una memoria central que sobrepasa los 500 Ko y que trabaja con nombres de 16 a 32 bits.

**Modem:** Aparato que permite transmitir datos por medio de líneas telefónicas.

**Monitor:** Dispositivo con pantalla para que en ella aparezcan datos, gráficos y cualquier elemento que se pueda visualizar.

**Operador:** Símbolo que indica una operación, tal como los de las operaciones aritméticas.

**Orden:** Indicación expresada en un lenguaje de ordenador para realizar determinadas funciones.

**Ordenador:** Sistema y dispositivos para tratar electrónicamente los datos. Consiste en una UC (Unidad Central del Cálculo) conectada con unidades de entrada-salida y una memoria. Según su tamaño y capacidad se suelen clasificar en: ordenadores familiares, ordenadores portátiles, ordenadores individuales, ordenadores profesionales. Según la función a que se dediquen pueden ser ordenadores de juego, familiares, industriales, de gestión, científicos.

**Output:** Palabra inglesa que quiere decir "sacar fuera". Es la función mediante la cual el ordenador presenta los resultados de las ordenaciones y cálculos que ha realizado. Es la función complementaria del Input.

**Pantalla:** Dispositivo de salida en el que se presentan informaciones escritas o gráficas.

**PASCAL:** Lenguaje de programación que lleva el nombre del matemático y filósofo francés Blas Pascal, que construyó una máquina de calcular. Es un lenguaje muy avanzado.

**Periférico:** Aparato que se conecta a un ordenador para que éste pueda realizar más funciones.

**Pista:** Circunferencia marcada en un disco o tambor, lo mismo que un surco en el microsurco. En ella se conserva la información. Cuantas más pistas tenga un diskette, más capacidad de memoria tiene. Los diskettes suelen tener 35, 40, 77, u 80 pistas.

**Plotter:** Palabra inglesa de uso universal que significa "terreno o espacio". Es un periférico de salida en el que se pueden trazar gráficos.

**Pluma electrónica:** Dispositivo con el que se puede dibujar directamente en la pantalla del ordenador.

**Programa:** Secuencia de instrucciones escritas en lenguaje de ordenador correspondientes a un algoritmo para realizar una tarea.

**Programador:** Persona dedicada a la confección de programas.

**RAM:** Esta expresión se halla constituida por las iniciales de la expresión inglesa **Random Access Memory**. Es una memoria en la que el programador puede modificar la información almacenada, aumentando, modificando o suprimiendo datos existentes.

**Ratón:** Aparato manual que se conecta con el ordenador para mover rápidamente el cursor de la pantalla.

**Reol:** Sistema que conecta a varias unidades con objeto de intercambiar información.

**Robot:** Es una palabra de uso universal que se deriva de la palabra checa robota, que significa trabajo pesado. Es un ordenador dispuesto para realizar trabajos rutinarios. Se utiliza mucho en fábricas, sobre todo la industria del automóvil.

**ROM:** Iniciales de **Read Only Memory:** Es la memoria del ordenador que sólo se puede escribir una vez y, por tanto, la información no se puede cambiar. La frase inglesa quiere decir "memoria para leer solamente".

**Rutina:** Serie de instrucciones muy claras para realizar una tarea concreta.

**Salida:** Es la función final de un ordenador. Después de realizar el tratamiento de datos se presentan éstos en pantalla o impresos.

**Sentencia:** Indicación contenida en un programa de ordenador.

**Silicio:** Es un metaloide muy difundido en la corteza terrestre hasta formar la cuarta parte de ella. La mayoría de las rocas, cuyos granos molidos constituyen la arena, son de silicio. Es el material empleado para fabricar microprocesadores. En la región de California, en Estados Unidos, está el **Silicon Valley**, que quiere decir "Valle del Silicio", y en él existe la mayor concentración de laboratorios y personas dedicadas a la microelectrónica.

**Simulación:** Simulación de algunas operaciones que se quieren probar antes de realizarlas de un modo definitivo.

**Software:** Palabra inglesa de uso universal en informática que quiere decir "material blando". El software contiene las instrucciones que indican lo que el ordenador puede hacer, es decir, los programas. El software es indispensable para el funcionamiento del ordenador.

**Subcadenas:** Instrucciones que permiten usar partes de cadenas.

**Subrutina:** Parte de un programa dispuesta para utilizarla aisladamente cuantas veces se quiera.

**Teclado:** Dispositivo de entrada en el que se hallan ordenados en teclas todas las letras o números que se utilizan para introducir información en un ordenador. Se pulsan las teclas deseadas como se hace en las máquinas de escribir.

**Tecnología:** Conjunto de conocimientos y aparatos técnicos.

**Telemática:** Conjunto de técnicas en las que se reúnen las informáticas y las de la comunicación. La telemática estudia y utiliza los ordenadores asociados a todos los medios de comunicación como la radio, la televisión, el teléfono, los satélites artificiales.

**Terminal:** Dispositivo de entrada y salida en un ordenador, compuesto generalmente de un teclado, una pantalla, un circuito de control. Se puede ampliar utilizando un modem que permite la comunicación a distancia.

**Transistor:** Dispositivo electrónico que sirve para rectificar y ampliar los impulsos eléctricos.

**Tratamiento de datos:** Operaciones de ordenación y cálculo que se realizan en los ordenadores.

**Tratamiento de texto:** Operaciones de un ordenador en las que éste se comporta como una máquina de escribir, de editar y de corregir o codificar textos electrónicamente. En el tratamiento de textos hay una combinación del software del hardware para escribir, editar e imprimir cualquier documento.

**Unidad principal:** Es el principal componente de un ordenador. Se llama también CPU (del inglés **Central Processing Unit).** Interpreta las instrucciones que se dan al ordenador y hace que éste las realice.

**Wafer:** Palabra inglesa que significa "galleta". Finísima lámina de silicio de la que se sacan los "chips".

# TABLA DE LOS NUMERALES

| Cifras arábigas | Cifras romanas | Numerales cardinales | Numerales ordinales |
|---|---|---|---|
| 1 | I | uno | primero |
| 2 | II | dos | segundo |
| 3 | III | tres | tercero |
| 4 | IV | cuatro | cuarto |
| 5 | V | cinco | quinto |
| 6 | VI | seis | sexto |
| 7 | VII | siete | sétimo o séptimo |
| 8 | VIII | ocho | octavo |
| 9 | IX | nueve | noveno o nono |
| 10 | X | diez | décimo |
| 11 | XI | once | undécimo |
| 12 | XII | doce | duodécimo |
| 13 | XIII | trece | decimotercero |
| 14 | XIV | catorce | decimocuarto |
| 15 | XV | quince | decimoquinto |
| 16 | XVI | dieciséis | decimosexto |
| 17 | XVII | diecisiete | desimosétimo |
| 18 | XVIII | dieciocho | decimoctavo |
| 19 | XIX | diecinueve | decimonoveno |
| 20 | XX | veinte | vigésimo |
| 21 | XXI | veintiuno | vigesimoprimero |
| 22 | XXII | veintidós | vigesimosegundo |
| 23 | XXIII | veintitrés | vigesimotercero |
| 24 | XXIV | veinticuatro | vigesimocuarto |
| 25 | XXV | veinticinco | vigesimoquinto |
| 26 | XXVI | veintiséis | vigesimosexto |
| 27 | XXVII | veintisiete | vigesimosétimo |
| 28 | XXVIII | veintiocho | vigesimoctavo |
| 29 | XXIX | veintinueve | vigesimonoveno |
| 30 | XXX | treinta | trigésimo |
| 31 | XXXI | treinta y uno | trigesimoprimero |
| 32 | XXXII | treinta y dos | trigesimosegundo |
| ... | ... | ... | ... |
| 40 | XL | cuarenta | cuadragésimo |
| 41 | XLI | cuarenta y uno | cuadragesimoprimero |
| 42 | XLII | cuarenta y dos | cuadragesimosegundo |
| ... | ... | ... | ... |
| 50 | L | cincuenta | quincuagésimo |
| 60 | LX | sesenta | sexagésimo |
| 70 | LXX | setenta | septuagésimo |
| 80 | LXXX | ochenta | octagésimo |
| 90 | XC | noventa | nonagésimo |
| 100 | C | cien | centésimo |

# TABLA DE LOS FRACCIONARIOS

| Fracción | Formas ordinales | Fracción | Formas ordinales |
|---|---|---|---|
| 1/2 | mitad, medio | 1/101 | cientounavo |
| 1/3 | tercio | 1/102 | cientodosavo |
| 1/4 | cuarto | ... | ... |
| 1/5 | quinto | 1/112 | cientodoceavo, |
| 1/6 | sexto | | cientodozavo |
| 1/7 | sétimo o séptimo | ... | ... |
| 1/8 | octavo | 1/120 | cientoveinteavo |
| 1/9 | noveno | ... | ... |
| 1/10 | décimo | 1/200 | doscientosavo |
| 1/11 | onceavo, onzavo | 1/300 | trescientosavo |
| 1/12 | doceavo, dozavo | 1/400 | cuatrocientosavo |
| 1/13 | treceavo, trezavo | 1/500 | quinientosavo |
| 1/14 | catorceavo, catorzavo | ... | ... |
| 1/15 | quinceavo, quinzavo | 1/1.000 | milésimo |
| 1/16 | dieciseisavo | 1/2.000 | dosmilésimo |
| 1/17 | diecisieteavo | 1/3.000 | tresmilésimo |
| 1/18 | dieciochoavo | ... | ... |
| 1/19 | diecinueveavo | 1/1.000.000 | millonésimo |
| 1/20 | vigésimo, veinteavo | 1/2.000.000 | dosmillonésimo |
| 1/21 | veintiunavo | 1/3.000.000 | tresmillonésimo |
| 1/22 | veintidosavo | | |
| 1/23 | veintitresavo | | |
| 1/24 | veinticuatroavo | | |
| ... | ... | | |
| 1/30 | treintavo | | |
| 1/31 | treintaiunavo | | |
| 1/32 | treintadosavo | | |
| ... | ... | | |
| 1/40 | cuarentavo | | |
| 1/41 | cuarentaiunavo | | |
| ... | ... | | |
| 1/50 | cincuentavo | | |
| 1/60 | sesentavo | | |
| 1/70 | setentavo | | |
| 1/80 | ochentavo | | |
| 1/90 | noventavo | | |
| 1/100 | centésimo | | |
| ... | ... | | |

# REGLAS ORTOGRAFICAS

La Ortografía es la parte de la Gramática que enseña a escribir correctamente las palabras de un idioma. En la escritura reproducimos las palabras que hablamos. Generalmente, a cada sonido de la palabra hablada corresponde una o varias letras escritas. Pero no siempre ocurre esto. En ocasiones una misma letra tiene distintos sonidos; así, por ejemplo, la letra g tiene un sonido fuerte en algunas palabras, como genio, y en cambio otras veces tiene sonido suave, como en gato.

Otras veces, un mismo sonido puede estar representado por dos letras distintas; así por ejemplo, el sonido k se escribe con c en palabras, como coro, y en otras se escribe con k, como kilo, o con q, como en queso.

Cada palabra tiene su propia historia; se empezó a usar en un año determinado y se siguió usando desde entonces. A lo largo del tiempo las palabras sufren ciertas modificaciones que dan lugar a que se escriban de una manera o de otra. Las palabras del idioma español vienen en su mayor parte del latín. Una buena cantidad de palabras, sobre todo las científicas, vienen del griego, y todavía hay otras que se derivan del árabe o de otros idiomas. La ortografía de cada palabra, es decir, el modo de escribirlas bien depende de esta historia y le va uno aprendiendo poco a poco con el uso de la lectura y la escritura.

Para escribir correctamente una palabra, es decir, con ortografía adecuada, ayuda mucho pronunciar correctamente, leer con cuidado y cuando no se esté seguro de cómo se escribe una palabra, acudir al Diccionario.

Aunque cada palabra tiene su propia historia, a veces varias palabras tienen una historia parecida y entonces su modo de escribirlas sigue una regla determinada. Conociendo estas reglas de ortografía se evitan muchas faltas. Por esto es muy conveniente aprenderse y tener presente siempre las reglas ortográficas principales.

**Reglas del sonido b (letras b, v, w)**

Cuando al sonido b le siga una letra consonante, se escribirá siempre b.

Ejemplos: brazo, hablar, absoluto.

**Se escriben con b** las terminaciones del pretérito imperfecto de indicativo de los verbos que terminan en ar y también el pretérito imperfecto de indicativo del verbo ir.

Ejemplos: cantar, cantaba, cantabas
jugar, jugabamos, jugábais
ir, iba, íbais.

Todas las formas del verbo haber **se escribe con b.**

Ejemplos: Haber, habido, habéis, hubiérais.

**Se escriben con v** los adjetivos terminados en avo, ava, evo, eva, ivo, iva, ave, eve.

Ejemplos: octavo, octava, nuevo, nueva,
vivo, viva, suave, leve.

Las formas del verbo tener y las de todos sus compuestos se escriben con v.
Ejemplos: Tener: Tuve, tuviste, tuvierais.
Obtener: Obtuvo, obtuviéramos.
Sostener: Sostuviste, sostuviéramos.

### Sonido k (letras c, k, q)

La letra k se usa muy poco en la lengua española; es más frecuente escribir este sonido con las letras qu. Sin embargo, algunas palabras como kilómetro, kiosco, conviene escribirlas con k.

La c tiene dos sonidos. Tiene el sonido de la k, delante de las vocales a, o, u.

Ejemplos: canto
escote
peculiar.

El sonido k delante de las vocales e, i, se escribe con q seguida de una u; pero la u es muda, es decir, no se pronuncia. La q nunca se escribe sola, siempre va acompañada con esa u muda.

Ejemplos: quinqué
esquela
vaquero.

Cuando el sonido k se halla al final de una sílaba, se escribe siempre c.

Ejemplos: actor
pictograma
octubre.

El sonido k ante la l y la r se escribe también c.

Ejemplos: aclarar
escritura
cristal.

### Sonido z (letras c, z)

El sonido z, además de con esta letra se puede escribir con la letra c, pero sólo delante de e y de i.

Ejemplos: cera
ciruela.

Como se recordará, la c delante de la a y la o se lee como ka, ko.

### Sonido d (letras d y z al final de sílaba)

A veces se confunden las terminaciones en d o en z, como por ejemplo, cualidad, que termina en d, y capataz, que termina en z.

Para saber cuándo se debe escribir d y cuándo se debe escribir z, basta con pensar en el plural de la palabra. Si el plural termina en des, entonces el final de la palabra en singular es d. Si el plural termina en ces, el final de la palabra en singular es z.

Ejemplos: cualida - des → cualidad
capata - ces → capataz.

**Sonido suave de g, como en gato, y sonido fuerte de g y j, como en general y jirafa (letras g, j)**

La letra g tiene dos sonidos. Tiene sonido suave delante de las vocales a, o, u.

> Ejemplos: gato
> goma
> gusto.

Tiene sonido fuerte delante de la e y la i.

> Ejemplos: género
> gimnasia.

La j tiene sonido siempre fuerte y puede haber duda sobre su uso cuando este sonido va seguido por la vocal e o la vocal i.

El sonido g fuerte, delante de e o de i se escribe j: En las formas del verbo traer y sus compuestos que tienen este sonido.

> Ejemplos: Traer: traje, trajimos, trajisteis.
> Distraer: distraje, distrajisteis.

Todos los verbos cuyo infinitivo termina en jear.

> Ejemplos: canjear
> trajear.

El sonido suave de g no tiene dificultad delante de las vocales a, o, u. Si se quiere escribir este sonido suave delante de la vocal e o la vocal i, se debe escribir con **g seguida de u,** que en este caso es muda.

> Ejemplos: guerra
> guiar
> aguilucho.

Cuando se quiere pronunciar la u deberá ponerse diéresis encima. Así:

> Ejemplos: cigüeña
> antigüedad.

## Letra h

La letra h es muda. Con ella no se representa ningún sonido; pero muchas palabras la llevan.

Delante de los diptongos ie, ue, se escribe siempre h.

> Ejemplos: huevo
> hielo
> Brihuega.

Las palabras que empiezan con hip o hidr también se escriben siempre con h.

> Ejemplos: hipnotizar
> hipocresía
> hidrología.

Conviene tener muy en cuenta cuándo una palabra se escribe con h o sin ella porque según lleve o no esta letra puede cambiar de significado. Así, por ejemplo:

hola (saludo) - ola (movimiento del agua del mar)
hecho (del verbo hacer) - echo (del verbo echar).

**Sonidos y letras m y n**

En el lenguaje hablado se suelen confundir los sonidos de *m* y *n*. Para evitar muchas faltas conviene tener presente la siguiente regla:

Antes de *p* y de *b* se escribe *m:*

    Ejemplos: a*m*paro
                   aso*m*bro
                   e*m*brujo
                   tra*m*poso.

Delante de las otras letras consonantes se escribe siempre *n.*

    Ejemplos: e*n*vío
                   i*n*forme
                   e*n*tero
                   i*n*terior.

**Sonido r suave y fuerte (letras r, rr)**

Nunca se escribe *rr* al comenzar una palabra.

En el interior de una palabra el sonido fuerte se escribe con *rr* sólo cuando va entre vocales. En otro caso, se utiliza una sola *r.*

    Ejemplos de *rr:* te*rr*eno
                         sie*rr*a.
    Ejemplos de *r:* son*r*eír
                       al*r*ededor.

# REGLAS DE LA ACENTUACION

Al hablar no se pronuncian con la misma fuerza las sílabas de una palabra. La mayor fuerza con que se pronuncia una sílaba se llama **acento**. El acento, en ocasiones, sirve para distinguir el significado de dos palabras que se escriben con las mismas letras. Así, por ejemplo, con la palabra liquido, que tiene tres significaciones distintas según el acento recaiga en la última, penúltima o antepenúltima sílaba, como ocurre en las siguientes frases:

— Andrés **liquidó** su postre en dos minutos.
— Yo **liquido** pronto mis deudas.
— La naranjada es un **líquido** que me gusta.

En la primera frase, liquidó es la tercera persona del singular del pretérito indefinido del verbo liquidar.

En la segunda frase, liquido es la primera persona del singular del presente de indicativo de liquidar.

En la tercera frase, líquido es un nombre sustantivo.

La mayor fuerza con que se pronuncia una palabra se llama **acento tónico**. En la escritura se indica el acento tónico empleando o no empleando una tilde que se llama **acento gráfico**.

Las reglas para utilizar el acento gráfico son muy sencillas. Pero se debe distinguir con claridad tres tipos de palabras:

**Palabras agudas,** que llevan el acento tónico en la última sílaba. Como cantar, pantalón, traspiés.

**Palabras llanas,** que llevan el acento tónico en la penúltima sílaba. Como casa, árbol, margen.

**Palabras esdrújulas,** son las que llevan el acento tónico en la antepenúltima sílaba. Como Cáceres, grandísimo, enséñaselo. Las palabras que tienen más de tres sílabas y llevan el acento tónico en una sílaba anterior a la antepenúltima se consideran también esdrújulas. Como quítaselo, útilmente.

En la escritura, la tilde o acento gráfico se utilizará del modo siguiente:

Las palabras agudas llevan tilde si terminan en **vocal** o en una de las dos consonantes *n* o *s*.

    Ejemplos: maná
              café
              alhelí
              dominó
              ambigú
              ademán
              escocés.

Las palabras agudas que terminan en **consonante que no sea *n* ni *s* no llevan tilde.**

Las palabras llanas, al contrario que las palabras agudas, llevan tilde cuando terminan en **consonante que no sea ni *n* ni *s*.**

    Ejemplos: árbol
              prócer.

Las esdrújulas se acentúan todas.

    Ejemplos: cóncavo
              príncipe
              máquina.

En ocasiones, se utiliza la tilde en palabras llanas, que según la regla general no debían llevar acento gráfico, para distinguir su función gramatical. Las principales de estas palabras son los pronombres personales, que pueden escribirse con las mismas letras que algunos artículos y adjetivos. En este caso se acentúan las palabras cuando son pronombres.

    Ejemplos: él (pronombre) - el (artículo)
              éste, ésta (pronombres) - este, esta (adjetivos)
              ése, ésa (pronombres) - ese, esa (adjetivos)
              aquél, aquélla (pronombres) - aquel, aquella (adjetivos).

# TABLA DE ABREVIATURAS USUALES

| | | | |
|---|---|---|---|
| a. C. | antes de Cristo | p.a. | por autorización, por ausencia |
| a D. g. | a Dios gracias | | |
| adj. | adjetivo | pág., págs. | página, páginas |
| adv. | adverbio | pbro., presb. | presbítero |
| afmo., -a, -os, -as | afectísimo, a-, -os, -as | P. D. | posdata |
| a. m. | ante merídiem (antes del mediodía) | p. ej. | por ejemplo |
| | | pl. | plural |
| C. A | compañía | p. m. | post merídiem (después del mediodía) |
| cap., cap.º | capítulo | | |
| c/c., cta. cte. | cuenta corriente | pral. | principal |
| Cía., cía. | compañía | prof. | profesor |
| D., D.ª | don, doña | prov. | provincia |
| dcha. | derecha | pta. | peseta |
| D. m. | Dios mediante | ptas., pts. | pesetas |
| Dr. | doctor | Q.D.G., q.D.g. | que Dios guarde |
| E. | este (punto cardinal) | q.e.p.d. | que en paz descanse |
| Emmo. | Eminentísimo | Rdo. -a, Rvdo. -a | Reverendo, Reverenda |
| entlo. | entresuelo | R.I.P. | requiéscat in pace (en paz descanse) |
| etc. | etcétera | | |
| Exc.ª | Excelencia | Rmo., Rma. | Reverendísimo, Reverendísima |
| Excmo., Excma. | Excelentísimo, Excelentísima | | |
| | | R.O. | Real Orden |
| F. C., f. c. | ferrocarril | S. | San, Santo |
| fig. | figurado | S.A. | Su Alteza |
| Fr. | Fray, Frey | S. A. | Sociedad Anónima |
| gén. | género | s.a. | sin año |
| gr., grs. | gramo, gramos | S.A.R. | Su Alteza Real |
| gral. | general | Sdad. | sociedad |
| ib., ibíd. | ibídem | S.E. | Su Excelencia |
| íd. | ídem | s.f. | sin fecha |
| Ilmo., Ilma. | Ilustrísimo, Ilustrísima | sig., sigs. | siguiente, siguientes |
| J. C. | Jesucristo | sing. | singular |
| Jhs. | Jesús | S.M. | Su Majestad |
| K, Kg | kilogramo (s) | S.N. | Servicio Nacional |
| Km. | kilómetro (s) | Sr., Sra. | señor, señora |
| l. | litro (s) | Sres., Srs. | señores |
| Lic., Licdo. | licenciado | Srta. | señorita |
| m | metro (s) | S.S. | Su Santidad |
| m. | minuto (s) | Sto., Sta. | santo, santa |
| Mons. | Monseñor | Ud. | usted |
| N. | norte | V. | véase, usted |
| N.ª S.ª | Nuestra Señora | Vd., Vds. | usted, ustedes |
| n.º | número | Vda. | viuda |
| N. S. | Nuestro Señor | V.E. | Vuestra Excelencia, Vuecencia |
| núm. | número | | |
| O. | oeste | V.g., v.gr. | verbigracia |
| O. M. | Orden Ministerial | V.º B.º | visto bueno |
| p. | página | vol., vols. | volumen, volúmenes |